알고리즘 확장팩

3개년 영역별 출제 비율

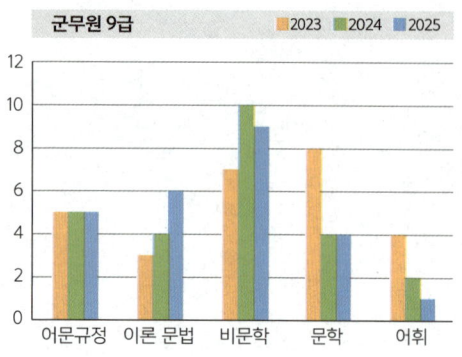

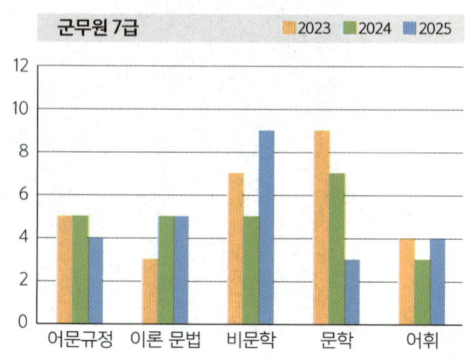

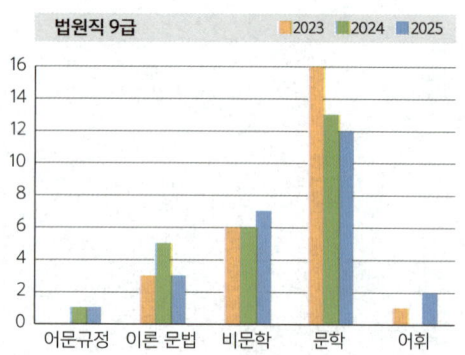

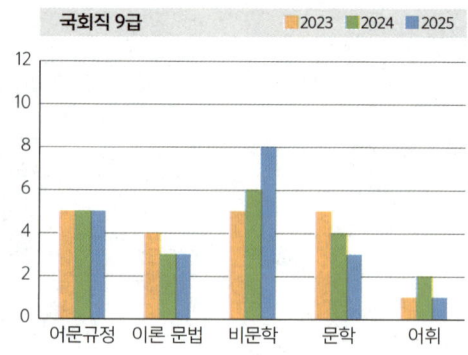

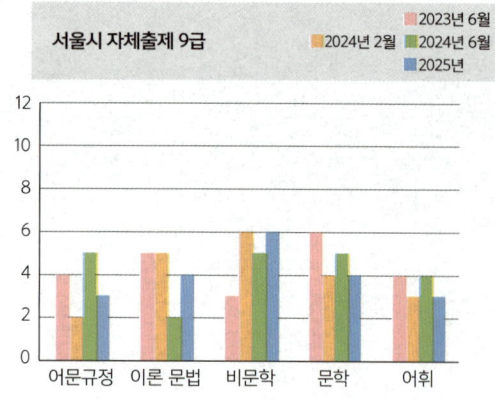

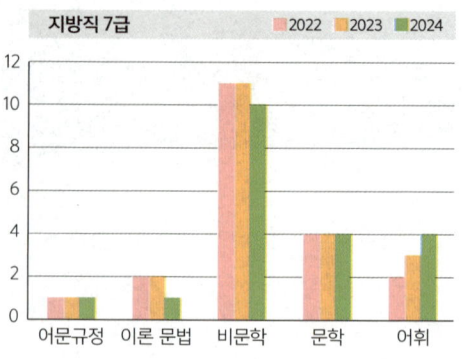

* 본 교재 출간 시점 지방직 7급 25년 시험 시행 전

머리말

알고리즘 확장팩[문법/규정/한자/어휘/문학]을
독해 알고리즘 코어에 끼우시면 완벽합니다.

본 교재는 인사혁신처가 출제하는 국가직 9급, 지방직 9급 외 직렬 대비자들을 위한 교재입니다. 기존 기조대로 출제되는 군무원, 법원직, 국회직, 서울시 자체출제, 지방직 7급 대비자들은 이전과 마찬가지로 문법과 규정, 한자와 어휘, 문학 부분에 대한 학습이 필요합니다.

개정 교과서와 최신 기출을 반영한 《알고리즘 확장팩》은 불필요한 내용을 과감하게 덜어내고 필요한 내용만 효율적으로 제시하고 있습니다. 본 교재를 통해 학습하시면서 강좌에서 제공되는 이해암기 워크북으로 복습하시면 방대해 보이는 범위도 쉽고 재미있게 정복하실 수 있을 거예요.

영역별 특장점

- 이론문법과 어문규정을 따로 공부하지 않도록 연결해 두었습니다.
  이제 원리를 배우고 예시를 보는 방식으로 한 번에 효율적인 학습이 가능해요.
- 한자어와 사자성어 부담스러우셨죠? 기초 부수만 외우고 나면 낱자에서 한자어, 한자어에서 성어, 다시 성어에서 낱자로 의미망 암기가 가능하도록 설계하였습니다. 교재 내에서 3회독이 가능합니다.
- 혼동 어휘와 고유어, 순화어 등은 교과서와 기출 기반으로 꼼꼼하고 재미있게 제시하였습니다.
- 문학은 교과서 필수작과 기출 지문 중 엄선하여 상세한 작품 분석과 문제풀이(기출 포함)를 한꺼번에 진행할 수 있도록 만들었습니다.

기존 기조를 유지하고 있는 직렬들(군무원, 법원직, 국회직, 서울시 자체출제, 지방직 7급)도 점진적으로 비문학 독해의 비중이 커지고 있으며, 추론 유형의 출제 비율도 올라가고 있습니다. 따라서 국어 고득점을 위해 비문학 독해에 대한 체계적인 훈련도 필수입니다.

《독해 알고리즘 코어》와 《알고리즘 확장팩》을 병행하신다면 다양한 직렬의 출제 범위와 신유형에 충분히 대비할 수 있습니다.

힘내세요. 길은 늘 있습니다.
여러분들이 눈을 감고 울거나 다리가 아프다고 주저앉지만 않는다면,
이 책을 앞에 두고 걷기 시작해
저와 함께 시험장까지 달리신다면 합격은 반드시 이루어집니다.

2025. 10.
강사 이유진

목차

PART 1 문법 · 규정

Chapter 01 | 언어와 국어
01 언어 ··· 8

Chapter 02 | 소리
01 음운의 체계와 변동 ······················· 13
02 표준 발음법 ································· 21

Chapter 03 | 형태
01 단어의 형성 ································· 28
02 품사 ··· 35
03 한글 맞춤법 ································· 48
04 표준어 규정 ································· 75

Chapter 04 | 통사
01 문장의 이해 ································· 112
02 올바른 표현 ································· 125

Chapter 05 | 의미와 담화
01 의미 ··· 135
02 담화 ··· 140

Chapter 06 | 외래어 · 로마자
01 외래어 표기법 ······························· 144
02 로마자 표기법 ······························· 155

Chapter 07 | 고전 문법
01 고대 국어 ····································· 159
02 중세 국어와 훈민정음 ··················· 161
03 근대 국어 ····································· 169

PART 2 어휘·한자·성어

Chapter 01 | 한자어와 성어
01 한자어 ·· 174
02 성어 ·· 204
03 주제별 성어 ·································· 222

Chapter 02 | 혼동 어휘
01 혼동 어휘 ····································· 235

Chapter 03 | 고유어와 순화어
01 고유어와 외래어의 구별 ···················· 246
02 낯선 고유어 ·································· 247
03 순화어 ·· 260
04 관용적 표현 ·································· 266

PART 3 문학

Chapter 01 | 문학 유형별 접근법
01 운문 선지 개념 ······························· 277
02 산문 선지 개념 ······························· 284

Chapter 02 | 교과서 필수 고전 운문 ········ 290

Chapter 03 | 교과서 필수 고전 산문 ········ 362

Chapter 04 | 교과서 필수 현대 운문 ········ 390

Chapter 05 | 교과서 필수 현대 산문 ········ 434

정답 및 해설

PART 1
문법 · 규정

Chapter 1	언어와 국어	8
Chapter 2	소리	13
Chapter 3	형태	28
Chapter 4	통사	112
Chapter 5	의미와 담화	135
Chapter 6	외래어 · 로마자	144
Chapter 7	고전 문법	159

언어와 국어

PART 1 문법·규정

제1절 언어

01 언어와 사고(思考)

1. **언어 우위론(합리주의)** : 언어는 인간의 <mark>선천적</mark> 기능이며 언어가 없이는 사고가 불가능하다.

2. **사고 우위론(경험주의)** : 언어는 인간이 교육을 통해 습득하는 <mark>후천적</mark> 기능이며 언어 이전에 사고가 존재한다.

3. **비고츠키(Vygotsky)의 상호 작용론** : 언어와 사고는 독립적 발달을 보이다가 점차 합쳐져, 사고는 언어로 표현되고 언어는 사고에 의해 논리성을 획득한다.

■ 합리주의와 경험주의의 근거
• 합리주의 : 침팬지가 아무리 영리하더라도 인간의 언어를 배울 수는 없다.
• 경험주의 : 우리는 가끔 언어로 표현하지 못할 감정을 느끼기도 한다.

• 경험주의(행동주의) = 언어는 후천적 습득이다.
  "생각-언어=말로 표현하지 못할 생각이나 느낌이 존재한다."
• 합리주의 = 언어는 인간만의 선험적 지식과 능력이다.
  "생각-언어=∅", "인간은 언어를 전제로 생각을 한다."

🔔 **알아 두기**

시간 관련어의 어순(배열 순서)
시간 관련어의 어순은 기본적으로 생각의 순서를 반영한다. 문법적으로 대등한 자격을 가진 요소들이 나란히 배열될 때는 일정한 원칙이 있다.
1. 기준(발화시)이 없을 때는 자연 시간의 순서에 따른다. 예 봄 - 여름 - 가을 - 겨울
2. 기준(발화시)이 있을 때는 가까운 것이 앞서고 멀어질수록 뒤로 간다. 예 생사(살다 - 죽다)
3. 이동이나 상태의 변화를 나타내는 동사는 시간적으로 먼저 일어날 것이 앞선다. 예 나들이(나다 - 들다)
4. 특별히 강조하거나 초점이 놓이면 시간적 순서가 반대가 된다. 예 알아듣다(알다 - 듣다), 사활(죽다 - 살다)

■ 도상성
형식과 내용 간에 존재하는 유사성을 뜻한다.
• 순서적 도상성 : 시간적 순서나 우선성의 정도가 언어 구조에 반영
  예 출퇴근, 오르내리다, 앞뒤
• 거리적 도상성 : 개념적 거리(심리적 거리)와 언어적 거리가 비례 관계를 형성
  예 아버지 - 할아버지 - 증조할아버지

02 언어의 특성(特性)

1. <mark>기호성(記號性)</mark> = 이원성(二元性)
   언어는 의사소통을 위한 '상징 기호'이다. 언어는 <mark>개념</mark>(구체적인 사물에 해당하는 지시 대상의 속성이나 공통적 요소를 추상한 내용)과 <mark>기호</mark>(개념을 표현한 수단인 형식)로 이루어진다.

■ 기호의 정의
'생각을 전달하는 수단'을 통틀어 '기호'라고 한다.

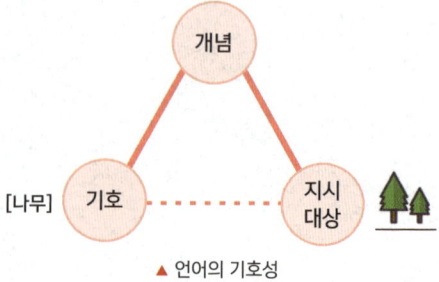

▲ 언어의 기호성

2. 자의성(恣意性) = 임의성(任意性)

    언어의 형식인 음성과 내용인 의미는 필연적인 관계가 아니라 자의적이고 임의적인 관계에 있다. 이는 소리의 체계와 의미의 체계가 독립되어 있다는 이원성(기호성)과 깊은 관련이 있다. 그러나 동물의 언어에서는 표현과 내용이 분리되지 않으며 이들의 관계는 일원적이다.

    (1) 언어마다 같은 뜻을 표현하는 말소리가 다르고, 같은 언어의 방언 사이에도 차이가 있다.

    (2) 음성과 의미가 1:1로 대응하지 않는 동음이의어와 동의어가 있다.
    예 동음이의어 : 말[言] - 말[馬] - 말[斗]
        동의어 : 범 - 호랑이(虎狼이)

    (3) 언어는 시간의 흐름에 따라 변할 수 있다. (역사성)

    (4) 같은 언어를 사용하는 사람들 사이에는 약속이 필요하다. (사회성)

    (5) 궁극적인 어원은 밝히기 어렵다.
    예 '희다', '푸르다', '붉다'는 '해', '풀', '불'에서 비롯되었지만, '해', '풀', '불'의 어원은 더 이상 추적할 수 없다.

■ 자의성이 약한 경우
의성어와 의태어의 경우에 자의성이 상대적으로 약하게 작용하지만 언어의 자의성의 범주를 완전히 뛰어넘는 것은 아니다.
예 병아리가 우는 소리를 흉내낼 때 '꼬끼오'라 할 수는 없다.
예 느릿하게 움직이는 모양을 '허둥지둥'이라 하면 자연스럽지 않다.

3. 사회성(社會性) = 불역성(不易性), 불변성(不變性)

    언어는 그 언어를 사용하는 사람들(언중) 사이의 약속이기 때문에 개인이 함부로 바꿀 수 없다. 개인적으로 의미와 형식의 연결을 왜곡하면 언어가 의사소통 도구의 자격을 잃게 된다.
    예 원어로는 '셀룰러폰'이라 하지만, 우리 사회에서는 '핸드폰'이라는 말이 더 널리 쓰인다.

■ 언중(言衆)
동일한 언어를 사용하는 사람들의 무리

4. 역사성(歷史性) = 가역성(可易性), 가변성(可變性)

    언어는 시간의 흐름에 따라 신생·성장·사멸의 과정을 겪으면서, 소리나 의미, 형식적 문법 요소에 변화가 생기기도 한다.
    예 말의 생성과 소멸 : 컴퓨터, 비행기, 우주선 / 어사, 즈믄(千), 뫼(山)
        소리의 변화 : 여름(15세기의 발음은 '녀름'), 열매(15세기의 발음은 '여름')
        의미의 변천 : 어엿브다(불쌍하다 ⇨ 예쁘다), 어리다(어리석다 ⇨ 나이가 적다)
        문법의 변화 : 중세 국어에 없던 주격 조사 '가'가 근대 국어에 생김.

■ 언어의 역사성
어휘의 측면에서 제일 두드러지고, 통사적(문법적) 측면에서 가장 약하게 나타난다.

5. 분절성(分節性) = 불연속성(不連續性)

    언어는 연속적으로 이어져 있는 현실 세계를 불연속적인 것으로 쪼개어 표현한다. 또한, 단어와 단어 사이가 분절되는 것이나 자음과 모음이 나누어지는 것도 분절성에 해당한다.
    예 외적 분절성 : '뺨, 턱, 이마' 사이에 정확한 구획이 있는 것이 아니다.
        내적 분절성 : 감기 - ㄱ / ㅏ / ㅁ // ㄱ / ㅣ

6. 체계성(體系性) = 법칙성(法則性), 규칙성(規則性)

언어 기호가 모여서 일정한 의미를 전달할 때, 기호들은 <u>하나의 체계</u>를 이루고 <u>일정한 규칙</u>에 따라 배열되며 <u>일정한 질서</u> 아래 실현된다. 음운 조직, 어휘 체계 등이 모두 언어의 체계적 단위들이다.

> 예) 나는 어제 나래를 보러 갔다. (○) / 나는 어제 나래를 보러 가겠다. (×)
> 나는 나래 수업을 즐겼다. (○) / 즐겼다 나래 수업을 나는. (×)

7. 개방성(開放性) = 창조성(創造性), 생산성(生産性)

인간은 무한히 많은 문장을 만들고 이해할 수 있으며, 긴 문장을 만들어 낼 수도 있다. 또한, 언어를 통해서 상상의 산물이나 관념적이고 추상적인 개념까지도 <u>무한하게 창조적으로</u> 표현할 수 있다.

> 예) 상상의 산물 : 유니콘, 악마, 천사
> 추상적 산물 : 정의, 선

8. 추상성(抽象性)

언어의 개념은 동일한 부류의 사물들에서 공통적 속성을 뽑아내는 <u>추상화의 과정</u>을 통해 형성된다. 다만 '세종, 이율곡' 등과 같은 <u>고유 명사</u>들은 지시 대상이 하나이기 때문에 추상화의 과정을 거치지 않는다.

> 예) 개, 소, 말, 사자 ⇨ 태생이고 어미의 젖을 먹고 자람. ⇨ 포유류

■ **고유 명사**
낱낱의 특정한 사물이나 사람을 다른 것들과 구별하여 부르기 위하여 고유의 기호를 붙인 이름이다. 세상에서 유일하게 존재하는 '해, 달' 따위는 다른 것과 구별할 필요가 없기 때문에 고유 명사에 속하지 않는 반면, '홍길동'과 같은 인명은 동명이인(同名異人)이 있는 경우라도 고유 명사에 속한다. 한편 '홍길동'이 신비한 능력이 있는 사람을 의미하게 되는 경우라면 고유 명사가 아니라 보통 명사화한 것으로 간주된다.

03 언어의 기능

▲ 언어의 기능

1. 표현의 기능 = 정보 전달의 기능, 지시(指示)적 기능

말하는 이가 현실 세계에 대한 사실적인 판단이나 듣는 사람 또는 지시 대상에 대한 자신의 태도, 자신의 판단에 대한 확신성 여부 등을 <u>전달하는 기능</u>을 말한다.

> 예) 이 쌀의 무게는 20kg이다. (화자의 사실적 판단)
> 이 만화는 참 재미있다. (지시 대상에 대한 화자의 태도)
> 영희는 피아노 연습을 하지 않은 것 같다. (자신의 판단에 대한 확신성 여부)

2. **지령적 기능** = 감화(感化)적 기능, 명령적 기능

   듣는 사람이 말하는 사람에게 감화되어 특정 행동을 하거나 하지 않도록 하는 기능이다. 주로 명령문, 청유문의 형태로 실현되지만, 그 밖에 표어, 광고문, 선거 연설, 교통 표지판, 법률 등에서도 나타난다.

   (1) 직접 지령 : 명령문, 청유문
   > 예) 어서 학원에 가거라. (명령문)
   > 빨리 집으로 가자. (청유문)

   (2) 간접 지령 : 명령문과 청유문 외(표어, 광고문, 선거 연설, 교통 표지판 등)
   > 예) 이 세탁기는 성능과 디자인이 아주 좋습니다. (광고문)
   > 그녀는 청렴하고 정직한 정치인입니다. (선거 연설)

   > ■ 지령적 기능과 표현의 기능의 차이
   > '지령적 기능'은 넓은 의미에서 보면 '표현의 기능'과 별반 다르지 않으나, 이는 듣는 이에게 감화 작용(좋은 영향을 받아 생각이나 감정 따위가 바람직하게 변화하는 것)을 하여 실제 행동에 옮기도록 한다는 점에서 차이가 있다.

3. **친교적 기능** = 사교적 기능

   말하는 사람이 듣는 사람과 친근한 관계임을 확인하는 기능이다. 언어의 의미보다는 발화 상황이 중시된다. 예를 들어 의례적인 인사말을 주고받는 경우가 이에 해당된다.
   > 예) 식사하셨습니까? 날씨가 참 화창하군요.

4. **표출적 기능** = 정서적 기능

   말하는 사람이 표현이나 전달 의도가 없이 거의 본능적으로 내부 상태나 정신 작용을 드러내는 기능이다. 감탄사가 대표적인 예이다.
   > 예) 에구머니나! 아이구, 아파!

   > ■ 표현의 기능과 표출적 기능
   > '표현의 기능'은 듣는 이를 염두, '표출적 기능'은 듣는 이를 전혀 의식하지 않는 기능이다. 따라서 이 둘의 차이를 드러내는 가장 중요한 요소는 '발화 의도'에 있다.

5. **지식·정보 보존 기능**

   언어를 통해서 지식이나 정보를 보존하고 축적하는 기능으로, 전달 기능과도 밀접한 관련이 있다. 언어를 문자 언어로 기록하거나 음성 언어를 녹음하는 등의 방법으로 지식이나 정보의 보존에서 시·공간적 제약에서 벗어나게 하였다.

6. **관어적(關語的) 기능**

   언어가 언어끼리 관계하고 있는 기능이다. 이는 새로운 어휘를 습득하고 외국어를 배우며 특정한 지식을 체계화할 때 중요한 역할을 한다.
   > 예) 영어의 'father'은 우리말로 '아버지'라는 말이다.

7. **심미적(審美的) 기능** = 미학적(美學的) 기능, 시적(詩的) 기능, 미적(美的) 기능

   말하는 사람이 전달하려는 메시지를 의식적이든 무의식적이든 발음하기 아름답게 다듬어 표현하려는 기능이다.
   > 예) '바둑이와 순이'보다는 '순이와 바둑이'. (음절 수가 적은 단어부터 말하는 것)
   > 원숭이 엉덩이는 빨개, 빨가면 사과, 사과는 맛있어, 맛있으면 바나나. (연쇄법)

04 국어의 문자(한글)

1. 문자의 종류와 발달 단계

표의 문자	→	표음 문자		
		음절 문자	→ 음운 문자 →	음소 문자

한글은 자음, 모음 등으로 음절을 분석할 수 있는 음소 문자에 속한다.

■ 표의 문자(表意文字)
하나하나의 글자가 언어의 음과 상관 없이 일정한 뜻을 나타내는 문자
예 한자(漢子)

■ 표음 문자(表音文字)
말소리를 그대로 기호로 나타낸 문자
예 한글, 로마자, 아라비아 문자

2. 한글의 여러 명칭

(1) 훈민정음과 정음(正音), 언문(諺文)은 세종 때부터 우리 글자를 지칭하는 말로 쓰임.
(2) '반절(反切)'이란 명칭은 《훈몽자회》(중종, 1527년)에서 처음 등장한 용어
(3) '국문(國文)'이란 명칭은 갑오개혁 후 근대화 과정에서 민족의식의 각성과 더불어 나타난 명칭
(4) '한글'은 주시경 선생이 1913년 최초로 명명(命名)한 것

3. 한글 자음의 명칭

자음	ㄱ	ㄴ	ㄷ	ㄹ	ㅁ	ㅂ	ㅅ
명칭	기역	니은	디귿	리을	미음	비읍	시옷
자음	ㅇ	ㅈ	ㅊ	ㅋ	ㅌ	ㅍ	ㅎ
명칭	이응	지읒	치읓	키읔	티읕	피읖	히읗

■ 자음 순서의 특징
• 된소리는 기본 자음 뒤
• 거센소리는 맨 뒤에 모임
• 거센소리는 'ㅊ'이 맨 앞
• 'ㅎ'은 맨 뒤

■ 모음 순서의 특징
• 기본 모음 뒤에 + 'ㅣ'
• ㅗ, ㅘ, ㅙ, ㅚ(3)
• ㅜ, ㅝ, ㅞ, ㅟ(3)
• ㅛ/ㅠ(+0)
• ㅡ, (ㅢ), ㅣ

사전에 올릴 때의 자모 순서
• 자음: ㄱ, ㄲ, ㄴ, ㄷ, ㄸ, ㄹ, ㅁ, ㅂ, ㅃ, ㅅ, ㅆ, ㅇ, ㅈ, ㅉ, ㅊ, ㅋ, ㅌ, ㅍ, ㅎ
• 모음: ㅏ, ㅐ, ㅑ, ㅒ, ㅓ, ㅔ, ㅕ, ㅖ, ㅗ, ㅘ, ㅙ, ㅚ, ㅛ, ㅜ, ㅝ, ㅞ, ㅟ, ㅠ, ㅡ, ㅢ, ㅣ
• 겹받침 포함 받침: ㄱ, ㄲ, ㄳ, ㄴ, ㄵ, ㄶ, ㄷ, ㄹ, ㄺ, ㄻ, ㄼ, ㄽ, ㄾ, ㄿ, ㅀ, ㅁ, ㅂ, ㅄ, ㅅ, ㅆ, ㅇ, ㅈ, ㅊ, ㅋ, ㅌ, ㅍ, ㅎ

소리

PART 1 문법·규정

제1절 음운의 체계와 변동

01 음운(音韻)의 체계

1. 음운의 개념
공통적인 요소만을 뽑아서 머릿속에서 같은 소리로 인식하는 <u>추상적인</u> 말소리가 음운(音韻)이다. 따라서 음운은 말의 <mark>뜻</mark>을 구별해 주는 소리의 가장 작은 단위이다.

■ **최소 대립쌍**
최소한의 음소로 의미가 달라진 단어의 쌍
예) 곰-봄, 곰-공, 공-궁

2. 음운의 종류

```
         ┌─ 음소(音素) = 분절(分節) 음운 : 자음과 모음(총 40개)
음운 ────┤
         └─ 운소(韻素) = 비분절(非分節) 음운 : 장단, 고저, 강약
```
▲ 음운의 종류

■ **상보적(相補的) 분포**
= **배타적(排他的) 분포**
한 쌍의 언어음이나 언어 형식에서, 어느 한쪽은 다른 한쪽이 결코 나타나지 않는 환경에서만 나타나는 일

📒 질의 응답 엿보기

Q. 음운의 개수를 셀 때 그 기준이 무엇인가요?

A. 음운이란 말의 뜻을 구별하여 주는 가장 작은 소리의 단위로, 이에는 자음과 모음, 소리의 길이, 소리의 높낮이, 소리의 세기 등이 있습니다. 소리의 길이와 높낮이, 세기 등은 의미의 분화를 가져오는 음운이기는 하나 음운의 개수를 따질 때는 그 경계가 모호하므로 그 개수에서는 제외된다는 점에 유의해야 합니다.
 예) 없어요 : '없다'는 [업ː따]로 발음하므로 '없어요'는 [업ː써요]라고 길게 발음합니다. 이러한 경우 첫소리의 'ㅇ'은 음가가 없습니다. 따라서 첫소리 'ㅇ'은 '음운'이 아니고 소리의 길이 역시 음운의 개수에 포함하지 않습니다. 즉, '없어요'를 'ㅓ, ㅂ, ㅆ, ㅓ, (ㅣ+ㅗ)'의 여섯 개 음운을 가진 단어로 본다는 것입니다.

음운의 개수를 따질 때는 다음과 같은 사항에 유의해야 합니다.
㉠ 받침의 'ㅇ'은 음운이나 초성의 'ㅇ'은 발음이 나지 않으므로 음운이 아니다.
㉡ 사이시옷은 단순한 소리 부호일 뿐이므로 음운의 수에도, 형태소의 수에도 포함되지 않는다.
㉢ 현재 학교 문법은 이중 모음을 두 개의 음운으로 본다. (하나로 보는 관점도 있음)
 참고로 '국화, 촛불'의 음운은 각각 몇 개인가를 보도록 하지요.
• 국화 : [구콰]로 발음되므로 'ㄱ, ㅜ, ㅋ, (ㅗ+ㅏ)'의 다섯 개 음운으로 되어 있습니다.
• 촛불 : [초뿔/촏뿔]로 발음되나 사이시옷은 음운의 숫자에서 빼므로 'ㅊ, ㅗ, ㅃ, ㅜ, ㄹ'의 다섯 개 음운으로 되어 있습니다.

■ **운소(韻素)**
말소리의 한 부분을 이루는 것으로 <mark>길이, 높이, 세기, 억양</mark> 등을 말한다. 이들은 단독으로 실현되지 못하고 분절음, 특히 모음에 얹혀서 실현되는 경우가 많은데, 이런 특성 때문에 이들을 '초분절음' 혹은 '비분절음'이라고 한다. '음운'은 바로 '음소'와 '운소'를 함께 가리키는 말이다.

3. 모음과 자음

1) 모음(母音) (단모음 10개 + 이중 모음 11개)

모음의 소리는 목청을 떨면서 난 소리가 목 안과 입안을 통과할 때 만들어지는 공깃길의 모양으로 결정된다.

(1) 소리 나는(혀의 전후) 위치에 따라
① 전설 모음(前舌母音) : 입천장의 중간점을 기준으로 혀의 최고점이 앞쪽에 있을 때에 발음되는 모음
② 후설 모음(後舌母音) : 혀의 최고점이 뒤쪽에 있을 때에 발음되는 모음

(2) 혀의 높낮이(입을 벌리는 정도)에 따라
① 고모음(高母音) = 폐모음(閉母音) : 입이 조금 열려서 혀의 위치가 가장 높은 모음
② 중모음(中母音) : 고모음보다 입이 더 열려서 혀의 위치가 중간인 모음
③ 저모음(低母音) = 개모음(開母音) : 입이 크게 열려서 혀의 위치가 가장 낮은 모음

(3) 입술 모양에 따라
① 원순 모음(圓脣母音) : 발음할 때에 입술을 둥글게 오므려 내는 모음
② 평순 모음(平脣母音) : 발음할 때에 입술을 평평하게 하여 내는 모음

(4) 소리의 변화 유형에 따라
① 단모음(單母音) : 발음하는 도중에 입술이나 혀가 고정되어 움직이지 않는 모음

▶ 현대 국어의 단모음 체계

혀의 앞뒤 입술의 모양 혀의 높이	전설 모음		후설 모음	
	평순	원순	평순	원순
고모음	ㅣ	ㅟ	ㅡ	ㅜ
중모음	ㅔ	ㅚ	ㅓ	ㅗ
저모음	ㅐ		ㅏ	

② 이중 모음(二重母音) : 혀가 일정한 자리에서 시작하여 다른 자리로 옮겨 가면서 발음되는 모음(발음하는 동안 혀의 위치와 입술의 모양이 변하는 모음)

🔔 **알아 두기**

이중 모음의 체계
- 상향 이중 모음 : 반모음이 앞에 오고 단모음이 뒤에 오는 이중 모음
- 하향 이중 모음 : 단모음이 앞에 오고 반모음이 뒤에 오는 이중 모음

상향 이중 모음	반모음 'ĭ(j)' + 단모음	ㅑ, ㅕ, ㅛ, ㅠ, ㅒ, ㅖ
	반모음 'ㅗ/ㅜ(w)' + 단모음	ㅘ, ㅙ, ㅝ, ㅞ
하향 이중 모음	단모음 + 반모음 'ĭ(j)'	ㅢ

■ **이중 모음(二重母音)**
- 반모음과 단모음의 결합으로 이루어졌다.
- 혀가 'ㅣ'의 자리에서 다음 자리로 옮겨 갈 때에 발음되는 반모음은 '반모음 ĭ(j)'이고, 'ㅗ/ㅜ'의 자리에서 다른 자리로 옮겨 갈 때에 발음되는 반모음은 '반모음 ㅗ/ㅜ(w)'이다.

■ **반모음(半母音)의 특성**
- 반드시 다른 모음에 붙어야 발음될 수 있다.
- 스스로 음절을 이루지 못하므로 온전한 모음이 되지는 못한다.

2) 자음(子音) (기본 자음 14개 + 된소리 5개)

자음은 공깃길의 어느 지점을 막거나 좁혀서 공기의 흐름을 방해하며 내는 소리이다.

(1) 소리를 내는 위치에 따라
   ① 입술소리[순음(脣音)] : 두 입술 사이에서 나는 소리
   ② 잇몸소리[치조음(齒槽音)] : 혀끝이 윗잇몸에 닿아서 나는 소리
   ③ 센입천장소리[경구개음(硬口蓋音)] : 혓바닥과 센입천장 사이에서 나는 소리
   ④ 여린입천장소리[연구개음(軟口蓋音)] : 혀의 뒷부분과 여린입천장 사이에서 나는 소리
   ⑤ 목청소리[후음(喉音)] : 목청 사이에서 나는 소리

(2) 소리를 내는 방법에 따라
   ① 파열음(破裂音) : 공기의 흐름을 막았다가 그 막은 자리를 터뜨리면서 내는 소리
   ② 마찰음(摩擦音) : 입안이나 목청 사이의 통로를 좁히고, 공기를 그 좁은 틈 사이로 내보내어 마찰을 일으키면서 내는 소리
   ③ 파찰음(破擦音) : 공기를 막았다가 서서히 터뜨리면서 마찰을 일으켜 내는 소리
   ④ 비음(鼻音) : 입안의 통로를 막고 코로 공기를 내보내면서 내는 소리
   ⑤ 유음(流音) : 혀끝을 윗잇몸에 댄 채 공기를 그 양 옆으로 흘려 내보내면서 내는 소리

(3) 목청 울림 유무에 따라
   ① 울림소리[유성음(有聲音)] : 발음할 때에 목청의 떨림이 있는 소리
   ② 안울림소리[무성음(無聲音)] : 발음할 때에 목청의 떨림이 없는 소리

(4) 소리의 세기에 따라
   ① 예사소리(평음) : 구강 내부의 기압 및 발음 기관의 긴장도가 낮아 약하게 파열되는 음
   ② 된소리(경음) : 후두 근육을 긴장하거나 성문(성대 사이의 틈)을 폐쇄하여 내는 음
   ③ 거센소리(격음·유기음) : 숨이 거세게 나오는 파열음

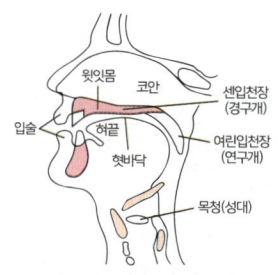
▲ 발음 기관 단면도

■ 파열음(破裂音)의 명칭
'파열음'은 막혔던 공깃길을 터뜨려 연다는 점 때문에 붙여진 이름인데, '공깃길을 막아서 내는 소리'라는 점을 중시하여 '폐쇄음'이라고 부르기도 한다.

■ 모음은 모두 울림소리이다.

■ 국립국어원은 'ㅎ'에 평음과 격음의 성격이 모두 있다고 하였고, 교과 문법에서는 예사소리로 취급한다.

▶ 현대 국어의 자음 체계

소리 내는 방법에 따라		소리 내는 위치에 따라	입술소리	잇몸소리	센입천장소리	여린입천장소리	목청소리
안울림소리	파열음	예사소리	ㅂ	ㄷ		ㄱ	
		된소리	ㅃ	ㄸ		ㄲ	
		거센소리	ㅍ	ㅌ		ㅋ	
	파찰음	예사소리			ㅈ		
		된소리			ㅉ		
		거센소리			ㅊ		
	마찰음	예사소리		ㅅ			ㅎ
		된소리		ㅆ			
울림소리	비음		ㅁ	ㄴ		ㅇ	
	유음			ㄹ			

02 음운의 변동

1. 음운의 변동의 개념

교체(交替)	축약(縮約)
특정 음운이 다른 음운으로 바뀌는 현상 XAY ⇨ XBY	두 음운이 하나로 줄어드는 현상 XABY ⇨ XCY
탈락(脫落)	**첨가(添加)**
두 음운 중에 하나의 음운이 없어지는 현상 XAY ⇨ XØY	형태소가 합성될 때 사이에 음운이 덧붙는 현상 XØY ⇨ XAY

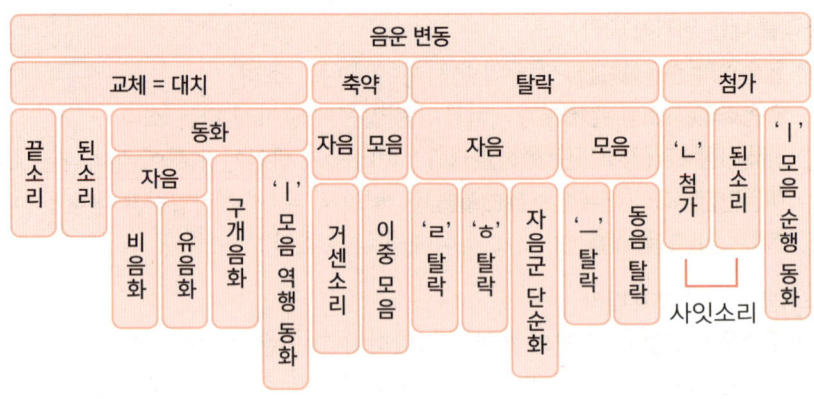

▲ 음운의 변동의 종류

(1) 음운의 교체(대치)

특정한 음운이 다른 음운으로 바뀌는 현상을 뜻한다.

① **음절의 끝소리 규칙**: 음절의 끝소리 자리(종성, 받침)에서 모든 자음이 'ㄱ, ㄴ, ㄷ, ㄹ, ㅁ, ㅂ, ㅇ' 중 하나로 소리 나는 현상을 말한다. 다시 말해, 자음 19개 중에서 'ㄱ, ㄴ, ㄷ, ㄹ, ㅁ, ㅂ, ㅇ'의 7개의 자음을 제외한 것들과 겹받침 소리의 자음 11개는 음절의 끝소리 자리에서 이 7개의 자음 중 하나로 바뀌어 발음된다.

㉠ 음절 끝소리 'ㅂ, ㅍ' ⇨ [ㅂ] 예 잎[입]
㉡ 음절 끝소리 'ㄷ, ㅌ, ㅅ, ㅆ, ㅈ, ㅊ, ㅎ' ⇨ [ㄷ] 예 낯[낟], 히읗[히읃]
㉢ 음절 끝소리 'ㄱ, ㄲ, ㅋ' ⇨ [ㄱ] 예 밖[박]

② **자음 동화(子音同化)**: 음절의 끝 자음이 그 뒤에 오는 자음과 만날 때, 어느 한쪽이 다른 쪽 자음을 닮아서 그와 비슷한 성질을 가진 자음이나 같은 소리로 바뀌기도 하고, 양쪽이 서로 닮아서 두 소리가 다 바뀌기도 한다.

㉠ **비음화(鼻音化)**: 받침으로 쓰이는 파열음(ㄱ, ㄷ, ㅂ)이 비음(ㅁ, ㄴ) 앞에서 비음(ㅇ, ㄴ, ㅁ)으로 바뀌는 역행 비음화와, 비음(ㅁ, ㅇ) 뒤에서 유음(ㄹ)이 비음(ㄴ)으로 바뀌는 순행 비음화가 있다. 비음화의 결과 조음 위치의 변화는 없고 조음 방법만 바뀌어서 발음된다.

▶ **역행 비음화** 예 국물[궁물], 맏며느리[만며느리], 받는다[반는다], 밥물[밤물]

| 파열음
(ㄱ, ㄷ, ㅂ) | + | 비음
(ㄴ, ㅁ) | ⇨ | 비음
(ㄴ, ㅁ, ㅇ) | + | 비음
(ㄴ, ㅁ) |

▶ **순행 비음화** 예 담력[담ː녁], 침략[침ː냑], 강릉[강능]

| 비음
(ㅁ, ㅇ) | + | 유음
(ㄹ) | ⇨ | 비음
(ㅁ, ㅇ) | + | 비음
(ㄴ) |

■ **음절의 끝소리 규칙**
= 받침법칙, 종성법칙, 중화, 대표음화, 음절 말 평파열음화

■ **자음군 단순화**
겹받침 중 하나가 남아 발음되는 것은 자음군 단순화로, 탈락에 해당한다.
예 닭[닥]

■ **동화 작용에 따른 분류**

1. 동화의 방향에 따라
   • **순행** 동화: 앞의 음운의 영향을 받아서 뒤의 음운이 변함.
     예 종로[종노]
   • **역행** 동화: 뒤의 음운의 영향을 받아서 앞의 음운이 변함.
     예 신라[실라]
   • **상호** 동화: 앞, 뒤의 음운이 서로에게 영향을 미쳐서 모두 변함.
     예 독립[동닙]

2. 동화의 정도에 따라
   • **완전** 동화: 두 음운이 같은 소리로 발음됨. 예 밥물[밤물]
   • **불완전** 동화: 두 음운이 비슷한 소리로 발음됨. 예 국물[궁물]

▶ 상호 동화 예 막론[망논], 협력[혐녁]

ⓛ 유음화(流音化) : 'ㄴ'이 앞이나 뒤에 위치한 유음 'ㄹ'의 영향으로 발음이 'ㄹ'로 바뀌어서 소리 나는 현상을 유음화라고 한다.

ⓐ 순행적 유음화 예 달님[달림], 별나라[별:라라], 줄넘기[줄럼끼], 칼날[칼랄]

유음(ㄹ) + 비음(ㄴ) ⇨ 유음(ㄹ) + 유음(ㄹ)

ⓑ 역행적 유음화 예 난로[날:로], 천리[철리], 신라[실라]

■ 유음화의 예외
한자어 중에서 2음절의 어휘와 접미사적 성격을 지닌 한자가 결합할 때 'ㄴ'과 'ㄹ'이 만나지만 [ㄴㄴ]으로 발음되는 예들이 있다.
예 의견란[의:견난], 임진란[임:진난], 생산량[생산냥], 결단력[결딴녁] 등

③ 모음 동화(母音同化) : 모음 동화에는 앞 음절의 후설 모음이 뒤 음절 'ㅣ' 모음의 전설성에 이끌려 전설 모음으로 바뀌는 'ㅣ' 모음 역행 동화와 뒤 음절의 후설 모음이 앞 음절의 'ㅣ' 모음성에 이끌려 이중 모음 'ㅕ, ㅛ'로 바뀌는 'ㅣ' 모음 순행 동화가 있다. 단, 'ㅣ' 모음 순행 동화는 교체가 아니라 첨가로 본다.

• 'ㅣ' 모음 역행 동화(전설 모음화)

후설 모음 (ㅏ, ㅓ, ㅗ, ㅜ, ㅡ) + 전설 모음 (ㅣ) ⇨ 전설 모음 (ㅐ, ㅔ, ㅚ, ㅟ, ㅣ) + 전설 모음 (ㅣ)

'ㅣ' 모음 역행 동화는 비교적 널리 퍼져 있는 음운 변동이라 할 수 있다. 하지만 〈표준어 규정〉 제9항에서는 'ㅣ' 모음 역행 동화에 의한 발음을 표준으로 인정하지 않고 있다.
예 아지랑이 ⇨ [아지랭이 ×, 아지랑이 ○], 어미 ⇨ [에미 ×, 어미 ○], 아비 ⇨ [애비 ×, 아비 ○]

■ 표준어로 쓰이는 'ㅣ' 모음 역행 동화
'ㅣ' 모음 역행 동화가 일어난 단어들 중에서 표준어로 채택되어 쓰이는 낱말이 있다.
예 냄비, 멋-쟁이, 서울-내기, (불을) 댕기다, 동댕이치다

④ 구개음화(口蓋音化) : 끝소리가 'ㄷ, ㅌ'인 형태소가 모음 'ㅣ'나 'ㅑ, ㅕ, ㅛ, ㅠ'로 시작되는 형식 형태소와 만나면 그 'ㄷ, ㅌ'이 구개음 [ㅈ, ㅊ]이 되는 현상을 말한다. 구개음화는 자음이 모음의 성질을 닮아 변동하는 것이기 때문에 동화 현상에 속한다.
예 해돋이[해도지], 굳이[구지], 같이[가치], 끝이[끄치]

🔔 알아 두기
논이랑 밭이랑[노니랑 바치랑],
밭 + 이랑(밭의 고랑 사이에 흙을 높게 올려서 만든 두둑한 곳)[바치랑 ×, 반니랑 ○]

⑤ **된소리되기(경음화 현상)**
  ㉠ 받침 'ㄱ(ㄲ, ㅋ, ㄳ, ㄺ), ㄷ(ㅅ, ㅆ, ㅈ, ㅊ, ㅌ), ㅂ(ㅍ, ㄼ, ㄿ, ㅄ)' 뒤에 연결되는 예사소리는 예외 없이 된소리로 발음한다.
    - 예 옷고름[옫꼬름], 국밥[국빱], 덮개[덥깨], 넓죽하다[넙쭈카다]
  ㉡ [ㄹ]로 발음되는 어간 받침 'ㄼ, ㄾ'이나 관형사형 '-ㄹ' 뒤에 연결되는 예사소리는 된소리로 발음한다.
    - 예 넓게[널께], 핥다[할따], 할 것을[할꺼슬]
  ㉢ 끝소리가 'ㄴ(ㄵ), ㅁ(ㄻ)'인 용언 어간에 예사소리로 시작되는 활용 어미가 이어지면 그 소리는 된소리로 발음된다.
    - 예 신고[신ː꼬], 더듬지[더듬찌]

(2) 음운의 **첨가(添加)**
  ① '**ㄴ**' 소리가 첨가되는 경우
    ㉠ 합성어나 파생어에서 앞말이 자음으로 끝나고 뒷말의 첫 음절이 '이, 야, 여, 요, 유'로 시작하는 경우에는 뒷말의 초성 자리에 'ㄴ' 소리가 첨가되어 '니, 냐, 녀, 뇨, 뉴'로 발음될 수 있다. (〈표준 발음법〉 제29항)
      - 예 꽃+잎 ⇨ [꼰닙], 눈+요기 ⇨ [눈뇨기], 신-+여성 ⇨ [신녀성], 한-+여름[한녀름]
    ㉡ 합성어인 명사에서 앞말이 모음이고 뒷말이 'ㄴ, ㅁ'으로 시작되면 앞말의 받침에 'ㄴ' 소리가 첨가될 수 있다. (〈한글 맞춤법〉 제30항 관련)
      - 예 코+날 ⇨ 콧날[콘날], 수도 + 물 ⇨ 수돗물[수돈물]
    ㉢ 합성어인 명사에서 앞말이 모음이고 뒷말의 첫소리가 'ㅣ'나 '반모음 ĭ(j)'으로 시작될 때에는 'ㄴㄴ' 소리가 첨가될 수 있다. (〈한글 맞춤법〉 제30항 관련)
      - 예 나무+잎 ⇨ 나뭇잎[나문닙], 깨+잎 ⇨ 깻잎[깬닙]
    → ㉡과 ㉢의 경우 덧난 소리에 대해 사이시옷을 표기한다. (〈한글 맞춤법〉 제30항 관련)
  ② **된소리**가 나는 경우
    ㉠ **합성어**인 명사에서 앞말이 모음이고 뒷말의 첫소리가 안울림 예사소리이면, 뒤의 예사소리가 된소리로 변할 수 있다. (〈한글 맞춤법〉 제30항 관련)
      - 예 초+불 ⇨ 촛불[초뿔/촏뿔], 고개+짓 ⇨ [고개찓/고갣찓]
    → 이 경우 덧난 소리에 대해 사이시옷을 표기한다. (〈한글 맞춤법〉 제30항 관련)
      사이시옷은 본래 음운이 아니지만, 이 경우 사이시옷을 대표음화하여 발음하는 것을 허용한다.
    ㉡ 표기상으로는 사이시옷이 없더라도, 관형적 기능을 지니는 사이시옷이 있어야 할(휴지가 성립되는) **합성어**의 경우에는 뒤 단어의 첫소리 'ㄱ, ㄷ, ㅂ, ㅅ, ㅈ'을 된소리로 발음한다. (〈표준 발음법〉 제28항)
      - 예 문+고리 ⇨ 문고리[문꼬리], 눈+동자 ⇨ 눈동자[눈똥자], 길+가 ⇨ 길가[길까], 술+잔 ⇨ [술짠], 아침+밥 ⇨ 아침밥[아침빱], 잠+자리 ⇨ 잠자리[잠짜리], 강+가 ⇨ 강가[강까], 등+불 ⇨ 등불[등뿔]

■ **사잇소리 현상은 수의적 현상**
예외가 많은 수의적 현상의 일종이므로 동일한 음운 조건임에도 사잇소리 현상이 적용되기도 하고 적용되지 않기도 한다.
- 예 혼잣말[혼잔말] – 인사말[인사말]

③ 'ㅣ' 모음 순행 동화(반모음 첨가)

| 전설 모음
(ㅣ) | + | 후설 모음
(ㅓ, ㅗ) | ⇨ | 전설 모음
(ㅣ) | + | 전설 모음
(ㅕ, ㅛ) |

모음으로 끝난 어간에 모음으로 시작되는 어미가 결합될 때 나타나는 모음 충돌을 피하기 위한 'ㅣ' 모음 순행 동화의 발음은 표준 발음으로 허용하고 있다.(표준 발음법 제22항)

예 되어 ⇨ [되어/되여], 피어 ⇨ [피어/피여], 이오 ⇨ [이오/이요], 아니오 ⇨ [아니오/아니요]

■ 'ㅣ' 모음 순행 동화의 허용
학교 문법에서는 'ㅣ' 모음 순행 동화에 대하여 '되어, 피어, -이오, 아니오'만 인정하였으나, 표준국어대사전에서는 모두 허용하고 있다.

■ 'ㅣ' 모음 역행 동화와 순행 동화의 차이
• 후설 모음이 전설 모음으로 바뀌는 'ㅣ' 모음 역행 동화
  ⇨ 교체 = 대치
• 후설 모음에 반모음이 첨가되어 이중 모음이 되는 'ㅣ' 모음 순행 동화
  ⇨ 첨가

(3) 음운의 축약(縮約)과 탈락(脫落)

① 음운의 축약(縮約) : 인접한 두 음운이 합쳐져서 하나의 음운으로 줄어드는 것을 축약이라고 하며 이에는 '자음 축약(거센소리되기)'과 '모음 축약'이 있다.

㉠ 자음 축약(거센소리되기, 유기음화, 격음화) : 'ㄱ, ㄷ, ㅂ, ㅈ'이 'ㅎ'과 만나 거센소리인 'ㅋ, ㅌ, ㅍ, ㅊ'으로 발음되는 현상을 뜻한다.

| 예사소리
(ㄱ, ㄷ, ㅂ, ㅈ) | + | ㅎ | ⇨ | 거센소리
(ㅋ, ㅌ, ㅍ, ㅊ) |

예 국화[구콰], 맏형[마텽], 닫히다[다치다], 입학[이팍]

㉡ 모음 축약(반모음화) : 단모음 'ㅣ'나 'ㅗ, ㅜ'가 반모음으로 교체된 뒤 다른 모음과 결합하여 이중 모음을 이루는 현상을 뜻한다. 이때 어느 하나의 모음은 반모음으로 바뀌기 때문에 교체로 보는 관점에서는 반모음화라고도 한다.

예 보+아 ⇨ 봐[봐:], 뜨이다 ⇨ 띄다[띠:다], 오+아서 ⇨ 와서[와서]

■ 자음 축약을 일으키는 'ㅎ'
'ㅎ'은 중세에는 거센소리였다. 과거 거센소리였던 자질이 남아 거센소리되기를 일으키는 것이다.

■ 겹받침 자음일 때의 자음 축약
'앉기'를 [안키]로 발음할 때, 뒤의 'ㄱ'이 앞의 'ㅎ'과 축약되어 'ㅋ' 발음이 나는데, 이를 자음군 단순화나 음절의 끝소리 규칙으로 설명하면 안 된다.

② 음운의 탈락(脫落) : 인접한 두 음이 마주칠 때 그 가운데 한 음운이 사라져 소리가 나지 않는 현상을 탈락이라고 한다.

㉠ 자음군 단순화 : 음절의 끝에 두 개의 자음이 올 때, 이 중에서 한 자음이 탈락하는 현상을 의미한다.

ⓐ 'ㄳ, ㄵ, ㄶ, ㄽ, ㄾ, ㅀ, ㅄ'은 첫째 자음만 발음된다.
예 넋[넉], 앉다[안따], 곬[골], 핥다[할따], 값[갑]

ⓑ 'ㄻ, ㄿ'은 둘째 자음만 발음된다.
예 앎[암:], 읊다[읍따]

ⓒ 'ㄺ, ㄼ'은 불규칙적이다.
예 닭[닥], 맑다[막따], 맑고[말꼬]
→ 겹받침 'ㄺ'은 어말 또는 자음 앞에서 [ㄱ]으로 발음하나, 'ㄺ'이 용언의 어간 말음일 경우 'ㄱ' 앞에서 [ㄹ]로 발음한다.
예 밟다[밥:따], 넓다[널따], 넓둥글다[넙뚱글다], 넓적하다[넙쩌카다]
→ '밟-'은 자음 앞에서 [밥:]으로 발음한다. 또한 '넓다'의 경우 [널]로 발음하여야 하나, 파생어나 합성어의 경우에 '넓'으로 표기된 것은 [넙]으로 발음한다.

■ 체언에서 'ㄺ'의 발음
흙과[흑꽈] : 용언의 어간과 어미 사이에서와 달리 체언에서는 'ㄺ'을 'ㄱ'으로 발음한다.

■ 어간 말음 'ㄹ'의 탈락
살다 : 살-+-는 ⇨ 사는
　　　살-+-노라면 ⇨ 사노라면
　　　살-+-ㅂ니다 ⇨ 삽니다.
　　　살-+-세요 ⇨ 사세요.
　　　살-+-오 ⇨ 사오.
　　　살-+-ㄹ∨사람 ⇨ 살 사람

■ 어간 모음 'ㅡ'의 탈락
들르다 : 들르-+-어서 ⇨ 들러서

■ 양성 모음과 음성 모음
• 양성 모음 : 밝고 작고 가벼운 느낌을 주는 'ㅏ, ㅗ' 계열의 모음
• 음성 모음 : 어둡고 크고 무거운 느낌을 주는 'ㅓ, ㅜ' 계열의 모음

■ 모음 조화가 파괴된 단어들
• 깡충깡충, 오순도순(오손도손 – 복수 표준어), 오뚝이, 오뚝하다, 소꿉질, 소꿉놀이, 단출하다 등
• 'ㅂ' 불규칙 형용사 : 가까워, 아름다워 등

■ 전설 모음화가 일어나지 않은 단어
으스대다(○), 으시대다(×)

ⓛ 'ㄹ' 탈락 : 합성어나 파생어에서 앞말의 받침 'ㄹ'이 'ㄴ, ㄷ, ㅅ, ㅈ' 앞에서 탈락하거나 'ㄹ' 규칙 용언에서 어간의 받침 'ㄹ'이 그 뒤의 어미 'ㄴ, ㅂ, ㅅ, -오, -오니' 앞에서 탈락하는 현상('ㄹ' 규칙 활용)으로, 표기에 반영한다.
　예 • 솔+나무 ⇨ 소나무, 달+달+-이 ⇨ 다달이, 물+소 ⇨ 무소, 바늘+-질 ⇨ 바느질
　　 • 만들-+-니 ⇨ 만드니, 만들-+-ㅂ니다 ⇨ 만듭니다, 만들-+-시오 ⇨ 만드시오, 만들-+-오 ⇨ 만드오

ⓒ 'ㅎ' 탈락 : 용언의 어간 말 자음 'ㅎ'이 모음으로 시작하는 어미나 접사 앞에서 탈락하는 현상으로, 표기에는 반영하지 않는다.
　예 좋-+-은 ⇨ 좋은[조ː은], 않-+-아 ⇨ 않아[아나], 싫-+-으면 ⇨ 싫으면[시르면]

ⓔ 'ㅡ' 탈락 : 'ㅡ'가 'ㅓ/ㅏ'로 시작하는 어미 앞이나 모음 앞에서 탈락하는 현상을 의미한다.
　예 크-+-어서 ⇨ 커서[커서], 담그-+-아도 ⇨ 담가도[담가도], 치르-+-어 ⇨ 치러[치러]

ⓜ 동음 탈락('ㅏ', 'ㅓ' 탈락) : 앞말의 모음과 뒷말의 모음이 같은 모음일 때 탈락이 일어나는 현상이다.
　예 가-+-아서 ⇨ 가서[가서], 가-+-았-+-다 ⇨ 갔다[갇따], 켜-+-어서 ⇨ 켜서[켜서]

> 🔔 **알아 두기**
>
> **음운의 변천**
>
> 1. **모음 조화**(母音調和) : 양성 모음은 양성 모음끼리, 음성 모음은 음성 모음끼리 어울리는 현상
>   ① 용언의 어간에 결합하는 어미 　예 깎아/꺾어, 놓아/넣어, 막아라/먹어라, 잡았다/접었다
>   ② 음성 상징어(의성 부사, 의태 부사) 　예 솔솔/술술, 찰찰/철철
> 2. **원순 모음화**(圓脣母音化) : 'ㅁ, ㅂ, ㅍ'의 영향으로 평순 모음인 'ㅡ'가 원순 모음인 'ㅜ'로 바뀌는 현상
>   예 믈 ⇨ 물, 블 ⇨ 불, 플 ⇨ 풀, 더브러 ⇨ 더불어, 스믈 ⇨ 스물
> 3. **전설 모음화**(前舌母音化) : 'ㅅ, ㅈ, ㅊ'의 밑에 있는 후설 모음인 'ㅡ'가 전설 모음인 'ㅣ'로 변하는 현상
>   예 즛 ⇨ 짓, 츰 ⇨ 침, 거츨다 ⇨ 거칠다, 아츰 ⇨ 아침, 나즈막하다 ⇨ 나지막하다
> 4. **활음조**(滑音調, 유포니 현상) : 매끄럽고 편하게 발음하기 위해 유음을 활용하는 현상
>   예 희노(喜怒) ⇨ 희로, 허낙(許諾) ⇨ 허락, 한나산 ⇨ 한라산, 폐염 ⇨ 폐렴, 지이산 ⇨ 지리산
> 5. **이화**(異化) **현상** : 서로 같거나 비슷한 소리 중 하나를 다른 소리로 바꾸는 현상
>   예 나모 ⇨ 나무, 거붑 ⇨ 거북
> 6. **유추**(類推) : 기억의 편의를 위하여 혼란한 어형은 기준형으로 통일하려는 현상
>   예 사올 ⇨ 사흘, 나올 ⇨ 나흘 (기준형 '열흘')
>   　서르 ⇨ 서로(부사는 대체로 '-로'로 끝남.)
> 7. **단모음화** : 'ㅣ' 선행 모음의 이중 모음이 단모음으로 바뀌는 현상
>   예 샤공 ⇨ 사공, 셤 ⇨ 섬, 쇼 ⇨ 소
> 8. **오분석** : 말의 구조를 잘못 분석하여 어형의 변화를 가져온 현상
>   예 낚시 : 낛(명사) + ㅣ(조사) ⇨ '낙시'가 하나의 명사로 굳어짐.
>   　파리 : 풀(명사) + ㅣ(조사) ⇨ '푸리'가 하나의 명사로 굳어짐.
> 9. **부정 회귀** : 구개음화의 역작용
>   예 질쌈 ⇨ 길쌈, 딤치 ⇨ 김치
> 10. **민간 어원설**(民間語源說) : 음운의 유사성을 바탕으로 하여 억지로 맞추어 꾸며 낸 어원
>   예 행주치마 : 행자 스님의 치마(행자치마)를 행주산성 미담과 연결
>   　 황소 : '한쇼(큰 소)'를 '황(黃)소'로 오해
>   　 우레 : 고유어인데 '우뢰(비[雨], 천둥[雷])'로 오해

제2절 표준 발음법

01 총칙

> 제1항 표준 발음법은 표준어의 실제 발음을 따르되, 국어의 전통성과 합리성을 고려하여 정함을 원칙으로 한다.

02 자음과 모음

> 제2항 표준어의 자음은 다음 19개로 한다.

ㄱ ㄲ / ㄴ / ㄷ ㄸ / ㄹ / ㅁ / ㅂ ㅃ / ㅅ ㅆ / ㅇ / ㅈ ㅉ / ㅊ ㅋ ㅌ ㅍ / ㅎ

> 제3항 표준어의 모음은 다음 21개로 한다.

ㅏ ㅐ / ㅑ ㅒ / ㅓ ㅔ / ㅕ ㅖ / ㅗ ㅘ ㅙ ㅚ / ㅛ / ㅜ ㅝ ㅞ ㅟ / ㅠ / ㅡ / ㅢ / ㅣ

> 제4항 'ㅏ ㅐ ㅓ ㅔ ㅗ ㅚ ㅜ ㅟ ㅡ ㅣ'는 단모음(單母音)으로 발음한다.

붙임 'ㅚ, ㅟ'는 이중 모음으로 발음할 수 있다. 예 '회'의 경우 [회]와 [훼]가 모두 표준 발음으로 인정된다.

> 제5항 'ㅑ ㅒ ㅕ ㅖ ㅘ ㅙ ㅛ ㅝ ㅞ ㅠ ㅢ'는 이중 모음으로 발음한다.

다만 1. 용언의 활용형에 나타나는 '져, 쪄, 쳐'는 [저, 쩌, 처]로 발음한다.
  예 가지어 ⇨ 가져[가저]

다만 2. '예, 례' 이외의 'ㅖ'는 [ㅔ]로도 발음한다. 예 계시다[계:시다/게:시다]

다만 3. 자음을 첫소리로 가지고 있는 음절의 'ㅢ'는 [ㅣ]로 발음한다. 예 희망[히망], 무늬[무니]

다만 4. 단어의 첫음절 이외의 '의'는 [ㅣ]로, 조사 '의'는 [ㅔ]로 발음함도 허용한다.
  예 회의[회:의/회:이/훼:의/훼:이], 우리의 마음[우리의 마음/우리에 마음]

03 받침의 발음

> 제8항 받침소리로는 'ㄱ, ㄴ, ㄷ, ㄹ, ㅁ, ㅂ, ㅇ'의 7개 자음만 발음한다.

> 제9항 받침 'ㄲ, ㅋ', 'ㅅ, ㅆ, ㅈ, ㅊ, ㅌ', 'ㅍ'은 어말 또는 자음 앞에서 각각 대표음 [ㄱ, ㄷ, ㅂ]으로 발음한다.

- ㄲ, ㅋ ⇨ [ㄱ]
- ㅅ, ㅆ, ㅈ, ㅊ, ㅌ ⇨ [ㄷ]
- ㅍ ⇨ [ㅂ]

■ **단모음**
소리를 내는 도중에 입술 모양이나 혀의 위치가 고정되어 처음과 나중이 달라지지 않는 모음

■ **이중 모음**
소리를 내는 도중에 입술 모양이나 혀의 위치가 처음과 나중이 달라지는 모음

■ **'의'의 발음**
- '의사, 의자'와 같이 단어의 첫음절에 사용된 '의'는 [ㅢ]로만 발음한다.
- '민주주의'와 같이 단어의 2음절 이하에 사용된 '의'는 [ㅢ]로 발음하는 것이 원칙이고, [ㅣ]로 발음하는 것도 허용된다.

■ **받침소리 암기법**
가느다란물방울

■ '넓다'의 발음
'넓다'의 경우 [ㄹ]로 발음하여야 하나, 파생어나 합성어가 '넓'으로 표기된 것은 [넙]으로 발음한다.
예 넓적하다[넙쩌카다]
　 넓죽하다[넙쭈카다]
　 넓둥글다[넙뚱글다]

■ 겹받침에서 첫째 받침이 탈락하는 경우
• ㄿ ⇨ [ㅁ]
• ㄿ ⇨ [ㅂ]

■ 체언에서 'ㄺ'의 발음
ㄺ ⇨ [ㄱ]

■ 용언에서 'ㄺ'의 발음
• [ㄱ]으로 발음 : 'ㄷ, ㅈ, ㅅ' 앞
　예 맑다[막따]
　　 맑지[막찌]
　　 맑습니다[막씀니다]
　　 늙다[늑따]
　　 늙지[늑찌]
　　 늙습니다[늑씀니다]
• [ㄹ]로 발음 : 'ㄱ' 앞
　예 맑게[말께]
　　 맑고[말꼬]
　　 맑거나[말꺼나]
　　 늙게[늘께]
　　 늙고[늘꼬]
　　 늙거나[늘꺼나]

■ 용언의 어간 받침
'ㅎ'+'ㄱ, ㄷ, ㅈ' ⇨ ㅋ, ㅌ, ㅊ

■ 한자어나 복합 받침
'ㄱ, ㄷ, ㅂ'+'ㅎ' ⇨ ㅋ, ㅌ, ㅍ

■ 구(둘 이상의 단어)를 한마디로 발음하는 경우
예 온갖 힘[온:가팀]
　 뭇 형벌[무텽벌]
　 몇 할[며탈]
　 밥 한 사발[바판사발]
　 국 한 대접[구칸대접]

■ 'ㅀ' 뒤에서는 'ㄴ'이 [ㄹ]로 유음화된다. (〈표준 발음법〉 제20항 참조)
예 뚫네[뚤네 ⇨ 뚤레]
　 뚫는[뚤는 ⇨ 뚤른]

제10항 겹받침 'ㄳ', 'ㄵ', 'ㄼ, ㄽ, ㄾ', 'ㅄ'은 어말 또는 자음 앞에서 각각 [ㄱ, ㄴ, ㄹ, ㅂ]으로 발음한다.

• ㄳ ⇨ [ㄱ]　　• ㄵ ⇨ [ㄴ]　　• ㄼ, ㄽ, ㄾ ⇨ [ㄹ]　　• ㅄ ⇨ [ㅂ]

다만, '밟-'은 자음 앞에서 [밥ː]으로 발음하고, '넓-'은 다음과 같은 경우에 [넙]으로 발음한다.
예 (1) 밟다[밥ː따]　　밟소[밥ː쏘]　　밟지[밥ː찌]　　밟는[밥ː는 ⇨ 밤ː는]
　　　 밟게[밥ː께]　　밟고[밥ː꼬]
　　(2) 넓-죽하다[넙쭈카다]　　넓-둥글다[넙뚱글다]

제11항 겹받침 'ㄺ, ㄻ, ㄿ'은 어말 또는 자음 앞에서 각각 [ㄱ, ㅁ, ㅂ]으로 발음한다.

다만, 용언의 어간 말음 'ㄺ'은 'ㄱ' 앞에서 [ㄹ]로 발음한다.
예 맑게[말께]　　　묽고[물꼬]　　　얽거나[얼꺼나]

제12항 받침 'ㅎ'의 발음은 다음과 같다.

1. 'ㅎ(ㄶ, ㅀ)' 뒤에 'ㄱ, ㄷ, ㅈ'이 결합되는 경우에는, 뒤 음절 첫소리와 합쳐서 [ㅋ, ㅌ, ㅊ]으로 발음한다.
   예 놓고[노코]　　많고[만ː코]　　않던[안턴]

   붙임1 받침 'ㄱ(ㄺ), ㄷ, ㅂ(ㄼ), ㅈ(ㄵ)'이 뒤 음절 첫소리 'ㅎ'과 결합되는 경우에도, 역시 두 소리를 합쳐서 [ㅋ, ㅌ, ㅍ, ㅊ]으로 발음한다. 예 맏형[마텽]

   붙임2 규정에 따라 'ㄷ'으로 발음되는 'ㅅ, ㅈ, ㅊ, ㅌ'의 경우에도 이에 준한다.
   예 옷 한 벌[오탄벌]
   　※ 끊어서 발음할 때 [온 한 벌]

   예외 '싫증'은 [실쯩]으로 발음

2. 'ㅎ(ㄶ, ㅀ)' 뒤에 'ㅅ'이 결합되는 경우에는, 'ㅅ'을 [ㅆ]으로 발음한다.
   예 닿소[다쏘]　　싫소[실쏘]

3. 'ㅎ' 뒤에 'ㄴ'이 결합되는 경우에는 [ㄴ]으로 발음한다.
   예 놓는[논는]　　쌓네[싼네]

   붙임 'ㄶ, ㅀ' 뒤에 'ㄴ'이 결합되는 경우에는 'ㅎ'을 발음하지 않는다.
   예 않네[안네]　　뚫네[뚤네 ⇨ 뚤레]

4. 'ㅎ(ㄶ, ㅀ)' 뒤에 모음으로 시작된 어미나 접미사가 결합되는 경우에는, 'ㅎ'을 발음하지 않는다.
   예 낳은[나은]　　않은[아는]　　많아[마ː나]　　닳아[다라]
   　 싫어도[시러도]

제13항 홑받침이나 쌍받침이 모음으로 시작된 조사나 어미, 접미사와 결합되는 경우에는, 제 음가대로 뒤 음절 첫소리로 옮겨 발음한다.

■ 홑받침/쌍받침＋모음으로 시작된 형식 형태소(조사, 어미, 접미사)
⇨ 그냥 연음

예 깎아[까까]   밭에[바테]   앞으로[아프로]

다만, 제12항 'ㅎ'의 탈락 제17항 구개음화, 불규칙 활용은 예외

제14항 겹받침이 모음으로 시작된 조사나 어미, 접미사와 결합되는 경우에는 뒤엣것만을 뒤 음절 첫소리로 옮겨 발음한다. (이 경우, 'ㅅ'은 된소리로 발음함.)

■ 겹받침 'ㄳ, ㄺ, ㅄ'＋모음으로 시작된 형식 형태소(조사, 어미, 접미사) ⇨ 겹받침 중 'ㅅ'이 연음되며 'ㅆ'으로 발음된다.

예 넋이[넉씨]   앉아[안자]   닭을[달글]

다만, 겹받침 'ㄳ, ㄺ, ㅄ'의 경우 'ㅅ'을 연음하되 [ㅆ]으로 발음

제15항 받침 뒤에 모음 'ㅏ, ㅓ, ㅗ, ㅜ, ㅟ'들로 시작되는 실질 형태소가 연결되는 경우에는, 대표음으로 바꾸어서 뒤 음절 첫소리로 옮겨 발음한다.

예 맛없다[마덥따]   겉옷[거돋]   헛웃음[허두슴]

다만, '맛있다, 멋있다'는 [마싣따], [머싣따]로도 발음할 수 있다.

■ '맛있다, 멋있다'의 발음
[마딛따], [머딛따] 원칙,
[마싣따], [머싣따] 허용

[붙임] 겹받침의 경우에는, 그중 하나만을 옮겨 발음한다.

예 값어치[가버치]   값있는[가빈는]

제16항 한글 자모의 이름은 그 받침소리를 연음하되, 'ㄷ, ㅈ, ㅊ, ㅋ, ㅌ, ㅍ, ㅎ'의 경우에는 특별히 다음과 같이 발음한다.

예 디귿이[디그시]   디귿을[디그슬]   디귿에[디그세]
  지읒이[지으시]   지읒을[지으슬]   지읒에[지으세]
  치읓이[치으시]   치읓을[치으슬]   치읓에[치으세]
  키읔이[키으기]   키읔을[키으글]   키읔에[키으게]
  티읕이[티으시]   티읕을[티으슬]   티읕에[티으세]
  피읖이[피으비]   피읖을[피으블]   피읖에[피으베]
  히읗이[히으시]   히읗을[히으슬]   히읗에[히으세]

04 소리의 동화

■ 구개음화
- 받침 'ㄷ, ㅌ(ㄾ)'+조사나 접미사의 모음 'ㅣ' ⇨ 'ㄷ, ㅌ'을 각각 [ㅈ, ㅊ]으로 바꾸어 연음
- 합성어는 받침 'ㄷ, ㅌ' 다음에 '이'로 시작되는 단어가 결합되어도 구개음화가 일어날 수 없다.
  예 밭이랑[반니랑], 홑이불[혼니불]

제17항 받침 'ㄷ, ㅌ(ㄾ)'이 조사나 접미사의 모음 'ㅣ'와 결합되는 경우에는 [ㅈ, ㅊ]으로 바꾸어서 뒤 음절 첫소리로 옮겨 발음한다.

예 미닫이[미:다지]   밭이[바치]

[붙임] 'ㄷ' 뒤에 접미사 '히'가 결합되어 '티'를 이루는 것은 [치]로 발음한다.
예 굳히다[구치다]   닫히다[다치다]   묻히다[무치다]

제18항 받침 'ㄱ(ㄲ, ㅋ, ㄳ, ㄺ), ㄷ(ㅅ, ㅆ, ㅈ, ㅊ, ㅌ, ㅎ), ㅂ(ㅍ, ㄼ, ㄿ, ㅄ)'은 'ㄴ, ㅁ' 앞에서 [ㅇ, ㄴ, ㅁ]으로 발음한다.

예 국민[궁민]   묻는[문:는]   몫몫이[몽목씨]   꽃망울[꼰망울]   읊는[음는]

[붙임] 두 단어를 이어서 한마디로 발음하는 경우에도 이와 같다.
예 책 넣는다[챙넌는다]   흙 말리다[흥말리다]

제19항 받침 'ㅁ, ㅇ' 뒤에 연결되는 'ㄹ'은 [ㄴ]으로 발음한다.

예 담력[담:녁]   침략[침:냑]   강릉[강능]   대통령[대:통녕]

[붙임] 받침 'ㄱ, ㅂ' 뒤에 연결되는 'ㄹ'도 [ㄴ]으로 발음한다.(=상호 동화)
예 막론[막논 ⇨ 망논]   석류[석뉴 ⇨ 성뉴]   협력[협녁 ⇨ 혐녁]   법리[법니 ⇨ 범니]

제20항 'ㄴ'은 'ㄹ'의 앞이나 뒤에서 [ㄹ]로 발음한다.

예 (1) 난로[날:로]   신라[실라]   천리[철리]
    (2) 칼날[칼랄]   물난리[물랄리]   줄넘기[줄럼끼]

■ 한자어에서 'ㄴ'과 'ㄹ'이 결합하면서도 [ㄹㄹ]로 발음되지 않고 [ㄴㄴ]으로 발음되는 단어들은 'ㄹ'을 [ㄴ]으로 발음한다.

■ 권력(權力)[궐력], 공권력[공꿘녁]

[붙임] 첫소리 'ㄴ'이 'ㅀ', 'ㄾ' 뒤에 연결되는 경우에도 이에 준한다. 예 닳는[달른], 핥네[할레]

다만, 다음과 같은 단어들은 'ㄹ'을 [ㄴ]으로 발음한다.
예 의견란[의:견난]   임진란[임:진난]   생산량[생산냥]   결단력[결딴녁]
   공권력[공꿘녁]   동원령[동:원녕]   상견례[상견녜]   횡단로[횡단노]
   이원론[이:원논]   입원료[이붠뇨]   구근류[구근뉴]

■ 표준 발음으로 인정하지 않는 자음 동화
1. 연구개음화
2. 양순음화

제21항 위에서 지적한 이외의 자음 동화는 인정하지 않는다.

예 감기[감:기] ([강:기]×)[1]   옷감[옫깜] ([옥깜]×)[1]   있고[읻꼬] ([익꼬]×)[1]   꽃길[꼳낄] ([꼭낄]×)[1]
   젖먹이[전머기] ([점머기]×)[2]   문법[문뻡] ([뭄뻡]×)[2]   꽃밭[꼳빧] ([꼽빧]×)[2]

■ 'ㅣ' 모음 순행 동화의 허용
학교 문법에서는 'ㅣ' 모음 순행 동화에 대하여 '되어, 피어, -이오, 아니오'만 인정하였으나, 표준국어대사전에서는 모두 허용하고 있다.

제22항 다음과 같은 용언의 어미는 [어]로 발음함을 원칙으로 하되, [여]로 발음함도 허용한다.

예 되어[되어/되여]   피어[피어/피여]

[붙임] '이오, 아니오'도 이에 준하여 [이요, 아니요]로 발음함을 허용한다.

05 된소리되기

제23항 받침 'ㄱ(ㄲ, ㅋ, ㄳ, ㄺ), ㄷ(ㅅ, ㅆ, ㅈ, ㅊ, ㅌ), ㅂ(ㅍ, ㄼ, ㄿ, ㅄ)' 뒤에 연결되는 'ㄱ, ㄷ, ㅂ, ㅅ, ㅈ'은 된소리로 발음한다.

예 국밥[국빱]   뻗대다[뻗때다]   덮개[덥깨]

■ 체언+조사의 경우
예 '신도[신도], 신과[신과]', '바람도[바람도], 바람과[바람과]' 등과 같이 된소리로 바꾸어 발음하지 않는다.

제24항 어간 받침 'ㄴ(ㄵ), ㅁ(ㄻ)' 뒤에 결합되는 어미의 첫소리 'ㄱ, ㄷ, ㅅ, ㅈ'은 된소리로 발음한다.

예 신고[신ː꼬]   삼고[삼ː꼬]

다만, 피동, 사동의 접미사 '-기-'는 된소리로 발음하지 않는다. 예 안기다[안기다]

■ 용언의 명사형의 경우
예 '안기[안ː끼], 남기[남ː끼], 굶기[굼ː끼]'와 같이 된소리로 발음한다.

제25항 어간 받침 'ㄼ, ㄾ' 뒤에 결합되는 어미의 첫소리 'ㄱ, ㄷ, ㅅ, ㅈ'은 된소리로 발음한다.

예 넓게[널께]   핥다[할따]

다만, 이는 용언 어간에 한정되는 규정이다.

■ 체언+조사의 경우
예 '여덟도[여덜도], 여덟과[여덜과], 여덟보다[여덜보다]'처럼 된소리로 발음하지 않는다.

제26항 한자어에서, 'ㄹ' 받침 뒤에 연결되는 'ㄷ, ㅅ, ㅈ'은 된소리로 발음한다.

예 갈등[갈뜽]   말살[말쌀]   갈증[갈쯩]

다만, 같은 한자가 겹쳐진 단어의 경우에는 된소리로 발음하지 않는다.
예 허허실실[허허실실](虛虛實實)   절절-하다[절절하다](切切-)

■ 한자어에서 된소리로 발음되지 않는 예
예 'ㄱ, ㅂ': '결과, 물건, 불복, 설계, 열기, 절기, 출고, 팔경, 활보' 등

제27항 관형사형 '-(으)ㄹ' 뒤에 연결되는 'ㄱ, ㄷ, ㅂ, ㅅ, ㅈ'은 된소리로 발음한다.

예 할 것을[할꺼슬]   갈 데가[갈떼가]   할 바를[할빠를]

다만, 끊어서 말할 적에는 예사소리로 발음한다.

[붙임] '-(으)ㄹ'로 시작되는 어미의 경우에도 이에 준한다.

제28항 표기상으로는 사이시옷이 없더라도, 관형격 기능을 지니는 사이시옷이 있어야 할(휴지가 성립되는) 합성어의 경우에는, 뒤 단어의 첫소리 'ㄱ, ㄷ, ㅂ, ㅅ, ㅈ'을 된소리로 발음한다.

■ 15세기에 사이시옷은 관형격의 기능이 있었다.
예 나랏 말쏨(나라의 말씀)

■ 제28항의 사잇소리 현상은 수의적 현상

예
문-고리[문꼬리]	눈-동자[눈똥자]	신-바람[신빠람]	산-새[산쌔]
손-재주[손째주]	길-가[길까]	물-동이[물똥이]	발-바닥[발빠닥]
굴-속[굴ː쏙]	술-잔[술짠]	바람-결[바람껼]	그믐-달[그믐딸]
아침-밥[아침빱]	잠-자리[잠짜리]	강-가[강까]	초승-달[초승딸]
등-불[등뿔]	창-살[창쌀]	강-줄기[강쭐기]	

06 소리의 첨가

> **제29항** 합성어 및 파생어에서, 앞 단어나 접두사의 끝이 자음이고 뒤 단어나 접미사의 첫음절이 '이, 야, 여, 요, 유'인 경우에는, 'ㄴ' 소리를 첨가하여 [니, 냐, 녀, 뇨, 뉴]로 발음한다.

■ 제29항의 사잇소리 현상은 수의적 현상

어떤 단어들은 'ㄴ'을 첨가하여 발음하기도 하지만, 표기대로 'ㄴ' 첨가 없이 발음하기도 한다.
'이기죽이기죽'[이기주기기죽]은 'ㄴ'의 첨가 없이 발음하고, '야옹야옹[야옹냐옹]'은 'ㄴ'을 첨가하여 발음한다.

예
솜-이불[솜:니불]	홑-이불[혼니불]	막-일[망닐]
삯-일[상닐]	맨-입[맨닙]	꽃-잎[꼰닙]
내복-약[내:봉냑]	한-여름[한녀름]	남존-여비[남존녀비]
신-여성[신녀성]	색-연필[생년필]	직행-열차[지캥녈차]
늑막-염[능망념]	콩-엿[콩녇]	담-요[담:뇨]
눈-요기[눈뇨기]	영업-용[영엄뇽]	식용-유[시굥뉴]
백분-율[백뿐뉼]	밤-윷[밤:뉻]	

다만, 다음과 같은 말들은 'ㄴ' 소리를 첨가하여 발음하되, 표기대로 발음할 수 있다.

예
이죽-이죽[이중니죽/이주기죽]	야금-야금[야금냐금/야그먀금]
검열[검:녈/거:멸]	욜랑-욜랑[욜랑뇰랑/욜랑욜랑]
금융[금늉/그뮹]	

붙임1 'ㄹ' 받침 뒤에 첨가되는 'ㄴ' 소리는 [ㄹ]로 발음한다.

예
들-일[들:릴]	솔-잎[솔립]	설-익다[설릭따]
물-약[물략]	불-여우[불려우]	서울-역[서울력]
물-엿[물렫]	휘발-유[휘발류]	유들-유들[유들류들]

붙임2 두 단어를 이어서 한 마디로 발음하는 경우에는 이에 준한다.

예
한 일[한닐]	옷 입다[온닙따]	서른 여섯[서른녀섣]
3 연대[삼년대]	먹은 엿[머근녇]	할 일[할릴]
잘 입다[잘립따]	스물 여섯[스물려섣]	1 연대[일련대]
먹을 엿[머글렫]		

다만, 다음과 같은 단어에서는 'ㄴ(ㄹ)' 소리를 첨가하여 발음하지 않는다.

예
6·25[유기오]	3·1절[사밀쩔]	송별-연[송:벼련]
등-용문[등용문]	절약[저략]	월요일[워료일]
목요일[모교일]	금요일[그묘일]	

> **제30항** 사이시옷이 붙는 단어는 다음과 같이 발음한다.

1. 'ㄱ, ㄷ, ㅂ, ㅅ, ㅈ'으로 시작하는 단어 앞에 사이시옷이 올 때에는 이들 자음만을 된소리로 발음하는 것을 원칙으로 하되, 사이시옷을 [ㄷ]으로 발음하는 것도 허용한다.
   예) 냇가[내ː까/낻ː까]　　　　　　　샛길[새ː낄/샏ː낄]
   　　빨랫돌[빨래똘/빨랟똘]　　　　콧등[코뜽/콛뜽]
   　　깃발[기빨/긷빨]　　　　　　　대팻밥[대ː패빱/대ː팯빱]
   　　햇살[해쌀/핻쌀]　　　　　　　뱃속[배쏙/밷쏙]
   　　뱃전[배쩐/밷쩐]　　　　　　　고갯짓[고개찓/고갣찓]

2. 사이시옷 뒤에 'ㄴ, ㅁ'이 결합되는 경우에는 [ㄴ]으로 발음한다.
   예) 콧날[콛날 ⇨ 콘날]　　　　　　아랫니[아랟니 ⇨ 아랜니]
   　　툇마루[퇻ː마루 ⇨ 퇸ː마루]　　뱃머리[밷머리 ⇨ 밴머리]

3. 사이시옷 뒤에 '이' 소리가 결합되는 경우에는 [ㄴㄴ]으로 발음한다.
   예) 베갯잇[베갣닏 ⇨ 베갠닏]　　　깻잎[깯닙 ⇨ 깬닙]
   　　나뭇잎[나묻닙 ⇨ 나문닙]　　　도리깻열[도리깯녈 ⇨ 도리깬녈]
   　　뒷윷[뒫ː뉻 ⇨ 뒨ː뉻]

■ 사잇소리 현상은 수의적 현상
장대 + 비[장때비]
장마 + 비[장마삐/장맏삐]
따라서 '장맛비'에만 사이시옷을 표기한다.

▶ **2017년 표준 발음법 개정**

표제항	수정 전	수정 후
관건02	[관건]	[관건/관껀]
불법01	[불법]	[불법/불뻡]
강약	[강약]	[강약/강냑]
교과01	[교ː과]	[교ː과/교ː꽈]
반값	[반ː갑]	[반ː갑/반ː깝]
분수06	[분쑤]	[분쑤/분수]
안간힘	[안깐힘]	[안깐힘/안간힘]
인기척	[인끼척]	[인끼척/인기척]
점수06	[점쑤]	[점쑤/점수]
함수04	[함ː쑤]	[함ː쑤/함ː수]
효과01	[효ː과]	[효ː과/효ː꽈]
감언이설	[가먼니설]	[가먼니설/가머니설]
괴담이설	[괴ː담니설/궤ː담니설]	[괴ː담니설/궤ː다미설]
밤이슬	[밤니슬]	[밤니슬/바미슬]
연이율	[연니율]	[연니율/여니율]
영영01	[영ː영]	[영ː영/영ː녕]
의기양양	[의ː기양양]	[의ː기양양/의ː기양냥]
순이익	[순니익]	[순니익/수니익]

Chapter 3 형태

PART 1 문법·규정

제1절 단어의 형성

01 형태소와 단어

1. 형태소(形態素)(morpheme)

뜻(의미)을 지닌 가장 작은 단위를 형태소라고 한다.

> **개념 확인**
>
> **변이(變異) 형태 = 이형태(異形態)**
> 하나의 형태소가 환경에 따라 여러 가지 형태로 실현되는 것(상보적인 분포를 보인다.)
> - 음운론적 이형태 : 다른 음운 환경에서 다른 형태를 갖고 있는 이형태
>   예 격 조사 '이/가', 목적격 조사 '을/를'
> - 형태론적 이형태 : 다른 형태 환경에서 다른 모습을 띠는 이형태
>   예 '먹었다'의 '-었-'과 '하였다'의 '-였-'

■ 특이 형태소 = 유일 형태소
결합할 수 있는 형태소가 극히 제한된 형태소
예 착하다, 오솔길, 아름답다, 늙수그레하다

■ 형태소 분석 방법
1. '체언 + 조사, 접사 + 어근, 어근 + 어근, 어간 + 어미'는 나눈다.
2. '어미'는 종류별로 다시 나눈다.
3. 준말은 본딧말로 풀고, 탈락된 형태소는 복원한다.

(1) 자립성(自立性) 유무에 따라
  ① 자립 형태소(自立形態素)
    ㉠ 다른 형태소와 결합하지 않고 홀로 자립하여 쓰일 수 있는 형태소
    ㉡ 체언(명사, 대명사, 수사), 감탄사, 부사, 관형사
  ② 의존 형태소(依存形態素)
    ㉠ 홀로 자립하여 쓰일 수 없으므로 다른 말에 기대어서 쓰이는 형태소
    ㉡ 조사, 접사(접두사, 접미사), 어간, 어미

(2) 의미의 허실에 따라
  ① 실질 형태소(實質形態素, 일명 어휘 형태소)
    ㉠ 구체적인 대상이나 동작, 상태, 추상적인 관념과 같은 어휘적 의미를 나타내는 형태소
    ㉡ 자립 형태소, 어간
  ② 형식 형태소(形式形態素, 일명 문법 형태소)
    ㉠ 실질 형태소에 붙어서 문법적 관계 및 조어적 기능(새로운 어구를 만들 수 있는 기능)을 하는 형태소
    ㉡ 조사, 어미, 접사

단어	철수	가	만든		과자	가	매우	달았다		
형태소	철수	가	만들-	-ㄴ	과자	가	매우	달-	-았-	-다
자립성 여부	자립	의존	의존	의존	자립	의존	자립	의존	의존	의존
실질적 뜻 여부	실질	형식	실질	형식	실질	형식	실질	실질	형식	형식

2. 단어(單語) = 낱말

단어는 최소의 자립 형식을 뜻한다. 즉, 자립할 수 있는 말이나 자립할 수 있는 형태소에 붙어서 쉽게 분리할 수 있는 말들을 이른다.

🔔 알아 두기

단어로 취급하는 기준
- 조사는 자립성은 없지만 하나의 단어로 취급한다. 하지만 '어미'나 '접사'는 단어가 아니다.
- 의존 명사와 보조 용언은 의미 자립성은 부족하지만, 하나의 단어로 취급한다.
- 숫자를 우리말로 적을 때에는, 만 단위로 띄어 쓰지만 하나의 단어로 취급한다.

■ 형태소와 단어의 비교

구분	형태소	단어
공통점	의미를 가지고 있는 말의 단위	
차이점	홀로 자립하여 쓰일 수 있는 자립 형태소 외에도 다른 말에 기대어 쓰이는 의존 형태소도 있음.	조사를 제외하고 원칙적으로 홀로 자립하여 쓰일 수 있는 말의 단위
	형태소는 의미를 가지고 있는 말의 단위 중에서 '가장 작은'이라는 제약 조건이 있음.	하나의 형태소로 구성된 것도 있고, 둘 이상의 형태소가 단어를 이루는 경우도 있음.

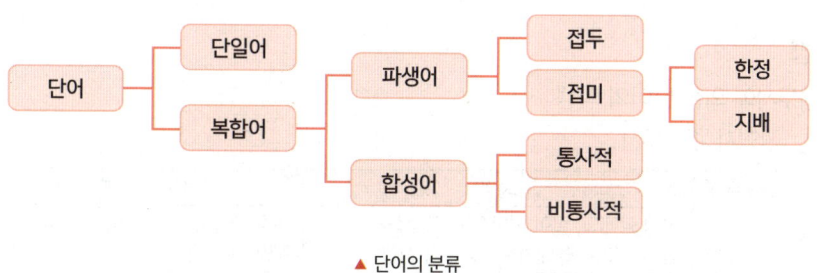

▲ 단어의 분류

(1) 단어의 형성

① 어근(語根) : 실질적인 의미를 나타내는 중심 부분
   예) 선선하다, 덮개, 탐스럽다

② 접사(接辭) : 어근에 붙어 그 뜻을 제한하는 주변 부분
   ㉠ 기능 : 의미를 한정하는 '한정적 접사'와 문법적 변화를 일으키는 '지배적 접사'로 나뉜다.
   예) 풋-(한정적 접사) + 사과(어근), 웃-(어근) + -음(지배적 접사)
   ㉡ 결합 위치 : 어근의 앞에 위치하는 '접두사'와 뒤에 위치하는 '접미사'로 나뉜다.
   예) 헛-(접두사) + 소리(어근), 소리(어근) + -꾼(접미사)

🔔 알아 두기

어근과 어간의 구별
- 어근(語根) : 단어를 분석할 때, 실질적 의미를 나타내는 중심이 되는 부분으로, 조사를 제외한 모든 품사에서 찾아볼 수 있다.
- 어간(語幹) : 일반적으로 용언이 활용될 때 변하지 않는 부분으로 동사, 형용사에서 찾아볼 수 있다.
  예) • 치-(접두사)/솟다(어근)
      • 치솟-(어간)/-다(어미)

02 단어의 분류

1. 단어의 짜임

어근의 개수(1개 또는 2개 이상) + 접사의 유무

(1) **단일어(單一語)** : 하나의 어근으로 된 단어
   예) 하늘, 구름, 밥, 바야흐로

(2) **복합어(複合語)**
   ① 파생어(派生語) : 어근과 접사로 이루어진 단어[(접두사) + 어근 + (접미사)]
   ② 합성어(合成語) : 둘 이상의 어근으로 이루어진 단어[(어근$_1$ + 어근$_2$ + ……)]

2. 파생법

(1) 접두사에 의한 단어의 파생
   ① 관형사성 접두사

접두사	의미	예
개-	야생 상태의, 질이 떨어지는, 흡사하지만 다른 / 헛된, 쓸데없는 / 정도가 심한	개떡, 개살구 / 개수작, 개죽음 / 개망나니, 개잡놈
군-	쓸데없는 / 가외로 더한, 덧붙은	군것, 군기침, 군말, 군살, 군소리 / 군사람, 군식구
날-	말리거나 익히거나 가공하지 않은 / 다른 것이 없는 / 장례를 다 치르지 않은 / 지독한 / 교육을 받지 않았거나 경험이 없어 어떤 일에 서투른 / 부질없이	날것, 날김치, 날고기, 날바늘, 날바닥 / 날상가, 날송장 / 날강도, 날도둑놈 / 날뜨기, 날짜 / 날밤, 날소일
덧-	거듭된, 겹쳐 신거나 입는	덧니, 덧신, 덧저고리
돌-	품질이 떨어지는, 야생으로 자라는	돌배, 돌감, 돌조개, 돌미나리
들-	야생으로 자라는	들벌, 들오리, 들국화
맨-	다른 것이 없는	맨땅, 맨발, 맨주먹
메-	찰기가 없이 메진	메조, 메벼
맏-	맏이 / 그해에 처음 나온	맏아들, 맏며느리 / 맏나물, 맏배
민-	꾸미거나 딸린 것이 없는 / 그것이 없음, 그것이 없는 것	민가락지, 민얼굴 / 민꽃, 민무늬, 민소매
빗-	기울어진	빗금, 빗면, 빗천장
선-	서툰, 충분치 않은	선무당, 선웃음, 선잠
숫-	더럽혀지지 않아 깨끗한	숫눈, 숫사람
애-	맨 처음 / 어린, 작은	애당초 / 애호박, 애벌레
올-	생육 일수가 짧아 빨리 여무는	올밤, 올콩, 올벼
참-	진짜, 진실하고 올바른 / 품질이 우수한 / 먹을 수 있는	참사랑, 참뜻 / 참먹, 참흙 / 참꽃
풋-	처음 나온, 덜 익은 / 미숙한, 깊지 않은	풋감, 풋고추, 풋나물 / 풋사랑, 풋잠
한-	큰 / 정확한, 한창인 / 바깥 / 끼니때 밖	한걱정, 한길 / 한가운데, 한밤중 / 한데 / 한음식
핫-	짝을 갖춘 / 솜을 둔	핫어미, 핫아비 / 핫바지, 핫옷
헛-	이유 없는, 보람 없는	헛걸음, 헛고생, 헛소문, 헛수고
홀-	짝이 없이 혼자뿐인	홀어미, 홀아비, 홀몸
홑-	한 겹으로 된, 하나인, 혼자인	홑바지, 홑옷, 홑이불, 홑몸

■ **접두사와 관형사의 구별**
- 관형사에 비해 접두사는 분포상의 제약이 심하다.
  예) 새 신, 새 버선, 새 책, 새 사람
       덧신, 덧버선, 덧책, 덧사람
- 다른 단어의 삽입 가능 여부로 접두사와 관형사를 구별할 수 있다. 다른 단어를 삽입할 수 있으면 관형사, 없으면 접두사로 볼 수 있다.

■ **파생어로 오해하기 쉬운 합성어**
- 군밤, 군고구마 : 구운-밤, 구운-고구마
- 날짐승 : 날아다니는 짐승
- 들짐승 : 들에 사는 짐승

② 부사성 접두사

접두사	의미	예
늦-	늦게	늦되다, 늦들다, 늦심다
덧-	거듭, 겹쳐	덧대다, 덧붙이다
되-	도로 / 도리어, 반대로 / 다시	되돌아가다, 되팔다 / 되깔리다 / 되넘겨짚다 / 되살리다, 되새기다
뒤-	몹시, 마구, 온통 / 반대로, 뒤집어	뒤끓다, 뒤덮다 / 뒤바꾸다, 뒤엎다
드-	심하게, 높이	드날리다, 드넓다, 드세다
들-	무리하게 힘을 들여, 마구, 몹시	들끓다, 들볶다, 들쑤시다
빗-	기울어지게 / 잘못	빗대다, 빗뚫다 / 빗나가다, 빗디디다
설-	충분하지 못하게	설깨다, 설듣다, 설익다
엇-	어긋나게, 삐뚜로 / 어지간한 정도로 대충	엇걸리다, 엇나가다 / 엇구수하다, 엇비슷하다
엿-	몰래	엿듣다, 엿보다, 엿살피다
올-	빨리	올되다
짓-	마구, 함부로, 몹시	짓누르다, 짓밟다, 짓씹다, 짓찧다
치-	위로 향하게, 위로 올려	치받다, 치솟다, 치닫다
새-/시- 샛-/싯-	매우 짙고 선명하게	새빨갛다, 새카맣다, 새하얗다 / 시뻘겋다, 시커멓다, 시허옇다 샛노랗다, 샛말갛다 / 싯누렇다, 싯멀겋다
헛-	보람 없이, 잘못	헛보다, 헛먹다, 헛디디다, 헛살다

■ 접사 '늦-'과 '설-'
- '늦-'의 경우 '늦은'의 뜻을 더하는 관형사성 접두사로는 '늦공부, 늦가을, 늦더위, 늦장가, 늦거름, 늦깎이…'처럼 쓰인다. 학교 문법에서는 '늦-'은 뒤에 어미가 생략된 어근으로 보아 '늦가을, 늦더위, 늦되다……' 등을 '(비통사적) 합성어'로 처리하고도 있다.
- '설다'는 동사로 쓰일 때, '(열매, 밥, 술 따위가) 제대로 익지 아니하다, (잠이) 모자라거나 깊이 들지 아니하다'는 뜻이 있다. 이런 기준에서 6차 교육 과정의 학교 문법에서는 '설익다'를 '설다+익다'가 합쳐진 '(비통사적) 합성어'로 보았다.

(2) 접미사에 의한 단어의 파생

① 어근에 뜻을 더해 주는 한정적 접사로서의 접미사

㉠ '사람'을 표시하는 접미사

접미사	예
-장이(전문적 기술을 가진 사람)	미장이, 땜장이, 유기장이, 도배장이, 칠장이
-쟁이(습관, 재주 등)	멋쟁이, 심술쟁이, 욕심쟁이, 요술쟁이, 관상쟁이, 점쟁이, 침쟁이, 소리쟁이
-배기(나이가 듦, 그와 같은 물건)	한 살배기, 진짜배기
-내기(그 지역이나 특성을 지닌 사람)	서울내기, 시골내기 / 풋내기, 보통내기, 뜨내기, 신출내기
-둥이(그런 성질이 있거나 그와 긴밀한 관계가 있는 사람)	쌍둥이, 막둥이, 바람둥이, 해방둥이
-투성이(그런 상태의 사물, 사람)	흙투성이, 피투성이

🔔 **알아 두기**

명사와 형태가 같은 접사
- 대(大)「명사」(수를 나타내는 말 뒤에 쓰여) 규모나 가치 면에서 그 수 안에 꼽힘을 이르는 말
  예 세계 7대 불가사의, 한국 30대 기업
- 대(對)「의존 명사」사물과 사물의 대비나 대립을 나타내는 말
  예 자본주의 대 공산주의, 개인 대 개인의 편지, 지상 대 공중
- -대(代)「접사」(물건을 나타내는 일부 명사 뒤에 붙어) '물건값으로 치르는 돈'의 뜻을 더하는 접미사
  예 도서대, 신문대
- -대(臺)「접사」(값이나 수를 나타내는 대다수 명사 또는 명사구 뒤에 붙어) '그 값 또는 수를 넘어선 대강의 범위'의 뜻을 더하는 접미사
  예 만 원대, 백삼십만 원대
- -대(帶)「접사」(일부 명사 뒤에 붙어) '띠 모양의 공간' 또는 '일정한 범위의 부분'의 뜻을 더하는 접미사
  예 기후대, 무풍대

ⓛ 기타 접미사

접미사	의미	예
-들	여럿(복수 표시)	사람들, 너희들
-뜨리-/-트리-	강세의 뜻	넘어뜨리다, 넘어트리다
-치-	강세의 뜻	밀치다, 넘치다, 부딪치다, 솟구치다
-사귀	낱낱의	잎사귀
-새	모양, 상태, 정도	걸음새, 모양새, 생김새, 짜임새
-씨	태도, 모양	마음씨, 말씨, 바람씨, 발씨, 솜씨(손쓰 + 이)
-아지	얕잡음 / 작음	모가지 / 바가지, 강아지
-앙-/-엉-	색깔·모양에 관계있는 말에 붙음.	말갛다, 까맣다, 거멓다, 둥그렇다
-어치	그 값에 해당하는 분량이나 정도	값어치
-적-	제법의 뜻	넓적하다
-질	노릇과 짓	가위질, 곁눈질, 목수질, 자랑질, 물질
-치	물건 / 값	날림치, 중간치, 버림치 / 평균치
-희	복수의 의미	저희, 너희

② 어근의 품사를 바꾸어 주는 지배적 접사로서의 접미사

분류	접미사	예
명사화 접미사	-음/-이	믿음, 죽음, 웃음, 걸음 / 길이, 높이, 먹이, 벌이
	-기	굵기, 달리기, 돌려짓기, 모내기, 사재기, 줄넘기, 크기
	-개	오줌싸개, 코흘리개, 날개, 덮개, 지우개
	-애	마개(막- + -애), 얼개(얽- + -애), 노래(놀- + -애)
	-게	집게, 지게
	-어지	나머지(남- + -어지)
	-엄	무덤(묻- + -엄), 주검(죽- + -엄)
	-웅	마중(맞- + -웅), 지붕(집 + -웅)
동사화 접미사	-하다	공부하다, 생각하다, 밥하다, 사랑하다, 절하다, 빨래하다, 함께하다
	피동/사동의 형태소	보이다, 잡히다, 안기다, 희생되다 / 먹이다, 넓히다, 물리다, 옮기다
	-거리다/-대다	까불거리다, 반짝거리다, 방실거리다, 출렁거리다 / 까불대다, 반짝대다, 방실대다, 출렁대다 ※ '-대다'와 '-거리다'는 모두 널리 쓰이므로 둘 다 표준어로 삼는다.
	-이다	끄덕이다, 망설이다, 반짝이다, 속삭이다, 움직이다, 출렁이다

형용사화 접미사	-하다	건강하다, 순수하다, 정직하다, 중요하다, 진실하다, 행복하다
	-스럽다	복스럽다, 걱정스럽다, 자랑스럽다
	-답다	꽃답다, 남자답다, 사람답다, 정답다, 참답다, 선생님답다, 교육자답다
	-롭다	명예롭다, 신비롭다, 자유롭다, 풍요롭다, 향기롭다
	-맞다	궁상맞다, 방정맞다, 청승맞다
	-지다	값지다, 건방지다, 기름지다, 멋지다, 세모지다
	-업-	미덥다(믿- + -업- + -다)
	-브-	미쁘다(믿- + -브- + -다), 아프다(앓- + -브- + -다), 슬프다(슳- + -브- + -다)
	-읍-	우습다(웃- + -읍- + -다)
	-ㅂ-	그립다(그리- + -ㅂ- + -다), 놀랍다(놀라- + -ㅂ- + -다)
부사화 접미사	-이/-히	많이, 같이, 높이, 집집이, 나날이, 다달이 / 조용히, 무사히, 나란히, 영원히
	-로	날로, 새로, 주로, 진실로
	-내	봄내, 여름내, 저녁내, 마침내, 끝내
	-오/-우/-아	비로소(비롯- + -오), 도로(돌- + -오) / 너무(넘- + -우), 마주(맞- + -우) / 차마(참- + -아)
	-껏	정성껏, 마음껏
	-금	하여금
관형사화 접미사	-적	국가적, 기술적, 문화적, 비교적, 사교적, 일반적, 전국적
	-까짓	네까짓, 이까짓, 그까짓, 저까짓

■ 접미사 '-적'

접미사 '-적'은 주로 관형사를 만들지만 때로는 명사, 부사를 만들기도 한다.
예 한국적 정취
　　　(관형사)
예 이 그림은 한국적이다.
　　　　　　　　(명사)
예 비교적 쉽다.
　　(부사)

3. 합성법

(1) 구성 요소의 배열에 따른 분류

① **통사적(統辭的) 합성어** : 통사적 합성어는 우리말의 일반적인 단어 배열법과 일치하는 합성어이다.
   - 예) 살펴보다(연결 어미로 용언 연결), 논밭(체언과 체언의 결합), 빈집(용언의 관형사형), 본받다(조사 생략)

② **비통사적(非統辭的) 합성어** : 비통사적 합성어는 우리말의 일반적인 단어 배열법에 어긋나는 합성어이다.

> 🌲 **알아 두기**
>
> **비통사적 합성법**
> - **관형사형 어미**가 생략된 '용언의 어간 + 명사'의 경우
>   우리말에서 조사는 생략해도 어색하지 않지만 어미를 생략하면 어색함. 따라서 관형사형 어미가 없이 용언의 어간이 명사 앞에 직접 놓이는 것은 일반적인 단어 배열법에 어긋난다.
>   - 예) 검버섯, 먹거리, 덮밥, 늦더위 등
> - '용언의 어간 + 용언'에서 **연결 어미**가 생략된 것은 일반적인 단어 배열법에 어긋난다.
>   - 예) 검붉다, 뛰놀다, 오르내리다 등
> - '**부사** + 체언'의 경우
>   부사는 용언을 꾸며 주는 말이므로 체언을 꾸미는 것은 일반적인 단어 배열법에 어긋난다.
>   - 예) 부슬비, 산들바람, 뾰족구두, 척척박사 등
> - 한자어의 **어순**이 우리말 어순과 같지 않은 경우
>   - 예) 등(登) + 산(山) = 오르다, 산을
>   독(讀) + 서(書) = 읽다, 책을
>   급(給) + 수(水) = 주다, 물을

(2) 의미상의 분류

① **병렬**(並列 = **대등**) 합성어 : A + B ⇨ AB
   두 단어나 어근이 본래의 의미를 가지고 대등한 자격으로 연결된 합성어
   - 예) 마소, 앞뒤, 드나들다, 대여섯, 오가다, 팔다리, 여닫다

② **종속**(從屬 = **수식**) 합성어 : A + B ⇨ A < B, A > B
   두 단어나 어근이 본래의 의미를 유지하지만, 서로 주종(主從) 관계로 연결된 합성어
   - 예) 할미꽃, 손수건, 손수레, 돌다리, 산길, 손짓, 물걸레, 짚신

③ **융합**(融合) 합성어 : A + B ⇨ C
   두 단어나 어근이 본래의 의미가 없어지고 완전히 융합하여 전혀 새로운 의미를 만들어 내는 합성어
   - 예) 春秋(춘추) : 나이, 江山(강산) : 자연, 晝夜(주야) : 항상

제2절 품사

01 품사의 종류

품사 : 단어들을 성질이 공통된 것끼리 모아 갈래를 지어 놓은 것을 이른다.

■ 품사 분류의 기준
1. 통사론적 기준 : 문장 속에서 담당하는 기능에 따라 분류
2. 형태론적 기준 : 문장 속의 일정한 자리에서 단어가 보이는 형태에 따라 분류
3. 의미론적 기준 : 단어가 나타내는 의미에 따라 분류

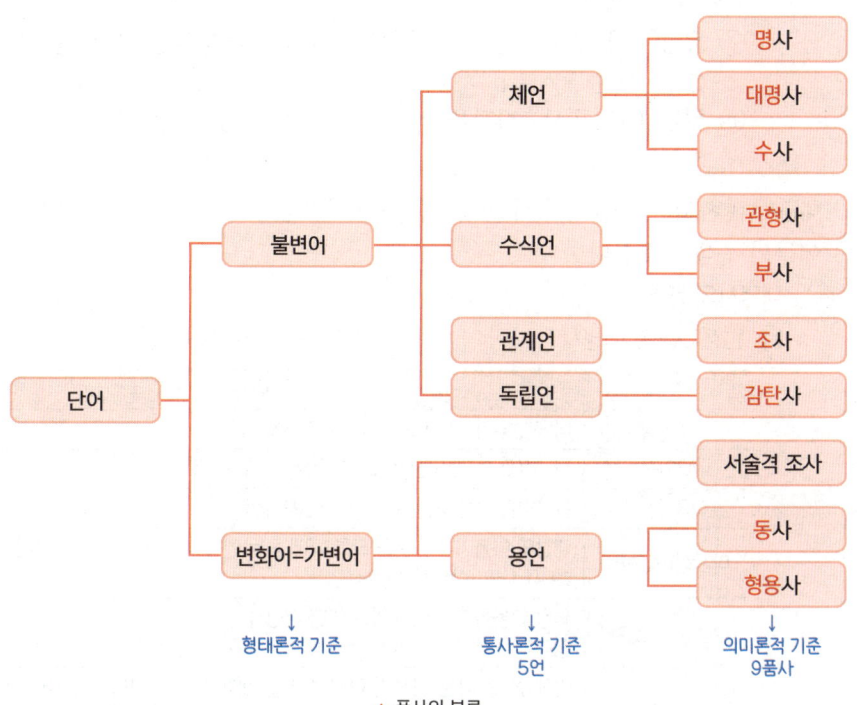

▲ 품사의 분류

1. 체언(體言)

문장에서 주로 주어가 되는 자리에 오며, 때로는 목적어나 보어가 되는 자리에도 오는 부류의 단어들로서, 문장의 주요 골격을 이루는(주체가 되는) 역할을 하는 것들이다. '명사, 대명사, 수사' 등 세 가지가 있으며, 이들은 조사와 결합할 수 있다. 일반적으로 형태의 변화가 없다.

(1) 명사(名詞) : 체언 중에서 가장 일반적인 부류로, 사물의 이름을 나타내며 문장에서 주어, 목적어, 서술어 등의 여러 가지 기능을 하는 단어들의 묶음을 뜻한다.
  ① 명사의 특징
    ㉠ 문장에서 조사가 붙어 다양한 문장 성분을 이룰 수 있다.
    ㉡ 관형어의 수식을 받을 수 있다.
    ㉢ 복수 접미사(-들)를 취하여 복수형을 이룰 수 있다.
  ② 명사의 분류
    ㉠ 쓰이는 범위에 따라
      ⓐ 보통 명사 : 어떤 대상을 지닌 대상들에 두루 쓰이는 이름
      ⓑ 고유 명사 : 특정한 하나의 개체를 다른 개체와 구별하기 위해 붙인 이름으로, 대표적으로 인명, 지명, 상호명 등이 이에 속한다.

ⓒ 자립성 유무에 따라
　　ⓐ **자립** 명사 : 다른 말의 도움 없이 쓰이는 일반적인 명사
　　　　예 개, 나무, 신발
　　ⓑ **의존** 명사 : 명사 중 반드시 **관형어**의 꾸밈을 받아야만 쓰이는 명사
　　　　예 켤레, 대로, 지, 원(단위)
ⓒ 감정의 유무에 따라
　　ⓐ **유정(有情)** 명사 : 감정을 나타내는, 사람이나 동물을 가리키는 명사
　　　　예 강아지에게 물을 주다.
　　ⓑ **무정(無情)** 명사 : 감정을 나타내지 못하는, 식물이나 무생물을 가리키는 명사
　　　　예 나무에 물을 주다.

(2) **대명사(代名詞)** : 사람이나 사물에 이름을 붙이지 않고 그것을 직접 가리켜 이르는 단어들의 묶음을 뜻한다.
　① 대명사의 분류
　　㉠ **인칭(人稱)** 대명사 : 사람의 이름을 대신하여 나타내는 말

분류	내용
1인칭	나, 저, 우리, 저희, 소인, 짐, 본관, 본인 등
2인칭	너, 자네, 그대, 당신, 너희, 여러분, 댁, 귀관 등
3인칭	그, 이분, 그분, 저분, 이이, 그이, 저이 등
미지칭(未知稱)	대상의 이름이나 신분을 모를 때에 묻는 인칭 대명사, 주로 의문문에 쓰인다. 예 저 사람이 누구입니까?
부정칭(不定稱)	특정 인물을 가리키지 않는 인칭 대명사 예 아직 아무도 안 왔다, 죄를 지으면 누구나 벌을 받는다,
재귀칭(再歸稱)	앞에 한 번 나온 명사를 다시 가리킬 때에 쓰이는 인칭 대명사(= 재귀 대명사)로, 국어에서는 대개 3인칭 주어로 쓰인 명사나 명사구를 다시 가리키는 데에 쓰인다. 예 그는 저만 잘났단다, 그들은 저희만 잘났단다, 철수는 자기가 가겠다고 했다, 할아버지는 당신의 차를 아끼신다.

　　㉡ **지시(指示)** 대명사 : 사물이나 처소를 대신하여 나타내는 말

분류	예
근칭(近稱)	이, 이것, 여기 등
중칭(中稱)	그, 그것, 거기 등
원칭(遠稱)	저, 저것, 저기 등
미지칭(未知稱)	무엇, 어느 것, 어떤 것, 어느 곳, 어디 등
부정칭(不定稱)	아무, 아무 데, 아무 곳 등

(3) **수사(數詞)** : 사물의 수량이나 순서를 가리키는 단어들의 묶음을 뜻한다.
　① 수사의 특징
　　㉠ 관형어의 꾸밈을 자유롭게 받지 못한다.
　　㉡ 복수 접미사 '-들, -네, -희' 등에 의하여 복수가 될 수 없다.
　② 수사의 분류
　　㉠ **양수사(量數詞)** : 수량을 나타내는 수사 예 하나, 둘, 셋, 넷… / 일, 이, 삼, 사…
　　㉡ **서수사(序數詞)** : 순서를 나타내는 수사 예 첫째, 둘째, 셋째… / 제일, 제이, 제삼…

■ 수사의 쓰임에서 유의할 점
수사 뒤에는 조사가 붙을 수 있지만, 수 관형사 뒤에는 조사가 바로 붙을 수 없다.
예 나는 바나나 하나를 먹었다.
　 나는 바나나 한 개를 먹었다.

2. 관계언(關係言)

문장 내에서 여러 성분들을 연결시켜 주는 기능을 한다.

(1) 조사(助詞) : 자립성을 가진 다른 말(주로 체언)에 붙어서 그 말과 다른 말과의 문법적 관계를 나타내거나 뜻을 더해 주는 단어들의 묶음을 뜻한다.

(2) 조사의 특징
 ① 주로 체언 뒤에 붙어 쓰이나, 용언이나 부사는 물론 조사끼리도 결합할 수 있다.
 ② 관형사, 감탄사에는 결합하지 않는다.
 ③ 활용하지 않으나, 서술격 조사 '이다'만은 활용한다.

(3) 조사의 분류 : 조사는 그 기능과 의미에 따라 격 조사, 접속 조사, 보조사로 분류한다.
 ① 격 조사(格助詞) : 앞에 오는 체언이 문장 안에서 일정한 문법적 자격(문장 성분)을 가지도록 하여 주는 조사를 이른다.
  ㉠ 주격(主格) 조사 : 앞에 오는 체언에 붙어 주어가 되게 하는 조사를 이른다.
   예 이/가, 께서(주어를 높일 때), 에서(조직이나 단체가 주어일 때)
  ㉡ 서술격(敍述格) 조사 : 체언을 서술어가 되게 하는 '이다'를 이르며, 이는 용언처럼 활용한다.
  ㉢ 목적격(目的格) 조사 : 앞에 오는 체언 뒤에 붙어, 뒤에 오는 타동사(他動詞)의 목적어가 되게 하는 조사를 이른다. 예 을/를
  ㉣ 보격(補格) 조사 : 앞에 오는 체언 뒤에 붙어 보어가 되게 하는 조사로, 형태가 주격 조사와 같아서 주의하여야 한다. 동사 되다와 서술격 조사 '이다'의 부정형인 '아니다'의 지배를 받는다. 예 이/가
  ㉤ 관형격(冠形格) 조사 : 앞에 오는 체언 뒤에 붙어, 뒤에 오는 체언을 수식하는 관형어가 되게 하는 조사를 이른다. 예 의
  ㉥ 부사격(副詞格) 조사 : 체언 뒤에 붙어 부사어가 되게 하는 조사를 이른다.
   예 에, 에서, 한테, 으로, 와/과 등
  ㉦ 호격(呼格) 조사 : 독립어 가운데 부름말이 되게 하는 조사를 이른다.
   예 (이름)야/아, (이름)이시여 등
 ② 접속 조사(接續助詞) : 두 단어나 문장을 같은 자격으로 이어 주는 구실을 하는 조사를 이른다. 예 와/과, 랑/이랑, 하고, 나/이나

🔔 **알아 두기**

조사 '와/과'의 쓰임
- 문장 접속 예 백제와 신라는 우리나라이다.
- 동반 부사격 조사 예 그가 그녀와 함께 떠났다. / 그와 그녀가 악수하다.
- 비교 부사격 조사 예 배는 사과와 다르다.

 ③ 보조사(補助詞) : 앞에 오는 체언을 일정한 격으로 규정하지 않고 여러 격에 두루 쓰이게 하면서, 그것에 어떤 특별한 의미를 더하여 주는 조사를 이른다.
  ㉠ 표별(表別) 보조사 : 같은 묶음 안에 드는 관련 항목들이 서로 다른 가치를 띠었음을 나타내는 보조사로 '은/는, 만, 뿐' 등이 대표적이다.
  ㉡ 협수(協隨) 보조사 : 같은 묶음 안에 드는 관련 항목들이 서로 같은 가치를 띠었음을 나타내는 보조사로 '도/마저/까지/조차' 등이 대표적이다.

■ **격 조사의 생략**
- 격 조사의 생략은 체언만으로도 격 표시가 분명할 때 이루어지며, 문어보다 구어의 경우가 많다.
- 도구, 비교, 변화를 나타내는 부사격 조사는 생략이 어렵다.

■ **서술격 조사 '이다'**
'이다'는 다른 조사와는 달리 서술성을 띠는 조사이다.
예 학생이다, 학생이냐, 학생이고, 학생이네.

■ **목적격 조사·보조사 '을/를'**
- 학교 문법에서 목적격 조사는 '을/를'뿐이나, 보조사가 이를 대체할 수도 있다.
- 보조사 '을/를'은 강조의 의미를 가지고 있다.
예 너는 아빠자고 혼자 시장에를 갔니?

■ **부사격 조사**

의미	형식
처소	에서
소재지	에
소재	에게/한테
때	에
지향점, 낙착점	에, 에게, 한테, (으)로
출발점	에서, 에게서, 한테서
원인, 이유	에, (으)로
방법	
재료	(으)로, (으)로써
경로	
도구	
자격	(으)로, (으)로서
변화	(으)로
동반	와/과, 하고
비교	와/과, 보다, 처럼, 만큼

■ **'에서'의 기능**
'에서'는 주로 부사격 조사로 쓰이지만, 단체 무정 명사 뒤에 붙으면 주격 조사의 기능으로 쓰인 것이다.
예 우리 학교에서 운동회가 열렸다. (처소 부사격 조사)
우리 학교에서 운동회를 열었다. (주격 조사)

■ **보조사 '요'**
어절이나 문장의 끝에 결합하여 상대 높임을 표현하는 종결 보조사

■ **보조사 '은/는'의 의미 기능**
- 사과는 빨갛다. ⇨ 주격 조사 대체
- 귤은 까서 먹고, 사과는 깎아 먹는다. ⇨ 대조

3. 용언(用言)

문장의 주어를 서술하는 기능을 가진 말들을 이르며, 문장 속에서 담당하고 있는 기능에 따라서 형태가 달라진다. 형태와 의미에 따라 동사(動詞)와 형용사(形容詞)로 나뉘며, 문장 안에서의 쓰임에 따라 본용언과 보조 용언으로 나뉜다. 활용의 규칙성 여부에 따라서는 규칙 용언과 불규칙 용언으로 분류된다.

(1) **동사**: 주어의 어떤 움직임이나 작용을 나타내는 단어의 부류를 이른다.
  ① 동사의 특징
    ㉠ 쓰임에 따라 어미를 활용하는 용언이다.
    ㉡ 움직이는 주체의 성질은 시간의 흐름에 따라 변화한다.
    ㉢ 시제를 동반하며, 동작상을 나타낸다.
    ㉣ 관형사와는 어울릴 수 없으나, 부사의 한정을 받는다.
  ② 동사의 분류
    ㉠ 움직임이 미치는 상대에 따라
      ⓐ 자동사(自動詞): 움직임이 그 주어 스스로에만 미치고, 다른 대상에는 미치지 않는 동사이다. 예 피다, 솟다
      ⓑ 타동사(他動詞): 움직임의 작용이 다른 사물에 영향을 미쳐 목적어가 필요한 동사이다. 예 입다, 먹다, 읽다
    ㉡ 기능에 따라
      ⓐ 본동사: 자립성을 갖고 실질적인 의미를 나타내며, 단독으로 서술 능력을 갖는 동사이다. 예 걷다, 먹다, 날다, 뛰다, 읽다
      ⓑ 보조 동사: 본용언 뒤에서 그것의 의미를 더하여 주는 동사이다.
        예 들어 보다, 얹어 두다, 먹어 버리다
    ㉢ 형태에 따라
      ⓐ 규칙 동사: 어미의 활용이 규칙적으로 이루어지는 동사이다.
        예 벗다, 입다, 읽다
      ⓑ 불규칙 동사: 어미 활용에서 어간이 형태를 달리하거나 어미의 형태가 불규칙적으로 변하는 동사이다. 예 잇다, 짓다, 긋다, 낫다
      ⓒ 불완전 동사: 어미를 두루 갖추어 활용하지 못하고, 그것이 두셋 정도의 제한된 어미만을 취하거나 또는 기본형을 밝힐 수 없는 동사이다.
        예 가로다 – 가로되 – 가론, 달다 – 달라 – 다오, 더불다 – 더불어

(2) **형용사**: 주어의 성질이나 상태를 나타내는 단어의 부류를 이른다.
  ① 성상 형용사: 성질이나 상태를 나타내는 형용사를 이른다.
    예 뜨겁다, 기쁘다, 고맙다, 젊다
  ② 지시 형용사: 지시성을 나타내는 형용사를 이른다.
    예 이러하다, 그러하다, 저러하다

🔔 알아 두기

동사와 형용사의 구별

		동사	형용사
차이점		동작이나 작용	성질이나 상태
		현재 시제 선어말 어미 (-는-/-(으)ㄴ-) 예 먹는다(○), 간다(○)	쓸 수 없음. 예 예쁘는다(×), 예쁜다(×)
		현재를 표현하는 관형사형 어미 '-는' 예 먹는(○), 가는(○)	'-(으)ㄴ' 예 예쁘는(×)
		의도나 목적의 연결 어미 예 앉으려 한다(○) 예 먹으러 간다(○)	쓸 수 없음. 예 예쁘려 한다(×) ⇨ 예뻐지려 한다(○) 예 예쁘러 간다(×) ⇨ 예뻐지러 간다(○)
		명령형, 청유형 어미 예 먹어라(○), 먹자(○)	쓸 수 없음. 예 예뻐라(×) ⇨ 예뻐져라(○) 예 예쁘자(×) ⇨ 예뻐지자(○)
		진행과 완료의 동작상 '-고 있다', '-아/어 있다' 예 먹고 있다(○), 앉아 있다(○)	쓸 수 없음. 예 예쁘고 있다(×), 예뻐 있다(×)

참고		• '-어라/-아라'가 명령형이 아니라 감탄형일 경우에는 형용사와 결합할 수 있다.
		  예 우리는 오늘도 행복하여라.
		• '-오'가 명령형이 아니라 평서형일 경우에는 형용사와 결합할 수 있다.
		  예 우리는 오늘도 행복하오.	

■ **형용사와 결합하는 어미**
- '-어라/-아라'가 명령형이 아니라 감탄형일 경우에는 형용사와 결합할 수 있다.
  예 우리는 오늘도 행복하여라.
- '-오'가 명령형이 아니라 평서형일 경우에는 형용사와 결합할 수 있다.
  예 우리는 오늘도 행복하오.

■ **'알맞다', '걸맞다'**
'알맞다'와 '걸맞다'는 '알맞는다, 걸맞는다'처럼 표현하지 않으며, 현재를 표현하는 관형사형 어미가 '알맞은', '걸맞은'이므로 형용사이다.

📑 질의 응답 엿보기

Q. '있다'와 '없다'의 품사

A. '없다'는 '사람이 *없는다, *없는구나, 없느냐, 없는, *없어라, *없자'와 같이 활용하고 사람이나 사물 등이 어떤 곳에 자리나 공간을 차지하고 존재하지 않는 상태 등을 나타내므로 형용사로 처리하는 게 일반적이다. 이에 반해, '있다'는 활용 측면에서 '없다'와는 차이를 보이는 부분이 있고 의미 측면에서 서로 구별될 수 있는 다양한 의미로 쓰이고 있어서 두 가지 품사로 나뉜다.

예를 들어 '있다'가 '없다'의 반대되는 뜻으로 '무엇이 실제로 존재하다', '어떤 물체를 소유하거나 자격이나 능력 따위를 가진 상태이다' 등의 의미를 지닐 때는 형용사로 처리한다. 한편, '움직이다'의 반대되는 뜻으로 '움직이지 않거나 머물다', '사람이나 동물이 어떤 상태를 계속 유지하다' 등의 의미를 지닐 때는 동사로 처리한다. 또한 동사 '있다'는 높임말로 '계시다'를 쓰며 형용사 '있다'는 높임말로 '있으시다'를 쓴다.

Q. '있다'를 동사로 쓰는 경우의 의미

A. ㉠ (사람, 동물이) 어느 곳에서 떠나거나 벗어나지 아니하고 머물다.
　　예 그는 내일 집에 있는다고 했다.
㉡ 사람이 어떤 직장에 계속 다니다.
　　예 그 직장에 그냥 있어라.
㉢ (사람이나 동물이) 어떤 상태를 계속 유지하다.
　　예 모두 손을 든 상태로 있어라.
㉣ 얼마의 시간이 경과하다.
　　예 앞으로 사흘만 있으면 추석이다.
㉤ (주로 동사 뒤에서 '-어 있다' 구성으로 쓰여)
　　앞말이 뜻하는 행동이나 변화가 끝난 상태가 지속됨을 나타내는 말
　　예 깨어 있다. / 앉아 있다. / 꽃이 피어 있다.
㉥ (주로 동사 뒤에서 '-고 있다' 구성으로 쓰여)
　　앞말이 뜻하는 행동이 계속 진행되고 있거나 그 행동의 결과가 지속됨을 나타내는 말
　　예 아이를 안고 있다. / 손잡이를 쥐고 있다.

■ 본용언과 보조 용언의 구별법
첫째, 본용언은 문장에서 단독으로 서술어로 쓰일 수 있지만, 보조 용언은 문장에서 단독으로 쓰일 수 없다.(보조 용언과 형태가 같더라도 본용언으로 쓰이면 의미와 기능이 달라진다)
둘째, 본용언과 보조 용언 사이에는 '-아서/-어서'나 다른 문장 성분이 들어갈 수 없다.

■ 띄어쓰기 규정에 들어간 보조 용언 추가 예시(원칙/허용)
- 가다(진행) : 늙어 간다, 되어 간다 / 늙어간다, 되어간다
- 가지다(보유) : 알아 가지고 간다 / 알아가지고 간다
- 나다(종결) : 겪어 났다, 견뎌 났다 / 겪어났다, 견뎌났다
- 내다(종결) : 이겨 낸다, 참아 낸다 / 이겨낸다, 참아낸다
- 놓다(보유) : 열어 놓다, 적어 놓다 / 열어놓다, 적어놓다
- 대다(강세) : 떠들어 댄다 / 떠들어댄다
- 두다(보유) : 알아 둔다 / 알아둔다
- 드리다(봉사) : 읽어 드린다 / 읽어드린다
- 버리다(종결) : 놓쳐 버렸다 / 놓쳐버렸다
- 보다(시행) : 뛰어 본다, 써 본다 / 뛰어본다, 써본다
- 쌓다(강세) : 울어 쌓는다 / 울어쌓는다
- 오다(진행) : 참아 온다, 견뎌 온다 / 참아온다, 견뎌온다
- 지다(피동) : 이루어진다, 써진다, 예뻐진다

(3) 본용언과 보조 용언(補助用言)
① **본용언** : 어휘 본래의 의미가 뚜렷하고 자립성이 있어, 단독으로 문장의 서술어가 될 수 있는 용언이다.
② **보조 용언** : 앞의 본용언에 의존하여 쓰이면서 의미를 더하여 주는 용언으로, 단독으로 주체를 서술할 수 없고, 단독으로 서술어가 된다고 하더라도 본디 보조 용언의 뜻과 다르게 사용(양태적 의미)된다.

㉠ 보조 동사의 종류와 예시

종류	예
진행	(-어) 가다 예 책을 다 읽어 간다. (-어) 오다 예 날이 밝아 온다. (-고) 있다 예 듣고 있다. (-고) 계시다 예 아버지는 오빠의 말을 가만히 듣고 계셨다.
종결(완료)	(-고) 나다 예 아이들이 모두 집에 돌아가고 나니 마음이 허전했다. (-어) 내다 예 적의 침공을 막아 내다. (-어) 버리다 예 동생이 과자를 다 먹어 버렸다. (-고야) 말다 예 그와 나는 마주 보고 웃고 말았다.
봉사	(-어) 주다 예 밥을 대신 먹어 주다. (-어) 드리다 예 어머님께 소식을 알려 드리다.
시도	(-어) 보다 예 먹어 보다.
보존(완료)	(-어) 두다 예 불을 켜 두고 잠이 들었다. (-어) 놓다 예 더우니 문을 열어 놓아라. (-어) 가지다 예 서점에서 책을 잔뜩 사 가지고 왔다.
사동	(-게) 하다 예 숙제를 하게 하다.
피동	(-어) 지다 예 이 건물은 예술적인 아름다움이 보태어졌다.
부정	(-지) 아니하다(않다) 예 밥을 먹지 아니하다. (-지) 말다 예 이곳에서 수영하지 마시오. (-지) 못하다 예 눈물 때문에 말을 잇지 못하다.
강세	(-어) 대다 (같은 행동을 되풀이함을 나타낸다.) 예 음식을 먹어 대다.
당위	(-어야) 하다 예 부모님께 효도해야 하는데 마음먹은 대로 잘되지 않는다.
시인(是認)	(-기는) 하다 예 먹기는 하는데 아주 조금씩밖에 먹지 않는다.

㉡ 보조 형용사의 종류와 예시

종류	예
희망	(-고) 싶다 예 어릴 적에는 선생님이 되고 싶었다.
부정	(-지) 아니하다(않다) 예 얼굴이 곱지 아니하다. (-지) 못하다 예 편안하지 못하다.
추측	(-ㄴ 가/-는가/-나) 보다 예 식구들이 모두 집에 돌아왔나 보다. (-는가/-나/-(으)ㄹ까) 싶다 예 꿈인가 싶다.
시인(是認)	(-기는) 하다 예 옷이 좋기는 한데 가격이 비싸다.
강조	(-기도) 하다 예 생선이 참 싱싱하기도 하다.

> 🔔 **알아 두기**
> 보조 동사와 보조 형용사의 판별
> - '부정'의 뜻을 나타내는 '아니하다, (-지) 못하다', '시인(是認)'의 뜻을 나타내는 '하다'는 앞 용언이 동사이면 '보조 동사'이고, 앞 용언이 형용사이면 '보조 형용사'이다.

(4) 용언의 구성 요소
　① 어간(語幹) : 실질적 의미를 가진 형태소로, 활용할 때 변화하지 않는 부분을 어간이라고 한다.
　② 어말 어미(語末語尾)
　　㉠ 종결 어미 : 문장의 서술어 끝에 붙어 문장을 끝맺는 어미이다.
　　　ⓐ 평서형(平敍形) : '-다', '-오' 따위의 예사로운 종결 어미가 붙어, 있는 사실을 그대로 진술하는 문장 형태
　　　ⓑ 의문형(疑問形) : 의문을 나타내는 종결 어미 '-느냐', '-ㄴ가' 따위가 붙은 꼴
　　　ⓒ 명령형(命令形) : 명령이나 요구의 뜻을 나타내는 동사나 보조 동사의 활용형
　　　ⓓ 청유형(請誘形) : 동사의 활용형의 하나로, 화자가 청자에게 같이 행동할 것을 요청하는 뜻을 나타내는 종결 어미
　　　ⓔ 감탄형(感歎形) : 감탄의 뜻을 나타내는 용언 및 서술격 조사 '이다'의 활용형
　　㉡ 연결 어미 : 어간에 붙어 다음 말에 연결하는 구실을 하는 어미이다.
　　　ⓐ 대등적 연결 어미 : 의미적으로 대등한 두 절을 이어 주는 연결 어미
　　　　예 '-고', '-(으)며', '-(으)나', '-지만' 등
　　　ⓑ 종속적 연결 어미 : 앞의 문장을 뒤의 문장에 종속적으로 이어 주는 어말 어미
　　　　예 '-아/어서', '-면', '-려고', '-(으)므로' 등
　　　ⓒ 보조적 연결 어미 : 본용언에 보조 용언을 연결하는 어말 어미
　　　　예 '-아/-어', '-게', '-지', '-고' 등
　　㉢ 전성 어미 : 용언의 어간에 붙어 다른 품사의 기능을 수행하게 하는 어미이다. 용언 본디의 서술 기능을 유지하면서 관형사, 명사, 부사의 성격을 띠게 한다.
　　　ⓐ 관형사형 전성 어미 : '-(으)ㄴ', '-는', '-던', '-(으)ㄹ' 등
　　　ⓑ 명사형 전성 어미 : '-(으)ㅁ', '-기' 등
　　　ⓒ 부사형 전성 어미 : '-게', '-도록' 등
　③ 선어말 어미(先語末語尾) : 어간과 어말 어미 사이에 위치한다. 어말 어미는 반드시 있어야 하지만, 선어말 어미는 경우에 따라 있을 수도 있고 없을 수도 있으며, 둘 이상의 선어말 어미가 올 수도 있다.
　　㉠ 선어말 어미의 특징
　　　ⓐ 어말 어미를 반드시 필요로 한다.
　　　ⓑ 선어말 어미의 순서(높임 + 시간 표현 + 공손)는 고정되어 있어 바꿀 수 없다.
　　　ⓒ 선어말 어미는 어간 뒤에 놓이는 어미이므로 기본형에 포함되지 않는다.
　　㉡ 선어말 어미의 종류
　　　ⓐ 주체 높임 : '-(으)시-'
　　　ⓑ 시간 표현 : '-는(ㄴ)-'(현재), '-았(었)-'(과거), '-더-'(회상), '-겠-', '-리-'(미래 · 추측)
　　　ⓒ 공손 : '-옵-'

■ 선어말 어미와 접사의 차이
- 선어말 어미는 용언 활용에만 관여하며, 접사는 단어 형성에 관여한다.
- 선어말 어미는 어간에 결합하며, 접사는 어근에 결합한다.
　예 높-다랗-다(어근 + 접사 + 종결 어미), 가시-었-다(어간 + 높임 선어말 어미 + 시간 표현 선어말 어미 + 종결 어미)

(5) **용언의 활용(活用)** : 문법적 관계를 나타내기 위해 어간(語幹) 또는 어미(語尾)가 여러 형태로 바뀌는 현상을 이른다. 활용형 중 어간에 어미 '-다'가 결합한 것을 기본형이라고 부르며, 기본형에는 접사가 포함된다.

▲ 용언의 활용

① 규칙 활용 : 용언이 활용할 때, 어간이나 어미의 본디 형태가 변하지 않거나, 변하더라도 음운 변화의 규칙에 따라 일어나는 활용을 이른다.
㉠ 결합하는 과정에서 어간, 어미 모두 형태의 변화가 없는 활용
㉡ 형태 변화가 있어도 보편적 음운 규칙으로 설명되는 활용
   ⓐ 모음 조화 : 두 종류의 어미, 곧 양성 모음과 음성 모음이 모음 조화에 따르는 활용이다.
   ⓑ 'ㄹ' 규칙 활용 : 어간 끝 받침 'ㄹ'이 어미의 첫소리 'ㄴ, ㅂ, ㅅ' 및 '-오, -ㄹ' 앞에서 줄어지는 경우, 준 대로 적는다.
   ⓒ 'ㅡ' 규칙 활용 : 어간 모음 'ㅡ'는 '-아/-어'로 시작되는 어미 및 과거 시제 선어말 어미 '-았-/-었-' 앞에서 규칙적으로 탈락한다.
   ⓓ 매개 모음 첨가 : 'ㄹ' 이외의 자음으로 끝난 어간 뒤에 '-ㄴ, -ㄹ, -오, -시-, -며' 등의 어미가 올 때, 구체적인 매개 모음 '으'가 첨가된다.

■ 'ㄹ' 규칙 활용의 예
만들다 + ㄴ ⇨ 만든, 만드니, 만드냐, 만드네
       + ㅂ ⇨ 만듭니다
       + ㅅ ⇨ 만드세요, 만드시오
       + -오 ⇨ 만드오
       + -ㄹ ⇨ 만들 (동음 탈락)

■ 'ㅡ' 규칙 활용의 예
치르- + -어 ⇨ 치러,
잠그- + -아 ⇨ 잠가,
담그- + -아 ⇨ 담가,
쓰- + -어 ⇨ 써,
뜨- + -어 ⇨ 떠,
끄- + -어 ⇨ 꺼

🔔 알아 두기

매개 모음이 첨가된 어미
어간 끝 받침이 'ㄹ'인 용언은 매개 모음을 쓰지 않는다.

종류	예
선어말 어미	-으시-, -으옵-
연결 어미	-으면, -으며, -으니까, -으니, -으려고, -으나, -으되, -을는지, -을지, -을지라도, -은데, -은지
종결 어미	-으리라, -으라, -으마, -으냐, -으니, -으오(평서, 의문, 명령), -으소서, -읍시오, -읍시다, -을게, -을까, -을꼬, -을쏘냐, -은지, -은고
관형사형 어미	-은, -을
명사형 어미	-음

② **불규칙 활용**: 용언이 활용할 때에 어간이나 어미의 기본 형태가 일정하게 유지되지 못하고, 그 형태의 변화를 예측하지 못하는 경우를 이른다.

불규칙 활용에서는 어간이나 어미의 변화가 자동적으로 일어나는 것이 아니라는 점에서 이를 '비자동적 교체'라고 부르기도 한다. 불규칙 활용의 유형은 크게 어간이 바뀌는 경우와 어미가 바뀌는 경우, 그리고 어간과 어미가 함께 바뀌는 경우로 나누어진다.

구분	명칭	내용	용례	비교 (규칙 활용 용례)
어간 훼손	'ㄷ' 불규칙	'ㄷ'이 모음 어미 앞에서 'ㄹ'로	• 묻[問] + 어 ⇨ 물어 • 걷 + 어 ⇨ 걸어 • 싣 + 어 ⇨ 실어	• 묻[埋] + 어 ⇨ 묻어 • 얻 + 어 ⇨ 얻어
	'ㅅ' 불규칙	'ㅅ'이 모음 어미 앞에서 탈락	• 낫 + 아 ⇨ 나아 • 붓 + 어 ⇨ 부어 • 잇 + 어 ⇨ 이어	• 벗 + 어 ⇨ 벗어 • 씻 + 어 ⇨ 씻어
	'ㅂ' 불규칙	'ㅂ'이 모음 어미 앞에서 '오/우'로	• 돕 + 아 ⇨ 도와 • 굽[炙] + 어 ⇨ 구워	• 잡 + 아 ⇨ 잡아 • 굽[曲] + 어 ⇨ 굽어
	'르' 불규칙	'르'가 모음 어미 앞에서 'ㄹㄹ'로	• 빠르 + 아 ⇨ 빨라 • 누르 + 어 ⇨ 눌러	• 따르 + 아 ⇨ 따라 • 치르 + 어 ⇨ 치러
	'우' 불규칙	'우'가 모음 어미 앞에서 탈락	푸 + 어 ⇨ 퍼	주 + 어 ⇨ 주어/줘
어미 훼손	'러' 불규칙	'르'로 끝나는 어간에 모음 어미 '어'가 오면, '어'가 '러'로	• 이르[至] + 어 ⇨ 이르러 • 누르[黃] + 어 ⇨ 누르러 • 푸르[靑] + 어 ⇨ 푸르러	치르 + 어 ⇨ 치러
	'여' 불규칙	'하'로 끝나는 어간에 모음 어미 '아'가 오면, 모음 '아'가 '여'로	하 + 아 ⇨ 하여	가 + 아 ⇨ 가
	'오' 불규칙	'달-/다-'의 명령형 어미가 '오'로	달/다 + 오 ⇨ 다오	주어라
어간과 어미가 함께 훼손	'ㅎ' 불규칙	'ㅎ'으로 끝나는 어간에 '아/어'가 오면, 어간의 일부인 'ㅎ'이 없어지고 어미도 변하는 현상	• 하얗 + 아서 ⇨ 하얘서 • 파랗 + 아 ⇨ 파래	• 좋 + 아서 ⇨ 좋아서 • 낳 + 아 ⇨ 낳아

> 🔔 **알아 두기**
>
> **'ㅂ' 불규칙 활용에서 주의할 점**
> - 음운 환경이 다른 경우, 'ㅂ'을 '읍'의 형태로 적지 않는다. 또한 매개 모음이 앞서지 않는 자음 어미 '-네' 앞에서는 'ㅂ'을 '우'로 바꿔 쓰지 않는다. 예 가렵다 ⇨ 가려워 ○, 가려웁다 ×
> - '졸리다'는 어간의 끝소리에 'ㅂ'이 없으므로 'ㅂ' 불규칙 활용과는 상관이 없다. 예 졸립다 × ⇨ 졸리워 ×
> - '서럽다'와 '섧다'는 복수 표준어로, 둘 다 불규칙 활용한다. 예 서럽다 ⇨ 서러워, 섧다 ⇨ 설워
> - '가엽다'와 '가엾다'는 복수 표준어로, '가엾다'는 규칙 활용한다. 예 가엽다 ⇨ 가여워, 가엾다 ⇨ 가엾어
> - '여쭙다'와 '여쭈다'는 복수 표준어로, '여쭈다'는 규칙 활용한다. 예 여쭙다 ⇨ 여쭈워, 여쭈다 ⇨ 여쭤
> - '뵙다'와 '뵈다'는 복수 표준어인데, '뵙다'의 어간 '뵙-'은 자음 어미와만 결합한다. 예 뵙고 ○, 뵙어 ×

> 🔔 **알아 두기**
>
> **'ㅎ' 불규칙 활용에서 주의할 점**
> - 어간이 '-아, -어'로 시작하는 어미와 붙으면 어간의 끝소리 'ㅎ'이 탈락하고 가운뎃소리 'ㅏ(ㅑ), ㅓ(ㅕ)'가 어미의 첫소리 'ㅏ, ㅓ'와 합해져 'ㅐ(ㅒ), ㅔ(ㅖ)'가 된다. 이는 어미 첫소리 'ㅏ, ㅓ'가 'ㅣ'로 바뀐 결과이다.
> - 'ㅎ' 불규칙 활용은 '까맣다, 노랗다, 하얗다'와 같이 주로 형용사에 나타난다. 어간의 받침이 'ㅎ'인 용언이 모두 'ㅎ' 불규칙은 아니다. '놓다, 좋다, 쌓다, 닿다'와 같은 용언은 규칙 활용을 한다.
> - '-네' 앞에서 'ㅎ'이 탈락하였지만 2015년 개정에 따라 탈락하지 않는 형태도 인정되었다.

■ **2017년 문법용어 개정**

불규칙 활용에서 '-너라' 불규칙이 제외됨.
이로 인해 '오다' 뒤에 '-아라', '-거라', '-너라'가 오는 것이 모두 규칙 활용으로 처리됨.

■ **'ㅂ' 불규칙에서 'ㅂ'이 '오'로 바뀌는 용언**

- 'ㅂ' 불규칙 활용 중 어간의 끝소리 'ㅂ'이 '오'로 바뀌는 용언은 곱다, 돕다 2개뿐이다.
- 어미 '-아'가 붙는 양성 모음이 있는 단음절(單音節) 어간은 '곱-, 돕-' 2개만 있다.

■ **용언의 활용과 관련된 음운 변화**

음운 체계 안의 어떤 음운 또는 그 체계 자체가 시간의 흐름에 따라 변화하는 일
예 'ㅿ'(중세) ⇨ 'ㅅ'(현대) ⇨ 'ㅅ' 불규칙 활용의 원인
'ㅸ'(중세) ⇨ 반모음 'ㅗ/ㅜ'(현대) ⇨ 'ㅂ' 불규칙 활용의 원인

■ **'이르다'의 활용**

- 到(이를 도, 동사) : '러' 불규칙
  예 목적지에 이르다. ⇨ 이르러
  결론에 이르다. ⇨ 이르러
- 早(이를 조, 형용사) : '르' 불규칙
  예 올해는 예년보다 첫눈이 이른 감이 있다. ⇨ 첫눈이 일러
- 謂(이를 위, 동사) : '르' 불규칙
  예 친구에게 약속 시간을 일러 주었다.

■ **'누르다'의 활용**

- 壓(누를 압, 동사) : '르' 불규칙
  예 아랫사람을 힘으로 눌렀다.
  초인종을 눌렀다.
  분노를 눌렀다.
  일본 팀을 누르고 우승하다.
- 黃(누를 황, 형용사) : '러' 불규칙
  예 나뭇잎이 누르러 보이다.

4. 수식언(修飾言)

다른 말을 수식하는 기능을 하는 말들을 이른다.

(1) 관형사(冠形詞) : 체언 앞에 놓여서 체언(주로 명사)을 꾸며 주는 단어를 이른다.

① 관형사의 특징
  ㉠ 조사와 결합할 수 없다.
  ㉡ 형태가 변화하지 않는다. (= 활용하지 않는다.)
  ㉢ 고유 명사나 수사를 수식하지 않는다.

② 관형사의 분류 : 관형사는 '지시 관형사', '성상 관형사', '수 관형사'로 나눌 수 있다.
  ㉠ 지시 관형사(指示冠形詞) : 대상의 원근을 가리키는 관형사를 이른다.
     예 이(근칭), 그(중칭), 저(원칭)
  ㉡ 성상 관형사(性狀冠形詞) : 사람이나 사물의 모양, 상태, 성질을 나타내는 관형사를 이른다.
     예 새, 헌, 순(純) 등
  ㉢ 수 관형사(數冠形詞) : 사물의 수량이나 순서를 표시하는 관형사를 이른다.
     ⓐ 양수사(量數詞)

종류	예
정수(定數)	한, 두, 세(석, 서), 네(넉, 너), 다섯(닷), 여섯(엿), 일곱, 여덟, 아홉, 열 등
부정수(不定數)	한두, 두세, 서너, 두서너, 일이(一二), 이삼(二三), 삼사(三四), 여러, 모든, 온, 온갖, 갖은, 반(半), 전(全) 등

     ⓑ 서수사(序數詞)

종류	예
정수(定數)	첫째, 둘째, 셋째, 제일(第一), 제이(第二), 제삼십(第三十) 등
부정수(不定數)	한두째, 두어째, 몇째, 여남은째 등

■ 수 관형사 vs 수사
격 조사는 체언이 받으므로 수 관형사와 수사는 격 조사의 유무로 구별한다.
예 수 관형사 : 다섯 사람이 모였다.
   수사 : 사람이 다섯이 모였다.

> 🔔 **알아 두기**
>
> **관형사와 관형어의 구분**
> • 관형사는 '품사'의 한 갈래, 관형어는 '문장 성분'의 한 갈래
>   예 다른[他] 사람은 다 가고 나만 남았다. ⇨ 관형사이자 관형어
>   그 사람은 우리와 다른[異] 사람이다. ⇨ 형용사의 관형사형
>   예쁜 꽃이 많이도 피었다. ⇨ 형용사의 관형사형

(2) <mark>부사(副詞)</mark> : 용언 또는 다른 말 앞에 놓여 그 뜻을 분명하게 하는 품사를 이른다. '매우', '가장', '과연', '그리고' 따위가 있다.

① 부사의 특징
　㉠ <mark>용언</mark>의 한정이 주 기능이지만 부사, 관형사, 체언을 한정하기도 한다.
　㉡ 격 조사를 취하는 일이 없지만 보조사를 취하는 일은 있다.
　㉢ 불변어이며, 시제나 높임 표시를 하지 못한다.
　㉣ 때로는 성분 부사가 서술성을 가지기도 한다.

② 부사의 분류 : 수식하는 언어 단위에 따라 크게는 '성분 부사'와 '문장 부사'로 나뉜다.
　㉠ <mark>성분(成分) 부사</mark> : 문장 안의 특정한 성분을 수식하는 부사를 이른다.

종류	내용
성상(性狀) 부사	• 사람이나 사물의 모양, 상태, 성질을 한정하여 꾸미는 부사를 이른다. • '잘', '매우', '바로' 따위가 있다. '어떻게, 얼마나'의 뜻으로 주로, 용언의 내용을 실질적으로 꾸미는 부사이다. • 특히, 사물의 소리와 모양을 흉내 내는 부사들을 의성(擬聲) 부사, 의태(擬態) 부사라고 한다.
지시(指示) 부사	• 처소나 시간을 가리켜 한정하거나 앞의 이야기에 나온 사실을 가리키는 부사를 이른다. • '이리', '그리', '내일', '오늘' 따위가 있다. 발화 현장을 중심으로 장소나 시간 및 앞에 나온 이야기의 내용을 지시하는 부사이다.
부정(否定) 부사	• 용언의 앞에 놓여 그 내용을 부정하는 부사를 이른다. • '아니', '안', '못' 따위가 있다. 꾸밈을 받는 동사나 형용사의 내용을 부정하는 방식으로 꾸며 주는 부사이다.

　㉡ <mark>문장(文章) 부사</mark> : 문장 전체를 꾸며 주는 부사를 이른다. 화자(話者)의 태도를 나타내는 양태 부사와 단어와 단어, 문장과 문장을 이어 주는 <mark>접속 부사</mark>로 나뉜다. '과연, 설마, 제발, 정말, 결코, 모름지기, 응당, 어찌, 아마, 정녕, 아무쪼록, 하물며, 그리고, 그러나, 그러므로, 즉, 곧, 및, 혹은, 또는' 따위가 있다.

종류	내용
양태(樣態) 부사	• 믿음, 추측, 단정 등 사태에 대한 화자의 심리적 태도를 나타낼 때 쓰이는 부사이다. • 화자(話者)의 태도를 나타내는 문장 부사로 '과연, 설마, 제발, 정말, 결코, 모름지기, 응당, 어찌' 따위가 있다. • 화자의 믿음이 의심스럽거나 단정을 회피할 때 쓰이는 부사로 '설마, 아마, 비록, 만일, 아무리' 따위가 있다. • 희망을 나타내거나 가상적 조건 아래에서 일이 이루어지기를 바랄 때 쓰이는 부사로 '제발, 부디, 아무쪼록' 따위가 있다.
접속(接續) 부사	• 앞의 체언이나 문장의 뜻을 뒤의 체언이나 문장에 이어 주면서 뒤의 말을 꾸며 주는 부사로, '그러나, 즉, 또는, 및' 따위가 있다. 단어와 단어, 문장과 문장을 이어 주면서 뒤의 말을 꾸며 주는 부사이다. • 문장 접속 부사로 '그리고, 그러나, 그러면, 그러므로, 그렇지마는, 곧, 즉, 또, 또한, 더구나, 오히려, 하물며, 따라서' 등이 있다. • 단어 접속 부사로 '및, 또는, 혹은, 내지' 등이 있다.

■ **부사와 형태가 같은 다른 품사의 구별**

동일한 형태가 후행하는 품사의 성질에 따라 여러 품사로 쓰일 수 있다. = 품사의 통용

1. • '모두 / 서로 / 스스로' + 용언 ⇨ 부사
　예 서로 사랑한다. / 스스로 한다.
　• '모두 / 서로 / 스스로' + 조사 ⇨ 명사
　예 서로가 사랑한다. / 스스로가 한다.
2. • '오늘 / 내일 / 어제 / 그제 / 모레' + 용언 ⇨ 부사
　예 내일 만납시다.
　• '오늘 / 내일 / 어제 / 그제 / 모레' + 조사 ⇨ 명사
　예 내일은 아버지의 생신이다.

■ **접속 부사**

우리말에는 '접속사'가 없고, 이것이 '부사'의 하위 범주인 접속 부사의 개념으로 쓰인다. 문장 접속 부사에는 '그-' 계열이 많다.

■ **'그러므로'와 '그럼으로'**

• 그러므로 : 앞의 내용이 뒤의 내용의 이유나 원인, 근거가 되는 경우
　예 날씨가 춥다. 그러므로 외출할 때 옷을 따뜻하게 입길 바란다.
• 그럼으로(써) : 수단을 나타내는 경우
　예 담배를 끊었다. 그럼으로(써) 용돈을 줄였다.

5. 독립언(獨立言)

문장 속의 다른 성분에 얽매이지 않고 독립성을 갖는 말들을 이른다.

(1) 감탄사(感歎詞) : 부름, 대답, 느낌 등을 나타내는 단어로, 다른 성분들에 비하여 비교적 독립성이 있는 말들을 이른다.

① 감탄사의 특징
  ㉠ 형태가 변하지 않으며 놓이는 위치가 자유롭다.
  ㉡ 조사와 결합하지 않는다.
  ㉢ 독립어로만 쓰인다.

② 감탄사의 분류
  ㉠ 감정 감탄사 : 상대방을 의식하지 않고 감정을 표출하는 감탄사이다. 기쁨, 성냄, 슬픔, 한숨, 놀라움 등을 나타낸다.
  예) <u>어머나</u>, 네가 아주 새 사람이 되었구나.
   <u>어이쿠</u>, 간 떨어질 뻔했네.
   <u>앗</u>! 뜨거워.

  ㉡ 의지 감탄사 : 상대방을 의식하며 자기의 생각을 표시하는 감탄사이다. 단념, 독려, 부름, 긍정, 부정 및 의혹 표시 등을 나타낸다.
  예) <u>얘</u>, 물 좀 떠 오너라.
   <u>여보</u>, 우리 아이도 이제는 다 컸어요.
   <u>예</u>, 잠깐만 기다리세요.
   <u>아서라</u>, 아직 반도 못 했어.
   <u>어디</u>, 두고 보자.

  ㉢ 입버릇이나 더듬거리는 의미 없는 소리
  예) <u>음</u>, 큰일이로군.
   <u>어</u>, 이러다가 차 놓치겠다.
   <u>자</u>, 이 노릇을 어쩐단 말이야?

🔔 알아 두기

2017년 품사 관련 개정사항

- 잘생기다 : 형용사에서 동사로 품사 수정
- 잘나다 : 형용사에서 동사로 품사 수정
- 못나다 : 형용사에서 동사로 품사 수정
- 낡다 : 형용사에서 동사로 품사 수정
- 못생기다 : 형용사에서 동사로 품사 수정
- 빠지다 : 보조 형용사에서 보조 동사로 품사 수정
- 생기다 : 보조 형용사에서 보조 동사로 품사 수정
- 터지다 : 보조 형용사에서 보조 동사로 품사 수정

- 용언의 종결형에서 '-었-'이 형용사에 결합하면 '과거'의 의미가 드러나는데, '-었-' 결합형이 '현재 상태'의 의미를 드러내기 때문에 품사를 '동사'로 수정함.

- 무엇하다 : 동사 의미 삭제. 이제 형용사 의미만 쓰임.
- '곱다04'와 '굽다02'의 (형용사) 뜻풀이 삭제
 '곧지 아니하고 한쪽으로 약간 급하게 휘어 있다, 한쪽으로 휘어져 있다'의 의미로는 (형용사)를 삭제하고 (동사)로만 본다.

02 품사의 통용(通用)

양, 척, 체	의존 명사	• 관형사형의 수식을 받음. 예 아는 척을 하다.
	동사	• 양/척/체+-하다 / 본용언 뒤에 옴. 예 아는 척하다.
듯	의존 명사	• 관형사형의 수식을 받음. 예 갈 듯도 하다.
	보조 형용사	• 듯+-하다 / 본용언 뒤에 옴. 예 갈 듯하다.
	어미	• -듯 / 용언의 어간과 결합함. 예 변덕이 죽 끓듯 하다.
만큼, 뿐, 대로	의존 명사	• 관형사형의 수식을 받음. 예 원하는 대로 해라.
	조사	• 체언 뒤에 붙음. 예 법대로 해라.
들	의존 명사	• 둘 이상의 사물을 나열할 때에 옴. 예 과일에는 사과, 배, 감 들이 있다.
	복수 접미사	• -들 / 하나의 사물에 결합함. 예 사람들이 여럿이다
이, 그, 저	대명사	• 뒤에 조사가 붙음. 예 이는 우리가 바라던 바이다.
	관형사	• 뒤에 오는 체언을 수식함. 예 이 나무는 소나무이다.
숫자	수사	• 뒤에 조사가 붙음. 예 나무가 다섯이다.
	관형사	• 뒤에 오는 체언을 수식함. 예 나무를 다섯 그루 심었다.
첫째	수사	• 차례를 나타냄. 예 성적이 첫째이다.
	명사	• 무엇보다도 앞서는 것을 나타냄. / 주로 '첫째로' 꼴로 쓰임. 예 신발은 첫째로 발이 편안해야 한다. • '사람'을 가리킴. 예 내가 우리 집 첫째이다.
시간 표현(오늘, 내일, 어제, 모레)	명사	• 뒤에 조사가 붙음. 예 내일이 출근 날이다.
	부사	• 뒤에 오는 용언을 수식함. 예 내일 다시 만나자.
모두	명사	• 뒤에 조사가 붙음. 예 모두가 그녀를 좋아한다.
	부사	• 뒤에 오는 용언을 수식함. 예 모두 가져와.
아니	부사	• 뒤에 오는 용언을 수식함. 예 안(=아니) 아파.
	감탄사	• 독립적으로 쓰임. 예 "잠자니?" "아니, 안 자."
접미사 '-적'	명사	• 뒤에 조사가 붙음. 예 그는 인간적이다. / 사회적인 책임
	관형사	• 뒤에 체언이 옴. 예 인간적 행위 / 사회적 책임
	부사	• 뒤에 용언이나 부사가 옴. 예 비교적 쉽다. / 비교적 빨리

■ 품사 통용의 개념
동일 형태의 단어가 문장에서의 역할에 따라 다양한 품사로 혼용되어 사용되는 경우를 이른다.

■ '첫째'가 명사인 경우
'첫째'가 '('첫째로' 꼴로 쓰여) 무엇보다 앞서는 것'의 뜻이 되거나, '둘째', '셋째'가 '두 개째', '세 개째'의 뜻이 되면 이는 모두 '명사'이다.
예 신발은 첫째로 발이 편안해야 한다.
나는 오늘 새치를 벌써 둘째 뽑는다.
그 녀석이 깬 유리창이 이걸로 셋째다.

■ '낭만적'의 품사
명사 : 낭만적이다, 낭만적인 생각
관형사 : 낭만적 성향, 낭만적 사랑

제3절 한글 맞춤법

01 총칙

제1항 한글 맞춤법은 표준어를 소리대로 적되, 어법에 맞도록 함을 원칙으로 한다.

제2항 문장의 각 단어는 띄어 씀을 원칙으로 한다.

제3항 외래어는 '외래어 표기법'에 따라 적는다.

■ 제2항의 예외인 '조사'
우리말의 조사는 접미사 범주에 포함시키기 어려운 것이어서 하나의 단어로 이루어지고 있으나, 형식 형태소이자 의존 형태소이므로, 그 앞의 단어에 붙여 쓴다.

02 자모

제4항 한글 자모의 수는 스물넉 자로 하고, 그 순서와 이름은 다음과 같이 정한다.

ㄱ(기역)	ㄴ(니은)	ㄷ(디귿)	ㄹ(리을)
ㅁ(미음)	ㅂ(비읍)	ㅅ(시옷)	ㅇ(이응)
ㅈ(지읒)	ㅊ(치읓)	ㅋ(키읔)	ㅌ(티읕)
ㅍ(피읖)	ㅎ(히읗)		

붙임2 사전에 올릴 적의 자모 순서는 다음과 같이 정한다.
자음 ㄱ ㄲ ㄴ ㄷ ㄸ ㄹ ㅁ ㅂ ㅃ ㅅ ㅆ ㅇ ㅈ ㅉ ㅊ ㅋ ㅌ ㅍ ㅎ
모음 ㅏ ㅐ ㅑ ㅒ ㅓ ㅔ ㅕ ㅖ ㅗ ㅘ ㅙ ㅚ ㅛ ㅜ ㅝ ㅞ ㅟ ㅠ ㅡ ㅢ ㅣ

■ 사전에 올릴 때 받침 글자의 차례
ㄱ, ㄲ, ㄳ, ㄴ, ㄵ, ㄶ, ㄷ, ㄹ, ㄺ, ㄻ, ㄼ, ㄽ, ㄾ, ㄿ, ㅀ, ㅁ, ㅂ, ㅄ, ㅅ, ㅆ, ㅇ, ㅈ, ㅊ, ㅋ, ㅌ, ㅍ, ㅎ

03 소리에 관한 것

1. 된소리

제5항 한 단어 안에서 뚜렷한 까닭 없이 나는 된소리는 다음 음절의 첫소리를 된소리로 적는다.

1. 두 모음 사이에서 나는 된소리
   예) 해쓱하다   거꾸로   따뜻하다

2. 'ㄴ, ㄹ, ㅁ, ㅇ' 받침 뒤에서 나는 된소리
   예) 몽땅   함빡   뭉뚱(그리다)   물꼬

다만, 'ㄱ, ㅂ' 받침 뒤에서 나는 된소리는, 같은 음절이나 비슷한 음절이 겹쳐 나는 경우가 아니면 된소리로 적지 아니한다.
예) 국수   깍두기   딱지   색시
    싹둑(~싹둑)   법석   갑자기   몹시

■ 된소리가 나는 뚜렷한 까닭
안울림소리 + 안울림소리 = 100% 된소리!

■ 같은 음절이나 비슷한 음절이 겹쳐 나는 경우
하나의 형태소 내부에 있어서도, 같은 음절이나 비슷한 음절이 거듭되는 경우에는 같은 글자로 적는다.(〈한글 맞춤법〉 제13항 참조)
예) 똑똑(-하다), 쓱싹(~쓱싹), 쌉쌀(-하다)

2. 구개음화

> 제6항 'ㄷ, ㅌ' 받침 뒤에 종속적 관계를 가진 '-이(-)'나 '-히-'가 올 적에는, 그 'ㄷ, ㅌ'이 'ㅈ, ㅊ'으로 소리 나더라도 'ㄷ, ㅌ'으로 적는다.

예

ㄱ(취함)	ㄴ(버림)	ㄱ(취함)	ㄴ(버림)
맏이	마지	핥이다	할치다
해돋이	해도지	걷히다	거치다
굳이	구지	닫히다	다치다

■ **종속적(從屬的) 관계**
실질 형태소인 체언, 어근, 용언 어간 등에 형식 형태소(종속 요소)인 조사, 접미사, 어미 등이 결합하는 관계

3. 'ㄷ' 소리 받침

> 제7항 'ㄷ' 소리로 나는 받침 중에서 'ㄷ'으로 적을 근거가 없는 것은 'ㅅ'으로 적는다.

예
걷잡다	곧장	돋보다	낟가리
반짇고리	사흗날	숟가락	
사뭇	자칫하면	짓밟다	숫접다

한편, '바깥'과의 연관성을 살릴 때에는 '밭-'형을 취한다.
예
밭벽	밭부모	밭사돈	밭상제
밭어버이	밭쪽		

■ **'ㄷ'으로 적을 근거**
• 본디 'ㄷ' 받침을 가지고 있는 것
  예 곧-장(똑바로 곧게), 낟-가리(낟알이 붙은 곡식을 쌓은 더미), 돋-보다(⇔ 도두 보다) 등
• 'ㄹ' 받침이 'ㄷ'으로 바뀐 것
  예 반짇고리, 사흗날, 숟가락 등

4. 모음

> 제8항 '계, 례, 몌, 폐, 혜'의 'ㅖ'는 'ㅔ'로 소리 나는 경우가 있더라도 'ㅖ'로 적는다.

다만, 다음 말은 본음대로 적는다.
예 게송(偈頌)　　게시판(揭示板)　　휴게실(休憩室)

> 제9항 '의'나, 자음을 첫소리로 가지고 있는 음절의 'ㅢ'는 'ㅣ'로 소리 나는 경우가 있더라도 'ㅢ'로 적는다.

예

ㄱ(취함)	ㄴ(버림)	ㄱ(취함)	ㄴ(버림)
의의(意義)	의이	늴큼	닁큼
본의(本義)	본이	띄어쓰기	띠어쓰기
무늬[紋]	무니	씌어	씨어

■ **'의'의 발음**
(〈표준 발음법〉 제5항 다만 3, 4)
1. 자음을 첫소리로 가지고 있는 음절의 'ㅢ'는 [ㅣ]로 발음한다.
2. 첫 음절 이외의 '의'는 [이]로, 조사 '의'는 [에]로 발음할 수 있다.

5. 두음 법칙

> 제10항 한자음 '녀, 뇨, 뉴, 니'가 단어 첫머리에 올 적에는 두음 법칙에 따라 '여, 요, 유, 이'로 적는다.

예

ㄱ(취함)	ㄴ(버림)	ㄱ(취함)	ㄴ(버림)
여자(女子)	녀자	유대(紐帶)	뉴대
연세(年歲)	년세	연도(年度)	년도

다만, 의존 명사[냥(兩), 냥쭝(兩-), 년(年)(몇 년)]에서는 '냐, 녀' 음을 인정한다.

붙임1 단어의 첫머리 이외의 경우에는 본음대로 적는다. 예 남녀(男女), 결뉴(結紐), 만년(晩年)

붙임2 접두사처럼 쓰이는 한자가 붙어서 된 말이나 합성어에서, 뒷말의 첫소리가 'ㄴ' 소리로 나더라도 두음 법칙에 따라 적는다.
예 신여성(新女性)   공염불(空念佛)   남존여비(男尊女卑)

붙임3 둘 이상의 단어로 이루어진 고유 명사를 붙여 쓰는 경우에도 **붙임2**에 준하여 적는다.
예 한국여자대학   대한요소비료회사   한국여자농구연맹

■ **접두사처럼 쓰이는 한자어의 두음 법칙 예외**
'신년도, 구년도' 등은 '신년-도, 구년-도'로 분석되는 구조이므로, 이 규정이 적용되지 않는다.

> 제11항 한자음 '랴, 려, 례, 료, 류, 리'가 단어의 첫머리에 올 적에는 두음 법칙에 따라 '야, 여, 예, 요, 유, 이'로 적는다.

예

ㄱ(취함)	ㄴ(버림)	ㄱ(취함)	ㄴ(버림)
양심(良心)	량심	용궁(龍宮)	룡궁
역사(歷史)	력사	유행(流行)	류행
예의(禮儀)	례의	이발(理髮)	리발

다만, 의존 명사 '량(輛), 리(理, 里, 厘)'는 본음대로 적는다.

붙임1 단어의 첫머리 이외의 경우에는 본음대로 적는다.
예 개량(改良), 쌍룡(雙龍), 협력(協力), 하류(下流), 혼례(婚禮), 진리(眞理)

다만, 모음이나 'ㄴ' 받침 뒤에 이어지는 '렬, 률'은 '열, 율'로 적는다.
예 분열(分裂), 백분율(百分率), 실패율(失敗率)

붙임2 외자로 된 이름을 성에 붙여 쓸 경우에도 본음대로 적을 수 있다. 예 하륜(河崙)

붙임3 준말에서 본음으로 소리 나는 것은 본음대로 적는다. 예 국련(국제 연합)

붙임4 접두사처럼 쓰이는 한자가 붙어서 된 말이나 합성어에서 뒷말의 첫소리가 'ㄴ' 또는 'ㄹ' 소리로 나더라도 두음 법칙에 따라 적는다. 예 몰-이해(沒理解), 등-용문(登龍門)

붙임5 둘 이상의 단어로 이루어진 고유 명사를 붙여 쓰는 경우나 십진법에 따라 쓰는 수(數)도 **붙임4**에 준하여 적는다. 예 국제-수영-연맹, 육천-육백-육십-육(六千六百六十六)

■ **모음이나 'ㄴ' 받침 외의 '렬, 률'**
확률, 음률, 성장률

> **🔔 알아 두기**
>
> 두음 법칙이 적용되지 않는 경우
> 1. '박린수', '김륜식', '최량수'처럼 적는 것은 허용되지 않는다.
> 2. 사람들에게 많이 사용되어 굳어진 몇 경우에는 두음 법칙을 인정하지 않는다.
>   - 예 미-립자(微粒子) 소-립자(素粒子)
>   수-류탄(手榴彈)〈총-유탄(銃榴彈)〉 파-렴치(破廉恥)〈몰-염치(沒廉恥)〉
> 3. 두음 법칙 적용되지 않는 수(數) 형태
>   '오륙도(五六島), 사륙판(四六判)' 등은 '오/육, 사/육'처럼 갈라지는 구조가 아니므로, 본음대로 적는다.

■ 고유어 + 한자어
⇨ 두음 법칙 적용

고유어 뒤에 한자어가 결합한 경우는 뒤의 한자어 형태소가 하나의 단어로 인식되므로, 두음 법칙을 적용
- 예 가시-연(蓮)
  구름-양(量)[雲量]
  허파숨-양(量)[肺活量]

> **제12항** 한자음 '라, 래, 로, 뢰, 루, 르'가 단어의 첫머리에 올 적에는 두음 법칙에 따라 '나, 내, 노, 뇌, 누, 느'로 적는다.

예

ㄱ(취함)	ㄴ(버림)	ㄱ(취함)	ㄴ(버림)
낙원(樂園)	락원	뇌성(雷聲)	뢰성
내일(來日)	래일	누각(樓閣)	루각
노인(老人)	로인	능묘(陵墓)	릉묘

■ 제12항 추가 예시

ㄱ	ㄴ
낙관(樂觀)	락관
내년(來年)	래년
노년(老年)	로년
뇌우(雷雨)	뢰우
누수(漏水)	루수
능사(綾紗)	릉사

붙임1 단어의 첫머리 이외의 경우에는 본음대로 적는다.
- 예 쾌락(快樂) 지뢰(地雷) 왕래(往來) 광한루(廣寒樓)
  연로(年老) 태릉(泰陵)

붙임2 접두사처럼 쓰이는 한자가 붙어서 된 단어는 뒷말을 두음 법칙에 따라 적는다.
- 예 어린이 - 난 어머니 - 난 가십(gossip) - 난 펜팔(pen pal) - 난

■ 고유어/외래어 + 한자어
⇨ 두음 법칙 적용

예외 '고랭지(高冷地)'는 '표고(標高)가 높고 한랭한 곳'이란 뜻을 나타내는 단어이므로, '고-냉지'로 적지 않고 '고랭-지'로 적는다.

6. 겹쳐 나는 소리

> **제13항** 한 단어 안에서 같은 음절이나 비슷한 음절이 겹쳐 나는 부분은 같은 글자로 적는다.

- 예 연연불망 유유상종 누누이 요요무문

그러나 그 밖의 경우는 (제2음절 이하) 본음대로 적는 것이 원칙이다.
- 예 낭랑하다 냉랭하다 녹록하다 늠름하다
  연년생 염념불망 역력하다 인린하다

■ 비슷한 표현
- 누누이(屢屢이/累累이) : 여러 번 자꾸
- 누차(屢次/累次) : 여러 차례에 걸쳐

04 형태에 관한 것

1. 체언과 조사

> 제14항 체언은 조사와 구별하여 적는다.

2. 어간과 어미

> 제15항 용언의 어간과 어미는 구별하여 적는다.

붙임1 두 개의 용언이 어울려 한 개의 용언이 될 적에, 앞말의 본뜻이 유지되고 있는 것은 그 원형을 밝히어 적고, 그 본뜻에서 멀어진 것은 밝히어 적지 아니한다.

예) 넘어지다   늘어나다   늘어지다   돌아가다
    드러나다   사라지다   쓰러지다   나타나다
    부서지다[碎]

붙임2 종결형에서 사용되는 어미 '-오'는 '요'로 소리 나는 경우가 있더라도 그 원형을 밝혀 '오'로 적는다.

예) 이것은 책이오. / 이리로 오시오. / 이것은 책이 아니오.

붙임3 연결형에서 사용되는 '이요'는 '이요'로 적는다.

예) 이것은 책이요, 저것은 붓이요, 또 저것은 먹이다.

> 제16항 어간의 끝음절 모음이 'ㅏ, ㅗ'일 때에는 어미를 '-아'로 적고, 그 밖의 모음일 때에는 '-어'로 적는다.

해설

어간 끝 음절의 모음	어미의 형태
ㅏ, ㅗ, ㅑ	-아(아라, 아서, 아도, 아야)(았, 았었)
ㅐ, ㅓ, ㅔ, ㅕ, ㅚ, ㅜ, ㅟ, ㅡ, ㅢ, ㅣ	-어(어라, 어서, 어도, 어야)(었, 었었)

> 제17항 어미 뒤에 덧붙는 조사 '요'는 '요'로 적는다.

예) 읽어   읽어요

> 제18항 다음과 같은 용언들은, 어미가 바뀔 경우, 그 어간이나 어미가 원칙에 벗어나면 벗어나는 대로 적는다.

1. 어간의 끝 'ㄹ'이 줄어질 적

    예) 갈다: 가니   간   갑니다   가시다   가오

    붙임 다음과 같은 말에서도 'ㄹ'이 준 대로 적는다.

    예) 마지못하다   마지않다   (하)다마다   (하)자마자   (하)지 마라   (하)지 마(아)

2. 어간의 끝 'ㅅ'이 줄어질 적

    예) 긋다: 그어   그으니   그었다

■ **앞말의 본뜻이 유지되고 있는 것**
- 늘어나다 – 늘다[增]
- 늘어지다 – 늘다[延]
- 돌아가다 – 돌다[回]
- 들어가다 – 들다[入]
- 떨어지다 – (밤을) 떨다
- 벌어지다 – (아람이) 벌다
- 엎어지다 – 엎다[覆]
- 틀어지다 – 틀다[妨]
- 흩어지다 – 흩다[散]

■ **높임의 보조사 '요'**
1. 어미 뒤에 결합하여 높임의 뜻을 더하는 성분으로 의문형 어미 뒤에도 결합할 수 있다.
   예) 가리-요, 가지-요, 가-요, 갈까-요
2. 체언이나 부사어, 연결 어미 등 뒤에 결합하여 청자에게 높임의 뜻을 나타낼 수도 있다.
   예) 날씨는요 더없이 좋아요.
       어서요 조금만 드셔 보세요.

■ **'원칙에 벗어나면'의 의미**
1. 어미가 예외적인 형태로 결합하는 것
2. 어간의 모양이 달라지고, 어미도 예외적인 형태로 결합하는 것

■ **어간 끝 받침 'ㅅ'이 줄어드는 경우**
어간 끝받침 'ㅅ'이 어미의 모음 앞에서 줄어지는 경우, 준 대로 적는다.
예) 긋다, 낫다, 붓다, 잇다, 잣다, 젓다, 짓다 등
예외 '벗다, 빗다, 빼앗다, 솟다, 씻다, 웃다' 등은 'ㅅ' 받침이 줄어지지 않는다.

3. 어간의 끝 'ㅎ'이 줄어질 적

   예) 그렇다 :   그러니   그럴   그러면   그러오
   　　까맣다 :   까마니   까말   까마면   까마오

4. 어간의 끝 'ㅜ, ㅡ'가 줄어질 적

   예) 푸다 :   퍼   펐다
   　　뜨다 :   떠   떴다

5. 어간의 끝 'ㄷ'이 'ㄹ'로 바뀔 적

   예) 걷다[步] :   걸어   걸으니   걸었다

6. 어간의 끝 'ㅂ'이 'ㅜ'로 바뀔 적

   예) 깁다 :   기워   기우니   기웠다

   다만, '돕-, 곱-' 예외

   예) 돕다[助] :   도와   도와서   도와도   도왔다
   　　곱다[麗] :   고와   고와서   고와도   고왔다

7. '하다'의 활용에서 어미 '-아'가 '-여'로 바뀔 적

   예) 하다 :   하여   하여서   하여도   하여라   하였다

8. 어간의 끝음절 '르' 뒤에 오는 어미 '-어'가 '-러'로 바뀔 적

   예) 이르다[至] :   이르러   이르렀다
   　　누르다[黃] :   누르러   누르렀다

9. 어간의 끝음절 '르'의 'ㅡ'가 줄고, 그 뒤에 오는 어미 '-아/-어'가 '-라/-러'로 바뀔 적

   예) 가르다 :   갈라   갈랐다
   　　거르다 :   걸러   걸렀다

🔔 알아 두기

2015년 개정으로 현재 표준적인 활용형과 용법이 같은 활용형으로 인정한 것

추가	기존	비고
말아 말아라 말아요	마 마라 마요	'말다'에 명령형 어미 '-아', '-아라', '-아요' 등이 결합할 때는 어간 끝의 'ㄹ'이 탈락하기도 하고 탈락하지 않기도 한다. 예) 내가 하는 말 농담으로 듣지 <u>마/말아</u>. 　　얘야, 아무리 바빠도 제사는 잊지 <u>마라/말아라</u>. 　　아유, 말도 <u>마요/말아요</u>.
노랗네 동그랗네 조그맣네 ...	노라네 동그라네 조그마네 ...	• 'ㅎ' 불규칙 용언이 어미 '-네'와 결합할 때는 어간 끝의 'ㅎ'이 탈락하기도 하고 탈락하지 않기도 한다. • '그렇다, 노랗다, 동그랗다, 뽀얗다, 어떻다, 조그맣다, 커다랗다' 등등 모든 'ㅎ' 불규칙 용언의 활용형에 적용된다. 예) 생각보다 훨씬 <u>노랗네/노라네</u>. 　　이 빵은 <u>동그랗네/동그라네</u>. 　　건물이 아주 <u>조그맣네/조그마네</u>.

■ **어간 끝 'ㅜ, ㅡ'가 줄어드는 경우**

예) 'ㅜ'가 줄어지는 단어 : 푸다

예) 'ㅡ'가 줄어지는 단어 : 끄다, 담그다, 따르다, 뜨다, 잠그다, 치르다, 트다, 가쁘다, 고프다, 기쁘다, 나쁘다, 미쁘다, 바쁘다, 슬프다, 아프다, 예쁘다, 크다 등

■ **끝 받침 'ㄷ' ⇨ 'ㄹ'로 바뀌는 경우**

어간 끝 받침 'ㄷ'이 모음 앞에서 'ㄹ'로 바뀌어 나타나는 경우, 바뀐 대로 적는다.

예) 걷다[步], 긷다, 깨닫다, 눋다, 닫다[走], 듣다, 묻다[問], 붇다, 싣다, 일컫다 등

예외) 걷다[收, 撤], 닫다[閉], 돋다, 뜯다, 묻다[埋], 믿다, 받다, 벋다, 뻗다, 곧다, 굳다 등

■ **어간 끝 받침 'ㅂ' ⇨ '우'로 바뀌는 경우**

어간 끝 받침 'ㅂ'이 모음 앞에서 '우'로 바뀌어 나타나는 경우, 바뀐 대로 적는다.

예) '가볍다, 간지럽다, 노엽다, 더럽다, 덥다, 메스껍다, 미덥다, 사납다, 서럽다, 아니꼽다, 어둡다, 역겹다, 즐겁다, 지겹다, 차갑다, 춥다' 등과, 접미사 '-답다, -롭다, -스럽다'

예외) '(손-)꼽다[屈指], 뽑다, 씹다, 업다, 잡다, 접다, 집다, (추워서 손이) 곱다, 굽다[曲], 좁다, 꼬집다, 다잡다, 비집다, 수줍다, 헤집다' 등

■ **'이르다(至), 노르다, 누르다(黃), 푸르다'의 예외적 표기**

'이르다(至), 노르다, 누르다(黃), 푸르다'의 경우는 분명히 [러]로 발음되기 때문에, 예외적인 형태인 '러'로 적는다.

■ **어간 끝 음절 '르' + 어미 '-어'가 결합할 경우**

어간 끝 음절 '르'의 뒤에 어미 '-어'가 결합할 때, 어간 모음 'ㅡ'가 줄면서 'ㄹ'이 앞 음절 받침으로 올라붙고, 어미 '-어'가 '라/러'로 나타나는 경우 바뀐 대로 적는다.

예) <mark>나르다 ⇨ (나르어) 날라, (나르어서) 날라서, (나르었다) 날랐다</mark>
　　누르다 ⇨ (누르어) 눌러, (누르어도) 눌러도, (누르었다) 눌렀다

■ 문어체(文語體) 명령형이나 간접 인용법의 형식에서는 '말라'로 적는다.

예) 나의 일을 남에게 미루지 말라. 실내에서는 떠들지 말라고 하셨다.

3. 접미사가 붙어서 된 말

> **제19항** 어간에 '-이'나 '-음/-ㅁ'이 붙어서 명사로 된 것과 '-이'나 '-히'가 붙어서 부사로 된 것은 그 어간의 원형을 밝히어 적는다.

예) 길이(명사)　　깊이(명사)　　높이(명사) / 졸음(명사)　　죽음(명사)　　앎(명사)
　　길이(부사)　　　　　　　　높이(부사)　　많이(부사) / 밝히(부사)　　익히(부사)　　작히(부사)

다만, 어간에 '-이'나 '-음'이 붙어서 명사로 바뀐 것이라도 그 어간의 뜻과 멀어진 것은 원형을 밝히어 적지 아니한다.

예) 목거리　　거름　　고름　　노름　　너비　　빈털터리

붙임 어간에 '-이'나 '-음' 이외의 모음으로 시작된 접미사가 붙어서 다른 품사로 바뀐 것은 그 어간의 원형을 밝히어 적지 아니한다.

예) 귀머거리　　너머　　비로소　　도로　　뜨덤뜨덤　　불긋불긋

> **제20항** 명사 뒤에 '-이'가 붙어서 된 말은 그 명사의 원형을 밝히어 적는다.

1. 부사로 된 것
    예) 몫몫이　　다달이　　나날이
2. 명사로 된 것
    예) 삼발이　　얌전이　　점잔이

붙임 '-이' 이외의 모음으로 시작된 접미사가 붙어서 된 말은 그 명사의 원형을 밝히어 적지 아니한다.

예) 꼬락서니　　끄트머리　　모가치　　바가지　　바깥　　사타구니
　　싸라기　　　이파리　　　지붕　　　지푸라기　　짜개　　모가지
　　고랑　　　　끄트러기　　소가지　　터럭　　　　오라기

> **제21항** 명사나 혹은 용언의 어간 뒤에 자음으로 시작된 접미사가 붙어서 된 말은 그 명사나 어간의 원형을 밝히어 적는다.

다만, 다음과 같은 말은 소리대로 적는다.

(1) 겹받침의 끝소리가 드러나지 아니하는 것
    예) 할짝거리다　널따랗다　널찍하다　말끔하다　말쑥하다　말짱하다
　　　실쭉하다　　실큼하다　얄따랗다　얄팍하다　짤따랗다　짤막하다
　　　실컷

(2) 어원이 분명하지 아니하거나 본뜻에서 멀어진 것
    예) 넙치　　올무　　골막하다　　납작하다

■ '넓다', '넙죽', '납작' 등의 표기

어간 '넓-'에 자음으로 시작하는 접미사가 결합한 경우, 본뜻이 유지되면서 겹받침 끝소리인 'ㅂ'이 소리 나는 경우에는 원형을 밝혀 적는다. 본뜻이 유지되더라도 'ㄹ'로 소리 날 때에는 소리대로 적는다.

- 'ㅂ'이 소리 나는 경우
    예) 넓적이, 넓적하다, 넓적넓적, 넓적다리, 넓죽하다, 넓죽넓죽, 넓죽스름하다, 넓죽이
- 'ㄹ'이 소리 나는 경우
    예) 널따랗다, 널찍하다

다만 '넓-'에 실질 형태소가 결합할 때는 항상 원형을 밝혀 적는다.
    예) 넓둥글다, 넓삐죽하다

'넙죽 엎드리다'의 '넙죽'은 '넓-'의 의미가 들어 있지 않기 때문에 '넙죽'으로 적는다. '납작 엎드리다'의 '납작'은 넓이와 관련이 없으므로 소리대로 '납작'으로 적는다. 그런데 '판판하고 얇으면서 좀 넓다'라는 의미의 '납작하다'는 넓이와 관련이 있어도 '낣작하다'로 적지 않는다. 이는 '낣다', '넙죽'도 마찬가지여서 의미와 상관없이 항상 소리 나는 대로 '납죽'이라고 적는다.
    예) 납작, 납작하다, 납작납작, 납작납작하다, 납작납작이, 납작스름하다, 납작이
    납죽, 납죽하다, 납죽납죽, 납죽납죽다, 납죽납죽이, 납죽스름하다, 납죽이

제22항 용언의 어간에 다음과 같은 접미사들이 붙어서 이루어진 말들은 그 어간을 밝히어 적는다.

1. '-기-, -리-, -이-, -히-, -구-, -우-, -추-, -으키-, -이키-, -애-'가 붙는 것
   예) 웃기다   울리다   쌓이다   잡히다   돋구다
       돋우다   맞추다   일으키다   돌이키다   없애다

   다만, '-이-, -히-, -우-'가 붙어서 된 말이라도 본뜻에서 멀어진 것은 소리대로 적는다.
   예) 도리다(칼로 ~)   드리다(용돈을 ~)   고치다   바치다(세금을 ~)   부치다(편지를 ~)
       거두다   미루다   이루다

2. '-치-, -뜨리-, -트리-'가 붙는 것   예) 놓치다, 부딪뜨리다/부딪트리다

   붙임 '-업-, -읍-, -브-'가 붙어서 된 말은 소리대로 적는다. 예) 미덥다, 우습다, 미쁘다

제23항 '-하다'나 '-거리다'가 붙는 어근에 '-이'가 붙어서 명사가 된 것은 그 원형을 밝히어 적는다.

예) 오뚝이   배불뚝이   삐죽이   홀쭉이   꿀꿀이

붙임 '-하다'나 '-거리다'가 붙을 수 없는 어근에 '-이'나 또는 다른 모음으로 시작되는 접미사가 붙어서 명사가 된 것은 그 원형을 밝히어 적지 아니한다.
예) 개구리   귀뚜라미   기러기   깍두기   꽹과리   날라리
    누더기   동그라미   두드러기   딱따구리   매미   부스러기
    뻐꾸기   얼루기   칼싹두기

제24항 '-거리다'가 붙을 수 있는 시늉말 어근에 '-이다'가 붙어서 된 용언은 그 어근을 밝히어 적는다.

예) 깜짝이다   꾸벅이다   끄덕이다   뒤척이다

제25항 '-하다'가 붙는 어근에 '-히'나 '-이'가 붙어서 부사가 되거나, 부사에 '-이'가 붙어서 뜻을 더하는 경우에는 그 어근이나 부사의 원형을 밝히어 적는다.

1. '-하다'가 붙는 어근에 '-히'나 '-이'가 붙는 경우   예) 도저히, 딱히, 깨끗이
   붙임 '-하다'가 붙지 않는 경우에는 소리대로 적는다. 예) 반드시(꼭), 지그시

2. 부사에 '-이'가 붙어서 역시 부사가 되는 경우
   예) 곰곰이   더욱이   생긋이   오뚝이   일찍이   해죽이

제26항 '-하다'나 '-없다'가 붙어서 된 용언은 그 '-하다'나 '-없다'를 밝히어 적는다.

1. 예) 딱하다, 숱하다, 착하다   2. 예) 부질없다, 시름없다

■ '-뜨리-, -트리-'
지금까지 '-뜨리-'만을 취했었으나, 표준어 규정 제26항에서 두 가지를 모두 인정했다.

■ '부딪다, 부딪치다, 부딪히다, 부딪치이다'의 뜻 구별
• 부딪다 : 힘있게 마주 닿다, 또는 그리 되게 하다.
• 부딪치다 : '부딪다'의 강세어
• 부딪히다 : '부딪다'의 피동사, '부딪음을 당하다'의 뜻
• 부딪치이다 : '부딪치다'의 피동사, '부딪침을 당하다'의 뜻

■ '-업-, -읍-, -브-'가 붙어서 된 말
'미덥다, 우습다, 미쁘다'는 '(믿다) 믿업다, (웃다) 웃읍다, (믿다) 믿브다'처럼 형성된 단어인데, 제22항
붙임 규정이 적용되는 것이므로 소리 나는 대로 적는다.

■ 접미사 '-하다'나 '-거리다'가 붙는 어근
동사나 형용사로 파생될 수 있는 어근을 말한다.

■ 제24항의 추가 예시
• (간질간질) 간질이다
• (깐족깐족) 깐족이다
• (덜렁덜렁) 덜렁이다
• (뒤적뒤적) 뒤적이다
• (들썩들썩) 들썩이다
• (펄럭펄럭) 펄럭이다

■ 부사에 '-이'가 붙어서 뜻을 더하는 경우
품사는 바뀌지 않으면서 발음 습관에 따라, 혹은 감정적 의미를 더하기 위하여, 독립적인 부사 형태에 '-이'가 결합하는 형식

4. 합성어 및 접두사가 붙은 말

> **제27항** 둘 이상의 단어가 어울리거나 접두사가 붙어서 이루어진 말은 각각 그 원형을 밝히어 적는다.

붙임1 어원은 분명하나 소리만 특이하게 변한 것은 변한 대로 적는다.
예 할아버지 할아범

붙임2 어원이 분명하지 아니한 것은 원형을 밝히어 적지 아니한다.
예 골병 골탕 끌탕 며칠 아재비
오라비 업신여기다 부리나케

붙임3 '이[齒, 虱]'가 합성어나 이에 준하는 말에서 '니' 또는 '리'로 소리 날 때에는 '니'로 적는다.
예 덧니 송곳니 윗니 머릿니

> **제28항** 끝소리가 'ㄹ'인 말과 딴 말이 어울릴 적에 'ㄹ' 소리가 나지 아니하는 것은 아니 나는 대로 적는다.

예 다달이 나날이 따님 아드님 바느질
여닫이 우짖다 마소

> **제29항** 끝소리가 'ㄹ'인 말과 딴 말이 어울릴 적에 'ㄹ' 소리가 'ㄷ' 소리로 나는 것은 'ㄷ'으로 적는다.

예 반짇고리(바느질~) 사흗날(사흘~) 삼짇날(삼질~) 섣달(설~) 숟가락(술~)
이튿날(이틀~) 잗주름(잘~) 푿소(풀~) 섣부르다(설~) 잗다듬다(잘~)
잗다랗다(잘~) 잗갈다(잘~) 잗갈리다(잘~) 나흗날(나흘~) 잗널다(잘~)
잗타다(잘~)

■ **두 개의 실질 형태소가 결합한 것(합성어)**
꽃잎, 물난리, 부엌일, 옷안, 젖몸살, 칼날, 팥알, 흙내, 끝장, 밑천, 싫증, 값없다, 겉늙다, 국말이, 빛나다, 옻오르다, 굶주리다, 꺾꽂이, 낮잡다, 받내다, 벋놓다, 엎누르다

■ **접두사가 결합한 것(파생어)**
웃옷, 헛웃음, 홑몸, 홀아비, 맞먹다, 빗나가다, 새파랗다, 샛노랗다, 시꺼멓다, 싯누렇다, 엇나가다, 엿듣다, 짓이기다, 헛되다

■ **접두사 '새-/시-, 샛-/싯-'**
• 어간 첫 음절이 양성 계열 모음일 때는 '새-', 음성 계열 모음일 때는 '시-'로 적는다.
  예 새까맣다, 시꺼멓다, 새빨갛다, 시뻘겋다, 새파랗다, 시퍼렇다, 새하얗다, 시허옇다
• 울림소리 앞에는 '샛-/싯-'으로 적음.
  예 샛노랗다, 싯누렇다

■ **제28항 2017년 개정**
• 부나비(불나비) ⇨ 삭제
'부나비'로만 써야 하는 용례였지만 '불나비'도 표준어로 인정하게 되어 용례 삭제

■ **한자 '불(不)'의 'ㄹ' 탈락**
한자 '불(不)'이 첫소리 'ㄷ, ㅈ' 앞에서 '부'로 읽히는 단어의 경우도 'ㄹ'이 떨어진 대로 표기한다.
예 부당(不當), 부동(不同, 不凍, 不動), 부득이(不得已), 부등(不等), 부정(不正, 不貞, 不定), 부조리(不條理), 부주의(不注意) 등

제30항 사이시옷은 다음과 같은 경우에 받치어 적는다.

1. 순우리말로 된 합성어로서 앞말이 모음으로 끝난 경우

   (1) 뒷말의 첫소리가 된소리로 나는 것

   예) 고랫재　귓밥　나룻배　나뭇가지　냇가
   댓가지　뒷갈망　맷돌　머릿기름　모깃불
   못자리　바닷가　뱃길　볏가리　부싯돌
   선짓국　쇳조각　아랫집　우렁잇속　잇자국
   잿더미　조갯살　찻집　쳇바퀴　킷값
   핏대　햇볕　혓바늘

   (2) 뒷말의 첫소리 'ㄴ, ㅁ' 앞에서 'ㄴ' 소리가 덧나는 것

   예) 멧나물　아랫니　텃마당　아랫마을　뒷머리
   잇몸　깻묵　냇물　빗물　콧날

   (3) 뒷말의 첫소리 모음 앞에서 'ㄴㄴ' 소리가 덧나는 것

   예) 도리깻열　뒷윷　두렛일　뒷일　뒷입맛
   베갯잇　욧잇　깻잎　나뭇잎　댓잎

2. 순우리말과 한자어로 된 합성어로서 앞말이 모음으로 끝난 경우

   (1) 뒷말의 첫소리가 된소리로 나는 것

   예) 가짓과(--科)　고양잇과(---科)　귓병(-病)　머릿방(--房)
   멸칫과(--科)　뱃병(-病)　봇둑(洑-)　사잣밥(使者-)
   샛강(-江)　소나뭇과(---科)　아랫방(--房)　자릿세(--貰)
   전셋집(傳貰-)　찻잔(-盞)　찻종(-鍾)　촛국(醋-)
   콧병(-病)　탯줄(胎-)　텃세(-貰)　핏기(-氣)
   햇수(-數)　횟가루(灰--)　횟배(蛔-)

   (2) 뒷말의 첫소리 'ㄴ, ㅁ' 앞에서 'ㄴ' 소리가 덧나는 것

   예) 곗날(契-)　제삿날(祭祀-)　훗날(後-)　툇마루(退--)　양칫물(養齒-)

   (3) 뒷말의 첫소리 모음 앞에서 'ㄴㄴ' 소리가 덧나는 것

   예) 가욋일(加外-)　사삿일(私私-)　예삿일(例事-)　훗일(後-)

3. 두 음절로 된 다음 한자어

   예) 곳간(庫間)　셋방(貰房)　숫자(數字)　찻간(車間)　툇간(退間)
   횟수(回數)

■ **사이시옷의 발음과 표기**

사이시옷은 발음하지 않는 것이 원칙이지만, 앞말의 끝소리가 모음인 경우 'ㄷ' 음을 첨가하여 발음하는 것을 허용한다.

예) 내+가 ⇨ [내:까/낻:까] ⇨ 냇가
코+등 ⇨ [코뜽/콛뜽] ⇨ 콧등

■ **'차' / '다(茶)'**

'찻잔, 찻종'에서의 '차'는 순우리말인데, 예로부터 '茶'자의 새김[訓]이 '차'였으므로, 한자어 '다(茶)'와 구별한 것이다.

■ **'전세방', '전셋집'**

• '전세방(傳貰+房)'은 한자어끼리 결합한 합성어이기 때문에 사이시옷을 적지 않는다. '셋방(貰房)'은 예외적으로 사이시옷이 허용된다.
• '전셋집'은 '전세(傳貰)+집'으로 구성되어 있는데 '집'이 고유어이므로 사이시옷을 첨가하여 '전셋집'으로 적어야 바른 표기이다.

■ **사이시옷 추가 예시**

• 값 : 절댓값, 덩칫값, 죗값
• 길 : 등굣길, 혼삿길, 고갯길
• 집 : 맥줏집, 횟집, 부잣집
• 빛 : 장밋빛, 보랏빛, 햇빛
• 말 : 혼잣말, 시쳇말, 노랫말
• 국 : 만둣국, 고깃국, 북엇국

■ **표기가 헷갈리는 단어**

• 빨랫줄 : 순우리말끼리의 결합이며 뒷말의 첫소리가 된소리로 나므로 사이시옷을 표기한다.
• 공깃밥(空器밥) : 한자어와 순우리말의 결합이며 뒷말의 첫소리가 된소리로 나므로 사이시옷을 표기한다.
• 마구간(馬廐間) : 한자어와 한자어의 결합이므로 사이시옷을 쓰지 않는다.
• 뒤처리 : '뒤'와 '처리'가 합성되면서 덧난 소리가 없으므로 사이시옷을 쓰지 않는다.
• 편지글 : '편지'와 '글'이 합성되면서 덧난 소리가 없으므로 사이시옷을 쓰지 않는다.

> **알아 두기**
>
> **사이시옷 표기의 발음·형태 조건**
> 1. 발음 조건
>   - 뒷말의 첫소리 'ㄱ, ㄷ, ㅂ, ㅅ, ㅈ' 등이 된소리로 나는 것
>   - 폐쇄시키는 음([ㄷ])이 뒤의 'ㄴ, ㅁ'에 동화되어 [ㄴ]으로 발음되는 것
>   - 뒷말의 첫소리로 [ㄴ]이 첨가되면서 폐쇄시키는 음([ㄷ])이 동화되어 [ㄴㄴ]으로 발음되는 것
>   단, 뒤에 거센소리나 된소리가 올 경우 사이시옷을 표기할 수 없다.
> 2. 형태 조건
>   - 단일어나 파생어가 아닌 합성어
>   - 고유어 + 고유어 / 고유어 + 한자어 / 한자어 + 고유어
>   외래어와 결합될 경우 사이시옷을 적지 않는다. (피자집○, 피잣집× / 핑크빛○, 핑큿빛×)
>   한자어 + 한자어의 결합에서 사이시옷을 쓰는 예외 6개 (곳간, 툇간, 찻간, 횟수, 숫자, 셋방)
>   - 앞 형태소가 모음으로 끝남(= 사이시옷을 쓸 자리가 비어 있음).

■ '싸리[荊], 쌀[米], 씨[種], 때[時]'

이 단어들이 다른 단어 또는 접두사와 결합하는 경우, 두 형태소 사이에서 'ㅂ' 음이 발음되기도 한다. 즉, '싸리, 쌀, 씨, 때' 따위의 형태를 고정시키고 첨가되는 'ㅂ'을 앞 형태소의 받침으로 붙여 적는 것이다.

■ '냅뜨다, 부릅뜨다, 칩떠보다, 휩싸다, 휩쓸다' 등도 'ㅂ'의 흔적이 남아 있는 것들이다.

■ '머리[頭], 살[肌], 수[雄], 암[雌], 안[內]'

옛말에서 'ㅎ' 종성 체언이었던 단어들 중, 현재에도 [ㅎ] 음이 첨가되어 발음되는 단어는 소리 나는 대로(뒷말의 첫소리를 거센소리로) 적는다. '암-, 수-'가 결합하는 단어의 경우는 표준어 규정(제7항 다만)에서 다음과 같이 나열한다.
예) 수캉아지, 수캐, 수컷, 수키와, 수탉, 수탕나귀, 수톨쩌귀, 수퇘지, 수평아리, 암캉아지, 암캐, 암컷, 암키와, 암탉, 암탕나귀, 암톨쩌귀, 암퇘지, 암평아리

제31항 두 말이 어울릴 적에 'ㅂ' 소리나 'ㅎ' 소리가 덧나는 것은 소리대로 적는다.

1. 'ㅂ' 소리가 덧나는 것
   예) 댑싸리(대ㅂ싸리)   멥쌀(메ㅂ쌀)   볍씨(벼ㅂ씨)
   입때(이ㅂ때)   입쌀(이ㅂ쌀)   접때(저ㅂ때)
   좁쌀(조ㅂ쌀)   햅쌀(해ㅂ쌀)   냅뜨다
   부릅뜨다   칩떠보다   휩싸다
   휩쓸다

2. 'ㅎ' 소리가 덧나는 것
   예) 머리카락(머리ㅎ가락)   살코기(살ㅎ고기)   안팎(안ㅎ밖)
   수캐(수ㅎ개)   수컷(수ㅎ것)   수탉(수ㅎ닭)
   암캐(암ㅎ개)   암컷(암ㅎ것)   암탉(암ㅎ닭)

5. 준말

제32항 단어의 끝모음이 줄어지고 자음만 남은 것은 그 앞의 음절에 받침으로 적는다.

예) 어제그저께 ⇨ 엊그저께
어제저녁 ⇨ 엊저녁

■ 받침소리가 올라붙는 경우

줄어지는 음절의 첫소리 자음이 올라붙지 않고 받침소리가 올라붙는 형식도 있다.
예) 어긋-매끼다 ⇨ 엇매끼다
바깥-벽 ⇨ 밭벽
바깥-사돈 ⇨ 밭사돈

제33항 체언과 조사가 어울려 줄어지는 경우에는 준 대로 적는다.

예) 무엇을 ⇨ 뭣을/무얼/뭘
무엇이 ⇨ 뭣이/무에

제34항 모음 'ㅏ, ㅓ'로 끝난 어간에 '-아/-어, -았-/-었-'이 어울릴 적에는 준 대로 적는다.

예

본말	준말	본말	준말
가아	가	가았다	갔다
나아	나	나았다	났다

■ 위의 경우에는 두 모음이 반드시 하나로 줄어든다. 따라서 조항에서 "어울릴 적에는 준 대로 적는다."라고 한 것은 항상 줄어든 형태로 적는다는 뜻이다.

[붙임1] 'ㅐ, ㅔ' 뒤에 '-어, -었-'이 어울려 줄 적에는 준 대로 적는다.

예

본말	준말	본말	준말
개어	개	개었다	갰다
내어	내	내었다	냈다

[붙임2] '하여'가 한 음절로 줄어서 '해'로 될 적에는 준 대로 적는다.

예

본말	준말	본말	준말
하여	해	하였다	했다
하여서	해서	하여라	해라
더하여	더해	더하였다	더했다
흔하여	흔해	흔하였다	흔했다

제35항 모음 'ㅗ, ㅜ'로 끝난 어간에 '-아/-어, -았-/-었-'이 어울려 'ㅘ/ㅝ, ㅘㅆ/ㅝㅆ'으로 될 적에는 준 대로 적는다.

예

본말	준말	본말	준말
꼬아	꽈	꼬았다	꽜다
보아	봐	보았다	봤다

다만, '푸다'의 경우는 '풔'로 적지 않고, '퍼'로 적는다.

[붙임1] '놓아'가 '놔'로 줄 적에는 준 대로 적는다.

[붙임2] 'ㅚ' 뒤에 '-어, -었-'이 어울려 'ㅙ, ㅙㅆ'으로 될 적에도 준 대로 적는다.

예

본말	준말	본말	준말
되어	돼	되었다	됐다
되어서	돼서	되어야	돼야

■ 'ㅅ' 불규칙 용언의 어간에서 'ㅅ'이 줄어진 경우에는 원래 자음이 있었으므로, 어미 '-아/-어'가 줄어지지 않는 게 원칙이다.
예 낫다 : 나아, 나아서, 나아도, 나아야, 나았다
   젓다 : 저어, 저어서, 저어도, 저어야, 저었다

■ 어간 모음 'ㅏ' + 접미사 '-이' = 'ㅐ'로 줄어지는 경우는 어미 '-어'가 줄어지지 않는 게 원칙이다.
예 빈틈없이 (짜이어 ⇨) 째어 있다.
   이곳저곳 (파이어 ⇨) 패어 있다.

■ **준말만 인정하는 단어**
다른 예시와 달리 '오다'는 줄어든 형태만 인정한다.
예 오아(×), 오아라(×), 오았다(×)

■ **준말이 적용되는 예외적인 단어 : '놓다'**
'좋다'의 어간 '좋-'에 어미 '-아'가 붙으면 '좋아'가 되는데, 이 '좋아'가 줄어져서 '좌'가 되지는 않는다. 그러나 '놓다'(규칙 동사)의 경우는 어간 받침 'ㅎ'이 줄면서 두 음절이 하나로 줄어진다. 그리하여 '놓다'의 경우는 예외적인 형식을 인정한 것이다.
예 놓아 ⇨ (노아) ⇨ 놔
   놓아라 ⇨ (노아라) ⇨ 놔라
   놓았다 ⇨ (노았다) ⇨ 놨다

제36항 'ㅣ' 뒤에 '-어'가 와서 'ㅕ'로 줄 적에는 준 대로 적는다.

예

본말	준말	본말	준말
가지어	가져	가지었다	가졌다
견디어	견뎌	견디었다	견뎠다

제37항 'ㅏ, ㅕ, ㅗ, ㅜ, ㅡ'로 끝난 어간에 '-이-'가 와서 각각 'ㅐ, ㅖ, ㅚ, ㅟ, ㅢ'로 줄 적에는 준 대로 적는다.

예

본말	준말	본말	준말
싸이다	쌔다	누이다	뉘다
펴이다	폐다	뜨이다	띄다

형용사화 접미사 '-스럽(다)'에 '-이'가 결합한 '-스러이'가 '-스레'로 줄어지는 경우에는 줄어든 대로 적는다.
예 새삼스레(←새삼스럽-+-이)   천연스레(←천연스럽-+-이)

제38항 'ㅏ, ㅗ, ㅜ, ㅡ' 뒤에 '-이어'가 어울려 줄어질 적에는 준 대로 적는다.

예

본말	준말	본말	준말
싸이어	쌔어, 싸여	뜨이어	띄어, 뜨여
보이어	뵈어, 보여	쓰이어	씌어, 쓰여

■ '놓이다'
'놓이다'의 준말 '뇌다'의 경우는 '뇌어'로 적지만, '놓이어'가 줄어진 형태는 '놓여'로 적는다.

■ '-이' 뒤에 '-우'가 붙는 단어의 경우
'(뜨이우다) 띄우다, (쓰이우다) 씌우다, (트이우다) 틔우다'처럼 '-이' 뒤에 다시 '-우'가 붙는 형식에서는, '이'를 앞 음절에 올려붙여 적는다.

🔔 알아 두기

'띄어쓰기' 표기

'띄다'는 본말이 두 가지가 있다. 하나는 '뜨이다'이고 다른 하나는 '띄우다'이다. '뜨이다'는 '뜨다'의 피동사로, '눈이 뜨이다', '귀가 뜨이다'와 같이 사용된다. 그리고 '뜨이다'는 '뜨여'로 줄여서 사용할 수도 있다. 반면 '띄우다'는 '뜨다'의 사동사로, 공간이 생기게 한다는 뜻이다. 따라서 '책상 사이를 띄우다', '단어 사이를 띄우다'와 같이 사용할 수 있다. 이러한 의미 차이로 볼 때, '띄어쓰기'에 나타난 '띄다'는 '띄우다'의 준말임을 알 수 있다. 그리고 '띄우다'는 '뜨여'로 줄여서 사용할 수가 없기 때문에 '뜨여쓰기, 뜨여 쓰다, 뜨여 놓다'로는 쓸 수 없다.

제39항 어미 '-지' 뒤에 '않-'이 어울려 '-잖-'이 될 적과 '-하지' 뒤에 '않-'이 어울려 '-찮-'이 될 적에는 준 대로 적는다.

본말	준말	본말	준말
그렇지 않은	그렇잖은	만만하지 않다	만만찮다
적지 않은	적잖은	변변하지 않다	변변찮다
두렵지 않다	두렵잖다	오죽하지 않다	오죽잖다
허술하지 않다	허술찮다	올곧지 않다	올곧잖다
달갑지 않다	달갑잖다	당하지 않다	당찮다
마뜩하지 않다	마뜩잖다	편하지 않다	편찮다
시답지 않다	시답잖다	–	–

'귀찮-, 점잖-'처럼 어간 끝소리가 'ㅎ'인 경우는, [찬]으로 소리 나더라도 '귀찮지 않다 ⇨ 귀찮잖다, 점잖지 않다 ⇨ 점잖잖다'로 적는다.

제40항 어간의 끝음절 '하'의 'ㅏ'가 줄고 'ㅎ'이 다음 음절의 첫소리와 어울려 거센소리로 될 적에는 거센소리로 적는다.

본말	준말	본말	준말
간편하게	간편케	다정하다	다정타
연구하도록	연구토록	정결하다	정결타
가하다	가타	흔하다	흔타
무능하다	무능타	부지런하다	부지런타

붙임1 'ㅎ'이 어간의 끝소리로 굳어진 것은 받침으로 적는다. **예** 아무렇든지, 어떻든지

붙임2 어간의 끝음절 '하'가 아주 줄 적에는 준 대로 적는다.

본말	준말	본말	준말
거북하지	거북지	넉넉하지 않다	넉넉지 않다(넉넉잖다)
생각하건대	생각건대	못하지 않다	못지않다(못잖다)
생각하다 못해	생각다 못해	섭섭하지 않다	섭섭지 않다(섭섭잖다)
깨끗하지 않다	깨끗지 않다(깨끗잖다)	익숙하지 않다	익숙지 않다(익숙잖다)

붙임3 다음과 같은 부사는 소리대로 적는다.
예 결단코 결코 기필코 무심코 아무튼 요컨대
    정녕코 필연코 하마터면 하여튼 한사코

■ **어간 끝소리가 'ㅎ'인 경우 표기**
'귀찮-, 점잖-'처럼 어간 끝소리가 'ㅎ'인 경우는, [찬]으로 소리 나더라도 '귀찮지 않다 ⇨ 귀찮잖다, 점잖지 않다 ⇨ 점잖잖다'로 적는다.

■ 준말에서 'ㅎ'이 어간의 끝소리로 굳어져 있는 경우 받침으로 붙여 적는다. 대체로 지시 형용사(指示形容詞) '이러하다, 그러하다, 저러하다, 어떠하다, 아무러하다' 및 '아니하다' 등이 줄어진 형태가 이에 해당한다.
예 (이러하다 ⇨) 이렇다, 이렇게, 이렇고, 이렇지, 이렇거나, ……
(아니하다 ⇨) 않다, 않게, 않고, 않지, 않든지, 않도록, ……

05 띄어쓰기

1. 조사

> 제41항 조사는 그 앞말에 붙여 쓴다.

🔔 알아 두기

띄어쓰기에 주의해야 하는 조사

같이	격 조사	눈같이 흰 박꽃
	부사	친구와 같이 공부하다.
	형용사	백옥 같은 피부 ('같다'의 활용형)
	합성어	감쪽같다, 금쪽같다, 꿈같다, 목석같다, 불꽃같다, 실낱같다, 주옥같다, 찰떡같다, 한결같다 * 합성 형용사에는 융합적 의미가 있다 예 꿈같다 : 1. 세월이 덧없이 빠르다. 2. 덧없고 허무하다.
만큼 (= 만치)	격 조사	부모님께만큼은 잘해 드리고 싶었다.
	의존 명사	노력한 만큼 대가를 얻다.
대로	보조사	처벌하려면 법대로 해라.
	의존 명사	예상했던 대로 시험 문제는 까다로웠다.
뿐	보조사	이제 믿을 것은 오직 실력뿐이다. (한정)
	의존 명사	그는 웃고만 있을 뿐이지 아무 말이 없다. 시간만 보냈다 뿐이지 한 일은 없다. (오직 그렇게 하거나 그러하다는 것) * 어미 : '(어간)~ㄹ뿐더러', '~다뿐이겠니?' ('그 이상'이라는 의미)
만	보조사	하나만 알고, 둘은 모른다.
	의존 명사	그는 떠난 지 사흘 만에 돌아왔다. (시간의 경과) 만난 지 다섯 번 만에 결혼을 결심했다. (횟수 한정)
		그가 화를 낼 만도 하다.
밖에	보조사	나를 알아주는 사람은 너밖에 없다.
	명사 + 조사	집 밖에 나가 있어라.

2. 의존 명사, 단위를 나타내는 명사 및 열거하는 말 등

> 제42항 의존 명사는 띄어 쓴다.

예 아는 **것**이 힘이다.   나도 할 **수** 있다.
 먹을 **만큼** 먹어라. 아는 **이**를 만났다.
 네가 뜻한 **바**를 알겠다. 그가 떠난 **지**가 오래다.

■ **조사가 둘 이상 겹쳐지거나 조사가 어미 뒤에 붙는 경우**

학교<u>에서처럼</u>, 나<u>에게만이라도</u>, 여기<u>서부터입니다</u>, 아이<u>까지도</u>, 말하면<u>서까지도</u>, 사과하기<u>는커녕</u>, 먹<u>을게요</u>, 놀라<u>기보다는</u>, 맑<u>군그래</u>, 오는<u>군요</u>

■ **헷갈리는 조사**
• 몸<u>이나마</u>, 늦<u>게나마</u>
• 시원섭섭하<u>겠구먼그려</u>, 보이<u>는구먼그래</u>.
• 일정<u>은커녕</u>, 감사하<u>기는커녕</u>

■ **헷갈리는 의존 명사**
• 족족 : 어떤 일을 하는 하나하나
 예 원서를 넣는 <u>족족</u> 합격을 하네.
• 따위 : 앞에 나온 대상을 낮잡거나 부정적으로 이르는 말
 예 그 고통에 비하면 내 괴로움 <u>따위</u>는 아무것도 아니었다.
• 채 : 이미 있는 상태 그대로 있다는 뜻을 나타내는 말
 예 그는 얼굴을 가린 <u>채</u> 갑자기 방에서 뛰어나왔다.
• 겸 : 두 가지 이상의 동작이나 행위를 아울러 함을 나타내는 말
 예 나는 딸도 만날 <u>겸</u> 여행도 할 <u>겸</u> 미국에 다녀왔어.

🔔 알아 두기

접사와 형태가 같은 의존 명사

간(間)	의존 명사	부모와 자식 간 (거리나 관계) 친척 간, 혈육 간, 친구 간, 사제 간
	접사	이틀간(시간의 경과), 외양간(장소)
	합성어	부부간, 내외간, 부자간, 모자간, 부녀간, 모녀간, 형제간, 자매간, 남매간, 동기간, 고부간, 인척간
들	의존 명사	소, 개, 닭 들(= 등)은 가축이다. (나열 뒤 '그런 따위'의 뜻)
	접사	사람들, 사건들 (복수)
씨(氏)	의존 명사	홍길동 씨 (특정인 뒤)
	접사	그의 성은 박씨입니다.
차(次)	의존 명사	잠이 막 들려던 차에 전화가 왔다. (용언의 관형사형 뒤 '어떤 기회에 겸해서')
	접사	연수차, 인사차, 사업차 (명사 뒤에서 '~하려고')

🔔 알아 두기

한자 기원의 접사는 붙여 쓴다.
예) 신(新)인류, 범(汎)민주, 수(數)차례, 저(低)개발, 실(實)거래, 탈(脫)냉전, 주(駐)러시아, 천여(餘) 명, 절차상(上), 지구상(上), 지배하(下), 교각하(下), 일인당(當)

한자 기원의 관형사와 명사는 띄어 쓴다.
예) 각(各) 부처, 고(故) ○○○ 전(前) 대통령, 당(當) 열차, 동(同) 회사, 만(滿) 하루, 매(每) 회계 연도, 본(本) 학회, 양(兩) 무릎, 전(全) 20권, 현(現) 교장

🔔 알아 두기

어미와 형태가 같은 의존 명사

데	의존 명사	책을 다 읽는 데 삼 일이 걸렸다. (장소, 경우)
	어미 일부	그이가 말을 아주 잘하데. (종결) 날씨가 추운데 외투를 입고 나가거라. (연결)
지	의존 명사	그를 만난 지도 꽤 오래되었다. (경과한 시간)
	어미 일부	아버님, 어머님께서도 안녕하신지. (불확실)
바	의존 명사	평소에 느낀 바를 말해라. (수식 의미 자체) 나아갈 바를 밝히다. (방법, 방도)
	어미 일부	서류를 검토한바 몇 가지 미비한 사항이 발견되었다. ('~ㄴ데', '~니' 등과 가까운 의미)
걸 거	의존 명사	후회할 걸 (= ~ㄹ 것을) 왜 그랬어. 난리가 났을 거(= 것이)다.
	어미 일부	내가 먼저 사과할걸.(아쉬움)
텐데 테	의존 명사	날이 맑아야 할 텐데. (= ~ㄹ 터인데) 은혜를 갚을 테다. (= ~ㄹ 터이다)
망정	의존 명사	미리 알았기에 망정이지 그렇지 않으면 큰일이 날 뻔했다. (긍정)
	어미 일부	생활이 어려울망정(= ~할지라도) 자존심은 잃지 마라. (부정)

■ 접사와 형태가 같은 관형사

- 제(諸) : '여러'의 뜻을 나타내는 관형사
  예) 제 문제, 제 단체, 제 비용을 모두 대다.
- 제- : '그 숫자에 해당되는 차례'의 뜻을 더하는 접두사
  예) 제일, 제이, 제삼
- 총(總) : 모두 합하여 몇임을 나타내는 말
  예) 총 백여 명의 작가, 신문은 총 16면이었다.
- 총-(總) : '전체를 아우르는' 또는 '전체를 합한'의 뜻을 더하는 접두사
  예) 총감독, 총결산, 총공격

- 한 : 1. 그 수량이 하나임을 나타내는 말
  예) 한 사람, 책 한 권, 말 한 마리
  2. '어떤'의 뜻을 나타내는 말
  예) 강원도 한 마을에 소년이 살았다.
  3. '같은'의 뜻을 나타내는 말
  예) 한 경기장, 한 교실, 한 이불을 덮다.
  4. '대략'의 뜻을 나타내는 말
  예) 한 20분쯤, 한 30명의 학생들
- 한- : 1. '큰'의 뜻을 더하는 접두사
  예) 한걱정, 한길, 한시름
  2. '정확한' 또는 '한창인'의 뜻을 더하는 접두사
  예) 한가운데, 한겨울, 한낮
- 한- : 1. '바깥'의 뜻을 더하는 접두사
  예) 한데
  2. '끼니때 밖'의 뜻을 더하는 접두사
  예) 한동자, 한음식, 한저녁

- 수 관형사 뒤에 의존 명사가 붙어서 차례를 나타내는 경우나, 의존 명사가 아라비아 숫자 뒤에 붙는 경우는 붙여 쓸 수 있도록 하였다.
  예) 제일 편 ⇨ 제일편
      제삼 장 ⇨ 제삼장
      제10 조 ⇨ 제10조
      제7 항 ⇨ 제7항

- '제-'가 생략된 경우라도, 차례를 나타내는 말일 때는 붙여 쓸 수 있다.
  예) (제)이십칠 대 ⇨ 이십칠대
      (제)오십팔 회 ⇨ 오십팔회
      (제)육십칠 번 ⇨ 육십칠번
      (제)구십삼 차 ⇨ 구십삼차

- 연월일, 시각 등도 붙여 쓸 수 있다.
  예) 이천십팔 년 오 월 이십 일
      ⇨ 이천십팔년 오월 이십일
  예) 여덟 시 오십구 분
      ⇨ 여덟시 오십구분

- 수효를 나타내는 '개년, 개월, 일 (간), 시간' 등은 붙여 쓰지 않는다. 그러나 아라비아 숫자 뒤에 붙는 의존 명사는 모두 붙여 쓸 수 있다.

- 금액을 적을 때는 변조(變造) 등의 사고를 방지하려는 뜻에서 붙여 쓰는 게 관례이다.
  예) 일금 : 삼십일만오천육백칠십팔 원정.
  예) 돈 : 일백칠십육만오천원

- '대(對)'가 접사로 쓰이는 경우
'대-'가 고유 명사를 포함하는 대다수 명사 앞에 붙어서 '그것을 상대로 한', '그것에 대항하는'의 뜻을 더할 경우에는 접두사로 쓰인 것이라 뒤에 오는 말에 붙여 쓴다.
  예) 대일(對日) 무역 / 대국민 담화 / 대중국 정책

- **제45항 예시 단어의 품사**
- 겸 : 의존 명사
- 내지 : 부사
- 대 : 의존 명사
- 및 : 부사
- 등 : 의존 명사
- 등등 : 의존 명사
- 등속 : 의존 명사
- 등지 : 의존 명사
- 또는 : 부사
- 혹은 : 부사
- 따위 : 의존 명사

🔔 알아 두기

합성어로 등재된 의존 명사

판	바둑 한 판 두자. 장기를 세 판이나 두었다.(수 관형사 뒤에서 승부를 겨루는 일의 수효를 나타내는 경우)
	'노름판, 씨름판, 웃음판' (합성어)
시(時)	정각 열 시에 만납시다. 규칙을 어겼을 시에는 처벌을 받는다.
	'비상시, 유사시, 평상시, 필요시' (합성어)
중(中)	너희 중에 누가 제일 키가 크냐? (여럿 가운데) 근무 중, 수업 중, 회의 중 (무엇을 하는 동안) 공기 중에 떠다니는 바이러스
	'무의식-중, 부재-중, 은연-중'(합성어), '한-밤중'(파생어)
이외(以外)	교과서 외에도, 이 외에도 ('이' 생략 불가능, '이'를 '이것'으로 바꿀 수 있음.)
	관계자 이외에는 아무도 들어올 수 없습니다. (반드시 명사 뒤, '이' 생략 가능, '이'를 '이것'으로 바꿀 수 없음.)

제43항 단위를 나타내는 명사는 띄어 쓴다.

다만, 순서를 나타내는 경우나 숫자와 어울리어 쓰이는 경우에는 붙여 쓸 수 있다.

예) 두시 삼십분 오초   제일**과**   삼학년   육층
    1446년 10월 9일   2**대**대   16**동** 502**호**   제1**실습실**
    80**원**   10**개**   7**미터**

제44항 수를 적을 적에는 '만(萬)' 단위로 띄어 쓴다.

예) 십이억 삼천사백오십육만 칠천팔백구십팔   12억 3456만 7898

제45항 두 말을 이어 주거나 열거할 적에 쓰이는 다음의 말들은 띄어 쓴다.

예) 국장 **겸**(兼) 과장   구경도 할 **겸** 물건도 살 **겸**
    열 **내지** 스물   천 원 **내지** 이천 원
    청군 **대** 백군   5 **대** 3
    이사장 **및** 이사들   사과, 배 **및** 복숭아
    책상, 걸상 **등**이 있다.   ㄱ, ㄷ, ㅂ **등**은 파열음에 속한다.
    사과, 배, 귤 **등등**   사과, 배 **등속**
    부산, 광주 **등지**   수박 **또는** 참외
    중학생 **혹은** 고등학생   배추, 상추, 무 **따위**

> 제46항 단음절로 된 단어가 연이어 나타날 적에는 붙여 쓸 수 있다.

예) 좀더 큰것　　이말 저말　　한잎 두잎　　좀더 큰 이 새차　　내것 네것
　　물 한병　　　그 옛차

그러나 이 허용 규정은 단음절어인 관형사와 명사, 부사와 부사가 연결되는 경우와 같이, 자연스럽게 의미적으로 한 덩이를 이룰 수 있는 구조에 적용되는 것이다.

예) 훨씬 더 큰 새 차 ⇨ 훨씬 더큰 새차 (×)　　물 한병 ⇨ 물한병 (×)

단음절어이면서 관형어나 부사인 경우라도, 관형어와 관형어, 부사와 관형어는 원칙적으로 띄어 쓰며, 또 부사와 부사가 연결되는 경우에도 의미적 유형이 다른 부사끼리는 붙여 쓰지 않는 게 원칙이다.

예) 더 못 가 (더못 가 ×)　　잘 안 와 (잘안 와 ×)　　늘 더 자 (늘더 자 ×)

3. 보조 용언

> 제47항 보조 용언은 띄어 씀을 원칙으로 하되, 경우에 따라 붙여 씀도 허용한다.

예)

ㄱ(원칙)	ㄴ(허용)
불이 꺼져 **간다**.	불이 **꺼져간다**.
내 힘으로 막아 **낸다**.	내 힘으로 **막아낸다**.
비가 올 **듯하다**.	비가 **올듯하다**.
그 일은 할 **만하다**.	그 일은 **할만하다**.
일이 될 **법하다**.	일이 **될법하다**.
비가 올 **성싶다**.	비가 **올성싶다**.
올 **듯싶다**.	**올듯싶다**.
잘 아는 **척한다**.	잘 **아는척한다**.

다만, 앞말에 조사가 붙거나 앞말이 복합어인 경우, 그리고 중간에 조사가 들어갈 적에는 그 뒤에 오는 보조 용언은 띄어 쓴다.

예) 잘도 놀아만 **나는구나**!　　책을 읽어도 **보고**…….
　　네가 덤벼들어 **보아라**.　　이런 기회는 다시없을 **듯하다**.
　　그가 올 듯도 **하다**.　　잘난 체를 **한다**.
　　읽은 체를 **한다**.　　비가 올 듯도 **하다**.
　　매달아 **놓는다**.　　겨룰 만은 **하다**.

■ **보조 용언을 붙여 쓰는 것이 허용되는 경우**
- '본용언 + -아/-어 + 보조 용언' 구성
- '관형사형 + 보조 용언(의존 명사 + -하다/싶다)' 구성
- '명사형 + 보조 용언' 구성
  예) -직하다

■ 본용언과 본용언이 연결될 때는 반드시 띄어 쓴다.

■ 단음절로 된 어휘 형태소가 결합한 합성어 뒤에 연결되는 보조 용언은 붙여 쓸 수 있다.
  예) 나-가 버렸다 ⇨ 나가버렸다
　　구-해 본다 ⇨ 구해본다
　　빛-내 준다 ⇨ 빛내준다
　　더-해 줬다 ⇨ 더해줬다

■ 보조 용언이 거듭되는 경우는 앞의 보조 용언만을 붙여 쓸 수 있다.
  예) 읽어 볼 만하다 ⇨ 읽어볼 만하다
　　되어 가는 듯하다
　　⇨ 되어가는 듯하다

■ '-아/-어 지다'가 붙어서 타동사나 형용사가 자동사처럼 쓰이고 '-아/-어 하다'가 붙어서 형용사가 타동사처럼 쓰인다는 점에서 원칙적으로 붙여 쓴다.
  예) 낙서가∨지워진다.
　　아기를∨예뻐한다.

■ '-아/-어 하다'가 구(句)에 결합하는 경우에는 띄어 쓴다.
  예) 먹고∨싶어∨하다.
　　마음에∨들어∨하다
　　내키지∨않아∨하다.

4. 고유 명사 및 전문 용어

■ 호나 자 등이 성명 앞에 놓이는 경우에는 띄어 쓴다.
예) 백범 김구

■ 성과 이름의 경계가 혼동될 여지가 있으면 한 글자 성도 띄어 쓸 수 있다.
예) 선우진 / 선우 진('선우' 씨인 '진') / 선 우진('선' 씨인 '우진')

> **제48항** 성과 이름, 성과 호 등은 붙여 쓰고, 이에 덧붙는 호칭어, 관직명 등은 띄어 쓴다.

다만, 성과 이름, 성과 호를 분명히 구분할 필요가 있을 경우에는 띄어 쓸 수 있다.
예) 남궁억/남궁 억   독고준/독고 준   황보지봉(皇甫芝峰)/황보 지봉

> **제49항** 성명 이외의 고유 명사는 단어별로 띄어 씀을 원칙으로 하되, 단위별로 띄어 쓸 수 있다.

■ 산, 강, 산맥, 평야 등 이름
다음과 같은 산 이름, 강 이름, 산맥 이름, 평야 이름, 고원 이름 등은 굳어진 지명이므로 띄어 쓰지 않는다.
예) 북한산, 에베레스트산
영산강, 미시시피강
소백산맥, 알프스산맥
나주평야, 화베이평야
개마고원, 티베트고원

예)

ㄱ(원칙)	ㄴ(허용)
대한 중학교	대한중학교
한국 대학교 사범 대학	한국대학교 사범대학
국립 국어원 기획 연수부 기획 운영과	국립국어원 기획연수부 기획운영과
한국 방송 공사 경영 기획 본부 경영 평가실 경영 평가 분석부	한국방송공사 경영기획본부 경영평가실 경영평가분석부
즐거운 노래방	즐거운노래방
부부의 날	부부의날

■ 관형사형이 체언을 꾸며 주는 구조, 두 개 이상의 체언이 조사로 연결되는 구조의 전문 용어도 붙여 쓸 수 있다.
예) 따뜻한 구름(원칙) / 따뜻한구름(허용)
강조의 허위(원칙) / 강조의허위(허용)

붙임 '부설(附設), 부속(附屬), 직속(直屬), 산하(傘下)' 따위는 고유 명사로 일컬어지는 대상물이 아니라 그 대상물의 존재 관계를 나타내는 말이므로, 원칙적으로 앞뒤의 말과 띄어 쓴다.
예) (원칙) 학술원 부설 국어 연구소   (허용) 학술원 부설 국어연구소
(원칙) 한국 해양 과학 기술원 부설 극지 연구소   (허용) 한국해양과학기술원 부설 극지연구소

■ 두 개(이상의) 전문 용어가 접속 조사로 이어지는 경우는 전문 용어 단위로 붙여 쓸 수 있다.
예) 자음 동화와 모음 동화(원칙) / 자음동화와 모음동화(허용)

다만, '부속 학교, 부속 초등학교, 부속 중학교, 부속 고등학교' 등은 교육학 연구나 교원 양성을 위하여 교육 대학이나 사범 대학에 부속시켜 설치한 학교를 이르므로, 하나의 단위로 다루어 붙여 쓸 수 있다.
예) (원칙) 서울 대학교 사범 대학 부속 고등학교   (허용) 서울대학교 사범대학 부속고등학교

의학 연구나 의사 양성을 위하여 의과 대학에 부속시켜 설치한 병원의 경우도 이에 준한다.
예) (원칙) 한국 대학교 의과 대학 부속 병원   (허용) 한국대학교 의과대학 부속병원

■ 두 개 이상 단어라도 띄어 쓸 수 없는 경우
한자로 된 고전 책명은 띄어 쓰지 않는다. 그러나 서양의 고전 또는 현대 책명이나 작품명은 구와 문장 형식인 경우 단어별로 띄어 쓴다.
예) 분류두공부시언해, 동국신속삼강행실도, 번역소학(한문 고전 책명)
베니스의 상인(서양의 고전 작품명)
고용, 이자 및 화폐의 일반 이론(현대의 책명)
바람과 함께 사라지다(서양의 현대 작품명)

> **제50항** 전문 용어는 단어별로 띄어 씀을 원칙으로 하되, 붙여 쓸 수 있다.

예)

ㄱ(원칙)	ㄴ(허용)
만성 골수성 백혈병	만성골수성백혈병
중거리 탄도 유도탄	중거리탄도유도탄
긴급 재정 처분	긴급재정처분
무한 책임 사원	무한책임사원

규정 외 더 알아야 할 것

▶ 부정 표현의 띄어쓰기

합성어	구(句)
안되다¹ 〈동〉 1. 일, 현상, 물건 따위가 좋게 이루어지지 않다. (↔ 잘되다) 　　예 비가 너무 많이 와서 과일 농사가 <u>안되었</u>다. 　2. 사람이 훌륭하게 되지 못하다. 　　예 자식이 <u>안되기</u>를 바라는 부모는 없다. 　3. 일정한 수준이나 정도에 이르지 못하다. 　　예 우리 중 <u>안되어도</u> 세 명은 합격할 것 같다. 안되다² 〈형〉 1. 섭섭하거나 가엾어 마음이 언짢다. 　　예 혼자 보내기가 <u>안돼서</u> 역까지 배웅했다. 　2. 근심이나 병 따위로 얼굴이 많이 상하다. 　　예 안색이 <u>안돼</u> 보여서 보약을 지어 보냈다.	안∨되다 예 그렇게 하면 안∨된다. 　　합격이 안∨된다.
못되다 〈형〉 1. 성질이나 품행 따위가 좋지 않거나 고약하다. 　　예 <u>못된</u> 심보 / <u>못된</u> 장난 / <u>못되게</u> 굴다. / <u>못된</u> 버릇을 고치다. 　2. 일이 뜻대로 되지 않은 상태에 있다. 　　예 그 일이 <u>못된</u> 게 남의 탓이겠어.	못∨되다 예 외교관이 못∨되었다.
잘되다 〈동〉 1. 일, 현상 물건 따위가 썩 좋게 이루어지다. 　　예 토지가 비옥하여 농사가 <u>잘되었</u>다. 　2. 사람이 훌륭하게 되다. 　　예 부모님들은 늘 자식 <u>잘되기</u>를 바란다. 　3. 일정한 수준이나 정도에 이르다. 　　예 우리 중 <u>잘되어야</u> 두 명만이 합격할 수 있다. 　4. (반어적으로) 결과가 좋지 아니하게 되다. 　　예 운전면허 시험에 떨어졌다고 하자 사촌 오빠는 <u>잘됐</u>다며 약을 올렸다.	잘∨되다 예 이 기계는 파손이 잘∨된다.
못하다 〈동〉 어떤 일을 수준에 못 미치게 하거나, 그 일을 할 능력이 없다. 　　예 그는 노래를 정말 <u>못한</u>다. 　　　공부를 <u>못한</u>다고 열등감을 가질 필요는 없다. 〈형〉 1. 비교 대상에 미치지 아니하다. 　　예 음식 맛이 예전보다 <u>못하다</u>. 　2. ('못해도' 꼴로 쓰여) 아무리 적게 잡아도. 　　예 잡은 고기가 <u>못해도</u> 열 마리는 되겠지.	못∨하다 예 아파서 일을 못∨했다.

▶ 합성어 '한번'의 의미

[Ⅰ]「명사」 지난 어느 때나 기회 예 <u>한번</u>은 네거리에서 큰 사고를 낼 뻔했다.
[Ⅱ]「부사」
　1. 어떤 일을 시험 삼아 시도함을 나타내는 말 예 노래나 <u>한번</u> 불러 볼까?
　2. 기회 있는 어떤 때에 예 우리 집에 <u>한번</u> 놀러 오세요.
　3. 어떤 행동이나 상태를 강조하는 뜻을 나타내는 말 예 녀석, 울음소리 <u>한번</u> 크구나.
　4. 일단 한 차례 예 <u>한번</u> 물면 절대 놓지 않는다.

06 그 밖의 것

> 제51항 부사의 끝음절이 분명히 '이'로만 나는 것은 '-이'로 적고, '히'로만 나거나 '이'나 '히'로 나는 것은 '-히'로 적는다.

(1) '이'로 적는 것
① (첩어 또는 준첩어인) 명사 뒤 **예** 겹겹이 번번이 일일이 집집이 틈틈이
② 'ㅅ' 받침 뒤 **예** 가붓이 깨끗이 나붓이 느긋이 둥긋이
③ 'ㅂ' 불규칙 용언의 어간 뒤 **예** 가까이 고이 날카로이 대수로이 번거로이
④ '-하다'가 붙지 않는 용언 어간 뒤 **예** 많이 적이 헛되이
⑤ 부사 뒤 (〈한글 맞춤법〉 제25항 2. 참조) **예** 곰곰이 더욱이 오뚝이 일찍이

(2) '히'로 적는 것
① '-하다'가 붙는 어근 뒤 (단, 'ㅅ' 받침 제외) **예** 극히 급히 딱히 속히 꼼꼼히
② '-하다'가 붙는 어근에 '-히'가 결합하여 된 부사에서 온 말
   예 (익숙히 ⇨) 익히 (특별히 ⇨) 특히
③ 어원적으로는 '-하다'가 붙지 않는 어근에 부사화 접미사가 결합한 형태로 분석되더라도, 그 어근 형태소의 본뜻이 유지되고 있지 않은 단어의 경우는 익어진 발음 형태대로 '히'로 적는다. **예** 작히(어찌 조금만큼만, 얼마나)

> 제52항 한자어에서 본음으로도 나고 속음으로도 나는 것은 각각 그 소리에 따라 적는다.

예

본음으로 나는 것	속음으로 나는 것	본음으로 나는 것	속음으로 나는 것
승낙(承諾)	수락(受諾), 쾌락(快諾), 허락(許諾)	오륙십(五六十)	오뉴월, 유월(六月)
만난(萬難)	곤란(困難), 논란(論難)	목재(木材)	모과(木瓜)
안녕(安寧)	의령(宜寧), 회령(會寧)	십일(十日)	시방정토(十方淨土), 시왕(十王), 시월(十月)
분노(忿怒)	대로(大怒), 희로애락(喜怒哀樂)	팔일(八日)	초파일(初八日)
토론(討論)	의논(議論)		

> 제53항 다음과 같은 어미는 예사소리로 적는다.

예

ㄱ(취함)	ㄴ(버림)
-(으)ㄹ거나	-(으)ㄹ꺼나
-(으)ㄹ걸	-(으)ㄹ껄
-(으)ㄹ게	-(으)ㄹ께

다만, 의문을 나타내는 다음 어미들은 된소리로 적는다.
예 -(으)ㄹ까? -(으)ㄹ꼬? -(스)ㅂ니까? -(으)ㄹ깝쇼?
  -(으)리까? -(으)ㄹ쏘냐? -(으)ㄹ쏜가?

제54항 다음과 같은 접미사는 된소리로 적는다.

(1) '-군/-꾼'은 '꾼'으로 통일 예 구경꾼 나무꾼 낚시꾼
(2) '-갈/-깔'은 '깔'로 통일 예 맛깔 태깔(態-)
(3) '-대기/-때기'는 '때기'로 적는다. 예 거적때기 나무때기 판때기
(4) '-굼치/-꿈치'는 '꿈치'로 적는다. 예 발꿈치 발뒤꿈치
(5) '-배기/-빼기'가 혼동될 수 있는 단어
   첫째, [배기]로 발음되는 경우는 '배기'로 적고,
   예 귀퉁배기 나이배기 대짜배기 육자배기(六字-)
   주정배기(酒酲-) 포배기 진짜배기

   둘째, 한 형태소 내부에 있어서 'ㄱ, ㅂ' 받침 뒤에서 [빼기]로 발음되는 경우는 '배기'로 적으며,(〈한글 맞춤법〉 제5항 다만 참조)
   예 뚝배기 학배기[蜻幼蟲]

   셋째, 다른 형태소 뒤에서 [빼기]로 발음되는 것은 모두 '빼기'로 적는다.
   예 고들빼기 그루빼기 대갈빼기 머리빼기 재빼기[嶺頂]
   곱빼기 과녁빼기 밥빼기 악착빼기 앍둑빼기
   앍작빼기 억척빼기 얽둑빼기 얽빼기 얽적빼기

   단, '언덕배기'는 한 형태소 내부가 아니지만 '언덕바지'와의 형태적 연관성을 보이기 위해 '언덕배기'로 적는다.

(6) '-적다/-쩍다'가 혼동될 수 있는 단어
   첫째, [적따]로 발음되는 경우는 '적다'로 적고,
   예 괘다리적다 괘달머리적다 딴기적다 열퉁적다

   둘째, '적다[少]'의 뜻이 유지되고 있는 합성어의 경우는 '적다'로 적으며,
   예 맛적다(재미나 흥미가 거의 없어 싱겁다.)

   셋째, '적다[少]'의 뜻이 없이, [쩍따]로 발음되는 경우는 '쩍다'로 적는다.
   예 맥쩍다 멋쩍다 해망쩍다 행망쩍다

제55항 두 가지로 구별하여 적던 다음 말들은 한 가지로 적는다.

ㄱ(취함)	ㄴ(버림)
맞추다(입을 맞춘다. 양복을 맞춘다.)	마추다
뻗치다(다리를 뻗친다. 멀리 뻗친다.)	뻐치다

제56항 '-더라, -던'과 '-든지'는 다음과 같이 적는다.

1. 지난 일을 나타내는 어미는 '-더라, -던'으로 적는다.
   예 지난겨울은 몹시 춥더라. / 깊던 물이 얕아졌다.
2. 물건이나 일의 내용을 가리지 아니하는 뜻을 나타내는 조사와 어미는 '(-)든지'로 적는다.
   예 배든지 사과든지 마음대로 먹어라. / 가든지 오든지 마음대로 해라.

■ 지난 일을 말하는 형식에는 '-더'
-더구나, -더구려, -더구먼, -더군(⇦ 더구나, 더구먼), -더냐, -더니, -더니라, -더니만(⇦ 더니마는), -더라, -더라면, -던, -던가, -던걸, -던고, -던데, -던들, -던지 등이 있고, 이 밖에 '-더'형 어미로 '-더라도' 따위가 있다.

제57항 다음 말들은 각각 구별하여 적는다.

가름	둘로 가름	갈음	새 책상으로 갈음하였다.
거름	풀을 썩힌 거름	걸음	빠른 걸음
거치다	영월을 거쳐 왔다.	걷히다	외상값이 잘 걷힌다.
걷잡다	걷잡을 수 없는 상태	겉잡다	겉잡아서 이틀 걸릴 일
그러므로(그러니까)	그는 부지런하다. 그러므로 잘 산다.		
그럼으로(써)	그는 열심히 공부한다. 그럼으로(써) (그렇게 하는 것으로) 은혜에 보답한다.		
노름	노름판이 벌어졌다.	놀음(놀이)	즐거운 놀음
느리다	진도가 너무 느리다.	늘이다	고무줄을 늘인다.
늘리다	수출량을 더 늘린다.		
다리다	옷을 다린다.	달이다	약을 달인다.
다치다	부주의로 손을 다쳤다.	닫히다	문이 저절로 닫혔다.
닫치다	문을 힘껏 닫쳤다.		
마치다	벌써 일을 마쳤다.	맞히다	여러 문제를 더 맞혔다.
목거리	목거리[病]가 덧났다.	목걸이	금목걸이, 은목걸이
바치다	나라를 위해 목숨을 바쳤다.	받치다	우산을 받치고 간다. 책받침을 받친다.
받히다	쇠뿔에 받혔다.	밭치다	술을 체에 밭친다.
반드시	약속은 반드시 지켜라.	반듯이	고개를 반듯이 들어라.
부딪치다	차와 차가 마주 부딪쳤다.	부딪히다	마차가 화물차에 부딪혔다.
부치다	힘이 부치는 일이다. 편지를 부친다. 논밭을 부친다. 빈대떡을 부친다. 식목일에 부치는 글 회의에 부치는 안건 인쇄에 부치는 원고 삼촌 집에 숙식을 부친다.	붙이다	우표를 붙인다. 책상을 벽에 붙였다. 흥정을 붙인다. 불을 붙인다. 감시원을 붙인다. 조건을 붙인다. 취미를 붙인다. 별명을 붙인다.
시키다	일을 시킨다.	식히다	끓인 물을 식힌다.
아름	세 아름 되는 둘레	알음	전부터 알음이 있는 사이 (아는 것)
앎	앎이 힘이다.		
안치다	밥을 안친다.	앉히다	윗자리에 앉힌다.
어름	두 물건의 어름에서 일어난 현상(두 물건의 끝이 닿는 데)	얼음	얼음이 얼었다.
이따가	이따가 오너라.	있다가	돈은 있다가도 없다.
저리다	다친 다리가 저린다.	절이다	김장 배추를 절인다.
조리다	생선을 조린다. 통조림, 병조림	졸이다	마음을 졸인다.
주리다	여러 날을 주렸다(배곯다).	줄이다	비용을 줄인다.
하노라고	하노라고 한 것이 이 모양이다.	하느라고	공부하느라고 밤을 새웠다.

-느니보다 (어미)	나를 찾아오느니보다 집에 있거라.	-는 이보다 (의존 명사)	오는 이가 가는 이보다 많다.
-(으)리만큼 (어미)	나를 미워하리만큼 그에게 잘못한 일이 없다.	-(으)ㄹ 이만큼 (의존 명사)	찬성할 이도 반대할 이만큼이나 많을 것이다.
-(으)러(목적)	공부하러 간다.	-(으)려(의도)	서울 가려 한다.
-(으)로서(자격)	사람으로서 그럴 수는 없다.	-(으)로써(수단)	닭으로써 꿩을 대신했다.
-(으)므로(어미)	그가 나를 믿으므로 나도 그를 믿는다.	(-ㅁ, -음) 으로(써)(조사)	그는 믿음으로(써) 산 보람을 느꼈다.

07 부록(개정 문장 부호)

1. 마침표(= 온점)
(.)
	① 서술, 명령, 청유 등을 나타내는 문장의 끝에 쓴다. 예 젊은이는 나라의 기둥입니다.
	• 직접 인용한 문장의 끝에는 쓰는 것을 원칙으로 하되, 쓰지 않는 것을 허용한다.
	• 용언의 명사형이나 명사로 끝나는 문장에는 쓰는 것을 원칙으로 하되, 쓰지 않는 것을 허용한다.
	• 다만, 제목이나 표어에는 쓰지 않음을 원칙으로 한다.
	  예 압록강은 흐른다 / 건강한 몸 만들기 / 꺼진 불도 다시 보자
	② 아라비아 숫자만으로 연월일을 표시할 때 쓴다.
	  예 1919. 3. 1. / 10. 1.~10. 12.
	③ 특정한 의미가 있는 날을 표시할 때 월과 일을 나타내는 아라비아 숫자 사이에 쓴다.
	  예 3.1 운동 / 8.15 광복
	• 이때는 마침표 대신 가운뎃점을 쓸 수 있다.
	  예 3·1 운동 / 8·15 광복
	④ 장, 절, 항 등을 표시하는 문자나 숫자 다음에 쓴다.
	  예 가. 인명 ㄱ. 머리말

2. 물음표
(?)
	① 의문문이나 의문을 나타내는 어구의 끝에 쓴다.
	• 한 문장 안에 몇 개의 선택적인 물음이 이어질 때는 맨 끝의 물음에만 쓰고, 각 물음이 독립적일 때는 각 물음의 뒤에 쓴다.
	  예 너는 중학생이냐, 고등학생이냐?
	    너는 여기에 언제 왔니? 어디서 왔니? 무엇 하러 왔니?
	• 의문의 정도가 약할 때는 물음표 대신 마침표를 쓸 수 있다.
	  예 도대체 이 일을 어쩐단 말이냐. / 이것이 과연 내가 찾던 행복일까.
	• 다만, 제목이나 표어에는 쓰지 않음을 원칙으로 한다.
	  예 역사란 무엇인가
	    아직도 담배를 피우십니까
	② 특정한 어구의 내용에 대하여 의심, 빈정거림 등을 표시할 때, 또는 적절한 말을 쓰기 어려울 때 소괄호 안에 쓴다.
	  예 주말 내내 누워서 텔레비전만 보고 있는 당신도 참 대단(?)하네요.
	    우리와 의견을 같이할 사람은 최 선생(?) 정도인 것 같다.
	    30점이라, 거참 훌륭한(?) 성적이군.
	③ 모르거나 불확실한 내용임을 나타낼 때 쓴다.
	  예 노자(? ~ ?)는 중국 춘추 시대의 사상가로 도를 좇아서 살 것을 역설하였다.
	    최치원(857~?)은 통일 신라 말기에 이름을 떨쳤던 학자이자 문장가이다.

3. 느낌표 (!)	① 감탄문이나 감탄사의 끝에 쓴다. • 감탄의 정도가 약할 때는 느낌표 대신 쉼표나 마침표를 쓸 수 있다. 예 어, 벌써 끝났네. / 날씨가 참 좋군. ② 특별히 강한 느낌을 나타내는 어구, 평서문, 명령문, 청유문에 쓴다. ③ 물음의 말로 놀람이나 항의의 뜻을 나타내는 경우에 쓴다. ④ 감정을 넣어 대답하거나 다른 사람을 부를 때 쓴다.

4. 쉼표(=반점) (,)	① 같은 자격의 어구를 열거할 때 그 사이에 쓴다. ⑩ 근면, 검소, 협동은 우리 겨레의 미덕이다. 　　충청도의 계룡산, 전라도의 내장산, 강원도의 설악산은 모두 국립 공원이다. • 다만, 쉼표 없이도 열거되는 사항임이 쉽게 드러날 때는 쓰지 않을 수 있다. 　⑩ 아버지 어머니께서 함께 오셨어요. 　　네 돈 내 돈 다 합쳐 보아야 만 원도 안 되겠다. • 열거할 어구들을 생략할 때 사용하는 줄임표 앞에는 쉼표를 쓰지 않는다. 　⑩ 광역시 : 광주, 대구, 대전 …… ② 짝을 지어 구별할 때 쓴다. 　⑩ 닭과 지네, 개와 고양이는 상극이다. ③ 이웃하는 수를 개략적으로 나타낼 때 쓴다. ④ 열거의 순서를 나타내는 어구 다음에 쓴다. ⑤ 문장의 연결 관계를 분명히 하고자 할 때 절과 절 사이에 쓴다. ⑥ 같은 말이 되풀이되는 것을 피하기 위하여 일정한 부분을 줄여서 열거할 때 쓴다. ⑦ 부르거나 대답하는 말 뒤에 쓴다. ⑧ 한 문장 안에서 앞말을 '곧', '다시 말해' 등과 같은 어구로 다시 설명할 때 앞말 다음에 쓴다. 　⑩ 책의 서문, 곧 머리말에는 책을 지은 목적이 드러나 있다. ⑨ 문장 앞부분에서 조사 없이 쓰인 제시어나 주제어의 뒤에 쓴다. ⑩ 한 문장에 같은 의미의 어구가 반복될 때 앞에 오는 어구 다음에 쓴다. ⑪ 도치문에서 도치된 어구들 사이에 쓴다. 　⑩ 이리 오세요, 어머님. / 다시 보자, 한강수야. ⑫ 바로 다음 말과 직접적인 관계에 있지 않음을 나타낼 때 쓴다. ⇨ 문장의 중의성 제거 　⑩ 갑돌이는, 울면서 떠나는 갑순이를 배웅했다. ⑬ 문장 중간에 끼어든 어구의 앞뒤에 쓴다. 　⑩ 나는, 솔직히 말하면, 그 말이 별로 탐탁지 않아. 　　영호는 미소를 띠고, 속으로는 화가 치밀어 올라 잠시라도 견딜 수 없을 만큼 괴로웠지만, 　　그들을 맞았다. • 이때는 쉼표 대신 줄표를 쓸 수 있다. 　⑩ 나는 ― 솔직히 말하면 ― 그 말이 별로 탐탁지 않아. 　　영호는 미소를 띠고 ― 속으로는 화가 치밀어 올라 잠시라도 견딜 수 없을 만큼 괴로웠지 　　만 ― 그들을 맞았다. • 끼어든 어구 안에 다른 쉼표가 들어 있을 때는 쉼표 대신 줄표를 쓴다. 　⑩ 이건 내 것이니까 ― 아니, 내가 처음 발견한 것이니까 ― 절대로 양보할 수가 없다. ⑭ 특별한 효과를 위해 끊어 읽는 곳을 나타낼 때 쓴다. ⑮ 짧게 더듬는 말을 표시할 때 쓴다.
5. 가운뎃점 (·)	① 열거할 어구들을 일정한 기준으로 묶어서 나타낼 때 쓴다. 　⑩ 민수·영희, 선미·준호가 서로 짝이 되어 윷놀이를 하였다. ② 짝을 이루는 어구들 사이에 쓴다. • 다만, 이때는 가운뎃점을 쓰지 않거나 대신 쉼표를 쓸 수 있다. ③ 공통 성분을 줄여서 하나의 어구로 묶을 때 쓴다. • 이때는 가운뎃점 대신 쉼표를 쓸 수 있다.
6. 쌍점 (:)	① 표제 다음에 해당 항목을 들거나 설명을 붙일 때 쓴다. ② 희곡 등에서 대화 내용을 제시할 때 말하는 이와 말한 내용 사이에 쓴다. ③ 시와 분, 장과 절 등을 구별할 때 쓴다. 　⑩ 오전 10:20(오전 10시 20분) ④ 의존 명사 '대'가 쓰일 자리에 쓴다. 　⑩ 65:60(65 대 60) • 쌍점의 앞은 붙여 쓰고 뒤는 띄어 쓴다. 다만, ③과 ④에서는 쌍점의 앞뒤를 붙여 쓴다.

7. 빗금 (/)	① 대비되는 두 개 이상의 어구를 묶어 나타낼 때 그 사이에 쓴다. ② 기준 단위당 수량을 표시할 때 해당 수량과 기준 단위 사이에 쓴다. ③ 시의 행이 바뀌는 부분임을 나타낼 때 쓴다. 다만, 연이 바뀜을 나타낼 때는 두 번 겹쳐 쓴다. • 빗금의 앞뒤는 ①과 ②에서는 붙여 쓰며, ③에서는 띄어 쓰는 것을 원칙으로 하되 붙여 쓰는 것을 허용한다. 단, ①에서 대비되는 어구가 두 어절 이상인 경우에는 빗금의 앞뒤를 띄어 쓸 수 있다.
8. 큰따옴표 (" ")	① 글 가운데서 직접 대화를 표시할 때 쓴다. 예 "어머니, 제가 가겠어요." "아니다. 내가 다녀오마." ② 말이나 글을 직접 인용할 때 쓴다. 예 나는 "어, 광훈이 아니냐?" 하는 소리에 깜짝 놀랐다. 밤하늘에 반짝이는 별들을 보면서 "나는 아무 걱정도 없이 가을 속의 별들을 다 헬 듯합니다."라는 시구를 떠올렸다.
9. 작은따옴표 (' ')	① 인용한 말 안에 있는 인용한 말을 나타낼 때 쓴다. 예 그는 "여러분! '시작이 반이다.'라는 말 들어 보셨죠?"라고 말하며 강연을 시작했다. ② 마음속으로 한 말을 적을 때 쓴다. 예 나는 '일이 다 틀렸나 보군.' 하고 생각하였다. '이번에는 꼭 이기고야 말겠어.' 호연이는 마음속으로 몇 번이나 그렇게 다짐하며 주먹을 불끈 쥐었다.
10. 소괄호 (( ))	① 주석이나 보충적인 내용을 덧붙일 때 쓴다. 예 니체(독일의 철학자)의 말을 빌리면 다음과 같다. 2014. 12. 19.(금) ② 우리말 표기와 원어 표기를 아울러 보일 때 쓴다. 예 기호(嗜好), 자세(姿勢), 커피(coffee), 에티켓(étiquette) ③ 생략할 수 있는 요소임을 나타낼 때 쓴다. ④ 희곡 등 대화를 적은 글에서 동작이나 분위기, 상태를 드러낼 때 쓴다. ⑤ 내용이 들어갈 자리임을 나타낼 때 쓴다. ⑥ 항목의 순서나 종류를 나타내는 숫자나 문자 등에 쓴다.
11. 중괄호 ({ })	① 같은 범주에 속하는 여러 요소를 세로로 묶어서 보일 때 쓴다. 예 주격 조사 {이/가}, 국가의 성립 요소 {영토/국민/주권} ② 열거된 항목 중 어느 하나가 자유롭게 선택될 수 있음을 보일 때 쓴다. 예 아이들이 모두 학교{에, 로, 까지} 갔어요.
12. 대괄호 ([ ])	① 괄호 안에 또 괄호를 쓸 필요가 있을 때 바깥쪽의 괄호로 쓴다. 예 어린이날이 새로 제정되었을 당시에는 어린이들에게 경어를 쓰라고 하였다.[윤석중 전집(1988), 70쪽 참조] 이번 회의에는 두 명[이혜정(실장), 박철용(과장)]만 빼고 모두 참석했습니다. ② 고유어에 대응하는 한자어를 함께 보일 때 쓴다. 예 나이[年歲] 낱말[單語] 손발[手足] ③ 원문에 대한 이해를 돕기 위해 설명이나 논평 등을 덧붙일 때 쓴다. 예 그것[한글]은 이처럼 정보화 시대에 알맞은 과학적인 문자이다.
13. 겹낫표와 겹화살괄호 (《 》, 『 』)	책의 제목이나 신문 이름 등을 나타낼 때 쓴다. 예 우리나라 최초 민간 신문은 1896년에 창간된 『독립신문』이다. 윤동주의 유고 시집인 《하늘과 바람과 별과 시》에는 31편의 시가 실려 있다. • 겹낫표나 겹화살괄호 대신 큰따옴표를 쓸 수 있다.

■ **외래어, 외국어의 표기**

• 고유어나 한자어에 대응하는 외래어나 외국어 표기임을 나타낼 때도 이 규정을 준용하여 대괄호를 쓴다.
• 한자어에 대응하는 외국어 표기를 아울러 보일 때는 대괄호를 쓰지만, 외래어의 원어로서 외국어 표기를 아울러 보일 때는 소괄호를 쓴다. ['제10항의 (2)' 참조]

예 낱말[word], 문장[sentence], 책[book], 독일[도이칠란트], 국제 연합[유엔]
자유 무역 협정[FTA] / 에프티에이(FTA)
국제 연합 교육 과학 문화 기구[UNESCO] / 유네스코(UNESCO)
국제 연합[United Nations] / 유엔(United Nations)

14. 홑낫표와 홑화살괄호 (〈 〉, 「 」)	소제목, 그림이나 노래와 같은 예술 작품의 제목, 상호, 법률, 규정 등을 나타낼 때 쓴다. 예 「국어 기본법 시행령」은 「국어 기본법」에서 위임된 사항과 그 시행에 필요한 사항을 규정함을 목적으로 한다. 　이 곡은 베르디가 작곡한 「축배의 노래」이다. 　사무실 밖에 「해와 달」이라고 쓴 간판을 달았다. 　〈한강〉은 사진집 《아름다운 땅》에 실린 작품이다. 　백남준은 2005년에 〈엄마〉라는 작품을 선보였다. • 홑낫표나 홑화살괄호 대신 작은따옴표를 쓸 수 있다.
15. 줄표 (—)	제목 다음에 표시하는 부제의 앞뒤에 쓴다. 예 이번 토론회의 제목은 '역사 바로잡기 — 근대의 설정 —'이다. • 다만, 뒤에 오는 줄표는 생략할 수 있다. 예 이번 토론회의 제목은 '역사 바로잡기 — 근대의 설정'이다. • 줄표의 앞뒤는 띄어 쓰는 것을 원칙으로 하되, 붙여 쓰는 것을 허용한다.
16. 붙임표 (-)	① 차례대로 이어지는 내용을 하나로 묶어 열거할 때 각 어구 사이에 쓴다. 　예 멀리뛰기는 도움닫기-도약-공중 자세-착지의 순서로 이루어진다. ② 두 개 이상의 어구가 밀접한 관련이 있음을 나타내고자 할 때 쓴다. 　예 드디어 서울-북경의 항로가 열렸다.
17. 물결표 (~)	기간이나 거리 또는 범위를 나타낼 때 쓴다. 예 9월 15일~9월 25일, 김정희(1786~1856) • 물결표 대신 붙임표를 쓸 수 있다.
18. 드러냄표와 밑줄 (˙, ＿)	문장 내용 중에서 주의가 미쳐야 할 곳이나 중요한 부분을 특별히 드러내 보일 때 쓴다. 예 한글의 본디 이름은 훈민정음이다. 　다음 보기에서 명사가 아닌 것은? • 드러냄표나 밑줄 대신 작은따옴표를 쓸 수 있다.
19. 숨김표 (○, ×)	① 금기어나 공공연히 쓰기 어려운 비속어임을 나타낼 때, 그 글자의 수효만큼 쓴다. 　예 배운 사람 입에서 어찌 ○○○란 말이 나올 수 있느냐? 　　그 말을 듣는 순간 ×××란 말이 목구멍까지 치밀었다. ② 비밀을 유지해야 하거나 밝힐 수 없는 사항임을 나타낼 때 쓴다. 　예 1차 시험 합격자는 김○영, 이○준, 박○순 등 모두 3명이다. 　　그 모임의 참석자는 김×× 씨, 정×× 씨 등 5명이었다.
20. 빠짐표 (□)	① 옛 비문이나 문헌 등에서 글자가 분명하지 않을 때 그 글자의 수효만큼 쓴다. 　예 大師爲法主□□賴之大□薦 ② 글자가 들어가야 할 자리를 나타낼 때 쓴다. 　예 훈민정음의 초성 중에서 아음(牙音)은 □□□의 석 자다.
21. 줄임표 (……)	① 할 말을 줄였을 때 쓴다. ② 말이 없음을 나타낼 때 쓴다. ③ 문장이나 글의 일부를 생략할 때 쓴다. • 줄임표는 앞말에 붙여 쓰는 것이 원칙이나, 여기서는 앞뒤를 띄어 쓴다. ④ 머뭇거림을 보일 때 쓴다. • 점은 가운데에 찍는 대신 아래쪽에 찍을 수도 있다. 　예 "어디 나하고 한번……." 하고 민수가 나섰다. 　　"실은…… 저 사람…… 우리 아저씨일지 몰라." • 점은 여섯 점을 찍는 대신 세 점을 찍을 수도 있다. 　예 "어디 나하고 한번…." 하고 민수가 나섰다. 　　"실은… 저 사람… 우리 아저씨일지 몰라." • 줄임표는 앞말에 붙여 쓴다. 다만, ③에서는 줄임표의 앞뒤를 띄어 쓴다.

제4절 표준어 규정

01 총칙

제1항 표준어는 교양 있는 사람들이 두루 쓰는 현대 서울말로 정함을 원칙으로 한다.

제2항 외래어는 따로 사정한다.

■ 표준어의 요건

계층적 조건	교양 있는 사람들
범위적 조건	두루 쓰는
시대적 조건	현대
지역적 조건	서울말

■ 최신 기출 표기
흐리멍덩(O) 흐리멍텅(×)
꾀죄죄하다(O) 꽤좨좨하다(×)
쩨쩨하다(O) 째째하다(×)
뒤치다꺼리(O) 뒤치닥거리(×)
강낭콩(O) 강남콩(×)
끄나풀(O) 끄나불(×)
분침(O) 푼침(×)

02 발음 변화에 따른 표준어 규정

1. 자음

제6항 다음 단어들은 의미를 구별함이 없이, 한 가지 형태만을 표준어로 삼는다.

예) 돌(돐×), 둘-째(두-째×), 셋-째(세-째×), 넷-째(네-째×), 빌리다[借, 貸], 빌다(용서를)

다만, '둘째'는 십 단위 이상의 서수사에 쓰일 때는 '두째'로 한다. 예) 열두째, 스물두째
* '열두 개째', '스물두 개째' 등의 뜻으로 쓸 때는 '열둘째', '스물둘째' 등이 표준어이다.

제7항 수컷을 이르는 접두사는 '수-'로 통일한다.

다만 1. 다음 단어에서는 접두사 다음에서 나는 거센소리를 인정한다. 접두사 '암-'이 결합되는 경우에도 이에 준한다.
예) 수-캐(숫-개×), 수-캉아지(숫-강아지×), 수-탉(숫-닭×), 수-평아리(숫-병아리×), 수-탕나귀(숫-당나귀×), 수-퇘지(숫-돼지×), 수-키와(숫-기와×), 수-톨쩌귀(숫-돌쩌귀×), 수-컷(숫-것×)
예) 암캐, 암캉아지, 암탉, 암평아리, 암탕나귀, 암퇘지, 암키와, 암톨쩌귀, 암컷

다만 2. 다음 단어의 접두사는 '숫-'으로 한다.
예) 숫-양(수-양×), 숫-염소(수-염소×), 숫-쥐(수-쥐×)

🔔 **알아 두기**

'암-수'의 '수'는 역사적으로 명사 '숳'
오늘날 '수캐, 수탉' 등에 받침 'ㅎ'의 자취가 남아 있다. 그러나 오늘날 '숳'이 명사로 쓰이는 일은 '암수'라는 복합어 정도 이외에는 거의 없어지고 접두사로만 쓰이게 되었다.

쉽게 암기하는 Tip
- **숫** : 숫양과 숫염소가 '메에~' 우는데 숫쥐가 쥐새끼처럼 끼어서 울고 있네.
- **수ㅎ** : 수캐는 수캉아지 아빠, 수탉은 수평아리 아빠, 수퇘지가 설마 수탕나귀 낳겠어? 집 지을 때는 수키와랑 수톨쩌귀 필요하지. 이 모든 것이 수컷이야.

■ 최신 기출 표준어
- 가위표(= 가새표) : 틀린 것을 나타내는 '×'의 이름
- 갈치 : 갈칫과의 바닷물고기
- 개비 : 가늘게 쪼갠 나무토막이나 기름한 토막의 낱개
- 겨우살이(월동) : 겨울 동안 먹고 입고 지낼 옷가지나 양식 따위를 통틀어 이르는 말
- 게거품 : 사람이나 동물이 몹시 괴롭거나 흥분했을 때 입에서 나오는 거품 같은 침
- 게걸스럽다 : 몹시 먹고 싶거나 하고 싶은 욕심에 사로잡힌 듯하다.
- 고수머리(= 곱슬머리) : 고불고불하거나 말려 있는 머리털. 또는 그런 머리털을 가진 사람
- 구레나룻 : 귀밑에서 턱까지 잇따라 난 수염
- 구시렁거리다 : 못마땅하여 군소리를 듣기 싫도록 자꾸 하다. ≒구시렁대다
- 곰장어 : '먹장어'를 일상적으로 이르는 말
- 늑장(= 늦장) : 느릿느릿 꾸물거리는 태도
- 반딧불이(= 반디, 반딧벌레, 개똥벌레) : 반딧불잇과의 딱정벌레를 통틀어 이르는 말
- 숙맥 : 콩과 보리를 아울러 이르는 말
- 쇠다 : 명절, 생일, 기념일 같은 날을 맞이하여 지내다.
- 어리바리 : 정신이 또렷하지 못하거나 기운이 없어 몸을 제대로 놀리지 못하고 있는 모양
- 자투리 : 자로 재어 팔거나 재단하다가 남은 천의 조각. ≒말합, 잔척

2. 모음

■ 제8항 낯선 어휘
- 봉죽 : 일을 꾸려 나가는 사람을 곁에서 거들어 도와줌.
- 뻗정다리 = 벋정다리
- 주추[1] : 1. 기둥 밑에 괴는 돌 따위의 물건
  2. 일의 바탕을 비유적으로 이르는 말
- 주추[2] : 1. 악기의 소리가 서로 섞여 들림.
  2. 새가 지저귀는 일

> **제8항** 양성 모음이 음성 모음으로 바뀌어 굳어진 다음 단어는 음성 모음 형태를 표준어로 삼는다.

표준어	버림	비고
깡충-깡충	깡총-깡총	큰말은 '껑충껑충'이다.
-둥이	-동이	⇐ 童-이. 귀-, 막-, 선-, 쌍-, 검-, 바람-, 흰-
발가-숭이	발가-송이	센말은 '빨가숭이', 큰말은 '벌거숭이, 뻘거숭이'이다.
보통이	보통이	
봉죽	봉족	⇐ 奉足. ~꾼, ~들다
뻗정-다리	뻗장-다리	-
아서, 아서라	앗아, 앗아라	하지 말라고 금지하는 말
오뚝-이	오똑-이	부사도 '오뚝-이'이다.
주추	주초	⇐ 柱礎. 주춧-돌

다만, 어원 의식이 강하게 작용하는 다음 단어에서는 양성 모음 형태를 그대로 표준어로 삼는다.

표준어	버림	비고
부조(扶助)	부주	~금, 부좃-술
사돈(查頓)	사둔	밭~, 안~
삼촌(三寸)	삼춘	시~, 외~, 처~

> **제9항** 'ㅣ' 역행 동화 현상에 의한 발음은 원칙적으로 표준 발음으로 인정하지 아니하되, 다만 다음 단어들은 그러한 동화가 적용된 형태를 표준어로 삼는다.

■ 제9항 낯선 어휘
- 유기장이 = 고리장이(키버들로 고리짝이나 키 따위를 만들어 파는 일을 직업으로 하는 사람)
- 골목쟁이 : 골목에서 좀 더 깊숙이 들어간 좁은 곳
- 발목쟁이 = 발모가지('발'을 속되게 이르는 말)

■ 'ㅣ' 역행 동화는 매우 일반화되어 있는 현상이라서 다 표준어로 인정하면 혼란을 야기할 우려도 있다. 그리하여 'ㅣ' 역행 동화 현상을 인정하는 경우는 매우 드물다.

표준어	버림	비고
-내기	-나기	서울-, 시골-, 신출-, 풋-
냄비	남비	-
동댕이-치다	동당이-치다	-

붙임1 다음 단어는 'ㅣ' 역행 동화가 일어나지 아니한 형태를 표준어로 삼는다.

표준어	버림	비고
아지랑이	아지랭이	-

붙임2 기술자에게는 '-장이', 그 외에는 '-쟁이'가 붙는 형태를 표준어로 삼는다.

표준어	버림	비고
미장이	미쟁이	미장[泥匠]
유기장이	유기쟁이	유기장(鍮器匠)
멋쟁이	멋장이	-
소금쟁이	소금장이	-
담쟁이-덩굴	담장이-덩굴	'담쟁이-넝쿨'과 복수 표준어
골목쟁이	골목장이	-
발목쟁이	발목장이	-

제10항 다음 단어는 모음이 단순화한 형태를 표준어로 삼는다.

표준어	버림	비고
괴팍-하다	괴퍅-하다/괴팩-하다	-
-구먼	-구면	-
미루-나무	미류-나무	⇐ 美柳~
미륵	미력	⇐ 彌勒. ~보살, ~불, 돌~
여느	여늬	-
온-달	왼-달	만 한 달
으레	으례	-
케케-묵다	켸켸-묵다	-
허우대	허위대	-
허우적-허우적	허위적-허위적	허우적-거리다

■ **제10항 낯선 어휘**
- 온달¹ : 꽉 찬 한 달
- 온달² : 조금도 이지러진 데 없는 둥근달

제11항 다음 단어에서는 모음의 발음 변화를 인정하여, 발음이 바뀌어 굳어진 형태를 표준어로 삼는다.

표준어	버림	비고
-구려	-구료	-
깍쟁이	깍정이	1. 서울~, 알~, 찰~ 2. 도토리, 상수리 등의 받침은 '깍정이'이다.
나무라다	나무래다	-
미수	미시	미숫-가루
바라다	바래다	'바램[所望]'은 비표준어이다.
상추	상치	~쌈
시러베-아들	실업의-아들	-
주책	주착	⇐ 主着. ~망나니, ~없다
지루-하다	지리-하다	⇐ 支離
튀기	트기	-
허드레	허드래	허드렛-물, 허드렛-일
호루라기	호루루기	-

■ **제11항 낯선 어휘**
- 미시 : '미수¹(설탕물이나 꿀물에 미숫가루를 탄 여름철 음료)'의 잘못
- 시러베아들 = 시러베자식(실없는 사람을 낮잡아 이르는 말)
- 주책 : 1. 일정하게 자리 잡힌 주장이나 판단력 2. 일정한 줏대가 없이 되는대로 하는 짓
- 튀기 : 1. 종(種)이 다른 두 동물 사이에서 난 새끼 2. 수탕나귀와 암소 사이에서 나는 동물 3. '혼혈인'을 낮잡아 이르는 말

제12항 '웃-' 및 '윗-'은 명사 '위'에 맞추어 '윗-'으로 통일한다.

예) 윗-넓이, 윗-변, 윗-도리, 윗-목, 윗-자리, 윗-눈썹, 윗-입술, 윗-잇몸, 윗-니, 윗-수염, 윗-머리(정수리 위쪽 부분의 머리), 윗-몸, 윗-배, 윗-바람, 윗-당줄, 윗-덧줄, 윗-동아리(=윗동), 윗-막이, 윗-벌, 윗-사랑, 윗-세장, 윗-중방

다만 1. 된소리나 거센소리 앞에서는 '위-'로 한다.

예) 위-짝, 위-쪽, 위-채, 위-층, 위-치마, 위-턱, 위-팔

다만 2. '아래, 위'의 대립이 없는 단어는 '웃-'으로 발음되는 형태를 표준어로 삼는다.

예) 웃-어른, 웃-옷, 웃-돈, 웃-국, 웃-기, 웃-비(-걷다)

■ **제12항 낯선 어휘**
- 윗당줄 : 망건당에 꿴 당줄
- 윗덧줄 : 악보의 오선(五線) 위에 덧붙여 그 이상의 음높이를 나타내기 위하여 짧게 긋는 줄
- 윗동아리 : 1. 긴 물체의 위쪽 부분 2. 둘로 갈라진 토막의 위쪽 동아리
- 윗막이 : 물건의 위쪽 머리를 막은 부분
- 윗벌 : 한 벌로 된 옷에서 윗도리에 입는 옷
- 윗사랑 : 위채에 있는 사랑
- 윗세장 : 지게나 걸채 따위에서 윗부분에 가로질러 박은 나무
- 윗중방 = 상인방(上引枋, 창문 위 또는 벽의 위쪽 사이에 가로지르는 인방)
- 웃기 : 1. 웃기떡(흰떡에 물들여 만든 도병의 하나) 2. 떡, 포, 과일 따위를 괸 위에 모양을 내기 위해 얹는 재료로, 주악, 화전 따위가 있다.
- 웃비걷다 : 좍좍 내리던 비가 그치며 잠시 날이 들다.

> 제13항 한자 '구(句)'가 붙어서 이루어진 단어는 '귀'로 읽는 것을 인정하지 아니하고, '구'로 통일한다.

예 구법(句法), 구절(句節), 구점(句點), 결구(結句), 경구(警句), 경인구(警人句), 난구(難句), 단구(短句), 단명구(短命句), 대구(對句), 문구(文句), 성구(成句), 시구(詩句), 어구(語句), 연구(聯句), 인용구(引用句), 절구(絶句)

다만, 다음 단어는 '귀'로 발음되는 형태를 표준어로 삼는다. 예 귀-글, 글-귀

■ 규정 예시 외 주의할 표준어
· '마음 ⇨ 맘, 다음 ⇨ 담'의 준말은 표준어로 인정한다.
· '어음'은 사무적인 용어인 만큼 '맘, 담'과 같은 생활 용어보다는 정확해야 할 필요가 있어 '엄'을 취하지 않는다.

3. 준말

> 제16항 준말과 본말이 다 같이 널리 쓰이면서 준말의 효용이 뚜렷이 인정되는 것은, 두 가지를 다 표준어로 삼는다.

본말	준말	비고
거짓-부리	거짓-불	작은말은 '가짓부리, 가짓불'이다.
노을	놀	저녁~
막대기	막대	-
망태기	망태	-
머무르다	머물다	모음 어미가 연결될 때에는 준말의 활용형을 인정하지 않는다.
서두르다	서둘다	
서투르다	서툴다	
석새-삼베	석새-베	-
시-누이	시-뉘/시-누	-
오-누이	오-뉘/오-누	-
외우다	외다	외우며, 외워 : 외며, 외어
이기죽-거리다	이죽-거리다	-
찌꺼기	찌끼	'찌꺽지'는 비표준어이다.

■ 주의해야 하는 품사
머무르다(동사) - 머무른다(○)
서두르다(동사) - 서두른다(○)
서투르다(형용사) - 서투른다(×)

🔔 알아 두기

모음 어미가 연결될 때에는 준말의 활용형을 인정하지 않는다.
예 '가지다'의 준말 '갖다'의 모음 어미 활용형이 성립하지 않는다.
  갖아(×), 갖아라(×), 갖았다(×), 갖으오(×), 갖은(×)

'머무르다'의 준말 '머물다', '서두르다'의 준말 '서둘다', '서투르다'의 준말 '서툴다'도 마찬가지이다.
그런데 이는 예외가 있다. 가령, '외우다'의 준말인 '외다', '거두다'의 준말인 '걷다'는 각각 '외어', '걷어'와 같이 활용할 수 있다.

4. 단수 표준어

> 제17항 비슷한 발음의 몇 형태가 쓰일 경우, 그 의미에 아무런 차이가 없고, 그중 하나가 더 널리 쓰이면, 그 한 형태만을 표준어로 삼는다.

표준어	버림	비고
거든–그리다	거둥–그리다	1. 거든하게 거두어 싸다. 2. 작은말은 '가든–그리다'이다.
구어–박다	구워–박다	사람이 한 군데에서만 지내다.
귀–고리	귀엣–고리	–
귀–띔	귀–팀	–
귀–지	귀에–지	–
까딱–하면	까땍–하면	–
꼭두–각시	꼭둑–각시	–
내색	나색	감정이 나타나는 얼굴빛
내숭–스럽다	내흉–스럽다	–
냠냠–거리다	얌냠–거리다	냠냠–하다
냠냠–이	얌냠–이	–
너[四]	네	~ 돈, ~ 말, ~ 발, ~ 푼
넉[四]	너/네	~ 냥, ~ 되, ~ 섬, ~ 자
다다르다	다닫다	–
댑–싸리	대–싸리	–
더부룩–하다	더뿌룩–하다/ 듬뿌룩–하다	–
–던	–든	선택, 무관의 뜻을 나타내는 어미는 '–든'이다. 가–든(지) 말–든(지), 보–든(가) 말–든(가)
–던가	–든가	
–던걸	–든걸	
–던고	–든고	
–던데	–든데	
–던지	–든지	
–(으)려고	–(으)ㄹ려고/ –(으)ㄹ라고	–
–(으)려야	–(으)ㄹ려야/ –(으)ㄹ래야	–
망가–뜨리다	망그–뜨리다	–
멸치	며루치/메리치	–
반빗–아치	반비–아치	'반빗' 노릇을 하는 사람, 찬비(饌婢) '반비'는 밥 짓는 일을 맡은 계집종

■ 제17항 낯선 어휘

- 댑싸리 : 명아줏과의 한해살이풀
- 구어박다 : 1. 한곳에서 꼼짝 못 하고 지내다. 혹은 그렇게 하다.
  2. 쐐기 따위를, 단단히 끼어 있게 하기 위하여 불에 쬐어서 박다.
  3. 이자 놓는 돈을 한곳에 잡아 두고 더 이상 늘리지 않다.
- 본새 : 1. 어떤 물건의 본디의 생김새
  2. 어떠한 동작이나 버릇의 됨됨이
- 냠냠이 : 1. 어린아이 말로, 먹고 싶은 음식을 이르는 말
  2. 맛있는 음식을 먹고 싶어 하는 일
- 반빗아치 : 반찬을 만드는 일을 맡아 하던 여자 하인
- 흉업다 : 말이나 행동 따위가 불쾌할 정도로 흉하다.
- 오금팽이 : 1. 구부러진 물건에서 오목하게 굽은 자리의 안쪽
  2. 오금이나, 오금처럼 오목하게 팬 곳을 낮잡아 이르는 말
- 거든그리다 : 거든하게 거두어 싸다.
- 짚북데기 : 짚이 아무렇게나 엉킨 북데기
- 씀벅씀벅 : 1. 눈꺼풀을 움직이며 눈을 자꾸 감았다 떴다 하는 모양 '슴벅슴벅 1.'보다 센 느낌을 준다.
  2. 눈이나 살 속이 찌르듯이 자꾸 시근시근한 모양. '슴벅슴벅 2.'보다 센 느낌을 준다.
- 올시다 : ('이다', '아니다'의 어간 뒤에 붙어) 합쇼할 자리에 쓰여, 어떠한 사실을 평범하게 서술하는 종결 어미. 화자가 나이가 꽤 들어야 쓴다.
- 옹골차다 : 매우 옹골지다.

표준어	버림	비고
보습	보십/보섭	-
본새	뽄새	-
봉숭아	봉숭화	'봉선화'도 표준어이다.
뺨-따귀	뺌-따귀/뺌-따구니	'뺨'의 비속어이다.
뻐개다[斫]	뻐기다	두 조각으로 가르다.
뻐기다[誇]	뻐개다	뽐내다
사자-탈	사지-탈	-
상-판대기	쌍-판대기	-
서[三]	세/석	~ 돈, ~ 말, ~ 발, ~ 푼
석[三]	세	~ 냥, ~ 되, ~ 섬, ~ 자
설령(設令)	서령	-
-습니다	-읍니다	먹습니다, 갔습니다, 없습니다, 있습니다, 좋습니다 모음 뒤에는 '-ㅂ니다'이다.
시름-시름	시늠-시늠	-
씀벅-씀벅	썸벅-썸벅	'썸벅썸벅'은 '씀벅씀벅'의 뜻으로는 버리나, '잘 드는 칼에 쉽사리 계속해서 베어지는 모양이나 그 소리'의 뜻으로는 표준어이다.
아궁이	아궁지	-
아내	안해	-
어-중간	어지-중간	-
오금-팽이	오금-탱이	-
오래-오래	도래-도래	돼지 부르는 소리
-올시다	-올습니다	-
옹골-차다	공골-차다	-
우두커니	우두머니	작은말은 '오도카니'이다.
잠-투정	잠-투세/잠-주정	-
재봉-틀	자봉-틀	발~, 손~
짓-무르다	짓-물다	-
짚-북데기	짚-북세기	'짚북더기'도 비표준어이다.
쪽	짝	편(便). 이~, 그~, 저~. 다만, '아무-짝'은 '짝'이다.
천장(天障)	천정	'천정부지(天井不知)'는 '천정'이다.
코-맹맹이	코-맹녕이	-
흉-업다	흉-헙다	-

5. 복수 표준어

> 제18항 다음 단어는 ㄱ을 원칙으로 하고, ㄴ도 허용한다.

ㄱ(원칙)	ㄴ(허용)	비고
네	예	-
쇠-	소-	-가죽, -고기, -기름, -머리, -뼈
괴다	고이다	물이 ~, 밑을 ~.
꾀다	꼬이다	어린애를 ~, 벌레가 ~.
쐬다	쏘이다	바람을 ~.
죄다	조이다	나사를 ~.
쬐다	쪼이다	볕을 ~.

> 제19항 어감의 차이를 나타내는 단어 또는 발음이 비슷한 단어들이 다 같이 널리 쓰이는 경우에는, 그 모두를 표준어로 삼는다.

표준어	표준어	비고
거슴츠레-하다	게슴츠레-하다	-
고까	꼬까	~신, ~옷
고린-내	코린-내	-
교기(驕氣)	갸기	교만한 태도
구린-내	쿠린-내	-
꺼림-하다	께름-하다	-
나부랭이	너부렁이	-

03 어휘 선택의 변화에 따른 표준어 규정

1. 고어

> 제20항 사어(死語)가 되어 쓰이지 않게 된 단어는 고어로 처리하고, 현재 널리 사용되는 단어를 표준어로 삼는다.

표준어	버림	비고
난봉	봉	-
낭떠러지	낭	-
설거지-하다	설겆다	명사 '설거지'를 '설겆-'에서 파생된 것으로 보지 않고 원래부터의 명사로 처리하고 '설거지하다'는 이 명사에 '-하다'가 결합된 것으로 해석하였다.
애달프다	애닯다	-
오동-나무	머귀-나무	'머귀나무'는 '오동나무'의 뜻으로는 버리나 '운향과에 딸린 갈잎 큰키나무'의 뜻으로는 표준어이다.
자두	오얏	-

2. 한자어

> 제21항 고유어 계열의 단어가 널리 쓰이고 그에 대응되는 한자어 계열의 단어가 용도를 잃게 된 것은, 고유어 계열의 단어만을 표준어로 삼는다.

예) 가루-약(말-약×), 구들-장(방-돌×), 길품-삯(보행-삯×), 까막-눈(맹-눈×), 꼭지-미역(총각-미역×), 나뭇-갓(시장-갓×), 늙-다리(노-닥다리×), 두껍-닫이(두껍-창×), 떡-암죽(병-암죽×), 마른-갈이(건-갈이×), 마른-빨래(건-빨래×), 메-찰떡(반-찰떡×), 박달-나무(배달-나무×), 밥-소라(식-소라×), 사래-논(사래-답×), 사래-밭(사래-전×), 삯-말(삯-마×), 성냥(화곽×), 솟을-무늬(솟을-문×), 외-지다(벽-지다×), 움-파(동-파×), 잎-담배(잎-초×), 잔-돈(잔-전×), 조-당수(조-당죽×), 죽데기(피-죽×, 죽더기×), 지겟-다리(목-발× 지게 동발의 양쪽 다리), 짐-꾼(부지-군×), 푼-돈(분-전×, 푼-전×), 흰-말(백-말×, 부루-말×), 흰-죽(백-죽×)

> 제22항 고유어 계열의 단어가 생명력을 잃고 그에 대응되는 한자어 계열의 단어가 널리 쓰이면, 한자어 계열의 단어를 표준어로 삼는다.

예) 개다리-소반(개다리-밥상×), 겸-상(맞-상×), 고봉-밥(높은-밥×), 단-벌(홑-벌×), 마방-집(마바리-집×), 민망-스럽다/면구-스럽다(민주-스럽다×), 방-고래(구들-고래×), 부항-단지(뜸-단지×), 산-누에(멧-누에×), 산-줄기(멧-줄기×, 멧-발×), 수-삼(무-삼×), 심-돋우개(불-돋우개×), 양-파(둥근-파×), 어질-병(어질-머리×), 윤-달(군-달×), 장력-세다(장성-세다×), 제석(젯-돗×), 총각-무(알-무×, 알타리-무×), 칫-솔(잇-솔×), 포수(총-댕이×)

■ 제21항 낯선 어휘

- 길품삯 : 남이 갈 길을 대신 가 주고 받는 삯
- 까막눈 : 글을 읽을 줄 모르는 무식한 사람의 눈
- 나뭇갓 : 나무를 가꾸는 말림갓
- 두껍닫이 : 미닫이를 열 때, 문짝이 옆벽에 들어가 보이지 아니하도록 만든 것
- 마른갈이 : 마른논에 물을 넣지 않고 논을 가는 일
- 마른빨래 : 1. 흙 묻은 옷을 말려서 비벼 깨끗하게 하는 일 2. 휘발유, 벤젠 따위의 약품으로 옷의 때를 지워 빼는 일 3. 새 옷을 입은 사람 곁에서 잠으로써, 자기 옷의 이를 옮기게 하여 없애는 일
- 밥소라 : 밥, 떡국, 국수 따위를 담는 큰 놋그릇. 뚜껑 없이 위가 조금 벌쭉하며 굽이 높다.
- 사래논/밭 : 묘지기나 마름이 수고의 대가로 부쳐 먹는 논밭
- 삯말 : 삯을 주고 빌려 쓰는 말. 삯을 받고 빌려주는 말
- 솟을무늬 : 피륙 따위에 조금 도드라지게 놓은 무늬
- 외지다(형용사) : 외따로 떨어져 있어 으슥하고 후미지다.
- 움파 : 1. 겨울에 움 속에서 자란, 빛이 누런 파. ≒ 동총[1](冬蔥) 2. 베어 낸 줄기에서 다시 줄기가 나온 파
- 조당수 : 좁쌀을 물에 불린 다음 갈아서 묽게 쑨 음식

■ 제22항 낯선 어휘

- 고봉밥 : 그릇 위로 수북하게 높이 담은 밥
- 마방집 : 말을 두고 삯짐 싣는 일을 업으로 하는 집
- 방고래 : 방의 구들장 밑으로 나 있는, 불길과 연기가 나가는 길
- 심돋우개 : 등잔의 심지를 돋우는 쇠꼬챙이
- 장력세다 : 씩씩하고 굳세어 무서움을 타지 아니하다.
- 제석[1] = 제석신
- 제석[2] : 섣달 그믐날 밤

3. 방언

> **제23항** 방언이던 단어가 표준어보다 더 널리 쓰이게 된 것은, 그것을 표준어로 삼는다. 이 경우, 원래의 표준어는 그대로 표준어로 남겨 두는 것을 원칙으로 한다.

표준어	표준어로 남겨 둠	비고
멍게	우렁쉥이	-
물-방개	선두리	-
애-순	어린-순	-

> **제24항** 방언이던 단어가 널리 쓰이게 됨에 따라 표준어이던 단어가 안 쓰이게 된 것은, 방언이던 단어를 표준어로 삼는다.

표준어	버림	비고
귀밑-머리	귓-머리	-
까-뭉개다	까-무느다	-
막상	마기	-
빈대-떡	빈자-떡	-
생인-손	생안-손	준말은 '생-손'이다.
역-겹다	역-스럽다	-
코-주부	코-보	-

■ 제24항 낯선 어휘
- 까뭉개다 : 1. 높은 데를 파서 깎아 내리다.
  2. 인격이나 문제 따위를 무시해 버리다.
- 생인손 : 손가락 끝에 종기가 나서 곪는 병
- 코주부 : 코가 큰 사람을 놀림조로 이르는 말

■ '생인손'과 제25항의 '새앙손이(손가락의 모양이 생강처럼 생김.)' 구별

4. 단수 표준어

> **제25항** 의미가 똑같은 형태가 몇 가지 있을 경우, 그중 어느 하나가 압도적으로 널리 쓰이면, 그 단어만을 표준어로 삼는다.

표준어	버림	비고
-게끔	-게시리	-
겸사-겸사	겸지-겸지/겸두-겸두	-
고구마	참-감자	-
고치다	낫우다	병을 ~.
골목-쟁이	골목-자기	-
광주리	광우리	-
괴통	호구	자루를 박는 부분
국-물	멀-국/말-국	-
군-표	군용-어음	-
길-잡이	길-앞잡이	'길라잡이'도 표준어이다.
까치-발	까치-다리	선반 따위를 받치는 물건
꼬창-모	말뚝-모	꼬챙이로 구멍을 뚫으면서 심는 모
나룻-배	나루	'나루[津]'는 표준어이다.
납-도리	민-도리	-
농-지거리	기롱-지거리	다른 의미의 '기롱지거리'는 표준어이다.
다사-스럽다	다사-하다	간섭을 잘하다.
다오	다구	이리 ~.
담배-꽁초	담배-꼬투리/담배-꽁치/담배-꽁추	-
담배-설대	대-설대	-
대장-일	성냥-일	-
뒤져-내다	뒤어-내다	-
뒤통수-치다	뒤꼭지-치다	-
등-나무	등-칡	'등칡'은 '등나무'의 뜻으로는 버리나, '쥐방울과에 속하는 낙엽 활엽 덩굴나무'의 뜻으로는 표준어이다.
등-때기	등-떠리	'등'의 낮은 말
등잔-걸이	등경-걸이	-
떡-보	떡-충이	-
똑딱-단추	딸꼭-단추	-
매-만지다	우미다	-
먼-발치	먼-발치기	-

■ **제25항 낯선 어휘**

- 골목쟁이 : 골목에서 좀 더 깊숙이 들어간 좁은 곳
- 납도리 : 모가 나게 만든 도리
- 다사스럽다 : 1. 보기에 바쁜 데가 있다.
  2. 보기에 쓸데없는 일에 간섭을 잘 하는 데가 있다.
- 대장일 : 수공업적인 방법으로 쇠를 달구어 연장 따위를 만드는 일
- 등때기 : 등을 속되게 이르는 말
- 바람꼭지 : 튜브의 바람 넣는 구멍에 붙은 꼭지
- 비켜덩이 : 김을 맬 때 흙덩이를 옆으로 빼내는 일. 또는 그 흙덩이
- 빙충이/뱅충이 : 똘똘하지 못하고 어리석으며 수줍음을 잘/수줍음만 타는 사람
- 사로잠그다 : 자물쇠나 빗장 따위를 반쯤 걸어 놓다.
- 상투쟁이 : 상투를 튼 사람을 낮잡아 이르는 말
- 새앙손이 : 손가락 모양이 생강처럼 생긴 사람
- 안걸이 = 안다리 걸기
- 안다미씌우다 : 자기의 책임을 남에게 지우다.
- 자배기 : 둥글넓적하고 아가리가 넓게 벌어진 질그릇
- 짓고땡 : 1. 화투 노름의 하나. 다섯 장의 패 가운데 석 장으로 열 또는 스물을 만들고, 남은 두 장으로 땡잡기를 하거나 끗수를 맞추어 많은 쪽이 이긴다. ≒ 도리짓고땡
  2. 하는 일이 뜻대로 잘되어 가는 것을 속되게 이르는 말
- 짧은작 : 길이가 짧은 화살. 주로 단궁(短弓)에 쓴다.

표준어	버림	비고
며느리-발톱	뒷-발톱	사람의 새끼발톱 바깥쪽에 붙은 작은 발톱이나, 새 또는 길짐승의 뒷발톱
명주-붙이	주-사니	-
목-메다	목-맺히다	-
밀짚-모자	보릿짚-모자	-
바가지	열-바가지/열-박	-
바람-꼭지	바람-고다리	튜브의 바람을 넣는 구멍에 붙은, 쇠로 만든 꼭지
반-나절	나절-가웃	'나절가웃'은 '반나절'의 뜻으로는 버리나, '하룻낮의 3/4쯤 되는 동안'이라는 뜻으로는 표준어이다.
반두	독대	그물의 한 가지
버젓-이	뉘연-히	-
본-받다	법-받다	-
부각	다시마-자반	-
부끄러워-하다	부끄리다	-
부스러기	부스럭지	-
부지깽이	부지팽이	-
부항-단지	부항-항아리	부스럼에서 피고름을 빨아내기 위하여 부항을 붙이는 데 쓰는, 자그마한 단지
붉으락-푸르락	푸르락-붉으락	-
비켜-덩이	옆-사리미	김맬 때에 흙덩이를 옆으로 빼내는 일, 또는 그 흙덩이
빙충-이	빙충-맞이	작은말은 '뱅충이'이다.
빠-뜨리다	빠-치다	'빠트리다'도 표준어이다.
뻣뻣-하다	왜긋다	-
뽐-내다	느물다	-
사로-잠그다	사로-채우다	자물쇠나 빗장 따위를 반 정도만 걸어 놓다.
살-풀이	살-막이	-
상투-쟁이	상투-꼬부랑이	상투 튼 이를 놀리는 말
새앙-손이	생강-손이	-
샛-별	새벽-별	-
선-머슴	풋-머슴	-
섭섭-하다	애운-하다	-
속-말	속-소리	국악 용어 '속소리'는 표준어이다.
손목-시계	팔목-시계/팔뚝-시계	-
손-수레	손-구루마	'구루마'는 일본어이다.
쇠-고랑	고랑-쇠	-
수도-꼭지	수도-고동	-

표준어	버림	비고
숙성-하다	숙-지다	-
순대	골집	-
술-고래	술-꾸러기/술-부대/술-보/술-푸대	-
식은-땀	찬-땀	-
신기-롭다	신기-스럽다	'신기-하다'도 표준어이다.
쌍동-밤	쪽-밤	-
쏜살-같이	쏜살-로	-
아주	영판	-
안-걸이	안-낚시	씨름 용어
안다미-씌우다	안다미-시키다	제가 담당할 책임을 남에게 넘기다.
안쓰럽다	안-슬프다	-
안절부절-못하다	안절부절-하다	-
앉은뱅이-저울	앉은-저울	-
알-사탕	구슬-사탕	-
암-내	곁땀-내	-
앞-지르다	따라-먹다	-
애-벌레	어린-벌레	-
얕은-꾀	물탄-꾀	-
언뜻	펀뜻	-
언제나	노다지	-
얼룩-말	워라-말	-
열심-히	열심-으로	-
입-담	말-담	말재주나 말솜씨
자배기	너벅지	-
전봇-대	전선-대	-
쥐락-펴락	펴락-쥐락	-
-지만	-지만서도	⇐ -지마는
짓고-땡	지어-땡/짓고-땡이	-
짧은-작	짜른-작	-
찹-쌀	이-찹쌀	-
청대-콩	푸른-콩	-
칡-범	갈-범	-

5. 복수 표준어

> **제26항** 한 가지 의미를 나타내는 형태 몇 가지가 널리 쓰이며 표준어 규정에 맞으면, 그 모두를 표준어로 삼는다.

복수 표준어	비고
가는-허리/잔-허리	-
가락-엿/가래-엿	-
가뭄/가물	-
가엾다/가엽다	가엾어/가여워, 가엾은/가여운
감감-무소식/감감-소식	-
개수-통/설거지-통	'설겆다'는 '설거지하다'로
개숫-물/설거지-물	-
갱-엿/검은-엿	-
-거리다/-대다	가물-, 출렁-
거위-배/횟-배	-
것/해	내~, 네~, 뉘~
게을러-빠지다/게을러-터지다	-
고깃-간/푸줏-간	'고깃-관, 푸줏-관, 다림-방'은 비표준어이다.
곰곰/곰곰-이	-
관계-없다/상관-없다	-
교정-보다/준-보다	-
구들-재/구재	-
귀퉁-머리/귀퉁-배기	'귀퉁이'의 비어이다.
극성-떨다/극성-부리다	-
기세-부리다/기세-피우다	-
기승-떨다/기승-부리다	-
깃-저고리/배내-옷/배냇-저고리	-
꼬까/때때/고까	~신, ~옷
꼬리-별/살-별	-
꽃-도미/붉-돔	-
나귀/당-나귀	-
날-걸/세-뿔	윷판의 쨀밭 다음의 셋째 밭
내리-글씨/세로-글씨	-
넝쿨/덩굴	'덩쿨'은 비표준어이다.
녘/쪽	동~, 서~
눈-대중/눈-어림/눈-짐작	-

■ **제26항 낯선 어휘**
- 구들재/구재 : 방고래에 앉은 그을음과 재
- 날걸/세뿔 : 윷판에서 날밭의 세 번째 자리

■ 제26항 낯선 어휘

- 늦모/마냥모 : 제철보다 늦게 내는 모
- 다기지다/다기차다 : 마음이 굳고 야무지다.
- 독장치다/독판치다 : 1. 어떠한 판을 혼자서 휩쓸다.
  2. 다른 사람은 무시하듯 혼자서 고래고래 떠들다.
- 동자기둥/쪼구미 : 들보 위에 세우는 짧은 기둥. 상량(上樑), 오량(五樑), 칠량(七樑) 따위를 받치고 있다.
- 두동무니/두동사니 : 윷놀이에서, 두 동이 한데 포개어져 가는 말
- 뜬것/뜬귀신 : 떠돌아다니는 못된 귀신
- 마파람/앞바람 : 뱃사람들의 은어로, '남풍¹(南風)'을 이르는 말
- 매갈이/매조미 : 벼를 매통에 갈아서 왕겨만 벗기고 속겨는 벗기지 아니한 쌀을 만드는 일
- 매통/목매 : 곡물의 껍질을 벗기는 농기구. 주로 겉겨를 벗기는 데 쓴다.
- 멱통/산멱/산멱통 : 살아 있는 동물의 목구멍
- 목판되/모되 : 네 모가 반듯하게 된 되. 예전에 쓰던 되가 아니고 근래에 나왔다.

복수 표준어	비고
느리-광이/느림-보/늘-보	-
늦-모/마냥-모	⇐ 만이앙-모
다기-지다/다기-차다	-
다달-이/매-달	-
-다마다/-고말고	-
다박-나룻/다박-수염	-
닭의-장/닭-장	-
댓-돌/툇-돌	-
덧-창/겉-창	-
독장-치다/독판-치다	-
동자-기둥/쪼구미	-
돼지-감자/뚱딴지	-
되우/된통/되게	-
두동-무니/두동-사니	윷놀이에서, 두 동이 한데 어울려 가는 말
뒷-갈망/뒷-감당	-
뒷-말/뒷-소리	-
들락-거리다/들랑-거리다	-
들락-날락/들랑-날랑	-
딴-전/딴-청	-
땅-콩/호-콩	-
땔-감/땔-거리	-
-뜨리다/-트리다	깨-, 떨어-, 쏟-
뜬-것/뜬-귀신	-
마룻-줄/용총-줄	돛대에 매어 놓은 줄. '이어줄'은 비표준어이다.
마-파람/앞-바람	-
만장-판/만장-중(滿場中)	-
만큼/만치	-
말-동무/말-벗	-
매-갈이/매-조미	-
매-통/목-매	-
먹-새/먹음-새	'먹음-먹이'는 비표준어이다.
멀찌감치/멀찌가니/멀찍-이	-
멱-통/산-멱/산-멱통	-
면-치레/외면-치레	-
모-내다/모-심다	모-내기, 모-심기
모쪼록/아무쪼록	-
목판-되/모-되	-
목화-씨/면화-씨	-

복수 표준어	비고
무심-결/무심-중	-
물-봉숭아/물-봉선화	-
물-부리/빨-부리	-
물-심부름/물-시중	-
물추리-나무/물추리-막대	-
물-타작/진-타작	-
민둥-산/벌거숭이-산	-
밑-층/아래-층	-
바깥-벽/밭-벽	-
바른/오른[右]	~손, ~쪽, ~편
발-모가지/발-목쟁이	'발목'의 비속어이다.
버들-강아지/버들-개지	-
벌레/버러지	'벌거지, 벌러지'는 비표준어이다.
변덕-스럽다/변덕-맞다	-
보-조개/볼-우물	-
보통-내기/여간-내기/예사-내기	'행-내기'는 비표준어이다.
볼-따구니/볼-퉁이/볼-때기	'볼'의 비속어이다.
부침개-질/부침-질/지짐-질	'부치개-질'은 비표준어이다.
불똥-앉다/등화-지다/등화-앉다	-
불-사르다/사르다	-
비발/비용(費用)	-
뾰두라지/뾰루지	-
살-쾡이/삵	삵-피
삽살-개/삽사리	-
상두-꾼/상여-꾼	'상도-꾼, 향도-꾼'은 비표준어이다.
상-씨름/소-걸이	-
생/새앙/생강	-
생-뿔/새앙-뿔/생강-뿔	'쇠뿔'의 형용이다.
생-철/양-철	1. '서양철'은 비표준어이다. 2. '生鐵'은 '무쇠'이다.
서럽다/섧다	'설다'는 비표준어이다.
서방-질/화냥-질	-
성글다/성기다	-
-(으)세요/-(으)셔요	-
송이/송이-버섯	-
수수-깡/수숫-대	-
술-안주/안주	-
-스레하다/-스름하다	거무-, 발그-

■ **제26항 낯선 어휘**

- 물부리/빨부리 : 담배를 끼워서 빠는 물건
- 물추리나무/물추리막대 : 쟁기의 성에 앞 끝에 가로로 박은 막대기. 두 끝에 봇줄을 매어 끈다.
- 물타작/진타작 : 베어 말릴 사이 없이 물벼 그대로 이삭을 떨어서 낟알을 거둠. 또는 그 타작 방법
- 발모가지/발목쟁이 : 발을 속되게 이르는 말
- 불똥앉다/등화지다/등화앉다 : 심지 끝에 등화가 생기다.
- 상씨름/소걸이 : 씨름판에서 결승을 다투는 씨름
- 생뿔/새앙뿔/생강뿔 : 1. 생강 뿌리의 삐죽삐죽 돋아 있는 부분 2. 두 개가 모두 생강처럼 짧게 난 소의 뿔

■ **제26항 낯선 어휘**

- 신주보 = 독보(櫝褓, 예전에, 신주를 모셔 두는 나무 궤를 덮던 보)
- 아귀세다/아귀차다 : 마음이 굳세어 남에게 잘 꺾이지 아니하다.
- 애갈이/애벌갈이 : 논이나 밭을 첫 번째 가는 일
- 어금버금하다/어금지금하다 : 【(…과)】('…과'가 나타나지 않을 때는 여럿임을 뜻하는 말이 주어로 온다.) 서로 엇비슷하여 정도나 수준에 큰 차이가 없다.
- 엿반대기/엿자박 : 둥글넓적하게 반대기처럼 만든 엿
- 오사리잡놈/오색잡놈 : 1. 온갖 못된 짓을 거침없이 하는 잡놈
  2. 여러 종류의 잡된 무리

복수 표준어	비고
시늉-말/흉내-말	-
시새/세사(細沙)	-
신/신발	-
신주-보/독보(櫝褓)	-
심술-꾸러기/심술-쟁이	-
씁쓰레-하다/씁쓰름-하다	-
아귀-세다/아귀-차다	-
아래-위/위-아래	-
아무튼/어떻든/어쨌든/하여튼/여하튼	-
앉음-새/앉음-앉음	-
알은-척/알은-체	-
애-갈이/애벌-갈이	-
애꾸눈-이/외눈-박이	'외대-박이, 외눈-퉁이'는 비표준어이다.
양념-감/양념-거리	-
어금버금-하다/어금지금-하다	-
어기여차/어여차	-
어림-잡다/어림-치다	-
어이-없다/어처구니-없다	-
어저께/어제	-
언덕-바지/언덕-배기	-
얼렁-뚱땅/엄벙-떵	-
여왕-벌/장수-벌	-
여쭈다/여쭙다	-
여태/입때	'여직'은 비표준어이다.
여태-껏/이제-껏/입때-껏	'여직-껏'과 '여지껏' 모두 비표준어이다.
역성-들다/역성-하다	'편역-들다'는 비표준어이다.
연-달다/잇-달다	-
엿-가락/엿-가래	-
엿-기름/엿-길금	-
엿-반대기/엿-자박	-
오사리-잡놈/오색-잡놈	'오합-잡놈'은 비표준어이다.
옥수수/강냉이	~떡, ~묵, ~밥, ~튀김
왕골-기직/왕골-자리	-
외겹-실/외올-실/홑-실	'홑겹-실, 올-실'은 비표준어이다.
외손-잡이/한손-잡이	-
욕심-꾸러기/욕심-쟁이	-
우레/천둥	우렛-소리/천둥-소리
우지/울-보	-

복수 표준어	비고
을러-대다/을러-메다	-
의심-스럽다/의심-쩍다	-
-이에요/-이어요	-
이틀-거리/당-고금	학질의 일종이다.
일일-이/하나-하나	-
일찌감치/일찌거니	-
입찬-말/입찬-소리	-
자리-옷/잠-옷	-
자물-쇠/자물-통	-
장가-가다/장가-들다	'서방-가다'는 비표준어이다.
재롱-떨다/재롱-부리다	-
제-가끔/제-각기	-
좀-처럼/좀-체	'좀-체로, 좀-해선, 좀-해'는 비표준어이다.
줄-꾼/줄-잡이	-
중신/중매	-
짚-단/짚-뭇	-
쪽/편	오른~, 왼~
차차/차츰	-
책-씻이/책-거리	-
척/체	모르는 ~, 잘난 ~
천연덕-스럽다/천연-스럽다	-
철-따구니/철-딱서니/철-딱지	'철-때기'는 비표준어이다.
추어-올리다/추어-주다	-
축-가다/축-나다	-
침-놓다/침-주다	-
통-꼭지/통-젖	통에 붙은 손잡이
파자-쟁이/해자-쟁이	점치는 이
편지-투/편지-틀	-
한턱-내다/한턱-하다	-
해웃-값/해웃-돈	'해우-차'는 비표준어이다.
혼자-되다/홀로-되다	-
흠-가다/흠-나다/흠-지다	-

■ 제26항 낯선 어휘
- 을러대다/을러메다 : 위협적인 언동으로 을러서 남을 억누르다.
- 입찬말/입찬소리 : 자기의 지위나 능력을 믿고 지나치게 장담하는 말
- 축가다/축나다 : 1. 일정한 수나 양에서 모자람이 생기다.
  2. 몸이나 얼굴 따위에서 살이 빠지다.
- 해웃값/해웃돈 : 기생, 창기 따위와 관계를 가지고 그 대가로 주는 돈

- 추어올리다 : 1. 옷이나 물건, 신체 일부 따위를 위로 가뜬하게 올리다. ≒ 추켜올리다, 치켜올리다
  2. 실제보다 과장되게 칭찬하다. ≒ 추어주다, 추켜올리다, 치켜올리다
- 추켜세우다 : 1. 옷깃이나 신체 일부 따위를 위로 가뜬하게 올려 세우다. = 치켜세우다
  2. 정도 이상으로 크게 칭찬하다. = 치켜세우다

> 🌲 **알아 두기**

'-이어요/이에요'에 대한 국립국어원 정보

'이에요/이어요'에서 '이'는 서술격 조사이고 '-에요/ -어요'가 어미이다. 그러므로 '이에요/이어요'는 명사와 결합하고 용언의 어간에 직접 결합할 때는 서술격 조사 없이 '-에요/-어요'가 결합한다.

먼저, 받침이 있는 명사에는 '이에요/이어요'가 결합한다.
(1) 책+이에요 ⇨ 책이에요
(2) 책+이어요 ⇨ 책이어요
그러므로 '책이예요'와 '책이여요'로 적는 것은 잘못이다.

받침 없이 모음으로 끝난 명사의 경우는 다음과 같다.
(3) 나무+이에요 ⇨ 나무이에요 ⇨ 나무예요
(4) 나무+이어요 ⇨ 나무이어요 ⇨ 나무여요
'나무이에요'는 '나무예요', '나무이어요'는 '나무여요'로 줄어들 수 있다.

명사가 아닌 용언의 어간에 직접 결합하는 경우에는 '-에요/ -어요'가 붙는다.
'아니다'에 결합하는 아래의 경우가 그러한 예이다.
(5) 아니-+-에요 ⇨ 아니에요 ⇨ 아녜요
(6) 아니-+-어요 ⇨ 아니어요 ⇨ 아녀요

> 🌲 **알아 두기**

2011년 새로 인정한 복수 표준어

간질이다/간지럽히다	남사스럽다/남우세스럽다	등물/목물	맨날/만날
묫자리/묏자리	복숭아뼈/복사뼈	세간살이/세간	쌉싸름하다/쌉싸래하다
토란대/고운대	허접쓰레기/허섭스레기	흙담/토담	-길래/-기에
개발새발/괴발개발	나래/날개	내음/냄새	눈꼬리/눈초리
떨구다/떨어뜨리다	뜨락/뜰	먹거리/먹을거리	메꾸다/메우다
손주/손자	어리숙하다/어수룩하다	연신/연방	휭하니/힁허케
걸리적거리다/거치적거리다	끄적거리다/끼적거리다	두리뭉실하다/두루뭉술하다	맨숭맨숭/맹숭맹숭/맨송맨송
바둥바둥/바동바동	새초롬하다/새치름하다	아웅다웅/아옹다옹	야멸차다/야멸치다
오손도손/오순도순	찌뿌둥하다/찌뿌듯하다	추근거리다/치근거리다	-
자장면/짜장면	태견/택견	품세/품새	-

🔔 알아 두기

2014년 새로 인정한 복수 표준어

추가된 표준어	기존 표준어	비고(뜻 차이)
구안와사	구안괘사	–
굽신	굽실	
눈두덩이	눈두덩	
삐지다	삐치다	
초장초	작장초	
개기다	개개다	개기다 : (속되게) 명령이나 지시를 따르지 않고 버티거나 반항하다. (※ 개개다 : 성가시게 달라붙어 손해를 끼치다.)
꼬시다	꾀다	꼬시다 : '꾀다'를 속되게 이르는 말 (※ 꾀다 : 그럴듯한 말이나 행동으로 남을 속이거나 부추겨서 자기 생각대로 끌다.)
놀잇감	장난감	놀잇감 : 놀이 또는 아동 교육 현장 따위에서 활용되는 물건이나 재료 (※ 장난감 : 아이들이 가지고 노는 여러 가지 물건)
딴지	딴죽	딴지 : (주로 '걸다, 놓다'와 함께 쓰여) 일이 순순히 진행되지 못하도록 훼방을 놓거나 어기대는 것 (※ 딴죽 : 이미 동의하거나 약속한 일에 대하여 딴전을 부림을 비유적으로 이르는 말)
사그라들다	사그라지다	사그라들다 : 삭아서 없어져 가다. (※ 사그라지다 : 삭아서 없어지다.)
섬찟	섬뜩	섬찟 : 갑자기 소름이 끼치도록 무시무시하고 끔찍한 느낌이 드는 모양 (※ 섬뜩 : 갑자기 소름이 끼치도록 무섭고 끔찍한 느낌이 드는 모양)
속앓이	속병	속앓이 : 1. 속이 아픈 병. 또는 속에 병이 생겨 아파하는 일 2. 겉으로 드러내지 못하고 속으로 걱정하거나 괴로워하는 일 (※ 속병 : 1. 몸속의 병을 통틀어 이르는 말 2. '위장병'을 일상적으로 이르는 말 3. 화가 나거나 속이 상하여 생긴 마음의 심한 아픔)
허접하다	허접스럽다	허접하다 : 허름하고 잡스럽다. (※ 허접스럽다 : 허름하고 잡스러운 느낌이 있다.)

🔔 알아 두기

2015년 새로 인정한 복수 표준어

- 현재 표준어와 같은 뜻을 가진 단어를 표준어로 인정한 것

추가된 표준어	기존 표준어	비고(뜻 차이)
마실	마을	• '이웃에 놀러 다니는 일'의 의미에 한하여 표준어로 인정한다. '여러 집이 모여 사는 곳'의 의미로 쓰인 '마실'은 비표준어이다. • '마실꾼, 마실방, 마실돌이, 밤마실'도 표준어로 인정한다. 예) 나는 방문을 열고 이모네 마실 갔다 오마고 말했다.
이쁘다	예쁘다	• '이쁘장스럽다, 이쁘장스레, 이쁘장하다, 이쁘디이쁘다'도 표준어로 인정한다. 예) 어이구, 내 새끼 이쁘기도 하지.
찰지다	차지다	• 사전에서 〈'차지다'의 원말〉로 풀이한다. 예) 화단의 찰진 흙에 꽃잎이 화사하게 떨어져 날리곤 했다.
-고프다	-고 싶다	• 사전에서 〈'-고 싶다'가 줄어든 말〉로 풀이한다. 예) 그 아이는 엄마가 보고파 앙앙 울었다.

- 현재 표준어와 뜻이 다른 표준어로 인정한 것

추가된 표준어	기존 표준어	비고(뜻 차이)
꼬리연	가오리연	• 꼬리연 : 긴 꼬리를 단 연 ※ 가오리연 : 가오리 모양으로 만들어 꼬리를 길게 단 연 예) 행사가 끝날 때까지 하늘을 수놓았던 대형 꼬리연도 비상을 꿈꾸듯 끊임없이 창공을 향해 날아올랐다.
의론	의논	• 의론(議論) : 어떤 사안에 대하여 각자의 의견을 제기함. 또는 그런 의견 ※ 의논(議論) : 어떤 일에 대하여 서로 의견을 주고받음. • '의론되다, 의론하다'도 표준어로 인정함. 예) 이러니저러니 의론이 분분하다.
이크	이키	• 이크 : 당황하거나 놀랐을 때 내는 소리. '이키'보다 큰 느낌 ※ 이키 : 당황하거나 놀랐을 때 내는 소리. '이끼'보다 거센 느낌 예) 이크, 이거 큰일 났구나 싶어 허겁지겁 뛰어갔다.
잎새	잎사귀	• 잎새 : 나무의 잎사귀. 주로 문학적 표현에 쓰인다. ※ 잎사귀 : 낱낱의 잎. 주로 넓적한 잎을 이른다. 예) 잎새가 몇 개 남지 않은 나무들이 창문 위로 뻗어 올라 있었다.
푸르르다	푸르다	• 푸르르다 : '푸르다'를 강조할 때 이르는 말 ※ 푸르다 : 맑은 가을 하늘이나 깊은 바다, 풀의 빛깔과 같이 밝고 선명하다. • '푸르르다'는 '—' 규칙 용언으로 분류한다. 예) 겨우내 찌푸리고 있던 잿빛 하늘이 푸르르게 맑아 오고 어디선지도 모르게 흙냄새가 뭉클하니 풍겨 오는 듯한 순간 벌써 봄이 온 것을 느낀다.

• 현재 표준적인 활용형과 용법이 같은 활용형으로 인정한 것

추가된 표준어	기존 표준어	비고(뜻 차이)
말아 말아라 말아요	마 마라 마요	• '말다'에 명령형 어미 '-아', '-아라', '-아요' 등이 결합할 때는 어간 끝의 'ㄹ'이 탈락하기도 하고 탈락하지 않기도 한다. 예 내가 하는 말 농담으로 듣지 말아/마. 얘야, 아무리 바빠도 제사는 잊지 말아라/마라. 아유, 말도 말아요/마요.
노랗네 동그랗네 조그맣네 …	노라네 동그라네 조그마네 …	• 'ㅎ' 불규칙 용언이 어미 '-네'와 결합할 때는 어간 끝의 'ㅎ'이 탈락하기도 하고 탈락하지 않기도 한다. • '그렇다, 노랗다, 동그랗다, 뿌옇다, 어떻다, 조그맣다, 커다랗다' 등등 모든 'ㅎ' 불규칙 용언의 활용형에 적용된다. 예 생각보다 훨씬 노랗네/노라네. 이 빵은 동그랗네/동그라네. 건물이 아주 조그맣네/조그마네.

🔔 알아 두기

2016년 새로 인정한 복수 표준어
• 추가 표준어

추가 표준어	기존 표준어	뜻 차이

걸판지다	거방지다	걸판지다 [형용사]
		1. 매우 푸지다.
		  예 술상이 걸판지다.
		     마침 눈먼 돈이 생긴 것도 있으니 오늘 저녁은 내가 걸판지게 사지.
		2. 동작이나 모양이 크고 어수선하다.
		  예 싸움판은 자못 걸판져서 구경거리였다.
		     소리판은 옛날이 걸판지고 소리할 맛이 났었지.

		거방지다 [형용사] 1. 몸집이 크다. 2. 하는 짓이 점잖고 무게가 있다. 3. = 걸판지다[1]

겉울음	건울음	겉울음 [명사]
		1. 드러내 놓고 우는 울음
		  예 꾹꾹 참고만 있다 보면 간혹 속울음이 겉울음으로 터질 때가 있다.
		2. 마음에도 없이 겉으로만 우는 울음
		  예 눈물도 안 나면서 슬픈 척 겉울음 울지 마.

		건울음 [명사] = 강울음 강울음 [명사] 눈물 없이 우는 울음, 또는 억지로 우는 울음

■ '까다롭다'의 유의어

돈바르다 : 성미가 너그럽지 못하고 까다롭다.
- 예) 그는 <u>돈바른</u> 성격으로 친구가 없다.
  윗사람이 <u>돈바르면</u> 아랫사람이 힘들다.

까탈스럽다	까다롭다	**까탈스럽다** [형용사] 1. 조건, 규정 따위가 복잡하고 엄격하여 적응하거나 적용하기에 어려운 데가 있다. '가탈스럽다 1.'보다 센 느낌을 준다. 　예) <u>까탈스러운</u> 공정을 거치다. / 규정을 <u>까탈스럽게</u> 정하다. 　　가스레인지에 길들여진 현대인들에게 지루하고 <u>까탈스러운</u> 숯 굽기 작업은 쓸데없는 시간 낭비로 비칠 수도 있겠다. 2. 성미나 취향 따위가 원만하지 않고 별스러워 맞춰 주기에 어려운 데가 있다. '가탈스럽다 2.'보다 센 느낌을 준다. 　예) <u>까탈스러운</u> 입맛 / 성격이 <u>까탈스럽다</u>. 　　딸아이는 사 준 옷이 맘에 안 든다고 <u>까탈스럽게</u> 굴었다. ※ 같은 계열의 '가탈스럽다'도 표준어로 인정한다. **까다롭다** [형용사] 1. 조건 따위가 복잡하거나 엄격하여 다루기에 순탄하지 않다. 2. 성미나 취향 따위가 원만하지 않고 별스럽게 까탈이 많다.
실뭉치	실몽당이	**실뭉치** [명사] 실을 한데 뭉치거나 감은 덩이 　예) 뒤엉킨 <u>실뭉치</u> / <u>실뭉치</u>를 풀다. 　　그의 머릿속은 엉클어진 <u>실뭉치</u>같이 갈피를 못 잡고 있었다. **실몽당이** [명사] 실을 풀기 좋게 공 모양으로 감은 뭉치

• 추가 표준형

추가 표준형	기존 표준어	비고
엘랑	에는	• 〈표준어 규정〉 제25항에서 '에는'의 비표준형으로 규정해 온 '엘랑'을 표준형으로 인정한다. • '엘랑' 외에도 '르랑'에 조사 또는 어미가 결합한 '에설랑, 설랑, -고설랑, -어설랑, -질랑'도 표준형으로 인정한다. • '엘랑, -고설랑' 등은 단순한 조사/어미 결합형이므로 사전 표제어로는 다루지 않는다. 　예) 서울<u>엘랑</u> 가지를 마오. 　　교실<u>에설랑</u> 떠들지 마라. 　　나를 앞에 앉혀놓<u>고설랑</u> 자기 아들 자랑만 하더라.
주책이다	주책없다	• 〈표준어 규정〉 제25항에 따라 '주책없다'의 비표준형으로 규정해 온 '주책이다'를 표준형으로 인정한다. • '주책이다'는 '일정한 줏대가 없이 되는대로 하는 짓'을 뜻하는 '주책'에 서술격 조사 '이다'가 붙은 말로 본다. • '주책이다'는 단순한 명사+조사 결합형이므로 사전 표제어로는 다루지 않는다. 　예) 이제 와서 오래전에 헤어진 그녀를 떠올리는 나 자신을 보며 '나도 참 <u>주책이군</u>' 하는 생각이 들었다.

🔔 알아 두기

2014년 개정 사항

어휘	비고
-거라	해라할 자리에 쓰여, 명령의 뜻을 나타내는 종결 어미 예 어서 {가거라}. / 그만 {물러가거라}. / 가만히 {있거라}. / 빨리 {먹거라}.
곱슬하다	(형용사) 털이나 실 따위가 고부라지게 말려 있다. 예 그녀는 검고 {곱슬한} 머리를 늘어뜨리고 있었다. 　　아기가 엄마를 닮아서 머리가 {곱슬했다}.
손나팔	= 손나발(손을 입에다 대고 마치 나발을 부는 것처럼 소리를 내는 일)
숙제하다	(동사) 복습이나 예습 따위를 위하여 집에서 하도록 내 주는 일을 하다. 예 {숙제하고} 나서 놀아라.
진작에	(부사) = 진작[1] (좀 더 일찍이) 예 가난이 싫어 {진작에} 가출했다.
진즉에	(부사) = 진작[1] (좀 더 일찍이) 예 나는 {진즉에} 다 맺고 다 끊었습니다.
정작	부사 뜻풀이 추가 (명사) 요긴하거나 진짜인 것. 또는 그런 점이나 부분 예 모르는 소리 말아. 그게 {정작}이야. 그게 진짜라고! 　　{정작}으로 내가 찾고 싶은 것은 찾을 수 없었다. **(부사) 1. 어떤 일이 닥쳤을 때 기대하거나 의도했던 것과는 달리** 예 {정작} 할 말은 꺼내지도 못한 채 돌아왔다. 　　그가 {정작} 놀란 것은 그녀의 대답보다 행동이었다. **(부사) 2. 어떤 일에 실지로 이르러** 예 {정작} 이야기를 듣고 보니 하늘이 무너지는 기분이었다. 　　{정작} 집에서는 부모님께 말씀드릴 용기가 없었다.
마주치다	문형 정보 수정(타동사 쓰임 인정함.) [1]【(…과)】【…을】('…과'가 나타나지 않을 때는 여럿임을 뜻하는 말이 주어로 온다.)
외딸다	(동사)에서 (형용사)로 품사 수정
한잔하다	문형 정보 수정(자동사 ⇨ 자동사/타동사 모두 가능) (…을) ※ 자동사로만 등재되었으나 타동사 용법도 등재되어 타동사로 사용될 경우에도 '한잔하다' 　로 붙여 쓴다.

🔔 알아 두기

2015년 개정 사항

어휘	비고
들깻가루	(명사) 들깨를 빻은 가루. 나물이나 탕 요리에 쓰인다.
묵은지	(명사) 오랫동안 숙성되어 푹 익은 김장 김치
도긴개긴	도찐개찐(×) (명사) 윷놀이에서 도로 남의 말을 잡을 수 있는 거리나 개로 남의 말을 잡을 수 있는 거리는 별반 차이가 없다는 뜻으로, 조금 낫고 못한 정도의 차이는 있으나 본질적으로는 비슷비슷하여 견주어 볼 필요가 없음을 이르는 말
급^6(級)	(접사) (일부 명사 뒤에 붙어) '그에 준하는'의 뜻을 더하는 접미사 예 {사장급}/{전문가급}/{재벌급}/{국보급}
에서야^1	(조사) (시간을 나타내는 체언이나 부사어 뒤에 붙어) '그때가 되어 비로소'의 뜻을 나타내는 보조사 예 {엊저녁에서야} 왔는데 모레 차편이 있다니까 그때 떠날래. 　　종일 자더니 {지금에서야} 눈치를 살피며 방에서 나오네.
에서야^2	(조사) 격 조사 '에서^2'에 보조사 '야^{11}'가 결합한 말 예 정밀 검사를 해야 하는데, 이런 {작은 마을에서야} 엄두를 낼 수 있나.
워낙에	(부사) 1. 두드러지게 아주 ＝워낙 예 {워낙에} 다양한 사람들이 모였으니 앞으로 일어날 일을 예상할 수 없어. 　　그 섬 주변은 {워낙에} 파도가 거세어 배가 앞으로 나아가지를 못하였다. 2. 본디부터 ＝워낙 예 {워낙에} 순한 아기라 아픈 것도 잘 참았다. 　　경찰이 그곳을 덮치자, {워낙에} 좀도둑들이란 발이 빠른지라 순식간에 흩어졌다.
뒤엣것	(명사) 뒤에 오는 것. 또는 뒤에 있는 것 「비」후자
앞엣것	(명사) 앞에 오는 것. 또는 앞에 있는 것 「비」전자
어제그저께	[Ⅰ] (명사) '엊그저께[Ⅰ]'의 본말 [Ⅱ] (부사) '엊그저께[Ⅱ]'의 본말
너무	(부사) 뜻풀이 추가 일정한 정도나 한계를 훨씬 넘어 선 상태로 예 너무 크다. / 너무 늦다. / 너무 어렵다. / 너무 위험하다. / 너무 조용하다. / 너무 멀다. / 　　너무 좋다. / 너무 예쁘다. / 너무 반갑다.
식	(명사) 뜻풀이 추가 [Ⅱ] (의존 명사) (관형사형 다음에 쓰여) 일정한 방식이나 투 예 그렇게 {농담하는 식}으로 말하면 믿음이 가지 않는다. 　　노인은 젊은이가 {그런 식}으로나마 자신을 상대해 주는 것이 고마웠다.
지다	(형용사)에서 (보조 형용사)로 품사 수정
저녁내	(명사)에서 (부사)로 품사 수정 (부사) 이른 저녁부터 밤이 될 때까지의 동안
남모르다	(형용사)에서 (동사)로 품사 수정
저리다	품사 통용하게 됨. (기존 형용사에 동사 추가)

🔔 알아 두기

2016년 개정 사항

어휘	비고
김밥	발음 수정 [김ː밥]에서 [김ː밥/김ː빱] 모두 가능
랍스터(lobster)	(명사) 바닷가재 (기존 표기 '로브스터'도 가능)
고름요(○) 고름뇨(×)	고름이 섞인 오줌. ≒ 농뇨
무리수 (無理手)	(명사) 1. 바둑에서, 과욕을 부려 두는 수 2. 도리나 이치에 맞지 않거나 정도에 지나치게 벗어나는 방식을 비유적으로 이르는 말
사부(師夫)	(명사) 스승의 남편
바큇살	(명사) 바퀴통에서 테를 향하여 부챗살 모양으로 뻗친 가느다란 나무오리나 가느다란 쇠막대 (이전 형태는 '바퀴살')
식음료	(명사) 사람이 먹거나 마실 수 있도록 만든 것 (이전 의미는 '마실 수 있는 음료수')
작은아버지	(이전 의미는 '결혼한~') [Ⅰ] (명사) 아버지의 남동생을 이르는 말. 주로 기혼자를 가리킨다. 여럿이 있을 때는 그 순서에 따라 첫째 작은아버지, 둘째 작은아버지, 셋째 작은아버지 등과 같이 이른다. ≒ 숙부¹(叔父)·숙숙¹(叔叔)「1」·제숙(弟叔) [Ⅱ] (감탄사) 아버지의 남동생을 부르는 말. 주로 기혼자를 일컫는다. 여럿이 있을 때는 그 순서에 따라 첫째 작은아버지, 둘째 작은아버지, 셋째 작은아버지 등과 같이 부른다.
연월(年月)	(명사) 특정 연도와 월을 아울러 이르는 말 예 구입 연월 / 제조 연월 / 설립 연월 / 연월 불명 / 태어난 연월
외톨-이	(명사) (이전 직접 분석은 '외-톨이') 1. = 외돌토리(매인 데도 없고 의지할 데도 없는 홀몸) 2. 다른 짝이 없이 홀로만 있는 사물 3. 『옛말』 '외톨박이'의 옛말
멀리	(품사로 명사 추가) [Ⅰ] (부사) 한 시점이나 지점에서 시간이나 거리가 몹시 떨어져 있는 상태로. ≒ 외우「2」 예 앞일을 멀리 내다보다. / 그는 멀리 도망갔다. 우리 가족은 서울과 멀리 떨어진 시골로 이사를 했다. [Ⅱ] (명사) 먼 곳 예 저 멀리서 그 사람이 보였다. 창문 밖 멀리로 개구리 소리가 요란하다.
엔들	조사 '엔들(양보와 반어의 뜻)' 표제어 삭제 예 예전엔들 그런 일이 없었겠니.
싣다	물체 운반 ⇨ 물체나 사람 운반 모두 가능

🔔 알아 두기

2017년 표제어 추가

- 주책맞다(형용사) = 주책스럽다(형용사)

2017년 뜻풀이 추가(객관식으로 출제 가능한 것만 제시)

- 문안(명사) : 문의 안쪽
- -씩(접미사) : 아주 뜻밖
  - 예) 학생이 무슨 고기씩이나 사 왔니?
- 주다 : 시간을 주다, 혜택을 주다, 역할이나 임무를 주다, 감정을 주다, 경고나 암시를 주다, 시선이나 관심을 주다 (추가)
- 해맑다 : 순수하다, 경쾌한 소리
- 거방지다³ : (매우 푸지다) = 걸판지다¹
- 걸판지다² : 동작이나 모양이 크고 어수선하다
- 저퀴 : 저퀴에 씌어 = 몹시 앓게 되다.
- 하고 : 접속 조사로 쓰일 때 사람도 접속할 수 있게 됨.
- 그대로 : 부사였는데 명사 의미 추가
  (뒤에 격 조사가 오면 명사로 파악하세요.)
- 만(의존 명사) : 시간(십 년 만), 거리(얼마 만), 횟수(두 번 만에) 뒤에서
- 맡 : 어떤 일을 하는 바로 그 순간, 어떤 일을 하는 김에
- 밭도지 : 소작농이 빌려 쓰는 땅
- 외국어 : '외래어' 중 '차용어'의 의미가 '외국어'에 추가
- 점심 : 정오부터 반나절쯤의 의미 추가
- 투여 : 돈이나 노력 따위의 투자 의미 추가
- 무엇하다 : 동사의 의미 삭제. 이제는 형용사 의미만 쓰임.
- '-다가' 의미 추가
  (2) 어떤 동작이 진행되는 중에 다른 동작이 나타남을 나타내는 연결 어미
    예) 잠을 자다가 무서운 꿈을 꾸었다. / 차를 타고 가다가 친구를 보았다.
- '마다' 의미 추가
  (1) '낱낱이 모두'의 뜻을 나타내는 보조사
    예) 날마다 책을 읽는다. / 사람마다 성격이 다르다.
  (2) (주로 시간을 나타내는 말 뒤에 붙어) '앞말이 가리키는 시기에 한 번씩'의 뜻을 나타내는 보조사
    예) 2년마다 체육 대회를 한다. / 5분마다 종을 친다.
- 관용 표현 '줄을 대다' : 자신에게 이익이 될 만한 사람과 관계를 맺다. 예) 관리자에게 줄을 대어 승진을 하다.
- 만약, 만일 : 명사였는데 부사로도 통용
- 식상하다 : '어떤 음식을 자꾸 먹어 물리다.'의 의미 추가
  동사였는데 형용사로도 통용
- 베다 : '이로 끊거나 자르다.'의 의미 추가
- 변 : 입장이나 태도 따위를 드러내는 말 예) 작가의 변 / 출마의 변
- 붇다 : '살이 찌다.'의 의미 추가

🔔 알아 두기

2018년 하반기 공개 개정 사항(객관식으로 출제 가능한 것만 제시)

- 꺼림직이 = 꺼림칙이
- 꺼림직하다 = 꺼림칙하다 = 께름직하다 = 께름칙하다
- 추어올리다
  (1) 옷이나 물건, 신체 일부 따위를 위로 가뜬하게 올리다. ≒ 추켜올리다, 치켜올리다
  (2) 실제보다 과장되게 칭찬하다. ≒ 추어주다, 추켜올리다, 치켜올리다
- 추켜세우다
  (1) 옷깃이나 신체 일부 따위로 위로 가뜬하게 올려 세우다. = 치켜세우다
  (2) 정도 이상으로 크게 칭찬하다. = 치켜세우다
- 성숙하다 : 본래 동사인데 '몸과 마음이 자라서 어른 같은 데가 있다.'는 의미로 형용사 품사 추가
- -째 : 본래 '차례'의 뜻을 더하는 접미사인데, 여기에 '등급', '동안'의 뜻을 추가함.
  예 사흘째, 며칠째, 다섯 달째
- 보조 동사 '하다' 의미 추가 : (일부 동사 뒤에서 '-어 하다' 구성으로 쓰여) 앞말이 뜻하는 뜻에 대상에 대한 상태나 태도를 드러냄을 나타내는 말
  예 그는 첫사랑을 못 잊어 한다.
  아들은 개학 첫날부터 학교 수업을 못 견뎌 했다.
- 인칭 대명사 '이분', '저분'을 예사높임(보통 존칭)에서 아주높임(극존칭, 최존칭)으로 개정
- 가웃 : 뜻풀이 수정
  「접사」(수량을 나타내는 명사 또는 명사구 뒤에 붙어) 앞말이 가리키는 단위에 그 절반 정도를 더 보태는 뜻을 더하는 접미사. '한 자가웃'은 '한 자 반' 정도를 의미한다.
  예 자가웃 / 말가웃 / 되가웃
- 깔끔 : 품사(명사) 추가, 뜻풀이 수정
  「명사」생김새 따위가 매끈하고 깨끗함.
  예 깔끔을 떨다. / 깔끔이 지나쳐 결벽증이 있는 것 같다.
- 솟아오르다 : 문형 정보 수정 【…에서】【…으로】중 【…으로】 삭제
  「동사」「1」【…에서】 아래에서 위로 또는 안에서 밖으로 불쑥 나타나다.
  예 눈에서 눈물이 솟아오르다.
  땅에서 차가운 물이 솟아올랐다.
  저녁이 되자 집집마다 밥을 짓는지 굴뚝에서 연기가 뭉게뭉게 솟아올랐다.
- 모양² : '같다'와 함께 쓰이는 경우를 삭제
  [Ⅱ]「의존 명사」('모양으로' 꼴로 쓰이거나 '이다'와 함께 쓰여) 짐작이나 추측을 나타내는 말.
  예 무슨 일이 있었던 모양이군.

🔔 알아 두기

2019년 공개 개정 사항(객관식으로 출제 가능한 것만 제시)

- 까다-롭다 : 표제어 수정 ⇨ 까다롭다
- 그리하다 : 뜻풀이 추가
  「동사」「1」 그렇게 하다.
  예 네가 그리하면 동생이 뭘 보고 배우겠니?
  「2」【…을】('ㄹ 것을 그리하다' 구성으로 쓰여) 앞말과 반대되게 행동하다.
  예 열차가 떠났다니. 조금만 더 서두를 것을 그리했어.
  「준말」 그러다

- 됨됨이 : 뜻풀이 추가
  「1」 사람으로서 지니고 있는 품성이나 인격. ≒ 됨됨
  예 몇 마디 말을 주고받고 나면 그 사람의 됨됨이를 알 수 있다.
  「2」 사물 따위의 드러난 모양새나 특성
  예 열매를 보면 나무의 됨됨이를 알 수 있다.

- 막-⁷ : '주저 없이', '함부로'의 뜻 삭제
  해당 뜻의 예시였던 '막가다, 막거르다, 막보다, 막살다'는 이제 부사 '막²'과 합성한 것으로 봐야 함.
  「접사」 (일부 명사 앞에 붙어)
  「1」 '거친', '품질이 낮은'의 뜻을 더하는 접두사 예 막고무신 / 막과자 / 막국수
  「2」 '닥치는 대로 하는'의 뜻을 더하는 접두사 예 막노동 / 막말 / 막일

- 옮기다 : 뜻풀이 추가
  「2」 정해져 있던 자리, 소속 따위를 다른 것으로 바꾸다.
  예 그는 전공을 법학에서 정치학으로 옮겼다. / 그녀는 숙소를 시골 농장으로 옮겨 본격적인 작품 활동을 하였다. / 고구려는 서울을 국내성으로 옮겼다.

- 가다 : 문형 정보 추가
  「2」【…에】【…을】 일정한 목적을 가진 모임에 참석하기 위하여 이동하다.
  예 내일 시사회에 갈 거니? / 나는 매년 불우 아동 돕기 단체에서 주최하는 송년 모임을 빠지지 않고 간다.

- 키우다 : 뜻풀이 추가
  「동사」【…을】
  「1」 동식물을 돌보아 기르다. '크다'의 사동사
  예 나무를 키우다. / 소를 키우다.
  「비슷한 말」 기르다
  「2」 사람을 돌보아 몸과 마음을 자라게 하다. '크다'의 사동사
  예 자녀를 키우다.
  「3」 수준이나 능력 따위를 높이다. '크다'의 사동사
  예 현실을 파악하여 역사를 이해하는 능력을 키우다. / 그는 미래에 대한 포부를 키우다.
  「4」 규모, 범위 따위를 늘리다.
  예 회사를 키우다.
  「5」 상태나 상황 따위를 나빠지거나 심해지게 하다.
  예 화를 키우다. / 병을 키우다.
  「6」 소리를 강하게 하다. 예 음악 소리를 키우다.

- 꿈같다 : 뜻풀이 추가
  「1」 세월이 덧없이 빠르다. 「2」【…이】 덧없고 허무하다. 「3」 매우 좋아서 현실이 아닌 것 같다.

- -네⁶ : 문법 정보 수정(명사 뒤에만 붙었는데 대명사 뒤에 붙는 것도 가능해짐.)
  예 {동갑네} / {아낙네} / {여인네} / {우리네} / {당신네}
    {철수네} / {언니네} / {그이네} / {누구네} / 김 {사장네}

2020년 공개 개정 사항

▶ 객관식으로 출제 가능한 것만 제시

- **강–²¹** : 뜻풀이 추가
  「4」 (몇몇 동사 또는 형용사 앞에 붙어) '몹시'의 뜻을 더하는 접두사
  예 {강마르다} / {강밭다} / {강파리하다}

- **신춘** : 뜻풀이 추가
  「1」 겨울을 보내고 맞이하는 첫봄. = 새봄「1」
  「2」 새로 시작되는 해. = 새해

- **특정하다** : 뜻풀이 추가
  [Ⅰ]「형용사」 (주로 '특정한' 꼴로 쓰여) 특별히 정하여져 있다.
  [Ⅱ]「동사」【…을】 구체적으로 명확히 지정하다.
  예 시점을 {특정하다}. / 증인을 {특정하다}. / 피고인을 {특정하다}.

- **해롱거리다 = 해롱대다 = 해롱해롱하다**
  「1」 버릇없이 경솔하게 자꾸 까불다.
  「2」 술 따위를 마시고 취하여 정신이 자꾸 혼미해지고 몸을 제대로 가누지 못하다.

- **갈기다, 내갈기다** : 문형 정보 수정 【…을】 ⇨ 【…을 …에】【…을 …으로】

- **후려갈기다** : 문형 정보 수정 【…을】 ⇨ 【…을】【…을 …에】【…을 …으로】

- **휘갈기다** : 문형 정보 수정 【…을】 ⇨ 【…을】【…에/에게 …을】

- **빼앗다** : 표제어 수정 ⇨ 빼–앗다

- **넘어오다** : 뜻풀이 추가
  [1]【…으로】
    「1」 바로 있던 것이 이쪽으로 기울어지거나 쓰러지다.
    「2」【…에/에게】 사람, 물건, 권리, 책임, 일 따위가 이쪽으로 옮아오다.
    「3」 순서, 시기 따위가 현재 쪽으로 가까이 옮아오다.
  [2]【…에/에게】 꾀나 유혹 따위에 빠져 마음이 옮겨 오다.
    예 감언이설에 {넘어오다}. / 이런 얕은꾀에도 {넘어오다니}.
  [3]【…으로】【…을】 속에서 음식이나 말, 감정 따위가 목구멍을 거슬러 올라오다.

- **넘어가다** : 뜻풀이 추가
  [3] 꾐이나 유혹 따위에 빠져서 속거나 마음을 주다.
  > 예) 제 꾐에 {넘어가다}. / 감언이설에 {넘어가다}. / 사기꾼에게 {넘어가다}. / 그까짓 속임수에 {넘어갈} 내가 아니다. / 청중들은 그의 논리정연한 말솜씨에 하나둘씩 {넘어가기} 시작했다.

- **-당하다²** : (주로 행위를 나타내는 일부 명사 뒤에 붙어) '피동'의 뜻을 더하고 동사를 만드는 접미사
  > 예) {거절당하다} / {무시당하다} / {이용당하다} / {체포당하다} / {혹사당하다}

- **이요³** : 「조사」 (받침 있는 체언이나 부사어 따위의 뒤에 붙어) 주로 발화 끝에 쓰여 청자에게 존대의 뜻을 나타내는 보조사
  > 예) 그는 식당 의자에 앉자마자 "여기 {냉면이요}."라고 주문하였다. / 여기 {거스름돈이요}. / 기름은 얼마나 넣을까요? {가득이요}.

- **요¹⁴** : 용례 추가 「2」
  > 예) {방금요} 그 말 아주 멋있었어요. / {마음은요} 더없이 좋아요. / {어서요} 읽어 보세요. / 그렇게 해 주시기만 {하면요} 정말 감사하겠어요.

- **골목¹** : 표제어 수정 ⇨ 골-목

- **아주¹** : 뜻풀이 추가
  「1」 (형용사 또는 상태의 뜻을 나타내는 일부 동사나 명사, 부사 앞에 쓰여) 보통 정도보다 훨씬 더 넘어선 상태로. ≒ 만만²[Ⅳ] 「1」
  「2」 (동사 또는 일부의 명사적인 성분 앞에 쓰여) 어떤 행동이나 작용 또는 상태가 이미 완전히 이루어져 달리 변경하거나 더 이상 어찌할 수 없는 상태에 있음을 나타내는 말
  「3」 (주로 부정을 나타내는 말과 함께 쓰여) '조금도', '완전히'의 뜻을 나타낸다.
  > 예) 술은 {아주} 안 드세요? / 외식을 {아주} 안 하고 살 수 없다.
  「비슷한 말」 전혀¹

- **만만²** : 뜻풀이 추가
  「부사」
  「1」 (형용사 또는 상태의 뜻을 나타내는 일부 동사나 명사, 부사 앞에 쓰여) 보통 정도보다 훨씬 더 넘어선 상태로. = 아주
  「2」 (주로 부정을 나타내는 말과 함께 쓰여) '도무지', '완전히'의 뜻을 나타낸다. = 전혀
  > 예) 그 청년은 머리가 영특하여 어르신을 실망시킬 염려는 {만만} 없사오나….

2021년 공개 개정 사항

▶ 객관식으로 출제 가능한 것만 제시

- **꽃-송이버섯** : 표제어 수정 ⇨ 꽃송이-버섯

- **단-년도** : 표제어 수정 ⇨ 단년-도

- **사라지다** : 표제어 수정 ⇨ 사라-지다

- **내후년** : 뜻풀이 수정 및 추가
  「1」 내년의 다음다음 해. ≒ 명후년, 후후년
  「2」 <u>올해의 다음다음 해. = 후년 「1」</u>
  예 내년이나 {내후년쯤에는} 상황이 좋아질 것이다.

- **사그라지다** : 뜻풀이 수정
  삭아서 없어지다. (수정 전) ⇨ <u>기운이나 현상 따위가 가라앉거나 없어지다.</u> (수정 후)

- **헛딛다** : 표제어 추가
  헛-딛다[헏띧따][헛딛는[헏띤는]]「동사」【…을】('발을'을 목적어로 하여) '헛디디다'의 준말
  예 그는 비탈길을 올라가다가 발을 <u>헛딛고</u> 굴러떨어졌다. / 술 취한 사람같이 발을 <u>헛딛는</u> 바람에 넘어지고 말았다.

- **복불복** : 표제어 수정 ⇨ 복-불복

- **-더라** : 뜻풀이 추가, 용례 추가
  「1」 해라할 자리에 쓰여, 화자가 과거에 직접 경험하여 새로이 알게 된 사실을 그대로 옮겨 와 전달한다는 뜻을 나타내는 종결 어미. 어미 '-더-'와 어미 '-라'가 결합한 말이다.
  「2」 <u>해라할 자리에 쓰여, 화자가 과거에 경험한 일을 회상하며 자문하거나, 공유했던 과거 경험에 대해 상대편에게 물어 보는 뜻을 나타내는 종결 어미</u>
  예 그걸 어디다 {뒀더라}? / 내가 어제 뭘 {먹었더라}? / 우리 언제 {만났더라}? / 자네 이름이 {무엇이더라}?

- **소한지우** : 나랏일로 바빠 겨를이 없는 임금의 근심

- **학부형** : 예전에, 학생의 아버지나 형이라는 뜻으로, 학생의 보호자를 이르던 말

- **터²** : ※ 서술격 조사 '이다'가 붙을 때에는 '터이다'가 되는데, '터이다'는 '테다'로 줄기도 한다. '이다'가 '이오'로 활용할 때에는 '터이오'가 되는데, '터이오'는 '테오'나 '터요'로 줄어들고 관용적으로 '테요'로 쓰이기도 한다.

2022/2023년 공개 개정 사항

▶ **객관식으로 출제 가능한 것만 제시**

- **보다¹** : 뜻풀이 추가
  [Ⅲ] 「보조 형용사」
  「4」 (형용사나 '이다' 뒤에서 '-고 보다' 구성으로 쓰여) 앞말이 뜻하는 상황이나 상태가 다른 것보다 우선임을 나타내는 말
  예 무엇보다 건강하고 {볼} 일이다. / 무조건 부자이고 {봐야} 한다는 생각은 잘못이다.

- **달다⁵** : 부가정보 추가
  ※ 문장 끝의 '다오'가 쓰일 자리에 '주어라(줘라)', '주라'가 오기도 한다.

- **난¹²** : 표제어 추가 ⇨ '나는'이 줄어든 말
  예 {난} 네가 좋아. / {난} 아침에 6시에 일어나. / 동생과 {난} 다섯 살 차이가 난다.

- **바위굴** : 표제어 수정, 발음 수정 ⇨ 바윗굴 「명사」 [바위꿀/바윋꿀] ⇨ 바위굴 「명사」 [바위굴]

- **정³¹** : 뜻풀이 추가
  「1」 (일부 명사 앞에 붙어) '정식이거나 주된'의 뜻을 더하는 접두사   예 {정}직원 / {정}회원
  「2」 (일부 명사 앞에 붙어) '똑바르거나 똑같은'의 뜻을 더하는 접두사   예 {정}남쪽 / {정}조준 / {정}사각형

- **가형²** : 뜻풀이 수정, 관련 어휘 수정 ⇨ 남에게 자기의 형을 겸손하게 이르는 말. ≒ 사형⁴[Ⅰ]

- **사형⁴** : 뜻풀이 수정 ⇨ [Ⅰ] 남에게 자기의 형을 겸손하게 이르는 말. = 가형²

- **사백³** : 뜻풀이 수정 ⇨ 남에게 자기의 맏형을 겸손하게 이르는 말. ≒ 가백

- **시간차(時間差)** : 표제어 추가
  「명사」 시간을 두고 벌어지는 상황이나 행동이 있을 때, 그 시간의 간격
  예 {시간차} 금리 인상 / {시간차} 폭격

- **각²** : 뜻풀이 추가
  「4」 어떤 일에 대한 대강의 계산이나 견적을 비유적으로 이르는 말
  예 이런 일은 몇 년 하다 보면 보자마자 바로 {각이} 나온다.

- **뒤로하다** : 뜻풀이 수정 ⇨ 「2」 남겨 놓거나 접어 두다. 또는 그렇게 한 채로 떠나다.
  예 고향 산천을 {뒤로하고} 아쉬운 발걸음을 내디뎠다.

- **이나²** : 뜻풀이 수정, 용례 추가
  ① 「7」 (받침 있는 체언이나 부사어 뒤에 붙어) 여러 가지 중에서 어느 것을 선택해도 상관없음을 나타내는 보조사
  ② (받침 있는 체언이나 부사어 뒤에 붙어) 둘 이상의 사물을 같은 자격으로 이어 주는 접속 조사. 나열되는 사물 중 하나만이 선택됨을 나타낸다.
  예 {오늘이나} 내일 중에 편할 때를 선택하여 찾아오거라.

2024/2025년 공개 개정 사항

▶ 2024년 《표준국어대사전》 정보 수정 주요 내용

표제어	수정 전	수정 후	비고
큰방	「1」 집안의 가장 어른이 되는 부인이 거처하는 방이라는 뜻으로, '안방'을 달리 이르는 말. ≒대방⁶「2」 「2」 『불교』 절에서 여러 승려들이 함께 거처하며 식사하는 방. ≒대방⁶「3」	「1」 집안의 가장 어른이 되는 부인이 거처하는 방이라는 뜻으로, '안방'을 달리 이르는 말. ≒대방⁶「2」 「2」 집 안에서 제일 넓은 방. 例 이사를 가면 {큰방을} 침실보다는 서재로 쓰고 싶다. 「3」 『불교』 절에서 여러 승려들이 함께 거처하며 식사하는 방. ≒대방⁶「3」	뜻풀이 추가
작은방	집 안의 큰방과 나란히 딸려 있는 안방	「1」 집 안의 큰방과 나란히 딸려 있는 방 「2」 집 안에서 큰방이 아닌 방을 이르는 말 例 형과 함께 독립하면서 얻은 전셋집에서 형이 큰방을, 내가 {작은방을} 쓰기로 했다.	뜻풀이 수정 뜻풀이 추가
배안¹	『생명』 척추동물 체강의 한 부분. 가로막을 사이로 위에는 가슴안이 있고, 아래는 골반강(骨盤腔)으로 통하며 그 안에 내장, 생식 기관 따위가 있다. ≒복강¹, 복막강	「1」 배의 안쪽 「2」 『생명』 척추동물 체강의 한 부분. 가로막을 사이로 위에는 가슴안이 있고, 아래는 골반강(骨盤腔)으로 통하며 그 안에 내장, 생식 기관 따위가 있다. ≒복강¹, 복막강	뜻풀이 추가
입안¹	『의학』 입에서 목구멍에 이르는 빈 곳. 음식물을 섭취·소화하며, 발음 기관의 일부분이 된다. ≒구강², 입속	「1」 입의 안쪽 ≒입속「1」 「2」 『의학』 입에서 목구멍에 이르는 빈 곳. 음식물을 섭취·소화하며, 발음 기관의 일부분이 된다. ≒구강², 입속「2」	뜻풀이 추가
ㄱ	『언어』 한글 자모의 첫째 글자. 기역이라 이르며, '가'에서와 같이 초성으로, '역'에서와 같이 종성으로 쓰인다. 목젖으로 콧길을 막고 혀뿌리를 높여 연구개를 막았다가 뗄 때 나는 무성음이다. 초성일 때는 무성이나 모음 사이에서는 유성음이 되며, 종성일 때는 혀뿌리를 떼지 않고 발음한다. 혀뿌리가 목구멍을 막는 모양을 본떠서 만든 글자이다.	「1」 『언어』 한글 자모의 첫째 글자. '기역'이라 이르며, '가'에서와 같이 초성 자리나 '역'에서와 같이 종성 자리에 쓰인다. 혀뿌리가 목구멍을 막는 모양을 본떠서 만든 글자이다. 「2」 『언어』 자음의 하나. 목젖으로 콧길을 막고 혀뿌리를 연구개에 대어 날숨을 막았다가 터뜨릴 때 나는 소리이다.	뜻풀이 수정 * 'ㄱ~ㅎ', 'ㄲ~ㅉ'까지 자음 19개 뜻풀이 일괄 수정
ㅏ	『언어』 한글 자모의 열다섯째 글자. '아'라고 이르며, '가, 각'에서와 같이 중성으로 쓰인다.	「1」 『언어』 한글 자모의 열다섯째 글자. '아'라고 이르며, '가, 각'에서와 같이 중성 자리에 쓰인다. 「2」 『언어』 모음의 하나. 혀를 낮추어 뒤쪽에 두며 입을 크게 벌리고 숨을 내쉴 때 나는 소리이다.	뜻풀이 수정 * 'ㅏ'에서 'ㅢ'까지 모음 21개 뜻풀이 일괄 수정
꽂이¹	%	꽂-이¹[꼬지] 「명사」 (일부 명사 뒤에 붙어) 어떤 사물을 세우거나 꽂아 둘 수 있게 만든 물건 例 {우산꽂이} / {칫솔꽂이} / {명함꽂이}	표제어 추가

표제어	수정 전	수정 후	비고
명[12]	%	-명[12](名)「접사」(일부 명사 뒤에 붙어) '이름'의 뜻을 더하는 접미사 예 {곡명} / {작품명} / {저자명}	표제어 추가
지지난주	%	지지난-주(지지난週)[지지난주]「명사」지난주의 바로 앞의 주 ≒전전주 예 {지지난주부터} 기름값 인상으로 대중교통의 이용률이 높아졌다. / 지난주 주식 시장이 {지지난 주에} 이어 지속적인 상승세를 이어가고 있다.	표제어 추가
널널하다	%	널널-하다[널럴하다]([널널하여[널럴하여](널널해[널럴해]), 널널하니[널럴하니])「형용사」 「1」시간이나 공간 따위가 빠듯하지 않고 여유가 있다. 　　예 주말이라 버스 좌석이 {널널하게} 비어 있다. / 큰 차로 바꾸니까 {널널해서} 좋네. / 책장을 하나 치우니 방이 {널널해졌다}. / 오후엔 일정이 {널널하다}. 「2」수업이나 업무 따위가 까다롭거나 복잡하지 않고 수월하다. 　　예 일이 간단하다고 {널널하게} 생각해서는 안 된다. / 수업 내용이 {널널하지가} 않네.	표제어 추가
보다[1]	%	[Ⅰ][1]「8」【…으로】어떤 상황이나 사실로 미루어 짐작하거나 판단하다. 예 신문에 난 것을 {보니} 개인 회사쯤 되나 보다. / 지금도 옛날의 제자들이 찾아오는 걸로 {보아} 훌륭한 선생이었던 것 같다.	뜻풀이 추가
꼬랑지	'꽁지'를 낮잡아 이르는 말	'꼬리'나 '꽁지'를 낮잡거나 귀엽게 이르는 말	뜻풀이 수정
새터민	북한을 탈출한 사람. ≒탈북인, 탈북자	새로운 터전에서 살게 된 사람이라는 뜻으로, '북한 이탈 주민'을 달리 이르는 말	뜻풀이 수정
발급	증명서 따위를 발행하여 줌. ≒발부[1]	공공 기관 등이 신청에 따라 증명서나 영수증 따위를 발행하여 줌.	뜻풀이 수정
발부[1]	증명서 따위를 발행하여 줌. = 발급	공공 기관 등이 증명서나 고지서 따위를 발행하여 보냄.	뜻풀이 수정

▶ '되다¹' 주요 수정 사항

- '시간이 되다.', '미안하다는 말은 됐다.' 등의 '되다' 뜻풀이를 추가함.
- '-게 되다', '-어야 되다', '-으면 되다' 등에 쓰인 '되다'를 '보조 동사'로 변경함.

[I]「동사」
[1]【…이】
「1」【…으로】다른 상태나 성질로 바뀌거나 변하다.
　예 얼음이 물이 {되다}. / 저 사람은 전혀 다른 사람이 {됐다}. / 저러다가 저거 싸움 {될라}. / 왕자는 마법에 걸려 야수가 {되었다}. / 당분의 농도가 50% 이상이 {되면} 미생물의 발육이 억제된다. / 잉어는 수온이 10도 이상이 {되면} 먹이를 찾기 시작한다.

「2」새로운 신분이나 지위에 이르다.
　예 커서 의사가 {되고} 싶다. / 영어 선생님은 내게 배우가 {되면} 어떻겠느냐고 진지하게 권유하셨다.

「3」어떤 시기나 시점에 이르다.
　예 학교 갈 나이가 다 {된} 조카 / 아이가 다섯 살이 {되었다}. / 우리가 만난 지가 1년이 {되었다}.

「4」일정한 수량에 차거나 이르다.
　예 이 안에 찬성하는 사람이 50명이 {되었다}.

「5」어떤 대상의 수량, 요금 따위가 얼마이거나 장소가 어디이다.
　예 요금이 만 원이 {되겠습니다}. / 내릴 곳은 서울역이 {되겠습니다}. / 도착 시간은 오후 9시쯤 {될} 것 같아요.

「6」사람으로서의 품격과 덕이 갖추어지다.
　예 그는 제대로 {된} 사람이다. / 그런 행동을 한 것은 그가 인격이 {된} 사람이라는 증거이다. / 나는 난 사람보다는 인격이 {된} 사람이라는 평가를 받고 싶다. / 그 배우는 누구보다 인성이 {된} 사람이다.

「7」어떠한 심리적 상태에 놓이다.
　예 마음속으로 무척 걱정이 {되었다}. / 그 말을 들으니 이제 안심이 {되는구나}.

「8」어떤 행위나 일이 일어나거나 행하여지다.
　예 원하던 학교에 합격이 {되어} 기뻤다. / 반장이 도착한 후에야 진행이 {되었다}. / 저 아이는 그 사람에게 양육이 {되었다}. / 그 학생은 수배가 {된} 몸으로 피신을 다녔다.

「9」어떤 특별한 뜻을 가지는 상태에 놓이다.
　예 그런 행동은 우리에게 해가 {된다}. / 입에 쓴 것이 몸에는 약이 {된다}. / 저는 가문에 누가 {될까} 두려워 가수라는 직업을 포기했습니다. / 저 사람은 네게 전혀 도움이 {되지} 않는다. / 음주 운전은 사회적으로 큰 문제가 {된다}. / 최저 임금 상승과 관련된 문제들은 노사 관계에서 매년 쟁점이 {되고} 있다. / 다시 살펴보니 논란이 {될} 만한 내용은 없었어.

「10」시간이나 공간 따위가 비거나 여유가 생기다.
　예 월요일에 시간이 {되세요}? / 여유가 {되면} 같이 밥 한번 먹자. / 선생님 차에 자리가 {되면} 이것도 같이 실어 주세요. / 돈을 아껴 썼더니 이번 달은 저축할 여력이 {되었다}.

「11」【…에게 …이】【(…과) …이】(('…과'가 나타나지 않을 때는 여럿임을 뜻하는 말이 주어로 온다)) 어떤 사람이 다른 사람과 어떤 관계로 맺어져 있다.
　예 이 아이는 제게 조카가 {됩니다}. / 저는 그 사람과 친구가 {됩니다}. / 저 사람은 너와 어떻게 {되는} 사이냐? / 우리는 서로 사돈간이 {됩니다}. / 우리 두 사람은 사촌뻘이 {됩니다}.

[2]【…으로】
「1」어떤 재료나 성분으로 이루어지다.
　예 나무로 {된} 책상 / 철사로 {된} 그물망 / 사면이 온통 유리창으로 {된} 집 / 우리 국토의 대부분은 산으로 {되어} 있다.

「2」어떤 형태나 구조로 이루어지다.
　예 타원형으로 {된} 탁자 / 방 세 개로 {된} 집 / 열두 마당으로 {된} 창극 / 엉성하게 널빤지로 칸막이가 {된} 구석방 / 첨성대의 몸체는 27단으로 {되어} 있다.

「3」어떤 사람이나 조직의 이름으로 만들어지다.
　예 전 시민의 이름으로 {된} 청원서 / 정부의 명의로 {된} 항의서 / 이 아파트는 우리 부부의 공동 명의로 {되어} 있다.

[3]
「1」 어떤 때가 오다.
- 예 봄이 {되니} 날씨가 따뜻하다. / 지하철역은 아침저녁 출퇴근 시간이 {되면} 항상 많은 사람들로 붐빈다.

「2」 어떤 사물이 모습을 갖추어 만들어지다.
- 예 밥이 맛있게 {되다}. / 서류가 {되면} 바로 선생님께 보내라. / 맞춘 옷이 이제 {됐다}. / 주문하신 것이 이제 다 {되어} 갑니다.

「3」 일이 이루어지다.
- 예 일이 깔끔하게 {되다}. / 요즘은 사업이 그럭저럭 {되고} 있다.

「4」 어떤 일이 가능하거나 받아들여지다.
- 예 지금 식사 {되나요}? / 지각하는 건 {되지만} 결석하는 건 안 {돼}.

「5」 (주로 '다 되다' 구성으로 쓰여) 어떤 사물의 기능이 없어지거나 수명이 끝나다.
- 예 배터리가 다 {되다}. / 이 물건의 수명은 이제 다 {되었다}. / 10년을 썼더니 세탁기가 다 {됐네}.

「6」 (과거형으로만 쓰여) 어떤 것이 충분하거나 더 필요하지 않은 상태임을 나타내는 말. 주로 거절하는 뜻으로 쓴다.
- 예 미안하다는 말은 {됐고}, 밥이나 먹자. / 저는 {됐습니다}. 이 돈은 후배들에게 쓰시지요. / 싸움은 이제 {됐어}. 그만하자.

「7」【-도록】【-기로】 어떤 일이 그렇게 정하여지다.
- 예 통조림은 내용물의 품종, 제조 공장 및 제조 연월일 등을 뚜껑 중앙에 표시하도록 {되어} 있다.
  우리는 앞으로 삼 년 동안 사회봉사를 하기로 {되어} 있다.

[Ⅱ]「보조 동사」
「1」 (동사나 형용사 뒤에서 '-게 되다' 구성으로 쓰여) 어떤 행동이나 상태가 이루어짐을 나타내는 말
- 예 오늘부터 여러분에게 한국어를 가르치게 {되었어요}. / 땀을 많이 흘려서 하얀색 셔츠가 누렇게 {되었다}.

「2」 ('이다'의 어간이나 용언 뒤에서 '-어야 되다' 구성으로 쓰여) 어떤 행동이나 상태가 이루어져야 함을 나타내는 말
- 예 이 이야기를 아는 사람은 너 하나뿐이어야 {돼}. / 이 일은 반드시 이달 안으로 끝내야 {됩니다}. / 우리들은 모든 국민이 행복하게 살아야 {된다고} 생각한다. / 책상으로 만들려면 나무가 좀 더 크고 튼튼해야 {될} 거야.

「3」 ('이다'의 어간이나 용언 뒤에서 '-으면 되다' 구성으로 쓰여) 어떤 행동이나 상태가 이루어지는 것이 괜찮거나 바람직함을 나타내는 말
- 예 졸업 선물은 꽃다발이면 {돼}. / 어찌 됐든 나는 집에만 가면 {된다}. / 그 정도 벌었으면 {됐다}. / 자꾸 거짓말하면 안 {돼}. / 사람은 착하면 {된다}.

「4」 ('이다'의 어간이나 용언 뒤에서 '-어도 되다', '-어서는 안 되다' 따위의 구성으로 쓰여) 어떤 일이 가능하거나 허락될 수 있음을 나타내는 말
- 예 검은색 대신에 빨간색 펜이어도 {되겠니}? / 이제 너는 가도 {된다}. / 이것은 먹어도 {된다}.
  식당에서 밥을 먹을 때는 그렇게 돌아다녀서는 안 {된다}. / 그 정도 월세면 방은 좁아도 {돼}. / 돈은 없어도 {되니까} 제시간에만 와.

▶ 2025년 《표준국어대사전》 정보 수정 주요 내용

표제어	수정 전	수정 후	비고
가용하다²	%	가용-하다²(可用하다) 「형용사」 사용이 가능하다. 예 {가용한} 자원을 모두 동원하여 태풍 피해 복구 작업에 나섰다.	표제어 추가
듣다못하다	%	듣다-못하다[듣따모타다] 「동사」 【…을】 (주로 '듣다못한', '듣다못해' 꼴로 쓰여) 들을 만큼 듣다가 더 이상 참지 못하다. 예 친구의 술주정을 {듣다못한} 나는 결국 자리를 박차고 나왔다.	표제어 추가

거반²	[Ⅰ] 거의 절반 =거지반
	[Ⅱ] 거의 절반 가까이 =거지반[Ⅱ]
		[Ⅰ] 「1」 거의 절반. =거지반
		  예 다른 해와 달리 올해는 성비가 비슷해 남학생이 {거반이다}.
		「2」 절반을 넘어 대부분. =거지반
		  예 그의 말은 {거반이} 거짓이다.
		[Ⅱ] 「1」 거의 절반 가까이. = 거지반[Ⅱ]
		  예 오전에 일을 {거반} 했으니 나머지 반은 오늘 안으로 마칩시다.
		「2」 절반을 넘어 거의. =거지반[Ⅱ]
		  예 해가 질 무렵 일이 {거반} 끝났다. / 벌써 29일이니 이달도 {거반} 다 갔구나.
			뜻풀이 추가
			용례 추가

부추기다	「1」 남을 이리저리 들쑤셔서 어떤 일을 하게 만들다. ≒추키다「4」	「1」 남의 마음을 일으켜 어떤 일을 하게 만들다. ≒추키다「4」	뜻풀이 수정
시사하다¹	어떤 것을 미리 간접적으로 표현해 주다.	어떤 사실을 넌지시 드러내거나 간접적으로 예고하다.	뜻풀이 수정
-도록⁵	해라할 자리에 쓰여, 명령의 뜻을 나타내는 종결 어미. '-어라'보다는 덜 단호한 어감이 있다.	해라할 자리에 쓰여, 지시나 명령의 뜻을 나타내는 종결 어미	뜻풀이 수정
줄⁴	어떤 방법, 셈속 따위를 나타내는 말	어떤 방법, 사실, 셈속 따위를 나타내는 말	뜻풀이 수정
된소리되기	예사소리가 된소리로 바뀌는 현상. 공시적으로는 '등불'이 '[등뿔]', '옆집'이 '[엽찝]', '껴안다'가 '[껴안따]'로 되는 것 따위이고, 통시적으로는 '곶'이 '꽃', '곳고리'가 '꾀꼬리'로 되는 것 따위이다. ≒경음화, 농음화		뜻풀이 수정
거센소리되기	예사소리 'ㄱ', 'ㄷ', 'ㅂ', 'ㅈ'이 거센소리 'ㅋ', 'ㅌ', 'ㅍ', 'ㅊ'으로 바뀌는 현상. 공시적으로는 '입학'이 '[이팍]', '젖히다'가 '[저치다]'로 되는 것 따위이고, 통시적으로는 '고[鼻]'가 '코', '갈[刀]'이 '칼'로 되는 것 따위이다. ≒격음화		뜻풀이 수정

Chapter 4 통사

PART 1 문법·규정

■ 문장을 이루는 문법 단위

(1) 어절(語節): 문장을 구성하는 기본 문법 단위로서, 띄어쓰기 단위와 대체로 일치한다. 조사나 어미와 같이 문법적 기능을 하는 요소들은 앞의 말에 붙어서 한 어절을 이룬다.
(2) 구(句): 두 개 이상의 어절이 모여서(중심이 되는 말과 그것에 딸린 말들의 묶음) 하나의 단어와 동등한 기능을 하는 문법 단위를 이룬다. 주어와 서술어 관계를 가지지 못한다.
(3) 절(節): 주어와 서술어를 갖고 있다는 점에서 구와 구별되고, 더 큰 문장 속에 들어 있다는 점에서 문장과 구별된다.

제1절 문장의 이해

01 문장 성분(文章成分)

문장 성분은 문장을 이루는 데 골격이 되는 주성분(主成分), 주로 주성분을 수식하는 부속 성분(附屬成分), 다른 문장 성분과는 직접적인 관련이 없는 독립 성분(獨立成分)으로 나뉜다.

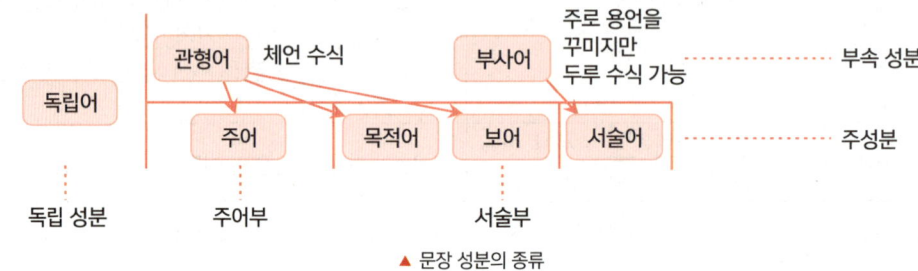

▲ 문장 성분의 종류

1. 주어(主語)

서술어가 나타내는 동작이나 상태의 주체가 되는 성분이다. 주어는 체언이나 체언 구실을 하는 구나 절에 '이/가', '께서(높임)', '에서(조직이나 단체일 경우)'가 붙어 나타나는데, 주격 조사가 생략될 수도 있고 보조사가 붙을 수도 있다.
예 영수가 학원에 간다, 우리 학교에서도 그림 대회를 개최한다.

2. 서술어(敍述語)

서술어는 한 문장에서 주어의 움직임, 상태, 성질 따위를 서술하는 말이다.

(1) 서술어의 자릿수: 서술어의 성격에 따라 앞에 반드시 와야 할 문장 성분의 수가 달라지는데, 이를 '서술어의 자릿수'라고 한다.
① 한 자리 서술어: 주어만 요구하는 서술어이다. 예 꽃이 노랗다, 비가 온다.
② 두 자리 서술어: 주어와 함께 목적어를 취하는 타동사, 보어를 취하는 '되다'와 '아니다', 필수 부사어를 요구하는 자동사와 형용사가 이에 해당한다.
예 내가 음식을 만들었다, 내가 공무원이 되다, 나는 남자가 아니다, 내가 목적지에 이르다.
③ 세 자리 서술어: 주어와 함께 목적어와 부사어를 요구하는 타동사가 이에 해당한다. '주다, 삼다, 넣다, 의논하다'가 대표적인 예이다.
예 아버지가 나에게 용돈을 주셨다, 내가 봉투에 편지를 넣는다.

■ 서술어 자릿수의 이동(변화)

같은 형태의 서술어라도 환경에 따라 서술어의 자릿수가 달라지기도 한다.
예 달이 밝다. (1) /
그는 서울 지리에 밝다. (2)
영희가 논다. (1) /
영희가 윷을 논다. (2)

■ 필수 부사어

주어 외에 부사어가 있어야만 의미가 완결되는 동사와 형용사가 있는데, 그때 반드시 필요한 부사어를 '필수 부사어'라고 한다.
필수 부사어를 요구하는 서술어: 마주치다, 만나다, 부딪히다, 싸우다, 닮다, 참석하다, 속다, 변하다, 되다, 가다, 다니다, 비슷하다, 똑같다, 같다, 다르다, 적합하다, 삼다, 주다 등

3. 목적어(目的語)

타동사가 쓰인 문장에서 체언이나 체언 상당 어구에 조사가 붙어 그 동작의 서술 대상이 되는 문장 성분이다. 체언에 목적격 조사 '을/를'이 붙는 것이 일반적이나, 때로 '을/를'이 생략될 수도 있다. 또한, '을/를'이 생략되는 대신에 특정한 의미를 더하여 주는 보조사가 붙기도 한다.

예) 나는 밥을 먹었다, 나는 밥(을) 먹었다, 나는 밥도 먹었다.

4. 보어(補語)

서술어 '되다, 아니다'가 요구하는 필수적인 문장 성분이다. 국어에서는 주격 조사와 형태가 같은 '이/가'를 보격 조사라 하여, 체언에 보격 조사가 통합된 것만 보어로 본다.

예) 선웅이가 회장이 되었다, 이것은 정답이 아니다.

🔔 알아 두기

'보어'와 '서술절의 주어'의 구별
- '되다'나 '아니다' 앞에 '이/가'의 보격 조사가 오면 보어에 해당한다.
  - 예) 그녀는 공무원이 되었다. / 그는 군인이 아니다.
- '되다'나 '아니다' 외의 다른 용언 앞에 '이'와 '가'의 주격 조사가 오면 주어로 본다.
  - 예) 토끼는 앞발이 짧다. / 그녀는 코가 예쁘다.

5. 관형어(冠形語)

체언 앞에서 체언만을 수식하는 수식어로 '어떤, 어떠한'에 해당하는 문장 성분이다.

(1) 관형사 : 관형사는 관형어로만 쓰인다.
   예) 새 집으로 이사를 가자.

(2) 체언 + 의 / 체언 단독 : 체언이 체언 앞에서 관형어가 될 때는 관형격 조사 '의'를 생략할 수 있다.
   예) 고향의 친구를 만난다. = 고향 친구를 만난다.

(3) 관형절 : 용언이 관형사형(용언의 어간에 관형사형 어미 '-(으)ㄴ, -는, -(으)ㄹ, -던'이 결합)으로 나타난다.
   예) 아버지가 자는 아들을 깨웠다.

■ '보어'와 '필수적 부사어'
1. 공통점 : 모두 서술어의 자릿수를 채워 준다.
2. 차이점
   - '되다'나 '아니다' 앞에 '이/가'의 보격 조사가 오면 보어에 해당한다.
     예) 물이 얼음이 되었다.
   - '되다'나 '아니다' 앞에 오더라도 '으로'라는 부사격 조사가 오면 필수적 부사어에 해당한다.
     예) 물이 얼음으로 되었다.

6. 부사어(副詞語)

용언을 주로 꾸미지만, 관형어나 다른 부사어를 수식하고 문장이나 단어를 이어 주기도 하는 문장 성분을 이른다. 부사어는 대개 문장에서 반드시 필요한 성분이 아닌 수의적(隨意的)인 요소이지만 피수식 용언의 성격에 따라 필수적으로 요구되는 경우도 있다.

(1) 부사 단독 예 하늘이 매우 흐리다.

(2) 체언 + 부사격 조사 예 나는 학교에 갔다.

(3) 부사 + 보조사 예 너무 빨리는 오지 마라.

(4) 부사절 예 눈이 소리도 없이 내린다, 여자가 아름답게 그려져 있다.

■ 필수적 부사어가 사용되는 경우

- '같다, 다르다, 비슷하다, 닮다' 등은 '체언 + 와/과'로 된 부사어가 필요하다.
  예 이 그림이 실물과 똑같군요.
- '넣다, 드리다, 두다, 던지다, 다가서다' 등은 '체언 + 에/에게'로 된 부사어가 필요하다.
  예 이 편지를 우체통에 넣어라.
- 수여 동사는 목적어 이외에 '체언 + 에게'로 된 부사어가 필요하다.
  예 순이가 너에게 무엇을 주더냐?
- '삼다, 변하다'는 '체언 + (으)로'로 된 부사어가 필요하다.
  예 할아버지는 조카를 양자로 삼으셨다.
  물이 얼음으로 변하였다.
- 이외에도 특정 용언은 '체언 + 부사격 조사'로 된 부사어가 필요하다.
  예 여기다, 다니다, 주다, 부르다, 하다, 못하다, 바뀌다, 속다, 제출하다, 맞다, 적합하다, 선출하다, 어울리다, (-으로) 만들다, 일컫다, (-이라) 이르다, (-와) 의논하다, (-에서) 살다

🔔 알아 두기

부사어의 종류

종류	내용
수의적 부사어	문장의 구조상 반드시 요구되는 것은 아닌 부사어(생략 가능)
필수적 부사어	서술어에 따라 필수적으로 요구되는 부사어
성분 부사어 (지시 부사, 성상 부사, 부정 부사)	• 문장 속의 특정한 성분을 꾸미는 부사어 • 부사가 그대로 부사어가 되는 것이 기본이지만 체언에 부사격 조사 '에, 에서, 에게, (으)로'가 결합되어 나타나거나 용언의 부사형 '-이, -게, -(아)서, -도록'으로 나타난다. 또 보조사가 결합되어 실현되기도 한다.
문장 부사어 (양태 부사, 접속 부사)	• 문장 전체를 꾸미는 부사어를 이른다. • 양태 부사 : '과연, 정말, 물론, 아무리, 아무쪼록, 부디, 설마, 모름지기, 설령'같이 말하는 사람의 심리적 태도를 나타내는 부사들이 주류를 이루고 있다. 이러한 부사들은 특별한 말들과 호응 관계를 이루는 경우가 많다. • 접속 부사 : '그러나, 그리고, 그러므로'의 문장 접속 부사나 '및'과 같은 단어 접속 부사 등이 있다. • 형용사 어간 + '-게' : 특수하게 '형용사 어간 + -게'의 형태가 쓰인다.

7. 독립어(獨立語)

문장에 어느 성분과도 직접적인 관련이 없이 독립적으로 쓰는 문장 성분을 이른다. 독립어는 말의 시작 부분에서 주문(主文)의 도입부 역할을 한다.

(1) 감탄사 단독
  예 어머나, 날씨가 좋구나.
    여보, 앞 좀 잘 보고 다니시오.
    응, 그렇지.

(2) 체언 + 호격 조사
  예 영수야, 이리 와 봐.

(3) 화제 제시어(문장 속의 어떤 말을 강조하기 위해 미리 꺼내는 말)
  예 청춘, 아름다운 이름이다.

02 문장의 짜임새

주어와 서술어가 한 번 나타나면 홑문장, 두 번 이상 나타나면 겹문장이 된다. 따라서 겹문장은 하나 이상의 절을 가진다.

1. 문장의 종류

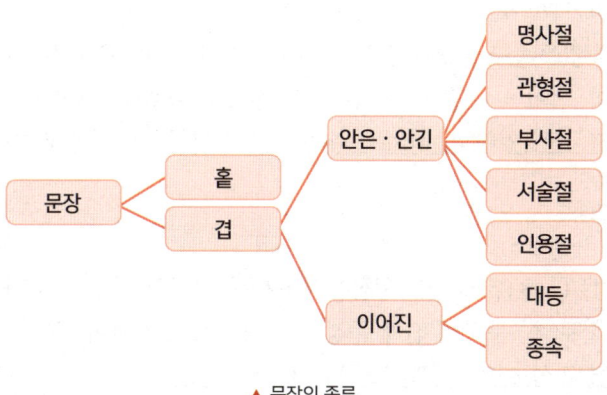

▲ 문장의 종류

(1) 홑문장

① 주어와 서술어의 관계가 한 번만 이루어진 문장인 경우를 말한다.
  - 예) 그가 이제서야 얼굴에 미소를 띠었다.
    그런 사람이 어찌 그런 일을 해?
    나는 나만의 삶을 나만의 방식으로 산다.

② 단어의 이어짐 : '와/과' 등으로 두 명사구가 이어졌을지라도 서술어가 반드시 짝을 필요로 하는 대칭 용언인 까닭에 두 개의 홑문장으로 쪼갤 수 없는 경우를 말한다.
  - 예) 유진이와 민선이는 학교에서 마주쳤다. (부딪치다, 만나다, 싸우다, 악수하다, 비슷하다, 똑같다, 닮다, 같다, 다르다)
    겸진이와 희국이는 한강에서 〈함께〉 자전거를 탔다.

(2) 겹문장

주어와 서술어의 관계가 두 번 이상 나타나는 문장을 이른다. 홑문장이 이어져 겹문장이 되는 과정을 '문장의 확대'라고 한다.

① 안은·안긴문장 : 안은·안긴문장은 한 문장(안긴문장)이 절의 형태로 바뀌어 더 큰 문장(안은문장) 속에서 문장 성분의 기능을 하는 것을 말한다. 안긴문장(절)은 그 기능에 따라 명사절, 관형절, 부사절, 서술절, 인용절로 나뉜다.
  - 예) 나는 그녀가 벌써 떠났음을(안긴문장) 알았다. ('나는 알았다.' = 안은문장)

■ 문장의 이어짐

예) 백제와 신라는 우리나라이다. (백제는 우리나라이다. + 신라는 우리나라이다.) ⇨ 대등하게 이어진 문장

■ **의문형 어미 '-느냐/-(으)냐', '-는지/(으)ㄴ지'로 된 명사절**
의문형 어미로 종결된 문장이 조사와 결합하여 명사절이 된 것
예 우리는 그들이 정말 그 일을 해 내느냐가 걱정스러웠다.

㉠ 명사절(名詞節)을 안은 문장 : 문장이 명사처럼 조사와 결합하여 문장 성분이 되는 절을 말한다. 절 전체가 명사형 전성 어미 '-(으)ㅁ/-기'를 활용하여 명사처럼 쓰이는 문장으로 주어, 목적어, 보어, 부사어 등의 기능을 한다.
예 (아이들은 장난을 좋아하기) 마련이에요.
이러다가는 (버스를 놓치기) 십상이다.
공부가 어렵기는 해도 / 결국 (저 하기) 나름이에요.
(비가 많이 오기) 때문에 공사를 할 수 없다.

■ **서술절의 특징**
• 서술절은 그 속에 다시 다른 서술절을 가질 수 있다.
• 서술절의 주어는 전체 문장에 쓰인 주어의 일부분이거나, 그 소유물인 경우가 많으며, 서술어는 형용사가 대부분이다.

㉡ 서술절(敍述節)을 안은 문장 : 절이 서술어의 구실을 하는 것으로서, 서술어 부분이 '주어 + 서술어'로 이루어진 절을 서술절이라 한다. 그러나 서술절은 **절 표지(전성 어미)가 따로 없다**는 점에서 다른 안긴문장과 차이가 있다.
예 현민이는 키가 크다.
필기도구는 만년필이 글씨가 잘 써진다.
나는 하루도 [(달리기를 거른) 기억이 없다].

㉢ 관형절(冠形節)을 안은 문장 : 관형사형 어미와 결합하여 관형어의 구실을 하는 절로, 한 문장이 전체 문장의 관형어로 포함되어 있는 안긴문장이다. 관형사형 전성 어미 '-(으)ㄴ, -는, -(으)ㄹ, -던'이 붙어 이루어진다. 이 요소들은 과거, 현재, 미래, 회상의 시간을 표현할 수 있다.

> **🌲 알아 두기**
>
> **관계 관형절과 동격 관형절**
> • 관계 관형절 : 관형절이 수식하는 체언과 그 관형절 안의 문장 성분이 일치할 때 그 성분을 생략한 관형절이다. 관형절의 수식을 받는 체언이 관형절의 한 성분(주어, 목적어, 부사어 등)이 되는 경우이다.
> 예 아름다운 꽃이 피었다.
> 너의 활발한 성격이 부럽다.
> 엄마가 내가 읽던 만화책을 가져가셨다.
> 은영이가 먹은 과자는 불량 식품이었다.
> 내가 태어난 1988년에 올림픽이 개최하였다.
> 섬 주위에는 옛날의 파도의 자취가 새겨져 있는 바위가 널려 있다.
>
> • 동격 관형절 : 동격 관형절은 관형절의 수식을 받는 명사의 내용이 된다. 이러한 명사류('소문, 생각, 주장, 제안, 사실, 인상, 기억, 일' 등)들은 문장에서 단독으로 나타나지 않고 내용이 되는 동격 관형절과 함께 쓰는 것이 일반적이다.
> 예 나는 영수가 매우 아팠다는 사실을 몰랐다.
> 낙엽이 떨어지는 광경이 슬프구나.
> 너희들, 철수가 메달을 땄다는 소식 들었니?
> 나는 그녀가 착한 사람이라는 생각이 들었다.

■ **부사화 접미사 '-이, -히'를 가진 것은 파생 부사로 '부사'이나, 어미 '-게, -도록'을 취하는 것은 '동사'나 '형용사'이다.**
예 나는 조용히 걸었다.(부사)
나는 조용하게 걸었다.(형용사)
그가 거기에 가도록 했다.(동사)

■ **부사절로 안긴 문장 VS 종속적으로 이어진 문장**
7차 문법 교과서에는 종속적으로 이어진 문장의 앞 절을 부사절로 볼 수 있음을 인정하여, 종속적 연결 어미를 부사형 어미로 볼 수 있다고 한다.
예 꽃이 아름답게 피었다.

㉣ 부사절(副詞節)을 안은 문장 : '-이, -게, -도록, -(아)서, 달리, 없이, 같이' 등에 의하여 부사절이 되어 전체 문장의 서술어를 수식하는 기능을 한다.
예 비가 소리도 없이 내린다.
경호는 민수와 달리 체력이 좋다.
아이들이 어른들이 하는 행동과 똑같이 행동한다.
장아찌가 맛이 있게 익었다.
할아버지께서 내가 일찍 일어나면 칭찬하신다.
경철이는 발에 땀이 나도록 뛰었다.
길이 비가 와서 좋다.

ⓓ 인용절(引用節)을 안은 문장 : 화자의 생각이나 느낌, 다른 사람의 말이나 글의 인용, 의성어와 의태어를 인용 조사 '라고, 고'와 결합하여 표현한 문장이다. 의성어나 부르는 말을 인용할 때에는 인용 동사 '하고'를 쓴다.
  ⓐ 직접 인용 : 주어진 문장을 그대로 인용하는 것으로, 인용 부호(따옴표) 뒤에 인용 조사 '라고'를 사용한다.
    예 엄마가 나에게 "시험이 언제부터니?"라고 물으셨다.
       나는 "지선이가 공원에 간다."라고 말했다.
  ⓑ 간접 인용 : 말하는 사람의 표현으로 바꾸어서 간접 인용한 것으로, 인용 부호(따옴표) 없이 인용 조사 '고'를 사용한다.
    예 엄마가 나에게 시험이 언제부터냐고 물으셨다.
       나는 지선이가 공원에 간다고 말했다.
② 이어진 문장 : 연결 어미는 둘 이상의 절을 이어 주면서 동시에 그것이 붙은 절의 뜻을 풀이하여 앞뒤 절의 의미 관계를 나타내기도 한다.
  ㉠ 대등하게 이어진 문장
    ⓐ 연결 어미로 이어진 문장 : '나열, 대조, 선택' 등의 의미를 가지는 대등적 연결 어미로 이어진 문장이다. 선행절이 후행절에 의미상 의존하지 않기 때문에, 도치해도 의미가 같다.
      예 남쪽에는 평야가 많으며, 북쪽에는 산이 많다. (나열)
         그들은 늘 만나지만, 서로 친한 사이는 아니다. (대조)
         경수가 오거나 철수가 오거나 내가 상관할 바가 아니다. (선택)
    ⓑ 접속 조사로 이어진 문장 : 성분 여러 개가 접속 조사에 의해서 이어져 있고, 서술어는 하나뿐이어서 마치 홑문장처럼 보이는 것이 있다. 그러나 서술어의 성격상 두 개 이상의 문장으로 다시 쪼갤 수 있다면 이것은 겹문장이다. 접속 조사는 '와/과'뿐만 아니라 '하고, (이)니, (이)며, (이)다, (이)나, (이)건, (이)고, (이)랑' 등이 있다.
      예 철영이와 수철이는 남자이다.(철영이는 남자이다. + 수철이는 남자이다.)
  ㉡ 종속적으로 이어진 문장 : 선후, 조건, 양보 등 특정한 의미를 가진 연결 어미가 붙어 선행절이 후행절에 의미상 의존하도록 연결된 문장이다. 종속적으로 이어진 문장은 연결 어미 앞뒤의 문장을 도치하면 의미에 변화가 생기게 된다. 그러나 종속적 연결 어미 다음의 어절을 맨 앞으로 도치하면 말이 성립하는 특성을 지닌다.
    예 우리는 눈이 올지라도 계획대로 산에 갈 것이다. (양보)
       내가 집에 가는데, 저쪽에서 누군가 소리를 질렀다. (배경)
       친구 따라 강남 간다. (시간의 선후)
       차가 지나갈 수 있도록 길을 넓혔다. (결과)
       우리는 북한산에 오르려고 아침 일찍 일어났다. (목적/의도)
       손님이 오시거든 반갑게 맞이하여라. (조건)
       눈이 와서, 길이 질다. (원인/이유)

■ '와/과', '하고', '(이)랑'
• '와/과', '하고', '(이)랑' 등은 접속 조사로도 쓰이고 '동반'의 부사격 조사로도 쓰인다.
• '와/과' 따위가 동반의 부사격 조사로 쓰이는 경우는 대체로 '만나다, 마주치다, 싸우다, 대면하다, 닮다'와 같이 대칭 동사 혹은 상호 동사일 때가 대부분이다. 이 경우 둘 이상의 홑문장으로 나눌 수 없기 때문에 겹문장이 아니다.

■ 접속 조사로 이어진 문장의 중의성
접속 조사가 들어 있는 문장은 상황에 따라 겹문장과 홑문장 두 가지로 해석할 수 있다.
예 지난 주말에 철영이와 수철이가 화장실 청소를 했다.
  1. 지난 주말에 철영이와 수철이가 날마다 함께 화장실 청소를 하였다. ⇨ 홑문장
  2. 지난 주말에 철영이와 수철이가 번갈아 가면서 화장실 청소를 하였다. ⇨ 겹문장

■ '와/과'의 쓰임
'와/과'는 홑문장이면 부사격 조사, 겹문장이면 접속 조사이다.

■ 대등적 이어짐과 종속적 이어짐의 구별
1. 연결 어미를 통해 구별
2. 자리 옮김의 가능성 여부로 구별
  • 앞뒤로 자리 옮김이 가능하면 대등적 이어짐, 불가능하면 종속적 이어짐이다.
  • 가운데로 자리 옮김이 가능하면 종속적 이어짐, 불가능하면 대등적 이어짐이다.

03 문장의 문법적 요소

1. 종결(終結) 표현

▲ 문장의 종결 표현

(1) 평서문(平敍文)
말하는 이가 듣는 이에게 특별히 요구하는 바 없이, 하고 싶은 말을 단순하게 객관적으로 진술하는 문장을 이른다. 평서형 종결 어미의 대표형은 '-(ㄴ)다'인데, 상대 높임법에 따라 다양하게 쓸 수 있다.
예) 학생들이 지나간다, 학생들이 지나가네.

■ 약속 평서문
자기의 의사를 상대방에게 베풀어 그 실현을 기꺼이 약속할 때 쓰인다. 어미 '-마(해라체), -음세(하게체), -리다(하오체)'가 있는데, 현재는 '-(으)마(해라체), -ㄹ게(해체)'를 주로 쓴다.

(2) 의문문(疑問文)
말하는 사람이 듣는 사람에게 물어 그 대답을 구하는 뜻을 나타낸다.
① **설명(說明) 의문문**: 의문사가 포함되어 청자의 구체적인 설명을 요구하는 의문문이다. 예) 너는 요즘 무슨 일을 하니?
② **판정(判定) 의문문**: 의문사 없이 단순한 긍정이나 부정의 대답을 요구하는 의문문이다. 예) 밥 먹었니?
③ **수사(修辭) 의문문**: 대답을 요구하지 않고 강조나 명령, 감탄 효과를 낸다.
  ㉠ 반어(反語): 겉으로 나타난 의미와는 반대되는 뜻을 지니는 의문문으로, 강한 긍정 진술을 내포하는 것이 보통이다.
    예) 내가 너한테 책 한 권 못 사 줄까?
  ㉡ 감탄(感歎): 감탄의 뜻을 지니는 의문문이다. 예) 어쩜 저렇게 예쁠까?
  ㉢ 명령(命令): 명령, 권고, 금지의 뜻을 지니는 의문문이다.
    예) 어서 가서 공부해야 하지 않아?

■ 직접 화행과 간접 화행
• 직접 화행: 화자의 의도가 직접적으로 표현된 것
  예) "창문을 열어 주렴."
• 간접 화행: 화자의 의도가 간접적으로 표현된 것
  예) "너무 덥지 않니?"(창문이 닫혀 있어서 더울 때)

(3) 명령문(命令文)
화자가 청자에게 어떤 행동을 하도록 요구하는 문장이므로 항상 주어가 청자이며, 서술어로는 동사만 올 수 있다. 시제 표현인 '-었-, -더-, -겠-'과 결합할 수 없다.
① **직접 명령문**: 화자와 청자가 얼굴을 서로 맞대고 명령할 때 쓰는 문장이다.
  예) 열심히 공부해라. / 내 손을 꼭 잡아라. / 엄마 말을 들어라.
② **간접 명령문**: 직접 대면하지 않은 상황에서 매체를 통해 3인칭 불특정 다수나 단체에게 사용하는 명령문이다. 신문 기사의 제목, 시위 군중의 구호, 책의 제목, 문제지의 문항 등 공적 담화 상황에서 쓴다. 명령형 어미는 '-(으)라' 하나만 쓰인다.
  예) 나를 따르라. / 그대들 앞날에 영광이 있으라. / 다음 문제를 읽고 물음에 답하라.
③ **허락 명령문**: 허락의 뜻을 나타내는 명령문이다. 예) 더 놀다 가려무나. / 공부를 열심히 하렴.
④ **경계 명령문**: 경계의 뜻을 나타내는 명령문이다. 예) 조심해라, 다칠라.

■ 명령형 어미
대표적인 어미는 '-어라(아라)'이다. 불완전 동사 '달다'에서는 '다오'(다오 ⇔ 달(다)- + -오: ㄹ 탈락)로 쓰인다.

(4) 청유문(請誘文)

화자가 청자에게 같이 행동할 것을 요청하는 문장이므로 주어에 화자와 청자가 함께 포함되고 서술어로는 동사만 올 수 있다. 청유형 종결 어미는 '-자'가 대표적이다. 시제 표현인 '-었-, -더-, -겠-'과 결합할 수 없다.

예) 우리 오늘 영화 보자.

🔔 알아 두기

청유형의 변칙적 활용
- 말 듣는 이의 행동 수행을 제안하는 의미
  예) 조용히 좀 하자. (떠드는 아이에게) / 급해도 새치기는 하지 맙시다. (끼어드는 사람에게)
- 자기의 행동 수행을 제안하는 의미
  예) 밥 좀 먹읍시다. (밥을 아직 먹지 못한 사람이 이미 먹은 사람들에게) / 길 좀 지나갑시다. (출입구를 막은 사람에게)

(5) 감탄문(感歎文)

화자가 청자를 별로 의식하지 않거나 거의 독백 상태에서 자기의 느낌을 표현하는 문장을 이르며 감탄형 어미로 문장을 끝맺는다.

① -구나 : 처음 알게 된 사실을 서술할 때 사용한다. 예) 벌써 눈이 내리는구나!
② -어라 : 화자 혼자만의 생각을 표현할 때 사용한다. 예) 눈이 아름다워라!

2. 시제(時制) 표현

시간을 나타내기 위한 표현들이 따로 존재하는데, 이를 시제(時制)라고 한다. 언어로 시간을 말할 때에는 말하는 이가 말하는 시점인 발화시(發話時)와 동작이나 상태가 일어나는 시점인 사건시(事件時)를 구별할 필요가 있다. 발화시와 사건시가 어떤 관계에 있느냐에 따라 시제는 과거 시제, 현재 시제, 미래 시제로 나뉜다. 또한, 발화시를 기준으로 하는 절대 시제(絕對時制)와 사건시를 기준으로 하는 상대 시제(相對時制)가 있다.

(1) 절대 시제와 상대 시제

유형	개념	위치	예
절대 시제	발화시를 기준으로 결정되는 시제	종결형	나는 어제 떡국을 먹었다. (과거)
상대 시제	주문장의 사건시에 의존하여 상대적으로 결정되는 시제	관형사형 어미	나는 어제 설거지하시는 (현재) 어머니를 도와드렸다.

예	절대 시제	상대 시제
도서관은 책을 읽는 학생들로 붐볐다.	과거	현재
예쁜 꽃으로 장식하겠다.	미래	현재
저렇게 부지런한 사람은 처음 본다.	현재	현재

■ 선어말 어미 '-았-/-었-'의 실현 인식

선어말 어미 '-았-/-었-'은 기본적으로 과거 시제를 나타내지만, 상황에 따라서는 미래에 어떤 일이 실현될 것에 대한 확신을 나타내기도 한다.
예 넌 내일 학교 가면 혼났다.

■ '-더-'가 쓰이는 특수한 상황

1. (정신을 차려 보니) 내가 집 앞에 있더라.
2. 영희는 내년에 입학한다더라.

특수한 상황에서는 주어가 말하는 이 자신이라 하더라도 1과 같이 '-더-'를 쓸 수 있다.
또한, 특수한 상황의 경우 미래 상황을 가정하는 데에도 2와 같이 '-더-'를 쓸 수 있다.
하지만 이러한 경우는 일반적인 것이 아닌, 특수한 상황에 국한된 것이다.

---

(2) 과거 시제, 현재 시제, 미래 시제

① **과거 시제(過去時制)**: 사건시가 발화시보다 앞서 있는 시제를 이른다.
  ㉠ '-았-/-었-/-였-'에 의한 과거 시제
    ⓐ 시간 부사에 의해 뒷받침될 수 있다. **예** 어제 밥을 먹었다.
    ⓑ 연결형에도 나타날 수 있다. **예** 아침에는 밥을 먹었고 저녁에는 라면을 먹는다.
  ㉡ '-았었-/-었었-'에 의한 과거 시제
    ⓐ 과거의 사건이 현재와 강하게 단절되어 있다고 생각될 때 사용한다.
      예 우리 조상들은 한옥에 살았었다.
    ⓑ 형용사나 서술격 조사에도 쓰이는데, 발화시보다 먼 과거의 일(대과거)을 나타낼 때 흔히 쓰이며, 주로 문어체에 쓰인다.
    ⓒ 결과성을 표시하는 '앉다, 서다' 등에는 단순한 과거 시제의 기능만 표시된다.
    ⓓ '-었었-'이 사용된 문장에는 과거 관련의 시간 부사어가 있어야 자연스럽다.
  ㉢ 관형사형에 의한 과거 시제: 동사 어간에 '-(으)ㄴ'이 붙으면 사건시 기준의 과거를 표시하거나, 의미가 결과성을 띠고 있으면 완료적 용법을 표시하기도 한다.
    예 지금까지 관람한 영화가 몇 편이니?
  ㉣ 회상의 선어말 어미 '-더-'에 의한 과거 시제
    ⓐ 일반적으로 '-더-'는 직접 체험한 사실을 회상하여 표현할 때 쓰이는 선어말 어미이다. **예** 어제 배가 많이 고프더구나.
    ⓑ 자신의 행동에 관해서 말할 때는 '-더-'가 종결 어미에 쓰일 수 없다.
    ⓒ '-더-' 앞에는 시제 선어말 어미가 쓰일 수 있다.
    ⓓ 관형사형은 '-던'으로 나타난다.

② **현재 시제(現在時制)**: 발화시와 사건시가 일치하는 시제를 이른다.
  ㉠ '-는-/-ㄴ-'에 의한 현재 시제
    ⓐ 동사에서는 선어말 어미 '-는-/-ㄴ-'에 의해 표시되지만, 형용사와 서술격 조사는 시제 표시의 형태가 특별히 존재하지 않는다.
      예 밥을 먹는다, 집에 간다. / 꽃이 예쁘다, 그는 학생이다.
    ⓑ 시간 부사와 공존하여 시제를 정확히 나타낸다. **예** 지금 밥을 먹는다.
    ⓒ 현재 진행의 의미가 있을 때에는 '-는 중이다'로 바꾸어 쓸 수 있다. (진행상)
      예 나는 지금 밥을 먹는 중이다.
  ㉡ 관형사형에 의한 현재 시제
    ⓐ 관형사형에 의한 현재 시제에서 동사는 직설법의 선어말 어미 '-느-' + '-ㄴ'으로 표시된다. **예** 요리를 하시는 우리 엄마
    ⓑ 형용사와 서술격 조사는 어미 '-(으)ㄴ'만으로 표시된다. **예** 예쁜 우리 엄마
    ⓒ 서술격 조사에 의한 현재 시제는 시간과 무관하다. **예** 미국인인 내 친구
    ⓓ 관형사형에 의한 시제는 상대적 시제이므로, 발화시의 시제와 일치하지 않는다.

③ **미래 시제(未來時制)**: 사건시가 발화시보다 나중인 시제를 이른다.
  ㉠ '-겠-'에 의한 미래 시제
    ⓐ '-겠-'은 단순한 미래 시제 이외에 화자의 태도와 관련된 추측, 의지, 가능성 등 양태적 의미도 나타낸다.
    ⓑ 미래 시제 선어말 어미 '-리-'가 쓰이기도 한다.
  ㉡ 관형사형에 의한 미래 시제
    ⓐ 어미 '-ㄹ'에 의해 나타난다.
    ⓑ '-ㄹ'에 의한 미래 시제는 양태적 의미는 희박하고 단순한 미래를 나타낸다.
      예) 고향에 갈 사람 있나요?, 운이 나쁠 수도 있다.

(3) **동작상(動作相)**
  동작상은 시간의 흐름 속에서 그 동작이 진행되고 있는지, 완결된 것인지 등 동작의 양상을 표현한다. 이렇게 발화시를 기준으로 동작이 일어나는 모습을 표현하는 것을 이른다.
  ① **완료상(完了相)**: 동작의 완료를 나타내는 동작상
    ㉠ '-어(-아) 있다(보조 용언)'가 '앉다, 서다, 뜨다'와 같은 결과성 동사와 결합하여 완료를 나타낸다. 예) 정선이는 먼저 여행을 가 있다.
    ㉡ '-어 버리다(보조 용언)'도 완료상에 해당한다. 예) 누나가 밥을 먹어 버렸다.
    ㉢ '-고서(연결 어미)'를 통해 실현되기도 한다. 예) 아침밥을 챙겨 먹고서 학교에 가라.
  ② **진행상(進行相)**: 움직임이 진행 중임을 나타내는 동작상
    ㉠ '-고 있다(보조 용언)', '-어 가다(보조 용언)', '-는 중이다'가 동작성을 표시하는 동사에 붙어 동작의 진행을 표시한다.
      예) 누나가 밥을 먹고 있다. / 내가 밥을 다 먹어 간다. / 빨래가 다 말라 가는 중이다.
    ㉡ '-으면서(연결 어미)'를 통해 실현되기도 한다. 예) 밥을 먹으면서 라디오를 듣는다.

3. 피동(被動) 표현

주어가 동작을 제 힘으로 하는 것은 **능동(能動)**, 주어가 다른 주체에 의해서 동작을 당하게 되는 것을 **피동(被動)**이라고 한다. 피동법은 파생적 피동과 통사적 피동으로 나뉜다.

(1) **파생적 피동(= 단형 피동)**
  ① 능동사 어간 + 피동 접미사 '-이-, -히-, -리-, -기-'
  ② 명사 어근 + 피동 접미사 '-되다'
    예) 아기가 개한테 물렸다. 학생들이 선생님에게 잡혔다.
        많은 범죄자가 구속되었다. 많은 사람들이 전쟁에 희생되었다.
    예) ┌ 능동문: 주어 + 목적어 + 타동사 : 그는 나를 잡았다.
        └ 피동문: 주어 + 부사어 + 피동사 : 나는 그에게 잡혔다.

(2) **통사적 피동(= 장형 피동)**
  ① 용언의 어간 + '-어지다'
    예) 공터에 새 건물이 지어진다고 한다. / 아빠와 대화를 통해 오해가 풀어졌다.
  ② 용언의 어간 + '-게 되다'
    예) 홍수로 집을 잃게 되었다. / 집을 부동산에 내놓게 되었다.

■ **미래 시제 '-겠-'**
예) 어서 가자. 학교에 늦겠다. (미래 추정)
이곳이 살 만한 곳이 못 된다면 나는 장차 네가 가는 곳으로 따라가겠다. (미래 의도)
이 공연장은 관객이 2천 명은 들어가겠다. (추정, 추측)
야, 나라면 그 일 벌써 했겠다. (추측, 추정, 의지)

■ **진행상의 중의성**
'-고 있다' 구성은 '동작의 진행'과 '상태의 지속'으로 해석되는 중의성이 발생할 수 있다.
예) 영희가 모자를 쓰고 있다. ⇒ 모자를 쓰는 동작을 진행한다. / 모자를 벗지 않은 상태가 지속된다.

■ **용언에 적절한 피동 접미사를 결합하여 피동사 만들기**

용언	피동형
깎다	깎이다
먹다	먹히다
밀다	밀리다
쫓다	쫓기다

■ **동작주를 상정하여 능동문으로 만들기 어려운 피동문**
예) 날씨가 풀렸다.
옷이 못에 걸렸다.
마음이 진정되었다.
제가 가게 되었어요.
저절로 먹게 되었어요.
우연히 그를 만나게 되었어요.

■ **이중 피동과 헷갈리는 옳은 표현**
'밝혀지다, 알려지다, 벗겨지다, 숙여지다, 옮겨지다, 돌려지다'는 이중 피동이 아니므로 옳은 표현이다.
예) 밝-(어간) + -히-(사동 접사) + -어지다(피동 표현) = 밝혀지다

■ **과도한 피동 표현**
• '-되어지다', '-지게 되다' 같은 이중 피동을 사용하는 경우
  예) 생각되어지다(×)
• '피동형'에 '-어지다'가 결합
  예) 믿겨지지(×), 열려지지(×), 들려져(×)
• 피동의 어휘를 잘못 구사한 경우
  예) 닫아져서(×), 불리우는(×)
• 필요 없는 접사
  예) 목메인(×), 헤매이다(×), 배이다(×), 설레이다(×), 부숴지다(×)

■ 용언에 적절한 사동 접미사를 결합하여 사동사 만들기

용언	사동형
속다	속이다
입다	입히다
울다	울리다
웃다	웃기다
깨다	깨우다
달다	달구다
낮다	낮추다

■ 희귀 사동 접사
- -으키- : 일으키다
- -이키- : 돌이키다, 들이키다
- -애- : 없애다

■ 사동과 피동 모두에 쓰이는 단어들
예) 건물 사이로 하늘이 보이다. (피동)
철수에게 영화를 보이다. (사동)
그에게 손이 잡히다. (피동)
아이에게 연필을 잡히다. (사동)
개에게 코를 물리다. (피동)
입에 재갈을 물리다. (사동)
양손에 보따리가 들리다. (피동)
철수에게 보따리를 들리다. (사동)

■ 과도한 사동 표현
- 사동의 의미가 없음에도 사동 접사를 사용하는 경우
예) 대회를 치뤄야(×)
- '-하다'를 쓸 수 있는 말에 '-시키다'를 사용하는 경우
예) 개선시켜(×), 관철시키려(×), 가동시켜(×), 주차시켜(×), 소개시켜(×), 교육시켜(×), 야기시켜(×), 금지시켜(×)

4. 사동(使動) 표현

주어가 직접 하는 것을 주동(主動)이라고 하고, 주어가 남에게 동작을 하도록 시키는 것을 사동(使動)이라고 한다.

(1) 파생적 사동(= 단형 사동) : 주동사의 어간 + 사동 접미사 '-이-, -히-, -리-, -기-, -우-, -구-, -추-, -으키-, -이키-, -애-'

① 서술어가 자동사나 형용사인 경우
예) ┌ 주동문 : 주어 + 자동사 : 얼음이 녹다.
└ 사동문 : 주어 + 목적어 + 사동사 : 철수가 얼음을 녹이다.

② 서술어가 타동사인 경우
예) ┌ 주동문 : 주어 + 목적어 + 타동사 : 그가 책을 읽는다.
└ 사동문 : 주어 + 부사어 + 목적어 + 사동사 : 내가 그에게 책을 읽힌다.

③ 두 개의 접미사가 연속되어 있는 '-이우-'가 붙어서 사동사가 되기도 한다.
예) 타다 ⇨ 타이우다 ⇨ 태우다, 서다 ⇨ 서이우다 ⇨ 세우다
자다 ⇨ 자이우다 ⇨ 재우다, 차다 ⇨ 차이우다 ⇨ 채우다

(2) 통사적 사동(= 장형 사동) : 본용언의 어간에 보조적 연결 어미 '-게'를 붙이고, 보조 동사 '하다'를 연결하는 사동법이다. 주동문의 주어는 그대로 쓰이기도 하지만, 목적어가 되어 조사 '을/를'을 취하거나 부사격이 되는 조사 '에게' 또는 '한테'를 취하기도 한다.
예) 어머니는 아들들에게 책을 읽게 했다.

(3) 사동문의 중의성
① 파생적 사동문 : 직접적 의미와 간접적 의미로 해석될 수 있다.
② 통사적 사동문 : 간접적 의미로 해석된다.
예) ┌ 아이 어머니가 아이에게 새 옷을 입히셨다. (직접적으로도 간접적으로도 해석 가능함.)
│   ⇨ 어머니가 아이에게 직접 새 옷을 입혔다. (직접)
│   ⇨ 어머니가 아이 스스로 새 옷을 입도록 하였다. (간접)
└ 아이 어머니가 아이에게 새 옷을 입게 하셨다.
    ⇨ 어머니가 아이 스스로 새 옷을 입도록 하였다. (간접)

> 🔔 **알아 두기**
>
> **피동과 사동 예문 연습**
> - 들판이 눈으로 덮였다. (피동)
> - 벌목꾼에게 베인 나무가 쌓여 있다. (피동)
> - 소음이 섞여 주위가 시끄러웠다. (피동)
> - 이 글은 두 문단으로 나뉜다. (피동)
> - 안개가 걷히고 하늘이 나타났다. (피동)
> - 그 책은 쉽고 재미있게 읽힌다. (피동)
>
> - 아군의 사기를 높여야 승산이 있다. (사동)
> - 햇살이 고드름을 녹였다. (사동)
> - 이 옷에 풀을 먹이자. (사동)
> - 친구에게 꽃을 들려 보냈다. (사동)

5. 부정(否定) 표현

긍정 표현에 대해 <u>언어 내용의 의미를 부정</u>하는 문법 기능을 이른다.

(1) '안' 부정문

'아니(안)'나 '아니하다(않다)'로 형용사를 부정하고 '아니다'로 체언을 부정할 때에는 어떤 상태가 그렇지 않음을 나타내는데, 이를 '상태 부정'이라고 한다. 또한 동사를 부정할 때에는 주체의 의지에 따라 어떤 행위가 일어나지 않음을 나타내는데, 이를 '의지 부정'이라고 한다. 물론 동사를 부정할 때에도 단순히 상태를 부정하는 의미를 가질 수도 있다.

① 긴 부정문 : 용언의 어간 + '-지' + '아니하다' (부정의 보조 용언)
   - 예) 학원에 <u>가지 않았습니다</u>.
② 짧은 부정문 : '안' (부정 부사 '아니'의 준말) + 동사, 형용사
   - 예) 숙제를 <u>안 했습니다</u>.

(2) '못' 부정문

'못'이나 '못하다'로 동사를 부정할 때에는 주체의 의지가 아닌 그의 능력이나 다른 외부의 원인 때문에 행위가 일어나지 못함을 나타낸다. 따라서 서술어가 형용사인 경우에 '못'이 쓰이지 않는다.

① 긴 부정문 : 동사의 어간 + '-지' + '못하다' (부정의 보조 용언)
   - 예) 학원에 <u>가지 못했습니다</u>.
② 짧은 부정문 : '못' (부정 부사) + 동사 (서술어)
   - 예) 숙제를 <u>못 했습니다</u>.

(3) '말다' 부정문(명령문과 청유문의 부정)

명령문이나 청유문은 '-지 말다'를 활용하여 부정한다.
   - 예) 공부만 하<u>지 마라</u>. (명령문) / 공부만 하<u>지 말자</u>. (청유문)

🔔 알아 두기

'말다' 부정의 종결 표현

구분		명령문	청유문
격식체	하십시오체	-지 마십시오	-지 마시지요
	하오체	-지 마오	-지 맙시다
	하게체	-지 말게	-지 마세
	해라체	-지 마라/말아라 (직접 명령) -지 말라 (간접 명령)	-지 말자
비격식체	해체	-지 마	-지 마
	해요체	-지 마요/말아요	-지 마요/말아요

■ '안' 부정문의 해석
- 주어가 유정 명사일 때에는 주어의 의지를 나타내지만, 주어가 무정 명사이거나 서술어가 형용사이면 상태를 부정하게 된다.
- '안'이 부정하는 초점에 따라 전체 문장의 의미가 달라지는 중의성이 생길 수 있다.
- '다, 모두, 많이, 조금' 등의 부사어가 쓰이면 중의적으로 해석된다.

■ '못' 부정문의 해석
- '긴 부정문'의 '-지'에 보조사가 연결되면 서술어만 부정한다.
- '다, 모두, 많이, 조금' 등의 부사어가 쓰이면 중의적으로 해석된다.

■ 합성어로 쓰이는 '못하다'
'못하다'가 '일정한 수준에 미치지 못하거나 할 능력이 없다'는 뜻으로 쓰일 때에는 합성어이므로 붙여 쓴다.
   - 예) 공부를 못하다, 술을 못하다, 노래를 못하다.

■ '말다'의 '-(으)라'
'-(으)라'가 결합하는 경우는 '말라'가 된다.
   - 예) 크게 말하지 말라고 했다.

■ 부정어
- 어휘적 부정어 : '부인하다, 불행하다, 비인간적, 무정하다, 몰인정하다' 등
- 통사적 부정어 : '아니-, 못, 말-, 없-, 모르-' 등

■ 부정극어
부정극어는 '단어형 부정극어'와 '구형 부정극어'가 있다.
- 단어형 부정극어(분리되지 않는 한 단어) : '전혀, 결코, 도무지, 당최, 그다지, 별로, 절대, 미처, 채, 차마' 등
- 구형 부정극어('명사(구) + 조사'의 형식이라 분리 가능) : '아무도, 누구도, 조금도, 절대로' 등

■ 중의적 표현
한 문장이 두 가지 이상의 의미를 포함하는 문장을 의미한다.

6. 문장의 중의성

(1) **어휘적 중의성** : 어느 한 단어의 의미가 중의적이어서 모호한 것이다. 다의어나 동음이의어, 관형격 조사 '의'로 인해 일어난다.

　① **동음이의어**로 인한 중의성 : 말이 많다. (言, 馬)

　② **다의어**로 인한 중의성 : 다리에 쥐가 나다. - 의자 다리가 부러졌다.

　③ 관형격 조사 '의'로 인한 중의성 : '아버지의 초상화' (아버지를 그린 초상화, 아버지가 그린 초상화, 아버지가 갖고 계신 초상화)

(2) **구조적 중의성** : 문장 구조로 인해 한 문장이 두 가지 이상의 의미로 해석되는 것이다.

수식 범위	예 아름다운 그녀의 목소리 [중의적 해석] ① 아름다운 그녀 ② 아름다운 목소리
비교 대상	예 유진이는 남자 친구보다 영화를 더 좋아한다. [중의적 해석] ① 유진이는 남자 친구가 영화를 좋아하는 것보다 영화를 더 좋아한다. ② 유진이는 남자 친구보다 영화가 좋다.
공동격 구문	예 유진이는 사과와 배 두 개를 샀다. [중의적 해석] ① 사과 1개, 배 1개 ② 사과 1개, 배 2개 ③ 사과 2개, 배 2개 예 유진이와 영수가 여행을 갔다. [중의적 해석] ① 유진이와 영수가 함께 여행을 간 경우 ② 따로따로 여행을 간 경우
호응 성분	예 사람들이 많은 곳을 가 보면 재미있는 일이 많다. [중의적 해석] ① 사람들이 여러 곳을 가 보면 재미있는 일이 많다. ② 사람들이 많은 곳에 가 보면 재미있는 일이 많다.
수량사의 지배	예 세 명의 여자가 한 남자를 사귄다. [중의적 해석] ① 세 명의 여자가 각각 한 남자를 사귄다. ② 세 명의 여자가 어떤 한 남자를 사귄다.
파생적 사동	예 유진이가 동생에게 밥을 먹였다. [중의적 해석] ① 유진이가 동생에게 밥을 직접 먹였다. (직접 사동) ② 유진이가 동생으로 하여금 밥을 먹게 하였다. (간접 사동)
부정문	예 친구들이 다 안 왔다. [중의적 해석] ① 한 사람도 오지 않았다. ② 일부가 오지 않았다. 예 나는 유진이를 어제 학교에서 만나지 않았다. [중의적 해석] ① 내가 만난 사람은 유진이가 아니다. ② 내가 유진이를 만난 것은 어제가 아니다. ③ 내가 유진이를 어제 만난 곳은 학교가 아니다. ④ 내가 어제 학교에서 유진이와 만난 것은 아니다. (통화를 했다.) ⑤ 어제 유진이를 만난 사람은 내가 아니다.
보조 용언	예 유진이는 구두를 신고 있다. [중의적 해석] ① 유진이는 구두를 신은 상태이다. ② 유진이가 구두를 신는 중이다.
병렬 구문	예 유진이는 웃으면서 들어오는 학생에게 인사하였다. [중의적 해석] ① 유진이가 웃는 경우 ② 학생이 웃는 경우
의존 명사 구문	예 그가 우는 것이 이상하다. [중의적 해석] ① 운다는 사실이 이상한 경우 ② 이상한 모습으로 우는 경우
생략	예 유진이는 원하는 것이 무엇인지 안다. [중의적 해석] ① 유진이 자신이 원하는 것 ② 다른 사람들이 원하는 것

(3) **은유적 중의성** : 은유적 표현이 두 가지 이상의 의미로 해석되는 것이다.

　예 우리 엄마는 호랑이 같다. (성격/외모)

제2절 올바른 표현

01 올바른 문장

1. 높임 표현

(1) 너, 선생님이 빨리 오래. (⇨ 선생님께서 빨리 오라셔)

해설 주체 높임 표현: 높임의 대상이 '너'가 아니라, 서술어의 주체인 '선생님'이므로, 주격 조사 '이'를 '께서'로 고치고, '오래(오라고 해)'를 높임 선어말 어미 '-시-'를 넣어 '오라셔(오라고 하셔)'로 고쳐야 한다.

(2) 주례 선생님의 말씀이 계시겠습니다. (⇨ 있으시겠습니다)

해설 간접적인 주체 높임 표현: '계시다'는 주체를 직접적으로 높이는 표현인데, '말씀'은 높임의 대상이 아니므로 어울리지 않는다. '주례 선생님'을 간접적으로 높이는 '있으시겠습니다'로 고쳐야 한다.

(3) 아버님, 올해도 건강하세요. (⇨ 올해도 건강하시기 바랍니다 / 올해도 건강하게 지내세요)

해설 명령형이나 청유형의 종결 어미는 형용사 뒤에 붙을 수 없다.

2. 관형화 구성

(1) 유구한 빛나는 전통문화를 단절시킬 가능성이 큰 융통성이 없는 문화 정책은 재고해야 한다.

(⇨ 유구하고 빛나는 전통문화를 단절시킬 가능성이 큰, 융통성이 없는 문화 정책은 재고되어야 한다)

해설 '유구한', '빛나는'이 '전통문화'를 꾸미고 있고, 또 '유구한 빛나는 전통문화를 단절시킬 가능성이 큰'과 '융통성이 없는'이라는 두 관형절이 겹쳐서 사용되었다.

(2) 이 수술은 후유증이 없는 안전한 고도의 정밀한 수술로 비용도 저렴한 파격적인 저비용이다.

(⇨ 이 수술은 고도로 정밀하여 후유증이 없고 안전하며, 비용도 파격적으로 저렴하다)

해설 '후유증이 없는', '안전한', '고도의 정밀한' 등 세 개의 관형절이 겹쳐져 있어서 길고 복잡한 문장이 되어 명확한 의미 파악이 어렵다.

(3) 국민 소득의 향상과 식생활의 서구화로 인해 쌀의 소비량이 부쩍 줄었다.

(⇨ 국민 소득 향상과 식생활 서구화로 쌀 소비량이)

해설 관형격 조사 '의'가 너무 많이 쓰이고 있다.

3. 명사화 구성

(1) 그가 그 문제를 명쾌하게 해결할 것으로 예상되는 것이다. (⇨ 예상된다)

해설 '예상되는 것이다.'에서 의존 명사 '것'은 무의미하게 사용되었다. 꼭 명사화 구성을 해야 하는 문장이 아니면, 풀어서 써 주는 것이 오히려 더 자연스럽다.

(2) 여름이 되면 수해 방지 대책 마련에 철저를 기해야 한다.

(⇨ 수해를 방지할 대책을 마련하는 데에 철저해야 한다)

해설 '수해 방지 대책 마련'에 명사가 지나치게 많이 나열되어 있다. 서술형으로 풀어 쓰는 것이 좋다.

(3) 은주는 권장 도서 목록 선정이 너무 주관적이라며 불만을 터뜨렸습니다.

(⇨ 은주는 권장 도서 목록을 선정한 것이 너무 주관적이라며 불만을 터뜨렸습니다)

해설 '권장 도서 목록 선정'에 명사가 지나치게 많이 나열되어 있으므로, 자연스럽게 풀어서 써 준다.

■ 불필요한 한문 투

'철저(徹底)'는 '속속들이 꿰뚫어 미치어 밑바닥까지 빈틈이나 부족함이 없음.'이라는 의미이고 '기하다(期하다)'는 '이루어지도록 노력하다.'라는 의미이다. 따라서 이를 '~에 철저를 기하다.'라는 표현보다는 '~에 철저해야 한다, ~를 철저히 해야 한다.' 정도로 고치도록 한다.

4. 주어와 서술어의 호응

(1) 무엇보다 중요한 점은 문명의 이기를 사용할 때 그것이 인간 자신을 위해 <u>슬기롭게 사용되어야 한다.</u> (⇨ 사용되어야 한다는 것이다)

해설 주어 '점은'에 해당하는 서술어 '사용되어야 한다.'가 의미상 호응하고 있지 않다.

(2) 내가 하고 싶은 말은 다름이 아니라, 아직 늦지 않았으니 새로 시작하기를 <u>바란다</u>. (⇨ 바란다는 것이다)

해설 '말'이라는 주어와 서술어 '바란다'는 호응되지 않는다.

(3) <u>확실한 것은</u> 그들이 지금까지의 잘못을 반성하고 앞으로 진실되게 살아갈 것은 틀림없습니다.
(⇨ ① 확실한 것은 그들이 지금까지의 잘못을 반성하고 앞으로 진실되게 살아갈 것이라는 점입니다 ② 그들이 지금까지의 잘못을 반성하고 앞으로 진실되게 살아갈 것은 틀림없습니다)

해설 '확실한 것은'이라는 주어와 '틀림없습니다'라는 서술어의 호응이 맞지 않다.

(4) 현재의 복지 정책은 앞으로 손질이 불가피할 전망입니다.
(⇨ ① 불가피할 것으로 사람들은 전망하고 있습니다 ② 불가피할 것으로 전망되고 있습니다)

해설 '전망'은 사람이 할 수 있는 행동이므로, 복지 정책은 '전망입니다'라는 서술어와 어울리지 않는다.

(5) <u>기재 사항의 정정</u> 또는 금융 기관의 수납인 및 취급인이 없으면 무효이다.
(⇨ 기재 사항의 정정이 있거나 금융 기관의)

해설 '기재 사항의 정정이 없으면 무효이다.'의 의미로 해석되어 이상한 문구가 되었다.

(6) 우리가 패배한 까닭은 상대를 너무 <u>업신여겼다</u>. (⇨ 업신여겼기 때문이다)

해설 주어 '~까닭은'과 서술어 '업신여겼다'가 호응되지 않는다. '~까닭은'이라는 주어는 '~때문이다.'라는 서술어와 호응이 되어야 자연스럽다.

(7) <u>이 지역은</u> 무단 입산자에 대하여는 자연 공원법 제60조에 의거 처벌을 받게 됩니다.
(⇨ ① 이 지역은 자연 공원법 제60조에 의거하여 무단 입산자를 처벌하는 곳입니다 ② 이 지역에 무단 입산하는 자는 자연 공원법 제60조에 의거하여 처벌받게 됩니다)

해설 '이 지역이 처벌받게 된다.'라는 논리가 되면서 주어와 서술어의 호응이 이루어지지 않고 있다. 처벌을 받게 되는 주체는 '입산자'이므로 주어와 서술어가 호응하도록 고쳐야 한다.

(8) 정부 내에서는 이번 보고서에 대해 <u>찬반 논란이 팽팽하게 맞서고 있다</u>.
(⇨ ① 찬반이 팽팽하게 맞서고 있다 ② 찬반 논란이 거세게 일고 있다)

해설 '찬반'이 맞서는 것이지 '찬반 논란'이 맞서는 것은 아니다.

(9) 쓰레기를 함부로 버리는 자는 100만 원 이하의 과태료가 부과됩니다.
(⇨ ① 버리는 자에게는 100만 원 이하의 과태료가 부과됩니다 ② 버리는 자는 100만 원 이하의 과태료를 내야 합니다)

해설 이 문장은 '쓰레기를 함부로 버리는 사람이 과태료가 부과된다.'라는 논리가 되어 어색하다.

(10) 본격적인 공사가 언제 시작되고, 언제 개통될지 모른다. (⇨ 언제 그 도로가 개통될지 모른다)

해설 '공사가'는 '시작되고'의 주어이지, '개통될지'의 주어는 아니다. '모른다'에 호응하는 전체 주어(우리는)가 빠져 있지만, 문맥상 지장이 없기 때문에 생략이 가능하다. 그러나 '개통될지'에 해당하는 '도로가(철도가)' 등의 주어를 생략할 경우에는 문맥상 결함이 생긴다.

(11) 이날 오전 내내 그의 집에는 찾아오는 사람도 없이 쓸쓸했다.
(⇨ 이날 오전 내내 그의 집은)

해설 무엇이 쓸쓸했다는 것인지 '쓸쓸했다'라는 서술어에 대한 주어가 부당하게 생략돼 있다.

(12) 눈물을 흘리시는 어머니의 모습을 본 순간 나는 침울한 감정이었다.
(⇨ 침울한 감정에 사로잡혔다)

해설 중심 주어는 '나'인데 이에 호응하는 서술어가 '감정이었다'가 되어 '나 = 감정'의 등식이 돼 버린다. 그러므로 '나는'에 호응하는 적절한 서술어를 만들어 주어야 한다.

5. 목적어와 서술어의 호응

(1) 대학은 모든 시대와 나라에서 형성된 가장 심오한 진리 탐구와 치밀한 과학적 정신을 배양 형성하는 도장(道場)이다.
(⇨ 가장 심오한 진리를 탐구하고)

해설 '심오한 진리 탐구를 배양 형성하는'이 되어, 목적어와 서술어의 호응 관계가 맞지 않는다.

(2) 승객 여러분의 건강과 쾌적한 여행 환경을 조성하기 위하여 전 객실을 금연 구역으로 지정하여 운영하고 있습니다.
(⇨ 승객 여러분의 건강을 지키고)

해설 '쾌적한 여행 환경'은 조성할 수 있지만, '건강'은 조성할 성질의 것이 아니다. 따라서 '건강'에 호응하는 서술어가 있어야만 자연스러운 문장이 된다.

(3) 글을 잘 쓰려면 신문과 TV 뉴스를 열심히 시청해야 한다.
(⇨ 신문을 꼼꼼히 읽고 TV 뉴스를)

해설 TV 뉴스는 시청이 가능하지만 신문은 시청할 수 없다.

(4) 저희 지하철 공사는 사후 사태 수습에 최선을 다함과 동시에 사고 원인 파악과 재발 방지 대책을 조속히 마련하겠습니다.
(⇨ 조속히 사고 원인을 파악하고 재발 방지 대책을 마련하겠습니다)

해설 '사고 원인 파악'이 '마련하겠다'의 목적어로 나타나 있으나, 이것은 마련할 일이 아니다.

(5) 고인의 숭고한 삶과 뜻을 추모하였습니다.
(⇨ ① 고인의 숭고한 삶과 뜻을 기렸습니다 ② 숭고한 삶을 살았던 고인을 추모하였습니다)

해설 '추모(追慕)'라는 단어는 '죽은 사람을 사모함.'의 뜻을 가진 말이다. '고인을 추모하다.'라는 표현은 가능하나 '삶을 추모하다, 뜻을 추모하다.'라는 표현은 어색하다.

(6) 월드컵에서 보여 준 국민적 에너지를 창조적 에너지로 바꾸어 국민 통합과 국가 경쟁력을 제고해야 한다.
(⇨ ① 국민 통합을 이룩하고 국가 경쟁력을 ② 국민을 통합하고 국가 경쟁력을)

해설 목적어 '국민 통합'과 '국가 경쟁력'이 서술어인 '제고해야 한다.'를 공유하고 있으나 '국민 통합'은 '제고해야 한다.'와 호응하지 못한다.

(7) 참가국 중에는 이 기회에 한반도에서의 영향력을 확대하는 계기로 삼으려는 의도를 지닌 나라도 있다. (⇨ 이 기회를)
   해설 '이 기회에'와 '삼으려는'이 제대로 호응되지 않는다.

(8) 시민 단체는 주민들의 삶을 파괴하는 무분별한 도박장 유치 계획을 전면 백지화할 것을 관계 당국에 강력히 항의했다. (⇨ 강력히 요구했다)
   해설 '백지화할 것을 항의했다.'는 어색한 표현이다. 여기서 '백지화할 것'은 항의의 대상이 아니라, 요구의 대상이기 때문이다.

(9) 인간은 자연에 복종도 하고, 지배도 하며 살아간다.
   (⇨ 자연을 지배도 하며 살아간다)
   해설 '지배하다'는 타동사이므로 '자연에 지배도 한다.'라는 표현은 어색하다. 이에 호응하는 목적어 '자연을'이 있어야 한다.

(10) 국산품과 수입품의 가격이 비슷하고 질적으로 차이가 없다면 가급적 애용하도록 하자.
   (⇨ 가급적 국산품을 애용하도록 하자)
   해설 '애용하도록 하자.'의 대상이 국산품이라는 짐작은 가능하지만 목적어의 생략으로 불완전한 문장이 되었다.

(11) 건강 관리를 위해 주중에는 헬스를, 주말에는 북한산에 오른다.
   (⇨ ① 주중에는 헬스를 하고, 주말에는 북한산에 오른다 ② 주중에는 헬스를, 주말에는 북한산 등산을 한다)
   해설 '헬스를'과 호응하는 서술어가 없으므로, 이와 연결되는 어구가 필요하다.

6. 부사와 서술어의 호응

(1) 청년은 모름지기 진취적이게 마련이다. (⇨ 진취적이어야 한다)
   해설 '모름지기'라는 부사는 '사리를 따져 보건대 마땅히'라는 뜻으로 '~해야 한다.'라는 서술어와 호응한다.

(2) 내일은 영락없이 비가 올 것 같다. (⇨ 비가 온다)
   해설 '영락(零落)없이'는 '조금도 틀리지 아니하고 꼭 들어맞게'라는 뜻으로 뒤에는 단정적인 표현이 와야 한다.

(3) 일이 그다지 힘들 줄은 몰랐다. (⇨ 그토록)
   해설 '그다지'는 '그러한 정도로는', '그렇게까지는'의 뜻으로 뒤의 부정어와 호응하는 경우가 많다. 그러므로 여기서는 같은 의미를 지닌 '그토록'으로 고쳐 쓰는 것이 더 자연스럽다.

(4) 그것은 여간 재미있다. (⇨ 여간 재미있지 않다)
   해설 부사 '여간'은 '~지 않다, ~이 아니다'와 같은 서술어와 호응한다.

(5) 그녀의 목소리는 마치 천상에서 울리는 음악 소리이다. (⇨ 음악 소리와 같다)
   해설 '마치'는 '거의 비슷하게'라는 뜻의 부사로 주로 '~ 같다.'와 같은 서술어와 호응한다.

(6) 이것은 비단 우리 학교만의 문제였다. (⇨ 학교만의 문제가 아니었다)
   해설 '비단(非但)'은 부정하는 말 앞에서 '다만, 오직'의 뜻으로 쓰이는 말로 '비단 ~만은 아니다.'의 구조가 되어야 한다.

(7) 짐승도 그럴 수가 없거늘, 하물며 인간은 더 그럴 수 없다.
(⇨ 하물며 인간이 그럴 수가 있으랴)
해설 '하물며'는 '-랴, -ㄴ가'와 같은 의문형과 호응하는 부사이다.

(8) 서울에는 한강을 가로지르는 다리가 25개다. (⇨ 25개 있다)
해설 부사어인 '서울에는'에 호응하는 서술어가 없으므로 '서울에는 ~ 있다.' 형태로 바꾸어 주어야 자연스럽다.

7. 시제의 호응

(1) 세화는 바야흐로 노래를 불렀다. (⇨ 노래를 부르려 한다)
해설 '바야흐로'는 '이제 한창, 지금 바로'란 뜻이므로 과거형과 어울리지 않는다.

때는 바야흐로 만물이 소생하는 봄이었다. (⇨ 봄이다)
해설 '바야흐로'는 '지금 바로', '이제 한창'의 뜻으로, 과거 시제와는 호응되지 않고 뒤에 주로 현재 시제가 온다.

(2) 보내 주셔서 감사했습니다. (⇨ 감사합니다)
해설 보내 준 것을 받은 그때만 감사하고 지금은 아닌 것으로 오해할 수 있다. 감사는 현재의 마음을 표현하는 것으로 현재 시제로 하여야 한다.

(3) 우리나라에서 소비자 보호법이 제정된 지도 벌써 10년이다. (⇨ 벌써 10년이 지났다)
해설 '벌써'는 '예상보다 빠르게', '이미 오래전에'라는 뜻을 지닌 부사로 그 뒤에는 과거 시제가 오는 것이 보통이다.

(4) 내일은 비가 오면서 늦더위가 잠시 주춤할 것으로 예상되겠습니다. (⇨ 예상됩니다)
해설 '-겠-'은 '미래의 일이나 추측'을 나타내는 의미가 있으므로 앞의 '예상'이라는 의미에 덧붙은 군더더기 표현이다.

(5) 밤새 비가 오지만 아직 강물이 크게 붇지는 않았다. (⇨ 밤새 비가 왔지만)
해설 '밤새'는 '밤사이(밤이 지나는 동안)'의 준말이기 때문에 과거형으로 서술해야 옳다.

8. 의미의 호응 유지

(1) 국내산으로 속여 팔다 적발된 수입 닭
(⇨ ① 국내산으로 속여 팔리다 적발된 수입 닭 ② 수입 닭을 국내산으로 속여 팔다 적발된 판매자)
해설 '수입 닭'은 팔리다 적발된 것이므로 '팔다'를 피동 표현인 '팔리다'로 고쳐 주어야 한다. 혹은 본래 '국내산으로 속여 팔다 적발된'의 주체는 '수입 닭'이 아니라 '판매자'이므로 '팔다'라는 능동 표현을 쓰기 위해서는 직접 행동을 한 '판매자'를 주체로 해야 한다.

(2) 풍년 농사를 위한 저수지가 관리 소홀과 무관심으로 올 농사를 망쳐 버렸습니다.
(⇨ ① 풍년 농사를 위하여 만들었던 저수지에 대한 무관심으로 관리를 소홀히 하여 ② 풍년 농사를 위하여 만들었던 저수지에 대한 관리 소홀과 무관심으로)
해설 농사를 망치게 된 원인은 저수지가 아니라 저수지에 대한 관리 소홀과 무관심이므로 이를 분명히 밝혀 주어야 한다.

■ **밤새다 VS 밤새우다**
- 밤새다 : 밤이 지나 날이 밝아 오다.
  예 밤새도록 일하다.
- 밤새우다 : 잠을 자지 않고 밤을 보내다.
  예 밤새워 편지를 쓰다.

(3) 축구 경기에서 최후방 수비수를 <u>골키퍼라고 하며</u>, <u>판단력과</u> 순발력이 있어야 한다.
(⇨ 골키퍼라고 하는데, 이들에게는 판단력과)

해설 '-(으)며'는 나열이나 동시성을 보여 주는 경우에 사용되는 연결 어미이고, '-는데'는 뒤 절에서 어떤 일을 설명하기 위해 그 대상과 관련되는 상황을 미리 말할 때 쓰는 연결 어미이다. 주어진 문장에서 앞 절과 뒤 절은 모두 골키퍼에 대해 설명하고 있으므로, 단순 나열보다는 연결 어미 '-는데'를 사용하는 것이 좋다.

9. 주제의 호응 유지

(1) 국세청에서는 사적으로 개인의 정보를 열람하는 것은 <u>엄격히 금지되고</u>, 부당한 열람이 드러나면 <u>엄중 처벌한다고</u> 밝혔습니다.
(⇨ ~ 엄격히 금지하며 ~ 엄중히 처벌한다고 ~)

해설 가능한 한 동일한 속성의 서술어끼리 연결하는 것이 문법적으로 자연스럽다. 여기서 '금지되고'는 피동형 서술어임에 반해 '처벌한다'는 능동형 서술어인 까닭에 정보 전달이 자연스럽지 못하다.

(2) <u>부동산 투기 혐의자와 변칙적인 사전 상속도 조사 대상입니다.</u>
(⇨ ① 부동산 투기 혐의자와 위법적인 사전 증여자도 조사 대상입니다 ② 부동산 투기와 위법적인 사전 증여도 조사 대상입니다)

해설 '혐의자'와 '상속'이 연결되었는데 '혐의자'는 사람이고 '상속'은 행위이다. 따라서 이 둘은 의미가 대등하지 못하므로 함께 연결할 수 없다.

10. 조사와 단어의 호응

(1) 원시 시대부터 <u>인간은</u> 끊임없는 발전을 거듭해 온 것은 우리가 인정해야 하는 사실이다.
(⇨ 인간이)

해설 안긴문장의 주어는 조사 '이/가'로 표현하는 것이 더 자연스럽다.

(2) 어머니께서는 산에서 내려오시다가 <u>다리가</u> 삐어 들것에 실려 오셨다. (⇨ 다리를)

해설 '삐어'는 목적어를 취하는 타동사이므로 주어 '다리가'를 목적어인 '다리를'로 고쳐야 한다.

(3) 그 영화의 여주인공은 악한이 쏜 <u>총탄에 가슴이</u> 맞아 숨졌다. (⇨ 총탄을 가슴에)

해설 '맞다'가 타동사로 쓰일 때는 '떨어지거나 날아오는 것을 그대로 몸에 받다.'의 뜻을 나타내고, 자동사로 쓰일 때는 '목표에 가 닿다.'의 뜻을 드러낸다. 이 문장에서는 타동사로 쓰였으므로 '총탄에 가슴이'는 '…을 …에'의 형태로 고쳐야 한다.

(4) 낙타의 바늘구멍 들어가기 식으로 <u>극장 잡기를</u> 어렵다고 하는 연말연시 황금기에 펼쳐진 상황이라 더욱 진귀한 기록을 세웠다. (⇨ 극장을 잡기가)

해설 '어렵다'는 형용사이므로 주어를 필요로 하는 용언이다. 바로 앞에 목적어를 가질 수는 없다.

(5) 아직도 그의 생생한 목소리가 나의 <u>귓전에</u> 울린다. (⇨ 귓전을)

해설 '울린다'가 사동 접미사가 결합된 타동사이므로 '귓전'은 목적어가 되는 말이다.

(6) 재해 지역 선포를 <u>대통령에</u> 요청했다. (⇨ 대통령에게)
고구려사 왜곡에 대해 <u>중국 정부에게</u> 항의하였다. (⇨ 중국 정부에)

해설 '에게'는 사람, 동물과 같은 유정 명사에, '에'는 무정 명사에 쓰인다.

(7) "저는 거기에 가겠습니다."고 말했다. (⇨ "저는 거기에 가겠습니다."라고 말했다)
제가 거기에 가겠다라고 말했습니다. (⇨ 제가 거기에 가겠다고 말했습니다)
해설 간접 인용일 때에는 '고', '-는'을, 직접 인용일 때에는 '라고', '-라는'을 붙인다.

(8) 이제는 아시아에 손꼽히는 강대국이 되었다. (⇨ 아시아에서)
해설 '~가운데에서, ~중에서'의 의미를 가지기 위해서는, 앞말이 행동이 이루어지고 있는 처소의 부사어임을 나타내는 격 조사인 '에서'로 고쳐야 한다.

(9) 이 작품은 세대 간의 갈등을 다루고 있으며 힘의 변화에 대한 통찰을 엿볼 수 있다.
(⇨ 이 작품에서는)
해설 '다루고 있으며'와 '엿볼 수 있다.'는 서술어와 연관 지어 보면 주어를 '이 작품에서는'으로 고쳐 쓰는 것이 자연스럽다.

(10) 명재는 선수치고 공을 잘 찬다. (⇨ 공을 잘 못 찬다)
해설 '치고'라는 조사는 '그중에서는 예외적으로'의 뜻을 나타내는 보조사로 앞 명사와 대립되는 뜻의 뒤의 서술어와 호응이 된다.

(11) 국제 사회에서 우리나라의 위상을 올려야 한다.
(⇨ ① 위상을 높여야 한다 ② 위상을 강화해야 한다)
해설 '위상(位相)'은 '올리다, 내리다'보다 '~을 높이다, ~을 강화하다, ~이 높다, ~을 낮추다, ~을 떨어뜨리다, ~이 낮다, ~이 추락하다.'가 잘 어울린다.

(12) 그녀는 아직도 앙금이 가라앉지 않았는지 여전히 기분 나쁜 표정을 짓고 있다.
(⇨ ① 앙금이 가시지 않았는지 ② 앙금이 남았는지)
해설 '마음속에 남아 있는 개운치 아니한 감정'을 뜻하는 '앙금'은 '가라앉다'보다 '남다', '가시다'와 호응이 잘 된다.

(13) 선진국일수록 평균 수명이 길어 노년층의 비율이 큰 편이다. (⇨ 비율이 높은)
해설 '비율(比率)'은 '다른 수나 양에 대한 어떤 수의 비(比)'로 '높다, 낮다, 오르다, 내리다, 증가하다, 감소하다'와 잘 어울린다.

(14) 로또 복권에 당첨될 확률은 교통사고를 당해 사망할 확률보다 작다.
(⇨ 사망할 확률보다 낮다)
해설 '확률'은 '어떤 일이 일어날 가능성의 정도를 수치화한 것'으로 '높다, 낮다'와 잘 어울린다.

(15) 이번에 진입 장벽을 대폭 완화한 것은 업계 입장에선 매우 반가운 일이다.
(⇨ 장벽을 대폭 낮춘 것은)
해설 '규제를 완화하다.', '장벽을 낮추다.'처럼 호응하는 것이 자연스럽다.

11. 문장 구조의 병렬 유지

(1) 큰아이는 모범생이며, 작은아이는 미술을 좋아한다.
(⇨ ① 큰아이는 모범생이며, 작은아이는 우등생이다 ② 큰아이는 음악을 좋아하며, 작은아이는 미술을 좋아한다)
해설 '~이며'는 앞뒤의 말을 같은 자격으로 이어 주는 연결 어미인바 대등한 내용이 뒤따라야 한다.

(2) 그들은 한적한 오솔길을 걸으며 사색에 잠기기도 하고 내일을 <u>설계했다</u>.
    (⇨ 설계하기도 했다)

    해설 '-고'라는 연결 어미로 인해 두 문장이 병렬 관계에 있으나 문장의 구조가 서로 달라서 어색하다.

12. 접속 대상의 동질성 유지

(1) <u>철도청 사업을 하루 만에 승인하고 타당성 검토 없는 은행 거액 대출 등 사업 전반이 의문투성이라는 주장이 대두되고 있습니다.</u>

    (⇨ ① 하루 만에 승인된 철도청 사업과 타당성 검토 없는 은행 거액 대출 등 사업 전반이 ~ ② 철도청 사업을 하루 만에 승인하고 은행에서 타당성 검토 없이 거액을 대출하는 등 사업 전반이 ~)

    해설 '승인하고'의 '고'로 연결된 성분이 '대출'인데 '동사 - 명사'의 연결은 문법적으로 동질적이지 않다.

(2) <u>그 나라 주민과의 충돌이나 민족의 정체성을 상실하는 등의 문제가 발생되기도 한다.</u>

    (⇨ ① 그 나라 주민과의 충돌이나 민족의 정체성 상실 등의 ② 그 나라 주민과 충돌하거나 민족의 정체성을 상실하는 등의)

    해설 명사구인 '그 나라 주민과의 충돌'과 문장인 '민족의 정체성을 상실하 -'가 조사 '이나'로 연결되어 대등성이 깨져 있다.

(3) 세계화를 반대하는 사람들은 <u>빈국들끼리 관세장벽 철폐, 상호 무역량을 늘림으로써</u> 경제를 부흥시키고 선진국에 맞서자고 주장한다.

    (⇨ ① 빈국들끼리 관세장벽을 철폐하고 상호 무역량을 늘림으로써 ② 빈국들끼리 관세장벽 철폐, 상호 무역량 증대로 경제를)

    해설 '관세장벽 철폐'는 명사구, '상호 무역량을 늘림으로써'는 절의 형태이므로 서로 구조가 맞지 않는다.

13. 비교 대상의 일치

(1) 운전기사가 잡담을 하거나 <u>과속을 금지한다</u>. (⇨ 과속하는 것을 금지한다)

    해설 '잡담을 하는 것'과 비교가 될 수 있는 것은 추상적인 '과속'이 아니라 '과속하는 것'이라는 구체적인 행위라 할 수 있다.

(2) <u>서울은 세계의 어느 나라보다</u> 교통난이 심각하다. (⇨ 서울은 세계의 어느 도시보다)

    해설 '서울'은 우리나라의 도시이지 나라가 아니다.

(3) <u>프랑스 파리와 이탈리아 밀라노, 미국 등</u>이 세계 패션을 주름잡고 있다.

    (⇨ ① 프랑스 파리와 이탈리아 밀라노, 미국 뉴욕 등이 ② 프랑스·이탈리아·미국 등이)

    해설 '프랑스 파리', '이탈리아 밀라노'는 '나라 + 도시'의 구조로 돼 있으나, '미국'은 나라만 있고 도시가 없다.

14. 어미의 적절한 사용

(1) 그 계곡물 위에는 이미 <u>썩어진</u> 나무다리가 놓여 있었다. (⇨ 썩은)

해설 '-어지다'는 '앞 어간의 뜻대로 이루어지다.'라는 뜻을 지니므로 '썩어진 나무 다리'는 '나무 다리가 스스로 썩을 것을 의도했다.'라는 의미가 된다.

(2) <u>유익한 주말이 되십시오</u>. (⇨ 유익한 주말을 보내시길 바랍니다)

해설 '너는 유익한 주말이 되어라.'의 뜻이므로 틀린 표현이다.

(3) 상해 임시 정부는 독립운동의 <u>요람이지만</u> 우리 민족의 산실이다. (⇨ 요람이자)

해설 한 상황에 또 한 상황을 첨가해 나가는 표현이므로 대조를 나타내는 '-지만'은 부적절하고, 앞뒤를 포함하는 뜻을 나타내는 '-자'가 어미로 적절하다.

(4) 소비자보다는 사업자 위주로 <u>운영하면서</u> 이용자 배려에 소홀하였다. (⇨ 운영하여)

해설 앞뒤의 의미 관계가 인과를 나타내고 있는데, 연달아 일어나는 동작을 표시하는 '-(으)면서'를 써서 문장의 접속이 자연스럽지 못하다.

15. 논리적 호응에 어긋나는 경우

(1) <u>한국 상품에 대한 불만과 고쳐야 할 점으로는 품질 개선과 가격 인하를 많이 지적했다.</u>

(⇨ ① 한국 상품에 대한 불만과 고쳐야 할 점으로는 품질과 가격을 많이 지적했다
② 한국 상품에 대한 요구 사항으로는 품질 개선과 가격 인하를 많이 지적했다)

해설 '불만과 고쳐야 할 점'이 '품질 개선과 가격 인하'라는 것은 이치에 맞지 않다.

(2) 우리 회사에서는 <u>정화시킨 오염 폐수만을 내보낸다.</u>

(⇨ 오염된 물은 꼭 정화하여 내보낸다)

해설 이미 정화한 물인데 '오염 폐수'라 한 것은 논리에 맞지 않기 때문에 모순된 표현이다.

(3) <u>우리는 돌이에게 민족에 대한 자각을 심어 주기 위해</u> 노력하였다.

(⇨ 우리는 돌이가 민족에 대해 자각할 수 있도록)

해설 '자각(自覺)'은 '자기 결점이나 지위·책임 따위를 스스로 깨달음.'을 의미하는데 자각을 심어 준다고 표현했으니 적절하지 못한 표현에 해당한다.

(4) 기술의 기여도를 높이고 자본 축적에 노력하여 외자 도입과 기술 도입을 <u>최소한으로</u> 줄여 나가야 하겠다. (⇨ ① 최대한으로 ② 최소한이 되도록)

해설 우리에게 불리한 것은 많이 줄여 나갈수록 좋은 것이므로 '최소한으로 줄여 나간다.'는 말이 어색하다.

(5) 커피 한 잔은 되지만 <u>한 잔 이상</u> 마시면 해롭습니다. (⇨ 두 잔 이상)

해설 '한 잔 이상'은 '한 잔'을 포함하는 것이기 때문에 이를 '두 잔 이상'으로 바꾸어야 한다.

(6) 오후가 되면 <u>흐리면서</u> 비가 조금 내리겠습니다. (⇨ 흐려지고)

해설 '흐리면서'는 '내리겠습니다'와 호응하지 않고 또한 '흐리면서', '비가 내리는 것'이 동시에 진행될 수 없다. 흐려진 다음에 비가 내리는 것이 논리적으로 옳다.

(7) 인터뷰를 하는 한 시간 동안 나는 <u>내심 표현은 안 했지만 고개를 갸우뚱거렸다.</u>

(⇨ 표현은 안 했지만 내심 의아하게 생각했다)

해설 '내심'과 '고개를 갸우뚱거리다.'의 논리상의 결합이 약할 뿐만 아니라 '고개를 갸우뚱거리는 행동' 자체가 속마음을 표현한 것이라는 점에서 논리가 충돌된다.

16. 관용적인 표현에 어긋나는 경우

(1) 이 생선은 가시를 <u>골라내기</u>가 쉽지 않다. (⇨ 발라내기)

> **해설** 생선의 가시에 대해서는 '골라내기'보다 '발라내기'가 적합한 표현이다.

(2) 그의 시도는 <u>미수에 머물고</u> 말았다. (⇨ 미수에 그치고)

> **해설** '목적한 바를 시도했으나 이루지 못하다.'라는 뜻으로는 '미수에 그치다.'가 관용적으로 쓰인다.

(3) 쉬리는 동강에 <u>자생하고</u> 있다. (⇨ 서식하고)

> **해설** '~에(서) 자생하다.'는 '저절로 나서 자라다.'라는 뜻의 말이다. 반면에, '서식하다'는 '생물 따위가 일정한 곳에 자리를 잡고 살다.'라는 의미의 말이다.

02 번역 투 표현

1. '진다, 된다, 되어진다, 불린다, 빚어지다, 이루어지다, 주어지다'와 같은 불필요한 피동형을 능동형으로 고쳐 쓰는 것이 좋다.

2. '~에 있어서', '~에 대하여', '~에 의하여', '~에 의하면', '~에 따르면' 등은 일본어 투이므로 쓰지 않는 것이 좋다.

3. '~에 다름 아니다.'는 일본어를 직역한 것으로 '~이나 다름없다.'로 고치는 것이 바람직하다.

4. '서로의/~마다의, ~와/과의, ~에의, ~으로의, ~에서의, ~으로서의, ~(으)로부터(의), ~에로의, ~에게서의'의 불필요한 음절은 생략하거나 바꾸어야 한다.

5. '~을 갖다, ~을 가지다.'는 'have a~'를 연상케 하는 영어식 표현이다.

6. 영어의 관용구를 번역한 표현들이 있다. '아무리 ~해도 지나치지 않다.'는 'It is not too much to~'를 직역한 것으로 '언제나 ~해야 한다, ~함이 당연하다.'로 고칠 수 있다. '~에 위치하다.'는 'be located in'을 직역한 표현으로 '~에 있다.'로 바꿀 수 있다.

7. '~과 함께'는 영어의 'with~' 구문을, '~에 관한'은 영어의 'about~' 구문을 직역한 것으로 잘 가려 써야 한다.

8. '주목에 값한다.'는 'worth while~'을 연상케 하는 표현이다. '주목에' 같은 명사 표현 대신 '주목하다' 같은 용언 서술 표현이 자연스럽다.

9. '~할 필요가 있다. (It is necessary to)', '~을 필요로 하다. (be in need of)', '~할 예정으로 있다. (be going to)', '~을 고려에 넣는다면 (take account of)' 등은 '~이 필요하다.', '~할 예정이다, ~할 것이다, ~할 참이다.', '~을 고려한다면' 등으로 고쳐 쓰는 것이 좋다.

10. 가급적이면 무생물이 주어가 되는 구문은 피하는 것이 좋다.

11. '가장 중요한 것 중의 하나는'과 같은 표현은 '가장'이 '여럿 가운데 어느 것보다 정도가 세거나 높게'의 뜻으로 '가장 중요한 것은' 하나뿐이므로 다시 '그중의 하나'를 이야기함은 모순이다.

12. 우리말의 어법이 아닌 일본어식·영어식의 표현은 피하는 것이 좋다.

의미와 담화

PART 1 문법·규정

제1절 의미

01 의미의 관계

1. 동의(同義) 관계

두 개 이상의 단어가 서로 소리는 다르나 의미가 같을 때, 이들을 동의(同義) 관계에 있다고 한다. 그리고 동의 관계에 있는 단어들을 동의어(同義語) 또는 이음동의어(異音同義語)라 한다.

(1) 동의 관계의 말은 의미가 완전히 같은 것은 아니나 유사하여, 서로 바꾸어 써도 크게 어색하지 않다.
  예) 그는 행여나 하고 요행을 바랐다. / 그는 혹시나 하고 요행을 바랐다.
  * 여기서 '행여나', '혹시나'는 서로 바꾸어 써도 의미 성립에 지장이 없는 '동의 관계'의 말이다.

(2) 특정 문맥 속에서 동의어로 쓰이는 말도 다른 문맥에서는 동의어로 쓰일 수 없는 경우도 있다.
  예) 학교 가는 길에 [서점/책방]에 들렀다.
     나는 요즘에 [*헌서점/헌책방]에 자주 들른다.
  * '서점'과 '책방'은 동의어로 서로 바꾸어 쓸 수 있는 단어이다. 그러나 '책'이나 '방'은 한자어이긴 하나 '冊 책(책), 房 방(방)'이라 뜻을 달 정도로 우리말화하여 '헌책, 새책, 글방, 빈방'처럼 고유어와 자연스럽게 어울린다. 그러나 '서점'은 한자어라는 인식이 뚜렷하여 '*헌서점'이라 쓰지는 못한다. 이는 '고서(古書)+점(店)'의 짜임새로 '고서점'이라 부르는 것이 보통이다.

2. 유의(類義) 관계

의미가 같거나 비슷한 둘 이상의 단어가 맺는 의미 관계를 말하며, 그 짝이 되는 말들을 '유의어'라고 한다. 유의 관계의 대부분은 개념적 의미의 동일성을 전제로 한다. 그렇다고 하여 유의 관계를 이루는 단어들을 어느 경우에나 서로 바꾸어 쓸 수 있는 것은 아니다. 유의어는 말의 맛을 달리 하기 위하여 만들어지기도 하고, 특정 단어를 꺼리는 금기 현상 때문에 만들어지기도 한다.
  예) 아름답다 - 예쁘다 - 어여쁘다 - 곱다
     여자 - 여인 - 여성 - 아낙네 - 여편네 - 부인 - 아주머니 - 아줌마
     착하다 - 어질다 - 선하다 - 순하다 - 순진하다 - 순박하다

> 🔔 **알아 두기**
>
> 우리말에서 유의어가 발달한 이유
> 1. 고유어와 함께 한자어와 외래어가 섞여 쓰이고 있다. 예) 어머니/모친/마마, 아내/처/와이프, 잔치/연회/파티
> 2. 높임법이 발달하여 있다. 예) 너/자네/당신/댁/제군/이 사람, 나/저/본인/이 사람, 이름/성명/존함/함자
> 3. 감각어가 발달하여 있다. 예) 노랗다/노르께하다/노르끄레하다/노르무레하다/노르스름하다/노릇하다 등
> 4. 국어 순화를 위하여 정책적으로 말을 만들어 내었다. 예) 다크서클/눈그늘, 타임캡슐/시간상자
> 5. 금기 때문에 생기기도 하였다. 예) 오줌/소변, 호랑이/산신령, 천연두/마마

■ 중심적 의미와 주변적 의미
1. 중심적 의미: 가장 기본적이고 핵심적인 의미
2. 주변적 의미: 중심적 의미에서 확장되어 사용된 의미
예) 손: 중심적 의미 - 아기의 손, 손바닥, 손가락 / 주변적 의미 - 손이 모자란다, 손윗사람
가다: 중심적 의미 - 집에 간다.(이동한다) / 주변적 의미 - 주름이 가다.(생기다), 생선이 물이 갔다.(변질되다)

3. 동음이의(同音異義) 관계

두 개 이상의 단어가 서로 <u>소리는 같으나 그 의미가 다른</u> 경우에, 이들의 관계를 이의 관계(일명 동음 관계)라고 하며, 이런 단어들을 이의어(異義語)라고 한다.

예 배가 아프다. – '복부(腹部)'를 의미한다.
배를 먹었다. – '과일의 한 종류'를 의미한다.
배가 떠 있다. – '선박'을 가리킨다.

4. 다의(多義) 관계

다의어는 사전에 하나의 표제어로 제시되고, 가장 기본이 되는 ==중심== 의미부터 의미가 확대되어 나온 ==주변== 의미의 순서로 기술한다. 이 의미들 사이의 관계를 '다의 관계'라 한다. 다의어는 각각의 의미 항목마다 유의어와 반의어를 가질 수 있다.

예 손으로 잡다. – 팔목 아래 부분(手)
손이 부족하다. – 일손
경찰의 손이 미치는 곳 – 영향력, 권한
장사꾼의 손에 놀아나다. – 수완이나 꾀

5. 반의(反義) 관계

둘 이상의 단어에서 <u>의미가 서로 짝을 이루어 대립하는</u> 경우를 의미한다. 이러한 관계를 맺고 있는 단어들을 반의어라고 하는데 반의 관계는 둘 사이에 공통적인 의미 요소가 있으면서도 한 개의 요소만이 달라야 한다. 둘 이상의 대립을 보이는 경우는 반의어로 분류하지 않는다.

예 '총각'과 '처녀'는 '성(性)'을 제외하면 의미상 공통적이다.

또한, 반의 관계는 반드시 한 쌍으로만 존재하는 것이 아니라 다의어같이 한 단어에 여러 개의 단어가 대립하는 경우도 있다.

▶ '서다'의 의미와 반의어

구분	의미	반의어
서다	일어나다	앉다
	멈추다	가다
	(체면이) 서다	깎이다
	(날이) 서다	무뎌지다

(1) 상보(相補) 반의어 : 반의 관계의 개념적 영역에서 상호 배타적인 두 구역으로 철저히 양분되는 단어 쌍이다. 중간항이 있을 수 없으며, 동시에 참이 될 수도 없고 동시에 거짓이 될 수도 없다.
예) 남자-여자, 참-거짓, 삶-죽음, 합격-불합격, 출석-결석

(2) 정도(程度) 반의어 : 정도나 등급에서 대립을 이루고 있는 단어 쌍을 의미한다. 정도 반의어는 다시 척도(尺度) 반의어, 평가(評價) 반의어, 정감(情感) 반의어로 나눌 수 있고 중간항이 존재하며 동시에 부정이 가능하다.
① 척도(尺度) 반의어 : 길다 - 짧다, 높다 - 낮다, 깊다 - 얕다, 넓다 - 좁다, 두껍다 - 얇다, 크다 - 작다, 세다 - 여리다, 무겁다 - 가볍다
② 평가(評價) 반의어 : 좋다 - 나쁘다, 쉽다 - 어렵다, 영리하다 - 우둔하다, 유능하다 - 무능하다
③ 정감(情感) 반의어 : 덥다 - 춥다, 달다 - 쓰다, 기쁘다 - 슬프다, 뜨겁다 - 차갑다

(3) 방향(方向) 반의어 : 맞선 방향을 전제로 하여 관계나 이동의 측면에서 대립을 이루는 단어 쌍을 의미한다. 방향 반의어에는 공간적 대립, 인간관계 대립, 이동적 대립이 있다.
① 공간적 대립 : 위 - 아래, 오른쪽 - 왼쪽, 앞 - 뒤, 처음 - 끝, 남극 - 북극
② 인간관계 대립 : 부모 - 자식, 남편 - 아내, 스승 - 제자
③ 이동적 대립 : 사다 - 팔다, 올라가다 - 내려가다, 입다 - 벗다, 열다 - 닫다

■ • 상보 반의어 = **모순** 관계
• 정도 반의어 = **반대** 관계
• 방향 반의어 = **상대** 관계

6. 하의(下義) 관계[상하(上下) 관계]
한쪽이 의미상 다른 쪽을 포함하거나 다른 쪽에 포섭되는 관계를 뜻한다. 상하 관계를 형성하는 단어들은 상위어일수록 일반적이고 포괄적인 의미를 지니며, 하위어일수록 개별적이고 한정적인 의미를 지닌다. 따라서 하위어는 상위어를 의미적으로 함의(含意)하게 된다. 즉 상위어가 가지고 있는 의미 특성을 하위어가 자동적으로 가지게 된다.

(1) 분류적 관계
예) 생물 - 동물 - 척추 동물
인류 - 몽골리안 - 한국인

(2) 분석적 관계
예) 시계 - 시침, 분침, 초침

🔔 알아 두기

의미의 중복(중첩)

잉여적 표현이라고도 하며 한 단어나 어절, 문장의 앞이나 뒤에 붙어 있는 의미상 불필요한 말을 의미한다.

1. 같은 내용이 되풀이되는 경우
    - 예) 매주 토요일마다 운동 (⇨ 매주 토요일에 운동 / 토요일마다 운동)
    어쩔 수 없는 불가피한 선택 (⇨ 어쩔 수 없는 선택)
    서해 바다, 하얀 백차 (⇨ 서쪽 바다, 하얀 차)
    그것은 과반수 이상의 찬성을 얻었다. (⇨ 그것은 반수 이상의 찬성을 얻었다.)
    지나가는 과객, 남은 여생, 역전 앞 (⇨ 지나가는 나그네, 남은 생애, 역 앞)
    젊은 청년들은 원대한 꿈을 지녀야 합니다. (⇨ 젊은이들은~)
    그때 당시에는 그런 말을 많이 했다. (⇨ 그때에는~)
    나는 아무 생각 없이 무심히 도보로 걸었다. (⇨ 나는 아무 생각 없이 걸었다.)
    빈 공간이 있어야 점포를 얻지. (⇨ 빈 장소가 있어야~)
    컴퓨터는 현대 생활에 꼭 필요한 필수품이 되었다. (⇨ 컴퓨터는 현대 생활의 필수품이~)
    여태까지 한수는 허송 세월을 보냈다. (⇨ 여태까지 한수는 헛되이 세월을 보냈다.)
    공기를 자주 환기시켜야 감기에 안 걸린다. (⇨ 자주 공기를 바꾸어 주어야 감기에~)
    형극의 가시밭길을 우리는 걸어왔습니다. (⇨ 가시밭길을~)
    그의 뇌리 속을 스치는 기억 하나가 있었다. (⇨ 그의 머릿속을 스치는 기억 하나가~)
    서민들의 애환과 기쁨이 살아 있는 드라마 (⇨ 서민들의 슬픔과 기쁨이~)
    한일 간의 현안 문제가 아직도 해결되지 못했다. (⇨ 한일 간의 현안이~ / 한일 간에 결론이 나지 않은 의안이 아직도~)
    게시판에 자주 묻는 질문을 한번 정리해 봤어요. (⇨ 게시판에 자주 올라오는 질문을~ / 게시판의 빈출 질문을~)
    기존에 이미 봤던 영화입니다. (⇨ 기존에 봤던 영화~ / 이미 봤던 영화~)

2. 한자어와 우리말이 어울리는 경우
    - 예) 여가(餘暇) 시간에 음악을 듣습니다. (⇨ 한가로운 시간에~ / 여가에~)
    미리 예습(豫習)을 합시다. (⇨ 예습을 합시다.)
    어려운 난관(難關)을 뚫고 (⇨ 난관을 뚫고)
    더러운 누명(陋名)을 썼다. (⇨ 누명을 썼다.)
    다시 재론(再論)할 필요가 없다. (⇨ 다시 언급할~)
    인생을 보는 관점(觀點)이 새롭다. (⇨ 인생을 보는 시각이 새롭다.)
    방학 기간(期間) 동안 공부를 많이 하자. (⇨ 방학 동안~)
    홀로 독수공방(獨守空房)을 지켰다. (⇨ 홀로 빈방을 지켰다.)
    그 팀이 바로 한국 시리즈에 직행(直行)했다. (⇨ ~바로 갔다.)
    백주(白晝) 대낮에 그런 일이 일어났다니! (⇨ 대낮에~)
    계속되는 연휴(連休)로 사람들이 붐빈다. (⇨ 계속되는 휴일로~)
    나는 서류를 접수(接受)받았다. (⇨ 나는 서류를 받았다.)
    낙엽(落葉)이 떨어지는 가을이 되었다. (⇨ 나뭇잎이 떨어지는~)
    원고를 투고(投稿)하여 주십시오. (⇨ 원고를 보내 주십시오.)
    그 둘은 판이(判異)하게 다른 것으로 나타났다. (⇨ 그 둘은 매우 다른 것으로~)
    우리는 자문(諮問)을 구(求)하였다. (⇨ 우리는 그에게 조언을 구하였다. / 우리는 그에게 자문하였다.)

02 의미 변천

> **알아 두기**
>
> **의미 변화의 언어적 원인**
> 한 단어가 다른 단어와 자주 접촉하여 쓰이면서 한쪽의 의미가 다른 쪽으로 옮겨 가게 된 경우를 뜻한다.
> 1. <mark>전염(傳染)</mark> : 습관적인 단어 결합에 의해 한쪽의 의미가 다른 쪽에 감염되는 현상을 뜻한다.
>   - 예) 별로, 전혀, 여간, 그리 : 원래 부정의 의미가 없었으나 부정 서술어와 자주 쓰이면서 부정 의미만 지니게 됨.
> 2. <mark>생략(省略)</mark> : 단어 구성의 일부가 줄었지만, 생략된 부분의 의미가 남은 부분에 감염되는 것이다.
>   - 예) 머리(털), 아침(밥) : '머리'는 '털'이라는 단어와 자주 접촉하여 쓰이면서 '털'이 생략되어도 '털'의 의미를 포함한 것으로 의미가 변화하였다. '아침' 역시 '밥'이라는 단어와 자주 접촉하여 쓰이면서 '밥'을 생략하여도 그 의미를 포함한 뜻으로 변화하였다.

1. 의미의 확대 : 이미 존재하는 말의 의미를 확대하여 사용하는 것

- 예) 겨레 : 종친(宗親) ⇨ 동포(同胞), 민족
  - 지갑(紙匣) : 종이로 만든 갑 ⇨ 가죽이나 헝겊 따위로 자그마하게 만든 물건
  - 사모님 : 스승의 부인 ⇨ 남이나 직장 상사의 부인을 높여 부르는 말
  - 박사 : 최고의 학위 또는 그 학위를 딴 사람 ⇨ 어떤 분야에 정통하거나 숙달된 사람
  - 온 : 백(百) ⇨ 모든
  - 방석(方席) : 네모난 깔개 ⇨ 둥근 것까지 포함
  - 세수 : 손을 씻다. ⇨ 손과 얼굴을 씻다.
  - 식구(食口) : 입 ⇨ 가족이나 사람
  - 영감 : (古) 종2품, 정3품 벼슬아치의 호칭 ⇨ 남자 노인
  - 왕초 : 거지 두목 ⇨ 깡패의 두목이나 직장 상사
  - 핵(核) : 열매의 씨를 보호하는 속껍데기 ⇨ 사물의 중심이 되는 알맹이
  - 선생 : 성균관의 교무 직원의 호칭 ⇨ 학생을 가르치는 사람 ⇨ 남에 대한 존칭

2. 의미의 축소 : 의미가 변화하여 지시하는 대상이나 개념에 대한 범위가 원래보다 좁아지는 것

- 예) 중생 : 모든 생명체 ⇨ 사람
  - 계집 : 여성을 가리키는 일반적인 말 ⇨ 여성의 낮춤말
  - 놈 : 사람을 가리키는 일반적인 말 ⇨ 남성의 낮춤말
  - 미인(美人) : 남녀 모두에게 쓰임. ⇨ 여자에게만 쓰임.
  - 얼굴 : 몸 전체, 혹은 형상 ⇨ 안면
  - 짓(즛) : 모양과 동작 모두 쓰임. ⇨ 동작에만 쓰임.
  - 메(뫼) : 진지, 밥 ⇨ 제사 때 올리는 진지로만 쓰임.
  - 음료수 : 마시는 물 ⇨ 제품화되어 나온 마실 물

3. 의미의 이동 : 단어의 의미 영역이 넓어지거나 좁아지지 않고 단순히 다른 의미로 바뀐 것

- 예) 어리다 : 어리석다 ⇨ 나이가 적다
  - 씩씩하다 : 엄하다 ⇨ 용감하다
  - 수작(酬酌) : 술잔을 주고받음. ⇨ 말을 주고받음.
  - 외도 : 불교 이외의 다른 종교 ⇨ 부도덕한 의미
  - 어엿브다 : 불쌍하다 ⇨ 예쁘다
  - 하다 : 많다, 크다 ⇨ (동작을) 하다
  - 배우 : 천한 직업을 가진 사람 ⇨ 선망의 대상

제2절 담화

01 높임법

■ 명사 '임', 의존 명사 '님', 접미사 '-님'의 차이
- 임 : 사모하는 사람 (명사)
- 님 : 특정 사람을 높여서 부르는 말 (의존 명사)
- -님 : 직위나 신분 및 일부 명사 뒤에 붙어, 존경의 뜻을 나타내는 말 (접미사)
  예) 사장님, 회장님 / 부처님, 예수님

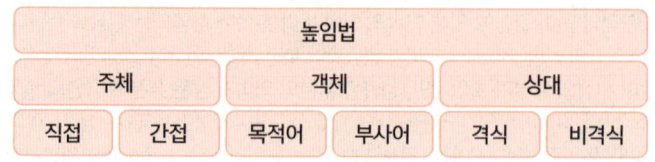
▲ 높임법의 분류

1. 주체(主體) 높임법

서술어 주체를 높이는 방법으로, 말하는 이보다 서술의 주체가 나이나 사회적 지위 등에서 상위자일 때에 사용된다. 주체 높임법은 기본적으로 서술어에 선어말 어미 '-(으)시-'가 붙어 실현되나, 주격 조사 '이/가' 대신 '께서'가 쓰이기도 하고 주어 명사에 접미사 '-님'이 덧붙기도 한다. 또한 '계시다, 잡수시다'와 같이 주체 높임을 위한 특수 어휘도 있다.
예) 선생님께서 오셨다.

■ 직접 높임이 이루어지는 경우와 이루어지지 않는 경우
1. 공적(公的)인 경우 : 객관적인 역사 서술 등에서는 높임이 이루어지지 않음.
   예) 세종 대왕은 뛰어난 한글학자였다. (방송, 교과서의 표현)
   대통령이 오늘 담화를 발표하였다. (직업적인 의무를 이행한 것으로 봄.)
2. 사적(私的)인 경우 : 개별적인 혈연관계나 친분 관계를 중시하여 높임이 이루어짐.
   예) 세종 대왕은 뛰어난 한글학자이셨다. (개별적 친밀 관계에서 서술)
   대통령께서 오늘 담화를 발표하셨다. (개별적인 친애감을 가지고 표현함.)

(1) 주체(主體) 높임법의 종류
  ① 직접 높임 : 말하는 이가 주어를 직접 높일 경우
    예) 선생님께서 책을 읽고 계신다.
  ② 간접 높임 : 말하는 이가 주어와 관련된 대상(말씀, 생각, 소유물, 가족, 신체 부분 등)을 통하여 주어를 간접적으로 높일 경우
    예) 선생님은 따님이 있으시다, 이모님은 댁이 공원에서 많이 머시다, 그분은 지금 볼 일이 없으시다.

(2) 압존법(壓尊法) : 문장의 주체가 듣는 이보다 낮은 지위에 있을 경우 높임 표현을 사용할 수 없는 어법을 이른다. 다만, 가족 간에는 압존을 지키는 것이 원칙이지만 압존법을 사용하지 않는 경우도 허용된다.
    예) 할머니, 어머니가 돌아왔어요. (압존 적용 = 원칙)
    할머니, 어머니가 돌아오셨어요. (압존 적용 × = 허용)

■ 간접 높임의 제약
주어와 관련된 대상을 통해 주어를 간접적으로 높이는 간접 높임법의 경우에는 '계시다'를 쓸 수 없다. 예를 들어, '말씀'은 존칭 명사가 아니므로 '말씀이 계시겠습니다.'는 잘못된 표현이며 '말씀하시겠습니다.', '말씀이 있으시겠습니다.'가 옳은 표현이다.
예) 교장 선생님의 말씀이 계시겠습니다.(×) ⇨ 교장 선생님의 말씀이 있으시겠습니다.(○), 교장 선생님께서 말씀하시겠습니다.(○)

2. 객체(客體) 높임법

목적어나 부사어가 지시하는 대상, 즉 서술의 객체를 높이는 방법이다. 객체 높임법에는 주로 특수 어휘, 그중에서도 특수한 동사('모시다, 드리다, 뵈다/뵙다, 여쭈다/여쭙다' 등)를 사용한다. 그리고 조사 '에게' 대신 '께'를 사용하기도 한다.
예) 나는 아버지를 모시고 병원을 갔다.

3. 상대(相對) 높임법(= 청자 높임법)

말하는 이가 듣는 이를 높이거나 낮추어 말하는 방법이다. 상대 높임법은 종결 표현으로 실현되는데, 크게 격식체와 비격식체로 나뉜다.

(1) **격식체** : 의례적 용법으로 심리적 거리감을 나타낸다.

(2) **비격식체** : 정감 있고 격식을 덜 차리는 표현이다.

▶ 상대 높임법의 종류

구분		평서형	의문형	명령형	청유형	감탄형
격식체	하십시오체	합니다	합니까?	하십시오	하시지요	-
	하오체	하오	하오?	하(시)오, 하구려	합시다	하는구려
	하게체	하네, 함세	하는가?, 하나?	하게	하세	하는구먼
	해라체	한다	하냐?, 하니?	해라, 하거라	하자	하는구나
비격식체	해요체	해요, 하지요	해요?, 하지요?	해요, 하지요	해요, 하지요	하는군요
	해체(반말)	해, 하지	해?, 하지?	해, 하지	해, 하지	해, 하지, 하는군, 하는구먼, 하네

🔔 알아 두기

1. 1인칭 주어 또는 이와 관련된 사물에는 주로 낮춤 표현을 사용하고 2·3인칭에게는 높임말을 사용한다. 예외로 '국가', '겨레'는 절대적인 대상이기 때문에 높임말이 사용된다.
   - 예) 저희 나라, 저희 겨레 (×) ⇨ 우리나라, 우리 겨레 (○)

2. 화자 - 청자 - 주어(주체)의 상호 관계에 유의하여 높임 표현을 사용한다.
   - 예) "너, 선생님이 빨리 오래." (×) ⇨ 너, 선생님께서 빨리 오라셔." (○)
   - "자네, 이것 할 수 있겠나?" "예, 하시라면 해요죠." (×) ⇨ "예, 하라시면 해야죠." (○)
   - "선생님, 그 점을 꼭 당부드립니다." (×) ⇨ "선생님, 그 점을 꼭 부탁드립니다." (○)
   - "잠시 후, 동물의 왕국을 시청하겠습니다." (×) ⇨ "잠시 후, 동물의 왕국을 시청하시겠습니다." (○)

3. 지위가 높거나 나이가 많은 사람에게 '수고하다, 야단맞다, 평안하다' 등의 말을 쓰지 않는다.
   - 예) "아저씨, 수고하셨습니다." (×) ⇨ "아저씨, 고맙습니다." (○)
   - 아버지에게 야단을 맞았다. (×) ⇨ 아버지에게 걱정(꾸지람, 꾸중)을 들었다. (○)
   - "그동안 평안히 계셨습니까?" (×) ⇨ "그동안 안녕하셨습니까?" (○)

4. 꼭 높여야 될 상대에게는 어휘에 따라 적절한 한자어의 사용이 필요하다.
   - 예) 할아버지께서는 이가 좋지 않으시다. (×) ⇨ 할아버지께서는 치아가 좋지 않으시다. (○)
   - "선생의 이름을 좀 알려 주십시오." (×) ⇨ "선생의 존함(尊銜)을 좀 알려 주십시오." (○)
   - "자네 아우도 안녕하신가?" (×) ⇨ "자네 계씨(季氏)도 안녕하신가?" (○)

5. '밥'의 높임말인 '진지'는 가정에서나 쓰일 뿐이고, 일반 사회에서는 '식사'라는 말을 더 많이 사용한다. '들다'라는 말 역시 '음식을 먹다.'를 손윗사람에게 높여 이르거나, 친구나 손아랫사람에게 점잖게 이르는 말이므로, 자기 자신에 대해서는 쓸 수 없는 말이다.
   - 예) "선생님, 저녁 식사하셔야지요?"
   - ⇨ '선생님, 저녁 잡수셔야지요?', '선생님, 저녁 드셔야지요?'보다는 덜 정중한 표현
   - "선생님, 먼저 드십시오. 저도 곧 뒤따라 들겠습니다." (×)
   - ⇨ "선생님, 먼저 드십시오. 저도 곧 뒤따라 먹겠습니다." (○)

■ **상대 높임 보조사 '요'의 쓰임**

비격식 '해요체'에 활용되는 보조사로, 문장의 종결 어미에서만 나타나는 것이 아니라 명사나 부사 아래에, 연결 어미나 종결 어미 아래에, 두루 붙어 쓰임. 또한, 문장(대화)의 각종 성분 뒤에도 자연스럽게 나타나는 등 광범위한 분포를 보여 주고 있다.
- 예) 나는요 더우면요 냉면을요 먹어요.

■ **어휘와 서술어 표현**

'할머니께서 주무시고 가셨다.' '할머니께서 잡수시고 가셨다.'에서 보듯이 '자다', '먹다'에 대한 존칭의 어휘가 '주무시다', '잡수시다'처럼 따로 있는 경우에는 언제나 존칭의 어휘를 쓰고 함께 나타나는 다른 서술어에 '-시-'를 붙여 말하는 것이 일반적이다.

■ **편지에서 주로 쓰이는 표현**
- 귀하 : 상대편을 높여 이름 다음에 붙여 쓰는 말
- 귀중 : 단체나 기관의 이름 아래에 쓰는 높임말
- 귀사 : 상대편의 회사를 높여 이르는 말

■ **편찮다**
- '몸이나 마음이 거북하거나 괴롭다.'라는 의미의 '편찮다'는 높임의 특수 어휘가 아니다.
  - 예) 잠자리가 편찮다. 마음이 영 편찮다.
- '병을 앓는 상태에 있다.'라는 의미의 '편찮다'는 주체 높임 선어말 어미 '-으시-'와 함께 쓰이며 높임의 특수 어휘로 볼 수 있다.
  - 예) 어디가 어떻게 편찮으신지 말씀해 주세요.

> 6. 용언 여러 개가 함께 나타날 경우에는 대체로 문장의 마지막 용언에 높임의 선어말 어미 '-(으)시-'를 쓴다. 경우에 따라서는 그 밖의 용언에도 '-(으)시-'를 쓸 수 있다.
>
> 예 부모님께서 동생 집에 들르셨다가 가시겠다고 하셔서 잠깐 들르기로 했다. (×)
>   ⇨ 들렀다가 가겠다고 하셔서 (○)
>
> 7. 높일 필요가 없는 대상을 과도하게 높이면 오히려 어색한 느낌을 준다.
>
> 예 이번 주 금요일 아침 10시에 국장님실에서 회의가 있습니다. (⇨ 국장실)
> 주문하신 커피 나오셨습니다. (⇨ 나왔습니다)
> 문의하신 상품은 품절이십니다. (⇨ 품절입니다)
> (패스트푸드점, 커피 전문점 등에서) 포장이세요? (⇨ 포장해 드릴까요)
> 말씀하신 사이즈가 없으십니다. (⇨ 없습니다)
> 손님 카드는 저희 백화점 카드시네요. (⇨ 카드네요)

02 언어 예절

1. 부모 · 자식과 연관된 어휘

■ **지칭어에 활용되는 한자의 의미**
- 친(親): 나의 아버지
- 자(慈): 나의 어머니
- 춘(椿), 장(丈), 대인(大人): 남의 아버지
- 당(堂), 부인(夫人): 남의 어머니
- 선(先): 돌아가신 분
- 영(令): 남의 자녀와 손자

구분	호칭어	지칭어			
		자기		남(他)	
		산 사람	죽은 사람	산 사람	죽은 사람
아버지	아버지(표준), 아빠(허용)	아버지, 아빠, 가친(家親), 엄친(嚴親), 가군(家君)	아버지(님), 선친(先親), 선고(先考)	○○ 아버지(님), 춘부장(椿府丈), 춘당(椿堂, 春堂), 영존(令尊), 대인(大人)	○○ 아버지(님), 선대인(先大人), 선고장(先考丈)
어머니	어머니(표준), 엄마(허용)	어머니, 엄마, 자친(慈親), 가자(家慈)	어머니(님), 선비(先妣), 선자(先慈)	○○ 어머니(님), 자당(慈堂), 훤당(萱堂), 북당(北堂), 대부인(大夫人)	○○ 어머니(님), 선부인(先夫人)
아들	○○(이름), ○○ 아비(아범)	○○(이름), ○○ 아비(아범), 가아(家兒), 가돈(家豚)		아드님, 영식(令息), 영윤(令胤), 영랑(令郞)	
딸	○○(이름), ○○ 어미(어멈)	○○(이름), ○○ 어미(어멈), 여식(女息)		따님, 영애(令愛), 영양(令孃)	
손주	○○(이름)	손자(孫子), 손녀(孫女), 손아(孫兒), 손주		영손(令孫), 영포(令抱)	

> 🔔 **알아 두기**
>
> **자녀의 직장에 전화를 걸었을 때 자녀를 지칭하는 표현**
> 자녀의 직장에 전화를 해서 자녀를 바꿔 달라고 할 때는 혼인을 하지 않은 자녀라고 할지라도, '김철수 좀 바꿔 주시겠습니까?'처럼 성명만으로 지칭하지는 않는다. 즉 성명에 '씨'를 넣어 '김철수 씨 좀 바꿔 주시겠습니까?'라고 말을 하거나, 성 혹은 성명에 직함을 넣어 '김(철수) 과장 좀 바꿔 주시겠습니까?'라고 말을 해야 한다.

🔔 **알아 두기**

2020년 언어 예절 호칭어 개정 사항

정비 내용	적용
'안', '밭(바깥)' 등 성에 따른 구분 표지나 남녀 비대칭적인 구분 표지의 사용을 지양한다.	예 '안사람', '바깥양반' 등은 '아내'와 '남편'으로 사용함.
남녀 비대칭적인 호칭과 지칭은 대칭적으로 맞춘다.	예 시부모에 대한 호칭 중 '시아버지'는 '아버님'으로만, '시어머니'는 '어머님/어머니'를 모두 쓸 수 있게 한 것을, 시부모 모두에 대하여 '아버님/아버지', '어머님/어머니'로 쓸 수 있게 함.
남자와 여자의 결혼 이전 친부모의 집을 이르는 말로 '본가'를 사용한다. 단, 여자의 경우는 '친정'도 함께 사용할 수 있다.	예 남자 : 본가 아버지, 본가 누나 여자 : 본가/친정아버지, 본가/친정 언니
서열은 아래이지만 나이가 많은 경우, 상대를 존중할 수 있는 장치인 '-님'을 붙여 부르고 이를 수 있다.	예 여동생의 남편이 나보다 나이가 많을 경우 '매부님', '매제님', '○ 서방님'과 같이 부를 수 있음. 예 '조카님', '처제님', '동서님'
가족 관계에서 서열도 아래이고 나이도 어린 경우, 친근한 가족 관계에서 서로 양해가 되었다면 '○○ 씨'로 부르고 이를 수 있다.	예 남편의 남동생이나 여동생이 나보다 나이가 어릴 경우 '○○ 씨'로 부를 수 있음.
전통 언어 예절에서는 아버지 쪽은 가까움을 뜻하는 '친(親)-'을 쓰고, 어머니 쪽은 바깥을 뜻하는 '외(外)-'를 써서 구분하여 왔는데, 지역 이름을 넣어 친·외가 구분 없이 표현할 수 있다.	예 '효자동 할머니', '광주 할아버지'
남녀 차별적인 호칭으로 관심을 모았던 '도련님', '서방님', '아가씨' 등은 대체할 만한 말로 자유롭게 부른다.	예 ○○[자녀 이름] 삼촌/고모, ○○ 씨

■ '사모님'은 '남자 선생님의 아내'나 '직장 상사의 아내'에 대해 쓸 수 있다. 반면 '아주머니', '아주머님'은 직장 상사의 아내건 직장 동료 및 아랫사람의 아내건 모두 쓸 수 있다.

🔔 **알아 두기**

직장에서의 압존법

직장 같은 공적인 관계에서는 압존법 원칙이 적용되지 않는다.
우리말에서는 부장님 앞이라고 해서 과장님을 존대하지 않는 것은 어색하다고 느끼는 것이 일반적이다. 따라서 부장님이나 사장님처럼 과장님의 상급자는 물론이고, 회사 외부 사람 앞에서도 자신보다 상급자인 과장님에 대해서는 높여 말하는 것이 원칙이다.

Chapter 6 외래어·로마자

PART 1 문법·규정

제1절 외래어 표기법

01 표기의 기본 원칙

제1항 외래어는 국어의 현용 24자모만으로 적는다.

제2항 외래어의 1음운은 원칙적으로 1기호로 적는다.

> 'f'는 'ㅍ'으로만 표기하여 '패밀리', '필름' 등으로 적는다.
> fighting 파이팅   free kick 프리킥   fry 프라이   fantasy 판타지
> platform 플랫폼   filter 필터   finale 피날레   fuse 퓨즈

제3항 받침에는 'ㄱ, ㄴ, ㄹ, ㅁ, ㅂ, ㅅ, ㅇ'만을 쓴다.

> coffee shop 커피숍 (커피숖×)   Gallup 갤럽 (갤렆×)   market 마켓 (마켙×)   diskette 디스켓
> good morning 굿모닝   hot line 핫라인   chocolate 초콜릿

■ shop 숍(○)/숖(×)
외래어 표기법 제1장 제3항에 따라 'ㄷ, ㅈ, ㅊ, ㅋ, ㅌ, ㅍ, ㅎ, ㄲ, ㄸ, ㅃ, ㅆ, ㅉ'은 받침으로 쓰지 않는다.
> 'diskette', 'type'은 '디스켓', '타입'이 바른 표기이다. 'out', 'racket', 'jacket', 'biscuit', 'socket'은 '아웃', '라켓', '재킷', '비스킷', '소켓'으로 적는다.

제4항 파열음 표기에는 된소리를 쓰지 않는 것을 원칙으로 한다.

> gas 가스 (까스×)   gasoline 가솔린 (까솔린×)   cognac 코냑 (꼬냑×)
> dam 댐 (땜×)   détente 데탕트 (데땅트×)   baguette 바게트 (바게뜨×)
> bus 버스 (뻐스×)   bond 본드 (뽄드×)   Mozart 모차르트 (모짜르트×)
> baigar 배갈 (빼갈×)   Paris 파리 (빠리×)   Zürich 취리히 (쮜리히×)
> center 센터 (쎈터×)   TGV 테제베 (떼제베×)   café 카페 (까페×)
> jazz 재즈 (째즈×)   crayon 크레용 (끄레용×)   jeep 지프 (찌프×)
> conte 콩트 (꽁트×)   service 서비스 (써비스×)   suntan 선탠 (썬탠×)
> 東京 도쿄 (도꾜×)   reportage 르포 (르뽀×)   札幌 삿포로 (삿뽀로×)

■ 외래어 파열음 표기에서 된소리를 쓰는 예외
'빵(pão), 껌(gum), 삐라(bira), 빨치산(partizan), 샤쓰(shirt), 조끼(chokki), 짬뽕(champon), 히로뽕(Philopon)' 등은 굳어진 관용 표기를 인정한다.
이 가운데서 '빨치산-파르티잔', '샤쓰-셔츠', '히로뽕-필로폰'은 관용적인 표기와 현지 발음 위주의 표기 양쪽 모두 인정하고 있다.

제5항 이미 굳어진 외래어는 관용을 존중하되, 그 범위와 용례는 따로 정한다.

> mania 마니아 (매니아×)   observer 옵서버 (옵저버×)   Kyûsyû[九州] 규슈 (큐슈×)
> accent 악센트 (액센트×)   condenser 콘덴서 (컨덴서×)   technology 테크놀로지 (테크날로지×)

■ 모음 앞에서 's'의 표기
[s]는 모음 앞에서는 'ㅆ'이 아니라 'ㅅ'으로 옮기도록 정해져 있기 때문에 '서비스, 서클, 센터'로 적어야 바른 표기이다.

02 표기 세칙

1. 영어 표기

> **제1항** 무성 파열음 ([p], [t], [k])

1. 짧은 모음 다음의 어말 무성 파열음([p], [t], [k])은 받침으로 적는다.

   예) gap[gæp] 갭　　　　　cat[kæt] 캣　　　　　book[buk] 북
   robot[roʊbɑːt] 로봇　　　racket[rǽkit] 라켓　　spirit[spɪrɪt] 스피릿
   alphabet[ǽlfəbet] 알파벳　omelet[ɑːmlət] 오믈렛　carpet[kɑːrpɪt] 카펫
   carat[kǽrət] 캐럿　　　　pilot[paɪlət] 파일럿　helmet[helmɪt] 헬멧
   pamphlet[pǽmflət] 팸플릿

2. 짧은 모음과 유음·비음([l], [r], [m], [n]) 이외의 자음 사이에 오는 무성 파열음([p], [t], [k])은 받침으로 적는다.

   예) apt[æpt] 앱트　　　　setback[setbæk] 셋백　　act[ækt] 액트
   lipstick[lipstik] 립스틱　Gips[gɪps] 깁스　　　　napkin[nǽpkin] 냅킨

3. 위 경우 이외의 어말과 자음 앞의 [p], [t], [k]는 '으'를 붙여 적는다.

   예) stamp[stæmp] 스탬프　　　　chipmunk[tʃipmʌŋk] 치프멍크
   nest[nest] 네스트　　　　　　sickness[siknis] 시크니스
   desk[desk] 데스크　　　　　　make[meik] 메이크
   apple[æpl] 애플　　　　　　　mattress[mǽtris] 매트리스
   cape[keip] 케이프　　　　　　part[pɑːt] 파트
   front[frʌnt] 프런트　　　　　flute[fluːt] 플루트
   short[ʃɔːrt] 쇼트　　　　　　network[nétwɚːrk] 네트워크
   teamwork[tiːmwɚːrk] 팀워크

> **제2항** 유성 파열음 ([b], [d], [g])

어말과 모든 자음 앞에 오는 유성 파열음은 '으'를 붙여 적는다.

예) bulb[bʌlb] 벌브　　　　　land[lænd] 랜드
zigzag[zigzæg] 지그재그　　lobster[lɔbstə] 로브스터
kidnap[kidnæp] 키드냅　　　signal[signəl] 시그널
pyramid[pírəmid] 피라미드　bulldog[bʊldɔːg] 불도그

독일어와 프랑스어 역시 어말의 파열음은 '으'를 붙여 적는 것을 원칙으로 한다.

예) Stadt[ʃtat] 슈타트(독)　　　soupe[sup] 수프(불)

■ **cut 커트/컷**

'cut'는 의미에 따라서 '커트'와 '컷' 두 가지로 모두 사용이 가능하다.

1. '커트'(cut)로 표기하는 경우
   1) 전체 중에서 일부를 잘라 내는 일
   2) 미용을 목적으로 머리를 자르는 일 또는 그 머리의 모양
   3) 정구, 탁구, 골프 따위에서 공을 옆으로 깎아 치는 방법
   4) 야구에서 타자가 투수가 던진 공을 잡아채듯이 치는 일
   5) 농구 등에서 상대방의 공을 가로채는 일

2. '컷'(cut)으로 표기하는 경우
   1) 촬영에서 한 대의 카메라가 찍기 시작했을 때부터 회전을 끝낼 때까지의 하나의 장
   2) 인쇄물에 넣는 작은 삽화
   3) 촬영할 때에 촬영기의 회전을 멈추거나 멈추게 하는 신호
   4) 영화의 편집, 검열을 할 때에 필름의 일부를 잘라 내는 일

■ **net 네트/넷**

외래어 표기법 제3장 제1항을 보면 짧은 모음 다음에 오는 무성 파열음 ([p], [t], [k])은 '갭(gap), 캣(cat), 북(book)'의 경우와 같이 받침(ㅂ, ㅅ, ㄱ)으로 적게 되어 있다. 'net'의 경우 이 원칙에 따르면 '넷'으로 표기해야 한다. 그러나 'net'라는 단어는 이미 '네트'라는 형태로 확고하게 굳어진 말이어서 심의 과정에서 이의 표기를 '네트'로 결정하였다.

■ **web 웨브/웹**

'web'의 경우는 어말과 모든 자음 앞에 오는 유성 파열음은 '으'를 붙여 적는다는 외래어 표기법 제3장 제2항의 규정에 따른다면 '웨브'로 적어야 한다. 그렇지만, 음성 규칙에 따른 규정보다 관용을 존중하여 '웹'으로 표기한다.

■ **lobster 로브스터/랍스터**

2015년에 개정되어 모두 표기 가능하다.

■ **television 텔레비젼/텔레비전**
외래어 표기에 '쟈, 졔, 쟤, 져, 죠, 쥬'나 '챠, 쳬, 챼, 쳐, 쵸, 츄'와 같은 표기는 있을 수가 없기 때문에 '텔레비전'이 옳은 표기이다.
국어의 특성을 존중하여 'ㅈ'이나 'ㅊ' 다음에 'ㅣ' 계열의 이중 모음(ㅑ, ㅕ, ㅛ, ㅠ, ㅒ, ㅖ)을 쓰지 않도록 주의해야 한다.

■ **'ch' 표기**
'bench, coach, inch, catch, reach' 등은 '벤치, 코치, 인치, 캐치, 리치'로 표기한다.

제3항 마찰음 ([s], [z], [f], [v], [θ], [ð], [ʃ], [ʒ])

1. 어말 또는 자음 앞의 [s], [z], [f], [v], [θ], [ð]는 '으'를 붙여 적는다.

   예 mask[mɑːsk] 마스크 jazz[dʒæz] 재즈
   graph[græf] 그래프 olive[ɔliv] 올리브
   thrill[θril] 스릴 bathe[beið] 베이드

2. 어말의 [ʃ]는 '시'로 적고, 자음 앞의 [ʃ]는 '슈'로, 모음 앞의 [ʃ]는 뒤따르는 모음에 따라 '샤', '섀', '셔', '셰', '쇼', '슈', '시'로 적는다.

   예 flash[flæʃ] 플래시 shrub[ʃrʌb] 슈러브
   shark[ʃɑːk] 샤크 shank[ʃæŋk] 섕크
   fashion[fæʃən] 패션 sheriff[ʃerif] 셰리프
   shopping[ʃɔpiŋ] 쇼핑 shoe[ʃuː] 슈
   show[ʃou] 쇼 shepherd[ʃépərd] 셰퍼드
   English[iŋgliʃ] 잉글리시 shake[ʃeik] 셰이크
   leadership[líːdərʃip] 리더십 shim[ʃim] 심
   brush[brʌʃ] 브러시

3. 어말 또는 자음 앞의 [ʒ]는 '지'로 적고, 모음 앞의 [ʒ]는 'ㅈ'으로 적는다.

   예 mirage[mirɑːʒ] 미라지 vision[viʒən] 비전

제4항 파찰음([ts], [dz], [tʃ], [dʒ])

1. 어말 또는 자음 앞의 [ts], [dz]는 '츠', '즈'로 적고, [tʃ], [dʒ]는 '치', '지'로 적는다.

   예 Keats[kiːts] 키츠 Pittsburgh[pitsbəːg] 피츠버그
   odds[ɔdz] 오즈 hitchhike[hitʃhaik] 히치하이크
   switch[switʃ] 스위치 bridge[bridʒ] 브리지

2. 모음 앞의 [tʃ], [dʒ]는 'ㅊ', 'ㅈ'으로 적는다.

   예 chart[tʃɑːt] 차트 virgin[vəːdʒin] 버진

제5항 비음 ([m], [n], [ŋ])

1. 어말 또는 자음 앞의 비음은 모두 받침으로 적는다.

   예 steam[stiːm] 스팀 corn[kɔːn] 콘
   ring[riŋ] 링 lamp[læmp] 램프
   hint[hint] 힌트 ink[iŋk] 잉크

2. 모음과 모음 사이의 [ŋ]은 앞 음절의 받침 'ㅇ'으로 적는다.

   예 hanging[hæŋiŋ] 행잉 longing[lɔŋiŋ] 롱잉

제6항 유음 ([l])

1. 어말 또는 자음 앞의 [l]은 받침으로 적는다.

   예 hotel[houtel] 호텔   pulp[pʌlp] 펄프

2. 어중의 [l]이 모음 앞에 오거나, 모음이 따르지 않는 비음([m], [n]) 앞에 올 때에는 'ㄹㄹ'로 적는다. 다만, 비음([m], [n]) 뒤의 [l]은 모음 앞에 오더라도 'ㄹ'로 적는다.

   예 slide[slaid] 슬라이드   film[film] 필름
      swoln[swouln] 스월른   Hamlet[hæmlit] 햄릿
      Henley[henli] 헨리   helm[helm] 헬름
      block[blɔk] 블록

제7항 장모음

장모음의 장음은 따로 표기하지 않는다.

예 team[tiːm] 팀   route[ruːt] 루트
   yard[jɑːrd] 야드   margarine[mɑ́ːrdʒərin] 마가린
   humor[hjúːmər] 유머   news[njuːz] 뉴스
   tulip[tjúːlip] 튤립   cheetah[tʃíːtə] 치타

예외 alcohol 알코올, encore 앙코르, concours 콩쿠르

제8항 중모음 ([ai], [au], [ei], [ɔi], [ou], [auə])

중모음은 각 단모음의 음가를 살려서 적되, [ou]는 '오'로, [auə]는 '아워'로 적는다.

예 time[taim] 타임   house[haus] 하우스   skate[skeit] 스케이트
   oil[ɔil] 오일   boat[bout] 보트   tower[tauə] 타워
   scaling[skéiliŋ] 스케일링   bowling[bóuliŋ] 볼링   yellow[jélou] 옐로
   snow[snou] 스노   slogan[slóugən] 슬로건   syndrome[síndroum] 신드롬
   window[windou] 윈도   rainbow[réinbòu] 레인보   clover[klóuvər] 클로버
   yogurt[jóugəːrt] 요구르트   power[páuər] 파워

■ 발음을 할 수도 있고 하지 않을 수도 있는 'r'은 원칙적으로 적지 않으나 예외적인 표기를 하는 단어들도 있다.

예 endorphin[enǀdɔːrfɪn] 엔도르핀, morphine[ǀmɔːrfiːn] 모르핀

■ 위의 원칙에 따라 '플라자, 클레오파트라, 캘린더, 클리닉, 멜론, 글라스, 커리큘럼, 나일론, 알리바이, 드라이클리닝, 방갈로, 알칼리, 카탈로그, 킬로, 포클레인, 프롤레타리아, 핸들링, 글래머, 인플레이션, 디플레이션, 볼륨, 클레임'이라 표기한다.

■ **rollerskate 로울러스케이트/롤러스케이트**

'롤러스케이트'가 맞다. 영어의 이중모음이나 삼중 모음은 각 단모음의 음가를 살려서 적도록 되어 있다. '고울', '노우트', '코우트', '보우트'보다는 '골', '노트', '코트', '보트'가 오히려 더 영어의 발음과 가깝다. '타워', '파워', '타월'도 마찬가지인데 '케블', '스케트', '테프'라 하지 않고 '케이블', '스케이트', '테이프'라 하는 것은 [ei]는 [ou]의 경우보다는 [e]와 [i]의 사이가 넓다고 보기 때문이다.

- [ae]는 'ㅐ'로 적고, [e]는 'ㅔ'로 표기
  - 예) navigation[nǽvəgéiʃən] 내비게이션
    franchise[frǽntʃaiz] 프랜차이즈
    adapter[ədǽptəːr] 어댑터
    snack[snæk] 스낵
    ketchup[kétʃəp] 케첩
    medley[médli] 메들리
    melody[mélədi] 멜로디
    escort[éskɔːrt] 에스코트
    mass communication
    [mæs kəmjùːnəkéiʃən] 매스컴

- [ə]는 '어'로, [ʌ] 역시 대체로 '어'로, [ɔ]는 [o]와 구별 없이 '오'로 표기
  - 예) container[kəntéinər] 컨테이너
    terminal[tə́ːrmənəl] 터미널
    control[kəntróul] 컨트롤
    concert[kánsərt] 콘서트
    concept[kánsept] 콘셉트
    contents[kánténz] 콘텐츠

- **highlight**
  따로 설 수 있는 말의 합성으로 이루어진 복합어는 그것을 구성하고 있는 말이 단독으로 쓰일 때의 표기대로 적는다고 규정되어 있다. 'highlight'는 'high'와 'light'의 복합어이다. 따라서 단독으로 쓰일 때의 표기인 '하이'와 '라이트'를 그대로 이어 '하이라이트'로 적어야 한다.

- **sketchbook**
  '스케치북'이 바른 표기이다. '스켓치북'과 같은 잘못된 표기는 흔히 볼 수 있는 것인데, '바쿠스', '러키'를 '박카스', '럭키'로 적는 것도 잘못된 표기이다. '셋트', '붚킹' 역시 '세트', '부킹'이 옳은 표기이다.

- 프랑스어에서의 'u'는 대개 'ㅟ'로 표기한다.
  - 예) buffet 뷔페   nuance 뉘앙스
    debut 데뷔
    communique 코뮈니케

- '-tal'은 대부분 '-털'로, '-dal'은 '-들'로 표기하는 경우가 많다.
  - 예) digital 디지털   rental 렌털
    sentimental 센티멘털
    capital 캐피털
    crystal 크리스털
    total 토털   sandal 샌들
    scandal 스캔들

- 영어 철자가 달라지면서 표기 역시 달라지는 경우가 있다.
  - 예) globe 글로브 – glove 글러브
    label 라벨 – level 레벨
    sash 섀시(창틀) – chassis 섀시(차대)
    colo(u)r 컬러(색깔) – collar 칼라(옷깃)
    flamenco 플라멩코(집시의 노래와 춤) – flamingo 플라밍고 ('홍학'의 일종)
    hanger 행어(옷걸이) – hangar 행거(격납고)

제9항 반모음 ([w], [j])

1. [w]는 뒤따르는 모음에 따라 [wə], [wɔ], [wou]는 '워', [wɑ]는 '와', [wæ]는 '왜', [we]는 '웨', [wi]는 '위', [wu]는 '우'로 적는다.
   - 예) word[wəːd] 워드   want[wɔnt] 원트   woe[wou] 워
     wag[wæg] 왜그   west[west] 웨스트   witch[witʃ] 위치
     wool[wul] 울   wander[wɑndə] 완더

2. 자음 뒤에 [w]가 올 때에는 두 음절로 갈라 적되, [gw], [hw], [kw]는 한 음절로 붙여 적는다.
   - 예) swing[swiŋ] 스윙   twist[twist] 트위스트   penguin[peŋgwin] 펭귄
     whistle[hwisl] 휘슬   quarter[kwɔːtə] 쿼터

3. 반모음 [j]는 뒤따르는 모음과 합쳐 '야', '얘', '여', '예', '요', '유', '이'로 적는다. 다만, [d], [l], [n] 다음에 [jə]가 올 때에는 각각 '디어', '리어', '니어'로 적는다.
   - 예) yard[jɑːd] 야드   yank[jæŋk] 앵크   yearn[jəːn] 연
     yellow[jelou] 옐로   yawn[jɔːn] 욘   you[juː] 유
     year[jiə] 이어   union[juːnjən] 유니언
     Indian[indjən] 인디언   battalion[bətæljən] 버탤리언

🔔 알아 두기

'con-'과 'com-'
1. 'con-'으로 시작되는 말은 '콘-'으로 표기되는 경우와 '컨-'으로 표기되는 경우가 있다.
   - '콘-' 표기 : 콘덴서(condenser), 콘도미니엄(condominium), 콘사이스(concise), 콘센트(concentric plug), 콘택트렌즈(contact lens), 콘테스트(contest)
   - '컨-' 표기 : 에어컨(air conditioner), 리모컨(remote control), 컨디션(condition), 컨설팅(consulting), 컨소시엄(consortium)
2. 'com-'은 '콤-', '컴-' 등으로 표기된다.
   콤마(comma), 콤팩트(compact), 콤플렉스(complex), 콤비네이션(combination), 시트콤(sitcom), 컴퍼스(compass), 컴포넌트(component), 컴퓨터(computer)

제10항 복합어

1. 따로 설 수 있는 말의 합성으로 이루어진 복합어는 그것을 구성하고 있는 말이 단독으로 쓰일 때의 표기대로 적는다.
   - 예) cuplike[kʌplaik] 컵라이크   flashgun[flæʃgʌn] 플래시건
     headlight[hedlait] 헤드라이트   topknot[tɔpnɔt] 톱놋
     bookmaker[bukmeikə] 북메이커   sit-in[sitin] 싯인
     touchwood[tʌtʃwud] 터치우드   bookend[bukend] 북엔드
     makeup[meikʌp] 메이크업   offside[ɒfsaɪd] 오프사이드
     kickoff[kikɒf] 킥오프   outlet[aʊtlet] 아웃렛
     highlight[haɪlaɪt] 하이라이트

2. 원어에서 띄어 쓴 말은 띄어 쓴 대로 한글 표기를 하되, 붙여 쓸 수도 있다.
   - 예) Los Alamos[lɔs æləmous] 로스 앨러모스/로스앨러모스
     top class[tɔp klæs] 톱 클래스/톱클래스

03 인명, 지명 표기의 원칙

1. 표기 원칙

> **제1항** 외국의 인명, 지명의 표기는 제1장, 제2장, 제3장의 규정을 따르는 것을 원칙으로 한다.

> **제2항** 제3장에 포함되어 있지 않은 언어권의 인명, 지명은 원지음을 따르는 것을 원칙으로 한다.

예) Ankara 앙카라   Gandhi 간디

> **제3항** 원지음이 아닌 제3국의 발음으로 통용되고 있는 것은 관용을 따른다.

예) Hague 헤이그   Caesar 시저

> **제4항** 고유 명사의 번역명이 통용되는 경우 관용을 따른다.

예) Pacific Ocean 태평양   Black Sea 흑해

■ Caesar
'시저/카이사르' 모두 표기 가능하다.

■ 영어의 경우 철자가 's'로 끝나고 발음이 [z]가 될 때는 '스'로 적는다.
예) New York Times 뉴욕 타임스
lions 라이온스
tigers 타이거스

🔔 알아 두기

주의해야 할 나라, 도시, 사람 이름

철자	잘못된 표기	올바른 표기	철자	잘못된 표기	올바른 표기
Malaysia	말레이지아	말레이시아	Dostoevsky	도스토예프스키	도스토옙스키
Singapore	싱가폴	싱가포르	Roosevelt	루즈벨트	루스벨트
Arab Emirates	아랍 에미레이트	아랍 에미리트	Marx	맑스	마르크스
Ethiopia	이디오피아	에티오피아	Eilot	엘리어트	엘리엇
Rio de Janeiro	리오데자네이로	리우데자네이루	Columbus	콜롬부스	콜럼버스
Marseille	마르세이유	마르세유	Chingiz Khan	징기스칸	칭기즈칸
Versailles	베르사이유	베르사유	Newton	뉴튼	뉴턴
Gogh	고호	고흐	Truman	트루만	트루먼
Bach	바하	바흐	Chekhov	체홉	체호프
Espana	에스파니아	에스파냐	Pesstalozzi	페스탈로찌	페스탈로치

2. 동양의 인명, 지명 표기

> **제1항** 중국 인명은 과거인과 현대인을 구분하여 과거인은 종전의 한자음대로 표기하고, 현대인은 원칙적으로 중국어 표기법에 따라 표기하되, 필요한 경우 한자를 병기한다.

예) 孔子 공자 王安石 왕안석 邓小平 덩샤오핑 習近平 시진핑

> **제2항** 중국의 역사 지명으로서 현재 쓰이지 않는 것은 우리 한자음대로 하고, 현재 지명과 동일한 것은 중국어 표기법에 따라 표기하되, 필요한 경우 한자를 병기한다.

예) 長安 장안 天津 톈진 北京 베이징

> **제3항** 일본의 인명과 지명은 과거와 현대의 구분 없이 일본어 표기법에 따라 표기하는 것을 원칙으로 하되, 필요한 경우 한자를 병기한다.

예) 豊臣秀吉 도요토미 히데요시 鹿兒島 가고시마

> **제4항** 중국 및 일본의 지명 가운데 한국 한자음으로 읽는 관용이 있는 것은 이를 허용한다.

예) 東京 도쿄, 동경 京都 교토, 경도 上海 상하이, 상해
    臺灣 타이완, 대만 黃河 황허, 황하

■ 단, 우리 한자음으로 읽는 관행이 있는 인명은 우리 한자음으로 읽을 수 있다.
예) 蔣介石 장개석/장제스
    毛澤東 모택동/마오쩌둥

3. 바다, 섬, 강, 산 등의 표기 원칙

> **제1항** 바다는 '해(海)'로 통일한다.

예) 홍해 발트해 아라비아해

> **제2항** 우리나라를 제외하고 섬은 모두 '섬'으로 통일한다.

예) 타이완섬 코르시카섬 우리나라 : 제주도, 울릉도

> **제3항** 한자 사용 지역(일본, 중국)의 지명이 하나의 한자로 되어 있을 경우, '강', '산', '호', '섬' 등은 겹쳐 적는다.

예) 온타케산(御岳) 주장강(珠江) 도시마섬(利島)
    하야카와강(早川) 위산산(玉山)

> **제4항** 지명이 산맥, 산, 강 등의 뜻이 들어 있는 것은 '산맥', '산', '강' 등을 겹쳐 적는다.

예) Rio Grande 리오그란데강 Monte Rosa 몬테로사산
    Mont Blanc 몽블랑산 Sierra Madre 시에라마드레산맥

■ '-land'형의 지명은 복합어임을 무시하고 표기하되, 음가에 관계없이 영국, 미국, 캐나다, 오스트레일리아, 뉴질랜드에 있는 지명은 '랜드'로, 독일어, 네덜란드어 등의 지명은 '란트'로, 그 밖의 것은 '란드'로 적는다.
예) Scotland 스코틀랜드
    (스코트란드✕)
    Saarland 자를란트 (자를란드✕)
    Lapland 라플란드 (라플랜드✕)

04 주의해야 할 외래어 표기

1. 된소리, 거센소리 주의

철자	잘못된 표기	올바른 표기	철자	잘못된 표기	올바른 표기
Catholic	카톨릭	가톨릭	coup d'État(프)	쿠테타	쿠데타
jumper	점버	점퍼, 잠바	gongfu	쿵푸	쿵후
chimpanzee	침팬치	침팬지	tumbling	덤블링	텀블링
cardigan	가디건	카디건	penchi	뻰찌	펜치
fanfare	빵빠레	팡파르	helicopter	헬리곱터	헬리콥터
barricade	바리케이트	바리케이드	groggy	그로키	그로기

2. 'non-'은 '난센스'에서만 '난', 나머지는 '논'

철자	잘못된 표기	올바른 표기	철자	잘못된 표기	올바른 표기
nonsense	넌센스	난센스	nontitle	넌타이틀	논타이틀
nonstop	넌스톱	논스톱	nonfiction	넌픽션	논픽션

3. 군더더기 표기 주의

'ㄴ, ㄹ, ㅁ, ㅅ'이 받침자와 다음 음절의 첫소리자로 연이어지거나, 'ㄱ'과 'ㅋ', 'ㅅ'과 'ㅈ', 'ㅅ'과 'ㅌ'이 겹치는 것은 앞말의 받침을 빼는 것이 옳다.

철자	잘못된 표기	올바른 표기	철자	잘못된 표기	올바른 표기
dessin(프)	뎃생	데생	setting	셋팅	세팅
lesson	렛슨	레슨	badge	뱃지	배지
massage	맛사지	마사지	cassette	카셋트	카세트
jet engine	젯트 엔진	제트 엔진	wit	윗트	위트
lucky	럭키	러키	package	팩키지	패키지
cunning	컨닝	커닝	running shirts	런닝셔츠	러닝셔츠
summer	섬머	서머	enquête	앙케이트	앙케트
gesture	제스추어	제스처			

4. 부당한 생략이나 줄임 주의

철자	잘못된 표기	올바른 표기	철자	잘못된 표기	올바른 표기
narcissism	나르시즘	나르시시즘	stainless	스텐레스	스테인리스
radiator	라디에타	라디에이터	stewardess	스튜디스	스튜어디스
gas range	가스렌지	가스레인지	accelerator	악세러레이타	액셀러레이터
recreation	레크레이션	레크리에이션	Las Vegas	라스베가스	라스베이거스
manicure	매니큐	매니큐어	yellow paper	옐로 페퍼	옐로 페이퍼
hectare	헥타	헥타르	aluminium	알미늄	알루미늄

5. 자음, 모음의 발음 주의

철자	잘못된 표기	올바른 표기	철자	잘못된 표기	올바른 표기
centimeter	센치미터	센티미터	country	컨츄리	컨트리
comedy	코메디	코미디	carol	캐롤	캐럴
barbecue	바베큐	바비큐	sausage	소세지	소시지
elevator	엘레베이터	엘리베이터	buffet	부페	뷔페
message	메세지	메시지	desktop	데스크탑	데스크톱
nicotine	니코친	니코틴	amateur	아마튜어	아마추어
tree	추리	트리	baguette	바케트	바게트
rendez-vous	랑데뷰	랑데부	Burberry coat	버버리코트	바바리코트

6. 일본식의 잘못된 외래어 표기 주의

철자	잘못된 표기	올바른 표기	철자	잘못된 표기	올바른 표기
Ringer	링게르	링거	butter	빠다	버터
mammoth	맘모스	매머드	battery	밧데리	배터리
balance	발란스	밸런스	corded velveteen	골덴, 골뎅	코르덴
pants	빤스	팬츠	tile	타이루	타일

7. '이', '잇'

철자	잘못된 표기	올바른 표기	철자	잘못된 표기	올바른 표기
report	레포트	리포트	jacket	자켓	재킷
biscuit	비스켓	비스킷	cabinet	캐비넷	캐비닛
target	타겟	타깃	bonnet	보넷, 본네트	보닛

■ 흔히 우리가 'ㅏ'나 'ㅗ'로 발음하나 'ㅓ'로 발음해야 할 대표적인 예

gear(기어), national(내셔널), number(넘버), dial(다이얼), dollar(달러), data(데이터), lighter(라이터), repertory(레퍼토리), royal box(로열 박스), royal jelly(로열젤리), royalty(로열티), rotary(로터리), rheumatism(류머티즘), mechanism(메커니즘), member(멤버), buckle(버클), bumper(범퍼), bonus(보너스), shamanism(샤머니즘), shutter(셔터), score(스코어), standard(스탠더드), special(스페셜), cymbals(심벌즈), error(에러), instant(인스턴트), caramel(캐러멜), carolsong(캐럴송), carat(캐럿), career(커리어), commission(커미션), cover(커버), coffee(커피), collection(컬렉션), cracker(크래커), christian(크리스천), taboo(터부), tournament(토너먼트), pennant(페넌트), penalty(페널티), propose(프러포즈)

8. '애', '에'

철자	잘못된 표기	올바른 표기	철자	잘못된 표기	올바른 표기
narration	나레이션	내레이션	accessory	악세사리	액세서리
nostalgia	노스탈지아	노스탤지어	emerald	에머랄드	에메랄드
dynamic	다이나믹	다이내믹	calendar	카렌다	캘린더
basket	바스킷	바스켓	climax	클라이막스	클라이맥스
paradox	파라독스	패러독스	panel	판넬	패널
ad-lib	에드리브	애드리브	graph	그라프	그래프
slab	슬라브	슬래브	format	포멧	포맷
jasmine	자스민	재스민	Valentine Day	발렌타인데이	밸런타인데이

9. '우', '위'

철자	잘못된 표기	올바른 표기	철자	잘못된 표기	올바른 표기
nuance	뉴앙스	뉘앙스	rendez-vous	랑데뷰	랑데부
début	데뷰	데뷔	Jurassic	쥬라기	쥐라기

10. 양성 모음

철자	잘못된 표기	올바른 표기	철자	잘못된 표기	올바른 표기
knockdown	넉다운	녹다운	accordion	어코디언	아코디언
dilemma	딜레머	딜레마	column	컬럼	칼럼
remicon	레미컨	레미콘	panda	팬더	판다
mineral	미네럴	미네랄	producer	프러듀서	프로듀서
saxophone	색스폰	색소폰	harmony	하머니	하모니
scarf	스커프	스카프	Hollywood	헐리우드	할리우드
diamond	다이어몬드	다이아몬드	block	블럭	블록
cigar	시거	시가	American	어메리칸	아메리칸

11. 음성 모음

철자	잘못된 표기	올바른 표기	철자	잘못된 표기	올바른 표기
dribble	드리볼	드리블	symbol	심볼	심벌
sponge	스폰지	스펀지	symposium	심포지움	심포지엄
moratorium	모라토리옴	모라토리엄	confirm	콘펌	컨펌
button	보턴	버튼	cushion	쿠숀	쿠션
towel	타올	타월	mystery	미스테리	미스터리

12. 기타

철자	잘못된 표기	올바른 표기	철자	잘못된 표기	올바른 표기
gossip	고십	가십	sandal	샌달	샌들
Genom	지놈	게놈	sofa	쇼파	소파
aluminium	알류미늄	알루미늄	styrofoam	스티로폴	스티로폼
documentary	도큐멘타리	다큐멘터리	sprinkler	스프링쿨러	스프링클러
license	라이센스	라이선스	anarchist	애너키스트	아나키스트
rent-a-car	렌트카	렌터카	APEC	아이펙	에이펙
rental	렌탈	렌털	ensemble	앙상불	앙상블
rock festival	락 페스티발	록 페스티벌	ambulance	앰블란스	앰뷸런스
mansion	맨숀	맨션	yogurt	야쿠르트	요구르트
masochism	매조히즘	마조히즘	cabaret	캬바레	카바레
Manhattan	맨하탄	맨해튼	counseling	카운셀링	카운슬링
Midas	마이더스	미다스	communiqué	코뮤니케	코뮈니케
buzzer	부저	버저	Klaxon	크락숀	클랙슨
Allergie	알러지	알레르기	puncture	빵꾸	펑크
sadism	새디즘	사디즘	placard	플랭카드	플래카드
salvia	사루비아	샐비어	ribbon	리번	리본
curtain	커텐	커튼	observer	옵저버	옵서버
cosmopolitan	코스모폴리탄	코즈모폴리턴			

제2절 로마자 표기법

01 표기의 기본 원칙

제1항 국어의 로마자 표기는 국어의 **표준 발음법**에 따라 적는 것을 원칙으로 한다.

제2항 로마자 이외의 부호는 **되도록** 사용하지 않는다.

'되도록'이라는 말은 '**붙임표(-)**'의 사용을 의식한 것이다.
- 발음상의 혼동의 우려가 있을 때에는 음절 사이에 붙임표(-)를 쓸 수 있다.
  예) Se-un
- 사람 이름은 붙여 쓰는 것을 원칙으로 하되 음절 사이에 붙임표(-)를 쓰는 것을 허용한다.
  예) Yong-ha
- '도, 시, 군, 구, 읍, 면, 리, 동'의 행정 구역 단위 앞에는 붙임표(-)를 넣지만 '시, 군, 읍'의 단위는 생략할 수 있다.
  예) Yangju-gun, Yangju

02 표기 일람

제1항 모음은 다음 각호와 같이 적는다.

1. 단모음

ㅏ	ㅓ	ㅗ	ㅜ	ㅡ	ㅣ	ㅐ	ㅔ	ㅚ	ㅟ
a	eo	o	u	eu	i	ae	e	oe	wi

2. 이중 모음

ㅑ	ㅕ	ㅛ	ㅠ	ㅒ	ㅖ	ㅘ	ㅙ	ㅝ	ㅞ	ㅢ
ya	yeo	yo	yu	yae	ye	wa	wae	wo	we	ui

붙임1 'ㅢ'는 'ㅣ'로 소리 나더라도 'ui'로 적는다.
  예) 광희문 Gwanghuimun   여의도 Yeouido

붙임2 장모음의 표기는 따로 하지 않는다.

■ 'ㄲ, ㄸ, ㅃ'의 로마자 표기 'kk, tt, pp'

우리말의 된소리는 무성음이어서 유성음 글자인 'g, d, b'를 중복해서 쓰는 것은 맞지 않고 'gg, dd, bb'라는 철자 자체가 서양 언어에서 잘 나타나지 않기 때문에 'ㄲ, ㄸ, ㅃ'을 'kk, tt, pp'로 적도록 하였다.

■ '낚시'의 로마자 표기

- 'ㄲ'은 받침소리일 때에는 'ㄱ'으로 발음되므로 'kk'가 아닌 'k'로 표기한다. 즉 '낚시[낙씨]'로 발음되므로 'naksi'가 올바른 로마자 표기이다.
- 주의사항 : 된소리되기는 표기에 반영하지 않으므로 [낙씨]를 'nakssi'로 적지 않는다.

■ 'ㄱ, ㄷ, ㅂ'의 로마자 표기 주의사항

- 'ㄱ, ㄷ, ㅂ'의 로마자는 '글자'가 아니라 '소리'에 따라 표기한다.
- 북악[부각] Bugak(○)/Bukak(×) '북'이라는 글자를 보고 'Buk'로 적는 것은 오류이다. 왜냐하면 '북악'은 [부각]으로 소리 나므로 'Bugak'가 옳은 표기이다.
- 북부[북뿌] Bukbu(○)/Bukbbu(×)

■ '김치', '태권도'의 로마자 표기

새 로마자 표기법에 따르면 '김치'와 '태권도'는 각각 'Gimchi', 'Taegwondo'로 표기하는 것이 원칙이지만 그동안의 사용에 의거하여 옛 표기법인 'Kimchi', 'Taekwondo'를 그대로 사용함을 허용하게 되었다.

제2항 자음은 다음 각호와 같이 적는다.

1. 파열음

ㄱ	ㄲ	ㅋ	ㄷ	ㄸ	ㅌ	ㅂ	ㅃ	ㅍ
g, k	kk	k	d, t	tt	t	b, p	pp	p

2. 파찰음

ㅈ	ㅉ	ㅊ
j	jj	ch

3. 마찰음

ㅅ	ㅆ	ㅎ
s	ss	h

4. 비음

ㄴ	ㅁ	ㅇ
n	m	ng

5. 유음

ㄹ
r, l

붙임1 'ㄱ, ㄷ, ㅂ'은 모음 앞에서는 'g, d, b'로, 자음 앞이나 어말에서는 'k, t, p'로 적는다. ([ ] 안의 발음에 따라 표기한다.)

예
- 구미 Gumi
- 영동 Yeongdong
- 백암[배감] Baegam
- 옥천 Okcheon
- 합덕 Hapdeok
- 호법 Hobeop
- 월곶[월곧] Wolgot
- 벚꽃[벋꼳] beotkkot
- 한밭[한받] Hanbat

붙임2 'ㄹ'은 모음 앞에서는 'r'로, 자음 앞이나 어말에서는 'l'로 적는다. 단, 'ㄹㄹ'은 'll'로 적는다.

예
- 구리 Guri
- 설악 Seorak
- 칠곡 Chilgok
- 임실 Imsil
- 울릉 Ulleung
- 대관령[대:괄령] Daegwallyeong
- 한라산[할라산] Hallasan

03 표기상의 유의점

제1항 음운 변화가 일어날 때에는 변화의 결과에 따라 다음 각호와 같이 적는다.

1. 자음 사이에서 동화 작용이 일어나는 경우

    예
    - 백마[뱅마] Baengma
    - 신문로[신문노] Sinmunno
    - 종로[종노] Jongno
    - 왕십리[왕심니] Wangsimni
    - 별내[별래] Byeollae
    - 신라[실라] Silla

2. 'ㄴ, ㄹ'이 덧나는 경우

    예
    - 학여울[항녀울] Hangnyeoul
    - 알약[알략] allyak

3. 구개음화가 되는 경우
   - 예) 해돋이[해도지] haedoji 같이[가치] gachi
     굳히다[구치다] guchida

4. 'ㄱ, ㄷ, ㅂ, ㅈ'이 'ㅎ'과 합하여 거센소리로 소리 나는 경우
   - 예) 좋고[조코] joko 놓다[노타] nota
     잡혀[자펴] japyeo 낳지[나:치] nachi

다만, 체언에서 'ㄱ, ㄷ, ㅂ' 뒤에 'ㅎ'이 따를 때에는 'ㅎ'을 밝혀 적는다.
   - 예) 묵호 Mukho 집현전 Jiphyeonjeon 북한산 Bukhansan

붙임 된소리되기는 표기에 반영하지 않는다.
   - 예) 압구정 Apgujeong 낙동강 Nakdonggang
     죽변 Jukbyeon 낙성대 Nakseongdae
     합정 Hapjeong 팔당 Paldang
     샛별 saetbyeol 울산 Ulsan

제2항 발음상 혼동의 우려가 있을 때에는 음절 사이에 붙임표(-)를 쓸 수 있다.

- 예) 중앙 Jung-ang 반구대 Ban-gudae
  세운 Se-un 해운대 Hae-undae

제3항 고유 명사는 첫 글자를 대문자로 적는다.

- 예) 부산 Busan 세종 Sejong 청와대 Cheongwadae

제4항 인명은 성과 이름의 순서로 띄어 쓴다. 이름은 붙여 쓰는 것을 원칙으로 하되 음절 사이에 붙임표(-)를 쓰는 것을 허용한다. [( ) 안의 표기를 허용한다.]

- 예) 민용하 Min Yongha (Min Yong-ha)
  송나리 Song Nari (Song Na-ri)

1. 이름에서 일어나는 음운 변화는 표기에 반영하지 않는다.
   - 예) 한복남 Han Boknam (Han Bok-nam)
     홍빛나 Hong Bitna (Hong Bit-na)

2. 성의 표기는 따로 정한다.

■ 대문자 표기
로마자 표기 용례들을 살펴보면, '교통 관련 지명' 표기에서 '공항'뿐만 아니라, 구청, 시청, 대학교, 병원, 운동장(경기장), 터미널, 역(驛) 등의 경우, 그것의 영어 번역어를 대문자로 표기하고 있다.

■ 인명의 로마자 표기
- 사람 이름을 적을 때에는 우리말 어순에 따라 성을 앞, 이름을 뒤에 적는다.
- 성과 이름 사이에는 반점(,)을 찍지 않고 띄어 쓴다.
- 이름은 음절과 음절을 붙여 쓰며, 음절을 반드시 구분하려는 경우에는 그 사이에 붙임표를 넣을 수 있다.
  - 예) 홍길동 Hong Gildong / Hong Gil-dong
- 이름의 음절 사이에서 일어나는 음운 변화는 표기에 반영하지 않고 낱글자 발음대로 쓴다.
  - 예) 복남[봉남] Boknam / Bok-nam
    빛나[빈나] Bitna / Bit-na

■ '동광양'의 로마자 표기
행정 구역 단위나 지명인 경우에는 '동광양' 전체가 하나의 이름이기 때문에 전체를 소리 나는 대로 'Donggwangyang'으로 적어야 한다. 마찬가지로 '신반포', '북수원', '서대전', '동대구' 등은 'Sinbanpo', 'Buksuwon', 'Seodaejeon', 'Dongdaegu' 등으로 적는다.

■ 새 주소 체계 표기
도로명 주소 등 표기에 관한 법률 및 시행령에 따른 새 주소 체계에서 '대로(大路)', '로(路)', '길'은 각각 'daero', 'ro', 'gil'로 적고, 그 앞에는 붙임표(-)를 넣는다.
예 강남대로 Gangnam-daero
   세종로 Sejong-ro
   개나리길 Gaenari-gil
'을지로'의 경우 기존의 주소에 쓰는 경우는 지명에 준하여 'Euljiro'로 적고, 새로 바뀐 주소에 쓸 때에는 도로명에 준하여 'Eulji-ro'로 적는다.

■ 섬(島)으로서의 '도'는 붙임표를 넣지 않고 붙여서 적는다.
예 독도 Dokdo, 거제도 Geojedo

■ '퇴계로'만 쓴다면 'Toegye-ro'처럼 붙임표를 쓰는 것도 가능하나, '3가'까지 아울러 쓰는 경우 'Toegyero 3(sam)-ga'처럼 쓰는 것이 적절하다.

■ '불국사', '화엄사'의 로마자 표기
'불국사', '화엄사' 전체를 한 단어로 보아 전체를 로마자로 적기 때문에 'Bulguksa', 'Hwaeomsa'로 표기한다. 마찬가지로 '금강', '속리산' 등도 'Geum River, Songni Mt.'로 적지 않고, 'Geumgang', 'Songnisan'으로 표기한다.
다만 외국인들에게 그 대상이 무엇인지 뜻을 보여 주고자 하는 경우에는 'Bulguksa Temple, Songnisan Mountain, Deoksugung Palace'처럼 해당하는 영어 의미 번역을 표기하는 것이 좋다.

제5항 '도, 시, 군, 구, 읍, 면, 리, 동'의 행정 구역 단위와 '가'는 각각 'do, si, gun, gu, eup, myeon, ri, dong, ga'로 적고, 그 앞에는 붙임표(-)를 넣는다. 붙임표(-) 앞뒤에서 일어나는 음운 변화는 표기에 반영하지 않는다.

예 충청북도 Chungcheongbuk-do   제주도 Jeju-do
   의정부시 Uijeongbu-si   양주군 Yangju-gun
   도봉구 Dobong-gu   신창읍 Sinchang-eup
   삼죽면 Samjuk-myeon   인왕리 Inwang-ri
   당산동 Dangsan-dong   종로 2가 Jongno 2(i)-ga
   봉천 1동 Bongcheon 1(il)-dong   퇴계로 3가 Toegyero 3(sam)-ga

붙임 '시, 군, 읍'의 행정 구역 단위는 생략할 수 있다.
예 청주시 Cheongju   함평군 Hampyeong   순창읍 Sunchang

제6항 자연 지물명, 문화재명, 인공 축조물명은 붙임표(-) 없이 붙여 쓴다.

예 남산 Namsan   속리산 Songnisan
   금강 Geumgang   독도 Dokdo
   경복궁 Gyeongbokgung   무량수전 Muryangsujeon
   연화교 Yeonhwagyo   극락전 Geungnakjeon
   안압지 Anapji   남한산성 Namhansanseong
   화랑대 Hwarangdae   불국사 Bulguksa
   현충사 Hyeonchungsa   독립문 Dongnimmun
   오죽헌 Ojukheon   촉석루 Chokseongnu
   종묘 Jongmyo   다보탑 Dabotap

제7항 인명, 회사명, 단체명 등은 그동안 써 온 표기를 쓸 수 있다.

제8항 학술 연구 논문 등 특수 분야에서 한글 복원을 전제로 표기할 경우에는 한글 표기를 대상으로 적는다. 이때 글자 대응은 제2장을 따르되 'ㄱ, ㄷ, ㅂ, ㄹ'은 'g, d, b, l'로만 적는다. 음가 없는 'ㅇ'은 붙임표(-)로 표기하되 어두에서는 생략하는 것을 원칙으로 한다. 기타 분절의 필요가 있을 때에도 붙임표(-)를 쓴다.

예 집 jib   짚 jip   밖 bakk
   값 gabs   붓꽃 buskkoch   먹는 meogneun
   독립 doglib   문리 munli   물엿 mul-yeos
   굳이 gud-i   좋다 johda   가곡 gagog
   조랑말 jolangmal   없었습니다 eobs-eoss-seubnida

Chapter 7 고전 문법

PART 1 문법·규정

제1절 고대 국어

01 국어의 계통

국어의 구체적인 모습을 알 수 있는 자료가 등장하기 시작한 것은 삼국 시대부터이다. 따라서 우리말의 역사에 관한 기술은 삼국 시대부터 가능하다. 다만 두음 법칙, 모음 조화, 음절의 끝소리 규칙 등의 공통점을 통해 '알타이 어족'에 속한다고 추정하고 있다.

02 차자 표기

한자는 기원전 3세기경부터 유입되었으나 본격적으로 사용된 시기는 삼국이 성립된 이후로 본다. 한문의 문법에 적응하여 우리말을 기록한다는 것은 쉬운 일이 아니었다. 이러한 배경에서 서기체 표기, 구결, 이두, 향찰 등의 차자(借字) 표기법이 발달하였다.

1. 고유 명사 표기

(1) 한자를 이용한 차자 표기의 원리
  ① 한자의 음을 버리고 뜻을 선택한 경우 예 絲浦[실포], 谷浦[실포], 得烏谷[득오실]
  ② 한자의 뜻을 버리고 음을 선택한 경우 예 得烏失[득오실]

(2) **고유 명사** 표기의 예

> 素那(或云金川) 白城郡蛇山人也
> 소나(素那)[또는 금천(金川)이라고 한다.]는 백성군(白城郡) 사산(蛇山) 사람이다.

음차	한자의 음을 빌려 표기	素那(휠⑤)어찌⑪)
훈차	한자의 훈을 빌려 표기	金川(쇠)금,(내)천)

2. **서기체 표기(誓記體表記)**

한자를 우리말의 어순대로 배열한 표기 형태이다.
  예 壬申年六月十六日 / 二人竝誓記 / 天前誓
  임신년 6월 16일 / 두 사람이 함께 맹세하여 기록한다. / 하늘 앞에 맹세한다.

3. **이두(吏讀)**

한자를 우리말 어순대로 배열하고 여기에 음독이나 훈독의 방법으로 토를 붙인 표기법이다. 조선 초의 《대명률직해(大明律直解)》에 이르러 그 체계가 완성되었으며, 19세기 말까지 공문서, 상용 문서 등에 사용되었다.
  예 必于 / 罪名亦 / 明白爲去乃 (비록 죄명이 명백하거나)
  필우 / 죄명 또한 / 명백하거내

■ 알타이 어족의 공통적 특징
- 두음 법칙
- 모음 조화
- 음절의 끝소리 규칙
- 명사의 성(性) 구별이 없다.
- 관계 대명사, 전치사가 없다.

■ 차자 표기법
- 한자 차용 표기법: 한자를 차용하여 우리말을 표기하는 모든 방법
  예 고유 명사 표기, 서기체 표기, 향찰(鄕札), 이두(吏讀), 구결(口訣) 등
- 한자를 차용하는 방법: 한자의 음과 훈 중 어느 것을 차용하느냐에 따라 '음차'와 '훈차'로 나뉜다.

4. 구결(口訣)

한문의 이해를 돕기 위하여 한문 원문은 그대로 둔 채 구절 중간에 문법적 관계를 표현하기 위한 토(吐)를 달아 우리말로 읽는 표기법이다.

> 예) 天地之間厓 / 唯人伊 / 最貴 (하늘과 땅 사이에 오직 사람이 가장 귀하니)
> 천지지간애 / 유인이 / 최귀

5. 향찰(鄕札)

신라 시대에 한자를 이용한 차자 표기 체제를 뜻한다. 한자의 음과 훈을 빌려 국문 문장을 전면적으로 표기하는 방법으로 특히 향가에 많이 표기한다. 뜻이 중요한 명사나 용언의 어간은 '훈차', 문법적인 기능이 중요한 조사나 어미는 '음차'로 표기한다.

🔔 알아 두기

서동요

善化公主主隱　　선화 공주님은

구분	善	化	公	主	主	隱
뜻	착할	될	귀인	님	님	숨을
음	선	화	공	주	주	은

他密只嫁良置古　　남몰래 결혼하고

구분	他	密	只	嫁	良	置	古
뜻	남	그윽할	다만	얼	좋을	둘	옛
음	타	밀	지	가	량	치	고

薯童房乙　　맛둥서방을

구분	薯	童	房	乙
뜻	마	아이	방	새
음	서	동	방	을

夜矣卯乙抱遣去如　　밤에 몰래 안고 가다.

구분	夜	矣	卯	乙	抱	遣	去	如
뜻	밤	어조사	토끼	새	안을	보낼	갈	같을(다)
음	야	의	묘	을	포	견	거	여

📖 문제로 확인하기

1. 한자의 음과 뜻을 빌려 우리말 문장을 전면적으로 표기하는 차자 표기 방식은?

2. 〈보기〉에서 한자의 뜻을 버리고 음을 선택한 경우를 고르시오.

> 〈 보기 〉
> 絲浦[실포], 谷浦[실포], 得烏谷[득오실], 得烏失[득오실]

■ 〈처용가〉 향찰 분석

東京 明期 月良
서울 밝은 달밤에
夜入伊 遊行如可
밤 늦도록 노닐다가
入良沙 寢矣 見昆
들어와 자리를 보니
脚烏伊 四是良羅
가랑이가 넷이어라.
二肹隱 吾下於叱古
둘은 내 것이고
二肹隱 誰支下焉古
둘은 뉘 것인고.
本矣 吾下是如馬於隱
본디 내 것이었지마는
奪叱良乙 何如爲理古
앗아간 것을 어찌하리오.

- 인명, 지명 등의 명사는 그대로 표기
- 빨간 밑줄 글씨 훈차, 나머지 글씨 음차

정답 문제로 확인하기

1. 향찰
한자의 음과 뜻을 빌려 우리말의 형태와 의미 요소를 나타내는 방식으로 우리말 문장을 전면적으로 표기한 방법은 향찰이다.

2. 得烏失[득오실]

제2절 중세 국어와 훈민정음

01 훈민정음(訓民正音) 제자 원리

훈민정음은 1443년 세종 25년에 창제되고, 1446년 세종 28년에 반포되었다. 훈민정음이 1443년에 창제되었다는 사실은 《세종실록》(1443) 12월조의 기록에서 확인할 수 있는데, 이것이 훈민정음에 관한 최초의 기록이다.

1. 훈민정음의 창제 정신

창제 정신	근거	《훈민정음 언해본》의 해당 본문
자주 정신	중국 문자와 우리말의 차이를 인식함.	나·랏 :말쏘·미中듕國·귁·에달·아
애민 정신	문자 생활을 못하는 백성을 배려함.	제·ᄠ·들시·러펴·디 :몯홇·노·미하·니·라
실용 정신	사용하기 쉽고 편리한 문자를 제작함.	:수·ᄫㅣ·니·겨·날·로·ᄡ·메便뼌安ᅙᅡᆫ·킈ᄒ·고·져
창조 정신	독창적인 글자를 새롭게 만듦.	·새·로·스·믈여·듧字·ᄍᆞᆼ·ᄅᆞᆯᄆᆡᇰ·ᄀᆞ노·니

2. 초성(初聲) 체계

훈민정음 초성 17자를 제자(制字)하는 데에는 상형(象形)의 원리와 가획(加劃)의 원리가 쓰였다.

▶ 초성 17자

오음(五音)	기본자(基本字)	가획자(加劃字)	이체자(異體字)
아음(牙音)	ㄱ	ㅋ	ㆁ
설음(舌音)	ㄴ	ㄷ, ㅌ	ㄹ
순음(脣音)	ㅁ	ㅂ, ㅍ	
치음(齒音)	ㅅ	ㅈ, ㅊ	ㅿ
후음(喉音)	ㅇ	ㆆ, ㅎ	

> **🔔 알아 두기**
>
> **상형의 원리**
> 훈민정음의 자음 기본자는 발음 기관의 모양을 본떠 만들었다.
>
> 牙音ㄱ 象舌根閉喉之形 : 아음(어금닛소리) 'ㄱ'은 혀뿌리가 목구멍을 닫는 꼴을 본뜬 것
> 舌音ㄴ 象舌附上齶之形 : 설음(혓소리) 'ㄴ'은 혀(끝)가 윗잇몸에 붙는 모양을 본뜬 것
> 脣音ㅁ 象口形 : 순음(입술소리) 'ㅁ'은 입 모양을 본뜬 것
> 齒音ㅅ 象齒形 : 치음(잇소리) 'ㅅ'은 이 모양을 본뜬 것
> 喉音ㅇ 象喉形 : 후음(목구멍소리) 'ㅇ'은 목구멍의 모양을 본뜬 것

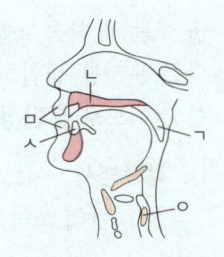

■ '훈민정음'의 두 가지 의미
1. 한글 문자(letter)를 일컫는 이름으로 사용
2. 한글 창제 원리를 설명한 책 이름으로 사용되는 경우 [예의(例義 : 어제서와 본문), 해례(解例 : 해설) 등을 담고 있다.]

■ 훈민정음의 예의와 해례

훈민정음의 '예의'에는 세종의 서문과 훈민정음의 음가 및 운용법에 대한 설명이 들어 있고, '해례'는 임금이 쓴 '예의' 부분을 예를 들어 해설하는 내용으로 이루어져 있다.

■ 가획의 원리

기본자에 획을 더하여 가획자와 이체자를 만들었다.

■ 이체자

초성 17자 중 'ㆁ, ㄹ, ㅿ'은 기본자에 획을 더한 모양으로 만들어졌으나, 단순히 기본자와 그 꼴을 달리했을 뿐이지 소리의 세기를 나타내는 특성을 반영한 것은 아니다. 즉, '가획자'는 소리의 세기에 따른 가획의 원리를 따른 것이고, '이체자'는 그 원리를 따르지 않고 만들어진 것이다.

■ 초성 23자

구분	전청(全淸)	차청(次淸)	전탁(全濁)	불청불탁(不淸不濁)
아음(牙音)	ㄱ	ㅋ	ㄲ	ㆁ
설음(舌音)	ㄷ	ㅌ	ㄸ	ㄴ
순음(脣音)	ㅂ	ㅍ	ㅃ	ㅁ
치음(齒音)	ㅅ, ㅈ	ㅊ	ㅆ, ㅉ	-
후음(喉音)	ㆆ	ㅎ	ㆅ	ㅇ
반설음(半舌音)	-	-	-	ㄹ
반치음(半齒音)	-	-	-	ㅿ

Chapter 7 고전 문법 161

3. 중성(中聲) 체계

중성의 세 기본자는 <mark>천(天)·지(地)·인(人)</mark>, 삼재(三才)의 모양을 본떴다. 이러한 기본자를 바탕으로 나머지 중성자 <mark>8</mark>자는 기본자들의 합성으로 만들어졌는데, 초출자(初出字)는 문자상의 합성일 뿐 음가상의 합성은 아니며, 재출자(再出字)는 음가의 측면에서 'ㅣ'와의 합성으로 이루어진 이중 모음임을 알 수 있다.

▶ **중성의 제자 원리**

상형 원리	기본자	초출자	재출자
하늘의 둥근 모양	·	ㅗ, ㅏ	ㅛ, ㅑ
땅의 평편한 모양	ㅡ	ㅜ, ㅓ	ㅠ, ㅕ
사람이 서 있는 모양	ㅣ		

■ **재출자**
초출자에 다시 '·'를 합용하여 만든 글자

■ **입술의 오므림과 벌림에 따른 모음**

ㅗ	'·'와 같은데 입을 오므림.
ㅏ	'·'와 같은데 입을 벌림.
ㅜ	'ㅡ'와 같은데 입을 오므림.
ㅓ	'ㅡ'와 같은데 입을 벌림.
ㅛ	'ㅗ'와 같은데 입을 오므림.
ㅑ	'ㅗ'와 같은데 입을 벌림.
ㅠ	'ㅜ'와 같은데 입을 오므림.
ㅕ	'ㅜ'와 같은데 입을 벌림.

4. 종성(終聲) 체계

'<mark>종성부용초성(終聲復用初聲)</mark>'은 모든 초성자를 종성으로 다시 쓸 수 있다는 일종의 형태주의 받침 규정이다. 《훈민정음해례》가 발견된 뒤로는 '종성부용초성'을 종성을 위하여 새로운 문자를 만들지 않고 초성 글자 중에서 필요한 것을 가져다 쓴다는 뜻으로 해석하고, 《훈민정음해례》 종성해의 '연(然) ㄱㆁㄷㄴㅂㅁㅅㄹ 팔자가족용야(八字可足用也)'('ㄱ, ㆁ, ㄷ, ㄴ, ㅂ, ㅁ, ㅅ, ㄹ' 8자면 가히 족히 쓸 수 있다는 음소주의 받침 규정)'를 구체적인 사용 규정으로 파악하였다.

🔔 **알아 두기**

종성 체계의 변천
- 초성독용팔자(初聲獨用八字) : 《훈몽자회》(1527)의 범례(凡例)에 있는 규정으로 'ㅈ, ㅊ, ㅋ, ㅌ, ㅍ, ㅎ, ㅿ, ㆁ'의 8자는 초성에만 쓰고 종성에는 쓸 수 없다는 규정이다.
- 초종성통용팔자(初終聲通用八字) : 《훈몽자회》의 범례(凡例)에 있는 규정으로 '<mark>ㄱ, ㄴ, ㄷ, ㄹ, ㅁ, ㅂ, ㅅ, ㆁ</mark>'의 8자는 초성과 종성에 두루 쓸 수 있다는 규정이다.
- 칠종성법(七終聲法) : 17세기부터 그 음가의 차가 애매하기 때문에 'ㄷ'을 'ㅅ'으로 대용하여 '<mark>ㄱ, ㄴ, ㄹ, ㅁ, ㅂ, ㅅ, ㆁ</mark>' 7자로 썼던 규정이다.

5. <mark>병서(竝書)</mark>(골바쓰기)

둘 또는 세 자음자를 좌우로 결합하는 방법으로 동일 문자를 결합하는 각자 병서와 서로 다른 문자를 결합하는 합용 병서가 있었다. 새로 만든 글자가 아니라 기본자를 나란히 쓴 것이므로 훈민정음 28자에 포함되지 않았다.

(1) <mark>각자</mark> 병서 : 서로 꼭 같은 낱자들을 가로로 나란히 쓰는 것인데, 이에는 초성의 두 글자를 나란히 쓰는 방법 한 가지가 있다. (ㄲ, ㄸ, ㅃ, ㅆ, ㅉ, ㆅ, ㆀ, ㅥ)

(2) <mark>합용</mark> 병서 : 서로 다른 낱자 둘 또는 셋을 가로로 나란히 쓰는 방법을 뜻하는데, 이에는 첫소리 글자 쓰기의 경우(ㅴ, ㅵ …), 가운뎃소리 글자 쓰기의 경우(ㅘ, ㅙ …), 끝소리 글자 쓰기의 경우(ㄺ, ㄻ …) 등 세 경우가 있다.

6. 연서(連書)(니서쓰기)

순음 'ㅁ, ㅂ, ㅍ, ㅃ'과 설음 'ㄹ' 아래 후음 'ㅇ'을 상하로 결합하는 방법으로 순경음과 반설경음이 있다. 이 중에서 반설경음 'ㆄ'은 실제로 사용되지 않은 이상음이며, 순경음 중에서 'ㅱ, ㆄ, ㅽ'은 동국정운식 한자음 표기에만 사용되었고, 'ㅸ'만이 순수 국어 표기에 사용되었으나 《동국정운(東國正韻)》에서 채택되지 않았기 때문에 초성 체계에서 제외되었다.

7. 부서(附書)(붙여쓰기)

중성이 초성과 합쳐질 때에는 초성의 아래쪽이나 오른쪽에 놓인다. 부서법은 성음법(음절 이루기)과 관계가 깊은 규정이다.

8. 성음(成音)(음절 이루기)

반드시 초성, 중성, 종성이 어울려야만 음절, 즉 낱글자가 이루어진다는 글자 운용법으로, 음소 문자인 훈민정음을 음절 문자화한 규정이라 할 수 있다.

9. 성조(聲調)

중세 국어에는 성조가 있었고 음절의 왼쪽에 점(방점)으로 표기되었다. 방점은 15세기 문헌에서 정연하게 쓰이다가 16세기 말엽에 이르러서는 사용하지 않게 되었다. 성조의 소멸에 따라 평성과 거성은 짧은소리로, 상성은 긴소리로 변하였다. 그러나 방언에 따라서는 성조가 완전히 소멸하지 않은 경우도 있어서 현대 국어의 경상도 방언이나 함경도 방언의 일부에 아직 남아 있다. 적지 않은 단어들이 소리의 높이를 통해 단어의 뜻이 분별되었다.

▶ 성조

구분	표기	성질
평성	무점	낮은 소리
거성	점 1개	높은 소리
상성	점 2개	처음이 낮고 나중이 높은 소리
입성	특별히 마련하지 않음.	빨리 그치는 소리

■ 입성
성조에는 평성, 거성, 상성 외에도 입성이라는 것이 있다. 입성은 빨리 그치는 소리로, 안울림소리 받침(ㄱ, ㄷ, ㅂ, ㅅ)의 음절, 이영보래 'ㆆ' 받침의 한자어에서 주로 나타낸다.

02 중세 문법의 여러 가지 요소

1. 의문문

(1) 주어가 **2인칭**인 경우

'ᄒᆞ라체'에서 2인칭 주어 대명사 '너'에 일치하여 쓰이는 어미가 있다.

> 예) 네 모ᄅᆞ던다 / 네 엇뎨 안다

(2) 주어가 2인칭이 아닌 경우

구분	의미	용례
판정 의문문	의문사 없이 단순한 긍정이나 부정의 대답을 요구하는 의문문이다.	이 ᄯᆞ리 너희 죵가 ᄯᅳ디 잇ᄂᆞ니여
설명 의문문	**의문사**가 포함되어 청자의 구체적인 설명을 요구하는 의문문이다.	엇논 藥이 므스것고 이제 어듸 잇ᄂᆞ뇨

■ 중세 국어 (의문) 보조사
'아/가'는 옳고 그름의 판정을 요구하는 '판정 의문'에 사용된다.
'오/고'는 '엇디, 어느, 언맛, 므슥' 등의 의문사와 항상 함께 쓰여 이 의문사가 나타내는 의문에 대한 설명을 요구하는 '설명 의문'에 사용된다.
특히 '가, 고'는 모음이나 'ㄹ' 반모음 'ĭ(j)'로 끝나는 체언 뒤에서는 '아, 오'로 변이된다.

2. 높임 표현

(1) **주체 높임** : 자음 어미 앞에 '**-시-**', 모음 어미 앞에 '**-샤-**'를 붙여 실현한다.

> 예) (이성계가) …… 믈리시니이다 (직접 높임) / 精誠이 至極ᄒᆞ실씨 (간접 높임)

(2) **객체 높임** : '-습-, -즙-, -ᅀᆞᆸ-'은 매개 모음을 취하는 어미나 모음 어미 앞에서 '**-ᄉᆞᆯ-, -ᄌᆞᆯ-, -ᅀᆞᆯ-**'으로 교체된다. 객체 높임 선어말 어미는 다른 선어말 어미에 가장 앞서 어간에 연결되는 특징을 가지고 있다. 예) 막습거늘/돕ᄉᆞᆯ니, 듣즙고져/듣즐며, 보ᅀᆞᆸ게/보ᅀᆞᆸ변

(3) **상대 높임**

평서형 어미 앞에 '**-이-**', 의문형 어미 앞에 '**-잇-**'을 붙여 실현한다.

> 예) ᄒᆞᄂᆞ니이다 / 하나빌 미드니잇가

🔔 알아 두기

높임 선어말 어미

갈래	형태		사용 조건	용례
주체 높임	-(으)시-	-시-	자음 앞	가시고, 가시면, 가시뇨
		-샤-	모음 앞	가샤, 가샤디, 업스샷다
객체 높임	-ᄉᆞᆸ-	-습-	'ㄱ, ㅂ, ㅅ, ㅎ' 뒤	막습고, 돕습고
		-즙-	'ㄷ, ㅈ, ㅊ, ㅌ' 뒤	듣즙고, 앉즙아시니
		-ᅀᆞᆸ-	유성음 뒤	보ᅀᆞᆸ건댄, 말이ᅀᆞᆸ거늘
상대 높임	-(으)이-	-이-	평서형	아니이다, 잇ᄂᆞ이다
		-잇-	의문형	그러ᄒᆞ리잇가, ᄒᆞ니잇가

3. 시간 표현

(1) <mark>현재</mark> 시제 : 동사에는 선어말 어미 '<mark>-ᄂ-</mark>'를 붙이는 반면, 형용사에는 현재 시제를 표현하는 특별한 형태가 없다.
   예) 네 이제 ᄯᅩ 묻ᄂ다 / 내 오ᄂᆞᆯ 實로 無情호라

(2) <mark>과거</mark> 시제 : 선어말 어미를 쓰지 않거나 선어말 어미 '<mark>-더-</mark>'를 써서 실현한다. '-다-'도 더러 쓰이는데, '-다-'는 '-더-'에 선어말 어미 '-오-'가 결합된 것이다.
   예) 가다가 가다가 드로라 / 그딋 ᄯᆞ를 맞고져 ᄒᆞ더이다 / 내 롱담 ᄒ다라

(3) <mark>미래</mark> 시제 : 선어말 어미 '<mark>-리-</mark>'를 붙여 실현한다.
   예) 敬天勤民 ᄒᆞ샤사 더욱 구드시리이다

🔔 알아 두기

시제 선어말 어미
- 현재 시제 선어말 어미 : 선어말 어미 '-ᄂ-'는 현재 시제를 의미하는데, 선어말 어미 '-오-'와 결합하면 'ᄒ노라'와 같이 '-노-'로 바뀐다. (즉, '노'는 선어말 어미 '-ᄂ-'와 '-오-'의 결합형)
- 회상 선어말 어미 : '-더-'는 회상의 선어말 어미인데, 서술격 조사와 미래 시제 선어말 어미 '-리-' 뒤에서는 '-러-'로 교체되고, 선어말 어미 '-오-'와 결합하면 '-다-'로 교체된다.
- 미래 시제 선어말 어미 : '-(으)리-'는 미래 시제의 선어말 어미인데, 관형사형에서는 '-ㄹ'로 실현된다.

구분	평서형 '-다'	의문형 '-녀'	연결 어미 '-니'	관형사형 '-ㄴ'
-ᄂ-	ᄒᄂ다	ᄒᄂ녀	ᄒᄂ니	ᄒᄂ
-더-	ᄒ더라	ᄒ더녀	ᄒ더니	ᄒ던
-리-	ᄒ리라	ᄒ려	ᄒ리니	ᄒᆯ

4. 부정 표현

(1) '<mark>아니</mark>' 부정문 : '아니'를 사용하여 부정문을 만드는 경우
   예) 耶輸ㅣ 손ᅀᅩ 듣디 아니ᄒ시고 / 불휘 기픈 남ᄀᆞᆫ ᄇᆞᄅᆞ매 아니 뮐씨

(2) '<mark>몯</mark>' 부정문 : '몯'을 사용하여 부정문을 만드는 경우
   예) 부텨 맛나디 몯ᄒ며 / 부텨를 몯 맛나며

■ 보조적 연결 어미와 보조 형용사 '잇다'가 결합하여 완료의 의미를 나타낸다.
예) ᄃᆞ론 이 녯 ᄀᆞ올히 볼갯ᄂᆞ니라

■ 과거를 나타내는 표현
네 아비 ᄒᆞ마 주그니라
舍利佛을 須達이 조차 가라 ᄒ시다

■ 과거 회상을 나타내는 표현
그딋 ᄯᆞ롤 맞고져 ᄒᆞ더이다
ᄠᅳ데 몯 마줄이리 다 願가티 ᄃᆞ외더라

■ 부정문의 다른 양상
명사에 접미사가 붙어 이루어진 동사는 '아니'가 사이에 끼어드는 일이 많고, '말다' 부정문이 쓰이기도 한다.
예) 시름 아니 ᄒᆞ리라
이 ᄠᅳ들 닛디 마ᄅᆞ쇼셔

03 교과서 중세 국어 수록 지문 분석

1. 훈민정음언해본(訓民正音諺解本)

世·솅宗종御·엉製·졩訓·훈民민正·졍音흠
나·랏:말쏘·미 中듕國·귁·에 달·아, 文문字·쭝와·로 서르 ᄉᆞᄆᆞᆺ·디 아·니ᄒᆞᆯ·씨 ·이런 젼·ᄎᆞ·로 어·린 百·ᄇᆡᆨ姓·셩·이 니르·고·져 ·호ᇙ ·배 이·셔·도, ᄆᆞᄎᆞᆷ:내 제 ·ᄠᅳ·들 시·러 펴·디 :몯홇 ·노·미 하·니·라 ·내 ·이·를 爲·윙·ᄒᆞ·야 :어엿·비 너·겨, ·새·로 ·스·믈여·듧 字·쭝·를 밍·ᄀᆞ노·니 :사ᄅᆞᆷ:마·다 :ᄒᆡ·여 :수·비 니·겨 ·날·로 ·ᄡᅮ·메 便뼌安한·킈 ᄒᆞ·고·져 홇 ᄯᆞᄅᆞ·미니·라.

[현대어 풀이]
우리나라 말이 중국과 달라 한자와는 서로 통하지 아니하여서 이런 까닭으로 어리석은 백성이 말하고자 하는 바가 있어도 마침내 제(자기의) 뜻을 (얻어/능히) 펴지 못하는 사람이 많다. 내가 이것을 가엾게 생각하여 새로 스물여덟 글자를 만드니, 모든 사람들로 하여금 쉽게 익혀서 날마다 쓰는 데 편하게 하고자 할 따름이다.

(1) 표기상의 특징

음운	• 소실 문자(ㅸ, ㆆ, ㅿ, ㆁ, ·) 모두 사용됨. 예 수ᄫᅵ • 모음 조화가 규칙적임. 예 ᄡᅮ메 • 어두 자음군이 쓰임. 예 ᄠᅳ들 • 두음 법칙이 적용되지 않음. • 구개음화 현상이 나타나지 않음. • 유추 예 서르(서로)
문법	• 명사형 어미 '-옴-/-움-'이 규칙적으로 쓰임. 예 ᄡᅮ메 • 명사형 어미 '-기'는 안 쓰임. • 'ㄹㅇ' 활용형이 규칙적으로 나타남. 예 달아 • 비교 부사격 조사 '에'가 쓰임. 예 듕귁에 • 종속적 연결 어미 '-ㄹ씨'가 쓰임. • 선어말 어미 '-오/-우'가 사용됨.
표기법	• 각자 병서가 사용됨. 예 말쏨 • 이어적기(연철)가 보편적임. 예 말ᄊᆞ미, ᄯᆞᄅᆞ미니라 • 8종성 표기법이 쓰임. • 동국정운식 한자음 표기법이 쓰임. • 방점을 사용함. • 'ㆆ'이 쓰임. 예 홇 배, 몯 홇노미
어휘	• 현대로 오며 의미가 이동된 어휘가 사용됨. (의미의 이동) 예 어린(어리석은), 어엿비(불쌍히) • 현대로 오며 의미가 축소된 어휘가 사용됨. (의미의 축소) 예 놈(보통사람)

(2) 현대 국어와의 차이점

구분	중세 국어	현대 국어	차이점
음운	달·아	달라	용언의 활용형이 다름. ('ㄹㅇ'형이 'ㄹㄹ'로 바뀜.)
	ᄉᆞᄆᆞᆺ·디	통하지	• 구개음화 현상이 나타나지 않음. • 받침(종성)을 'ㄱ, ㄴ, ㄷ, ㄹ, ㅁ, ㅂ, ㅅ, ㅇ'으로만 사용함.
	니르·고·져	이르고자	• 'ㅣ'계 모음 앞에서 'ㄴ'이 탈락하여 'ㅇ'으로 바뀜. • 근대 국어 시기에 어미 모음의 양성화 경향에 따라 '-져'가 '-자'로 바뀜.
	·ᄠᅳ·들	뜻을	어두 자음군이 소실되어 된소리로 바뀜.
	펴·디	펴지	구개음화 영향으로 '-디'가 '-지'로 바뀜.
	수ᄫᅵ	쉽게	'ㅸ(병)'이 소실되었음.
문법	듕·귁·에	중국과	중세 국어에는 비교나 기준을 나타내는 부사격 조사 '에'가 있었으나 현대에는 '과'로 바뀜.
의미	어·린	나이가 적은	중세 국어에서는 '어리석은'의 뜻이었으나 현대에는 의미가 이동함.
	·노·미	놈이(남자를 낮춤.)	중세 국어에서는 '보통 사람'의 뜻이었으나 현대에는 의미가 축소됨.
	:어엿·비	예쁘게	중세 국어에서는 '불쌍하게'의 뜻이었으나 현대에는 의미가 이동함.

2. 소학언해(小學諺解)

孔·공子·ᄌᆞㅣ 曾증子·ᄌᆞ다·려
공자께서 증자에게

닐·러 ᄀᆞᆯᄋᆞ·샤·디,
일러 말씀하시기를,

·몸·이며 얼굴·이며 머·리털·이·며·ᄉᆞᆯ·흔
몸과 형체와 머리털과 살은

父·부母:모·ᄭᅴ 받ᄌᆞ·온 거·시·라.
부모께 받은 것이라.

:감·히 헐·워 샹히·오·디 아·니:홈·이
감히 헐게 하여 상하게 하지 아니함이

:효·도·이 비·르·소미·오,
효도의 시작이며,

·몸·을 셰·워 道:도·를 行ᄒᆡᆼ·ᄒᆞ·야
입신(출세)하여 도를 행하며

일:홈·을 後:후世:셰·예 :베퍼·뻐
부모의 이름을 후세에 날려 이로써

父·부母:모를 :현·뎌케 :홈·이
부모를 드러나게 함이

:효·도·의 ᄆᆞ·ᄎᆞᆷ·이니·라.
효도의 끝이니라.
:유·익ᄒᆞᆫ ·이 :세 가·짓 :벋·이요,
유익한 벗이 셋이고,
:해·로온 ·이 :세 가·짓 :벋·이니,
해로운 벗이 셋이니,
直·딕ᄒᆞᆫ 이·를 :벋ᄒᆞ·며,
정직한 이를 벗하며,
:신·실ᄒᆞᆫ ·이·를 :벋ᄒᆞ·며,
신실한 이를 벗하며,
들:온 ·것 한 ·이·를 :벋ᄒᆞ·면 :유·익ᄒᆞ·고,
견문이 많은 이를 벗하면 유익하고,
:거·동 만 니·근 ·이·를 :벋ᄒᆞ·며,
행동만 익은 이를 벗하며,
아:당ᄒᆞ·기 잘·ᄒᆞ·ᄂᆞᆫ 이·를 :벋ᄒᆞ·며,
아첨하기를 잘하는 이를 벗하며,
:말·ᄉᆞᆷ·만 니·근 ·이·를 :벋ᄒᆞ·면 해·로·온이·라.
말만 익은 이를 벗하면 해로우니라.

구분	훈민정음	소학언해
음운	• 'ㅸ' 존재 예 수비 • 모음 조화 규칙적 예 뿌메	• 'ㅸ' 소실 예 해로온, 받ᄌᆞ온 • 모음 조화 파괴 예 비르소미오 • 방점 혼란 • 'ㅿ' 소실
문법	• 명사형 어미 '옴/움' 예 뿌메 • 'ㄹㅇ'형 활용형 규칙적 예 달아	• 명사형 어미 '옴/움' 혼란 예 비르소미라, ᄆᆞ초미니라 • 명사형 어미 '-기' 쓰임. 예 아당ᄒᆞ기 • 'ㄹㅇ'형 활용형 > 'ㄹㄹ'형 예 닐러
표기법	• 각자 병서 사용 예 말쏨 • 이어적기(연철) 보편적 예 말ᄊᆞ미, ᄡᆞᄅᆞ미니라 • 'ㆆ' 쓰임. 예 홀 배, 몯 홇노미	• 각자 병서 안 쓰임. 예 말솜 • 분철 확대 예 몸이며, 머리털이며 • 'ㆆ' 안 쓰임.

제3절 근대 국어

01 근대 국어의 특징

1. 음운적 특징

근대 국어에서는 어두 자음군이 경음화되어 'ㅅ' 된소리 표기인 'ㅅㄱ, ㅅㄷ, ㅅㅂ' 등의 된소리 표기가 각자 병서인 'ㄲ, ㄸ, ㅃ, ㅆ, ㅉ' 등으로 바뀌었다.

또한, 'ㆍ'의 소실이 모음 체계에 큰 변화를 가져왔으며, 'ㄷ, ㅌ'의 구개음화, 'ㅅ, ㅈ, ㅊ' + 이중 모음의 단모음화, 모음 조화 파괴, 원순 모음화, 움라우트 현상, 전설 모음화, 성조의 소멸 등 많은 변화가 일어나 이것이 현대 국어로 이어졌다. 더불어, 문자 'ㅿ', 'ㆁ', 'ㆆ' 등도 사라졌다.

■ 움라우트 현상
선행 음절의 모음이 후행 음절의 전설 모음에 동화되어 스스로 전설 모음으로 바뀌는 것
예 '너기 > 네기-', '고기 > 괴기' 등

2. 문법적 특징

중세 국어에서 엄격히 세워졌던 주체·객체·상대에 대한 존대 가운데 객체 존대는 근대 국어에 오면서 흔들리게 되었다. 무엇보다도 객체 존대의 기능을 담당하던 '-습-'이 그 기능을 상실하였고 성질이 변하게 되어 상대·주체 존대에 관여하여 사용되었다.

3. 어휘의 특징

근대 국어에서는 고유어가 한자어에 의해 약화되고 한자어가 증가하였다. 근대 국어의 표기법은 'ㅿ, ㆁ, ㆍ'의 소멸과 더불어 야기되는 표기화의 문제, 된소리 표기인 어두 합용 병서의 각자 병서 표기, 종성 'ㄷ'과 'ㅅ'의 혼란 표기 등을 들 수 있다.

■ 한글 자모 소실 순서
ㆆ ⇨ ㅸ ⇨ ㅿ ⇨ ㆁ ⇨ ㆍ

02 교과서 근대 국어 수록 지문 분석

1. 동명일긔(東溟日記)

> 홍식이 거록ᄒᆞ야 붉은 긔운이 하ᄂᆞᆯ을 ᄶᅱ노더니
> 홍색(紅色)이 거룩하여 붉은 기운이 하늘을 뛰더니,
>
> 이랑이 소리를 놉히ᄒᆞ야 나를 불러
> 이랑이 크게 소리를 질러 나를 불러,
>
> 져긔 믈밋츨 보라 웨거늘
> "저기 물밑을 보십시오." 외치거늘,
>
> 급히 눈을 드러 보니 믈밋 홍운을 헤앗고
> 급히 눈을 들어 보니, 물밑 홍운(紅雲)을 헤치고
>
> 큰 실오리 ᄀᆞᆺᄒᆞᆫ 줄이 붉기 더옥 긔이ᄒᆞ며
> 큰 실오리 같은 줄이 붉기 더욱 기이하며,
>
> 긔운이 진홍 ᄀᆞᆺᄒᆞᆫ 것이 ᄎᆞᄎᆞ 나 손바닥 너빗 ᄀᆞᆺᄒᆞᆫ 것이
> 기운이 진홍(眞紅) 같은 것이 차차 나 손바닥 넓이 같은 것이

그믐밤의 보는 숫불빛 ᄀᆞᆺ더라.
그믐밤에 보는 숯불빛 같더라.

ᄎᆞᄎᆞ 나오더니 그 우흐로 젹은 회오리밤 ᄀᆞᆺ한 것이
차차 나오더니, 그 위로 작은 회오리밤 같은 것이

븕기 호박 구슬 ᄀᆞᆺ고 ᄆᆞᆰ고 통낭ᄒᆞ기ᄂᆞᆫ 호박도곤 더 곱더라.
붉기가 호박(琥珀) 구슬 같고, 맑고 통랑(通朗)하기는 호박보다 더 곱더라.

그 븕은 우흐로 흘흘 움즉여 도ᄂᆞᆫᄃᆡ 처엄 낫던 븕은 긔운이
그 붉은 위로 훌훌 움직여 도는데, 처음 났던 붉은 기운이

ᄇᆡᆨ지 반 쟝 너비만치 반ᄃᆞ시 비최며
백지(白紙) 반 장 너비만큼 반듯이 비치며,

밤 ᄀᆞᆺ던 긔운이 ᄒᆡ 되야 ᄎᆞᄎᆞ 커가며 큰 징반만 ᄒᆞ여
밤 같던 기운이 해 되어 차차 커 가며, 큰 쟁반만 하여

븕읏븕읏 번듯번듯 쒸놀며 젹식이 왼 바다희 ᄶᅵ치며
불긋불긋 번듯번듯 뛰놀며, 적색(赤色)이 온 바다에 끼치며,

몬져 븕은 긔운이 ᄎᆞᄎᆞ 가시며 ᄒᆡ 흔들며 쒸놀기
먼저 붉은 기운이 차차 없어지며, 해 흔들며 뛰놀기

더욱 ᄌᆞ로 ᄒᆞ며 항 ᄀᆞᆺ고 독 ᄀᆞᆺ ᄒᆞᆫ 것이 좌우로 쒸놀며
더욱 자주 하며, 항아리 같고 독 같은 것이 좌우로 뛰놀며,

황홀이 번득여 냥목이 어즐ᄒᆞ며 븕은 긔운이 명낭ᄒᆞ야
황홀(恍惚)히 번득여 두 눈이 어질하며, 붉은 기운이 명랑하여

첫 홍ᄉᆡᆨ을 혜앗고 텬듕의 징반 ᄀᆞᆺᄒᆞᆫ 것이 수레박희 ᄀᆞᆺᄒᆞ야
첫 홍색을 헤치고, 하늘 한가운데 쟁반 같은 것이 수레바퀴 같아서

믈 속으로셔 치미러 밧치ᄃᆞ시 올나 븟흐며
물속에서 치밀어 받치듯이 올라붙으며,

항독 ᄀᆞᆺᄒᆞᆫ 긔운이 스러디고 처엄 븕어 것츨 빗최던 거슨
항, 독 같은 기운이 없어지고, 처음 붉게 겉을 비추던 것은

모혀 소혀텨로 드리워 믈 속의 풍덩 ᄲᅢ디ᄂᆞᆫ듯 시브더라
모여 소의 혀처럼 드리워 물속에 풍덩 빠지는 듯싶더라.

일ᄉᆡᆨ이 됴요ᄒᆞ며 물결의 븕은 긔운이 ᄎᆞᄎᆞ 가시며
일색(日色)이 조요(照耀)하며 물결의 붉은 기운이 차차 없어지며,

일광이 쳥낭하니 만고 텬하의 그런 장관은
일광(日光)이 청랑(晴朗)하니, 만고천하(萬古天下)에 그런 장관은

딕두할ᄃᆡ 업슬ᄃᆞᆺ ᄒᆞ더라
견줄 데 없을 듯하더라.

구분	근대 국어가 중세 국어와 달라진 점
음운	• 'ㅿ'의 소멸로 '처섬'이 '처엄'으로 바뀜. • 성조가 소실되어 방점으로 나타나지 않음. • 모음 조화 파괴가 매우 심하게 나타남. 　예 나를, 보는, 거놀 • 'ㄴ' 첨가 현상이 나타남. 　예 쒸노던니
문법	• 명사형 어미 '-기'가 매우 활발하게 쓰임. 　예 븕기, 통낭ᄒ기
어휘	• 감각이나 색채를 나타내는 단어들이 매우 활발하게 쓰였으며 순한글 어휘가 많이 나타남. • 어휘의 형식 면에서도 약간의 차이를 보여 중세 국어의 '그몸'이 '그믐'으로 나타나기도 함.
표기법	• 분철(끊어적기)의 확대 　예 ᄀᆞᆺᄒᆞᆫ 것이, 물 속으로셔, 긔운이 • 중철(거듭적기) 표기가 나타남. 　예 것츨, 소릐롤 • 어중의 'ㄹㄹ'을 'ㄹㄴ'으로 표기 　예 올나 • 'ㆁ'이 쓰이지 않음. 　예 징반 • 재음소화 표기가 나타남. 재음소화란 'ㅊ, ㅋ, ㅌ, ㅍ'을 'ㅈ + ㅎ, ㄱ + ㅎ, ㄷ + ㅎ, ㅂ + ㅎ'으로 2차 분석하는 것임. 　예 븟흐며

PART 2
어휘 · 한자 · 성어

Chapter 1 한자어와 성어   174

Chapter 2 혼동 어휘   235

Chapter 3 고유어와 순화어   246

Chapter 1 한자어와 성어

PART 2 어휘 · 한자 · 성어

제1절 한자어

01 한자의 부수에서 확장해 나가기

사람

人		
사람 인 (亻)	다리를 내딛고 활개를 치면서 씩씩하게 걸어가는 '사람'의 모양을 본뜬 부수 글자	
僕 종 복	菐 번거로울 복	公僕 (공복, 公 공변될 공) : 국민에 대한 봉사자, 공무원
傑 뛰어날 걸	桀 홰 걸	傑出 (걸출, 出 날 출) : 남보다 훨씬 뛰어남. 또는 그런 사람
伴 짝 반	半 반 반	伴侶 (반려) : 짝이 되는 동무
侶 짝 려(여)	呂 등뼈 려(여)	
仕 벼슬 사	士 선비 사	奉仕 (봉사, 奉 받들 봉) : 남을 위해 자기를 바쳐 보살펴 줌.
倨 거만할 거	居 자리 잡을 거	倨慢 (거만, 慢 게으를·거만할 만) : 겸손하지 못하고 뽐냄.
像 형상 상	象 모양 상	現像 (현상, 現 나타날 현) : 촬영한 영상을 드러나게 하는 일

마음, 감정

心		
마음 심 (忄)	사람 몸속에 있는 심장의 모양을 본떠서 널리 '마음'을 뜻한 부수 글자	
懦 나약할 나	需 연할 연	懦弱 (나약, 弱 약할 약) : 의지가 약함.
懶 게으를 라(나)	賴 눌러앉을 뢰(뇌)	懶怠 (나태) : 게으르고 느림.
怠 게으를 태	台 평평할 대	
慕 그리워할 모	莫 없을 막	思慕 (사모, 思 생각 사) : 생각하고 그리워함.
忌 꺼릴 기	己 자기 기	猜忌 (시기, 猜 시기할 시) : 샘하여 미워함.
慙 부끄러워할 참	斬 매우 참	慙愧 (참괴) : 부끄럽게 여김.
愧 부끄러워할 괴	鬼 멀 귀	
懺 뉘우칠 참	韱 섬세할 섬	懺悔 (참회) : 뉘우쳐 마음을 고쳐먹음.
悔 뉘우칠 회	每 늘 매	

손

手

손수(扌)	움직여 활동하는 사람의 다섯 손가락 모양을 본떠서 '손'을 뜻한 부수 글자	
攪 어지러울 교	覺 깨달을 각	攪亂 (교란, 亂 어지러울 난) : 뒤흔들어 어지럽게 함.
拿 잡을 나	合 합할 합	拿捕 (나포, 捕 잡을 포) : 죄인이나 불법 침입한 선박을 붙잡음.
捺 누를 날	奈 견딜 내	捺印 (날인, 印 도장 인) : 도장을 찍음.
撫 어루만질 무	無 없을 무	撫摩 (무마) : 분쟁이나 사건 따위를 어물어물 덮어 버림.
摩 갈 마	麻 삼 마	
撒 뿌릴 살	散 흩을 산	撒布 (살포, 布 널리 포) : 약제 따위를 일대에 흩어 뿌림.
把 잡을 파	巴 꼬리 파	把握 (파악) : 어떤 일을 이해하여 확실하게 앎.
握 잡을 악	屋 집 옥	
携 가질 휴	雋 살찐 고기 전	携帶 (휴대, 帶 지닐 대) : 어떤 물건을 몸에 지님.
掌 손바닥 장, 맡을 장	尚 더욱이 상	掌握 (장악) : 손에 넣음. 자기 것으로 만듦.
握 잡을 악	屋 집 옥	

발

足

발 족(⻊)	사람의 발목 정강이 그리고 무릎의 모양을 본떠서 두루 '발'을 뜻한 글자	
踏 밟을 답	沓 겹칠 답	踏襲 (답습, 襲 엄습할 습) : 기존의 방식이나 수법을 그대로 함.
躍 뛸 약	翟 꿩 적	躍進 (약진, 進 나아갈 진) : 힘차게 앞으로 뛰어 나아감.
跡 자취 적	亦 또 역	遺跡 (유적, 遺 남길 유) : 남은 흔적. 남아 있는 사적

눈

目

눈 목	타원형으로 생겨 사물을 관찰할 수 있는 사람의 '눈동자' 모양을 본뜬 글자	
眈 노려볼 탐	冘 망설일 유	虎視眈眈 (호시탐탐) : 기회를 노리고 가만히 정세를 관찰함.
瞞 속일 만	䔢 틈이 없을 만	欺瞞 (기만, 欺 속일 기) : 남을 속여 넘김.
盲 소경 맹	亡 잊을 망	盲目 (맹목) : 이성을 잃어 분별이나 판단을 못하는 일
睡 잠잘 수	垂 드리울 수	睡眠 (수면) : 잠을 자는 일
眠 잠잘 면	民 백성 민	

입		
口		
입 구	말을 하고 밥을 먹을 수 있는 타원형으로 생긴 사람의 '입' 모양을 본뜬 부수 글자	
告 고할 고	牛 소 우	告訴 (고소, 訴 하소연할 소) : 고하여 하소연함.
吹 불 취	欠 하품 흠	鼓吹 (고취, 鼓 북 고) : 의견이나 사상을 열렬히 주장함.
叫 부르짖을 규	丩 얽힐 구	絶叫 (절규, 絶 끊을 절) : 힘을 다하여 부르짖음.

칼		
刀		
칼 도(刂)	위의 칼자루와 아래의 칼몸 그리고 칼날의 모양을 본떠서 '칼'을 뜻한 부수 글자	
刺 찌를 자	朿 (자 → 나무에 가시가 있는 모양)	刺戟 (자극, 戟 창 극) : 어떤 반응을 일으키게 하는 일
剔 바를 척	易 바꿀 역	剔抉 (척결, 抉 찢어발릴 결) : 송두리째 파헤쳐 깨끗이 없앰.

말		
言		
말씀 언	위(二)와 아래(二)의 입술 그리고 네모진 입(口)을 움직여 나오는 '말씀'을 뜻한 글자	
誇 자랑할 과	夸 자랑할 과	誇張 (과장, 張 베풀 장) : 사실보다 떠벌려 나타냄.
誓 약속할 서	折 타협할 절	誓約 (서약, 約 맺을 약) : 맹세하고 약속함.
訛 그릇될 와	化 잘못 와	訛傳 (와전, 傳 전할 전) : 그릇 전함.
詭 속일 궤	危 위태할 위	詭辯 (궤변, 辯 말씀 변) : 거짓을 참인 것처럼 꾸며 대는 논법
誹 헐뜯을 비	非 비방할 비	誹謗 (비방) : 남을 비웃고 헐뜯어서 말함.
謗 헐뜯을 방	旁 곁 방	

신체, 장기

月 달 월

밤하늘에 빛을 발하면서 떠 있는 초승달이나 그믐달의 모양을 본뜬 글자

股 넓적다리 고	殳 몽둥이 수	股肱 (고굉) : 다리와 팔이라는 뜻으로, 온몸을 이르는 말
肱 팔뚝 굉	厷 팔뚝 굉	
肩 어깨 견	戶 지게 호	比肩 (비견, 比 견줄 비) : 어깨를 나란히 함.
背 등 배, 저버릴 배	北 등질 배	背叛 (배반, 叛 배반할 반) : 신의를 저버리고 돌아섬.
膝 무릎 슬	桼 옻 칠 ('꺾일 절(折)'의 의미도 가지고 있음.)	膝下 (슬하, 下 아래 하) : 무릎의 아래라는 뜻. 어버이나 조부모의 보살핌 아래를 이름.

병

疒 병질 엄

사람이 병상에 누워 기댄 모양을 본떠서 몸이 아파 '병들다'라는 뜻의 글자

疫 전염병 역	殳 몽둥이 수 ('재난 役'의 생략형)	防疫 (방역, 防 막을 방) : 전염병의 발생을 소독, 예방 주사 등의 방법으로 미리 막음.
疵 허물 자	此 이 차	瑕疵 (하자, 瑕 허물 하) : 옥의 티. 흠. 결점
痍 상처 이	夷 상할 이	滿身瘡痍 (만신창이) : 온몸이 상처투성이가 됨. 일이 아주 엉망이 됨.
療 병 고칠 료	尞 불 놓을 료	治療 (치료, 治 다스릴 치) : 병을 다스려서 낫게 함. 병을 고침.
疲 지칠 피	皮 겉 피 ('지치다'의 의미 포함)	疲勞 (피로, 勞 일할 로) : 몸이나 정신이 지치어 힘듦.
癖 버릇 벽	辟 편벽될 벽	性癖 (성벽, 性 성품 성) : 몸에 밴 습관 勝癖 (승벽, 勝 이길 승) : 겨루어 이기기를 좋아하는 성미나 버릇

힘

力 힘 력

탄력성 있는 사람 피부의 힘살 모양을 본떠서 야무진 '힘'을 뜻한 부수 글자

勤 부지런할 근	堇 (흙을) 바를 근	勤勉 (근면) : 부지런히 일하며 힘씀.
勉 힘쓸 면	免 해산 문 ⇨ 만들다	
務 힘쓸 무	敄 구할 무	公務 (공무, 公 공평할 공) : 여러 사람에 관한, 국가 또는 공공 단체의 사무 服務 (복무, 服 옷 복) : 어떤 직무나 임무에 힘씀.
勸 권할 권	雚 황새 관 ⇨ 소리 지르다	勸誘 (권유, 誘 꾈 유) : 상대편이 일정한 일을 하도록 권하거나 달램.

사물, 돈

貝
조개 패

貝 ▶ 貝 ▶ 貝 ▶ 貝

바닷가에서 입을 오므렸다 벌렸다 하는 '조개'의 모양을 본뜬 글자

한자	부수/설명	단어
賭 걸, 내기 도	者 무리 자	賭博 (도박, 博 노름 박): 노름, 돈내기
貧 가난할 빈	分 나눌 분	貧困 (빈곤, 困 곤할 곤): 가난하여 살기가 어려움. 淸貧 (청빈, 淸 맑을 청): 성품이 깨끗하고 재물에 대한 욕심이 없어 가난함.
貪 탐할 탐	今 이제 금	貪慾 (탐욕, 慾 욕심 욕): 지나치게 탐하는 욕심
賠 갚을 배	咅 침 부, 침 뱉을 투	賠償 (배상, 償 갚을 상): 남의 권리를 침해한 사람이 그 손해를 물어 주는 일
貢 바칠 공	工 장인 공	貢獻 (공헌, 獻 드릴 헌): 국가, 사회를 위하여 이바지함.
貶 깎아내릴 폄	乏 모자랄 핍	貶下 (폄하): 가치를 깎아내림.
賦 세금 거둘 부, 줄 부	武 군대 무 ⇨ 뽑아 모으다	賦課 (부과, 課 부과할 과): 세금 따위를 구체적으로 결정해 매김.

물

水
물 수(氵)

 ▶ 氺 ▶ 巛 ▶ 水

수원을 이루는 산골짜기에서부터 굽이굽이 흘러가는 '물'의 모양을 본뜬 글자

한자	부수/설명	단어
沐 머리 감을 목	木 나무 목	沐浴 (목욕): 머리를 감고 몸을 씻음.
浴 목욕할 욕	谷 골짜기 골	
湛 가득히 괼 담	甚 깊을 심	湛水 (담수): 저수지 등에 물을 채움.
澄 깨끗할 징	登 오를 등	明澄 (명징, 明 밝을 명): 밝고 맑음.
洗 씻을 세	先 앞설 선 ⇨ 발	洗滌 (세척): 깨끗이 씻음.
滌 씻을 척	條 가지 조	
濯 씻을 탁	翟 꿩 적 ⇨ 악기 ⇨ 두드리다	洗濯 (세탁): 깨끗이 씻음.
溺 물에 빠질 닉(익)	弱 약할 약	溺死 (익사, 死 죽을 사): 물에 빠져 죽음.
涕 눈물 체	弟 기울 퇴	涕泣 (체읍): 눈물 흘리며 슬피 욺.
泣 울 읍	立 설 립	

불

火

불 화(灬) | 장작더미가 불꽃을 내면서 활활 타오르는 '불꽃' 모양을 본뜬 글자

煤 그을음 매	某 아무 모	煤煙 (매연, 煙 연기 연) : 그을음과 연기
燒 불사를 소	堯 높을, 멀 요	燒却 (소각, 却 물리칠 각) : 불에 태워 없애 버림.
烈 매울 렬	列 벌릴 렬(열) ⇨ 찢다	熾烈 (치열, 熾 성할 치) : 기세나 세력 따위가 불길같이 맹렬함.

풀

艸

풀 초(艹) | 땅 위에서 초목의 싹들이 쏘옥 돋아 나오는 '풀잎'을 뜻한 글자

萌 싹 맹	明 나타날 명	萌芽 (맹아) : 싹이 돋음. 새로운 일의 시초
芽 싹 아	牙 싹틀 아	
荒 거칠 황	巟 망할 황	荒廢 (황폐, 廢 폐할 폐) : 거칠어져 못 쓰게 됨.
蔓 덩굴 만, 퍼질 만	曼 길게 끌 만	蔓延 (만연, 延 늘일 연) : 널리 번지어 퍼짐.

벌레

虫

벌레 충 | 뱀이 몸을 사리고 있는 모양을 본떠서 널리 '벌레'를 뜻한 글자

蜜 꿀 밀	必 반드시 필	蜜語 (밀어, 語 말씀 어) : 달콤한 말
蠢 꿈틀거릴 준	春 움직일 준	蠢動 (준동, 動 움직일 동) : 소란을 피움.
蟄 숨을, 겨울잠 잘 칩	執 두려워할 집	蟄居 (칩거, 居 살 거) : 나가지 않고 거처에 틀어박혀 있음.
螢 개똥벌레 형	火 불 화	螢雪之功 (형설지공) : 역경을 딛고 부지런히 학문을 닦아 이룬 공

02 주제별 한자어

나이별 한자 호칭어

나이	호칭	나이	호칭
10세(안팎)	沖年 (나이어릴 충 / 해 년(연))	61세	還甲 (돌아올 환 / 갑옷 갑)
15세	志學 (뜻 지 / 배울 학)		回甲 (돌아올 회 / 갑옷 갑)
16세	瓜年 (오이 과 / 해 년(연))		還曆 (돌아올 환 / 책력 력(역))
20세(안팎)	芳年 (꽃다울 방 / 해 년(연))	62세	華甲 (빛날 화 / 갑옷 갑)
	妙齡 (묘할 묘 / 나이 령(영))		進甲 (나아갈 진 / 갑옷 갑)
	弱冠 (약할 약 / 갓 관)	70세	古稀 (옛 고 / 드물 희)
30세	而立 (말 이을 이 / 설 립(입))		稀壽 (드물 희 / 목숨 수)
40세	不惑 (아닐 불 / 미혹할 혹)		從心 (좇을 종 / 마음 심)
48세	桑年 (뽕나무 상 / 해 년(연))	77세	喜壽 (기쁠 희 / 목숨 수)
	桑壽 (뽕나무 상 / 목숨 수)	80세	傘壽 (우산 산 / 목숨 수)
50세	知天命 (알 지 / 하늘 천 / 목숨 명)	88세	米壽 (쌀 미 / 목숨 수)
	知命 (알 지 / 목숨 명)	90세	卒壽 (마칠 졸 / 목숨 수)
	艾年 (쑥 애 / 해 년(연))		凍梨 (얼 동 / 배나무 리(이))
60세	耳順 (귀 이 / 순할 순)	99세	白壽 (흰 백 / 목숨 수)
	六旬 (여섯 육(륙) / 열흘 순)	100세	期頤之壽 (기약할 기 / 턱 이 / 갈 지 / 목숨 수)

계절과 24절기

봄	입춘(立春) ⇨ 우수(雨水) ⇨ 경칩(驚蟄) ⇨ 춘분(春分) ⇨ 청명(淸明) ⇨ 곡우(穀雨)
여름	입하(立夏) ⇨ 소만(小滿) ⇨ 망종(芒種) ⇨ 하지(夏至) ⇨ 소서(小暑) ⇨ 대서(大暑)
가을	입추(立秋) ⇨ 처서(處暑) ⇨ 백로(白露) ⇨ 추분(秋分) ⇨ 한로(寒露) ⇨ 상강(霜降)
겨울	입동(立冬) ⇨ 소설(小雪) ⇨ 대설(大雪) ⇨ 동지(冬至) ⇨ 소한(小寒) ⇨ 대한(大寒)

立春 설 입(립) / 봄 춘
雨水 비 우 / 물 수
驚蟄 놀랄 경 / 숨을 칩
春分 봄 춘 / 나눌 분
淸明 맑을 청 / 밝을 명
穀雨 곡식 곡 / 비 우
立夏 설 입(립) / 여름 하
小滿 작을 소 / 찰 만

芒種 까끄라기 망 / 씨 종
夏至 여름 하 / 이를 지
小暑 작을 소 / 더울 서
大暑 큰 대 / 더울 서
立秋 설 입(립) / 가을 추
處暑 곳 처 / 더울 서
白露 흰 백 / 이슬 로(노)
秋分 가을 추 / 나눌 분

寒露 찰 한 / 이슬 로(노)
霜降 서리 상 / 내릴 강
立冬 설 입(립) / 겨울 동
小雪 작을 소 / 눈 설
大雪 큰 대 / 눈 설
冬至 겨울 동 / 이를 지
小寒 작을 소 / 찰 한
大寒 큰 대 / 찰 한

03 한자 반의어

가공(架空)	↔	실재(實在)
감정(感情)		이성(理性)
고답적(高踏的)		세속적(世俗的), 통속적(通俗的)
관목(灌木)		교목(喬木)
귀납(歸納)		연역(演繹)
군자(君子)		소인(小人)
내포(內包)		외연(外延)
담천(曇天)		청천(晴天)
면연(綿延)		간헐(間歇)
부상(扶桑)		함지(咸池)
인공(人工)		자연(自然)
영겁(永劫)		찰나(刹那)
일반화(一般化)		특수화(特殊化)
자본주의(資本主義)		공산주의(共産主義)
전제주의(專制主義)		민주주의(民主主義)
퇴영적(退嬰的)		진취적(進取的)
횡단(橫斷)		종단(縱斷)
후대(厚待)		박대(薄待)
발주(發注)		수주(受注)

架空 시렁 가 / 빌 공
實在 열매 실 / 있을 재
感情 느낄 감 / 뜻 정
理性 다스릴 이(리) / 성품 성
高踏的 높을 고 / 밟을 답 / 과녁 적
世俗的 인간 세 / 풍속 속 / 과녁 적
通俗的 통할 통 / 풍속 속 / 과녁 적
灌木 물 댈 관 / 나무 목
喬木 높을 교 / 나무 목
歸納 돌아갈 귀 / 들일 납
演繹 펼 연 / 풀 역
君子 임금 군 / 아들 자
小人 작을 소 / 사람 인
內包 안 내 / 쌀 포

外延 바깥 외 / 늘일 연
曇天 흐릴 담 / 하늘 천
晴天 갤 청 / 하늘 천
綿延 이어질 면 / 늘일 연
間歇 사이 간 / 쉴 헐
扶桑 도울 부 / 뽕나무 상
咸池 다 함 / 못 지
人工 사람 인 / 장인 공
自然 스스로 자 / 그럴 연
永劫 길 영 / 위협할 겁
刹那 절 찰 / 어찌 나
一般化 한 일 / 가지 반 / 될 화
特殊化 특별할 특 / 다를 수 / 될 화
資本主義 재물 자 / 근본 본 / 주인 주 / 옳을 의

共産主義 한가지 공 / 낳을 산 / 주인 주 / 옳을 의
專制主義 오로지 전 / 억제할 제 / 주인 주 / 옳을 의
民主主義 백성 민 / 주인 주 / 주인 주 / 옳을 의
退嬰的 물러날 퇴 / 어린아이 영 / 과녁 적
進取的 나아갈 진 / 가질 취 / 과녁 적
橫斷 가로 횡 / 끊을 단
縱斷 세로 종 / 끊을 단
厚待 두터울 후 / 기다릴 대
薄待 엷을 박 / 기다릴 대
發注 필 발 / 물 댈 주
受注 받을 수 / 물 댈 주

04 한자 유의어

개연성(蓋然性)	가능성(可能性)	긍휼(矜恤)		연민(憐憫·憐愍)
공헌(貢獻)	기여(寄與)	육량(陸梁)		발호(跋扈)
광정(匡正) ≒	확정(廓正)	인멸(湮滅·堙滅) ≒		오유(烏有)
구천(九泉)	황천(黃泉)	소박(素朴)		순박(淳朴·醇朴)
귀감(龜鑑)	사표(師表)	축록(逐鹿)		각축(角逐)
극명(克明)	천명(闡明)	파천황(破天荒)		미증유(未曾有)

蓋然性 덮을 개 / 그럴 연 / 성품 성
可能性 옳을 가 / 능할 능 / 성품 성
貢獻 바칠 공 / 드릴 헌
寄與 부칠 기 / 줄 여
匡正 바를 광 / 바를 정
廓正 클 확 / 바를 정
九泉 아홉 구 / 샘 천
黃泉 누를 황 / 샘 천
龜鑑 거북 귀 / 거울 감

師表 스승 사 / 겉 표
克明 이길 극 / 밝을 명
闡明 밝힐 천 / 밝을 명
矜恤 불쌍히 여길 긍 / 구휼할 휼
憐憫 불쌍히 여길 연(련) / 근심할 민
憐愍 불쌍히 여길 연(련) / 근심할 민
陸梁 뭍 육(륙) / 들보 량(양)
跋扈 밟을 발 / 따를 호
湮滅 묻힐 인 / 꺼질 멸

堙滅 막을 인 / 꺼질 멸
烏有 까마귀 오 / 있을 유
素朴 본디 소 / 순박할 박
淳朴 순박할 순 / 순박할 박
醇朴 전국술 순 / 순박할 박
逐鹿 쫓을 축 / 사슴 록(녹)
角逐 뿔 각 / 쫓을 축
破天荒 깨뜨릴 파 / 하늘 천 / 거칠 황
未曾有 아닐 미 / 일찍 증 / 있을 유

의미가 같은 한자어

쭉 이어져 옴	면연(綿延), 연면(連綿), 면면(綿綿), 연연(連延)
가장 중요한 곳	정화(精華·菁華), 진수(眞髓), 정수(精髓)
느리고 게으름	나타(懶惰), 나태(懶怠), 태만(怠慢)
극히 짧은 시간	찰나(刹那), 수유(須臾), 편각(片刻), 순간(瞬間)
제 마음대로 처단함	천단(擅斷), 독단(獨斷), 독천(獨擅), 전단(專斷)
속세(세속)	홍진(紅塵), 풍진(風塵), 진세(塵世), 사바(娑婆), 하계(下界), 인간(人間)

綿延 이어질 면 / 늘일 연
連綿 잇닿을 연(련) / 이어질 면
綿綿 이어질 면 / 이어질 면
連延 잇닿을 연(련) / 늘일 연
精華 정할 정 / 빛날 화
菁華 순무 정 / 빛날 화
眞髓 참 진 / 뼛골 수
精髓 정할 정 / 뼛골 수

懶惰 게으를 나(라) / 게으를 타
懶怠 게으를 나(라) / 게으를 태
怠慢 게으를 태 / 거만할 만
刹那 절 찰 / 어찌 나
須臾 모름지기 수 / 잠깐 유
片刻 조각 편 / 새길 각
瞬間 깜짝일 순 / 사이 간

擅斷 멋대로 할 천 / 끊을 단
獨斷 홀로 독 / 끊을 단
獨擅 홀로 독 / 멋대로 할 천
專斷 오로지 전 / 끊을 단
紅塵 붉을 홍 / 티끌 진
風塵 바람 풍 / 티끌 진
塵世 티끌 진 / 인간 세
娑婆 사바 세상 사 / 음역자 바
下界 아래 하 / 지경 계
人間 사람 인 / 사이 간

05 동자이음어(同字異音語)

見 보다 견 / 나타나다 현	更 고치다, 때 경 / 다시 갱
見聞 견문(볼 견 / 들을 문) 謁見 알현(뵐 알 / 나타나다 현) 現夢 현몽(나타날 현 / 꿈 몽)	變更 변경(변할 변 / 고칠 경) 更迭 경질(고칠 경 / 번갈아들 질) 更新 경신 / 갱신(고칠 경 / 새 신, 다시 갱 / 새 신)

龜 거북 귀 / 땅이름 구 / 터질 균	度 법도 도 / 헤아리다 탁
龜鑑 귀감(거북 귀 / 거울 감) 龜浦 구포(땅 이름 구 / 개 포) 龜裂 균열(터질 균 / 찢을 열(렬))	制度 제도(지을 제 / 법도 도) 忖度 촌탁(헤아릴 촌 / 헤아릴 탁) : 남의 마음을 미루어 헤아림. 晝思夜度 주사야탁(낮 주 / 생각 사 / 밤 야 / 헤아릴 탁)

洞 마을 동 / 통하다 통	率 비율 률 / 거느리다 솔
洞里 동리(마을 동 / 마을 리(이)) 洞察 통찰(밝을 통 / 살필 찰) : 환히 내다봄. 洞燭 통촉(밝을 통 / 촛불 촉) : 헤아려 살핌.	確率 확률(굳을 확 / 비율 률(율)) 統率 통솔(거느릴 통 / 거느릴 솔) 率直 솔직(거느릴 솔 / 곧을 직)

便 똥, 오줌 변 / 편하다 편	省 살피다 성 / 덜다 생
便所 변소(똥오줌 변 / 바 소) 小便 소변(작을 소 / 똥오줌 변) 便利 편리(편할 편 / 이로울 리(이))	反省 반성(돌이킬 반 / 살필 성) 自省 자성(스스로 자 / 살필 성) 省察 성찰(살필 성 / 살필 찰) 省略 생략(덜 생 / 간략할 략(약))

數 세다 수 / 자주 삭	宿 별 수 / 묵다, 오래되다 숙
數學 수학(셈 수 / 배울 학) 頻數 빈삭(자주 빈 / 자주 삭) : 자주	宿泊 숙박(잘 숙 / 머무를 박) 宿願 숙원(잘 숙 / 원할 원) : 오래전부터 바라던 소원

識 알다 식 / 기록하다 지	惡 악하다 악 / 미워하다, 병 이름 오
知識 지식(알 지 / 알 식) 博學多識 박학다식(넓을 박 / 배울 학 / 많을 다 / 알 식) : 학식이 넓고 아는 것이 많음. 標識 표지(표할 표 / 기록할 지)	憎惡 증오(미울 증 / 미워할 오) 好惡 호오(좋을 호 / 미워할 오) 惡寒 오한(미워할 오 / 찰 한) : 열이 나면서 몸이 추운 증세

易 바꾸다 역 / 쉽다 이	樂 풍류 악 / 즐기다 락 / 좋다 요
交易 교역(사귈 교 / 바꿀 역) 貿易 무역(무역할 무 / 바꿀 역) 容易 용이(얼굴 용 / 쉬울 이) 簡易 간이(간략할 간 / 쉬울 이)	樂器 악기(노래 악 / 그릇 기) 享樂 향락(누릴 향 / 즐길 락(낙)) 樂山樂水 요산요수(좋아할 요 / 메 산 / 좋아할 요 / 물 수)

咽 목구멍 인 / 목메이다 열	狀 문서 장 / 모양 상
咽喉 인후(목구멍 인 / 목구멍 후) : 목구멍 嗚咽 오열(슬플 오 / 목멜 열) : 목이 메어 욺.	行狀 행장(다닐 행 / 문서 장) : 살아 생전의 이야기를 적은 글 狀況 상황(모양 상 / 상황 황)

刺 찌르다 자 / 찌르다 척 / 수라 라	著 나타나다, 짓다, 뚜렷하다 저 / 붙다, 이르다 착 = 着
刺客 자객(찌를 자 / 손 객) 諷刺 풍자(풍자할 풍 / 찌를 자) 刺殺 자살(찌를 자 / 죽일 살, 찌를 척 / 죽일 살) = 척살 水刺 수라(물 수 / 수라 라(나)) : 임금에게 올리는 밥	著名 저명(나타날 저 / 이름 명) 顯著 현저(나타날 현 / 나타날 저) 着想 착상(붙을 착 / 생각 상) 附着 부착(붙을 부 / 붙을 착) 到着 도착(이를 도 / 붙을 착)

切 끊다, 간절하다 절 / 온통 체	說 말하다 설 / 달래다 세
切斷 절단(끊을 절 / 끊을 단) 懇切 간절(간절할 간 / 끊을 절) 一切 일절 / 일체(한 일 / 끊을 절, 한 일 / 온통 체)	說明 설명(말씀 설 / 밝을 명) 說服 설복(말씀 설 / 옷 복) 遊說 유세(놀 유 / 달랠 세)
參 참여하다 참 / 석 삼	拓 열다 척 / 박다 탁
參拜 참배(참여할 참 / 절 배) : 절하고 빎. 절하고 기림. 參拾 삼십(석 삼 / 열 십)	開拓 개척(열 개 / 넓힐 척) 干拓 간척(방패 간 / 넓힐 척) 拓本 탁본(박을 탁 / 근본 본)
復 회복하다 복 / 다시 부	否 아니다 부 / 막히다, 나쁘다 비
回復 회복(돌아올 회 / 회복할 복) 復舊 복구(회복할 복 / 옛 구) 復活 부활(다시 부 / 살 활)	否決 부결(아닐 부 / 결단할 결) : 승인하지 않기로 결정함. 否定 부정(아닐 부 / 정할 정) : 인정하지 아니함. 否塞 비색(막힐 비 / 막힐 색) : 운수가 꽉 막힘.
索 쓸쓸하다 삭 / 찾다 색	殺 죽이다 살 / 감하다, 빠르다, 다다르다 쇄
索莫 삭막(쓸쓸할 삭 / 없을 막) 搜索 수색(찾을 수 / 찾을 색) 探索 탐색(찾을 탐 / 찾을 색)	虐殺 학살(모질 학 / 죽일 살) 相殺 상쇄(서로 상 / 감할 쇄) 殺到 쇄도(빠를 쇄 / 이를 도) : 세차게 몰려듦.
塞 변방 새 / 막다 색	宅 집 택 / 댁 댁
要塞 요새(요긴할 요 / 변방 새) 拔本塞源 발본색원(뽑을 발 / 근본 본 / 막힐 색 / 근원 원) 梗塞 경색(막힐 경 / 막힐 색) : 소통되지 못하고 막힘.	家宅 가택(집 가 / 집 택) 住宅 주택(살 주 / 집 택) 査頓宅 사돈댁(조사할 사 / 조아릴 돈 / 댁 댁)
暴 사납다 포 / 드러내다, 사납다 폭	降 항복하다 항 / 내리다 강
暴虐 포학(사나울 포 / 모질 학) 橫暴 횡포(가로 횡 / 사나울 포) 暴露 폭로(사나울 폭 / 드러낼 로(노))	投降 투항(던질 투 / 항복할 항) 降等 강등(내릴 강 / 무리 등) 降臨 강림(내릴 강 / 임할 림(임))
行 다니다 행 / 항렬 항	滑 미끄럽다 활 / 익살스럽다 골
行脚 행각(다닐 행 / 다리 각) 行列 행렬 / 항렬(다닐 행 / 벌일 렬(열), 항렬 항 / 벌일 렬(열)) 行商 행상(다닐 행 / 장사 상)	圓滑 원활(둥글 원 / 미끄러울 활) 滑降 활강(미끄러울 활 / 내릴 강) 滑稽 골계(익살스러울 골 / 상고할 계)

06 유사한 자형

槪 / 慨 (개)

槪 대개, 기개	槪要 (개요), 氣槪 (기개), 節槪 (절개)
慨 슬퍼하다, 분개하다	慨嘆 (개탄), 悲憤慷慨 (비분강개)

• 慨 : 앞에 마음(忄)이 있으므로, 슬프고 분개한 마음

建 / 健 (건)

建 세우다	建設 (건설), 建國 (건국)
健 건강하다, 굳세다	健康 (건강), 健鬪 (건투)

• 建 : 廴+聿로, 廴은 '길게 뻗다'의 뜻을, 聿은 '붓'의 뜻이다. 붓이 곧게 뻗는다 하여 '세우다'
• 健 : 사람(亻)이 건강하여야 곧게 선다(建).

儉 / 檢 (검)

儉 검소하다	勤儉節約 (근검절약), 儉素 (검소)
檢 조사하다	身體檢査 (신체검사), 檢擧 (검거)

• 儉 : 사람(亻)이 검소하게 자신의 씀씀이를 죄는 것
• 檢 : 僉(첨 : 여러 사람)이 같은 말을 하도록 문초하는 수갑을 뜻하여, '조사하다'라는 뜻을 가진다.

券 / 卷 / 圈 / 倦 (권)

券 문서, 증서	旅券 (여권), 證券 (증권), 入場券 (입장권)
卷 책	壓卷 (압권)
圈 둘레, 범위	生活圈 (생활권), 北極圈 (북극권)
倦 게으르다, 싫증나다	倦怠 (권태), 倦厭 (권염)

• 券 : 칼(刀)이 있으므로, 입장권을 '끊어 준다'.
• 卷 : 밑부분(㔾)은 돌돌 말린 모양, 돌돌 말린 책
• 圈 : '둘레', '범위'라는 뜻처럼 둘레에 囗가 있다.
• 倦 : 사람(亻)이 게을러 이불에 몸을 돌돌 만 채 누워 있다.

槪 / 慨 (개)

槪要 대개 개 / 요긴할 요
氣槪 기운 기 / 대개 개
節槪 마디 절 / 대개 개
慨嘆 슬퍼할 개 / 탄식할 탄
悲憤慷慨 슬플 비 / 분할 분 /
　　　　 슬플 강 / 슬퍼할 개

建 / 健 (건)

建設 세울 건 / 베풀 설
建國 세울 건 / 나라 국
健康 굳셀 건 / 편안 강
健鬪 굳셀 건 / 싸울 투

儉 / 檢 (검)

勤儉節約 부지런할 근 / 검소할 검 /
　　　　　 마디 절 / 맺을 약
儉素 검소할 검 / 본디 소
身體檢査 몸 신 / 몸 체 /
　　　　　 검사할 검 / 조사할 사
檢擧 검사할 검 / 들 거

券 / 卷 / 圈 / 倦 (권)

旅券 나그네 여(려) / 문서 권
證券 증거 증 / 문서 권
入場券 들 입 / 마당 장 / 문서 권
壓卷 누를 압 / 책 권
生活圈 날 생 / 살 활 / 우리 권
北極圈 북녘 북 / 다할 극 / 우리 권
倦怠 게으를 권 / 게으를 태
倦厭 게으를 권 / 싫어할 염

勤 / 謹 (근)

勤 부지런하다, 근무하다	勤勞 (근로), 勤勉 (근면), 勤務 (근무)
謹 삼가다	謹愼 (근신)

- 勤 : 힘(力)써서 일하고, 부지런히 힘쓰다.
- 謹 : 말(言)을 삼가야 한다.

謄 / 騰 / 藤 (등)

謄 베끼다	謄本 (등본)
騰 오르다	昂騰 (앙등), 暴騰 (폭등), 沸騰 (비등)
藤 등나무	葛藤 (갈등)

- 謄 : 말, 글(言)을 베끼다.
- 騰 : 말(馬)의 등에 오르다.
- 藤 : 등나무는 식물(++)이어서 물(水)이 있어야 한다.

列 / 裂 / 烈 (렬)

列 줄짓다	排列 (배열), 羅列 (나열)
裂 찢어지다	分裂 (분열), 四分五裂 (사분오열), 支離滅裂 (지리멸렬)
烈 맵다, 세차다	猛烈 (맹렬)

- 裂 : 옷(衣)이 찢어지다.
- 烈 : 불(灬)같이 맵다.

綠 / 錄 / 祿 (록/녹)

綠 푸르다	綠色 (녹색)
錄 적다, 기록하다	記錄 (기록)
祿 녹, 봉급	福祿 (복록)

- 綠 : 푸른 실(絲)
- 錄 : 金(금속, 돌)에 새겨 적다.

勤 / 謹 (근)
- 勤勞 부지런할 근 / 일할 로(노)
- 勤勉 부지런할 근 / 힘쓸 면
- 勤務 부지런할 근 / 힘쓸 무
- 謹愼 삼갈 근 / 삼갈 신

謄 / 騰 / 藤 (등)
- 謄本 베낄 등 / 근본 본
- 昂騰 밝을 앙 / 오를 등
- 暴騰 사나울 폭 / 오를 등
- 沸騰 끓을 비 / 오를 등
- 葛藤 칡 갈 / 등나무 등

列 / 裂 / 烈 (렬)
- 排列 밀칠 배 / 벌일 열(렬)
- 羅列 벌일 나(라) / 벌일 열(렬)
- 分裂 나눌 분 / 찢을 열(렬)
- 四分五裂 넉 사 / 나눌 분 / 다섯 오 / 찢을 열(렬)
- 支離滅裂 지탱할 지 / 떠날 리(이) / 꺼질 멸 / 찢을 렬(열)
- 猛烈 사나울 맹 / 세찰 렬(열)

綠 / 錄 / 祿 (록)
- 綠色 푸를 녹(록) / 빛 색
- 記錄 기록할 기 / 기록할 록(녹)
- 福祿 복 복 / 녹 록(녹)

漫 / 慢 (만)

漫 차다, 방종하다	浪漫 (낭만), 散漫 (산만)
慢 게으르다, 방자하다	怠慢 (태만), 驕慢 (교만)

- 漫 : 물(氵)이 있어, 차다, 넘치다, 질펀하다, 넘쳐흘러서 제멋대로 방종하다.
- 慢 : 게으르고 방자한 것은 모두 마음(忄)에서 나온다.

密 / 蜜 (밀)

密 빽빽하다, 비밀하다	密集 (밀집), 密會 (밀회), 密約 (밀약)
蜜 꿀, 달콤하다	蜜語 (밀어), 蜜月 (밀월)

- 密 : 산(山)속은 빽빽하다. 산에서 비밀스러운 일을 하다.
- 蜜 : 虫은 '벌레'이나 여기서는 '벌'로 생각하여 '꿀, 달콤함'을 뜻한다.

防 / 妨 (방)

防 막다	防犯 (방범), 防疫 (방역)
妨 방해하다	妨害 (방해), 無妨 (무방)

- 防 : 언덕(阝)이 막고 있다.
- 妨 : 여자(女)가 질투하여 모든 일을 방해하다.

培 / 倍 / 賠 (배)

培 북돋우다	培養 (배양), 栽培 (재배)
倍 갑절, 곱하다	倍數 (배수), 倍加 (배가)
賠 배상하다	損害賠償 (손해배상)

- 培 : 흙(土)을 북돋우다.
- 倍 : 도와주는 사람(亻)이 있으면 효과가 갑절이 된다.
- 賠 : 貝는 화폐를 나타내어 돈과 관련된다.

漫 / 慢 (만)
浪漫 물결 낭(랑) / 흩어질 만
散漫 흩을 산 / 흩어질 만

怠慢 게으를 태 / 거만할 만
驕慢 교만할 교 / 거만할 만

密 / 蜜 (밀)
密集 빽빽할 밀 / 모을 집
密會 빽빽할 밀 / 모일 회
密約 빽빽할 밀 / 맺을 약
蜜語 꿀 밀 / 말씀 어
蜜月 꿀 밀 / 달 월

防 / 妨 (방)
防犯 막을 방 / 범할 범
防疫 막을 방 / 전염병 역
妨害 방해할 방 / 해할 해
無妨 없을 무 / 방해할 방

培 / 倍 / 賠 (배)
培養 북돋울 배 / 기를 양
栽培 심을 재 / 북돋울 배

倍數 곱 배 / 셈 수
倍加 곱 배 / 더할 가

損害賠償 덜 손 / 해할 해 / 물어줄 배 / 갚을 상

壁 / 璧 (벽)

壁 벽	壁報 (벽보), 壁畫 (벽화), 絶壁 (절벽)
璧 둥근 옥	雙璧 (쌍벽), 完璧 (완벽)

쉽게 알아볼 수 있는 土와 玉은 각각 벽과 옥

辨 / 辯 (변)

辨 구별하다	辨別 (변별)
辯 말 잘하다	辯護 (변호), 訥辯 (눌변)

- 辨 : 칼(刂)로 둘을 나누어 구별하다.
- 辯 : 말(言)이 있다.

復 / 複 / 腹 (복)

復 되풀이하다, 돌아오다, 다시(부)	復位 (복위), 回復 (회복)
複 겹치다	重複 (중복), 複雜 (복잡)
腹 배, 마음	腹痛 (복통), 腹案 (복안)

- 復 : 彳에는 '둘'이란 뜻이 있으므로 두 번 하다, 즉 되풀이하다.
- 複 : 衤는 (衣)의 변형으로, 옷을 겹쳐 입다.

賞 / 償 (상)

賞 상주다, 즐겨 구경하다	賞罰 (상벌), 鑑賞 (감상)
償 갚다	補償 (보상), 辨償 (변상)

- 償 : 사람(亻)에게 줄 상(賞)이 있다.

暑 / 署 (서)

暑 더위, 덥다	避暑 (피서), 酷暑 (혹서)
署 관청, 대리하다, 적다	部署 (부서), 警察署 (경찰서), 署名 (서명)

- 暑 : 해(日) 밑에 사람(者)이 있으니 덥다.
- 署 : 罒은 그물, 조직을 의미하므로 관청을 뜻한다.

壁 / 璧 (벽)
壁報 벽 벽 / 알릴 보
壁畫 벽 벽 / 그림 화
絶壁 끊을 절 / 벽 벽
雙璧 두 쌍 / 구슬 벽
完璧 완전할 완 / 구슬 벽

辨 / 辯 (변)
辨別 분별할 변 / 나눌 별
辯護 말씀 변 / 도울 호
訥辯 말 더듬거릴 눌 / 말씀 변

復 / 複 / 腹 (복)
復位 회복할 복 / 자리 위
回復 돌아올 회 / 회복할 복
重複 무거울 중 / 겹칠 복
複雜 겹칠 복 / 섞일 잡
腹痛 배 복 / 아플 통
腹案 배 복 / 책상 안

賞 / 償 (상)
賞罰 상줄 상 / 벌할 벌
鑑賞 거울 감 / 상줄 상
補償 기울 보 / 갚을 상
辨償 분별할 변 / 갚을 상

暑 / 署 (서)
避暑 피할 피 / 더울 서
酷暑 심할 혹 / 더울 서
部署 떼 부 / 관청 서
警察署 경계할 경 / 살필 찰 / 관청 서
署名 관청 서 / 이름 명

愚 / 偶 / 遇 (우)

愚 어리석다	愚昧 (우매)
偶 짝, 우연	配偶者 (배우자), 偶然 (우연)
遇 만나다, 대접하다	待遇 (대우)

- 愚 : 원숭이(禺)는 느린 동물
- 偶 : 사람(亻)에게는 모두 각자의 짝이 있다.
- 遇 : 걸어가다가(辶) 아는 사람을 만나 대접하다.

栽 / 裁 (재)

栽 심다	栽培 (재배)
裁 마름질하다, 판단하다	裁量 (재량), 裁判 (재판), 裁可 (재가)

- 栽 : 나무(木)를 심다.
- 裁 : 옷(衣)을 마름질하다.

績 / 積 / 蹟 (적)

績 공, 일, 짜다	成績 (성적), 業績 (업적), 功績 (공적)
積 쌓다	蓄積 (축적), 堆積 (퇴적)
蹟 발자취	奇蹟 (기적), 遺蹟 (유적)

- 績 : 실(絲)로 무엇인가를 짜는 일을 하다.
- 積 : 벼(禾)를 수확하여 쌓아 놓다.
- 蹟 : 왼쪽 부분은 발(足)의 변형

淨 / 靜 (정)

淨 깨끗하다	淨化 (정화)
靜 고요하다	靜寂 (정적)

- 淨 : 물(氵)이 깨끗하다.
- 靜 : '靑' 자체에도 '고요하다'라는 뜻이 있다.

愚 / 偶 / 遇 (우)
愚昧 어리석을 우 / 어두울 매
配偶者 짝 배 / 짝 우 / 놈 자
偶然 짝 우 / 그럴 연
待遇 기다릴 대 / 만날 우

栽 / 裁 (재)
栽培 심을 재 / 북돋울 배

裁量 마를 재 / 헤아릴 량(양)
裁判 마를 재 / 판단할 판
裁可 마를 재 / 옳을 가

績 / 積 / 蹟 (적)
成績 이룰 성 / 길쌈할 적
業績 업 업 / 길쌈할 적
功績 공 공 / 길쌈할 적
蓄積 모을 축 / 쌓을 적
堆積 쌓을 퇴 / 쌓을 적
奇蹟 기특할 기 / 자취 적
遺蹟 남길 유 / 자취 적

淨 / 靜 (정)
淨化 깨끗할 정 / 될 화
靜寂 고요할 정 / 고요할 적

制 / 製 (제)

制 누르다	抑制 (억제), 管制 (관제)
製 짓다	製作 (제작)

製: 옷(衣)을 눌러 짓다.

陣 / 陳 (진)

陣 진	陣營 (진영), 陣頭 (진두), 背水之陣 (배수지진)
陳 말하다, 베풀다, 묵다	陳述 (진술), 陳列 (진열), 陳腐 (진부)

陣: 전쟁에서 자주 쓰이는 의미의 '진'으로, 전쟁에서 중요한 수레나 차량을 의미하는 車가 있다.

徵 / 懲 (징)

徵 부르다	徵集 (징집), 徵發 (징발)
懲 징계하다	懲戒 (징계), 懲罰 (징벌), 勸善懲惡 (권선징악)

懲: 마음(心)을 먹고 불러(徵) 징계(懲)하다.

賤 / 淺 / 踐 (천)

賤 천하다	貧賤 (빈천), 微賤 (미천)
淺 얕다	淺薄 (천박)
踐 옮기다	實踐 (실천)

- 賤: 천한 사람들은 가난하여 재물(貝)이 없었다.
- 淺: 물(氵)이 얕다.
- 踐: 발(足)로 직접 뛰며 실천으로 옮기다.

徹 / 撤 / 轍 (철)

徹 꿰뚫다, 통하다	透徹 (투철), 徹底 (철저), 徹頭徹尾 (철두철미)
撤 거두다, 그만두다	不撤晝夜 (불철주야), 撤收 (철수)
轍 수레바퀴	螳螂拒轍 (당랑거철)

- 徹: 두 번(彳) 쳐서(攵) 교육하다(育). 즉 잘못된 점을 두 번 짚으며 교육하면 그것을 잊어버리지 않고 기억하여 꿰뚫어 보게 된다.
- 撤: 손(扌)으로 거두다.
- 轍: 수레(車)바퀴

制 / 製 (제)
抑制 누를 억 / 절제할 제
管制 주관할 관 / 절제할 제
製作 지을 제 / 지을 작

陣 / 陳 (진)
陣營 진 칠 진 / 경영할 영
陣頭 진 칠 진 / 머리 두
背水之陣 등 배 / 물 수 / 갈 지 / 진 칠 진
陳述 베풀 진 / 펼 술
陳列 베풀 진 / 벌일 열(렬)
陳腐 베풀 진 / 썩을 부

徵 / 懲 (징)
徵集 부를 징 / 모을 집
徵發 부를 징 / 필 발
懲戒 징계할 징 / 경계할 계
懲罰 징계할 징 / 벌할 벌
勸善懲惡 권할 권 / 착할 선 / 징계할 징 / 악할 악

賤 / 淺 / 踐 (천)
貧賤 가난할 빈 / 천할 천
微賤 작을 미 / 천할 천
淺薄 얕을 천 / 엷을 박
實踐 열매 실 / 밟을 천

徹 / 撤 / 轍 (철)
透徹 사무칠 투 / 통할 철
徹底 통할 철 / 밑 저
徹頭徹尾 통할 철 / 머리 두 / 통할 철 / 꼬리 미
不撤晝夜 아닐 불 / 거둘 철 / 낮 주 / 밤 야
撤收 거둘 철 / 거둘 수
螳螂拒轍 사마귀 당 / 사마귀 랑(낭) / 막을 거 / 바퀴 자국 철

畜 / 蓄 (축)

畜 가축	畜産 (축산)
蓄 쌓다	貯蓄 (저축)

蓄 : 가축(畜)에게 풀(艹)을 쌓아서 준다.

偏 / 篇 / 遍 / 編 (편)

偏 치우치다	偏見 (편견), 偏重 (편중), 偏執 (편집)
篇 책	玉篇 (옥편)
遍 두루	普遍 (보편)
編 엮다, 책 끈	編輯 (편집), 改編 (개편), 韋編三絶 (위편삼절)

- 偏 : 인간(亻)은 자신이 생각하는 쪽으로 치우친다.
- 篇 : 예전에는 대나무(竹)로 책을 대신하였다.
- 遍 : 걸어다니면서(辶) 두루 보고 알게 된다.
- 編 : 실(絲)로 엮다.

飽 / 胞 (포)

飽 배부르다	飽食 (포식)
胞 세포	同胞 (동포)

- 飽 : 밥[食]을 먹어 배가 부르다.
- 胞 : 月은 肉으로, 몸과 관련이 있다.

割 / 轄 (할)

割 나누다	割引 (할인), 分割 (분할)
轄 다스리다	管轄 (관할)

割 : 칼(刂)로 나누다.

畜 / 蓄 (축)
畜産 짐승 축 / 낳을 산
貯蓄 쌓을 저 / 모을 축

偏 / 篇 / 遍 / 編 (편)
偏見 치우칠 편 / 볼 견
偏重 치우칠 편 / 무거울 중
偏執 치우칠 편 / 잡을 집

玉篇 구슬 옥 / 책 편
普遍 넓을 보 / 두루 편
編輯 엮을 편 / 모을 집
改編 고칠 개 / 엮을 편
韋編三絶 가죽 위 / 엮을 편 / 석 삼 / 끊을 절

飽 / 胞 (포)
飽食 배부를 포 / 먹을 식

同胞 한가지 동 / 세포 포

割 / 轄 (할)
割引 벨 할 / 끌 인
分割 나눌 분 / 벨 할
管轄 주관할 관 / 다스릴 할

險 / 驗 (험)

險 험하다, 음흉하다	險難 (험난), 冒險 (모험)
驗 시험하다, 보람	試驗 (시험), 效驗 (효험)

- 險: 언덕(阝)이 가팔라 험하다.
- 驗: 말(馬)이 잘 달리나 시험하다.

縣 / 懸 (현)

縣 고을	縣監 (현감)
懸 매달다	懸賞金 (현상금), 懸案 (현안)

- 縣: 죄인의 머리를 거꾸로(県) 나무에 걸어(系) 고을을 다스리다.
- 懸: 마음(心)에 걸리다(縣).

侯 / 候 (후)

侯 제후	王侯 (왕후), 諸侯 (제후)
候 기후, 조짐	氣候 (기후), 徵候 (징후)

- 侯: 사람(亻)을 다스리는 제후

險 / 驗 (험)
- 險難 험할 험 / 어려울 난
- 冒險 무릅쓸 모 / 험할 험
- 試驗 시험 시 / 시험 험
- 效驗 본받을 효 / 시험 험

縣 / 懸 (현)
- 縣監 고을 현 / 볼 감
- 懸賞金 매달 현 / 상줄 상 / 쇠 금
- 懸案 매달 현 / 책상 안

侯 / 候 (후)
- 王侯 임금 왕 / 제후 후
- 諸侯 모두 제 / 제후 후
- 氣候 기운 기 / 기후 후
- 徵候 부를 징 / 기후 후

07 사람의 직업과 관련된 접미사

-士	전문적인 지식과 자격을 가지고 다른 사람의 업무를 도와주는 성격이 강할 때 예 변호사, 중개사, 조종사, 박/석/학사, 군사, 의사, 열사
-師	자격이나 직업을 나타내나 대개 사람을 가르치는 역할과 관계있을 때 예 교사, 강사, 의사, 간호사, 약사, 요리사
-事	'다스리다'의 뜻이 두드러질 때 예 판사, 검사, 형사, 도지사, 집사
-手	'그것을 직업으로 하는 사람'의 뜻을 더하거나 '선수'의 뜻을 더할 때 예 선수, 가수, 포수, 목수, 고수, 사수
-家	'그것을 전문적으로 하거나 직업으로 하는 사람', '그것에 능한 사람', '그 특성을 지닌 사람'의 뜻을 더할 때 예 전문가, 화가, 작가, 수집가

士 선비 사   事 일 사   家 집 가
師 스승 사   手 손 수

08 동음이의어 = 혼동 어휘

01 감상
① 그는 음악 鑑賞(거울 감, 상줄 상)을 즐겼다.
② 소녀는 일기에 하루의 感想(느낄 감, 생각 상)을 적으며 자신을 되돌아보기도 했고, 때때로 感傷(느낄 감, 애태울 상)에 빠져 눈물짓기도 했다.

02 감정
① 그녀는 기뻐하는 感情(느낄 감, 뜻 정)을 숨기지 못했다.
② 나는 그와의 憾情(서운할 감, 뜻 정)을 풀고 화해했다.
③ 김 박사는 골동품 鑑定(거울 감, 정할 정)의 일인자이다.

03 개정
① 헌법의 改正, 회칙의 改正, 악법을 改正하다. (고칠 개, 바를 정)
② 改定 요금, 대회 날짜 改定, 맞춤법을 改定하다. (고칠 개, 정할 정)
③ 책의 일부 내용을 改訂하여 출간하다. (고칠 개, 바로잡을 정)

04 고사
① 그녀는 이번 중간 考査(생각 고, 조사 사)의 성적이 좋다고 희희낙락이었다.
② 그녀는 총선 출마 권유를 固辭(굳을 고, 핑계 사)하였다.
③ 모든 나무들이 枯死(마를 고, 죽을 사)하기 직전이었다.

05 공유
① 사회의 구성원 각자는 모든 구성원이 共有(한가지 공, 가질 유)하는 행동 양식을 습득하고 이에 따라 행동함으로써 사회의 일원이 된다.
② 公有(공평 공, 가질 유)地는 사유지와는 달리 공공의 이익을 위해 사용해야 한다.

06 공정
① 그 일의 工程(일 공, 길 정)이 얼마나 되었는지 궁금하다.
② 公正(공평 공, 바를 정)한 판결이 이루어지길 기대한다.
③ 公定(공평 공, 정할 정) 가격이란 정부가 통제하고 결정한 상품의 가격을 말한다.

07 공포
① 테러 방지를 위한 법령을 公布(공평 공, 베 포)했다.
② 어제 恐怖(두려울 공, 두려울 포) 영화를 보았는데 정말 무서웠다.
③ 과격한 시위를 진압하기 위해 경찰관들이 空砲(빌 공, 대포 포)를 쏘았다.

08 과정
① 모든 일은 결과 못지않게 **過程**(지날 과, 길 정)도 중요하다.
② 정규 **課程**(공부 과, 길 정) 이수 계획은 다음과 같다.

09 교정
① 잘못된 생활 습관은 젊어서 **矯正**(바로잡을 교, 바를 정)하는 것이 좋다.
② 철수는 그 수험서의 내용을 하나하나 **校訂**(학교 교, 바로잡을 정)해 가며 읽었다.
③ 그 책은 **校正**(학교 교, 바를 정)을 제대로 안 했는지 오자가 많다.

10 구축
① 남북 간에는 신뢰 **構築**(얽을 구, 쌓을 축)이 무엇보다 중요하다.
② 우리는 사치 풍토를 **驅逐**(내쫓을 구, 쫓을 축)해야 한다.

11 기능
① 그 조직의 **機能**(틀 기, 능력 능)을 축소할 필요가 있다.
② **技能**(재주 기, 능력 능)이 뛰어난 사람을 많이 확보함으로써, 국가 경쟁력을 키워야 한다.

12 기상
① 요즈음 **氣象**(기운 기, 꼴 상) 상태가 불안정하다.
② 대장부라면 씩씩한 **氣像**(기운 기, 형상 상)이 필요하다.

13 단정
① 그의 소행으로 **斷定**(끊을 단, 정할 정)할 만한 근거가 있다.
② 항상 그 선생님은 몸가짐이 **端正**(바를 단, 바를 정)하다.

14 답사
① 졸업생 대표가 재학생들에게 **答辭**(답할 답, 말씀 사)했다.
② 작년 이맘때쯤 우리는 고적 **踏査**(밟을 답, 조사 사)를 떠났었다.

15 매수
① 골동품을 고가로 **買受**(살 매, 받을 수)하였다.
② 그는 반대파를 돈으로 **買收**(살 매, 거둘 수)하곤 한다.

16 매장
① 그렇게 비열한 사람은 사회에서 **埋葬**(묻을 매, 장사지낼 장)을 시켜야 한다.
② 이곳에는 많은 양의 원유와 천연가스가 **埋藏**(묻을 매, 감출 장)되어 있다.
③ 백화점의 1층에는 주로 잡화 **賣場**(팔 매, 마당 장)이 들어서 있다.

17 보급
① 기술의 개발과 **普及**(넓을 보, 미칠 급)이 시급하다.
② 전쟁에서 식량과 무기가 원활히 **補給**(도울 보, 줄 급)되지 않으면 어려움을 겪는다.

18 사상
① 어느 민족의 어느 **事象**(사건 사, 꼴 상)도 완전히 동일한 것이 없다는 점에서 모두가 다 고유하다. 한 종교나 **思想**(생각 사, 생각 상)이나 정치 제도가 다른 나라에 도입된다 하더라도, 꼭 동일한 양상으로 발전되는 법은 없으며, 문화 예술은 물론이고 과학 기술조차도 완전히 동일한 발전을 한다고는 볼 수 없다.
② 대형 사고 직후 **死傷**(죽을 사, 다칠 상)을 조사해 보니 사망자가 열 명이고 부상자가 스무 명이 넘었다.
③ 그것은 **史上**(역사 사, 위 상) 초유의 쾌거였다.

19 사실
① 그런 일이 있었던 것은 **事實**(사건 사, 열매 실)이다.
② 그 작가는 **寫實**(베낄 사, 열매 실)**的** 묘사가 뛰어나다.
③ 그 사극은 **史實**(역사 사, 열매 실)에 근거하지 않은 점이 많다.

20 사전
① 한국 민족 **事典**(사건 사, 법 전)에는 우리 민속에 관한 여러 가지 사항이 수록돼 있다.
② 모르는 단어의 뜻은 **辭典**(말씀 사, 법 전)에서 찾아보아라.
③ 나는 **事前**(사건 사, 앞 전)에 그 사실을 알렸다.

21 사정
① 국내의 4대 은행이 모두 금융감독원의 **司正**(벼슬 사, 바를 정)을 받는 초유의 사태가 벌어졌다.
② 집안 **事情**(사건 사, 뜻 정)으로 조퇴를 했다.
③ 입학 **查定**(조사 사, 정할 정)이 끝났다.
④ 그 정도면 이 무기의 **射程**(쏠 사, 길 정)거리에서 벗어날 것이다.

22 선전
① 팸플릿 **宣傳**(베풀 선, 전할 전) 광고만 믿고 학원을 선택하면 후회하게 된다.
② 독일이 영국 등에 **宣戰**(베풀 선, 싸울 전) 포고를 하면서 2차 대전이 시작되었다.
③ 교민들은 선수들의 **善戰**(착할 선, 싸울 전)을 기대하며 열띤 응원을 펼쳤다.

23 수용
① 범인이 교도소에 **收容**(거둘 수, 담을 용)되었다.
② 그 건의를 상관이 **受容**(받을 수, 담을 용)하였다.
③ **收用**(거둘 수, 쓸 용)이 가능한 토지를 국가가 모두 매입하였다.

24 습득
① 분실 휴대 전화의 拾得(주울 습, 얻을 득) 신고는 우체국으로 하십시오.
② 그는 가공 기술을 習得(익힐 습, 얻을 득)하였다.

25 심사
① 시민증을 받으려다 까다로운 審査(살필 심, 조사 사)를 통과하지 못했다.
② 그는 요즈음 일이 제대로 되지 않아서 心思(마음 심, 생각 사)가 편치 못하다.

26 역조
① 일본과의 무역 逆調(거스를 역, 고를 조)는 개선되어야 한다.
② 逆潮(거스를 역, 조수 조) 현상 때문에, 항해하기가 어려웠다.

27 유감
① 이 작품에 대한 너의 有感(있을 유(류), 느낄 감)을 듣고 싶다.
② 그는 나에게 遺憾(남길 유, 서운할 감)의 뜻을 표하였다.

28 유학
① 지선이는 선진 학문을 배우려고 留學(머무를 유(류), 배울 학)을 떠났다.
② 동생은 대학 시절부터 서울에서 遊學(놀 유, 배울 학) 생활을 했다.

29 이동
① 병력의 移動(옮길 이, 움직일 동)이 너무 많았고 탈주병도 많았다.
② 이번의 인사 異動(다를 이, 움직일 동)은 상당히 파격적이었다.

30 이상
① 기계의 異常(다를 이, 항상 상)을 발견하다.
② 정신이 異常(다를 이, 항상 상)하다.
③ 어떤 理想(이치 이(리), 생각 상)을 추구하여 그것을 실현하면, 그 以上(써 이, 위 상)을 추구하는 것이 인간이다.

31 이행
① 시장 경제 체제로 자연스럽게 移行(옮길 이, 다닐 행)되고 있다.
② 후보자들은 선거 공약을 충실히 履行(밟을 이(리), 다닐 행)하겠다고 다짐했다.

32 전세
① 버스를 專貰(오로지 전, 세낼 세) 내서 놀러 가다.
② 건물을 傳貰(전할 전, 세낼 세) 내었다.
③ 戰勢(싸울 전, 기세 세)가 아군에게 유리해졌다.

33 전형
① 그 작품은 단편 소설의 典型(법 전, 모형 형)을 잘 보여 준다.
② 서류 銓衡(사람 가릴 전, 저울대 형)을 통해 신입 사원을 뽑았다.

34 절충
① 그 두 의견을 잘 折衷(꺾을 절, 속마음 충)하면 참 좋을 것 같다.
② 국민들은 여야 간에 시급한 현안들이 합리적이고 공정하게 잘 折衝(꺾을 절, 찌를 충)되기를 바라고 있다.

35 정밀
① 독일은 精密(정할 정, 빽빽할 밀) 산업이 아주 발달한 나라이다.
② 나는 산사에서 항상 靜謐(고요할 정, 고요할 밀)感을 느낀다.

36 정통
① 그의 말은 항상 正統(바를 정, 거느릴 통)을 찌른다.
② 精通(정할 정, 통할 통)한 소식통에 의하면 그 말은 사실이 아니다.

37 조작
① 사건을 造作(지을 조, 지을 작)한 것이 결국 발각되었다. / 그 사람은 주가를 造作(지을 조, 지을 작)한 혐의로 구속되었다.
② 이 제품은 操作(잡을 조, 지을 작)이 아주 간단하다.

38 조정
① 정부에서는 급등한 물가를 調整(고를 조, 가지런할 정)하고자 한다.
② 갈라진 그 부부 사이를 누가 좀 調停(고를 조, 머무를 정)해 주었으면 좋겠다.

39 진정
① 그것은 제 眞情(참 진, 뜻 정)임을 이해해 주십시오.
② 반대 세력은 조기에 鎭定(진압할 진, 정할 정)시키는 것이 좋다.
③ 요란하던 사태가 鎭靜(진압할 진, 고요할 정)되고 있다.
④ 주민들은 그 사건을 관청에 陳情(늘어놓을 진, 뜻 정)하였다.
⑤ 眞正(참 진, 바를 정) 너만은 믿었었는데…….

혼동 어휘 추가

작렬(炸裂)	① 폭발물이 터져서 산산이 흩어짐. ② 박수 소리나 운동 경기에서의 공격 따위가 포탄이 터지듯 극렬하게 터져 나오는 것을 비유한 말 예 우리 팀의 슛이 **작렬(炸裂)**하자 관중들은 함성을 질러 댔다.
작열(灼熱)	① 불 따위가 이글이글 뜨겁게 타오름. ② 이글거리듯 들끓음을 비유한 말 예 일방적인 한미 쇠고기 협상에 대해 따가운 여론이 **작열(灼熱)**하여 농림축산식품부 공무원들이 곤욕을 치르고 있다.
담합(談合)	① 입찰자가 상의하여 입찰 가격을 미리 정하는 일 ② 서로 의논해서 합의함. 예 그들 사이에 모종의 **담합(談合)**이 있는 게 아닌가 생각되었다.
단합(團合)	한데 뭉침. 단결 예 **단합(團合)** 대회
피란(避亂)	난리를 피해 있는 곳을 옮김. 예 전쟁이 일어나자 남쪽으로 **피란(避亂)**하는 행렬이 줄을 이었다.
피난(避難)	재난을 피해 멀리 옮겨 감. 예 물난리가 나자 주민들은 모두 인근 야산으로 **피난(避難)**하였다.
체납(滯納)	세금 따위를 정한 기한까지 내지 못하고 밀림. 예 세금을 **체납(滯納)**하면 독촉장이 날아들게 마련이다.
채납(採納)	① 의견을 받아들임. ② 사람을 골라서 들임. 예 직원의 의견을 **채납(採納)**하였다.
교환(交換)	① 서로 바꾸거나 주고받음. ② 전화나 전신을 통할 수 있도록 사이에서 서로를 이어 줌. 또는 그런 일을 하는 사람 예 우리 측에서는 포로들의 일대일 **교환(交換)**을 주장하였다.
교체(交替)	사람이나 사물을 다른 사람이나 사물로 바꿈. 교대(交代) 예 이 차는 엔진 오일을 **교체(交替)**해야 되겠습니다.
복구(復舊)	손실 이전의 상태로 회복함. 예 홍수 피해 지역의 **복구(復舊)**가 시작되었다.
복귀(復歸)	본디의 자리나 상태로 되돌아감. 예 원 직책으로 **복귀(復歸)**시키다.

炸裂 터질 작 / 찢을 렬(열)
灼熱 불사를 작 / 더울 열

談合 말씀 담 / 합할 합
團合 둥글 단 / 합할 합

避亂 피할 피 / 어지러울 란(난)
避難 피할 피 / 어려울 난

滯納 막힐 체 / 들일 납
採納 캘 채 / 들일 납

交換 사귈 교 / 바꿀 환
交替 사귈 교 / 바꿀 체

復舊 회복할 복 / 옛 구
復歸 회복할 복 / 돌아갈 귀

09 〈기미독립선언서〉의 한자어

1 吾等(오등)은 玆(자)에 我(아) 朝鮮(조선)의 獨立國(독립국)임과 朝鮮人(조선인)의 自主民(자주민)임을 宣言(선언)하노라. 此(차)로써 世界萬邦(세계만방)에 告(고)하야 人類平等(인류 평등)의 大義(대의)를 克明(극명)하며, 此(차)로써 子孫萬代(자손만대)에 誥(고)하야 民族自存(민족자존)의 正權(정권)을 永有(영유)케 하노라.

吾 나 오 / 等 무리 등 / 玆 이 자 / 我 나 아
宣 베풀 선 / 言 말씀 언
此 이 차
告 알릴 고

克 이길 극 / 明 밝을 명
誥 고할 고
正 바를 정 / 權 권세 권
永 길 영 / 有 있을 유

2 半萬年(반만년) 歷史(역사)의 權威(권위)를 仗(장)하야 此(차)를 宣言(선언)함이며, 二千萬(이천만) 民衆(민중)의 誠忠(성충)을 合(합)하야 此(차)를 佈明(포명)함이며, 民族(민족)의 恒久如一(항구여일)한 自由發展(자유 발전)을 爲(위)하야 此(차)를 主張(주장)함이며, 人類的(인류적) 良心(양심)의 發露(발로)에 基因(기인)한 世界改造(세계 개조)의 大機運(대기운)에 順應幷進(순응 병진)하기 爲(위)하야 此(차)를 提起(제기)함이니, 是(시) ㅣ 天(천)의 明命(명명)이며, 時代(시대)의 大勢(대세)ㅣ며, 全人類(전 인류) 共存同生權(공존동생권)의 正當(정당)한 發動(발동)이라, 天下何物(천하 하물)이던지 此(차)를 沮止抑制(저지 억제)치 못할지니라.

權 권세 권 / 威 위엄 위
仗 무기 장, 의지할 장
誠 정성 성 / 忠 충성 충
佈 펼 포 / 明 밝을 명
恒 항상 항 / 久 오랠 구
如 같을 여 / 一 한 일
基 터 기 / 因 인할 인
改 고칠 개 / 造 지을 조
機 틀 기 / 運 운전할 운
順 순할 순 / 應 응할 응

幷 아우를 병 / 進 나아갈 진
提 끌 제 / 起 일어날 기
是 이 시, 옳을 시
明 밝을 명 / 命 목숨 명, 명령 명
正 바를 정 / 當 마땅할 당
發 펼 발 / 動 움직일 동
何 어찌 하
沮 막을 저 / 止 그칠 지
抑 누를 억 / 制 억제할 제

3 舊時代(구시대)의 遺物(유물)인 侵略主義(침략주의), 强權主義(강권주의)의 犧牲(희생)을 作(작)하야 有史以來(유사 이래) 累千年(누천년)에 처음으로 異民族(이민족) 箝制(겸제)의 痛苦(통고)를 嘗(상)한 지 今(금)에 十年(십 년)을 過(과)한지라, 我(아) 生存權(생존권)의 剝喪(박상)됨이 무릇 幾何(기하)ㅣ며, 心靈上(심령상) 發展(발전)의 障礙(장애)됨이 무릇 幾何(기하)ㅣ며, 民族的(민족적) 尊榮(존영)의 毀損(훼손)됨이 무릇 幾何(기하)ㅣ며, 新銳(신예)와 獨創(독창)으로써 世界文化(세계 문화)의 大潮流(대조류)에 寄與補裨(기여보비)할 機緣(기연)을 遺失(유실)함이 무릇 幾何(기하)ㅣ뇨.

遺 남길 유 / 物 만물 물
犧 희생 희 / 牲 희생 생
作 지을 작
箝 재갈 먹일 겸 / 制 절제할 제
痛 아플 통 / 苦 괴로울 고
嘗 맛볼 상
今 이제 금
過 지날 과
剝 벗길 박 / 喪 잃을 상

幾 몇 기 / 何 어찌 하
障 막을 장 / 礙 막을 애
毀 헐 훼 / 損 덜 손
新 새로울 신 / 銳 날카로울 예
獨 홀로 독 / 創 비로소 창
寄 부칠 기 / 與 더불어 여
補 도울 보 / 裨 도울 비
機 틀 기 / 緣 인연 연
遺 남을 유 / 失 잃을 실

4 噫(희)라, 舊來(구래)의 抑鬱(억울)을 宣暢(선창)하려 하면, 時下(시하)의 苦痛(고통)을 擺脫(파탈)하려 하면, 將來(장래)의 脅威(협위)를 芟除(삼제)하려 하면, 民族的(민족적) 良心(양심)과 國家的(국가적) 廉義(염의)의 壓縮銷殘(압축 소잔)을 興奮伸張(흥분 신장)하려 하면, 各個(각개) 人格(인격)의 正當(정당)한 發達(발달)을 遂(수)하려 하면, 可憐(가련)한 子弟(자제)에게 苦恥的(고치적) 財産(재산)을 遺與(유여)치 안이하려 하면, 子子孫孫(자자손손)의 永久完全(영구 완전)한 慶福(경복)을 導迎(도영)하려 하면, 最大急務(최대 급무)가 民族的(민족적) 獨立(독립)을 確實(확실)케 함이니, 二千萬(이천만) 各個(각개)가 人(인)마다 方寸(방촌)의 刃(인)을 懷(회)하고, 人類通性(인류 통성)과 時代良心(시대 양심)이 正義(정의)의 軍(군)과 人道(인도)의 干戈(간과)로써 護援(호원)하는 今日(금일), 吾人(오인)은 進(진)하야 取(취)하매 何强(하강)을 挫(좌)치 못하랴. 退(퇴)하야 作(작)하매 何志(하지)를 展(전)치 못하랴.

噫 탄식할 희
宣 베풀 선 / 暢 화창할 창
擺 열릴 파 / 脫 벗을 탈
脅 위협할 협 / 威 위엄 위
芟 벨 삼 / 除 덜 제
廉 청렴할 염(렴) / 義 옳을 의
壓 누를 압 / 縮 줄일 축
銷 녹일 소 / 殘 남을 잔, 잔인 잔
興 흥할 흥 / 奮 떨칠 분
伸 펼 신 / 張 베풀 장
發 펼 발 / 達 통할 달
遂 이룰 수, 드디어 수
苦 괴로울 고 / 恥 부끄러울 치
的 과녁 적

財 재물 재 / 産 낳을 산
遺 남을 유 / 與 더불 여
導 이끌 도 / 迎 맞이할 영
確 굳을 확 / 實 열매 실
方 모 방 / 寸 마디 촌 / 刃 칼날 인
懷 품을 회
護 보호할 호 / 援 도울 원
進 나아갈 진
取 취할 취
挫 꺾을 좌
退 물러날 퇴
作 지을 작
展 펼 전

5 丙子修好條規(병자수호조규) 以來(이래) 時時種種(시시종종)의 金石盟約(금석맹약)을 食(식)하얏다 하야 日本(일본)의 無信(무신)을 罪(죄)하려 안이 하노라. 學者(학자)는 講壇(강단)에서, 政治家(정치가)는 實際(실제)에서, 我(아) 祖宗世業(조종세업)을 植民地視(식민지시)하고, 我(아) 文化民族(문화 민족)을 土昧人遇(토매인우)하야, 한갓 征服者(정복자)의 快(쾌)를 貪(탐)할 쑨이오, 我(아)의 久遠(구원)한 社會基礎(사회 기초)와 卓犖(탁락)한 民族心理(민족 심리)를 無視(무시)한다 하야 日本(일본)의 少義(소의)함을 責(책)하려 안이 하노라. 自己(자기)를 策勵(책려)하기에 急(급)한 吾人(오인)은 他(타)의 怨尤(원우)를 暇(가)치 못하노라. 現在(현재)를 綢繆(주무)하기에 急(급)한 吾人(오인)은 宿昔(숙석)의 懲辨(징변)을 暇(가)치 못하노라. 今日(금일) 吾人(오인)의 所任(소임)은 다만 自己(자기)의 建設(건설)이 有(유)할 쑨이오, 決(결)코 他(타)의 破壞(파괴)에 在(재)치 안이하도다. 嚴肅(엄숙)한 良心(양심)의 命令(명령)으로써 自家(자가)의 新運命(신운명)을 開拓(개척)함이오, 決(결)코 舊怨(구원)과 一時的(일시적) 感情(감정)으로써 他(타)를 嫉逐排斥(질축 배척)함이 안이로다.

食 먹을 식
無 없을 무 / 信 믿을 신
實 열매 실 / 際 때 제
土 흙 토 / 昧 어두울 매 / 人 사람 인
遇 만날 우, 대접할 우
快 쾌할 쾌
貪 탐할 탐
久 오랠 구 / 遠 멀 원

卓 높을 탁 / 犖 얼룩소 락, 뛰어날 락
責 꾸짖을 책
策 꾀 책, 채찍질할 책 / 勵 힘쓸 려
急 급할 급
怨 원망할 원 / 尤 더욱 우
暇 겨를 가
綢 얽을 주, 동여맬 주 / 繆 얽을 무
懲 징계할 징 / 辨 분별할 변

所 바 소 / 任 맡길 임
建 세울 건 / 設 베풀 설
決 결단할 결
破 깨트릴 파 / 壞 무너질 괴
在 있을 재

嚴 엄할 엄 / 肅 엄숙할 숙
開 열 개 / 拓 넓힐 척
嫉 시기할 질 / 逐 쫓을 축
排 물리칠 배 / 斥 물리칠 척

6 舊思想(구사상), 舊勢力(구세력)에 羈縻(기미)된 日本(일본) 爲政家(위정가)의 功名的(공명적) 犧牲(희생)이 된 不自然(부자연) 又(우) 不合理(불합리)한 錯誤狀態(착오 상태)를 改善匡正(개선 광정)하야, 自然(자연) 又(우) 合理(합리)한 正經大原(정경대원)으로 歸還(귀환)케 함이로다.

當初(당초)에 民族的(민족적) 要求(요구)로서 出(출)치 안이한 兩國倂合(양국 병합)의 結果(결과)가, 畢竟(필경) 姑息的(고식적) 威壓(위압)과 差別的(차별적) 不平(불평)과 統計數字上(통계 숫자상) 虛飾(허식)의 下(하)에서 利害相反(이해상반)한 兩(양) 民族間(민족 간)에 永遠(영원)히 和同(화동)할 수 업는 怨溝(원구)를 去益深造(거익심조)하는 今來實績(금래 실적)을 觀(관)하라. 勇明果敢(용명과감)으로써 舊誤(구오)를 廓正(확정)하고, 眞正(진정)한 理解(이해)와 同情(동정)에 基本(기본)한 友好的(우호적) 新局面(신국면)을 打開(타개)함이 彼此間(피차간) 遠禍召福(원화소복)하는 捷徑(첩경)임을 明知(명지)할 것 안인가.

羈 굴레 기 / 縻 고삐 미
又 또 우
錯 섞일 착 / 誤 그릇될 오
狀 형상 상 / 態 태도 태
改 고칠 개 / 善 착할 선
匡 바로잡을 광 / 正 바를 정
正 바를 정 / 經 날 경, 지날 경, 경도 경
大 큰 대 / 原 근원 원
歸 돌아올 귀 / 還 돌아올 환
要 요할 요 / 求 구할 구
結 맺을 결 / 果 열매 과
畢 마칠 필 / 竟 마침내 경
姑 시어미 고 / 息 숨쉴 식 / 的 과녁 적
威 위엄 위 / 壓 억누를 압

虛 빌 허 / 飾 꾸밀 식
去 갈 거 / 益 더할 익
深 깊을 심 / 造 지을 조
觀 볼 관
勇 날랠 용 / 明 밝을 명
果 열매 과 / 敢 감히 감
廓 클 확 / 正 바를 정
眞 참 진 / 正 바를 정
理 이치 이(리) / 解 풀 해
打 칠 타 / 開 열 개
遠 멀 원 / 禍 재앙 화
召 부를 소 / 福 복 복
捷 이길 첩 / 徑 지름길 경
明 밝을 명 / 知 알 지

7 또, 二千萬(이천만) 含憤蓄怨(함분축원)의 民(민)을 威力(위력)으로써 拘束(구속)함은 다만 東洋(동양)의 永久(영구)한 平和(평화)를 保障(보장)하는 所以(소이)가 안일 쁜 안이라, 此(차)로 因(인)하야 東洋安危(동양 안위)의 主軸(주축)인 四億萬(사억만) 支那人(지나인)의 日本(일본)에 對(대)한 危懼(위구)와 猜疑(시의)를 갈스록 濃厚(농후)케 하야, 그 結果(결과)로 東洋(동양) 全局(전국)이 共倒同亡(공도동망)의 悲運(비운)을 招致(초치)할 것이 明(명)하니, 今日(금일) 吾人(오인)의 朝鮮獨立(조선 독립)은 朝鮮人(조선인)으로 하야금 正當(정당)한 生榮(생영)을 遂(수)케 하는 同時(동시)에, 日本(일본)으로 하야금 邪路(사로)로서 出(출)하야 東洋(동양) 支持者(지지자)인 重責(중책)을 全(전)케 하는 것이며, 支那(지나)로 하야금 夢寐(몽매)에도 免(면)하지 못하는 不安(불안), 恐怖(공포)로서 脫出(탈출)케 하는 것이며, 또 東洋平和(동양 평화)로 重要(중요)한 一部(일부)를 삼는 世界平和(세계 평화), 人類幸福(인류 행복)에 必要(필요)한 階段(계단)이 되게 하는 것이라. 이 엇지 區區(구구)한 感情上(감정상) 問題(문제) ㅣ리오.

含 머금을 함 / 憤 분할 분
蓄 쌓을 축 / 怨 원망할 원
拘 거리낄 구 / 束 묶을 속
危 위태할 위 / 懼 두려울 구
猜 시기할 시 / 疑 의심할 의
濃 짙을 농 / 厚 두터울 후
結 맺을 결 / 果 열매 과

悲 슬플 비 / 運 운전할 운
招 부를 초 / 致 이를 치
遂 드디어 수, 이르다 수
邪 간사할 사 / 路 길 로
夢 꿈 몽 / 寐 잠잘 매
免 면할 면
恐 두려울 공 / 怖 두려워할 포

8 아아, 新天地(신천지)가 眼前(안전)에 展開(전개)되도다. 威力(위력)의 時代(시대)가 去(거)하고 道義(도의)의 時代(시대)가 來(내)하도다. 過去(과거) 全世紀(전 세기)에 鍊磨長養(연마장양)된 人道的(인도적) 精神(정신)이 바야흐로 新文明(신문명)의 曙光(서광)을 人類(인류)의 歷史(역사)에 投射(투사)하기 始(시)하도다. 新春(신춘)이 世界(세계)에 來(내)하야 萬物(만물)의 回蘇(회소)를 催促(최촉)하는도다. 凍氷寒雪(동빙한설)에 呼吸(호흡)을 閉蟄(폐칩)한 것이 彼一時(피 일시)의 勢(세)ㅣ라 하면, 和風暖陽(화풍난양)에 氣脈(기맥)을 振舒(진서)함은 此一時(차 일시)의 勢(세)ㅣ니, 天地(천지)의 復運(복운)에 際(제)하고 世界(세계)의 變潮(변조)를 乘(승)한 吾人(오인)은 아모 躊躇(주저)할 것 업스며, 아모 忌憚(기탄)할 것 업도다. 我(아)의 固有(고유)한 自由權(자유권)을 護全(호전)하야 生旺(생왕)의 樂(낙)을 飽享(포향)할 것이며, 我(아)의 自足(자족)한 獨創力(독창력)을 發揮(발휘)하야 春滿(춘만)한 大界(대계)에 民族的(민족적) 精華(정화)를 結紐(결뉴)할지로다.

投 던질 투 / 射 쏠 사
始 비로소 시
回 돌 회 / 蘇 되살아날 소
催 재촉할 최 / 促 재촉할 촉
凍 얼 동 / 氷 얼음 빙
寒 찰 한 / 雪 눈 설
閉 닫을 폐 / 蟄 숨을 칩
勢 형세 세
和 화할 화 / 風 바람 풍
暖 따뜻할 난 / 陽 볕 양

振 떨칠 진 / 舒 펼 서
際 때 제
變 변할 변 / 潮 밀물 조
乘 탈 승
躊 머뭇거릴 주 / 躇 머뭇거릴 저
忌 꺼릴 기 / 憚 꺼릴 탄
護 보호할 호 / 全 온전할 전
飽 배부를 포 / 享 누릴 향
結 맺을 결 / 紐 끈 뉴, 맺을 뉴

9 吾等(오등)이 茲(자)에 奮起(분기)하도다. 良心(양심)이 我(아)와 同存(동존)하며 眞理(진리)가 我(아)와 幷進(병진)하는도다. 男女老少(남녀노소) 업시 陰鬱(음울)한 古巢(고소)로서 活潑(활발)히 起來(기래)하야 萬彙群象(만휘군상)으로 더부러 欣快(흔쾌)한 復活(부활)을 成遂(성수)하게 되도다. 千百世(천백 세) 祖靈(조령)이 吾等(오등)을 陰佑(음우)하며 全世界(전 세계) 氣運(기운)이 吾等(오등)을 外護(외호)하나니, 着手(착수)가 곳 成功(성공)이라. 다만, 前頭(전두)의 光明(광명)으로 驀進(맥진)할 따름인뎌.

奮 떨칠 분 / 起 일어날 기
陰 그늘 음 / 鬱 답답할 울
古 예 고 / 巢 새집 소
活 살 활 / 潑 물뿌릴 발
復 다시 부 / 活 살 활

成 이룰 성 / 遂 이르다 수
陰 그늘 음 / 佑 도울 우
外 바깥 외 / 護 보호할 호
着 붙을 착 / 手 손 수
驀 넘을 맥 / 進 나아갈 진

10 公約三章(공약 삼 장)

一. 今日(금일) 吾人(오인)의 此擧(차거)는 正義(정의), 人道(인도), 生存(생존), 尊榮(존영)을 爲(위)하는 民族的(민족적) 要求(요구)ㅣ니, 오즉 自由的(자유적) 精神(정신)을 發揮(발휘)할 것이오, 決(결)코 排他的(배타적) 感情(감정)으로 逸走(일주)하지 말라.

一. 最後(최후)의 一人(일인)까지, 最後(최후)의 一刻(일각)까지 民族(민족)의 正當(정당)한 意思(의사)를 快(쾌)히 發表(발표)하라.

一. 一切(일체)의 行動(행동)은 가장 秩序(질서)를 尊重(존중)하야, 吾人(오인)의 主張(주장)과 態度(태도)로 하야금 어대까지던지 光明正大(광명정대)하게 하라.

逸 편안할 일 / 走 달릴 주   秩 차례 질 / 序 차례 서

🔔 알아 두기

최신 기출 한자어

- 상봉(相逢) : 서로 만남. 相 서로 상, 逢 만날 봉
- 소원(疏遠) : 사이가 두텁지 아니하고 거리가 있어 서먹서먹함. 疏 소통할 소, 遠 멀 원
- 진작(振作) : 떨쳐 일어남. 또는 떨쳐 일으킴. 振 떨칠 진, 作 지을 작
- 천착(穿鑿) : 어떤 원인이나 내용 따위를 따지고 파고들어 연구함. 穿 뚫을 천, 鑿 뚫을 착
- 호도(糊塗) : 명확하게 결말을 내지 않고 일시적으로 감추거나 흐지부지 덮어 버림. 糊 풀 호, 塗 진흙 도
- 경정(更正) : 납세 의무자의 신고가 없거나 신고액이 너무 적을 때에 정부가 과세 표준과 과세액을 변경하는 일. 更 고칠 경, 正 바를 정
- 질정(質正) : 묻거나 따져서 바로잡음. 質 바탕 질, 正 바를 정
- 비준(批准) : 조약을 헌법상의 조약 체결권자가 최종적으로 확인·동의하는 절차. 우리나라에서는 대통령이 국회의 동의를 얻어 행한다. 批 비평할 비, 准 평평할 준
- 인준(認准) : 입법부가 법률에 지정된 공무원의 임명과 행정부의 행정 행위를 인정하는 일. 認 알 인, 准 평평할 준
- 통첩(通牒) : 문서로 알림. 또는 그 문서. 通 통할 통, 牒 편지 첩
- 이첩(移牒) : 받은 공문이나 통첩을 다른 부서로 다시 보내어 알림. 또는 그 공문이나 통첩. 移 옮길 이, 牒 편지 첩
- 상신(上申) : 윗사람이나 관청 등에 일에 대한 의견이나 사정 따위를 말이나 글로 보고함. 上 위 상, 申 납 신
- 계고(啓告) : 윗사람이나 관청 등에 일에 대한 의견이나 사정 따위를 말이나 글로 보고함. 啓 열 계, 告 아뢸 고
- 소관(所管) : 맡아 관리하는 바. 또는 그 범위. 所 바 소, 管 피리 관
- 회사(會社) : 상행위 또는 그 밖의 영리 행위를 목적으로 하는 사단 법인. 會 모일 회, 社 모일 사
- 상호(相互) : 상대가 되는 이쪽과 저쪽 모두. 상대가 되는 이쪽과 저쪽이 함께. 相 서로 상, 互 서로 호
- 대화(對話) : 마주 대하여 이야기를 주고받음. 또는 그 이야기. 對 대답할 대, 話 말할 화
- 교류(交流) : 문화나 사상 따위가 서로 통함. 交 사귈 교, 流 흐를 류
- 산재(散在) : 여기저기 흩어져 있음. 散 흩을 산, 在 있을 재
- 부양(浮揚) : 가라앉은 것이 떠오름. 또는 가라앉은 것을 떠오르게 함. 浮 뜰 부, 揚 오를 양
- 자세(姿勢) : 사물을 대할 때 가지는 마음가짐. 姿 모양 자, 勢 형세 세
- 교착(膠着) : 어떤 상태가 굳어 조금도 변동이나 진전이 없이 머묾. 膠 아교 교, 着 붙을 착
- 유착(癒着) : 사물들이 서로 깊은 관계를 가지고 결합하여 있음. 癒 병 나을 유, 着 붙을 착
- 육박(肉薄) : 바싹 가까이 다가붙음. 肉 고기 육, 薄 엷을 박
- 종식(終熄) : 한때 매우 성하던 현상이나 일이 끝나거나 없어짐. 終 끝 종, 熄 불 꺼질 식
- 거개(擧皆) : 대체로 모두. 擧 들 거, 皆 다 개

제2절 성어

01 같은 한자를 사용하는 성어

가로, 세로 열쇠를 참고하여 각 한자 성어의 음을 적으시오.

01 刻 새길 각

〈가로 열쇠〉 은덕을 입어 고마운 마음이 뼛속에까지 깊이 스며 잊혀지지 아니함.

〈세로 열쇠〉
- 융통성 없이 현실에 맞지 않는 낡은 생각을 고집하는 어리석음을 뜻함.
- 배 위에서 바다에 떨어뜨린 칼을 찾음.

02 孤 외로울 고

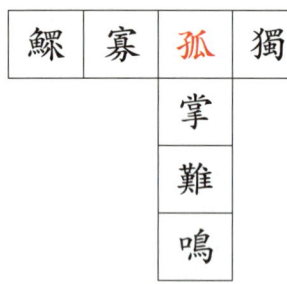

〈가로 열쇠〉
- 외롭고 의지할 데 없는 처지를 이르는 말
- 늙고 아내·남편·자식이 없는 고독한 사람

〈세로 열쇠〉
- 외손바닥으로는 소리를 내기가 어려운 것처럼 혼자서는 어떤 일을 이루기 어려움.
- 맞서는 사람이 없으면 싸움이 일어나지 아니함을 이르는 말

03 骨 뼈 골

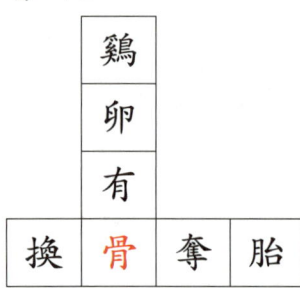

〈가로 열쇠〉
- 고인의 시문의 형식을 바꾸어 그 짜임새와 수법이 먼저 것보다 잘되게 함.
- 사람이 보다 나은 방향으로 변하여 전혀 딴사람이 됨.

〈세로 열쇠〉
- 운수가 나쁜 사람은 모처럼 좋은 기회를 만나도 역시 일이 잘 안됨.
- 재수가 없으면 계란에도 뼈가 있음.

04 羊 양 양

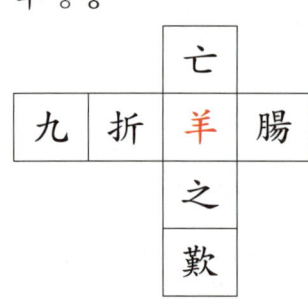

〈가로 열쇠〉 양의 장처럼 꼬불꼬불하며 험한 산길

〈세로 열쇠〉
- 학문의 길이 여러 갈래여서 한 갈래의 진리도 얻기가 어려움.
- 달아난 양을 찾다가 여러 갈래의 길에 이름.

05 若 같을 약

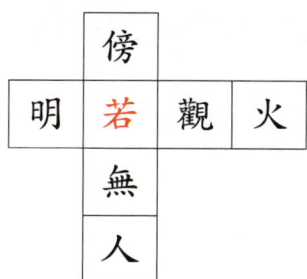

〈가로 열쇠〉 • 분명하고 뻔함.
• 불을 보듯 뻔함.

〈세로 열쇠〉 • 아무 거리낌 없이 함부로 말하고 행동함.
• 곁에 아무도 없다고 여김.

06 面 낯 면

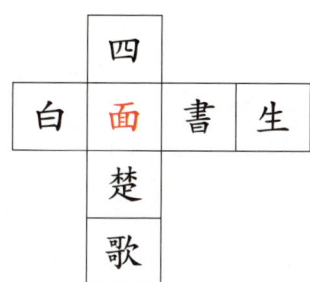

〈가로 열쇠〉 • 한갓 글만 읽고 세상일에는 전혀 경험이 없는 사람
• 책만 읽은 사람

〈세로 열쇠〉 • 아무에게도 도움을 받지 못하는 외롭고 곤란한 지경에 빠진 형편을 뜻함.
• 사방에서 초나라의 노래가 들림.

07 首 머리 수

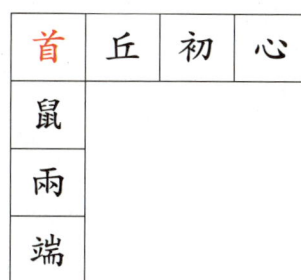

〈가로 열쇠〉 • 고향을 그리워하는 마음
• 여우가 죽을 때 머리를 구릉(집) 쪽으로 두고 죽는 마음

〈세로 열쇠〉 • 머뭇거리며 진퇴나 거취를 정하지 못하는 상태를 뜻함.
• 구멍에서 목을 내민 쥐가 나갈지 말지 망설임.

08 狐 여우 호

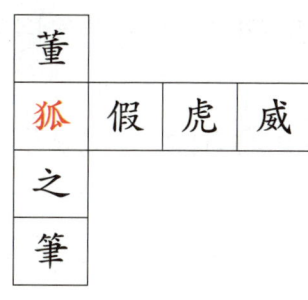

〈가로 열쇠〉 • 남의 권세를 빌려 위세를 부림.
• 여우가 호랑이의 위세를 빌려 호기를 부림.

〈세로 열쇠〉 • 사실을 숨기지 아니하고 그대로 씀.
• 진나라 사관 동호의 붓

09 亡 망할 망

〈가로 열쇠〉 • 이해관계가 밀접한 사이에 어느 한쪽이 망하면 다른 한쪽도 그 영향을 받아 온전하기 어려움.
• 입술이 없으면 이가 시림.

〈세로 열쇠〉 • 이미 그릇된 일은 생각하여도 아무 소용이 없음.
• 죽은 자식 나이 세기

10 虎 범 호

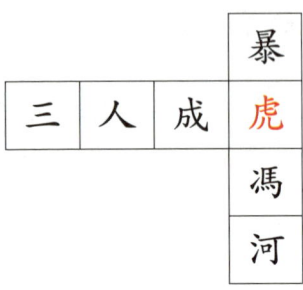

〈가로 열쇠〉 근거 없는 말이라도 여러 사람이 말하면 믿게 됨.

〈세로 열쇠〉 • 용기는 있으나 무모함.
• 맨손으로 범을 때려잡고 걸어서 황허강을 건넌다.

11 月 달 월

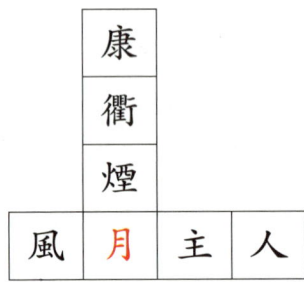

〈가로 열쇠〉 • 아름다운 자연을 즐기는 사람
• 바람과 달의 주인

〈세로 열쇠〉 태평한 세상의 평화로운 풍경

12 烏 까마귀 오

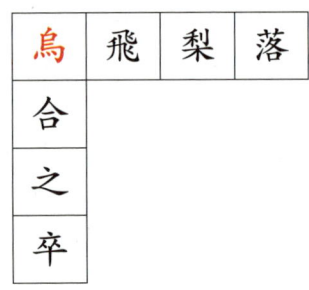

〈가로 열쇠〉 • 아무 관계도 없이 한 일이 공교롭게도 때가 같아 억울하게도 뜻밖의 의심을 받거나 난처한 위치에 서게 됨.
• 까마귀 날자 배 떨어진다.

〈세로 열쇠〉 임시로 모여들어서 규율이 없고 무질서한 병졸이나 군중

13 信 믿을 신

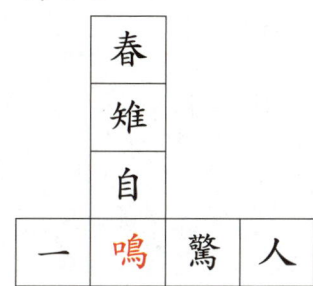

〈가로 열쇠〉 • 약속을 지켜 실행함.
　　　　　• 나무를 옮기게 해 백성에게 믿음을 줌.
〈세로 열쇠〉 상과 벌을 공정하고 엄중하게 함.

14 鳴 울 명

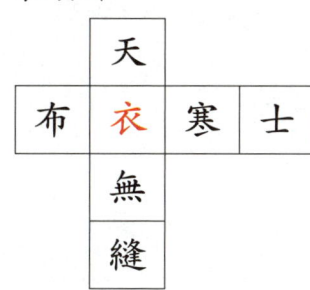

〈가로 열쇠〉 한번 시작하면 뭇사람을 놀랠 정도로 대사업을 이룩함.
〈세로 열쇠〉 • 제 허물을 제 스스로 드러냄으로써 남이 알게 된다는 말
　　　　　• 봄철의 꿩이 스스로 운다.

15 衣 옷 의

〈가로 열쇠〉 베옷을 입은 가난한 선비라는 뜻으로 벼슬이 없는 가난한 선비
〈세로 열쇠〉 • 시가나 문장 따위가 일부러 꾸민 데 없이 자연스럽고 아름다우면서 완전함.
　　　　　• 선녀가 만든 옷은 솔기가 없음.

16 井 우물 정

〈가로 열쇠〉 • 물가 따위가 아무런 대책 없이 한없이 오르기만 함.
　　　　　• 천장을 모름.
〈세로 열쇠〉 • 보고 들은 견문이 적은 사람을 이르는 말
　　　　　• 우물 안 개구리

17 加 더할 가

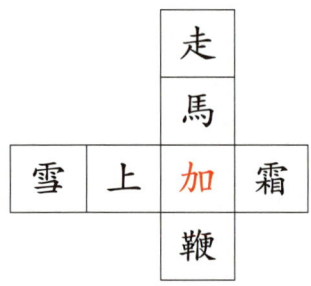

〈가로 열쇠〉
- 난처한 일이나 불행한 일이 잇달아 일어남.
- 눈 위에 또 서리가 덮임.

〈세로 열쇠〉
- 어떤 일을 잘하는데 더 잘하도록 격려함.
- 달리는 말에 채찍질

18 爲 할 위

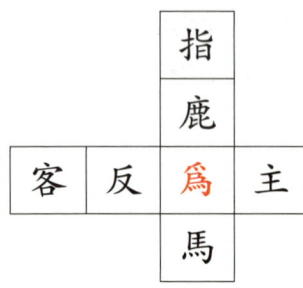

〈가로 열쇠〉
- 부차적인 것을 주된 것보다 오히려 더 중요하게 여김.
- 손님이 도리어 주인인 듯함.

〈세로 열쇠〉
- 아랫사람이 윗사람을 농락하여 권세를 마음대로 함.
- 모순된 것을 끝까지 우겨서 남을 속이려는 짓을 뜻함.
- 사슴을 가지고 말이라고 함.

19 衆 무리 중

〈가로 열쇠〉 적은 수효로 많은 수효를 대적하지 못함.

〈세로 열쇠〉
- 여론의 힘이 큼.
- 여러 사람이 합해 말하면 굳은 쇠도 녹인다.

20 勢 형세 세

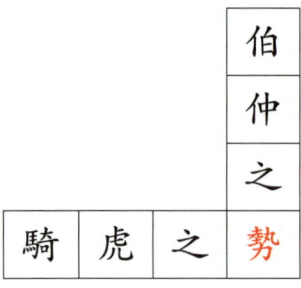

〈가로 열쇠〉
- 중도에 그만둘 수 없는 경우를 이르는 말
- 호랑이를 타고 달리는 형세

〈세로 열쇠〉 서로 우열을 가리기 힘든 형세

21 鹿 사슴 록

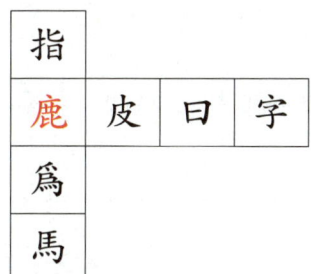

〈가로 열쇠〉
- 일정한 주견이 없이 남의 말을 좇아 이랬다저랬다 함을 비유적으로 이르는 말
- 녹비에 가로왈 : 사슴 가죽에 쓴 가로 왈(曰)은 잡아당기는 대로 일(日) 자도 되고 왈(曰) 자도 됨.

〈세로 열쇠〉
- 아랫사람이 윗사람을 농락해 권세를 마음대로 함을 뜻하거나 모순된 것을 끝까지 우겨서 남을 속이려는 짓
- 사슴을 가지고 말이라고 함.

22 兎 토끼 토

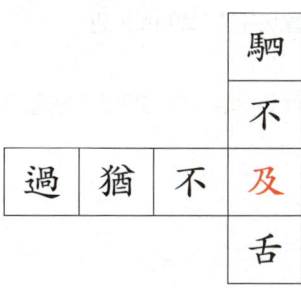

〈가로 열쇠〉 해와 달을 아울러 이르는 말

〈세로 열쇠〉
- 권세가 있을 때는 아부하고 몰락하면 푸대접하는 세상인심을 비유한 말
- 사냥하러 가서 토끼를 잡으면, 사냥하던 개는 쓸모가 없게 되어 삶아 먹음.

23 及 미칠 급

駟
不
過 猶 不 及
舌

〈가로 열쇠〉 지나친 것은 부족한 것과 다를 바 없음.

〈세로 열쇠〉
- 소문이 순식간에 퍼지므로 말을 조심하여야 함.
- 네 마리 말이 끄는 빠른 수레도 사람의 혀에는 미치지 못한다는 뜻

24 滄 큰 바다 창

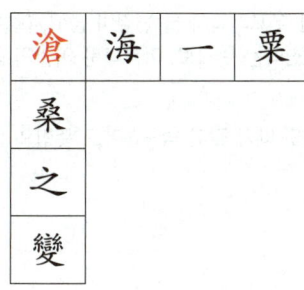

〈가로 열쇠〉
- 아주 많거나 넓은 것 가운데 있는 매우 하찮고 작은 것을 이르는 말
- 넓은 바다의 좁쌀

〈세로 열쇠〉 자연이나 사회에 심한 변화가 일어남. 또는 그 일어난 변화를 이르는 말 = 상전벽해

25 赤 붉을 적 ('비다/없다'라는 뜻도 있음.)

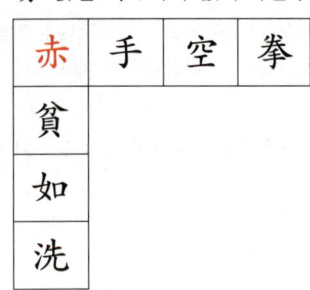

〈가로 열쇠〉 • 아무것도 가진 것이 없음.
　　　　　• 맨손과 맨주먹
〈세로 열쇠〉 마치 물로 씻은 듯이 아무것도 가진 것이 없을 정도로 가난함.

26 遺 끼칠 유 / 流 흐를 유

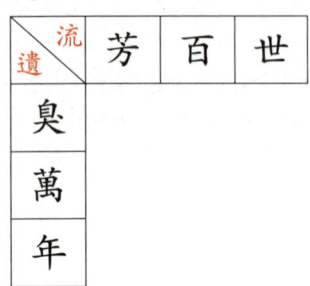

〈가로 열쇠〉 꽃다운 이름이 후세에 길이 전함.
〈세로 열쇠〉 더러운 이름을 후세에 오래도록 남김.

27 木 나무 목

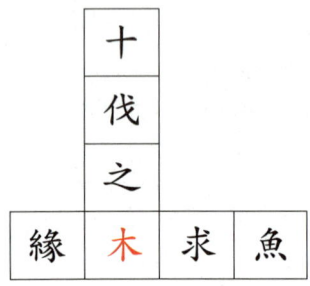

〈가로 열쇠〉 • 도저히 불가능한 일을 굳이 하려 함을 비유적으로 이르는 말
　　　　　• 나무에 올라 물고기를 구함.
〈세로 열쇠〉 • 아무리 심지가 굳은 사람이라도 여러 번 말을 하면 결국은 마음을 돌려 따르게 됨을 이르는 말
　　　　　• 열 번 찍어 안 넘어가는 나무 없다.

28 落 떨어질 낙(락)

〈가로 열쇠〉 미녀를 보고 물 위에서 놀던 물고기가 부끄러워서 물속 깊이 숨고, 하늘 높이 날던 기러기가 부끄러워서 땅으로 떨어졌다는 뜻으로, 아름다운 여인의 용모를 이르는 말
〈세로 열쇠〉 • 아무 관계도 없이 한 일이 공교롭게도 때가 같아 억울하게도 뜻밖의 의심을 받거나 난처한 위치에 서게 됨을 이름.
　　　　　• 까마귀 날자 배 떨어진다.

29 白 흰 백

〈가로 열쇠〉 벼슬 없이 군대를 따라 싸움터로 감.

〈세로 열쇠〉 • 남을 업신여기거나 무시하는 태도로 흘겨봄.
　　　　　　• 흰 눈으로 흘겨봄.

30 曲 굽을 곡

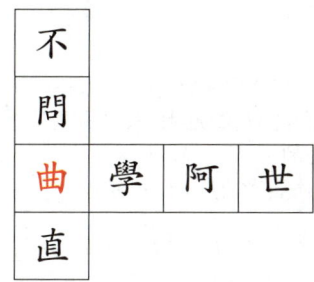

〈가로 열쇠〉 바른길에서 벗어난 학문으로 세상 사람에게 아첨함.

〈세로 열쇠〉 • 옳고 그름을 따지지 아니함.
　　　　　　• 묻지도 따지지도 않음.

31 膽 쓸개 담

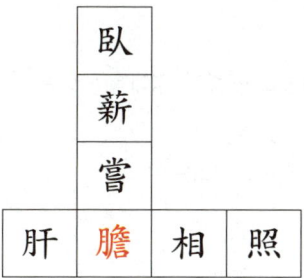

〈가로 열쇠〉 간과 쓸개를 꺼내 보인다는 뜻으로 서로 속마음을 터놓고 친하게 사귐.

〈세로 열쇠〉 • 원수를 갚거나 마음먹은 일을 이루기 위하여 온갖 어려움과 괴로움을 참고 견딤을 이르는 말
　　　　　　• 섶에 누워 자고 쓸개를 핥으며 복수를 다짐함.

32 巷 거리 항

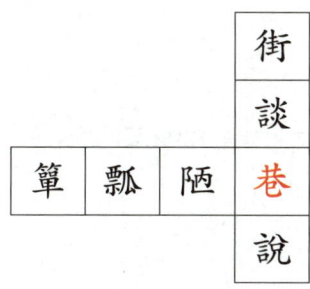

〈가로 열쇠〉 • 선비의 청빈한 생활
　　　　　　• 도시락과 표주박과 소박한 시골

〈세로 열쇠〉 길거리나 항간에 떠도는 뜬소문

33 可 옳을 가

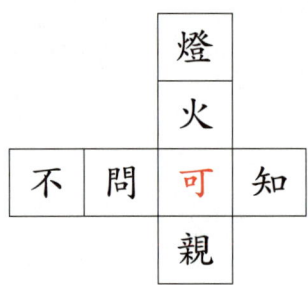

〈가로 열쇠〉 묻지 아니하여도 알 수 있을 정도로 명백함.

〈세로 열쇠〉 서늘한 가을밤은 등불을 가까이하여 글 읽기에 좋음을 이르는 말

34 草 풀 초

〈가로 열쇠〉 푸르게 우거진 나무와 향기로운 풀로, 여름철의 자연 경관을 이르는 말

〈세로 열쇠〉
- 적을 두려워한 나머지 초목이 모두 적군으로 보인다는 뜻으로, 몹시 놀라서 두려워하며 의심함을 비유적으로 이르는 말
- 군사의 수효가 너무 많아 산야에 가득 찬 상태를 이르는 말

35 楚 초나라 초

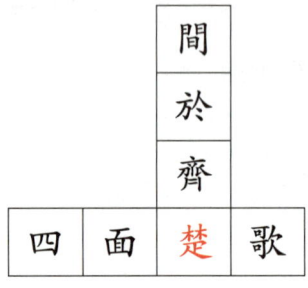

〈가로 열쇠〉
- 아무에게도 도움을 받지 못하는, 외롭고 곤란한 지경에 빠진 형편
- 사방에서 초나라의 노래가 들림.

〈세로 열쇠〉 약자가 강자들 틈에 끼어서 괴로움을 겪음을 이르는 말

36 波 물결 파

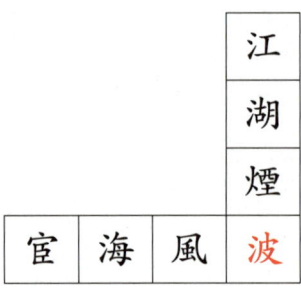

〈가로 열쇠〉 벼슬살이에서 겪는 온갖 험한 일

〈세로 열쇠〉 강이나 호수 위에 안개처럼 뽀얗게 이는 잔물결. 즉 대자연의 풍경

37 事 일 사

〈가로 열쇠〉 • 사람이 죽은 후에야 비로소 그 사람에 대한 평가가 제대로 됨을 이르는 말
• 시체를 관에 넣고 뚜껑을 덮은 뒤에야 안다는 말

〈세로 열쇠〉 모든 일은 반드시 바른길로 돌아감.

38 目 눈 목

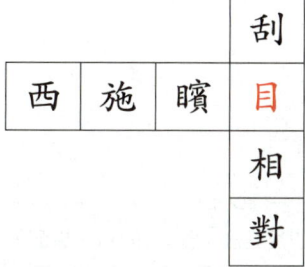

〈가로 열쇠〉 • 무조건 남의 흉내를 내어 웃음거리가 됨.
• 월나라 미인 서시가 속병이 있어 눈을 찌푸리자 못난 여자들이 따라서 눈을 찌푸리니 더욱 못나게 보였다고 함.

〈세로 열쇠〉 • 남의 학식이나 재주가 놀랄 만큼 부쩍 늚을 이르는 말
• 눈을 비비고 상대편을 바라봄.

39 橘 귤 귤

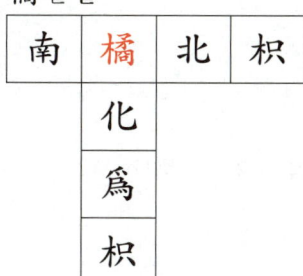

〈가로 열쇠〉 • 사람은 그가 처한 곳의 환경에 따라 선하게도 되고 악하게도 된다는 것을 비유적으로 이르는 말
• 남쪽의 귤을 북쪽에 심으면 탱자가 됨.

〈세로 열쇠〉 환경에 따라 사람과 사물의 성질이 변함.

40 相 서로 상

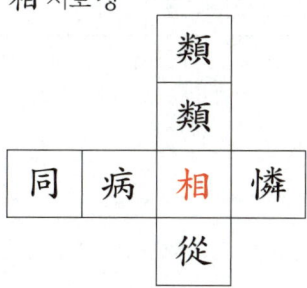

〈가로 열쇠〉 어려운 처지에 있는 사람끼리 서로 가엾게 여김.

〈세로 열쇠〉 같은 무리끼리 서로 사귐.

02 헷갈리는 성어

〈보기〉의 단어들을 알맞은 빈칸에 쓰시오.

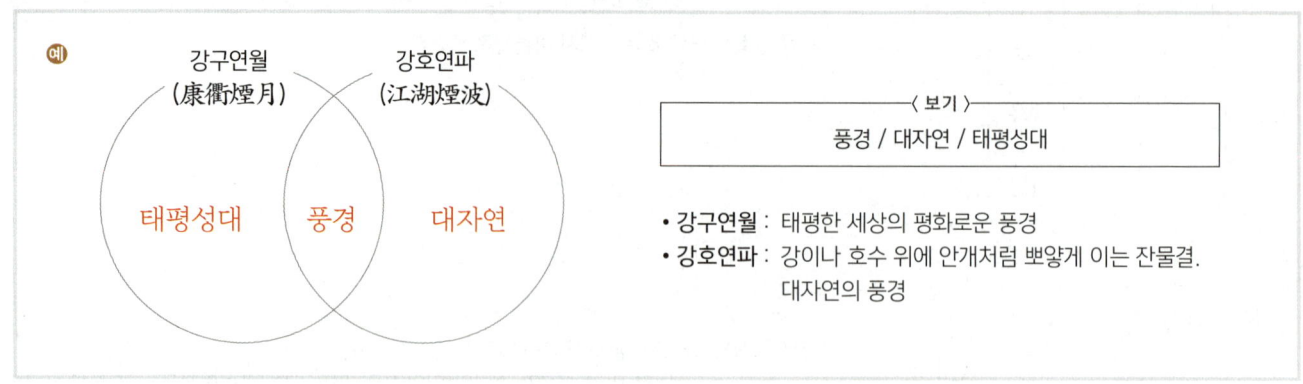

01

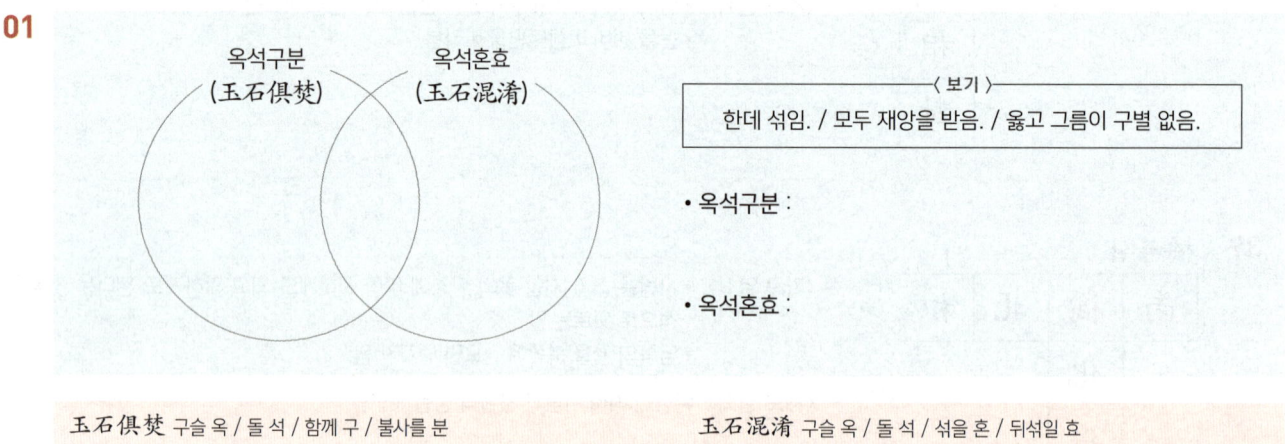

02

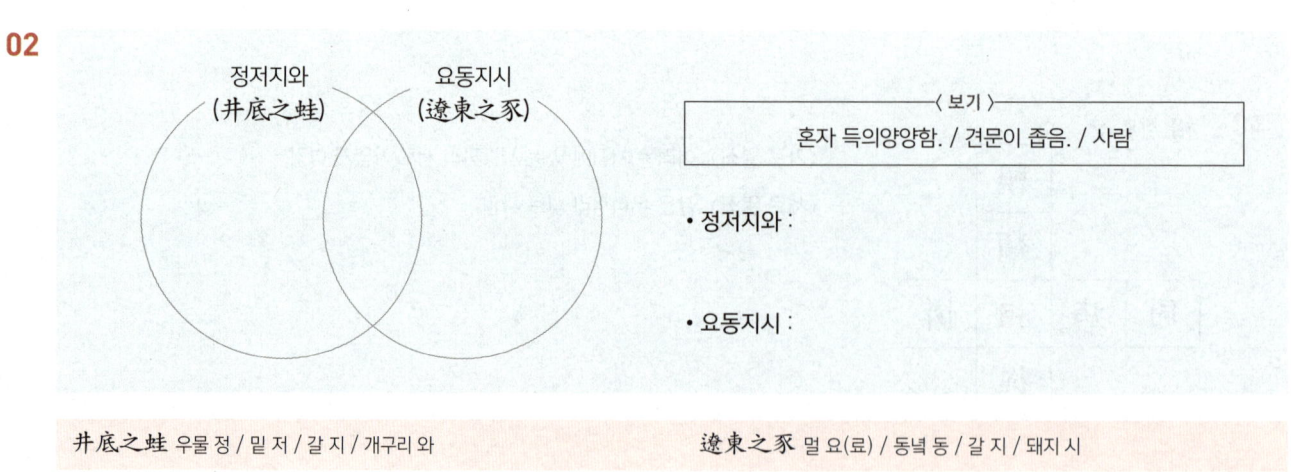

03

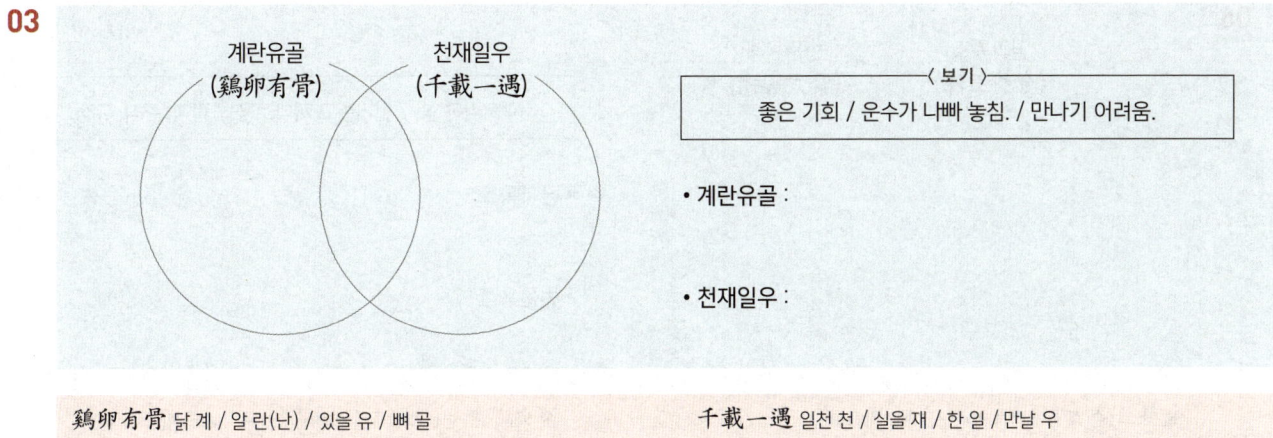

鷄卵有骨 닭 계 / 알 란(난) / 있을 유 / 뼈 골

千載一遇 일천 천 / 실을 재 / 한 일 / 만날 우

04

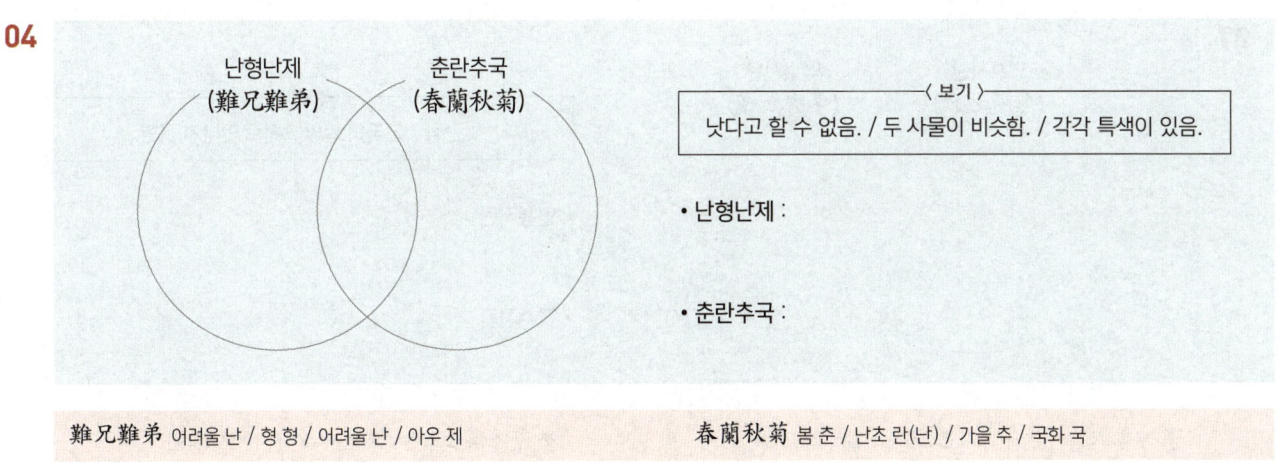

難兄難弟 어려울 난 / 형 형 / 어려울 난 / 아우 제

春蘭秋菊 봄 춘 / 난초 란(난) / 가을 추 / 국화 국

05

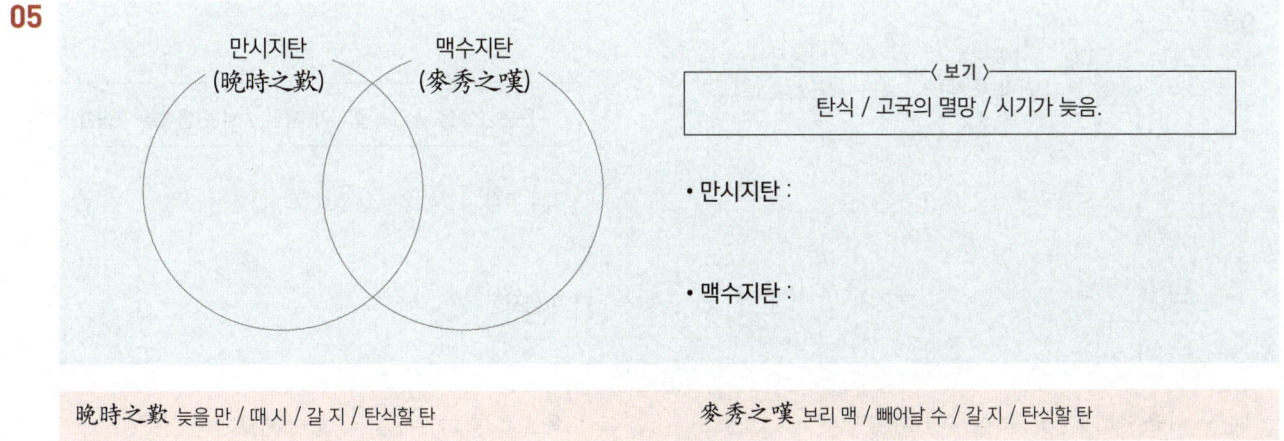

晩時之歎 늦을 만 / 때 시 / 갈 지 / 탄식할 탄

麥秀之嘆 보리 맥 / 빼어날 수 / 갈 지 / 탄식할 탄

06

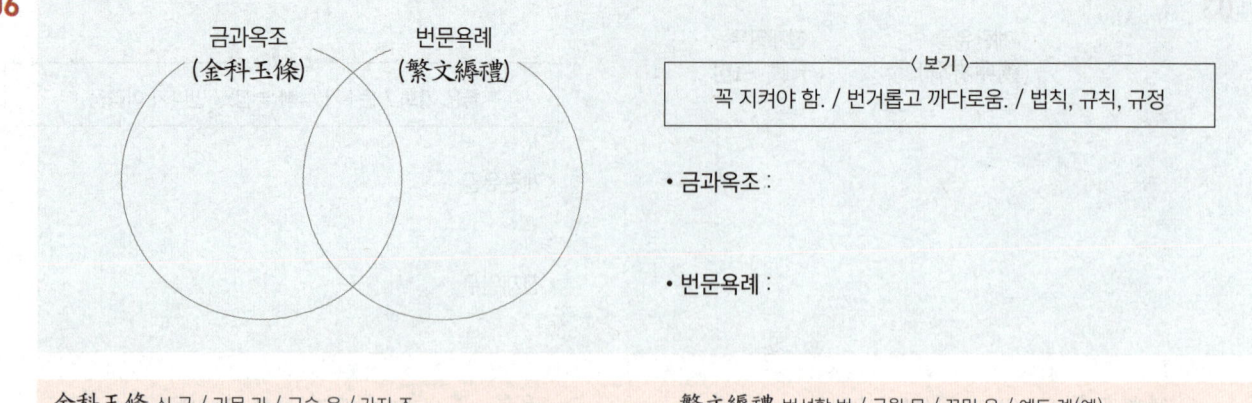

〈 보기 〉
꼭 지켜야 함. / 번거롭고 까다로움. / 법칙, 규칙, 규정

• 금과옥조 :

• 번문욕례 :

金科玉條 쇠 금 / 과목 과 / 구슬 옥 / 가지 조   繁文縟禮 번성할 번 / 글월 문 / 꾸밀 욕 / 예도 례(예)

07

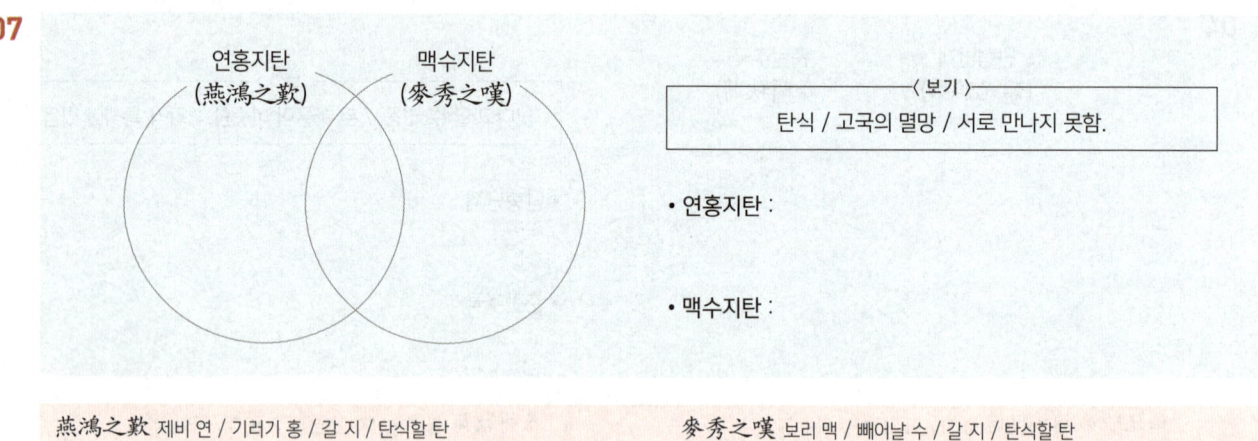

〈 보기 〉
탄식 / 고국의 멸망 / 서로 만나지 못함.

• 연홍지탄 :

• 맥수지탄 :

燕鴻之歎 제비 연 / 기러기 홍 / 갈 지 / 탄식할 탄   麥秀之嘆 보리 맥 / 빼어날 수 / 갈 지 / 탄식할 탄

08

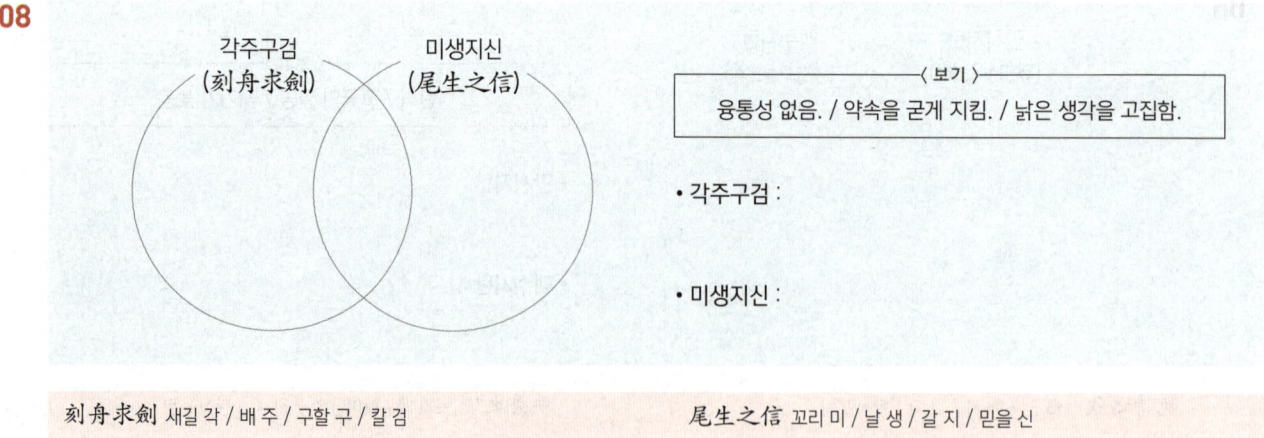

〈 보기 〉
융통성 없음. / 약속을 굳게 지킴. / 낡은 생각을 고집함.

• 각주구검 :

• 미생지신 :

刻舟求劍 새길 각 / 배 주 / 구할 구 / 칼 검   尾生之信 꼬리 미 / 날 생 / 갈 지 / 믿을 신

09

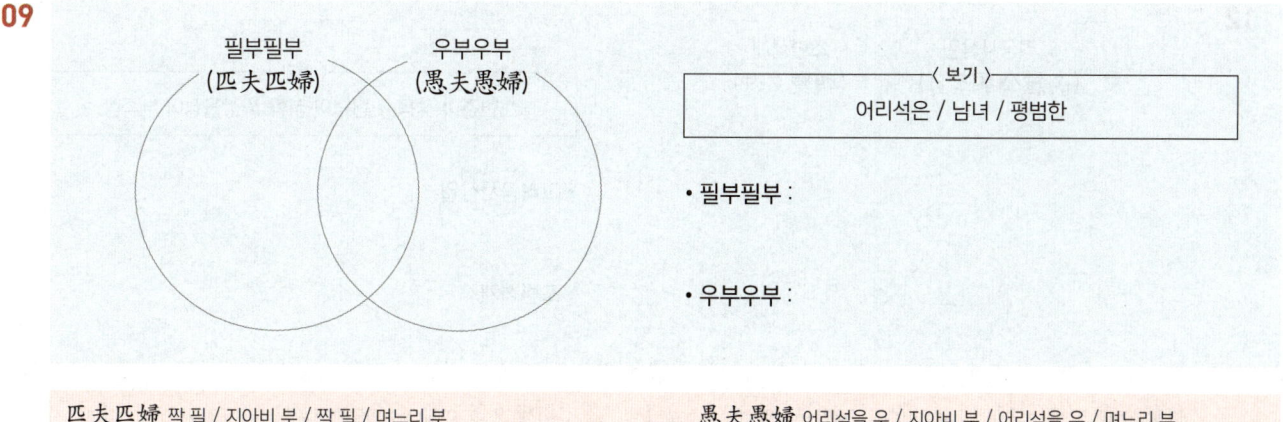

〈 보기 〉
어리석은 / 남녀 / 평범한

• 필부필부 :

• 우부우부 :

匹夫匹婦 짝 필 / 지아비 부 / 짝 필 / 며느리 부   愚夫愚婦 어리석을 우 / 지아비 부 / 어리석을 우 / 며느리 부

10

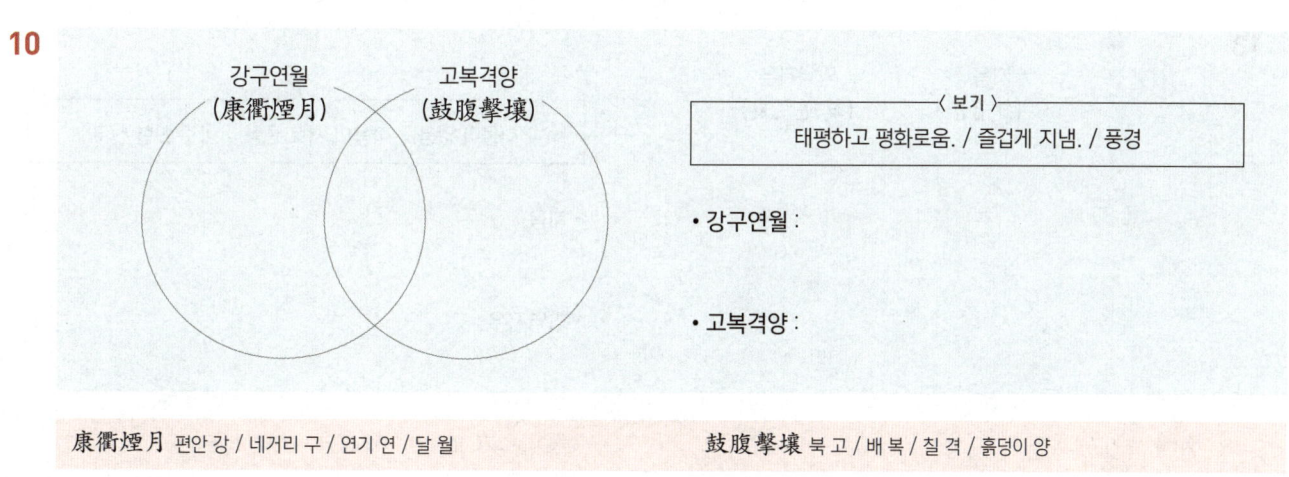

〈 보기 〉
태평하고 평화로움. / 즐겁게 지냄. / 풍경

• 강구연월 :

• 고복격양 :

康衢煙月 편안 강 / 네거리 구 / 연기 연 / 달 월   鼓腹擊壤 북 고 / 배 복 / 칠 격 / 흙덩이 양

11

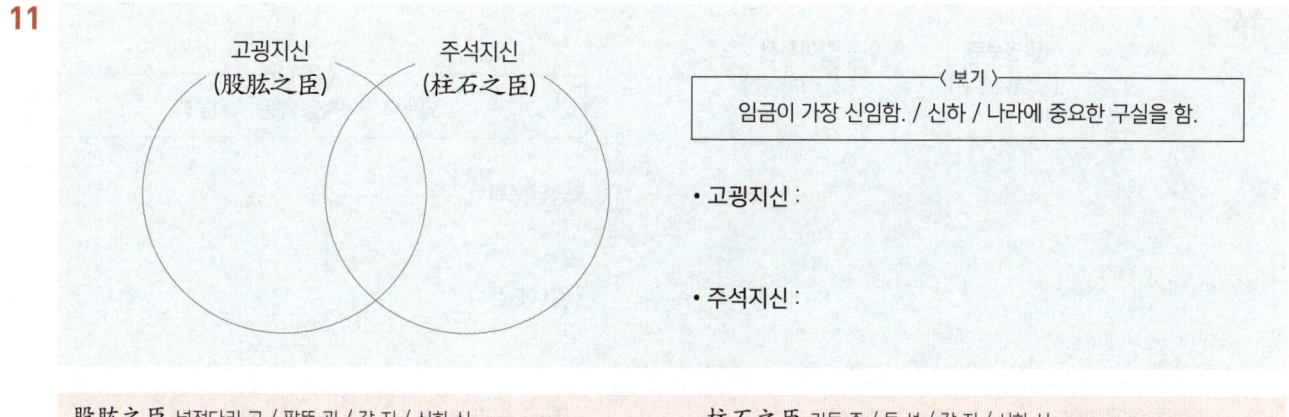

〈 보기 〉
임금이 가장 신임함. / 신하 / 나라에 중요한 구실을 함.

• 고굉지신 :

• 주석지신 :

股肱之臣 넓적다리 고 / 팔뚝 굉 / 갈 지 / 신하 신   柱石之臣 기둥 주 / 돌 석 / 갈 지 / 신하 신

12

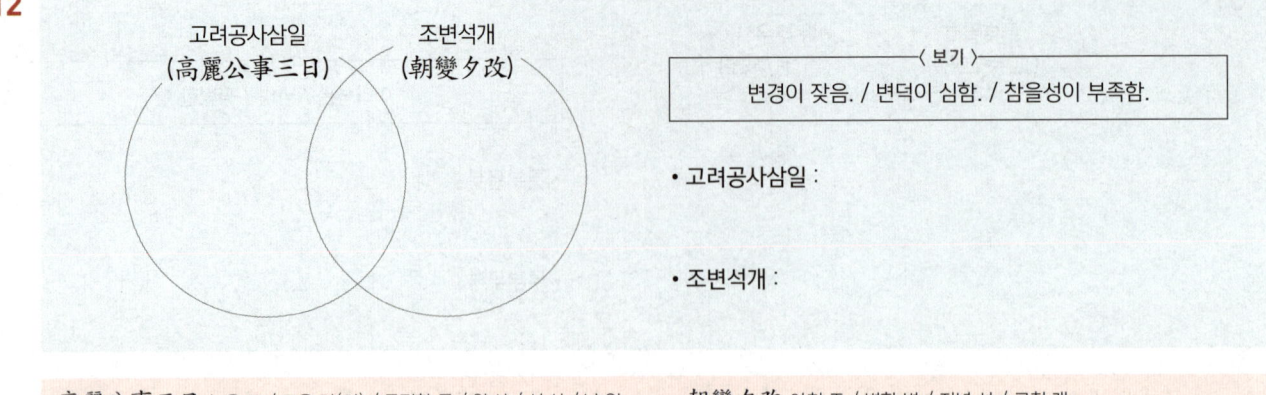

高麗公事三日 높을 고 / 고울 려(여) / 공평할 공 / 일 사 / 석 삼 / 날 일   朝變夕改 아침 조 / 변할 변 / 저녁 석 / 고칠 개

13

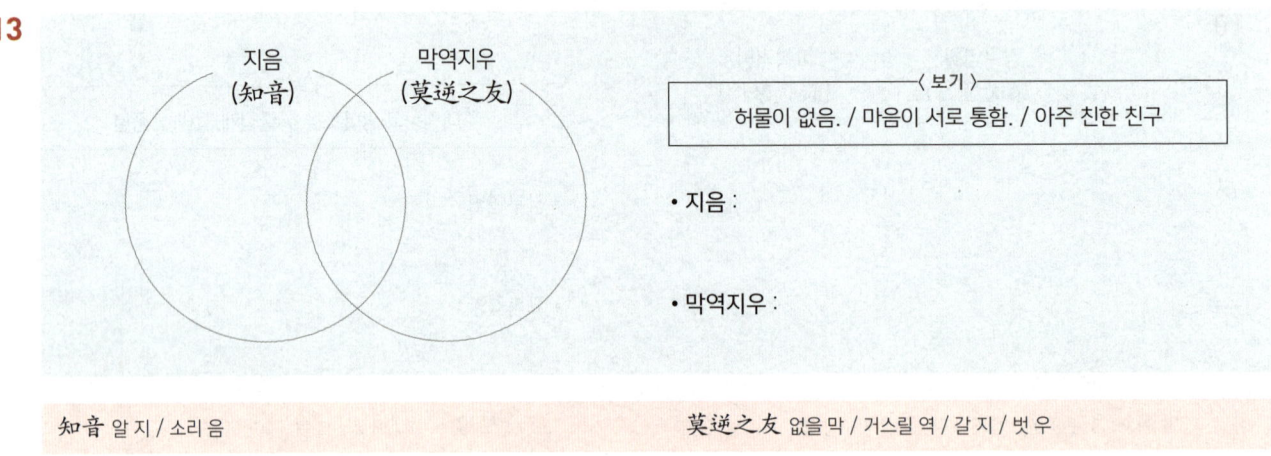

知音 알 지 / 소리 음   莫逆之友 없을 막 / 거스릴 역 / 갈 지 / 벗 우

14

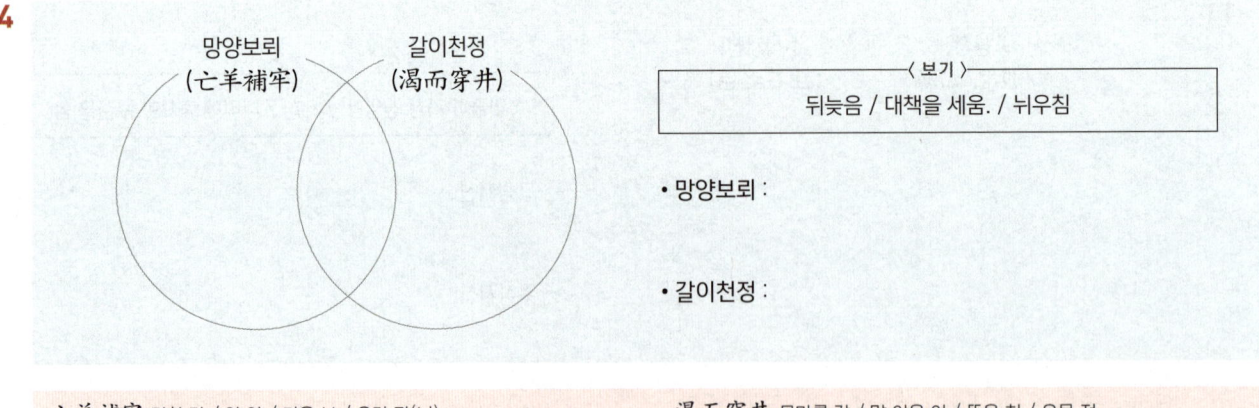

亡羊補牢 망할 망 / 양 양 / 기울 보 / 우리 뢰(뇌)   渴而穿井 목마를 갈 / 말 이을 이 / 뚫을 천 / 우물 정

15

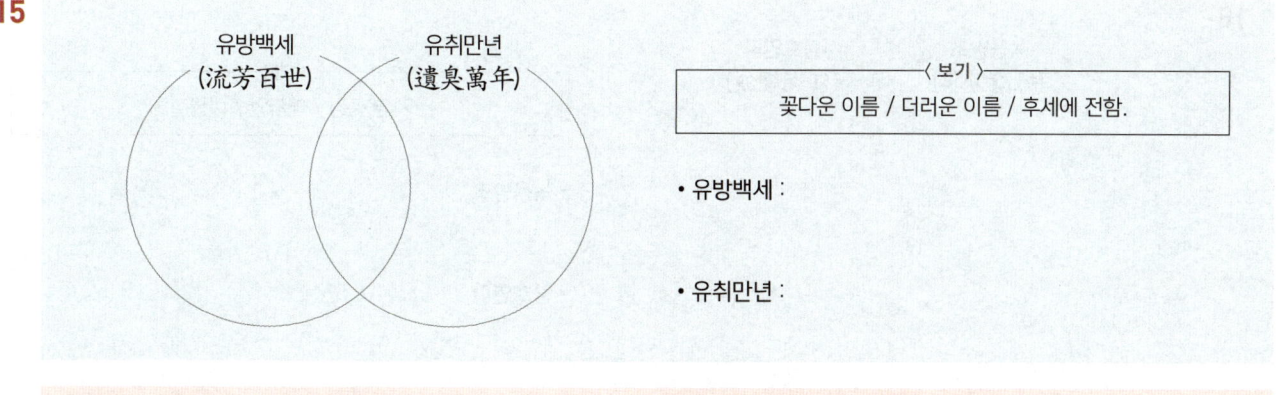

流芳百世 흐를 유(류) / 꽃다울 방 / 일백 백 / 인간 세   遺臭萬年 남길 유 / 냄새 취 / 일 만 만 / 해 년(연)

16

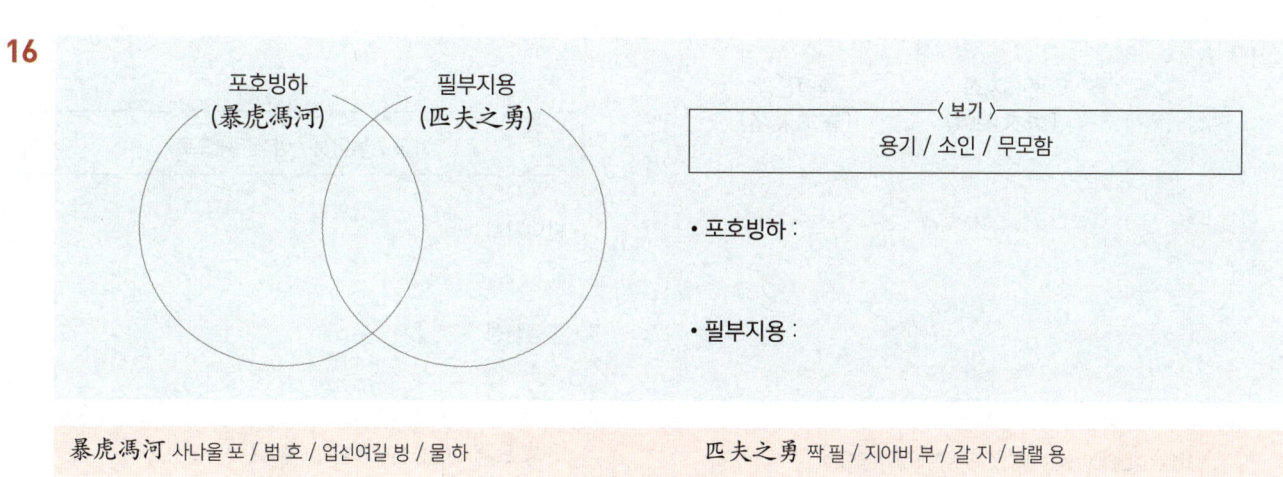

暴虎馮河 사나울 포 / 범 호 / 업신여길 빙 / 물 하   匹夫之勇 짝 필 / 지아비 부 / 갈 지 / 날랠 용

17

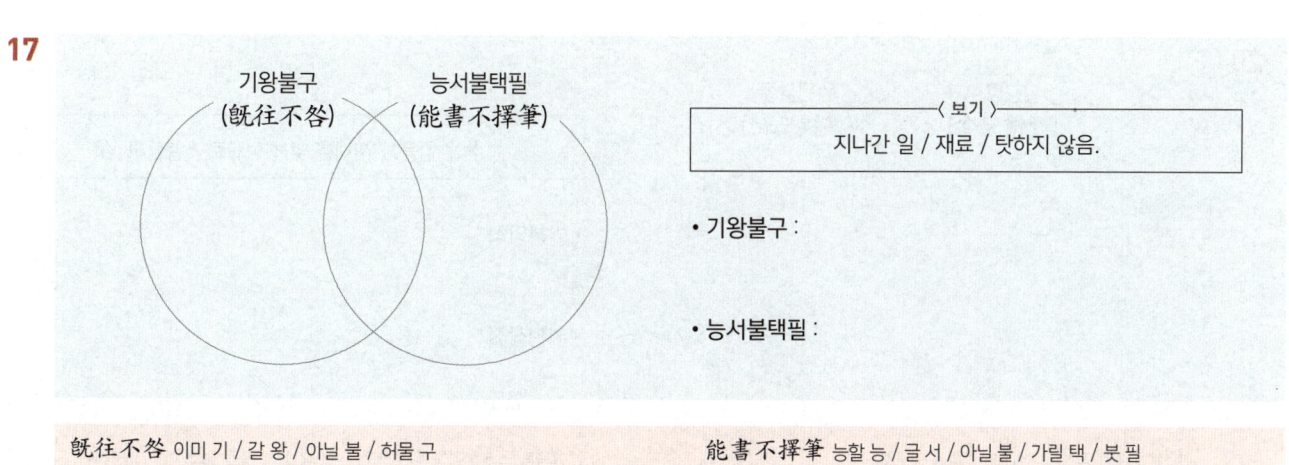

旣往不咎 이미 기 / 갈 왕 / 아닐 불 / 허물 구   能書不擇筆 능할 능 / 글 서 / 아닐 불 / 가릴 택 / 붓 필

18

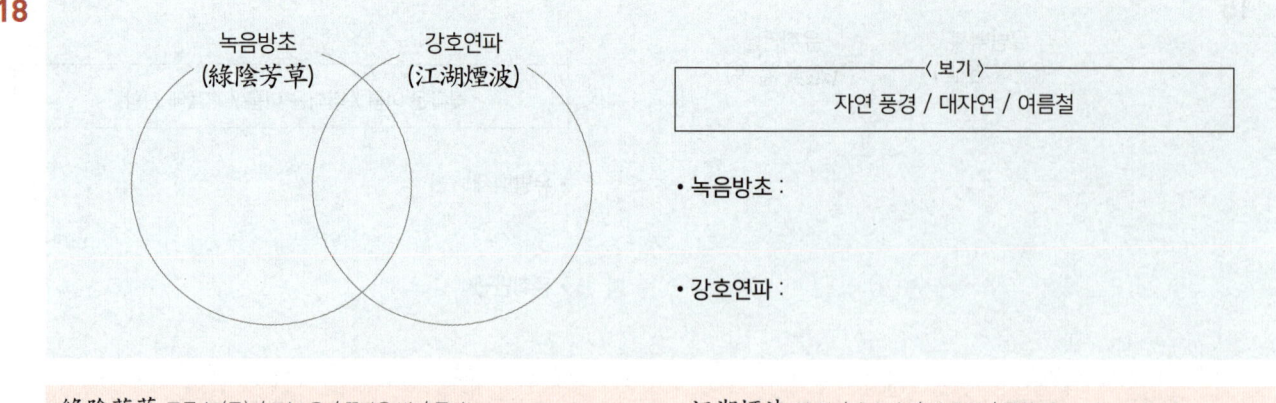

〈 보기 〉
자연 풍경 / 대자연 / 여름철

• 녹음방초 :

• 강호연파 :

綠陰芳草 푸를 녹(록) / 그늘 음 / 꽃다울 방 / 풀 초

江湖煙波 강 강 / 호수 호 / 연기 연 / 물결 파

19

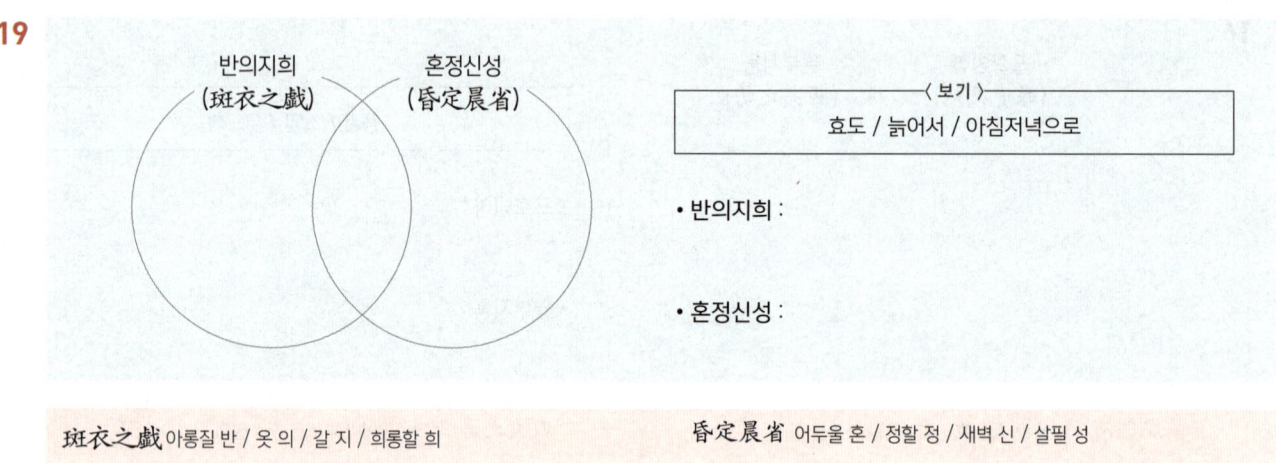

〈 보기 〉
효도 / 늙어서 / 아침저녁으로

• 반의지희 :

• 혼정신성 :

斑衣之戱 아롱질 반 / 옷 의 / 갈 지 / 희롱할 희

昏定晨省 어두울 혼 / 정할 정 / 새벽 신 / 살필 성

20

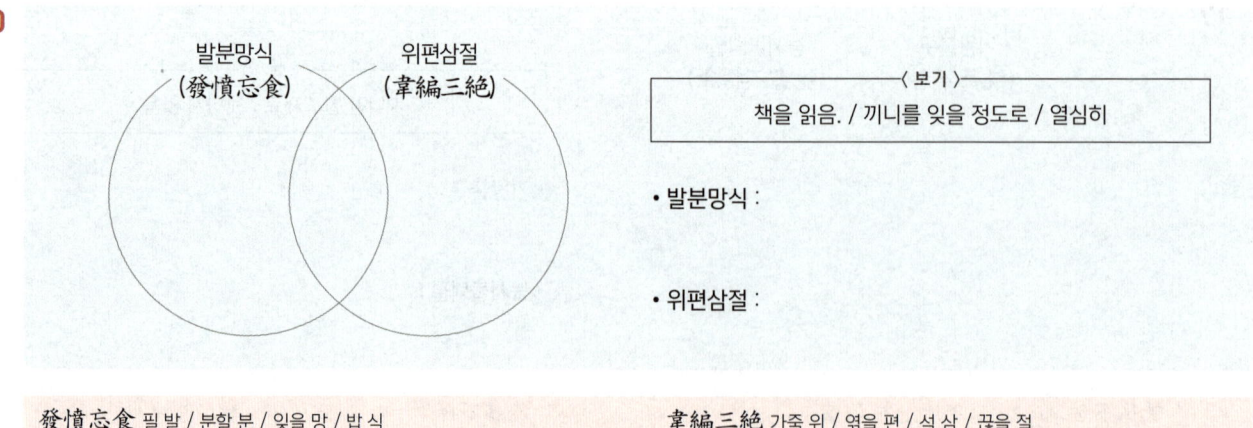

〈 보기 〉
책을 읽음. / 끼니를 잊을 정도로 / 열심히

• 발분망식 :

• 위편삼절 :

發憤忘食 필 발 / 분할 분 / 잊을 망 / 밥 식

韋編三絶 가죽 위 / 엮을 편 / 석 삼 / 끊을 절

21

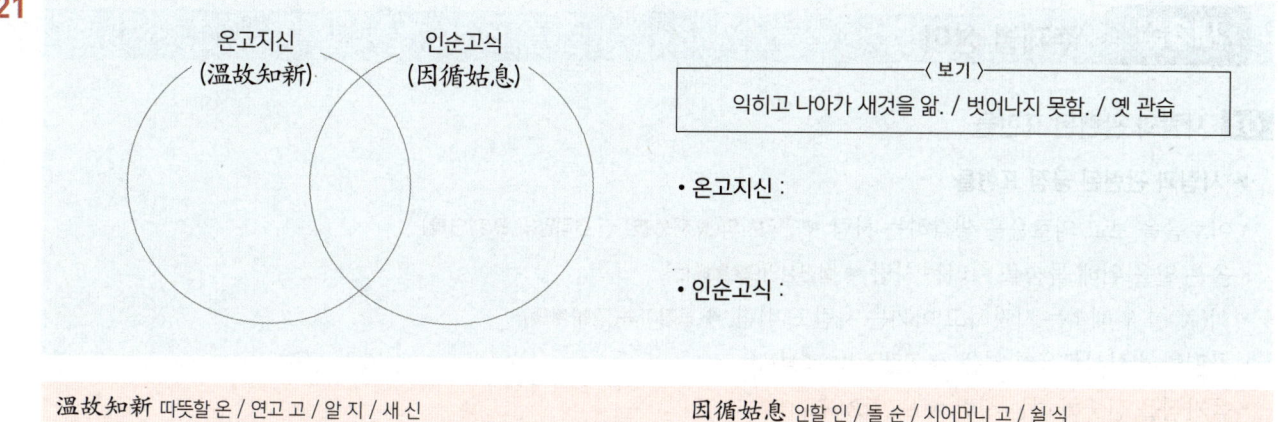

溫故知新 따뜻할 온 / 연고 고 / 알 지 / 새 신   因循姑息 인할 인 / 돌 순 / 시어머니 고 / 쉴 식

22

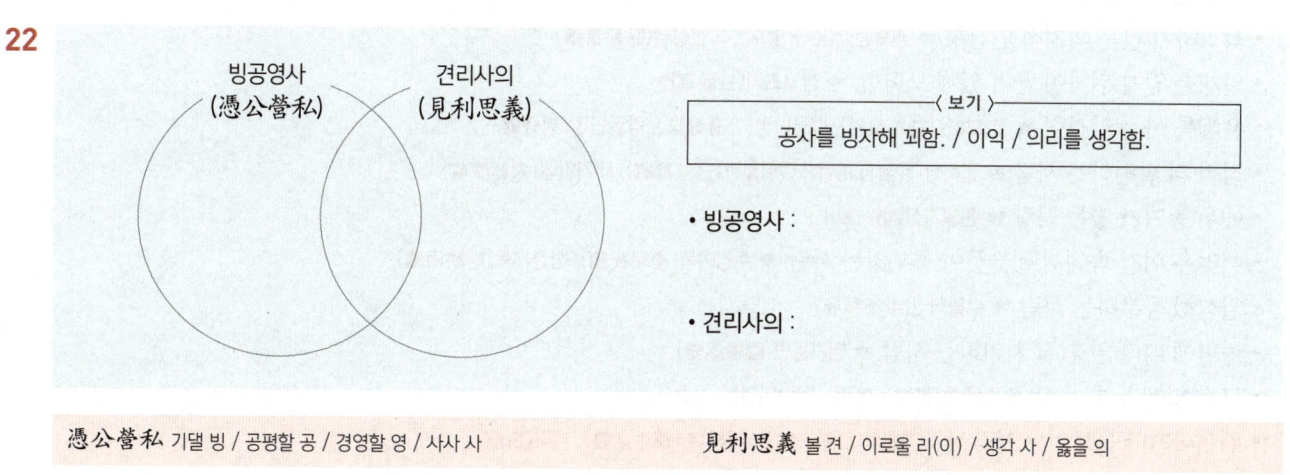

憑公營私 기댈 빙 / 공평할 공 / 경영할 영 / 사사 사   見利思義 볼 견 / 이로울 리(이) / 생각 사 / 옳을 의

23

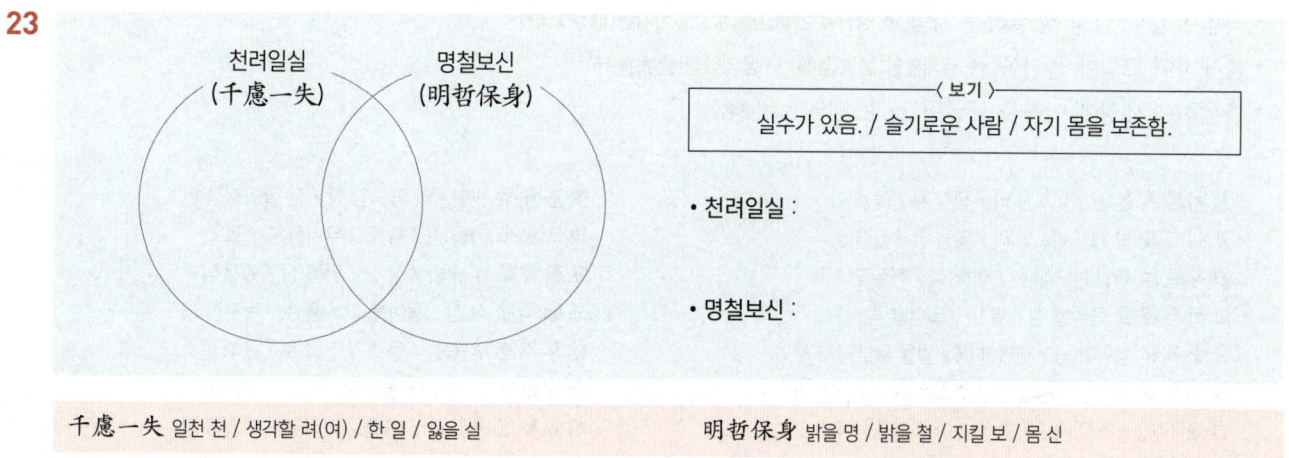

千慮一失 일천 천 / 생각할 려(여) / 한 일 / 잃을 실   明哲保身 밝을 명 / 밝을 철 / 지킬 보 / 몸 신

제3절 주제별 성어

01 사람과 관련된 표현들

▶ 사람과 관련된 긍정 표현들

- 이로움을 보고 의로움을 생각하는 사람 ➡ 견리사의(見利思義) ↔ 견리망의(見利忘義)
- 옳은 일을 위해 목숨을 버리는 사람 ➡ 살신성인(殺身成仁)
- 의(義)를 위해서는 사랑하고 아끼는 사람도 버림. ➡ 읍참마속(泣斬馬謖)
- 공평하여 사사로움이 없음. ➡ 공평무사(公平無私)
- 몸가짐을 신중히 하는 사람 ➡ 은인자중(隱忍自重)
- 노력하는 사람 ➡ 자강불식(自强不息), 분골쇄신(粉骨碎身), 견마지로(犬馬之勞)
- 고생을 이기고 힘써 공부해서 성공한 사람 ➡ 형설지공(螢雪之功), 형창설안(螢窓雪案)
- 좌절하지 않는 의지적 인간형 ➡ 권토중래(捲土重來), 와신상담(臥薪嘗膽)
- 인재를 얻기 위하여 끈기 있게 노력함. ➡ 삼고초려(三顧草廬)
- 은혜를 아는 인간형 ➡ 결초보은(結草報恩), 백골난망(白骨難忘), 각골난망(刻骨難忘)
- 점점 더 발전하는 사람 ➡ 괄목상대(刮目相對), 일취월장(日就月將), 대기만성(大器晚成)
- 매우 총기가 있는 사람 ➡ 문일지십(聞一知十)
- 어려운 여건 속에서도 꿋꿋이 공부하는 사람 ➡ 주경야독(晝耕夜讀), 청경우독(晴耕雨讀)
- 열심히 공부하는 사람 ➡ 수불석권(手不釋卷)
- 형편에 따라 일을 잘 처리하는 사람 ➡ 임기응변(臨機應變)
- 모든 일에 두루 능함. ➡ 능소능대(能小能大), 팔방미인(八方美人)
- 뛰어나거나 돋보이는 사람 ➡ 군계일학(群鷄一鶴), 낭중지추(囊中之錐), 백미(白眉)
- 지난 잘못을 고쳐 올바르고 착하게 변함. ➡ 개과천선(改過遷善)
- 마음이 약하지만 겉으로는 강하게 나타내 보이는 사람 ➡ 내유외강(內柔外剛)
- 막힘이 없이 말을 썩 잘하는 사람 ➡ 청산유수(靑山流水), 현하지변(懸河之辯)
- 출세하여 고향에 돌아옴. ➡ 금의환향(錦衣還鄕) ↔ 금의야행(錦衣夜行)
- 출세하여 세상에 이름을 드날림. ➡ 입신양명(立身揚名)

見利思義 볼 견 / 이로울 리 / 생각 사 / 옳을 의
見利忘義 볼 견 / 이로울 리 / 잊을 망 / 옳을 의
殺身成仁 죽일 살 / 몸 신 / 이룰 성 / 어질 인
泣斬馬謖 울 읍 / 벨 참 / 말 마 / 일어날 속
公平無私 공평할 공 / 평평할 평 / 없을 무 / 사사 사
隱忍自重 숨을 은 / 참을 인 / 스스로 자 / 무거울 중
自强不息 스스로 자 / 강할 강 / 아닐 불 / 쉴 식
粉骨碎身 가루 분 / 뼈 골 / 부술 쇄 / 몸 신
犬馬之勞 개 견 / 말 마 / 갈 지 / 일할 로
螢雪之功 반딧불이 형 / 눈 설 / 갈 지 / 공 공
螢窓雪案 반딧불이 형 / 창 창 / 눈 설 / 책상 안
捲土重來 거둘 권 / 흙 토 / 무거울 중 / 올 래
臥薪嘗膽 누울 와 / 섶 신 / 맛볼 상 / 쓸개 담
三顧草廬 석 삼 / 돌아볼 고 / 풀 초 / 농막집 려
結草報恩 맺을 결 / 풀 초 / 갚을 보 / 은혜 은
白骨難忘 흰 백 / 뼈 골 / 어려울 난 / 잊을 망
刻骨難忘 새길 각 / 뼈 골 / 어려울 난 / 잊을 망
刮目相對 긁을 괄 / 눈 목 / 서로 상 / 대할 대
日就月將 날 일 / 나아갈 취 / 달 월 / 장수 장
大器晚成 클 대 / 그릇 기 / 늦을 만 / 이룰 성

聞一知十 들을 문 / 한 일 / 알 지 / 열 십
晝耕夜讀 낮 주 / 밭 갈 경 / 밤 야 / 읽을 독
晴耕雨讀 갤 청 / 밭 갈 경 / 비 우 / 읽을 독
手不釋卷 손 수 / 아닐 불 / 풀 석 / 책 권
臨機應變 임할 림(임) / 틀 기 / 응할 응 / 변할 변
能小能大 능할 능 / 적을 소 / 능할 능 / 클 대
八方美人 여덟 팔 / 모 방 / 아름다울 미 / 사람 인
群鷄一鶴 무리 군 / 닭 계 / 한 일 / 학 학
囊中之錐 주머니 낭 / 가운데 중 / 갈 지 / 송곳 추

白眉 흰 백 / 눈썹 미
改過遷善 고칠 개 / 지날 과 / 옮길 천 / 착할 선
內柔外剛 안 내 / 부드러울 유 / 바깥 외 / 굳셀 강
靑山流水 푸를 청 / 메 산 / 흐를 류(유) / 물 수
懸河之辯 매달 현 / 물 하 / 갈 지 / 말씀 변
錦衣還鄕 비단 금 / 옷 의 / 돌아올 환 / 시골 향
↔ 錦衣夜行 비단 금 / 옷 의 / 밤 야 / 다닐 행
立身揚名 설 립(입) / 몸 신 / 날릴 양 / 이름 명

▶ 사람과 관련된 부정 표현들

- 작은 일을 크게 허풍을 떨어 말하는 사람 ➡ 침소봉대(針小棒大)
- 경솔하여 생각 없이 망령되게 행동함. ➡ 경거망동(輕擧妄動) ↔ 은인자중(隱忍自重)
- 하는 일 없이 먹고 놀기만 하는 사람 ➡ 무위도식(無爲徒食)
- 잘난 사람이 없는 곳에서 못난 사람이 잘난 체함. ➡ 가호위호(假虎威狐)
- 간사한 꾀로 남을 속여 희롱함. ➡ 조삼모사(朝三暮四)
- 견문이 좁은 사람 ➡ 좌정관천(坐井觀天), 정저지와(井底之蛙)
- 세상 물정을 모르는 사람 ➡ 백면서생(白面書生)
- 무식한 사람 ➡ 목불식정(目不識丁), 숙맥불변(菽麥不辨), 어로불변(魚魯不辨), 일자무식(一字無識)
- 융통성이 없고 고집이 세어 어찌할 수 없는 사람 ➡ 막무가내(莫無可奈)
- 융통성이 없고 어리석은 사람 ➡ 각주구검(刻舟求劍), 수주대토(守株待兎), 미생지신(尾生之信), 연목구어(緣木求魚)
- 남의 말을 귀담아듣지 않는 사람 ➡ 마이동풍(馬耳東風), 우이독경(牛耳讀經)
- 겁이 없이 힘센 이를 상대하는 사람 ➡ 당랑거철(螳螂拒轍)
- 남이 하는 대로 따라 하는 비주체적인 사람 ➡ 부화뇌동(附和雷同), 부화수행(附和隨行)
- 자기중심적으로 판단하고 행동하는 사람
  ➡ 아전인수(我田引水), 적반하장(賊反荷杖), 견강부회(牽强附會), 독불장군(獨不將軍) ↔ 역지사지(易地思之)
- 권세를 이용하여 위세를 부리는 인간형 ➡ 호가호위(狐假虎威), 지록위마(指鹿爲馬)
- 세상에 아첨하고 시세에 부침하는 인간형
  ➡ 곡학아세(曲學阿世), 염량세태(炎涼世態), 교언영색(巧言令色), 감탄고토(甘呑苦吐)
- 겉과 속이 다른 인간형
  ➡ 양두구육(羊頭狗肉), 구밀복검(口蜜腹劍), 표리부동(表裏不同), 면종복배(面從腹背), 사시이비(似是而非)
- 나쁜 사람과 사귀면 물들기 쉽다는 말 ➡ 근묵자흑(近墨者黑), 근주자적(近朱者赤)
- 절망에 빠져 자신을 스스로 포기하고 돌아보지 않는 사람 ➡ 자포자기(自暴自棄)
- 자신이 한 말과 행동에 자신이 구속되어 괴로움. ➡ 자승자박(自繩自縛)
- 자기가 한 말이나 행동의 앞뒤가 모순되는 사람 ➡ 자가당착(自家撞着), 이율배반(二律背反), 자기모순(自己矛盾)
- 하는 말이 조금도 사리에 맞지 않는 사람 ➡ 어불성설(語不成說)
- 실력은 없으면서 실속 없이 허세를 부리는 것 ➡ 허장성세(虛張聲勢)
- 상대방을 마음대로 하는 것 ➡ 칠종칠금(七縱七擒)

- 몹시 뻔뻔스러운 사람 ➡ 후안무치(厚顔無恥), 철면피(鐵面皮)
- 한 사람 때문에 여러 사람이 피해를 입음. ➡ 일어탁수(一魚濁水)
- 이 세상에서 함께 살 수 없을 만한 큰 원수 ➡ 견원지간(犬猿之間), 불구대천(不俱戴天)
- 집안에 들어온 도둑이나 쥐에 비유 ➡ 양상군자(梁上君子)

針小棒大 바늘 침 / 작을 소 / 막대 봉 / 클 대	狐假虎威 여우 호 / 거짓 가 / 범 호 / 위엄 위
輕擧妄動 가벼울 경 / 들 거 / 망령될 망 / 움직일 동	指鹿爲馬 가리킬 지 / 사슴 록 / 할 위 / 말 마
↔隱忍自重 숨을 은 / 참을 인 / 스스로 자 / 무거울 중	曲學阿世 굽을 곡 / 배울 학 / 언덕 아 / 인간 세
無爲徒食 없을 무 / 할 위 / 무리 도 / 밥 식	炎凉世態 불꽃 염 / 서늘할 량 / 인간 세 / 모습 태
假虎威狐 거짓 가 / 범 호 / 위엄 위 / 여우 호	巧言令色 공교할 교 / 말씀 언 / 하여금 령(영) / 빛 색
朝三暮四 아침 조 / 석 삼 / 저물 모 / 넉 사	甘呑苦吐 달 감 / 삼킬 탄 / 쓸 고 / 토할 토
坐井觀天 앉을 좌 / 우물 정 / 볼 관 / 하늘 천	羊頭狗肉 양 양 / 머리 두 / 개 구 / 고기 육
井底之蛙 우물 정 / 밑 저 / 갈 지 / 개구리 와	口蜜腹劍 입 구 / 꿀 밀 / 배 복 / 칼 검
白面書生 흰 백 / 낯 면 / 글 서 / 날 생	表裏不同 겉 표 / 속 리 / 아닐 부 / 한가지 동
目不識丁 눈 목 / 아닐 불 / 알 식 / 고무래 정	面從腹背 낯 면 / 좇을 종 / 배 복 / 등 배
菽麥不辨 콩 숙 / 보리 맥 / 아닐 불 / 분별할 변	似是而非 닮을 사 / 이 시 / 말 이을 이 / 아닐 비
魚魯不辨 물고기 어 / 노나라 로 / 아닐 불 / 분별할 변	近墨者黑 가까울 근 / 먹 묵 / 놈 자 / 검을 흑
一字無識 한 일 / 글자 자 / 없을 무 / 알 식	近朱者赤 가까울 근 / 붉을 주 / 놈 자 / 붉을 적
莫無可奈 없을 막 / 없을 무 / 옳을 가 / 어찌 내	自暴自棄 스스로 자 / 사나울 폭 / 스스로 자 / 버릴 기
刻舟求劍 새길 각 / 배 주 / 구할 구 / 칼 검	自繩自縛 스스로 자 / 노끈 승 / 스스로 자 / 얽을 박
守株待兔 지킬 수 / 그루 주 / 기대릴 대 / 토끼 토	自家撞着 스스로 자 / 집 가 / 칠 당 / 붙을 착
尾生之信 꼬리 미 / 날 생 / 갈 지 / 믿을 신	二律背反 두 이 / 법칙 률(율) / 등 배 / 돌이킬 반
緣木求魚 인연 연 / 나무 목 / 구할 구 / 물고기 어	自己矛盾 스스로 자 / 몸 기 / 창 모 / 방패 순
馬耳東風 말 마 / 귀 이 / 동녘 동 / 바람 풍	語不成說 말씀 어 / 아닐 불 / 이룰 성 / 말씀 설
牛耳讀經 소 우 / 귀 이 / 읽을 독 / 지날 경	虛張聲勢 빌 허 / 베풀 장 / 소리 성 / 형세 세
螳螂拒轍 사마귀 당 / 사마귀 랑 / 막을 거 / 바퀴 자국 철	七縱七擒 일곱 칠 / 세로 종 / 일곱 칠 / 사로잡을 금
附和雷同 붙을 부 / 화할 화 / 우레 뢰(뇌) / 한가지 동	厚顔無恥 두터울 후 / 낯 안 / 없을 무 / 부끄러울 치
附和隨行 붙을 부 / 화할 화 / 따를 수 / 다닐 행	鐵面皮 쇠 철 / 낯 면 / 가죽 피
我田引水 나 아 / 밭 전 / 끌 인 / 물 수	一魚濁水 한 일 / 물고기 어 / 흐릴 탁 / 물 수
賊反荷杖 도둑 적 / 돌이킬 반 / 멜 하 / 지팡이 장	犬猿之間 개 견 / 원숭이 원 / 갈 지 / 사이 간
牽強附會 이끌 견 / 강할 강 / 붙을 부 / 모일 회	不俱戴天 아닐 불 / 함께 구 / 일 대 / 하늘 천
獨不將軍 홀로 독 / 아닐 불 / 장수 장 / 군사 군	梁上君子 들보 량(양) / 위 상 / 임금 군 / 아들 자
↔易地思之 바꿀 역 / 땅 지 / 생각 사 / 갈 지	

02 일, 사건, 상황, 전개 과정, 처지, 해결, 결과 등과 관련된 표현들

▶ 일, 사건, 상황, 전개 과정, 처지, 해결, 결과 등과 관련된 긍정 표현들

- 여럿이 조금씩 힘을 합하면 한 사람을 돕기 쉬움. ➡ 십시일반(十匙一飯)
- 어리석게 보이는 일도 꾸준하게 끝까지 하면 매우 큰일도 할 수 있음.
  ➡ 우공이산(愚公移山), 마부작침(磨斧作針), 십벌지목(十伐之木), 수적천석(水滴穿石)
- 무슨 일이든지 세심한 주의를 기울이라는 말 ➡ 심사숙고(深思熟考)
- 무슨 일이든지 서로 뜻이 잘 맞아야 성공할 수 있음. ➡ 고장난명(孤掌難鳴)
- 화가 바뀌어 복이 됨. ➡ 전화위복(轉禍爲福)
- 화를 멀리하고 복을 불러들임. ➡ 원화소복(遠禍召福)
- 미리 대비하여 우환이 없음. ➡ 유비무환(有備無患), 거안사위(居安思危)
- 거침없이 힘차게 발전하는 기세 ➡ 파죽지세(破竹之勢), 승승장구(乘勝長驅), 욱일승천(旭日昇天)
- 일이 뜻대로 잘되어 뽐내는 기세가 대단함. ➡ 기고만장(氣高萬丈)
- 어떠한 난관에도 굴하지 않음. ➡ 칠전팔기(七顚八起), 백절불굴(百折不屈)
- 어지러운 일을 시원스럽게 잘 처리함. ➡ 쾌도난마(快刀亂麻)
- 좋은 일에 또 좋은 일이 겹침. ➡ 금상첨화(錦上添花)
- 좋은 기회를 놓치지 않음. ➡ 물실호기(勿失好機)
- 한 가지 일로 두 가지 이익을 얻음. ➡ 일석이조(一石二鳥), 일거양득(一擧兩得)
- 많으면 많을수록 더욱 좋음. ➡ 다다익선(多多益善)
- 문 앞이 시장을 이룰 만큼 찾아오는 사람이 많음. ➡ 문전성시(門前成市)
- 나라가 위태로울 때 자기의 몸을 나라에 바침. ➡ 견위치명(見危致命), 견위수명(見危授命)

十匙一飯 열 십 / 숟가락 시 / 한 일 / 밥 반
愚公移山 어리석을 우 / 공평할 공 / 옮길 이 / 메 산
磨斧作針 갈 마 / 도끼 부 / 지을 작 / 바늘 침
十伐之木 열 십 / 칠 벌 / 갈 지 / 나무 목
水滴穿石 물 수 / 물방울 적 / 뚫을 천 / 돌 석
深思熟考 깊을 심 / 생각 사 / 익을 숙 / 생각할 고
孤掌難鳴 외로울 고 / 손바닥 장 / 어려울 난 / 울 명
轉禍爲福 구를 전 / 재앙 화 / 할 위 / 복 복
遠禍召福 멀 원 / 재앙 화 / 부를 소 / 복 복
有備無患 있을 유 / 갖출 비 / 없을 무 / 근심 환
居安思危 살 거 / 편안 안 / 생각 사 / 위태할 위
破竹之勢 깨뜨릴 파 / 대 죽 / 갈 지 / 형세 세
乘勝長驅 탈 승 / 이길 승 / 길 장 / 몰 구

旭日昇天 아침 해 욱 / 날 일 / 오를 승 / 하늘 천
氣高萬丈 기운 기 / 높을 고 / 일만 만 / 어른 장
七顚八起 일곱 칠 / 엎드러질 전 / 여덟 팔 / 일어날 기
百折不屈 일백 백 / 꺾을 절 / 아닐 불 / 굽힐 굴
快刀亂麻 쾌할 쾌 / 칼 도 / 어지러울 란(난) / 삼 마
錦上添花 비단 금 / 위 상 / 더할 첨 / 꽃 화
勿失好機 말 물 / 잃을 실 / 좋을 호 / 틀 기
一石二鳥 한 일 / 돌 석 / 두 이 / 새 조
一擧兩得 한 일 / 들 거 / 두 량(양) / 얻을 득
多多益善 많을 다 / 많을 다 / 더할 익 / 착할 선
門前成市 문 문 / 앞 전 / 이룰 성 / 저자 시
見危致命 볼 견 / 위태할 위 / 이를 치 / 목숨 명
見危授命 볼 견 / 위태할 위 / 줄 수 / 목숨 명

▶ 일, 사건, 상황, 전개 과정, 처지, 해결, 결과 등과 관련된 부정 표현들

- 화살이 적중하지 않았을 때 자기에게서 원인을 찾는다는 뜻으로, 어떤 일이 잘못되었을 때 남을 탓하지 않고 자기의 자세와 실력을 탓함을 이르는 말 ➡ 반구제기(反求諸己)
- 늘 일이 잘 안되는 사람이 모처럼 좋은 기회를 만났으나 역시 잘 안됨. ➡ 계란유골(鷄卵有骨)
- 대상에서 가까이 있는 사람이 도리어 대상에 대하여 잘 알기 어려움. ➡ 등하불명(燈下不明)
- 봉변을 당하여도 자기에게 잘못이 있어 아무 말도 하지 못함. ➡ 자업자득(自業自得), 자작지얼(自作之孼)
- 딴 곳에서 들어온 사람이 본디부터 있던 사람을 내쫓음. ➡ 주객전도(主客顚倒), 객반위주(客反爲主)
- 처음에는 성하고 좋았으나, 뒤로 갈수록 쇠하고 나빠짐. ➡ 용두사미(龍頭蛇尾)
- 이러지도 저러지도 못하는 모양 ➡ 계륵(鷄肋)
- 같은 무리 속에서 일어나는 싸움 ➡ 자중지란(自中之亂)
- 중심되는 사람이 없어 저마다 이러니저러니 하면 일이 제대로 되지 않음. ➡ 오합지졸(烏合之卒), 중구난방(衆口難防)
- 제 허물을 스스로 드러내어 화를 자초함. ➡ 춘치자명(春雉自鳴)
- 스스로 미흡하게 여기는 마음 ➡ 자격지심(自激之心)
- 제 몸을 희생하면서 상대를 속이는 계책 ➡ 고육지책(苦肉之策), 고육지계(苦肉之計)
- 사물의 기초가 견고하지 못하여 오래 견디지 못함. ➡ 사상누각(砂上樓閣)
- 사후에 늦게 대비함. ➡ 망양보뢰(亡羊補牢), 갈이천정(渴而穿井) 사후약방문(死後藥方文)
- 궁한 나머지 내놓은 대책 ➡ 궁여지책(窮餘之策)
- 근본적인 해결책은 생각하지 않고 눈앞의 해결책만 생각함.
  ➡ 고식지계(姑息之計), 동족방뇨(凍足放尿), 하석상대(下石上臺), 미봉책(彌縫策), 임시변통(臨時變通), 상하탱석(上下撑石)

反求諸己 돌이킬 반 / 구할 구 / 모두 제 / 몸 기	苦肉之策 쓸 고 / 고기 육 / 갈 지 / 꾀 책
鷄卵有骨 닭 계 / 알 란 / 있을 유 / 뼈 골	苦肉之計 쓸 고 / 고기 육 / 갈 지 / 셀 계
燈下不明 등 등 / 아래 하 / 아니 불 / 밝을 명	砂上樓閣 모래 사 / 위 상 / 다락 루(누) / 집 각
自業自得 스스로 자 / 업 업 / 스스로 자 / 얻을 득	亡羊補牢 망할 망 / 양 양 / 기울 보 / 우리 뢰
自作之孼 스스로 자 / 지을 작 / 갈 지 / 서자 얼	渴而穿井 목마를 갈 / 말 이을 이 / 뚫을 천 / 우물 정
主客顚倒 임금 주 / 손 객 / 엎드러질 전 / 넘어질 도	死後藥方文 죽을 사 / 뒤 후 / 약 약 / 모 방 / 글월 문
客反爲主 손 객 / 돌이킬 반 / 할 위 / 임금 주	窮餘之策 다할 궁 / 남을 여 / 갈 지 / 꾀 책
龍頭蛇尾 용 롱(용) / 머리 두 / 긴 뱀 사 / 꼬리 미	姑息之計 시어머니 고 / 쉴 식 / 갈 지 / 셀 계
鷄肋 닭 계 / 갈빗대 륵	凍足放尿 얼 동 / 발 족 / 놓을 방 / 오줌 뇨
自中之亂 스스로 자 / 가운데 중 / 갈 지 / 어지러울 란	下石上臺 아래 하 / 돌 석 / 위 상 / 대 대
烏合之卒 까마귀 오 / 합할 합 / 갈 지 / 마칠 졸	彌縫策 미륵 미 / 꿰맬 봉 / 꾀 책
衆口難防 무리 중 / 입 구 / 어려울 난 / 막을 방	臨時變通 임할 림(임) / 때 시 / 변할 변 / 통할 통
春雉自鳴 봄 춘 / 꿩 치 / 스스로 자 / 울 명	上下撑石 위 상 / 아래 하 / 버틸 탱 / 돌 석
自激之心 스스로 자 / 격할 격 / 갈 지 / 마음 심	

- 조금만 건드려도 폭발할 것 같은 몹시 위급한 상황
  ➡ 일촉즉발(一觸卽發), 풍전등화(風前燈火), 누란지세(累卵之勢), 백척간두(百尺竿頭)
- 위태로운 상황 ➡ 누란지위(累卵之危), 명재경각(命在頃刻), 초미지급(焦眉之急), 여리박빙(如履薄氷)
- 도움받지 못하고 고립된 난처한 상황 ➡ 사면초가(四面楚歌), 고립무원(孤立無援), 진퇴양난(進退兩難), 속수무책(束手無策)
- 가만히 두었으면 아무 탈이 없을 것을 공연히 건드려 문제를 일으킴. ➡ 숙호충비(宿虎衝鼻)
- 어려운 상황에서 더욱 처지가 곤란해짐. ➡ 설상가상(雪上加霜)
- 남을 도울 처지가 못 됨. ➡ 오비삼척(吾鼻三尺)
- 아무리 오래되어도 어떤 일이 이루어지기 어려움. ➡ 백년하청(百年河淸)
- 일을 대충대충 처리함. ➡ 주마간산(走馬看山)
- 작은 것을 고치려다 큰 손해를 봄. ➡ 교각살우(矯角殺牛), 교왕과직(矯枉過直), 과유불급(過猶不及), 소탐대실(小貪大失)
- 쓸데없는 군짓을 하여 도리어 잘못되게 함. ➡ 화사첨족(畫蛇添足)
- 한 가지 위험에서 벗어나니 또 새로운 위험이나 난관에 부닥치게 됨. ➡ 전호후랑(前虎後狼)
- 다 된 일을 망쳐 놓았다는 뜻 ➡ 공휴일궤(功虧一簣)
- 옆에서 보고만 있는 것 ➡ 수수방관(袖手傍觀)
- 좁은 소견과 주관으로 사물을 그릇 판단함. ➡ 군맹무상(群盲撫象)
- 믿고 있던 사람에게 도리어 해를 입는다는 말 ➡ 지부작족(知斧斫足)
- 무능한 사람이 외람되이 높은 벼슬을 차지함. ➡ 남우충수(濫竽充數)
- 눈앞에 벌어진 상황 따위를 눈 뜨고는 차마 볼 수 없음. ➡ 목불인견(目不忍見)
- 어이가 없어서 말하려 해도 말할 수 없음. ➡ 언어도단(言語道斷)
- 일을 빨리하려고 하면 도리어 이루지 못함. ➡ 욕속부달(欲速不達)
- 매우 더디어서 일 따위가 잘 진척되지 아니함. ➡ 지지부진(遲遲不進)

一觸卽發 한 일 / 닿을 촉 / 곧 즉 / 필 발
風前燈火 바람 풍 / 앞 전 / 등등 / 불 화
累卵之勢 묶을 루(누) / 알 란 / 갈 지 / 형세 세
百尺竿頭 일백 백 / 자 척 / 낚싯대 간 / 머리 두
累卵之危 묶을 루(누) / 알 란 / 갈 지 / 위태할 위
命在頃刻 목숨 명 / 있을 재 / 이랑 경 / 새길 각
焦眉之急 탈 초 / 눈썹 미 / 갈 지 / 급할 급
如履薄氷 같을 여 / 밟을 리 / 엷을 박 / 얼음 빙
四面楚歌 넉 사 / 낯 면 / 초나라 초 / 노래 가
孤立無援 외로울 고 / 설 립 / 없을 무 / 도울 원
進退兩難 나아갈 진 / 물러날 퇴 / 두 량(양) / 어려울 난
束手無策 묶을 속 / 손 수 / 없을 무 / 꾀 책
宿虎衝鼻 잘 숙 / 범 호 / 찌를 충 / 코 비
雪上加霜 눈 설 / 위 상 / 더할 가 / 서리 상
吾鼻三尺 낮 오 / 코 비 / 석 삼 / 자 척
百年河淸 일백 백 / 해 년 / 물 하 / 맑을 청

走馬看山 달릴 주 / 말 마 / 볼 간 / 메 산
矯角殺牛 바로잡을 교 / 뿔 각 / 죽일 살 / 소 우
矯枉過直 바로잡을 교 / 굽을 왕 / 지날 과 / 곧을 직
過猶不及 지날 과 / 오히려 유 / 아닐 불 / 미칠 급
小貪大失 작을 소 / 탐낼 탐 / 클 대 / 잃을 실
畫蛇添足 그림 화 / 긴 뱀 사 / 더할 첨 / 발 족
前虎後狼 앞 전 / 범 호 / 뒤 후 / 이리 랑
功虧一簣 공 공 / 이지러질 휴 / 한 일 / 삼태기 궤
袖手傍觀 소매 수 / 손 수 / 곁 방 / 볼 관
群盲撫象 무리 군 / 맹인 맹 / 어루만질 무 / 코끼리 상
知斧斫足 알 지 / 도끼 부 / 벨 작 / 발 족
濫竽充數 넘칠 람(남) / 피리 우 / 채울 충 / 셈 수
目不忍見 눈 목 / 아닐 불 / 참을 인 / 볼 견
言語道斷 말씀 언 / 말씀 어 / 길 도 / 끊을 단
欲速不達 하고자 할 욕 / 빠를 속 / 아닐 부 / 통달할 달
遲遲不進 더딜 지 / 더딜 지 / 아닐 부 / 나아갈 진

03 감정과 관련된 표현들

▶ 사랑, 그리움

- 하늘을 공경하고 사람을 사랑함. ➡ 경천애인(敬天愛人)
- 자연을 몹시 사랑하는 마음 ➡ 연하고질(煙霞痼疾), 천석고황(泉石膏肓)
- 자식의 마음(효도하는 마음) ➡ 반포지효(反哺之孝), 혼정신성(昏定晨省)
- 자식이 부모를 그리는 정 ➡ 망운지정(望雲之情)
- 상대를 몹시 그리워하고 기다리는 마음 ➡ 오매불망(寤寐不忘), 전전불매(輾轉不寐), 학수고대(鶴首苦待)
- 애타게 기다리는 마음이 간절함. ➡ 일일삼추(一日三秋)

敬天愛人 공경 경 / 하늘 천 / 사랑 애 / 사람 인	望雲之情 바랄 망 / 구름 운 / 갈 지 / 뜻 정
煙霞痼疾 연기 연 / 노을 하 / 고질 고 / 병 질	寤寐不忘 즐길 오 / 잘 매 / 아니 불 / 잊을 망
泉石膏肓 샘 천 / 돌 석 / 기름 고 / 명치끝 황	輾轉不寐 돌아누울 전 / 구를 전 / 아닐 불 / 잘 매
反哺之孝 돌이킬 반 / 먹일 포 / 갈 지 / 효도 효	鶴首苦待 학 학 / 머리 수 / 쓸 고 / 기다릴 대
昏定晨省 어두울 혼 / 정할 정 / 새벽 신 / 살필 성	一日三秋 한 일 / 날 일 / 석 삼 / 가을 추

▶ 근심, 걱정, 원통

- 뼈에 사무칠 만큼 원통한 심경 ➡ 각골지통(刻骨之痛)
- 분한 마음을 품고 원한을 쌓음. ➡ 함분축원(含憤蓄怨)
- 갖은 고초를 겪어 몹시 힘들고 괴로움. ➡ 간난신고(艱難辛苦)
- 근심으로 이리저리 뒤척이며 잠을 이루지 못함. ➡ 전전반측(輾轉反側)
- 몹시 마음을 쓰며 애를 태움. ➡ 노심초사(勞心焦思)
- 학식이 있는 것이 도리어 근심이 됨. ➡ 식자우환(識字憂患)

刻骨之痛 새길 각 / 뼈 골 / 갈 지 / 아플 통	輾轉反側 돌아누울 전 / 구를 전 / 돌이킬 반 / 곁 측
含憤蓄怨 머금을 함 / 분할 분 / 모을 축 / 원망할 원	勞心焦思 일할 로(노) / 마음 심 / 탈 초 / 생각 사
艱難辛苦 어려울 간 / 어려울 난 / 매울 신 / 쓸 고	識字憂患 알 식 / 글자 자 / 근심 우 / 근심 환

▶ 탄식

- 학문의 길이 다양하여 갈피를 찾을 수 없다는 탄식 ➡ 망양지탄(亡羊之歎), 다기망양(多岐亡羊)
- 나라가 망함을 탄식 ➡ 망국지탄(亡國之歎), 맥수지탄(麥秀之嘆)
- 재능을 발휘할 기회를 찾지 못하고 허송세월함. ➡ 비육지탄(髀肉之嘆)
- 효도를 못하고 어버이를 여읜 탄식 ➡ 풍수지탄(風樹之嘆)

亡羊之歎 망할 망 / 양 양 / 갈 지 / 탄식할 탄	麥秀之嘆 보리 맥 / 빼어날 수 / 갈 지 / 탄식할 탄
多岐亡羊 많을 다 / 갈림길 기 / 망할 망 / 양 양	髀肉之嘆 넓적다리 비 / 고기 육 / 갈 지 / 탄식할 탄
亡國之歎 망할 망 / 나라 국 / 갈 지 / 탄식할 탄	風樹之嘆 바람 풍 / 나무 수 / 갈 지 / 탄식할 탄

04 외양과 관련된 표현들

- 이왕이면 더 좋은 쪽을 택하는 것이 나음. ➡ 동가홍상(同價紅裳)
- 여자의 아름다운 모습 ➡ 섬섬옥수(纖纖玉手), 화용월태(花容月態), 설빈화안(雪鬢花顔), 녹의홍상(綠衣紅裳), 단순호치(丹脣皓齒), 경국지색(傾國之色), 설부화용(雪膚花容)
- 겉만 화려하고 실속은 없음. ➡ 유명무실(有名無實)

同價紅裳 한가지 동 / 값 가 / 붉을 홍 / 치마 상
纖纖玉手 가늘 섬 / 가늘 섬 / 구슬 옥 / 손 수
花容月態 꽃 화 / 얼굴 용 / 달 월 / 모습 태
雪鬢花顔 눈 설 / 살쩍 빈 / 꽃 화 / 낯 안
綠衣紅裳 푸를 록(녹) / 옷 의 / 붉을 홍 / 치마 상

丹脣皓齒 붉을 단 / 입술 순 / 흴 호 / 이 치
傾國之色 기울 경 / 나라 국 / 갈 지 / 빛 색
雪膚花容 눈 설 / 살갗 부 / 꽃 화 / 얼굴 용
有名無實 있을 유 / 이름 명 / 없을 무 / 열매 실

05 자연과 관련된 표현들

- 우주 사이에 일어나는 수많은 현상 ➡ 만휘군상(萬彙群象), 삼라만상(森羅萬象)
- 외물과 자아, 객관과 주관, 또는 물계(物界)와 심계(心界)가 하나가 됨. ➡ 물아일체(物我一體)
- 맑은 바람과 밝은 달을 대하여 시를 읊으며 노는 것 ➡ 음풍농월(吟風弄月)
- 경치가 매우 좋음. ➡ 산자수명(山紫水明), 강호연파(江湖煙波), 청풍명월(淸風明月), 연하일휘(煙霞日輝)
- 한없이 넓고 큰 바다 ➡ 만경창파(萬頃蒼波)
- 보잘것없는 일에 큰 대책을 쓰는 것 ➡ 견문발검(見蚊拔劍)
- 많은 것 가운데서 가장 적은 것 ➡ 구우일모(九牛一毛), 조족지혈(鳥足之血), 창해일속(滄海一粟)
- 속세를 떠나 아무런 속박 없이 편안하게 삶. ➡ 유유자적(悠悠自適)
- 산수의 경치를 즐기고 좋아함. ➡ 요산요수(樂山樂水)
- 티없이 맑고 고요한 심경 ➡ 명경지수(明鏡止水), 운심월성(雲心月性)
- 공명정대하여 조금도 부끄러울 것 없는 도덕적 용기 ➡ 호연지기(浩然之氣)
- 일을 거침없이 처리하거나 일정한 형체 없이 변하는 것 ➡ 행운유수(行雲流水)

萬彙群象 일만 만 / 무리 휘 / 무리 군 / 코끼리 상
森羅萬象 수풀 삼 / 벌일 라 / 일만 만 / 코끼리 상
物我一體 물건 물 / 나 아 / 한 일 / 몸 체
吟風弄月 읊을 음 / 바람 풍 / 희롱할 롱(농) / 달 월
山紫水明 메 산 / 자줏빛 자 / 물 수 / 밝을 명
江湖煙波 강 강 / 호수 호 / 연기 연 / 물결 파
淸風明月 맑을 청 / 바람 풍 / 밝을 명 / 달 월
煙霞日輝 연기 연 / 노을 하 / 날 일 / 빛날 휘
萬頃蒼波 일만 만 / 이랑 경 / 푸를 창 / 물결 파
見蚊拔劍 볼 견 / 모기 문 / 뽑을 발 / 칼 검

九牛一毛 아홉 구 / 소 우 / 한 일 / 터럭 모
鳥足之血 새 조 / 발 족 / 갈 지 / 피 혈
滄海一粟 큰바다 창 / 바다 해 / 한 일 / 조 속
悠悠自適 멀 유 / 멀 유 / 스스로 자 / 맞을 적
樂山樂水 좋아할 요 / 메 산 / 좋아할 요 / 물 수
明鏡止水 밝을 명 / 거울 경 / 그칠 지 / 물 수
雲心月性 구름 운 / 마음 심 / 달 월 / 성품 성
浩然之氣 넓을 호 / 그럴 연 / 갈 지 / 기운 기
行雲流水 다닐 행 / 구름 운 / 흐를 류(유) / 물 수

06 가난/부귀영화와 관련된 표현들

- 가난한 살림살이 ➡ 삼순구식(三旬九食), 단사표음(簞食瓢飮), 단표누항(簞瓢陋巷)
- 가난한 사람들이 일정한 거처가 없이 이리저리 떠돌아다니며 지냄. ➡ 남부여대(男負女戴), 동가식서가숙(東家食西家宿)
- 가난 속에서도 만족하고 기뻐함. ➡ 안빈낙도(安貧樂道), 안분지족(安分知足)
- 세상의 부귀영화가 덧없음. ➡ 한단지몽(邯鄲之夢), 남가일몽(南柯一夢), 남가지몽(南柯之夢), 일장춘몽(一場春夢)

三旬九食 석 삼 / 열흘 순 / 아홉 구 / 밥 식	安分知足 편안 안 / 나눌 분 / 알 지 / 발 족
簞食瓢飮 소쿠리 단 / 먹이 사 / 바가지 표 / 마실 음	邯鄲之夢 조나라 서울 한 / 조나라 서울 단 / 갈 지 / 꿈 몽
簞瓢陋巷 소쿠리 단 / 바가지 표 / 더러울 루(누) / 거리 항	南柯一夢 남녘 남 / 가지 가 / 한 일 / 꿈 몽
男負女戴 사내 남 / 질 부 / 여자 녀(여) / 일 대	南柯之夢 남녘 남 / 가지 가 / 갈 지 / 꿈 몽
東家食西家宿 동녘 동 / 집 가 / 밥 식 / 서녘 서 / 집 가 / 잘 숙	一場春夢 한 일 / 마당 장 / 봄 춘 / 꿈 몽
安貧樂道 편안 안 / 가난할 빈 / 즐길 락(낙) / 길 도	

07 친구와 관련된 표현들

- 절친한 친구 ➡ 지기지우(知己之友), 관포지교(管鮑之交), 막역지우(莫逆之友), 금란지교(金蘭之交), 문경지우(刎頸之友), 수어지교(水魚之交), 단금지교(斷金之交), 포의지교(布衣之交), 지음(知音)
- 오래 사귄 친구 ➡ 죽마고우(竹馬故友)
- 친구가 잘되니 내가 즐겁다. ➡ 송무백열(松茂栢悅)
- 끼리끼리 어울림. ➡ 유유상종(類類相從), 초록동색(草綠同色)

知己之友 알 지 / 몸 기 / 갈 지 / 벗 우	布衣之交 베 포 / 옷 의 / 갈 지 / 사귈 교
管鮑之交 대롱 관 / 절인 물고기 포 / 갈 지 / 사귈 교	知音 알 지 / 소리 음
莫逆之友 없을 막 / 거스를 역 / 갈 지 / 벗 우	竹馬故友 대 죽 / 말 마 / 연고 고 / 벗 우
金蘭之交 쇠 금 / 난초 란(난) / 갈 지 / 사귈 교	松茂栢悅 소나무 송 / 무성할 무 / 측백나무 백 / 기쁠 열
刎頸之友 목 벨 문 / 목 경 / 갈 지 / 벗 우	類類相從 무리 류(유) / 무리 류(유) / 서로 상 / 좇을 종
水魚之交 물 수 / 물고기 어 / 갈 지 / 사귈 교	草綠同色 풀 초 / 푸를 록 / 한가지 동 / 빛 색
斷金之交 끊을 단 / 쇠 금 / 갈 지 / 사귈 교	

08 학문과 관련된 표현들

- 학문이나 인격을 수련함. ➡ 절차탁마(切磋琢磨)
- 무엇이든지 경험해야 확실히 알 수 있음. ➡ 백문불여일견(百聞不如一見)
- 입신출세에 연결되는 어려운 관문 ➡ 등용문(登龍門)
- 책이 아주 많음. ➡ 오거지서(五車之書)
- 사실에 근거하며 사물의 진상, 진리 등을 연구하는 일 ➡ 실사구시(實事求是)
- 책을 백번 읽으면 그 뜻이 저절로 드러남. ➡ 독서백편의자현(讀書百遍義自見)
- 시문(詩文) 등이 매우 자연스러워 조금도 꾸민 데가 없음. ➡ 천의무봉(天衣無縫)
- 서당 개 삼 년이면 풍월을 읊는다. ➡ 당구풍월(堂狗風月)
- 스승보다 나은 제자 ➡ 청출어람(靑出於藍)

切磋琢磨 끊을 절 / 갈 차 / 다듬을 탁 / 갈 마	讀書百遍義自見 읽을 독 / 글 서 / 일백 백 / 두루 편 / 옳을 의 / 스스로 자 / 볼 견
百聞不如一見 일백 백 / 들을 문 / 아닐 불 / 같을 여 / 한 일 / 볼 견	天衣無縫 하늘 천 / 옷 의 / 없을 무 / 꿰맬 봉
登龍門 오를 등 / 용 룡(용) / 문 문	堂狗風月 집 당 / 개 구 / 바람 풍 / 달 월
五車之書 다섯 오 / 수레 거 / 갈 지 / 글 서	青出於藍 푸를 청 / 날 출 / 어조사 어 / 쪽 람
實事求是 열매 실 / 일 사 / 구할 구 / 이 시	

09 말과 관련된 표현들

- 여러 사람의 말이 한결같음. ➡ 이구동성(異口同聲), 여출일구(如出一口)
- 말 한마디로 천 냥 빚을 갚는다 ➡ 촌철살인(寸鐵殺人)
- 물음과는 전혀 상관없는 엉뚱한 대답 ➡ 동문서답(東問西答)
- 예사로운 말 속에 단단한 속뜻이 들어 있음. ➡ 언중유골(言中有骨)
- 말조심을 하라는 말 ➡ 사불급설(駟不及舌)
- 같은 내용의 말이라도 말하기 나름으로 사뭇 달라진다는 말 ➡ 어이아이(於異阿異)
- 입을 다물고 아무 말도 하지 아니함. ➡ 함구무언(緘口無言)

異口同聲 다를 이 / 입 구 / 한가지 동 / 소리 성	言中有骨 말씀 언 / 가운데 중 / 있을 유 / 뼈 골
如出一口 같을 여 / 날 출 / 한 일 / 입 구	駟不及舌 사마 사 / 아닐 불 / 미칠 급 / 혀 설
寸鐵殺人 마디 촌 / 쇠 철 / 죽일 살 / 사람 인	於異阿異 어조사 어 / 다를 이 / 언덕 아 / 다를 이
東問西答 동녘 동 / 물을 문 / 서녘 서 / 대답 답	緘口無言 봉할 함 / 입 구 / 없을 무 / 말씀 언

10 정치와 관련된 표현들

- 세상을 어지럽히고 백성을 속이는 것 ➡ 혹세무민(惑世誣民)
- 세금을 혹독하게 징수하고, 강제로 재물을 빼앗음. ➡ 가렴주구(苛斂誅求)
- 가혹한 정치 ➡ 가정맹어호(苛政猛於虎)
- 착수한 정책이 자주 바뀜. ➡ 고려공사삼일(高麗公事三日)
- 임금이 가장 믿는 신하 ➡ 고굉지신(股肱之臣)
- 나가서는 장수, 들어오면 재상. 문무를 겸비한 대신 ➡ 출장입상(出將入相)
- 세력이 있을 때는 붙좇고 권세가 없어지면 푸대접하는 세속 인심 ➡ 염량세태(炎涼世態)
- 권력이나 세도가 오래가지 못하고 늘 변함. ➡ 권불십년(權不十年)
- 폐단의 근원을 아주 뽑아서 없애 버림. ➡ 발본색원(拔本塞源)

惑世誣民 미혹할 혹 / 인간 세 / 속일 무 / 백성 민	出將入相 날 출 / 장수 장 / 들 입 / 서로 상
苛斂誅求 가혹할 가 / 거둘 렴 / 벨 주 / 구할 구	炎涼世態 불꽃 염 / 서늘할 량 / 인간 세 / 모습 태
苛政猛於虎 가혹할 가 / 정사 정 / 사나울 맹 / 어조사 어 / 범 호	權不十年 권세 권 / 아닐 불 / 열 십 / 해 년
高麗公事三日 높을 고 / 고울 려 / 공평할 공 / 일 사 / 석 삼 / 날 일	拔本塞源 뽑을 발 / 근본 본 / 막힐 색 / 근원 원
股肱之臣 넓적다리 고 / 팔뚝 굉 / 갈 지 / 신하 신	

11 기타 표현들

▶ 일, 사건, 상황, 전개 과정, 처지, 해결, 결과 등과 관련된 기타 표현들

- 극히 짧은 시간 ➡ 전광석화(電光石火)
- 강자끼리의 싸움 ➡ 용호상박(龍虎相搏), 양웅상쟁(兩雄相爭)
- 피하고 싶은 상대를 맞닥뜨림. ➡ 오월동주(吳越同舟)
- 모든 힘을 다하여 단판으로 승패를 다투는 경우 ➡ 배수지진(背水之陣)
- 운명을 걸고 단판걸이로 승부를 겨룸. ➡ 건곤일척(乾坤一擲)
- 우열을 가리기 어려운 상황 ➡ 난형난제(難兄難弟), 막상막하(莫上莫下), 백중지세(伯仲之勢)
- 큰 차이가 없고 거의 같음. ➡ 대동소이(大同小異), 오십보백보(五十步百步)
- 차이가 심함. ➡ 운니지차(雲泥之差), 천양지차(天壤之差)
- 어떤 일이 한꺼번에 많이 생기는 것 ➡ 우후죽순(雨後竹筍)
- 만남에는 헤어짐이 있음. ➡ 회자정리(會者定離) ↔ 거자필반(去者必返)
- 둘 중에서 하나를 고름. ➡ 양자택일(兩者擇一)
- 묻지 않아도 능히 알 수 있음. ➡ 불문가지(不問可知), 명약관화(明若觀火)
- 어림짐작으로 추측함. ➡ 암중모색(暗中摸索)
- 스스로의 잘못은 스스로 해결함. ➡ 결자해지(結者解之)
- 억지로 말을 끌어다 붙여 조건에 맞도록 함. ➡ 견강부회(牽強附會)
- 이미 지나간 일 ➡ 이왕지사(已往之事)
- 아주 쉬운 일 ➡ 이여반장(易如反掌), 낭중취물(囊中取物)
- 아무 소용이 없는 일 ➡ 화중지병(畫中之餠)
- 세상 사람들이 깜짝 놀랄 정도의 큰일 ➡ 경천동지(驚天動地)
- 요점만 간단히 함. ➡ 거두절미(去頭截尾)

電光石火 번개 전 / 빛 광 / 돌 석 / 불 화
龍虎相搏 용 룡(용) / 범 호 / 서로 상 / 두드릴 박
兩雄相爭 두 량(양) / 수컷 웅 / 서로 상 / 다툴 쟁
吳越同舟 나라이름 오 / 넘을 월 / 한가지 동 / 배 주
背水之陣 등 배 / 물 수 / 갈 지 / 진 칠 진
乾坤一擲 하늘 건 / 땅 곤 / 한 일 / 던질 척
難兄難弟 어려울 난 / 형 형 / 어려울 난 / 아우 제
莫上莫下 없을 막 / 위 상 / 없을 막 / 아래 하
伯仲之勢 맏 백 / 버금 중 / 갈 지 / 형세 세
大同小異 클 대 / 한가지 동 / 작을 소 / 다를 이(리)
五十步百步 다섯 오 / 열 십 / 걸음 보 / 일백 백 / 걸음 보
雲泥之差 구름 운 / 진흙 니(이) / 갈 지 / 다를 차
天壤之差 하늘 천 / 흙덩이 양 / 갈 지 / 다를 차
雨後竹筍 비 우 / 뒤 후 / 대 죽 / 죽순 순

會者定離 모일 회 / 놈 자 / 정할 정 / 떠날 리(이)
去者必返 갈 거 / 놈 자 / 반드시 필 / 돌이킬 반
兩者擇一 두 량(양) / 놈 자 / 가릴 택 / 한 일
不問可知 아닐 불 / 물을 문 / 옳을 가 / 알 지
明若觀火 밝을 명 / 같을 약 / 볼 관 / 불 화
暗中摸索 어두울 암 / 가운데 중 / 본뜰 모 / 찾을 색
結者解之 맺을 결 / 놈 자 / 풀 해 / 갈 지
牽強附會 이끌 견 / 강할 강 / 붙을 부 / 모일 회
已往之事 이미 이 / 갈 왕 / 갈 지 / 일 사
易如反掌 쉬울 이 / 같을 여 / 돌이킬 반 / 손바닥 장
囊中取物 주머니 낭 / 가운데 중 / 가질 취 / 물건 물
畫中之餠 그림 화 / 가운데 중 / 갈 지 / 떡 병
驚天動地 놀랄 경 / 하늘 천 / 움직일 동 / 땅 지
去頭截尾 갈 거 / 머리 두 / 끊을 절 / 꼬리 미

- 같은 땅에서 산출된 것이라야 체질에 잘 맞는다는 말 ➡ 신토불이(身土不二)
- 가장 필요로 하는 사람이 결국에는 먼저 서둘러 함. ➡ 갈이천정(渴而穿井)
- 그저 먹고 살아가는 방책 ➡ 호구지책(糊口之策)
- 세월이 흘러 너무 많이 달라져 있음. ➡ 상전벽해(桑田碧海), 격세지감(隔世之感)
- 한 번 나아갔다 한 번 물러섰다 함. ➡ 일진일퇴(一進一退)
- 힘은 힘으로 물리침. ➡ 이열치열(以熱治熱)
- 아무 보람 없는 행동을 비유하여 이르는 말 ➡ 금의야행(錦衣夜行)
- 너무 많아서 그 수를 알 수 없는 것 ➡ 부지기수(不知其數)
- 시작의 중요성, 일의 단계성 ➡ 등고자비(登高自卑)
- 모든 일의 시작 ➡ 효시(嚆矢)
- 가장 중요한 것을 마지막에 완성함. ➡ 화룡점정(畫龍點睛)
- 원인이 있으면 그에 따른 결과가 있음. ➡ 인과응보(因果應報), 종두득두(種豆得豆)
- 명성을 얻게 된 데에는 그만한 까닭이 있음. ➡ 명불허전(名不虛傳)
- 세상일은 돌고 돎. ➡ 새옹지마(塞翁之馬), 흥진비래(興盡悲來)
- 차차 재미있는 경지로 들어감. ➡ 점입가경(漸入佳境)
- 무슨 일에 대하여 알 길이 없음. ➡ 오리무중(五里霧中)

身土不二 몸 신 / 흙 토 / 아닐 불 / 두 이
渴而穿井 목마를 갈 / 말 이을 이 / 뚫을 천 / 우물 정
糊口之策 풀칠할 호 / 입 구 / 갈 지 / 꾀 책
桑田碧海 뽕나무 상 / 밭 전 / 푸를 벽 / 바다 해
隔世之感 사이 뜰 격 / 인간 세 / 갈 지 / 느낄 감
一進一退 한 일 / 나아갈 진 / 한 일 / 물러날 퇴
以熱治熱 써 이 / 더울 열 / 다스릴 치 / 더울 열
錦衣夜行 비단 금 / 옷 의 / 밤 야 / 다닐 행
不知其數 아닐 부 / 알 지 / 그 기 / 셈 수
登高自卑 오를 등 / 높을 고 / 스스로 자 / 낮을 비

嚆矢 울릴 효 / 화살 시
畫龍點睛 그림 화 / 용 룡(용) / 점 점 / 눈동자 정
因果應報 인할 인 / 실과 과 / 응할 응 / 갚을 보
種豆得豆 씨 종 / 콩 두 / 얻을 득 / 콩 두
名不虛傳 이름 명 / 아닐 불 / 빌 허 / 전할 전
塞翁之馬 변방 새 / 늙은이 옹 / 갈 지 / 말 마
興盡悲來 일어날 흥 / 다할 진 / 슬플 비 / 올 래(내)
漸入佳境 점점 점 / 들 입 / 아름다울 가 / 지경 경
五里霧中 다섯 오 / 마을 리(이) / 안개 무 / 가운데 중

▶ 사람과 관련된 기타 표현들

- 평범한 사람들 ➡ 갑남을녀(甲男乙女), 장삼이사(張三李四), 초동급부(樵童汲婦), 필부필부(匹夫匹婦)
- 아내가 남편을 따르는 것이 부부 화합의 도리 ➡ 부창부수(夫唱婦隨), 여필종부(女必從夫)
- 고생을 함께해 온 아내 ➡ 조강지처(糟糠之妻)
- 아무리 못난 자식이라도 부모에게는 다 소중한 자식임. ➡ 금지옥엽(金枝玉葉)
- 선배보다 나은 후배 ➡ 후생가외(後生可畏)
- 두 사람의 다툼에 다른 이가 이득을 봄. ➡ 어부지리(漁夫之利), 견토지쟁(犬兔之爭)
- 한쪽이 망하면 다른 한쪽도 온전하기 어려움. ➡ 순망치한(脣亡齒寒), 고장난명(孤掌難鳴)
- 세상의 온갖 어려움을 다 겪어 경험이 많은 사람 ➡ 산전수전(山戰水戰)
- 심부름 가서 돌아오지 않거나 소식이 없는 사람 ➡ 함흥차사(咸興差使)
- 사람으로서 할 수 있는 일을 다하고 나서 천명을 기다림. ➡ 진인사대천명(盡人事待天命)
- 윗사람이 잘하면 아랫사람도 잘하게 된다는 말 ➡ 상행하효(上行下效), 상즉불리(相卽不離), 상탁하부정(上濁下不淨)

甲男乙女 갑옷 갑 / 사내 남 / 새 을 / 여자 녀(여)
張三李四 베풀 장 / 석 삼 / 오얏 리(이) / 넉 사
樵童汲婦 나무할 초 / 아이 동 / 길을 급 / 지어미 부
匹夫匹婦 짝 필 / 지아비 부 / 짝 필 / 지어미 부
夫唱婦隨 지아비 부 / 부를 창 / 지어미 부 / 따를 수
女必從夫 여자 녀(여) / 반드시 필 / 좇을 종 / 지아비 부
糟糠之妻 지게미 조 / 겨 강 / 갈 지 / 아내 처
金枝玉葉 쇠 금 / 가지 지 / 구슬 옥 / 잎 엽
後生可畏 뒤 후 / 날 생 / 옳을 가 / 두려워할 외
漁夫之利 고기 잡을 어 / 지아비 부 / 갈 지 / 이로울 리(이)

犬兎之爭 개 견 / 토끼 토 / 갈 지 / 다툴 쟁
脣亡齒寒 입술 순 / 망할 망 / 이 치 / 찰 한
孤掌難鳴 외로울 고 / 손바닥 장 / 어려울 난 / 울 명
山戰水戰 메 산 / 싸움 전 / 물 수 / 싸움 전
咸興差使 다 함 / 일 흥 / 다를 차 / 하여금 사
盡人事待天命 다할 진 / 사람 인 / 일 사 / 기다릴 대 / 하늘 천 / 목숨 명
上行下效 위 상 / 다닐 행 / 아래 하 / 본받을 효
相卽不離 서로 상 / 곧 즉 / 아닐 불 / 떠날 리(이)
上濁下不淨 위 상 / 흐릴 탁 / 아래 하 / 아닐 부 / 깨끗할 정

▶ **감정과 관련된 기타 표현들**

- 마음이 서로 통함. ➡ 이심전심(以心傳心), 염화미소(拈華微笑), 염화시중(拈華示衆), 교외별전(敎外別傳), 불립 문자(不立文字)
- 같은 처지에 놓여 같은 감정과 뜻을 가지게 됨.
  ➡ 동고동락(同苦同樂), 동병상련(同病相憐) ↔ 동상이몽(同床異夢)
- 처지를 바꾸어서 생각함. ➡ 역지사지(易地思之)
- 얼마쯤 믿으면서도 한편으로는 의심함. ➡ 반신반의(半信半疑)
- 태도가 몹시 교만하고 건방져서 사람들을 업신여김. ➡ 안하무인(眼下無人), 방약무인(傍若無人)
- 남을 업신여기거나 냉대하여 흘겨봄. ➡ 백안시(白眼視) ↔ 청안시(靑眼視)
- 실물을 보면 욕심이 생김. ➡ 견물생심(見物生心)
- 사람의 욕심은 한이 없음. ➡ 득롱망촉(得隴望蜀)
- 외로운 심정 ➡ 사고무친(四顧無親), 고성낙일(孤城落日)
- 벌벌 떨며 조심하는 마음 ➡ 전전긍긍(戰戰兢兢)
- 실패는 흔히 있는 일이니 낙심할 필요 없음. ➡ 병가상사(兵家常事)

以心傳心 써 이 / 마음 심 / 전할 전 / 마음 심
拈華微笑 집을 념(염) / 빛날 화 / 작을 미 / 웃음 소
拈華示衆 집을 념(염) / 빛날 화 / 보일 시 / 무리 중
敎外別傳 가르칠 교 / 바깥 외 / 나눌 별 / 전할 전
不立文字 아닐 불 / 설 립 / 글월 문 / 글자 자
同苦同樂 한가지 동 / 쓸 고 / 한가지 동 / 노래 악(락)
同病相憐 한가지 동 / 병 병 / 서로 상 / 불쌍히 여길 련(연)
同床異夢 한가지 동 / 평상 상 / 다를 이(리) / 꿈 몽
易地思之 바꿀 역 / 땅 지 / 생각 사 / 갈 지
半信半疑 반 반 / 믿을 신 / 반 반 / 의심할 의

眼下無人 눈 안 / 아래 하 / 없을 무 / 사람 인
傍若無人 곁 방 / 같을 약 / 없을 무 / 사람 인
白眼視 흰 백 / 눈 안 / 볼 시
靑眼視 푸를 청 / 눈 안 / 볼 시
見物生心 볼 견 / 물건 물 / 날 생 / 마음 심
得隴望蜀 얻을 득 / 고개 이름 롱(농) / 바랄 망 / 나라이름 촉
四顧無親 넉 사 / 돌아볼 고 / 없을 무 / 친할 친
孤城落日 외로울 고 / 재 성 / 떨어질 낙(락) / 날 일
戰戰兢兢 싸움 전 / 싸움 전 / 떨릴 긍 / 떨릴 긍
兵家常事 병사 병 / 집 가 / 항상 상 / 일 사

Chapter 2 혼동 어휘

PART 2 어휘·한자·성어

제1절 혼동 어휘

01 고유어 혼동 어휘

가르치다	지식이나 기예를 알게 하여 주다.
가리키다	무엇이 있는 곳을 말이나 손짓 등으로 일러 주다.
갖은	고루 갖춘. 가지가지의
가진	가지고 있는
개펄	바닷물은 들어오지 않으나 습기가 있는 물가의 개흙 땅 ㈜ 펄
갯벌	바닷물이 드나드는 바닷가의 땅
거름	땅을 걸게 하거나 식물이 잘 자라게 하기 위하여 흙에 섞거나 하는 비료
걸음	① 두 발을 번갈아 떼어 옮기는 동작 ② 발을 떼어 옮기는 동작의 횟수
건너다	① 무엇을 사이에 두고 한편에서 맞은편으로 가다. 예 강을 <u>건너다</u>. / 다리를 <u>건너다</u>. ② 한쪽에서 다른 쪽으로 옮아가다. ③ 끼니·당번·차례 따위를 거르다. 예 배탈이 나서 두 끼를 <u>건넜다</u>.
건네다	① 건너게 하다. ('건너다'의 사동) ② 남에게 말을 붙이다. ③ 책임·권리나 돈·물건 따위를 남에게 옮겨 주다. 　　예 그에게 농담을 <u>건네고</u> 나서 돈을 <u>건네</u> 주었다.
걷잡다	① 한 방향으로 치우쳐 흘러가는 형세 따위를 붙들어 잡다. ② 마음을 진정하거나 억제하다.
겉잡다	겉으로 대강 짐작하여 헤아리다.
거치다	① 무엇에 걸리거나 막히다. ② 마음에 거리끼거나 꺼리다. ③ 오가는 도중에 어디를 지나거나 들르다. ④ 어떤 과정이나 단계를 겪거나 밟다. ⑤ 검사하거나 살펴보다.
걷히다	걸음을 당하다.
-것다	① 인정된 사실을 다시 확인하는 뜻을 나타내는 종결 어미 예 분명히 네가 그랬<u>것다</u>. ② 과거의 경험이나 이치로 보아 사실이 으레 그러할 것임을 인정하는 종결 어미 　　예 지금쯤 철수는 학교에 도착했<u>것다</u>. / 이맘때면 꼭 뻐꾸기가 와서 울<u>것다</u>. ③ 원인·조건 등이 충분함을 나타낼 때 쓰는 연결 어미 　　예 건강하<u>것다</u>, 젊<u>것다</u>, 무엇이 걱정인가.
-겠다	미래 시제를 나타내거나, 추측이나 1인칭 주체의 의지를 나타냄. 예 재미있<u>겠다</u>. / 이따가 친구를 만나야<u>겠다</u>.

겨누다	① 목적물이 있는 곳의 방향과 거리를 똑바로 잡다. ② 한 물체의 길이나 너비 등을 알기 위해 다른 물체로 마주대어 헤아리다.
겨루다	서로 버티어 승부를 다투다.
골다	잠을 잘 때 숨을 따라 콧구멍으로 드르렁 소리를 내다.
곯다	① 속으로 물크러져 상하다. ② 은근히 해를 입어 골병이 들다. ③ 먹는 것이 모자라서 늘 배가 고프다. ④ 담긴 것이 그릇에 가득 차지 아니하고 조금 비다. ⑤ 한 부분이 옹골차지 아니하고 폭 꺼지다.
곪다	① 살에 고름이 생기다. ② 내부의 부패나 모순이 쌓여 터질 지경에 이르다.
그러모으다	① 흩어져 있는 것을 거두어 한곳에 모으다. ▶ 끄러모으다(×) 예 풀을 베어 재궁에 덮고 그 위에 진흙을 그러모았다. ② 이러저러한 수단과 방법으로 재물을 모아들이다. 예 가난하게 자란 그는 자기 자식에게는 가난을 물려주지 않기 위해 악착같이 돈을 그러모았다.
긁어모으다	① 물건을 긁어서 한데 모으다. 예 낙엽을 갈고리로 긁어모으다. ② 수단과 방법을 이리저리 써서 재물을 모아들이다. 예 백성의 등을 쳐서 재물을 긁어모으다.
그저	무조건. 아주
거저	공짜로
그러므로(그러니까)	앞의 내용이 뒤에 오는 내용의 조건이 됨을 나타내는 접속 부사
그럼으로(써)	그렇게 하는 것으로
금세	지금 바로. '금시에'의 준말
금새	물건의 값. 또는 물건값의 비싸고 싼 정도
깃들다	① 아늑하게 서려 들다. ② 감정, 생각, 노력 따위가 어리거나 스미다.
깃들이다	① 새나 짐승이 보금자리를 만들어 그 안에서 살다. ② 속에 머물러 살다.
깐보다	마음속으로 가늠하다. 속을 떠보다.
깔보다	남을 업신여겨 우습게 보다.
깨치다	깨달아 사물의 이치를 알게 되다.
깨우치다	모르는 사리를 깨닫게 하여 주다. = 일깨우다
껍데기	겉을 싸고 있는 단단한 물질 예 달걀 껍데기, 호두 껍데기 등
껍질	거죽을 싸고 있는, 단단하지 않으나 질긴 물질 예 사과 껍질 등
꼬리	① 동물의 꽁무니나 몸뚱이의 뒤 끝에 붙어서 조금 나와 있는 부분 ② 사물의 한쪽 끝에 길게 내민 부분을 비유적으로 이르는 말 ③ 사람을 찾거나 쫓아갈 수 있을 만한 흔적 ④ 어떤 무리의 끝 ⑤ 『음악』 음표 기둥에 꼬부려 덧붙이는 줄
꽁지	① 새의 꽁무니에 붙은 깃 ② 주로 기다란 물체나 몸통의 맨 끝부분
꽁무니	① 동물의 등마루를 이루는 뼈의 끝이 되는 부분이나 곤충의 배 끝부분 ② 엉덩이를 중심으로 한, 몸의 뒷부분 ③ 사물의 맨 뒤나 맨 끝

나가다	안에서 밖이나 앞쪽으로 가다.	
나아가다	① 앞으로 향하여 가다. ② 하는 일이 점점 잘 되어 가다. ③ 높은 자리로 향하여 가다.	
너머	명 높이나 경계로 가로막은 사물의 저쪽 또는 그 공간 예 언덕 너머에 있는 마을	
넘어	통 ① 일정한 시간, 시기, 범위 따위에서 벗어나 지나다. ② 높은 부분의 위를 지나가다. ③ 경계를 건너 지나다. 예 바다 건너고 산 넘어가면	
너비	가로퍼진 양쪽의 거리. 폭	
넓이	면적, 넓은 정도	
노느다	물건을 여러 몫으로 갈라 나누다.	
나누다	① 하나를 둘 이상으로 가르다. ② 여러 가지가 섞인 것을 구분하여 분류하다. ③ 나눗셈을 하다. ④ 몫을 분배하다. ⑤ 음식 따위를 함께 먹거나 갈라 먹다.	
-노라고	'자기 나름으로 한다고'의 뜻을 나타내는 연결 어미 예 열심히 하노라고 한 것이 잘못되었군.	
-느라고	'하는 일 때문에'의 뜻을 나타내는 연결 어미 예 열심히 공부하느라고 시간 가는 줄 몰랐다.	
노름	돈 따위를 걸고 따먹기를 하는 내기	
놀음	여럿이 즐겁게 노는 일	
누굿하다	① 메마르지 않고 약간 눅눅하다. ② (추위가) 약간 녹다. ③ 성질이나 태도가 좀 부드럽고 순하다.	
느긋하다	마음에 조금도 부족함이 없이 흡족하다.	
-느니보다	(어미) 앞의 행동(사실)보다 차라리 뒤의 행동(사실)을 취함이 마땅하다는 뜻을 나타내는 종속적 연결 어미	
-는 이보다	(의존 명사) 예 오는 이가 가는 이보다 많다.	
느리다	움직임이나 일을 해내는 속도가 더디다.	
늘리다	타 본디보다 부피를 크게 하거나 수를 불리다.	
늘이다	타 ① 본디보다 더 길게 하다. ② 아래로 처지게 하다.	
다르다	① 같지 않다. 예 의견이 다르다. ② 생각, 언행 따위가 예사롭지 않다. 예 전문가라 역시 여러모로 다르다.	
틀리다	① 계산, 일 따위가 어긋나거나 맞지 않다. 예 놀러 가기는 다 틀렸다. ② 마음, 행동 따위가 올바르지 못하고 비틀어지다. 예 마음가짐이 틀렸어.	
다리다	(옷이나 피륙의 구김살을 펴려고) 다리미로 문지르다.	
달이다	끓여서 우러나게 하다.	

다치다	① 부딪치거나 맞거나 하여 신체에 상처가 생기다. 또는 상처를 입다. ② 마음이나 체면, 명예에 손상이 생기다. 또는 손상을 입다. ③ 재물이나 재산에 손해가 생기다. 또는 손해를 입다. ④ 남의 마음이나 체면, 명예에 손상을 입히다. ⑤ 남의 재물이나 재산에 손해를 입히다. ⑥ 몸이나 물건을 건드리다.
닫히다	닫음을 당하다.
닫치다	① 문이나 창 따위를 힘주어 닫다. ② 입을 굳게 다물다.
단박(에)	그 자리에서 바로
대번(에)	서슴지 않고 단숨에
달리다	① 힘에 부치다. 재주가 모자라다. 예 일손이 달리다. / 실력이 달리다. ② 무슨 물건이 뒤를 잇대지 못하게 모자라다. 예 자금이 달리다. ③ 어떤 것에 걸려서 아래로 처지게 되다. 예 처마 끝에 달린 고드름
딸리다	① 어떤 것에 부속되다. 붙어 있다. 예 딸린 식구가 많다. ② 남의 밑에 들다. 예 조수(助手)가 딸려 있다.
담그다	① 다시 꺼내기로 하고 액체 속에 넣어 두다. ② 김치·간장·술 따위를 만들 때 그 원료에 물을 부어 익도록 하다. ③ 소금을 쳐서 젓갈을 만들다.
담다	① 그릇 속에 물건을 넣다. ② 욕을 입에 올리다. ③ 그림이나 글 따위에 나타내다.
당기다	① 끌어서 가까이 오게 하다. 예 의자를 당겨 앉다. ② 정한 시간이나 날짜보다 더 빨리 다그다. 예 생일잔치를 당겨서 하자. ③ 줄을 팽팽히 하다. ④ 마음이 무엇에 끌리어 움직이다. 예 구미·입맛이 당기다.
댕기다	불이 옮아 붙다. 불을 옮겨 붙이다. 예 아궁이에 불을 댕기다.
땅기다	몹시 단단하고 팽팽하게 되다. 예 너무 걸어서 종아리가 땅기다.
-닦이/깎이	'행위자'를 나타냄. 예 구두닦이 / 연필깎이
-닦기/깎기	'행위'를 나타냄. 예 구두닦기 / 연필깎기
-던	지난 일을 회상하며 묻거나 말할 때 쓰임. 예 독서를 좋아하던 그 친구는 전학 갔다.
-든(지)	'말든지' 등과 호응하여 선택을 나타내거나 무엇이든지 가리지 않음을 나타내는 어미 또는 조사 예 나는 그가 그것을 하든지 말든지 상관하지 않겠다. / 사과든 배든 어느 것이나 먹겠다.
도막	짧고 작은 동강
토막	① 크고 덩어리진 동강 ② 잘라진 동강을 세는 단위
돋구다	안경의 도수 따위를 더 높게 하다.
돋우다	① 위로 끌어 올리거나 높아지게 하다. ② 기분·느낌·의욕 등의 감정을 자극하여 일어나게 하다. ③ 입맛이 좋아지게 하다.
두텁다	서로의 관계가 굳고 튼튼하다.
두껍다	① 두께가 보통의 정도보다 크다. ② 층을 이루는 사물의 높이나 집단의 규모가 보통의 정도보다 크다. ③ 어둠이나 안개, 그늘 따위가 짙다.

뜨이다	① 감았던 눈이 열리거나 막혔던 귀가 뚫리는 것 같다. ② 몰랐던 사실이나 숨겼던 본능을 깨닫게 되다. ③ 눈에 들어오다.
띄우다	① 물이나 공중에 뜨게 하다. 예 배를 띄우다. ② 물건과 물건 사이를 뜨게 하다. 예 줄 사이를 띄우다. ③ 편지를 부치거나 전해 줄 사람을 보내다. ④ 메주 누룩이나 쌓인 곡물, 채소, 풀짚 따위에 열을 내어 뜨게 하다. 예 메주를 띄우다.
띠다	타 ① 띠를 두르다. ② 물건을 몸에 지니다. ③ 용무·직책·사명을 가지다. ④ 빛깔을 약간 가지다. ⑤ 감정이나 기운 따위를 나타내다. ⑥ 어떤 성질을 가지다.
띄다	자 '뜨이다'와 타 '띄우다'의 준말
-라야	그러해야 함을 나타내는 어미 예 이건 힘이 장사라야 만들 수 있다. / 게으른 사람이 아니라야 한다.
-래야	'-라고 하여야'의 준말 예 누구더러 하래야 잘 해낼까? / 찬물 한 그릇이나마 주인이 먹으래야 먹지. / 손님이래야 얼마 없었다.
-래서야	'-라고 하여서야'의 준말. 그리하여서는 도리가 아님을 뜻함. 예 시작도 하기 전에 그만두래서야 되겠소. / 이런 데 앉으래서야 될 말입니까?
-려야	'-려고 하여야'의 준말 ▶ -ㄹ려야(×) / -ㄹ래야(×) ① 의도하는 사실이나 행동이 뒷말의 조건이 됨을 나타냄. 예 약을 먹으려야 먹이지. / 억지로 시킨다고 되나. 스스로 하려야 되지. ② '-려고 하여도'의 뜻을 나타냄. 예 가려야 갈 수 없는 고향 / 믿으려야 믿게 해야지.
마는	아는 일을 말하면서 아랫말이 그 사실에 거리끼지 않음을 나타내는 말 준 만 예 그걸 하고 싶다마는 지금은 안 해.
만은	'만'을 강조한 조사 예 너만은 그렇게 해라.
마치다	(하던 일을) 끝내다. 마무리하다. 예 임기를 마치다.
맞히다	물음에 옳은 답을 대다. 예 나는 열 문제 중에서 겨우 세 개만 맞혔다.
맞추다	① 서로 떨어져 있는 부분을 제자리에 맞게 대어 붙이다. ② 둘 이상의 일정한 대상들을 나란히 놓고 비교하여 살피다. 예 시험이 끝나면 아이들은 서로 답을 맞추어 보았다. ③ 서로 어긋남이 없이 조화를 이루다.
목거리	목이 붓고 몹시 아픈 병
목걸이	(주로 여자가 양장을 할 때) 보석 등을 꿰어 목에 거는 장식품
바라다	생각대로 또는 소원대로 되기를 기대하다.
바래다	① 가는 사람을 일정한 곳까지 따라 나가 보내다. 예 손님을 정류장까지 바래다주었다. ② 본디의 빛깔이 변하다. 예 빛깔이 바랜 낡은 옷

바치다	자기의 정성이나 힘·목숨 등을 남을 위해서 아낌없이 다하다.	
받치다	우산이나 양산 따위를 펴서 들다.	
받히다	떠받음을 당하다.	
밭치다	건더기가 섞인 액체를 체 따위로 걸러 국물만 받아 내다.	
반드시	꼭. 틀림없이	
반듯이	① 기울거나 굽거나 찌그러져 있지 않고 바르게 ② 생김새가 아담하고 말끔하게	
벌리다	자 돈벌이가 되다. 예 요즘 돈이 잘 안 벌린다. 타 ① 둘 사이를 넓히다. 　② 열어서 속을 드러내다.	
벌이다	① 일을 계획하여 시작하거나 펼쳐 놓다. ② 가게를 차리다. ③ 물건을 늘어놓다. ④ 전쟁이나 말다툼 따위를 하다.	
부딪치다	① 무엇과 무엇이 힘 있게 마주 닿거나 마주 대다. 또는 닿거나 대게 하다. ② 예상치 못한 일이나 상황 따위에 직면하다.	
부딪히다	① 무엇과 무엇이 힘 있게 마주 닿게 되거나 마주 대게 되다. 또는 닿게 되거나 대게 되다. ② 예상치 못한 일이나 상황 따위에 직면하게 되다.	
부치다	자 모자라거나 미치지 못하다. 타 ① 편지나 물건 따위를 일정한 수단이나 방법을 써서 상대에게로 보내다. 　② 어떤 문제를 다른 곳이나 다른 기회로 넘기어 맡기다. 　③ 어떤 일을 거론하거나 문제 삼지 아니하는 상태에 있게 하다. 　④ 원고를 인쇄에 넘기다. 　⑤ 마음이나 정 따위를 다른 것에 의지하여 대신 나타내다. 　⑥ 먹고 자는 일을 제집이 아닌 다른 곳에서 하다. 　⑦ 논밭을 이용하여 농사를 짓다. 　⑧ 번철에 빈대떡·전병 등을 익혀서 만들다. 　⑨ 부채 따위를 흔들어서 바람을 일으키다.	
붙이다	① 맞닿아 떨어지지 않게 하다. ② 교합시키다. ③ 불을 다른 곳으로 붙게 하다. ④ 달리게 하다. ⑤ 둘 사이를 어울리게 하다. ⑥ 마음·취미 따위를 몸에 붙게 하다. ⑦ 손바닥으로 때리다. ⑧ 이름을 지어 달다.	
비추다	타 빛을 내는 대상이 다른 대상에 빛을 보내어 밝게 하다.	
비치다	자 ① 빛이 나서 환하게 되다. 　② 물체의 그림자가 드러나 보이다. 　③ 물건 위로 속에 있는 물건의 빛이 드러나다. 타 ① 얼굴이나 눈치 따위를 잠시 또는 약간 나타내다. 　② 의향을 떠보려고 슬쩍 말을 꺼내거나 의사를 넌지시 깨우쳐 주다.	

빌다	① 소원이 이루어지도록 바라거나 잘못을 용서해 달라고 청하다. ② 거저 달라고 사정하다. 예 동냥을 빌다. / 빌어먹을 놈
빌리다	① 남의 물건을 얻어다 쓰거나 남에게 물건을 내주어 쓰게 하다. 　예 연장을 빌리다. / 빌린 책을 도로 받다. ② 남의 도움을 입다. 예 친구의 힘을 빌리다. / 공자의 말을 빌리면 ③ 어떤 일을 하기 위해 기회를 이용하다. 　예 이 자리를 빌려 감사의 말씀을 드립니다.
빠르다	'속도'를 나타냄. '느리다'의 반대말
이르다	'시간·시기'를 나타냄. '늦다'의 반대말 예 일찍 떠나도 느리게 걸으면 늦게 도착하고, 좀 늦게 떠나도 빨리 걸으면 이르게(일찍) 닿을 수 있다.
삭이다	① 음식물이 소화되게 하다. 예 먹은 것을 삭이다. ② 한창 달아오른 마음을 가라앉히다. 예 고통·울분을 삭이다.
삭히다	① 익어서 맛이 들게 하다. ② 발효하여 풀어지거나 묽어지게 하다.
시각	정하여진 시점 예 도착 시각
시간	어떤 시각부터 어떤 시각의 사이 예 쉬는 시간
시키다	무엇을 하게 하다.
식히다	열의나 정열 등이 누그러지거나 가라앉게 하다.
아득하다	① 끝없이 멀다. 예 앞길이 아득하다. ② 까마득하게 오래다. 예 아득한 옛날
아뜩하다	갑자기 정신이 없어 어지럽고 까무러칠 듯하다. 예 너무나 갑작스런 충격에 정신이 아뜩하다.
아련하다	생각이나 기억이 또렷하지 않고 희미하다. 예 옛 정경이 아련하게 떠오른다.
아스라하다	아슬아슬하게 높거나 까마득하게 멀다. 예 아스라한 수평선의 배
아름	양팔을 벌려 껴안은 둘레
알음	서로 아는 안면(顔面)
앎	아는 일. 지식(知識)
안치다	삶거나 찌거나 끓일 물건을 솥이나 시루에 넣다.
앉히다	앉게 하다.
어름	두 물건이 맞닿은 자리
얼음	물이 얼어서 굳어진 것
여위다	몸에 살이 빠져 수척해지다. '야위다'의 큰말
여의다	죽어서 이별하다. 예 아버지를 여의다.
애끊다	몹시 슬퍼서 창자가 끊어질 듯하다.
애끓다	너무 걱정이 되어 속이 끓는 듯하다.
엉덩이	볼기의 윗부분
궁둥이	주저앉아서 바닥에 붙는 엉덩이의 아랫부분
예	오래 전 예 예나 지금이나, 예로부터, 예스럽다, 예전의
옛	지나간 때의 예 옛 세시 풍속, 옛 형벌 제도
-오	종결 어미로 쓰임. 예 어서 오시오.
-요	연결 어미나 존대를 나타내는 조사로 쓰임. 예 이것은 책이요, 저것은 연필이다. / 빨리 움직여요, 빨리요!
왠지	'왜인지'의 준말
웬	관 어찌 된. 어떤. 어떠한

웃-	상하의 대립이 없는 낱말에 붙는 접두사 예 웃어른, 웃돈, 웃옷	
위-	상하의 대립을 표현하는 말(아래의 반대) 예 윗짝, 윗쪽, 윗층, 윗턱, 윗눈썹, 윗니, 윗도리	
원만하다	① 성격이 모난 데가 없이 부드럽고 너그럽다. ② 일의 진행이 순조롭다. ③ 서로 사이가 좋다.	
웬만하다	① 정도나 형편이 표준에 가깝거나 그보다 약간 낫다. ② 허용되는 범위에서 크게 벗어나지 아니한 상태에 있다.	
-(으)러	동작의 목적을 나타내는 연결 어미 예 공부하러 간다.	
-(으)려	① 어떤 행동을 할 의도나 욕망을 가지고 있음을 나타내는 연결 어미 예 서울에 가려 한다. ② 곧 일어날 움직임이나 상태의 변화를 나타내는 연결 어미 　예 하늘을 보니 곧 비가 쏟아지려 한다.	
-(으)로서	조 체언에 붙어 '어떤 지위·자격·신분으로'의 뜻으로 쓰임.(자격) 예 사람으로서 그럴 수는 없다.	
-(으)로써	조 체언에 붙어 '로'보다 좀 더 강한 의미로 '~을 가지고'의 뜻을 나타냄.(수단) 예 닭으로써 꿩을 대신했다.	
-(으)리만큼	(어미) 예 그가 나를 미워하리만큼 내가 그에게 잘못한 일이 없다.	
-(으)ㄹ 이만큼	(의존 명사) 예 찬성할 이도 반대할 이만큼이나 많을 것이다.	
-(으)므로	'~때문에'의 뜻으로 이유나 원인을 나타내는 어미 예 네가 잘못했으므로 너는 그에게 사과해야 한다.	
-(음)으로(써)	'~을 하는 것으로, ~을 가지고(수단)' 등의 뜻을 나타내는 조사 예 이웃에게 봉사함으로써 나는 보람을 느낀다.	
입바르다	바른말을 잘하다. 예 성품이 곧고 입바른 사람	
입빠르다	아무에게나 경솔하게 지껄이다.	
잃다	물건이나 정신·감각 등 자기에게 있던 것이 사라지거나 없어진다. 예 지갑을 잃어버렸다. / 넋·이성을 잃다.	
잊다	기억하지 못하거나 마음에 새겨 두지 않다. 예 숙제를 깜박 잊고 친구와의 약속 시간도 잊어버렸다. / 은혜를 잊다.	
작다	크기나 규모가 일정한 정도에 못 미치다. '크다'의 반대말	
적다	수효가 일정한 기준에 이르지 못하다. '많다'의 반대말	
장사	이익을 위하여 물건을 파는 일	
장수	장사를 하는 사람. 상인. 장사치	
저리다	몸의 일부가 너무 오래 눌려 있어서 신경이 마비된 듯한 느낌이 있다.	
절이다	소금이나 식초 따위를 써서 절게 하다.	
조리다	① 양념을 한 고기나 생선, 채소 따위를 국물에 넣고 바짝 끓여서 양념이 배어들게 하다. ② 식물의 열매나 뿌리, 줄기 따위를 꿀이나 설탕물 따위에 넣고 계속 끓여서 단맛이 배어들게 하다.	
졸이다	① 졸아들게 하다. ② 마음을 초조하게 먹다.	
좇다	① 목표, 이상, 행복 따위를 추구하다. ② 남의 말이나 뜻을 따르다. ③ 규칙이나 관습 따위를 지켜서 그대로 하다. ④ 눈여겨보거나 눈길을 보내다. ⑤ 생각을 하나하나 더듬어 가다. ⑥ 남의 이론 따위를 따르다.	
쫓다	① 어떤 대상을 잡거나 만나기 위하여 뒤를 급히 따르다. (잡을 목적의 급한 행동) ② 어떤 자리에서 떠나도록 몰다. ③ 밀려드는 졸음이나 잡념 따위를 물리치다.	

주리다	① 먹는 것을 먹지 못하고 배를 곯다. ② 욕망을 못 채워 모자람을 느끼다.	
줄이다	줄어들게 하다.	
지그시	① 슬며시 힘을 주는 모양 예 입술을 지그시 깨물다. ② 조용히 참고 견디는 모양 예 아픔을 지그시 참다.	
지긋이	① 나이가 비교적 많아 듬직하게 예 나이가 지긋이 든 할아버지 ② 참을성 있게 끈지게	
-째	① 있는 그대로 전부 예 뿌리째, 송두리째, 병째 ② '차례', '등급', '그 수효만큼'의 뜻 예 둘째, 여섯 개째 ③ 계속된 그동안 예 일주일째, 보름째, 한 달째	
-채	있는 상태 그대로 예 산 채로 잡다. / 눈을 뜬 채로 밤을 새다.	
처-	'마구, 많이, 천격스럽게, 함부로' 등의 뜻을 나타내는 접두사 예 처박다, 처바르다, 처쟁이다, 처먹다	
쳐-	'치어'의 준말 예 쳐다보다, 쳐들다, 쳐버리다, 쳐부수다, 쳐주다	
추기다	가만히 있는 사람을 살살 꾀어서 하도록 하다. = 선동하다	
축이다	물을 뿜거나 적셔서 축축하게 하다.	
추키다	① 위로 거뜬하게 추슬러 올리다. ② 힘 있게 위로 끌어 올리거나 채어 올리다.	
푼푼이	한 푼씩 한 푼씩	
푼푼히	넉넉히	
한참	명 ① 일을 하거나 쉬는 동안에 한 차례 ② 시간이 상당히 지나는 동안 예 한참 만에 입을 열었다. 부 한동안	
한창	명 가장 성하고 활기가 있을 때 부 가장 성한 모양 예 한창 활기 있게, 한창 왕성하게	
해지다	닳아서 떨어지다.	
헤(어)지다	① 흩어지다. ② 이별하다. ③ 살갗이 터져서 갈라지다.	
홀	짝이 없고 하나뿐임. 예 홀몸, 홀어미	
홑	겹이 아닌 것 예 홑이불, 홑몸	
홀몸	형제나 배우자가 없는 사람	
홑몸	아이를 배지 아니한 몸	
흔전만전	아주 흔하고 넉넉한 모양	
흥청망청	① 흥에 겨워 마음대로 즐기는 모양 ② 돈이나 물건 따위를 마구 쓰는 모양 ▶ 흥청방청(×)	
흰소리	터무니없이 자랑하거나 희떱게 지껄이는 말	
신소리	상대편의 말을 다른 말로 슬쩍 눙쳐서 받아넘기는 말	

02 한자어 혼동 어휘

강수량(降水量)	비나 눈·우박 등으로 지상에 내린 물의 총량
강우량(降雨量)	일정한 시간 동안 일정한 곳에 내린 비의 양
갱신(更新)	① 현존 계약의 유효 기간이 지난 후에도 존속되도록 하기 위해 새 계약을 체결함. ② 다시 새롭게 만듦. 예 주민증 更新
경신(更新)	(추상적인 사실의) 먼저 것을 고치어 새롭게 함. 예 1백 미터 달리기 기록 更新
결재(決裁)	아랫사람이 올린 안건을 상관이 헤아려 승인함.
결제(決濟)	① 결정하여 끝냄. ② 증권, 또는 대금의 수불에 의하여 대차를 청산함.
계발(啓發)	슬기와 재능 등을 깨우쳐 열어 줌.
개발(開發)	① 개척하여 발전시킴. ② 물적·인적 자원에 작용하여 그 경제적 가치를 높여 산업을 일으킴. ③ 제품, 장치를 창조하여 실용화함.
괴멸(壞滅)	파괴되어 멸망함.
궤멸(潰滅)	무너져 망함.
구별(區別)	어떤 것과 다른 것 사이에서 나타나는 차이, 또는 차이에 따라서 나눔. 예 쓸 것과 못 쓸 것을 區別하다.
구분(區分)	구별하여 나눔. 예 주방과 식당이 區分되어 있다.
금슬(琴瑟)	① 거문고와 비파 ② '금실'의 원말
금실(琴瑟▽)	부부간의 사랑 예 琴瑟지락
덕분(德分)	남이 베푼 고마움 예 지도하여 주신 德分에 성공했습니다.
덕택(德澤)	남에게 미치는 덕 예 건축을 쓸 수 있는 것은 에디슨의 德澤이다.
막역(莫逆)하다	서로 허물없이 매우 친하게 지내다. = 절친하다
막연(漠然)하다	① 아득하다. ② 똑똑하지 못하고 어렴풋하다.
반증(反證)	사실과는 반대되는 증거
방증(傍證)	증거가 될 방계의 자료. 간접적인 증거
변조(變造)	① 이미 만들어진 것을 손질하여 다시 만듦. ② 유가 증권 따위의 내용을 다르게 고침.
위조(僞造)	물건이나 문서 따위의 가짜를 만듦. 예 화폐 僞造범

降水量 내릴 강 / 물 수 / 헤아릴 량(양)
降雨量 내릴 강 / 비 우 / 헤아릴 량(양)

更新 다시 갱 / 새 신
更新 고칠 경 / 새 신

決裁 결단할 결 / 마를 재
決濟 결단할 결 / 건널 제

啓發 열 계 / 필 발
開發 열 개 / 필 발

壞滅 무너질 괴 / 꺼질 멸, 멸할 멸
潰滅 무너질 궤 / 꺼질 멸, 멸할 멸

區別 구분할 구 / 나눌 별
區分 구분할 구 / 나눌 분

琴瑟 거문고 금 / 큰 거문고 슬
琴瑟 거문고 금 / 큰 거문고 슬

德分 덕 덕 / 나눌 분
德澤 덕 덕 / 못 택

莫逆 없을 막 / 거스릴 역
漠然 넓을 막 / 그럴 연

反證 돌이킬 반 / 증거 증
傍證 곁 방 / 증거 증

變造 변할 변 / 지을 조
僞造 거짓 위 / 지을 조

보전(保全)	온전하도록 보호함. 예 생태계 保全 및 관리 / 환경 保全
보존(保存)	① 잘 간수하여 잃지 아니하도록 함. ② 원상을 잘 유지함. 예 공문서 保存 기간 / 문화 保存에 힘쓰자.
실재(實在)	실제로 존재함. 인간의 인식이나 경험과는 상관없이 독립하여 존재하는 것 예 實在의 인물 / 가상과 實在
실제(實際)	있는 그대로의, 또는 나타나거나 당하는 그대로의 상태나 형편 예 이론과 實際 / 實際적인 이론
일체(一切)	명 온갖 사물. 모든 것 예 거기에 따른 一切 비용은 회사가 부담한다. 부 통틀어. 모두(긍정적인 의미)
일절(一切)	부 아주. 도무지(사물을 부인하거나 금지할 때 쓴다.) 예 면회를 一切 금합니다.
작렬(炸裂)	터져서 산산이 흩어짐.
작열(灼熱)	① 새빨갛게 닮. 열을 받아서 뜨거워짐. ② 찌는 듯한 더위
전장(戰場)	싸움터. 전쟁이 일어난 곳
전쟁(戰爭)	싸움. 국제법상 선전 포고에 의하여 국가 간에 싸우는 일
주요(主要)	주되고 중요함.
중요(重要)	없어서는 아니 될 정도로 소중하고 요긴함.
지양(止揚)	더 높은 단계로 오르기 위하여 어떠한 것을 하지 아니함. 예 우리는 상업주의를 止揚한다.
지향(志向)	일정한 목적을 향하여 나아감. 목표로 함. 예 우리는 통일과 안정을 志向한다.
폐해(弊害)	폐단과 손해. 폐가 되는 나쁜 일
피해(被害)	손해를 입음.
혼돈(混沌)	마구 뒤섞여 있어 갈피를 잡을 수 없음. 또는 그런 상태 예 외래문화의 무분별한 수입은 가치관의 混沌을 초래하였다.
혼동(混同)	① 구별하지 못하고 뒤섞어서 생각함. 예 잠이 다 깨지 않았는지 그는 현실과 꿈 사이에서 混同을 일으켰다. ② 서로 뒤섞이어 하나가 됨.
혼란(混亂)	뒤죽박죽이 되어 어지럽고 질서가 없음. 예 불이 나자 선생님들은 混亂을 수습하고 학생들을 학교 밖으로 내보냈다.
혼선(混線)	① 전신·전화·무선 통신 따위에서, 선이 서로 닿거나 전파가 뒤섞여 통신이 엉클어지는 일 예 전화에 갑자기 混線이 생겨 통화를 중단했다. ② 말이나 일 따위를 서로 다르게 파악하여 혼란이 생김. ③ 줄이 갈피를 잡을 수 없게 뒤섞임. 또는 그 줄

保全 지킬 보 / 온전할 전
保存 지킬 보 / 있을 존

實在 열매 실 / 있을 재
實際 열매 실 / 가 제

一切 한 일 / 온통 체
一切 한 일 / 끊을 절

炸裂 터질 작 / 찢을 렬(열)

灼熱 불사를 작 / 더울 열

戰場 싸움 전 / 마당 장
戰爭 싸움 전 / 다툴 쟁

主要 주인 주 / 요긴할 요
重要 무거울 중 / 요긴할 요

止揚 그칠 지 / 날릴 양
志向 뜻 지 / 향할 향

弊害 폐단 폐 / 해할 해
被害 입을 피 / 해할 해

混沌 섞을 혼 / 엉길 돈
混同 섞을 혼 / 한가지 동

混亂 섞을 혼 / 어지러울 란(난)
混線 섞을 혼 / 줄 선

Chapter 3 고유어와 순화어

PART 2 어휘·한자·성어

제1절 고유어와 외래어의 구별

01 고유어와 외래어의 구별

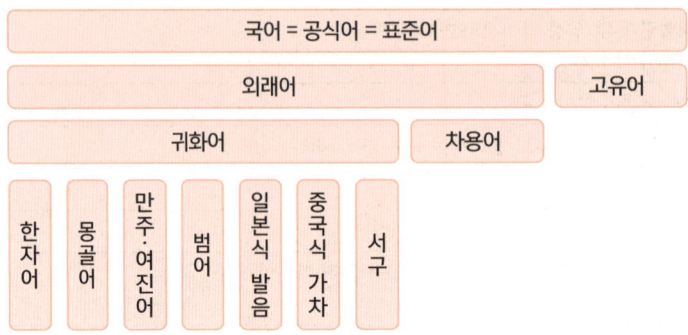

▶ 어원에 따른 분류

(1) **고유어** : 우리 민족이 옛날부터 사용해 오던 토박이말

　예) 고주망태(고조망태기), 고뿔('감기'의 우리말), 고샅(마을의 좁은 골목), 구라('거짓말'의 속된 말), 기장(옷의 길이), 생각, 에누리, 사리(국수, 실의 단위), 후미지다(구석지고 으슥하다.), 근심(해결되지 않은 일 때문에 속을 태우거나 우울해함.), 접시(그릇)

(2) **외래어** : 외국에서 들어온 말로 국어처럼 쓰이는 단어

　① 귀화어 : 근원은 외국말이지만 거의 우리말처럼 되어 버린 말

근원	예
한자어에서 온 말	붓[筆], 먹[墨], 종이[楮皮] / 김장[沈藏/陳藏], 상추[生菜], 김치[沈菜], 배추[白菜], 시금치[赤根菜], 고추[苦椒], 채소[菜蔬], 가지[茄子], 후추[胡椒], 사과(沙果/砂果) / 짐승[衆生], 점심(點心) / 평소(平素), 대강(大綱), 정녕(丁寧), 항상(恒常), 하필(何必), 무려(無慮), 유독(惟獨), 급기야(及其也), 도대체(都大體), 어차피(於此彼), 심지어(甚至於), 무진장(無盡藏), 도무지(塗貌紙), 순식간(瞬息間), 별안간(瞥眼間), 좌우간(左右間), 흐지부지[諱之秘之], 물론(勿論)
한자어와 우리말의 결합	양(洋)파, 연(蓮)못, 칫(齒)솔, 살(煞)풀이, 총각(總角)무, 샌[生員]님, 호(胡)주머니 / 속내(內), 글자(字), 담장(墻), 개차반(茶盤) / 시(猜)샘하다, 용(湧)솟다 / 굳건(健)하다, 익숙(熟)하다, 말쑥[淑]하다, 마땅[當]하다, 튼실(實)하다, 대수[大事]롭다, 을씨년[乙巳年]스럽다 / 적당(適當)히, 당연(當然)히, 조용[從容]히, 나중[乃終]에, 근근(僅僅)이
몽골어에서 온 말	말[馬], 가라말, 구렁말 / 매(맷과의 새), 보라(매), 송골(매) / 수라(임금이 먹는 밥)
만주어·여진어에서 온 말	호미, 수수, 메주 / 가위 / 두만
범어에서 온 말	절, 중, 달마, 부처, 불타, 석가, 보살, 사리, 열반, 찰나, 탑, 나락
일본식 발음에서 온 말	고구마, 구두, 냄비, 가마니
중국식 가차(발음 차용)	구라파(歐羅巴 ← 유럽), 이태리(伊太利 ← 이탈리아), 불란서 (佛蘭西 ← 프랑스)
서구에서 온 말	고무, 담배, 빨치산, 빵, 가방, 노다지, 깡통, 깡패

　② **차용어** : 우리말이 되지 않고 외국어 의식이 남아 있는 외래어　예) 타이어, 밀크, 다다미, 닥터, 아르바이트, 템포

제2절 낯선 고유어

01 사람을 표현하는 고유어

같은 의미를 갖는 단어로 알아보기

| 고집쟁이 / 절벽 / 벽창우 | → 벽창호 |

벽창호 : 고집이 세고 미련한 사람의 비유

| 팔방미인 / 재주아치 / 재주꾼 | → 두루치기 |

두루치기 : (주로 '두루치기로'의 꼴로 쓰여)
① 한 가지 물건을 여기저기 두루 씀. 또는 그런 물건
② 한 사람이 여러 방면에 능통함. 또는 그런 사람

| 문외한 / 아마추어 / 생무지 | → 손방 |

손방 : 아주 할 줄 모르는 솜씨

| 백면서생 / 책상퇴물 / 글뒤주 | → 책상물림 |

책상물림 : 글만 읽다가 사회에 처음 나서서 세상 물정에 어두운 사람을 낮잡아 이르는 말

문학 작품 속에서 알아보기

1. 강쇠는 여태까지 동네 사람들뿐만 아니라 자기 아내한테도 무슨 일이나 <u>가르친사위</u>로 그저 시키는 대로만 고분고분했었으나, 이번에는 그것이 아니었다. － 송기숙, 〈녹두장군〉
   ➡ 가르친사위 : 독창성이 없고 시키는 대로만 하는 어리석은 사람

2. <u>가납사니</u> 같은 도시 사람들은 제멋대로 그럴싸한 소문을 퍼뜨리며…. － 김정한, 〈모래톱 이야기〉
   ➡ 가납사니 : ① 쓸데없는 말을 잘 지껄이는 사람 ② 말다툼을 잘 벌이는 사람

3. 이러한 빈약한 문화를 가지고 조선 사람은 남보다 더 <u>노라리</u> 생활을 한다고 하던 한 선생의 말이 생각났다. － 이광수, 〈흙〉
   ➡ 노라리 : 건달처럼 건들건들 놀며 세월만 허비하는 짓. 또는 그런 사람을 속되게 이르는 말

4. 농사꾼도 아니고 그렇다고 왈칵 한량도 아닌 <u>반거충이</u> 건달로 지내는 시권이 혼자만 남아 있는 집 안은 고즈넉했다. － 윤흥길, 〈완장〉
   ➡ 반거충이 : 무엇을 배우다가 중간에 그만두어 다 이루지 못한 사람

5. 자넨 바깥일은 안 하고 만년 틀어박혀 있는 <u>아낙군수</u>니 걱정 아닌가. － 염상섭, 〈지평선〉
   ➡ 아낙군수 : 늘 집 안에만 틀어박혀 있는 사람을 놀림조로 이르는 말

6. 그의 <u>두루춘풍</u>식의 처세법을 잠시 훼절을 하고, 나를 위해 윤에게 싸움을 걸었던 것이었었다.
   – 채만식, 〈민족의 죄인〉
   ➥ 두루춘풍 : 누구에게나 좋게 대하는 일. 또는 그런 사람

7. 선창가 <u>바닥쇠</u>들이란 녹산 바다에서 이름난 난봉꾼들이었다.
   – 한승원, 〈또 하나의 태양〉
   ➥ 바닥쇠 : ① 벼슬이 없는 양반 ② 그 지방에 오래전부터 사는 사람

8. 하룻강아지 범 무서운 줄 모른다더니, 어디서 또 이런 <u>천둥벌거숭이</u>들이 뛰어들지?
   – 송기숙, 〈녹두장군〉
   ➥ 천둥벌거숭이 : 철없이 두려운 줄 모르고 함부로 덤벙거리거나 날뛰는 사람

9. <u>시앗</u>끼리는 하품도 옮지 않는다 : 시앗끼리는 시기하는 마음이 몹시 강하여 흔히 잘 옮는 하품도 옮지 않는다는 말
   ➥ 시앗 : 남편의 첩

헷갈리는 표현

늦깎이	나이가 들어 머리 깎고 중이 된 사람이나 나이가 많이 들어서 어떤 일을 시작한 사람
되깎이	환속한 사람이 다시 중이 되는 일
올깎이	나이가 어려서 중이 된 사람

송도 오이장수	이익을 더 보려다 낭패를 보는 사람
청기와 장수	비법이나 기술 따위를 자기만 알고 남에게 알려 주지 않는 사람
앵두장수	잘못을 저지르고 사라진 사람

독장수셈	허황된 계산을 하거나 헛수고만 함.
부엉이셈	이익과 손해에 대한 관념이 똑똑하지 못한 셈

경기까투리	(지나치게 약고 되바라지다는 뜻으로) 서울·경기 사람을 이르는 말
서울까투리	수줍어하는 기색이 없는 사람

🔔 알아 두기

최신 기출 고유어
- 고명딸 : 아들 많은 집의 외딸
- 깜냥 : 스스로 일을 헤아림. 또는 헤아릴 수 있는 능력
- 붓두껍 : 붓촉에 끼워 두는 뚜껑. 붓대보다 조금 굵은 대나 얇은 쇠붙이로 만든다.
- 소맷귀 : 소맷부리의 구석 부분
- 찜찜하다 : 마음에 꺼림칙한 느낌이 있다.

02 사람의 성격을 표현하는 고유어

▶ 긍정

결곡하다	생김새나 마음씨가 빈틈이 없고 야무지다.
야무지다	사람의 성질이나 행동, 생김새 따위가 빈틈이 없이 꽤 단단하고 굳세다. ('야물딱지다'는 표준어가 아님.)
곰바지런하다	일하는 것이 시원하지는 못하지만 꼼꼼하고 바지런하다.
너볏하다	몸가짐이나 행동이 번듯하고 의젓하다.
방정하다	바르고 점잖다.
웅숭깊다	① 생각이나 뜻이 넓고 크다. ② (사물이) 되바라지지 않고 깊숙하다.
드레지다	점잖아 무게가 있다.
든직하다	사람됨이 경솔하지 않고 무게가 있다.
음전하다	말이나 행동이 곱고 우아하다. 또는 얌전하고 점잖다.
늡늡하다	성격이 너그럽고 활달하다.
슬겁다	① 집이나 세간 따위가 겉으로 보기보다 속이 너르다. ② 마음씨가 너그럽고 미덥다.
암팡스럽다	몸은 작아도 야무지고 다부진 면이 있다.
틀수하다	성격이 너그럽고 침착하다.
곰살갑다	성질이 보기보다 상냥하고 부드럽다.

▶ 부정

가살스럽다	말씨나 행동이 되바라지고 밉살스러운 데가 있다.
도섭스럽다	능청스럽고 수선스럽게 변덕을 부리는 태도가 있다.
매욱하다	하는 짓이나 됨됨이가 어리석고 둔하다.
투미하다	어리석고 둔하다.
꼼바르다	마음이 좁고 지나치게 인색하다.
이악하다	① 이익을 위해 지나치게 아득바득하는 태도가 있다. ② 달라붙는 기세가 굳세고 끈덕지다.
모지락스럽다	보기에 억세고 모질다.
사박스럽다	성질이 독살스럽고 야멸친 데가 있다.
살천스럽다	쌀쌀하고 매섭다.
성마르다	성질이 급하고 도량이 좁다.
새살스럽다	성질이 차분하지 못하고 가벼워 말이나 행동이 실없고 부산한 데가 있다.
남세스럽다	남에게 비웃음을 받을 만하다.
더덜뭇하다	결단성이나 다잡는 힘이 부족하다.
안차다	겁이 없고 깜찍하다.
버르집다	작은 일을 떠벌이다.
암상스럽다	보기에 남을 시기하고 샘을 잘 내는 데가 있다.

03 시간을 표현하는 고유어

기간

순(旬)	한 달을 셋으로 나눈 열흘 동안
망(望)	지구를 중심으로 해와 달의 위치가 일직선이 되는 때. 음력 보름
날포	하루 이상이 걸치어진 동안
달포	한 달 이상이 되는 동안
해포	한 해가 조금 넘는 동안

하루

갓밝이, 달구리 ⇨ 동트기, 아침나절 ⇨ 낮때, 낮참, 낮곁 ⇨ 해넘이, 해름(해거름), 어스름, 땅거미 ⇨ 온밤

새벽	갓밝이	날이 막 밝을 무렵. 여명(黎明)
	달구리	새벽의 닭이 울 무렵
아침	동트기	동쪽 하늘이 밝아 오는 새벽녘
	아침나절	아침밥을 먹은 뒤 한나절
한낮	낮때	한낮을 중심으로 한 한동안
	낮참	일하다가 점심 전후에 잠시 쉬는 동안. 또는 그때 먹는 음식
	낮곁	한낮부터 해가 저물 때까지의 시간을 둘로 나눈 그 전반(前半)
저녁	해넘이	해가 막 넘어가는 때
	해름(해거름)	해가 서쪽으로 기울어질 무렵. 또는 그런 때
	어스름	저녁이나 새벽의 어스레한 빛. 또는 그때
	땅거미	해가 진 뒤 컴컴하기까지의 어스레한 동안
밤	온밤	온 하룻밤

날씨 - 바람

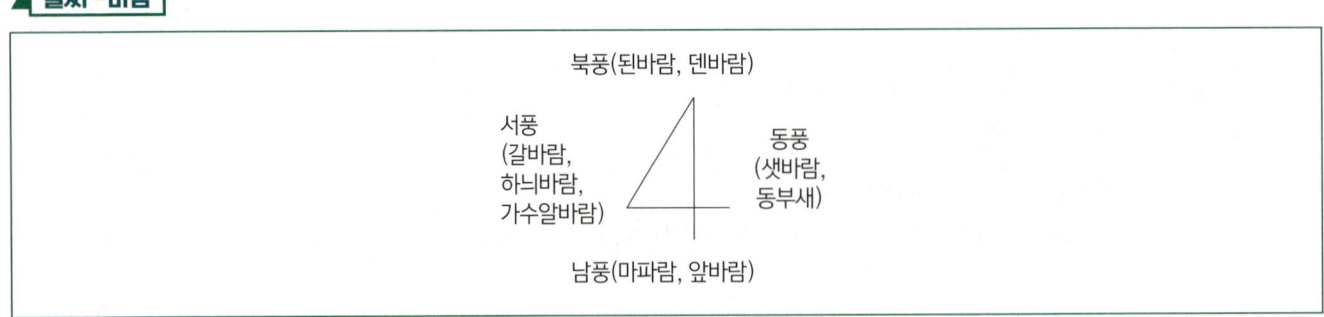

04 단위를 표현하는 고유어

가리	곡식이나 장작 20단
-가웃	앞말이 가리키는 단위에 그 절반 정도를 더 보태는 뜻을 더하는 접미사
갈이	소 한 마리가 하루에 갈 수 있는 넓이로 약 2,000평 정도
갓	굴비·비웃(청어) 따위 10마리, 고비·고사리 따위 10모숨을 한 줄로 엮은 것
강다리	쪼갠 장작 100개비
거리	오이나 가지 50개
고리	소주 10사발
길	한 길은 대개 여덟 자에서 열 자 정도의 길이. 즉 2.4미터 혹은 3미터에 해당함.
꾸러미	달걀 10개
동	먹 10정, 붓 10자루, 생강 10접, 피륙 50필, 백지 100권, 곶감 100접, 볏짚 100단, 조기 1,000마리, 비웃(청어) 2,000마리
두름	조기 따위의 물고기를 한 줄에 10마리씩 두 줄로 엮은 것, 고사리 따위의 산나물을 10모숨 정도로 엮은 것
땀	바늘을 한 번 뜬 그 눈
마지기	볍씨 한 말의 모 또는 씨앗을 심을 만한 넓이로, 지방마다 다르나 논은 약 150~300평, 밭은 약 100평 정도
매	젓가락 한 쌍을 세는 단위
매(枚)	종이, 널빤지를 세는 단위
뭇	짚, 장작, 채소 따위의 작은 묶음 / 볏단 / 생선 열 마리 / 미역 열 장
바리	마소에 잔뜩 실은 짐을 세는 단위
발	두 팔을 잔뜩 벌린 길이
사리	국수나 새끼 따위를 사려서 감은 뭉치를 세는 단위
섬	곡식, 가루, 액체 따위의 부피를 잴 때 쓴다. 한 섬은 한 말의 열 배
손	조기, 고등어, 배추 따위(큰 것 하나와 작은 것 하나를 합한 것) / 미나리나 파 따위(한 줌 분량)
쌈	바늘 24개 / 금 백 냥쭝
우리	기와 2,000장
접	채소나 과일 100개
제	탕약(湯藥) 스무 첩(첩: 약봉지에 싼 약 뭉치)
죽	옷, 그릇 따위의 열 벌
채	인삼 100근
축	오징어 20마리
켤레, 벌	서로 짝을 이루는 물건을 세는 단위
쾌	북어 20마리, 엽전 10냥
타래	실 따위를 사려서 틀어 놓은 묶음을 세는 단위
톨	밤, 도토리 등의 열매를 세는 단위
톳	김 100장
필(疋)	일정한 길이로 짠 피륙을 세는 단위

05 문학 작품 속 어휘

만무방 | 김유정

㉠<u>매팔자</u>란 응칠의 팔자이겠다. 그는 버젓이 ㉡<u>게트림</u>으로 길을 걸어야 걸릴 것은 하나도 없다. 논맬 걱정도, 호포 바칠
　　놀면서 살림 걱정 없는 팔자　　　　　　　　　　거드름을 피우며 하는 트림

걱정도, 빚 갚을 걱정, 아내 걱정, 또는 굶는 걱정도, ㉢<u>호동가란히</u> 털고 났으니 팔자 중에는 아주 상팔자다.
　　　　　　　　　　　　　　　　　　　　　거칠 것 없이

그러나 이번 멀리 아우를 방문함은 생활이 궁하여 ㉣<u>근대러</u> 왔다거나 혹은 일을 해 보러 온 것은 결코 아니었다. [중략]
　　　　　　　　　　　　　　　　　　　　옵시 성가시게 치근덕거리다.
　　　　　　　　　　　　　　　　　　　　남을 비웃고 놀리다.

그러나 너무나 어이가 없었음인지 시선을 ㉤<u>치걷으며</u> 그 자리에 ㉥<u>우두망찰한다</u>. 그것은 무서운 침묵이었다. ㉦<u>살뚱맞은</u>
　　　　　　　　　　　　　　위로 걷어 올리다.　　갑작스러운 일로 얼떨떨하여　　　　'살똥스러운'의 그릇된 말로, 말이나
　　　　　　　　　　　　　　위쪽을 향하여 걷다.　어찌할 바를 모르다.　　　　　　　하는 짓이 독살스럽고 당돌함

바람만 공중에서 ㉧<u>북새</u>를 논다. 한참을 신음하다 도적은 일어나더니,
　　　　　　여러 사람이 한데 모여 부산을 떨며
　　　　　　법석이는 일

"성님까지 이렇게 못살게 굴기유?"

봄봄 | 김유정

인심을 정말 잃었다면 욕보다 읍의 배 참봉 댁 ㉠<u>마름</u>으로 더 잃었다. 번이 마름이란 욕 잘 하고, 사람 잘 치고, 그리고 생김
　　　　　　　　　　　　　　　　　지주의 위임을 받아 소작지를 관리하던 사람

생기길 ㉡<u>호박개</u> 같애야 쓰는 거지만 장인님은 외양이 똑 됐다. 장인에게 닭마리나 좀 보내지 않는다든가 ㉢<u>애벌논</u> 때 품을
　　뼈대가 굵고 털이 북실북실한 개　　　　　　　　　　　　　　　　　　　여러 번의 김매기 중 첫 김매기를 한 논

좀 안 준다든가 하면 그 해 가을에는 영락없이 땅이 뚝뚝 떨어진다.

동백꽃 | 김유정

점순네 수탉(대강이가 크고 똑 오소리같이 ㉠<u>실팍하게</u> 생긴 놈)이 덩저리 작은 우리 수탉을 함부로 해내는 것이다. 나흘
　　　　　　　　　　　　　　　　　　보기에 옹골차고 다부지다.

전 감자 ㉡<u>쪼간</u>만 하더라도 나는 저에게 조금도 잘못한 것이 없다. 계집애가 나물을 캐러 가면 갔지 남 울타리 엮는 데
　　　　　일, 사건, 문제

㉢<u>쌩이질</u>을 하는 것이 다 뭐냐. [중략] 그러나 한 번은 어쩐 일인지 용을 쓰고 펄쩍 뛰더니 발톱으로 눈을 하비고 내려오며
한창 바쁠 때에 쓸데없는 일로 남을 귀찮게 구는 짓

㉣<u>면두</u>를 쪼았다. 큰 닭도 여기에는 놀랐는지 뒤로 멈씰하며 물러난다. 이 기회를 타서 작은 우리 수탉이 또 날쌔게
닭 등의 머리 위에 세로로 붙은 붉은 살 조각인 '볏'의 방언

덤벼들어 다시 면두를 쪼니 그제서는 ㉤<u>감때사나운</u> 그 대강이에서도 피가 흐르지 않을 수 없다.
　　　　　　　　　　　　　　억세고 사납다.
　　　　　　　　　　　　　　억세어서 휘어잡기가 어렵다.

운수 좋은 날 | 현진건

"에이 오라질 년 ㉠조랑복은 할 수가 없어. 못 먹어 병, 먹어서 병, 어쩌란 말이야! 왜 눈을 바루 뜨지 못해!"
　'조롱복'의 그릇된 말로, '조롱복'은 아주 짧게 타고난 복력

하고, 김 첨지는 앓는 이의 뺨을 한 번 후려갈겼다.

　㉡홉뜬 눈은 ㉢바루어졌겠만 이슬이 맺히었다.
'홉뜨다'의 그릇된 말로,　　　　바르게 되다.
눈알을 굴리며 눈시울을 위로 치뜨다.

　인제 설렁탕을 사 줄 수도 있다. 앓는 어미 곁에서 배고파 보채는 개똥이에게 죽을 사 줄 수도 있다. ― 팔십 전을 손에 쥔 김 첨지의 마음은 ㉣푼푼하였다.
　　　　　　　　　　　　　(경제적) 여유가 있고 넉넉하다.
　　　　　　　　　　　　　(마음 씀씀이가) 옹졸하지 않고 너그럽다.

　아마도 그 학교 기숙사에 있는 이로 동기 방학을 이용하여 귀향하려 함이로다. 오늘 가기로 작정은 하였건만, 비는 오고 짐은 있고 해서 어찌 할 줄 모르다가 마침 김 첨지를 보고 뛰어나왔음이리라. 그렇지 않다면 왜 구두를 채 신지 못해서 질질 끌고, 비록 '고꾸라' 양복일망정 ㉤노박이로 비를 맞으며 김 첨지를 뒤쫓아 나왔으랴.
　　　　　　　　　　　　　줄곧 계속하여. 붙박이로

　추어탕을 끓이는 솥뚜껑을 열 적마다 뭉게뭉게 떠오르는 흰 김, 석쇠에서 삐지짓삐지짓 구워지는 ㉥너비아니 구이며 ⓢ저육이며 간이며 콩팥이며 북어며 빈대떡……이 너저분하게 늘어놓인 안주 탁자에 김 첨지는 갑자기 속이 쓰려서 견딜
쇠고기를 얄팍얄팍하게
저며서 양념을 하여 구운 음식
돼지고기

수 없었다. 마음대로 할 양이면 거기 있는 모든 ⓞ먹음먹이를 모조리 깡그리 집어삼켜도 시원치 않았다. 하되 배고픈 이는
　　　　　　　　　　　　먹음직한 음식들

우선 분량 많은 빈대떡 두 개를 쪼이기로 하고 추어탕을 한 그릇 청하였다.

　주린 창자는 음식맛을 보더니 더욱더욱 비어지며 자꾸자꾸 들이라 들이라 하였다. 순식간에 두부와 ⓩ미꾸리 든 국
　　　　　　　　　　　　　　　　　　　　　　　　　　　　　　　　　　　　　　미꾸릿과의 민물고기

한 그릇을 그냥 물같이 들이켜고 말았다. 셋째 그릇을 받아들었을 제 데우던 막걸리 곱빼기 두 잔이 더 왔다. 치삼이와 같이 마시자 ㉢원원이 비었던 속이라 찌르르 하고 창자에 퍼지며 얼굴이 화끈하였다. 눌러 곱빼기 한 잔을 또 마셨다.
　　　　본디부터. 원래부터

"죽기는 왜 죽어, ㉣생때같이 살아만 있단다. 그 오라질 년이 밥을 죽이지. 인제 나한테 속았다."
　　　　　　　　몸이 튼튼하여 통 병이 없이

하고 어린애 모양으로 손뼉을 치며 웃는다.

삼대 | 염상섭

일 년에 한두 번 방학 때만 오래간만에 만나는 터이나, 이 두 청년은 입심 자랑이나 하듯이 주고받는 말끝마다 서로 비꼬는 수작밖에 없건마는, 그래도 한 번도 정말 노해 본 일은 없는 사이다. 중학교에서 졸업할 때까지 첫째, 둘째를 ㉠<u>겯고틀던</u>(서로 지지 않으려고 버티어 겨루던) 수재이고, 비슷비슷한 가정 사정에서 자라났기 때문에 어린 우정일망정 어느덧 깊은 이해와 동정은 버리려야 버릴 수가 없는 것이었다.

이지적이요 이론적이기는 둘이 더하고 덜할 것이 없지마는, 다만 덕기는 있는 집 자식이요, ㉡<u>해사하게</u>(얼굴이 희고 말쑥하게) 생긴 그 얼굴 모습과 같이 명쾌한 가운데도 ㉢<u>안존하고</u>((사람됨이) 조용하고 얌전함.) ㉣<u>순편한</u>(순하고 거리낌 없이 편안함.) 편이요, 병화는 거무튀튀하고 유들유들한 맛이 있느니만큼 남에게 좀처럼 머리를 숙이지 않는 고집이 있어 보인다.

"조가의 집이 번창하려고? …… 하지만 꾸어 온 조상은 자기네 자손부터 돕는답디다."

상훈이는 불끈하여 소리를 높여서 또 무슨 말을 이으려다가 마루 끝에서 영감님의 기침 소리가 나는 바람에 좌우 방 안은 ㉤<u>괴괴하여졌다.</u>((쓸쓸한 느낌이 들 정도로) 매우 고요하다.)

"왜들 떠드니?"

화를 참는 못마땅한 ㉥<u>강강한</u>(목소리가 높고 날카로운) 목소리와 함께 건넌방 문이 활짝 열렸다.

그러나 상훈이 내외끼리 몇 번 싸움질이 있은 외에는 노 영감님도 이때껏 눈감아 버린 것이요, 경애가 들어 있는 북미창정 그 집에 대하여도 부친이 ㉦<u>책근한</u>(조르고 보챔.) 일이 없는 것이라서 지금 ㉧<u>조인광좌</u>(많은 사람들이 빽빽하게 모인 넓은 가운데) 중에서 아들에게 대하여 학교에 돈 쓰고 제 손으로 가르친 남의 딸 유인하였다는 말을 터놓고 하는 것을 들으니 아무리 부친이 홧김에 한 말이라 하여도 듣기에 ㉨<u>괴란쩍고</u>(창피스러워 얼굴이 뜨거울 정도로 어색하다.) 부자간이라도 너무 야속하였다. 상훈이는 조심도 하려니와 기를 눅이어서 차근차근히 이왕지사 말이 나왔으니 할 말은 다 하겠다는 듯이 말을 이어 나가려니까 또 벼락이 내린다.

메밀꽃 필 무렵 (1) | 이효석

여름 장이란 애시당초에 글러서, 해는 아직 중천에 있건만 장판은 벌써 쓸쓸하고 더운 햇발이 벌여 놓은 전 휘장 밑으로 등줄기를 훅훅 볶는다. 마을 사람들은 거지반 돌아간 뒤요, 팔리지 못한 나무꾼 패가 길거리에 ㉠<u>궁싯거리고들</u>(별 할 일 없이 머뭇거리고, 잠이 안 와 누워서 뒤척거리고) 있으나, 석유병이나 받고 고깃마리나 사면 족할 이 축들을 바라고 언제까지든지 버티고 있을 법은 없다. ㉡<u>춤춤스럽게 날아드는 파리 떼</u>(매우 귀찮게, 지저분하게 무리를 지어)도, 장난꾼 ㉢<u>각다귀</u>(모기와 비슷한 모양의 곤충. 또는 남의 것을 착취하는 사람을 비유하는 말. 이 작품에서는 '장판을 무대로 날뛰는 껄렁패'를 의미함.)들도 귀찮다. ㉣<u>얼금뱅이요 왼손잡이인</u>(얼굴이 얼금얼금 얽은 사람) ㉤<u>드팀전</u>(온갖 피륙을 파는 가게. 포목점)의 허 생원은 기어코 동업의 조 선달을 ㉥<u>나꾸어</u>('낚다'의 방언. 꾀나 수단을 부려 사람을 꾀거나 명예, 이익 따위를 제 것으로 하다.) 보았다. ㉦<u>까스러진</u>(털이 매끄럽지 못하고 거칠거칠한. 성질이 거칠어진) 목 뒤 털은 주인의 머리털과도 같이 바스러지고, ㉧<u>개진개진</u>(추레하게 물기가 엉겨 붙은 모양) 젖은 눈은 주인의 눈과 같이 눈꼽을 흘렸다. ㉨<u>몽당비</u>(끝이 닳아 짧아진 비)처럼 짧게 ㉩<u>슬리운</u>(꼬리 같은 것이 땅에 쓸려 짧게 말려 올라간) 꼬리는 파리를 쫓으려고 기껏 휘저어 보아야 벌써 다리까지는 닿지 않았다. 닳아 없어진 굽을 몇 번이나 도려내고 새 철을 신겼는지 모른다. 굽은 벌써 더 자라나기는 틀렸고, 닳아 버린 철 사이로는 피가 ㉪<u>빼짓이</u>(살그머니 모습을 내미는 모양. 조금씩 스며 나오는 모양) 흘렀다.

메밀꽃 필 무렵 (2) | 이효석

"제천인지로 ⊙ 줄행랑을 놓은 건 그다음 날이었나?"
  '도망'을 속되게 이르는 말

"다음 ⓒ 장도막에는 벌써 온 집안이 사라진 뒤였네. 장판은 소문에 발끈 뒤집혀 고작 해야 술집에 팔려 가기가 ⓒ 상수라
  한 장날로부터 다음 장날 사이의 동안을 세는 단위   자연으로 정하여진 운명

고, 처녀의 ⓔ 뒷공론이 자자들 하단 말이야. 제천 장판을 몇 번이나 뒤졌겠나. 허나 처녀의 꼴은 꿩 궈 먹은 자리야. 첫날
  일이 끝난 뒤에 쓸데없이 이러니저러니 다시 말함.
  겉으로 떳떳이 나서지 않고 뒤에서 이러쿵저러쿵 시비조로 말하는 일

밤이 마지막 밤이었지. 그때부터 봉평이 마음에 든 것이 반평생을 두고 다니게 되었네. 반평생인들 잊을 수 있겠나."

"수 좋았지. 그렇게 신통한 일이란 쉽지 않아. ⓜ 항용 못난 것 얻어 새끼 낳고 걱정 늘고, 생각만 해두 진저리가 나지……."
                                              흔히 늘

"나귀야. 나귀 생각하다 실족을 했어. 말 안 했던가? 저 꼴에 제법 새끼를 얻었단 말이지. 읍내 강릉집 ⓑ 피마에게 말일세. 귀
                                                                        성장한 암말

를 쫑긋 세우고 달랑달랑 뛰는 것이 나귀 새끼같이 귀여운 것이 있을까? 그것 보러 나는 일부러 읍내를 도는 때가 있다네."

"뜰에 불을 피우고 ⓐ 훗훗이 쉬어. 나귀에겐 더운 물을 끓여 주고. 내일 대화장 보고는 제천이다."
                약간 더울 정도로 훈훈하게

"생원도 제천으로……?" / "오래간만에 가 보고 싶어. 동행하려나, 동이?"

나귀가 걷기 시작하였을 때 동이의 채찍은 왼손에 있었다. 오랫동안 ⓞ 아둑시니같이 눈이 어둡던 허 생원도 요번만은 동
                                              '어둠의 귀신'을 뜻하나 이 작품에서는 '눈이 어두워서 사물을
                                              제대로 분간하지 못하는 사람'을 의미함.

이의 왼손잡이가 눈에 뜨이지 않을 수 없었다.

걸음도 ㉣ 해깝고 방울 소리가 밤 벌판에 한층 ㉤ 청청하게 울렸다.
       가붓하고, 가볍고   맑고 시원하게

소낙비 | 김유정

그러나 ⊙ 등걸잠에 ⓒ 익달한 그들은 천연스럽게 나란히 누워 줄기차게 퍼붓는 밤비 소리를 귀담아듣고 있었다. 가난으로
  옷을 입은 채 덮개 없이   여러 번 겪거나 손에 익어서 매우 익숙하다.
  아무 데서나 쓰러져 자는 잠

인하여 부부간의 애틋한 정을 모르고 나날이 매질로 불평과 원한 중에서 ⓒ 복대기던 그들도 이 밤에는 불시로 화목하였다.
                                              정신을 차릴 수 없을 정도로 죄어치거나 몹시 몰아치다.
                                              많은 사람이 시끄럽게 떠들어 대거나 복잡하게 왔다 갔다 하다.

농민이 서울 사람에게 '꽈라리'라는 별명으로 ⓔ 감잡히는 그 이유는 무엇보다도 사투리에 있을지니 사투리는 쓰지 말며
                                남과 시비할 때 약점을 잡히다.

'합세'를 '하십니까'로, '하게유'를 '하오'로 고치되 말끝을 들지 말지라. 또 거리에서 ⓜ 어릿어릿하는 것은 내가 시골뜨기요
                                                          말과 행동이 활발하지 못하고 자꾸 생기 없이 움직이다.

하는 ⓑ 얼뜬 짓이니 갈 길은 재게 가고 볼 눈은 또릿또릿이 볼지라— 하는 것들이었다. 시골 여자가 서울에 가서 ⓐ 안잠을
    다부지지 못하여 어수룩하고 얼빠진 데가 있다.   남의 집에서 지내면서 일을 도와주는 일. 또는 그런 여자

잘 자 주면 몇 후에는 집까지 얻어 갖는 수가 있는데, 거기에는 얼굴이 예뻐야 한다는 소문을 일찍 들은 바 있어 하는 소리였다.

치숙 | 채만식

우리 아저씨 말이지요? 아따 저 거시키, 한참 ㉠<u>당년</u>에 무엇이냐 그놈의 것, 사회주의라더냐, 막걸리라더냐 그걸 하다, 징
　　　　　　　　　　　　　　　그해. 그해의 나이
역 살고 나와서 폐병으로 시방 앓고 누웠는 우리 오촌 고모부 그 양반…….

머, 말두 마시오, 대체 사람이 어쩌면 글쎄…… 내 원!

신세 간 데 없지요.

차, 십 년 ㉡<u>적공</u>, 대학교까지 공부한 것 풀어 먹지도 못했지요, 좋은 청춘 ㉢<u>어영부영</u> 다 보냈지요, 신분에는 전과자라
　　　　　공을 쌓음.　　　　　　　　　　　　　　　뚜렷하거나 적극적인 의지가 없이 되는대로 행동하는 모양
는 붉은 도장 찍혔지요, 몸에는 몹쓸 병까지 들었지요, 이 신세를 해가지굴랑은 굴속 같은 오두막집 단칸 셋방 구석에서
㉣<u>사시장철</u> 밤이나 낮이나 눈 따악 감고 드러누웠군요.
　사철 중 어느 때나 늘

재산이 어디 집 터전인들 있을 턱이 있나요. 서 발 막대 내저어야 짚검불 하나 걸리는 것 없는 ㉤<u>철빈(鐵貧)</u>인데.
　　더할 수 없이 가난함. 적빈
우리 아주머니가, 그래도 그 아주머니가, 어질고 얌전해서 그 ㉥<u>알량한</u> 남편양반 받드느라 삯바느질이야, 남의 집 품빨래
　　　　　　　　　　　　　　　　　　　　　　　　　시시하고 보잘것없다.
야, 화장품 장사야, 그 ㉦<u>칙살스러운</u> 벌이를 해다가 겨우겨우 목구멍에 풀칠을 하지요.
　　　　　　　　　(하는 짓이나 말이) 아니꼽게 잘고도 더러운 구석이 있다.
공부를 다 마치고 오더니만 그 담에는 그놈의 짓에 ㉧<u>들입다</u> 발광해 다니면서 명색 학생 출신이라는 딴 여편네를 얻어
　　　　　　　　　　　　　　　　　　　　　　　마구 무리하게
살았지요. 그 여편네는 나도 몇 번 보았지만 상판대기라고 별반 출 수도 없이 생겼습디. 그 인물로 남의 첩이야? ㉨<u>일색</u>
　　　아주 뛰어나게 아름다운 미인
㉩<u>소박</u>은 있어도 박색 소박은 없다더니, 사실 소박 맞은 우리 아주머니가 그 여편네에다 대면 월등 이뻤다우.
　아내를 박대하거나 내쫓음.
그래 그 뒤에, 그 양반은 필경 붙들려 가서 오 년이나 ㉪<u>전중이</u>를 살았지요. 그동안에 아주머니는 시집이고 친정이고 모
　　　　　　　　　　　　　　　　　　　　　　　　　감옥살이를 하는 사람을 속되게 이르는 말
두 폭 망해서 ㉫<u>의지가지없이</u> 됐지요.
　　　　　의지할 만한 대상이 없이. 또는 다른 방도가 없이

🔔 알아 두기

최신 기출 고유어

- **곰기다**: 곪은 자리에 딴딴한 멍울이 생기다.
　예) 상처가 <u>곰겨서</u> 병원에 가야겠다.
- **들이켜다**: 「1」 물이나 술 따위의 액체를 단숨에 마구 마시다.
　예) 그는 목이 마르다며 물을 벌컥벌컥 <u>들이켰다</u>.
　「2」 공기나 숨 따위를 몹시 세차게 들이마시다.
　예) 가끔 도시가 답답하면 시골로 가 가슴을 열고 맑고 시원한 공기를 <u>들이켜기도</u> 한다.
- **칠칠맞다**: ('못하다', '않다'와 함께 쓰여)
　「1」 '칠칠하다'를 속되게 이르는 말
　예) 젊은 처녀가 하고 다니는 꼴이 도대체 그게 뭐니? <u>칠칠맞지</u> 못하게.
　「2」 '칠칠하다'를 속되게 이르는 말
　예) 아이가 밖에서 제 물건을 잃어버리고 들어온 날이면 어머니는 애가 <u>칠칠맞지</u> 못하다고 타박을 주었다.
- **가시다**: 「1」 어떤 상태가 없어지거나 달라지다.
　예) 어머니의 얼굴에 눈물이 <u>가실</u> 날이 없다. / 소녀티가 <u>가시고</u> 제법 처녀티가 난다.
　「2」 【…을】 물 따위로 깨끗이 씻다.
　예) 소금물로 입을 <u>가셨다</u>.

06 같은 의미의 접사로 묶인 단어

강	1. 다른 것이 섞이지 않고 그것만으로 이루어진 • 강굴 : 물이나 그 밖의 다른 어떤 것도 섞지 아니한 굴의 살 • 강소주 : 안주 없이 마시는 술 • 강참숯 : 다른 나무의 숯이 조금도 섞이지 않은 참숯 • 강풀 : 물에 개지 않은 된풀 2. '마른' 또는 '물기가 없는' • 강기침 : '마른기침'을 일상적으로 이르는 말 • 강모 : 가물 때 마른논에 억지로 호미나 꼬챙이 따위로 땅을 파서 심는 모 • 강더위 : 오랫동안 비가 오지 아니하고 볕만 내리쬐는 심한 더위 • 강추위 : 눈도 오지 않고 바람도 불지 않으면서 몹시 매운 추위 3. 억지스러운 • 강울음 : 눈물 없이 우는 울음. 또는 억지로 우는 울음. ＝건울음 • 강호령 : 까닭 없이 꾸짖는 호령. ＝생호령 4. 몹시 • 강마르다 : 살이 없이 몹시 수척하다. • 강밭다 : 몹시 야박하고 인색하다. • 강파리하다 : 몸이 야위고 파리한 듯하다.
날	1. 말리거나 익히거나 가공하지 않은 • 날것 : 말리거나 익히거나 가공하지 아니한 먹을거리 • 날김치 : 아직 익지 아니한 김치 • 날고기 : 말리거나 익히거나 가공하지 아니한 고기 2. 다른 것이 없는 • 날바늘 : 실을 꿰지 아니한 바늘 • 날바닥 : 아무것도 깔지 아니한 바닥 • 날봉당 : 아무것도 깔지 아니한 맨흙바닥 3. 장례를 다 치르지 않은 • 날상가 : 아직 초상을 다 치르지 아니한 초상집 • 날상제 : 아직 초상을 다 치르지 아니한 상제 • 날송장 : 죽은 지 얼마 되지 아니한 송장 4. 지독한 • 날강도 : 아주 악독한 강도 • 날건달 : 지독한 건달 • 날도둑놈 : 몹시 악독한 도둑을 낮잡아 이르는 말 5. 교육을 받지 않았거나 경험이 없어 어떤 일에 서투른 • 날뜨기 : 아직 기생 교습을 받지 아니한 기녀 • 날짜 : 어떤 일에 익숙하거나 숙련되지 못한 것 또는 그런 사람을 낮잡아 이르는 말 6. 부질없이 • 날밤 : 부질없이 새우는 밤 • 날소일 : 하는 일 없이 하루하루를 보냄. • 날장구 : 부질없이 공연히 치는 장구

데	1. 불충분하게, 불완전하게 　• 데생기다 : 생김새나 됨됨이가 완전하게 이루어지지 못하여 못나게 생기다. 　• 데삶다 : 충분히 삶지 아니하고 살짝 익도록 잠깐 삶다. 　• 데알다 : 자세히 모르고 대강 또는 반쯤만 알다. 2. '몹시', '매우' 　• 데거칠다 : 몹시 거칠다. 　• 데바쁘다 : 몹시 바쁘다.
올	1. 생육 일수가 짧아 빨리 여무는 　• 오사리 : ① 같은 작물을 제철보다 일찍 수확하는 일. 또는 그런 작물 ② 이른 철의 사리 때에 잡은 해산물 　• 올벼 : 제철보다 일찍 여무는 벼 　• 올밤 : 제철보다 일찍 여무는 밤 2. 빨리 　• 올되다 : 열매나 곡식 따위가 제철보다 일찍 익다.
숫	아직 손이 닿거나 변하거나 하지 않은. 잡것이 섞이지 않은 　• 숫눈 : 눈이 와서 쌓인 상태 그대로의 깨끗한 눈 　• 숫음식 : 만든 채 고스란히 있는 음식
민	1. 꾸밈이나 붙어 딸린 것이 없는 　• 민낯 : 화장을 하지 않은 얼굴 　• 민머리 : ① 정수리까지 벗어진 대머리를 이르는 말 ② 쪽 찌지 않은 머리 　• 민비녀 : 용무늬를 새기지 않고 법랑(琺瑯)도 칠하지 않은 비녀 2. '그것이 없음' 또는 '그것이 없는 것' 　• 민꽃 : 꽃이 없고 홀씨로 번식하는 식물 　• 민등뼈 : 등뼈가 없음 　• 민무늬 : 아무 무늬가 없음. 　• 민소매 : 소매가 없는 윗옷. 또는 그런 소매
메	차지지 않고 끈기가 적은 　• 메떡 : 멥쌀 따위의 메진 곡식으로 만든 떡 　• 메밥 : 멥쌀로 지은 보통 밥을 찰밥에 상대하여 이르는 말 　• 메벼 : 벼의 하나. 낟알에 찰기가 없으며, 열매에서 멥쌀을 얻는다.
강(强)	매우 센, 호된 　• 강염기 : 수용액에서 수산화 이온과 양이온으로 완전히 해리되는 염기 = 강알칼리 　• 강심장 : 웬만한 일에는 겁내거나 부끄러워하지 아니하는 대담한 성질. 또는 그런 성질을 가진 사람 　• 강추위 : 눈이 오고 매운바람이 부는 심한 추위 　• 강타자 : 야구에서, 타격이 강한 타자 　• 강행군 : 어떤 일을 짧은 시간 안에 끝내려고 무리하게 함. 　• 강호령 : 아주 강하게 꾸짖는 호령
선	익숙하지 못한, 덜된, 격에 맞지 않는 　• 선소리 : 이치에 맞지 않은 서툰 말 　• 선웃음 : 우습지도 않은데 꾸며서 웃는 웃음 　• 선잠 : 깊이 들지 못하거나 흡족하게 이루지 못한 잠

핫	솜을 둔 • **핫**바지: ① 솜을 두어 지은 바지 ② 시골 사람 또는 무식하고 어리석은 사람을 낮잡아 이르는 말 • **핫**이불: 솜이불
치	그와 같은 물건이나 사람 • 날림**치**: 정성을 들이지 아니하고 대강대강 아무렇게나 만든 물건 • 버림**치**: 못 쓰게 되어서 버려 둔 물건

질	1. 도구를 가지고 하는 일
	  • 가위**질**: 가위로 자르거나 오리는 일
	  • 걸레**질**: 더러움이나 때를 걸레로 닦거나 훔치는 일
	  • 망치**질**: 망치로 무엇을 두드리거나 박는 일
	2. 신체 부위를 이용한 어떤 행위
	  • 곁눈**질**: 곁눈으로 보는 일
	  • 손가락**질**: 손가락으로 가리키는 짓
	  • 입**질**: 낚시질할 때 물고기가 낚싯밥을 건드리는 일
	3. 직업이나 직책 비하
	  • 선생**질**: 학생을 가르치는 일을 낮잡아 이르는 말
	  • 순사**질**: 예전에, 순사의 직무를 맡아 하는 일을 낮잡아 이르던 말
	4. 주로 좋지 않은 행위 비하
	  • 계집**질**: 자기 아내가 아닌 여자와 정을 통하는 일을 낮잡아 이르는 말
	  • 노름**질**: 노름을 하는 일을 낮잡아 이르는 말
	  • 서방**질**: 자기 남편이 아닌 남자와 정을 통하는 일을 낮잡아 이르는 말
	5. '그것을 가지고 하는 일' 또는 '그것과 관계된 일'
	  • 물**질**: 주로 해녀들이 바닷속에 들어가서 해산물을 따는 일
	  • 불**질**: 아궁이 따위에 불을 때는 일
	  • 풀**질**: 무엇을 붙이거나 바를 자리에 풀을 칠하는 일
	6. 소리를 내는 행위
	  • 딸꾹**질**: 가로막의 경련으로 들이쉬는 숨이 방해를 받아 목구멍에서 이상한 소리가 나는 증세
	  • 수군덕**질**: 남이 알아듣지 못하도록 낮은 목소리로 어수선하게 계속해서 이야기하는 일을 낮잡아 이르는 말

막	1. 거친, 질이 낮은
	  • **막**치: 되는대로 마구 만들어 질이 낮은 물건
	2. 닥치는 대로 하는
	  • **막**노동: 이것저것 가리지 아니하고 닥치는 대로 하는 노동
	  • **막**말: 나오는 대로 함부로 하거나 속되게 말함. 또는 그렇게 하는 말
	  • **막**일: 이것저것 가리지 아니하고 닥치는 대로 하는 노동
	3. 마지막의
	  • **막**차: 그날 마지막으로 오거나 가는 차

제3절 순화어

01 2015. 03. 30. 서울시 공무원들에게 공지된 〈일본식 한자어·외국어(외래어) 순화어 23개〉

순화 대상	권장 표현
견출지(見出紙)	찾음표
절취선(切取線)	자르는 선
시말서(始末書)	경위서
가처분(假處分)	임시처분
견습(見習)	수습
거래선(去來先)	거래처
행선지(行先地)	목적지, 가는 곳
내구연한(耐久年限)	사용 가능 기간
음용수(飮用水)	마실 물, 먹는 물
잔반(殘飯)	음식 찌꺼기, 남은 음식
납기(納期)	내는 날, 내는 기간
와쿠(와꾸)	틀
식비(食費)	밥값
식대(食代)	밥값
인수(引受)하다	넘겨받다
인계(引繼)하다	넘겨주다
차출(差出)하다	뽑다, 뽑아내다
납부(納付)하다	내다
호출(呼出)하다	부르다
회람(回覽)	돌려 보기
잔업(殘業)	시간 외 일
절수(節水)	물 절약, 물 아낌
러시아워(rush hour)	혼잡 시간(대)

02 꼭 가려 써야 할 일본어 투 용어 20개

일본어 투 용어	권장 표현	일본어 투 용어	권장 표현
망년회	송년회	거래선	거래처
견습	수습	종지부	마침표
모포	담요	대절	전세
고수부지	둔치	도합	합계
구좌	계좌	보합세	주춤세
노견	갓길	불입	납입
가불	선지급	고참	선임
가처분	임시 처분	다반사	예삿일
마대	포대/자루	수취인	받는 이
익일	다음 날	잔고	잔액

> 🔔 **알아 두기**
>
> **최신 기출 순화어**
> - 가능성은 상존하고 있다. → 가능성은 늘 있다.
> - 만 65세 도래자는 → 만 65세가 되는 사람은
> - 소정의 급여를 지급함으로써 → 정해진 바에 따른 급여를 지급함으로써
> - 확인서 발급에 따른 편의성을 제고함. → 확인서 발급에 따른 편의성을 높임.
> - 목록에 게기된 서류를 붙인다. → 목록에 기재된(=실린)서류를 붙인다.
> - 변경 사항을 주말하였다. → 변경 사항을 붉은 선으로 지웠다.
> - 일반 회계와 구분하여 계리하였다. → 일반 회계와 구분하여 회계 처리하였다.
> - 재산 관리인을 개임하는 처분을 하다. → 재산 관리인을 교체 임명하는 처분을 하다.

03 차별적 어휘, 한자어, 외래어

순화 대상	순화한 결과
그 꼬락서니가 대체 뭐니?	모습
말 안 들으면 당장 모가지야.	해고
얼굴은 살색으로 칠해.	연주황색 / 살구색
항상 절름발이식 행정이지.	균형이 잡히지 않은
넌 학생이 아니라 학부형의 외모란다.	학부모
그 미망인(未亡人)은 정말 아름답다.	부인 ▶ 아직 따라 죽지 못한 사람이라는 뜻이니, 다른 사람이 당사자를 '미망인'이라 부르는 것은 실례이다.
이번 경기가 처녀 출전입니다.	첫 출전
여긴 일당(日當)을 많이 주지 않아.	하루 품삯
잔반(殘飯)을 남기면 벌금입니다.	음식 찌꺼기
올해의 마스터 플랜(master plan)	기본 계획, 종합 계획
나래의 노하우(know-how)	비결, 비법, 기술
나래의 프로필(profile)을 혹시 봤니?	약력, 인물 소개
바캉스(vacance) 철에는 부산이지!	여름휴가
피로 회복에 좋다는 음료들에 중독성이 있대.	원기 회복, 피로 해소
나래의 발자국 소리를 들으면 떨려.	발소리, 발걸음 소리
해태(懈怠)	게으름. 제때에 하지 않음.
은비(隱祕)	숨겨 비밀로 함. 모르게 숨김.
몽리(蒙利)	이익을 얻음.
포태(胞胎)	임신
양수(讓受) / 양도(讓渡)	넘겨받음. / 넘겨줌.
파훼(破毀)	깨뜨려 헐어 버림. 훼손
유증(遺贈)	유언에 의하여 재산을 물려줌.
향응(饗應)	융숭한 대접, 융숭하게 대접함.
결궤(決潰)	방죽이나 둑이 물에 밀려 터져 무너짐.
기명날인(記名捺印)	이름을 적고 도장을 찍음.
교사자(敎唆者) / 방조자(幇助者)	부추긴 사람 / 곁에서 도운 사람
차주(借主) / 대주(貸主)	빌린 이 / 빌려준 이
임차인(賃借人) / 임대인(賃貸人)	빌려 쓰는 사람 / 빌려주는 사람
매수인(買受人) / 매도인(賣渡人)	사는 사람 / 파는 사람
수유자(受遺者)	유증을 받은 사람

04 국립국어원, 〈필수 개선 행정용어〉 100개

1. 개선 대상 외래어, 외국어

외래어/외국어	다듬은 말	외래어/외국어	다듬은 말
거버넌스	민관 협력, 협치, 관리, 정책	오피니언 리더	여론 주도자, 여론 주도층
규제 프리존	규제 자유 구역, 규제 (대폭) 완화 지역, 무규제 지역	원스트라이크 아웃제	즉각 처벌 제도, 즉시 퇴출제
규제 샌드박스	규제 유예 (제도)	이니셔티브	주도권, 선제권, 구상, 발의, 발의권
니즈	필요, 수요, 바람	제로화	원점화, 없애기, 뿌리 뽑기
데모데이	시연회, 시연일, 시범 행사(일), 사전 행사(일)	쿼터	한도량, 할당량
드론	무인기	클러스터	산학 협력 지구, 연합 지구, 협력 지구
라운드 테이블	원탁회의	킥오프 회의	첫 회의, 첫 기획 회의
롤모델	본보기, 본보기상, 모범	태스크포스(T/F, TF)/태스크포스 팀	특별팀, 전담팀, (특별) 전담 조직
리스크	위험, 손실 우려, 손해 우려	테스트 베드	시험장, 시험대, 시험무대, 가늠터
마스터 플랜	종합 계획, 기본 계획, 기본 설계	투 트랙	양면, 두 갈래
매뉴얼	지침, 설명서, 안내서	팸투어	홍보 여행, 초청 홍보 여행, 사전 답사 여행
매칭	연계, 연결, 대응	(…)풀	(…)후보군, (…)군, (…)명단
메가트렌드	대세, 거대 물결	허브	중심, 중심지
모멘텀	(전환) 국면, (전환) 계기, 동인(動因)	AI	① 인공 지능 ② 조류 독감, 조류 인플루엔자
바우처	이용권	B2B/G2G	기업 간 (거래)/정부 간 (거래)
브라운백 미팅, 브라운백 세미나	도시락 강연회, 도시락 회의, 도시락 토론회	BI	브랜드 정체성
브로슈어	안내서, 소책자	G20	주요 20개국
세션	분과, 시간	ICT	정보 통신 기술
스크린도어	안전문	IoT	사물 인터넷
스타트업	창업 초기 기업, 새싹 기업	IR	기업 설명회, 기업 상담회
싱크 탱크	참모진, 참모 집단, 두뇌 집단	IT	정보 기술
아웃리치	현장 지원 활동, 현장 원조 활동, 거리 상담	MOU	업무 협약, 양해 각서
아카이브	자료 보관소, 자료 저장소, 자료 전산화, 기록 보관	O2O	온오프라인 연계, 온오프라인 연계 마케팅, 온오프라인 연계 사업
액션 플랜	실행 계획	ODA	공적 개발 원조, 정부 개발 원조
어젠다	의제	R&D	연구 개발

2. 개선 대상 한자어

한자어	다듬은 말	한자어	다듬은 말
가료	치료	수범 사례	모범 사례, 잘된 사례
가용하다, 가용한	쓸 수 있다, 쓸 수 있는	수의시담	가격 협의
개산/개산하다/개산급	어림 계산, 대략 계산/어림잡아 계산하다, 대략 계산하다/어림 지급, 대략 계산 지급	시건장치	잠금장치
거양/거양하다	올림, (드)높임, 듦/올리다, (드)높이다, 들다	양도양수	주고받음, 넘겨주고 넘겨받음
게첩, 게첨/게첩하다, 게첨하다	게시, 내붙임, 내 걺/게시하다, 내붙이다, 내걸다	(아스팔트 등) 양생	(아스팔트 등) 굳히기
견양	보기, 본, 본보기, 서식	여입 결의	회수 결정
계류/계류되다/계류 중	묶임/묶여 있다, 묶이다/검토 중	예가	예정 가격
계리	회계처리	예산 지변 과목	예산 과목
금명간	곧, 오늘내일, 오늘내일 사이	예찰	미리 살피기
금번	이번	이격	벌어짐, 벌림, 떨어짐
금회	이번	익일/익월/익년	다음 날/다음 달/다음 해
내구 연한	사용 연한, 사용 가능 기간, 사용 가능 햇수	일부인	날짜 도장
내용 연수	사용 연한, 사용 가능 기간, 사용 가능 햇수	임석	(현장) 참석
단차	고저차, 높이 차이, 높낮이(차이)	자동 제세동기	자동 심장 충격기
당해	그, 해당	적기	알맞은 시기, 제때, 제철
동년/동월/동일	같은 해/같은 달/같은 날	적의 조치/적의 조치하기 바람	적절한 조치/적절히 조치하기 바람
동법/동조/동항	같은 법/같은 조/같은 항	지득/지득하다	앎, 알게 됨/알다, 알게 되다
물품 수불 대장	물품 출납 장부, 물품 출납 대장	차년도	다음 해, 다음 연도
별건	다른 건, 딴 건	(기부 등) 채납/채납하다	(기부 등) 받음, 받기/받다, 받아들이다
부락	마을	첨두시	가장 붐빌 때, 수요가 최고일 때
불상의, 불상인	알 수 없는, 자세하지 않은	초도순시	첫 시찰, 첫 둘러보기
불시에	갑자기, 예고 없이	(경보, 사이렌 등을) 취명/취명하다	(경보, 사이렌 등을) 울림/울리다
불입/불입하다	납입, 납부, 냄/납입하다, 납부하다, 내다	(공무원증, 출입증 등을) 패용/패용하다	(공무원증, 출입증 등을) 달기/달다
불출/불출하다	내줌, 공급, 지급/내주다, 공급하다, 지급하다	하구언	하굿둑
성료	성공적으로 마침, 성공적으로 끝남, 성대하게 마침	행선지	목적지

05 그 외 순화어

순화 대상	순화한 결과	순화 대상	순화한 결과
가건물(假建物)	임시 건물	견습(見習)	수습
공수표(空手票)	부도 수표	고참(古參)	선임(자), 선참(자)
생방송(生放送)	현장 방송	도합(都合)	모두, 합계
거래선(去來先)	거래처	두개골(頭蓋骨)	머리뼈
공급원(供給元)	공급처	반려(返戾)	반송
비상구(非常口)	비상문	소라색[空色]	하늘색
일부(日附)	날짜	유야무야(有耶無耶)	흐지부지
숙박계(宿泊屆)	숙박부	절취(切取)하다	자르다, 끊다
엔고(円高)	엔화 상승, 엔화 강세	차출(差出)	뽑아냄
건폐율(建蔽率)	대지 건물 비율	품절(品切)	절품, 매진
고수부지(高水敷地)	둔치(마당), 강턱	간극(間隙)	틈
기라성(綺羅星)	빛나는 별, 내로라하는 이들	방불(彷佛)하다	거의 비슷하다
부락(部落)	마을	선택 사양(仕樣)	선택 항목, 선택 품목
진검승부(眞劍勝負)	생사 겨루기, 정면 대결	시말서(始末書)	경위서
가가호호(家家戶戶)	집집마다	오찬(午餐)	점심(모임)
간선도로(幹線道路)	중심 도로, 주요 도로	급기야(及其也), 필경(畢竟)에	마침내, 끝내는
난색(難色)을 표명하다	어려운 빛을 나타내다	미상불(未嘗不)	아닌 게 아니라, 과연
척사(擲柶) 대회	윷놀이 대회	미연(未然)에	미리
비산(飛散) 먼지 주의	날림 먼지 주의	소위(所謂)	이른바
사고 다발(多發) 지역	사고 잦은 곳	불가불(不可不), 부득불(不得不)	아니할 수 없어, 마지못하여 결국
촉수 엄금(觸手嚴禁)	손대지 마시오	불가피(不可避)한	피하려야 피할 수 없는
총기 수입(手入)	총기 손질	언필칭(言必稱)	말할 때마다 이르기를
콘크리트 양생(養生) 중	콘크리트 굳히는 중	불가결(不可缺)	없어서는 아니 되는
품행(品行) 방정(方正)함	행실 바름	불원간(不遠間)	머지않아
곤색(紺色)	감색, 검남색, 진남색	폐일언(蔽一言)하고	한마디로
기지	천	불연(不然)하면	그렇지 않으면
나시(袖無し)	민소매	화훼 단지(花卉團地)	꽃 재배지

제4절 관용적 표현

01 성격과 관련된 관용어

결이 바르다	성미가 곧고 바르다.
관물이 들다	오랜 관리 생활로 관료적인 영향을 받다.
꼭뒤를 지르다	앞장을 질러 말하거나 행동하다. 세력이나 힘이 위에서 누르다.
날이 서다	성격이나 표현, 판단력 따위가 날카롭다. 연장의 날이 날카로워지다.
너니 내니 하다	서로 책임을 안 지려고 하다.
말이 굳다	말이 더듬더듬 막히거나 표현이 부드럽지 못하고 거칠다.
물로 보다	사람을 하찮게 보거나 쉽게 생각하다.
바늘로 찔러도 피 한 방울 안 난다	사람이 단단하고 야무지게 생겼음. 빈틈이 없거나 융통성이 없음. 지독한 구두쇠

02 상태와 관련된 관용어

가마솥에 든 고기	매우 위태한 지경
범의 아가리	
꿩 구워 먹은 자리	아무 흔적도 남지 아니한 상태
물거미 지나간 자리	
배 지나간 자리	
노루 꼬리만 하다	매우 짧다.
눈에서 황이 나다	몹시 억울하거나 질투가 날 때
눈이 가매지게(가매지도록)	몹시 기다리는 모양
닭 발 그리듯	글을 쓰거나 그림을 그리는 솜씨가 매우 서툴고 어색함.
도로 아미타불	고생만 하고 아무 소득이 없게 됨.
동티가 나다	건드리지 않을 것을 건드려서 스스로 걱정거리를 불러들이거나 해를 입다.
딸 없는[죽은] 사위	직접적인 인연이나 관계가 끊어져 쓸데없거나 긴요하지 않게 된 것
불 없는[꺼진] 화로	
떡 해 먹을 집안	화합하지 못하고 어려운 일만 계속해서 일어나는 집안
떡이 되다	크게 곤욕을 당하거나 매를 많이 맞다.
떡이 생기다	뜻밖의 이익이 생기다.
떡심이 풀리다	낙담하여 맥이 풀리다.
마각을 드러내다	숨기고 있던 일이나 정체를 드러내다.
범의 차반	무엇이 생기면 아껴 쓰며 모아 둘 생각은 없이 생기는 대로 다 써 버림.
부엉이 곳간	없는 것이 없이 다 갖추어져 있는 경우
서슬이 시퍼렇다 / 푸르다	권세나 기세 따위가 대단하다.

03 동작과 관련된 관용어

말 죽은 데 체 장수 모이듯	남의 불행에 아랑곳없이 제 이익만 채우려고 많은 사람이 모여드는 것
메주 밟듯	여러 곳을 빠짐없이 골고루 돌아다님.
물 쏘듯 총 쏘듯	입에서 나오는 대로 마구 떠들어 대다.
범에게 날개	힘이나 능력이 있는 사람이 더욱 힘을 얻게 된 경우
벙어리 재판	옳고 그름을 판단하기가 매우 어렵거나 곤란한 경우
쌍지팡이를 짚고 나서다	어떤 일에 대하여 적극적으로 반대하거나 간섭하여 나서다.
악머구리 끓듯	많은 사람이 모여서 시끄럽게 마구 떠드는 모양
억지 춘향이	억지로 어떤 일을 이루게 하거나 어떤 일이 억지로 겨우 이루어지는 경우
오뉴월 써레밭 같다	사물이 드문드문하게 있는 상황
오뉴월 엿가락	행동이나 말이 느리거나 길게 늘어진 모양
입추의 여지가 없다	많은 사람이나 물건이 꽉 들어차 있는 경우
헌머리에 이 모이듯	이익이 있는 곳에 많은 사람이 떼를 지어 몰림.

04 행동과 관련된 관용어

물 만난 오리걸음	보기 흉하게 어기적거리며 급히 걷는 모양
물이 가다	싱싱한 맛이 없어지다.
물이 젖다	생활에 배도록 깊은 영향을 받다.
물인지 불인지 모르다	사리를 분간하지 못하거나 따져 보지 않고 함부로 행동하다.
범의 어금니	없어서는 안 될 매우 요긴한 것
비단 방석에 앉다	매우 훌륭하고 보람 있는 지위나 자리를 차지하다.
생눈을 뽑다	사람을 꾀어서 재물을 빼앗다. 허물을 억지로 덮어씌우다.
소 잡아먹다	아주 음흉한 일을 하다.
소한테 물렸다	엉뚱한 데서 뜻밖의 손해를 본 경우
아귀가 무르다	마음이 굳세지 못하고 남에게 잘 꺾이다. 손으로 잡는 힘이 약하다.
아귀를 맞추다	일정한 기준에 들어맞게 하다.
아귀가 나다	마무리되어 마감이 이루어지다.
알토란 같다	부실한 데가 없이 옹골차고 단단하다. 살림살이를 규모 있고 알뜰하게 하다.
옹이가 지다	마음에 언짢은 감정이 있다.

05 신체를 지칭하는 말이 포함된 관용어

관용어	의미
가슴을 불태우다	의욕이나 기세가 몹시 끓어오른 상태에서 활동하다.
가슴이 숯등걸이 되다	애가 타서 마음이 상할 대로 상하다.
간을 녹이다	감언이설(甘言利說), 아양 따위로 상대편의 환심을 사다. 매우 애타게 하다.
간장을 녹이다	
간이 마르다	몹시 초조하거나 안타까워서 속이 상하다.
간이 서늘하다	위험하고 두려워 매우 놀라다.
간이 타다	너무 근심스럽고 안타까워 속이 타는 듯하다.
결을 삭이다	성이 나거나, 맺히고 격한 마음을 가라앉히다.
마음을 삭이다	
고개(낯/얼굴)을 들다	남을 떳떳이 대하다.
군눈을 뜨다	외도에 눈을 뜨다.
군입을 다시다	끼니 외의 군음식을 먹다. 무엇을 먹고 싶어서 입을 다시다.
귀 밖으로 듣다	남의 말을 성의 있게 듣지 않고 듣는 둥 마는 둥 하다. 듣고도 못 들은 척하다.
귀가 가렵다	남이 자기 말을 한다고 느끼다.
귀가 엷다	남의 말을 쉽게 받아들인다.
귀가 절벽이다	귀가 아주 들리지 아니하다. 세상 소식에 어둡다.
귀가 질기다	둔하여 남의 말을 잘 이해하지 못하다. 말을 싹싹하게 잘 듣지 않고 끈덕지다.
귀가 여리다	속는 줄도 모르고 남의 말을 그대로 잘 믿다.
귀가 얇다	남의 말을 쉽게 받아들인다.
귀에 거칠다	하는 말이 온당치 않아 듣기에 거북하다.
귀에 못이 박히다	같은 말을 여러 번 듣다.
귀에 싹이 나다	
귀를 재우다	말썽을 무마하여 평온하게 만들다.
귀를 주다	남의 말을 엿듣다. 남에게 살그머니 알려 조심하게 하다.
귓등으로 듣다	듣고도 들은 체 만 체하다.
귓전으로 듣다	관심을 기울이지 아니하고 건성으로 듣다.
낯이 깎이다	체면이 손상되다.
낯이 넓다	아는 사람이 많다.
얼굴이 넓다	
발이 넓다	
마당발이다	
낯이 두껍다	부끄러움을 모르고 염치가 없다.
얼굴 가죽이 두껍다	
얼굴이 두껍다	
낯이 있다	안면이 있다.

낯을 보다	체면을 고려하다.
얼굴을 보다	
눈에 거칠다	보기가 싫어 눈에 들지 아니하다.
눈에 나다	신임을 잃고 미움을 받게 되다.
눈에 차다	흡족하게 마음에 들다.
눈에 콩깍지가 씌다	한눈에 상대에게 반해 무조건 좋아하게 되다.
눈에 밟히다	잊히지 않고 자꾸 눈에 떠오르다.
눈에 선하다	잊히지 않고 눈앞에 생생하게 보이는 듯하다.
눈에 어리다	어떤 모습이 잊히지 않고 머릿속에 뚜렷하게 떠오르다.
눈을 까뒤집다	주로 좋지 않은 일에 열중하여 제정신을 잃다.
눈을 돌리다	관심을 돌리다.
눈을 맞추다	서로 눈을 마주 보다.
눈(알)이 곤두서다	몹시 노하거나 흥분하다.
눈에 쌍심지를 켜다	
눈에 불을 켜다	
목을 세우다	
눈이 나오다	몹시 놀라다.
눈이 무디다	사물을 보고 깨닫는 힘이 약하다.
눈이 시다	하는 짓이 거슬려 보기에 아니꼽다.
눈이 여리다	감정이 모질지 못하여 눈물을 잘 보이다.
다리(발)가 길다	먹는 자리에 우연히 가게 되어 먹을 복이 있다.
다리(발)가 짧다(밭다)	먹는 자리에 남들이 다 먹은 뒤에 나타나다. 먹을 복이 없다.
다리를 들리다	미리 손쓸 기회를 빼앗기다.
덜미를 넘겨짚다	남의 속을 떠보다.
덜미를 눌러놓다	상대편의 약점을 잡아서 꼼짝 못 하게 하다.
덜미를 잡히다	못된 일을 꾸미다가 발각되다.
덜미를 치다	약점이나 제일 중요한 곳에 공격을 하거나 타격을 가하다.
등 돌리다	뜻을 같이하던 사람이나 단체와 관계를 끊고 배척하다.
등 떠밀다	일을 억지로 시키거나 부추기다.
등을 벗겨 먹다	위협하여 남의 재물을 빼앗다.
등이 닿다	뒤로 힘 있는 곳에 의지하게 되다.
마음을 풀다	긴장하였던 마음을 늦추다.
머리가 굵다	어른처럼 생각하거나 판단하게 되다.
머리가 크다	
머리가 세다	복잡하거나 안타까운 일에 너무 골몰하거나 걱정하다.
머리가 썩다	사고방식이나 사상이 낡아서 쓰지 못하게 되다.
머리를 맞대다	어떤 일을 의논하거나 결정하기 위하여 서로 마주 대하다.

목 안의 소리	들릴 듯 말 듯 한 작은 소리
목에 거미줄 치다	곤궁하여 아무것도 먹지 못하는 처지가 되다.
목에 칼이 들어와도	무슨 일이 있더라도 끝까지 버틴다.
목을 조이다	고통스럽게 하여 망하게 하거나 못살게 하다.
목이 곧다	남에게 호락호락 굽히지 아니하며 억지가 세다.
목이 막히다	설움이 북받치다.
발꿈치(발뒤축)를 물다	은혜를 베풀어 준 상대에게 뜻밖의 해를 입히다.
발꿈치(발뒤축)를 물리다	은혜를 베풀어 준 상대에게서 뜻밖의 해를 입다.
발등을 디디다	남이 하려는 일을 앞질러서 먼저 하다.
발등을 밟히다	자기가 하려는 일을 남이 앞질러서 먼저 하다.
발등을 찍다	남의 일을 그르치거나 해를 주다.
발등을 찍히다	남에게 배신을 당하다.
발바닥을 핥다	재력이나 권세가 있는 사람에게 빌붙어 너절하고 더러운 짓을 하다.
사타구니를 긁다	
발을 구르다	매우 안타까워하거나 다급해하다.
발을 달다	말을 덧붙이다.
발이 뜨다	이따금씩 다니다.
발이 맞다	여러 사람의 말이나 행동이 같은 방향으로 일치하다. 여러 사람이 걸을 때에 같은 쪽의 발이 동시에 떨어지다.
발이 빠르다	알맞은 조치를 신속히 취하다.
발(씨)이 익다	여러 번 다녀서 길에 익숙하다.
속을 뽑다	일부러 남의 마음을 떠보고 그 속내를 드러나게 하다.
속이 내려가다	화를 냈거나 토라졌던 감정이 누그러지다.
속이 살다	겉으로는 수그러진 듯하나 속에는 반항하는 마음이 있다.
속이 풀리다	거북하던 배 속이 가라앉다.
손에 오르다/익다	일이 손에 익숙해지다.
손을 나누다	서로 헤어지다. 일을 여럿이 나누어 하다.
손을 넘기다	알맞은 시기를 넘기다. 물건을 셀 때 잘못 계산하여 실제보다 더 많거나 적게 되다.
손을 놓다	하던 일을 그만두거나 잠시 멈추다.
손을 늦추다	긴장을 풀고 일을 더디게 하다.
손을 맞잡다	서로 뜻을 같이하여 긴밀하게 협력하다.
손(끝)을 맺다	할 일이 있는데도 아무 일도 안하다.
손을 뻗치다	세력이나 사업의 활동 범위를 넓히다. 어떤 행위가 멀리까지 미치게 하다.
손이 거칠다	도둑질 같은 나쁜 손버릇이 있다. 일 다루는 솜씨가 꼼꼼하지 못하다.
손이 나다	어떤 일에서 조금 쉬거나 다른 것을 할 틈이 생기다.
손이 놀다	일거리가 없어 쉬는 상태에 있다.
손이 떨어지다	일이 끝나다.
손이 뜨다	일하는 동작이 매우 굼뜨다.

손이 맞다	함께 일할 때 생각, 방법 따위가 서로 잘 어울리다.
손이 맵다	손으로 슬쩍 때려도 몹시 아프다. 일하는 것이 빈틈없고 매우 야무지다.
손끝이 맵다	
손때가 맵다	
손이 비다	할 일이 없어 아무 일도 하지 아니하고 있다. 수중에 돈이 없다.
손이 빠르다/싸다/재다	일처리가 아주 빠르다.
손이 서투르다	일에 익숙하지 아니하다.
손이 여물다	일하는 것이 빈틈없고 매우 꼼꼼하다.
손끝이 야무지다	
손톱도 안 들어가다	사람됨이 몹시 야무지고 인색하다.
앓는 소리하다	일부러 구실을 대며 걱정하는 말을 하다.
어깨가 올라가다	칭찬을 받거나 하여 기분이 으쓱해지다.
어깨를 견주다	서로 비슷한 힘이나 지위를 가지다.
어깨를 겯다	같은 목적을 위하여 행동을 서로 같이하다.
어깨를 낮추다	겸손하게 자기를 낮추다.
어깨를 들이대다/들이밀다	어떤 일에 몸을 아끼지 아니하고 뛰어들다.
어깨에 걸머지다	무거운 책임 따위를 맡게 되다.
어깨에 힘을 주다	거만한 태도를 취하다.
오금을 박다	장담하던 말을 근거로 삼아 몹시 논박하다. 단단히 이르다.
오금이 뜨다	침착하게 한곳에 오래 있지 못하고 들떠서 함부로 덤비다. 마음이 방탕하여 놀아나다.
오금이 쑤시다	무슨 일을 하고 싶어 가만히 있지 못하다.
이골이 나다	어떤 일에 완전히 길들어 익숙해지다. 진절머리가 나도록 그 일을 오랫동안 많이 해 오다.
이불 안 활개	남이 보지 않는 데서 젠체하는 호기
입안의 소리	남이 알아듣지 못하게 입속에서 웅얼웅얼거리는 작은 말소리
입에 꿀을 바른 말	듣기에 좋은 말
입에 대다	음식을 먹거나 마시다. 담배를 피우다.
입에 발리다	남의 비위를 맞추기 위해 아첨을 하다.
입에 발린 소리	마음에도 없이 겉치레로 하는 말
입에 붙다	아주 익숙하여 버릇이 되다.
입에 침 바른 소리	겉만 번지르르하게 꾸미어 듣기 좋게 하는 말
입에 풀칠하다	근근이 살아가다.
입을 맞추다	서로의 말이 일치하도록 하다.
입을 모으다	여러 사람이 같은 의견을 말하다.
입의 혀 같다	일을 시키는 사람의 뜻대로 움직여 주다.
입이 높다	맛있고 좋은 음식만을 바라는 버릇이 있다.
입이 도끼날 같다	바른말을 매우 날카롭게 거침없이 하다.
입이 달다	입맛이 당기어 음식이 맛있다.

입이 되다	맛있는 음식만 먹으려고 하는 버릇이 있어 음식에 몹시 까다롭다.
입이 마르다	거듭해서 말하다.
입이 여물다	말이 분명하고 실속이 있다.
입이 쓰다	어떤 일이나 말 따위가 못마땅하여 기분이 언짢다. ≒ 입안이 쓰다.
입이 짧다	음식을 심하게 가리거나 적게 먹다.
정곡을 찌르다	어떤 문제의 핵심을 지적하다.
제 눈에 안경	보잘것없는 물건이라도 제 마음에 들면 좋아 보인다.
직성이 풀리다	제 성미대로 되어 마음이 흡족하다.
침을 삼키다/흘리다	몹시 먹고 싶어 하다. 자기 소유로 하고자 몹시 탐내다.
코(를) 빠뜨리다	못 쓰게 만들거나 일을 망치다.
코 큰 소리	잘난 체하는 소리
코를 떼다	무안을 당하거나 핀잔을 맞다.
코를 맞대다	아주 가까이 마주 대하다.
코에 걸다	무엇을 자랑삼아 내세우다.
코에서 단내가 난다	일에 시달려 몸과 마음이 몹시 고달프다.
콧등이 시다	매우 아니꼽다.
턱을 대다	어떤 사람을 믿고 의지로 삼다.
티를 뜯다	공연히 결점을 찾아내어 자꾸 시비를 걸다.
하루가 새롭다	하루하루 요긴해 지나가는 시간이 아쉽다. 짧은 시간이 괴롭고 길게 느껴지다. 사물의 변화가 두드러지다.
한시가 새롭다	
학을 떼다	괴롭거나 어려운 상황을 벗어나느라고 진땀을 빼거나 그것에 거의 질려 버리다.
허리가 꼿꼿하다	나이에 비하여 젊다. 몸이 약간 피로하다.
허리를 굽히다/꺾다	정중히 인사하다.

06 수량과 관련된 관용어

떡을 치다	양이나 정도가 충분하다.
소가 뜨물 켜듯이	엄청나게 많이 먹다.
소같이 먹다	
소 먹듯 하다	
병아리 눈물만큼	매우 적은 수량
새 발의 피	

07 평가와 관련된 관용어

인구에 회자되다	세상 사람들의 입에 칭찬의 뜻으로 오르내리다.
꼬리표가 붙다	어떤 사람에게 나쁜 평가나 평판이 내려지다.
낙인이 찍히다	벗어나기 어려운 부정적 평가를 받다.
입길에 오르내리다	이러쿵저러쿵 남의 흉을 보는 입놀림에 오르내리다.

08 사람을 비유적으로 나타낸 관용 표현

개천(도랑)에 든 소	도랑 양편에 우거진 풀을 다 먹을 수 있는 소라는 뜻으로, 풍족한 형편에 놓인 사람
굴레 벗은 말	구속이나 통제에서 벗어나 몸이 자유롭게 된 상태를 이르는 말
대추(나무) 방망이	단단하고 야무지거나 표독스럽게 생긴 사람을 이르는 말
등 진 가재	남의 세력에 의지하고 있는 사람을 비유적으로 이르는 말
물 건너온 범	한풀 기세가 꺾인 사람을 비유적으로 이르는 말
물 밖에 난 고기	제 능력을 발휘할 수 없는 처지에 몰린 사람
물 찬 제비	물을 차고 날아오른 제비처럼 몸매가 아주 매끈하여 보기 좋은 사람. 동작이 민첩하고 깔끔하여 보기 좋은 행동을 함을 비유적으로 이르는 말
범 잡은 포수	뜻한 바를 이루어 의기양양한 사람을 비유적으로 이르는 말
소 죽은 귀신 같다	소가 고집이 세고 힘줄이 질기다는 데서 몹시 고집이 세고 질긴 사람을 비유한 말
얻어 온 쐐기	남의 집에 와 거드는 일도 없이 먹기만 하는 사람을 비유적으로 이르는 말
인왕산 호랑이	몹시 무서운 사람을 비유적으로 이르는 말
절에 간 색시	아무리 싫어도 남이 시키는 대로 따라 할 수밖에 없는 사람을 이르는 말

09 기타

고추 먹은 소리	못마땅하게 여겨 씁쓸해하는 말
낙양의 지가를 올리다	어떤 책이 매우 잘 팔림.
대추나무에 연 걸리듯	여기저기에 빚을 많이 진 것
동곳을 빼다	힘이 모자라서 복종하다.
비단 보자기를 씌우다	속은 보잘것없는데 겉만 아름답게 보이게 하다.
빛 좋은 개살구	
허울 좋은 하눌타리	
삼수갑산에 가는 한이 있어도	자신에게 닥쳐올 어떤 위험도 무릅쓰고라도 어떤 일을 단행할 때 하는 말

PART 3
문학

Chapter 1	문학 유형별 접근법	276
Chapter 2	교과서 필수 고전 운문	290
Chapter 3	교과서 필수 고전 산문	362
Chapter 4	교과서 필수 현대 운문	390
Chapter 5	교과서 필수 현대 산문	434

문학 유형별 접근법

PART 3 문학

01 문학 작품 이해의 관점

문학 작품을 구성하는 네 가지 요소로는 작품을 쓴 작가, 그리고 작품, 그 작품에 반영된 현실(세계), 작품을 감상하는 독자가 있다.

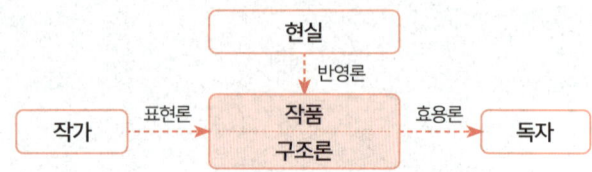

1. 내재적 관점 = 구조론적 관점, 절대주의적 관점

문학 작품은 그 자체로 독립적인 존재라고 보아 작가, 독자, 현실과의 관계를 배제하고, 작품을 이루고 있는 언어들의 유기적 관계, 작품의 구조 등에 대한 분석에 주력한다.

2. 외재적 관점

반영론 (反映論) = 모방론	⇨ 작품과 작품의 대상이 되는 현실과의 관계를 중시하는 관점 • 문학은 현실의 모방 내지 반영이라는 점을 강조하여 작품이 창작된 당대 삶의 현실, 사회적 상황 등을 주로 살핀다.
표현론 (表現論) = 생산론	⇨ 작품이 작가와 맺는 관계를 중시하는 관점 • 문학 작품은 작가가 자신의 개인적 체험, 사상, 감정 등을 표현한 것이므로 작가의 의도를 파악해 내는 것이 작품 이해의 관건이라고 본다. • 작가의 전기적 사실을 연구하여 이것이 작품에 어떤 영향을 미쳤는가를 살핀다.
효용론 (效用論) = 수용론	⇨ 작품과 독자와의 관계를 중시하는 관점 • 작품을 향유하는 독자에 초점을 맞추어 작품을 해석하는 것으로, 문학 작품이 독자에게 미친 미적 쾌감, 교훈, 감동 등을 주로 살핀다. • 작품 해석이 수용자에 따라 다양하게 변화될 수 있다고 보아 독자의 역할을 부각시킨다.

〈보기〉에 나타난 작품 감상의 관점으로 가장 옳은 것은?

2018. 서울시 9급

〈 보기 〉

나는 지금도 이광수의 《무정》 작품을 읽으면 가슴이 뜨거워지는 것을 느껴. 특히 결말 부분에서 주인공 이형식이 "옳습니다. 우리가 해야지요! 우리가 공부하러 가는 뜻이 여기 있습니다. 우리가 지금 차를 타고 가는 돈이며 가서 공부할 학비를 누가 주나요? 조선이 주는 것입니다. 왜? 가서 힘을 얻어 오라고, 지식을 얻어 오라고, 문명을 얻어 오라고 …… 그리해서 새로운 문명 위에 튼튼한 생활의 기초를 세워 달라고 …… 이러한 뜻이 아닙니까?"라고 부르짖는 부분에 가면 금방 내 가슴도 울렁거려 나도 모르게 "네, 네, 네."라고 대답하고 싶단 말이야. 이 작품은 이 소설이 나왔던 1910년대 독자들의 가슴만이 아니라 아직 강대국에 싸여 있는 21세기 우리 시대 독자들에게도 조국을 생각하는 마음에 큰 감동을 주고 있다고 생각해.

① 반영론적 관점　　② 효용론적 관점
③ 표현론적 관점　　④ 객관론적 관점

정답해설 외재적 접근 방법인 '효용론적 관점'은 문학 작품이 독자에게 미치는 효용을 중시하는 관점이다. '내 가슴도 울렁거려', '나도 모르게 "네, 네, 네"라고 대답하고 싶단 말이야'는 독자가 얻은 감동으로 볼 수 있다. 또한 마지막 문장인 '아직 강대국에 싸여 있는 21세기 우리 시대 독자들에게도 조국을 생각하는 마음에 큰 감동을 주고 있다고 생각해'에서 효용론적 관점이 명확하게 드러난다.

오답해설
① '반영론적 관점'은 문학 작품을 현실의 반영이라고 보는 관점으로, 작품의 내용을 현실과의 관계 속에서 해석하고 감상한다. 〈보기〉에는 '현실의 반영'이라는 측면에서 작품을 살피는' 내용이 드러나지 않았다.
③ '표현론적 관점'은 작품을 작가의 체험, 사상, 감정 등을 표현한 것으로 보며, 작가의 성장 환경, 학력, 교우 관계, 취미, 종교, 사상 등을 고려하며 작품을 감상한다. 작가 이름은 첫 문장에 나와 있으나, 성장 환경, 학력 등 작가에 대한 정보는 드러나지 않았으며, 이를 통해 작품을 분석하는 내용 또한 〈보기〉에 제시되지 않았다.
④ 작품을 독립된 세계로 보고, '인물, 표현, 작중 상황' 등 오직 작품의 내적 요소를 토대로 하여 작품을 이해하려는 '구조론적 관점'은 '절대론적 관점'이라고도 하며, 누가 보아도 큰 이견이 없다는 점에서 '객관론적 관점'이라고 할 수 있다. 〈보기〉에는 인물, 표현 등의 내적 요소에 대한 분석이 드러나지 않았으며, 이를 통해 작품을 감상하지도 않았다.

정답 ②

제1절 운문 선지 개념

01 시적 화자(話者)란?

시 속에서 말하는 사람으로, 시인이 자신의 정서와 태도를 시 속에 투영하기 위해 사용하는 대리인 같은 존재이다.

02 시적 화자의 태도

시적 제재에 대한 화자의 대응 방식으로, 주로 '상황, 감정, 어조'를 통해 드러난다.

예찬적	사람이나 대상이 가진 좋은 점을 찾아서 그것을 칭찬하고 세워 주는 태도
낙관적	어렵고 힘들지만 앞으로 일이 잘 풀릴 것이라고 생각하는 태도 ↔ 비관적
긍정적	상황이나 대상이 옳다고 인정하거나 바람직하다고 받아들이는 태도 ↔ 부정적
달관적	세상의 근심 걱정, 사소한 사물이나 일 등에 얽매이지 않고 세속에서 벗어나 초월한 자세를 보이는 태도
의지적	절망적이거나 어려운 상황을 이겨내려는 굳센 마음을 먹는 태도 ↔ 절망적
수용적	어떤 상황을 자신의 운명으로 생각하고 받아들이는 태도 ↔ 저항적
관조적	거리를 두고 대상을 바라보면서 그 의미나 본질을 추구하고 자신에게 비추어 보는 태도
반성적	자기의 잘못을 되짚고 뉘우치거나, 자신이나 대상을 찬찬히 살펴보는 태도
비판적	사회나 대상의 잘못된 점을 따지는 태도
현실 도피적	어려운 상황이나 문제를 해결하는 대신에 피하고 도망가려는 태도
구도적	진리나 궁극적인 깨달음의 경지를 구하는 태도
자연 친화적	자연 속의 삶을 지향하고 만족감을 드러내며 그것을 즐기는 태도 ≒ 전원적, 목가적
회상적	과거의 기억을 떠올려 그에 대한 정서를 드러내는 태도

> **🔔 알아 두기**
>
> **화자의 어조**
> - 청자의 유무에 따라 : 대화적, 독백적, 회화적 등
> - 화자의 유형에 따라 : 남성적, 여성적 등
> - 화자의 감정에 따라 : 긍정적, 부정적, 낙관적, 비판적, 예찬적, 관조적, 달관적, 초월적, 절망적, 냉소적, 영탄적 등

🎁 2022. 국가직 9급 기출선지

봄은 / 남해에서도 북녘에서도 / 오지 않는다.

너그럽고 / 빛나는 / 봄의 그 눈짓은,
제주에서 두만까지 / 우리가 디딘
아름다운 논밭에서 움튼다.

겨울은,
바다와 대륙 밖에서 / 그 매운 눈보라 몰고 왔지만
이제 올 / 너그러운 봄은, 삼천리 마을마다
우리들 가슴속에서 / 움트리라.

움터서, / 강산을 덮은 그 미움의 쇠붙이들
눈 녹이듯 흐물흐물 / 녹여버리겠지.

― 신동엽, 〈봄은〉

희망과 신념을 드러내는 단정적 어조로 표현하고 있다.
↳ 지문은 '오지 않는다, 움튼다, 움트리라, 녹여 버리겠지'와 같은 단정적 어조를 통해 부정적 현실 속에서 우리 민족 스스로의 힘으로 '봄(통일)'이 온다는 화자의 희망과 신념을 드러내고 있다.

🎁 2020. 지방직 9급 기출선지

  네 집에서 그 샘으로 가는 길은 한 길이었습니다. 그래서 새벽이면 물 길러 가는 인기척을 들을 수 있었지요. 서로 짠 일도 아닌데 새벽 제일 맑게 고인 물은 네 집이 돌아가며 길어 먹었지요. 순번이 된 집에서 물 길어 간 후에야 똬리 끈 입에 물고 삽짝 들어서시는 어머니나 물지게 진 아버지 모습을 볼 수 있었지요. 집안에 일이 있으면 그 순번이 자연스럽게 양보되기도 했었구요. 넉넉하지 못한 물로 사람들 마음을 넉넉하게 만들던 그 샘가 미나리꽝에서는 미나리가 푸르고 앙금 내리는 감자는 잘도 썩어 구린내 훅 풍겼지요.

― 함민복, 〈그 샘〉

과거 시제로 회상의 분위기를 표현했다.
↳ '들을 수 있었지요', '길어 먹었지요', '볼 수 있었지요' 등 과거 시제를 통해 회상의 분위기를 표현하고 있다.

구어체로 이웃 간의 정감 어린 분위기를 표현했다.
↳ '~지요', '~구요' 등 구어체의 종결 방식을 통해 마치 이야기를 들려주는 듯한 어투로 이웃 간의 정감 어린 분위기를 형성하고 있다.

03 표현 기법

1. **비유법**: 표현하려는 원관념을 다른 사물(보조 관념)에 빗대어 구체적인 연상을 일으키는 표현 기법

직유법	'~처럼, ~같이, ~듯이' 등의 연결어로 원관념과 보조 관념을 연결하여 표현하는 방법 예 배춧잎 같은 발소리 타박타박
은유법	두 대상을 동일한 것처럼 간접적으로 연결하여 표현하는 방법 예 이것은 소리 없는 아우성 (깃발 = 아우성)
의인법	사람이 아닌 사물이나 관념에 인간적 요소를 더해서 사람이 행동하는 것처럼 표현하는 방법 예 새와 짐승도 슬피 울고
활유법	무생물을 생물인 것처럼 표현하는 방법 예 어둠은 새를 낳고
대유법	어떤 대상의 부분으로 전체를 혹은 전체로 부분을 나타내는 것을 제유, 특징이나 속성으로 그 대상 자체를 표현하는 것을 환유라고 한다. 예 우리 팀도 이번에 황금다리를 영입했다. (제유) 　우리에게 빵(인권)을 달라! (제유) 　온 동네가 슬피 울었다. (환유)
풍유법	본뜻은 숨기고 비유하는 말만으로 숨겨진 뜻을 암시하는 수사법. 속담이나 관용어를 활용한다. 예 배보다 배꼽이 더 크다더니 ~ (= 주객전도)
중의법	하나의 말로 두 가지 이상의 뜻을 담는 방법 예 수양산 바라보며 이제를 한하노라. 　(산 이름과 수양 대군을 동시에 지칭)

2. **변화법**: 독자의 주의를 불러일으키고 지루함을 없애기 위해 변화를 주는 방법

도치법	단어나 문장의 순서를 바꾸어 쓰는 표현법 예 나는 아직 기다리고 있을 테요, 찬란한 슬픔의 봄을
설의법	의문의 형식으로 자신이 하고자 하는 말을 효과적으로 드러내는 표현법 예 사노라면 가슴 상하는 일 한두 가지겠는가
역설법	표면적으로는 모순이지만 그 속에 중요한 의미가 함축되어 있는 표현법 예 님은 갔지마는 나는 님을 보내지 아니하였습니다. ⇨ 임은 떠났지만, 화자는 임을 포기하지 않았다는 의지적 태도의 표현이다.

반어법	의도와 반대로 표현하여 의미를 강조하는 표현법 예 나 보기가 역겨워 가실 때에는 　말없이 고이 보내 드리우리다. ⇨ 실제로는 극한의 슬픔을 느끼고 있지만 고이 보내겠다고 반대로 표현하고 있다.

3. **강조법**: 어떤 부분을 강하게 주장하거나 두드러지게 나타내어 읽는 이에게 강렬한 인상을 주는 방법

과장법	사물을 실상보다 지나치게 과도하게 혹은 작게 표현함으로써 의미를 강조하는 방법 예 그를 목이 찢어져라 불렀다.
영탄법	감탄사나 감탄형 어미, 느낌표를 이용하여 감정을 강하게 나타내는 방법 예 아아, 늬는 산(山)ㅅ새처럼 날아갔구나!
대조법	대립되는 대상이나 내용을 내세워 주제를 강조하거나 인상을 선명하게 표현하는 방법 예 하늘은 날더러 바람(유랑)이 되라 하고 　땅은 날더러 잔돌(정착)이 되라 하네.

4. **상징**: 원관념은 숨기고 보조 관념만으로 원관념을 나타내는 것

관습적 상징	한 문화권 안에서 오랜 세월 동안 사용되어 관습적으로 인식되는 상징 예 십자가(기독교)
개인적 상징	개인이 독창적으로 창조해 낸 상징 예 담은 쇠문을 굳게 닫아(절망적 상황)
원형적 상징	역사, 문화, 신화 등에 반복적으로 나타나 인류에게 보편적으로 인식되는 상징 예 물(생명력, 정화, 재생)

5. **감정 이입**: 화자의 감정을 대상에 이입하여 마치 대상도 그렇게 느끼고 생각하는 것처럼 표현하는 것

예 산꿩도 섧게 울은 슬픈 날이 있었다.

> ✏️ **개념 확인**
>
> **동일시와 감정 이입의 차이**
> 동일시는 화자가 대상과 자신의 상황이 유사하다고 여기기만 하면 성립되는 반면, 감정 이입은 의인화를 통해 화자가 자신의 감정을 대상에 투영해야 성립된다.
> - 나도 홀로, 저 새도 홀로 → 동일시

6. 기타 표현 기법

대화와 대화체	마주 대하여 이야기를 주고받는 것을 '대화'라고 한다. '대화체'는 대화하는 형식으로 서술하는 문체로, 말을 일방적으로 건네는 것만으로도 성립한다. 예 형님 자신 젖을 내 조처 먹나이다 / 어와 우리 아우야 어마님 너 사랑이야 (대화) 향단아 그넷줄을 밀어라 / 머언 바다로 / 배를 내어밀 듯이 / 향단아(대화체)
미화법	표현 대상을 실제보다 아름답게 나타내는 방법 예 거리의 천사(거지), 밤손님(도둑)
대구법	비슷한 어구를 서로 짝 짓는 방법 예 강이 푸르니 새는 더욱 희고 / 산이 푸르니 꽃은 불타오르려 하네.
낯설게 하기 = 주관적 변용	사물이나 관념을 참신하고 개성적으로 표현하여 새로운 느낌으로 나타내는 것. 대표적인 유형으로 관념의 구체화가 있다. 예 어제를 동여맨 편지를 받았다
점층법	의미나 정도를 뒤로 갈수록 더욱 강하거나 높게 표현하는 방법 ↔ 점강법 예 바람 불어소서 비 올 바람 불어소서 / 가랑비 그치고 굵은 비 들어소서 / 한길이 바다가 되어 임 못 가게 하소서
행간 걸침	시어가 앞의 행과도 연결이 되면서 동시에 뒤의 행과도 연결이 되게 하는 방법 예 아무래도 나는 비켜서 있다 절정(絶頂) 위에는 서 있지 / 않고 암만해도 조금쯤 옆으로 비켜서 있다 / 그리고 조금쯤 옆에 서 있는 것이 조금쯤 / 비겁한 것이라고 알고 있다!
통사 구조의 반복	유사하거나 동일한 문법적 구조가 반복되어 운율을 형성하는 방법 예 늦은 저녁때 오는 눈발은 말집 호롱불 밑에 붐비다 / 늦은 저녁때 오는 눈발은 조랑말 발굽 밑에 붐비다 / 늦은 저녁때 오는 눈발은 여물 써는 소리에 붐비다 / 늦은 저녁때 오는 눈발은 변두리 빈터만 다니며 붐비다

다음 시에 대한 감상으로 적절하지 않은 것은? `2019. 지방직 7급`

> 기다리지 않아도 오고
> 기다림마저 잃었을 때에도 너는 온다.
> 어디 뻘밭 구석이거나
> 썩은 물웅덩이 같은 데를 기웃거리다가
> 한눈 좀 팔고, 싸움도 한판 하고,
> 지쳐 나자빠져 있다가
> 다급한 사연 듣고 달려간 바람이
> 흔들어 깨우면
> 눈 부비며 너는 더디게 온다.
> 더디게 더디게 마침내 올 것이 온다.
> 너를 보면 눈부셔
> 일어나 맞이할 수가 없다.
> 입을 열어 외치지만 소리는 굳어
> 나는 아무것도 미리 알릴 수가 없다.
> 가까스로 두 팔을 벌려 껴안아 보는
> 너, 먼 데서 이기고 돌아온 사람아.
>
> — 이성부, 〈봄〉

① 특정한 시어를 반복함으로써 의미를 강화하고 있다.
② 단정적 어조로, 기대하는 대상에 대한 믿음을 드러내고 있다.
③ 미래의 절망적인 상황을 단언하는 화자의 태도가 시상의 중심을 이루고 있다.
④ 특정 대상을 인격화하여 대상에 대한 간절한 기다림을 표현하고 있다.

정답해설 화자는 어떤 상황에서도 '너'가 오는 상황에 대해 기대하고 있고, '너를 보면 눈부셔 / 일어나 맞이할 수가 없다'고 표현한 것으로 보아 화자는 '너'가 오는 상황을 긍정적으로 보고 있다. 따라서 화자가 미래를 절망적인 상황으로 본다는 것은 적절하지 않다.

오답해설
① '온다'라는 시어를 반복함으로써 의미를 강화하고 있다.
② 화자는 '온다'라는 단정적 어조로 기대하는 대상('너')이 무슨 일이 있어도 올 것이라는 믿음을 드러내고 있다.
④ '봄'을 '너'라고 표현하고, '사람'이라고 표현함으로써 대상을 인격화하여 '봄'에 대한 간절한 기다림을 표현하고 있다.

정답 ③

다음 글의 특징으로 가장 적절한 것은?   2021. 국가직 9급

> 살아가노라면 가슴 아픈 일 한두 가지겠는가
>
> 깊은 곳에 뿌리를 감추고 흔들리지 않는 자기를 사는 나무처럼 그걸 사는 거다
>
> 봄, 여름, 가을, 긴 겨울을 높은 곳으로 보다 높은 곳으로, 쉬임 없이 한결같이
>
> 사노라면 가슴 상하는 일 한두 가지겠는가
>
> — 조병화, 〈나무의 철학〉

① 문답법을 통해 과거의 삶을 반추하고 있다.
② 반어적 표현을 활용하여 슬픔의 정서를 나타내고 있다.
③ 사물을 의인화하여 현실을 목가적으로 보여 주고 있다.
④ 설의적 표현을 활용하여 삶의 깨달음을 강조하고 있다.

정답해설 '살아가노라면 가슴 아픈 일 한두 가지겠는가', '사노라면 가슴 상하는 일 한두 가지겠는가'라는 설의적 표현을 사용하여 '사는 동안 흔들리면서도 끊임없이, 한결같이 높은 곳을 향해 살아가야 한다'는 삶의 깨달음을 강조하고 있다.

오답해설
① '살아가노라면 가슴 아픈 일이 한두 가지겠는가'라는 의문 형식이 사용되고 있지만, 이는 질문이 아니라 이야기하고자 하는 것을 의문형으로 표현한 설의법이다. 따라서 질문과 답이 제시되는 문답법과는 다르다. 또한 화자가 과거의 삶을 반추하는 내용은 제시된 적이 없다.
② 자신의 의도와 반대로 표현하는 반어적 표현은 활용된 적이 없다. 또한 삶에 대한 화자의 깨달음을 드러낼 뿐 슬픔의 정서를 나타낸 적은 없다.
③ '나무'를 '흔들리지 않는 삶을 사는 존재'로 의인화하였으나 현실을 목가적으로 보여 준 적은 없다. '목가적'이란 '농촌처럼 소박하고 평화로우며 서정적인 것'을 의미한다.

정답 ④

(가) ~ (라)에 대한 이해로 적절하지 않은 것은?   2021. 국가직 9급

> (가) 반중(盤中) 조홍(早紅)감이 고아도 보이ᄂᆞ다
> 유자 안이라도 품엄즉도 ᄒᆞ다마는
> 품어 가 반기리 업슬새 글노 설워ᄒᆞᄂᆞ이다
>
> (나) 동짓ᄃᆞᆯ 기나긴 밤을 한 허리를 버혀 내여
> 춘풍 니불 아래 서리서리 너헛다가
> 어론 님 오신 날 밤이여든 구뷔구뷔 펴리라
>
> (다) 말 업슨 청산(靑山)이오 태(態) 업슨 유수(流水)로다
> 갑 업슨 청풍(淸風)이오 님ᄌᆞ 업슨 명월(明月)이로다
> 이 중에 병 업슨 이 몸이 분별 업시 늘그리라
>
> (라) 농암(籠巖)에 올라보니 노안(老眼)이 유명(猶明)이로다
> 인사(人事)이 변ᄒᆞᆫ들 산천이ᄯᅡᆫ 가샐가
> 암전(巖前)에 모수 모구(某水 某丘)이 어제 본 듯 ᄒᆞ예라

① (가)는 고사의 인용을 통해 돌아가신 부모님에 대한 그리움을 표현하고 있다.
② (나)는 의태적 심상을 통해 임에 대한 기다림을 표현하고 있다.
③ (다)는 대구와 반복을 통해 자연에 귀의하려는 의지를 표현하고 있다.
④ (라)는 자연과의 대조를 통해 허약해진 노년의 무력함을 표현하고 있다.

정답해설 (라)는 '인사(人事)이 변ᄒᆞᆫ들 산천이ᄯᅡᆫ 가샐가(사람의 일이 변한들 산천이야 변할쏘냐)'를 통해 자연과의 대조는 드러내고 있으나, 허약해진 노년의 무력함을 표현한 작품이 아니다. 이 작품은 농암에 올라 자연과 어울리는 기쁨을 노래한 작품이다.

오답해설
① (가)는 고사 인용(회귤 고사)을 통해 '품어 가도 반가워해 주실 분(부모님)이 없는' 상황에 대한 슬픔과 부모님에 대한 그리움을 표현하고 있다.
참고 회귤 고사(懷橘故事) : 중국 삼국 시대 오나라에 육적이라는 자가 있었다. 여섯 살 때, 원술이라는 사람을 찾아갔다가 그가 내놓은 귤 중에서 세 개를 몰래 품속에 넣었다가 하직 인사를 할 때 그 귤이 굴러 나와 발각이 되었다. 그때 원술이 사연을 물으니, 육적은 집에 가지고 가서 어머니께 드리려 하였다고 하므로, 모두 그의 효심에 감격하였다고 한다. 이 일을 '회귤 고사' 또는 '육적 회귤'이라고 하며 '부모에 대한 효성의 뜻'으로 쓰인다.
② (나)는 임을 기다리는 기나긴 밤의 한 허리를 베어 임이 오신 날에 다시 펴겠다는 의태적 심상(서리서리, 구뷔구뷔)을 통해 임에 대한 그리움을 표현하고 있다.
③ (다)는 초장과 중장에서 '~이오 ~로다'의 구조를 반복하는 대구를 사용하고, '업슨'(없는)을 반복하며 자연 속에서의 삶에 대한 긍정적 인식과 자연에 귀의하려는 의지를 표현하고 있다.

정답 ④

04 시의 이미지[심상(心象)]

이미지(심상)는 대상을 구체적이고 생생하게 제시해 줄 뿐만 아니라, 화자의 정서나 의식 세계를 환기시켜 준다는 점에서 시의 의미와도 밀접히 관련되어 있다. 시의 이미지는 묘사와 비유, 상징에 의해서 표현되며, 이미지의 종류에는 시각적 이미지, 청각적 이미지, 후각적 이미지, 미각적 이미지, 촉각적 이미지, 공감각적 이미지(감각의 전이) 등이 있다.

1. 시각적 이미지
색채, 명암, 모양, 움직임 등을 제시한 이미지
- 예) 지나가던 구름이 하나 새빨간 노을에 젖어 있었다.
  - 김광균, 〈외인촌〉

2. 청각적 이미지
소리, 음성, 음향 등을 제시한 이미지
- 예) 접동 / 접동 / 아우래비 접동   - 김소월, 〈접동새〉

3. 후각적 이미지
냄새, 향기 등을 제시한 이미지
- 예) 매화 향기 홀로 아득하니.   - 이육사, 〈광야〉

4. 미각적 이미지
음식의 맛, 맛을 보는 행위 등을 제시한 이미지
- 예) 집집 끼니마다 봄을 씹고 사는 마을   - 김상옥, 〈사향〉

5. 촉각적 이미지
만짐에 의한 것으로 차가움과 뜨거움, 피부결 등으로 세분됨.
- 예) 젊은 아버지의 서느런 옷자락.   - 김종길, 〈성탄제〉

6. 공감각적 이미지
하나의 감각이 다른 감각으로 전이되는 것
- 예) 분수처럼 흩어지는 푸른 종소리   - 김광균, 〈외인촌〉
  ↳ 청각의 시각화

🔔 알아 두기

공감각적 이미지의 예
- 나비 허리에 새파란 초생달이 시리다.
  ↳ 시각의 촉각화   - 김기림, 〈바다와 나비〉

- 동해 쪽빛 바람에 / 항시 사념의 머리 곱게 씻기우고.
  ↳ 촉각의 시각화
    - 유치환, 〈울릉도〉

🏆 2023. 국가직 9급 기출선지

막바지 뙤약볕 속
한창 매미 울음은
한여름 무더위를 그 절정까지 올려놓고는
이렇게 다시 조용할 수 있는가.
지금은 아무 기척도 없이
정적의 소리인 듯 쨍쨍쨍
천지(天地)가 하는 별의별
희한한 그늘의 소리에
멍청히 빨려 들게 하구나.

사랑도 어쩌면
그와 같은 것인가.
소나기처럼 숨이 차게
정수리부터 목물로 들이붓더니
얼마 후에는
그것이 아무 일도 없었던 양
맑은 구름만 눈이 부시게
하늘 위에 펼치기만 하노니.

- 박재삼, 〈매미 울음 끝에〉

갑작스럽게 변화한 자연 현상을 감각적으로 제시하고 있다.
↳ 한여름 무더위를 절정으로 올려놓았던 매미 울음이 갑자기 사라지는 자연 현상을 '청각적 이미지(매미 울음)', '시각적 이미지(뙤약볕, 소나기, 구름, 하늘)', '공감각적 이미지(그늘의 소리)'와 같은 다양한 감각적 이미지를 활용하여 제시하고 있다.

청각적 이미지와 시각적 이미지를 활용하여 시상을 전개하고 있다.
↳ '청각적 이미지(매미 울음)'와 '시각적 이미지(뙤약볕, 소나기, 구름, 하늘)'를 활용하여 시상을 전개하고 있다.

05 시상 전개 방법

> **개념 확인**
>
> **시상이란?**
> 한 편의 시에 담긴 시인의 생각이나 상념을 말하는 것으로, 시인은 시상을 자신만의 전개 방식으로 이어 나가며 한 편의 시를 구성한다.

1. 시간의 흐름에 따른 시상 전개 = 추보식 방식

> 까마득한 날에
> 하늘이 처음 열리고
> 어데 닭 우는 소리 들렸으랴.
> 모든 산맥(山脈)들이
> 바다를 연모(戀慕)해 휘달릴 때도
> 차마 이곳을 범(犯)하던 못하였으리라.
> 끊임없는 광음(光陰)을
> 부지런한 계절이 피어선 지고
> 큰 강물이 비로소 길을 열었다.
> 지금 눈 내리고
> 매화향기(梅花香氣) 홀로 아득하니
> 내 여기 가난한 노래의 씨를 뿌려라.
> 다시 천고(千古)의 뒤에
> 백마(白馬) 타고 오는 초인(超人)이 있어
> 이 광야(曠野)에서 목 놓아 부르게 하리라.
>   - 이육사, 〈광야〉

↳ '과거(까마득한 날) - 현재(지금) - 미래(천고의 뒤)'로 시상을 전개하고 있다.

2. 공간의 이동에 따른 시상 전개

> 數間茅屋(수간모옥)을 碧溪水(벽계수) 앞픠두고
> 松竹(송죽) 鬱鬱裏(울울리)예 風月主人(풍월주인) 되여셔라.
>   [중략]
> 柴扉(시비)예 거러 보고 亭子(정자)애 안자 보니
> 逍遙吟詠(소요음영)ᄒᆞ야 山日(산일)이 寂寂(적적)ᄒᆞᄃᆡ
> 閒中眞味(한중진미)를 알 니 업시 호재로다.
>   - 정극인, 〈상춘곡〉

↳ 화자는 '수간모옥(數間茅屋) - 시비(柴扉) - 정자(亭子)'로 공간을 이동하며 시상을 전개하고 있다.

3. 시선의 이동에 따른 시상 전개

> 머언 산 청운사(靑雲寺)
> 낡은 기와집
> 산은 자하산(紫霞山)
> 봄눈 녹으면
> 느릅나무
> 속잎 피어나는 열 두 굽이를
> 청노루
> 맑은 눈에
> 도는
> 구름
>   - 박목월, 〈청노루〉

↳ 시선의 이동(원 → 근)에 따라 시상을 전개하고 있다.

4. 대조적 심상의 제시에 따른 시상 전개

> 1 하늘에 깔아 논
> 바람의 여울터에서나
> 속삭이듯 서걱이는
> 나무의 그늘에서나, 새는
> 노래한다. 그것이 노래인 줄도 모르면서
> 새는 그것이 사랑인 줄도 모르면서
> 두 놈이 부리를
> 서로의 죽지에 파묻고
> 따스한 체온(體溫)을 나누어 가진다.
>
> 2 새는 울어
> ↳ 자연의 세계(순수성, 생명성, 사랑, 순수)
> 뜻을 만들지 않고,
> 지어서 교태(嬌態)로
> 사랑을 가식(假飾)하지 않는다.
>
> 3 포수는 한 덩이 납으로
> ↳ 인간의 세계(공격성, 비생명성, 탐욕)
> 그 순수(純粹)를 겨냥하지만,
> 매양 쏘는 것은
> 피에 젖은 한 마리 상(傷)한 새에 지나지 않는다.
>   - 박남수, 〈새〉

↳ 포수(인간의 세계)와 새(자연의 세계)의 대립적 관계, 인간과 자연의 대립적 이미지를 통해 주제를 형상화하고 있다.

5. 수미상관(首尾相關)에 의한 시상 전개

첫 연을 끝 연에 다시 반복하여 시상의 통일성, 구조의 안정성을 주는 방식(= 수미상응)

> 나는 나룻배
> 당신은 행인
>
> 당신은 흙발로 나를 짓밟습니다.
> 나는 당신을 안고 물을 건너갑니다.
> 나는 당신을 안으면 깊으나 옅으나 급한 여울이나 건너갑니다.
>
> 만일 당신이 아니 오시면 나는 바람을 쐬고 눈비를 맞으며 밤에서 낮까지 당신을 기다리고 있습니다.
> 당신은 물만 건너면 나를 돌아보지도 않고 가십니다그려.
> 그러나 당신이 언제든지 오실 줄만은 알아요.
> 나는 당신을 기다리면서 날마다 날마다 낡아 갑니다.
>
> 나는 나룻배
> 당신은 행인
>
> – 한용운, 〈나룻배와 행인〉

6. 선경후정(先景後情)

사물 또는 경치에 관한 묘사가 먼저 제시된 뒤에 정서적인 부분이 나타나는 방법

> 벌레 먹은 두리기둥, 빛 낡은 단청(丹靑), 풍경 소리 날러간 추녀 끝에는 산새도 비둘기도 둥주리를 마구 쳤다. 큰 나라 섬기다 거미줄 친 옥좌(玉座) 위엔 여의주(如意珠) 희롱하는 쌍룡(雙龍) 대신에 두 마리 봉황(鳳凰)새를 틀어올렸다. 어느 땐들 봉황이 울었으랴만 푸르른 하늘 밑 추석(甃石)을 밟고 가는 나의 그림자. 패옥(佩玉)소리도 없었다. 품석(品石) 옆에서 정일품(正一品), 종구품(從九品) 어느 줄에도 나의 몸둘 곳은 바이 없었다. 눈물이 속된 줄을 모를 양이면 봉황새야 구천(九泉)에 호곡(呼哭)하리라.
>
> – 조지훈, 〈봉황수〉

↳ 퇴락한 궁궐의 모습을 서경으로 묘사한 후(선경), 작자의 심정을 후반에서 봉황새에게 이입하여 표현(후정)하고 있다.

(가)와 (나)에 대한 설명으로 적절하지 않은 것은? `2021. 지방직 9급`

> (가) 오백년 도읍지를 필마로 돌아드니
> 산천은 의구하되 인걸은 간 데 없네.
> 어즈버 태평연월이 꿈이런가 하노라.
>
> (나) 벌레먹은 두리기둥 빛 낡은 단청(丹靑) 풍경 소리 날러간 추녀 끝에는 산새도 비둘기도 둥주리를 마구쳤다. 큰 나라 섬기다 거미줄 친 옥좌(玉座) 위엔 여의주(如意珠) 희롱하는 쌍룡(雙龍) 대신에 두 마리 봉황(鳳凰)새를 틀어올렸다. 어느 땐들 봉황이 울었으랴만 푸르른 하늘 밑 추석을 밟고 가는 나의 그림자. 패옥(佩玉) 소리도 없었다. 품석(品石) 옆에서 정일품(正一品) 종구품(從九品) 어느 줄에도 나의 몸둘 곳은 바이 없었다. 눈물이 속된 줄을 모를 양이면 봉황새야 구천(九泉)에 호곡(呼哭)하리라.

① (가)는 '산천'과 '인걸'을 대비함으로써 인생의 무상함을 드러내고 있다.
② (나)는 '쌍룡'과 '봉황'을 대비함으로써 사대주의적 역사에 대한 비판적 시각을 드러내고 있다.
③ (가)와 (나) 모두 선경후정의 기법을 사용하고 있다.
④ (가)와 (나) 모두 정해진 율격과 음보에 맞춰 시상을 전개하고 있다.

정답해설 (가)는 '오백년/도읍지를/필마로/돌아드니'와 같이 3·4조 4음보의 형태로 정해진 율격과 음보에 맞춰 시상을 전개한다. 그러나 (나)는 율격과 음보에 구애받지 않고 시상을 전개한 자유시이다.

오답해설
① (가)에서는 '산천'(자연물)의 영원성과 '인걸'(인간사)의 유한성을 대비하여 인생의 무상함을 드러내고 있다.
② (나)에서는 중국의 황제를 의미하는 '쌍룡'과 조선의 왕을 의미하는 '봉황'을 대비하고 있다. 또한 '큰 나라 섬기다 거미줄 친 옥좌 위엔 여의주를 희롱하는 쌍룡 대신에 두 마리 봉황새를 틀어 올렸다'라고 하며 사대주의적 역사에 대한 비판적 시각을 드러내고 있다.
③ (가)에서는 초장에서 오백 년 도읍지의 모습이 제시된 뒤에 이에 대해 안타까워하는 화자의 심정이 나타난다. (나)에서는 황폐해진 궁궐의 정경(전반부)이 제시된 뒤 망해 버린 옛 왕조에 대한 화자의 심회(후반부)가 나타난다.

정답 ④

제2절 산문 선지 개념

01 소설의 구성 요소

인물(人物)	소설에 등장하는 사람. '성격'이라고도 한다.
사건(事件)	등장인물들이 벌이는 행동. 주로 갈등에 의해 사건이 전개된다.
배경(背景)	사건이 벌어지는 때와 장소

02 소설의 인물

역할에 따라	주동 인물	갈등을 겪는 주인공 예 〈춘향전〉의 춘향, 이몽룡
	반동 인물	주동 인물과 갈등·대립하는 인물 예 〈춘향전〉의 변 사또
대표성에 따라	전형적 인물	한 시대나 계층을 대표하는 인물 예 〈춘향전〉의 변 사또 = 탐관오리의 전형
	개성적 인물	독특한 성격을 지닌 인물 예 〈춘향전〉의 춘향 ⇨ 수청을 들지 않는 기생
성격에 따라	평면적 인물	성격이 변하지 않는 인물 예 〈흥부전〉의 흥부
	입체적 인물	진행에 따라 성격이 변하는 인물 예 〈흥부전〉의 놀부
중요도에 따라	주요 인물	주동 인물과 반동 인물 예 〈춘향전〉의 춘향, 이몽룡
	부차적 인물	주인공을 보조하는 인물 예 〈춘향전〉의 향단, 방자, 월매
비범성에 따라	영웅적 인물	비범한 능력의 소유자로서 '출생-성장-고난-극복-행복'과 같은 과정을 겪는 인물 예 〈홍길동전〉의 홍길동
	현실적 인물	비범한 능력을 갖지 않고 일상적인 삶을 사는 인물 예 〈홍길동전〉의 홍 판서(아버지)

03 소설의 사건(갈등)

1. 내적 갈등
한 인물이 양립할 수 없는 가치나 감정으로 인해 갈등하는 것

2. 외적 갈등

개인	↙↗ 개인	소설 속에서 중심 역할을 하는 긍정적 인물과 그에 반대하는 부정적 인물 사이의 갈등 예 김유정의 〈동백꽃〉, 〈봄봄〉
	↔ 사회	개인이 살아가면서 겪는 사회 윤리나 제도와의 갈등 예 채만식의 〈레디메이드 인생〉
	↔ 운명	개인의 삶이 어쩔 수 없는 운명에 의해 좌우되는 데에서 오는 갈등 예 김동리의 〈역마〉
	↖↘ 자연	인물이 자연적 상황과 대결하면서 생겨나는 갈등(자연재해 등도 포함) 예 김정한의 〈사하촌〉

> **알아 두기**
>
> 1. 인물의 성격 제시 방법
>   ① 직접적 제시 : 서술자가 인물의 성격과 특징을 직접 설명해 주는 방법 ⇨ 분석적 방법, 해설적 방법, 말하기[telling]
>   ② 간접적 제시 : 등장인물의 대화나 행동, 외양 등을 통해 간접적으로 성격을 묘사하는 방법 ⇨ 극적 방법, 장면적 방법, 보여주기[showing]
>
> 2. 인물의 묘사
>   ① 외양 묘사 : 성격을 효과적으로 드러내기 위하여 인물의 겉모습이나 심리를 묘사한다.
>   ② 심리 묘사 : 인물의 심리, 내면의 모습을 묘사하는 것으로 복잡한 인상을 준다.

04 소설의 시점

'시점'이란 소설에서 대상, 사건을 바라보는 서술자의 시각이나 관점을 말한다.

서술자의 태도 서술자의 위치	주관적	객관적
작품 속(등장인물)	1인칭 주인공 시점	1인칭 관찰자 시점
작품 밖	전지적 작가 시점	3인칭 관찰자 시점

1. 1인칭 주인공 시점
작품 속의 주인공 '나'가 자신의 이야기를 하는 시점으로 친근함과 신뢰성을 준다.
예 이상의 〈날개〉, 김유정의 〈봄봄〉

2. 1인칭 관찰자 시점
작품 속의 주변 인물인 '나'가 주인공의 이야기를 서술하는 시점으로, 서술의 범위와 대상이 제한된다. 관찰자를 누구로 선택하느냐에 따라 작품의 분위기, 대상에 대한 태도가 달라진다.
예 채만식의 〈치숙〉, 주요섭의 〈사랑손님과 어머니〉

3. 전지적 작가 시점
등장인물이나 사건에 대해 모든 것을 다 알고 있는 서술자가 인물의 내면 심리와 사건 진행에 관여하면서 서술하는 시점이다. 서술자가 자신의 견해를 드러내기도 한다.
예 이광수의 〈무정〉, 염상섭의 〈삼대〉

4. 3인칭 관찰자 시점
서술자가 외부 관찰자의 입장에서 일체의 해설이나 평가를 내리지 않고 객관적인 태도로 대상을 관찰하고 묘사하는 시점으로, 극적이고 객관적인 특성을 지닌다.
예 김동인의 〈감자〉, 황순원의 〈소나기〉

🖉 개념 확인

서술자의 개입
3인칭 시점에서 서술자가 작품의 내용에 대해 자신의 주관적인 태도를 드러내는 경우를 서술자의 개입이라고 한다.
감정 노출, 독자에게 말 걸기, 서사의 흐름 끊기, 사건의 요약 제시 등이 서술자의 개입에 해당한다.
고전 소설에서 빈번하게 나타나는 '편집자적 논평'이 대표적인 서술자의 개입 양상이다.

05 소설의 서술 방식

1. 장면 제시(보여 주기)
서술자가 관찰한 장면을 그대로 보여 주는 경우로, 인물의 대화와 행동이 그대로 제시되며, 묘사의 방식을 통해 장면을 보여 주기도 한다.

> "장인님! 인젠 저…."
> 내가 이렇게 뒤통수를 긁고, 나이가 찼으니 성례를 시켜 줘야 하지 않겠느냐고 하면, 그 대답은 늘, "이 자식아! 성례구 뭐구 미처 자라야지!" 하고 만다.
> [중략]
> "아! 아! 이놈아! 놔라, 놔…."
> 장인님은 헷손질을 하며 솔개미에 챈 닭의 소리를 연해 질렀다. 놓긴 왜, 이왕이면 호되게 혼을 내 주리라 생각하고 짓궂이 더 댕겼다마는, 장인님이 땅에 쓰러져서 눈에 눈물이 피잉 도는 것을 알고 좀 겁도 났다.
> "할아버지! 놔라, 놔, 놔, 놔놔." 그래도 안 되니까,
> "얘 점순아! 점순아!"
> – 김유정, 〈봄봄〉에서

2. 요약적 제시(말하기)
서술자가 여러 사건들을 단시간에 압축해서 서술하는 것을 말한다.

> 내가 여기에 와서 돈 한 푼 안 받고 일하기를 삼 년하고 꼬박이 일곱 달 동안을 했다. 그런데 미처 못 자랐다니까 이 키는 언제야 자라는 겐지 짜증 영문도 모른다. 일을 좀 더 잘 해야 한다든지, 혹은 밥을 (많이 먹는다고 노상 걱정이니까) 좀 덜 먹어야 한다든지 하면 나도 얼마든지 할 말이 많다. 허지만, 점순이가 아죽 어리니까 더 자라야 한다는 여기에는 어째 볼 수 없이 고만 벙벙하고 만다.
> – 김유정, 〈봄봄〉에서

06 소설의 구성과 발전 단계

1. 사건의 수에 따라

단일 구성	하나의 사건으로 전개되는 구성. 진행이 단순하며, 단편 소설에 주로 사용된다.
복합 구성	둘 이상의 사건이나 플롯이 서로 복잡하게 교차하면서 진행되는 구성. 주로 장편 소설과 현대 소설에 많이 사용된다.
병렬식(삽화식) 구성	서로 다른 각각의 이야기들이 동일한 주제 아래 통일되어 전개되는 구성 예 박태원의 〈천변풍경〉 - 피카레스크 조세희의 〈난쟁이가 쏘아올린 작은 공〉 - 옴니버스

2. 사건의 흐름에 따라

평면적 구성 = 순행적	사건의 흐름이 시간적 순서에 따라, '과거 - 현재 - 미래' 등으로 전개되는 구성
입체적 구성 = 역순행적	사건의 흐름이 시간적으로 역전되어 일어나는 구성
의식의 흐름	한 개인의 내면의 의식을 그대로 받아 적듯이 서술해 나가는 구성 예 이상의 〈날개〉, 오상원의 〈유예〉
여로형	여행의 일정, 경로를 따라 진행되는 구성 예 염상섭의 〈만세전〉
액자식	외부 이야기 속에 내부 이야기가 들어 있는 구성으로, 외부 이야기가 액자 역할을 하고, 내부 이야기가 핵심 내용이 된다. 예 김만중의 〈구운몽〉

3. 발전 단계

발단	상황이 제시되는 단계로, 인물과 배경, 사건의 실마리가 제시된다.
전개	갈등이 드러나는 단계로, 사건이 진행·발전하게 되고, 인물의 성격도 변화·발전한다.
위기	갈등이 고조되는 단계로, 사건이 새로운 국면을 맞이하며 긴장감과 갈등이 심화된다.
절정	갈등이 최고조에 이른 단계로, 사건 해결의 분기점이 되며 사건 해결의 열쇠가 나타난다.
결말	갈등이 해소되는 단계로, 모든 갈등과 위기가 해소되고 사건이 해결되며 주인공의 운명이 분명해진다.

㉠~㉣ 중 서술자가 개입되어 있지 않은 것은? 2019. 국가직 9급

> 이때 춘향이는 사령이 오는지 군노가 오는지 모르고 주야로 도련님을 생각하여 우는데, ㉠ 생각지 못할 우환을 당하려 하니 소리가 화평할 수 있겠는가. 한때나마 빈방살이 할 계집아이라 목소리에 청승이 끼어 자연히 슬픈 애원성이 되니 ㉡ 보고 듣는 사람의 심장인들 아니 상할 것인가. 임 그리워 서러운 마음 밥맛 없어 밥 못 먹고 불안한 잠자리에 잠 못 자고 도련님 생각으로 상처가 쌓여 피골이 상접하고 양기가 쇠진하여 진양조 울음이 되어 노래를 부른다. 갈까 보다 갈까 보다, 임을 따라 갈까 보다. 천 리라도 갈까 보다. 만 리라도 갈까 보다. 바람도 쉬어 넘고 수진이 날진이 해동청 보라매도 쉬어 넘는 높은 고개 동선령 고개라도 임이 와 날 찾으면 신 벗어 손에 들고 아니 쉬고 달려가리. ㉢ 한양 계신 우리 낭군 나와 같이 그리워하는가, 무정하여 아주 잊고 나의 사랑 옮겨다가 다른 임을 사랑하는가? ㉣ 이렇게 한참을 서럽게 울 때 사령 등이 춘향의 슬픈 목소리를 들으니 목석이라도 어찌 감동을 받지 않겠는가? 봄눈 녹듯 온몸에 맥이 탁 풀렸다.
>
> – 작자 미상, 〈춘향전〉에서

① ㉣ ② ㉢
③ ㉡ ④ ㉠

정답해설 서술자의 개입(편집자의 논평)은 서술자가 인물의 성격을 평가하거나, 사건에 대해 주관적인 태도를 드러내거나, 사건의 서술에서 벗어나 도구적인 발언을 하는 것을 말한다. ㉢은 몽룡을 떠올리며 한탄하는 춘향이의 대사이므로 서술자가 개입된 것이 아니다.

오답해설
① ㉣에서 춘향이의 슬픈 목소리에 목석도 감동을 받을 것이라고 한 것은 서술자의 주관적인 의견이므로 서술자가 개입된 것이다.
③ ㉡은 춘향이가 우는 소리에 '보고 듣는 사람의 심장인들 아니 상할 것인가'라고 주관적인 태도를 드러냈으므로 서술자가 개입된 것이다.
④ ㉠은 서술자가 춘향이의 처지를 연민하여 '생각지 못할 우환을 당하려 하니 소리가 화평할 수 있겠는가'라고 주관적인 태도를 드러냈으므로 서술자가 개입된 것이다. 서술자의 개입(편집자의 논평)은 서술자가 인물의 성격을 평가하거나, 사건에 대해 주관적인 태도를 드러내거나, 사건의 서술에서 벗어나 도구적인 발언을 하는 것을 말한다.

정답 ②

07 한국 문학의 미적 범주

```
              있어야 할 것(이상)
              ┌─────┬─────┐
  융화   숭고미 │ 비장미         상반
 (조화)  ─────┼─────  (부조화)
        우아미 │ 골계미
              └─────┴─────┘
              있는 것(현실)
```

숭고미	• 있어야 할 것 ⊃ 있는 것 • 이상적 + 긍정적 • 충, 진리 탐구 예 괴로웠던 사나이 / 행복한 예수 그리스도에게처럼 / 십자가가 허락된다면 // 모가지를 드리우고 / 꽃처럼 피어나는 피를 / 어두워 가는 하늘 밑에 조용히 흘리겠습니다
우아미	• 있는 것 ⊃ 있어야 할 것 • 현실적 + 긍정적 • 자연 친화, 효, 우정, 사랑 예 지국총 지국총 어사와 / 사시흥(四時興)이 한가지나 추강(秋江)이 으뜸이라.
골계미	• 있어야 할 것 ↔ 있는 것 • 있어야 할 것을 외면함. • 부정적 현실의 수용 • 가난, 탐관오리, 가부장 예 말뚝이 : 양반이라고 하니까 노론(老論), 소론(少論), 호조(戶曹), 병조(兵曹), 옥당(玉堂)을 다 지내고 삼정승(三政丞) 육판서(六判書)를 다 지낸 퇴로 재상(退老宰相)으로 계신 양반인 줄 아지 마시오. 개잘량이라는 '양' 자에 개다리소반이라는 '반' 자 쓰는 양반이 나오신단 말이오.
비장미	• 있어야 할 것 ↔ 있는 것 • 있어야 할 것을 추구함. • 이상과 현실의 갈등 • 전쟁, 모함, 유배 예 산이 저문다 / 노을이 잠긴다 / 저녁 밥상에 애기가 없다 / 애기 앉던 방석에 한 쌍의 은수저 / 은수저 끝에 눈물이 고인다

다음 글에 대한 이해로 적절하지 않은 것은? `2018. 국가직 9급`

> 우리 장인님은 약이 오르면 이렇게 손버릇이 아주 못됐다. 또 사위에게 이 자식 저 자식 하는 이놈의 장인님은 어디 있느냐. 오죽해야 우리 동리에서 누굴 물론하고 그에게 욕을 안 먹는 사람은 명이 짜르다 한다. 조그만 아이들까지도 그를 돌아세 놓고 욕필이(본 이름이 봉필이니까), 욕필이, 하고 손가락질을 할 만치 두루 인심을 잃었다. 하나 인심을 정말 잃었다면 욕보다 읍의 배참봉 댁 마름으로 더 잃었다. 번이 마름이란 욕 잘 하고 사람 잘 치고 그리고 생김 생기길 호박개 같아야 쓰는 거지만 장인님은 외양에 똑 됐다. 장인께 닭 마리나 좀 보내지 않는다든가 애벌논 때 품을 좀 안 준다든가 하면 그해 가을에는 영락없이 땅이 뚝뚝 떨어진다. 그러면 미리부터 돈도 먹이고 술도 먹이고 안달재신으로 돌아치던 놈이 그 땅을 슬쩍 돌아앉는다.
>
> ― 김유정, 〈봄봄〉

① 마름의 특성을 동물의 외양에 빗대어 낮잡아 표현했다.
② 비속어와 존칭어를 혼용하여 해학적 표현을 구사했다.
③ 여러 정황을 거론하며 장인의 됨됨이가 마땅치 않음을 드러냈다.
④ 장인과 소작인들 사이의 뒷거래 장면을 생생하게 묘사하여 제시했다.

정답해설 장인이 '마름(소작 관리인)'이라고 하면서, 동네 사람들이 장인에게 닭을 보내지 않거나 품을 안 주면 소작할 땅을 얻지 못한다고 하였다. 미리 돈도 먹이고 술도 먹이던 사람에게 그 땅의 소작 권리가 넘어간다는 것이다. 하지만 이 부분은 서술자를 통해 요약적으로 직접 제시되었다. 대화나 행동이 제시되지 않았으므로 장면을 생생하게 묘사하였다고 할 수 없다.

오답해설
① '번이 마름이란 ~ 생기길 호박개 같아야 쓰는 거'라고 하며, 마름을 동물에 빗대어 낮잡아 표현했다. '호박개'란, '뼈대가 굵고 털이 북슬북슬한 개'를 의미한다.
② '이놈의 장인님'은 비속어와 존칭어를 혼용한 해학적 표현이다.
③ 손버릇이 못된 점, '욕필이'라는 별명이 있을 만큼 사위뿐만 아니라 동네 사람들에게 욕을 함부로 하는 점, 소작하는 땅을 두고 사익을 추구하는 점 등을 통해 장인의 됨됨이가 마땅치 않음을 알 수 있다.

정답 ④

08 수필의 이해

'수필'이란?

생활 주변에서 경험하고 느낀 것들을 '붓 가는 대로 자유롭게' 쓴 글로, 교술 문학의 한 양식이다.

- 형식이 자유롭고, 소재의 제한이 없다.
- 지은이의 개성이 드러난다.
- 누구나 쓸 수 있는 비전문적인 글이기 때문에 가장 대중적이다.
- 자기 고백적, 자기 성찰적이다.
- 멋과 운치, 유머, 재치가 담겼다.
- 감동 혹은 교훈을 준다.

1. 태도에 따른 종류

경수필	개인의 체험, 느낌을 자유롭게 표현한 수필로, 개성적·주관적·주정적이다.
중수필	주로 사회적 문제·철학적·학문적인 내용을 다루며, 체계적인 논리 구조와 객관적인 관찰을 바탕으로 쓰인 수필이다. 글쓴이의 사상이 담긴 지적이고 사색적인 글이다.

2. 진술의 방식이나 내용에 따른 종류

교훈적 수필	자연이나 인간, 인생에 대한 지은이의 오랜 체험이나 깊은 사색에서 이루어진 지혜를 바탕으로 교훈을 주는 내용을 담은 수필이다. 신념, 설득적 요소가 강하게 드러난다.
희곡적 수필	지은이 자신이나 다른 사람이 경험한 내용이나 극적 요소를 지닌 사건을 극적 전개 위주로 서술하여 작품의 내용 전개가 다분히 희곡적으로 전개되는 수필이다.
서정적 수필	감정, 정서를 중요하게 여기는 태도로 일상생활이나 자연에서 느낀 것을 솔직하게 표현하는 수필이다. 지은이의 의도가 자신의 정서적 경험을 독자에게 전달해서 감동을 불러일으키려는 데에 있으며, 표현에 있어 대체로 기교적인 면이 있다.
서사적 수필	지은이나 다른 사람의 이야기를 전하는 형식으로 쓰는 수필이다. 이야기를 소설처럼 행동과 사건으로 표현한 것으로, 주관적 의견을 개입시키지 않고 객관적으로 서술한다. 이러한 수필은 기행 수필에서 많이 볼 수 있다.

다음 글에 대한 이해로 가장 적절한 것은? 2021. 국가직 9급

> 암소의 뿔은 수소의 그것보다도 한층 더 겸허하다. 이 애상적인 뿔이 나를 받을 리 없으니 나는 마음 놓고 그 곁 풀밭에 가 누워도 좋다. 나는 누워서 우선 소를 본다.
> 소는 잠시 반추를 그치고 나를 응시한다.
> '이 사람의 얼굴이 왜 이리 창백하냐. 아마 병인인가 보다. 내 생명에 위해를 가하려는 거나 아닌지 나는 조심해야 되지.'
> 이렇게 소는 속으로 나를 심리하였으리라. 그러나 오 분 후에는 소는 다시 반추를 계속하였다. 소보다도 내가 마음을 놓는다.
> 소는 식욕의 즐거움조차를 냉대할 수 있는 지상 최대의 권태자다. 얼마나 권태에 지질렸길래 이미 위에 들어간 식물을 다시 게워 그 시큼털털한 반소화물의 미각을 역설적으로 향락하는 체해 보임이리오?
> 소의 체구가 크면 클수록 그의 권태도 크고 슬프다. 나는 소 앞에 누워 내 세균같이 사소한 고독을 겸손하면서 나도 사색의 반추는 가능한지 불가능한지 몰래 좀 생각해 본다.
>
> – 이상, 〈권태〉에서

① 대상의 행위를 통해 글쓴이의 심리가 투사되고 있다.
② 과거의 삶을 회상하며 글쓴이의 처지를 후회하고 있다.
③ 공간의 이동을 통해 글쓴이의 무료함을 표현하고 있다.
④ 현실에 대한 글쓴이의 불만이 반성적 어조로 표출되고 있다.

정답해설 소가 반추하는 모습에 대한 글쓴이의 해석과 판단이 드러나고 있으므로 글쓴이의 심리가 투사되고 있다고 볼 수 있다. '투사'는 '어떤 상황이나 자극에 대한 해석, 판단, 표현 따위에 심리 상태나 성격이 반영되는 일'이다.

오답해설
② 글쓴이가 과거의 삶을 회상하거나 자신의 처지를 후회하는 부분은 찾을 수 없다.
③ 글쓴이의 공간 이동은 드러나지 않는다.
④ 현실에 대한 글쓴이의 불만과 반성적 어조는 겉으로 드러나지 않는다.

정답 ①

09 희곡의 이해

'희곡'이란?

관객 앞에서의 상연을 전제로 만들어진 연극의 대본으로, 서술자의 개입 없이 인물들의 대화와 행동만을 통해 인물 간의 갈등과 주제를 드러낸다.

1. 희곡의 내용적 구성

인물	• 대화와 구성을 통해서 인물이 설정된다. • 희곡 속의 인물은 의지적·개성적·전형적이어야 한다.
사건	• 희곡 속의 사건은 주제를 향해서 갈등과 긴장을 일으킨다. • 사건은 압축되고 집중되며 통일된 것이어야 한다.
배경	사건이 일어나는 때(시간)와 곳(장소)이 제시된다.

2. 희곡의 형식적 구성

대사	대화	배우들끼리 서로 주고받는 말로 인물의 성격, 주제를 드러내고 사건의 진행을 중점적으로 이끈다.
	독백	배우가 혼자서 하는 말로 인물의 내면 심리의 직접적 설명에 쓰인다.
	방백	관객에게는 들리나 다른 배우들은 듣지 못하는 것으로 약속한 말이다.
지문	무대	무대 장치, 분위기, 등장인물, 때, 곳 등을 지시하는 글
	동작	등장인물의 행동, 표정 등을 지시하는 글
해설		막이 오르기 전에 필요한 무대 장치, 인물, 배경 등을 설명해 놓은 것이다.

🔔 알아 두기

희곡의 구성 단위

막(幕)	연극에서 커튼이 올라갔다 내려가는 단위로 극의 길이와 행위를 구분한다.
장(場)	배경은 변화가 없으며 시간의 흐름이나, 인물의 교체를 나타낸다.

'곰치'의 심리로 미루어 ㉠~㉢에 들어갈 지시문으로 적절하지 않은 것은?

2019. 지방직 7급

> 어부 '곰치'가 선주 '임제순'에게 진 빚 때문에 모처럼 찾아온 만선(滿船)의 기회를 놓칠까 싶어 갈등하는 상황이다.
>
> 임제순: (발끈해서) 아니면 으짤 참이였? 이자를 생각해 봐! 놀랠 것이 뭇이여?
> 연철 : (비꼬는 투로) 놀랠 것 하나도 없지라우! 이렇게 될 줄 뻔히 알았지라우! (불같은 한숨)
> 임제순: 뭇이라고? 저놈이 어따 대고 비양질이여?
> 곰치 : (㉠) 알았응께……. (연철에게) 아무 소리 말어! 다들 입을 봉해!
> 성삼 : 곰치! 입을 봉할 때가 따로 있어! (오기스런 안간힘)
> 곰치 : (㉡) 시끄러웠!
> 임제순: 곰치!
> 곰치 : (㉢) 말씀하시게라우…….
> 임제순: ……자네 섭섭할지 모르겠네만은……. (강경하게) 남은 이만 원 청산할 때까지 내일부터 배를 묶겠네! 묶겠어!
> 성삼·연철·도삼 : 배를 묶다니?
> 구포댁: (펄쩍 뛰며) 윗따! 믄 말씀이싱게라우? 아니 해필이면 이럴 때 배를 묶어라우? 예에?
> 임제순: (단호하게) 나는 두말 않는 사람이여!
> 곰치 : (㉣) 영감님! 배만은! 배만은!
>
> – 천승세, 〈만선〉에서

① ㉠: 체념 조로 ② ㉡: 비아냥거리는 투로
③ ㉢: 지친 듯 ④ ㉣: 애걸 조로

[정답해설] '곰치'는 '임제순'에게 진 빚 때문에 '만선'의 기회를 놓칠까 봐 계속 '임제순'의 눈치를 보고 있다. 따라서 언성을 높이는 '연철'이나 '성삼'이 '임제순'을 거슬리게 할까 봐 그들이 큰소리를 내면 주의를 시키는 것일 뿐, '성삼'에게 비아냥거릴 이유가 없다. 따라서 ㉡의 '비아냥거리는 투로'는 ㉡에 들어갈 지시문으로 적절하지 않다.

[오답해설]
① '곰치'는 '임제순'의 눈치를 보고 있다. 따라서 '임제순'의 말에 큰소리를 칠 수 없는 '곰치'는 '임제순'에게 '체념 조로' 말하는 것이 적절하다.
③ '곰치'는 '임제순'과 연철, 성삼'의 사이에서 계속 '임제순'의 눈치를 보고 화를 내는 '연철과 성삼'을 주의시킨다. 따라서 '임제순'이 '곰치!'라 부르는 것에 '㉢ 지친 듯' 대답하는 것이 적절하다.
④ '곰치'는 만선의 기회를 놓칠까 봐 계속 '임제순'의 눈치를 보고 있었다. 따라서 배를 묶어 버리겠다고 협박하는 '임제순'에게 '곰치'가 '애걸 조로' 배만은 안 된다고 이야기하는 것은 적절하다.

정답 ②

교과서 필수 고전 운문

PART 3 문학

갈래	작품명	작가
고대 가요	공무도하가	백수 광부의 아내
	구지가	구간 등
	황조가	유리왕
	정읍사	어느 행상인의 아내
향가	서동요	서동
	안민가	충담사
	처용가	처용
	제망매가	월명사
	찬기파랑가	충담사
향가계여요	정과정	정서
고려 가요	사모곡	작자 미상
	가시리	작자 미상
	동동	작자 미상
	청산별곡	작자 미상
	정석가	작자 미상
한시	송인	정지상
	추야우중	최치원
	사리화	이제현
	고시 8	정약용

갈래	작품명	작가
언해	절구	두보
	강촌	두보
	춘망	두보
경기체가	한림별곡	한림 유생
악장	용비어천가	정인지, 권제, 안지
시조 · 가사	동지ㅅ돌 기나긴 밤을	황진이
	상춘곡	정극인
	관동별곡	정철
	사미인곡	정철
	속미인곡	정철
	규원가	허난설헌
	누항사	박인로
	농가월령가	정학유
	일동장유가	김인겸
	연행가	홍순학
	강호사시가	맹사성
	어부사시사	윤선도
	도산십이곡	이황
민요	시집살이 노래	작자 미상

고전 운문의 전개 및 영향 관계

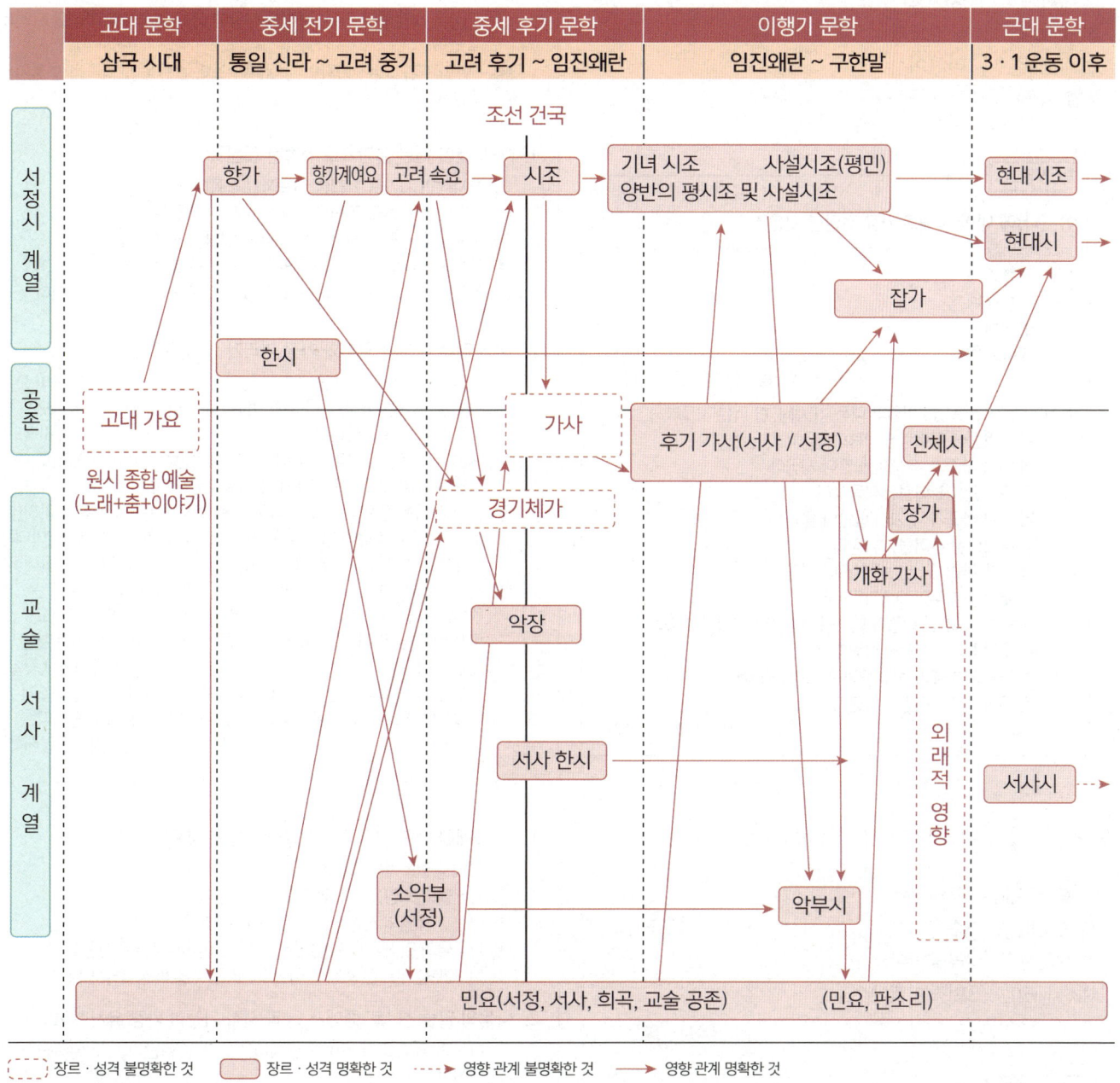

고대 가요 〈공무도하가(公無渡河歌)〉 백수 광부의 아내

公無渡河	공무도하
公竟渡河	공경도하
墮河而死	타하이사
當奈公何	당내공하

체크 문제

☑ (가), (나)에 대한 이해로 가장 적절한 것은?　　　2019. 지방직 7급

> (가) 公無渡河
> 　　 公竟渡河
> 　　 墮河而死
> 　　 當奈公何
> 　　　　　　　　 - 백수광부의 처, 〈공무도하가〉
>
> (나) 대동강(大同江) 아즐가 대동강(大同江) 너븐디 몰라셔
> 　　 위 두어렁셩 두어렁셩 다링디리
> 　　 빅 내여 아즐가 빅 내여 노ᄒᆞ다 샤공아
> 　　 위 두어렁셩 두어렁셩 다링디리
> 　　 네 가시 아즐가 네 가시 럼난디 몰라셔
> 　　 위 두어렁셩 두어렁셩 다링디리
> 　　 녈 ᄇᆡ예 아즐가 녈 ᄇᆡ예 연즌다 샤공아
> 　　 위 두어렁셩 두어렁셩 다링디리
> 　　 대동강(大同江) 아즐가 대동강(大同江) 건너편 고즐여
> 　　 위 두어렁셩 두어렁셩 다링디리
> 　　 ᄇᆡ 타들면 아즐가 ᄇᆡ 타들면 것고리이다 나는
> 　　 위 두어렁셩 두어렁셩 다링디리
> 　　　　　　　　 - 작자 미상, 〈서경별곡〉에서

① (가)의 화자는 임과의 동행을, (나)의 화자는 임과의 이별을 선택한다.
② (가)의 '河'와 (나)의 '강'은 모두, 임과 나의 재회를 돕는 매개로 설정되었다.
③ (가), (나)의 화자 모두, 벌어질 상황에 대해 염려하는 마음을 드러내고 있다.
④ (가)와 (나) 모두, 화자의 상대방이 보이는 반응이 희극적 분위기를 조성하고 있다.

1. 이 노래에 대한 설명으로 적절한 것은?
① 서사적인 시가를 확립한 대표적인 작품이다.
② 다양한 수사법을 동원하여 대상을 표현하였다.
③ 아름다운 자연 속에서 노니는 풍류 생활을 노래하였다.
④ 이별의 상황에서 체념과 절망의 태도를 토로하고 있다.
⑤ 뛰어난 비유를 통해 화자의 감정을 효과적으로 드러낸 작품이다.

2. 이 노래에 나타난 정서와 가장 거리가 먼 것은?
① 눈물 아롱아롱 / 피리 불고 가신 임의 밟으신 길은 / 진달래 꽃비 오는 서역(西域) 삼만 리, / 흰 옷깃 여며여며 가옵신 님의 / 다시 오진 못하는 파촉(巴蜀) 삼만 리　　- 서정주, 〈귀촉도〉
② 산산이 부서진 이름이여! / 허공중에 헤어진 이름이여! / 불러도 주인 없는 이름이여! / 부르다가 내가 죽을 이름이여!　- 김소월, 〈초혼〉
③ 아 얼마나한 위로이랴. / 소리쳐 부를 수도 없는 이 아득한 거리(距離)에 / 그대 조용히 나를 찾아오느니. // 사랑한다는 말 이 한마디는 / 내 이 세상 온전히 떠난 뒤에 남을 것　- 조지훈, 〈민들레꽃〉
④ 이것은 소리 없는 아우성 / 저 푸른 해원(海原)을 향하여 흔드는 / 영원한 노스탤지어의 손수건 / 순정은 물결같이 바람에 나부끼고 / 오로지 맑고 곧은 이념(理念)의 푯대 끝에 / 애수(哀愁)는 백로처럼 날개를 펴다.　- 유치환, 〈깃발〉
⑤ 가시는 걸음 걸음 / 놓인 그 꽃을 / 사뿐히 즈려 밟고 가시옵소서 // 나 보기가 역겨워 / 가실 때에는 / 죽어도 아니 눈물 흘리오리다.　- 김소월, 〈진달래꽃〉

고대 가요 〈구지가(龜旨歌)〉 구간(九干) 등

㉠ 龜何龜何	구하구하
首其現也	수기현야
若不現也	약불현야
燔灼而喫也	번작이끽야

체크 문제

☑ 이 시가의 전개 방식으로 옳은 것은?　　　2017. 국가직 9급
① 조건 - 요구 - 위협 - 환기
② 위협 - 조건 - 환기 - 요구
③ 환기 - 요구 - 조건 - 위협
④ 요구 - 위협 - 환기 - 조건

1. 이 노래에 대한 설명으로 적절하지 않은 것은?
① 왕의 강림을 원하고 있다.
② 자신들의 소망을 위협적으로 표출하였다.
③ 상실과 체념의 전통적인 정서가 담겨 있다.
④ 가락국의 건국 신화에 삽입된 노래로, 《삼국유사》에 전한다.
⑤ 이 노래를 부르면 소망이 실현되리라는 주술적 성격을 지니고 있다.

2. 다음의 밑줄 친 '돌' 중에서 ㉠과 시적 기능이 가장 유사한 것은?
① 황혼의 돌이 조차 벼마티 빗최니 / 늣기는 돗 반기는 돗 님이신가 아니신가.　- 정철, 〈사미인곡〉
② 돌하 노피곰 도ᄃᆞ샤, / 어긔야 머리곰 비취오시라. / 어긔야 어강됴리 / 아으 다롱디리　- 어느 행상인의 아내, 〈정읍사〉
③ 내 버디 몃치나 ᄒᆞ니 수석과 송죽이라. / 동산의 돌 오르니 긔 더옥 반갑고야. / 두어라 이 다숫 밧긔 또 더ᄒᆞ야 머엇ᄒᆞ리.　- 윤선도, 〈오우가〉
④ 십 년을 경영ᄒᆞ야 초려삼간 지여내니 / 나 ᄒᆞᆫ 간 돌 ᄒᆞᆫ 간에 청풍 ᄒᆞᆫ 간 맛져 두고, / 강산은 들일 듸 업스니 둘러 두고 보리라.　- 송순
⑤ 인간을 써나와도 내 몸이 겨를 업다. / 이것도 보려 ᄒᆞ고 져것도 드르려코 / ᄇᆞ롬도 혀려 ᄒᆞ고 돌도 마즈려코 / 밤으란 언제 줍고 고기란 언제 낙고　- 송순, 〈면앙정가〉

현대어 풀이 〈공무도하가(公無渡河歌)〉 백수 광부의 아내

公無渡河	저 임아, 그 물을 건너지 마오. ⇨ 요청
公竟渡河	임은 그예 그 물을 건너셨네. ⇨ 죽음
墮河而死	물에 쓸려 돌아가시니,
當奈公何	가신 임을 어이할꼬.

- 돈호: 公無渡河 (저 임아)
- 화자의 사랑: 그 물
- 임과의 이별: 그 물
- 임의 죽음: 물
- 체념, 절망, 탄식
- 의문사: 當奈公何

해제 | 백수 광부(흰머리를 풀어 헤친 미친 사람)의 아내가 지었다고 전해지는 고조선의 노래이다. 원래 노래는 전해지지 않지만, 한역된 시가가 진나라 최표의 《고금주》에 설화와 함께 채록되어 있다. 조선 시대 문인들이 《해동역사》, 《청구시초》 등에 옮겨 전하면서 우리나라에도 널리 알려졌다. '그 물'을 건너지 말라는 아내의 간절한 부탁을 무시하고 '그 물'을 건너다 세상을 떠나 버린 남편에 대한 애절한 마음이 잘 드러난다.

주제 | 임을 여읜 슬픔
시대 | 상고 시대
갈래 | 4언 4구의 한역 시가
성격 | 개인적 서정 가요
표현 | 직서법, 직정적(直情的)
어조 | 절박한 어조
특징 | ① 화자의 감정을 화려한 수식 없이 직접적으로 표출함.
② '물'의 상징적 의미를 중심으로 시상을 전개함.
③ 마지막 4구에서 시적 화자의 비탄의 정서가 드러남.

구성 |
1행	물을 건너려는 임을 만류함.
2행	물을 건너는 임
3행	물에 빠져 돌아가신 임
4행	사별한 임에 대한 슬픔과 한탄

현대어 풀이 〈구지가(龜旨歌)〉 구간(九干) 등

㉠龜何龜何	㉠거북아 거북아 ⇨ 부름(호명), 환기
㉡首其現也	㉡머리를 내어라. ⇨ 명령(요구)
(若)不現也	내어 놓지 않(으면), ⇨ 가정(조건)
燔灼而喫也	구워서 먹으리. ⇨ 위협

- 화자의 소망을 이루어 줄 신적인 존재: 龜
- 생명, 임금(우두머리): 首

해제 | 가락국(駕洛國) 건국 신화에 삽입되어 전하는 노래이다. 수로왕을 맞이하기 위해 구지봉의 흙을 파면서 불렀다는 점에서 제의적이고 집단적이며 주술적 성격을 보여 주고 있는 작품이다.

배경 설화 | 가야국이 형성되기 전에 구간(9명의 우두머리)이 후한 지역의 백성을 거느리고 살았다. 그러던 어느 날 구지봉에서 소리가 들려왔다. "이 봉우리의 흙을 파면서 노래를 부르고 춤을 추어라. 그러면 곧 하늘로부터 대왕을 맞게 될 것이다." 그래서 사람들이 땅을 두드리며 이 노래를 불렀다. 그러자 하늘에서 황금알 여섯 개가 내려왔고 그중 가장 큰 알에서 수로왕이 나왔다. 이 노래가 바로 〈구지가〉이다.

주제 | 임금(수로왕)의 강림 기원
시대 | 신라 유리왕 19년(A.D. 42)
갈래 | 집단 무가(巫歌), 주술가(呪術歌), 노동요, 4구체 한역 시가
성격 | 집단적, 주술적
표현 | 위협과 협박, 직설적 표현, 명령 어법
어조 | 명령 어조
운율 | 각운, 반복
의의 | 현전하는 최고(最古)의 집단 무요(舞謠)

구성 |
1구	대상을 불러냄.
2구	대상에 명령함.
3구	가정의 상황을 설정함.
4구	대상을 위협함.

고대 가요 〈황조가(黃鳥歌)〉 유리왕

翩翩㉠黃鳥   편편황조
雌雄相依   자웅상의
念我之獨   염아지독
㉡誰其與歸   수기여귀

- 《삼국사기(三國史記)》

✔ 체크 문제

☑ 이 작품의 시상 전개 방식으로 적절하지 않은 것은?

2009. 국가직 7급

① 대조를 통해 시상을 전개하고 있다.
② 기승전결의 시상 전개 방식을 보이고 있다.
③ 선경후정의 시상 전개 방식을 보이고 있다.
④ 근경에서 원경으로 시선을 이동하면서 전개하고 있다.

1. 이 노래에 대한 설명으로 적절한 것은?
   ① 최초의 개인적인 창작 서사시이다.
   ② 객관적 상관물을 통해 정서를 효과적으로 드러내고 있다.
   ③ 귀족 문화의 성격을 보여 주는 노래이다.
   ④ 부족 국가 형성기의 집단적 서사 문화이다.
   ⑤ 선경후정의 구조를 지닌 독립적 한시이다.

2. 이 노래에 나타난 ㉠의 의미로 보기 어려운 것은?
   ① 화자의 처지와 대립적인 존재
   ② 정답게 사랑을 나누는 자연물
   ③ 밝고 동적인 이미지를 지닌 존재
   ④ 밝은 미래를 향해 새 힘을 솟게 하는 존재
   ⑤ 화자의 외로움을 더욱 절실히 느끼게 하는 존재

3. ㉡에 드러난 정서와 가장 거리가 먼 것은?
   ① 본디 내해다마른 아ᅀᅡ놀 엇디 ᄒᆞ릿고.
   ② 나는 가누다 말도 몯다 니르고 가누닛고.
   ③ 물에 쓸려 돌아가시니, 가신 임을 어이할꼬.
   ④ 돌ᄒᆞ 노피곰 도ᄃᆞ샤 어긔야 머리곰 비취오시라.
   ⑤ 날러는 엇디 살라 ᄒᆞ고 ᄇᆞ리고 가시리잇고.

고대 가요 〈정읍사(井邑詞)〉 어느 행상인의 아내

㉠ᄃᆞᆯ하 ㉡노피곰 도ᄃᆞ샤
어긔야 머리곰 비취오시라.
어긔야 어강됴리
아으 다롱디리
㉢져재 녀러신고요.
어긔야 ㉣즌 ᄃᆡ를 드ᄃᆡ욜셰라.
어긔야 어강됴리
어느이다 노코시라.
어긔야 내 가논 ᄃᆡ ㉤졈그를셰라.
어긔야 어강됴리
아으 다롱디리

✔ 체크 문제

☑ 고전 시가의 하나인 〈정읍사〉에 대한 설명으로 옳지 않은 것은?

2011. 서울시 9급

① 백제 시대에 창작된 것으로 알려져 있다.
② 행상 나간 남편의 무사 귀환을 빌고 있다.
③ 한글로 기록된 가장 오래된 가요다.
④ 주술성을 지녀 집단적으로 불렸다.
⑤ 고려 시대 속요로 불렸다.

1. ㉠~㉤에 대한 설명으로 적절하지 않은 것은?
   ① ㉠: 화자가 소원을 비는 대상이다.
   ② ㉡: 남편의 귀갓길을 지켜 주기를 바라는 소망이 드러나 있다.
   ③ ㉢: 자신을 버린 남편의 거처를 알고 싶은 마음이 드러나 있다.
   ④ ㉣: 남편에게 닥칠 수 있는 위험을 비유적으로 표현하고 있다.
   ⑤ ㉤: 남편의 귀갓길에 대해 노심초사하는 화자의 심정이 드러나 있다.

현대어 풀이 〈황조가(黃鳥歌)〉 유리왕

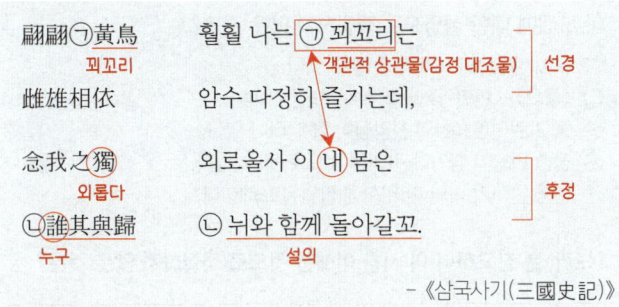

– 《삼국사기(三國史記)》

해제	작자와 연대가 알려진 작품으로, 현재 전하는 가장 오래된 서정시이다. 고구려 유리왕 설화를 배경 설화로 삼고 있는 작품이기도 하다. 임과 이별한 이후의 상황에서, 꾀꼬리들이 나뭇가지에 모여든 모습을 보고서 자신의 고독한 처지와 대비가 된다고 느껴 그 슬픔을 읊은 작품으로 알려져 있다.
주제	짝을 잃은 슬픔(외로움)
시대	고구려 유리왕 3년(B.C. 17)
갈래	4언 4구의 한역가
성격	개인적 서정시
표현	① 꾀꼬리(자연물)와 화자의 상황을 대비하여 화자의 정서 강조 ② 선경후정의 시상 전개 방식
의의	① 작가가 구체적으로 알려진 고대 가요이다. ② 집단 가요에서 개인적 서정시로 넘어가는 단계의 가요이다. ③ 국문학사상 사랑을 주제로 한 최초의 서정 시가이다.
구성	1·2행(기/승) 꾀꼬리의 정다운 모습 – 선경 3·4행(전/결) 임을 잃은 외로움 – 후정

현대어 풀이 〈정읍사(井邑詞)〉 어느 행상인의 아내

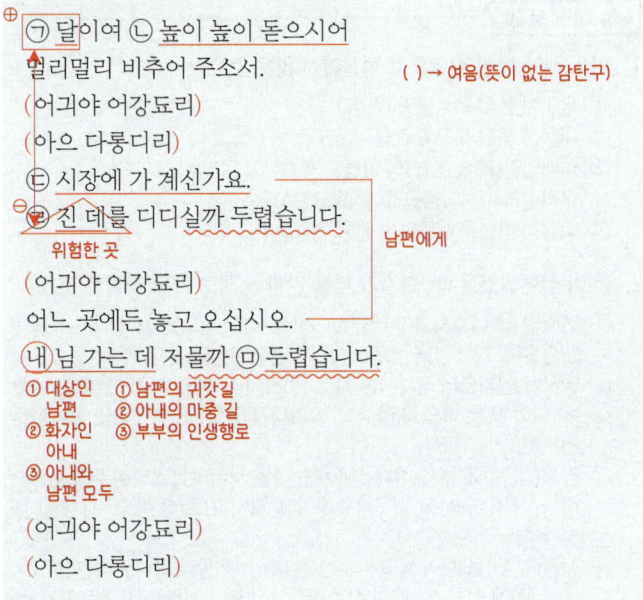

해제	행상 나간 남편의 안전을 달에게 비는 형식으로 노래한 작품이다. 이 노래에서 '달'은 남편의 안전한 귀가를 바라는 아내의 순수한 사랑과 염려의 마음을 담고 있는 매개체로서 어둠을 물리치는 광명(光明), 천지신명(天地神明)의 이미지를 나타낸다. 이 노래는 여음구를 제외하면 3장 6구의 형식을 보인다는 점에서 시조 형식의 연원으로 보기도 한다.
관련 설화	정읍은 전주의 속현(屬縣)이다. 이 현 사람이 행상(行商)을 떠나 오래 돌아오지 않으므로, 그 아내가 산 위의 바위에 올라 바라보았다. 남편이 밤길을 오다가 해(害)를 입지나 않을까 염려되어, 진흙의 더러움에 비유하여 이 노래를 불렀다[망부석(望夫石) 설화].
주제	남편이 무사히 돌아오기를 기원함.
특징	한글로 전하는 가장 오래된 백제의 노래

'달'의 상징적 의미
① 광명 : 남편의 귀갓길과 아내의 마중 길, 나아가서 그들의 인생행로의 어둠을 물리치는 광명을 상징('즌 뒤'와 대조를 이룸.)
② 천지신명 : 밤의 어둠을 밝혀 주고, 남편을 편안하게 해 주기를 바라는 기원의 대상

'내 가논 뒤'의 상징적 의미
① 남편의 귀갓길 ② 아내의 마중 길 ③ 부부의 인생행로

구성	기	천지신명에게 기원함.
	서	남편의 안위를 걱정함.
	결	남편의 편안함을 간절히 바람.

여음을 제외하면 2음보 1구씩 모두 6구로 되어 있다. 2구를 1장으로 묶으면 3장 6구가 되어 시조 형식의 연원으로 보기도 한다.

향가 〈서동요(薯童謠)〉 서동

선화 공주(善化公主)니믄 善化公主主隱
눔 그스지 얼어 두고 他密只嫁良置古
맛둥바올 薯童房乙
바미 몰 안고 가다. 夜矣卯乙抱遣去如

향찰 분석 |

善化公主主隱 선화 공주님은

구분	善	化	公	主	主	隱
뜻	착할	될	귀인	님	님	숨을
음	선	화	공	주	주	은

他密只嫁良置古 남몰래 결혼하고

구분	他	密	只	嫁	良	置	古
뜻	남	그윽할	다만	얼	좋을	둘	옛
음	타	밀	지	가	랑	치	고

薯童房乙 맛둥서방을

구분	薯	童	房	乙
뜻	마	아이	방	새
음	서	동	방	을

夜矣卯乙抱遣去如 밤에 몰래 안고 가다.

구분	夜	矣	卯	乙	抱	遣	去	如
뜻	밤	어조사	토끼	새	안을	보낼	갈	같을(다)
음	야	의	묘	을	포	견	거	여

체크 문제

1. 이 노래에 대한 설명으로 적절하지 않은 것은?
   ① 구애(求愛)의 노래라고 할 수 있다.
   ② 〈풍요〉, 〈헌화가〉와 같은 4구체 향가이다.
   ③ 불교 귀의(歸依)의 신앙심이 잘 나타나 있다.
   ④ 전승 민요가 향가에 편입된 것으로 볼 수 있다.
   ⑤ 영웅 일대기 속의 한 일화에 삽입된 노래이다.

2. 〈보기〉를 참고하여 이 시를 이해한 것으로 적절하지 않은 것은?

   〈 보기 〉
   마[薯]를 팔아 생계를 꾸리던 백제의 서동은 신라의 선화 공주를 아내로 삼기 위해 경주로 간다. 서동은 아이들에게 마[薯]를 나누어 주며 〈서동요〉를 부르게 하고, 결국 이로 인해 궁에서 쫓겨난 선화 공주를 아내로 맞이하게 된다.

   ① 신분이나 국경을 초월하여 성취한 사랑 이야기로구나.
   ② 자신의 목적을 위해서 남을 모함하는 것은 잘못이야.
   ③ 노래를 퍼뜨린 방식으로 보아 서동은 꾀가 많은 것 같아.
   ④ 공주와 백성의 사랑이 소재인 것을 보니 당시 신라는 개방적이었구나.

향가 〈안민가(安民歌)〉 충담사

군(君)은 어비요,
신(臣)은 ᄃᆞᄉᆞ샬 어ᅀᅵ여,
민(民)은 얼혼 아ᄒᆡ고 ᄒᆞ샬디
민이 ᄃᆞᅀᆞᆯ 알고다.
구믈ㅅ다히 살손 물생(物生)
이흘 머기 다ᄉᆞ라.
이 ᄯᅡ홀 ᄇᆞ리곡 어듸 갈뎌 ᄒᆞᆯ디
나라악 디니디 알고다.
아으, ㉠군(君)다이 신(臣)다이 민(民)다이 ᄒᆞᄂᆞᆯᄃᆞᆫ
나라악 태평(太平)ᄒᆞ니잇다.

체크 문제

1. 이 노래에 대한 설명으로 적절하지 않은 것은?
   ① 유교적 윤리 의식을 드러낸다.
   ② 내용상 문단의 구조로 볼 수 있다.
   ③ 국태민안(國泰民安)의 방법을 제시하고 있다.
   ④ 우리말의 아름다움을 잘 살려 표현하고 있다.
   ⑤ 직설적 어법을 사용하여 전달력을 높이고 있다.

2. ㉠이 실현되었을 때, 화자가 부를 만한 노래로 가장 적절한 것은?
   ① 아바님 날 나흐시고 어마님 날 기르시니 / 부모옷 아니시면 내 몸이 업슬랏다. / 이 덕을 갑프려 하니 하늘가이 업스샷다.
   ② 님군을 섬기오데 정(正)한 길로 인도(引導)하야 / 국궁진췌(鞠躬盡瘁)하야 죽은 후의 마라사라. / 가다가 불합(不合)곳하면 믈너간들 엇더리.
   ③ 강호(江湖)에 놀자 하니 성주(聖主)를 저버리겠고 / 성주를 섬기자 하니 소락(所樂)에 어긋나겠네. / 혼자서 기로(岐路)에 서서 갈 데 몰라 하노라.
   ④ 장검(長劍)을 빼어 들고 백두산(白頭山)에 올라 보니 / 대명천지(大明天地)에 성진(腥塵)이 잠겨세라. / 언제나 남북풍진(南北風塵)을 헤쳐 볼고 하노라.
   ⑤ 충신(忠臣)은 만조정(滿朝廷)이요 효자는 가가재(家家在)라. / 우리 성주(聖主)는 애민적자(愛民赤子) 하시는데 / 명천(明天)이 이 뜻을 알아서 우순풍조(雨順風調)하소서.

현대어 풀이 〈서동요(薯童謠)〉 서동

선화 공주님은

남몰래 사귀어(통정하여) 두고

맛둥[薯童] 도련님을
마 파는 아이 = 서동

밤에 몰래 안고 간다.

해제	백제의 서동이 신라 진평왕 때 지었다는 현전 최고(最古)의 향가이다. 민요가 동요로 정착된 노래이고 앞일을 예언한 노래라는 점에서 참요(讖謠)로 본다.
배경 설화	서동은 과부인 어머니와 연못의 용 사이에서 태어났는데 어려서부터 마를 캐어 생활을 하여 서동이라 불리었다. 그는 신라 진평왕의 딸인 선화 공주가 아름답다는 소문을 듣고 몰래 경주로 들어가서 서동요를 지어 아이들이 부르게 하였다. 노래가 대궐까지 전해지자 진평왕은 공주를 귀양 보냈다. 그러자 기다리고 있던 서동이 선화 공주를 맞아 동행하였고 결국 그녀를 아내로 맞이하였다. 서동은 공주를 통해 자신이 마를 캐던 뒷산에 있는 큰 금 무더기가 보배라는 것을 알고 그 금으로 인심을 얻어 그 후 백제의 왕이 되었다.
주제	① 선화 공주의 은밀한 사랑 ② 선화 공주에 대한 연모의 정
시대	신라 진평왕 때(599년 이전)
갈래	4구체 향가
성격	참요(讖謠), 민요적
표현	① 주술적 기능을 나타낸 노래로, 전래 민요가 정착된 것으로 보임. ② 서동이 바라는 바를 선화 공주가 실제 행한 것처럼 표현함.
의의	① 현전하는 가장 오래된 향가 ② 민요가 4구체 향가로 정착한 노래 ③ 향가 중 유일한 동요(童謠)
출전	《삼국유사》

구성	1, 2구	선화 공주의 사랑
	3, 4구	서동과의 밀애

현대어 풀이 〈안민가(安民歌)〉 충담사

임금은 아버지요
임금 = 아버지(은유)

신하는 사랑하실 어머니요
신하 = 어머니(은유)

백성은 어린아이라고 하실지면
백성 = 어린아이(은유)   가정

백성이 사랑을 알 것입니다.

구물거리며 살아가는 물생이
                    백성

이를 먹여 다스려서

(백성들이) "이 땅을 버리고 어디 가겠느냐"라고 할지면 민본주의
                                        가정

나라 안이 유지될 줄로 아셔야 합니다.

아, ㉠ 임금답게 신하답게 백성답게 할지면
감탄사(낙구)   가정

나라 안이 태평하나이다.
        화자가 지향하는 바(궁극적 지향점)

해제	신라 경덕왕 때의 승려였던 충담사(忠談師)가 왕명을 받아 치국안민(治國安民)의 도리를 노래한 향가로, 현전 향가 중 유일하게 유교적 이념을 노래한 작품이고, 강한 목적성을 드러내고 있다.
주제	치국안민의 도리와 국태민안(國泰民安)의 이상
시대	신라 경덕왕 24년(765)
갈래	10구체 향가
성격	유교적, 교훈적
표현	① 장중한 표현으로 숭고미를 구현 ② 소박한 은유와 경구적 표현으로 시상을 전개 ③ 논리적이며 직설적인 어법을 사용
어조	충간적, 권계적, 설득적
의의	유교적 이념을 노래한 유일한 향가
작가	충담사(忠談師, ?~?) 신라 경덕왕 때의 승려로 경덕왕의 청을 받아 〈안민가〉를 지은 것으로 보아 향가 창작으로 명성이 높았던 것 같다. 향가 〈안민가(安民歌)〉와 〈찬기파랑가(讚耆婆郎歌)〉 두 수가 전해진다.

구성	전구(1~4행)	• 가족주의(군 = 父, 신 = 母, 백성 = 子) • 효(孝) = 충(忠)
	중구(5~8행)	민본주의(어진 정치)
	결구(9~10행)	직분, 본분 충실 ⇨ 유교 사상

향가 〈처용가(處容歌)〉 처용

시불 불기 드래
밤 드리 노니다가
드러사 자리 보곤
가르리 네히어라.
둘흔 내해엇고
둘흔 뉘해언고.
본디 내해다마른
아사늘 엇디ᄒᆞ릿고.

東京 明期 月良
夜入伊 遊行如可
入良沙 寢矣 見昆
脚烏伊 四是良羅
二肹隱 吾下於叱古
二肹隱 誰支下焉古
本矣 吾下是如馬於隱
奪叱良乙 何如爲理古

향찰 분석 |

東京 明期 月良 서울 밝은 달밤에

구분	東	京	明	期	月	良
뜻	동녘	서울	밝을	기약할	달	어질
음	동	경	명	기	월	량(양)

夜入伊 遊行如可 밤 늦도록 노닐다가

구분	夜	入	伊	遊	行	如	可
뜻	밤	들	저	놀	다닐	다	옳을
음	야	입	이	유	행	여	가

入良沙 寢矣 見昆 들어와 자리를 보니

구분	入	良	沙	寢	矣	見	昆
뜻	들	어질	모래	잘	어조사	볼	맏
음	입	량(양)	사	침	의	견	곤

脚烏伊 四是良羅 가랑이가 넷이어라.

구분	脚	烏	伊	四	是	良	羅
뜻	다리	까마귀	이	넷	이	어질	벌일
음	각	오	이	사	시	량(양)	라(나)

二肹隱 吾下於叱古 둘은 내 것이고

구분	二	肹	隱	吾	下	於	叱	古
뜻	두	소리울릴	숨을	나	아래	어조사	꾸짖을	옛
음	이	힐	은	오	하	어	질(ㅈ)	고

二肹隱 誰支下焉古 둘은 뉘 것인고.

구분	二	肹	隱	誰	支	下	焉	古
뜻	두	소리울릴	숨을	누구	지탱할	아래	어찌	옛
음	이	힐	은	수	지(ㅣ)	하	언	고

本矣 吾下是如馬於隱 본디 내 것이었지마는

구분	本	矣	吾	下	是	如	馬	於	隱
뜻	근본	어조사	나	아래	이	다	말	어조사	숨을
음	본	의	오	하	시	여	마	어	은(ㄴ)

奪叱良乙 何如爲理古 앗아간 것을 어찌하리오.

구분	奪	叱	良	乙	何	如	爲	理	古
뜻	빼앗	꾸짖을	어질	새	어찌	다	할	다스릴	옛
음	탈	질(ㅅ)	량(양)	을	하	여	위	이	고

✔ 체크 문제

1. 이 노래에 대한 설명으로 적절하지 않은 것은?

① 아쉬움을 사랑으로 승화시킨 개인적 서정시
② 무가의 성격을 띠고 무속적으로 전승된 노래
③ 사악한 기운을 물리치려는 축사(逐邪)의 노래
④ 의식무 또는 연희로 고려, 조선조에 계승된 노래
⑤ 통념을 뛰어넘은 관용적인 이미지의 노래

2. 〈보기〉는 이 노래에 대한 해설이다. 이를 통해 알 수 있는 노래의 성격은?

〈 보기 〉
현재 전하는 신라 향가의 마지막 작품으로 〈구지가〉, 〈해가〉의 맥락을 잇고 있다. 신라 헌강왕 때 처용이라는 사람이 아내를 침범한 역신을 향해 불러서 그 역신을 물러나게 하였다는 노래이다.

① 서정성   ② 해학성   ③ 집단성   ④ 주술성   ⑤ 역사성

향가 〈제망매가(祭亡妹歌)〉 월명사

㉠ 생사로(生死路)는
예 이샤매 저히고,
㉡ 나는 가는다 말ㅅ도
몯다 닏고 가나닛고.
어느 ᄀᆞ슬 ㉢ 이른 ᄇᆞᄅᆞ매
이에 뎌에 ᄠᅥ딜 닙다이
ᄒᆞᄃᆞᆫ 가재 나고
가논 곧 모ᄃᆞ온뎌.
아으 미타찰(彌陁刹)애 맛보올 내
㉣ 도(道) 닷가 기드리고다.

✔ 체크 문제

☑ **이 작품에 대한 설명으로 적절한 것은?** 2017. 지방직 9급 추가채용

① 시적 대상과의 재회에 대한 소망을 담고 있다.
② 반어적 표현을 통해 화자의 정서를 부각하고 있다.
③ 세속의 인연에 미련을 두지 않은 구도자의 자세를 드러내고 있다.
④ 상황 인식 - 객관적 서경 묘사 - 종교적 기원의 3단 구성으로 되어 있다.

1. ㉠~㉣에 대한 이해로 적절하지 않은 것은?

① ㉠ : 생사의 길 앞에서 죽음에 대해 두려움을 느끼는 화자의 인식을 드러내고 있다.
② ㉡ : 화자가 누이에게 한 하직 인사를 통해 저승에 대한 심리적 거리를 드러내고 있다.
③ ㉢ : 누이가 젊은 나이에 세상을 떠났음을 비유적으로 드러내고 있다.
④ ㉣ : 누이의 죽음을 종교적으로 극복하려는 화자의 태도를 드러내고 있다.

현대어 풀이 〈처용가(處容歌)〉 처용

서울 밝은 달밤에
공간적 배경: 서울, 시간적 배경: 밤
밤 늦도록 노닐다가
들어와 자리를 보니
가랑이가 넷이어라.
대유('가랑이'라는 신체 일부분으로 '사람'이라는 전체를 나타냄)
둘은 내 것이고
아내의 다리
둘은 뉘 것인고.
역신의 다리
본디 내 것이었지마는
내 아내
앗아간 것을 어찌하리오.
관용, 체념

배경 설화 | 신라의 헌강왕이 바닷가에서 길을 잃었을 때 일관(日官)이 아뢰기를 "이것은 동해 용의 조화이니 마땅히 좋은 일을 해 주어서 풀어야 할 것입니다."라고 했다. 이에 왕이 용을 위해 근처에 절을 세우도록 명하자 구름과 안개가 걷히었다. 또한 동해 용이 일곱 아들을 거느리고 왕의 앞에 나타나 춤추고 음악을 연주했다. 그 가운데 한 아들이 왕을 따라 서울로 가서 왕의 정사를 도왔는데 그가 바로 처용이다. 왕은 처용에게 미녀를 아내로 주고 벼슬도 내려 주었다. 그런데 역신(疫神)이 그의 아내를 흠모하여 그의 집에 가서 몰래 같이 잤다. 처용이 밖에서 돌아와 잠자리에 두 사람이 있는 것을 보고 〈처용가〉를 부르며 춤을 추자 역신이 물러났다.

주제 | 아내를 빼앗긴 것에 대한 체념과 축신(逐神)
시대 | 신라 49대 헌강왕 때
갈래 | 8구체 향가, 축사(逐邪)의 노래
성격 | 주술적
어조 | 관용과 체념의 어조
의의 | ① 벽사진경(辟邪進慶: 사악한 것은 물리치고 경사로운 것을 맞이함.)의 민속에서 형성된 무가
② 고려와 조선조에 걸쳐 의식무, 연희로 계승됨.
출전 | 《삼국유사》
구성 |

1구~4구	역신(疫神)의 침범
5구~8구	처용의 관용(체념)

현대어 풀이 〈제망매가(祭亡妹歌)〉 월명사

㉠ 삶과 죽음의 갈림길이
여기(이승)에 있음에 두려워하고
㉡ '나는 갑니다.'라는 말도
다 말하지 못하고 갔느냐?
임종을 지키지 못한 화자의 안타까움
어느 가을 ㉢ 이른 바람에
죽음의 원인
여기저기 떨어지는 나뭇잎처럼
누이
같은 가지에 나고도
한 부모, 같은 핏줄
가는 곳을 모르는구나.
비장미
(아아) 극락 세계에서 만나 볼 나는
감탄사(낙구) / 숭고미
㉣ 불도를 닦으며 기다리겠다. *누이와의 재회 소망(종교적 승화)*

주제 | 죽은 누이의 극락왕생을 기원함.
배경 설화 | 월명사는 일찍이 죽은 누이동생을 위하여 재를 올리고 향가를 지어 불러 제사를 지냈는데, 문득 광풍이 불어 지전(紙錢)을 서쪽으로 날려 없어지게 하였다. 월명사는 항상 사천왕사(四天王寺)에 살았는데, 피리를 잘 불었다. 일찍이 달 밝은 밤에 피리를 불며 문 앞 큰 길을 지나니 달이 가기를 멈추었다. 이로 말미암아 그 길을 월명로(月明路)라 하였다.
배경 사상 | 윤회 사상
간절한 추모의 정이 비유를 통해 형상화된 둘째 문단(5~8행)
• 이른 바람 = 죽음의 원인
• 낙엽 = 죽음
• 같은 가지 = 같은 부모
• 같은 가지에 난 잎사귀 = 형제

형식 | 10구체 향가, 9구 첫 어절이 감탄사(낙구) '아으'로 이루어짐.
구성 |

기	1~4행	• 죽음에 대한 두려움과 망매에 대한 간절한 애도 • 누이의 죽음을 직면한 현재
서	5~8행	• 인생의 허무에 대한 불교적 무상감 • 누이와의 속세의 인연을 그린 과거
결	9~10행	• 애도의 정의 종교적 승화 • 서방 정토에서의 만남이라는 미래

향가 〈찬기파랑가(讚耆婆郎歌)〉 충담사

열치매
나토얀 드리
힌구름 조초 떠가는 안디하
새파른 나리여히
기랑(耆郞)이 즈시 이슈라.
일로 나리ㅅ 지벽히
낭(郎)이 디니다샤온
ᄆᆞᅀᆞ미 ᄀᆞᆺ 홀 좇누아져.
아으 잣ㅅ가지 노파
서리 몯누올 화반(花判)이여.

✔ 체크 문제

☑ 이 작품에 대한 이해로 적절하지 않은 것은?

2017. 지역인재 9급 추가채용

① 기파랑의 부재로 인한 화자의 신세를 한탄하고 있다.
② 10구체 향가로서 내용상 세 부분으로 구성되어 있다.
③ 기파랑의 고매한 인품을 구체적인 자연물에 비유하고 있다.
④ 낙구의 감탄사를 통해 감정을 집약하면서 시상을 마무리하고 있다.

향가계여요 〈정과정(鄭瓜亭)〉 정서

내 님믈 그리ᅀᆞ와 우니다니
㉠ 산(山) 접동새 난 이슷ᄒᆞ요이다.
아니시며 거츠르신 둘 아으
잔월효성(殘月曉星)이 아르시리이다.
넉시라도 님은 ᄒᆞᄃᆡ 녀져라 아으
벼기더시니 뉘러시니잇가.
과(過)도 허믈도 천만(千萬) 업소이다.
ᄆᆞᆯ힛마리신뎌
ᄉᆞᆯ읏븐뎌 아으
니미 나를 ᄒᆞ마 니ᄌᆞ시니잇가.
아소 님하, 도람 드르샤 괴오쇼셔.

---

1. 이 노래에 대한 설명으로 적절하지 않은 것은?
① 추상적인 의미가 자연물을 통해 표상되고 있다.
② 화자와 달이 문답(問答)하는 형식으로 되어 있다.
③ 대상에 대한 찬양과 흠모가 시작(詩作)의 계기이다.
④ 계절의 변화에 따른 인생의 덧없음을 표출하고 있다.
⑤ 대립적인 상징체계를 통하여 주제를 부각시키고 있다.

2. 이 노래에서 기파랑의 인품을 비유한 단어로 짝 지어진 것은?
① 드리 - 서리
② 지벽 - 서리
③ 힌구름 - 잣ㅅ가지
④ 힌구름 - 서리
⑤ 지벽 - 잣ㅅ가지

✔ 체크 문제

1. 이 노래의 화자에 대한 설명으로 적절하지 않은 것은?
① 자연물을 통해 자신의 정서를 드러내고 있다.
② 상대방에게 자신의 소망을 분명하게 밝히고 있다.
③ 끝까지 임을 따르겠다며 일편단심을 다짐하고 있다.
④ 하늘의 달과 별을 걸고 자신의 결백을 호소하고 있다.
⑤ 자신에게 주어진 암울한 상황을 해학으로 극복하고 있다.

2. ㉠과 유사한 표현 기법을 사용한 것은?
① 우러라 우러라 새여, 널라와 시름 한 나도 자고 니러 우니노라.
② 가마귀 싸호는 골에 백로(白鷺)ㅣ야 가지 마라.
③ 사월(四月) 아니 니저 아으 오실셔 곳고리새여
④ 화표(華表) 천년의 별학(別鶴)이 우니는 듯
⑤ 백사장(白沙場) 홍료변(紅蓼邊)에 굽니러 먹는 저 빅노야

현대어 풀이 〈찬/기파랑/가(讚耆婆郎歌)〉 충담사

(구름을) 열어젖히며

나타난 달이

흰 구름 좇아 (서쪽으로) 떠가는 것 아니냐?

새파란 냇물에 ┐
              │ 기파랑의 모습
기파랑의 모습이 있구나. ┘

이로부터 냇가 조약돌에 ○ 기파랑의 숭고한 인품을 표현한 시어

기파랑이 지니시던

마음의 끝을 따르고자.

(아아), 잣나무 가지 높아

서리를 모를 화랑의 우두머리여.
시련, 고난, 역경

— 양주동 해독

해제 | 이 작품은 신라 경덕왕 때 승려 충담사가 화랑인 기파랑을 찬양하며 지은 10구체 향가이다. 광명과 염원을 상징하는 달을 통해 기파랑에 대한 그리움을 부각하고, 시련이나 역경을 상징하는 눈과 높은 잣나무 가지를 대비하여 고결하고 강직한 기파랑의 인품을 부각하였다.

주제 | 기파랑의 인품에 대한 찬양과 추모

구성 |

1~5구(기)	기파랑의 부재에 대한 안타까움과 그리움
6~8구(서)	기파랑의 인품을 따르고자 하는 마음
9~10구(결)	기파랑의 강직한 인품 예찬

성격 | 예찬가, 추모가

의의 | 문학성이 뛰어나 〈제망매가〉와 함께 향가의 백미(白眉)로 평가됨.

늣겨곰 ᄇᆞ라매	흐느끼며 바라보매
이슬 볼갼 ᄃᆞ라리	이슬 밝힌 달이
흰 구름 조초 ᄠᅥ간 언저레	흰 구름 따라 떠간 언저리에
몰이 가른 믈서리여히	모래 가른 물가에
기랑이 즈ᅀᅵ올시 수프리야.	기랑(耆郎)의 모습과도 같은 수풀이여
일오나릿 지벼긔	일오(逸烏)라는 냇가의 자갈 벌에서
낭이여 디니더시온	낭(郎)이 지니시던
ᄆᆞᅀᆞ미 ᄀᆞᆺ 좃ᄂᆞ라져.	마음의 갓(끝)을 좇고(따르고) 있노라.
아야 자싯가지 노포	아아, 잣나무 가지가 높아
누니 모ᄃᆞᆯ 두폴 곳가리여	눈이라도 덮지 못할 고깔이여

— 김완진 해독

현대어 풀이 〈정과정(鄭瓜亭)〉 정서

내 임을 그리워하며 울며 지내더니

㉠산 접동새와 나는 비슷합니다.
  동일시, 감정 이입

아니시며 거짓인 줄 아!

천지신명이 아실 것입니다.
결백을 아는 존재

넋이라도 임을 한데 모시고 싶어라.
                    일편단심

우기시던 이 누구입니까?
자신을 모함한 이(원망의 대상)

잘못도 허물도 전혀 없습니다.

뭇사람들의 참언(모함)입니다.

슬프구나, 아!
       감탄사

임이 나를 벌써 잊으셨습니까?

(아아), 임이시여 돌이켜 들으시어 사랑하소서. → 재회 소망
감탄사(낙구)
영탄법

해제 | 이 작품은 국문으로 전하는 고려 가요 중 작가를 알 수 있는 유일한 노래로, 고려 의종 때 문인 정서가 귀양지인 동래에서 임금의 소환을 기다리다가 소식이 없자, 자신의 결백을 밝히고 선처를 청하기 위해 지었다고 한다. 이 작품에서 시적 화자는 자신에 대한 참소가 거짓임을 말하면서 억울하고 원통한 심정과 임을 모시고 싶다는 충절의 심정을 드러내고 있는데, 임을 그리워하며 울고 있는 자신의 처지를 '접동새'라는 자연물에 빗대어 표현하고 있다.
이 노래는 충신연주지사로 사람들에게 널리 애송되었으며 궁중에서도 모두 익히도록 할 만큼 귀하게 여긴 고려 가요이다. 고려 가요 중 향가의 흔적을 찾아볼 수 있는 대표적 작품으로 마지막 행의 '아소 님하'를 통해 형식 면에서 10구체 향가의 전통을 잇고 있음을 확인할 수 있다. 그러나 감탄사의 위치가 바뀌고, 내용상의 격조가 떨어지는 등 향가 해체기의 특징도 반영되어 있다.

주제 | 임금을 그리는 정

시대 | 고려 의종 때

갈래 | 향가계여요

성격 | 충신연주지사, 유배시

표현 | ① 비유법, 영탄법 등을 사용
② 분연이 안 되고, 후렴구가 없음.
③ 향가의 전통(3단 구성, 감탄사 '아소 님하')이 남아 있음.

제재 | 참소와 유배

특징 | 고려는 물론 조선 시대까지 궁중 음악으로 불림.

구성 |

1~4행	자신의 처지와 결백 토로
5~8행	결백의 해명
9~11행	간절한 애원

고려 가요 〈사모곡(思母曲)〉 작자 미상

호미도 ᄂᆞᆯ히언마ᄅᆞᄂᆞᆫ
낟ᄀᆞ티 들 리도 업스니이다.
아바님도 어이어신마ᄅᆞᄂᆞᆫ
위 덩더둥셩
어마님ᄀᆞ티 괴시리 업세라.
아소 님하,
어마님ᄀᆞ티 괴시리 업세라.

✔ 체크 문제

1. 이 노래를 향가의 영향을 받은 작품으로 보는 근거는?
① 연을 구분하는 후렴구가 들어 있다.
② 6행에 '아소'라는 감탄사가 들어 있다.
③ 후렴구를 제외하면 3장 형식으로 되어 있다.
④ 당시 사람들의 소박한 생활 감정이 들어 있다.
⑤ 나라의 축제 때에 가창되었던 흔적이 있다.

2. 이 시의 표현상의 특징에 대한 설명으로 적절하지 않은 것은?
① 아버지의 사랑을 '호미'에 비유하여 표현하고 있다.
② 어머니의 사랑을 '낫'에 빗대어 드러내고 있다.
③ 반복과 대조의 방법으로 시상을 전개하고 있다.
④ 일상생활과 밀접한 시어로 표현하여 친근감을 주고 있다.
⑤ 화자의 정서를 역설의 방법으로 극대화하여 표현하고 있다.

고려 가요 〈가시리〉 작자 미상

가시리 가시리잇고 ㉠나ᄂᆞᆫ
ᄇᆞ리고 가시리잇고 나ᄂᆞᆫ
위 증즐가 大平盛代

날러는 엇디 살라 ᄒᆞ고
ᄇᆞ리고 가시리잇고 나ᄂᆞᆫ
위 증즐가 大平盛代

㉡잡ᄉᆞ와 두어리마ᄂᆞᄂᆞᆫ
㉢선ᄒᆞ면 아니 올셰라.
위 증즐가 大平盛代

㉣셜온 님 보내ᅀᆞ옵노니 나ᄂᆞᆫ
가시ᄂᆞᆫ 듯 도셔 오쇼셔 나ᄂᆞᆫ
위 증즐가 大平盛代

✔ 체크 문제

☑ **이 글에 대한 설명으로 가장 적절하지 않은 것은?** [2023. 군무원 9급]
① 고려 시대에 불리던 노래이다.
② 제목은 〈가시리〉이다.
③ 고려 시대에 누군가 기록해 놓은 것을 찾아내어 다시 한글로 기록하였다.
④ 후렴구는 궁중악으로 불리면서 발생한 것으로 추정된다.

☑ **밑줄 친 ㉠~㉣에 대한 설명으로 가장 적절한 것은?** [2023. 군무원 9급]
① ㉠: '나ᄂᆞᆫ'은 '나는'의 예전 표기이다.
② ㉡: '잡ᄉᆞ와 두어리마ᄂᆞᄂᆞᆫ'의 뜻은 '(음식을) 잡수시고 가게 하고 싶다'는 의미이다.
③ ㉢: '선ᄒᆞ면 아니 올셰라'의 뜻은 '선하게 살면 올 것이다'라는 믿음을 표현한 말이다.
④ ㉣: '셜온 님 보내ᅀᆞ옵노니'의 뜻은 '서러운 님을 보내 드린다'는 의미이다.

현대어 풀이 〈사모곡(思母曲)〉 작자 미상

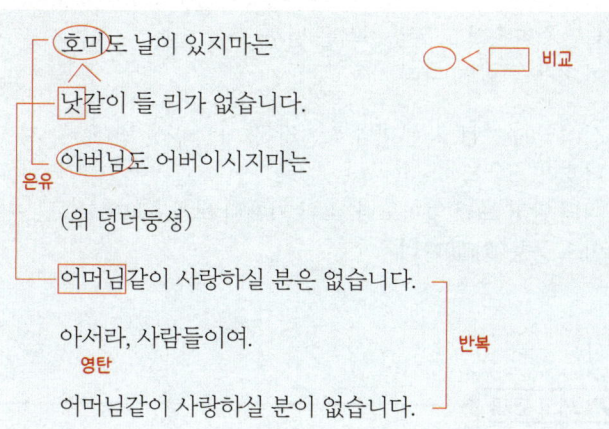

해제	아버지의 사랑을 '호미'에, 어머니의 사랑을 '낫'에 비유하여 아버지의 사랑보다 어머니의 사랑이 더 깊음을 소박하고 진솔하게 노래한 작품이다.
주제	어머니의 절대적인 사랑 예찬
시대	고려 시대
갈래	고려 가요
성격	민요풍의 서정시
형식	3음보의 단연시
제재	모정
구성	'기-서-결'의 3단 구성
표현	① 은유법, 반복법, 비교법, 영탄법 등을 사용 ② 진솔하고 소박한 표현을 사용
의의	① 어머니의 사랑을 농경 사회에 친숙한 농기구에 빗대어 노래하였다. ② 아버지의 사랑과 어머니의 사랑을 견주어 차이를 두었다.

구성	기	호미와 낫의 비교
	서	아버지와 어머니의 사랑 비교
	결	어머니의 사랑 예찬

현대어 풀이 〈가시리〉 작자 미상

가시렵니까? 정말 가시렵니까?
  A   A

저를 버리고 가시렵니까?
  B   A

저는 어찌 살라고 임에 대한 원망

버리고 가시렵니까?

붙잡아 두고 싶지만

서운하면 오지 않을까 두려워
① 화가 나면 오지 않을까 두려워
② 서운하면 오지 않을까 두려워

서러운 임을 보내 드리니
① 이별을 서러워하는 임
② 나를 서럽게 하는 임

가시는 듯 돌아오소서.

해제	현전하는 고려 가요 가운데 대표적인 작품으로 민요적 특성이 충실히 드러난 노래 중 하나이다. 간결한 형식 속에 함축성 있는 시어로 소박한 정서를 표현하였으며, 〈공무도하가〉에서 시작된 우리 민족의 보편적 정서인 이별의 정한을 노래하였다.
주제	이별의 정한(情恨)
시대	고려 후기(원 간섭기)
갈래	고려 가요
성격	민요풍의 서정시
어조	사랑하는 임을 떠나보내는 여인의 애절한 목소리
운율	3·3·2조, 3음보
의의	① 간결한 형식 속에 함축성 있는 시어를 사용한 이별가의 백미(白眉) ② 국문학사상 여성적 정조의 원류

구성	1연	이별에 대한 슬픔과 원망
	2연	이별에 따른 고독과 원망의 고조
	3연	감정의 절제와 체념
	4연	임이 돌아오기를 간청함.

고려 가요 〈동동(動動)〉 작자 미상

덕(德)으란 곰빅예 받줍고 복(福)으란 림빅예 받줍고,
덕(德)이여 복(福)이라 호눌 나수라 오소이다.
아으 동동(動動)다리.

정월(正月)ㅅ 나릿므른 아으 어져 녹져 ㅎ논티.
누릿 가온티 나곤 몸하 ㅎ올로 녈셔.
아으 동동(動動)다리.

이월(二月)ㅅ 보로매, 아으 노피 현 등(燈)ㅅ블 다호라.
만인(萬人) 비취실 즈시샷다.
아으 동동(動動)다리.

삼월(三月) 나며 개(開)호 아으 만춘(滿春) 둘욋고지여.
노미 브롤 즈슬 디녀 나샷다.
아으 동동(動動)다리.

사월(四月) 아니 니저 아으 오실셔 곳고리새여.
므슴다 녹사(錄事)니몬 녯 나롤 닛고신뎌.
아으 동동(動動)다리.

오월(五月) 오일(五日)애 아으 수릿날 아춤 약(藥)은
즈믄 힐 장존(長存)ㅎ샬 약(藥)이라 받줍노이다.
아으 동동(動動)다리.

유월(六月)ㅅ 보로매 아으 별해 보룐 빗 다호라.
도라보실 니믈 젹곰 좃니노이다.
아으 동동(動動)다리.

칠월(七月)ㅅ 보로매 아으 백종(百種) 배(排)ㅎ야 두고,
니믈 흔 티 녀가져 원(願)을 비숩노이다.
아으 동동(動動)다리.

팔월(八月)ㅅ 보로몬 아으 가배(嘉俳) 나리마론,
니믈 뫼셔 녀곤 오눌낤 가배(嘉俳)샷다.
아으 동동(動動)다리.

구월(九月) 구일(九日)애 아으 약(藥)이라 먹논
황화(黃花) 고지 안해 드니, 새셔 가만ㅎ얘라.
아으 동동(動動)다리.

시월(十月)애 아으 져미연 보룻 다호라.
것거 보리신 후(後)에 디니실 흔 부니 업스샷다.
아으 동동(動動)다리.

십일월(十一月)ㅅ 봉당 자리예 아으 한삼(汗衫) 두퍼 누워
슬흘 수라온뎌 고우닐 스싀옴 녈셔.
아으 동동(動動)다리.

십이월(十二月)ㅅ 분디남ㄱ로 갓곤, 아으 나술 반(盤)잇 져 다호라.
니믜 알픠 드러 얼이노니, 소니 가재다 므르숩노이다.
아으 동동(動動)다리.

✔ 체크 문제

☑ 이 글에 대한 설명으로 옳지 않은 것은? 2021. 군무원 7급
① 궁중에서 연주된 가사로 국가의 번영을 찬양하는 내용이다.
② 월령체(月令體) 형식으로 각 달의 소재에 따라 다른 내용을 노래했다.
③ '동동(動動)'이라는 제목은 "아으 동동다리"라는 후렴구에서 따온 것이다.
④ 고려 시대 구전되던 것을 조선 시대에 한글로 기록했다.

1. 〈보기〉의 밑줄 친 부분의 예로 들기에 가장 적절한 것은?

〈 보기 〉
고려 가요는 민요에서 형성된 것으로 궁중에서 수용하여 궁중 음악으로 향유된 노래이다. 이러한 과정에서 개작이 이루어졌는데, 궁중의 의식에 적합한 내용이 새롭게 추가되기도 하였다.

① 서사   ② 정월
③ 2월   ④ 3월
⑤ 5월

현대어 풀이 〈동동(動動)〉 작자 미상

덕은 뒤에 바치옵고, 복은 앞에 바치오니,

덕이며 복이며 하는 것을 드리러 오십시오.

정월의 냇물은 얼었다 녹으려 하는데
① 얼어붙은 자신의 외로운 마음을 임이 녹여 주길 바라는 마음
② 얼어붙은 자신의 외로운 마음을 녹여 줄 사람도 없이 홀로 살아감

세상 가운데 태어난 이 몸은 홀로 살아가는구나.

2월 보름에 높이 켠 등불 같구나.
훌륭한 임의 인품

그대는 만인을 비추실 모습이시도다.

3월 지나며 핀 늦봄의 진달래꽃 같은 임이여
출중한 임의 모습

남이 부러워할 만한 모습을 지니고 태어나셨구나.

4월을 잊지 않고 또 오셨구나 꾀꼬리 새여
녹사님과 대조되는 대상

무엇 때문에 녹사님(나의 님)은 예전의 나를 잊고 계시는 겁니까?
원망

5월 5일 단옷날 아침 약은
임에게 바치는 사랑

천 년을 사시게 할 약이라기에 임에게 바칩니다.
과장

6월 보름에 벼랑에 버린 빗 같구나
임에게 버림받은 화자의 처지

돌아보실 임을 잠시나마 쫓아가옵니다.

7월 보름에 100가지 곡식 갖다 놓고

임과 함께 살고 싶어 소원을 빌어 봅니다.
임과 함께하고픈 마음 → 화자의 궁극적인 소망

8월 보름은 한가윗날이라지만

임을 모시고 지내야만 비로소 오늘이 한가윗날일 수 있습니다.
임과 함께하고픈 마음 → 화자의 궁극적인 소망

9월 9일에 약이라고 먹는

노란 국화꽃이 집 안에 피니 초가집이 고요하구나.
화자의 외로운 정서를 부각하는 객관적 상관물

10월에 나는 잘게 썬 보리수나무 같구나.
임에게 버림받은 화자의 처지

꺾어 버리신 후에 나무를 지니실 한 분이 없으시도다.
임에게 버림받은 신세를 한탄함

11월 봉당 자리에 홑적삼을 덮고 누우니

슬프도다, 사랑하는 사람과 떨어져 홀로 살아가는구나.

12월 내 모습은 마치 분지나무로 깎은 임께 드릴 소반 위의 젓가락
같구나.
임에게 버림받은 화자의 처지

임의 앞에 가지런히 가져다 놓으니, 손님이 가져다가 무옵니다.
화자가 사랑하는 사람   화자가 사랑하지 않는 엉뚱한 사람

해제 | 이 작품은 현존하는 국문학 작품 중 가장 오래된 월령체 노래로, 송도(頌禱)의 성격을 지닌 서사 부분과 임에 대한 사랑을 노래하는 12개의 연으로 구성되어 있다. 이 노래는 분연체 형식과 후렴구 사용 등 형태적인 면에서 고려 가요의 일반적인 특성을 보여 주고 있고, 각 달의 특성과 세시 풍속을 중심으로 송축과 찬양, 떠나 버린 임에 대한 원망과 한스러움, 그리움 등 화자의 애절한 정서를 노래하고 있다는 것이 특징이다. 또한 화자와 시적 대상을 다양한 사물에 비유한 표현도 이 노래의 특징 중 하나이다.

이 노래는 시상이 일관된 흐름을 보여 주지 않을 뿐만 아니라, 각 연의 주제도 통일되어 있지 않아 한 작가의 일관된 정서의 표출이라고 보기 힘들다. 서사와 2, 3, 5월령은 임을 향한 순수한 송도(頌禱)의 내용이다. 따라서 이때의 '임'은 임금 혹은 임금처럼 높이 추앙된 공적인 인물이라고 볼 수 있다. 그러나 정월, 4월령은 개인적 정서, 즉 '임'에 대한 화자의 원망적 호소를 담고 있다. 또한 6, 7, 8월령은 공적 정서와 개인적 정서가 융합된 중간적 정감의 노래이다. 그리고 11, 12월령은 임에 대한 그리움과 자신의 신세에 대한 한탄이다. 이것은 이 노래가 원래 연가(戀歌)적 성격의 민요였으나, 궁중으로 흘러 들어가 궁중 연악(宴樂), 즉 궁중 의식이나 잔치 때 연주하던 음악으로 쓰이면서 변형되었기 때문으로 추측된다.

주제 | 임에 대한 송도(頌禱)와 애련(哀戀)

시대 | 고려 시대(12~14세기)

갈래 | 고려 가요

성격 | 이별의 노래, 민요풍의 송도가(頌禱歌)

형식 | 분연체[전 13연의 달거리(월령체) 연시]

어조 | 임을 이별한 여인의 애절한 목소리

표현 | ① 영탄법, 직유법, 은유법 등을 사용
② 후렴구 '동동(動動)'은 북소리, '다리'는 악기 소리를 흉내 낸 것임.
③ 계절에 따른 심리적 변화가 민속적인 사실과 함께 연결되어 잘 표현됨.

의의 | ① 고려 가요 중 유일한, 최초의 달거리[월슌體(月슌體)] 노래이다.
② 남녀의 이별을 주제로 하여 계절의 변화에 따라 새로워지는, 임을 잃은 한 여인의 그리움이 절절한 어조로 표현되어 있다.

구성 |

월별	소재	주제	세시 풍속
序詞	덕(德). 복(福)	송도	-
正月	나릿믈	고독	-
二月	등(燈)ㅅ블	송축	연등(燃燈)
三月	둘외곶	송축	-
四月	곳고리새	애련	-
五月	아촘 약	기원	단오(端午)
六月	빗	애련	유두일
七月	백종(百種)	연모	백중일
八月	가배(嘉俳)	연모	한가위
九月	황화(黃花)	적요	중양절
十月	부롯	애련	-
十一月	한삼(汗衫)	비련	-
十二月	져	애련	-

고려 가요 〈청산별곡(靑山別曲)〉 작자 미상

㉮ 살어리 살어리랏다. 청산(靑山)애 살어리랏다.
멀위랑 ᄃᆞ래랑 먹고 청산(靑山)애 살어리랏다.
얄리얄리 얄라셩, 얄라리 얄라.

우러라 우러라 새여, 자고 니러 우러라 새여,
널라와 시름 한 나도 자고 니러 우니노라.
얄리얄리 얄라셩, 얄라리 얄라.

가던 새 가던 새 본다, 믈 아래 가던 새 본다.
잉 무든 장글란 가지고 믈 아래 가던 새 본다.
얄리얄리 얄라셩, 얄라리 얄라.

이링공 뎌링공 ᄒᆞ야 나즈란 디내와손뎌,
오리도 가리도 업슨 바므란 쏘 엇디 호리라.
얄리얄리 얄라셩, 얄라리 얄라.

어드라 더디던 돌코, 누리라 마치던 돌코,
믜리도 괴리도 업시 마자셔 우니노라.
얄리얄리 얄라셩, 얄라리 얄라.

살어리 살어리랏다. 바ᄅᆞ래 살어리랏다.
ᄂᆞᄆᆞ자기 구조개랑 먹고 바ᄅᆞ래 살어리랏다.
얄리얄리 얄라셩, 얄라리 얄라.

가다가 가다가 드로라, 에졍지 가다가 드로라.
사ᄉᆞ미 ᄌᆞᆶ대예 올아셔 해금(奚琴)을 혀거를 드로라.
얄리얄리 얄라셩, 얄라리 얄라.

가다니 ᄇᆡ 브른 도긔 설진 강수를 비조라.
조롱곳 누로기 ᄆᆡ와 잡ᄉᆞ와니, 내 엇디 ᄒᆞ리잇고.
얄리얄리 얄라셩, 얄라리 얄라.

✔ 체크 문제

☑ ㉮와 운율의 형성 방법이 가장 유사한 것은? 2018. 법원직 9급
① 해야 솟아라. 해야 솟아라. 말갛게 씻은 얼굴 고운 해야 솟아라.
               - 박두진, 〈해〉
② 강나루 건너서 / 밀밭 길을 / 구름에 달 가듯이 / 가는 나그네.
               - 박목월, 〈나그네〉
③ 나 보기가 역겨워 / 가실 때에는 / 말없이 고이 보내 드리오리다.
               - 김소월, 〈진달래꽃〉
④ 님은 갔습니다. 아아, 사랑하는 나의 님은 갔습니다. / 푸른 산빛을 깨치고 단풍나무 숲을 향하여 난 작은 길을 걸어서 차마 떨치고 갔습니다
               - 한용운, 〈님의 침묵〉

1. 이 작품의 내용을 종합한다면 서정적 자아는 유랑민으로 볼 수 있다.
 (1) 그 이유를 유추하여 반영론적 관점에서 설명하시오.
 (2) 표현론적 관점에서 이 작품을 설명하시오.

2. 〈청산별곡〉에 대한 설명이다. 적절한 것에는 ○, 그렇지 않은 것에는 ×를 해 보자.
 (1) 자연에 대한 사랑이 주제이다. (　　)
 (2) 인간의 보편적 정서를 노래하고 있다. (　　)
 (3) 낭만과 풍류의 정취가 들어 있다. (　　)
 (4) 오랫동안 구전되다가 훈민정음 창제 이후 문자로 정착되었다. (　　)
 (5) 이 노래는 우리 삶이 시름의 연속이라는 인식을 바탕에 담고 있다. (　　)
 (6) 이 시(전 8장) 전체로 보아 능동적이고 적극적인 태도로 문제를 해결하려는 의지가 나타나 있다. (　　)

3. 시적 자아의 비애를 운명의 탓으로 돌리려는 사고방식이 나타난 곳은?

4. 1연, 6연, 8연의 내용을 종합해 볼 때 (　　)에 들어갈 말은?

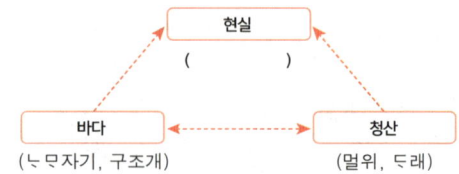

현대어 풀이 〈청산별곡(靑山別曲)〉 작자 미상

㉮ 살겠노라 살겠노라. 청산에 살겠노라.
　　A　　　A　　B　A
머루랑 다래를 먹고 청산에 살겠노라.
　소박한 음식　　　　이상향

우는구나 우는구나 새여, 자고 일어나 우는구나 새여.
　　　　　　　　　　　　　　　동일시, 감정 이입
너보다 시름 많은 나도 자고 일어나 울고 있노라.
　　　고민

갈던 밭 갈던 밭 본다. 물 아래 갈던 밭 본다.
　　　　　　　　　①밭 ②나를 버리고 떠난 임 ③벗(友)
이끼 묻은 쟁기를 가지고, 물 아래서 갈던 밭 본다. 속세에 대한
① 이끼 묻은 쟁기 ② 이끼 묻은 병장기 ③ 이끼 묻은 은장도　　미련

이럭저럭하여 낮은 지내 왔건만,

올 사람도 갈 사람도 없는 밤은 또 어찌할 것인가. 외로움

어디다 던지는 돌인가, 누구를 맞히려는 돌인가.
　　　　　　숙명
미워할 이도 사랑할 이도 없이 맞아서 울고 있노라.
홀로 극복해야 하는 고통 → 운명에 대한 체념

살겠노라 살겠노라. 바다에 살겠노라.
　　　　　　　　이상향
나문재, 굴, 조개를 먹고 바다에 살겠노라.
　　　소박한 음식

가다가 가다가 듣노라. 외딴 부엌을 지나가다가 듣노라.

사슴이 장대에 올라가서 해금을 켜는 것을 듣노라.
① 사슴이 장대에 올라 해금을 켜는 것을 들음(기적 같은 일이 일어남)
② 사슴으로 분장한 광대가 산대잡희의 놀이를 하는 것을 들음

가더니 불룩한 술독에 진한 술을 빚는구나.

조롱박꽃 모양의 누룩이 매워 나를 붙잡으니 나는 어찌하리.
　　　　　　　　　　　　　　　술을 마실 수밖에 없음
　　　　　　　　　　　　　　　(현실 도피적 태도)

해제 | 이 작품은 고려 속요 중 문학성이 가장 뛰어난 작품의 하나로 평가받고 있다. 《악장가사》에 전문이 실려 있고, 《시용향악보》에는 1연과 곡조가 실려 있으나, 이러한 옛 문헌에서 작품에 대한 해설은 찾을 수 없다. 전체 8연의 형식으로, 연마다 후렴구가 붙어 있다. 정형적 율격, 시구의 반복, 울림소리의 반복적 사용으로 음악성이 두드러진다.

주제 | 삶의 비애와 고독

운율 | 3음보(3·3·2조 ⇨ 율격이 비슷한 고려 속요 : 가시리)

성격 | 내우외환(內憂外患)에 시달렸던 당대인의 현실 도피적 생활관이 반영된 이 작품에는 현실 도피(⇨ 현실적 삶의 갈등과 이의 해소라는 문학의 기능 면을 고려하여 설명) 이외에도 자연애(自然愛), 은둔사상(隱遁思想), 취락 사상(醉樂思想), 낙천성(樂天性) 등 우리 문학의 주요한 내용이 망라되어 있다고 할 수 있음.

전문 해석과 해설 |
▶ 청산 : 현실의 대안, 삶의 현장과 대칭되는 공간
▶ '얄리얄리 얄라셩. 얄라리 얄라'
　시의 음악성 ⇨ 'ㄹ', 'ㅇ' 음이 운율감을 잘 살림.
▶ '널라와 시름 한 나도 자고 니러 우니노라.'
　• '노래하다'는 의미로 보아 '너보다 시름이 많은 나도 이렇게 노래 부르고 있다.'라고 해석하기도 함. 또, 명령법으로 보아 '새여, 울어라'로 보기도 함.
　• '새'는 서정적 자아와 동병상련(同病相憐)의 처지
▶ 이끼 묻은(녹슨) 쟁기를 가지고 물 아래 가던 새를 본다는 것은 삶의 터전을 잃어버린 유랑민의 처지를 나타내는 것으로 볼 수 있음.
　• '가던 새'는 갈던 밭이랑, 새 : 사래(밭이랑)
　• 이끼 묻은(녹슨) 쟁기 : 속세의 삶을 위한 도구
　• 물 아래를 본다 : 삶을 영위하던 곳을 본다(속세에 대한 미련을 가지고 있음).
▶ '바롤' : 청산과 더불어 '현실'과 대비되는 세계로 삶의 도피처
▶ 강수
　• 술에 취해 번민에서 벗어나고자 함.
　• '내 엇디 ᄒ리잇고' ⇨ 체념적 정서를 표출하는 상투적 결구

시적 자아 |
① 유랑민 : 청산에 들어가 살아야 하는 민중의 괴로운 삶(민요)
② 실연한 사람 : 실연의 슬픔을 잊기 위해 청산으로 도피
③ 지식인 : 속세의 번뇌를 해소하기 위해 청산을 찾고, 기적과 위안을 구하며 살아가는 지식인의 노래(고도의 상징성을 지닌 창작 가요)

표현 | ① 반복, 상징
② 'ㄹ', 'ㅇ' 음의 반복에서 비롯되는 음악성(후렴구)

구성 |

연	소재	소재의 이미지	내용	비고
1	기	청산	현실의 대안으로서의 공간	현실 도피	전 8연 중에서 청산을 지향하는 부분이 5연, 바다를 지향하는 부분이 3연이어서 형태적 균제미를 잃고 있다는 점에서, 구전되다가 문헌에 기록으로 정착될 때 5·6연의 순서가 뒤바뀐 것으로 보기도 함.
2	승 (청산)	새	• 함께 슬퍼하는 벗 • 자기의 분신(감정 이입)	삶의 고독과 비애	
3		새	속세에 대한 미련	속세에 대한 미련	
4		밤	절망적인 고독	절망적 고독	
5	전 (바다)	돌	운명	운명적 비애	
6		바다	현실의 또 다른 대안 (새로운 생활 환경)	현실 도피 (생에 대한 집념)	
7		사슴	기적의 매개물	생의 절박감	
8	결	강술	구원의 매개체	현실 도피	

고려 가요 〈정석가(鄭石歌)〉 작자 미상

(가) 딩아 돌하 당금(當今)에 계샹이다.
딩아 돌하 당금(當今)에 계샹이다.
션왕셩딕(先王聖代)예 노니ᄋᆞ와지이다.

(나) 삭삭기 셰몰애 별헤 나는
삭삭기 셰몰애 별헤 나는
구은 밤 닷 되를 심고이다.
그 바미 우미 도다 삭나거시아
그 바미 우미 도다 삭나거시아
유덕(有德)ᄒᆞ신 님믈 여희ᄋᆞ와지이다.

(다) 옥(玉)으로 련(蓮)ㅅ고즐 사교이다.
옥(玉)으로 련(蓮)ㅅ고즐 사교이다.
바회 우희 졉듀(接柱)ᄒᆞ요이다.
그 고지 삼동(三同)이 퓌거시아
그 고지 삼동(三同)이 퓌거시아
유덕(有德)ᄒᆞ신 님 여희ᄋᆞ와지이다.

므쇠로 털릭을 몰아 나는
므쇠로 털릭을 몰아 나는
털ᄉᆞ(鐵絲)로 주롬 바고이다.
그 오시 다 헐어시아
그 오시 다 헐어시아
유덕(有德)ᄒᆞ신 님 여희ᄋᆞ와지이다.

므쇠로 한쇼를 디여다가
므쇠로 한쇼를 디여다가
털슈산(鐵樹山)애 노호이다.
그 쇠 털초(鐵草)를 머거아
그 쇠 털초(鐵草)를 머거아
유덕(有德)ᄒᆞ신 님 여희ᄋᆞ와지이다.

(라) 구스리 바회예 디신ᄃᆞᆯ
구스리 바회예 디신ᄃᆞᆯ
긴힛ᄃᆞᆫ 그츠리잇가
즈믄 ᄒᆡ를 외오곰 녀신ᄃᆞᆯ
즈믄 ᄒᆡ를 외오곰 녀신ᄃᆞᆯ
신(信)잇ᄃᆞᆫ 그츠리잇가.

체크 문제

☑ 이 노래는 민요로 불리다가 궁중 음악으로 수용된 노래로 추정되기도 한다. 그것을 알 수 있는 가장 적절한 연은? 2010. 법원직 9급
① (가) ② (나)
③ (다) ④ (라)

☑ 이 글에서 시적 화자의 믿음을 비유적으로 표현하고 있는 시어로 가장 적절한 것은? 2010. 법원직 9급
① 셰몰애 ② 구은 밤
③ 바회 ④ 긴

☑ 이 시와 〈보기〉의 공통점으로 가장 적절한 것은? 2022. 법원직 9급

〈 보기 〉

셔경(西京)이 아즐가 셔경(西京)이 셔울히마르는
위 두어렁셩 두어렁셩 다링디리
닷곤 ᄃᆡ 아즐가 닷곤 ᄃᆡ 쇼셩경 고외마른
위 두어렁셩 두어렁셩 다링디리
여희므론 아즐가 여희므론 질삼뵈 ᄇᆞ리시고
위 두어렁셩 두어렁셩 다링디리
괴시란ᄃᆡ 아즐가 괴시란ᄃᆡ 우러곰 좃니노이다
위 두어렁셩 두어렁셩 다링디리
[중략]
대동강(大同江) 아즐가 대동강(大同江) 너븐디 몰라셔
위 두어렁셩 두어렁셩 다링디리
ᄇᆡ 내여 아즐가 ᄇᆡ 내여 노혼다 샤공아
위 두어렁셩 두어렁셩 다링디리
네 가시 아즐가 네 가시 럼난디 몰라셔
위 두어렁셩 두어렁셩 다링디리
녈 ᄇᆡ예 아즐가 녈 ᄇᆡ예 연즌다 샤공아
위 두어렁셩 두어렁셩 다링디리
대동강(大同江) 아즐가 대동강(大同江) 건넌편 고즐여
위 두어렁셩 두어렁셩 다링디리
ᄇᆡ 타들면 아즐가 ᄇᆡ 타들면 것고리이다 나는
위 두어렁셩 두어렁셩 다링디리
— 작자 미상, 〈서경별곡(西京別曲)〉

① 시적 대상에 대한 원망의 정서가 드러난다.
② 화자의 생활 터전에 대한 애정이 드러난 부분이 있다.
③ 임과 이별하고 싶지 않아 하는 화자의 모습이 드러난다.
④ 불가능한 상황이 일어나야 이별하겠다고 이야기하며 화자의 의지를 드러내고 있다.

현대어 풀이 〈정석가(鄭石歌)〉 작자 미상

(가) 징이여 돌이여 지금 여기 계십니다.
　　　앞선 임금이 만들어 놓은 태평성대에서 놀고 싶습니다. — 송축

(나) 바싹바싹(사각사각)거리는 모래가 있는 벼랑에
　　　군밤 닷 되를 심습니다.
　　　그 밤이 움이 돋아 싹이 나야만
　　　　　불가능한(역설적) 상황 설정 → 구운 밤에서 싹이 날 수 없음
　　　사랑하는 임과 이별하겠습니다.
　　　　　　　　　　　　　　반어
반어·역설

(다) 옥으로 연꽃을 새깁니다.
　　　바위 위에 접을 붙입니다.
　　　그 꽃에서 봉오리가 세 개가 되어야
　　　불가능한(역설적) 상황 설정 → 옥으로 만든 꽃이 피어날 수 없음
　　　사랑하는 임과 이별하겠습니다.

　　　무쇠로 철릭을 마름질하여
　　　　　　　갑옷
　　　철사로 주름을 박습니다.
　　　그 옷이 다 해져야
　　　불가능한(역설적) 상황 설정 → 무쇠로 만든 옷이 헐기 어려움
　　　사랑하는 임과 이별하겠습니다.

　　　무쇠로 큰 소를 만들어서
　　　철로 된 나무산에 풀어 놓습니다.
　　　그 소가 철로 만든 풀을 먹어야
　　　불가능한(역설적) 상황 설정 → 무쇠 소가 철초를 먹을 수 없음
　　　사랑하는 임과 이별하겠습니다.

(라) 구슬이 바위에 떨어진들
　　　↕ 유한한 것
　　　끈인들 끊어지겠습니까.
　　　인연　　설의를 통한 강조
　　　천년을 외롭게 지낸들
　　　믿음인들 끊어지겠습니까.
　　　　　　　　　　대구

해제 | 이 작품은 슬픔이나 애원, 향락 등을 노래한 대부분의 고려 가요와는 달리 임에 대한 영원한 사랑을 노래하고 있다. 또한 1연의 전체 흐름과는 무관하게 태평성대를 기원하고 있는 것을 볼 때, 문자로 정착된 후 궁중의 잔치와 같은 의식에서 사용된 것으로 볼 수 있다.

주제 | 태평성대의 기원, 임에 대한 영원한 사랑

시대 | 고려 시대

갈래 | 고려 가요

성격 | 송축적(경사를 기리거나 기원함.), 연정적

표현 | 역설, 반어, 과장, 불가능한 상황 설정

어조 | 여성적

운율 | 3음보

특징 | ① 한 연에 똑같이 되풀이되는 2구가 있어 감정을 강조함.
② 소원형인 '-ᄋ와지이다'로 끝내면서 화자의 간절한 소망을 느끼게 함.
③ 불가능한 상황의 설정을 통해 역설적으로 영원한 사랑을 노래함.
④ 2~5연은 전체가 비유적이고, 6연은 전반은 비유적이지만 후반은 직설적으로 임에 대한 사랑과 신의를 나타냄.
⑤ 6연 = 〈서경별곡〉의 2연, 6연이 궁중에서 불리며 이후에 첨가되었음을 알 수 있음.

출전 | 《악장가사(樂章歌詞)》

구성 |

서사(1연)	태평성대를 기원함.
본사(2~5연)	임에 대한 영원한 사랑
결사(6연)	영원한 사랑과 믿음

한시 〈송인(送人)〉 정지상

雨歇長堤草色多	우헐장제초색다
送君南浦動悲歌	송군남포동비가
㉠ 大同江水何時盡	대동강수하시진
別淚年年添綠波	별루년년첨록파

체크 문제

이 작품의 정서와 가장 유사한 것은? 　　2021. 지역인재 9급

① 청산(靑山)은 엇뎨ᄒᆞ야 만고(萬古)애 프르르며
　유수(流水)는 엇뎨ᄒᆞ야 주야(晝夜)애 긋디 아니ᄂᆞᆫ고
　우리도 그치디 마라 만고상청(萬古常靑) ᄒᆞ리라.
② 백구(白鷗)ㅣ야 말 무러보쟈 놀라지 마라스라
　명구승지(名區勝地)를 어듸 어듸 ᄇᆞ렷ᄃᆞ니
　날ᄃᆞ려 자세(仔細)히 닐러든 네와 게 가 놀리라.
③ 어져 내 일이야 그릴 줄을 모로ᄃᆞ냐
　이시라 ᄒᆞ더면 가랴마는 제 구틱야
　보내고 그리는 정(情)은 나도 몰라 ᄒᆞ노라.
④ 강호(江湖)에 녀름이 드니 초당(草堂)에 일이 업다
　유신(有信)ᄒᆞᆫ 강파(江波)는 보내ᄂᆞ니 ᄇᆞ람이로다
　이 몸이 서늘ᄒᆡ옴도 역군은(亦君恩)이샷다.

한시 〈추야우중(秋夜雨中)〉 최치원

秋風唯苦吟	추풍유고음
世路少知音	세로소지음
窓外三更㉠雨	창외삼경우
燈前萬里心	등전만리심

---

1. 이 시에 대한 설명으로 바르지 않은 것은?
① 칠언 절구의 한시이다.
② 기승전결의 4단 구성이다.
③ 현실 초극의 의지가 드러나 있다.
④ 서경과 서정이 함께 어우러져 있다.

2. ㉠과 같은 시적 의미를 지니는 것은?
① 임이여, 그 물을 건너지 마오. / 임은 그예 물속으로 들어가셨네.
　　　　　　　　　　　　　　　　　　　　　　－〈공무도하가〉
② 살어리 살어리랏다. 바ᄅᆡ래 살어리랏다. / ᄂᆞᄆᆞ자기 구조개랑 먹고,
　바ᄅᆡ래 살어리랏다.　　　　　　　　　　　－〈청산별곡〉
③ 청산은 어찌ᄒᆞ여 만고에 프르르며 / 유수(流水)는 어찌ᄒᆞ야 주야에
　긋지 아니ᄂᆞᆫ고.　　　　　　　　　　　　－〈도산십이곡〉
④ ᄉᆡ미 기픈 므른 ᄀᆞᄆᆞ래 아니 그츨ᄊᆡ, 내히 이러 바ᄅᆡ래 가ᄂᆞ니.
　　　　　　　　　　　　　　　　　　　　　　－〈용비어천가〉

체크 문제

1. 이 시에 대한 설명으로 적절하지 않은 것은?
① 시간적·계절적 배경이 드러나 있다.
② 자신의 뜻을 펴지 못하는 화자의 고뇌를 담고 있다.
③ 화자는 자연물을 통해 자신의 심정을 더욱 부각시키고 있다.
④ 우울한 현실을 극복하고자 하는 지은이의 강한 의지가 담겨 있다.
⑤ '기구'와 '승구'가 대구를 이루어 분위기를 더욱 고조시키고 있다.

2. 다음의 밑줄 친 시어 중 이미지와 시적 기능이 ㉠과 가장 유사한 것은?
① 묏버들 가지 꺾어 보내노라 님에게 / 자시는 창(窓)밖에 심어 두고 보
　소셔. / 밤비예 새닢곳 나거든 날인가도 여기쇼셔.　　－홍랑
② 구렁에 낫는 풀이 봄비에 절로 길어 / 알아야 할 일 없으니 긔 아니 좋
　겠느냐. / 우리는 너희만 못하여 시름겨워 하노라.　－이정환, 〈비가〉
③ 비 오는데 들에 가랴 사립 닷고 소 먹여라. / 장마가 매양이랴 쟁기 연
　장 다스려라. / 쉬다가 개는 날 보아 사래 긴 밭 갈아라.　－윤선도
④ 오동애 듣는 빗발 무심이 듣건마난 / 나의 시름 많으니 닢닢히 수성이
　로다. / 이후야 잎 넓은 나무야 심을 줄이 있으랴.　　－김상용
⑤ 지당에 비 뿌리고 양류에 내 끼인 제 / 사공은 어디 가고 빈 배만 매였
　는고. / 석양에 무심한 갈매기는 오락가락하더라.　　－조헌

현대어 풀이 〈송인(送人)〉 정지상

雨歇長堤草色多	비 개인 긴 언덕에는 풀빛이 푸른데,	경치
	시각적 심상(생기 있는 자연)	
送君南浦動悲歌	그대를 남포에서 보내며 슬픈 노래 부르네.	정서
	공간적 배경 청각적 심상(이별의 안타까움)	
㉠大同江水何時盡	㉠대동강 물은 그 언제 다할 것인가,	경치
	의문사 공간적 배경 설의	
別淚年年添綠波	이별의 눈물 해마다 푸른 물결에 더하는 것을.	정서
	① 나의 눈물 과장(이별의 슬픔이 끝이 없음)	
	② 이별한 사람들의 눈물	

- 送人(송인): 사람을 떠나보냄.
- 雨歇(우헐): 비가 그치다.
- 長堤(장제): 긴 둑.
- 草色多(초색다): 풀빛이 짙다.
- 送君(송군): 친구를 보냄.
- 南浦(남포): 이별의 장소
- 動悲歌(동비가): 슬픈 이별의 노래가 울리다.
- 何時盡(하시진): 어느 때 다하리(마르리).
- 別淚(별루): 이별의 눈물
- 添綠波(첨록파): 푸른 물결에 보태다.

해제 | 정지상의 〈송인(送人)〉은 우리나라 한시 중 송별시(送別詩)의 최고작이다. 항구의 긴 둑엔 비에 씻긴 풀들이 푸르름을 더하고 있으니 이별의 애달픔이 더 고조된다. 전구(轉句)에서 시상은 전환되어 대동강 물이 이별의 눈물로 마를 날이 없다고 했다. 자신의 사연을 일반화함과 동시에 대동강의 사정을 그려 일방적인 슬픔의 토로에서 벗어났다.

주제 | 이별의 슬픔

성격 | 서정적, 송별시(送別詩)

형식 | 한시, 7언 절구

출전 | 《파한집》

구성 |

선경	기	강변의 서경(희망의 봄빛)
	승	이별의 전경(이별의 슬픔)
후정	전	이별의 한(대동강 물의 원망)
	결	이별의 정한(이별의 눈물)

현대어 풀이 〈추야우중(秋夜雨中)〉 최치원

秋風唯苦吟	가을바람에 괴로이 읊조리나,	
世路少知音	세상에 알아주는 이 없네.	외로움
窓外三更㉠雨	창밖엔 밤 깊도록 ㉠비만 내리는데,	
	감정을 고조시키는 대상	
燈前萬里心	등불 앞에 마음은 만 리 밖을 내닫네.	
	고향 그리움 = 향수 ① 화자가 있는 공간과 세상 사이의 거리감	
	수구초심(首丘初心) ② 타국에서 멀리 떨어져 있는 고국에 대한 그리움	

해제 | 이 작품은 신라 말기의 문인인 최치원이 쓴 한시를 현대어로 번역하여 옮긴 것이다. 최치원은 당나라 유학을 하고 고국으로 돌아와 정치적인 뜻을 펼치고자 했으나 신분적 한계를 극복하지 못하고 가야산에서 은거하다가 생을 마쳤다고 한다. 이 작품은 자신을 알아주지 않는 세상 사람들에 대한 원망을 비 오는 가을밤을 배경으로 노래하고 있다. 그런데 창작 시기를 어느 때로 보느냐에 따라 해석이 달라지기도 한다. 최치원이 당나라 유학 시절 창작한 것으로 본다면 이 시는 고국에 대한 그리움을 표현한 것이 되고, 귀국한 후에 지은 것으로 본다면 좌절한 지식인의 고뇌를 노래한 것이 된다. 당나라에서 이름을 떨치던 최치원이 신라에 돌아와서 육두품 신분으로 인해 자신의 뜻과 능력을 발휘하지 못해 고뇌하는 모습을 표현했다는 것이다.

주제 | 지식인의 고뇌, 조국에 대한 그리움

시대 | 신라 말기

갈래 | 한시, 정형시

성격 | 서정적

표현 | 대구법 ① 유고음, 소지음 - 각운(음)의 형식적 대구(기구, 승구 = 1, 2구)
② 삼경우, 만리심 - 한자어(삼경/만리) 위치와 내용의 대구

어조 | 애상적

운율 | 5언 절구

구성 |

기(1구)	외로움을 달래기 위해 시를 읊음.
승(2구)	세상이 자신을 알아주지 않음을 탄식함.
전(3구)	창밖의 비가 고뇌를 심화시킴.
결(4구)	세상 일과 어긋나 있는 마음

한역시 〈사리화(沙里花)〉 이제현

㉠ 참새야 어디서 오가며 나느냐,
일 년 농사는 아랑곳하지 않고.
늙은 홀아비 홀로 밭 갈고 김매는데,
밭의 ㉡ 벼며 기장을 다 없애다니.

黃雀何方來去飛
一年農事不曾知
鰥翁獨自耕耘了
耗盡田中禾黍爲

체크 문제

1. 이 노래에 대한 설명으로 적절하지 않은 것은?
① 현실을 고발하는 시이다.
② 비유적으로 표현한 노래이다.
③ 자연 친화적인 온순한 목소리이다.
④ '기-승-전-결'의 4단 구성이다.
⑤ 당시 유행하던 민요를 한시로 옮겨 놓은 것이다.

2. 〈보기〉의 밑줄 친 말 중 이 노래의 '참새'와 내포적 의미가 유사한 것은?

〈 보기 〉

두터비 프리를 물고 두험 우희 치드라 안자
건넛 산(山) 브라보니 백송골(白松骨)이 떠 잇거놀, 가슴이 금즉ᄒ
여 풀덕 뛰어 내돗다가 두험 아래 쟛바지거고.
모쳐라 놀낸 낼식만졍 에혈질 번ᄒ과라.

① 두터비   ② 프리
③ 두험   ④ 건넛 산(山)
⑤ 백송골(白松骨)

3. ㉠ : ㉡과 유사한 관계에 있는 어휘들을 〈보기〉에서 찾을 때 알맞은 것은?

〈 보기 〉

새로 짜낸 무명이 눈결같이 고왔는데
이방 줄 돈이라고 황두가 뺏어 가네.
누전 세금 독촉이 성화같이 급하구나.
삼월 중순 세곡선(稅穀船)이 서울로 떠난다고.
— 정약용, 〈탐진촌요〉

① 이방 : 황두   ② 황두 : 무명
③ 눈결 : 성화   ④ 독촉 : 서울
⑤ 세금 : 세곡선

한시 〈고시(古詩) 8〉 정약용

제비 한 마리 처음 날아와
지지배배 그 소리 그치지 않네.

말하는 뜻 분명히 알 수 없지만
집 없는 서러움을 호소하는 듯

"느릅나무 홰나무 묵어 구멍 많은데
어찌하여 그곳에 깃들지 않니?"

제비 다시 지저귀며
사람에게 말하듯

"느릅나무 구멍은 황새가 쪼고
홰나무 구멍은 뱀이 와서 뒤진다오."

燕子初來時
喃喃語不休

語意雖未明
似訴無家愁

榆槐老多冗
何不此淹留

燕子復喃喃
似與人語酬

榆冗鸛來啄
槐冗蛇來搜

체크 문제

1. 이 글에 대한 설명으로 적절하지 않은 것은?
① 오언 율시의 한시 형식을 사용하고 있다.
② 조선 후기의 사회상을 비판적으로 그리고 있다.
③ 안타까움과 연민의 어조가 주조를 이루고 있다.
④ 화자와 제비의 대화체 형식으로 나타내고 있다.
⑤ 지배층이 힘없는 서민을 착취하는 모습을 우의적으로 표현하고 있다.

2. 다음 중 현실을 바라보는 태도가 이 시의 화자와 가장 유사한 것은?
① 하하 허허 흔들 내 우움이 졍 우움가.
  하 어쳑 업셔셔 늣기다가 그리 되게
  벗님뇌 웃디를 말구려 아귀 씌여디리라.   — 권섭
② 씀은 듣ᄂ 대로 듯고 볏슨 쐴 대로 쐰다.
  청풍의 옷깃 열고 긴 파람 흘리 불졔,
  어듸셔 길가는 소닉님 아ᄂ 드시 머무는고.   — 위백규
③ ᄒᆞᆫ 손에 막대 집고 또 ᄒᆞᆫ 손에 가시 쥐고,
  늙는 길 가시로 막고, 오는 백발 막대로 치려터니,
  백발이 제 몬져 알고 즈름길노 오더라.   — 우탁
④ 천만 리 머나먼 길히 고은 님 여희옵고,
  뇌 ᄆᆞ음 둘 듸 업셔 냇ᄀᆞ의 안쟈시니,
  져 믈도 뇌 온 곳ᄒᆞ여 우러 밤길 녜놋다.   — 왕방연
⑤ 내 언제 신(信)이 업서 님을 언제 소겻관ᄃᆡ
  월침삼경에 온 뜻이 전혀 업ᄂᆡ.
  추풍의 디ᄂᆞᆫ닙 소리야 낸들 어이 ᄒᆞ리오.   — 황진이

현대어 풀이 〈사리화(沙里花)〉 이제현

黃雀何方來去飛	㉠참새야 어디서 오가며 나느냐,
	탐관오리, 권력층(수탈의 주체)
一年農事不曾知	일 년 농사는 아랑곳하지 않고.
鰥翁獨自耕耘了	늙은 홀아비 홀로 밭 갈고 김매는데,
	백성(수탈의 대상)
耗盡田中禾黍爲	밭의 ㉡벼며 기장을 다 없애다니.
	노동 산물

해제 | 이 시는 이제현의 소악부(小樂府) 11수 중 하나로 당시 민간에서 유행하던 노래를 한시로 번역한 것인데, 여기서 '참새'는 농사의 풍흉은 아랑곳하지 않고 농민들에게 무거운 세금을 물리고 권력을 이용해 수탈해 가는 관료들을 비유한 것이다.

주제 | 가혹한 수탈에 대한 원망

시대 | 고려 고종

갈래 | 한역시, 7언 절구

성격 | 풍자적, 상징적, 민요적

표현 | 당대의 현실을 풍자적, 상징적으로 제시

어조 | 애상적

압운 | 飛(비), 知(지), 爲(위)

작가 | 이제현(1286~1367)
고려 시대의 문신·학자. 호는 익재(益齋)·역옹(櫟翁)·실재(實齋). 저서에 《효행록(孝行錄)》, 《익재집(益齋集)》, 《역옹패설(櫟翁稗說)》, 《익재난고(益齋亂藁)》 등이 있다.

구성 | 기승전결의 4단 구성

기, 승	민중을 수탈하는 탐관오리
전, 결	수탈당하는 농민들의 원망

현대어 풀이 〈고시(古詩) 8〉 정약용

제비 한 마리 처음 날아와	燕子初來時
백성(수탈의 대상)	
지지배배 그 소리 그치지 않네.	喃喃語不休
말하는 뜻 분명히 알 수 없지만	語意雖未明
집 없는 서러움을 호소하는 듯	似訴無家愁
화자의 추측	
"느릅나무 홰나무 묵어 구멍 많은데	榆槐老多冗
어찌하여 그곳에 깃들지 않니?"	何不此淹留
	화자→제비
제비 다시 지저귀며	燕子復喃喃
사람에게 말하듯	似與人語酬
화자	
"느릅나무 구멍은 황새가 쪼고	榆冗鸛來啄
탐관오리(수탈의 주체) 제비→화자	
홰나무 구멍은 뱀이 와서 뒤진다오."	槐冗蛇來搜

해제 | 이 한시는 정약용의 〈고시 27수〉 가운데 하나로서 조선 시대 지배 계층의 피지배 계층에 대한 횡포와 착취, 이로 인해 피지배 계층이 겪는 고통 등을 우의적으로 고발한 작품이다. 이 한시는 화자와 '제비'의 대화를 통해 시상을 전개하고 있는데, 피지배 계층에 해당하는 '제비'가 '황새'와 '뱀'으로 대표되는 지배 계층의 횡포로 삶의 터전을 잃고 떠도는 고통을 겪고 있음을 하소연하는 방식을 통해 가혹한 정치에 시달리는 백성들의 현실을 드러내고 있다.

주제 | 지배층의 횡포와 피지배층의 서러움

시대 | 조선 후기

갈래 | 한시, 오언 고시

성격 | 풍자적, 우의적, 현실 비판적

표현 | ① 제비를 의인화하여 우의적 방법으로 지배층의 횡포를 풍자함.
② 시대 현실을 바탕으로 현실에 대한 화자의 비판적 태도가 드러남.

어조 | 안타까움과 연민의 목소리

소재의 상징적 의미 |
• 제비 : 관리에게 수탈당하는 힘없는 백성
• 황새, 뱀 : 백성을 수탈하는 탐관오리

구성 |

1~2행	제비의 울음소리가 그치지 않음.
3~4행	집 없는 서러움을 하소연하는 듯한 울음소리
5~6행	나무 구멍에 깃들지 않는 이유 질문
7~8행	사람에게 말하는 듯한 제비
9~10행	황새와 뱀의 횡포 때문에 나무 구멍에 깃들지 않는 제비

언해 〈절구(絶句)〉 두보

ᄀᆞᄅᆞ미 프ᄅᆞ니 새 더욱 희오,
뫼히 퍼러ᄒᆞ니 곳 비치 블 븓ᄂᆞᆫ 둣도다.
옰 보미 본ᄃᆡᆫ 쏘 디나가ᄂᆞ니,
어느 나리 이 도라갈 ᄒᆡ오.

✔ 체크 문제

1. 이 시에 대한 설명으로 적절한 것은?
   ① 인간 세태에 대한 풍자가 담겨 있다.
   ② 자연 속에서 인생의 교훈을 발견하고 있다.
   ③ 인생을 달관한 경지에서 자연을 바라보고 있다.
   ④ 아름다운 봄 경치가 선명한 이미지로 제시되어 있다.
   ⑤ 자연에서 유유자적하는 화자의 모습이 형상화되어 있다.

2. 이 시의 지배적 심상은?
   ① 시각적 심상
   ② 청각적 심상
   ③ 촉각적 심상
   ④ 공감각적 심상

언해 〈강촌(江村)〉 두보

ᄆᆞᆯᄀᆞᆫ ᄀᆞᄅᆞᆷ ᄒᆞᆫ 고비 ᄆᆞᅀᆞᆯᄒᆞᆯ 아나 흐르ᄂᆞ니
긴 녀릆 강촌(江村)애 일마다 유심(幽深)ᄒᆞ도다.
절로 가며 절로 오ᄂᆞᆫ 집우흿 져비오,
서르 친(親)ᄒᆞ며 서르 갓갑ᄂᆞᆫ 믌 가온딧 ᄀᆞᆯ며기로다.
늘근 겨지븐 죠희ᄅᆞᆯ 그려 쟝긔파ᄂᆞᆯ ᄆᆡᆼᄀᆞ라ᄂᆞᆯ
져믄 아ᄃᆞᄅᆞᆫ 바ᄂᆞᆯ 두드려 고기 낫글 낙ᄉᆞᆯ ᄆᆡᆼᄀᆞᄂᆞ다.
한 병(病)에 얻고져 ᄒᆞ논 바는 오직 약물(藥物)이니
져구맛 모미 이 밧긔 다시 므스글 구(求)ᄒᆞ리오.

✔ 체크 문제

1. 이 시에 대한 설명으로 옳지 않은 것은?
   ① 각 연이 2행씩 짝을 이룬 칠언 율시이다.
   ② 전원 풍경이 한 폭의 동양화를 연상시킨다.
   ③ 안빈낙도(安貧樂道)의 인생관이 드러나 있다.
   ④ 고통스럽게 유랑하는 시적 화자의 처지가 잘 드러나 있다.
   ⑤ 전반부는 자연 현상을, 후반부는 인간사를 표현하고 있다.

현대어 풀이 〈절구(絕句)〉 두보

강물이 푸르니 새가 더욱 희게 보이고,
　　색채 대비(푸른색과 흰색)　　　　　　　대구, 선경

산이 푸르니 꽃빛이 불타는 것 같구나.
　　색채 대비(푸른색과 붉은색)

금년 봄이 보건대는 또 (속절없이) 지나가나니,
　　　　　　　　　　　　　　　　　　후정

어느 날이 바로 (고향에) 돌아갈 해인가?

해제 | 두보가 53세 때(764년) 안녹산의 난을 피해 성도에 머물며 지은 시로, 봄날의 아름다운 풍경을 바라보며 느끼는 고향에 대한 절실한 그리움을 노래하고 있다. 화려한 봄의 정경에서 애틋한 그리움으로 시상을 발전시킨 선경후정의 구성을 보이며, 기구와 승구에서는 푸른색과 흰색 그리고 붉은색의 선명한 대조로써 봄의 현란한 풍경을 잘 그려 내고 있다. 이 노래는 향수를 노래한 실제작(失題作) 두 수 중의 하나로서, '절구(絕句)'라는 제목은 이 시의 형태인 '오언 절구'에서 취한 것이다.

주제 | 고향에 대한 그리움[鄕愁]

성격 | 선경후정(先景後情)

형식 | 5언 절구

구성 |

선경	기	강과 새의 색채 대비
	승	산과 꽃의 색채 대비
후정	전	봄이 헛되이 지나감.
	결	고향에 대한 그리움

현대어 풀이 〈강촌(江村)〉 두보

맑은 강 한 굽이가 마을을 안고 흐르나니

긴 여름 강촌에 일마다 깊고 그윽하구나.

저절로 가며 저절로 오는 것은 집 위에 있는 제비요,
　　　　　　　　　　　　　　대구(그윽한 자연의 모습)
　　　　　　　　화자의 삶과 동일시되는 자연물

서로 친하고 서로 가까운 것은 물 가운데 있는 갈매기로다.
　　　　　　　　화자의 삶과 동일시되는 자연물

늙은 계집은 종이 위에 그려 장기판을 만들고
　　　　　　　　전쟁 중인 세태 풍자
대조(늙음과 젊음)

젊은 아들은 바늘을 두드려 고기 낚을 낚시대를 만드는구나.
　　　　　　　　　　　　　　대구(평온한 강촌
　　　　　　　　　　　　　　생활의 모습)

많은 병에 얻고자 하는 것은 오직 약물이니

하찮은 이 몸이 이 밖에 또 무엇을 구하리오.
　　설의(체념 또는 달관의 태도)

해제 | 이 작품은 여름날 강촌의 한가로운 모습을 마치 수채화의 한 장면처럼 그리고 있다. 전반부에서는 제비와 갈매기를 묘사하여 자연 친화의 모습을 보여 주고 있으며, 후반부에서는 평화로운 가족의 모습과 욕심 없이 자연 속에 살아가는 화자의 마음을 드러내고 있다.

주제 | 긴 여름 강촌의 삶, 지족(知足)의 삶

갈래 | 칠언 율시(七言律詩)

연대 | 두보 49세(760년)

표현 | 대구법, 대조법, 풍자법, 상징법, 선경후정, 원근법 구성, 세태 풍자

태도 | 안분지족(安分知足)

제재 | 강촌(江村)

작가 | 두보(杜甫, 712~770)는 당(唐)의 시인으로 자는 자미(子美), 호는 소릉(少陵)이다. 중국 최고의 시인으로서 시성(詩聖)이라 불린다. 생애의 대부분을 방랑 생활로 지낸 불우한 체험을 바탕으로 인간애가 넘치는 작품을 많이 남겼다.

출전 | 《분류두공부시언해(分類杜工部詩諺解)》 초간본 권 7

구성 |

선경	1, 2구	여름철 강촌의 한적함.
	3, 4구	유유자적한 새들의 모습
후정	5, 6구	가족의 한가로운 모습
	7, 8구	안분지족의 태도

언해 〈춘망(春望)〉 두보

나라히 파망(破亡)ᄒᆞ니 뫼콰 ᄀᆞᄅᆞᆷ쑨 잇고
잣 앉 보미 플와 나모쑨 기펫도다.
시절(時節)을 감탄(感歎)호니 고지 눖므를 ᄲᅳ리게코
여희여슈믈 슬후니 새 ᄆᆞᅀᆞ믈 놀래ᄂᆞ다.
봉화(烽火) ㅣ 석 ᄃᆞᆯ 니서시니
지빗 음서(音書)ᄂᆞᆫ 만금(萬金)이 ᄉᆞ도다.
셴 머리를 글구니 쏘 뎌르니
다 빈혀를 이긔디 몯홀 ᄃᆞᆺ ᄒᆞ도다.

체크 문제

1. 이 시에 나타난 내용이 아닌 것은?
   ① 전란으로 인한 상심
   ② 가족에 대한 그리움
   ③ 봄 경치에 대한 외경심
   ④ 쇠잔한 자신의 육신에 대한 한탄
   ⑤ 어지러운 세상 속의 무상함

2. 이 시의 시상 전개가 바르게 된 것은?
   ① 선정에서 후경으로   ② 구체에서 추상으로
   ③ 사실에서 묘사로   ④ 선경에서 후정으로
   ⑤ 내면에서 외면으로

3. 이 작품의 수련(首聯 : 1, 2행)에 나타나는 작자의 심정으로 알맞은 것은?
   ① 망양지탄(亡羊之歎)   ② 풍수지탄(風樹之歎)
   ③ 맥수지탄(麥秀之歎)   ④ 만시지탄(晩時之歎)
   ⑤ 망양지탄(望洋之歎)

경기체가 〈한림별곡(翰林別曲)〉 한림 유생

〈제1장〉

元淳文 仁老詩 公老四六
 원슌문   인노시   공노ᄉᆞ륙

李正言 陳翰林 雙韻走筆
 니졍언   딘한림   솽운주필

沖基對策 光鈞經義 良鏡詩賦
 튱긔ᄃᆡ척   광균경의   량경시부

위 試場ㅅ景 긔 엇더ᄒᆞ니잇고.
   시댱   경

(葉) 琴學士의 玉笋門生 琴學士의 玉笋門生
    금ᄒᆞᆨᄉ   옥슌문ᄉᆡᆼ   금ᄒᆞᆨᄉ   옥슌문ᄉᆡᆼ

위 날조차 몃 부니잇고.

체크 문제

☑ 다음 글에 대한 설명으로 옳은 것은? 2019. 국회직 9급

> 唐漢書 莊老子 韓柳文集
> 李杜集 蘭臺集 白樂天集
> 毛詩尙書 周易春秋 周戴禮記
> 위 註조쳐 내 외온ㅅ景 긔 엇더ᄒᆞ니잇고
> (葉) 太平廣記 四百餘卷 太平廣記 四百餘卷
> 위 歷覽ㅅ景 긔 엇더ᄒᆞ니잇고

① 사대부 계층의 소박한 생활 감정이 드러나고 있다.
② 나열의 방식으로 강호가도를 구현하고 있다.
③ 시적 화자의 능력을 예찬의 대상으로 삼고 있다.
④ 시적 대상을 시간의 흐름에 따라 묘사하고 있다.
⑤ 묻고 답하는 형식을 통해 주제를 강조하고 있다.

1. 다음에 대한 설명 중 옳은 것은?

> 紅牧丹(홍모단) 白牧丹(ᄇᆡᆨ모단) 丁紅牧丹(뎡홍모단)
> 紅芍藥(홍쟉약) 白芍藥(ᄇᆡᆨ쟉약) 丁紅芍藥(뎡홍쟉약)
> 御柳玉梅(어류옥ᄆᆡ) 黃紫薔薇(황ᄌᆞ쟝미) 芷芝冬柏(지지동ᄇᆡᆨ)
> 위 間發(간발)ㅅ景(경) 긔 엇더ᄒᆞ니잇고.
> 葉(엽) 合竹桃花(합듁도화) 고온 두 분 合竹桃花(합듁도화) 고온 두 분
> 위 相映(상영)ㅅ景(경) 긔 엇더ᄒᆞ니잇고.

① 삼국 시대에 출현한 장르로서, 자연의 아름다움을 노래한 것이다.
② 고려 가요의 하나로, 유토피아적인 동경을 노래하였다.
③ 주로 사대부가 작가인 정형시로서, 조선 전기 이후 자취를 감추었다.
④ 조선 초기의 산문으로, 자연의 아름다움을 노래한 것이다.
⑤ 우리나라 고유의 정형시로서, 고려 초기부터 발달하였다.

현대어 풀이 〈춘망(春望)〉 두보

나라가 망하니 산과 강물만 있고
　　　　　　　변함없는 자연　　　대구
성(城)안의 봄에는 풀과 나무만 우거져 있구나.

시절을 애상히 여기니 꽃까지 눈물을 흘리게 하고
　　　　　　　화자의 시름을 심화시키는 대상　　대구
(처자와) 이별하였음을 슬퍼하니 새조차 마음을 놀라게 한다.

☆봉화가 석 달을 이어졌으니
　전쟁의 신호

집의 소식은 만금보다 값지도다.

하얗게 센 머리를 긁으니 또 짧아져서
　　　　　　　　　　　　　　　　　자신의
　　　　　　　　　　　　　　　　　노화를
　　　　　　　　　　　　　　　　　안타까워
(남은 머리를) 다해도 비녀를 지탱하지 못할 것 같구나.　함
과장(머리카락이 비녀를 이기지 못할 만큼 육신이 쇠약해졌음을 표현)

해제 | 두보가 46세(757년) 되던 해, 봉선현에서 지내고 있는 처자를 만나러 갔다가, 백수에서 안녹산의 군대에 사로잡혀 장안에 연금되어 있을 때 지은 것이다. 안녹산의 군에게 함락되어 폐허가 된 장안의 외경 묘사와 함께, 난리로 헤어진 처자를 그리며 시국을 걱정하는 비통한 심정을 노래하고 있다. 대구적 구성으로 전쟁 뒤의 허무한 모습을 생생하게 그렸고, '꽃과 새마저도 도리어 슬픔을 돋운다.'는 표현은 우수의 깊이를 보여 준다. 계속되는 난리와 가족의 안부를 알 수 없음에 대한 안타까움과 함께 고향에 돌아가지 못하는 동안에 늙고 쇠약해져 버린 자신을 한탄하고 있다.

주제 | 전란의 비애
연대 | 두보 46세(757년)
성격 | 애상적, 영탄적
표현 | 대구법, 과장법
제재 | 전란의 상심(傷心)
구성 |

선경	수련	전란으로 인해 황폐한 모습
	함련	전란으로 인한 상심
후정	경련	가족에 대한 그리움
	미련	늙고 쇠약해진 자신에 대한 한탄

현대어 풀이 〈한림별곡(翰林別曲)〉 한림 유생

유원순의 문장, / 이인로의 시, / 이공로의 사륙변려문 /
　　　　　　　　　　　　　　　　　　　　　　　이름
이규보와 진화의 쌍운에 맞추어 빨리 지어 써 내려간 시 /　+
　　　　　　　　　　　　　　　　　　　　　　　재주
유충기의 대책, / 민광균의 경서 풀이, / 김양경의 시와 부 /
아, 글재주를 겨루는 시험장의 광경 그것이 어떠합니까?　열거
　　설의
(굉장합니다.)
금의의 죽순처럼 배출된 뛰어난 문하생들, 금의의 죽순처럼 배
출된 뛰어난 문하생들 반복
아, 나까지(나를 비롯하여) 몇 분입니까? (참 많습니다.)
　　영탄(신흥 문벌의 자부심과 자만심)

해제 | 고려 고종 때 여러 유생들이 공동으로 창작한 것으로 알려진, 경기체가의 대표적인 작품이다. 모두 8장으로 이루어졌으며, 문인들의 생활이나 풍류와 관련된 '경'을 소개하는 내용으로 되어 있다. 고려 말 신흥 사대부의 호탕한 기상과 자부심을 드러내고 있으며, 조선 시대에도 궁중은 물론 사대부들의 행사에서 연행되었다.

각 장의 소재와 주제 | 1장과 8장이 주로 인용됨.

장별	소재	주제
1	시부	문장가 · 시인 등 명문장 찬양
2	서적	지식 수련과 독서에 대한 자긍심
3	명필	유행 서체와 필기구 등 명필 찬양
4	명주	상층 계급의 주흥(酒興) 노래
5	화훼	화원(花園)의 서경(敍景) 노래
6	음악	흥겨운 주악(奏樂) 노래
7	누각	후원(後園)의 서경 노래
8	추천	즐겁게 그네 뛰는 광경

특징 | 한림의 유생들이 합작한 작품(1장의 8명 문인들이 한 장씩 지은 것으로 추정)
내용 | ① 당시 귀족 문인들의 퇴영적, 향락적 기풍을 반영한 것
② 권좌(權座)를 꿈꾸던 당시 신흥 사대부들의 향락적이고 득의에 찬 삶과 의식 세계를 표현한 것

악장 〈용비어천가(龍飛御天歌)〉 정인지, 권제, 안지 등

〈제1장〉
해동(海東) 육룡(六龍)이 ᄂᆞᄅᆞ샤 일마다 천복(天福)이시니
㉠ 고성(古聖)이 동부(同符)ᄒᆞ시니.

〈제2장〉
불휘 기픈 남ᄀᆞᆫ ᄇᆞᄅᆞ매 아니 뮐ᄊᆡ 곶 됴코 여름 하ᄂᆞ니.
시미 기픈 므른 ᄀᆞ무래 아니 그츨ᄊᆡ 내히 이러 바ᄅᆞ래 가ᄂᆞ니.

〈제125장〉
㉡ 천세(千世) 우희 미리 정(定)ᄒᆞ샨 한수(漢水) 북(北)에
누인개국(累仁開國)ᄒᆞ샤 복년(卜年)이 ᄀᆞᆺ 업스시니.
성신(聖神)이 니ᅀᆞ샤도 경천근민(敬天勤民)ᄒᆞ샤ᅀᅡ 더욱 구드시리이다.
㉢ 님금하 아ᄅᆞ쇼셔 낙수(洛水)예 산행(山行) 가 이셔 하나 빌 미드니잇가.

✔ 체크 문제

1. 〈보기〉를 참고하여 ㉠~㉢을 이해한 내용으로 적절하지 않은 것은?

〈 보기 〉
〈용비어천가〉는 조선 건국 초기에 왕조 창업의 정당성을 밝히고자 창작되었다.

① ㉠을 통해 조선 건국의 과정이 중국 옛 왕조의 창업과 맞먹는 것임을 주장하고 있다.
② ㉠을 통해 왕족의 조상과 옛 성군들 사이의 행적이 지닌 공통점을 강조하고 있다.
③ ㉡을 통해 조선의 건국이 먼 옛날부터 예견된 것이었음을 밝히고 있다.
④ ㉡을 통해 조선의 수도가 한양이 된 것은 중국 임금들의 도움 덕분임을 드러내고 있다.
⑤ ㉢을 통해 후대에 교훈을 전달하려는 의도를 제시하고 있다.

2. 〈제2장〉과 〈제125장〉에 대한 설명으로 적절한 것은?
① 〈제2장〉과 〈제125장〉은 모두 자연 현상을 그 배경으로 삼고 있다.
② 〈제2장〉은 특정한 상황을, 〈제125장〉은 보편적 상황을 배경으로 삼았다.
③ 〈제2장〉은 비유적 표현을, 〈제125장〉은 직설적 표현을 활용하고 있다.
④ 〈제2장〉은 두 대상의 차이점을, 〈제125장〉은 두 대상의 유사점을 드러내고 있다.
⑤ 〈제2장〉은 조상의 업적에 대한 감사를, 〈제125장〉은 후손에 대한 교훈을 전달하고 있다.

☑ (가)~(라)에서 가장 먼저 지어진 작품(㉠)과 '훈민정음'으로 가장 먼저 표기된 작품(㉡)은? 2023. 군무원 7급

(가) 불휘 기픈 남ᄀᆞᆫ ᄇᆞᄅᆞ매 아니 뮐ᄊᆡ
곶 됴코 여름 하ᄂᆞ니
시미 기픈 므른 ᄀᆞ무래 아니 그츨ᄊᆡ
내히 이러 바ᄅᆞ래 가ᄂᆞ니

(나) 梨花에 月白ᄒᆞ고 銀漢이 三更인 제
一枝春心을 子規야 알랴마는
多情도 病인 樣ᄒᆞ여 ᄌᆞᆷ 못 들어 ᄒᆞ노라

(다) 어와 내 병이야 이 님의 타시로다
ᄎᆞ하리 싀여디여 범나비 되오리라
곳나모 가지마다 간 ᄃᆡ 죡죡 안니다가
향 무틴 ᄂᆞᆯ애로 님의 옷시 올므리라
님이야 날인 줄 모로셔도 내 님 조ᄎᆞ려 ᄒᆞ노라

(라) 元淳文 仁老詩 公老四六
李正言 陳翰林 雙韻走筆
沖基對策 光鈞經義 良經詩賦
위 試場ㅅ景 긔 엇더ᄒᆞ니잇고
(葉) 琴學士의 玉笋文生 琴學士의 玉笋文生
위 날 조차 몃 부니잇고

① ㉠ : (가), ㉡ : (라)
② ㉠ : (나), ㉡ : (다)
③ ㉠ : (다), ㉡ : (나)
④ ㉠ : (라), ㉡ : (가)

현대어 풀이 〈용비어천가(龍飛御天歌)〉 정인지, 권제, 안지 등

〈제1장〉
해동(우리나라)의 여섯 용(임금)이 나시어, 하신 일(개국 창업)마다 모두 하늘이 내리신 복이시니
　　　조선 건국의 정당성
㉠ 그러므로 옛날의 성인(중국의 개국 성군)의 하신 일들과 부절을 합친 것처럼 꼭 맞으시니.

〈제2장〉
뿌리가 깊은 나무는 바람에도 흔들리지 아니하므로,
　뿌리 깊은 나무는 기초가 튼튼함 → 기초가 튼튼한 나라
꽃이 좋고 열매도 많으니.
샘이 깊은 물은 가뭄에도 그치지 않고,
　샘이 깊은 물은 유서가 깊음 → 유서가 깊은 나라
내물이 되어서 바다에 이르게 되니.
　　　　　　　　　　　　대구, 비유

〈제125장〉
㉡ 천 년 전에 미리 정하신 한강 북쪽 땅에 어진 덕을 쌓아 나라를 여시니, 나라의 운수가 끝이 없으시니.
훌륭한 임금의 자손이 이으신다 하더라도 하늘을 공경하고 백성을 부지런히 섬겨야 더욱 굳건할 것입니다.
　　　　　　　　　　　　　　　　　권계 = 조언
㉢ 임금님이시여 아소서. (하나라 태강왕처럼 나라를 돌보지 않고) 낙수에 사냥을 가 있으며 조상의 공덕만을 믿으시겠습니까? 후대왕에게 조언

- 육룡(六龍): 세종의 조상 여섯 분(목조, 익조, 도조, 환조, 태조, 태종)
- 천복(天福): 하늘이 내려 준 복
- 고성(古聖): 옛 왕조에서 영웅적인 행적을 남긴 임금 또는 위인들
- 동부(同符): 사물이나 현상이 꼭 들어맞음.
- 천세(千世): 여기서는 '오랜 옛날'을 의미함.
- 누인개국(累仁開國): 어진 행적을 쌓아 나라를 세움.
- 복년(卜年): 점쳐 따진 수명. 왕조의 운수
- 성신(聖神): 성스러운 임금
- 경천근민(敬天勤民): 하늘을 공경하고 백성을 위해 애쓰는 모습
- 낙수에 사냥을 가 있으며 조상의 공덕만을 믿으시겠습니까?: 하나라 3대 임금 태강이 늘 사냥만 다니면서 조상의 공덕만을 믿은 고사를 두고 한 말. 반란이 일어나 태강은 결국 아우에게 왕위를 빼앗기고 죽음.

해제 | 세종 27년(1445)에 편찬한 왕조의 창업을 기리는 시이다. 세종의 명으로 권제, 정인지, 안지 등이 세종의 선조 6인(목조, 익조, 도조, 환조, 태조, 태종)의 행적을 노래로 읊어 지은 것이다. 서문은 정인지가, 발문은 최항이 썼으며, 전체 10권 125장으로 구성되었다. 각 장은 1장과 125장을 제외하면 모두 2행으로 되어 있는데, 몇 개의 예외를 제외하면 대체로 앞 행에는 중국 역대 제왕의 사적을, 뒤의 행에는 세종의 선조 6인의 업적을 배치하고 있다. 이는 중국 역대 제왕의 업적과 세종의 선조 6인의 업적에 같은 성격의 위대함이 있다는 점을 내세운 것이다.

주제 | 조선 왕조 건국의 정당성을 역사적으로 천명함.

구성 |
① 서사(제1~16장) : 조선 왕조 창업의 당위성을 포괄적으로 제시
　• 제1~2장 : 전체의 서문
　• 제3~8장 : 토대 마련의 필연성
　• 제9~16장 : 건국의 필연성
② 본사(제17~109장) : 조선 왕조 창업의 당위성을 구체적으로 이야기함으로써 실증
③ 결사(제110~125장) : 왕업의 영원한 지속을 기리기 위해 후대 왕에게 전하는 규계 사항
　• 제110~114장 : 4조와 태조가 겪은 왕조 창업의 고난
　• 제115~119장 : 태종이 보인 군왕으로서의 덕성
　• 제120~124장 : 태조, 태종이 힘쓴 경국제세의 모범
　• 제125장 : 왕업의 영속을 염원하는 소망

시조 〈동지ㅅ돌 기나긴 밤을〉 황진이

동지(冬至)ㅅ돌 기나긴 밤을 호 허리를 버혀내여
춘풍(春風) 니불 아레 서리서리 너헛다가
어론 님 오신 날 밤이여든 구뷔구뷔 펴리라.

체크 문제

☑ 〈보기〉는 황진이가 지은 시조이다. 빈칸에 들어갈 알맞은 낱말끼리 짝 지은 것은?   2019. 서울시 9급

〈보기〉

冬至ㅅ돌 기나긴 밤을 한 (㉠)를 버혀 내여
(㉡) 니불 아레 서리서리 너헛다가
어론 님 오신 날 밤이여든 구뷔구뷔 펴리라.

	㉠	㉡
①	허리	春風
②	허리	秋風
③	머리	春風
④	머리	秋風

☑ ㉠에 들어갈 시조로 적절한 것은?   2017. 국가직 9급 추가채용

우리말에서 공간적 개념은 흔히 시간적 개념으로 바뀌어 표현되곤 한다. 예컨대 공간 표현인 '뒤'가 시간 표현으로 '나중'을 의미하기도 한다. 한편 문학 작품에서 시간적 개념이 공간적 개념으로 바뀌어 표현되는 경우도 있다. 그 예로 다음 시조를 보자.

㉠

① 山은 녯 山이로되 물은 녯 물이 안이로다
   晝夜에 흘으니 녯 물이 이실쏜야
   人傑도 물과 굿ㅇ야 가고 안이 오노미라
② 冬至ㅅ돌 기나긴 밤을 한 허리를 버혀 내여
   春風 니불 아릐 서리서리 너헛다가
   어론 님 오신 날 밤이여든 구뷔구뷔 펴리라
③ 靑山은 내 뜻이오 綠水는 님의 情이
   綠水 흘러간들 靑山이야 變홀손가
   綠水도 靑山을 못 니져 우러 예어 가는고
④ 어져 내 일이야 그릴 줄을 모로드냐
   이시랴 ᄒ더면 가랴마는 제 구투여
   보내고 그리는 情은 나도 몰라 ᄒ노라

---

1. 〈보기〉의 작품에서는 상상력을 동원하여 밤이라는 시간을 변용하고 있다. 이와 비슷한 발상으로 변용이 이루어진 대상을 이 작품에서 찾는다면?

〈보기〉

건곤(乾坤)이 폐식(閉塞)ᄒ야 백설(白雪)이 ᄒᆞ 비친 제 <u>사롬</u>은 쿠니와 놀새도 긋쳐 잇다. 쇼샹남반도 치오미 이러커든 옥누고쳐(玉樓高處)야 더욱 닐러 므슴ᄒ리. 양춘(陽春)을 부쳐 내여 님 겨신 듸 쏘이고져. 모쳠(茅簷) 비쵠 ᄒᆡ를 옥누(玉樓)의 올리고져.
                             - 정철, 〈사미인곡〉

① 건곤   ② 사롬
③ 쇼샹남반   ④ 양춘

현대어 풀이 〈동지ㅅ둘 기나긴 밤을〉 황진이

동짓달 기나긴 밤의/한가운데를 베어 내어
　　시간(관념)　　　　　　　구체화

봄바람처럼 따뜻한 이불 속에다 서리서리 넣어 두었다가
　　　　　　　　　　　　　　　　의태어

정든 임이 오신 밤이면 굽이굽이 펼쳐 내어 그 밤이 오래오래
낙구, 사랑하는 임　　　의태어

새도록 이으리라.

- 흔 허리 : 허리의 한가운데
- 버혀내어 : 베어 내어
- 춘풍(春風) 니불 : 봄바람 이불
- 서리서리 : 노끈이나 새끼 등을 동그랗게 감은 모양
- 어론 님 : 얼은 임. 정분(情分)을 맺은 임
- 밤이여든 : 밤이거든, 밤이면

해제 | 상층 문학(上層文學)의 갈래로 등장했던 시조가 연정을 읊은 기녀(妓女)들에 의해 시조의 작자층이 확대되고 주제도 확장되는 전환이 이루어졌다. 임을 기다리는 절실한 그리움, 간절한 기다림을 비유와 의태적 심상에 의해 나타낸, 시적 호소력이 뛰어난 작품이다. 특히 이 작품의 문학성이 뛰어나다고 평가하는 이유는 추상적인 시간을 구체적인 사물로 형상화하여 임에 대한 애틋한 그리움과 사랑을 절실히 환기시켰기 때문이다. 시간이나 애정의 정서를 참신한 표현 기법으로 형상화하여 여성 특유의 시 세계를 보여 주는 작품이다.

주제 | 임을 기다리는 절실한 그리움

성격 | 감상적, 낭만적, 연정가

형식 | 평시조, 3장 6구

표현 | 은유법, 의태법

> **체크 문제 선지 현대어 풀이**
> ① 산은 옛날의 산 그대로인데 물은 옛날의 물이 아니구나.
> 　종일토록 흐르니 옛날의 물이 그대로 있겠는가.
> 　사람도 물과 같아서 가고 아니 오는구나.
> ③ 청산은 내 뜻이요 녹수는 임의 정이네.
> 　녹수가 흘러간들 청산이야 변하겠는가.
> 　녹수도 청산을 못 잊어 울면서 흘러가는고.
> ④ 아! 내가 한 일이 후회스럽구나.
> 　이렇게도 사무치게 그리울 줄을 미처 몰랐더냐?
> 　있으라 했더라면 임이 굳이 떠나시려 했겠느냐마는 내가 굳이
> 　보내 놓고는 이제 와서 새삼 그리워하는 마음을 나 자신도 모르겠구나.

가사 〈상춘곡(賞春曲)〉 정극인

홍진(紅塵)에 뭇친 분네 이내 생애(生涯) 엇더ᄒᆞ고.
녯 사롬 풍류(風流)를 미츨가 못 미츨가.
천지간(天地間) 남자(男子) 몸이 날만ᄒᆞᆫ 이 하건마ᄂᆞᆫ,
산림(山林)에 뭇쳐 이셔 지락(至樂)을 ᄆᆞ를 것가.
수간모옥(數間茅屋)을 벽계수(碧溪水) 앏픠 두고,
송죽(松竹) 울울리(鬱鬱裏)예 풍월주인(風月主人) 되여셔라.

엇그제 겨을 지나 새봄이 도라오니,
도화 행화(桃花杏花)ᄂᆞᆫ 석양리(夕陽裏)예 픠여 잇고,
녹양방초(綠楊芳草)ᄂᆞᆫ 세우 중(細雨中)에 프르도다.
칼로 몰아 낸가, 붓으로 그려 낸가,
조화신공(造化神功)이 물물(物物)마다 헌ᄉᆞ룹다.
(가) 수풀에 우는 새는 춘기(春氣)를 못내 계워 소리마다 교태(嬌態)로다.
물아일체(物我一體)어니, 흥(興)이이 다를소냐.
시비(柴扉)예 거러 보고, 정자(亭子)애 안자 보니,
소요음영(逍遙吟詠)ᄒᆞ야, 산일(山日)이 적적(寂寂)ᄒᆞᆫᄃᆡ,
한중진미(閒中眞味)를 알 니 업시 호재로다.

이바 니웃드라 산수(山水) 구경 가쟈스라.
답청(踏靑)으란 오늘 ᄒᆞ고 욕기(浴沂)란 내일(來日)ᄒᆞ새.
아ᄎᆞᆷ에 채산(採山)ᄒᆞ고 나조ᄒᆡ 조수(釣水)ᄒᆞ새.
ᄀᆞᆺ 괴여 닉은 술을 갈건(葛巾)으로 밧타 노코,
곳나모 가지 것거, 수 노코 먹으리라.
화풍(和風)이 건 듯 부러 녹수(綠水)를 건너오니,
청향(淸香)은 잔에 지고 낙홍(落紅)은 옷새 진다.
준중(樽中)이 뷔엿거ᄃᆞᆫ 날ᄃᆞ려 알외여라.
소동(小童) 아ᄒᆡ 다려 주가(酒家)에 술을 믈어,
얼운은 막대 집고, 아ᄒᆡᄂᆞᆫ 술을 메고,
미음완보(微吟緩步)ᄒᆞ야 시냇ᄀᆞ의 호자 안자,
명사(明沙) 조ᄒᆞᆫ 믈에 잔 시어 부어 들고,
청류(淸流)를 굽어보니 떠오나니 도화(桃花)로다.
무릉(武陵)이 갓갑도다, 져 미이 긘 거인고.
송간(松間) 세로(細路)에 두견화(杜鵑花)를 부치 들고,
봉두(峰頭)에 급피 올나 구름 소긔 안자보니,
천촌만락(千村萬落)이 곳곳이 버러 잇ᄂᆡ.

연하일휘(煙霞日輝)ᄂᆞᆫ 금수(錦繡)를 재폇ᄂᆞᆫ 듯.
엇그제 검은 들이 봄빗도 유여(有餘)ᄒᆞ샤.

공명(功名)도 날 씌우고, 부귀(富貴)도 날 씌우니,
청풍명월(淸風明月) 외(外)예 엇던 벗이 잇ᄉᆞ올고.
단표누항(簞瓢陋巷)에 훗튼 혜음 아니 ᄒᆞᄂᆡ.
아모타, 백년행락(百年行樂)이 이만ᄒᆞᆫ ᄃᆞᆯ 엇지ᄒᆞ리.

체크 문제

☑ 다음은 조선 전기 문신 정극인이 지은 〈상춘곡〉이라는 가사의 일부이다. 이에 대한 설명으로 옳지 않은 것은? `2018. 국회직 9급`

① 이런 글의 갈래를 '서정 가사', '정격 가사', '양반 가사'라고 한다. 서정적인 내용을 정해진 격식에 따라서 양반이 지어서 그런 건가 봐.
② 맞아. 가사는 길게 쓴 시조라고 볼 수도 있는 건가 봐. 그래서 '운문체'이기도 하고 '가사체'이기도 한다고 해.
③ 어디 보자. 글 내용으로 볼 때 주제는 봄의 완상(玩賞)과 안빈낙도(安貧樂道)가 맞겠지?
④ 그렇지. 이 글엔 설의법, 의인법, 풍유법, 대구법, 직유법 등 여러 표현 기교를 사용했네.
⑤ 조선 시대 사대부 가사의 작품으로 송순의 〈면앙정가〉와 함께 은일 가사라고 불리기도 한대.

☑ 이 글에 대한 설명으로 가장 적절한 것은? `2021. 군무원 9급`

① '홍진에 묻힌 분'과 묻고 대답하는 형식이다.
② '나'의 공간 이동에 따라 시상을 전개하고 있다.
③ '이웃'을 끌어들임으로써 봄의 아름다움을 객관화하고 있다.
④ 서사 – 본사 – 결사가 진행되는 가운데 여음을 삽입하여 흥을 돋운다.

☑ (가)에 나타난 화자의 정서로 가장 적절한 것은? `2021. 군무원 9급`

① 화자와 산수자연 사이에 가로놓인 방해물에 대한 불만
② 산수자연 속의 모든 존재들과 합일하는 흥겨움의 마음
③ 산수자연의 즐거움을 혼자서만 누리는 것에 대한 안타까움
④ 산수자연에 제대로 몰입하지 못하는 자신의 처지에 대한 회한

현대어 풀이 〈상춘곡(賞春曲)〉 정극인

속세에 사는 사람들아, 이 나의 생활하는 모습이 어떠한가?
옛 사람의 운치 있는 생활을 내가 따를까? 못 따를까?
천지간 남자로 태어난 몸으로서 나와 같은 사람이 많건마는
어찌하여 그들은 나처럼 산림에 묻혀 사는 자연의 지극한 즐거움을 모른단 말인가?
초간삼간을 맑은 시냇가 앞에 지어 놓고
송죽이 울창한 숲에 풍월주인이 되어 있도다.

엊그제 겨울 지나 다시 봄이 돌아오니
복사꽃 살구꽃이 | 석양 위에 | 피어 있고
푸른 버들 꽃다운 풀은 | 가랑비 속에 | 푸르도다.
조물주가 칼로 재단해 내었는가? 붓으로 그려 내었는가?
조물주의 신기한 재주가 사물마다 야단스럽다.
숲속에 우는 새는 봄기운을 끝내 이기지 못하여 소리마다 아양을 떠는 모습이로다.
물아일체이니, 흥이야 다르겠는가?
사립문 주변을 걸어 보기도 하고, 정자에 앉아 보며
이리저리 거닐며 나직이 시를 읊조려, 산속의 하루가 적적한데
한가로움 속의 참다운 즐거움을 아는 이 없이 나 혼자로구나.

여보게 이웃 사람들아, 산수 구경 가자꾸나.
산책은 오늘 하고, 목욕은 내일 하세.
아침에는 산에서 나물을 캐고, 저녁에는 고기를 낚세.
이제 막 익은 술을 두건으로 걸러 놓고
꽃나무 가지 꺾어, 잔 수를 세면서 술을 먹으리라.
화창한 봄바람이 문득 불어 푸른 들을 건너오니
맑은 향기는 술잔에 가득하고, 붉은 꽃잎은 옷에 떨어진다.
술독이 비었으면 나에게 알려라.
아이에게 술집에 술이 있는지 물어 술을 사다가
어른은 지팡이 짚고, 아이는 술동이를 메고
나직이 흥얼거리면서 시냇가에 혼자 앉아
고운 모래바닥을 흐르는 맑은 물에 잔을 씻어 들고
맑은 시냇물을 굽어보니, 떠오르는 것이 복숭아꽃이로구나.
무릉도원이 가까운 듯하다. 아마 저 들이 무릉도원인가?
소나무 숲 사이의 좁은 길에 진달래꽃을 붙들고
산봉우리에 급히 올라 구름 속에 앉으니
수많은 촌락은 여기저기 벌여 있고

안개와 노을과 빛나는 햇빛은 비단을 펼친 듯 아름답구나.
엊그제 거뭇거뭇한 들에 (지금은) 봄빛이 넘쳐흐르는구나.
부귀공명이 날 꺼리니(내가 부귀공명을 싫어하니)
아름다운 자연 외에 어떤 벗이 있으리오.
누추한 곳에서 가난한 생활을 하여도 잡념은 아니하네.
아무튼 한평생 즐겁게 지내는 일이 이만하면 족하지 아니한가?

해제 | 사대부 가사 문학의 효시가 되는 작품으로, 자연에 묻혀 사는 즐거움을 효과적으로 그린 은일(隱逸) 가사이다. 송순의 〈면앙정가〉를 거쳐 정철의 〈성산별곡〉으로 이어지는 강호가도의 시풍을 형성하며, 호남 가단 형성의 계기가 되는 작품으로 평가된다. 시상 전개의 기교, 주제의 명확성, 우아한 미의식 등이 후세의 가사 문학에 영향을 끼쳤다.

주제 | 봄의 완상(玩賞)과 안빈낙도(安貧樂道)

시대 | 조선 전기(성종 때)

갈래 | 서정 가사, 양반 가사, 정격 가사

성격 | 묘사적, 예찬적, 서정적

표현 | 설의법, 대구법, 의인법, 직유법 등

구성 | '서사 – 본사(춘경, 상춘) – 결사'의 3단 구성

특징 | ① 자연을 기리는 송가이면서 안빈낙도의 주제를 부각시킴.
② 18세기 표기법과 일치
③ 의인법, 대구법, 직유법 등의 표현 기법
④ 공간 확장에 의한 전개 방식

의의 | ① 조선조 사대부 가사의 효시
② 강호 한정 가사의 시발이 됨.

작가 | 정극인(1401~1481)의 본관은 영광(靈光)으로 자 가택(可宅), 호 불우헌(不憂軒)·다헌(茶軒)·다각(茶角)이다. 전북 태인(泰仁) 출생이며, 1429년(세종 11) 생원에 합격하고, 문종 때 음보(蔭補)로 인수부승(仁壽府丞)을 지내고 1453년(단종 1) 문과에 급제하여 정언(正言)에 이르렀으나 단종이 왕위를 찬탈당하자 사직하고 고향에서 후진을 가르쳤다.

구성 |

서사	자연에 묻혀 사는 즐거움
본사	• 봄 경치를 완상함. • 봄날의 흥취에 몰입함. • 산수 구경을 권유함. • 봄 경치와 함께 풍류를 즐김. • 산봉우리에서 조망함.
결사	안빈낙도의 추구

가사 〈관동별곡(關東別曲)〉 정철

〈결사〉
져근덧 밤이 드러 風풍浪낭이 定뎡ᄒᆞ거늘,
扶부桑상 咫지尺쳑의 明명月월을 기ᄃᆞ리니,
瑞셔光광 千쳔丈댱이 뵈ᄂᆞᆫ 듯 숨ᄂᆞᆫ고야.
珠쥬簾렴을 고텨 것고, 玉옥階계ᄅᆞᆯ 다시 쓸며,
啓계明명星셩 돗도록 곳초 안자 ᄇᆞ라보니,
白ᄇᆡᆨ蓮년花화 ᄒᆞᆫ 가지ᄅᆞᆯ 뉘라셔 보내신고.
일이 됴흔 世셰界계 ᄂᆞᆷ대되 다 뵈고져.
流뉴霞하酒쥬 ᄀᆞ득 부어 ᄃᆞᆯᄃᆞ려 무론 말이,
英영雄웅은 어ᄃᆡ 가며, 四ᄉᆞ仙션은 긔 뉘러니,
아미나 맛나 보아 녯 긔별 뭇쟈 ᄒᆞ니,
仙션山산 東동海ᄒᆡ예 갈 길히 머도 멀샤.
松숑根근을 베여 누어 픗ᄌᆞᆷ을 얼픗 드니,
ᄭᅮᆷ애 ᄒᆞᆫ 사ᄅᆞᆷ이 날ᄃᆞ려 닐온 말이,
그ᄃᆡᄅᆞᆯ 내 모ᄅᆞ랴, 上샹界계예 眞진仙션이라.
黃황庭뎡經경 一일字ᄌᆞᄅᆞᆯ 엇디 그릇 닐거 두고,
人인間간의 내려와셔 우리ᄅᆞᆯ ᄯᆞ로ᄂᆞᆫ다.
져근덧 가디 마오 이 술 ᄒᆞᆫ 잔 머거 보오.
北븍斗두星셩 기우려 滄챵海ᄒᆡ水슈 부어 내여
져 먹고 날 머겨ᄂᆞᆯ 서너 잔 거후로니,
和화風풍이 習습習습ᄒᆞ야 兩냥腋익을 추혀 드니,
九구萬만里리 長댱空공애 져기면 ᄂᆞᆯ리로다.
㉠ 이 술 가져다가 四ᄉᆞ海ᄒᆡ예 고로 ᄂᆞ화
億억萬만 蒼창生ᄉᆡᆼ을 다 醉취케 ᄆᆡᆼ근 후의,
그제야 고텨 맛나 ᄯᅩ ᄒᆞᆫ 잔 ᄒᆞ쟛고야.
말 디쟈 鶴학을 ᄐᆞ고 九구空공의 올나가니,
空공中듕 玉옥簫쇼 소리 어제런가 그제런가.
나도 ᄌᆞᆷ을 ᄭᆡ여 바다ᄒᆞᆯ 구버보니,
기픠ᄅᆞᆯ 모ᄅᆞ거니 ᄀᆞ인들 엇디 알리.
明명月월이 千쳔山산萬만落낙의 아니 비쵠 ᄃᆡ 업다.

체크 문제

1. 이 시의 '결사'에 드러난 화자의 모습을 가장 바르게 말한 것은?
① 개인적 욕망과 사회적 책임을 모두 포기한 인물
② 개인적 욕망과 사회적 책임을 함께 추구하는 인물
③ 개인적 욕망 때문에 사회적 책임을 도외시하는 인물
④ 개인적 욕망과 사회적 책임을 완벽히 조화시킨 인물

2. ㉠에 나타난 지은이의 심정은?
① 자연 친화의 태도
② 임금에 대한 충정
③ 목민관의 애민 정신
④ 신선 세계에의 동경
⑤ 명예에 대한 욕망

3. 이 글에 제시된 달맞이 과정을 〈보기〉와 같이 고쳐 썼을 때 적절하지 않은 것은?

〈 보기 〉
㉮ 저녁이 되어 바람이 멎자, 달을 보려고 설레며 바닷가 언덕에 올랐다. ㉯ 달이 뜰 것처럼 예사롭지 않은 빛이 퍼지다가 숨었다. 주렴을 걷고 층계를 쓸면서 경건한 마음으로 달을 기다렸다. ㉰ 어느 순간, 흰 연꽃이 뜰 앞 연못에 피어 올랐다. 이 광경이 무척 아름다워 다른 사람에게도 보여 주고 싶었다. ㉱ 흥겨운 마음에 신선주를 가득 부어 들고 달에게 영웅과 사선의 소식을 물었다. ㉲ 달빛에 취해 잠시 조는데, 신선이 꿈에 나타나 이야기를 나누다가 홀연 사라져 놀라 깨어 보니 꿈이었다.

① ㉮ ② ㉯
③ ㉰ ④ ㉱
⑤ ㉲

☑ **다음 가사를 읊은 지은이의 심정을 가장 잘 드러낸 것은?**
2021. 군무원 7급

쇼양강(昭陽江) ᄂᆞ린 믈이 어드러로 든단 말고
고신거국(孤臣去國)에 백발(白髮)도 하도할샤
동쥐(東州) 밤 계오 새와 북관뎡(北寬亭)의 올나ᄒᆞ니
삼각산(三角山) 뎨일봉(第一峯)이 ᄒᆞ마면 뵈리로다

① 한양을 떠나는 슬픔
② 임금을 향한 충정
③ 여행길의 고달픔
④ 자연경관에 대한 감탄

현대어 풀이 〈관동별곡(關東別曲)〉 정철

〈결사〉
잠깐 동안에 밤이 들어 물결이 가라앉거늘
해 뜨는 곳의 가까운 거리에서 떠오를 명월을 기다리니,
　↔ 해 지는 곳은 함지(咸池)　　　　　　임금
상서로운 달빛이 구름 틈으로 보이다가 이내 숨는구나.
구슬로 만든 발을 다시 걷어 올리고 층계를 다시 쓸며
　길게 뻗친 상서로운 달빛(소동파의 시구 인용)　옥과 같이 희고 고운 섬돌
샛별 돋도록 꼿꼿이 앉아서 명월을 바라보니,
흰 연꽃 한 가지를 누가 보내 주시었는가? ⇨ 明月(은유)
이렇게 좋은 세상 남 모두에게 보이고 싶어라. (온 백성에게
좋은 정치를 베풀고 싶어라). ⇨ 애민 정신
유하주 가득 부어 달에게 묻는 말이
　신선이 마시는 술(자신 = 신선)
"영웅은 어디 갔으며 사선은 그들이 누구더냐?"
　이백　　　　　　신선(도교적 사상)
아무나 만나 보아 옛 소식을 묻고자 하니
선산 동해에 갈 길이 멀기도 멀구나.
　신선이 사는　　관찰사의 임무
　삼신산이 있다는 동해
소나무 뿌리를 베고 누워서 선잠을 얼핏 드니 ⇨ 갈등 해소의 매개체
꿈에 신선이 나타나 나에게 이르는 말이
"정철아, 그대를 내가 모르겠느냐? 그대는 하늘나라에서 살
던 신선이라.
황정경 한 글자를 어찌 잘못 읽어 두고
　도교의 경전
인간 세상에 귀양 내려와서 우리를 따르는가?
잠깐만 가지 마오. 이 술 한 잔 먹어 보오."
북두칠성을 술잔으로 삼아 기울여서 창해수를 술로 삼아 부어
내어
자기가 먹고 나에게 먹이거늘 서너 잔 기울이니
봄바람이 산들산들 불어 양쪽 겨드랑이를 추켜드니
아득한 하늘에 웬만하면 날 것 같은 기분이로다.
　　　　　　　　⇨ 우화등선(羽化登仙)의 기분
㉠"이 술 가져다가 사해(세상)에 고루 나누어
억만창생(수많은 백성)을 다 취하게 만든 뒤에(선정　애민 정신
의 포부) 그때에야 다시 만나 또 한잔합시다."
그 말 끝나자 신선(꿈의 한 사람)은 학을 타고 하늘로 올라가니
공중에서 들려오는 옥피리 소리가 어제던가 그제던가 아련히
들려오네. ⇨ 환청
나도 잠을 깨어 바다를 굽어보니
　　　　　　　온 세상(四海)
깊이를 모르거니 가인들 어찌 알리.
　　　　　　　　끝인들
명월이 온 산과 촌락에 아니 비친 곳이 없다.
① 밝은 달 ② 임금의 은혜

해제 | 작가가 45세 때(1580년, 선조 13년) 강원도 관찰사로 부임하여 내·외·해금강과 관동 팔경 등의 절승을 두루 유람한 후 느낀 바를 노래한 가사이다. 여행하면서 얻은 견문뿐만 아니라 임금을 향한 절개와 태평한 세상을 향한 꿈을 함께 보여 주고 있는데, 순수한 우리말이 많이 쓰였으며 경치를 박진감 있게 묘사한 것이 특징이다. 이 작품에는 금강산의 아름다움에 대한 찬탄뿐만 아니라, 임금에 대한 충성을 다짐하는 유교적인 가치관이 함께 드러난다. 명종 때 백광홍의 가사 〈관서별곡〉에서 형식과 수법의 영향을, 중종 때 송순의 가사 〈면앙정가〉에서 표현 기교의 영향을 받았다.

주제 | 관동 지방의 절경 유람과 유교적 충의 사상

성격 | 기행 가사, 정격 가사, 양반 가사

연대 | 선조 13년, 작가 45세 때

배경 | 유교적 충의 사상, 도교적 신선 사상

영향 관계 | 〈관동별곡〉(안축), 〈관서별곡〉(백광홍), 〈면앙정가〉(송순)

표현 | ① 감탄사의 첩용, 대구, 적절한 생략법의 구사
② 전체 분위기가 명쾌하고 화려하며, 호탕한 기상이 나타나 있음.

구성 |

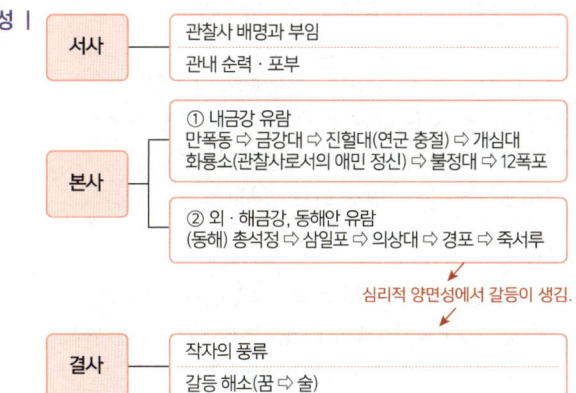

가사 〈사미인곡(思美人曲)〉 정철

〈서사〉
이 몸 삼기실 제 님을 조차 삼기시니
ᄒᆞᆫ성 연분(緣分)이며 하늘 모를 일이런가.
나 ᄒᆞ나 졈어 잇고 님 ᄒᆞ나 날 괴시니
이 ᄆᆞᄋᆞᆷ 이 ᄉᆞ랑 견졸 ᄃᆡ 노여 업다.

평ᄉᆡᆼ(平生)애 원(願)ᄒᆞ요ᄃᆡ ᄒᆞᆫᄃᆡ 녜쟈 ᄒᆞ얏더니
늙거야 므ᄉᆞ 일로 외오 두고 글이ᄂᆞᆫ고.
엇그제 님을 뫼셔 광한뎐(廣寒殿)의 올낫더니
그 더ᄃᆡ 엇디 ᄒᆞ야 하계(下界)예 ᄂᆞ려오니
올 저긔 비슨 머리 헛틀언 디 삼년(三年)일쇠.
연지분(臙脂粉) 잇ᄂᆡ마ᄂᆞᆫ 눌 위ᄒᆞ야 고이 ᄒᆞᆯ고.
ᄆᆞᄋᆞᆷ의 미친 실음 텹텹(疊疊)이 ᄡᆞ혀 이셔
짓ᄂᆞ니 한숨이오 디ᄂᆞ니 눈물이라.
인ᄉᆡᆼ(人生)은 유ᄒᆞᆫ(有限)ᄒᆞᆫ디 시름도 그지업다.
무심(無心)ᄒᆞᆫ 셰월(歲月)은 믈 흐ᄅᆞ 듯 ᄒᆞᄂᆞᆫ고야.
염냥(炎涼)이 ᄯᆡ를 아라 가ᄂᆞᆫ 듯 고텨 오니
듯거니 보거니 늣길 일도 하도 할샤.

〈본사〉
― 동풍(東風)이 건듯 부러 젹셜(積雪)을 헤텨 내니
창(窓) 밧긔 심근 ᄆᆡ화(梅花) 두세 가지 픠여셰라.
ᄀᆞᆺ득 닝담(冷淡)ᄒᆞᆫ디 암향(暗香)은 므ᄉᆞ 일고.
황혼(黃昏)의 ᄃᆞᆯ이 조차 벼마ᄐᆡ 빗최니
늣기ᄂᆞᆫ 듯 반기ᄂᆞᆫ 듯 님이신가 아니신가.
뎌 ᄆᆡ화(梅花) 것거 내여 님 겨신 ᄃᆡ 보내오져.
님이 너를 보고 엇더타 너기실고.

곳 디고 새 닙 나니 녹음(綠陰)이 ᄭᆞᆯ렷ᄂᆞᆫᄃᆡ
나위(羅幃) 젹막(寂寞)ᄒᆞ고 슈막(繡幕)이 뷔여 잇다.
[A] 부용(芙蓉)을 거더 노코 공쟉(孔雀)을 둘러 두니
ᄀᆞᆺ득 시름 한ᄃᆡ 날은 엇디 기돗던고.
원앙금(鴛鴦錦) 버혀 노코 오ᄉᆡᆨ션(五色線) ᄑᆞ러 내여
금자히 견화이셔 님의 옷 지어 내니
슈품(手品)은ᄏᆞ니와 졔도(制度)도 ᄀᆞ즐시고.
산호슈(珊瑚樹) 지게 우희 ᄇᆡᆨ옥함(白玉函)의 다마 두고
님의게 보내오려 님 겨신 ᄃᆡ ᄇᆞ라보니
산(山)인가 구롬인가 머흐도 머흘시고.
쳔리(千里) 만리(萬里) 길히 뉘라셔 ᄎᆞ자 갈고.
― 니거든 여러 두고 날인가 반기실가.

ᄒᆞᆯ밤 서리김의 기러기 우러녤 제
위루(危樓)에 혼자 올나 슈정념(水晶簾)을 거든마리
동산(東山)의 ᄃᆞᆯ이 나고 븍극(北極)의 별이 뵈니
님이신가 반기니 눈믈이 절로 난다.
쳥광(淸光)을 쥐여 내여 봉황누(鳳凰樓)의 븟티고져.
누(樓) 우희 거러 두고 팔황(八荒)의 다 비최여
심산(深山) 궁곡(窮谷) 졈낫ᄀᆞ티 밍그쇼셔.

건곤(乾坤)이 폐식(閉塞)ᄒᆞ야 ᄇᆡᆨ셜(白雪)이 ᄒᆞᆫ 비친 제
사ᄅᆞᆷ은ᄏᆞ니와 ᄂᆞᆯ새도 긋처 잇다.
쇼샹(瀟湘) 남반(南畔)도 치오미 이러커든
옥누(玉樓) 고쳐(高處)야 더옥 닐너 므슴ᄒᆞ리.
양츈(陽春)을 부처 내여 님 겨신 ᄃᆡ ᄡᅩ이고져.
모쳠(茅簷) 비쵠 ᄒᆡ를 옥누(玉樓)의 올리고져.
홍샹(紅裳)을 니믜ᄎᆞ고 취슈(翠袖)를 반만 거더
일모슈듁(日暮脩竹)의 혬가림도 하도 할샤.
댜ᄅᆞᆫ 히 수이 디여 긴 밤을 고초 안자
쳥등(靑燈) 거론 겻ᄐᆡ 뎐공후(鈿箜篌) 노하 두고
ᄭᅮᆷ의나 님을 보려 ᄐᆡᆨ 밧고 비겨시니
앙금(鴦衾)도 ᄎᆞ도 출샤 이 밤은 언제 샐고.

〈결사〉
ᄒᆞᄅᆞ도 열두 ᄣᅢ ᄒᆞᆫ ᄃᆞᆯ도 셜흔 날
져근덧 ᄉᆡᆼ각 마라 이 시름 닛쟈 ᄒᆞ니
ᄆᆞᄋᆞᆷ의 ᄆᆡ쳐이셔 골슈(骨髓)의 ᄭᅦ텨시니
편쟉(扁鵲)이 열히 오다 이병을 엇디ᄒᆞ리.
어와 내 병이야 이 님의 타시로다.
출하리 싀어디여 범나븨 되오리라.
곳나모 가지마다 간 ᄃᆡ 죡죡 안니다가
향 므든 ᄂᆞᆯ애로 님의 오ᄉᆡ 올므리라.
님이야 날인 줄 모ᄅᆞ셔도 내 님 조ᄎᆞ려 ᄒᆞ노라.

✓ 체크 문제

☑ **다음 글에 나타난 화자의 상황 및 정서와 가장 유사한 것은?**

2017. 지방직 7급

> 하루도 열두 때 한 달도 서른 날. 저근덧 생각 마라. 이 시름 잊자 하니 마음에 맺혀 있어 골수에 께쳤으니 편작이 열이 오나 이 병을 어찌하리. 어와 내 병이야 이 임의 탓이로다. 차라리 죽어서 범나비 되오리라. 꽃나무 가지마다 간 데 족족 앉아 있다가 향 묻은 날개로 임의 옷에 앉으리라. 임이야 날인 줄 모르셔도 내 임 좇으려 하노라.

① 서방님 병(病) 들여 두고 쓸 것 없어
  종루 저자에 다리 팔아 배 사고 감 사고 유자 사고 석류 샀다. 아차차 잊었구나. 오화당(五花糖)을 잊어버렸구나.
  수박에 숟 꽂아 놓고 한숨계워 하노라.
② 갓나희들이 여러 층(層)이오매
  송골매도 같고 줄에 앉은 제비도 같고 백화원리(百花園裡)에 두루미도 같고 녹수파란(綠水波瀾)에 비오리도 같고 따헤 퍽 앉은 소리개도 같고 썩은 등걸에 부엉이도 같데.
  그려도 다 각각 임의 사랑이니 개(皆) 일색(一色)인가 하노라.
③ 공명도 날 꺼리고 부귀도 날 꺼리니
  청풍명월 외에 어떤 벗이 있사올꼬.
  단표누항에 허튼 혜음 아니하니
  아모타 백년행락이 이만한들 어떠하리.
④ 내 임을 그리워하여 울고 있나니
  산 접동새 난 비슷하요이다.
  아니시며 거츠르신 것을
  아으 잔월효성이 알으시리이다.

☑ **다음 중 [A]와 내용 및 주제가 가장 비슷한 것은?** 2022. 군무원 9급

① 고인도 날 몯 보고 나도 고인 몯 뵈
  고인을 몯 뵈도 녀던 길 알픠 잇늬
  녀던 길 알픠 잇거든 아니 녀고 엇뎔고
② 삼동에 베옷 입고 암혈(巖穴)에 눈비 맞아
  구름 낀 볕뉘도 쬔 적이 없건마는
  서산에 해 지다 하니 눈물 겨워 하노라
③ 묏버들 갈히 것거 보내노라 님의 손디
  자시는 창 밧긔 심거 두고 보쇼셔
  밤비예 새 닙 곳 나거든 날인가도 너기쇼셔
④ 반중(盤中) 조홍(早紅) 감이 고아도 보이는다
  유자 안이라도 품엄즉도 하다마는
  품어 가 반기 리 업슬새 글노 설워하느이다

---

1. 이 글에 드러난 주된 정서와 직접적인 관련이 없는 것은?

① 잔 들고 혼자 앉아 먼 산을 바라보니
  그리던 님이 온들 반가움이 이러하랴.
  말씀도 웃지도 아니하여도 못내 좋아하노라.   – 윤선도
② 천만리 머나먼 길에 고운 님 여의옵고
  내 마음 둘 데 없어 냇가에 앉았더니
  저 물도 내 안 같아서 울어 밤길 예놋다.   – 왕방연
③ 무음이 어린 후(後)ㅣ니 ᄒᆞ는 일이 다 어리다.
  만중운산(萬重雲山)에 어늬 님 오리마는
  지는 닙 부는 바람에 행여 귄가 ᄒᆞ노라.   – 서경덕
④ 어져 내 일이야 그릴 줄을 모르더냐.
  이시랴 하더면 가랴마는 제 구태여
  보내고 그리는 정은 나도 몰라 하노라.   – 황진이
⑤ 있으렴 부디 갈다 아니 가든 못할소냐.
  무단히 싫더냐 남의 말을 들었느냐.
  그래도 하 애도래라 가는 뜻을 일러라.   – 성종

현대어 풀이 〈사미인곡(思美人曲)〉 정철

〈서사 – 임과의 인연과 이별 후의 그리움〉
이 몸이 태어날 때에 임을 따라 태어나니,
한평생 함께 살아갈 인연이며 이 또한 하늘이 어찌 모를 일이던가?
나는 오직 젊어 있고, 임은 오직 나를 사랑하시니,
이 마음과 이 사랑을 비교할 곳이 다시 없다.
▶ 임과의 인연

평생에 원하되 임과 함께 살아가려 하였더니,
늙어서야 무슨 일로 외따로 두고 그리워하는고?
엊그제에는 임을 모시고 광한전에 올라 있었더니,
그동안에 어찌하여 속세에 내려왔느냐?
내려올 때에 빗은 머리가 헝클어진 지 3년일세.
연지와 분이 있네마는 누구를 위하여 곱게 단장할꼬?
마음에 맺힌 근심이 겹겹으로 쌓여 있어서
짓는 것이 한숨이요, 흐르는 것이 눈물이라.
인생은 한정이 있는데 근심은 한이 없다.
▶ 이별 후의 그리움

무심한 세월은 물 흐르듯 하는구나.
더웠다 서늘해졌다 하는 계절의 바뀜이 때를 알아 지나갔다가는
이내 다시 돌아오니,
듣거니 보거니 하는 가운데 느낄 일이 많기도 하구나.
▶ 세월의 무상함

〈본사 – 임을 그리는 마음〉
봄바람이 문득 불어 쌓인 눈을 헤쳐 내니,
창밖에 심은 매화가 두세 가지 피었구나.
가뜩이나 쌀쌀하고 담담한데, 그윽이 풍겨 오는 향기는 무슨 일인고?
황혼에 달이 따라와 베갯머리에 비치니,
느껴 우는 듯 반가워하는 듯하니, 임이신가 아니신가?
저 매화를 꺾어 내어 임 계신 곳에 보내고 싶다.
그러면 임이 너를 보고 어떻다 생각하실꼬?
▶ 춘사(春詞) – 매화를 꺾어 임에게 보내 드리고 싶음

꽃잎이 지고 새 잎 나니 녹음이 우거져 나무 그늘이 깔렸는데
비단 포장은 쓸쓸히 걸렸고, 수놓은 장막만이 드리워져 텅 비어 있다.
연꽃 무늬가 있는 방장을 걷어 놓고, 공작을 수놓은 병풍을 둘러 두니,
가뜩이나 근심 걱정이 많은데, 날은 어찌 길던고?
원앙새 무늬가 든 비단을 베어 놓고 오색실을 풀어 내어
금으로 만든 자로 재어서 임의 옷을 만들어 내니,
솜씨는 말할 것도 없거니와 격식도 갖추었구나.

산호수로 만든 지게 위에 백옥으로 만든 함에 담아 두고,
임에게 보내려고 임 계신 곳을 바라보니,
산인지 구름인지 험하기도 험하구나.
천 리 만 리나 되는 머나먼 길을 누가 찾아갈꼬?
가거든 열어 두고 나를 보신 듯이 반가워하실까?
▶ 하사(夏詞) – 임에 대한 알뜰한 정성

하룻밤 사이의 서리 내릴 무렵에 기러기 울며 날아갈 때,
높다란 누각에 혼자 올라서 수정알로 만든 발을 걷으니,
동산에 달이 떠오르고 북극성이 보이므로,
임이신가 하여 반가워하니 눈물이 절로 난다.
저 맑은 달빛을 일으켜 내어 임이 계신 궁궐에 부쳐 보내고 싶다.
누각 위에 걸어 두고 온 세상을 비추어,
깊은 산골짜기에도 대낮같이 환하게 만드소서.
▶ 추사(秋詞) – 선정을 갈망

천지가 겨울의 추위에 얼어 생기가 막혀, 흰 눈이 일색으로 덮여 있을 때에,
사람은 말할 것도 없거니와 날짐승의 날아감도 끊어져 있다.
소상강 남쪽 둔덕도 추위가 이와 같거늘,
하물며 북쪽 임 계신 곳이야 더욱 말해 무엇하랴?
따뜻한 봄기운을 부치어 내어 임 계신 곳에 쐬게 하고 싶다.
초가집 처마에 비친 따뜻한 햇볕을 임 계신 궁궐에 올리고 싶다.
붉은 치마를 여미어 입고 푸른 소매를 반쯤 걷어 올려
해는 저물었는데 밋밋하고 길게 자란 대나무에 기대어서 이것저것 생각함이 많기도 많구나.
짧은 겨울 해가 이내 넘어가고 긴 밤을 꼿꼿이 앉아,
청사초롱을 걸어 둔 옆에 자개로 수놓은 공후라는 악기를 놓아 두고,
꿈에서나 임을 보려고 턱을 받치고 기대어 있으니,
원앙새를 수놓은 이불이 차기도 차구나. 이 밤은 언제나 샐꼬?
▶ 동사(冬詞) – 임에 대한 염려

〈결사 – 변함없는 충성심〉
하루도 열두 때, 한 달도 서른 날,
잠시라도 임 생각을 하지 마라. 이 시름을 잊으려 하여도
마음속에 맺혀 있어 뼛속까지 사무쳤으니,
편작과 같은 명의가 열 명이 오더라도 이 병을 어떻게 하랴.
아, 내 병이야 이 임의 탓이로다.
차라리 사라져 범나비가 되리라.
꽃나무 가지마다 간 데 족족 앉고 다니다가
향기가 묻은 날개로 임의 옷에 옮으리라.
임께서야 나인 줄 모르셔도 나는 임을 따르려 하노라.
▶ 임에 대한 충성심

해제 | 이 작품은 신하가 임금을 그리워하는 정을 표현한 충신연주지사(忠臣戀主之詞)의 대표적인 가사이다. 작가인 정철은 1585년(선조 18년)에 자신의 고향인 전남 창평에서 은거 생활을 하며 이 작품을 지었다. 계절이 변화해도 변함없이 임을 그리워하는 여성 화자의 목소리를 통해 작가 자신의 임금에 대한 변함없는 충정을 드러내고 있다는 것이 이 작품의 특징이다. 〈사미인곡〉은 작가 정철이 이 작품의 후편으로 지은 〈속미인곡〉과 더불어 뛰어난 가사 문학 작품으로 평가받고 있다.

주제 | 연군의 정

시대 | 조선 전기

갈래 | 서정 가사, 양반 가사, 연군 가사, 유배 가사

성격 | 송축적, 연정적

표현 | ① 다양한 기법, 절묘한 언어로 문학성이 높음.
② 비유와 상징이 많음.
③ 점층적인 표현 기법으로 연정을 심화
④ 여성 화자의 목소리로, 자연의 변화에 맞추어 정서의 흐름을 표현

어조 | 여성적, 애절한 어조

운율 | 3·4(4·4)조, 4음보의 연속체

특징 | ① 연군지정을 연모하는 여인의 입장에 비겨서 표현
② 계절의 변화에 따른 전개
③ 소재의 상징성 : 광한전, 하계, 매화, 옷, 달, 별, 청광, 양춘, 범나비 등
④ 우리말의 유려한 표현
⑤ 문학적 전통의 맥락 : 이별의 정한, 여성의 목소리

의의 | 가사 문학의 절정, 고려 속요(정과정)의 맥을 이음.

작가 | 정철(鄭澈, 1536~1593)은 조선 선조 때의 문신이다. 호는 송강(松江)이며 서인의 영수로서 당쟁에 깊이 관여하였다. 고산 윤선도와 더불어 고전 시가 문학의 쌍벽을 이루고 있다. 작품에는 〈성산별곡〉, 〈관동별곡〉, 〈사미인곡〉, 〈속미인곡〉 등의 가사와 사설시조인 〈장진주사(將進酒辭)〉, 〈훈민가(訓民歌)〉를 비롯한 시조 79수가 있다. 저서에는 《송강가사》와 문집인 《송강집》이 있다.

사상적 배경 |
① 유교 : 추구하는 이념은 '忠'(연군의 정)
② 불교 : 윤회 사상을 바탕으로 함('忠'의 실현 방법).
③ 도교 : 표현 수법(천상 백옥경에서 버림받아 하계로 내려온 여인)

출전 | 《송강가사(松江歌辭) 이선본(李選本)》

구성 |

서사	임과의 인연과 이별 후에 느끼는 그리움	
본사	- 춘사 : 임을 향한 변함없는 마음 - 하사 : 이별 후에 느끼는 외로움과 임을 향한 정 - 추사 : 임금의 선정을 기원하는 마음 - 동사 : 자신의 외로운 마음과 임에 대한 염려	
결사	죽어서라도 임을 따르고 싶은 충정	

가사 〈속미인곡(續美人曲)〉 정철

〈서사〉
뎨 가는 뎌 각시 본 듯도 ᄒᆞ뎌이고,

텬샹(天上) 빅옥경(白玉京)을 엇디ᄒᆞ야 니별(離別)ᄒᆞ고
해 다 뎌 져믄 날의 눌을 보라 가시는고.

어와 네여이고 내 ᄉᆞ셜 드러보오.
내 얼굴 이 거동이 임 괴얌즉 ᄒᆞ가마는
엇딘디 날 보시고 네로다 녀기실 시
나도 님을 미더 군 ᄠᅳ디 젼혀 업서
이리야 교ᄐᆡ야 어즈러이 구돗떤디
반기시는 ᄂᆞᆺ비치 녜와 엇디 다ᄅᆞ신고.
누어 ᄉᆡᆼ각ᄒᆞ고 니러 안자 혜여 ᄒᆞ니
내 몸의 지은 죄 뫼ᄀᆞ티 ᄡᅡ혀시니
하ᄂᆞᆯ히라 원망ᄒᆞ며 사ᄅᆞᆷ이라 허믈ᄒᆞ랴
셜워 플텨 혜니 조믈(造物)의 타시로다.

〈본사〉
글란 ᄉᆡᆼ각 마오.

ᄆᆡ친 일이 이셔이다.
님을 뫼셔 이셔 님의 일을 내 알거니
믈 ᄀᆞᆺ탄 얼굴이 편ᄒᆞ실 적 몃 날일고.
츈한고열(春寒苦熱)은 엇디ᄒᆞ야 디내시며
츄일동텬(秋日冬天)은 뉘라셔 뫼셧ᄂᆞᆫ고.
쥭조반(粥早飯) 조셕(朝夕) 뫼 녜와 ᄀᆞ티 셰시ᄂᆞᆫ가.
기나긴 밤의 ᄌᆞᆷ은 엇디 자시는고.

님다히 쇼식(消息)을 아므려나 아쟈 ᄒᆞ니
오늘도 거의로다 내일이다 사ᄅᆞᆷ 올가.
내 ᄆᆞ음 둘 ᄃᆡ 업다. 어드러로 가쟛 말고.
잡거니 밀거니 놉픈 뫼희 올라가니
구름은ᄏᆞ니와 안개는 므ᄉᆞ 일고.
산쳔(山川)이 어둡거니 일월(日月)을 엇디 보며
지쳑(咫尺)을 모ᄅᆞ거든 쳔리(千里)를 ᄇᆞ라보랴.
출하리 믈ᄀᆞ의 가 ᄇᆡᆺ 길히나 보쟈 ᄒᆞ니
ᄇᆞ람이야 믈결이야 어둥졍 된뎌이고.
샤공은 어ᄃᆡ 가고 븬 ᄇᆡ만 걸렷ᄂᆞ니.
강텬(江天)의 혼쟈 셔셔 디난 ᄒᆡ를 구버보니
님다히 쇼식(消息)이 더욱 아득ᄒᆞ뎌이고.

모쳠(茅簷) ᄎᆞᆫ 자리의 밤듕만 도라오니
반벽쳥등(半壁靑燈)은 눌 위ᄒᆞ야 볼갓는고.
오ᄅᆞ며 ᄂᆞ리며 헤ᄯᅳ며 바니니
져근덧 녁진(力盡)하야 풋ᄌᆞᆷ을 잠간 드니
졍셩(精誠)이 지극하야 ᄭᅮᆷ의 님을 보니
옥(玉) ᄀᆞ툰 얼굴이 반(半)이나마 늘거셰라.
ᄆᆞ음의 머근 말ᄉᆞᆷ 슬ᄏᆞ장 숣쟈 ᄒᆞ니
눈믈이 바라 나니 말인들 어이 하며
졍(情)을 못다ᄒᆞ야 목이 조차 몌여ᄒᆞ니
오뎐된 계셩(鷄聲)의 ᄌᆞᆷ은 엇디 ᄭᅢ돗던고.

〈결사〉
어와, 허ᄉᆞ(虛事)로다. 이 님이 어ᄃᆡ 간고.
결의 니러 안자 창(窓)을 열고 ᄇᆞ라보니
어엿븐 그림재 날 조출 ᄲᅮᆫ이로다.
찰하리 싀여디여 낙월(落月)이나 되야이셔
님 겨신 창(窓) 안히 번드시 비최리라.

각시님 ᄃᆞᆯ이야ᄏᆞ니와 구ᄌᆞᆫ 비나 되쇼셔.

✔ 체크 문제

1. 이 시의 표현상 특징으로 가장 적절한 것은?
① 대화를 통해 임에 대한 원망을 드러냈다.
② 여성 화자의 목소리로 애절한 마음을 강조하였다.
③ 특정 시어를 반복해 안빈낙도에 대한 소망을 드러냈다.
④ 자연과 속세의 대비를 통해 삶에 대한 만족감을 드러냈다.

2. 다음 중 이 시의 화자의 심리와 거리가 먼 것은?
① 천만 리(千萬里) 머나먼 길히 고은 님 여희옵고, / ᄂᆡ ᄆᆞ음 둘ᄃᆡ 업서 냇ᄀᆞ의 안자시니, / 져 믈도 ᄂᆡ 은 ᄀᆞᆺᄒᆞ여 우러 밤길 녜놋다.
— 왕방연
② 이화우(李花雨) 훗ᄲᅮ릴 제 울며 잡고 이별ᄒᆞᆫ 님, / 추풍낙엽에 저도 날 ᄉᆡᆼ각ᄒᆞᆫ가. / 천 리에 외로운 ᄭᅮᆷ만 오락가락 ᄒᆞ노매.
— 계랑
③ 산촌(山村)에 눈이 오니 돌길이 뭇쳐셰라. / 시비(柴扉)를 여지 마라 날 ᄎᆞᄌᆞ리 뉘 이시리. / 밤중만 일편명월(一片明月)이 긔 벗인가 ᄒᆞ노라.
— 신흠
④ 청산(靑山)은 내 ᄯᅳᆺ이오 녹수(綠水)는 님의 졍(情)이, / 녹수(綠水) 흘러간들 청산(靑山)이야 변(變)ᄒᆞᆯ손가. / 녹수(綠水)도 청산(靑山)을 못 니져 우러예어 가ᄂᆞᆫ고.
— 황진이
⑤ ᄇᆞᄅᆞᆷ도 쉬여 넘는 고기 구름이라도 쉬여 넘는 고기 / 산진이 수진이 행동쳥 보ᄅᆞ미라도 다 쉬여 넘는 고봉 장성령 고기 / 그 넘어 님이 왓다 ᄒᆞ면 나는 아니 ᄒᆞᆫ 번도 쉬여 넘으리라.
— 작자 미상

현대어 풀이 〈속미인곡(續美人曲)〉 정철

〈서사〉
저기 가는 저 부인, 본 듯도 하구나.
임금이 계시는 대궐을 어찌하여 이별하고
해가 저문 날에 누구를 만나러 가시는고?
▶ 갑녀가 을녀에게 백옥경을 떠난 이유를 물음

아, 너로구나. 내 사정 들어 보오.
내 얼굴과 이 나의 태도는 임께서 사랑함 직한가마는
어쩐지 나를 보시고 너로구나 하고 특별히 여기시기에
나도 임을 믿어 딴생각이 전혀 없어,
응석과 아양을 부리며 지나치게 굴었던지
반기는 낯빛이 옛날과 어찌 다르신고? 임금의 변심
누워 생각하고 일어나 앉아 헤아려 보니
내 몸 지은 죄가 산같이 쌓였으니
하늘을 원망하며 사람을 탓하랴. 자신의 잘못 인정
서러워 여러 가지 일을 풀어 내어 헤아려 보니, 조물주 탓이로다.
▶ 을녀의 자책과 체념   운명 탓으로 돌림

〈본사〉
그렇게는 생각 마오.
▶ 갑녀의 위로의 말

마음속에 맺힌 일이 있습니다.
예전에 임을 뫼셔 임의 일을 내가 알거니,
물같이 연약한 몸이 편하실 때가 몇 날일꼬?
이른 봄날 추위와 여름철 무더위는 어떻게 지내시며,
가을날 겨울날은 누가 모셨는고?
자릿조반(아침밥 전에 먹는 죽)과 아침 저녁 진지는
예전같이 잘 잡수시는가?
기나긴 밤 잠은 어떻게 주무시는가?
임 계신 곳의 소식을 어떻게 해서라도 알려고 하니,
오늘도 거의 저물었구나. 내일이나 임의 소식을 전해 줄 사람이 있을까?
내 마음 둘 곳이 없다. 어디로 가자는 말인고?
나무 바위 등을 잡기도 하고 밀기도 하면서 높은 산에 올라가니,
임의 소식을 듣기 위해 찾는 공간
구름은 물론이거니와 안개는 무슨 일로 저렇게 끼어 있는고?
산천이 어두운데 일월을 어떻게 바라보며,
임금
눈앞의 가까운 곳도 모르는데, 천 리나 되는 먼 곳을 바라볼 수 있으랴? 설의
임과의 심리적 거리
차라리 물가에 가서 뱃길이나 보려고 하니
임의 소식을 듣기 위해 찾는 공간

바람과 물결로 어수선하게 되었구나.
뱃사공은 어디 가고 빈 배만 걸렸는고? △ 임과 화자 사이를 막는 방해물
'임'과 떨어져 홀로 남겨져 있는 화자의 외로움을 강조하는 객관적 상관물
강가에 혼자 서서 저무는 해를 굽어보니
임 계신 곳의 소식이 더욱 아득하구나.
초가집 찬 잠자리에 한밤중에 돌아오니,
벽 가운데 걸려 있는 등불은 누구를 위하여 밝은고?
'임' 없이 독수공방하는 화자의 외로움을 불러일으키는 기능을 하는 객관적 상관물
산을 오르내리며 강가를 헤매며 시름없이 오락가락하니,
전전반측 = 전전불매
잠깐 사이에 힘이 다하여 풋잠을 잠간 드니,
정성이 지극하여 꿈에 임을 보니
임을 만날 수 있는 수단
옥과 같이 곱던 얼굴이 반 넘어 늙었구나.
젊은 시절의 임금
마음속에 품은 생각을 실컷 아뢰려고 하였더니
눈물이 쏟아지니 말인들 어찌하며, 정회도 다 못 이겨 목마저 메니,
방정맞은 닭 소리에 잠은 어찌 깨었던고?
임과 화자의 만남을 방해하는 장애물

〈결사〉
아 허황한 일이로다. 이 임이 어디 갔는고? 영탄적 어조
즉시 일어나 앉아 창문을 열고 밖을 바라보니
가엾은 그림자만이 나를 따를 뿐이로다.
차라리 사라져서 지는 달이나 되어서
화자의 분신으로, '임'의 방 밖에서 임을 비춤(임에 대한 소극적 사랑)
임이 계신 창문 앞에 환하게 비치리라.
▶ 을녀의 임에 대한 간절한 사모

각시님, 달은커녕 궂은비나 되십시오.
화자의 분신으로, '임'을 향해 떨어져 '임'의 옷깃을 적심(임에 대한 적극적 사랑)
▶ 갑녀의 위로의 말

해제 | 이 작품은 〈사미인곡(思美人曲)〉의 속편에 해당하는 것으로서 연군(戀君)의 뜻을, 임과 이별한 한 여인의 애달픈 목소리로 노래하여 가사 문학의 백미로 평가되고 있다. 화자의 독백인 〈사미인곡〉과는 달리, 보조적 인물을 설정하여 대화체로 진행된다는 점, 한자 숙어와 전고(典故)를 배제하고 우리 고유어의 아름다움을 잘 살려 낸 점, 과장된 정서 표현에서 벗어나 소박하고 진실하게 정서를 절절하게 표현한 점에서 참신성을 엿볼 수 있다. 김만중도 그의 저서 《서포만필》에서 전후(前後)미인곡 중 우리말 구사의 뛰어남과 내용의 간절함을 들어 〈속미인곡〉을 더 높이 평가하였다.

주제 | 연군지정(戀君之情)
시대 | 조선 전기(선조 때)
갈래 | 서정 가사
성격 | 연군지사(戀君之詞)
운율 | 3·4조, 4음보
특징 | ① 〈사미인곡〉과 더불어 가사 문학의 극치를 이룸.
② 우리말의 구사가 절묘하여 문학성이 높음.
③ 대화 형식으로 된 작품임.
작가 | 정철(1536~1593)은 조선 선조 때의 문신으로 호는 송강(松江)이다. 고산 윤선도와 더불어 고전 시가의 쌍벽으로 일컬어진다.

가사 〈규원가(閨怨歌)〉 허난설헌

기 엇그제 저멋더니 ᄒ마 어이 다 늘거니. / 소년행락(少年行樂) 생각ᄒ니 일러도 속절업다. / 늘거야 서른 말ᄉᆞᆷ ᄒᆞ자니 목이 멘다. / 부생모육(父生母育) 신고(辛苦)ᄒ야 이 내 몸 길러 낼 제 / 공후배필(公候配匹)은 못 바라도 군자호구(君子好逑) 원(願)ᄒ더니 / 삼생(三生)의 원업(怨業)이오 월하(月下)의 연분(緣分)으로 / 장안유협(長安遊俠) 경박자(輕薄子)를 ᄭᅮᆷᄀᆞ치 만나 잇서 / 당시(當時)의 용심(用心)ᄒ기 살어름 디듸는 듯 / 삼오(三五) 이팔(二八) 겨오 지나 천연여질(天然麗質) 절로 이니 / 이 얼골 이 태도(態度)로 백년기약(百年期約) ᄒᆞ얏더니 / 연광(年光)이 훌훌ᄒ고 조물(造物)이 다시(多猜)ᄒ야 / 봄바람 가을 믈이 뵈오리 북 지나듯. / 설빈화안(雪鬢花顔) 어ᄃᆡ 두고 면목가증(面目可憎) 되거고나. / 내 얼골 내 보거니 어느 임이 날 괼소냐. / 스스로 참괴(慚愧)ᄒ니 누구를 원망(怨望)ᄒ리.

승 삼삼오오(三三五五) 야유원(冶遊園)의 새 사람이 나단 말가. / 곳 피고 날 저물 제 정처(定處) 업시 나가 잇어 / 백마(白馬) 금편(金鞭)으로 어ᄃᆡ어ᄃᆡ 머무는고. / 원근(遠近)을 모르거니 소식(消息)이야 더욱 알랴. / 인연(因緣)을 긋쳐신들 ᄉᆞᆼ각이야 업슬소냐. / 얼골을 못 보거든 그립기나 마르려믄. / 열 두 ᄯᅢ 김도 길샤 설흔 날 지리(支離)ᄒ다. / 옥창(玉窓)에 심근 매화(梅花) 몃 번이나 픠여 진고. / 겨울 밤 차고 찬 제 자최눈 섯거 치고 / 여름날 길고 길 제 구즌 비는 무스 일고. / 삼춘화류(三春花柳) 호시절(好時節)에 경물(景物)이 시름업다. / 가을 ᄃᆞᆯ 방에 들고 실솔(蟋蟀)이 상(床)에 울 제 / 긴 한숨 디ᄂᆞ 눈물 속절업시 혬만 만타. / 아마도 모진 목숨 죽기도 어려울사.

전 도로혀 풀쳐 혜니 이리 ᄒᆞ여 어이 ᄒᆞ리. / 청등(靑燈)을 돌라 노코 녹기금(綠綺琴) 빗기 안아 / 벽련화(碧蓮花) 한 곡조를 시름 조ᄎᆞ 섯거 타니 / 소상야우(瀟湘夜雨)의 댓소리 섯도는 ᄃᆞᆺ / 화표(華表) 천년(千年)의 별학(別鶴)이 우니는 ᄃᆞᆺ / 옥수(玉手)의 타는 수단(手段) 녯 소래 잇다마는 / 부용장(芙蓉帳) 적막(寂寞)ᄒ니 뉘 귀에 들리소니. / 간장(肝腸)이 九曲(구곡) 되야 구븨구븨 ᄭᅳᆫ쳐서라.

결 출하리 잠을 드러 ᄭᅮᆷ의나 보려 ᄒᆞ니 / 바람의 디ᄂᆞ 닢과 풀 속에 우는 즘생 / 무스 일 원수로서 잠조차 ᄭᅢ오는다. / 천상(天上)의 견우직녀(牽牛織女) ㉠은하수(銀河水) 막혀서도 / 칠월 칠석(七月 七夕) 일년일도(一年一度) 실기(失期)치 아니거든 / 우리 님 가신 후는 무슨 약수(弱水) 가렷관듸 / 오거나 가거나 소식(消息)조차 ᄭᅳᆫ쳣는고. / 난간(欄干)의 비겨 셔서 님 가신 듸 바라보니 / 초로(草露)는 맷쳐 잇고 모운(暮雲)이 디나갈 제 / 죽림(竹林) 푸른 고ᄃᆡ 새 소리 더욱 설다. / 세상의 서룬 사람 수업다 ᄒᆞ려니와 / 박명(薄命)ᄒᆞᆫ 홍안(紅顔)이야 날 가ᄐᆞ니 ᄯᅩ 이실가. / 아마도 이 님의 지위로 살동 말동 ᄒᆞ여라.

✓ 체크 문제

다음 글의 화자에 대한 설명으로 가장 적절한 것은?

2020. 지방직 7급

> 열두 ᄯᅢ 김도 길샤 설흔 날 지리(支離)ᄒ다. 옥창(玉窓)에 심근 매화(梅花) 몃 번이나 피여진고. 겨울 밤 차고 찬 제 자최눈 섯거 치고, 여름날 길고 길 제 구즌 비는 므스 일고. 삼춘 화류(三春花柳) 호시절(好時節)의 경물(景物)이 시름업다. 가을 ᄃᆞᆯ 방에 들고 실솔(蟋蟀)이 상(床)에 울 제, 긴 한숨 디ᄂᆞ 눈물 속졀 업시 헴만 만타. 아마도 모진 목숨 죽기도 어려울사. 도로혀 풀쳐 혜니 이리 ᄒᆞ여 어이 ᄒᆞ리. 청등(靑燈)을 돌라 노코 녹기금(綠綺琴) 빗기 안아, 벽련화(碧蓮花) 한 곡조를 시름 조ᄎᆞ 섯거 타니, 소상(瀟湘) 야우(夜雨)의 댓소리 섯도는 ᄃᆞᆺ, 화표(華表) 천년(千年)의 별학(別鶴)이 우니는 ᄃᆞᆺ, 옥수(玉手)의 타는 수단(手段) 녯 소래 잇다마는, 부용장(芙蓉帳) 적막(寂寞)ᄒ니 뉘 귀에 들리소니. 간장(肝腸)이 구곡(九曲)되야 구븨구븨 ᄭᅳᆫ쳐서라. 출하리 잠을 드러 ᄭᅮᆷ의나 보려 ᄒᆞ니, 바람의 디ᄂᆞ 닢과 풀 속에 우는 즘생, 므스 일 원수로서 잠조차 ᄭᅢ오는다. 천상(天上)의 견우직녀(牽牛織女) 은하수(銀河水) 막혀셔도, 칠월 칠석(七月七夕) 일년 일도(一年一度) 실기(失期)치 아니거든, 우리 님 가신 후는 무슨 약수(弱水) 가렷관듸, 오거나 가거나 소식(消息)조차 ᄭᅳ쳣는고. 난간(欄干)의 비겨 셔서 님 가신 듸 바라보니, 초로(草露)는 맷쳐 잇고 모운(暮雲)이 디나갈 제, 죽림(竹林) 푸른 고ᄃᆡ 새 소리 더욱 설다. 세상의 서룬 사람 수업다 ᄒᆞ려니와, 박명(薄命)ᄒᆞᆫ 홍안(紅顔)이야 날 가ᄐᆞ니 ᄯᅩ 이실가. 아마도 이 님의 지위로 살동말동 ᄒᆞ여라.
>
> – 〈규원가(閨怨歌)〉 중에서

① 시간 변화를 통해 슬픔과 기쁨의 감정 변화를 나타내고 있다.
② 자신이 처한 상황과 그 심정을 자연물에 의탁해서 드러내고 있다.
③ 자신에게 가해지는 차별과 억압의 원인을 연인과의 이별에서 찾고 있다.
④ 운명에 순응하여 힘든 결혼 생활을 견뎌 온 것에 대해 자부심을 가지고 있다.

---

1. ㉠의 함축적 의미와 유사한 시어를 다음 작품에서 찾으면?

〈 보기 〉

바람도 쉬여 넘는 고개, 구름이라도 쉬여 넘는 고개
山(산)진이 水(수)진이 海東靑(해동청) 보라매도 다 쉬여 넘는 高峯(고봉) 長城嶺(장성령) 고개
그 너머 님이 왓다 ᄒᆞ면 나는 아니 ᄒᆞᆫ 번도 쉬여 넘어가리라.

– 작자 미상

① 바람 ② 고개
③ 구름 ④ 山(산)진
⑤ 보라매

현대어 풀이 〈규원가(閨怨歌)〉 허난설헌

기
엊그제 젊었더니 어찌 벌써 이렇게 다 늙어 버렸는가?
어릴 적 즐겁게 지내던 일을 생각하니 말해야 헛되구나.
이렇게 늙은 뒤에 서러운 사연 말하자니 목이 맨다.
부모님 낳아 기르며 몹시 고생하여 이 내 몸 길러 낼 때,
높은 벼슬아치의 배필을 바라지 못할지라도 군자의 좋은 짝이 되기를 바랐더니, (부모와 화자의 바람)
전생에 지은 원망스러운 업보요, 부부의 인연으로
장안의 호탕하면서도 경박한 사람을 꿈같이 만나, (현실)
시집간 뒤에 남편 시중하면서 조심하기를 마치 살얼음 디디는 듯하였다. (직유 - 남편 시중이 조심스럽고 불안함)
열다섯 열여섯 살을 겨우 지나 타고난 아름다운 모습 저절로 나타나니,
이 얼굴 이 태도로 평생을 약속하였더니, (온몸)
세월이 빨리 지나고 조물주마저 다 시기하여
봄바람 가을 물, 곧 세월이 베틀의 베올 사이에 북이 지나가듯 (직유 - 매우 빠르게)
빨리 지나가 꽃같이 아름다운 얼굴 (과거) 어디 두고 모습이 밉게도 되었구나. (현재)
내 얼굴을 내가 보고 알거니와 어느 임이 나를 사랑할 것인가? (설의)
스스로 부끄러워하니 누구를 원망할 것인가? (설의 - 자조적, 체념적 정서)
▶ 과거 회상과 늙음 한탄

승
여러 사람이 떼를 지어 다니는 술집에 새 기생이 나타났다는 말인가?
꽃 피고 날 저물 때 정처 없이 나가서
호사로운 행장을 하고 어디 어디 머물러 노는고?
집안에만 있어서 원근 지리를 모르는데 임의 소식이야 더욱 알 수 있으랴. (설의)
겉으로는 인연을 끊었지만 임에 대한 생각이야 없을 것인가? (설의)
임의 얼굴을 못 본다면 그립기나 말았으면 좋으련만,
하루가 길기도 길구나. 한 달 곧 서른 날이 지루하다.
규방 앞에 심은 매화 몇 번이나 피었다 지었는고?
겨울밤 차고 찬 때 자국눈 섞어 내리고,
여름날 길고 긴 때 궂은비는 무슨 일인고?
봄날 온갖 꽃 피고 버들잎이 돋아나는 좋은 시절에
아름다운 경치를 보아도 아무 생각이 없다.
가을 달 방에 들이비추고 귀뚜라미 침상에서 울 때 (화자)
긴 한숨 흘리는 눈물 헛되이 생각만 많다.
아마도 모진 목숨 죽기도 어렵구나.
▶ 임에 대한 원망과 자신의 고달픈 심정

전
돌이켜 여러 가지 일을 하나하나 생각하니
이렇게 살아서 어찌할 것인가?
등불을 돌려 놓고 푸른 거문고를 비스듬히 안아
벽련화곡을 시름에 싸여 타니,
소상강 밤비에 댓잎 소리가 섞여 들리는 듯, (대구, 직유)
망주석에 천 년만에 찾아온 특별한 학이 울고 있는 듯, (풍유)
아름다운 손으로 타는 솜씨는 옛 가락이 아직 남아 있지마는
연꽃 무늬가 있는 휘장을 친 방 안이 텅 비었으니 누구의 귀에 들릴 것인가? (설의)
마음속이 굽이굽이 끊어졌도다. (과장 - 화자의 시름과 한이 매우 큼)
▶ 거문고로 외로움과 한을 달래 보려 함

결
차라리 잠이 들어 꿈에서나 임을 보려 하니 (화자가 '임'과 재회하려는 매개체)
바람에 지는 잎과 풀 속에서 우는 벌레 (화자가 잠을 자지 못하게 하는 방해물)
무슨 일이 원수가 되어 잠마저 깨우는고? ('이별'의 관습적 상징)
하늘의 견우성과 직녀성은 ⊙은하수가 막혔어도
일 년에 한 번은 만날 수 있음 - 화자의 처지와 대비됨
칠월 칠석날 일 년에 한 번씩 때를 어기지 않고 만나는데,
우리 임 가신 후는 무슨 장애물이 가리었기에 오고 가는 소식마저 그쳤는고? (화자와 임 사이의 소식마저 끊기게 만들어 / 화자와 '임'과의 재회를 막는 장애물)
난간에 기대어 서서 임 가신 데를 바라보니,
풀 이슬은 맺혀 있고 저녁 구름이 지나갈 때
대수풀 우거진 곳에 새소리가 더욱 서럽다. (감정 이입)
세상에 서러운 사람 많다고 하지만
운명이 기박한 여자야 나 같은 이가 또 있을까? (설의)
아마도 이 임의 탓으로 살 듯 말 듯하여라.
▶ 임을 기다리는 기구한 운명

시대 | 조선 전기(선조 때)

갈래 | 규방 가사, 내방 가사

성격 | 원망적, 한탄적[怨婦詞]

표현 | 대구, 비유 등 여러 표현 기교와 고사를 많이 구사하면서 작품 전체를 유려하고 우아하게 이끌고 있음.

운율 | 4음보

특징 | ① 여성의 한스러운 생활과 괴로움을 노래함.
② 온화하고 품격 높은 시풍

주제 | 봉건 제도하에서의 부녀자의 한(규방 부인의 怨情)

작가 | 허난설헌(1563~1589)은 명종~선조 때 여류 시인이며 허균의 누이이다. 섬세한 감각의 애정시를 많이 지었다. 허난설헌은 황진이와 대조되는 시인이며 시집으로 《난설헌집》이 전하며, 〈규원가〉 외에 〈봉선화가〉도 그녀의 작품이라는 설이 있다.

가사 〈누항사(陋巷詞)〉 박인로

공ㅎ니나 갑시나 주엄 즉도 ㅎ다마는
다만 어제 밤의 거넨 집 져 사름이
목 불근 수기치(雉)를 옥지읍(玉脂泣)게 꾸어 니고
간 이근 삼해주(三亥酒)를 취(醉)토록 권(勸)ㅎ거든
이러한 은혜(恩惠)를 어이 아니 갑흘넌고.
내일(來日)로 주마 ㅎ고 큰 언약(言約) ㅎ야거든
실약(失約)이 미편(未便)ㅎ니 사셜이 어려왜라.
실위(實爲) 그러ㅎ면 혈마 어이 ㅎ고.
헌 먼덕 수기 스고 측 업슨 집신에 설피설피 물너 오니
풍채(風採) 저근 형용(形容)애 기 즈칠 뿐이로다.

와실(蝸室)에 드러간들 잠이 와사 누어시랴.
북창(北牕)을 비겨 안자 식배룰 기다리니
무정(無情)한 대승(戴勝)은 이닉 한(恨)을 도우ᄂ다.
종조 추창(終朝惆悵)ㅎ야 먼 들흘 바라보니
즐기는 농가(農歌)도 흥(興) 업서 들리ᄂ다.
세정(世情) 모른 한숨은 그칠 줄을 모르ᄂ다.
아까온 져 소뷔는 벗보님도 됴홀세고.
가시 엉권 묵은 밧도 용이(容易)케 갈련마는
허당반벽(虛堂半壁)에 슬듸업시 걸려고야.
춘경(春耕)도 거의거다 후리쳐 더뎌 두쟈.

강호(江湖) 흔 쑴을 쑤언지도 오릭러니
구복(口腹)이 위루(爲累)ㅎ야 어지버 이져써다.
첨피기욱(瞻彼淇澳)혼딕 녹죽(綠竹)도 하도 할샤.
유비군자(有斐君子)들아 낙딕 ᄒᆞ나 빌려ᄉ라.
노화(蘆花) 깁픈 곳애 명월청풍(明月淸風) 벗이 되야
님직 업산 풍월강산(風月江山)애 절로절로 늘그리라.
무심(無心)한 백구(白鷗)야 오라 ㅎ며 말라 ㅎ랴.
다토리 업슬순 다문 인가 너기로라.

무상(無狀)한 이 몸애 무슨 지취(志趣) 이스리마는
두세 이렁 밧논를 다 무겨 더뎌 두고
이시면 죽(粥)이오 업시면 굴물망졍
남의 집 남의 거슨 전혀 부러 말렷스라.
닉 빈천(貧賤) 슬히 너겨 손을 헤다 물너가며
남의 부귀(富貴) 불리 너겨 손을 치다 나아 오랴.
인간(人間) 어닉 일이 명(命) 밧긔 삼겨시리.

빈이무원(貧而無怨)을 어렵다 ㅎ건마는
닉 생애(生涯) 이러호딕 설온 뜻은 업노왜라.
단사표음(簞食瓢飮)을 이도 족(足)히 너기로라.
평생(平生) 흔 뜻이 온포(溫飽)애는 업노왜라.
태평천하(太平天下)애 충효(忠孝)를 일을 삼아
화형제(和兄弟) 신붕우(信朋友) 외다 ㅎ리 뉘 이시리.
그 밧긔 남은 일이야 삼긴 딕로 살렷노라.

✔ 체크 문제

☑ ㉠과 ㉡에 대한 설명으로 적절한 것은?   2019. 국가직 9급

> 헌 먼덕(짚으로 만든 모자) 숙여 쓰고 축 없는 짚신에 설피설피 물러 오니
> 풍채 적은 형용에 ㉠ 개 짖을 뿐이로다
> 와실(蝸室)에 들어간들 잠이 와서 누었으랴
> 북창(北窓)을 비껴 앉아 새벽을 기다리니
> 무정한 ㉡ 대승(오디새)은 이내 한을 돋우도다
> 종조(終朝) 추창(슬퍼하는 모습)하며 먼 들을 바라보니
> 즐기는 농가(農歌)도 흥 없이 들리나다
> 세정(世情) 모르는 한숨은 그칠 줄을 모르도다

① ㉠은 화자의 초라함을 부각시키고, ㉡은 화자의 수심을 깊게 한다.
② ㉠은 화자의 내면을 상징하고, ㉡은 화자의 외양을 상징한다.
③ ㉠은 화자의 절망을 나타내고, ㉡은 화자의 희망을 나타낸다.
④ ㉠은 실재하는 존재물이고, ㉡은 상상적 허구물이다.

1. 이 작품에서 두드러지는 것은?
   ① 일상생활의 언어를 구사하여 생동감과 현실감을 획득하고 있다.
   ② 안빈낙도하는 이상적인 삶과 궁핍한 현실적 갈등을 잘 나타내고 있다.
   ③ 음풍농월하는 양반의 생활상을 한문 투의 문장으로 나타내고 있다.
   ④ 정교한 시어 구사가 돋보인다.
   ⑤ 평민 의식이 반영되어 현실 비판적 요소가 강하게 나타나 있다.

2. 이 글의 내용과 유사한 의도를 드러내고 있는 것은?
   ① 桃花(도화) 뜬 묽은 물에 山影(산영)조초 잠겨셰라. / 아희야 武陵(무릉)이 어디미오 나는 옌가 ㅎ노라.   - 조식의 시조
   ② 산은 넷 산이로딕 물은 녯 물 아니로다. / 晝夜(주야)에 흘은이 녯 물이 이실쏜야.   - 황진이의 시조
   ③ 곳 지고 속닙 ᄂᆞ니 時節(시절)도 變(변)ㅎ거다. / 물속에 푸른 버레 나븨 ᄂᆞ듯ᄂᆞᆫ다.   - 신흠의 시조
   ④ 어화 아히돌아 후리치고 가쟈스라. / 田園(전원)이 뷔엿거니 엇지 아니 가로소냐.   - 박인로의 시조
   ⑤ 江湖(강호)에 겨울이 드니 눈 기픠 조히 남다 / 삿갓 빗기 쓰고 누역으로 옷을 삼아   - 맹사성의 시조

현대어 풀이 〈누항사(陋巷詞)〉 박인로

'공것이거나 값을 치거나 간에 주었으면 좋겠지만
　공짜
다만 어젯밤에 건넛집 사는 사람이
　　　　　　　　화자가 아닌 다른 사람
목이 붉은 수꿩을 구슬 같은 기름에 구워 내고
갓 익은 좋은 술을 취하도록 권하였는데
이러한 은혜를 어떻게 갚지 않겠는가?
내일 소를 빌려주마 하고 굳게 약속을 하였기에
약속을 어기기가 편하지 못하니 말씀하기가 어렵구료.'

정말로 그렇다면 설마 어찌하겠는가. → 화자의 대답
헌 모자를 숙여 쓰고 축 없는 짚신을 신고
맥없이 물러 나오니
풍채 못난 내 모습에 개가 짖을 뿐이로구나.
　　　　　　화자
▶ 농우를 빌리러 갔다가 수모만 당함

작고 누추한 집에 들어간들 잠이 와서 누워 있겠는가.
　　달팽이집, 과장
북쪽 창문에 기대 앉아 새벽을 기다리니
무정한 오디새는 나의 한을 돋우는구나.
아침이 끝날 때까지 슬퍼하며 먼 들을 바라보니
즐기는 농부들의 노래도 흥 없이 들리는구나.
세상 물정을 모르는 한숨은 그칠 줄 모른다.
아까운 저 쟁기는 볏보임도 좋구나.
가시가 엉킨 묵은 밭도 쉽게 갈 수 있으련만
빈집 벽 한가운데 쓸데없이 걸려 있구나. 화자의 신세와 동일시
봄갈이도 거의 다 지났다. 팽개쳐 던져 버리자.
▶ 돌아와 한탄하며 봄갈이 농사를 포기함

자연을 벗삼아 살겠다는 꿈을 꾼 지도 오래더니
　강호한정
먹고사는 것이 누가 되어 아, 슬프게도 다 잊었도다. 현실적 고통
저 냇가를 바라보니 푸른 대나무가 많기도 하구나.
〈교양 있는 선비들아〉, 낚싯대 하나 빌리려무나.
갈대꽃 깊은 곳에서 밝은 달과 맑은 바람의 벗이 되어
임자 없는 자연 속에서 절로절로(근심 없이) 늙으리라. 자연 친화
〈무심한 갈매기야〉, 나더러 오라고 하며 가라고 하랴? 물아일체
다툴 이가 없는 것은 다만 이것뿐인가 생각하노라.
　　　　　　　　　　　　　자연
▶ 강호에의 꿈을 되새김

보잘것없는 이 몸이 무슨 소원이 있으리오마는
두세 이랑 되는 밭과 논을 다 묵혀 던져 두고
있으면 죽이요 없으면 굶을망정
남의 집 남의 것은 전혀 부러워하지 않으려고 하노라.
　　　　　　　안빈낙도의 의지
나의 빈천을 싫게 여겨 손을 헤친다고 물러가며 ┐대구
남의 부귀를 부럽게 여겨 손을 친다고 나아오랴? ┘설의
인간 세상의 어느 일이 운명 밖에 생겼겠느냐?
　　　　　　　　　　　운명론

가난하면서도 원망하지 않음이 어렵다고 하건마는
내 생활이 이러하되 서러운 뜻은 없노라.
한 사발의 밥과 한 표주박의 물의 어려운 생활을 이것도 만족
하게 여기노라. 안분지족
평생의 한 뜻이 따뜻이 입고 배불리 먹는 데는 없노라.
태평스러운 세상에 충성과 효도를 일을 삼아 ┐
형제간에 화목하고 벗끼리 신의 있게 사귀는 일을 그르다 할 │ 유교적
이가 누가 있겠는가? │ 가치 열거
그 밖의 일이야 태어난 대로 살아가려 하노라. ┘
▶ 빈한한 처지이지만 안빈낙도하고자 함

해제 | 이 작품은 작자가 광해군 3년(1611)에 이덕형이 찾아와 누항 생활의 어려움을 묻자, 이에 대한 답으로 지은 가사이다. 임진왜란을 겪고 난 뒤 곤궁한 생활을 하고 있지만, 가난을 원망하지 않고 도를 즐기는 장부의 뜻은 변함이 없음을 이야기하고 있다. 이러한 작품의 내용은 사대부의 소외되고 어려운 처지를 직시하고 현실 생활의 빈궁함을 생생하게 묘사하고 있어 조선 전기의 가사가 보여 주었던 완상의 세계와 달리, 생생한 현실 인식을 보여 주고 있다.

주제 | 누항(陋巷)에 묻혀 빈이무원(貧而無怨)을 추구, 산림에 묻혀 사는 선비들의 고절한 삶과 현실의 부조화

시대 | 광해군 3년(1611)

갈래 | 가사, 은일(隱逸) 가사

문체 | 가사체, 운문체

성격 | 한정가(閑情歌)

표현 | 대구법, 설의법, 과장법, 열거법

운율 | 3·4(4·4)조, 4음보 연속체

구성 | 서사, 본사, 결사의 3단

제재 | 빈이무원(貧而無怨)의 삶

출전 | 《노계집(蘆溪集)》

가사 〈농가월령가(農家月令歌)〉 정학유

어와 우리 성상(聖上) 애민중농(愛民重農) ᄒᆞ오시니
간측(懇測)ᄒᆞ신 권농 윤음(勸農綸音) 방곡(坊曲)의 반포(頒布)ᄒᆞ니
슬푸다 농부(農夫)들아 아모리 무지(無知)ᄒᆞᆫ들
[A] 네 몸 이해(利害) 고사(姑舍)ᄒᆞ고 성의(聖意)를 어길소냐?
산전수답(山田水畓) 상반(相半)ᄒᆞ게 힘디로 ᄒᆞ오리라.
일년 풍흉(一年豊凶)은 측량(測量)치 못ᄒᆞ야도
인력(人力)이 극진(極盡)ᄒᆞ면 천재(天災)를 면(免)ᄒᆞᄂᆞ니
져 각각(各各) 권면(勸勉)ᄒᆞ야 게얼니 구지 마라.

[중략]

팔월이라 중츄(中秋)되니 빅로(白露) 츄분 졀긔로다.
북두셩(北斗星) 자로 도라 셔편(西便)을 가ᄅᆞ치니.
션션ᄒᆞᆫ 죠셕 긔운 츄의(秋意)가 완연ᄒᆞ다.
귓또람이 막는 쇼릭 벽간(壁間)에 들거고나.
아참에 안기 씨고 밤이면 이슬 ᄂᆞ려
빅곡(百穀)을 셩실(成實)ᄒᆞ고 만물을 지촉ᄒᆞ니
들 구경 돌나보니 힘드린 닐 공생(功生)ᄒᆞ다.
백곡(百穀)의 이삭 픠고 여믈 드러 고기 숙어
셔풍(西風)에 익ᄂᆞᆫ 빗츤 황운(黃雲)이 이러느다.

빅셜 갓튼 면화송이 산호 갓튼 고초다리
쳠아에 너러시니 가을볏 명낭ᄒᆞ다.
안팟 마당 닷가 노코 발치 망구 작만ᄒᆞ쇼.
면화 ᄯᆞᄂᆞᆫ 다락키에 수수 이삭, 콩가지오.
나무꾼 도라올 계 머루 다릭 산과(山果)로다.
뒤동산 밤 대츄ᄂᆞᆫ 아이들 셰상이라.
알암 모화 말이어라. 쳘 디여 쓰게 ᄒᆞ쇼.

명지를 ᄯᆞ허 내여 츄양(秋陽)에 마젼ᄒᆞ고
쏙 디리고 잇 디리니 청홍(靑紅)이 식식이라.
부모님 연만(年晚)ᄒᆞ니 슈의(襚衣)를 유의ᄒᆞ고
그 남아 마루지아 ᄌᆞ녀의 혼수(婚需)ᄒᆞ셰.

집 우희 굿은 박은 요긴ᄒᆞᆫ 기명(器皿)이라.
딥 서리 뷔룰 민아 마당질의 쓰오리라.
참씨 들씨 거둔 후의 즁(中)오려 타작ᄒᆞ고
담빈 줄 녹두 말을 아쇠야 작젼(作錢)ᄒᆞ랴.

쟝 구경도 ᄒᆞ려니와 흥졍ᄒᆞᆯ 것 잇지 마쇼.
북어쾌 졋죠긔롤 츄셕 명일 쇠아 보셰.
신도쥬(新稻酒) 오려송편 박나믈 토란국을
션산(先山)의 졔물ᄒᆞ고 이웃집 ᄂᆞᆫ화 먹식.

며느리 말믜 바다 본집에 근친(覲親) 갈 졔
기 잡아 살마 건져 쩍고리와 슐병이라.
쵸록 쟝옷 반물 치마 쟝속ᄒᆞ고 다시 보니
여름지에 지친 얼골 쇼복(蘇復)이 되얏ᄂᆞ냐.
즁츄야(仲秋夜) 붉은 달에 지긔(志氣) 펴고 놀고 오쇼.

금년 ᄒᆞᆯ 일 못 다ᄒᆞ나 명년(明年) 계교(計較) ᄒᆞ오리라.
밀직 뷔여 더운가리 모믹(牟麥)을 츄경(秋耕)ᄒᆞ시.
뭇뭇치 못 닉어도 급ᄒᆞᆫ 대로 것고 갈쇼.
인공(人功)만 그러ᄒᆞᆯ가 뎐시(天時)도 이러ᄒᆞ니,
반각(半刻)도 쉴 ᄶᅵ 업시 맛츠며 시작ᄂᆞ니.

✓ 체크 문제

1. 이 시에 대한 설명으로 바르지 않은 것은?
① 실제 농사짓는 사람이 자신의 경험을 이야기하고 있다.
② 4음보의 음수율로 안정적인 율격 구조를 형성하고 있다.
③ 자연은 즐김의 대상이 아니라 삶의 터전으로 이해되고 있다.
④ 농촌 생활의 일과 풍속을 중심으로 내용이 전개되고 있다.
⑤ 시적 화자가 독자에게 구체적인 교훈을 전달하고자 쓴 글이다.

2. 다음은 정철의 〈훈민가〉의 일부분이다. [A]의 내용과 가장 밀접한 관련이 있는 연은?
① 간나히 가는 길을 사나히 에도ᄃᆞ시 / 스나히 녜는 길흘 계집이 최도ᄃᆞ시 / 제 남진 제 계집 아니어든 일흠 뭇디 마오려.
② 모울 사룸들아 올훈 일 ᄒᆞ쟈스라. / 사룸이 되여나셔 올치옷 못ᄒᆞ면 / 마쇼롤 갓 곳갈 씌워 밥머기나 다르랴.
③ 어와 뎌 족해야 밥 업시 엇디ᄒᆞ고. / 아와 뎌 아쟈바 옷 업시 얻디효고 / 머흔 일 다 닐러스라 돌보고죠 ᄒᆞ노라.
④ 오늘도 다 새거다 호미 메고 가쟈스라. / 내 논 다 믹여든 네 논 졈 믹여 주마. / 올 길헤 뽕 따다가 누에 머겨 보자스라.
⑤ 이고 진 뎌 늘그니 짐 프러 나를 주오. / 나는 졈엇꺼니 돌히라 므거울가. / 늘거도 셜웨라커든 지믈 조차 지실가.

현대어 풀이 〈농가월령가(農家月令歌)〉 정학유

어와, 우리 임금님께서 백성을 사랑하고 농사를 중히 여기시어,
농사를 권장하시는 말씀을 방방곡곡에 알리시니,
〈슬프다 농부들이여〉, 아무리 무지하다고 한들
[A] 네 자신의 이해관계를 제쳐 놓고라도 임금님의 뜻을 어기겠느냐?
밭과 논을 반반씩 균형 있게 힘대로 하오리다.
일 년의 풍년과 흉년을 예측하지는 못한다 해도,
사람의 힘을 다 쏟으면 자연의 재앙을 면하나니,
제각각 서로 권면하여 게을리 굴지 마라.
▶ 명령형 어미를 사용하여 농사에 힘쓰도록 권면함

[중략]

팔월이라 중추가 되니 백로 추분이 있는 절기로다.
북두칠성의 국자 모양의 자루가 돌아 서쪽을 가리키니,
서늘한 아침 저녁 기운은 가을의 기분이 완연하다. ─ 촉각
귀뚜라미 맑은 소리가 벽 사이에서 들리는구나. ─ 청각
아침에 안개가 끼고 밤이면 이슬이 내려,
온갖 곡식을 여물게 하고, 만물의 결실을 재촉하니,
들 구경을 돌아보니 힘들여 일한 공이 나타나는구나.
온갖 곡식의 이삭이 나오고 곡식의 알이 들어 고개를 숙여, ─ 의인
서풍에 익는 빛은 누런 구름이 이는 듯하다.
▶ 8월에 대한 절기 소개 및 감상   └ 누렇게 익은 곡식(은유)

눈같이 흰 목화송이, 산호같이 아름다운 고추 열매,
지붕에 널었으니 가을 볕이 맑고 밝다.
안팎의 마당을 닦아 놓고 발채와 옹구를 마련하소.
목화 따는 다래끼에 수수 이삭과 콩가지도 담고,
나무꾼 돌아올 때 머루 다래와 같은 산과일도 따오리라.
뒷동산의 밤과 대추에 아이들은 신이 난다.
알밤을 모아 말려서 필요한 때에 쓸 수 있게 하소.
▶ 8월의 밭농사와 산과(山果)

명주를 끊어 내어 가을볕에 표백하고,
남빛과 빨강으로 물을 들이니 청홍이 색색이로구나.
부모님 연세가 많으니 수의를 미리 준비하고,
그 나머지는 마르고 재어서 자녀의 혼수하세.
▶ 옷감 장만하기

지붕 위의 익은 박은 긴요한 그릇이라.
댑싸리로 비를 만들어 타작할 때 쓰리라.
참깨 들깨를 수확한 후에 다소 이른 벼를 타작하고
담배나 녹두 등을 팔아서 아쉬운 대로 돈을 만들어라.

장 구경도 하려니와 흥정할 것 잊지 마소.
북어쾌와 젓조기를 사다가 추석 명절을 쇠어 보세.
햅쌀로 만든 술과 송편, 박나물과 토란국을
조상께 제사를 지내고 이웃집에 서로 나누어 먹세.
▶ 가을걷이와 추석 쇠기

며느리가 휴가를 얻어 친정에 근친 갈 때에,
개를 잡아 삶아 건지고 떡고리와 술병을 함께 보낸다.
초록색 장옷과 남빛 치마로 몸을 꾸미고 다시 보니,
농사짓기에 지친 얼굴이 원기가 회복되었느냐.
추석날 밝은 달 아래 기를 펴고 놀다 오소.
▶ 며느리의 근친 나들이

금년에 할 일을 다 못 했지만 내년 계획을 세우리라.
풀을 베고 더운갈이하여 밀과 보리를 심어 보세.
끝까지 다 익지 못했어도 급한 대로 걷고 가시오.
사람의 일만 그런 것이 아니라 자연 현상도 마찬가지이니,
잠시도 쉴 사이가 없이 마치면서 다시 새로운 것이 시작되도다.
▶ 가을 갈이에 힘씀.

해제 | 〈농가월령가〉는 조선 헌종 때 정약용의 둘째 아들 정학유(丁學游, 1786~1855)가 지은 월령체 형식의 장편 가사로 농촌에서 한 해 동안 계절에 따라 해야 할 농사일들을 일깨우고 있으며, 그때그때의 세시 풍속을 지켜가며 살아가는 모습을 노래한 교훈적인 성격의 노래이다. 농촌 생활과 관련된 구체적 어휘가 풍부하게 나타난다는 점과, 농촌 생활의 모습을 실감 있게 제시했다는 점, 그리고 세시 풍속을 기록해 놓은 월령체 가운데 가장 규모가 크고 짜임새가 있다는 점에서 그 가치를 평가할 만하다.

주제 | 월령과 절후에 따라 농가에서 해야 할 일과 세시 풍속의 소개

시대 | 헌종

갈래 | 가사, 월령체 가사

성격 | 교훈적, 계몽적

표현 | 비유적 표현으로 강한 인상을 줌.

운율 | 3·4(4·4)조, 4음보 연속체

특징 | ① 조선 후기 농사의 중요성을 강조하는 실학의 태도를 짐작하게 함.
② 우리말 노래로서 농업 기술의 보급을 처음 시도한 작품임.

작가 | 정학유(1786~1855)는 조선 후기의 문인. 정약용의 둘째 아들로, 형 학연과 함께 유배 중인 아버지의 〈주역심전(主役心箋)〉을 정리하여 완성시키는 등 정약용의 학문 활동을 도왔다.

구성 |

서사	일월성신의 역대의 월령 및 당시에 쓰이는 역법의 기원
정월령	정월의 절기와 일 년 농사 준비, 정초와 보름달 풍속
2월령	2월의 절기와 봄갈이와 가축 기르기, 약재 캐기 등
3월령	3월의 절기와 논농사, 파종, 과일나무 접붙이기, 장 담그기 등
4월령	4월의 절기와 모내기, 초파일 등불 달기, 고기 잡기 등
5월령	5월의 절기와 보리타작, 고치 따기, 그네뛰기, 민요 화답 등
6월령	6월의 절기와 간작, 북돋우기, 유두의 풍속, 삼 수확, 길쌈 등
7월령	7월의 절기와 칠월 칠석 견우직녀의 이별 이야기, 김매기, 피 고르기, 벌초하기 및 무/배추 파종하기 등
8월령	8월의 절기와 곡식의 무르익음과 수확, 중추절(한가위)을 위한 장 흥정하기, 며느리 친정 보내기 등
9월령	9월의 절기와 늦어지는 추수의 이모저모, 이웃 간의 온정
10월령	10월의 절기와 무/배추 수확, 겨울 준비, 화목 권장 등
11월령	11월의 절기와 메주 쑤기, 동지의 풍속, 거름 준비 등
12월령	12월의 절기와 새해 준비, 묵은세배 등
결사	농업에 힘쓰기를 권장함.

가사 〈일동장유가(日東壯遊歌)〉 김인겸

션등을 도라보니 저마다 슈질(水疾)ᄒ야
죵물을 다 토ᄒ고 혼졀ᄒ야 죽게 알ᄂᆡ
다힝 홀샤 죵ᄉ샹(從使上)은 태연이 안잣고나.
빈방의 도로 드러 눈 곰고 누엇더니
대마도 갓갑다고 샤공이 니ᄅᆞ거늘
고쳐 니러 나와 보니 십 니는 남앗고나.
왜션 십여 쳑이 예션ᄎᆞ(曳船次)로 모다 왓ᄂᆡ.
그졔야 돗츨 치고 빈머리의 줄을 미야
왜션을 더지니 왜놈이 줄을 바다
제 빈예 미여 노코 일시의 ᄂᆞ리으니
션힝(船行)이 안온ᄒ야 좌슈포(佐須浦)로 드러가니
신시(辛時)는 ᄒ여 잇고 복션(卜船)은 몬져 왓다.
포구로 드러가며 좌우를 들러보니
봉만(峰巒)이 삭닙(削立)ᄒ야 경치가 긔졀(奇絶)ᄒ다.
송숨(松杉) 듁빅(竹栢) 귤뉴(橘柚) 등감 다 몰속 등쳥일식.
왜봉(倭奉) 여ᄉᆞᆺ 놈이 검도졍(劍道亭)의 안잣구나.
인개(人家) 쇼됴(疎凋)ᄒ고 여긔 세 집 뎌긔 네 집
합ᄒ야 혜게 되면 ᄉ오십 호(戶) 더 아니다.
집 형샹이 궁슝(穹崇)ᄒ야 노젹덤이 ᄀᆞᆺ고내야.
굿 보는 왜인들이 뫼히 안자 구버본다.
그 듕의 ᄉ나희는 머리를 쌋가시되
쪽뒤만 죠금 남겨 고쵸샹토 ᄒ여시며
발 벗고 바디 벗고 칼 ᄂᆞ나식 ᄎᆞ이시며
왜녀(倭女)의 치장들은 머리를 아니 깍고
밀기름 듬묵 발라 뒤흐로 잡아 미야
죡두리 모량쳐로 둥글게 ᄊᆞ여 잇고
그 씃츤 두로 트로 빈혀를 질러시며
무론 노소귀쳔(老少貴賤)ᄒ고 어레빗술 쏘잣구나.
의복을 보와ᄒ니 무 업슨 두루마기
ᄒᆞᆫ 동 단 막은 ᄉ매 남녀 업시 한가지요.
넙고 큰 졉은 ᄯᅴ를 ᄂᆞ즉이 들어 ᄯᅴ고
일용범백(日用凡百) 온갓 거ᄉᆞᆯ 가슴 속의 다 품엇다.
남진 잇는 겨집들은 감아ᄒ게 이를 칠하고
뒤흐로 ᄯᅴ를 ᄆᆡ고 과부 쳐녀 간나희는
압흐로 ᄯᅴ를 ᄆᆡ고 니를 칠티 아냣구나.

✔ 체크 문제

1. 이 시를 조선 전기의 가사와 비교하여 설명한 내용으로 잘못된 것은?
① 장편화된 특징이 있다.
② 산문 정신이 가미되었다.
③ 현실 속에서 소재를 취하였다.
④ 형식상의 제약을 더욱 엄격히 지켰다.
⑤ 구체적인 견문과 여정이 담긴 기행문의 성격을 띤다.

2. 이 노래에 대한 설명으로 적절하지 않은 것은?
① 시간과 여정에 따라 내용이 전개되고 있다.
② 여행지에서의 견문과 감상이 잘 드러나 있다.
③ 산문적인 내용을 운문 형식에 담아 표현하고 있다.
④ 비유와 과장을 통해 상황을 실감나게 표현하고 있다.
⑤ 교훈적인 내용을 전달하려는 의도가 강하게 드러나 있다.

현대어 풀이 〈일동장유가(日東壯遊歌)〉 김인겸

배 안을 돌아보니 저마다 배멀미를 하여
똥물을 다 토하고 까무라쳐서 죽게 앓네.
다행이구나 종사상은 태연히 앉았구나.
선실에 도로 들어와 눈 감고 누웠더니
대마도가 가깝다고 사공이 말하거늘
다시 일어나 나와 보니 십 리는 남았구나.
왜선 십여 척이 배를 끌려고 마중을 나왔네.
그제서야 돛을 내리고 뱃머리에 줄을 매어
왜선에 줄을 던지니 왜놈이 그것을 받아
제 배에 매어 놓고 일시에 노를 저으매
배가 편안하고 조용하게 움직여 좌수포로 들어가니
시간은 오후 3~5시쯤 되었고 짐을 실은 배는 먼저 와 있다.
▶ 폭풍에 시달린 끝에 대마도에 당도함.
포구로 들어가며 좌우를 둘러보니,
깎아지른 듯한 산봉우리의 모습이 몹시도 아름답다.
(소나무, 삼나무, 대나무, 잣나무, 귤유, 등감) 등이 모두 다 등 열거
청일세.
왜인 종자 여섯 놈이 검도정에 앉아 있구나.
인가가 드믈어서 여기 세 집 저기 네 집.
합하여 헤아리면 오십 호가 넘지 않는다.
집 모습이 몹시 높아서 노적더미 같구나.
▶ 대마도의 풍광과 인가의 모습
구경하는 왜인들이 산에 앉아 굽어본다.
그중의 남자들은 머리를 깎았으되
뒤통수만 조금 남겨 고추같이 작은 상투를 하였고,
발 벗고 바지 벗고 칼을 하나씩 차고 있으며,
여자들의 치장은 머리를 깎지 않고 일본
밀기름을 듬뿍 발라 뒤로 잡아 매어
족두리 모양처럼 둥글게 감았고, 직유
그 끝은 둘로 틀어 비녀를 찔렀으며
노소와 귀천을 가리지 않고 얼레빗을 꽂았구나.
의복을 보아하니 무 없는 두루마기
한 동으로 된 옷단과 막은 소매가 남녀 구별 없이 한가지요,
넓고 크게 접은 띠를 느슨하게 둘러 띠고
늘 쓰는 모든 물건은 가슴 속에 다 품었다.
남편이 있는 여자들은 이를 검게 칠하고
뒤로 띠를 매었고, 과부, 처녀, 계집아이는
앞으로 띠를 매고 이를 칠하지 않았구나.
▶ 왜인들의 머리 치장과 옷차림

해제 | 이 작품은 작가가 일본 통신사로 일본에 갔다가 이듬해 돌아올 때까지의 약 11개월에 걸친 여정과 견문을 기록한 장편 기행 가사이다. 일본과의 외교 관계와 일본의 문물, 제도, 풍속 등을 구체적으로 기록하였다. 제시된 부분은 부산항에서 출발할 때부터 대마도에 도착하기까지의 여정과 일본에서 보고 들은 풍습의 일부이다. 정확한 노정과 세밀한 묘사가 돋보여 조선 후기 기행 가사의 모범으로 일컬어지는 작품이다.

주제 | 일본 여행에서 얻은 일본의 풍속, 제도, 인정, 인습 등의 견문

시대 | 영조 40년(1764)

갈래 | 가사, 기행 가사, 장편 기행 가사

표현 | 대구법, 직유법, 과장법, 설의법

운율 | 3·4(4·4)조, 4음보의 연속체

특징 | ① 실생활과 긴밀한 내용을 읊음.
② 실학사상의 등장에 영향을 받음.

작가 | 김인겸(1707~1772)은 57세 때인 영조 39년(1763)에 조엄(趙曮)을 정사(正使)로 한 일본 통신사의 삼방 서기(三房書記)로 수행했다.

구성 |

제1권	서울을 출발하여 부산에 이르는 과정
제2권	부산에서 승선하여 대마도 등을 거쳐 적간관에 도착하여 머물게 되는 과정
제3권	정월 초하루 적간관의 명절 이야기부터 오사카, 교토 등을 거쳐 에도에 들어가 사행(使行)의 임무를 다하는 과정
제4권	귀로에 올라, 부산을 거쳐 서울에 도착하여 왕을 뵙게 되는 과정

가사 〈연행가(燕行歌)〉 홍순학

집집이 호인들은 길의 나와 구경ᄒᆞ니,
의복기 괴려ᄒᆞ여 쳐음 보기 놀랍도다.
머리는 압흘 싹가 뒤만 ᄯᅡᄒᆞ 느리쳐셔,
당ᄉᆞ실노 당귀ᄒᆞ고 말익이을 눌너 쓰며,
일 년 삼백육십 일에 양치 한 번 아니ᄒᆞ여,
이ᄲᅡᆯ은 황금이오 손톱은 다섯 치라.
거믄빗 져구리는 깃 업시 지어쓰되,
옷고름은 아니 달고 단초 다라 입어쓰며,
아쳥 바지 반물 속것 허리씌로 눌너 미고,
두 다리의 힝젼 모양 타오구라 일홈 ᄒᆞ여,
회목의셔 오금까지 희미ᄒᆞ게 드리 씨고
깃 업슨 쳥두루막기 단초가 여러히요,
좁은 ᄉᆞ매 손등 덥허 손이 겨오 드나들고,
두루막 위에 배자이며 무릅 우에 슬갑이라.
곰방듸 옥 물쑤리 담빈 너는 쥬머니의
부지까지 셔서 들고 뒤짐지기 버릇치라.
ᄉᆞ람마다 그 모양니 쳔만 인이 한빗치라.
ᄡᅡ듸인 온다 ᄒᆞ고 져의기리 지져귀며,
무어시라 인사ᄒᆞ나 ᄒᆞᆫ 마듸도 모르겟다.

[중략]

발 밉시을 볼작시면 수당혀를 신어시며,
쳥여는 발이 커셔 남ᄌᆞ의 발 ᄀᆞᆺ트나,
당여는 발이 작아 두 치집 되는 거슬,
비단으로 꼭 동히고 신 뒤축의 굽을 달아,
위둑비둑 가는 모양 너머질가 위틱ᄒᆞ다.
그러타고 웃지 마라. 명나라 끼친 졔도,
져 계집의 발 ᄒᆞᆫ 가지 지금까지 볼 것 잇다.

[중략]

햐쳐라고 ᄎᆞᄌᆞ가니 집 졔도가 우습도다.
오량각 이 간 반의 벽돌을 곱게 쌀고,
반 간식 캉을 지어 좌우로 되캉ᄒᆞ니,
캉 모양 엇더터냐, 캉 졔도을 못 보거든
우리 나라 붓두막이 그와 거의 흡ᄉᆞᄒᆞ여,
그 밋히 구둘 노하 불을 씨게 마련ᄒᆞ고,
그 우히 ᄌᆞ리 펴고 밤이면 누어 ᄌᆞ며,
낫이면 손임 졉듸 걸터앉기 가장 죠코,
치유ᄒᆞᆫ 완ᄌᆞ창과 면회ᄒᆞᆫ 벽돌담은
미쳔ᄒᆞᆫ 호인들도 집치례 과람코나.

체크 문제

1. 이 시가에 나타난 시적 화자의 태도로 적절하지 않은 것은?
① 청나라를 오랑캐라 하여 경멸하고 있다.
② 청나라에서 처음 보는 것들에 대해 신기해하고 있다.
③ 여정을 위주로 한 객관적인 기행 수필이다.
④ 명나라의 후예인 한인과 청나라 사람인 호인을 구분 짓고 있다.
⑤ 청나라의 문화보다는 우리나라가 우월하다는 의식을 가지고 있다.

2. 이 시가의 서술상 특징에 대한 설명으로 적절하지 않은 것은?
① 사실적 묘사로 생동감을 준다.
② 치밀한 관찰력으로 대상을 자세히 묘사하였다.
③ 운문의 형식이어서 서정적인 내용을 잘 표출하였다.
④ 고사성어나 한시 구절보다는 소박한 표현을 사용하였다.
⑤ 견문 중심으로 기술하여 깊이 있는 사색의 모습은 보이지 않는다.

현대어 풀이 〈연행가(燕行歌)〉 홍순학

집집마다 만주 사람들은 길에 나와 구경하니,
옷차림이 괴이하여 처음 보기에 놀랍도다.
머리는 앞을 깎아 뒤만 땋아 늘어뜨려
당사실로 댕기를 드리고 마래기라는 모자를 눌러쓰며,
일 년 삼백 육십 일에 양치질 한 번도 아니하여
▶ 청인(淸人)에 대한 첫인상
이빨은 황금빛이요 손톱은 다섯 치나 되더라.
대구, 과장
검은빛의 저고리는 깃이 없이 지었으되, (청인들의 불결성을
옷고름은 아니 달고 단추 달아 입었으며, 반어적으로 표현)
검푸른 바지와 짙은 남빛 속옷 허리띠로 눌러 매고,
두 다리에 행전 모양으로 맨 것을 타오구라 이름하여,

발목에서 오금까지 가든하게 들이끼우고
깃 없는 푸른 두루마기 단추가 여럿이요,
좁은 소매가 손등을 덮어 손이 겨우 드나들고,
두루마기 위에 덧저고리 입고 무릎 위에는 슬갑이라.
▶ 청인(淸人)의 복색(服色)
곰방대와 옥 물뿌리 담배 넣는 주머니에,
부시까지 들고 뒷짐을 지는 것이 버릇이라.
사람마다 그 모양이 천만 사람이 한 모습이라.
사신양반 온다 하고 저희끼리 수군대며
화자를 포함한 무리
무엇이라고 인사하나 한 마디도 모르겠다. ▶ 청인(淸人)의 행동

[중략]

발 맵시를 볼 것 같으면 수를 놓은 당혜를 신었으며,
청나라 여자는 발이 커서 남자의 발같이 생겼으나,
한족의 여자는 발이 작아 두 치쯤 되는 것을   대조
비단으로 꼭 동이고 신 뒤축에 굽을 달아
뒤뚱뒤뚱 가는 모양이 넘어질까 위태롭다.
그렇다고 비웃지 마라. 명나라가 남긴 제도
저 계집의 발 한 가지가 지금까지 볼 것 있다. ⇨ 존명배청
[중략]   ▶ 여인의 발 맵시

묵을 곳이라고 찾아가니 집 제도가 우습구나.
오량각 두 칸 반에 벽돌을 곱게 깔고,   반청(反淸)의식
반 칸씩 캉을 지어 좌우로 마주 보게 하니,
캉의 모양이 어떻더냐. 캉 제도를 못 보았으면
우리나라의 부뚜막이 그것과 흡사하여,
유추
그 밑에 구들을 놓아 불을 땔 수 있게 마련하고,
그 위에 자리 펴고 밤이면 누워 자며
낮이면 손님 접대, 걸터앉기에 매우 좋고,
기름칠을 한 완자창과 회를 바른 벽돌담은
미천한 오랑캐 주제에 집치레가 지나치구나. 멸시하는 태도
▶ 청인(淸人)의 주거 형태

해제 | 고종 3년(1886)에 홍순학이 고종의 왕비 책정으로 중국에 사신을 보낸 주청사(奏請使) 일행의 서장관으로 청나라 연경에 갔다가 보고 느낀 것들을 사실적이며 구체적인 묘사와 표현으로 노래한 장편 기행 가사이다.

주제 | 청나라 연경(燕京)을 다녀온 견문과 여정

시대 | 고종 3년(1866)

갈래 | 가사, 기행 가사, 사행(使行) 가사

성격 | 사실적, 객관적, 비판적, 서사적

표현 | ① 오랜 여정의 다양한 내용을 특색 있는 묘사, 적절한 비유, 대구 등을 살려 균형감 있게 기술
② 작자의 사물에 대한 인식이 명쾌하게 제시되었고, 해학과 익살에 의해 비판적으로 제시
③ 대상에 대한 인식과 표현에서 중국의 고사성어나 한시 구절을 거의 사용하지 않고 사실적으로 묘사
④ 견문한 사실들에 대한 사실적이고 구체적인 묘사와 표현
⑤ 형식은 운문이나 내용은 관찰, 보고서로 산문에 가까움.
⑥ 견문 중심으로 기술되어 전체적으로 사고의 깊이가 떨어짐.
⑦ 고사성어와 한시 구절보다는 소박한 표현이 사용됨.
⑧ 사실 그대로를 객관적으로 묘사하여 독자에게 생동감을 줌.

운율 | 3·4(4·4)조 위주의 4음보격

의의 | 김인겸의 〈일동장유가〉와 함께 조선 후기 기행 가사의 대표작임.

특징 | ① 서술 대상에 대한 다양한 관심과 예리한 관찰력이 돋보임.
② 존명배청(尊明俳淸-명나라를 높이고 청나라를 배척함) 의식을 드러냄.
③ 이국(異國)의 문물과 풍속, 인물 등에 대한 묘사가 사실적임.

작가 | 홍순학(洪淳學, 1842~1892)은 철종 8년(1857) 문과에 급제하여 정언, 수찬관을 거쳐 고종 3년(1866) 주청사(奏請使)의 서장관으로 청나라에 다녀와서 〈연행가(燕行歌)〉를 지었다.

연시조 〈강호사시가(江湖四時歌)〉 맹사성

〈춘사(春詞)〉

강호(江湖)에 봄이 드니 미친 흥(興)이 절로 난다.
탁료계변(濁醪溪邊)에 금린어(錦鱗魚)ㅣ 안주로다.
이 몸이 한가(閒暇)히옴도 역군은(亦君恩)이샷다.

〈하사(夏詞)〉

강호(江湖)에 녀름이 드니 초당(草堂)에 일이 업다.
유신(有信)훈 강파(江波)는 보내ᄂᆞ니 ᄇᆞ람이다.
이 몸이 서늘히옴도 역군은(亦君恩)이샷다.

〈추사(秋詞)〉

강호(江湖)에 가을이 드니 고기마다 살져 잇다.
소정(小艇)에 그믈 시러 흘리 띄여 더뎌 두고
이 몸이 소일(消日)히옴도 역군은(亦君恩)이샷다.

〈동사(冬詞)〉

강호(江湖)에 겨월이 드니 눈 기픠 자히 남다.
삿갓 빗기 쓰고 누역으로 오슬 삼아
이 몸이 칩지 아니히옴도 역군은(亦君恩)이샷다.

✓ 체크 문제

1. 이 작품에 대한 설명으로 적절하지 않은 것은?

① 화자가 안빈낙도하는 생활의 모습이 구체적으로 나타나 있다.
② 최초의 연시조라는 문학사적 의미를 지니고 있다.
③ 구조적 통일성을 사용하여 주제 의식을 드러내고 있다.
④ 사계절의 변화와 자연에서의 삶 그리고 충의 사상을 읊고 있다.
⑤ 자연을 은둔의 장소로 생각하며 현실과의 단절 의식을 보이고 있다.

2. 이 시조의 '강호'와 〈보기〉의 '강호'의 차이를 가장 잘 설명한 것은?

〈 보기 〉

구버는 천심녹수(千尋綠水) 도라보니 만첩청산
십장홍진(十丈紅塵)이 언매나 ᄀᆞ롓는고
강호애 월백(月白)ᄒᆞ거든 더욱 무심(無心)하얘라.
— 이현보, 〈어부단가〉

① 이 시조의 '강호'는 어촌을 가리키고 있으나, 〈보기〉의 '강호'는 농촌을 가리킨다.
② 이 시조의 '강호'는 구체적인 자연으로 '물가의 정경'을 의미하고, 〈보기〉의 '강호'는 일반적인 자연을 의미한다.
③ 이 시조의 '강호'는 세상과 어울리지 못하는 자연을 상징하고 있으나, 〈보기〉의 '강호'는 세상과 일치하는 자연을 상징하고 있다.
④ 이 시조의 '강호'는 한가롭고 유유자적한 이미지를 보여 주고 있으나, 〈보기〉의 '강호'에는 외로움의 이미지가 강하게 나타나고 있다.
⑤ 이 시조의 '강호'는 '임금의 은혜가 미치는 공간'을 의미하지만, 〈보기〉의 '강호'는 자연에 속세와의 단절이라는 절대적인 의미가 부여되어 있다.

☑ **〈보기〉의 (가)와 (나)의 공통점에 대한 설명으로 가장 옳지 않은 것은?**   2022. 서울시 자체출제

〈 보기 〉

(가) 강호(江湖)에 ᄀᆞ을이 드니 고기마다 살져 잇다
 소정(小艇)에 그물 시러 흐니 씌여 더뎌 두고
 이 몸이 소일(消日)하옴도 역군은(亦君恩)이샷다

(나) 추강(秋江)에 밤이 드니 물결이 ᄎᆞ노미라
 낙시 드리치니 고기 아니 무노미라
 무심(無心)훈 달빗만 싯고 뷘빅 저어 오노라.

① 자연 속에서 한가롭게 지내는 삶을 표현하였다.
② 배를 타고 낚시를 즐기는 내용이 포함되어 있다.
③ 동일한 문학 장르의 정형시 작품들이다.
④ 임금의 은혜를 생각하는 마음이 표현되어 있다.

현대어 풀이 〈강호사시가(江湖四時歌)〉 맹사성

〈춘사〉
강호에 봄이 찾아오니 참을 수 없는 흥겨움이 절로 솟구친다.
탁주를 마시며 노는 시냇가에 싱싱한 물고기가 안주로 제격이로구나.
이 몸이 이렇듯 한가롭게 지내는 것도 역시 임금님의 은혜이시도다.

〈하사〉
강호에 여름이 찾아오니 초가에 있는 이 몸이 할 일이 별로 없다.
믿음직스러운 강의 물결은 보내는 것이 시원한 강바람이로다.
이 몸이 이렇게 시원하게 지내는 것도 역시 임금님의 은혜이시도다.

〈추사〉
강호에 가을이 찾아오니 물고기마다 살쪄 있다.
작은 배에 그물을 싣고서, 물결 따라 흐르도록 던져 두고,
이 몸이 이렇듯 고기잡이로 세월을 보내는 것도 역시 임금님의 은혜이시도다.

〈동사〉
강호에 겨울이 찾아오니 쌓인 눈의 깊이가 한 자가 넘는다.
삿갓을 비스듬히 쓰고 도롱이를 둘러 입어 덧옷을 삼으니,
이 몸이 이렇듯 추위를 모르고 지내는 것도 역시 임금님의 은혜이시도다.

해제 | 이 작품은 사계절의 순환에 대응시켜 강호에서 노니는 즐거움을 표현한 연시조이다. 각 계절의 흥취를 대표하는 소재를 배치하면서도 네 수를 형식적으로 통일시켜 주는 구조를 갖추고 있다. 강호에서 은거하며 사는 삶의 즐거움을 노래한 강호가도 계열의 작품 중에서도 형성 초기의 작품들을 대표한다.

주제 | ① 강호에서 자연을 즐기는 멋과 풍류
② 임금의 은혜에 대한 감사

시대 | 조선 초 세종 때(15세기)

갈래 | 시조, 연시조(聯詩調)

성격 | 강호가, 강호 한정가, 풍류적, 전원적, 낭만적, 연군가

운율 | 3·4(4·4)조, 4음보

소재 | 사계절에 따른 강호 생활

특징 | ① 계절에 따라 한 수씩 노래함.
② 각 수마다 '江湖'로 시작하여 '亦君恩이샷다'로 끝맺음을 하는 반복적인 구성

의의 | ① 강호가도의 선구적 작품
② 최초의 연시조로 이황의 〈도산십이곡〉, 이이의 〈고산구곡가〉 등에 영향을 줌.

작가 | 맹사성(1360~1438)은 조선 세종 때의 명재상으로, 〈태종실록〉을 감수하고 〈팔도지리지〉를 편찬했다. 시문에 능하고 음률에도 밝아 향악을 정리하고, 악기도 만들었다.

출전 | 《청구영언》, 《병와가곡집》

구성 |

춘사	시냇가에서 즐기는 봄날의 흥취
하사	초당에서 바람을 즐기는 여름날의 흥취
추사	배를 띄우고 노니는 가을날의 흥취
동사	눈 속에서 보내는 겨울날의 흥취

연시조 〈어부사시사(漁父四時詞)〉 윤선도

〈춘사(春詞) 1〉
압개예 안개 것고 뒫뫼희 히 비췬다.
빈 떠라, 빈 떠라.
밤믈은 거의 디고 낟믈이 미러 온다.
至지菊국悤총至지菊국悤총於어思사臥와
江강村촌 온갖 고지 먼 빗치 더욱 됴타.

〈춘사(春詞) 4〉
우는 거시 벅구기가 프른 거시 버들숩가.
이어라, 이어라.
漁어村촌 두어 집이 닛 속의 나락들락.
至지菊국悤총至지菊국悤총於어思사臥와
말가흔 기픈 소희 온갇 고기 뛰노ᄂ다.

〈하사(夏詞) 1〉
구즌비 머저 가고 시냇물이 묽아온다.
빈 떠라, 빈 떠라.
낙대를 두러메니 기픈 興흥을 禁금 못홀돠.
至지菊국悤총至지菊국悤총於어思사臥와
煙연江강 疊텹嶂장은 뉘라셔 그려 낸고.

〈하사(夏詞) 2〉
년닙희 밥 싸 두고 반찬으란 쟝만 마라.
닫 드러라, 닫 드러라.
靑청篛약笠립은 써 잇노라, 綠녹蓑사衣의 가져오냐.
至지菊국悤총至지菊국悤총於어思사臥와
無무心심흔 白빅鷗구는 내 좃는가, 제 좃는가.

〈추사(秋詞) 2〉
水슈國국의 ᄀ올히 드니 고기마다 술져 읻다.
닫 드러라, 닫 드러라.
萬만頃경澄딩波파의 슬ᄏ지 容용與여ᄒ쟈.
至지菊국悤총至지菊국悤총於어思사臥와
人인間간을 도라보니 머도록 더욱 됴타.

〈추사(秋詞) 4〉
그러기 떳는 밧긔 못 보던 뫼 뵈ᄂ고야.
이어라, 이어라.
낙시질도 ᄒ려니와 取취흔 거시 이 興흥이라.
至지菊국悤총至지菊국悤총於어思사臥와
夕석陽양이 ᄇ이니 千쳔山산이 錦금繡슈ㅣ 로다.

〈동사(冬詞) 3〉
여튼 갣 고기들히 먼 소희 다 갇ᄂ니
돋 ᄃ라라, 돋 ᄃ라라.
져근덛 날 됴흔 제 바탕의 나가 보쟈.
至지菊국悤총至지菊국悤총於어思사臥와
밋기 곧다오면 굴근 고기 믄다 흔다.

〈동사(冬詞) 4〉
간밤의 눈 갠 後후에 景경物물이 달랃고야.
이어라, 이어라.
압희는 萬만頃경琉류璃리, 뒤희는 千쳔疊텹玉옥山산.
至지菊국悤총至지菊국悤총於어思사臥와
仙션界계ㄴ가 佛불界계ㄴ가, 人인間간이 아니로다.

✔ 체크 문제

1. 이 노래에 대한 설명으로 틀린 것은?
① 보통 시조와 달리 후렴구가 있다.
② 전체 40수로 구성된 연시조이다.
③ 우리말의 유려한 율조가 나타난다.
④ 사계절의 순서에 따라 구성되었다.
⑤ 유교적 덕목을 주제로 한 사대부 시가이다.

현대어 풀이 〈어부사시사(漁父四時詞)〉 윤선도

〈춘사(春詞) 1〉
앞 포구에 안개가 걷히고 | 뒷산에 해가 비친다.   대구, 대조
(배 띄워라, 배 띄워라.)   ( ) 여음
썰물은 거의 끝나고 | 밀물이 밀려온다.
(찌거덩 찌거덩 여여차) → 노젓는 소리를 한자로 음차한 부분
강촌 온갖 꽃이 멀리서 보는 꽃빛이 더욱 좋다.

〈춘사(春詞) 4〉
우는 것이 뻐꾸기인가 푸른 것이 버들 숲인가.
     청각   시각
(노를 저어라, 노를 저어라.)
어촌의 두어 집이 안개 속에 들락날락한다.
(찌거덩 찌거덩 어영차)
맑고도 깊은 연못에서 온갖 고기가 뛰노는구나.

〈하사(夏詞) 1〉
궂은비 멈추어 가니 시냇물이 맑아 온다.
(배 띄워라, 배 띄워라.)
낚싯대를 둘러매니 기쁜 흥취를 금할 수 없구나.
안개가 자욱한 강과 겹겹이 둘러친 묏부리는
누가 이처럼 그려 냈는가.

〈하사(夏詞) 2〉
연잎에 밥을 싸 두고 반찬은 장만하지 마라. 소박한 음식, 안분지족
(닻을 들어라, 닻을 들어라.)
대삿갓은 이미 쓰고 있노라, 도롱이는 가져왔느냐.
    어부의 차림새
어찌하여 갈매기는 내가 좇아가는 것인가
갈매기가 나를 좇는 것인가. ⇨ 물아일체, 자연친화

〈추사(秋詞) 2〉
바다에 가을이 찾아드니 고기마다 살쪄 있다.
(닻을 들어라, 닻을 들어라.)
아득히 넓고 맑은 바닷물에 실컷 놀아 보자.
인간 세상을 돌아보니 멀리 떨어질수록 더욱 좋구나.
 속세   비판적 태도

〈추사(秋詞) 4〉
기러기 뜬 저 멀리로 이제까지 못 보던 산이 보이는구나.
(노를 저어라, 노를 저어라.)
낚시질도 하려니와 경치에 취해 노니는 이 흥취가 좋구나.
아아 석양빛이 내리비추니
모든 산이 수놓은 비단같이 아름답도다.

〈동사(冬詞) 3〉
물이 얕은 갯가의 고기들이 먼 바다로 몰려갔으니
(닻을 달아라, 닻을 달아라.)
잠깐 동안 날씨가 좋을 때에 고기잡이한 마당에 나가 보자.
낚싯밥만 충실히 쓰면 큰 고기가 물린다고 하는구나.

〈동사(冬詞) 4〉
간밤에 눈 갠 뒤에 경치가 달라졌구나.
(노를 저어라, 노를 저어라.)
앞에는 유리처럼 맑고 잔잔한 넓은 바다,   대구
뒤에는 천겹이나 둘러싸인 백옥 같은 산.
아아 여기는 신선이 사는 선경인가
부처가 사는 극락정토인가, 인간 세상은 아니로다.
                            속세

해제 | 이 작품은 조선 중기의 문인 윤선도가 보길도에서의 생활을 읊은 총 40수의 연시조로, 고려 시대부터 전해지던 '어부가' 계열의 작품들을 계승한 것이다. 봄, 여름, 가을, 겨울로 나누어 각각 10수로 구성하고 있으며, 자연의 아름다움과 자연 속에서 누리는 여유로운 삶을 노래하고 있다.

주제 | 강호(江湖)의 한정(閑情)

갈래 | 평시조, 연시조(전 40수)

성격 | 사시한정가(四時閒情歌), 강호 한정가

형성 과정 | 어부가(漁父歌, 고려, 작자 미상) ⇨ 어부가(漁父歌, 조선, 이현보 개작) ⇨ 어부사시사(漁父四時詞, 조선 후기, 윤선도)

특징 | ① 장과 장 사이에 여음(餘音)을 사용함.
② 종·장 음수율 3·4·3·4조를 사용하여 연시조에서 시상의 이어짐을 표현함.

작가 | 윤선도(尹善道, 1587~1671)는 조선 중기의 문신·시인이다. 치열한 당쟁으로 일생을 거의 벽지의 유배지에서 보냈으나 경사(經史)에 해박하고 의약·복서(卜筮)·음양·지리에도 통하였으며, 특히 시조(時調)에 더욱 뛰어났다. 그의 작품은 한국어에 새로운 뜻을 창조하였으며 시조는 정철(鄭澈)의 가사(歌辭)와 더불어 조선 시가에서 쌍벽을 이루고 있다. 사후인 1675년(숙종 1) 남인의 집권으로 신원(伸寃)되어 이조 판서에 추증되었다. 저서에 《고산유고(孤山遺稿)》가 있다.

구성 |

춘사(10수)	봄의 어촌 정경과 흥취
하사(10수)	여름의 어촌 정경과 흥취
추사(10수)	가을의 어촌 정경과 흥취
동사(10수)	겨울의 어촌 정경과 흥취

연시조 〈도산십이곡(陶山十二曲)〉 이황

이런들 엇더ᄒᆞ며 뎌런들 엇더ᄒᆞ료.
초야우생(草野愚生)이 이러타 엇더ᄒᆞ료.
ᄒᆞ믈며 천석고황(泉石膏肓)을 고텨 므슴ᄒᆞ료.

산전(山前)에 유대(有臺)ᄒᆞ고 대하(臺下)애 유수(流水) ㅣ 로다.
떼만흔 ᄀᆞᆯ며기는 오명가명 ᄒᆞ거든
엇더다 교교백구(皎皎白駒)는 멀리 ᄆᆞ음 ᄒᆞᄂᆞᆫ고.

춘풍(春風)에 화만산(花滿山)ᄒᆞ고 추야(秋夜)애 월만대(月滿臺)라.
사시가흥(四時佳興) ㅣ 사름과 ᄒᆞᆫ가지라.
ᄒᆞ믈며 어약연비(魚躍鳶飛) 운영천광(雲影天光)이아 어늬 그지 이슬고.

고인(古人)도 날 몯 보고 나도 고인(古人) 몯 뵈.
고인(古人)을 몯 봐도 녀던 길 알픠 잇ᄂᆡ.
녀던 길 알픠 잇거든 아니 녀고 엇뎔고.

당시(當時)예 녀던 길흘 몃 ᄒᆡ를 ᄇᆞ려 두고,
어듸 가 ᄃᆞᆫ니다가 이제야 도라온고.
이제나 도라오나니 년 ᄃᆡ ᄆᆞ음 마로리.

청산(青山)은 엇뎨ᄒᆞ야 만고(萬古)애 프르르며,
유수(流水)는 엇뎨ᄒᆞ야 주야(晝夜)애 긋디 아니ᄂᆞᆫ고.
우리도 그치디 마라 만고상청(萬古常青)호리라.

✅ 체크 문제

☑ [1~2] 다음 글을 읽고 물음에 답하시오.   2023. 법원직 9급

> (가) 임이여 강을 건너지 마오.   公無渡河
>   임은 마침내 강을 건너는구료.   公竟渡河
>   물에 빠져 죽으니.   墮河而死
>   이 내 임을 어이할꼬.   當奈公何
>   – 작자 미상, 〈공무도하가〉
>
> (나) 고인(古人)도 날 못 보고 나도 고인 못 뵈.
>   고인을 못 봐도 녀든 길 알픠 잇ᄂᆡ.
>   녀든 길 알픠 잇거든 아니 녀고 엇뎔고.
>   – 이황, 〈도산십이곡〉
>
> (다) 한숨아 셰 한숨아 네 어늬 틈으로 드러온다.
>   고모장ᄌᆞ 셰살장ᄌᆞ 가로다지 여다지에 암돌져귀 수돌져귀 비목걸새 쏙닥 박고 용(龍) 거북 ᄌᆞ물쇠로 수기수기 ᄎᆞ엿ᄂᆞᆫ듸 병풍(屛風)이라 덜걱 져본 족자(簇子) ㅣ라 ᄃᆡᄃᆡᄀᆞᆯ 몬다 네 어늬 틈으로 드러온다.
>   어인지 너 온 날 밤이면 ᄌᆞᆷ 못 드러 ᄒᆞ노라.
>   – 작자 미상

1. (가)~(다)의 공통점으로 가장 적절한 것은?
 ① 과장적 표현을 통해 화자의 처지를 드러내고 있다.
 ② 의문형 진술을 활용하여 화자의 정서를 드러내고 있다.
 ③ 유사한 문장 구조의 반복을 통해 시적 의미를 강조하고 있다.
 ④ 반어적 표현을 통해 시적 상황을 거부하는 화자를 표현하고 있다.

2. (나)와 (다)의 형식적 특징에 대한 설명으로 가장 적절하지 않은 것은?
 ① (나)는 각 장이 4음보의 전통적인 율격으로 되어 있다.
 ② (다)는 중장이 다른 장에 비해 현저히 길어진 구성을 취하고 있다.
 ③ (나)와 (다)는 모두 초장, 중장, 종장의 3장 구성으로 되어있다.
 ④ (다)는 (나)와 달리 종장의 첫 음보 음절 수가 지켜지지 않고 있다.

3. 이 작품에 대한 설명으로 옳지 않은 것은?
 ① 후진 양성을 위한 강학(講學)의 성격을 지닌 도학가이다.
 ② 자연에 동화된 생활과 학문에의 정진을 노래한 연시조이다.
 ③ 임금의 은혜를 잊지 않는 전형적 사대부의 모습을 보이고 있다.
 ④ '언지(言志, 전 6곡)', '언학(言學, 후 6곡)'의 구조로 이루어져 있다.
 ⑤ '자연(自然)'이란 소재를 빌려 관념적 유교 이념을 표현하고 있는 작품이다.

현대어 풀이 〈도산십이곡(陶山十二曲)〉 이황

이런들 어떠하며 | 저런들 어떠하랴. ⇨ 대구
초야우생(草野愚生)이 이렇다 해서 어떠하랴.
자연에 묻혀 지내는 어리석은 선비 → 화자
하물며 자연을 버리고는 천석고황(泉石膏肓)을 고쳐 무엇하랴.
　　　　　　　　　　　　　= 연하고질 = 자연을 사랑하는 병

산 앞에 대가 있고, 대 아래에 물이 있도다.
떼를 지은 갈매기는 오락가락하거든
어쩌다 현자(賢者)가 타는 흰 망아지는 멀리 마음을 두는고.

봄바람에 꽃이 산에 가득하고 가을밤에 달빛이 대에 가득하다. ⇨ 대구
사시의 아름다운 흥취가 사람과 한가지로다.
하물며 물고기가 뛰고 솔개가 날며 구름이 그늘을 짓고 태양
이 빛남이 어찌 끝이 있을꼬? 설의

고인(古人)도 날 못 보고 나도 고인을 못 뵈어.
고인을 못 봐도 가던 길은 앞에 있네.
　　　　　　　학문 탐구의 길
가던 길 앞에 있는데 아니 따르고 어쩌겠는가 설의

당시에 가던 길을 몇 해씩을 버려두고,
어디가 다니다가 이제야 돌아왔는가.
이제나 돌아왔으니 다시는 딴 데 마음 말아라.
　　　　　　　　　　　　　　벼슬길

푸른 산은 어찌하여 만고(萬古)에 푸르르며,
변함없는 자연
흐르는 물은 어찌하여 밤낮으로 그치지 않는가.
우리도 그치지 말고 만고상청(萬古常靑)하리라.
인간, 변하는 존재　　　　　학문에 정진하겠다는 의지

해제 | 이 작품은 작가가 만년에 은퇴하여 안동에 도산 서원을 세우고 후진을 양성하면서 지은 12수의 연시조이다. 전 6곡 언지에는 자연과 더불어 사는 뜻이 도의 완성을 지향하는 데 있음이 드러나 있고, 후 6곡 언학에는 학문의 즐거움과 학문에 정진하는 삶의 자세가 나타나 있다. 이 작품은 자연 귀의의 삶을 노래하면서도 유교적 보편 가치를 지향하고 있어 관념적 성향이 짙다. 작가는 〈도산십이곡〉 발문을 통해 우리말 가곡에 상스러운 것이 많은 현실을 개탄하고, 자신이 지은 노래를 아이들이 부르도록 함으로써 나쁜 마음을 씻어 버리게 하고자 하는 의도를 밝혔는데, 이러한 점에서 〈도산십이곡〉은 문학의 교술성과 효용성을 고려하여 창작한 노래라고 볼 수 있다.

주제 | 자연에 동화된 삶과 관조(전6곡), 학문 수양에의 정진(후6곡)

시대 | 조선 명종 때(1565)

갈래 | 평시조, 연시조(전 12수)

성격 | 관조적, 교훈적, 회고적, 예찬적

특징 | ① 학문에 대한 의지가 나타남.
② 생경한 한자어가 많이 사용됨.

작가 | 이황(1501~1570)의 호는 퇴계이다. 성리학의 대가로 사단 칠정론(四端七情論)이 핵심이며 도산 서원을 세워 후진 양성과 학문 연구에 힘썼다. 대표작으로는 《퇴계집》이 있다.

출전 | 《진본 청구영언(珍本靑丘永言)》

구성 |

전6곡 (언지)	[1] 자연을 지극히 사랑함. [2] 자연에 묻혀 삶. [3] 순박하고 후덕한 모습 [4] 연군 [5] 자연을 등지고 있는 현실을 개탄함. [6] 대자연의 웅대함 찬미
후6곡 (언학)	[7] 독서의 즐거움 [8] 진리 터득의 중요성 [9] 인륜 대도를 실천궁행해야 함. [10] 학문 수양의 결의 다짐 [11] 영원히 변하지 않는 의지 [12] 영원한 학문 수행의 길

민요 〈시집살이 노래〉 작자 미상

기 (형님의 근친)
"형님 온다 형님 온다 보고저즌 형님 온다.
형님 마중 누가 갈까 형님 동생 내가 가지.
형님 형님 사촌 형님 시집살이 어떱데까?"

서 (고된 시집살이)
이애 이애 그 말 마라 시집살이 개집살이.
앞밭에는 당추 심고 뒷밭에는 고추 심어,
고추 당추 맵다 해도 시집살이 더 맵더라.
둥글둥글 수박 식기 밥 담기도 어렵더라.
도리도리 도리 소반(小盤) 수저 놓기 더 어렵더라.
오 리 물을 길어다가, 십 리 방아 찧어다가,
아홉 솥에 불을 때고 열두 방에 자리 걷고,
외나무다리 어렵대야 시아버님같이 어려우랴?
나뭇잎이 푸르대야 시어머니보다 더 푸르랴.
시아버니 호랑새요 시어머니 꾸중새요,
동세 하나 할림새요 시누 하나 뾰족새요,
시아지비 뾰중새요 남편 하나 미련새요,
자식 하난 우는 새요 나 하나만 썩는 샐세.
귀먹어서 삼 년이요 눈 어두워 삼 년이요,
말 못 하여 삼 년이요 석 삼 년을 살고 나니,
배꽃 같던 요 내 얼굴 호박꽃이 다 되었네.
삼단 같던 요 내 머리 비사리춤이 다 되었네.
백옥 같던 요 내 손길 오리발이 다 되었네.
열새 무명 반물치마 눈물 씻기 다 젖었네.
두 폭 붙이 행주치마 콧물 받기 다 젖었네.

결 (해학적인 체념)
울었던가 말았던가 베개 머리 소(沼) 이겼네.
그것도 소(沼)라고 거위 한 쌍 오리 한 쌍
쌍쌍이 때 들어오네.

✔ 체크 문제

1. 이 노래에 대한 설명으로 적절하지 못한 것을 모두 고르면?
① 언어유희와 과장적 기교가 두드러짐.
② 자신이 겪은 삶의 감정을 직접적으로 솔직하게 표현함.
③ 대가족 제도에서 시집살이의 고달픔을 노래함.
④ 고통과 불행을 수용하고 타협하려 함.
⑤ 두 여인의 대화 형식으로 되어 있음.
⑥ 여성 탄압에 대한 적극적 대응 자세가 보임.

2. 이 노래에 대한 설명과 그에 대한 평가로 적절하지 않은 것은?

	설명	설명에 대한 평가
①	계급 문학	양반 가문에 출가한 서민 여성의 시집에 대한 적대감을 나타낸 노래이다.
②	부요(婦謠)	전근대 사회에서의 여성의 한을 절실하게 표현하였다.
③	저항의 수단	시집 식구들이 한결같이 못된 인물로 묘사되어 있다.
④	사회상 반영	이러한 시집살이 노래가 비슷한 내용으로 각 지방에 널리 분포되어 있는 것으로 보아 당시 여성들의 고된 삶을 짐작할 수 있다.
⑤	서민들의 노래	서민들이 지은 노래는 내용에 가식이 없고 시어가 투박한 것이 특징인데, 이 노래는 그러한 특징을 지니고 있다.

현대어 풀이 〈시집살이 노래〉 작자 미상

기 (형님의 근친)
형님 온다 형님 온다 보고 싶은 형님 온다.
　A　　　A　　　B　　　A
형님 마중 누가 갈까. 형님 동생 내가 가지.
　　　스스로 묻고 대답함
형님 형님 사촌 형님 시집살이 어떠합니까?

서 (고된 시집살이)
이애 이애 그 말 마라 시집살이 개집살이.
언어유희, 자신이 처한 상황을 부정적으로 규정 + 시집살이의 어려움을 해학적으로 표현
앞밭에는 당추심고 뒷밭에는 고추 심어, ⇨ 대구
고추 당추 맵다 해도 시집살이 더 맵더라.
　　　　　　　　　　　비교
둥글둥글 수박 식기 밥 담기도 어렵더라. ┐대구
도리도리 도리 소반 수저 놓기 더 어렵더라. ┘
　　언어유희
오 리(五里) 물을 길어다가 / 십 리(十里) 방아 찧어다가, ┐과장
아홉 솥에 불을 때고 / 열두 방에 자리 걷고, ┘
외나무다리 어렵대야 시아버님같이 어려우랴?┐
나뭇잎이 푸르대야 시어머니보다 더 푸르랴? ┘설의, 대구
시아버니 호랑새요 │ 시어머니 꾸중새요, ┐
동세 하나 할림새요 │ 시누 하나 뾰족새요, │은유, 대구, 열거
시아지비 뾰중새요 │ 남편 하나 미련새요, │
자식 하난 우는 새요 │ 나 하나만 썩는 샐세. ┘
(귀 먹어서 삼 년이요 눈 어두워 삼 년이요,
　　　　　대구
말 못 해서 삼 년이요) 석 삼 년을 살고 나니,
배꽃 같던 요 내 얼굴 호박꽃이 다 되었네. ┐
삼단 같던 요 내 머리 비사리춤이 다 되었네. │직유, 대구, 열거
백옥 같던 요 내 손길 오리발이 다 되었네. ┘
열새 무명 반물치마 눈물 씻기 다 젖었네. ┐과장, 대구
두 폭 붙이 행주치마 콧물 받기 다 젖었네. ┘

결 (해학적인 체념)
울었던가 말았던가 베갯머리 소(沼)이겼네.
　　　　　　연못, 과장(연못이 고일 정도로 눈물을 많이 흘림)
그것도 소이라고 거위 한 쌍 오리 한 쌍
　　　　　　　　　　　자식들
쌍쌍이 때 들어오네.

해제 | 이 작품은 고된 시집살이로 인한 며느리의 하소연을 노래하고 있는 민요이다. 시집살이가 어떠냐는 사촌 동생의 질문을 받고, 사촌 형님은 시집살이가 어렵고 힘들다고 말한다. 이 작품에서는 비유법, 반복법, 설의법, 열거법 등의 다양한 표현 방식을 활용하여 시집살이의 괴로움을 풍자적으로 형상화하기도 하고, 자신을 고생시키는 시댁 식구들을 부정적으로 묘사하기도 한다.

주제 | 고된 시집살이의 한과 체념

▶ 시집살이 노래의 리듬과 표현
전체적으로 4·4조의 리듬을 그 기본으로 하고 있다. 또한 '형님 형님 사촌 형님, 이애 이애 그 말 마라, 둥글둥글 수박 식기, 도리도리 도리소반' 등 일상어의 반복을 통하여 묘한 리듬감을 살리고 있다. 그리고 배꽃과 호박꽃, 삼단과 비사리춤, 백옥과 오리발 등의 대조를 통하여 표현의 묘(妙)를 얻고 있다.

▶ 대화를 나누는 두 작중 인물의 태도
시집 안 간 사촌 동생은 시집살이에 대한 호기심과 기대감을 가지고 있다. 이에 반해, 사촌 언니는 '이애 이애 그 말 마라'하며 시집살이의 고됨을 토로하고 있다.

▶ '쌍쌍이 때 들어오네'
• 어머니 품을 파고드는 자식들의 모습
• 슬픔을 해학적으로 승화(슬픔으로 함몰되는 것을 극복)

특징 | '시집살이의 어려움과 괴로움'은 여성 문학의 중요한 주제였다. 자연히 '시집살이 노래'는 부요(婦謠, 여성들의 민요) 중에서 대표적인 것이 되었다. 이 노래에는 가족 관계 속에서 겪는 여성의 한스러운 삶과 체념이 잘 표현되어 있다.

형식 | 구전된 4음보 가사체, 대화체

성격 | 부요(婦謠) : 당대 여성들의 보편적 삶의 체험, 혹은 정서의 표현

내방 가사와 시집살이 노래 |

구분	내방 가사	시집살이 노래
향유 계층	사대부 집 부녀자	서민 계층
작자의 태도	순종과 체념	고발과 항거

부록 | 고전 시가 속 고어를 읽게 되리라.

★ 고려의 멸망 - 麥秀之嘆(맥수지탄), 憂國之情(우국지정), 人生無常(인생무상)

번호	본문	현대어 풀이	핵심 정리
1	興亡(흥망)이 有數(유수)ㅎ니 만월대도 秋草(추초)ㅣ로다. 오백 년 王業(왕업)이 牧笛(목적)에 부쳐시니 夕陽(석양)에 지나는 客(객)이 눈물계워 ᄒ노라.	흥망이 다 운수에 매어 있으니, 고려의 궁이 있던 만월대도 시든 가을 풀뿐이구나. 오백 년 고려의 왕업은 이젠 한낱 목동이 부는 구슬픈 피리 소리에나 담겨 있으니 해 질 무렵 이곳을 지나는 나그네(작자)가 눈물겨워 하노라.	주제 : 역사의 허무함 작가 : 원천석
2	오백 년 도읍지를 필마로 도라 드니 산천은 依舊(의구)ᄒ되 인걸은 간 듸 업다. 어즈버 태평 연월이 꿈이런가 ᄒ노라.	오백 년이나 이어 온 고려의 옛 도읍지에 한 필의 말을 타고 들어가니, 산천의 모습은 예나 다름없으나, 인걸은 간 데 없다. 아, 슬프다. 고려의 태평한 시절이 꿈처럼 허무하도다.	주제 : 역사의 허무함 작가 : 길재
3	仙人橋(선인교) 나린 물이 紫霞洞(자하동)에 흐르르니 半千年 王業(반천년 왕업)이 물소리 ᄲᅮᆫ이로다. 아희야, 故國興亡(고국 흥망)을 물어 무엇 ᄒ리오.	선인교에서 내려오는 물이 자하동으로 흘러내리는 것을 보니, 오백 년이나 이어 내려온 왕업이 물소리만 남았구나. 아아, 장구한 역사를 가진 고려 왕조의 흥망을 따져 본들 무엇 하겠느냐?	주제 : 역사의 허무함 작가 : 정도전
4	白雪(백설)이 ᄌᆞ자진 골에 구루미 머흐레라 반가온 梅花(매화)는 어닉 곳에 픠엿ᄂᆞ고 夕陽(석양)에 홀로 셔 이셔 갈곳 몰라 ᄒ노라	흰 눈이 잦아진 골짜기에 구름이 험하구나. 반가운 매화는 어느 곳에 피어 있는가? 날이 저물어 가는 석양에 홀로 서 있어 갈 곳 몰라 하노라.	주제 : 고려에 대한 충절 작가 : 이색
5	눈마ᄌ 휘여진 딕를 뉘라셔 굽다턴고. 구블 節(절)이면 눈 속의 프를소냐. 아마도 歲寒孤節(세한 고절)은 너ᄲᅮᆫ인가 ᄒ노라.	눈을 맞아 휘어진 대나무를 누가 굽었다고 하던가? 굽을 절개라면 눈 속에서도 푸를까? 아마도 한겨울의 추위를 이기는 높은 절개는 너뿐인가 하노라.	주제 : 고려에 대한 충절 작가 : 원천석
6	가마귀 검다 ᄒ고 白鷺(백로)야 웃지 마라. 것치 거믄들 속조ᄎ 거믈소냐. 아마도 것 희고 속 검을손 너ᄲᅮᆫ인가 ᄒ노라.	까마귀가 겉으로 보기에 검다고, 백로야 비웃지 마라. 비록 겉이 검은들 속마음까지 검은 줄 아느냐? 사실 겉이 희면서도 속이 검은 것은 바로 네가 아니더냐?	주제 : 위선적 인물 풍자 작가 : 이직
7	이런들 엇더ᄒ며 져런들 엇더ᄒ료. 萬壽山(만수산) 드렁츩이 얼거진들 긔 엇더 ᄒ료. 우리도 이ᄀᆺ치 얼거져 百年(백년)ᄭᅡ지 누리리라.	이런들 어떠하며 저런들 어떠하리오. 만수산에 마구 뻗어난 칡덩굴이 서로 얽혀진들 어떠하리오. 우리도 이와 같이 어울려져 백년까지 누리리라.	주제 : 충신에 대한 회유 작가 : 이방원
8	이 몸이 주거 주거 일백 번 고쳐 주거 백골이 진토되여 넉시라도 잇고업고 님 향ᄒᆞᆫ 일편단심이야 가실 줄이 이시랴.	이 몸이 죽고 또 죽어 일백 번 다시 죽어 백골(白骨)이 흙과 먼지가 되어 넋이야 있건 없건 임금님께 바치는 충성심이야 변할 리가 있으랴?	주제 : 고려에 대한 충절 작가 : 정몽주
9	가마귀 ᄊᆞᆺ호는 골에 白鷺(백로)야 가지 마라. 셩닌 가마귀 흰빗츨 ᄉᆞ올세라. 淸江(청강)에 죠히 시슨 몸을 더러일까 ᄒ노라.	까마귀(간신, 소인배) 모여 다투는 곳에 백로(강직한 선비)야 가지 마라. 성이 난 까마귀들이 새하얀 너의 몸빛을 보고 시기하고 미워할 것이니 청강에서 기껏 깨끗이 씻은 너의 결백한 심신이 더럽혀질까 걱정된다.	주제 : 아들에 대한 모정 작가 : 정몽주의 어머니

계유정난 - 지조와 절개

번호	본문	현대어 풀이	핵심 정리
10	간밤의 부던 브람에 눈서리 치단말가. 落落長松(낙락장송)이 다 기우러 가노미라. 호물며 못다 핀 곳이야 닐너 므슴호리오.	간밤에 불던 바람에 눈과 서리까지 쳤단 말인가. 푸르던 낙락장송이 다 쓰러져 가는구나. 하물며 다 피지 못한 꽃이야 말해서 무엇하리오.	주제 : 세조의 포악함 개탄 작가 : 유응부
11	가마괴 눈비 마자 희는 듯 검노미라. 夜光明月(야광명월)이 밤인들 어두오랴. 님 向(향)혼 一片丹心(일편단심)이야 變(변)홀 줄이 이시랴.	까마귀가 눈비를 맞아 희어지는 듯하나 다시 검어진다. 밤에 빛나는 밝은 달이 밤이라고 해서 어둡겠는가? 임금(단종)을 향한 굳은 충성심이야 변할 까닭이 있겠는가?	주제 : 지조와 절개 작가 : 박팽년
12	간 밤에 우던 여흘 슬피 우러 지내여다. 이제야 싱각호니 님이 우러 보내도다. 져 물이 거스리 흐르고져 나도 우러 녜리라.	지난밤에 울며 흐르던 여울, 슬프게 울면서 흘러간다. 이제 생각하니 임(임금)이 울어 보내는 소리로구나. 저 물이 거슬러 흐르게 하고 싶다. 나도 울면서 가리라.	주제 : 이별의 슬픔 작가 : 원호
13	房(방) 안에 혓는 燭(촉)불 눌과 離別(이별)호엿관디, 것츠로 눈물 디고 속타는 쥴 모르는고. 우리도 뎌 燭(촉)불 갓트여 속타는 쥴 모로도다	방 안에 켜 있는(놓은) 촛불은 누구와 이별을 하였기에, 겉으로 눈물을 흘리면서 속이 타 들어가는 줄을 모르는가. 저 촛불도 나와 같아서 속이 타는 줄을 깨닫지 못하는구나.	주제 : 이별의 슬픔 작가 : 이개
14	천 만리 머느먼 길에 고흔님 여희압고 닉 마음 둘 딕 업셔 닉가에 안쟛시니 져 물도 닉 안 갓틔여 우러 밤길 예놋다.	천 리 만 리 머나먼 저승길에 고운 님(단종)을 영원히 사별하고 나의 슬픈 마음을 붙일 데가 없어 냇가에 앉아 있으니 (흘러가는) 저 냇물도 내 마음 같아서 울며 밤길을 흘러간다.	주제 : 이별의 슬픔 작가 : 왕방연
15	首陽山(수양산) 바라보며 夷齊(이제)를 恨(한)호노라. 주려 주글진들 採薇(채미)도 호는것가. 비록애 푸새엣 거신들 긔 뉘 짜희 낫드니.	수양산을 바라보면서, 백이와 숙제를 한탄한다. 차라리 굶주려 죽을지언정 고사리를 뜯어먹어서야 되겠는가? 비록 산에 자라는 풀이라 하더라도 그것이 누구의 땅에서 났는가?	주제 : 지조와 절개 작가 : 성삼문
16	이 몸이 죽어가셔 무어시 될고 호니, 봉래산 제일봉에 낙락장송 되야 이셔, 백설이 만건곤홀 졔 독야청청 호리라.	이 몸이 죽어서는 무엇이 될 것인가 하면, 신선이 살고 있다는 봉래산 가장 높은 봉우리에 싱싱하게 자라난 큰 소나무가 되었다가, 흰 눈이 온 누리를 덮을 때도 나만은 푸르디푸른 빛을 보여 주리라.	주제 : 지조와 절개 작가 : 성삼문

병자호란 – 悲憤慷慨(비분강개)

번호	본문	현대어 풀이	핵심 정리
17	가노라 三角山(삼각산)아 다시 보쟈 漢江水(한강수)ㅣ야. 故國山川(고국 산천)을 써느고쟈 ᄒ랴마는 時節(시절)이 하 殊常(수상)ᄒ니 올동말동 ᄒ여라.	가노라 삼각산아! 다시 보자 한강물아! 고국 산천을 떠나고 싶지 않지만 시절이 하도 뒤숭숭하니 다시 돌아올 수 있을지 모르겠구나.	주제 : 고국을 떠나는 슬픔 작가 : 김상헌
18	풍셜 석거친 날에 뭇노라 北來使者(북래사자)야 小海容顔(소해용안)이 언매나 치오신고. 故國(고국)의 못 죽는 孤臣(고신)이 눈물계워 ᄒ노라.	바람과 서리가 뒤섞여 내리는 날에 묻노라. 심양에서 온 사신이여 (볼모로 잡혀간) 우리 왕자님들이 얼마나 추워하시는고? 고국에서 죽지도 못하고 살아 있는 외로운 신하는 눈물겨워 하노라.	주제 : 국치에 대한 비분강개 작가 : 이정환
19	뭇노라 멱라수야 굴원이 어찌 죽다터니 참소에 더럽힌 몸 죽어 묻힐 땅이 없어 청파에 골육을 싯어 고기 뱃속에 가추니라.	멱라수야, 굴원이 어찌 죽었다 하느냐. 참소에 더럽힌 몸 죽어 묻힐 땅이 없어 푸른 물결에 뼈와 살을 빼서 고기 뱃속에 장사 지내었다.	주제 : 청나라에 대한 원한, 설욕의 다짐 작가 : 성충

憂國(우국)・戀君之情(연군지정)・무인의 기개・유배

번호	본문	현대어 풀이	핵심 정리
20	구름이 無心(무심)툰 말이 아마도 虛浪(허랑)ᄒ다. 中天(중천)에 써이셔 任意(임의)로 ᄃ니면셔 구틱야 光明(광명)ᄒ 날빗츨 ᄯ라가며 덥ᄂ니.	구름이 사심(邪心)이 없다는 것은 허무맹랑한 거짓말이다. 하늘에 높이 떠 있어(떠서) 마음대로 다니면서 구태여 밝은 햇빛(임금의 은총)을 따라가며 덮느냐?	주제 : 신돈의 횡포 풍자 작가 : 이존오
21	風霜(풍상)이 섯거친 날의 ᄀᆞ피온 黃菊花(황국화)를 金盆(금분)에 ᄀᆞ득 담아 玉堂(옥당)의 보내오니, 桃李(도리)야 곳인 체 마라 님의 ᄯ들 알괘라.	바람과 서리가 뒤섞이어 내린 날에 갓 핀 노란 국화를 좋은 화분에 가득 담아 홍문관에 보내시니, 복사꽃 자두꽃아 너희들은 꽃인 체 마라. (서릿발을 이겨 피는 국화를 보내신) 임금님의 뜻을 알겠구나.	주제 : 군은과 충절 다짐 작가 : 송순
22	올히 댤은 다리 학긔 다리 되도록애 거믄 가마괴 해오라비 되도록애 享福無疆(향복무강)ᄒ샤 억만세를 누리쇼셔.	오리의 짧은 다리가 학의 다리처럼 길어지고, 검은 까마귀가 백로처럼 희게 될 때까지 복을 누리며 억만년까지 오래도록 사시옵소서.	주제 : 임금의 만수무강 기원 작가 : 김구
23	三冬(삼동)에 뵈옷 닙고 巖穴(암혈)에 눈비 마자 구름 낀 볏뉘도 쐰 적이 업건마는 西山(서산)에 ᄒ지다 ᄒ니 눈물겨워 ᄒ노라.	겨울에 베로 지은 옷 입고, 바위굴에서 눈비를 맞고 있으며(은거) 구름 사이에 비치는 햇볕(임금의 은혜)도 쬔 적이 없지만 서산에 해가 졌다(임금께서 승하하셨다)는 소식을 들으니 눈물이 난다.	주제 : 임금의 승하 애도 작가 : 조식
24	엇그제 버힌 솔이 落落長松(낙락장송) 아니런가. 적은 덧 두던들 棟樑材(동량재) 되리러니. 어즈버 明堂(명당)이 기울면 어느 남기 바티랴.	엊그제 잘라버린 소나무는 우뚝 솟은 큰 소나무가 아니었던가. 잠시만 두었다면 큰 대들보감이 되었을 텐데. (아깝게도 베어 버렸구나.) 아! 궁전이 기울면 어느 나무로 대들보를 삼을까?	주제 : 충신의 죽음 애도와 우국 작가 : 김인후
25	냇ᄀᆞ에 히오라비 므스일 셔잇는다. 무심ᄒ 져 고기를 여어 므슴 ᄒ려ᄂᆞ다. 아마도 ᄒᆞᆫ믈에 잇거니 니져신들 엇드리.	냇가에 서 있는 백로야! 무슨 일로 서 있느냐? 사심 없이 노니는 저 고기를 엿보아서 무엇하려 하느냐? 아마도 한 물에 살고 있으니, 아예 잊어버리고 내버려 두는 것이 어떠리?	주제 : 당쟁에 대한 경계 작가 : 신흠

번호	본문	현대어 풀이	핵심 정리
26	朔風(삭풍)은 나무 긋팃 불고 明月(명월)은 눈 속에 친듸 萬里邊城(만리변성)에 一長劍(일장검) 집고 셔셔, 긴 프람 큰 훈 소리에 거칠 거시 업세라.	몰아치는 북풍은 나뭇가지를 스치고 밝은 달은 눈 속에 찬데, 멀리 떨어져 있는 변방(국경) 성루에서 긴 칼을 짚고 서서, 휘파람 불어치며 큰 소리로 호통을 치니, 감히 대적하는 것이 없구나.	주제 : 무인의 호방한 기개 작가 : 김종서
27	長劍(장검)을 싸혀 들고 백두산에 올라보니 大明天地(대명천지)에 腥塵(성진)이 줌겨세라. 언제나 南北風塵(남북풍진)을 헤쳐볼고 하노라.	긴 칼을 빼어 들고 백두산에 올라 보니 밝고 맑은 천지에 전쟁 기운이 덮여 있구나. 언제나 남북에서 자주 일어나는 싸움을 평정하여 세상일을 바로잡을까.	주제 : 무인의 호방한 기개 작가 : 남이
28	한산셤 달 볼근 밤의 戍樓(수루)에 혼자 안자 큰 칼 녀픠 추고 기픈 시름 하는 적의 어듸셔 一聲胡笳(일성호가)는 남의 이를 긋느니.	한산섬 달 밝은 밤에 수루에 외로이 앉아 (망을 보면서) 큰 칼을 옆에 차고 깊은 근심에 잠겨 있을 즈음, 어디서 한 곡조의 호가 소리가 남의 창자를 끊어 놓으려 하느냐?	주제 : 우국충정 작가 : 이순신
29	국화야 너는 어찌 三月東風(삼월동풍) 다 보니고 落木寒天(낙목한천)에 네 홀노 피엿는다. 아마도 傲霜孤節(오상고절)은 너뿐인가 하노라.	국화야 너는 어찌 (만물을 생동케 하는) 봄이 다 지난 뒤, 나뭇잎이 지고 추워진 계절에 홀로 피었느냐? 아마도 찬 서리를 이겨 내는 높은 절개는 너밖에 없는 것 같구나.	주제 : 지조와 절개 작가 : 이정보
30	철령 노픈 봉에 쉬여 넘는 져 구름아. 孤臣(고신)의 寃淚(원루)를 비사마 씌여다가 님 계신 구중 심처에 뿌려 본들 엇드리.	철령 높은 봉우리를 단숨에 넘지 못하고, 쉬었다가 넘는 저 구름아! 귀양길에 오르는 외로운 신하의 서러움이 맺힌 눈물을 비 대신 띄우다가 임금이 계신 깊은 대궐 안에 뿌리는 것이 어떠하겠는가?	주제 : 억울한 심정 호소 / 귀양에서의 정한(情恨) 작가 : 이항복
31	님이 혀오시매 나는 전혀 밋덧더니 날 사랑하든 정을 뉘손듸 옴기신고. 처음에 뮈시든 거시면 이디도록 설울가.	임께서 나를 생각해 주시매 나는 임을 아주 믿었었는데 나를 사랑하시던 정을 누구에게 옮기셨는가? 처음부터 나를 미워하시던 것이라면 이토록 서러울까?	주제 : 이별의 슬픔 작가 : 송시열
32	꿈에 도이는 길이 자최곳 나랑이면 님의 집 窓(창) 밧긔 石路(석로) ㅣ라도 달으련마는 꿈길이 자최 업스니 그를 슬허하노라.	꿈에 다니는 길이 만일 자취가 난다고 할 것 같으면, 임의 집 창밖의 길이 비록 돌길이라도 닳아 없어졌겠지만, 꿈속에 다니는 길은 자취가 없으니 그것을 슬퍼하노라.	주제 : 간절한 그리움 작가 : 이명한
33	님 글인 相思夢(상사몽)이 실솔의 넉시 되야 秋夜長(추야장) 깁픈 밤에 님의 방에 드럿다가 날 닛고 깁히 든 줌을 씌와 볼가 하노라.	임을 그리워하는 사랑의 꿈이 귀뚜라미의 넋이 되어 가을의 기나긴 깊은 밤에 임의 방을 찾아들어 나를 잊고 깊이 잠든 임을 깨워 볼까 하노라.	주제 : 간절한 그리움 작가 : 박효관
34	슬프나 즐거오나 올타하나 외다 하나 내 몸의 해올 일만 닦고닦을 뿐이언정 그 밧긔 녀나믄 일이야 분별할 줄 이시랴.	슬프나 즐거우나 옳다 하나 틀리다 하나 내 몸이 할 일만 닦고 닦을 뿐이지 그 밖의 나머지 일이야 분별할 줄 있으랴.	주제 : 신념에 따른 삶 작가 : 윤선도
35	내 일 망녕된 줄 내라 하여 모를 손가. 이 마음 어리기도 님 위한 탓이로다. 아뫼 아무리 일러도 님이 혜여 보소서.	내 일 망령된 줄 나라 하여 모르겠는가. 이 마음 어리석기도 임을 위한 탓이로세. 아무가 아무리 말해도 임이 생각해 보소서.	주제 : 결백의 하소연 작가 : 윤선도
36	개야미 불개야미 준등 부러진 불개야미, 압발 정종 나고 뒷발 종긔 난 불개야미, 광릉 쉽재너머 드러 가람의 허리를 가르 무러 추혀 들고 북해를 것너닷 말이 이셔이다 님아님아. 온 놈이 온 말을 하여도 님이 짐작하소서.	개미 불개미 잔등 부러진 불개미, 앞발 종기 나고 뒷발에 종기 난 불개미, 광릉 샘고개 넘어 들어가 호랑이의 허리를 가로 물어 추켜들고, 북해를 건넜다는 말이 있습니다. 임이여, 모든 사람이 백 가지 말을 해도 임이 짐작하소서.	주제 : 결백의 하소연 작가 : 작자 미상

한가로운 삶 – 江湖歌辭(강호한정), 自然親和(자연친화), 物我一體(물아일체), 安分知足(안분지족)

번호	본문	현대어 풀이	핵심 정리
37	대쵸볼 불근 골에 밤은 어이 뚯드르며, 벼 뷘 그르헤 게는 어이 느리는고, 술 닉쟈 체 쟝스 도라가니 아니 먹고 어이리.	대추가 발갛게 익은 골짜기에 밤까지 익어 뚝뚝 떨어지며, 벼를 벤 그루에 게까지 어찌 나와 다니는가? 술이 익자 체장수가 체를 팔고 돌아가니, 술을 먹지 않고 어쩌리.	주제 : 농촌생활의 풍요로움 작가 : 황희
38	재너머 성권롱 집의 술닉닷 말 어제 듯고 누은 쇼 발로 박차 언치 노하 지즐트고 아히야 네 권롱 겨시냐 鄭座首(명좌수) 왓다 ᄒ여라.	고개 너머에 살고 있는 성권농의 집에 술이 익었다는 말을 어제 듣고서 누워 있는 소를 발로 차서 일으켜 세워 언치만 놓아 껑충 눌러 타고 여봐라, 너의 권농 어른 계시냐? 정좌수가 왔다고 아뢰어라.	주제 : 전원생활의 멋과 풍류 작가 : 정철
39	초암이 적료ᄒᆞᆫ딕 벗 업시 혼자 안즈 평조 한닙이 백운이 절로 존다. 언의 뉘 이 죠흔 뜻을 알리 잇다 ᄒ오.	초가 암자가 고요한데 찾아 온 벗 하나 없이 홀로 앉아 평조의 노래 한 잎을 읊으니 흰 구름이 졸고 있는 것 같다. 어느 누가 이 좋은 뜻을 알아줄 이 있다 하겠는가?	주제 : 자연을 벗삼아 부르는 풍류 작가 : 김수장
40	秋江(추강)에 밤이 드니 물결이 ᄎ노미라. 낙시 드리치니 고기 아니 무노미라. 무심ᄒᆞᆫ 달빗만 싯고 뷘 빅 저어 오노미라.	가을 강에 밤이 되니 물결이 차구나. 낚싯대를 드리우니 고기 아니 무는구나. 무심한 달빛만 가득 싣고 빈 배 저어 오노라.	주제 : 자연 속에서의 풍류 작가 : 월산대군
41	말 업슨 靑山(청산)이요 態(태) 업슨 流水(유수) ㅣ 로다. 갑 업슨 淸風(청풍)이요 임쟈 업슨 明月(명월)이로다. 이 中(중)에 病(병)업슨 이 몸이 分別(분별) 업시 늙으리라.	말이 없는 청산(靑山)이요, 모양 없이 흐르는 유수(流水)로다. 값 없는 것은 바람이요, 주인 없는 것은 밝은 달빛이라. 이 아름다운 자연에 묻혀 사는 병 없는 이 몸은 걱정 없이 늙으리라.	주제 : 안빈낙도 작가 : 성혼
42	十年(십 년)을 經營(경영)ᄒᆞ여 초려 삼간 지여내니 나 ᄒᆞᆫ 간 달 ᄒᆞᆫ 간에 淸風(청풍) ᄒᆞᆫ 간 맛져 두고 江山(강산)은 들일 듸 업스니 둘러 두고 보리라.	십 년이나 기초를 닦아서 보잘것없는 초가집을 지어내니, 달 한 칸과 맑은 바람도 한 칸을 맡겨 두고, 청산과 맑은 강은 들여놓을 곳이 없으니 주위에다 두고 보리라.	주제 : 자연친화 작가 : 송순
43	집방석 닉지 마라 낙엽엔들 못 안즈랴. 솔불 혀지 마라 어제 진 달 도다 온다. 아희야 박주산챌만졍 업다말고 내여라.	짚으로 만든 방석을 내지 말아라. 떨어진 나뭇잎엔들 앉지 못하겠느냐. 관솔불을 켜지 말라. 어제 졌던 밝은 달이 돋아 온다. 얘야! 변변치 않은 술과 나물일지라도 좋으니 없다 말고 내오너라.	주제 : 안빈낙도 작가 : 한호
44	頭流山(두류산) 兩端水(양단수)를 녜 듯고 이졔 보니, 桃花(도화) 쁜 묽은 물에 山影(산영)조ᄎᆞ 잠겨셰라. 아희야, 武陵(무릉)이 어듸오 나ᄂᆞᆫ 옌가 ᄒᆞ노라.	지리산의 명승인 양단수를 지난날 얘기로만 듣고서 이제 와 처음 보니, 복숭아꽃이 떠내려가는 맑은 냇물에는 산그림자마저 어리어 있구나. 얘야, 무릉도원이 어디냐? 나는 여기인가 하노라.	주제 : 자연친화 작가 : 조식
45	田園(전원)에 나믄 興(흥)을 전나귀에 모도 싯고 溪山(계산) 니근 길로 흥치며 도라와셔 아희야 琴書(금서)를 다스려라 나믄 ᄒᆡ를 보내리라.	전원에 남은 흥취를 다리를 저는 나귀에 모두 싣고서, 계곡을 끼고 있는 산 익숙한 길로 흥겨워하며 돌아와서 (하는 말이) 아이야, 거문고와 서책을 다스려라, 남은 해를 보내리라.	주제 : 자연 속에서의 풍류 작가 : 김천택

번호	본문	현대어 풀이	핵심 정리
46	강산 죠흔 景(경)을 힘센 이 닷톨 양이면, 니 힘과 니 分(분)으로 어이ᄒᆞ여 엇들쏜이. 진실로 禁(금)ᄒᆞ리 업쓸씌 나도 두고 논이노라.	자연의 아름다운 경치를 힘이 센 사람들이 다툰다고 치면, 나같이 약한 힘과 가난한 분수로 어찌 차지할 수가 있을 것인가? 진실로 막는 사람이 없으므로 나 같은 사람도 마음 즐기며 노니노라.	주제 : 자연 속에서의 풍류 작가 : 김천택
47	미ᄋᆞ미 밉다 울고 쓰르람이 쓰다 우니 山菜(산채)를 밉다는가 薄酒(박주)를 쓰다는가. 우리는 草野(초야)에 뭇쳐시니 밉고 쓴 줄 몰니라.	매미 맵다 울고 쓰르라미 쓰다 우니 산나물이 맵다고 하는가? 술이 쓰다고 하는가? 우리는 산과 들에 묻혀 살고 있으니 맵고 쓴 줄을 모르겠노라.	주제 : 초야에 묻혀 사는 즐거움 작가 : 이정신
48	山村(산촌)에 눈이 오니 돌길이 뭇쳐셰라. 柴扉(시비)를 여지 마라 날 ᄎᆞ즈리 뉘 이스리. 밤즁만 一片明月(일편 명월)이 긔 벗인가 ᄒᆞ노라.	산골 마을에 눈이 내리니 돌길이 묻혔구나! 사립문을 열지 마라. 나를 찾아올 손님이 누가 있겠느냐? 다만 밤중에 찾아드는 한 조각 밝은 달만이 내 벗인가 싶구나.	주제 : 자연친화 작가 : 신흠
49	청산도 절노절노 綠水(녹수)ㅣ라도 절노절노 산 절노절노 수(水) 절노절노 산수간에 나도 절노절노 이 중에 절노 ᄌᆞ린 몸이 늙기도 절노절노 늙느리라.	푸른 산도 자연 그대로이며 흐르는 맑은 물도 자연 그대로라. 산과 물이 모두 자연의 뜻을 따르니 나도 자연 그대로이다. 자연 속에서 절로 자란 몸이니 늙어 가는 것도 자연의 순리대로 하리라.	주제 : 자연친화 작가 : 송시열
50	聾巖(농암)애 올아 보니 老眼(노안)이 猶明(유명)이로다. 人事(인사)이 變(변)ᄒᆞᆫ들 山川(산천)이ᄯᆞᆫ 가실가. 巖前(암전)에 某水某丘(모수모구)이 어제 본 듯 ᄒᆞ예라.	물가의 바위에 올라 사면을 바라보니 늙은이의 눈이 오히려 밝아진다. 사람들이 하는 일에는 변함이 있지마는 자연이야 변할 리 있겠는가. 바위 앞의 이름 모를 물과 언덕은 어제 본 바와 같구나.	주제 : 자연귀의 작가 : 이현보
51	백구야 말 무러 보자 놀나지 말아스라. 各區勝地(명구승지)를 어듸어듸 보왓ᄂᆞᆫ다. 날드려 仔細(자세)히 일러든 너와 게 가 놀니라.	갈매기야 말 물어보자 놀라지 말려무나. 산수 경치 좋기로 이름난 곳을 어디 보았느냐. 나에게 자세히 말해 주면 너와 거기 가 같이 놀리라.	주제 : 자연친화 작가 : 김천택
52	산슈간 바회 아래 뛰집을 짓노라ᄒᆞ니 그 몰론 늠들은 웃는다 ᄒᆞ다마는 어리고 향암의 뜻듸ᄂᆞᆫ 내 분인가 ᄒᆞ노라.	자연 속 바위 아래 초가를 짓노라 하니 (그 뜻을) 모르는 놈들은 웃는다 한다마는 어리석고 세상 물정 모르는 뜻은 내 분수인가 하노라.	주제 : 자연에 은거 작가 : 윤선도
53	蓮(연)닙희 밥 ᄡᅡ두고 飯饌(반찬)으란 장만마라. 靑蒻笠(청약립)은 써잇노라 絲蓑衣(녹사의)를 가져오냐. 엇더타 無心(무심)ᄒᆞᆫ 白鷗(백구)ᄂᆞᆫ 간 곳마다 좃ᄂᆞ다.	연잎에 밥 싸 두고 반찬은 장만하지 마라. 삿갓은 쓰고 있노라 도롱이를 가져왔느냐. 어찌하여 무심한 갈매기는 가는 곳마다 쫓아다니는가.	주제 : 안분지족, 물아일체 작가 : 윤선도

사랑 · 이별 · 獨守空房(독수공방)

번호	본문	현대어 풀이	핵심 정리
54	冬至(동지)ㅅ 둘 기나긴 밤을 한 허리를 버혀 내여, 春風(춘풍) 니불 아레 서리서리 너헛다가, 어론님 오신 날 밤이여든 구뷔구뷔 펴리라.	동짓달 긴긴 밤의 한 허리를 베어 내어, 봄바람 따뜻한 이불 속에 서리서리 넣어 두었다가, 정든 임이 오신 밤이면 굽이굽이 펼쳐 그 밤이 오래오래 보내리라.	주제 : 임에 대한 사랑 작가 : 황진이
55	어져 내 일이야 그릴 줄을 모로ᄃᆞ냐, 이시라 ᄒᆞ더면 가랴마ᄂᆞᆫ 제 구틱야, 보ᄂᆡ고 그리ᄂᆞᆫ 정은 나도 몰라 ᄒᆞ노라.	아! 내가 한 일이 후회스럽구나. 이렇게도 그리울 줄을 몰랐더냐? 있으라 했더라면 굳이 떠나시려 했겠느냐마는 내가 굳이 보내 놓고 그리워하는 마음을 나도 모르겠구나.	주제 : 이별의 정한 작가 : 황진이
56	靑山(청산)은 내 ᄯᅳᆺ이오 綠水(녹수)ᄂᆞᆫ 님의 情(정)이 綠水(녹수) 흘너간들 靑山(청산)이야 변ᄒᆞᆯ손가 綠水(녹수)도 靑山(청산)을 못니져 우러예어 가는고	청산은 변함없는 내 마음이고 흐르는 푸른 시냇물은 임의 정이다. 물이야 흘러가더라도 산이야 변할 수 있으랴. 흐르는 물도 자기가 놀던 청산이 그리워 울면서 흘러가는구나.	주제 : 임을 향한 변함없는 마음 작가 : 황진이
57	산은 녯 산이로딕 물은 녯 물이 안이로다. 晝夜(주야)에 흐르거든 녯 물이 이실쏘냐. 人傑(인걸)도 물과 ᄀᆞᆺᄋᆞ야 가고 안이 오노미라.	산은 옛날의 산 그대로인데 물은 옛날의 물이 아니구나. 종일토록 흐르니 옛날의 물이 그대로 있겠는가. 사람도 물과 같아서 가고 아니 오는구나.	주제 : 무정한 임에 대한 그리움 작가 : 황진이
58	靑山裏(청산리) 碧溪水(벽계수)ㅣ야 수이 감을 자랑마라. 一到滄海(일도 창해)ᄒᆞ면 다시 오기 어려오니 明月(명월)이 滿空山(만공산)ᄒᆞ니 수여간들 엇더리.	청산 속에 흐르는 푸른 시냇물(중의적)아, 빨리 흘러간다고 자랑 마라. 한번 넓은 바다에 다다르면 다시 청산으로 돌아오기 어려우니 밝은 달(황진이)이 산에 가득 차 있으니 쉬어 감이 어떠냐?	주제 : 향락과 사랑 권유 작가 : 황진이
59	ᄆᆞᄋᆞᆷ이 어린 後(후)ㅣ니 ᄒᆞᄂᆞᆫ 일이 다 어리다. 萬重雲山(만중 운산)에 어늬 님 오리마ᄂᆞᆫ, 지ᄂᆞᆫ 닙 부ᄂᆞᆫ ᄇᆞ람에 행혀 긘가 ᄒᆞ노라.	마음이 어리석으니 하는 일마다 모두 어리석다. 겹겹이 구름 낀 산중이니 임이 올 리 없건마는, 떨어지는 잎과 부는 바람 소리에도 행여나 임인가 하고 생각한다.	주제 : 간절한 그리움 작가 : 서경덕
60	내 언제 신이 업서 님을 언제 소겻관듸 월침삼경에 온 뜻이 전혀 업닉. 추풍의 디ᄂᆞᆫ 닙 소리야 낸들 어이 ᄒᆞ리오.	내가 언제 믿음이 없어서 임을 언제 속였기에 달이 잠든 한밤중이 되도록 임이 나를 찾을 뜻이 전혀 없네. 가을바람에 떨어지는 나뭇잎 소리야 낸들 어찌 하겠는가?	주제 : 임을 기다리는 애타는 마음 작가 : 황진이
61	靑草(청초) 우거진 골에 자ᄂᆞᆫ다 누엇ᄂᆞᆫ다. 紅顔(홍안)을 어듸 두고 白骨(백골)만 무쳣ᄂᆞᆫ이. 盞(잔) 자바 권ᄒᆞ리 업스니 그를 슬허 ᄒᆞ노라.	푸른 풀만 우거진 무덤에서 (그대는) 자고 있느냐, 누워 있느냐. 그 곱고 아름답던 얼굴은 어디 두고 백골만 여기에 묻혀 있단 말이냐. 잔을 잡아 술 권해 줄 사람이 없으니 그것을 슬퍼하노라.	주제 : 황진이의 죽음 애도 작가 : 임제
62	묏버들 갈히 것거 보내노라 님의손딕, 자시ᄂᆞᆫ 창 밧긔 심거 두고 보쇼셔. 밤비예 새닙곳 나거든 날인가도 너기쇼셔.	산에 있는 버들가지를 아름다운 것을 골라 꺾어 임에게 보내오니, 주무시는 방의 창문가에 심어 두고 살펴 주십시오. 행여 밤비에 새잎이라도 나거들랑 마치 나를 본 것처럼 여기소서.	주제 : 임에 대한 사랑 작가 : 홍랑
63	梨花雨(이화우) 훗ᄲᅮ릴 제 울며 줍고 이별ᄒᆞᆫ 님, 추풍 낙엽에 져도 날 생각ᄂᆞᆫ가. 천 리에 외로운 ᄭᅮᆷ만 오락가락 ᄒᆞ노매라.	배꽃이 흩날리던 무렵에 손잡고 울며불며하다가 헤어진 임, 가을바람에 낙엽 지는 가을이 되었으니, 님도 나를 생각하여 주실까? 천 리 길 머나먼 곳에 외로운 꿈만 오락가락하는구나.	주제 : 간절한 그리움 작가 : 계량

번호	본문	현대어 풀이	핵심 정리
64	북창이 묽다커늘 우장 업시 길을 난이 산에는 눈이 오고 들에는 촌비로다. 오늘은 촌비 맛갓시니 얼어 잘까 호노라.	북녘 창으로 보이는 하늘이 맑기에 우장도 안 가지고 길을 떠났더니, 산에서는 눈이 어리고, 들에서는 찬비가 내리는구나. 이래저래 오늘은 찬비를 맞았으니, 할 수 없이 언 몸으로 잘까 하노라.	주제 : 사랑을 구하는 마음 작가 : 임제
65	어이 얼어 잘이 므스 일 얼어 잘이 鴛鴦枕(원앙침) 翡翠衾(비취금) 어듸 두고 얼어 잘이 오늘은 촌비 맛자시니 녹아 잘까 호노라.	어찌 얼어 자겠는가? 무슨 일로 얼어 자겠는가? 원앙새 수놓은 베개와 비취색 이불 어디 두고서, 얼어 자려 하시나이까? 오늘은 (그대가) 찬비를 맞고 오셨으니 몸을 녹여 가며 자려 하나이다.	주제 : 사랑에 대한 허락 작가 : 한우
66	님이 오마 흐거늘 저녁밥을 일 지어 먹고 中門(중문) 나서 大門(대문) 나가 地方(지방) 우희 치 드라 안자 以手(이수)로 加額(가액)호고 오는가 가는가 건넌 山(산) 브라보니 거머횟들 셔 잇거늘 져야 님이로다. 보션 버서 품에 품고 신 버서 손에 쥐고 곰븨님븨 님븨곰븨 천방지방 지방천방 즌듸 모른듸 굴희지 말고 위렁충창 건너가셔 情(정)엣말 흐려 흐고 겻눈을 흘긧 보니 上年(상년) 七月(칠월) 사흔날 굴가벅긴 주추리 삼대 솔드리도 날 소겨다. 모쳐라 밤일식 망정 힝혀 낫이런들 눔 우일 번흐괘라.	님이 오겠다고 하기에 저녁밥을 일찍 지어 먹고 중문을 나와서 대문으로 나가, 문지방 위에 올라가서 손을 이마에 대고 임이 오는가 하여 건넛산을 바라보니 거뭇 희뜩한 것이 서 있기에 저것이 틀림없는 임이로구나. 버선을 벗어 품에 품고 신을 벗어 손에 쥐고, 엎치락뒤치락 허둥거리며 진 곳, 마른 곳 가리지 않고 우당탕탕 건너가서 정이 넘치는 말을 하려고 곁눈으로 흘깃 보니, 작년 7월 3일 날 껍질을 벗긴 주추리 삼대(그냥 밭머리에 세워 둔 삼의 줄기)가 알뜰하게도 나를 속였구나. 마침 밤이기에 망정이지 행여 낮이었다면 남 웃길 뻔했구나.	주제 : 임에 대한 기다림 작가 : 미상
67	귓도리 져 귓도리 에엿브다 져 귓도리 어인 귓도리 지는 달 새는 밤의 긴 소릐 쟈른 소릐 절절이 슬픈 소릐 제 혼자 우러 녜어 紗窓(사창) 여윈 잠을 솔드리도 끼오는고야. 두어라 제 비록 微物(미물)이나 無人洞房(무인동방)에 내 뜻 알리는 저 뿐인가 호노라.	귀뚜리 저 귀뚜리 불쌍하다. 저 귀뚜리 어인 귀뚜리 지는 달 새는 밤에 긴소리 짧은소리 절절이 슬픈 소리 저 혼자 울어 사창(여인네들 방의 창) 여윈 잠을 살뜰하게도 깨우는구나. 두어라 제 비록 미물이나 아무도 없는 방에 내 뜻 알 이는 저뿐인가 하노라.	주제 : 독수공방의 외로움 작가 : 미상

인생 교훈 · 정치 풍자

번호	본문	현대어 풀이	핵심 정리
68	盤中(반중) 早紅(조홍)감이 고아도 보이느다. 柚子(유자) 안이라도 품엄즉도 ᄒ다마는 품어 가 반기리 업슬시 글노 설워 ᄒᆞ느이다.	소반 위에 놓인 홍시가 매우 곱게도 보인다. 유자가 아니라 할지라도 몸에 품고 돌아갈 만도 하다마는, 품어 가도 반가워해 주실 분이 없으므로 그것으로 인하여 서러워합니다.	주제: 효를 다하지 못한 슬픔 작가: 박인로
69	뉘라셔 가마귀를 검고 흉타 ᄒ닷던고. 反哺報恩(반포보은)이 긔 아니 아름다온가. 스람이 뎌 ᄉᆡ만 못ᄒᆞᆷ을 못ᄂᆡ 슬허ᄒ노라.	누가 까마귀를 검고 흉하다고 했는가? 반포보은 그것이 아름답지 않은가? 사람이 저 새만 못함을 못내 슬퍼하노라.	주제: 어버이에 대한 효도 작가: 박효관
70	아바님 날 나ᄒ시고 어마님 날 기ᄅ시니 두분곳 아니시면 이몸이 사라실가. 하늘ᄀᆞ튼 ᄀ업ᄉᆞᆫ 恩德(은덕)을 어ᄃᆡ다혀 갑ᄉᆞ오리.	아버님 나를 낳으시고 어머님 나를 기르시니 두 분 아니면 이 몸이 살아 있을까. 하늘 같은 끝없는 은혜를 어떻게 갚을까.	주제: 어버이에 대한 효도 작가: 정철
71	어버이 사라신제 셤길일란 다ᄒᆞ여라 디나간 후면 애돏다 엇디ᄒ리. 平生(평생)애 곳텨 못ᄒᆞᆯ이리 잇ᄯᆞᆫ인가 ᄒ노라.	어버이 살아계실 때 섬기기를 다하여 지나간 후면 애달프다 한들 어찌하리. 평생에 다시 못할 일이 이뿐인가 하노라.	주제: 어버이에 대한 효도 작가: 정철
72	이고진 뎌 늘그니 짐프러 나를 주오. 나는 졈엇ᄯᅥ니 돌히라 무거울가. 늘거도 셜웨라커든 짐을 조차 지실가.	이고 진 저 늙은이 짐 풀어 나를 주오. 나는 젊었는데 돌이라고 무거울까. 늙은 것도 서러운데 짐까지 지실까.	주제: 웃어른에 대한 공경 작가: 정철
73	내히 됴타 ᄒ고 ᄂᆞᆷ 슬흔 일 ᄒ지 말며, ᄂᆞᆷ이 ᄒᆞᆫ다 ᄒ고 義(의) 아니면 좃지 말니. 우리도 天性(천성)을 직희여 삼긴 ᄃᆡ로 ᄒ리라.	나에게 좋다 하여 남이 싫어하는 일을 하지 말 것이요, 남이 한다고 해도 그것이 옳은 일이 아니거든 따라 해서는 아니 된다. 우리는 타고난 착한 성품을 따라서 저마다 생긴 그대로 지내리라.	주제: 의(義)에 따라 살려는 의지 작가: 변계량
74	ᄆᆞ을 사름들아 올흔일 ᄒᆞ쟈스라. 사름이 되여 나셔 올치옷 못ᄒ면 ᄆᆞ쇼를 갓곳갈 씌워 밥먹이나 다ᄅᆞ랴.	마을 사람들아 옳은 일 하자꾸나. 사람이 되어 나서 옳지 못하면 마소를 갓과 고깔 씌워 밥 먹이는 것과 다르랴.	주제: 의(義)에 따라 살려는 의지 작가: 정철
75	ᄯᆞᆷ은 듯ᄂᆞᆫ 대로 듯고 볏슨 쬘 대로 쬔다. 청풍의 옷깃 열고 긴 ᄑᆞ람 흘리 불 제, 어ᄃᆡ셔 길 가는 소님ᄂᆡ 아ᄂᆞᆫ ᄃᆞ시 머무는고	땀은 떨어질 대로 떨어지고 볕은 쬘 대로 쬔다. 맑은 바람에 옷깃을 열고 쉬면서 긴 휘파람을 멋들어지게 불 때, 어디서 길 가던 손님이 아는 듯이 발걸음을 멈추는가.	주제: 농부의 즐거운 삶 작가: 위백규
76	오늘도 다 새거다 호미 메오 가쟈ᄉᆞ라. 내논 다 ᄆᆡ여든 네논졈 ᄆᆡ여주마. 올길ᄒᆡ ᄲᅩᆼ따다가 누에먹켜 보쟈ᄉᆞ라.	오늘도 다 새었구나 호미 메고 가자꾸나. 내 논 다 매거든 네 논도 매어주마. 오는 길에 뽕 따다가 누에 먹여 보자꾸나.	주제: 근면한 삶 작가: 정철
77	비오ᄂᆞᆫᄃᆡ 들희 가랴 사립 닷고 쇼머겨라. 마히 ᄆᆡ양이랴 잠기 연장 다ᄉᆞ려라. 쉬다가 개ᄂᆞᆫ 날 보아 ᄉᆞ래긴 밧 가라라.	비 오는데 구태어 들에 나가겠느냐 사립문을 닫고 소에게 여물 먹여라. 장마가 언제나 이렇듯 계속되겠느냐, 쟁기와 연장들이나 손질하여라. 쉬다가 날씨가 맑아지는 날 보아서 이랑이긴 밭을 갈아라.	주제: 근면한 삶 작가: 윤선도

번호	본문	현대어 풀이	핵심 정리
78	돌아가자 돌아가자 해 지거든 돌아가자. 溪邊(계변)에 손발 씻고 호미 메고 돌아올 제 어디서 牛背草笛(우배초적)이 함께 가자 재촉하는고.	돌아가자, 돌아가자. 해 지거든 돌아가자. 시냇가에 손발 씻고 호미 메고 돌아올 때 어디서 소를 타고 가면서 피리 소리가 함께 가자고 재촉하는가.	주제: 농사일을 끝낸 흥겨움 작가: 위백규
79	東窓(동창)이 붉앗느냐 노고지리 우지진다. 쇼 칠 아희는 엿태 안이 닐엇느냐. 재 넘어 소래 긴 밧츨 언제 갈려 ᄒ᠊은이.	동쪽 창이 밝았느냐? 노고지리 우짖는다. 소 먹일 이는 여태 일어나지 않았느냐? 재 너머의 사래 긴 밭을 언제 갈려 하느냐?	주제: 부지런한 농촌 생활 작가: 남구만
80	功名(공명)을 즐겨마라 榮辱(영욕)이 半이로다. 富貴(부귀)를 貪(탐)치 마라 위기를 밥ᄂ니다. 우리는 一身(일신)이 한가커니 두려온 일 업셰라.	공을 세워 이름 드날림을 좋아하지 말아라. 영화와 욕됨이 반반이로다. 재물과 몸이 귀해짐을 탐내지 마라. 반드시 위기를 겪게 되는 법이다. 우리는 (공명과 부귀를 멀리했으니) 한가로워 겁낼 일이 없도다.	주제: 공명의 경계 작가: 김삼현
81	굼벙이 매암이 되야 ᄂ래 도쳐 ᄂ라 올라, 노프나 노픈 남게 소릐ᄂ 죠커니와, 그 우희 거믜줄 이시니 그를 조심ᄒ여라.	굼벵이가 매미가 되어 날개가 돋아서 날아 올라, 높고 높은 나무 위에서 우는 소리는 좋지마는, 그 위에 거미줄이 있으니 그것을 조심하여라.	주제: 벼슬길의 험난함 경계 작가: 미상
82	나모도 병이 드니 뎡ᄌ라도 쉬리 업다. 호화이 셔신 제ᄂ 오리 가리 다 쉬더니, 닙디고 가지 것근 후는 새도 아니 안는다.	나무도 병이 들면, 정자나무라도 (그 밑에서) 쉴 사람이 없구나. 나무가 무성하여 호화롭게 서 있을 때에는 오고 가는 이들이 다 쉬더니, 잎이 떨어지고 가지가 꺾인 후에는 새마저도 앉지 않는구나.	주제: 염량세태 현실 풍자 작가: 정철
83	감장새 쟉다 ᄒ고 大鵬(대붕)아 웃지 마라. 구만리 장천을 너도 놀고 저도 논다. 두어라 一般飛鳥(일반비조)ㅣ니 네오 긔오 다르랴.	굴뚝새 작다고 대붕아 비웃지 마라. 머나먼 하늘을 너도 날고 저도 난다. 두어라, 다 같은 나는 새이니 너나 그나 다를까.	주제: 평등의 본질 작가: 이택
84	하하 허허 ᄒᆞᆫ들 내 우음이 졍 우음가. 하 어쳑 업셔셔 늣기다가 그리 되게 벗님ᄂᆡ 웃디를 말구려 아귀 ᄯᅴ여디리라.	하하 허허 하고 있다고 내 웃음이 정말 웃음인가. 하도 어처구니가 없어서 울다가 그리 웃네. 사람들아 웃지를 말구려. 아귀가 찢어질지 모르네.	주제: 잘못된 정치에 대한 풍자 작가: 권섭
85	白沙場(백사장) 紅蓼邊(홍료변)에 굽니러 먹는 져 빅노야. ᄒᆞᆫ 닙에 두셋 물고 무어 낫싸 굽ᄂᆞ냐. 우리도 口腹(구복)이 웬슈라 굽니러 먹네.	백사장 붉은 여뀌 언저리에서 굽실거리며 먹는 저 백로야. 한입에 물고기 두셋 물고도 무엇이 모자라 굽실거리느냐. 우리도 입과 배가 원수라 굽실거리며 먹네.	주제: 인간의 욕심에 대한 경계 작가: 미상

삶의 시름

번호	본문	현대어 풀이	핵심 정리
86	梨花(이화)에 月白(월백)ᄒ고 銀漢(은한)이 三更(삼경)인 제, 一枝春心(일지 춘심)을 子規(자규)야 아랴마ᄂᆞᆫ, 多情(다정)도 병인 양ᄒ야, 좀 못 드러 ᄒ노라.	배꽃에 달은 환히 비치고 은하수는 돌아서 자정을 알리는 때에, 배꽃 한 가지에 어린 봄날의 정서를 자규가 알고 저리 우는 것일까마는 다정다감(多情多感)한 나는 그것이 병인 양, 잠을 이루지 못하여 하노라.	주제 : 봄밤에 느끼는 애상감 작가 : 이조년
87	池塘(지당)에 비ᄲᅣ리고 楊柳(양류)에 ᄂᆡ씨인졔, 沙工(사공)은 어듸 가고 빈 ᄇᆡ만 미엿ᄂᆞ고. 夕陽(석양)에 짝 일흔 갈믜기는 오락가락 ᄒ노매.	연못에는 비가 내리며 버들가지에는 물안개가 서리었는데, 뱃사공은 어디를 갔기에 빈 배만 매여 있는가? 해 질 무렵에 짝을 잃은 갈매기는 오락가락하는구나.	주제 : 외로움 작가 : 조헌
88	梧桐(오동)에 듯는 빗발 無心(무심)히 듯건마는 나의 시름 하니 닙닙히 愁聲(수성)이로다. 이 後(후)야 입 넙은 남기야 시믈 줄이 이시랴.	오동나무에 떨어지는 빗발은 무심히 떨어지는 것이지만, 내가 시름이 많으니 나뭇잎들이 모두 근심 소리를 내는 것 같도다. 이제부터 잎사귀 넓은 나무는 심지 않겠노라.	주제 : 삶의 시름과 고뇌 작가 : 김상용
89	이시렴 브듸 갈짜 아니 가든 못ᄒᆞᆯ쏘냐. 무단이 슬튼야 ᄂᆞᆷ의 말을 드럿ᄂᆞ야. 그려도 하 애도래라 가는 ᄯᅳᆺ을 닐러라.	있으려무나. 부디 (꼭) 가겠느냐? 아니 가지는 못하겠느냐? 공연히 (내가) 싫어졌느냐? 남의 권하는 말을 들었느냐? 그래도 (오히려) 너무 애타는구나. 가는 뜻이나 분명히 말해 보려무나.	주제 : 신하를 떠나보내는 안타까움 작가 : 성종
90	동기로 세 몸되어 한 몸같이 지내다가 두 아운 어디가서 돌아올 줄 모르는고. 날마다 夕陽(석양) 門外(문외)에 한숨겨워 ᄒ노라.	같은 기운으로 태어나 세 몸이 한 몸같이 우애 있게 지내다가, 두 아우는 어디 가서 돌아올 줄 모르는가. 날마다 해 지는 문밖에 서서 한숨을 못 이기노라.	주제 : 아우들과 이별의 슬픔 작가 : 박인로
91	노래 삼긴 사ᄅᆞᆷ 시름도 하도 할샤. 닐러 다 못 닐러 불러나 푸돗던가. 眞實(진실)로 풀릴 거시면은 나도 불러 보리라.	노래를 만든 사람이 시름이 많기도 많구나. 일러도 다 못 일러 불러서 풀었던가. 진정 풀릴 것 같으면 나도 불러 보리라.	주제 : 노래를 통한 시름 해소 작가 : 신흠

탄로가

번호	본문	현대어 풀이	핵심 정리
92	春山(춘산)에 눈 녹인 ᄇᆞ룸 건듯 불고 간 듸 업다. 져근 덧 비러다가 마리 우희 불니고져. 귀 밋티 희묵은 셔리를 녹여볼가 ᄒ노라.	봄 산에 쌓인 눈을 녹인 바람이 잠깐 불고 어디론가 간 곳이 없다. 잠시 동안 (그 봄바람을) 빌려다가 머리 위에 불게 하고 싶구나. 귀밑에 여러 해 묵은 서리[백발]를 녹여(검은머리가 되게) 볼까 하노라.	주제 : 늙음에 대한 한탄 작가 : 우탁
93	ᄒᆞᆫ 손에 막ᄃᆡ 들고 ᄯᅩ ᄒᆞᆫ 손에 가싀 쥐고 늙ᄂᆞᆫ 길 가싀로 막고 오ᄂᆞᆫ 백발 막ᄃᆡ로 치려터니 백발이 제 몬져 알고 즈럼길노 오더라	한 손에 막대를 잡고 또 한 손에는 가시를 쥐고, 늙는 길은 가시 덩굴로 막고, 찾아오는 백발은 막대로 치려고 했더니, 백발이 (나의 속셈을) 제가 먼저 알고 지름길로 오더라.	주제 : 늙음에 대한 한탄 작가 : 우탁

최신 기출 시조

번호	본문	현대어 풀이	핵심 정리
94	십년 ᄀᆞ온 칼이 匣裏(갑리)에 우노미라. 關山(관산)을 ᄇᆞ라보며 쌔쌔로 ᄆᆞᆫ져 보니 丈夫(장부)의 爲國功勳(위국공훈)을 어ᄂᆡ 쌔에 드리올고.	10년이나 갈아온 칼이 칼집 속에서 울고 있구나. 관문을 바라보며 때때로 만져볼 뿐이니. 장부의 나라를 위한 큰 공훈을 어느 때나 청사(靑史)에 기록할까?	주제 : 우국지정, 무인의 결의 작가 : 이순신
95	九曲(구곡)은 어드미고 文山(문산)에 歲暮(세모)커다. 奇巖怪石(기암괴석)이 눈속에 뭇쳣셰라. 遊人(유인)은 오지 안이ᄒᆞ고 볼썻업다 ᄒᆞ드라.	아홉 번째 계곡은 어디인가? 문산에 한 해가 저무는구나. 기이하게 생긴 바위와 돌이 눈 속에 묻혔구나. 세상 사람들은 와 보지도 않고 볼 것 없다 하더라.	주제 : 자연친화 작가 : 이이 〈고산구곡가〉中
96	江湖(강호)에 겨월이 드니 눈 기픠 자히 남다. 삿갓 빗기 쓰고 누역으로 오슬 삼아, 이 몸이 칩지 아니ᄒᆡ옴도 亦君恩(역군은)이샷다.	강호에 겨울이 닥치니 쌓인 눈의 깊이가 한 자가 넘는다. 삿갓을 비스듬히 쓰고 도롱이를 둘러 입어 덧옷을 삼으니, 늙은 내가 이렇듯 추위를 모르고 지내는 것도 역시 임금의 은혜이시다.	주제 : 자연친화와 연군 작가 : 맹사성 〈강호사시가〉中
97	古人(고인)도 날 몯 보고 나도 古人(고인) 몯 뵈. 古人(고인)을 몯 뵈도 녀던 길 알ᄑᆡ 잇ᄂᆡ. 녀던 길 알ᄑᆡ 잇거든 아니 녀고 엇뎔고.	옛 어른도 나를 보지 못하고 나도 그들을 보지 못하네. 하지만 그들이 행하던 길은 지금도 가르침으로 남아 있네. 이렇듯 올바른 길이 우리 앞에 있는데 따르지 않고 어쩌겠는가?	주제 : 언학 — 학문 탐구의 자세 작가 : 이황 〈도산십이곡〉中
98	술은 어이ᄒᆞ야 됴ᄒᆞ니 누룩 섯글 타시러라. 국은 어이ᄒᆞ야 됴ᄒᆞ니 鹽梅(염매) 틀 타시러라. 이 음식 이 뜯을 알면 萬壽無疆(만수무강)ᄒᆞ리라.	술은 어이하여 좋은가? 누룩을 섞은 탓이로다. 국은 어이하여 맛이 좋은가? 소금을 타서 간을 알맞게 한 탓이로다. 이 음식의 원리를 알면 만수무강하리라.	주제 : 훌륭한 정사에 대한 풍자 작가 : 윤선도 〈초연곡〉中
99	우레ᄀᆞ치 소ᄅᆡ나ᄂᆞᆫ 님을 번기ᄀᆞ치 번뜻 만나 비ᄀᆞ치 오락가락 구름ᄀᆞ치 헤여지니 胸中(흉중)에 ᄇᆞ람 ᄀᆞᄐᆞᆫ 흔슘이 안기 피듯 ᄒᆞ여라.	우레같이 소리 나는 임을 번개같이 번뜩 만나 비같이 오락가락(사랑을 주고받고) 구름같이 헤어지니 가슴 가운데 바람 같은 한숨이 안개 피듯 하는구나.	주제 : 사랑과 이별 작가 : 작자 미상
100	나모도 바히 돌도 업슨 뫼헤 매게 쏜친 가토리 안과 大川(대천) 바다 한가온대 일천 석 시른 ᄇᆡ에 노도 일코 닷도 일코 농총도 근코 돗대도 것고 치도 ᄲᅡ지고 ᄇᆞ람 부러 물결 치고 안개 뒤섯계 ᄌᆞ자진 날에 갈 길은 천리만리 나믄듸 사면이 거머어득 져믓 천 지 적막 가치노을 쩟ᄂᆞ듸 水賊(수적) 만난 都沙工(도사공) 안과 엇그제 님 여흰 내 안히야 엇다가 ᄀᆞ을ᄒᆞ리오.	나무도 돌도 전혀 없는 산에 매한테 쫓기는 까투리의 마음과 대천 바다 한가운데 일천 석 실은 배에 노도 잃고, 닻도 잃고, 용총(돛대의 줄)도 끊어지고, 돛대도 꺾이고, 키도 빠지고, 바람 불어 물결치고, 안개 뒤섞여 잦아진 날에 갈 길은 천 리 만 리 남았는데 사면은 검어 어둑하고, 천지 적막 사나운 파도 치는데 해적 만난 도사공의 마음과 엊그제 임 여읜 내 마음이야 어디에다 비교하리요?	주제 : 이별로 인한 절망 작가 : 작자 미상

교과서 필수 고전 산문

PART 3 문학

갈래	작품명	작가
설화	조신몽	작자 미상
가전체 소설	국선생전	이규보
고전 소설	구운몽	김만중
	이생규장전	김시습
	홍길동전	허균
	허생전	박지원
	양반전	박지원
	유충렬전	작자 미상
판소리계 소설	토끼전	작자 미상
	심청전	작자 미상
	흥보가	작자 미상
	열녀춘향수절가	작자 미상
민속극	봉산탈춤	작자 미상
수필	차마설	이곡
	규중칠우쟁론기	작자 미상

고전 산문의 전개 및 영향 관계

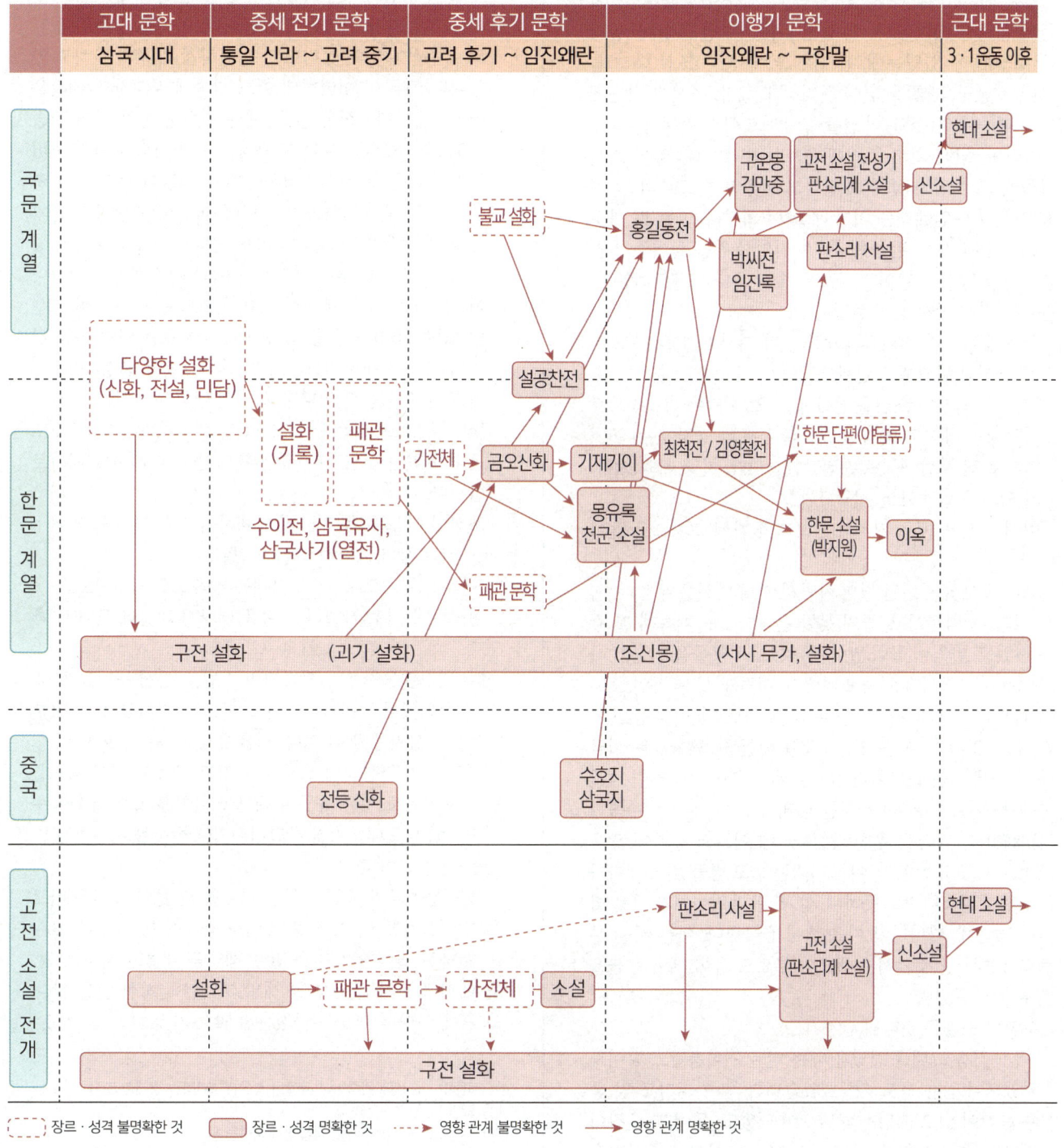

설화 〈조신몽(調信夢)〉 작자 미상

옛날 신라(新羅)가 서울이었을 때 세규사(世逵寺) — 지금의 흥교사(興敎寺) — 의 장원(莊園)*이 명주(溟洲) 날리군(捺李郡)에 있었는데, 본사(本寺)에서 중 조신(調信)을 보내서 장원(莊園)을 맡아 관리하게 했다. 조신이 장원에 와서 태수 김흔(金昕)의 딸을 좋아하고 아주 반했다.

여러 번 낙산사(洛山寺) 관음보살(觀音菩薩) 앞에 가서 남몰래 그 여인과 살게 해 달라고 빌었다. 이로부터 몇 해 동안에 그 여인에게는 이미 배필*이 생겼다. 그는 또 불당(佛堂) 앞에 가서, 관음보살이 자기의 소원을 들어주지 않는다고 원망하며 날이 저물도록 슬피 울다가 생각하는 마음에 지쳐서 잠시 잠이 들었다.

꿈속에 갑자기 김씨 낭자(娘子)*가 기쁜 낯빛을 하고 문으로 들어와 활짝 웃으면서,

"저는 일찍부터 스님을 잠깐 뵙고 알게 되어 마음속으로 사랑해서 잠시도 잊지 못했으나 부모의 명령에 못 이겨 억지로 딴 사람에게로 시집갔었습니다. 지금 내외(內外)가 되기를 원해서 온 것입니다."

이에 조신은 매우 기뻐하며 그녀와 함께 고향으로 돌아갔다.

그녀와 사십여 년간 같이 살면서 자녀 다섯을 두었다. 집은 다만 네 벽뿐이고, 좋지 못한 음식마저도 계속해 갈 수가 없었고, 마침내 꼴이 말이 아니어서 식구들을 이끌고 사방으로 다니면서 얻어먹고 지냈다. 이렇게 십 년 동안 초야(草野)*로 두루 다니니 옷은 여러 조각으로 찢어져 몸도 가릴 수가 없었다. 마침 명주(溟洲) 해현령(蟹縣嶺)을 지날 때 십오 세 되는 큰아이가 갑자기 굶어 죽어 통곡하면서 길가에 묻었다. 남은 네 식구를 데리고 그들 내외는 우곡현(羽曲懸) — 지금의 우현(羽懸) — 에 이르러 길가에 모옥(茅屋)*을 짓고 살았다. 이제 내외는 늙고 병들었다. 게다가 굶주려서 일어나지도 못하니, 십 세 된 계집아이가 밥을 빌어다 먹는데, 다니다가 마을 개에게 물렸다. 아픈 것을 부르짖으면서 앞에 와서 누웠으니 부모도 목이 메어 눈물을 몇 줄이고 흘렸다.

부인이 눈물을 씻더니 갑자기,

"내가 처음 그대를 만났을 때는 얼굴도 아름답고 나이도 젊었으며 입은 옷도 깨끗했었습니다. 한 가지라도 맛 좋은 음식이 있으면 당신과 나누어 먹었고, 두어 자 옷감이 생겨도 당신과 함께 지어 입었습니다. 이러구러 살아온 지 오십 년, 정은 더할 수 없이 쌓였고 사랑은 얽히고 얽혀 정말 두터운 연분이라 할 만했습니다. 그러나 근년 이래로 노쇠와 병고는 날로 더욱 깊어 가고, 춥고 배고픔은 날로 더욱 핍박하게 되었습니다. 남 집 문전에서의 그 수치는 무겁기가 산더미 같았습니다. 아이들이 추위에 떨고 굶주림에 지쳐 있어도 그걸 면하게 해 주지 못하고 있습니다. 판국이 이러한데 어느 겨를에 부부간의 애정을 즐기겠습니까? 젊은 얼굴, 예쁜 웃음은 풀잎 위의 이슬 같고, 굳고도 향기롭던 그 가약도 한갓 바람에 날리는 버들가지 같을 뿐입니다. 당신에게 내가 짐이 되고, 나는 당신 때문에 괴로워하고 있습니다. 곰곰이 지난날의 즐거움을 생각해 보면 그것이 바로 번뇌로 오르는 계단이었습니다. 그대와 내가 어찌해서 이런 지경에 이르렀습니까? 뭇 새가 다 함께 굶어 죽는 것보다는 차라리 짝 잃은 난조(鸞鳥)*가 거울을 향하여 짝을 부르는 것만 못할 것입니다. 추우면 버리고 더우면 친하는 것은 인정(人情)에 차마 할 수 없는 일입니다. 하지만 행하고 그치는 것은 인력(人力)으로 되는 것이 아니고, 헤어지고 만나는 것도 운수가 있는 것입니다. 원컨대 이 말을 따라 헤어지기로 합시다."

조신이 이 말을 듣고 크게 기뻐하여 각각 아이 둘씩 나누어 데리고 장차 떠나려 하니 여인이,

"나는 고향으로 갈 테니 그대는 남쪽으로 가십시오."

이리하여 서로 작별하고 길을 떠나려 하는데 꿈에서 깨었다.

타다 남은 등잔불은 깜박거리고 밤도 이제 새려고 한다. 아침이 되었다. 수염과 머리털은 모두 희어졌고 망연(茫然)히* 세상일에 뜻이 없다. 괴롭게 살아가는 것도 이미 싫어졌고 마치 한평생의 고생을 다 겪고 난 것과 같아 재물을 탐하는 마음도 얼음 녹듯이 깨끗이 없어졌다. 이에 관음보살의 상(像)을 대하기가 부끄러워지고 잘못을 뉘우치는 마음을 참을 길이 없다.

그는 돌아와서 해현에 묻은 아이를 파 보니 그것은 바로 돌미륵(石彌勒)이다. 물로 씻어서 근처에 있는 절에 모시고 서울로 돌아가 장원을 맡은 책임을 내놓고 사재(私財)를 내서 정토사(淨土寺)를 세워 부지런히 착한 일을 했다. 그 후에 어디서 세상을 마쳤는지 알 수가 없다.

- 장원(莊園) : 중세에 귀족이나 사찰이 사유(私有)하던 광대한 초지
- 배필(配匹) : 부부로서의 짝
- 낭자(娘子) : 예전에 처녀를 대접해서 이르던 말
- 초야(草野) : 궁벽한 시골 땅
- 모옥(茅屋) : 이엉이나 띠 따위로 지붕을 인, 작고 초라한 집
- 난조(鸞鳥) : 중국에 전설에 나오는 서조(瑞鳥)로 꼽는 상상의 새
- 망연(茫然)히 : 아무 생각 없이 멍하니

해제 | 이 작품은 조신이라는 중심인물이 꿈에서 겪는 이야기를 중심으로 인생에 대한 교훈적 주제를 전달하고 있는 설화이다. 내용적으로 볼 때 세속적 욕망은 덧없는 것이며, 인생은 고통의 연속이라는 불교적 세계관을 담고 있다. 형식적으로는 '현실 – 꿈 – 현실'의 환몽 구조를 정착시켰다는 문학사적 의의를 크게 평가받는다. 이것은 후대의 〈구운몽〉을 비롯한 몽유록 계열의 소설에 중요한 영향을 미쳤다.

주제 | 세속적 욕망의 덧없음에 대한 깨달음

갈래 | 설화(서사), 전설

성격 | 사원 연기 설화, 환몽 설화(幻夢說話)

시점 | 전지적 작가 시점

내용 | 인생의 세속적 욕망은 한순간의 꿈이요 고통의 근원이니 집착을 버려야 한다.

구성 | 3단 구성, 환몽 설화의 전형적 양식, 액자 형태의 환몽 구조

문체 | 역어체, 설화체

의의 | 환몽 소설의 연원이 되는 설화로, 후에 김만중의 〈구운몽〉 및 이광수의 〈꿈〉이라는 소설에 영향을 주었다. 동일 모티프에 의한 다양한 변이 과정을 확인해 볼 수 있는 작품이다. '조신의 꿈'은 일장춘몽인 인생의 허무를 주제로 한 '꿈'의 문학으로는 국문학사상 그 원조이다. 비록 설화이긴 하나 단편 소설 이상의 긴밀한 구성과 압축된 주제를 살렸다.

출전 | 《삼국유사》 권3, 탑상(塔像)

줄거리 | 세규사(世逵寺)의 승려인 조신은 태수 김흔(金昕)의 딸을 좋아하게 되고, 어느 날 부처님에게 그녀와 결혼하고 싶은 소망을 하소연한다. 그러나 그녀는 다른 사람에게 시집가게 되고 조신은 부처님을 원망하며 잠이 든다. 꿈속에서 조신과 김 소저는 부부의 연을 맺고 40년을 함께 살게 되는데, 너무도 가난하여 문전걸식을 하다가 큰아들은 굶어 죽고 열 살짜리 딸은 구걸하다가 개에게 물려서 쓰러지게 된다. 이에 아내는 조신에게 헤어지자는 말을 하게 되고 조신 역시 인생의 허망함을 느끼며 이별을 허락한다. 이별의 순간 조신은 잠에서 깨어나고 자신의 머리가 하얗게 새어 있음을 보게 된다. 그 후 죽은 아들을 묻었던 곳에서 돌미륵을 찾게 되고, 인생이 물거품 같다는 허무함을 느끼고 불도(佛道)에만 전념하게 된다.

✓ 체크 문제

1. 〈보기〉는 설화 문학의 성격에 대한 설명이다. 이 글에서 확인할 수 있는 항목을 모두 묶은 것은?

〈 보기 〉

㉠ 설화는 흥미롭게 여길 만한 내용을 다루어 대중성을 갖는다.
㉡ 설화는 공동의 창작이므로 공동체가 지향하는 가치를 담는다.
㉢ 설화는 민중들에 의해 만들어졌으므로 민중의 삶을 반영한다.
㉣ 설화는 영웅적 성격을 갖고 있는 비범한 인물에 대한 이야기이다.
㉤ 설화는 구전에 적합하도록 단순하면서도 잘 짜인 구조를 갖는다.

① ㉠, ㉡, ㉣
② ㉠, ㉢, ㉤
③ ㉢, ㉣, ㉤
④ ㉡, ㉢, ㉤

2. 이 글에 대한 설명으로 거리가 먼 것은?
① '현실 – 꿈 – 현실'의 구성을 취하고 있다.
② 배경을 제시하여 사건 전개의 신뢰성을 높이고 있다.
③ 전설과 같은 형식으로 구체적 증거물이 나타나 있다.
④ 인간과 초월적 존재와의 갈등을 중심으로 전개되고 있다.
⑤ '미망(未忘)과 깨달음'이라는 서사적 구조로 이루어져 있다.

3. 작품 속의 '꿈'이 가진 함축적 의미와 가장 유사한 것은?
① 한숨지을 사이 홀연히 조으더니 / 연연한 꿈결 속에 내 님을 모셔이셔 / 녯말을 사뢰다 보니 날 샌 줄을 몰라라.
② 꿈에 님을 보려 벼개 우희 지겻더니 / 반벽 잔등(半壁殘燈)에 앙금(鴦衾)도 차갑구나 / 밤중만 외기러기 소리에 잠 못 이뤄하노라.
③ 부생(浮生)이 꿈이거늘 공명(功名)이 아랑곳가 / 현우귀천(賢愚貴賤)도 죽은 후면 다 한 가지 / 아마도 살아 한 잔 술이 즐거운가 하노라.
④ 풋잠에 꿈을 꾸어 십이루(十二樓)에 드러가니 / 옥황은 웃으시되 군선(群仙)이 꾸짖는다 / 어즈버 백만억 창생을 어늬결에 무르리.
⑤ 뉘라 나간 님을 무정타 허듯던지 / 제 정녕 무정하면 꿈에 와서 반길손냐 / 이제란 꿈으로 진정 삼아 이별 없이 하리라.

가전체 소설 〈국선생전(麴先生傳)〉 이규보

국성(麴聖)*의 자는 중지(中之)요, 관향(貫鄕)은 주천(酒泉)*이다. 어렸을 때에 서막(徐邈)에게 사랑을 얻어, 그의 이름과 자(字)는 모두 서씨가 지어 주었다. ㉠ 그의 조상은 애초에 온(溫)이라고 하는 고장에서 농사를 지으면서 살고 있었는데, 정(鄭)나라가 주(周)나라를 칠 때에 포로가 되어 본국으로 돌아가지 못하였으므로, 그 자손의 일파가 정나라에서 살게 되었다. 그의 증조는 역사에 이름이 나타나지 않았고, 조부 모(牟)는 살림을 주천으로 옮겨, 이때부터 주천에서 살게 되었다. 아버지 차(醝)*에 이르러서 비로소 벼슬길에 나아가 평원 독우(平原督郵)*의 직을 역임하였고, ㉡ 사농경(司農卿) 곡씨(穀氏)*의 따님과 결혼하여 성(聖)을 낳았다.

성은 어렸을 때부터 이미 깊숙한 국량(局量)이 있어, 아버지의 손님들이 그를 매우 사랑하였다. 그래서 항상 이렇게 말하는 것이었다.

"이 아이의 도량이 만 이랑의 물과 같아서, 가라앉히더라도 더 맑아지지 않으며, 흔들어 보더라도 탁(濁)해지지 않으니, 우리는 자네와 이야기하기보다는 이 아이와 함께 기뻐함이 좋네."

성이 자라서, 중산(中山)에 사는 유영(劉怜), 심양(潯陽)에 사는 도잠(陶潛)과 벗이 되었다. 이들은 서로 말하기를,

㉢ "하루라도 이 친구를 만나지 못하면 심중에 물루(物累)*가 생긴다."

라고 하며, 만날 때마다 저물도록 같이 놀고, 서로 헤어질 때는 항상 섭섭해하였다.

나라에서 성에게 조구연(糟丘掾)을 시켰지만 부임하지 않자, 또 청주종사(靑州從事)*로 불렀다. 공경(公卿)들이 계속하여 그를 조정에 천거하니 임금께서 조서(詔書)를 내리고 공거(公車)*를 보내어 불러 보고는 말하기를,

"이 사람이 바로 주천의 국생인가? 내가 그의 명성을 들어온 지 오래다."

라고 하셨다.

이보다 앞서 태사(太史)가 아뢰기를, 주기성(酒旗星)이 크게 빛을 낸다 하더니, 얼마 안되어 성(聖)이 이른지라 임금이 또한 이로써 더욱 기특히 여기었다.

곧 주객낭중(主客郎中) 벼슬을 시키고, 이윽고 국자제주(國子祭酒)로 올리어 예의사(禮儀使)를 겸하니, 무릇 조회(朝會)의 잔치와 종조(宗祖)의 제사·천식(薦食)*·진작(進酌)*의 예(禮)에 임금의 뜻에 맞지 않음이 없었다, 이에 임금은 그의 그릇이 믿음직하다 해서 승진시켜 후설(喉舌)의 직에 두고, 우례(優禮)로 대접하여 매양 들어와 뵐 적에 ㉣ 교자(轎子)를 탄 채로 전(殿)에 오르라 명하여, 국선생(麴先生)이라 하고 이름을 부르지 않으며, 임금의 마음이 불쾌함이 있어도 ㉤ 성(聖)이 들어와 뵈면 임금은 비로소 크게 웃으니, 무릇 사랑받음이 모두 이와 같았다.

[중략]

[중략 부분 줄거리] 국성은 미천한 존재로서 출세하나, 국정을 어지럽힌다는 비난을 받게 된다. 이 일로 죄를 입어 그의 세 아들은 자살하고 국성도 죄를 받아 서인(庶人)이 되며 친구 치이자도 자살을 한다. 국성은 야인(野人)으로 있으면서도 국란(國亂)이 일어나자 출정(出征)하여 희생 정신을 발휘하고 공을 세운다. 그리하여 벼슬을 받으나, 상소하고 물러나와 제 본분을 지킨다.

사신은(史臣)은 말한다.

국씨는 원래 대대로 농사짓는 집안이었는데, 성이 유독 넉넉한 덕이 있고, 맑은 재주가 있어서 당시 임금의 심복이 되어 국가의 정사에까지 참예하고 임금의 마음을 깨우쳐 주어 태평스러운 시절의 공을 이루었으니 장한 일이다. 그러나 임금의 사랑이 극도에 달하자 마침내 국가의 기강을 어지럽히고 화(禍)가 그 아들에게까지 미쳤다. 하지만 이런 일은 실상 그에게는 유감이 될 것이 없다 하겠다. 그는 만절(晩節)*이 넉넉한 것을 알고 자기 스스로 물러나서 마침내 천수(天壽)*로 세상을 마쳤다. 주역(周易)에 '기미를 보아서 일을 해 나간다(見機而作)'고 한 말이 있는데, 성이야말로 거의 여기에 가깝다 하겠다.

- 국성(麴聖) : 맑은 술. 술을 의인화한 호칭
- 주천(酒泉) : 술이 솟는 샘이라는 뜻으로, 많은 술을 이르는 말
- 차(醝) : 흰 술을 의인화한 말
- 평원독우(平原督郵) : 질이 나빠 맛이 좋지 않은 술
- 곡씨(穀氏) : 곡식을 의인화한 말
- 물루(物累) : 몸을 얽매는 세상의 온갖 괴로운 일
- 청주종사(靑州從事) : 질이 좋은 술
- 공거(公車) : 전쟁에 쓰이는 수레
- 천식(薦食) : 새로 난 과일이나 농산물을 신에게 바치는 천신 때 올리는 음식
- 진작(進酌) : 임금께 나아가 술잔을 올림.
- 만절(晩節) : 나이가 늙은 시절
- 천수(天壽) : 타고난 수명, 천명(天命)

해제 | 술(누룩)을 의인화하여 한 인물의 전기 형식으로 쓴 작품이다. 안으로는 무신들의 반란과 밖으로는 몽고의 침입이라는 어지러운 당대 사회를 배경으로, 혼란스러운 시대에 군자가 취해야 할 올바른 처신을 강조하고 있다. 분수를 망각한 인간들을 풍자하고 참된 인재의 중요성을 시사하는 등 계세징인(戒世懲人)을 목적으로 지어졌다.

주제 | 위국충절의 교훈 및 군자의 처신 경계(警戒)

갈래 | 가전체(假傳體) 소설

성격 | 서사적, 교훈적, 우의적

제재 | 술(누룩)

특징 | ① 사물을 의인화하여 일대기 형식으로 서술함.
② '도입-전개-비평'의 구성 방식을 취함.
③ 임춘의 〈국순전〉의 영향을 받음.

출전 | 《동문선(東文選)》 권 100

줄거리 | 국성(술)의 조상은 원래 농사를 짓고 살았다. 아버지는 '차', 어머니는 곡씨의 딸이다. 국성은 총명하고 도량이 커서 당시 도잠·유영과 사귀고 임금의 총애를 받아 벼슬도 높아졌다. 그의 세 아들이 아버지의 권세를 믿고 방자히 굴다가 모영(붓)의 탄핵을 받아, 아들들은 자결하고 국성은 파직되어 서민으로 떨어진다. 다시 기용되어 도둑을 토벌하는 공을 세우고, 은퇴하여 고향에 돌아가 병으로 죽는다.

구성 |

도입	국성의 가계와 신분
전개	국성의 인품과 행적
	국성의 세 아들과 친구의 죽음 및 국성의 폐서인(廢庶人)
	국성의 도적 토벌, 귀향과 죽음
비평	국성의 생애에 대한 사관의 평가

〈국선생전〉에서 의인화한 대상

국성(麴聖)	술을 의인화한 말, 누룩으로 술을 빚기 때문에 '국성(麴聖)'이라 함.
모(牟)	보리를 의인화한 말
차(醝)	흰 술[白酒]을 의인화한 말
평원독우 (平原督郵)	맛이 좋지 않은 술을 의인화한 말
곡(穀)씨	곡식을 의인화한 말
청주종사 (青州從事)	질이 좋은 술을 의인화한 말

〈국순전〉과 〈국선생전〉의 비교

구분		국순전	국선생전
공통점		• '술(누룩)'을 의인화함. • 관련 인물과 지명, 서술 방식이 유사함. • 〈수성지〉, 〈천군연의〉, 〈천군본기〉 등 술을 소재로 한 작품으로 계승됨.	
차이점	사건의 구조	국순은 임금의 총애를 받으며 향락과 부정을 일삼다 버림받고 죽음.	국성은 임금의 총애가 지나쳐 방종하다가 스스로 물러나 잘못을 뉘우치고 백의종군하여 충성을 다함.
	인물형	부정적 인물형 → 술의 역기능 강조	긍정적 인물형 → 술의 순기능 강조
	창작 의도	간신배들과 방탕한 군주(君主)를 풍자하고 비판함.	성(聖)을 모범적 신하로 형상화하여 사회적 교훈을 강조함.

가전체 정리

작품명	연대	작자	내용	출전
국선생전	고종	이규보	술을 의인화하여 군자의 처신을 경계함.	동문선
국순전	인종	임춘	술을 의인화하여 술이 사람에게 미치는 영향을 씀.	서하선생집
죽부인전	공민왕	이곡	대나무를 의인화하여 절개를 나타냄.	동문선
정시자전	고려 말	석식영암	지팡이를 의인화하여 인세의 덕에 관하여 경계함.	동문선
청강사자 현부전	고종	이규보	거북을 의인화하여 어진 사람의 행적을 기림.	동문선
저생전	고려 말	이첨	종이를 의인화함.	동문선
공방전	인종	임춘	돈을 의인화하여 재물을 탐함을 경계함.	동문선
화왕계	신라	설총	가전체의 근원으로 보고 있음.	삼국사기

✔ 체크 문제

1. ㉠~㉤에 대한 설명으로 적절하지 않은 것은?
   ① ㉠: 술의 재료인 곡물이 따뜻한 지방에서 재배되었다는 의미이다.
   ② ㉡: 누룩과 곡식으로 술을 빚는다는 의미이다.
   ③ ㉢: 하루라도 술을 마시지 않으면 마음에 괴로움이 생긴다는 의미이다.
   ④ ㉣: 술이 임금의 음식상에 올라간다는 의미이다.
   ⑤ ㉤: 임금이 술을 마시면 기분이 좋아진다는 의미이다.

2. '사신'의 평가를 통해 알 수 있는 작자의 집필 의도로 가장 적절한 것은?
   ① 인간관계를 맺는 데 술은 꼭 필요하다.
   ② 순리(順理)에 따라 처신하고 행동해야 한다.
   ③ 술은 판단을 흐리게 하므로 항상 멀리해야 한다.
   ④ 속세를 벗어나 초연한 자세로 세상을 대해야 한다.
   ⑤ 도전을 할 때에는 성공할 수 있는지를 살핀 후에 해야 한다.

고전 소설 〈구운몽(九雲夢)〉 김만중

생각을 이리하고 저리하여 밤이 이미 깊었더니, 문득 눈앞에 팔선녀 섰거늘, 놀라 고쳐 보니 이미 간 곳이 없더라. 성진이 마음에 뉘우쳐 생각하되,

'부처 공부에 유로 뜻을 바르게 함이 으뜸 행실이라. 내 출가한 지 십 년에 일찍이 반점(半點) 어기고 구차한 마음을 먹지 아니하였더니 이제 이렇듯이 염려를 그릇하면 어찌 나의 전정(前程)에 해롭지 아니하리요?'

향로에 전단(旃檀)을 다시 피우고, 의연히 포단(蒲團)에 앉아 정신을 가다듬어 염주를 고르며 일천 부처를 염하더니, 홀연 창밖에서 동자가 부르되,

"사형(師兄)은 잠들었느냐? 사부가 부르시나이다."

성진이 놀라 생각하되,

'깊은 밤에 나를 부르니 반드시 연고가 있도다.'

동자와 한가지로 방장(方丈)에 나아가니 대사가 모든 제자를 모으고 등촉을 낮같이 켜고 소리하여 꾸짖되,

"성진아, 네 죄를 아느냐?"

성진이 나려 꿇어 가로되,

"소자가 사부를 섬긴 지 십 년에 일찍 한 말도 불순(不順)히 한 적이 없으니, 진실로 어리고 아득하여 지은 죄를 알지 못하나이다."

대사가 이르되,

"중의 공부 세 가지 행실이 있으니 몸과 말씀과 뜻이라. 네 용궁에 가 술을 취하고, 석교에서 여자를 만나 언어를 수작(酬酢)하고 꽃을 던져 희롱한 후에 돌아와, 오히려 미색(美色)을 권련(眷戀)하여 세상 부귀를 흠모하고 불가의 적막함을 염(厭)히 여기니, 이는 세 가지 행실을 일시에 무너 버림이라."

성진이 고두(叩頭)하고 울며 가로되,

"스승님아, 성진이 진실로 죄 있거니와 주계(酒戒)를 파(破)하기는 주인이 괴로이 권하기에 마지못함이요, 선녀로 더불어 언어를 수작하기는 길을 빌을 말미암음이니, 각별 부정(不淨)한 말을 한 배 없고, 선방에 돌아온 후에 일시에 마음을 잡지 못하나, 마침내 스스로 뉘우쳐 뜻을 바르게 하였으니, 제자가 죄 있거든 사부가 달초(撻楚)하실 뿐이지 어이 차마 내치려 하시나이까? 사부 우러르기를 부모같이 하니 성진이 십이 세에 부모를 버리고 스승님을 좇아 머리를 깎으니, 연화도량(蓮花道場)이 곧 성진의 집이니 나를 어디로 가라 하시나이까?"

대사가 이르되,

"네 스스로 가고저 할새 가라 함이니 네 만일 있고저 하면 뉘 능히 가라 하리오? 네 또 이르되, '어디로 가리요?' 하니, 너의 가고저 하는 곳이 너의 갈 곳이라."

성진이 사자(使者)를 따라가는데 문득 큰 바람이 일어 공중에 떠 천지를 분간치 못하였다. 한곳에 다다라 바람이 그치자 정신을 수습하여 눈을 떠 보니 비로소 땅에 서 있었다.

한곳에 이르니 푸른 산이 사면으로 둘러 있고 푸른 물이 잔잔한 곳에 마을이 있었다. 사자가 성진을 기다리게 하고 마을로 들어간 후, 성진이 한참 들으니 서너 명의 여인이 서로 말하기를,

"양 처사(梁處士) 부인이 오십이 넘은 후에 태기가 있어 임신한 지 오래인데 지금 해산치 못하니 이상하다."

하더라. 성진이 저를 이르는 말 같으니 심중(心中)에 분명히 양 처사의 자식이 되어 날 줄 알고 홀연히 생각하되,

'내 이미 인세(人世)에 환도하게 하였으니 이에 와도 분명히 정신만 왔을 것이니 육신은 분명히 연화봉에서 소화(燒火)하는도다. 내 나이 젊어 제자를 데리지 못하였으니 어느 사람이 나의 사리를 거두리오.'

한참 후에 사자가 성진의 손을 잡고 말하였다.

"이 땅은 곧 당나라 회남도(淮南道) 수주(秀州) 고을이요, 이 집은 양 처사의 집이다. 처사는 너의 부친이요, 부인 유씨는 네 모친이다. 네 전생의 연분으로 이 집 자식이 되었으니 너는 네 때를 잃지 말고 급히 들어가라."

성진이 들어가며 보니 처사는 갈건(葛巾)을 쓰고 학창의를 입고 화로에서 약을 다리고 있었다. 부인이 이제 막 신음하자, 사자가 성진을 재촉하여 뒤에서 밀쳤다. 성진이 땅에 엎어지니 정신이 아득하여 천지가 뒤집어지는 듯하였다. 급히 소리쳐 말하였다.

"나 살려! 나 살려!"

그러나 소리가 목구멍 속에 있어 능히 말을 이루지 못하고 어린아이의 울음소리만 나왔다. 부인이 이에 아기를 낳으니 남자였다.

성진이 다만 오히려 연화봉에서 놀던 마음이 역력하더니 점점 자라 부모를 알아본 후로 전생 일을 아득히 생각지 못하였다.

양 처사가 아들을 낳은 후에 매우 사랑하여 말하였다.

"이 아이의 골격이 맑고 빼어나니 천상의 신선이 귀양 왔다."

하고, 이름을 소유라 하고, 자는 천리라 하였다. 양생이 십여 세에 이르러 얼굴이 옥 같고 눈이 샛별 같아 풍채가 준수하고 지혜가 무궁하니 실로 대인군자였다.

해제 | '현실 - 꿈 - 현실'의 환몽 구조 속에서 세속적 욕망, 즉 꿈속의 일이 허망한 것임을 말하고 있다. 꿈속에서 이룬 욕망 성취가 오히려 허망하고, 꿈에서 깨어나서야 비로소 진정한 화합이 이루어진다고 할 수 있다. 환몽의 전환 과정이나 남녀의 만남 과정을 실감 있게 서술하여 독자를 사로잡고 있으며 등장인물이 각각의 개성을 갖추도록 배려를 하면서, 우아하고 품위 있는 문체로 배경과 인물의 심리를 세밀하게 묘사했다.

주제 | 인생무상과 불법에의 귀의

성격 | 불교적, 구도적

구성 | '몽중몽'의 이중적 환몽 구조

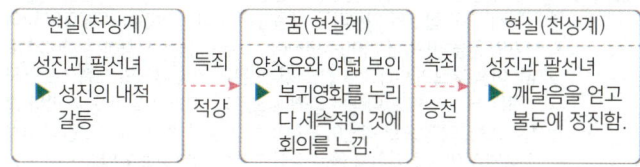

사상 | 불교의 공(空) 사상이 중심을 이루나 유교, 도교, 불교의 사상이 총체적으로 반영되어 있음.
- 불교: 성진이 꿈에서 깨어나 깨달음을 얻고 팔선녀와 함께 불도에 정진하는 것, 육관 대사가 등장하여 성진에게 깨달음을 주는 것 등은 모두 불교의 영향을 받은 것으로 핵심적 주제를 이루는 사상임.
- 유교: 양소유가 큰 공을 세워 부귀공명을 누리며, 2처 6첩을 두는 것 등은 모두 조선 시대 양반 사회의 유교적 이상을 반영한 것임.
- 도교: 용왕이 등장하는 것과 양소유의 부친인 양 처사가 옥황상제의 명을 받아 신선이 된다는 내용 등은 도교의 영향을 받은 것임.

줄거리 | 중국 당나라 때 연화봉에는 서역 천축국에서 온 육관 대사가 법당을 짓고 설법하고 있었다. 하루는 성진이 스승인 육관 대사의 명을 받아 용왕에게 사례하고 돌아오다가 석교 위에서 팔선녀를 만나 서로 희롱한다. 성진은 선방에 돌아와 불도의 적막함에 회의를 느끼고 속세의 부귀공명을 바라게 된다. 이로 인하여 성진은 육관 대사에 의해 인간 세계로 쫓겨나 양소유라는 인물로 태어나고, 팔선녀도 인간으로 태어난다. 양소유는 과거에 급제하고 입신양명하면서 인간으로 태어난 여덟 낭자와 차례로 인연을 맺어 2처 6첩과 함께 부귀영화를 누리며 살아간다. 그러던 중 인생의 무상함을 느낀 양소유는 갑자기 나타난 호승에 의해 꿈에서 깨어나 다시 현실의 성진으로 되돌아온다. 성진은 급히 육관 대사에게 나아가 잘못을 빌고 팔선녀도 모두 불도에 귀의하게 된다. 성진은 육관 대사의 정법을 물려받고 팔선녀와 함께 큰 도를 얻게 된다.

체크 문제

[1~2] 다음 작품을 읽고 물음에 답하시오.

> 승상이 말을 마치기도 전에 구름이 걷히더니 노승은 간 곳이 없고 좌우를 돌아보니 팔낭자도 간 곳이 없었다. 승상이 놀라 어찌할 바를 모르는 중에 높은 대와 많은 집들이 한순간에 사라지고 자기의 몸은 작은 암자의 포단 위에 앉아 있었는데, 향로의 불은 이미 꺼져 있었고 지는 달이 창가에 비치고 있었다.
> 자신의 몸을 보니 백팔염주가 걸려 있고 머리를 손으로 만져보니 갓 깎은 머리털이 까칠까칠하더라. 완연한 소화상의 몸이요, 전혀 대승상의 위의가 아니었으니, 이에 제 몸이 인간 세상의 승상 양소유가 아니라 연화도량의 행자 성진임을 비로소 깨달았다.
> 그리고 생각하기를, '처음에 스승에게 책망을 듣고 풍도옥으로 가서 인간 세상에 환도하여 양가의 아들이 되었지. 그리고 장원급제를 하여 한림학사가 된 후 출장입상하고 공명신퇴하여 두 공주와 여섯 낭자로 더불어 즐기던 것이 다 하룻밤 꿈이었구나. 이는 필시 사부가 나의 생각이 그릇됨을 알고 나로 하여금 이런 꿈을 꾸게 하시어 인간 부귀와 남녀 정욕이 다 허무한 일임을 알게 하신 것이로다.'

– 김만중, 〈구운몽〉에서

1. 이 글에 대한 이해로 적절하지 않은 것은? 〔2022. 국가직 9급〕
① '양소유'는 장원급제를 하여 한림학사가 되었다.
② '양소유'는 인간 세상에 환멸을 느껴 스스로 '성진'의 모습으로 되돌아왔다.
③ '성진'이 있는 곳은 인간 세상이 아니다.
④ '성진'은 자신의 외양을 통해 꿈에서 돌아왔음을 인식한다.

2. 이 작품의 주제와 가장 유사한 것은?
① 어져 내 일이야 그릴 줄을 모로ᄃ냐.
  이시랴 ᄒ더면 가랴마ᄂ 제 구ᄐ여
  보내고 그리ᄂ 情(정)은 나도 몰라 ᄒ노라.
② 五百年(오백 년) 도읍지를 匹馬(필마)로 도라드니,
  山川(산천)은 依舊(의구)ᄒ되 人傑(인걸)은 간 ᄃ 업다.
  어즈버 太平烟月(태평 연월)이 꿈이런가 ᄒ노라.
③ 首陽山(수양산) 바라보며 夷齊(이제)를 恨(한)ᄒ노라.
  주려 주글진들 採薇(채미)도 ᄒ는것가.
  비록애 푸새엣 거신들 그 뉘 싸 헤 낫ᄃ니.
④ 三冬(삼동)에 뵈옷 닙고 巖穴(암혈)에 눈비 마자
  구름 낀 볏뉘도 쬔적이 업건마ᄂ,
  西山(서산)에 해지다 ᄒ니 눈물겨워 ᄒ노라.

고전 소설 〈이생규장전(李生窺牆傳)〉 김시습

이윽고 신축년(공민왕 10년)에 홍건적(紅巾賊)이 서울을 점령하매 임금은 복주(福州: 경북 안동)로 피란 갔다. 적들은 집을 불태우고 사람과 가축을 죽이고 잡아먹으니, 그의 가족과 친척들은 능히 서로 보호하지 못하고 동서로 달아나 숨어서 제각기 살기를 꾀했다.

이생은 가족을 데리고 궁벽한 산골에 숨어 있었는데 한 도적이 칼을 빼어들고 쫓아왔다. 서생은 겨우 달아났는데 여인은 도적에게 사로잡힌 몸이었다. 적은 여인의 정조를 겁탈하고자 했으나 여인은 크게 꾸짖어 욕을 퍼부었다.

"이 호랑이 창귀 같은 놈아! 나를 죽여 씹어 먹어라. 내 차라리 이리의 밥이 될지언정 어찌 개돼지의 배필이 되어 내 정조를 더럽히겠느냐?"

도적은 노하여 여인을 한칼에 죽이고 살을 도려 흩었다.

한편 이생은 황폐한 들에 숨어서 목숨을 보전하다가 도적의 무리가 떠났다는 소식을 듣고 부모님이 살던 옛집을 찾아갔다. 그러나 집은 이미 병화에 타 버리고 없었다. 다시 아내의 집에 가 보니 행랑채는 쓸쓸하고 집 안에는 쥐들이 우글거리고 새들만 지저귈 뿐이었다. 그는 슬픔을 이기지 못해, 작은 누각에 올라가서 눈물을 거두고 길게 한숨을 쉬며 날이 저물도록 앉아서 지난날의 즐겁던 일들을 생각해 보니, 완연히 한바탕 꿈만 같았다. 밤중이 거의 되자 희미한 달빛이 들보를 비춰 주는데, 낭하에서 발자국 소리가 들려왔다. 그 소리는 먼 데서 차차 가까이 다가온다. 살펴보니 사랑하는 아내가 거기에 있었다. 이생은 그녀가 이미 이승에 없는 사람임을 알고 있었으나 너무나 사랑하는 마음에 반가움이 앞서 의심도 하지 않고 말했다.

"부인은 어디로 피난하여 목숨을 보전하였소."

여인은 이생의 손을 잡고 한바탕 통곡하더니 곧 사정을 얘기했다.

[중략]

이생은 기쁘고 또 고마워서,

"그것은 본디 나의 소원이오."

하고는 서로 즐겁게 심정을 털어놓았다. 이윽고 이야기가 가산(家産)에 미치자 여인은 말했다.

"조금도 잃지 않고 어떤 산골짜기에 묻어 두었습니다."

"우리 두 집 부모님의 해골은 어디에 있소?"

"하는 수 없이 어떤 곳에 그냥 버려 두었습니다."

서로 쌓였던 이야기가 끝나고 잠자리를 같이하니 지극한 즐거움은 옛날과 같았다.

[후략]

주제 | 죽음을 초월한 남녀 간의 지극한 사랑

갈래 | 단편 소설, 한문 소설

성격 | 전기(傳奇) 소설, 명혼(冥婚) 소설, 시애(屍愛) 소설

특징 | ① 개인과 세계 사이의 갈등이 드러남.
② 작가의 진보적 애정관이 드러남.
③ 우리나라를 배경으로 우리나라 사람을 등장시킨 점에서 자주 의식이 드러남.
④ 인간 욕망의 성취라는 인간적이고 현실적인 소망을 잘 반영함.

줄거리 | 개성에 살던 '이생'이란 젊은이가 글공부를 다니다 하루는 선죽교 근처를 지나서 귀족 집안의 최씨라는 아름다운 처녀를 발견하고 매혹된 나머지 사랑의 글을 써서 담 너머로 던진다. 그 뒤 그들은 사랑하는 사이가 되었지만 이생 부모의 반대로 시련을 겪게 된다. 최씨 부모의 노력으로 결국 두 사람은 부부가 되고 이생은 과거에 오른다. 그러나 얼마 되지 않아 홍건적(紅巾賊)의 난으로 여인이 도적의 칼에 맞아 죽고 만다. 그런데 하루는 그 여인이 이생을 찾아와 둘은 다시 행복한 나날을 보낸다. 3년이 지난 어느 날 여인은 아직도 들에 뒹구는 자신의 해골을 거두어 장사 지내 줄 것을 부탁하며 이생과 작별한다. 이생은 아내의 말대로 시체를 거두어 장사 지낸 후 그 길로 병이 들어 신음하다가 아내의 뒤를 따라 세상을 떠나고 만다.

✔ 체크 문제

1. 이 글은 다음의 어느 갈래에 속하는가?

① 전기(傳奇) 소설　　② 영웅(英雄) 소설
③ 풍자(諷刺) 소설　　④ 군담(軍談) 소설
⑤ 우화(寓話) 소설

2. 이 글과 〈보기〉의 공통점으로 볼 수 없는 것은?

〈 보기 〉

남원에 사는 노총각 양생(梁生)은 어느 날 만복사에서 부처님과 저포 놀이를 하여 이기게 되어, 배필을 점지해 줄 것을 축원한다. 배필이 될 여인이 나타나기를 기다리던 양생은 문득 나타난 여인과 남녀의 인연을 맺게 된다. 그런데 이 여인은 사실 왜구가 침범해 난리 통에 죽은 처녀의 환신이었다. 이튿날 여인은 양생에게 자기가 사는 동네로 가기를 권했고, 양생은 거기서 융숭한 대접을 받았다. 사흘 뒤 여인이 양생에게 신표로 은주발 한 개를 선사하였는데, 그것은 그 여인의 무덤에 매장한 부장품이었다. 다음날 양생은 그 여인을 만나 보련사에서 하루를 보낸 후 재를 올리고 여인은 혼자 저승으로 떠나게 된다. 양생은 끝내 장가도 들지 않고 지리산에 들어가서 약초를 캐면서 평생을 마쳤다.

– 김시습, 〈만복사저포기〉

① 부모의 반대를 극복한 사랑이라 시련을 겪게 된 것이다.
② 생사를 초월한 사랑을 나누지만 결국 운명에 굴복하게 된다.
③ 남자 주인공의 지고지순함을 느낄 수 있다.
④ 험난한 세상으로 인해 주인공이 갈등을 겪게 된다.
⑤ 전기적(傳奇的)인 요소를 바탕으로 하여 사실감이 떨어진다.

고전 소설 〈홍길동전(洪吉童傳)〉 허균

길동이 "형님께서는 염려하지 마시고, 내일 소제(小弟)를 잡아 보내시되, 장교 중에 부모와 처자 없는 자를 가리어 소제를 호송하시면 좋은 묘책이 있습니다."라고 말하였다. 감사가 그 뜻을 알고자 하나 길동이 대답을 아니 하니, 감사가 그 생각을 알지 못해도 호송원을 그 말과 같이 뽑아 길동을 호송해 한양으로 올려 보냈다.

조정에서 길동이 잡혀 온다는 말을 듣고 훈련도감의 포수 수백을 남대문에 매복시키고는, "길동이 문 안에 들어오거든 일시에 총을 쏘아 잡으라."하고 명했다.

이때에 길동이 풍우같이 잡혀 오지만 어찌 그 기미를 모르리오. 동작 나루를 건너며 '비 우(雨)' 자 셋을 써 공중에 날리고 왔다. 길동이 남대문 안에 드니 좌우의 포수가 일시에 총을 쏘았지만 총구에 물이 가득하여 할 수 없이 계획을 이루지 못했다.

길동이 대궐 문밖에 다다라 자기를 잡아온 장교를 돌아보면서 말하기를, "너희는 날 호송하여 이곳까지 왔으니 문죄 당해 죽지는 아니하리라."하고, 수레에서 내려 천천히 걸어갔다. 오군영(五軍營)의 기병들이 말을 달려 길동을 쏘려 했으나 말을 아무리 채찍질해 몬들 길동의 축지하는 법을 어찌 당하랴. 성 안의 모든 백성들이 그 신기한 수단을 헤아릴 수 없더라.

[중략]

"소신이 죄악이 지중하온데, 도리어 은혜를 입사와 평생의 한을 풀고 돌아가면서 전하와 영원히 작별하오니, 부디 만수무강하소서."

하고, 말을 마치며 몸을 공중에 솟구쳐 구름에 싸여 가니, 그 가는 곳을 알 수가 없었다. 임금이 보고 도리어 감탄을 하기를,

"길동의 신기한 재주는 고금에 드문 일이로다. 제가 지금 조선을 떠나노라 하였으니, 다시는 폐 끼칠 일이 없을 것이요, 비록 수상하기는 하나 일단 대장부다운 통쾌한 마음을 가졌으니 염려 없을 것이로다."

하고, 팔도에 사면(赦免)의 글을 내려 길동 잡는 일을 그만두었다.

한편, 길동이 제 곳에 돌아와 부하들에게 명령하기를, "내가 다녀올 곳이 있으니, 너희들은 아무 데도 출입하지 말고 내가 돌아오기를 기다리라."

하고, 즉시 몸을 솟구쳐 남경으로 향하여 가다가 한 곳에 다다르니, 거기는 소위 율도국이었다. 사면을 살펴보니 산천이 깨끗하고 인물이 번성하여 편안하게 살 만한 곳이었다. 남경에 들어가 구경한 뒤, 또 제도라 하는 섬에 들어가 두루 다니면서 산천도 구경하고 인심도 살피다가 오봉산에 이르니, 정말 제일 강산이었다. 둘레가 칠백 일요, 기름진 논이 가득하여 살기에 정말 합당하였다. 마음속으로 생각하기를 '내 이미 조선을 하직하였으니, 이곳에 와 은거하였다가 큰 일을 꾀하리라.'

하고 가벼운 걸음으로 본 곳에 돌아와 여러 부하에게 말했다.

"그대는 아무 날 양천강변에 가서 배를 많이 만들어 몇월 며칠 경성 한강에서 기다리라. 내 임금께 청해 벼 일천 석을 구해 올 것이니, 약속을 어기지 마라."

해제 | 영웅의 일대기식의 최초의 국문 소설이다. 주인공 홍길동은 서얼(庶孼) 출신이기에 뛰어난 능력을 타고났지만 정상적으로 사회에 진출하지 못한다. 그러나 의적 활빈당의 우두머리가 되어 횡행하다가 우여곡절 끝에 나라로부터 병조판서 벼슬을 제수 받은 뒤, 율도국으로 들어가 이상 국가를 건설한다.

주제 | 사회 제도 개혁(봉건적 계급 타파), 탐관오리 규탄과 빈민 구제, 해외 진출 사상

성격 | 비판적, 현실적

표현상 특징 |
① '~하더라', '~하는구나' 식으로 화자가 개입된 설명식 지문을 사용
② 진취적이며 현실적
③ 전기적(傳奇的) 요소

의의 | ① 국문 소설의 효시
② 영웅의 일생이라는 서사의 전통이 최초로 소설화된 작품
③ 사회 제도의 불합리성을 문제 삼은 사회 소설의 선구적 작품
④ 〈구운몽〉, 〈사씨남정기〉 등 후대 소설 창작에 영향을 줌.

구성 |

발단	길동은 홍 판서의 서자(庶子)로 태어나 천대를 받는다.
전개	적서 차별의 사회 제도에 반항하여 이상을 찾아 집을 떠난다.
위기	도적의 무리 활빈당(活貧黨)의 괴수가 되어 빈민을 구제한다.
절정	나라에서 길동을 잡으려고 하니 길동이 율도국으로 떠난다.
결말	율도국에서 이상국(理想國)을 세우고 정치를 행한다.

✓ 체크 문제

☑ 이 글에 대한 설명으로 적절하지 않은 것은?

2017. 국가직 9급 추가채용

① 서술자가 길동의 장면 묘사에 직접적으로 개입하고 있다.
② 호송하는 장교를 배려하는 길동의 면모가 드러나고 있다.
③ 비현실적 요소를 도입하여 길동의 남다름을 나타내고 있다.
④ 길동이 수레에서 탈출하는 모습을 비유적으로 표현하고 있다.

고전 소설 〈허생전(許生傳)〉 박지원

(가) 밤에 이 대장은 구종들도 다 물리치고 변 씨만 데리고 걸어서 허생을 찾아갔다. 변 씨는 이 대장을 문밖에 서서 기다리게 하고 혼자 먼저 들어가서, 허생을 보고 이 대장이 몸소 찾아온 연유를 이야기했다. 허생은 못 들은 체하고,

"당신 차고 온 술병이나 어서 이리 내놓으시오."

했다. 그리하여 즐겁게 술을 들이켜는 것이었다. 변 씨는 이 대장을 밖에 오래 서 있게 하는 것이 민망해서 자주 말하였으나, 허생은 대꾸도 않다가 야심해서 비로소 손을 부르게 하는 것이었다. 이 대장이 방에 들어와도 허생은 자리에서 일어서지도 않았다. 이 대장은 몸둘 곳을 몰라 하며 나라에서 어진 인재를 구하는 뜻을 설명하자, 허생은 손을 저으며 막았다.

"밤은 짧은데 말이 길어서 듣기에 지루하다. 너는 지금 무슨 벼슬에 있느냐?"

"대장이오."

"그렇다면 너는 나라의 신임받는 신하로군. 내가 와룡 선생(臥龍先生) 같은 이를 천거하겠으니, 네가 임금께 아뢰어서 삼고초려(三顧草廬)를 하게 할 수 있겠느냐?"

이 대장은 고개를 숙이고 한참 생각하더니,

"어렵습니다. 제이(第二)의 계책을 듣고자 하옵니다."

했다.

(나) "나는 원래 '제이'라는 것은 모른다."

하고 허생은 외면하다가, 이 대장의 간청을 못 이겨 말을 이었다.

"명(明)나라 장졸들이 조선은 옛 은혜가 있다고 하여, 그 자손들이 많이 우리나라로 망명해 와서 정처 없이 떠돌고 있으니, 너는 조정에 청하여 종실(宗室)의 딸들을 내어 모두 그들에게 시집 보내고, 훈척(勳戚) 권귀(權貴)의 집을 빼앗아서 그들에게 나누어 주게 할 수 있겠느냐?"

이 대장은 또 머리를 숙이고 한참을 생각하더니,

"어렵습니다."

했다.

(다) "이것도 어렵다, 저것도 어렵다 하면 ㉠ 도대체 무슨 일을 하겠느냐? 가장 쉬운 일이 있는데, 네가 능히 할 수 있겠느냐?"

"말씀을 듣고자 하옵니다."

"무릇, 천하에 대의(大義)를 외치려면 먼저 천하의 호걸들과 접촉하여 결탁하지 않고는 안 되고, 남의 나라를 치려면 먼저 첩자를 보내지 않고는 성공할 수 없는 법이다. 지금 만주 정부가 갑자기 천하의 주인이 되어서 중국 민족과 친근해지지 못하는 판에, 조선이 다른 나라보다 먼저 섬기게 되어 저들이 우리를 가장 믿는 터이다. 진실로 당(唐)나라, 원(元)나라 때처럼 우리 자제들이 유학 가서 벼슬까지 하도록 허용해 줄 것과, 상인의 출입을 금하지 말도록 할 것을 간청하면, 저들도 반드시 자기네에게 친근하려 함을 보고 기뻐 승낙할 것이다. 국중에 자제들을 가려 뽑아 머리를 깎고 되놈의 옷을 입혀서, 그중 선비는 가서 장사를 하면서, 저 나라의 실정을 정탐하는 한편, 저 땅의 호걸들과 결탁한다면 한 번 천하를 뒤집고 국치(國恥)를 씻을 수 있을 것이다. 그리고 만약 명나라 황족에서 구해도 사람을 얻지 못할 경우, 천하의 제후(諸侯)를 거느리고 적당한 사람을 하늘에 천거한다면, 잘되면 대국(大國)의 스승이 될 것이고, 못되어도 백구지국(伯舅之國)의 지위를 잃지 않을 것이다."

이 대장은 힘없이 말했다.

"사대부들이 모두 조심스럽게 예법(禮法)을 지키는데, 누가 변발(辮髮)을 하고 호복(胡服)을 입으려 하겠습니까?"

(라) 허생은 크게 꾸짖어 말했다.

"소위 사대부란 것들이 무엇이란 말이냐? 오랑캐 땅에서 태어나 자칭 사대부라 뽐내다니, 이런 어리석을 데가 있느냐? 의복은 흰옷을 입으니 그것이야말로 상인(喪人)이나 입는 것이고, 머리털을 한데 묶어 송곳같이 만드는 것은 남쪽 오랑캐의 습속에 지나지 못한데, 대체 무엇을 가지고 예법이라 한단 말인가? 번오기(樊於期)는 원수를 갚기 위해서 자신의 머리를 아끼지 않았고, 무령왕(武靈王)은 나라를 강성하게 만들기 위해서 되놈의 옷을 부끄럽게 여기지 않았다. 이제 대명(大明)을 위해 원수를 갚겠다 하면서, 그까짓 머리털 하나를 아끼고, 또 장차 말을 달리고 칼을 쓰고 창을 던지며 활을 당기고 돌을 던져야 할 판국에 소매 넓은 옷을 고쳐 입지 않고 딴에 예법이라고 한단 말이냐? 내가 세 가지를 들어 말하였는데, 너는 한 가지도 행하지 못한다면서 그래도 신임받는 신하라 하겠는가? 신임받는 신하라는 게 참으로 이렇단 말이냐? 너 같은 자는 칼로 목을 잘라야 할 것이다."

하고 좌우를 돌아보며 칼을 찾아서 찌르려 했다. 이 대장은 놀라서 일어나 급히 뒷문으로 뛰쳐나가 도망쳐서 돌아갔다.

(마) 이튿날, 다시 찾아가 보았더니, 집이 텅 비어 있고, 허생은 간 곳이 없었다.

해제 | 이 소설의 작가는 '북벌'이란 허울 좋은 구호를 내걸고, 백성 모두의 관심을 이에 집중시켜, 조선 내부의 문제점을 은폐하고 있는 당대의 현실을 비판적으로 제시하고 있다. '허생'이라는 비범한 인물을 내세워 전반부에는 주로 당대 사회의 경제적 문제점을 비판하고 있고, 후반부에는 이완과 허생의 대화를 통해 집권층의 무능과 위선을 비판하고 있다. 작가는 이미 동아시아 최대의 강대국이 된 청을 공격하는 것이 불가능하므로 청나라의 문물을 받아들여 더 나은 세상을 만들자는 북학론(北學論)적 사고를 이 작품에서 구현하고 있다.

주제 | 양반 사대부의 무능 비판과 새로운 삶의 각성 및 실천 촉구

갈래 | 단편 소설, 한문 소설, 풍자 소설

배경 | 시간적 배경 : 17세기 조선 효종 때
공간적 배경 : 한양과 한반도 전역, 무인도, 장기도

표현상 특징 |
① 대화를 통한 사건 전개
② 냉소적 현실 풍자

의의 | 실학사상으로 당시 사회의 모순을 비판·풍자하고, 근대 의식을 고취한 실학 문학의 대표작

구성 |

발단	글 읽기에 몰두하던 허생은 생활고에 못 견딘 아내의 질책에 집을 나섬.
전개	변 씨에게 돈을 꾸어 매점매석하고 빈 섬을 경영하다 돌아와 꾼 돈을 갚음.
위기	허생과 변 씨는 친교를 나누고, 변 씨는 이완과 허생에게 서로를 소개함.
절정	허생은 현실 타개책을 제시하나 이완이 거절하자 이에 곧 그를 쫓아냄.
결말	허생은 표연히 자취를 감춤.

체크 문제

1. ㈎에 담겨 있는 작가의 태도는?
   ① 세도가의 비리 비판
   ② 위정자의 무능 비판
   ③ 양반의 위선 폭로
   ④ 경제 구조의 모순 비판
   ⑤ 존명배청 사상 비판

2. (라)에서 작가가 궁극적으로 드러내고자 한 의도는?
   ① 인재의 선발
   ② 청나라와의 교류
   ③ 인습의 타파
   ④ 이상 국가의 건설
   ⑤ 부국강병의 실현

3. (마)의 특징으로 알맞지 않은 것은?
   ① 미완(未完)의 결말 구조로 되어 있다.
   ② 암시와 여운의 효과가 있다.
   ③ 작품의 허구성을 강조한다.
   ④ 허생의 이인(異人)다운 풍모가 부각되어 있다.
   ⑤ 작품의 설화적 분위기가 조성되어 있다.

☑ ㉠~㉣에 대한 설명으로 적절하지 않은 것은? *2018. 법원직 9급*

> 허생은 묵적골에 살았다. 곧장 남산(南山) 밑에 닿으면, 우물 위에 오래된 은행나무가 서 있고, 은행나무를 향하여 사립문이 열렸는데, 두어 칸 초가는 비바람을 막지 못할 정도였다. 그러나 허생은 글 읽기만 좋아하고, 그의 처가 남의 바느질품을 팔아서 입에 풀칠을 했다. 하루는 그의 처가 몹시 배가 고파서 울음 섞인 소리로 말했다.
> ㉠"당신은 평생 과거(科擧)를 보지 않으니, 글을 읽어 무엇합니까?"
> 허생은 웃으며 대답했다.
> "나는 아직 독서를 익숙히 하지 못하였소."
> ㉡"그럼 장인바치 일이라도 못 하시나요?"
> "장인바치 일은 본래 배우지 않은 걸 어떻게 하겠소?"
> "그럼 장사는 못 하시나요?"
> "장사는 밑천이 없는 걸 어떻게 하겠소?"
> 처는 왈칵 성을 내며 소리쳤다.
> "밤낮으로 글을 읽더니 기껏 '어떻게 하겠소?' 소리만 배웠단 말씀이오? 장인바치 일도 못 한다, 장사도 못 한다면, 도둑질이라도 못 하시나요?"
> 허생은 읽던 책을 덮어 놓고 일어나면서,
> ㉢"아깝다. 내가 당초 글 읽기로 십 년을 기약했는데, 이제 칠 년인걸……."
> 하고 획 문밖으로 나가 버렸다.
> [중략]
> 이때, 변산(邊山)에 수천의 군도(群盜)들이 우글거리고 있었다. 각 지방에서 군사를 징발하여 수색을 벌였으나 좀처럼 잡히지 않았다. 군도들도 감히 나가 활동을 못 해서 배고프고 곤란한 판이었다. 허생이 군도의 산채를 찾아가서 우두머리를 달래었다.
> "천 명이 천 냥을 빼앗아 와서 나누면 하나 앞에 얼마씩 돌아가지요?" / "일 인당 한 냥이지요."
> "모두 아내가 있소?" / "없소." "논밭은 있소?"
> 군도들이 어이없어 웃었다.
> "땅이 있고 처자식이 있는 놈이 무엇 때문에 도둑이 된단 말이오?"
> "정말 그렇다면, 왜 아내를 얻고, 집을 짓고, 소를 사서 논밭을 갈고 지내려 하지 않는가? 그럼 도둑놈 소리도 안 듣고 살면서, 집에는 부부의 낙(樂)이 있을 것이요, 돌아다녀도 잡힐까 걱정을 않고 길이 의식의 요족을 누릴 텐데."
> ㉣"아니, 왜 바라지 않겠소? 다만 돈이 없어 못 할 뿐이지요."

① ㉠ : 허생의 처가 생각하는 글 읽기의 목적은 입신양명이고 이는 그녀의 실용적 학문관을 보여 주는 것이다.
② ㉡ : 허생의 처가 생각하는 바람직한 직업을 허생에게 추천하고 있다.
③ ㉢ : 글 읽기에 대한 허생의 관점이 드러난 부분으로 허생은 도를 이루기 위해 글 읽기를 한 것이다.
④ ㉣ : 돈의 필요성에 대해 인식한 부분으로 이 시대에도 상업 자본에 대한 근대적 자각이 있었음을 확인할 수 있다.

고전 소설 〈양반전(兩班傳)〉 박지원

　양반(兩班)이란, 사족(士族)을 높여서 일컫는 말이다.
　정선군에 한 양반이 살았다. 이 양반은 어질고 글 읽기를 좋아하여 매양 군수가 새로 부임하면 으레 몸소 그 집을 찾아와서 인사를 드렸다. 그런데 이 양반은 집이 가난하여 해마다 고을의 환자(還子)를 타다 먹은 것이 쌓여서 천 석이 되었다.
　강원도 감사가 군읍을 순시하다가 정선에 들러 환곡의 장부를 열람하고 크게 노여워하여
　"어떤 놈의 양반이 이처럼 군량을 축냈단 말이냐?"
하고, 곧 명해서 그 양반을 잡아 가두게 했다. 군수는 그 양반이 가난해서 갚을 힘이 없는 것을 딱하게 여기고 차마 가두지 못했지만 무슨 도리도 없었다. 양반 역시 밤낮 울기만 하고 해결할 방도를 찾지 못했다. 그 꼬락서니를 본 그의 아내는 기가 막혀서,
　"여보, 당신은 한평생 글 읽기만 부질없이 좋아했군요. 이런 정도의 환자 갚기에도 아무런 효과가 없구먼요. 에이구 양반, 이런 양반이야말로 한 푼어치 값도 못 되는구료."
하고 혀를 끌끌 찼다.
　때마침 그 동네에 살고 있는 부자 하나가 이 소문을 듣자 곧 가족끼리 비밀회의를 열었다. 그는 말했다.
　"도대체 '양반'이란 아무리 가난해도 그 위치는 늘 높고도 영광스럽건만 우리들이사 남부럽지 않은 부자이지만 갈수록 천하게만 굴어야 되지 않아. 길을 다닐 때엔 말 한 번 거들먹이고 타 보질 못할 뿐더러, 양반만 보면 저절로 기가 푸욱 죽어서 굽실거리며 엉금엉금 기어가서 뜰 밑에서 절하고 코가 땅에 닿도록 질질 끌며 무릎으로 기다시피하여, 우리네는 줄창 이런 창피를 입고 있지 않았어. 이젠 저 양반이 마침 가난한 탓으로 환자를 갚을 길이 없어서 몹시 곤란한 모양이라니 그 형편이 실로 그 양반의 자리를 더 지닐 수 없을 것이야. 이 기회에 내 그것을 사서 가지는 게 어떨까."
하고 부자는 곧 양반의 집을 찾아서 그에게 의견을 말하고 대신 환자 갚기를 청하였다. 양반은 크게 기뻐하여 서슴지 않고 승낙하였다. 이에 부자는 줄곧 그 천 섬의 환자를 관가에 바쳤다.
　군수는 양반이 환곡을 모두 갚은 것을 놀랍게 생각했다. 군수가 몸소 찾아가서 양반을 위로하고 또 환자를 갚게 된 사정을 물어보려고 했다. 그런데 뜻밖에 양반이 벙거지를 쓰고 짧은 잠방이를 입고 길에 엎드려 '소인(小人)'이라 자칭하며 감히 쳐다보지도 못하고 있었다.
　군수가 깜짝 놀라 내려가서 부축하면서

　"귀하는 어찌 이다지 스스로 낮추어 욕되게 하시는가요?"
하고 말했다. 양반은 더욱 황공하여 머리를 땅에 조아리고 엎드려 아뢴다.
　"황송하오이다. 소인이 감히 욕됨을 자청하는 것이 아니오라, 이미 제 양반을 팔아서 환곡을 갚았습죠. 동리의 부자 사람이 양반이올시다. 소인이 이제 다시 어떻게 전의 양반을 모칭(冒稱)해서 양반 행세를 하겠습니까?"
군수는 감탄해서 말했다.
　"군자로구나 부자여! 양반이로구나 부자여! 부자이면서도 인색하지 않으니 의로운 일이요, 남의 어려움을 도와주니 어진 일이요, 비천한 것을 싫어하고 존귀한 것을 사모하니 지혜로운 일이다. 이야말로 진짜 양반이로구나. 그러나 사사로 팔고 사고서 증서를 해 두지 않으면 송사(訟事)의 꼬투리가 될 수 있다. 내가 너와 약속을 해서 군민으로 증인을 삼고 증서를 만들어 미덥게 하되 본관이 마땅히 거기에 서명할 것이다."

주제 | 양반들의 공허한 관념, 비생산성, 특권 의식에 대한 비판과 양반의 형식주의와 부정부패를 풍자함.

해제 | 조선 전기의 엄격했던 신분 질서는 임진왜란과 병자호란을 계기로 서서히 동요하기 시작하였고, 조선 후기에는 산업이 발달하면서 평민 계층의 부자들이 등장하기 시작하였다. 이러한 과정에서 신분을 팔고 사는 양반과 평민 부자들이 생겨나게 된다. 이 작품은 이러한 사회 상황을 배경으로 하여 무능하고 위선적인 양반을 풍자 하면서 동시에 양반이라는 신분을 돈으로 사겠다고 하는 천부(賤富)의 속물주의적 속성을 비판하고 있다. 이 작품에는 두 개의 문서가 등장하는데, 첫 번째 문서는 공허한 관념과 가식에 얽매인 양반들의 모습을 풍자적으로 드러내며, 두 번째 문서는 특권을 이용하여 개인적인 이익을 취하는 양반들의 비행을 풍자하고 있다. 이러한 양반의 모습을 희화화하여 풍자함으로써 변모하는 시대의 정신, 즉 실학사상을 바탕으로 하여 공허한 유교적 관념주의를 타파해야 한다는 의지를 드러낸 것이라고 할 수 있다.

성격 | 풍자적, 고발적, 비판적

표현상 특징
① 몰락하는 양반들의 위선적인 생활 모습을 비판, 풍자함.
② 소재를 현실 생활에서 취하고 있으나 허구적임.

✔ 체크 문제

1. 다음 중 이 글에 대한 설명으로 적절하지 않은 것은?
① 작가는 양반에 대해 비판적이다.
② 당시의 신분 질서는 흔들리고 있었다.
③ 가난한 백성을 구제하는 국가적 제도가 있었다.
④ 당시 양반들은 부자들에 대한 열등감이 있었다.
⑤ 작가는 형식적인 겉치레보다는 실리를 중요시한다.

2. 이 글에서 알 수 있는 당대의 사회상이 아닌 것은?
① 물질 만능의 세태　　② 관리들의 부정부패
③ 부유한 서민 계층 등장　④ 형식 위주의 양반 문화
⑤ 양반 계층의 경제적 몰락

고전 소설 〈유충렬전(劉忠烈傳)〉 작자 미상

빌기를 다함에 지성이면 감천이라 황천인들 무심할까. 단상의 오색구름이 사면에 옹위하고 산중에 ㉠ 백발 신령이 일제히 하강하여 정결케 지은 제물 모두 다 흠향한다. 길조(吉兆)가 여차(如此)하니 귀자(貴子)가 없을쏘냐. 빌기를 다한 후에 만심 고대하던 차에 일일은 한 꿈을 얻으니, ㉡ 천상으로서 오운(五雲)이 영롱하고, 일원(一員) 선관(仙官)이 청룡(靑龍)을 타고 내려와 말하되,

"나는 청룡을 다스리던 선관이더니 익성(翼星)이 무도(無道)한 고로 상제께 아뢰되 익성을 치죄하야 다른 방으로 귀양을 보냈더니 익성이 이걸로 함심(含心)하야 ㉢ 백옥루 잔치 시에 익성과 대전(對戰)한 후로 상제전에 득죄하여 인간에 내치심에 갈 바를 모르더니 남악산 신령들이 부인 댁으로 지시하기로 왔사오니 부인은 애휼(愛恤)하옵소서."

하고 타고 온 청룡을 오운 간(五雲間)에 방송(放送)하여 왈,

"㉣ 일후 풍진(風塵) 중에 너를 다시 찾으리라."

하고 부인 품에 달려들거늘 놀래 깨달으니 일장춘몽이 황홀하다.

정신을 진정하야 정언주부를 청입(請入)하야 몽사를 설화(說話)한대 정언주부가 즐거운 마음 비할 데 없어 부인을 위로하야 춘정(春情)을 부쳐 두고 생남(生男)하기를 만심 고대하더니 과연 그달부터 태기 있어 십 삭이 찬 연후에 옥동자를 탄생할 제, 방 안에 향취 있고 문 밖에 서기(瑞氣)가 뻗질러 생광(生光)은 만지(滿地)하고 서채(瑞彩)는 충천하였다.

[중략]

이때에 조정에 두 신하가 있으니 하나는 도총대장 정한담이요, 또 하나는 병부상서 최일귀라. 본대 천상 익성으로 자미원 대장성과 백옥루 잔치에 대전한 죄로 상제께 득죄하여 인간 세상에 적강(謫降)하여 대명국 황제의 신하가 되었는지라 본시 천상지인(天上之人)으로 지략이 유여하고 술법이 신묘 중에 금산사 옥관도사를 데려다가 별당에 거처하게 하고 술법을 배웠으니 만부부당지용(萬夫不當之勇)이 있고 백만군중대장지재(百萬軍中大將之才)라 벼슬이 일품이요 포악이 무쌍이라 일상 마음이 천자를 도모코자 하되 다만 정언주부인 유심의 직간을 꺼려 하고 또한 퇴재상(退宰相) 강희주의 상소를 꺼려 주저한 지 오래라.

해제 | 영웅의 일생이라는 유형적 구조를 충실하게 유지하고 있는 대표적인 작품이다. 주몽 신화에서 보이는 영웅의 일생이라는 전통을 후대의 신소설 〈혈의 누〉에까지 연결시켜 주는 구실을 했다고 평가된다.

주제 | 유충렬의 고난과 영웅적인 행적

갈래 | 영웅 소설, 군담 소설

배경 | 시간적 – 중국 명나라 시대, 공간적 – 명나라 조정과 중국 대륙

성격 | 일대기적, 비현실적, 우연적

구성

발단	대명국 고위 관리 유심은, 산천에 기도하여 외아들 유충렬을 늦게 얻음.
전개	충렬은 천상인의 하강이기에 비범한 능력을 지녔으나, 간신 정한담의 박해로 죽을 고비에 처함. 후에, 구출자인 강희주를 만나 그의 사위가 됨.
위기	강 승상도 정한담을 규탄하다가 귀양 가고, 충렬은 아내와 헤어져 광덕산 도승을 만나 도술을 배운 다음 갑옷과 용마, 보검을 얻음.
절정	정한담이 외적과 함께 반란을 일으켜 나라가 위기에 처하자, 충렬은 그 반란을 평정함.
결말	충렬이 잡혀간 황후, 태자를 구하고, 돌아오는 길에 부모와 아내, 장인을 구하여, 천자로부터 큰 벼슬을 받고 높은 지위에 올라 부귀를 누림.

✔ 체크 문제

☑ ㉠~㉣에 대한 풀이로 옳지 않은 것은? 2017. 국가직 9급

① ㉠ : 길조(吉兆)가 일어날 것임을 암시한다.
② ㉡ : '부인'이 꾼 꿈의 상황이다.
③ ㉢ : '선관'이 인간 세상에 귀양을 오게 되는 계기이다.
④ ㉣ : '남악산 신령'이 후일 청룡을 타고 천상 세계로 복귀할 것임을 암시한다.

판소리계 소설 〈토끼전〉 작자 미상

별주부가 경개(景槪)를 따라 올라가니, 갑자기 산중에서 한 짐승이 풀을 뜯어 먹으며 꽃을 희롱하며 자신 있고 만족한 듯 내려오고 있었다. 별주부가 몸을 감추고 토끼 화상을 내어 보니 바로 토끼였다. 별주부가 기뻐하며 스스로 생각하기를,

'저 토끼를 잡아다가 우리 대왕께 드려 병이 나으시면 내 마땅히 일등 공신이 될 것이다.'

하고 긴 목을 늘이어 토끼 앞에 나아가 예(禮)하고 말하기를,

"토 선생께 뵈나이다."

하니 토끼가 자라를 보고 웃으며,

"그대 어찌 내 성명을 부르는가? 남생이의 아들인가 목이 길기도 하다."

했다. 자라 그 곁에 앉으며 전에 보지 못한 말을 하며 성명을 통한 뒤 토끼에게 말하기를,

"그대는 몇 살이나 되었으며 청산(靑山) 벽계(碧溪)로 다니니 재미가 어떠한가?"

토끼 웃으며 대답하기를,

"나는 삼백 년을 세세(世世)로 두루 돌아다니며 만첩산중(萬疊山中)에 백화만발(百花滿發)하고 서운(瑞雲)은 은은하여 푸른 솔은 축축 늘어져 있고 푸른 물은 잔잔한데 향기 무성한 곳으로 시름없이 다니면서 백초(百草)의 이슬을 싫도록 받아 먹고 산림 화초 간의 향기를 마음대로 내 몸에 쏘이며 무주공산(無主空山)에 시비(是非) 없이 왕래하여 산과(山果)를 마음대로 먹으며 분별 없이 천봉만학(千峰萬壑)에 때때로 기어올라 온 세상을 굽어보면 가슴 속이 시원하니 그 재미는 입으로 말하기 어렵다네. 자네도 세상 흥미를 취하겠거든 나를 따라 노는 것이 어떻겠나?"

하니, 자라가 대답하기를,

"선생의 말이 좋아서 인간 세상의 경치를 그토록 자랑하지만, 나는 본래 인간 세상에 머물러 사는 바가 아니라 북해 용왕의 신하로 주부(主簿) 벼슬하는 자라로서, 수궁(水宮)에 벼슬을 하다가 마침 동해 용왕이 수연(壽宴) 잔치를 한다 하고 사신(使臣)을 우리 궁중에 보내어 왕을 청하였는데, 우리 대왕이 우연히 오줌소태를 하여 성하지 아니하시어 못 가시게 되자 왕의 태자(太子)께서 날 보고 인간 세상에 나가 해변가로 다니며 어부들이 어디서 낚시질하는가 탐지하여 오라 하시기에 세상에 와서 탐지(探知)하고 돌아가는 길에 이곳에 화초가 만발한 것을 보고 잠깐 구경할 즈음에 선생을 만났으니 마음에 기쁨을 헤아릴 수 없네그려. 선생이 인간 세상의 경치를 자랑하는데 나도 용궁의 승경(勝景)을 잠깐 자랑할 테니 자세히 들어 보게나."

[중략]

"그대는 대장부로 어찌 여자에게 쥐여 판관사령(判官使令) 아들처럼 그만한 일을 가지고 허락을 받으려 하는가?"

하니, 토끼 이 말을 듣고 마음이 거북하였으나 판관사령이란 말이 걸리어,

"그렇다면 그냥 갑시다마는 돌아올 날짜가 언제쯤이며 길이 다르니 어떻게 가겠는가?"

하니, 별주부가 크게 기뻐하며,

"그대가 가려 한다면 물 걱정은 말게나."

했다. 이에 토끼가 별주부와 함께 물가에 내려와 그 등에 업히어 눈을 감으니 별주부 물에 떠 만경창파를 순식간에 들어가 용궁에 이르렀다.

해제 | 〈토끼전〉은 작자와 연대 미상의 판소리계 소설로 판소리 〈수궁가〉를 소설화한 것인데, 옛날부터 전해 오던 〈구토지설〉에 재미있고 해학적인 내용이 가미되면서 형성되었다. 다른 판소리계 소설과 마찬가지로 영·정조 시대에 형성된 것으로 추정되며 이본이 많다. 다양한 고사와 미사여구를 동원하고 있으며, 전편에 해학적인 분위기가 넘친다. 이 작품에는 토끼와 별주부의 상반된 인물 유형이 나온다. 부귀영화를 바라며 임금에게 절대적 충성을 바치는 별주부에게서 봉건 사회의 충신의 모습을 볼 수 있는 반면, 일시적으로 호강의 유혹에 넘어가 위기에 처했다가 살아남은 토끼에게서는 서민의 모습을 볼 수 있다. 따라서 이 소설은 허욕에 대한 경계를 주제로 삼고 있으나, 이를 당대의 현실에 비추어 보면, 부패한 봉건 사회에 대한 풍자, 인간 사회에 대한 비판 의식이 바탕에 깔려 있음을 알 수 있다.

주제 | 어려움을 극복하는 지혜, 과욕 및 허욕에 대한 경계와 왕에 대한 충성심

성격 | 풍자적, 우의적, 해학적, 교훈적

✔ 체크 문제

1. 이 글의 특징으로 적절하지 않은 것은?
   ① 시간적 배경이 세밀하게 묘사되고 있다.
   ② 교훈을 주려는 목적성을 강하게 띠고 있다.
   ③ 수궁과 육지의 두 공간을 대립시키고 있다.
   ④ 현실에 대한 서민들의 비판이 반영되어 있다.
   ⑤ 동물을 등장인물로 내세워 인간의 삶을 빗대고 있다.

2. 이 글에 대한 설명으로 적절하지 않은 것은?
   ① 판소리가 문자로 정착되면서 만들어졌다.
   ② 등장인물의 내면이 세밀하게 서술되고 있다.
   ③ 우화적인 수법을 통해 인간 사회를 풍자하고 있다.
   ④ 서민적인 말투와 한자 어구가 함께 사용되고 있다.
   ⑤ 읽어 나가는 동안 자연스럽게 리듬감을 느낄 수 있다.

3. '별주부'가 '토끼'를 유혹하는 이유로 옳은 것은?
   ① 토끼와 함께 유람하기 위하여
   ② 토끼의 육지의 삶이 안타까워서
   ③ 용궁에서의 삶을 자랑하기 위하여
   ④ 용왕의 병을 낫게 해서 일등 공신이 되기 위하여
   ⑤ 동해 용왕의 수연(壽宴) 잔치에 함께 가기 위하여

판소리계 소설 〈심청전(沈淸傳)〉 작자 미상

(가) 이때에 심 봉사는 홀로 앉아 심청을 기다릴 제, 배고파 등에 붙고 방은 추워 턱이 떨어질 지경인데, 잘새는 날아들고 먼 절에서 쇠북 소리 들리니 날 저문 줄 짐작하고 혼자 하는 말이,
'내 딸 심청이는 무슨 일에 빠져서 날이 저문 줄 모르는고. 주인에게 잡히어 못 오는가, 저물게 오는 길에 동무에게 붙잡혀 있는가?'
눈바람에 길가는 사람 보고 짖는 개소리에
"심청이 오느냐?"
하면서 반기기도 하고, 괜히 눈보라가 떨어진 창가에 부딪치기만 해도 행여 심청이 오는 소리인가 하여 반겨 나서면서,
"심청이 너 오느냐?"
하고 나가 봐도 적막한 빈 뜰에 인적이 없으니 공연히 속았구나.

[A] 지팡막대 찾아 짚고 사립 밖에 나가다가 한 길 넘은 개천에 밀친 듯이 떨어지니, 얼굴에 흙빛이요 의복에 얼음이라. 뒤뚱거리다 도로 더 빠지며 나오자니 미끄러져 하릴없이 죽게 되어, 아무리 소리친들 해는 저물고 행인은 끊겼으니 뉘라서 건져 주리.

(나) 마침 이때 몽운사 화주승이 절을 새로 지으려고 시주책을 둘러메고 내려왔다가, 청산은 어둑어둑하고 눈 덮인 들판에 달이 돋아올 제, 돌밭 비탈길로 절을 찾아가는데 바람결에 애처로운 소리가 들렸다.
"사람 살려!"
화주승은 자비한 마음에 소리나는 곳을 찾아가니, 어떤 사람이 개천에 빠져서 거의 죽게 되었다. 급한 마음에 구절죽장과 바랑을 바위 위에 휙 던져 두고, 굴갓과 먹물장삼 실띠 달린 채로 벗어 놓고, 육날 미투리 행전 대님 버선도 훨훨 벗어 놓고, 고두 누비 바지 저고리 거듭거듭 훨씬 추켜올려, 급히 뛰어들어 심 봉사 고추상투를 덥벅 잡아 들어올려 건져 놓으니, 전에 보던 심 봉사였다. 심 봉사가 정신 차려 묻기를,
"게 뉘시오?"
화주승이 대답하기를,
"몽운사 화주승이오."
"그렇지, 사람을 살리는 부처로군요. 죽을 사람을 살려 주시니 은혜 백골난망(白骨難忘)이오."

(다) 화주승이 심 봉사를 업어다 방 안에 앉히고 빠진 까닭을 물었다. 심 봉사는 ㉠신세를 한탄하다가 전후 사정을 말하니, 그 중이 봉사더러 하는 말이,
"딱하시군요. 우리 절 부처님은 영험이 많으셔서 빌어서 아니 되는 일이 없고 구하면 응답을 주신답니다. 공양미 3백 석을 부처님께 올리고 지성으로 불공을 드리면 반드시 눈을 떠서 성한 사람이 되어 천지 만물을 보게 될 것입니다."
심 봉사가 집안 형편은 생각지 않고 눈 뜬단 말에 혹하여,
"그러면 삼백 석을 적어 가시오."

해제 | 이 작품은 현실 세계를 배경으로 전개되는 전반부와 환상의 세계가 중심을 이루는 후반부로 구성되어 있다. 가난하고 눈먼 아버지에 대한 외동딸 심청의 헌신적 사랑이 부각되는 전반부에서는, '효성(孝誠)'이라는 사회 윤리적 가치가 교훈적으로 제시되며, 인신 공희(人身供犧)의 제물이 되었던 심청이 환생하면서 전개되는 후반부에서는, 심청이 귀한 신분을 누리게 되고 심 봉사가 광명을 찾게 됨으로써 전형적인 인과응보(因果應報) 사상이 드러난다. 이러한 심청의 신분 상승은 여성들이 보편적으로 동경하는 세계의 실현 과정을 보여 주는 내용으로, 여성이 이 소설을 애독하게 한 주요인이 된다. 이 소설은 외적(外的)으로는 창과 아니리, 발림을 통하여 시간 순서에 입각해 사건의 경과를 전해 주는 형식을 취하고 있지만, 내적으로는 가난하게 살았던 하층민의 실상을 알게 한다든지(인지적 측면), 남편을 버리고 가는 뺑덕이네를 통해 부부간의 윤리 문제를 생각하게 한다든지(정의적 측면), 비극적인 상황을 희극적으로 처리하여 해학미를 느끼게 하는(심미적 측면) 등의 복합적인 요소를 두루 갖추고 있다.

주제 | ① 부모에 대한 지극한 효성
② 인과응보(因果應報)

✔ 체크 문제

1. 〈심청전〉에 대한 설명으로 적절하지 않은 것은?
   ① 적층 문학이다.
   ② '효'가 주제이다.
   ③ 판소리계 소설이다.
   ④ 전형적인 염정 소설이다.
   ⑤ 유·불·도 사상을 배경으로 한다.

2. (다)에서 알 수 있는 심 봉사의 성격과 가까운 것은?
   ① 소심함 ② 옹졸함 ③ 치밀함
   ④ 대범함 ⑤ 충동적임

3. [A]와 〈보기〉를 비교한 내용으로 적절하지 않은 것은?

   〈 보기 〉
   그때의 심 봉사는 딸의 덕에 몇 해를 가만히 앉아 먹어 노니 도랑 출입이 서툴구나. 지팡이 흩어 짚고 이리 더듬 저리 더듬 더듬 더듬이 나가다가 길 넘은 개천 물에 발 자칫 미끄러져 꺼꾸로 물에 가 풍 빠져 노니 아이고 도화동 심학규 죽네. 나오려면 미끄러져 풍 빠져 들어가고 나오려면 미끄러져 풍 빠져 들어가고 나오려면 미끄러져 풍 빠져 들어가고 그저 점점 들어가니 아이고 정신도 말끔하고 숨도 잘 쉬고 아픈 데 없이 잘 죽는다. 한참 이리할 제.
   – 판소리 〈심청가〉에서

   ① [A]는 〈보기〉와 달리 대구를 활용하여 개천에 빠진 심 봉사의 외양을 묘사하고 있다.
   ② 〈보기〉는 [A]와 달리 개천에서 빠져나오려 애쓰는 심 봉사의 행동을 반복적으로 제시하고 있다.
   ③ [A]는 〈보기〉에 비해 해학적 표현을 두드러지게 사용하여 심 봉사가 처한 위급한 상황을 부각하고 있다.
   ④ 〈보기〉는 [A]에 비해 의태어를 빈번하게 사용하여 심 봉사의 행동을 생생하게 나타내고 있다.
   ⑤ [A]와 〈보기〉는 모두 심 봉사가 처한 상황과 관련된 서술자의 생각을 제시하고 있다.

4. ㉠의 '전후 사정'에 포함되지 않는 내용은?
   ① 번성했던 집안이 망했다.
   ② 아내가 죽어 홀아비가 되었다.
   ③ 어느 날인가부터 장님이 되었다.
   ④ 아내가 남긴 딸을 홀로 기르게 되었다.
   ⑤ 딸을 배웅하려다가 물에 빠지게 되었다.

판소리계 소설 〈흥보가(興甫歌)〉 작자 미상

[중중모리] 흥보 마누라 나온다. 흥보 마누라 나온다. "아이고 여보 영감. 영감 오신 줄 내 몰랐소. 어디 돈, 어디 돈 허고 돈 봅시다, 돈 봐." "놓아두어라 이 사람아. 이 돈 근본(根本)을 자네 아나. 못난 사람도 잘난 돈, 잘난 사람은 더 잘난 돈, 맹상군(孟嘗君)의 수레바퀴처럼 둥글둥글이 생긴 돈, 생살지권(生殺之權)을 가진 돈, 부귀공명 붙은 돈. 이놈의 돈아, 아나 돈아, 어디 갔다가 이제 오느냐. 얼씨구나 돈 봐. 어 어 어 얼씨구 얼씨구 돈 봐."

[아니리] 이 돈을 가지고 쌀팔고 고기 사고 고기죽을 누그름하게 열한 통이 되게 쑤어 가지고 각기 한 통씩 먹여 놓으니, 모두 식곤증이 나서 앉은 자리에서 고자빠지잠*을 자는데, 죽 국물이 코끝에서 쇠죽 후주국 내리듯 댕강댕강 떨어지것다. 흥보 마누라가 하는 말이, "여보 영감 그런디 이 돈이 무슨 돈이오? 어떻게 해서 생겨난 돈인지 좀 압시다." "이 돈이 다른 돈이 아닐세. 우리 고을 좌수가 병영 영문에 잡혔는데 대신 가서 곤장 열 대만 맞으면 한 대에 석 냥씩 서른 냥을 준다기에 대신 가기로 하고 삯으로 받아 온 돈이제." 흥보 마누라 깜짝 놀라며, "소중한 가장 매품 팔아 먹고산단 말은 고금천지에 어디서 보았소."

[진양] "가지 마오 가지 마오, 불쌍한 영감, 가지를 마오. 하늘이 무너져도 솟아날 구멍이 있는 법이니, 설마한들 죽사리까. 병영 영문 곤장 한 대를 맞고 보면 죽도록 골병 된답디다. 여보 영감 불쌍한 우리 영감, 가지를 마오."

[아니리] 흥보 아들놈들이 저의 어머니 울음소리를 듣고 물소리 들은 거위 모양으로 고개를 들고, "아버지 병영 가시오?" "오냐 병영 간다." "갔다 올 제 떡 한 보따리 사 가지고 오시오."

[중모리] 아침밥을 끓여 먹고 병영 길을 나려간다. 허유허유 나려를 가며 신세자탄(身世自嘆) 울음을 운다. "어떤 사람 팔자 좋아 화려한 집 짓고 잘사는데 내 팔자는 왜 그런고." 병영골을 당도하여 치어다보니 대장기요, 나려 굽어보니 숙정패로구나. 깊은 산속에 있는 사나운 범의 용맹 같은 용(勇) 자 붙인 군로사령들이 이리 가고 저리 간다. 그때 박흥보는 숫한 사람이라 벌벌 떨며 들어간다.

[아니리] 방울이 떨렁, 사령 "예이." 야단났지. 흥보가 삼문 간에 들어서 가만히 굽어보니 죄인이 볼기를 맞거늘, 흥보 마음에는 그 사람들도 돈 벌러 온 줄 알고, '저 사람들은 먼저 와서 돈 수백 냥 번다. 나도 볼기 좀 까고 업저 볼까.' 볼기를 까고 삼문 간에 가 엎드렸을 제 사령 한 쌍이 나오더니, "병영 생긴 후 볼기전 보는 놈이 생겼구나."

사령 중에 뜻밖에 흥보 씨 아는 사령이 있던가, "아니 박 생원 아니시오?" "알아맞혔구만그려." "당신 곯았소." "곯다니 계란이 곯지, 사람이 곯나. 그게 어떤 말인가?" "박생원 대신이라 하고 어떤 사람이 와서 곤장 열 대 맞고 돈 서른 냥 받아 가지고 벌써 떠나갔소." 흥보가 기가 막혀, "그놈이 어떻게 생겼던가?" "키가 구 척이요 방울 눈에 기운 좋습디다." 흥보가 말을 들으니, "허허 그전 밤에 우리 마누라가 밤새도록 울더니마는 옆집 꾀수 애비란 놈이 알고 발등걸이*를 허였구나."

[A]

[중모리] "번수네들 그러한가. 나는 가네. 지키기나 잘 들하소. 매품 팔러 왔는데도 손재(損財)가 붙어 이 지경이 웬일이냐. 우리 집을 돌아가면 밥 달라고 우는 자식은 떡 사 주마고 달래고, 떡 사 달라 우는 자식 엿 사 주마고 달랬는데, 돈이 있어야 말을 허지." 그렁저렁 울며 불며 돌아온다. 그때에 흥보 마누라는 영감이 떠난 그날부터 후원에 단(壇)을 세우고 정화수를 바치고, 병영 가신 우리 영감 매 한 대도 맞지 말고 무사히 돌아오시라고 밤낮 기도하면서, "병영 가신 우리 영감 하마 오실 제 되었는데 어찌하여 못 오신가. 병영 영문 곤장을 맞고 허약한 체질 주린 몸에 병이 나서 못 오신가. 길에 오다 누웠는가."

[아니리] 문밖에를 가만히 내다보니 자기 영감이 분명한 것이다. 눈물 씻고 바라보니 흥보가 들어오거늘, "여보 영감 매 맞았소? 매 맞았거든 어디 곤장 맞은 자리 상처나 좀 봅시다." "놔둬. 상처고 여편네 죽은 것이고, 요망스럽게 여편네가 밤새도록 울더니 돈 한 푼 못 벌고 매 한 대를 맞았으면 인사불성 쇠아들이다." 흥보 마누라 좋아라고,

- 고자빠지잠 : 나무를 베어 낸 뒤에 밑동처럼 꼿꼿이 앉아서 자는 잠
- 발등걸이 : 남이 하려는 일을 앞질러 하는 행위

해제 | 조선 시대의 도덕적 소설로 널리 알려진 이 작품은 물론 작자와 연대는 미상의 판소리계 소설이다. 〈박타는 처녀〉 또는 〈방이 이야기〉에서 유래한 것이라고 한다. 이 작품은 형제간의 우애라는 도덕적 주제를 강조한 작품이라기보다는 당대의 퇴락하는 양반가와 서민의 생활상에 대한 풍속사적인 보고라고 할 수 있다. 시대적으로 조선 후기의 신분 변동에 따라 나타난 유랑 농민과 신흥 부농(富農)과의 갈등상이 반영되어 있는 점이 그러한 특징을 말해 준다. 그러면서도 전래의 설화에서 차용한 모방담(模倣談)으로서의 소설적 구조를 계승하고 있으며, 인물이나 사건을 그려 나가는 방식은 다분히 서민적이고 해학적인 문체를 구사하고 있다. 이러한 문체상의 특징은 이 작품에 설정된 시대적 배경의 심각성이나 비극적 상황을 서민 특유의 건강한 웃음에 의해 인식, 극복하려는 의식에 바탕을 둔 것이다.

주제 | 인고(忍苦)와 이타(利他)를 통한 빈부의 갈등 극복

성격 | 풍자적, 해학적, 교훈적

특징 | ① 3·4, 4·4조의 가락을 중심으로 리듬감 있게 표현함.
② 인물의 성격과 사건의 진행을 풍자와 해학을 통해 표현함.
③ 일상적인 언어와 현재형의 문장을 통해 사실적으로 표현함.

구성 |

발단	놀부가 유산을 독차지하고 흥부를 내쫓음(배경, 인물 제시).
전개	흥부가 제비 다리를 치료해 줌.
절정	제비의 보은으로 흥부가 부자가 됨.
전환	놀부가 일부러 제비 다리를 부러뜨림.
결말	흥부의 우애와 놀부의 개과천선(改過遷善)

✔ 체크 문제

이 글에 대한 설명으로 가장 적절하지 않은 것은? 2021. 법원직 9급
① 동일한 어구를 반복하여 운율을 조성하고 있다.
② 서술자가 개입하여 인물에 대한 자신의 생각을 전달하고 있다.
③ 비현실적 상황을 설정하여 사건을 효과적으로 전개하고 있다.
④ 상황에 맞는 장단을 사용하여 인물의 정서를 효과적으로 전달하고 있다.

이 글을 읽은 독자의 반응으로 가장 적절한 것은? 2021. 법원직 9급
① 흥보 아내는 흥보가 무사히 돌아오기를 학수고대(鶴首苦待)하고 있군.
② 흥보는 매품을 팔지 못하게 된 상황을 새옹지마(塞翁之馬)로 여기고 있군.
③ 흥보 아들들은 매품을 팔게 된 흥보에 대해 측은지심(惻隱之心)을 갖고 있군.
④ 흥보는 매품을 팔지 못하게 되었다는 사령의 말을 어불성설(語不成說)이라고 생각하는군.

[A]에 대한 이해로 가장 적절하지 않은 것은? 2021. 법원직 9급
① 흥보는 매품팔기에 실패하자 사령을 원망하며 집으로 돌아가고 있다.
② 흥보는 다른 인물과의 대화를 통해 자신이 처한 상황을 인식하게 되었다.
③ 흥보가 처한 비극적 상황을 해학적으로 표현하여 독자의 웃음을 유발하고 있다.
④ 흥보의 매품팔기가 실패하는 것을 통해 당시 서민들의 삶이 몹시 힘들었음을 짐작할 수 있다.

판소리계 소설 〈열녀춘향수절가〉 작자 미상

어사또 들어가 단좌(端坐)하여 좌우를 살펴보니, 당상(堂上)의 모든 수령 다담을 앞에 놓고 진양조가 양양(洋洋)할 제, 어사또 상을 보니 어찌 아니 통분하랴. 모 떨어진 개상판에 닥채저붐, 콩나물, 깍두기, 막걸리 한 사발 놓았구나. 상을 발길로 탁 차 던지며 운봉의 갈비를 직신,
"갈비 한 대 먹고 지고."
"다라도 잡수시오."
하고, 운봉이 하는 말이,
ⓐ "이러한 잔치에 풍류로만 놀아서는 맛이 적사오니 차운(次韻)* 한 수씩 하여 보면 어떠하오?"
"그 말이 옳다."
하니, 운봉이 운(韻)을 낼 제, 높을 고(高) 자, 기름 고(膏) 자 두 자를 내어놓고 차례로 운을 달 제, 어사또 하는 말이,
"걸인도 어려서 추구권(抽句卷)*이나 읽었더니, 좋은 잔치 당하여서 주효를 포식하고 그저 가기 무렴(無廉)하니 차운 한 수 하사이다."
운봉이 반겨 듣고 필연(筆硯)을 내어 주니, 좌중(座中)이 다 못하여 글 두 구(句)를 지었으되, 민정(民情)을 생각하고 본관 정체(正體)*를 생각하여 지었겄다.
"금준미주(金樽美酒)는 천인혈(千人血)이요,
옥반가효(玉盤佳肴)는 만성고(萬姓膏)라.
촉루락시(燭淚落時)는 민루락(民淚落)이요,
가성고처(歌聲高處)는 원성고(怨聲高)라."
이 글 뜻은,
"금동이의 아름다운 술은 일만 백성의 피요,
옥소반의 아름다운 안주는 일만 백성의 기름이라.
촛불 눈물 떨어질 때 백성 눈물 떨어지고,
노랫소리 높은 곳에 원망 소리 높았더라."
이렇듯이 지었으되, 본관은 몰라보고, 운봉이 글을 보며 내념(內念)에,
'아뿔싸, 일이 났다.'
이때 어사또 하직하고 간 연후에 공형(公兄)* 불러 분부하되,
ⓑ "야야, 일이 났다."

[중략]

"암행어사 출도(出道)야!"
외는 소리 강산이 무너지고 천지가 뒤눕는 듯 초목금수(草木禽獸)인들 아니 떨랴.
남문에서 "출도야!"
북문에서 "출도야!"
동·서문 출도 소리 청천에 진동하고,
"공형 들라!"
외는 소리 육방(六房)이 넋을 잃어,
"공형이오."

등채로 휘닥딱.
"애고 중다."
"공방, 공방!"
공방이 포진 들고 들어오며,
"안 하려는 공방을 하라더니 저 불 속에 어찌 들랴."
등채로 후닥딱.
"애고, 박 터졌네."
좌수*, 별감* 넋을 잃고 이방, 호방 실혼(失魂)*하고 삼색나졸(三色羅卒) 분주하네. 모든 수령 도망할 제 거동 보소. 인궤(印櫃)* 잃고 과줄* 들고, 병부(兵符) 잃고 송편 들고, 탕건(宕巾) 잃고 용수* 쓰고, 갓 잃고 소반(小盤) 쓰고, 칼집 쥐고 오줌 누기. 부서지니 거문고요, 깨지나니 북, 장구라.
본관이 똥을 싸고 멍석 궁기에 새앙쥐 눈 뜨듯 하고 내아(內衙)*로 들어가서,
ⓒ "어, 추워라, 문 들어온다, 바람 달아라. 물 마른다, 목 들여라."
관청색은 상을 잃고 문짝 이고 내달으니, 서리 역졸 달려들어 휘닥딱.
"애고, 나 죽네."
이때 수의사또 분부하되,
"이 골은 대감이 좌정하시던 골이라, ⓓ 소란을 금하고 객사(客舍)로 옮기라."
좌정(座定) 후에,
"본관은 봉고파직(封庫罷職)*하라!"
분부하니,
"본관은 봉고파직이오."
사대문에 방 붙이고, 옥 형리 불러 분부하되,
"네 골 옥수(獄囚)를 다 올리라!"
호령하니 죄인을 올리거늘 다 각각 문죄(問罪) 후에 무죄자 방송(放送)할새,
"저 계집은 무엇인다?"
형리 여쭈오되,
"기생 월매 딸이온데, 관정(官庭)*에 포악(暴惡)한 죄로 옥중에 있삽내다."

- 차운: 남이 지은 시의 운자(韻字)를 따서 시를 지음, 또는 그런 방법
- 추구권: 좋은 구절을 뽑아 적은 책권
- 정체: 참된 본디의 형체
- 공형: 조선 시대에 각 고을의 세 구실아치로, 호장, 이방, 수형리를 이름.
- 좌수: 조선 시대에 지방의 자치 기구인 향청의 우두머리
- 별감: 조선 시대에 조사·감독 따위를 위하여 지방에 보내던 임시 벼슬
- 실혼: 몹시 두려워 정신을 잃음.
- 인궤: 관아에서 쓰는 인(印)을 넣어 두던 상자
- 과줄: 강정, 다식(茶食), 약과(藥果), 정과(正果) 따위를 통틀어 이르는 말
- 용수: 싸리나 대오리로 만든 둥글고 긴 통으로, 술이나 장을 거르는 데 씀.
- 내아: 조선 시대에 지방 관아에 있던 안채
- 봉고파직: 어사나 감사가 못된 짓을 많이 한 고을의 원을 파면하고 관가의 창고를 봉하여 잠금.
- 관정: 예전에, 관가의 뜰을 이르던 말

해제 | 판소리계 소설로, 이본(異本)이 5종, 사본이 약 20여 종, 활자본이 50여 종, 번역본이 6, 7종 있는데 대표적인 것은 경판(京板) 〈춘향전〉과 완판(完板) 〈열녀춘향수절가〉이다. '설화 ⇨ 판소리 ⇨ 고전 소설'로의 변이 과정에서 암행어사 설화와 열녀 설화, 신원(伸冤) 설화 등의 요소가 삽입된 것으로 보인다. 그리고 훗날 신소설 작가 이해조에 의해 〈옥중화(獄中花)〉로 개작되기도 하였다. 남원 광한루라는 향토적 배경과 현실적 소재, 그리고 사실적인 인물 및 상황 묘사 등으로 고전 소설의 위상을 한 단계 끌어올린 것으로 평가된다. 이 작품은 퇴기의 딸 춘향이, 남원 부사의 아들 이몽룡과의 사랑을 위하여 변 사또와의 갈등을 극복하고 정절을 지켜 냄으로써 소원을 성취한다는 내용을 담고 있다.

주제 |

표면적	여인의 정절과 남녀 간의 애절한 사랑
이면적	• 조선 후기 지배 계층의 부패상 비판 • 신분 갈등의 극복과 계층 상승을 통한 인간 해방 실현

특징 | ① 4·4조 중심의 운문체와 산문체가 혼합
② 해학과 풍자의 기법으로 희극미를 창출
③ 판소리계 소설의 특징인 장면의 극대화

줄거리 | 춘향은 남원읍에 사는 퇴기 월매의 외동딸이다. 남원 부사의 아들인 몽룡과 인연을 맺지만 이 도령의 아버지가 임기를 마치고 한양으로 가게 됨에 따라 두 사람은 이별하게 된다. 춘향은 새로 부임한 남원 부사 변학도의 수청 요구를 거절한 이유로 옥에 갇히고 온갖 고초를 겪는다. 이몽룡은 과거에 급제하여 암행어사가 되어 내려온다. 변학도의 생일 잔칫날 각 읍의 수령들이 모인 자리에서 통쾌하게 어사출두하여 부사를 파직한 뒤 춘향을 구해 내고 백년해로한다.

✓ 체크 문제

☑ ⊙~⊜에 대한 설명으로 옳지 않은 것은?   2021. 지방직 9급

이때는 오월 단옷날이렷다. 일 년 중 가장 아름다운 시절이라. ⊙ 이때 월매 딸 춘향이도 또한 시서 음률이 능통하니 천중절을 모를쏘냐. 추천을 하려고 향단이 앞세우고 내려올 제, 난초같이 고운 머리 두 귀를 눌러 곱게 땋아 봉황 새긴 비녀를 단정히 매었구나. [중략] 장림 속으로 들어가니 ⓒ 녹음방초 우거져 금잔디 좌르르 깔린 곳에 황금 같은 꾀꼬리는 쌍쌍이 날아든다. 버드나무 높은 곳에서 그네 타려 할 때, 좋은 비단 초록 장옷, 남색 명주 홑치마 훨훨 벗어 걸어 두고, 자주색 비단 꽃신을 썩썩 벗어 던져두고, 흰 비단 새 속옷 턱밑에 훨씬 추켜올리고, 삼 껍질 그넷줄을 섬섬옥수 넌지시 들어 두 손에 갈라 잡고, 흰 비단 버선 두 발길로 훌쩍 올라 발 구른다. [중략] ⓒ 한 번 굴러 힘을 주며 두 번 굴러 힘을 주니 발밑에 작은 티끌 바람 쫓아 펄펄, 앞뒤 점점 멀어 가니 머리 위의 나뭇잎은 몸을 따라 흔들흔들. 오고갈 제 살펴보니 녹음 속의 붉은 치맛자락 바람결에 내비치니, 높고 넓은 흰 구름 사이에 번갯불이 쏘는 듯 잠깐 사이에 앞뒤가 바뀌는구나. [중략] 무수히 진퇴하며 한참 노닐 적에 시냇가 반석 위에 옥비녀 떨어져 쟁쟁하고, '비녀, 비녀' 하는 소리는 산호채를 들어 옥그릇을 깨뜨리는 듯. ⓔ 그 형용은 세상 인물이 아니로다.
                     – 작자 미상, 〈춘향전〉에서

① ⊙ : 설의적 표현을 통해 춘향이도 천중절을 당연히 알 것이라는 점을 서술하고 있다.
② ⓒ : 비유법을 사용하고 음양이 조화를 이룬 아름다운 봄날의 풍경을 서술하고 있다.
③ ⓒ : 음성 상징어를 사용하여 춘향의 그네 타는 모습을 시각적으로 서술하고 있다.
④ ⓔ : 서술자의 편집자적 논평을 통해 춘향이의 내면적 아름다움을 서술하고 있다.

☑ ⊙~⊜ 중 서술자가 개입되어 있지 않은 것은?   2019. 국가직 9급

이때 춘향이는 사령이 오는지 군노가 오는지 모르고 주야로 도련님을 생각하여 우는데, ⊙ 생각지 못할 우환을 당하려 하니 소리가 화평할 수 있겠는가. 한때나마 빈방살이 할 계집아이라 목소리에 청승이 끼어 자연히 슬픈 애원성이 되니 ⓒ 보고 듣는 사람의 심장인들 아니 상할 것인가. 임 그리워 서러운 마음 밥맛없어 밥 못 먹고 불안한 잠자리에 잠 못 자고 도련님 생각으로 상처가 쌓여 피골이 상접하고 양기가 쇠진하여 진양조 울음이 되어 노래를 부른다. 갈까 보다 갈까 보다, 임을 따라 갈까 보다. 천 리라도 갈까 보다. 만 리라도 갈까 보다. 바람도 쉬어 넘고 수진이 날진이 해동청 보라매도 쉬어 넘는 높은 고개 동선령 고개라도 임이 와 날 찾으면 신발 벗어 손에 들고 아니 쉬고 달려가리. ⓒ 한양 계신 우리 낭군 나와 같이 그리워하는가, 무정하여 아주 잊고 나의 사랑 옮겨다가 다른 임을 사랑하는가? ⓔ 이렇게 한참 서럽게 울 때 사령 등이 춘향의 슬픈 목소리를 들으니 목석이라도 어찌 감동을 받지 않겠는가? 봄눈 녹듯 온몸에 맥이 탁 풀렸다.
                     – 작자 미상, 〈춘향전〉에서

① ⓔ   ② ⓒ   ③ ⓒ   ④ ⊙

☑ 춘향과 신관 사또의 말하기 방식에 대한 설명으로 옳은 것은?   2017. 지방직 7급

신관이 분부하되 "네 본읍 기생으로 도임 초에 현신 아니 하기를 잘 했느냐?"
춘향이 아뢰되 "소녀 구관 사또 자제 도련님 뫼신 후에 대비정속한 고로 대령치 아니하였나이다."
신관이 증을 내어 분부하되 "고이하다. 너 같은 노류장화 수절이란 말이 고이하다. 네가 수절하면 우리 마누라는 기절할까? 요망한 말 말고 오늘부터 수청 거행하라."
춘향이 여쭙되 "만 번 죽사와도 이는 봉행치 못할 소이다." 신관의 말이 "네 잡말 말고 분부대로 거행하여라."
춘향이 여쭙되 "고언에 충신은 불사이군이오, 열녀는 불경이부라 하오니 사또께서는 응당 아실지라. 만일 국운이 불행하여 난시를 당하오면 사또께서는 도적에게 굴슬하시리이까?" 신관이 이 말을 듣고 크게 화를 내며 강변의 덴 소 날뛰듯하며 춘향을 바삐 형추하라 하니

① 신관 사또는 춘향에게 회유의 말과 겁박의 말을 번갈아 사용했다.
② 신관 사또는 춘향의 정서적 거부감을 없애려고 희화적 표현을 사용했다.
③ 춘향은 양시론적 입장에서 자신의 주장을 정당화하는 화법을 구사했다.
④ 춘향은 자신의 정당성을 뒷받침하고 신관 사또의 부당성을 부각하는 화법을 구사했다.

1. ⓐ~ⓓ를 영화화하기 위해 고려한 내용으로 적절하지 않은 것은?

① ⓐ : 운봉이 잔치에 모인 모든 사람에게 하는 말이므로, 좌중의 사람들에게 잘 들리도록 큰 소리로 말을 해야겠어.
② ⓑ : 운봉은 앞으로 벌어질 일을 짐작하고 있으므로, 다급한 표정을 지으며 떨면서 말을 해야겠어.
③ ⓒ : 본관은 급박한 상황에서도 차분하게 논리적으로 말하고 있으므로, 평온한 표정을 짓고 소리를 높여 말해야겠어.
④ ⓓ : 어사또가 부하에게 명령하는 상황이므로, 근엄한 표정을 지으며 또박또박 분명한 어조로 말해야겠어.

민속극 〈봉산탈춤〉 작자 미상

말뚝이: (벙거지를 쓰고 채찍을 들었다. 굿거리장단에 맞추어 양반 삼 형제를 인도하여 등장.)
양반 삼 형제: (말뚝이 뒤를 따라 굿거리장단에 맞추어 점 잔을 피우나, 어색하게 춤을 추며 등장. 양반 삼 형제 맏이는 샌님[生員], 둘째는 서방님[書房], 끝은 도련님[道令]이다. 샌님과 서방님은 흰 창옷에 관을 썼다. 도련님은 남색 쾌자에 복건을 썼다. 샌님과 서방님은 언청이이며(샌님은 언청이 두 줄, 서방님은 한 줄이다.) 부채와 장죽을 가지고 있고, 도련님은 입이 삐뚤어졌고 부채만 가졌다. 도련님은 대사는 일절 없으며, 형들과 동작을 같이하면서 형들의 면상을 부채로 때리며 방정맞게 군다.)
말뚝이: (가운데쯤에 나와서) 쉬이. (음악과 춤 멈춘다.) 양반 나오신다아! 양반이라고 하니까 노론, 소론, 호조, 병조, 옥당을 다 지내고 삼정승, 육판서를 다 지낸 퇴로 재상으로 계신 양반인 줄 알지 마시오. 개잘량이라는 '양' 자에 개다리소반이라는 '반' 자 쓰는 양반이 나오신단 말이오.
양반들: 야아, 이놈, 뭐야아!
말뚝이: 아, 이 양반들, 어찌 듣는지 모르갔소. 노론, 소론, 호조, 병조, 옥당을 다 지내고 삼정승, 육판서 다 지내고 퇴로 재상으로 계신 이 생원네 삼 형제 분이 나오신다고 그리 하였소.
양반들: (합창) 이 생원이라네. (굿거리장단으로 모두 춤을 춘다. 도령은 때때로 형들의 면상을 치며 논다. 끝까지 그런 행동을 한다.)

해제 │ 탈춤은 신라 시대부터 시작된 것으로 추정되지만, 본격적으로 연희된 것은 조선 후기이다. 이 작품은 황해도 봉산 지역에서 전승되던 전 7과장의 탈춤으로 교과서에 실린 내용은 제6과장인 '양반춤'의 일부분이다. 말뚝이와 양반들 사이에 나타나는 담화는 일정한 재담 구조를 가지고 있으며, 욕설 등 원색적이고 거친 언어를 사용하여 양반을 조롱·풍자하고 있어, 당시 민중들의 심리를 솔직하게 표현하고 있다.

주제 │ 양반에 대한 조롱과 풍자
갈래 │ 민속극 (가면극, 전통극) 대본, 희곡
성격 │ 풍자적, 비판적, 해학적, 서민적
배경 │ 시간적 - 중세에서 근대로의 이행기인 조선 후기 18세기경
　　　　 사회적 - 봉건 제도가 해체될 무렵
　　　　 공간적 - 황해도 봉산지방

특징 │ ① 서민에 의한 양반 어투의 패러디가 나타난다.
② 자유분방한 열거와 대구 등 다양한 표현이 나타난다.
③ 서민적인 비속어와 양반의 한자어투가 동시에 구사되고 있다.
④ 언어 유희, 익살과 과장, 반어에 의한 해학과 풍자가 두드러진다.

구성 │ • 제1과장: 사방신에게 배려하는 의식무
• 제2과장: 팔먹중의 파계와 법고놀이 장면
• 제3과장: 사당과 거사들이 흥겹게 노닒.
• 제4과장: 노장이 유혹에 넘어가 파계했다가 취발이에게 욕을 봄.
• 제5과장: 사자가 파계승을 혼내고 화해의 춤을 춤.
• 제6과장: 양반의 허세를 희화화하고 풍자함.
• 제7과장: 영감과 미얄, 첩의 삼각관계와 미얄의 죽음

'양반 과장'의 각 재담 구조 │

양반이 위엄을 부림. → 말뚝이가 양반을 조롱(항거)함. → 양반이 호령함. → 말뚝이가 변명함. → 양반이 안심함.

▶ **탈춤과 서양 연극의 비교**

	탈춤(전통극)	서양 연극
공연 장소	극중 장소와 공연 장소가 일치됨.	극중 장소와 공연 장소가 불일치
관객의 역할	관객이 능동적으로 극에 참여함.	관객은 수동적인 감상자에 불과함.
구성	부분의 독자성을 갖고 있음. 즉, 주제가 다른 각 과장이 독립적으로 구성됨.	한 편의 작품이 처음부터 끝까지 유기적 관계를 갖고 있음.
극의 진행	인물의 대사뿐만 아니라 춤과 노래도 중요한 역할을 함.	대화 중심으로 사건이 진행됨.

✓ 체크 문제

☑ **이 글에 대한 이해로 적절하지 않은 것은?** 2020. 지방직 9급
① 양반들이 자신들을 조롱하는 말뚝이에게 야단쳤군.
② 샌님과 서방님이 부채와 장죽을 들고 춤을 추며 등장했군.
③ 말뚝이가 굿거리장단에 맞춰 양반을 풍자하는 사설을 늘어놓았군.
④ 도련님이 방정맞게 굴면서 샌님과 서방님의 얼굴을 부채로 때렸군.

수필 〈차마설(借馬說)〉 이곡

(가) 내가 집이 가난해서 말이 없으므로 혹 빌려서 타는데, 여위고 둔하여 걸음이 느린 말이면, 비록 급한 일이 있어도 감히 채찍질을 가하지 못하고 조심조심하여 곧 넘어질 것 같이 여기다가, 개울이나 구렁을 만나면 내려서 걸어가므로 후회하였으나, 발이 높고 귀가 날카로운 준마로서 잘 달리는 말에 올라타면, 의기양양하게 마음대로 채찍질하여 고삐를 놓으면 언덕과 골짜기가 평지처럼 보이니 심히 장쾌하였다. 그러나 어떤 때에는 위태로워서 떨어지는 근심을 면치 못하였다.

(나) 아! 사람의 마음이 옮겨지고 바뀌어지는 것이 이와 같을까? 남의 물건을 빌려서 하루아침 소용에 대비하는 것도 이와 같거든, 하물며 ⊙ <u>참으로 자기가 가지고 있는 것이랴.</u>

(다) 그러나 사람이 가지고 있는 것이 어느 것이나 빌리지 아니한 것이 없다. 임금은 백성으로부터 힘을 빌려서 부귀한 자리를 가졌고, 신하는 임금으로부터 권세를 빌려 은총과 귀함을 누리며, 아들은 아비로부터, 지어미는 남편으로부터, 비복(婢僕)은 상전으로부터 힘과 권세를 빌려서 가지고 있다.

(라) 그 빌린 바가 또한 깊고 많아서 대개는 자기 소유로 하고 끝내 반성할 줄 모르고 있으니 어찌 미혹(迷惑)한 일이 아니겠는가?

그러다가도 혹 잠깐 사이에 그 빌린 것이 도로 돌아가게 되면, 만방(萬邦)의 위에 있던 임금도 짝 잃은 지아비가 되고, 백승(百乘)을 가졌던 집도 외로운 신하가 되니, 하물며 그보다 더 미약한 자야 말할 것이 있겠는가?

맹자가 일컫기를 "남의 것을 오랫동안 빌려 쓰고 있으면서 돌려주지 아니하면 어찌 그것이 자기의 소유가 아닌 줄 알겠는가?" 하였다.

(마) 내가 여기에도 느낀 바가 있어서 차마설을 지어 그 뜻을 넓히노라.

주제 | 소유(所有)에 대한 깨달음
표현상 특징 |
① 전반부에 자신의 체험을 제시하고, 후반부에서 생각을 표현하는 방식
② 유추의 방법을 통해 지은이의 개인적 체험을 인간의 보편적인 사실로 일반화
③ 구체적인 예를 나열하여 자신의 생각을 뒷받침함.
④ 권위 있는 사람(맹자)의 말을 인용하여 자신의 생각에 대한 신뢰감을 주려 함.

성격 | 체험적, 사색적, 교훈적
구성 | 전반부 : 말을 빌려 탄 지은이의 체험
① 둔마와 준마를 탔을 때의 차이점
② 사물을 접할 때 달라지는 사람의 마음

후반부 : 소유에 대한 지은이의 생각
① 소유의 개념 – 남에게서 빌린 것
② 반성의 촉구 – 소유에 대한 깨달음
③ 〈차마설〉을 지은 동기 – 느낀 바에 대한 개진

✔ 체크 문제

☑ **이 글에 대한 설명으로 적절하지 않은 것은?** _{2015. 국가직 9급}
① 경험을 통한 통찰력이 돋보인다.
② 우의적 기법을 적절히 활용하고 있다.
③ 대상들 사이의 유사점을 통해 대상의 특성을 설명하고 있다.
④ 일상사와 관련지어 글쓴이의 주장을 설득력 있게 드러내고 있다.

1. 이 글이 주는 교훈으로 알맞은 것은?
① 인간은 욕망에 빠져 미혹에서 벗어나지 못하는 존재이다.
② 빌린 물건은 반드시 돌려주어야 한다.
③ 인간은 소유의 문제에 대하여 바른 깨달음이 있어야 한다.
④ 인간은 현재의 삶에 충실하여 미래의 삶에 대비하여야 한다.
⑤ 인간의 권세는 무상한 것으로 평범한 삶의 의미를 깨달아야 한다.

2. 이 글의 구조에 대한 설명으로 가장 알맞은 것은?
① 일반적 이론을 앞세우고 구체적 사례를 덧붙였다.
② 두 가지 관점을 분석한 뒤에 자기의 견해를 밝혔다.
③ 종합적으로 사물을 보고 난 뒤에 분석적으로 보강했다.
④ 구체적인 사례를 들고 나서 자기의 해석과 생각을 정리했다.
⑤ 현상의 원인을 파악한 뒤에 그것에 대한 방안을 제시했다.

3. (다)의 '임금, 신하, 지어미, 아들, 비복'의 행위에 대해 쓸 수 있는 사자성어로 옳은 것은?
① 호가호위(狐假虎威)   ② 가렴주구(苛斂誅求)
③ 각주구검(刻舟求劍)   ④ 좌정관천(坐井觀天)
⑤ 조삼모사(朝三暮四)

4. ⊙의 문맥상 의미로 가장 적합한 것은?
① 자기 것이거나 빌린 것이거나 마음이 똑같이 변한다.
② 빌려 쓰는 물건이기 때문에 마음이 수시로 변한다.
③ 빌려 쓰는 물건에 대해서는 마음이 변하지 않는다.
④ 자기가 소유하고 있는 물건에 대해서는 마음이 수시로 변한다.
⑤ 오랫동안 소유하고 있는 물건에 대해서는 마음이 변하지 않는다.

수필 〈규중칠우쟁론기(閨中七友爭論記)〉 작자 미상

이른바 규중 칠우는 부인네 방 가운데 있는 일곱 벗을 말함이니, 글 하는 선비는 필묵과 종이, 벼루로 문방사우를 삼았는데 규중 여잔들 홀로 어찌 벗이 없으리오. 이리하여 바느질을 돕는 무리에게 각각 이름과 호를 정하여 벗을 삼았으니 바늘은 '세요 각시'라 하고, 자는 '척 부인'이라 하고, 가위는 '교두 각시'라 하고, 인두는 '인화 부인'이라 하고, 다리미는 '울 낭자'라 하고, 실은 '청홍흑백 각시'라 하며, 골무는 '감투 할미'라 했다. 규중 부인네 아침 단장을 마치매, 칠우가 모여 할 일을 함께 의논하여 각각 맡은 일을 이루어 내는지라.

하루는 칠우가 모여 바느질의 공을 의논하는데 척 부인이 긴 허리를 뽐내며 말하기를,

"여러 벗들은 들으라. 세명주, 굵은 명주, 백저포, 세승포와 청홍흑백 녹라, 자라, 홍단을 다 내어 펼쳐 놓고 남녀의 옷을 마련할 때 장단 광협이며 솜씨와 격식을 내가 아니면 어찌 이루리오. 이러므로 옷 짓는 공은 내가 으뜸이 되리라."

교두 각시가 두 다리를 빠르게 놀리며 뛰어나와 이르되,

"척 부인아, 그대 아무리 마련을 잘한들 베어 내지 아니하면 모양 제대로 되겠느냐? 내 공과 내 덕이니 네 공만 자랑 마라."

세요 각시가 가는 허리를 구부리며 날랜 부리 돌려 이르되,

"두 벗의 말이 불가하다. 진주 열 그릇이라도 꿴 후에야 보배라 할 것이니, 재단에 두루 능하다 하나 내가 아니면 옷 짓기를 어찌하리오. 세누비, 중누비, 짧은 솔기, 긴 옷을 지을 때 나의 날래고 빠름이 아니면 어찌 잘게 뜨며, 굵게 박아 마음대로 하리오. 척 부인이 재고 교두 각시가 옷 감을 베어 낸다 하나, 나 아니면 공이 없으련만 두 벗이 무슨 공이라 자랑하느뇨."

청홍흑백 각시가 얼굴이 붉으락푸르락하여 화내며 말하기를

"세요야, 네 공이 내 공이라. 자랑 마라. 네 아무리 착한 체하나 한 솔기가 반 솔기인들 내가 아니면 네 어찌 성공하리오."

감투 할미가 웃으며 이르되,

"각시님네, 웬만히 자랑하소. 이 늙은이 머리부터 발끝까지 온몸으로 아기씨네 손부리 아프지 아니하게 바느질 도와 드리나니 옛말에 이르기를 '닭의 입이 될지언정 소 뒤는 되지 말라.'고 했소. 청홍흑백 각시는 세요의 뒤를 따라다니며 무슨 말 하시느뇨. 실로 얼굴이 아까워라. 나는 매양 세요의 귀에 찔렸으나, 낯가죽이 두꺼워 견딜 만하여 아무 말도 아니하노라."

인화 낭자가 이르되,

㉠ "그대들은 다투지 말라. 나도 잠깐 공을 말하리라. 중누비, 세누비가 누구 덕에 젓가락 같이 고우며, 옷솔기도 나 아니면 어찌 풀로 붙인 듯이 고우리오. 바느질 솜씨 보잘것없는 자의 들락날락 바르지 못한 바느질도 나의 손바닥으로 한 번 씻으면 잘못한 흔적이 감추어지니, 세요의 공이 나로 인하여 빛나느니라."

울 낭자가 커다란 입을 벌리고 너털웃음을 웃으며 이르되,

"인화야, 너와 나는 하는 일이 같다. 그러나 인화는 바느질할 때뿐이지만 나는 천만 가지 의복에 아니 참여하는 곳이 없다. 괘씸하고 얄미운 여자들은 하루 할 일도 열흘이나 구기여, 살이 구깃구깃한 것을 나의 넓은 볼기로 한 번 스치면 굵은 살 낱낱이 펴져 제도와 모양이 고와지는데, 더욱이 여름철이 되면 할 일이 많아 하루도 한가하지 못한지라. 의복이 내가 아니면 어찌 고우며, 더욱이 빨래하는 년들이 게을러 풀 먹여 널어 두고 잠만 자면서 부딪쳐 말린 것이 나의 넓은 볼기 아니면 어찌 고와지며, 세상 남녀 어찌 반반한 것을 입으리오. 이러므로 옷 짓는 공은 내가 제일이 되느니라."

규중 부인이 이르되,

"칠우의 공으로 의복을 다스리나, 그 공이 사람이 쓰기에 달려 있는데 어찌 칠우의 공이라 하리오."

하고 말을 마치자 칠우를 밀치고 베개를 돋우어 깊이 잠이 드니, 척 부인이 탄식하며 이르되,

"매정할 사 사람이요, 공 모르는 것은 여자로다. 의복 마를 때는 먼저 찾으면서 일이 끝나면 자기 공이라 하고, 게으른 종 잠 깨우는 막대는 내가 아니면 못 칠 줄로 알고, 내 허리 부러짐도 모르니 어찌 야속하고 노엽지 않으리오."

교두 각시가 이어서 말하기를,

"그대 말이 옳다. 옷 말라 벨 때는 나 아니면 못하련만, 드나니 아니 드나니 하고 내어 던지며 양다리를 각각 잡아 흔들 때는 불쾌하고 노엽기를 어찌 헤아리겠소. 세요 각시가 잠깐이라도 쉬려고 달아나면 매양 내 탓인 양 여겨 내게 트집을 잡고, 마치 내가 감춘 듯이 문고리에 거꾸로 달아 놓고 좌우로 돌려 보며 앞뒤로 검사해서 찾아낸 것이 몇 번인 줄 알리오. 그 공을 모르니 어찌 슬프고 원망스럽지 않으리오."

세요 각시 한숨짓고 이르되,

㉠"너는 그렇거니와, 나는 일찍이 무슨 일로 사람의 손에 보채이며 싫은 소리를 듣는지 사무치게 원통하구나. 더욱이 나의 약한 허리 휘두르며 날랜 부리를 돌려 힘껏 바느질을 돕는 줄도 모르고 마음에 맞지 아니하면 나의 허리를 분질러 화로에 넣으니 어찌 원통하지 않으리오. 사람과는 극한 원수라. 갚을 길이 없어 이따금 손톱 밑을 찔러 피를 내어 한을 풀면 조금 시원하나, 간사하고 흉악한 감투 할미가 밀어 만류하니 더욱 애달프고 못 견딜 일이로다."

해제 | 이 작품은 한글 수필로서, 척 부인(자), 교두 각시(가위), 세요 각시(바늘), 청홍흑백 각시(실), 인화 부인(인두), 울 낭자(다리미), 감투 할미(골무)로 의인화된 바느질 도구를 규중 여자의 일곱 벗으로 등장시켜, 인간 세상의 능란한 처세술에 견주어 이를 풍자한 작품이다.

주제 | 자신의 직분에 충실하고 다른 사람이 하는 일의 중요성을 이해하는 삶의 자세 촉구

갈래 | 고전 수필(한글 수필), 내간체 수필

성격 | 교훈적, 논평적, 풍자적, 우회적

표현 | 의인법, 풍유법

문체 | 내간체

의의 | 조침문과 함께 의인화된 고대 내간체 수필의 백미

구성 | 기승전결

제재 | 규중 칠우(자, 가위, 바늘, 실, 골무, 인두, 다리미)

출전 | 《망로각수기(忘老却愁記)》

줄거리 | 옛날 주인이 바느질을 하다가 낮잠이 들었다. 그 사이에 규중의 일곱 벗, 즉 바느질에 쓰이는 도구인 척 부인(자), 교두 각시(가위), 세요 각시(바늘), 청홍흑백 각시(실), 감투 할미(골무), 인화 부인(인두), 울 낭자(다리미) 등이 자기가 없으면 옷을 어떻게 지을 수 있겠느냐고 공을 다투었다. 다투는 소리에 놀라 깨어난 주부인이 너희들이 공이 있다 한들 자기 손의 공만 하겠느냐며 다시 잠들자 이들은 부녀자들의 자신들에 대한 부당한 대우를 성토했다. 그러자 잠에서 아주 깨어난 주부인은 화가 나서 모두 쫓아 버리려 했으나 감투 할미가 용서를 빌어 무사하게 되었고, 그 공로로 감투 할미는 주인의 각별한 사랑을 받게 되었다.

✓ 체크 문제

☑ 〈보기〉에 대한 설명으로 가장 옳은 것은? 2019. 서울시 추가채용 7급

〈 보기 〉

"양우(兩友)의 말이 불가하다. 진주 열 그릇이나 꿴 후에 구슬이라 할 것이니. 재단(裁斷)에 <u>능소능대(能小能大)</u>하다 하나 나 곧 아니면 작의(作衣)를 어찌하리오. 세누비 미누비 져른 솔 긴 옷을 일우미 나의 날래고 빠름이 아니면 잘게 뜨며 굵게 박아 마음대로 하리오. 척 부인이 자혀 내고 교두 각시 버혀 낸다 하나 내 아니면 공이 없으려든 두 벗이 무삼 공이라 자랑하나뇨."

① 서술자는 '세요 각시', 즉 '바늘'이다.
② 자기 자랑을 하기에 앞서 타인의 공을 인정하고 있다.
③ '능소능대(能小能大)'는 몸의 크기가 자유자재로 변화하는 것을 말한다.
④ '척 부인'과 '교두 각시'는 각각 '자'와 '인두'를 가리킨다.

☑ ㉠에 나타난 말하기 방식에 대한 설명으로 가장 적절한 것은? 2020. 국가직 7급

① 풍자적 표현을 통해 내면의 갈등을 드러내고 있다.
② 각자의 역할과 직분을 지켜야 한다고 충고하고 있다.
③ 자신의 도움을 통해 상대방이 빛날 수 있음을 자랑하고 있다.
④ 상대방 말의 허점을 최대한 부각하면서 논리적으로 지적하고 있다.

☑ 바느질과 관련한 사물을 의인화한 다음 소설에서 괄호 안에 들어갈 사물을 순서대로 바르게 나열한 것은? 2023. 군무원 7급

(　　　) 양각(兩脚)을 빨리 놀려 내다라 이르되,
"(　　　)아/야, 그대 아모리 마련을 잘 한들 버혀 내지 아니하면 모양 제되 되겠느냐. 내 공과 내 덕이니 네 공만 자랑마라." …
(　　　) 웃고 이르되,
"고어에 운(云), 닭의 입이 될지언정 소 뒤는 되지 말라 하였으니, (　　　)은/는 세요의 뒤를 따라다니며 무삼 말 하시나뇨. 실로 얼굴이 아깝왜라. 나는 매양 세요의 귀에 질리었으되 낯가족이 두꺼워 견딜 만하고 아모 말도 아니하노라.

① 청홍 각시 − 척 부인 − 감토 할미 − 교두 각시
② 척 부인 − 감토 할미 − 교두 각시 − 청홍 각시
③ 교두 각시 − 척 부인 − 감토 할미 − 청홍 각시
④ 청홍 각시 − 감토 할미 − 교두 각시 − 척 부인

부록 추가 작품 알아보기

01 교과서 수록 고전 운문 대표작

〈여수장우중문시(與隋將于仲文詩)〉 을지문덕

그대의 신기한 책략은 하늘의 이치(理致)를 다했고,
오묘(奧妙)한 계획은 땅의 이치를 다했노라.
전쟁에 이겨서 그 공 이미 높으니,
만족함을 알고 싸움 그만두기를 바라노라.

神策究天文
妙算窮地理
戰勝功旣高
知足願云止

〈유산가(遊山歌)〉 작자 미상

제비는 물을 차고, 기러기 무리 져서 거지 중천(居之中天)에 높이 떠서 두 나래 훨씬 펴고, 펄펄펄 백운 간(白雲間)에 높이 떠서 천리 강산 머나먼 길을 어이 갈꼬 슬피 운다.
원산(遠山)은 첩첩(疊疊), 태산(泰山)은 주춤하여, 기암(奇巖)은 층층(層層), 장송(長松)은 낙락(落落), 에이 구부러져 광풍(狂風)에 흥을 겨워 우쭐우쭐 춤을 춘다.
층암 절벽상(層岩絕壁上)의 폭포수(瀑布水)는 콸콸, 수정렴(水晶簾) 드리운 듯, 이 골 물이 주루루룩, 저 골 물이 쌀쌀, 열에 열 골 물이 한데 합수(合水)하여 천방져 지방져 소쿠라지고 펑퍼져, 넌출지고 방울져, 저 건너 병풍석(屏風石)으로 으르렁 콸콸 흐르는 물결이 은옥(銀玉)같이 흩어지니, 소부 허유(巢父許由) 문답하던 기산 영수(箕山潁水)가 예 아니냐.

02 교과서 수록 고전 산문 대표작

〈화왕계(花王戒)〉(꽃을 의인화하여 지은 작품) 설총

옛적에 화왕(모란꽃)이 봄철을 맞아 어여쁘게 피어 온갖 꽃을 능가하여 홀로 뛰어났다. 이에 가까운 곳 먼 곳에서 곱고 어여쁜 꽃들이 화왕을 뵈려고 애쓰던 차에, 곱게 화장하고 맵시 있게 옷을 입은 아름다운 여인(장미꽃)이 와서 모시기를 청했다. 한편 베옷 차림의 장부가 와서 백두옹(할미꽃)이라 하며 풍족할 때에도 부족함을 대비해야 한다고 간했다. 화왕이 이에 "장부의 말에도 도리가 있지만 미인은 한번 얻기 어려우니 어찌하면 좋을까." 하면서 갈등을 하자, 장부가 "왕이 총명하여 사리를 아시는 줄로 알고 왔더니 지금 보니 생각과는 다릅니다. 무릇 임금이 된 사람은 간사하고 아첨하는 자를 가까이하고 정직한 자를 멀리하지 않는 이가 드뭅니다." 하니 화왕이 잘못했다 하였다.

〈공방전(孔方傳)〉(돈을 의인화하여 지은 작품) 임춘

공방[엽전의 둥근 모양에서 공(孔), 구멍의 모난 모양에서 방(方)을 따서 붙인 이름]의 조상은 세상에 나와 쓰인 적이 없었는데, 황제 때 처음 채용되었다. 그의 아버지 화천은 주나라의 재상으로 세금을 담당하였다. 공방은 그 생김이 밖은 둥글고 안은 모나며, 임기응변을 잘하여 한나라의 홍로경이 되었다. 그러나 성질이 탐욕스럽고 더러워, 돈을 중하게 여기고 곡식을 천하게 여기므로 백성들로 하여금 근본(농사)을 버리고 장사만을 좇게 하였다. 그러다가 그것을 미워하는 이의 탄핵을 받고 쫓겨나게 되었다. 당나라·송나라 때 다시 그의 무리와 아들이 채용되었으나 배척을 받고 죽임을 당했다.

〈만복사저포기(萬福寺樗蒲記)〉
(만복사에서 벌어진 저포 놀이로 생겨난 사연) 김시습

부모를 여의고 장가도 들지 못한 채 만복사에 사는 양생은 배필을 구하기 위해 부처님과 저포로 내기를 하여 이기고는 처녀 귀신을 만나 사랑을 이룬다. 처녀는 왜구가 침략했을 때 절개를 지켜 죽은 여성이다. 다음 날 처녀의 집(사실은 무덤)에 가서 3일을 함께 지내고 이별할 때는 그녀와 같은 처지의 이웃 여성들과 시를 주고받는다. 그 이튿날 처녀의 부모를 만나 그녀를 위한 천도제에 그녀와 함께 참여한다. 그 뒤 처녀의 부모로부터 받은 전답과 가옥을 다 팔아 그녀를 위해 제를 올리고는 다시는 결혼하지 않고 지리산에 들어가 종적을 감추었다 한다.

〈남염부주지(南炎浮洲志)〉
(남염부주라는 기이한 세계를 꿈속에서 여행한 사연) 김시습

경주에 박생이 있었는데, 그는 승려와 무격의 귀신설을 비판하고 천하에는 하나의 이치만 있을 뿐이라는 '일리론'을 짓는다. 꿈에 그는 남염부주에 이르러 염마왕을 만나 유교와 불교, 귀신, 천당과 지옥, 천도와 대속을 위해 재를 올리는 것, 윤회 등에 대해 대화를 나누고, 삼한 시대에서 고려조에 이르기까지 우리 역사의 흥망을 소재로 하여 백성을 폭력적으로 통치하는 왕을 비판하는 의견을 교환한다. 염마왕은 박생에게 왕위를 물려준다는 조서를 내린다. 꿈에서 깬 박생은 몇 달 뒤 병으로 세상을 떠났는데, 이웃 사람의 꿈에 신인(神人)이 나타나 박생이 염라왕이 될 것이라고 했다는 것이다.

〈취유부벽정기(醉遊浮碧亭記)〉
(술에 취해 부벽정에서 놀다 생긴 사연) 김시습

송도에 사는 홍생이 평양에서 친구들과 놀다가 혼자 부벽정에 가 평양을 무대로 한 우리의 고대사를 회고하면서 시를 읊는다. 그때 기자 조선의 공주가 나타나 홍생의 시에 화답하고 자신의 내력을 말한다. 공주는 시를 읊은 뒤 하늘로 올라가고 홍생은 이별을 안타깝게 여기며 돌아온다. 그 뒤 홍생은 공주를 연모하다가 병이 들었는데, 꿈에 어떤 미인이 나타나 옥황상제가 홍생을 하늘로 불러 일을 맡긴다는 명령을 내렸다고 한다. 얼마 지나지 않아 홍생은 죽고, 세상 사람들은 그가 신선이 되어 갔다고 말한다는 것이다.

〈용궁부연록(龍宮赴宴錄)〉
(용궁의 잔치에 초대받아 다녀온 이야기) 김시습

고려 시대의 인물인 한생이 용궁의 초대를 받는데, 이는 용왕이 공주의 혼인을 위해 누각을 짓고 그 상량문을 얻기 위해서였다. 한생이 상량문을 짓자 용왕은 여러 강의 신들과 함께 잔치를 성대하게 연다. 한생은 용궁을 두루 구경하고 선물을 받고는 집으로 돌아온다. 그 뒤 한생은 세상의 명리를 떨쳐 버리고 명산에 들어가 종적을 감추었다.

〈운영전(雲英傳)〉 작자 미상

선비 유영이 수성궁에서 술에 취해 잠이 들었다가 깨어 안평 대군의 궁녀 운영과 정인인 김 진사를 만나 그들의 이야기를 듣는다. 안평 대군은 수성궁에서 운영을 포함한 궁녀 10명을 두고 문장과 시를 가르친다. 어느 날, 운영은 우연히 김 진사의 시중을 들게 되고 둘은 사랑에 빠진다. 김 진사의 노비인 특이 그들을 도와 만날 수 있게 한다. 그럴수록 안평 대군은 더욱 운영을 의심하면서 감시한다. 김 진사는 운영과 함께 도망치기로 하고 궁에 있던 운영의 재산을 모두 옮겨와 특에게 지키게 한다. 그러나 특은 재산을 차지하고 헛소문을 퍼뜨린다. 사실을 확인한 안평 대군은 운영을 가두었고, 운영은 자살한다. 김 진사는 특을 시켜 절에 올라가 운영의 명복을 빌게 한다. 그러나 특은 운영이 재생하여 자기와 함께 살 수 있게 해 달라고 빈다. 김 진사는 이 사실을 알고 특을 죽게 해 달라고 빌고 결국 특은 함정에 빠져 죽는다. 그 후 김 진사는 방 안에 가만히 누워 있다가 죽는다.

운영과 김 진사는 이러한 자신들의 이야기를 적은 책을 유영에게 준다. 유영은 때때로 그 책을 보며 망연자실하였다가 집을 나서 명산을 돌아다녔는데, 어디에서 죽었는지는 아무도 모른다.

〈박씨전〉 작자 미상

이조 참판 이득춘의 아들 이시백은 16세 되던 해 금강산 박처사의 장녀와 혼인한다. 그런데 그녀는 천하 박색에 어깨에는 두 혹이 매달려 있고 몸에서는 악취가 풍겼다. 남편에게 박대 당한 박 씨는 뒤뜰에 초당을 짓고 거처하였으나, 재주와 학식이 뛰어나고 도술로써 여러 이적을 나타낼 뿐만 아니라 남편에게 연적을 주어 과거에 장원 급제시켰다. 곧 친정아버지가 구름을 타고 찾아와 딸의 흉한 허울을 벗겨 주었고, 시백은 미인으로 변모한 부인에게 사과하였다. 이후 그의 벼슬은 평안 감사·병조 판서에 이른다. 이 무렵, 호국의 가달이 명나라를 침범하자, 명나라는 조선에 구원을 요청한다. 조선의 조정은 이시백과 임경업을 보냈으며, 두 사람은 명나라를 도와 가달의 난을 평정하였다. 이후 호국은 조선을 침공하고자 하였으나 이시백과 임경업이 있음을 두려워하여 자객을 보내 두 사람을 암살하고자 하였다. 이러한 일을 미리 안 박 씨는 자객의 정체를 밝히고 크게 꾸짖는다. 또 용골대 형제가 호병 3만으로 서울과 광주에 침입하지만, 박 씨의 도술에 혼이 나고 물러간다. 이로써 박 씨는 충렬 정경 부인이 되고, 시백은 영의정·세자사가 되어 그 자손에게까지 벼슬이 내려졌다.

〈호질(虎叱)〉 박지원

산중에 밤이 되자 대호가 부하들과 저녁거리를 의논하고 있었다. 결국 맛 좋은 선비의 고기를 먹기로 하여 범들이 마을로 내려올 때, 도학자 북곽 선생은 열녀 표창까지 받은 이웃의 동리자라는 청상과부 집에서 그녀와 밀회하고 있었다. 과부에게는 성이 각각 다른 아들이 다섯이나 있었는데, 이들이 엿들으니 북곽 선생의 정담이라, 필시 이는 여우의 둔갑이라 믿고 몽둥이를 휘둘러 뛰어드니, 북곽 선생은 황급히 도망치다 똥구렁에 빠졌다. 겨우 기어 나오니 그 자리에 대호 한 마리가 입을 벌리고 있어 머리를 땅에 붙이고 목숨을 비니 대호는 그의 위선을 크게 꾸짖고 가 버렸다. 날이 새어 북곽 선생을 발견한 농부들이 연유를 물으니, 엎드려 있던 그는 범이 가 버린 줄을 알고 줄행랑을 쳤다고 한다.

〈열하일기(熱河日記)〉 박지원

사신을 따라서 중국에 들어가는 사람에겐 모름지기 부르는 호칭이 있다. 역관은 종사(從事)라 부르고 군관은 비장(神將)이라고 부르며, 나처럼 한가롭게 유람하는 사람은 반당(伴當)*이라고 부른다. 소어(蘇魚)라는 물고기를 우리나라 말로는 반당(盤當, 밴댕이)이라고 하는데, 반(盤)과 반(伴)의 음이 서로 같아서이다. 압록강을 건너면 소위 반당은 은빛 모자의 정수리에 푸른 깃을 달고 짧은 소매에 가벼운 복장으로 차림새를 갖춘다. 그러면 길가의 구경꾼들은 이를 가리켜 문득 '새우'라고 부르는데, 무엇 때문에 새우라고 부르는지는 모르겠으나 아마도 무장한 남자를 부르는 별칭인 것으로 보인다. 지나가는 마을의 꼬맹이들은 떼를 지어 몰려다니며 일제히 "가오리 온다, 가오리 온다" 하고 외치며, 더러는 말꼬리를 따라 다니며 다투어 외치는 바람에 귀가 따가울 정도다. '가오리 온다'는 말은 '고려인이 온다'는 뜻이다. 나는 웃으며 동행하는 사람들에게, "이제 세 가지 물고기로 변하고 마는구먼" 하니, 여러 사람들이 "세 가지 물고기란 무엇을 말하는 겁니까?" 하고 묻는다. 내가 "조선의 길에서는 밴댕이라고 부르니 이는 소어라는 물고기요, 압록강을 건넌 이래로는 새우라고 부르니 새우도 역시 어족이고, 오랑캐 아이들이 떼를 지어서 가오리라고 외치니 이는 홍어가 아니던가?" 하니 사람들이 모두 한바탕 웃는다.

*반당(伴當) : 사신의 수행원

〈한중록(閑中錄)〉 혜경궁 홍씨

작품 1(61세) : 혜경궁 홍씨의 어린 시절과 세자빈이 된 이후 50년간 궁궐에서 지낸 이야기

작품 2(67세) : 친정 쪽의 누명이 억울함을 말하는 내용, 특히 아우 홍낙임이 천주교도라 딱지 붙어 죽은 데에 대한 피맺힌 몸부림

작품 3(68세) : 어린 손자 순조에게 보이고, 사도세자의 죽음과 관련하여 친정이 입었던 화가 모두 무고임을 밝히기 위해 기록함.

작품 4(71세) : 영조는 사랑스러운 화평 옹주의 죽음으로 세자에 무관심해지고, 부자 사이는 점점 더 벌어지게 된다. 마침내 세자는 부왕이 무서워 공포증과 강박증에 살인을 저지르고 방탕한 생활을 한다. 영조 38년(1762) 5월, 왕은 세자를 뒤주에 유폐시켜 절명하게 한다. 이것은 어쩔 수 없는 일이었고, 뒤주의 착상은 영조가 한 것이지 자신의 아버지인 홍봉한과 무관하다는 주장도 적혀 있다.

〈경설(鏡說)〉 이규보

먼지가 끼어 흐린 거울을 보는 거사에게 객이 그 까닭을 물었다. 거사는 "거울이 맑으면 잘생긴 사람은 기뻐하지만 못생긴 사람은 꺼린다. 그러나 잘생긴 사람은 적고 못생긴 사람은 많다. 차라리 먼지 끼어 희미한 것이 더 낫다. 먼지로 흐려진 것은 거울의 표면뿐이지 본래의 맑음이 흐려진 것은 아니기 때문이다. 만일 잘생긴 사람을 만난다면 그때 맑게 닦아도 늦지는 않을 것이다. 내가 거울을 대함은 그 희미한 것을 취하고자 함이다."라고 답했다.

〈이옥설(理屋說)〉 이규보

행랑채가 퇴락하여 수리하였다. 두 칸은 망설이다가 손을 대지 못했고, 한 칸은 비를 맞고 샜던 것이라 서둘러 기와를 갈았던 것이다. 이번에 보니 손을 대지 못한 두 칸은 모두 썩어서 수리비가 엄청나게 들었고, 기와를 갈았던 곳의 재목들은 다시 쓸 수 있었다. 사람도 잘못을 알고서도 바로 고치지 않으면 마치 나무가 썩어서 못 쓰게 되는 것과 같으며, 잘못을 알고 고치기를 꺼리지 않으면 다시 착한 사람이 될 수 있다. 나라의 정치도 이와 같다. 백성을 좀먹는 무리들을 내버려 두었다가는 나라가 위태롭게 된다. 그런 연후에 급히 바로잡으려 하면 이미 썩어버린 재목처럼 때는 늦은 것이다.

교과서 필수 현대 운문

PART 3 문학

작품명	작가
해에게서 소년에게	최남선
진달래꽃	김소월
초혼	김소월
님의 침묵	한용운
알 수 없어요	한용운
유리창 1	정지용
모란이 피기까지는	김영랑
거울	이상
여승	백석
들길에 서서	신석정
우라지오 가까운 항구에서	이용악
설야	김광균
생명의 서	유치환
바다와 나비	김기림
승무	조지훈
봉황수	조지훈
절정	이육사
교목	이육사
그날이 오면	심훈
쉽게 씌어진 시	윤동주

작품명	작가
참회록	윤동주
꽃덤불	신석정
청산도	박두진
꽃	김춘수
추천사 — 춘향의 말	서정주
가을의 기도	김현승
눈	김수영
추억에서	박재삼
흥부 부부상	박재삼
즐거운 편지	황동규
성탄제	김종길
목계장터	신경림
벼	이성부
설일	김남조
저문 강에 삽을 씻고	정희성
너를 기다리는 동안	황지우
오렌지	신동집
사평역에서	곽재구

현대 운문의 전개 및 영향 관계

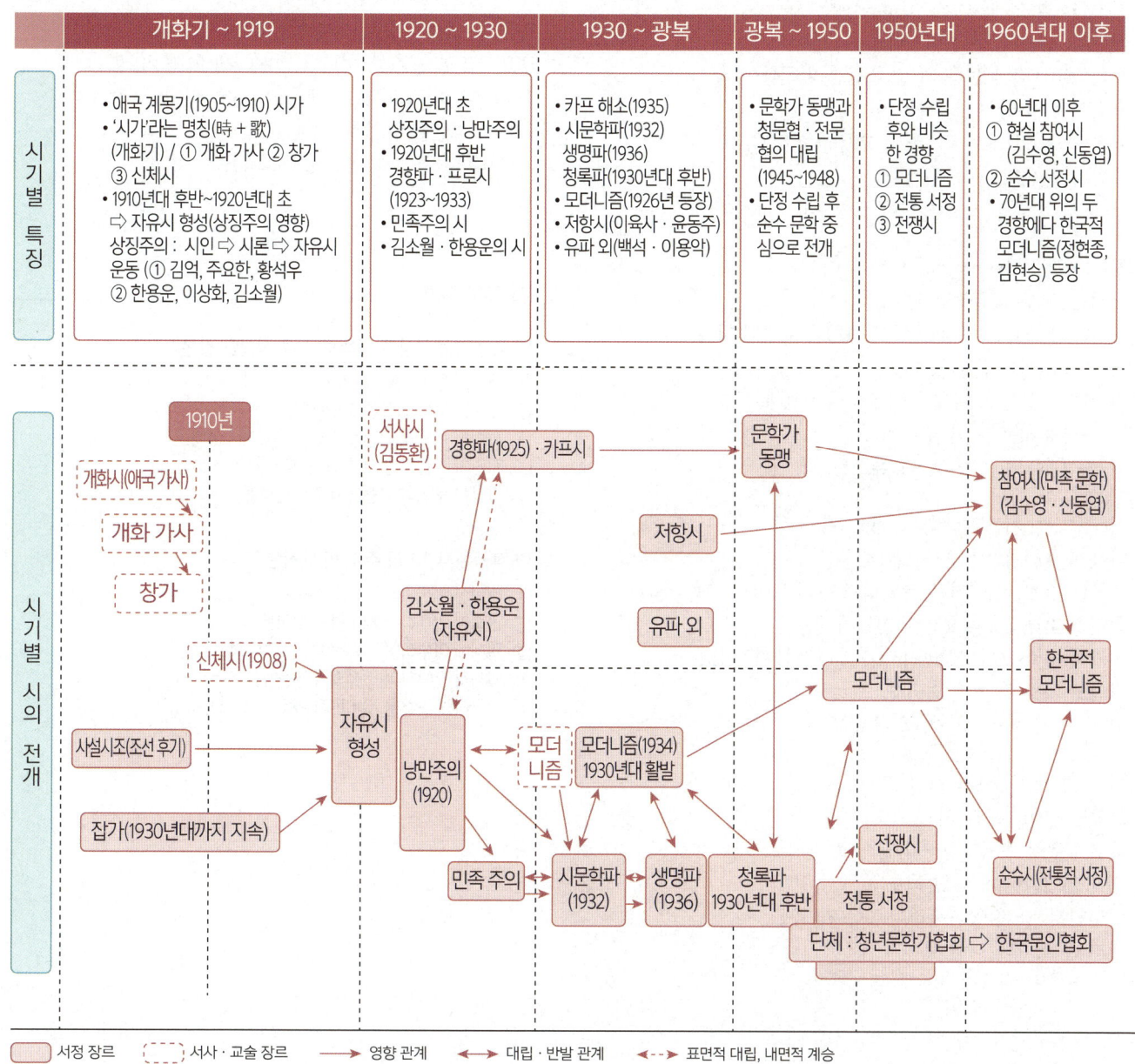

현대 운문 〈해에게서 소년에게〉 최남선

처……ㄹ 썩, 처……ㄹ 썩, 척, 쏴……아.
때린다, 부순다, 무너 버린다.
태산(泰山) 같은 높은 뫼, 집채 같은 바윗돌이나,
요것이 무어야, 요게 무어야,
나의 큰 힘 아느냐, 모르느냐, 호통까지 하면서
때린다, 부순다, 무너 버린다.
처……ㄹ 썩, 처……ㄹ 썩, 척, 튜르릉, 콱.

처……ㄹ 썩, 처……ㄹ 썩, 척, 쏴……아.
내게는, 아무것, 두려움 없어,
육상(陸上)에서 아무런 힘과 권(權)을 부리던 자(者)라도,
내 앞에 와서는 꼼짝 못 하고,
아무리 큰 물건도 내게는 행세하지 못하네.
내게는, 내게는, 나의 앞에는.
처……ㄹ 썩, 처……ㄹ 썩, 척, 튜르릉, 콱.

처……ㄹ 썩, 처……ㄹ 썩, 척, 쏴……아.
나에게 절하지 아니한 자(者)가,
지금(只今)까지 있거든, 통기하고 나서 보아라.
진시황(秦始皇), 나팔륜, 너희들이냐.
누구 누구 누구냐, 너희 역시(亦是) 내게는 굽히도다.
나하고 겨룰 이 있건 오너라.
처……ㄹ 썩, 처……ㄹ 썩, 척, 튜르릉, 콱.

처……ㄹ 썩, 처……ㄹ 썩, 척, 쏴……아.
조그만 산(山) 모를 의지(依支)하거나,
좁쌀 같은 작은 섬, 손뼉 만한 땅을 가지고,
그 속에 있어서 영악한 체를,
부리면서, 나 혼자 거룩하다 하는 자(者),
이리 좀 오너라, 나를 보아라.
처……ㄹ 썩, 처……ㄹ 썩, 척, 튜르릉, 콱.

처……ㄹ 썩, 처……ㄹ 썩, 척, 쏴……아.
나의 짝 될 이는 하나 있도다.
크고 길고, 너르게 뒤덮은 바 저 푸른 하늘,
저것은 우리와 틀림이 없어,
작은 시비(是非), 작은 쌈, 온갖 모든 더러운 것 없도다.
저 따위 세상(世上)에 저 사람처럼,
처……ㄹ 썩, 처……ㄹ 썩, 척, 튜르릉, 콱.

처……ㄹ 썩, 처……ㄹ 썩, 척, 쏴……아.
저 세상(世上) 저 사람 모두 미우나,
그중(中)에서 똑 하나 사랑하는 일이 있으니,
담(膽) 크고 순정(純情)한 소년배(少年輩)들이,
재롱(才弄)처럼 귀(貴)엽게 나의 품에 와서 안김이로다.
오너라, 소년배 입맞춰 주마.
처……ㄹ 썩, 처……ㄹ 썩, 척, 튜르릉, 콱.

✔ 체크 문제

1. 이 작품의 문학사적 의의로 가장 적절한 것은?
   ① 새로운 문학관을 제시했다.
   ② 새로운 문학 장르를 창안했다.
   ③ 사회적 목표와 이념을 직접적으로 제시했다.
   ④ 개인의 주관적 정서를 드러냈다.
   ⑤ 다양한 문화의 유형을 비교·분석했다.

2. 이 작품에서 '나'의 주 비판 대상은?
   ① 비현실적인 이상을 추구하는 자
   ② 관습에 안주하여 개화를 거부하는 자
   ③ 일제에 아부하며 개인적 이익을 추구하는 자
   ④ 외세와 결탁하여 조선의 주권을 넘기려는 자
   ⑤ 서구적인 문물을 무비판적으로 수용하려는 자

작품 분석 〈해에게서 소년에게〉 최남선
　　　　　　　　새로운 문명 = 새로운 시대

처……ㄹ 썩, 처……ㄹ 썩, 척, 쏴……아. ⇨ 파도 소리의 의성어
때린다, 부순다, 무너 버린다. ⇨ 점층, 바다의 위력
태산(泰山) 같은 높은 뫼, / 집채 같은 바윗돌이나, ⇨ 직유, 대구
요것이 무어야, 요게 무어야,
나의 큰 힘 아느냐, 모르느냐, 호통까지 하면서
바다(문명)
때린다, 부순다, 무너 버린다.
처……ㄹ 썩, 처……ㄹ 썩, 척, 튜르릉, 꽉.

처……ㄹ 썩, 처……ㄹ 썩, 척, 쏴……아.
내게는, 아무것, 두려움 없어,
육상(陸上)에서 아무런 힘과 권(權)을 부리던 자(者)라도,
내 앞에 와서는 꼼짝 못 하고,
아무리 큰 물건도 내게는 행세하지 못하네.
내게는, 내게는, 나의 앞에는.
처……ㄹ 썩, 처……ㄹ 썩, 척, 튜르릉, 꽉.

처……ㄹ 썩, 처……ㄹ 썩, 척, 쏴……아.
나에게 절하지 아니한 자(者)가,
지금(只今)까지 있거든, 기별하고 나서 보아라.
진시황(秦始皇), 나폴레옹, 너희들이냐. ⇨ 제국주의자들
누구 누구 누구냐, 너희 역시(亦是) 내게는 굽히도다.
나하고 겨룰 이 있건 오너라.
처……ㄹ 썩, 처……ㄹ 썩, 척, 튜르릉, 꽉.

처……ㄹ 썩, 처……ㄹ 썩, 척, 쏴……아.
조그만 산(山) 모를 의지(依支)하거나,
좁쌀 같은 작은 섬, 손뼉 만한 땅을 가지고,
그 속에 있어서 영악한 체를,
부리면서, 나 혼자 거룩하다 하는 자(者), 　좌정관천(坐井觀天),
이리 좀 오너라, 나를 보아라. 　　　　　　요동지시(遼東之豕)
처……ㄹ 썩, 처……ㄹ 썩, 척, 튜르릉, 꽉.

처……ㄹ 썩, 처……ㄹ 썩, 척, 쏴……아.
나의 짝 될 이는 하나 있도다.
크고 길고, 너르게 뒤덮은 바 저 푸른 하늘,
저것은 우리와 틀림이 없어,
작은 시비(是非), 작은 쌈, 온갖 모든 더러운 것 없도다.
저 따위 세상(世上)에 저 사람처럼,
처……ㄹ 썩, 처……ㄹ 썩, 척, 튜르릉, 꽉.

처……ㄹ 썩, 처……ㄹ 썩, 척, 쏴……아.
저 세상(世上) 저 사람 모두 미우나,
그중(中)에서 똑 하나 사랑하는 일이 있으니,
담(膽) 크고 순정(純情)한 소년배(少年輩)들이,
　　　　　　　　새로운 시대를 살아갈 문명의 창조 주체
재롱(才弄)처럼 귀(貴)엽게 나의 품에 와서 안김이로다.
오너라, 소년배 입맞춰 주마.
처……ㄹ 썩, 처……ㄹ 썩, 척, 튜르릉, 꽉.

해제 | 이 작품은 위력과 순수함을 가진 바다가 담 크고 순정한 소년배만을 사랑한다는 내용을 담고 있다. 여기서 '바다'는 세계로 나가는 통로이자 세계를 지배할 수 있는 힘의 상징이고, '소년'은 민족사의 새로운 국면을 열어 나갈 가능성을 지닌 자이다. 즉, '바다'와 '소년'은 모두 기존 관습을 무너뜨리고 새로운 기상을 펼칠 존재로 형상화되어 있다. 또한 이 시에서 '바다'와 '소년'은 위력과 순수성이라는 공통적 속성으로 대응 관계를 이루고 있다.

주제 | 새로운 문명의 도래로 소년이 주체적으로 개화 의지를 실현

갈래 | 신체시

특징 | ① 동일한 율격의 반복 ② 계몽적

구성 |

1연	바다의 위력
2연	육상의 모든 것을 굴복시키는 바다의 위력
3연	위대한 인간들조차 겨룰 수 없는 바다의 위력
4연	영악한 척, 거룩한 척하는 자들에 대한 조소
5연	바다와 짝이 될 만한 것은 오로지 하늘밖에 없음.
6연	소년에 대한 바다의 애정과 기대 (주제 연)

현대 운문 〈진달래꽃〉 김소월

나 보기가 역겨워
가실 때에는
말없이 고이 보내 드리우리다.

영변(寧邊)에 약산(藥山)
진달래꽃
아름 따다 가실 길에 뿌리우리다.

가시는 걸음 걸음
놓인 그 꽃을
사뿐히 즈려 밟고 가시옵소서.

나 보기가 역겨워
가실 때에는
죽어도 아니 눈물 흘리우리다.

✔ 체크 문제

[1~2] 이 시와 〈보기〉를 읽고 물음에 답하시오. 2023. 법원직 9급

〈 보기 〉

가시리 가시리잇고 나는
부리고 가시리잇고 나는
위 증즐가 大平盛代(대평셩되)

날러는 엇디 살라 ᄒ고
부리고 가시리잇고 나는
위 증즐가 大平盛代(대평셩되)

잡ᄉ와 두어리마ᄂᆞᆫ
선ᄒᆞ면 아니 올셰라
위 증즐가 大平盛代(대평셩되)

셜온 님 보내옵노니 나는
가시는 ᄃᆞᆺ 도셔 오쇼셔 나는
위 증즐가 大平盛代(대평셩되)

– 작자 미상, 〈가시리〉

1. 이 시와 〈보기〉의 공통점으로 가장 적절한 것은?
   ① 임과의 재회를 희망하는 화자의 의지가 드러나고 있다.
   ② 구체적인 지명을 통해 이별의 상황을 구체화하고 있다.
   ③ 이별 상황에 대한 체념과 화자의 자기 희생적 태도가 드러나고 있다.
   ④ 이별의 원인을 외부에서 찾음으로써 임에 대한 원망을 드러내고 있다.

2. 이 시와 〈보기〉의 형식상 특징에 대한 설명으로 가장 적절한 것은?
   ① 〈보기〉는 이 시와 달리 수미상관의 형식을 보이고 있다.
   ② 이 시는 〈보기〉와 달리 시어의 반복을 통해 운율을 형성하고 있다.
   ③ 두 시 모두 전통적인 3·3·2조의 3음보 율격을 보이고 있다.
   ④ 두 시 모두 기-승-전-결의 4단 구성을 통해 시상을 전개하고 있다.

현대 운문 〈초혼(招魂)〉 김소월

산산이 부서진 이름이여!
허공중(虛空中)에 헤어진 이름이여!
불러도 주인 없는 이름이여!
부르다가 내가 죽을 이름이여!

심중(心中)에 남아 있는 말 한마디는
끝끝내 마저 하지 못하였구나.
사랑하던 그 사람이여!
사랑하던 그 사람이여!

붉은 해는 서산(西山)마루에 걸리었다.
사슴의 무리도 슬피 운다.
떨어져 나가 앉은 산 위에서
나는 그대의 이름을 부르노라.

설움에 겹도록 부르노라.
설움에 겹도록 부르노라.
부르는 소리는 빗겨 가지만
하늘과 땅 사이가 너무 넓구나.

선 채로 이 자리에 돌이 되어도
부르다가 내가 죽을 이름이여!
사랑하던 그 사람이여!
사랑하던 그 사람이여!

✔ 체크 문제

1. 이 시에 대한 설명으로 적절하지 않은 것은?
   ① 3음보의 전통적 율격을 지니고 있다.
   ② 대상의 객관적 묘사에 치중하고 있다.
   ③ 시적 화자의 감정을 직설적으로 표출하고 있다.
   ④ 반복과 영탄에 의한 격정적 어조를 보이고 있다.
   ⑤ 감정 이입을 통해 화자의 슬픔을 확산시키고 있다.

2. 이 시가 전통문화를 계승했다고 할 때 적절하지 않은 것은?
   ① 고복 의식   ② 윤회 사상
   ③ 민요조 율격   ④ 망부석 설화
   ⑤ 한(恨)의 정서

작품 분석 〈진달래꽃〉 김소월   애이불비(哀而不悲)

나 보기가 역겨워
가실 때에는
　　이별의 상황 가정
말없이 고이 보내 드리우리다.
　　　　　　각운, 시적허용

영변(寧邊)에 약산(藥山)   향토적 소재
진달래꽃
　사랑, 축복
아름 따다 가실 길에 뿌리우리다.
　　　　　　　산화 공덕의 모티프

가시는 걸음 걸음
놓인 그 꽃을
사뿐히 즈려 밟고 가시옵소서.
　　　　　　　역설

나 보기가 역겨워
가실 때에는
죽어도 아니 눈물 흘리우리다.
　도치, 반어(사실은 슬퍼서 많이 울 것이다)

해제 | 이 시는 이별의 슬픔을 인종(忍從)의 의지력으로 극복해 내는 여인을 시적 자아로 하여 전통적 정한(情恨)을 예술적으로 승화시킨 작품이다. '진달래꽃'은 시적 자아의 아름답고 강렬한 사랑의 표상이고, 떠나는 임에 대한 원망과 슬픔이며, 끝까지 임에게 자신을 헌신하려는 정성과 순종의 상징이기도 하다.

주제 | 승화된 이별의 정한(情恨), 이별의 슬픔과 승화, 극복으로 승화된 지순한 사랑

운율 | 3음보의 민요적 율격, 7·5조의 음수율, 각운의 사용

특징 |
① 전통적인 한(恨)의 정서를 계승하고 있음.
② 이별의 상황을 가정하는 형식을 사용함.
③ 토속적, 향토적 소재를 사용하고 있음.
④ 1연과 4연이 수미상관을 이룸.
⑤ 반어적 표현을 통해 주제를 효과적으로 드러내고 있음.

구성 |

1연(기)	이별에 따른 체념
2연(승)	떠나는 임에 대한 축복
3연(전)	원망을 극복한 희생적 사랑
4연(결)	이별의 슬픔 초극

작품 분석 〈초혼(招魂)〉 김소월
　　　　　　고복 의식

산산이 부서진 이름이여!   관념의 구체화
허공중(虛空中)에 헤어진 이름이여!   영탄
불러도 주인 없는 이름이여!   역설
점층
부르다가 내가 죽을 이름이여!

심중(心中)에 남아 있는 말 한마디는
끝끝내 마저 하지 못하였구나.
사랑하던 그 사람이여!　┐반복
사랑하던 그 사람이여!　┘

붉은 해는 서산(西山)마루에 걸리었다.   하강적 이미지
사슴의 무리도 슬피 운다.   감정 이입
떨어져 나가 앉은 산 위에서
나는 그대의 이름을 부르노라.

설움에 겹도록 부르노라.　┐반복
설움에 겹도록 부르노라.　┘
부르는 소리는 빗겨 가지만
하늘과 땅 사이가 너무 넓구나.

이승-저승　　　　망부석
선 채로 이 자리에 돌이 되어도
부르다가 내가 죽을 이름이여!
사랑하던 그 사람이여!　┐반복
사랑하던 그 사람이여!　┘

해제 | 이 시는 '초혼(招魂)'이라는 전통 의식을 통해 사랑하는 사람의 죽음을 마주한 인간의 극한적 슬픔을 격정적으로 표출하고 있다.

주제 | 사별한 임에 대한 그리움, 임을 잃은 처절한 슬픔

특징 |
① 반복법을 통하여 슬픔을 승화시킴.
② 설화적 모티프. 반복과 영탄을 동반한 강렬한 어조
③ 전통적 성격(율격 7·5조 3음보의 전통적 민요조 리듬, 정서 - 한)
④ 존재의 무화(無化), 즉 무(無)의 발생을 통해 무의 극복을 이루는 과정을 이루는 과정을 보여 줌.

구성 |

1연	육신 없는 이름을 부르는 슬픔
2연	사랑을 고백하지 못한 회한 - 임의 상실로 인한 충격이 시적 자아까지 확대 - 산에서 임을 부르는 것은 임의 무덤가에서 임의 혼을 부르고 있다고 추측할 수 있다.
3~4연	광막한 공간, 허무감 - 임의 상실로 인한 시적 자아의 절박한 상황
5연	슬픔의 극한 상황 표출 - '돌' : 슬픔의 극한적 심정이 담겨 있음.

참고 고복 의식 : 초혼하고 발상(發喪)하는 의식. 임종 직후 북쪽을 향하여 죽은 사람의 이름을 세 번 부르는 행위로서, 죽은 사람을 재생시키려는 의지를 표현하는 부름의 의식이다.

망부석 설화 : 멀리 떠난 남편이 약속한 기한에도 돌아오지 않자 기다리던 아내가 돌이 되었다는 내용의 설화이다. 아내가 선 채로 그대로 돌이 된 유형, 아내가 죽은 후에 돌이 된 유형, 아내가 스스로 몸을 던져 죽은 자리에 돌을 세운 유형, 원래 돌이 있었고 그 돌 곁에서 남편을 기다려서 '망부석'이라는 이름이 붙게 되었다는 내용의 유형 등 여러 유형이 전해지고 있다.

현대 운문 〈님의 침묵〉 한용운

님은 갔습니다. 아아, 사랑하는 나의 님은 갔습니다.
푸른 산빛을 깨치고 단풍나무 숲을 향하여 난 작은 길을 걸어서, 차마 떨치고 갔습니다.
황금(黃金)의 꽃같이 굳고 빛나던 옛 맹서(盟誓)는 차디찬 티끌이 되어서 한숨의 미풍(微風)에 날아갔습니다.
날카로운 첫 키스의 추억(追憶)은 나의 ㉠ 운명(運命)의 지침(指針)을 돌려놓고, 뒷걸음쳐서 사라졌습니다.
나는 향기로운 님의 말소리에 귀먹고, 꽃다운 님의 얼굴에 눈멀었습니다.
사랑도 사람의 일이라, 만날 때에 미리 떠날 것을 염려하고 경계하지 아니한 것은 아니지만, 이별은 뜻밖의 일이 되고, 놀란 가슴은 새로운 슬픔에 터집니다.
그러나 이별을 쓸데없는 눈물의 원천(源泉)을 만들고 마는 것은 스스로 사랑을 깨치는 것인 줄 아는 까닭에, 걷잡을 수 없는 슬픔의 힘을 옮겨서 새 희망의 정수박이에 들어부었습니다.
우리는 만날 때에 떠날 것을 염려하는 것과 같이, 떠날 때에 다시 만날 것을 믿습니다.
아아, 님은 갔지마는 나는 님을 보내지 아니하였습니다.
제 곡조를 못 이기는 사랑의 노래는 ㉡ 님의 침묵(沈默)을 휩싸고 돕니다.

체크 문제

1. 이 시의 표현상 특징으로 거리가 먼 것은?
   ① 불교적 세계관을 바탕으로 하고 있다.
   ② 연가풍의 여성적 어조를 사용하고 있다.
   ③ 순수한 우리말을 통해 내용을 쉽게 전달하고 있다.
   ④ 시간적 순서에 따라 시상이 전개되고 있다.
   ⑤ 다양한 감각적 이미지를 효과적으로 사용하고 있다.

2. ㉠이 의미하는 바로 알맞은 것은?
   ① 현실을 초극하게 되었다.
   ② 운명의 한계를 인식하게 되었다.
   ③ 삶에 대한 회의를 느끼게 되었다.
   ④ 임에 대한 절대적인 사랑을 깨닫게 되었다.
   ⑤ 이별의 슬픔으로 인해 고통스러운 삶을 살게 되었다.

3. ㉡이 뜻하는 상황과 가장 관련이 깊은 시구는?
   ① 사랑하는 나의 님은 갔습니다.
   ② 나는 향기로운 님의 말소리에 귀먹고,
   ③ 놀란 가슴은 새로운 슬픔에 터집니다.
   ④ 이별을 쓸데없는 눈물의 원천(源泉)을 만들고 마는 것
   ⑤ 님은 갔지마는 나는 님을 보내지 아니하였습니다.

현대 운문 〈알 수 없어요〉 한용운

바람도 없는 공중에 수직(垂直)의 파문을 내며 고요히 떨어지는 오동잎은 누구의 발자취입니까?
지리한 장마 끝에 서풍에 몰려가는 무서운 검은 구름의 터진 틈으로, 언뜻언뜻 보이는 푸른 하늘은 누구의 얼굴입니까?
꽃도 없는 깊은 나무에 푸른 이끼를 거쳐서, 옛 탑(塔) 위의 고요한 하늘을 스치는 알 수 없는 향기는 누구의 입김입니까?
Ⓐ 근원을 알지도 못할 곳에서 나서 돌부리를 울리고, 가늘게 흐르는 작은 시내는 굽이굽이 누구의 노래입니까?
연꽃 같은 발꿈치로 가이 없는 바다를 밟고, 옥 같은 손으로 끝없는 하늘을 만지면서, 떨어지는 해를 곱게 단장하는 저녁놀은 누구의 시(詩)입니까?
타고 남은 재가 다시 기름이 됩니다. 그칠 줄 모르고 타는 나의 가슴은 누구의 밤을 지키는 약한 등불입니까?

체크 문제

☑ 이 시에 대한 이해로 옳지 않은 것은? 2021. 국회직 9급
   ① 경어체를 통해 진리 탐구의 경건한 자세를 보여준다.
   ② 의문형 문장을 통해 신비스러운 분위기를 자아낸다.
   ③ 묻고 답하는 형식으로 시의 주제를 명확히 드러낸다.
   ④ 시간의 흐름에 따른 시상의 전개가 돋보인다.
   ⑤ 동일한 통사 구조는 시상을 통일하는 효과를 지닌다.

☑ Ⓐ를 다음 〈조건〉에 맞춰 새롭게 바꾸려 할 때 가장 옳은 것은? 2020. 법원직 9급

― 〈 조건 〉 ―
• 처음과 동일한 감각적 이미지로 표현한다.
• 어조나 표현 기법을 그대로 유지한다.

   ① 깊은 계곡에서 아름다운 이슬을 머금고 있는 이름 없는 풀꽃들은 누구의 미소입니까.
   ② 강렬한 여름 햇살 아래 넓디넓은 가지를 드리운 느티나무의 한없는 품은 누구의 사랑입니까.
   ③ 넓고 푸른 하늘을 자유롭게 떠다니며 시시각각 오묘한 표정을 짓는 저 흰 구름은 누구의 그림입니까.
   ④ 하늘에 닿을 듯이 우뚝 솟은 보리수에서 바람이 스쳐 지나갈 때마다 들려오는 저 신비로운 소리는 누구의 숨결입니까.

작품 분석 〈님의 침묵〉 한용운

그리운 대상(조국, 민족, 연인, 부처, 진리 등)

님은 갔습니다. 〈아아〉, 사랑하는 나의 님은 갔습니다.
푸른 산빛을 깨치고 단풍나무 숲을 향하여 난 작은 길을 걸어서, 차마 떨치고 갔습니다. — 점층
황금(黃金)의 꽃같이 굳고 빛나던 옛 맹서(盟誓)는 차디찬 티끌이 되어서 한숨의 미풍(微風)에 날아갔습니다. — 직유
날카로운 첫 키스의 추억(追憶)은 나의 ㉠운명(運命)의 지침(指針)을 돌려놓고, 뒷걸음쳐서 사라졌습니다. — 절대적
나는 향기로운 님의 말소리에 귀먹고, / 꽃다운 님의 얼굴에 눈멀었습니다.
　　청각의 후각화　　과장　　　대구, 역설
사랑도 사람의 일이라, 만날 때에 미리 떠날 것을 염려하고 경계하지 아니한 것은 아니지만, 이별은 뜻밖의 일이 되고, 놀란 가슴은 새로운 슬픔에 터집니다. ⇨ 감정을 구체적으로 형상화함
〈그러나〉 이별을 쓸데없는 눈물의 원천(源泉)을 만들고 마는 것은 스스로 사랑을 깨치는 것인 줄 아는 까닭에, 걷잡을 수 없는 슬픔의 힘을 옮겨서 새 희망의 정수박이에 들어부었습니다.
　　　　　　　　　　　↑ 관념의 구체화, 승화
우리는 만날 때에 떠날 것을 염려하는 것과 같이, 떠날 때에 다시 만날 것을 믿습니다. ⇨ 회자정리 거자필반
영탄 〈아아〉, 님은 갔지마는 나는 님을 보내지 아니하였습니다. 역설
제 곡조를 못 이기는 사랑의 노래는 ㉡님의 침묵(沈默)을 휩싸고 돕니다.
　　　　　　　　　　　부재를 인정 X

해제 | 시의 형식은 10행, 기·승·전·결로 짜여 있다. 첫 부분은 1~4행으로, 이별이라는 상황을 제시한다. 첫 연은 떠나간 님을 시적 주체로 하여 이별의 정황을 서술한다. 둘째 부분은 5~6행으로, 이별 후의 고통과 슬픔을 드러낸다. 시적 주체가 '나'로 전환된 것도 특징이다. 셋째 부분은 7~8행으로서 '그러나'에 의해 시상이 반전된다. 이별의 고통과 슬픔이 만남을 향한 희망과 확신으로 반전되어 있다. 넷째 부분은 마지막 9~10행으로서 만남의 확신으로 맺어진다. 따라서 시 「님의 침묵」은 의미상 '이별 → 이별 후의 고통, 슬픔 → 희망으로의 전환 → 만남의 확신'으로 전개되는 극적 구성 방식을 취하고 있다. 이것은 이별(正)에서 고통 → 희망(反), 그리고 만남(合)으로 전개되는 불교적 변증법을 내포한 것으로 해석된다. 또한 만남과 헤어짐, 헤어짐과 다시 만남으로 이어지는 생성과 소멸의 변증법의 한 반영이면서 불교적인 윤회 사상을 담고 있는 것으로 풀이된다.

주제 | 임에 대한 영원한 사랑

특징 | ① 역설적 표현이 두드러짐.
② 불교적 비유와 고도의 상징이 돋보임.
③ 여성적 어조와 경어체를 사용함.

구성 |

기(1~4행)	임의 부재(임과의 이별)
승(5~6행)	이별 후의 슬픔
전(7~8행)	슬픔의 극복과 만남에의 희망
결(9~10행)	임을 향한 정진(임을 향한 영원한 사랑)

작품 분석 〈알 수 없어요〉 한용운

바람도 없는 공중에 수직(垂直)의 파문을 내며 고요히 떨어지는 오동잎은 누구의 발자취입니까?
시각적 이미지(임의 발자취)
지리한 장마 끝에 서풍에 몰려가는 무서운 검은 구름의 터진 틈으로, 언뜻언뜻 보이는 푸른 하늘은 누구의 얼굴입니까?
시각적 이미지(임의 얼굴)
꽃도 없는 깊은 나무에 푸른 이끼를 거쳐서, 옛 탑(塔) 위의 고요한 하늘을 스치는 알 수 없는 향기는 누구의 입김입니까?
후각적 이미지(임의 입김)
Ⓐ 근원을 알지도 못할 곳에서 나서 돌부리를 울리고, 가늘게 흐르는 작은 시내는 굽이굽이 누구의 노래입니까?
청각적 이미지(임의 노래)
연꽃 같은 발꿈치로 가이 없는 바다를 밟고, 옥 같은 손으로 끝없는 하늘을 만지면서, 떨어지는 해를 곱게 단장하는 저녁놀은 누구의 시(詩)입니까?
　　　　　　　　　　　시각적 이미지(임의 시)
타고 남은 재가 다시 기름이 됩니다. 그칠 줄 모르고 타는
　　역설
나의 가슴은 누구의 밤을 지키는 약한 등불입니까?
　　　　　　희생적 태도

해제 | 이 시는 모두 6행으로 구성되어 있다. 1~5행은 신비롭고 아름다운 자연 현상이 누구의 모습인지 반복적으로 묻고 있는데, 이 물음은 이미 화자가 자연 현상에서 발견한 절대적 존재의 모습을 드러내기 위한 것이다. 6행은 5행까지의 심상들을 종합하여 마무리하고 있는데, '타고 남은 재가 다시 기름이 됩니다'라는 역설적 표현과 자신을 불태워 남을 밝히는 존재인 '등불'의 상징성을 활용하여 절대적 존재에 대한 화자의 변치 않는 구도 정신을 드러내고 있다.

주제 | 절대적 존재에 대한 동경과 그를 위한 희생 의지

구성 |

1~5행	자연을 통해 드러나는 절대적 존재의 모습
6행	절대적 존재를 위한 희생 의지

현대 운문 〈유리창 1〉 정지용

㉠ 유리(琉璃)에 차고 슬픈 것이 어른거린다.
열없이 붙어 서서 입김을 흐리우니
길들은 양 언 날개를 파닥거린다.
지우고 보고 지우고 보아도
새까만 밤이 밀려 나가고 밀려와 부딪히고,
물 먹은 별이, 반짝, 보석(寶石)처럼 백힌다.
밤에 홀로 유리를 닦는 것은
㉡ 외로운 황홀한 심사이어니,
고흔 폐혈관(肺血管)이 찢어진 채로
아아, 늬는 산(山)ㅅ새처럼 날아갔구나!

✔ 체크 문제

1. 이 시의 특징으로 적절하지 않은 것은?
   ① 다양한 비유적 심상이 사용되고 있다.
   ② 역설적 표현으로 화자의 정서를 표출하고 있다.
   ③ 직설적 표현으로 주제를 분명히 드러내고 있다.
   ④ 선명하고 감각적인 이미지의 시어를 사용하고 있다.
   ⑤ 대립적인 시어를 결합하여 감정의 절제를 이루고 있다.

2. ㉠의 속성으로 적절하지 않은 것은?
   ① 안과 밖의 경계이다.
   ② 죽음과 삶의 경계이다.
   ③ 자아 반성의 매개물이다.
   ④ 단절과 소통의 매개체이다.
   ⑤ 이율배반적 의미를 지니는 역설적 이미지이다.

3. 발상 및 표현이 ㉡과 가장 유사한 것은?
   ① 분수(噴水)처럼 흩어지는 푸른 종소리
   ② 어둠을 짖는 개는 나를 쫓는 것일 게다.
   ③ 한밤중에 바람이 분다. 바람 속에서 애기가 웃는다.
   ④ 나는 아직 기다리고 있을 테요, 찬란한 슬픔의 봄을
   ⑤ 산산히 부서진 이름이여, 허공중에 헤어진 이름이여.

현대 운문 〈모란이 피기까지는〉 김영랑

㉠ 모란이 피기까지는,
나는 아직 나의 봄을 기다리고 있을 테요.
모란이 뚝뚝 떨어져 버린 날,
나는 비로소 봄을 여읜 설움에 잠길 테요.
오월 어느 날, 그 하루 무덥던 날,
떨어져 누운 꽃잎마저 시들어 버리고는
천지에 모란은 자취도 없어지고,
뻗쳐 오르던 내 보람 서운케 무너졌느니,
모란이 지고 말면 그뿐, 내 한 해는 다 가고 말아,
삼백예순날 하냥 섭섭해 우웁내다.
모란이 피기까지는,
나는 아직 기다리고 있을 테요, 찬란한 슬픔의 봄을.

✔ 체크 문제

☑ 이 시에 대한 설명으로 가장 옳지 않은 것은? 2022. 군무원 7급
   ① 이 시는 '기다림과 상실의 미학'을 노래한 작품이다.
   ② 이 시의 화자는 모란의 '영원한 아름다움'을 찬양하고 있다.
   ③ 화자는 모란이 지고 난 뒤의 봄날의 상실감으로 인해 설움에 잠기지만, 그 슬픔과 상실이 주는 역설적인 기다림의 아름다움을 노래하고 있다.
   ④ 이 시에서 화자는 '모란'의 아름다움이 '한 철'만 볼 수 있는 것이기에 '찬란한 슬픔'이라고 표현하고 있다.

1. 이 시에 대한 설명으로 적절하지 않은 것은?
   ① 곱고 섬세한 시어를 고르고 다듬어 사용하고 있다.
   ② 삶의 근원적 비애로 인한 좌절과 체념을 보여 준다.
   ③ 여성적 어조를 사용하여 간절하고 부드러운 느낌을 준다.
   ④ '소망 – 성취 – 비애 – 소망'의 순환적 삶의 구조를 형상화하였다.
   ⑤ 수미상관식 구성으로 소망을 버리지 않는 시적 화자의 삶의 태도를 강조하고 있다.

2. ㉠과 함축적 의미가 같은 시어 2개를 찾아 쓰시오.

작품 분석 〈유리창 1〉 정지용

시문학파(음악), 모더니즘(미술, 회화)

㉠ 유리(琉璃)에 차고 슬픈 것이 어른거린다.
　이중적 의미(① 연결 ② 단절)
열없이 붙어 서서 입김을 흐리우니
길들은 양 언 날개를 파닥거린다.
지우고 보고 지우고 보아도
새까만 밤이 밀려 나가고 밀려와 부딪히고,
물 먹은 별이, 반짝, 보석(寶石)처럼 백힌다.
밤에 홀로 유리를 닦는 것은
㉡ 외로운 황홀한 심사이어니, 역설
고흔 폐혈관(肺血管)이 찢어진 채로　미화법　○ 죽은 아이
〈아아,〉 늬는 산(山)ㅅ새처럼 날아갔구나!
　영탄

해제 | 이 시는 시인이 어린 자식을 잃고 아버지로서 느끼는 애절한 슬픔을 노래한 작품이다. 1~3행에서 화자는 유리창을 향해 입김을 불어 본다. 주변부터 지워지며 모양이 변하는 입김 자국은 새를 연상시키고, 화자는 아이의 마지막 모습을 생각한다. 4~6행에서는 오직 컴컴한 어둠만이 보일 뿐이다. 일차적으로 이 '밤'은 아버지의 '허탈감과 상실감'을 상징한다. 7~8행에서는 화자가 홀로 밤에 유리를 닦는 심정을, '외로운 황홀한 심사'라는 역설적 표현을 통해 드러내고 있다. 9~10행에서는 '고흔'을 통해 어린 아이의 부드럽고 약한 모습을, '폐혈관'을 통해 죽음의 원인을 '찢어진'을 통해 '아이의 고통스러워하던 모습'을 연상할 수 있다. 지금까지 참고 있었던 화자의 슬픔이 '아아'라는 깊숙한 탄식을 통해 표출된다. 화자는 '늬(너)'라는 대명사로 아이를 직접 가리켜 절제했던 감정을 어느 정도 노출하면서, 잠시 머물다가 훌쩍 떠나 버린 어린 자식에 대한 안타까운 심정을 드러내고 있다.

주제 | 죽은 아이에 대한 그리움과 슬픔

특징 | ① 대위법에 의한 감정 절제
② 선명한 이미지와 감각적 언어 사용

구성 |

1~3행	유리창에 어린 차고 슬픈 것
4~6행	창밖 밤의 풍경
7~8행	유리를 닦으며 느낀 모순된 감정
9~10행	자식의 죽음을 인식한 데서 오는 탄식

작품 분석 〈모란이 피기까지는〉 김영랑

㉠ 모란이 피기까지는,
　미적 대상, 화자의 소망
나는 아직 나의 봄을 기다리고 있을 테요.
모란이 뚝뚝 떨어져 버린 날,
　절망감, 상실감을 효과적으로 표현하는 음성 상징어
나는 비로소 봄을 여읜 설움에 잠길 테요.
오월 어느 날, 그 하루 무덥던 날,
떨어져 누운 꽃잎마저 시들어 버리고는
천지에 모란은 자취도 없어지고,
뻗쳐 오르던 내 보람 서운케 무너졌느니,
모란이 지고 말면 그뿐, 내 한 해는 다 가고 말아,
　과장(모란이 화자의 전부임)
삼백예순날 하냥 섭섭해 우옵내다.
　과장
모란이 피기까지는,
나는 아직 기다리고 있을 테요, 찬란한 슬픔의 봄을.
　　　　　　　　　　　　　　　역설
　수미상관, 도치

해제 | 이 시는 어떠한 대상에 대한 간절한 기다림을, 모란이 피기를 기다리는 화자를 통해 드러낸 작품이다. 화자에게 모란은 단순히 꽃이 아니라, 인간이 추구할 수 있는 최고의 가치나 내면적 순결성을 의미하는 것일 수도 있다. 그렇기에 화자의 삶은 오로지 모란이 피는 순간만을 지향하며, 그것에 대한 간절한 기다림의 자세를 계속 유지할 수 있는 것이다. 하지만 화자는 모란이 뚝뚝 떨어져 버리자 봄을 여읜 설움에 잠긴다. 모란이 피어난 것에 대해 화자가 느꼈던 환희는 사라져 버린다. 그렇기 때문에 화자의 봄은 찬란하기만 한 봄이 아니라 슬픔의 봄이기도 하다. 이 시의 마지막 부분에 제시된 '찬란한 슬픔의 봄'이라는 표현은 이와 같은 환희와 그 소멸로 인한 슬픔이 한데 섞인 화자의 심정을 드러낸다.

주제 | 모란에 대한 간절한 소망과 기다림

특징 | ① 섬세하고 아름다운 언어의 사용(언어의 조탁). '있을 테요', '잠길 테요', '우옵내다' 등
② 수미상관과 역설법 사용

구성 |

1~2행	모란이 피기를 기다림.
3~10행	모란을 잃은 설움
11~12행	모란이 다시 피기를 기다림.

현대 운문 〈거울〉 이상

거울속에는소리가없소
저렇게까지조용한세상은참없을것이오

거울속에도내게귀가있소
내말을못알아듣는딱한귀가두개나있소

거울속의나는왼손잡이오
내악수(握手)를받을줄모르는—악수(握手)를모르는왼손잡이오

거울때문에나는거울속의나를만져보지를못하는구료마는
거울이아니었던들내가어찌거울속의나를만나보기만이라도했겠소

나는지금(至今)거울을안가졌소마는거울속에는늘거울속의내가있소
잘은모르지만외로된사업(事業)에골몰할께요

거울속의나는참나와는반대(反對)요마는또꽤닮았소
나는거울속의나를근심하고진찰(診察)할수없으니퍽섭섭하오

체크 문제

1. 이 시에 대한 설명으로 적절하지 않은 것은?
① 의식의 흐름에 따라 서술하고 있다.
② 자의식의 분열 상태를 주로 드러내고 있다.
③ 기존의 어법 질서를 무시하며 서술하고 있다.
④ 경어체를 활용해 독자에게 말을 거는 듯한 느낌을 주고 있다.
⑤ 현재의 문제를 인식하고 적극적으로 이겨 내려 한다.

2. 이 시의 내용에 대한 추리로 적절하지 않은 것은?
① '나'는 거울 속의 '나'와 화해하려 한다.
② '나'는 거울 속의 '나'로부터 벗어나려고 한다.
③ '나'는 자신의 내면적 분열에 대해 안타까워한다.
④ '나'는 거울 속의 '나'와 의사소통이 단절된 상황이다.
⑤ '나'의 의지와 관계없이 거울 속의 '나'는 객관적으로 존재한다.

현대 운문 〈여승(女僧)〉 백석

여승은 합장하고 절을 했다.
가지취의 내음새가 났다.
쓸쓸한 낯이 옛날같이 늙었다.
나는 불경(佛經)처럼 서러워졌다.

평안도(平安道)의 어느 산(山) 깊은 금점판
나는 파리한 여인에게서 옥수수를 샀다.
여인은 나 어린 딸아이를 때리며 가을밤같이 차게 울었다.

섶벌같이 나아간 지아비 기다려 십 년(十年)이 갔다.
지아비는 돌아오지 않고
어린 딸은 도라지꽃이 좋아 돌무덤으로 갔다.

산꿩도 섧게 울은 슬픈 날이 있었다.
산절의 마당귀에 여인의 머리오리가 눈물방울과 같이 떨어진 날이 있었다.

체크 문제

1. 이 시의 화자에 대한 설명으로 옳은 것은?
① 현실을 냉소적으로 인식하고 있다.
② 현실을 극복하려는 의지를 드러내고 있다.
③ 냉정한 시선으로 외부 사건을 비판하고 있다.
④ 관찰자의 시선으로 애처롭게 바라보고 있다.
⑤ 시적 대상에 대해 부정적인 태도를 취하고 있다.

이 시에 대한 설명으로 적절하지 않은 것은? `2021. 지역인재 9급`
① 작품 내적 사건들을 역순행적으로 구성하여 제시하고 있다.
② 감정을 드러내는 시어들을 통해 비애의 정서를 나타내고 있다.
③ 공감각적 심상이 드러나는 시구를 통해 시적 대상의 심리를 표현하고 있다.
④ 가족과의 이별로 인해 속세를 등진 시적 화자의 심리적 고통을 표현하고 있다.

작품 분석 〈거울〉 이상

거울속에는소리가없소
<u>저렇게까지조용한세상은참없을것이오</u>

거울속에도내게귀가있소
내말을못알아듣는딱한귀가두개나있소

거울속의나는왼손잡이오
내악수(握手)를받을줄모르는―악수(握手)를모르는왼손잡이오

거울때문에나는거울속의나를만져보지를못하는구료마는
거울이아니었던들내가어찌거울속의나를만나보기만이라도했겠소

나는지금(至今)거울을안가졌소마는거울속에는늘거울속의내가있소
잘은모르지만외로된사업(事業)에골몰할께요

거울속의나는참나와는반대(反對)요마는또꽤닮았소
나는거울속의나를근심하고진찰(診察)할수없으니퍽섭섭하오

해제 | 이 시는 '현실적 자아'와 '내면적 자아'의 분열과 갈등 양상을 드러내고 있다. '거울 밖의 나'와 '거울 속의 나'는 거울을 통해 만날 수 있지만 '거울 밖의 나'는 '거울 속의 나'와 의사소통을 할 수가 없고 그 실체를 만져 볼 수도 없다. 결국 자신의 참모습인 '내면적 자아'를 인식할 수 없는 현실 속의 자아는 섭섭함과 소외감을 느끼고 고뇌에 빠지게 되는 것이다. 결국 이 시는 모순적 속성을 지닌 '거울'을 통해 현대인의 불안 의식을 표현한 작품으로 이해할 수 있다.

주제 | 자아 분열 양상과 현대인의 불안 심리

구성 |

1연	조용한 거울 속 세상
2연	내 말을 알아듣지 못하는 거울 속의 귀
3연	악수를 받을 줄 모르는 거울 속의 '나'
4연	거울로 인한 거울 속의 '나'와의 만남 및 단절
5연	'외로된 사업'에 골몰하는 거울 속의 '나'
6연	자아의 분열 인식

작품 분석 〈여승(女僧)〉 백석

여승은 합장하고 절을 했다.
가지취의 내음새가 났다.
쓸쓸한 낯이 옛날같이 늙었다.
나는 불경(佛經)처럼 서러워졌다.

평안도(平安道)의 어느 산(山) 깊은 금점판
나는 파리한 여인에게서 옥수수를 샀다.
여인은 나 어린 딸아이를 때리며 가을밤같이 차게 울었다.

섶벌같이 나아간 지아비 기다려 십 년(十年)이 갔다.
지아비는 돌아오지 않고
어린 딸은 도라지꽃이 좋아 돌무덤으로 갔다.

산꿩도 설게 울은 슬픈 날이 있었다.
산절의 마당귀에 여인의 머리오리가 눈물방울과 같이 떨어진 날이 있었다.

해제 | 이 시는 일제 강점기의 어려운 현실을 살아가는 한 여인의 한스러운 삶을 그린 작품이다. 한 여인이 여승이 되기까지의 삶을 서술함으로써, 민족의 비극적인 현실을 반영하고 있다. 이 작품은 시간을 역순행적(2연 → 3연 → 4연 → 1연)으로 구성하고 있는데, 이러한 구성은 시상에 입체성을 부여하는 역할을 할 뿐만 아니라 한 여인의 비극적 생애를 효과적으로 부각하는 데 기여한다.

주제 | 가족 공동체의 붕괴로 인한 한 여인의 비극적인 삶

구성 |

1연	여승과 화자의 재회
2연	화자와 여인의 첫 만남
3연	여인의 비극적인 삶(과거)
4연	세상을 등지고 여승이 되는 여인(과거)

현대 운문 〈들길에 서서〉 신석정

㉠푸른 산이 흰 구름을 지니고 살 듯
내 머리 위에는 항상 푸른 하늘이 있다.

하늘을 향하고 산삼(山森)처럼 두 팔을 드러낼 수 있는 것
이 얼마나 숭고한 일이냐.
두 다리는 비록 연약하지만 젊은 산맥으로 삼고

부절(不絕)히 움직인다는 둥근 지구를 밟았거니…….
푸른 산처럼 든든하게 지구를 디디고 사는 것은 얼마나 기쁜 일이냐.

뼈에 저리도록 생활은 슬퍼도 좋다.
저문 들길에 서서 푸른 별을 바라보자!

푸른 별을 바라보는 것은 하늘 아래 사는 거룩한 나의 일과이거니…….

체크 문제

1. 이 시에 대한 설명으로 적절하지 않은 것은?
   ① 평이하고 일상적인 어휘를 사용하고 있다.
   ② 화자의 정서가 직접적으로 표출되어 있다.
   ③ 대립적 심상을 통해 주제를 강조하고 있다.
   ④ 미래 지향적인 삶의 태도를 드러내고 있다.
   ⑤ 시간의 흐름에 따라 시상을 전개하고 있다.

2. ㉠에 대한 반응으로 적절하지 않은 것은?
   ① 화자와 동일시되는 자연물이야.
   ② 의인화된 대상으로 드러나 있군.
   ③ 희망적인 미래의 모습을 상징하고 있어.
   ④ 화자의 강인한 의지를 형상화하고 있어.
   ⑤ 자연이 지닌 절대적 가치를 함축하고 있군.

현대 운문 〈우라지오 가까운 항구에서〉 이용악

삽살개 짖는 소리
눈보라에 얼어붙은 섣달 그믐
밤이
얄궂은 손을 하도 곱게 흔들길래
술을 마시어 불타는 소원이 이 부두로 왔다.

걸어온 길가에 찔레 한 송이 없었대도
나의 아롱범은
자옥 자옥을 뉘우칠 줄 모른다.
어깨에 쌓여도 하얀 눈이 무겁지 않고나.

철없는 누이 고수머릴랑 어루만지며
우라지오의 이야길 캐고 싶던 밤이면
울 어머닌
서투른 마우재 말도 들려주셨지.
졸음졸음 귀 밝히는 누이 잠들 때꺼정
등불이 깜빡 저절로 눈감을 때꺼정
다시 내게로 헤여드는
어머니의 입김이 무지개처럼 어질다.

나는 그 모두를 살뜰히 담았으니
어린 기억의 새야 귀성스럽다.
기다리지 말고 마음의 은줄에 작은 날개를 털라.

드나드는 배 하나 없는 지금
부두에 호젓 선 나는 멧비둘기 아니건만

날고 싶어 날고 싶어.
머리에 어슴푸 그리어진 그곳
우라지오의 바다는 얼음이 두껍다.

등대와 나와
서로 속삭일 수 없는 생각에 잠기고
밤은 얄팍한 꿈을 끝없이 꾀인다.
가도 오도 못할 우라지오.

체크 문제

1. 이 시에 대한 설명으로 거리가 먼 것은?
   ① 향토색이 짙은 시어를 사용하고 있다.
   ② 과거와 현재의 삶이 대립적으로 나타나 있다.
   ③ 현실을 극복하려는 강한 의지를 나타내고 있다.
   ④ 다양한 비유로써 화자의 모습을 드러내고 있다.
   ⑤ 어린 시절을 회상하면서 그리운 마음을 드러내고 있다.

2. 이 시의 '멧비둘기'와 〈보기〉의 '기러기'의 공통점에 대한 설명으로 가장 적절한 것은?

   〈 보기 〉
   봄에 와 있는 만 리 밖의 나그네는
   난이 그치거든 어느 해에 돌아가려뇨.
   강성의 기러기는 (나의) 애를 끊으며
   정북(고향)으로 높이높이 날아가는구나.   – 두보, 〈귀안(歸雁)〉

   ① 과거의 평화로웠던 삶을 상징하고 있다.
   ② 어린 시절의 추억을 떠오르게 하고 있다.
   ③ 고향으로 돌아가고 싶은 심정을 형상화하고 있다.
   ④ 현실에서 벗어나 이상적인 세계를 동경하고 있다.

작품 분석 〈들길에 서서〉 신석정

화자가 자신과 동일시하는 존재

㉠푸른 산이 흰 구름을 지니고 살 듯 직유
ⓐ내 머리 위에는 항상 푸른 하늘이 있다.

하늘을 향하고 산삼(山森)처럼 두 팔을 드러낼 수 있는 것이
　　　　　　　　직유
얼마나 숭고한 일이냐. 설의

두 다리는 비록 연약하지만 젊은 산맥으로 삼고
부절(不絕)히 움직인다는 둥근 지구를 밟았거니……. 생략
끊임없이
직유
푸른 산처럼 든든하게 지구를 디디고 사는 것은 얼마나 기쁜
일이냐. 설의

뼈에 저리도록 생활은 슬퍼도 좋다.
⊖　　　　　　　　　⊕
저문 들길에 서서 푸른 별을 바라보자! 영탄
　　　　　　　　희망
푸른 별을 바라보는 것은 하늘 아래 사는 거룩한 나의 일과이
거니…….　　　　　　　　　　　　　꿈을 꾸는 것

해제 │ 해가 지는 저녁 무렵에 들길에 선 시적 화자가 자신의 지난 생활을 돌아보며 새롭게 삶의 의지를 품고 높은 이상을 추구하고자 하는 내용의 작품이다. 이 시는 화자가 처한 현실과, 화자가 지향하는 이상 세계를 대립시키는 방법으로 주제를 드러내고 있다. '저문 들길'로 상징되는 일제 말기의 어두운 시대적 분위기에서 쓰인 이 작품은 비록 현실이 괴롭고 힘들더라도, 높은 이상과 뜨거운 생의 의지를 불태우며 미래에 다가올 희망찬 새 시대를 갈망하던 시인의 모습이 잘 나타나 있는 작품이다.

주제 │ 힘든 여건 속에서도 희망을 잃지 않는 삶의 소중함

구성 │
1~2연	푸른 산을 통해 본 삶의 숭고함
3~4연	푸른 산을 통해 본 삶의 기쁨
5~6연	고통 속에서도 희망을 잃지 않는 삶의 자세

작품 분석 〈우라지오 가까운 항구에서〉 이용악

삽살개 짖는 소리
눈보라에 얼어붙은 섣달 그믐 의도적인 행간 걸림
밤이
얄궂은 손을 하도 곱게 흔들길래 의인화
술을 마시어 불타는 소원이 이 부두로 왔다.
　　　　　　　　　　= 나
걸어온 길가에 찔레 한 송이 없었대도
나의 아롱범은 보람, 기쁨, 행복
자욱 자욱을 뉘우칠 줄 모른다.
　　　　후회하지 않는다.
어깨에 쌓여도 하얀 눈이 무겁지 않고나.

철없는 누이 고수머릴랑 어루만지며
우라지오의 이야길 캐고 싶던 밤이면
울 어머니
서투른 마우재 말도 들려주셨지.　　과거 회상
졸음졸음 귀 밝히는 누이 잠들 때꺼정
등불이 깜빡 저절로 눈감을 때꺼정

다시 내게로 헤여드는
어머니의 입김이 무지개처럼 어질다.

나는 그 모두를 살뜰히 담았으니
어린 기억의 새야 귀성스럽다.
관념의 구체화(추억→새)　구수하다
기다리지 말고 마음의 은줄에 작은 날개를 털라.

드나드는 배 하나 없는 지금
부두에 호젓 선 나는 멧비둘기 아니건만
날고 싶어 날고 싶어.
머리에 어슴푸 그리어진 그곳 고향
우라지오의 바다는 얼음이 두껍다.
　　　　　현실　　　　　체념
등대와 나와
서로 속삭일 수 없는 생각에 잠기고
밤은 얄팍한 꿈을 끝없이 꾀인다.
가도 오도 못할 우라지오.

해제 │ 이국 땅을 떠도는 화자가 얼어붙은 항구에 서서 고향과 가족을 그리워하는 마음을 노래한 작품이다. 화자는 우라지오 가까운 항구의 부두에서 멧비둘기처럼 날아가 고향과 가족의 품으로 돌아가는 꿈을 꾸지만 항구의 바다는 두껍게 얼어붙어 있고 고향으로 돌아갈 수 있는 길은 없다. 이러한 화자의 인식은 '가도 오도' 못하는 안타까운 심정의 토로를 통해서 드러나 있다. 이러한 상황과 정서의 토로를 통해서 작가는 일제 강점하에서 가족이 해체된 채 방황하며 힘겹게 살아가는 민족의 슬픔과 한을 형상화하고 있다.

주제 │ 고향과 가족들에 대한 간절한 그리움과 안타까움

구성 │
1연	고향에 대한 그리움으로 부두를 찾은 '나'
2연	고달픈 현실에 의연히 대처하며 후회 없이 살아온 삶
3연	우라지오 이야기에 귀 기울이던 어린 시절의 밤
4연	어린 시절의 추억을 회상하는 즐거움
5, 6연	고향에 대한 그리움과 안타까움

현대 운문 〈설야(雪夜)〉 김광균

어느 ㉠ 먼 — 곳의 그리운 소식이기에
이 한밤 소리 없이 흩날리느뇨.

처마 끝에 호롱불 여위어 가며
㉡ 서글픈 옛 자춰 양 흰 눈이 나려

하이얀 입김 절로 가슴이 메어
마음 ㉢ 허공에 등불을 켜고
내 홀로 밤 깊어 뜰에 나리면

먼 — 곳에 여인의 옷 벗는 소리.

희미한 눈발
이는 어느 ㉣ 잃어진 추억의 조각이기에
싸늘한 추회(追悔) 이리 가쁘게 설레이느뇨.

한줄기 빛도 향기도 없이
호올로 ㉤ 차단한 의상(衣裳)을 하고
흰 눈은 나려 나려서 쌓여
내 슬픔 그 우에 고이 서리다.

체크 문제

1. 이 시에 대한 설명으로 옳지 않은 것은?
   ① 시의 회화성(繪畫性)을 중시하고 있다.
   ② 그리움과 슬픔이 주된 정서를 이루고 있다.
   ③ 눈 내리는 밤의 추억과 애상감을 나타내고 있다.
   ④ 공감각적 심상을 통해 눈의 모습을 형상화하고 있다.
   ⑤ 시행의 규칙적인 배열로 율격의 정형성을 드러내고 있다.

2. ㉠~㉤ 중 의미하는 바가 나머지 넷과 다른 것은?
   ① ㉠   ② ㉡   ③ ㉢   ④ ㉣   ⑤ ㉤

☑ 이 시에 대한 독자의 반응으로 적절한 것은?   2021. 국회직 8급
   ① 이 시는 눈 내리는 아침의 정경 속에 피어오르는 추억을 그리고 있어.
   ② 눈발이 세차게 날리는 것은 화자의 슬픔이 벅차게 되살아오기 때문이지.
   ③ 이 시에서 눈이 '그리운 소식', '서글픈 옛 자취', '잃어진 추억의 조각', '차단한 의상'으로 비유되어 있음에 유의해야 해.
   ④ 이 시에서 '나'를 슬프게 하는 추억, 과거의 경험은 아마도 친구와 관계가 있겠지.
   ⑤ 마지막 두 줄, '흰 눈은 나려 나려서 쌓여 / 내 슬픔 그 우에 고이 서리다'에서 '눈'은 해소된 슬픔을 의미하지.

현대 운문 〈생명의 서〉 유치환

나의 지식이 독한 회의(懷疑)를 구하지 못하고
내 또한 삶의 애증을 다 집지지 못하여
병든 나무처럼 생명이 부대낄 때
저 머나먼 아라비아 사막으로 나는 가자.

거기는 한 번 뜬 백일이 불사신같이 작열하고
일체가 모래 속에 사멸한 영겁(永劫)의 허적(虛寂)에
오직 알라의 신만이
밤마다 고민하고 방황하는 열사(熱沙)의 끝.

그 열렬한 고독 가운데
옷자락을 나부끼고 호올로 서면
운명처럼 반드시 '나'와 대면케 될지니
하여 '나'란 나의 생명이란
그 원시의 본연한 자태를 다시 배우지 못하거든
차라리 나는 어느 사구(砂丘)에 회한 없는 백골을 쪼이리라.

체크 문제

1. 〈보기〉는 이 시의 시작(詩作) 방법을 설명한 것이다. 다음 중 〈보기〉와 유사한 논리로 말하고 있는 것은?

   〈 보기 〉
   이 작품의 작가는 생명의 본질을 탐구하기 위해서 생명이 존재하지 않는 공간을 설정하여 그곳으로 떠나고 있다. 따라서, 작가가 생명을 탐구하는 자세는 역설적이라고 할 수 있다.

   ① 당신이 보고 싶을 때면 언제라도 당신을 찾아갈 것이다.
   ② 꽃이 피지 않는다면 그것은 봄이라고 말할 수 없을 것이다.
   ③ 아침을 거르면 건강을 해칠 수 있다는 사실을 알아야 한다.
   ④ 나는 너무 더워 참을 수 없을 때 뜨거운 적도로 떠나고 싶다.
   ⑤ 텔레비전에 출연해서 얼굴을 세상에 알리는 것이 가장 큰 바람이다.

2. 이 시와 〈보기〉에 공통적으로 적용될 수 있는 설명은?

   〈 보기 〉
   번개와 같이 떨어지는 물방울은
   취할 순간조차 마음에 주지 않고
   나타(懶惰)와 안정을 뒤집어 놓은 듯이
   높이도 폭(幅)도 없이
   떨어진다.
   　　　　　　　　　　　　　　 - 김수영, 〈폭포〉

   ① 개인의 체험이 역사적 체험으로 확대되었다.
   ② 자연물의 심상을 통해 시인의 내면을 표현했다.
   ③ 일상생활에서 사용되는 어휘를 구사하지 않았다.
   ④ 새로운 리듬을 창조하기 위하여 민요조 리듬을 변용했다.
   ⑤ 시행을 규칙적으로 배열하여 정형적인 율격을 드러내고 있다.

작품 분석 〈설야(雪夜)〉 김광균

어느 ㉠먼 — 곳의 그리운 소식이기에
이 한밤 소리 없이 흩날리느뇨. _눈(상징)_

처마 끝에 호롱불 여위어 가며
㉡서글픈 옛 자췬양 흰 눈이 나려
_직유_

하이얀 입김 절로 가슴이 메어
마음 ㉢허공에 등불을 켜고 _내면_
내 홀로 밤 깊어 뜰에 나리면

먼 — 곳에 여인의 옷 벗는 소리. _공감각(시각의 청각화)_

희미한 눈발 _은유_
이는 어느 ㉣잃어진 추억의 조각이기에
싸늘한 추회(追悔) 이리 가쁘게 설레이느뇨.

한줄기 빛도 향기도 없이
호올로 ㉤차단한 의상(衣裳)을 하고
① 차갑다 + 단정하다 ② 단절된   _의인화_
흰 눈은 나려 나려서 쌓여
내 슬픔 그 우에 고이 서리다.
관념의 구체화

해제 | 이 시는 눈 내리는 밤의 정경과 그리움을 표현하고 있다. 특히 이 시는 눈 내리는 밤의 정경이나 눈의 모습을 다양한 이미지(심상)를 통해 보여 주고 있는데, 이런 이미지를 통해 회화적이고 애상적인 분위기를 자아낸다. 한밤중 뜰에서 눈이 내리는 모습을 보는 행위를 '마음 허공에 등불을 켜고' 있다고 표현하고, 눈이 내리는 모습을 보면서 마치 '먼 곳에 있는 여인이 옷을 벗는' 것처럼 사각사각하는 소리를 내는 것으로 형상화하고 있다. 이 시의 화자는 밤에 내리는 눈을 바라보며 과거의 추억을 떠올린다. 그러나 그 추억은 구체적으로 제시되어 있지 않다. 다만 화자는 뜰에 내리는 눈을 바라보며 그리움과 서글픔의 추억을 떠올리고 있을 뿐이다. 그래서 눈을 '그리운 소식, 서글픈 옛 자취, 여인의 옷 벗는 소리, 싸늘한 추회' 등의 심상으로 표현하고 있는 것이다. 즉, 화자는 눈을 바라보면서 과거의 추억에 젖게 되고, 그 추억으로 인해 슬픔을 느끼게 되는 것이다.

주제 | 눈 오는 밤의 정경과 그리움, 눈 내리는 밤의 애상

심상 | 시각적, 공감각적

특징 | 현재법을 사용하여 시적 긴장감을 얻고 있음.

구성 | 강설(降雪)에 의한 유추

1연	한밤에 흩날리는 눈 – 먼 곳의 그리운 소식
2연	눈 – 서글픈 옛 자취
3연	눈을 맞이하는 설레는 심정
4연	눈 내리는 소리
5연	눈으로 말미암은 추회(追悔)
6연	눈에 서리는 슬픔

작품 분석 〈생명의 서〉 유치환

㉠나의 지식이 독한 회의(懷疑)를 구하지 못하고
내 또한 삶의 애증을 다 짐지지 못하여
병든 나무처럼 생명이 부대낄 때 _현실적 자아_
_직유_
저 머나먼 아라비아 사막으로 나는 가자.
☆
거기는 한 번 뜬 백일이 불사신같이 작열하고
일체가 모래 속에 사멸한 영겁(永劫)의 허적(虛寂)에
오직 알라의 신만이 _철저한 고독_
밤마다 고민하고 방황하는 열사(熱沙)의 끝.

그 열렬한 고독 가운데
옷자락을 나부끼고 호올로 서면 _본질적 자아_
운명처럼 반드시 '나'와 대면케 될지니
하여 '나'란 나의 생명이란
그 원시의 본연한 자태를 다시 배우지 못하거든
차라리 ㉡나는 어느 사구(砂丘)에 회한 없는 백골을 쪼이리라.
죽음을 각오하고서라도 본질적 자아를 찾겠다는 의지

해제 | 삶의 근본적인 '회의'와 '애증'으로 인하여 참다운 생명력을 상실한 화자는 고통의 극한, 극도의 고독을 통해 참다운 자기 자신을 발견하기 위해 '생명'의 상징인 '백일이 불사신같이 작열'하는 '아라비아의 사막'으로 옮겨가 생명력의 회복을 추구한다. '열사의 끝', '아라비아 사막'이라는 '사멸'과 '허적'의 터전 위에서 오히려 자신의 생을 부여잡고 그것과 진지하게 대결해 보겠다는 의지를 드러내는 것이다. 결국 '영겁의 허적'과 '열렬한 고독'을 통하여 현실을 초극함으로써 '원시의 본연한 자태', 즉 진실된 자아, 생명의 참모습을 발견하게 될 것이고, 허위와 위선에 물들지 않은 진정한 생명을 되찾지 못할 바에는 그곳에서 미련 없이 목숨을 버리겠다고 부르짖는 내용이다.

주제 | 생명의 본질 추구

구성 |

1연	생명의 본질을 찾아 사막에 감.
2연	사멸과 고독의 공간인 사막
3연	자아와의 대결을 통해 생명의 본질을 찾기를 소원함.

현대 운문 〈바다와 나비〉 김기림

아무도 그에게 수심(水深)을 일러 준 일이 없기에
흰나비는 도무지 바다가 무섭지 않다.

청(靑)무우밭인가 해서 내려갔다가는
어린 날개가 물결에 절어서
공주(公主)처럼 지쳐서 돌아온다.

삼월(三月)달 바다가 꽃이 피지 않아서 서글픈
나비 허리에 새파란 초생달이 시리다.

체크 문제

이 시에 대한 감상으로 적절하지 않은 것은? 2017. 국가직 9급

① '삼월(三月)달 바다'와 '새파란 초생달'은 모두 차가운 이미지로 사용되었다.
② 화자는 '공주처럼' 나약한 나비의 의지 부족과 방관적 태도를 비판한다.
③ '흰나비'는 '바다'의 실체에 대해 정확하게 모르고 있었다.
④ '청(靑)무우밭'은 '바다'와 대립되는 이미지로 쓰였다.

현대 운문 〈승무(僧舞)〉 조지훈

얇은 사(紗) 하이얀 고깔은
고이 접어서 나빌레라.

파르라니 깎은 머리
박사(薄紗) 고깔에 감추오고,

두 볼에 흐르는 빛이
정작으로 고와서 서러워라.

빈 대(臺)에 황촉(黃燭)불이 말없이 녹는 밤에
오동잎 잎새마다 달이 지는데,

㉠ 소매는 길어서 하늘은 넓고,
돌아설 듯 날아가며 사뿐히 접어 올린 외씨버선이여.

㉡ 까만 눈동자 살포시 들어
먼 하늘 한 개 별빛에 모두 오고,

복사꽃 고운 뺨에 아롱질 듯 두 방울이야
세사(世事)에 시달려도 번뇌(煩惱)는 별빛이라.

휘어져 감기우고 다시 접어 뻗는 손이
깊은 마음속 거룩한 합장(合掌)인 양하고,

이 밤사 귀또리도 지새는 삼경(三更)인데,
얇은 사(紗) 하이얀 고깔은 고이 접어서 나빌레라.

체크 문제

1. 이 시에 대한 설명으로 적절하지 않은 것은?

① 예스러우면서도 부드러운 시어를 사용하고 있다.
② 종교적 구도의 자세를 춤을 통해 형상화하고 있다.
③ 여승의 승무를 감상하는 관찰자가 시적 화자이다.
④ 춤을 추는 동작의 순서에 따라 시상이 전개되고 있다.
⑤ 감각적 이미지를 통해 대상의 외면 묘사를 위주로 하고 있다.

2. ㉠과 ㉡에 대해 토의한 내용으로 적절하지 않은 것은?

① ㉠은 승무의 역동적인 동작을, ㉡은 정지 동작을 묘사한 거야.
② 그래서 ㉠은 리듬이 빠르고, ㉡은 느리게 나타난 거지.
③ ㉠이 고뇌를 떨쳐 버리려는 동작이라면, ㉡은 고뇌가 가라앉은 뒤의 차분한 심리를 나타내고 있다고 볼 수 있겠어.
④ 그럼 ㉠은 춤의 흥겨움을 통해 현실의 괴로움을 잊는 행위로 이해할 수 있겠군.
⑤ 그리고 이 시의 시상 전개로 볼 때, ㉡의 '먼 하늘 한 개 별빛'은 불교 수행의 목표인 해탈을 상징한다고 볼 수 있어.

작품 분석 〈바다와 나비〉 김기림

아무도 그에게 수심(水深)을 일러 준 일이 없기에
　　　　가혹한 현실
흰나비는 도무지 바다가 무섭지 않다.
의인화 / 순수, 무지

청(靑)무우밭인가 해서 내려갔다가는
흰나비가 동경하는 세계
어린 날개가 물결에 절어서
공주(公主)처럼 지쳐서 돌아온다.
　　　연약함

삼월(三月)달 바다가 꽃이 피지 않아서 서글픈
나비 허리에 새파란 초생달이 시리다.
　　　　　　공감각(시각의 촉각화)

해제 | 이 작품은 거대한 문명의 세계인 '바다'와 이상적인 세계를 추구하다가 좌절하는 순진한 존재인 '나비'의 이미지 대비를 통해 냉혹한 현실에 대한 인식과 낭만적 꿈의 좌절을 형상화하고 있는 모더니즘 시이다. 1연에서는 '그'로 의인화된 '나비'를 '아무도 그에게 수심을 일러 준 일이 없기에 / 흰나비는 도무지 바다가 무섭지 않다.'라고 표현함으로써 세상 물정을 모르는 나비의 순수함과 순진함을 드러내고 있다. 2연에서는 나비의 순진하고 연약한 특성을 부각시키기 위해 '나비'를 '공주'에 빗대고 있다. 3연에서는 '바다'가 '꽃'이 피는 '청(靑)무우밭'이 아니어서 서글퍼진 '흰나비' 허리에 '새파란 초생달'이 겹쳐지면서, 바다의 무서운 깊이를 경험하고 냉혹한 현실 앞에서 좌절하고 돌아온 지친 '나비'의 슬픈 비행이 차갑고 시린 아픔을 느끼게 한다.

주제 | 낭만적 꿈의 좌절과 냉혹한 현실 인식, 새로운 세계에 대한 동경과 좌절

특징 | ① 흰색과 푸른색의 색채 대비를 통해 나비의 연약함과 바다의 냉혹함을 동시에 강조함.
② 각 연을 '-다'의 종결 어미로 끝맺음으로써 객관적이고 절제된 태도를 표현함.
③ 객관적 시선을 통해 시적 긴장감을 형성함.

구성 |

1연	바다의 무서움을 모르는 순진한 나비
2연	바다로 날아가다 지쳐서 돌아온 나비
3연	냉혹한 현실과 좌절된 나비의 꿈

작품 분석 〈승무(僧舞)〉 조지훈

얇은 사(紗) 하이얀 고깔은
　　　　　　　　　음운
고이 접어서 나빌레라.
　　　　　나비

파르라니 깎은 머리
박사(薄紗) 고깔에 감추오고,

두 볼에 흐르는 빛이
정작으로 고와서 서러워라.
　　　역설(아름다운 여승의 모습에서 삶의 서러움을 느낌)

빈 대(臺)에 황촉(黃燭)불이 말없이 녹는 밤에
오동잎 잎새마다 달이 지는데,

㉠ 소매는 길어서 하늘은 넓고,
돌아설 듯 날아가며 사뿐히 접어 올린 외씨버선이여. 동적

㉡ 까만 눈동자 살포시 들어
먼 하늘 한 개 별빛에 모두 오고, 정적

복사꽃 고운 뺨에 아롱질 듯 두 방울이야
　　　　　　　　　　　　　　눈물
세사(世事)에 시달려도 번뇌(煩惱)는 별빛이라.
　　　　　　　　　　승화

휘어져 감기우고 다시 접어 뻗는 손이 동적
깊은 마음속 거룩한 합장(合掌)인 양하고, 정적

이 밤사 귀또리도 지새는 삼경(三更)인데,　⎤ 1연과
얇은 사(紗) 하이얀 고깔은 고이 접어서 나빌레라. ⎦ 수미상관, 수미상응

해제 | 음보의 율격이나 소재 면에서 전통성을 드러내고 있다. 전체 9연의 이 시는 춤을 추는 동작의 순서에 따라 시상을 전개하고 있다. 이 시에 나타나는 '하이얀, 감추오고, 모두 오고, 감기우고' 등의 시적 허용과 '이 밤사, 삼경'과 같은 예스러운 표현, 그리고 수미상관의 구조 등은 이 작품의 고전적인 분위기와 세속적 번뇌의 승화라는 주제 의식에 기여하고 있다.

주제 | 세속적 번뇌와 종교적 승화

특징 | ① 춤을 추는 순서에 따른 추보식 구성임.
② 수미상관의 구성 방식을 취함.
③ 우아하고 예스러운 어휘를 사용함.
④ 동적인 이미지와 정적인 이미지가 조화를 이룸.

구성 |

1~3연	승무를 추는 여승의 얼굴
4연	승무의 무대와 배경
5~7연	승무를 추면서 승화되는 번뇌
8~9연	다시 이어지는 승무

현대 운문 〈봉황수(鳳凰愁)〉 조지훈

벌레 먹은 두리 기둥, 빛 낡은 단청(丹靑), 풍경 소리 날아간 추녀 끝에는 산새도 비둘기도 둥주리를 마구 쳤다. 큰 나라 섬기다 거미줄 친 옥좌(玉座) 위엔 여의주(如意珠) 희롱하는 쌍룡(雙龍) 대신에 두 마리 봉황(鳳凰)새를 틀어 올렸다. 어느 땐들 봉황이 울었으랴만 푸르른 하늘 밑 추석(甃石)을 밟고 가는 나의 그림자. 패옥(佩玉) 소리도 없었다. 품석(品石) 옆에서 정일품(正一品), 종구품(從九品) 어느 줄에도 나의 몸 둘 곳은 바이 없었다. 눈물이 속된 줄 모를 양이면 봉황새야 구천(九天)에 호곡(呼哭)하리라.

체크 문제

☑ (가)와 (나)에 대한 설명으로 적절하지 않은 것은? 2021. 지방직 9급

> (가) 오백 년 도읍지를 필마로 돌아드니
> 산천은 의구하되 인걸은 간 데 없네.
> 어즈버 태평연월이 꿈이런가 하노라.
> (나) 벌레 먹은 두리 기둥 빛 낡은 단청(丹靑), 풍경 소리 날려간 추녀 끝에는 산새도 비둘기도 둥주리를 마구 쳤다. 큰 나라 섬기다 거미줄 친 옥좌(玉座) 위엔 여의주(如意珠) 희롱하는 쌍룡(雙龍) 대신에 두 마리 봉황(鳳凰)새를 틀어 올렸다. 어느 땐들 봉황이 울었으랴만 푸르른 하늘 밑 추석을 밟고 가는 나의 그림자. 패옥(佩玉) 소리도 없었다. 품석(品石) 옆에서 정일품(正一品), 종구품(從九品) 어느 줄에도 나의 몸 둘 곳은 바이 없었다. 눈물이 속된 줄 모를 양이면 봉황새야 구천(九天)에 호곡(呼哭)하리라.

① (가)는 '산천'과 '인걸'을 대비함으로써 인생의 무상함을 드러내고 있다.
② (나)는 '쌍룡'과 '봉황'을 대비함으로써 사대주의적 역사에 대한 비판적 시각을 드러내고 있다.
③ (가)와 (나) 모두 선경후정의 기법을 사용하고 있다.
④ (가)와 (나) 모두 정해진 율격과 음보에 맞춰 시상을 전개하고 있다.

현대 운문 〈절정(絶頂)〉 이육사

ⓐ <u>매운 계절(季節)의 채찍</u>에 갈겨
마침내 ⓑ <u>북방(北方)</u>으로 휩쓸려 오다.

하늘도 그만 지쳐 끝난 고원(高原)
ⓒ <u>서릿발 칼날진 그 위에 서다.</u>

어데다 무릎을 꿇어야 하나
한 발 재겨 디딜 곳조차 없다.

ⓓ <u>이러매 눈 감아 생각해 볼밖에</u>
ⓔ <u>겨울은 강철로 된 무지갠가 보다.</u>

체크 문제

☑ 다음 시구 중 함축하고 있는 의미가 가장 다른 것은? 2023. 군무원 7급

> (가) 매운 계절의 챗죽*에 갈겨
> 마츰내 北方으로 휩쓸려 오다.
>
> 하늘도 그만 (나) 지쳐 끝난 고원(高原)
> (다) 서리빨 칼날진 그 우에 서다.
>
> 어데다 무릎을 꾸려야 하나
> (라) 한 발 재겨* 디딜 곳조차 없다.
>
> 이러매 눈 깜아 생각해 볼밖에
> 겨울은 강철로 된 무지갠가 보다.
> – 이육사, 〈절정(絶頂)〉
> * 챗죽 : 채찍 * 재겨 : 비집고 들어

① (가) ② (나) ③ (다) ④ (라)

1. 이 시에 대한 설명으로 적절한 것은?
   ① 과거 자신의 삶을 되돌아보면서 반성하고 있다.
   ② 객관적인 시각에서 대상의 특성을 묘사하고 있다.
   ③ 부드러우면서도 설득력이 있는 목소리로 말하고 있다.
   ④ 과거 시제를 사용하여 일어난 일을 짧게 요약하고 있다.
   ⑤ 시적 화자가 처한 현실에 대한 대응 방식이 드러나 있다.

2. ⓐ~ⓔ에 대한 설명으로 적절하지 않은 것은?
   ① ⓐ : 일제 강점하의 가혹한 현실을 가리킨다.
   ② ⓑ : 작품 속 수평적 극한으로서의 공간이다.
   ③ ⓒ : 화자가 처한 생존의 극한 상황을 상징한다.
   ④ ⓓ : 화자의 인식이 전환되는 부분이다.
   ⑤ ⓔ : 현실에 대한 체념을 드러내는 역설적 표현이다.

작품 분석 〈봉황수(鳳凰愁)〉 조지훈

벌레 먹은 두리 기둥, 빛 낡은 단청(丹靑), 풍경 소리 날아간 추녀 끝에는 산새도 비둘기도 둥주리를 마구 쳤다. (큰 나라 섬기다 거미줄 친 옥좌(玉座) 위엔 여의주(如意珠) 희롱하는 쌍룡(雙龍) 대신에 두 마리 봉황(鳳凰)새를 틀어 올렸다. (어느 땐들 봉황이 울었으랴만) 푸르른 하늘 밑 추석(甃石)을 밟고 가는 나의 그림자. 패옥(佩玉) 소리도 없었다. 품석(品石) 옆에서 정일품(正一品), 종구품(從九品) 어느 줄에도 나의 몸 둘 곳은 바이 없었다. 눈물이 속된 줄 모를 양이면 봉황새야 구천(九天)에 호곡(呼哭)하리라.

- 폐가
- 중국, 사대주의 비판
- 황제의 상징
- 식민지인으로서의 자괴감
- 동일시의 대상

해제 | '봉황수'는 봉황의 슬픔이라는 의미이다. 이 시는 크게 전반부와 후반부로 나누어 살필 수 있는데, 전반부에서는 낡은 궁궐을 간략하게 사실적으로 묘사하고, 망해 버린 옛 왕조에 대한 심회를 드러낸다. 그것은 곧 '큰 나라 섬기다'로 표현되는, 사대주의 때문에 나라가 망했다는 시인의 시선으로 대변된다. 후반부에서는 망국의 백성으로 부끄러워하고 서글퍼하는 심정이 '몸 둘 곳은 바이 없었다'는 표현으로 드러나 있다. 특히 마지막 구절에서, 눈물이 속된 것임을 몰랐다면 큰 소리로 울었을 것이라면서 눈물을 감추고 있지만 정작은 크게 통곡하고 있음을 감지할 수 있다.

주제 | 망국의 비애

구성 |

벌레 먹은 ~ 마구 쳤다.	퇴락한 고궁의 모습
큰 나라 ~ 틀어 올렸다.	사대주의의 슬픈 역사와 그 말로
어느 땐들 ~ 바이 없었다.	역사의 무상함과 비애 인식
눈물이 속된 ~ 구천에 호곡하리라.	망국의 한과 그 극복 의지

작품 분석 〈절정(絕頂)〉 이육사

ⓐ 매운 계절(季節)의 채찍에 갈겨
〈마침내〉 ⓑ 북방(北方)으로 휩쓸려 오다. 수평 극한

하늘도 그만 지쳐 끝난 고원(高原) 수직 극한
ⓒ 서릿발 칼날진 그 위에 서다.
한계

어데다 무릎을 꿇어야 하나
한 발 재겨 디딜 곳조차 없다.

ⓓ 이러매 눈 감아 생각해 볼밖에 기도
ⓔ 겨울은 강철로 된 무지갠가 보다.
⊖ 역설 ⊕
(① 비정한 희망 ② 단단한 희망)

해제 | 이 시는 '기-승-전-결'의 시상 전개를 통해 더 이상 물러설 곳이 없는 '절정'의 한계 상황에 직면한 화자의 절망감과 현실 초극의 의지를 드러내는 작품이다. 1연에서 화자는 자신의 의지가 아니라 어쩔 수 없이 북방이라는 수평적 한계 상황으로 내몰렸다고 말한다. 이어 2연에서 화자는 그 상황의 심각성을 수직적인 한계 상황으로 표현하고 있다. 3연에서는 이렇게 수평, 수직의 극한적 상황이 절대자에게 구원을 기구하지도 못할 만큼 철저한 극한 상황임을 부연한다. 이렇게 극한 상황을 제시한 화자는 4연에서 극한에 내몰려 절망하고 체념하는 것이 아니라, 역설적 인식을 통해 희망이 있음을 재인식함으로써 극복의 의지를 드러내고 있다.

주제 | 극한 상황에서의 초월적 인식, 절망적 현실의 초월 의지

특징 | ① 기승전결의 한시적 구성 방식을 취함.
② 주제를 역설적 표현을 통해 효과적으로 형상화함.
③ 강렬한 상징어와 남성적 어조로 강인한 의지를 표출함.
④ 현재형 시제를 사용하여 긴박감을 더하고 대결 의식을 드러냄.

구성 |

1연	현실적 시련과 고통(현실적, 일상적 공간) - 수평적 극한 상황
2연	현실적 고통의 심화(현실적, 일상적 공간) - 수직적 극한 상황
3연	현실적 고통의 절정(현실적, 일상적 공간) - 극한 상황에서의 화자의 심리
4연	현실적 고통의 정신적 극복(초월적, 시적 공간) - 극한 상황에서의 초극 의지

현대 운문 〈교목(喬木)〉 이육사

푸른 하늘에 닿을 듯이
세월에 불타고 우뚝 남아 서서
차라리 봄도 꽃피진 말아라.

낡은 거미집 휘두르고
끝없는 꿈길에 혼자 설레이는
마음은 아예 뉘우침 아니라.

검은 그림자 쓸쓸하면
마침내 호수 속 깊이 거꾸러져
차마 바람도 흔들진 못해라.

체크 문제

1. 이 시에 나타난 시적 화자의 태도로 가장 적절한 것은?
   ① 해결할 수 없는 현실의 문제로 고뇌하고 있다.
   ② 절대적인 존재가 자신을 구원해 주길 바라고 있다.
   ③ 현실적 상황에서 벗어나 새로운 삶을 살고자 한다.
   ④ 자신의 한계를 인식하고 현실에 순응하려 하고 있다.
   ⑤ 외부적 조건에 굴하지 않고 자신의 의지를 지키고자 한다.

2. 이 시에 나타난 표현상의 특징에 관한 설명으로 적절하지 않은 것은?
   ① 상징적 시어들을 통해 시적 상황을 선명히 하고 있다.
   ② 화자의 내면세계를 구체적 자연물을 통해 형상화하고 있다.
   ③ 명령형 어미를 통해 의지적인 삶의 자세를 촉구하고 있다.
   ④ 작품 속 부사는 화자의 단호한 자세를 드러내는 데 기여하고 있다.
   ⑤ 간결하고 역동적인 시어 사용을 통해 시적 긴장감을 조성하고 있다.

현대 운문 〈그날이 오면〉 심훈

그날이 오면 그날이 오면은
삼각산이 일어나 더덩실 춤이라도 추고
한강 물이 뒤집혀 용솟음칠 그날이
이 목숨이 끊기기 전에 와 주기만 하량이면
나는 밤하늘에 날으는 까마귀와 같이
종로의 인경(人磬)을 머리로 들이받아 울리오리다.
두개골은 깨어져 산산조각이 나도
기뻐서 죽사오매 오히려 무슨 한이 남으오리까.

그날이 와서 오오 그날이 와서
육조(六曹) 앞 넓은 길을 울며 뛰며 뒹굴어도
그래도 넘치는 기쁨에 가슴이 미어질 듯하거든
드는 칼로 이 몸의 가죽이라도 벗겨서
커다란 북을 만들어 들쳐 메고는

여러분의 행렬(行列)에 앞장을 서오리다.
우렁찬 그 소리를 한 번이라도 듣기만 하면,
그 자리에 거꾸러져도 눈을 감겠소이다.

체크 문제

1. 이 시에 대한 설명으로 적절하지 않은 것은?
   ① 1연과 2연이 구조상 대응을 이루고 있다.
   ② 반복과 과장을 통해 주제 의식을 강조하고 있다.
   ③ 불가능한 상황 설정은 소망 실현의 어려움을 나타낸다.
   ④ 극한적인 시어 사용을 통해 격한 정서를 표출하고 있다.
   ⑤ 경어체 종결 어법을 사용하여 조국 광복의 신성함을 드러내고 있다.

2. 이 시의 주된 정서를 가장 잘 요약한 것은?
   ① 동정(同情)과 연민(憐憫)　② 격정(激情)과 환희(歡喜)
   ③ 소망(所望)과 좌절(挫折)　④ 불안(不安)과 공포(恐怖)
   ⑤ 고독(孤獨)과 우수(憂愁)

작품 분석 〈교목(喬木)〉 이육사

푸른 하늘에 닿을 듯이
<u>화자가 지향하는 세계</u>
세월에 불타고 우뚝 남아 서서
차라리 봄도 꽃피진 말아라.
　　　　　　저항 의지

낡은 거미집 휘두르고
끝없는 꿈길에 혼자 설레이는
마음은 아예 뉘우침 아니라.

검은 그림자 쓸쓸하면
마침내 호수 속 깊이 거꾸러져
차마 바람도 흔들진 못해라.
　　　　강직함

해제 | 줄기가 곧고 굵으며 높이 자라는 나무인 교목을 통해 화자가 지향하는 삶의 자세를 말하고 있는 작품이다. 일제 강점의 부정적 현실에서 어떠한 외부적 시련에도 굴복하지 않고 현실적 유혹에도 타협하지 않으려 했던 시인의 굳은 마음과 의연한 자세가 교목을 통해 형상화되고 있다.

주제 | 부정적 현실에 굴하지 않는 굳은 의지

구성 |
1연	우뚝 선 교목의 모습
2연	자신의 삶에 대한 당당함
3연	타협하지 않는 강인한 의지

작품 분석 〈그날이 오면〉 심훈

그날이 오면 / 그날이 오면은 가정, 반복(화자의 염원 표현)
조국광복의 날
삼각산이 일어나 더덩실 춤이라도 추고 의인
북한산, 대유(우리나라)
한강 물이 뒤집혀 용솟음칠 그날이 활유
　　　　　　　　　　　대유(우리나라)
이 목숨이 끊기기 전에 와 주기만 하량이면
나는 밤하늘에 날으는 까마귀와 같이
종로의 인경(人磬)을 머리로 들이받아 울리오리다. 희생정신
　　　　종
두개골은 깨어져 산산조각이 나도
　　　　과장(결연한 의지 표현)
기뻐서 죽사오매 오히려 무슨 한이 남으오리까. 설의

그날이 와서 〈오오〉 그날이 와서
　　　　　　영탄
육조(六曹) 앞 넓은 길을 울며 뛰며 뒹굴어도
그래도 넘치는 기쁨에 가슴이 미어질 듯하거든
드는 칼로 이 몸의 가죽이라도 벗겨서
커다란 북을 만들어 들쳐 메고는

여러분의 행렬(行列)에 앞장을 서오리다. 희생정신, 과장
우렁찬 그 소리를 한 번이라도 듣기만 하면,
조국 광복의 소식
그 자리에 거꾸러져도 눈을 감겠소이다.

해제 | 일제로부터의 민족 해방에 대한 강렬한 소망을 격정적·직설적으로 노래한 저항시이다. 조국 광복의 상황을 가정하여 광복의 날이 왔을 때의 환희와 감격을 형상화한 작품으로, 제목의 '그날'은 조국이 광복을 맞는 날을 의미한다. 조국 광복을 맞이할 때를 가정하고, 그날이 왔을 때의 기쁨을 과장된 시어를 사용하여 효과적으로 드러내고 있으며 죽음을 불사하는 자기 희생의 실천적 의지와 광복에 대한 염원을 직설적으로 드러내고 있다.

주제 | 조국 광복의 날에 대한 간절한 염원

구성 |
1연	그날에 대한 염원과 희생 의지
2연	그날에 대한 감격과 희생 의지

현대 운문 〈쉽게 씌어진 시〉 윤동주

창밖에 밤비가 속살거려 / ㉠ 육첩방(六疊房)은 남의 나라,

시인이란 슬픈 천명인 줄 알면서도
㉡ 한 줄 시를 적어 볼까,

땀내와 사랑내 포근히 품긴 / 보내 주신 학비 봉투를 받아

대학 노트를 끼고 / 늙은 교수의 강의 들으러 간다.

생각해 보면 어린 때 동무를
하나, 둘, 죄다 잃어버리고

ⓐ 나는 무얼 바라
ⓑ 나는 다만, 홀로 침전하는 것일까?

인생은 살기 어렵다는데
시가 이렇게 쉽게 씌어지는 것은 / ㉢ 부끄러운 일이다.

육첩방은 남의 나라 / 창밖에 밤비가 속살거리는데,

등불을 밝혀 어둠을 조금 내몰고,
시대처럼 올 아침을 기다리는 최후의 ⓒ 나,

ⓓ 나는 ⓔ 나에게 작은 손을 내밀어
눈물과 위안으로 잡는 ㉣ 최초의 악수.

체크 문제

☑ **이 시를 읽고 이해한 내용으로 가장 옳지 않은 것은?** 2020. 법원직 9급
① 시선의 이동에 따라 시상을 전개해 시적 안정감을 부여한다.
② 시간적, 공간적 배경을 통해 화자의 현재 상황을 드러낸다.
③ 상징적 의미를 지닌 시어의 대립을 통해 시적 의미를 구체화한다.
④ 반성적이고 미래 지향적인 어조를 통해 주제 의식을 효과적으로 제시한다.

☑ **㉠~㉣에 대한 설명으로 가장 적절하지 않은 것은?** 2023. 군무원 9급
① ㉠은 조선인으로서의 정체성에 대한 인식을 드러낸다.
② ㉡은 식민지 지식인으로서의 소명 의식을 드러낸다.
③ ㉢은 친일파 지식인에 대한 비판 정신을 보여 준다.
④ ㉣은 어두운 현실을 극복하려는 화자의 의지이다.

☑ **ⓐ~ⓔ에 대한 설명으로 가장 적절한 것은?** 2023. 군무원 9급
① ⓐ, ⓑ, ⓔ는 현실적 자아이고, ⓒ, ⓓ는 성찰적 자아이다.
② ⓐ, ⓑ는 현실적 자아이고, ⓒ, ⓓ, ⓔ는 성찰적 자아이다.
③ ⓐ, ⓑ, ⓔ는 이상적 자아이고, ⓒ, ⓓ는 현실적 자아이다.
④ ⓐ, ⓑ는 이상적 자아이고, ⓒ, ⓓ, ⓔ는 현실적 자아이다.

1. **이 시에 대한 설명으로 옳지 않은 것은?**
① 개인적 체험을 역사적 공간으로 확대시키고 있다.
② 자아의 분열로 인한 갈등 때문에 괴로워하고 있다.
③ 부끄러움의 인식을 통해 진실한 삶의 자세를 추구하고 있다.
④ 감정을 절제하면서 시의 흐름을 차분하게 이끌어 가고 있다.
⑤ 현실과 역사 인식에서 비롯되는 문제에 대해 고민하고 있다.

현대 운문 〈참회록(懺悔錄)〉 윤동주

파란 녹이 낀 구리거울 속에
내 얼굴이 남아 있는 것은
어느 왕조(王朝)의 유물(遺物)이기에
이다지도 욕될까.

나는 나의 참회(懺悔)의 글을 한 줄에 줄이자.
― 만 이십사 년 일 개월을
무슨 기쁨을 바라 살아왔던가.

내일이나 모레나 그 어느 즐거운 날에
나는 또 한 줄의 참회록(懺悔錄)을 써야 한다.
― 그때 그 젊은 나이에
왜 그런 부끄런 고백(告白)을 했던가.

밤이면 밤마다 나의 거울을
손바닥으로 발바닥으로 닦아 보자.

그러면 어느 운석(隕石) 밑으로 홀로 걸어가는
슬픈 사람의 뒷모양이
거울 속에 나타나 온다.

체크 문제

☑ **밑줄 친 시어 중 '구리거울'과 같은 기능을 하는 소재로 가장 적절한 것은?** 2021. 법원직 9급
① 밤에 홀로 유리를 닦는 것은 / 외로운 황홀한 심사이어니 / 고운 폐혈관이 찢어진 채로 / 아아, 늬는 산새처럼 날아갔구나!
— 정지용, 〈유리창 1〉
② 기침을 하자 / 젊은 시인이여 기침을 하자 / 눈 위에 대고 기침을 하자 / 눈더러 보라고 마음 놓고 마음 놓고 / 기침을 하자
— 김수영, 〈눈〉
③ 그런데 또 이즈막하야 어느 사이엔가 / 이 흰 바람벽엔 / 내 쓸쓸한 얼골을 쳐다보며 / 이러한 글자들이 지나간다 / 나는 이 세상에서 가난하고 외롭고 높고 쓸쓸하니 살아가도록 태어났다
— 백석, 〈흰 바람벽이 있어〉
④ 삽자루에 맡긴 한 생애가 / 이렇게 저물고, 저물어서 / 샛강바닥 썩은 물에 / 달이 뜨는구나. / 우리가 저와 같아서 / 흐르는 물에 삽을 씻고 / 먹을 것 없는 사람들의 마을로 / 다시 어두워 돌아가야 한다.
— 정희성, 〈저문 강에 삽을 씻고〉

1. **이 시의 화자에 대한 설명으로 적절하지 않은 것은?**
① 현실의 괴로움을 철저한 자기 성찰을 통해 극복하려 한다.
② 지난 과거의 역사 속에서 진정한 삶의 가치를 찾고자 한다.
③ 지금까지 살아온 자신의 삶에 대해 부끄러움을 느끼고 있다.
④ 자신의 삶에 대한 무기력함과 소극적인 태도를 참회하고 있다.
⑤ 자신이 처한 시대 상황과 내면세계 사이에서 괴로워하고 있다.

작품 분석 〈쉽게 씌어진 시〉 윤동주

창(窓)밖에 밤비가 속살거려 / 육첩방(六疊房)은 남의 나라,
　　시간적 배경　　　　　　　　공간적 배경

시인이란 슬픈 천명(天命)인 줄 알면서도
한 줄 시(詩)를 적어 볼까, 사명감

땀내와 사랑내 포근히 품긴 / 보내 주신 학비 봉투를 받아

대학 노트를 끼고 / 늙은 교수의 강의 들으러 간다.
　　　　　　　　　자괴감

생각해 보면 어린 때 동무들 / 하나, 둘, 죄다 잃어버리고

나는 무얼 바라
나는 다만, 홀로 침전(沈澱)하는 것일까? 하강적 이미지

인생(人生)은 살기 어렵다는데
시(詩)가 이렇게 쉽게 씌어지는 것은 / 부끄러운 일이다.
　　　　　　　　반어(소극적 투쟁)

육첩방(六疊房)은 남의 나라 / 창(窓)밖에 밤비가 속살거리는데,
　　　　　　　　　　　　　　　　　　　1연과 수미상관, 수미상응
등불을 밝혀 어둠을 조금 내몰고,
시대(時代)처럼 올 아침을 기다리는 최후(最後)의 나,
나는 나에게 작은 손을 내밀어
눈물과 위안으로 잡은 최초(最初)의 악수(握手).
　　　　　　　　　　자아 분열 → 화해

해제 | 이 작품은 윤동주 시의 일반적인 주제인 어두운 시대 현실에 대한 고뇌와 자아 성찰이 상징적인 표현 속에 나타나 있다. 회의와 번민, 부끄러움과 고독 속에서도 시인은 미래에 대한 희망을 잃지 않고 있다.

주제 | 암담한 현실 극복과 결의, 삶과 시에 대한 준열한 태도

구성 |

1연	현실 인식 – 구속과 부자유
2~7연	반성적 자기 성찰 – 현실에 대한 무기력함과 회의
8~10연	현실 극복의 의지 – 현실을 재인식하고 현실에 대한 무기력함을 극복하려 함.

작품 분석 〈참회록(懺悔錄)〉 윤동주

파란 녹이 낀 구리거울 속에
　　자아 성찰 도구
내 얼굴이 남아 있는 것은
어느 왕조(王朝)의 유물(遺物)이기에
이다지도 욕될까.
식민지인

나는 나의 참회(懺悔)의 글을 한 줄에 줄이자.
— 만 이십사 년 일 개월을
무슨 기쁨을 바라 살아왔던가. 　　현재

내일이나 모레나 그 어느 즐거운 날에
　　　　　　　　　미래(광복)
나는 또 한 줄의 참회록(懺悔錄)을 써야 한다.
— 그때 그 젊은 나이에
왜 그런 부끄런 고백(告白)을 했던가.

밤이면 밤마다 나의 거울을
손바닥으로 발바닥으로 닦아 보자.
　　　　　　자아 성찰

그러면 어느 운석(隕石) 밑으로 홀로 걸어가는
슬픈 사람의 뒷모양이
미래를 향해 걷고 있는 현재 자신의 심정
거울 속에 나타나 온다.

해제 | 이 시는 '거울'이라는 상징적 소재를 통해 치욕스러운 현실에서 무기력하게 살아온 화자의 삶에 대한 성찰과, 현실을 극복하고자 하는 의지를 형상화하고 있다.

주제 | 자기 성찰을 통한 순결성 추구와 고난 극복 의지

특징 | ① 상징적인 시어의 사용 : 구리 거울, 밤, 운석
② 시간의 이동에 따른 시상의 전개 : 과거 ⇨ 현재 ⇨ 미래
③ 1인칭 독백체의 형식
④ 역사적 현실에 대한 인식이 드러남.
⑤ 자신이 처한 현실을 극복하고자 하는 미래 지향적인 태도가 드러남.
⑥ 거울의 상징성을 통한 치열한 자기 성찰의 모습을 보여 줌.

구성 |

1연	욕된 자아의 각성 ⇨ 암울한 현실 속에서 꿈도 없이 살아가는 자신에 대해 자책하고 반성함.
2연	현재의 참회 ⇨ 자신의 삶을 한마디 참회의 글로 대신하려는 각오를 다짐.
3연	미래의 참회 ⇨ 암울한 현실 속에서 미래의 희망에 대한 다짐과 역사 발전에 대한 신뢰를 표출함.
4연	끊임없는 자아 성찰 ⇨ 끊임없는 자기 성찰의 행위로써 강인한 의지를 다짐.
5연	망국인의 슬픈 자화상 ⇨ 미래를 향한 시적 화자의 운명적인 삶

현대 운문 〈꽃덤불〉 신석정

태양을 의논(議論)하는 거룩한 이야기는
항상 태양을 등진 곳에서만 비롯하였다.

달빛이 흡사 비 오듯 쏟아지는 밤에도
우리는 헐어진 성(城)터를 헤매이면서
언제 참으로 그 언제 우리 하늘에
오롯한 태양을 모시겠느냐고
가슴을 쥐어뜯으며 이야기하며 이야기하며
가슴을 쥐어뜯지 않았느냐?

그러는 동안에 영영 잃어버린 벗도 있다.
그러는 동안에 영영 멀리 떠나 버린 벗도 있다.
그러는 동안에 몸을 팔아 버린 벗도 있다.
그러는 동안에 맘을 팔아 버린 벗도 있다.

그러는 동안에 드디어 서른여섯 해가 지나갔다.

다시 우러러보는 이 하늘에
겨울밤 달이 아직도 차거니
오는 봄엔 분수(噴水)처럼 쏟아지는 태양을 안고
그 어느 언덕 꽃덤불에 아늑히 안겨 보리라.

✓ 체크 문제

1. 다음 〈보기〉에서 이 시의 '꽃덤불'과 심상이 가장 유사한 것은?

〈 보기 〉

해야 솟아라, 해야 솟아라, 말갛게 씻은 얼굴 고운 해야 솟아라. 산 너머 산 너머서 어둠을 살라 먹고, 산 너머서 밤새도록 어둠을 살라 먹고, 이글이글 애띤 얼굴 고운 해야 솟아라.

달밤이 싫여, 달밤이 싫여, 눈물 같은 골짜기에 달밤이 싫여, 아무도 없는 뜰에 달밤이 나는 싫여…….

해야, 고운 해야, 늬가 오면, 늬가사 오면, 나는 나는 청산이 좋아라. 훨훨훨 깃을 치는 청산이 좋아라. 청산이 있으면 홀로래도 좋아라.
ㅡ 박두진, 〈해〉

① 얼굴 ② 산 ③ 달밤 ④ 골짜기 ⑤ 청산

현대 운문 〈청산도(靑山道)〉 박두진

산아, 우뚝 솟은 푸른 산아. 철철철 흐르듯 짙푸른 산아. 숱한 나무들, 무성히 무성히 우거진 산마루에, 금빛 기름진 햇살은 내려오고, 둥둥 산을 넘어, 흰구름 건넌 자리 씻기는 하늘, 사슴도 안 오고, 바람도 안 불고, 너멋 골 골짜기서 울어 오는 뻐꾸기…….

산아, 푸른 산아. 네 가슴 향기로운 풀밭에 엎드리면, 나는 가슴이 울어라. 흐르는 골짜기 스며드는 물소리에 내사 줄줄줄 가슴이 울어라. 아득히 가 버린 것 잊어버린 하늘과 아른아른 오지 않는 보고 싶은 하늘에 어쩌면 만나도질 볼이 고운 사람이 난 혼자 그리워라. 가슴으로 그리워라.

티끌 부는 세상에도, 벌레 같은 세상에도, 눈 맑은 가슴 맑은 보고지운 나의 사람. 달밤이나 새벽녘, 홀로 서서 눈물 어린 볼이 고운 나의 사람. 달 가고, 밤 가고, 눈물도 가고, 티어 올 밝은 하늘 빛난 아침 이르면, 향기로운 이슬밭 푸른 언덕을, 총총총 달려도 와 줄 볼이 고운 나의 사람.

푸른 산 한나절 구름은 가고, 골 넘어 뻐꾸기는 우는데, 눈에 어려 흘러가는 물결 같은 사람 속, 아우성쳐 흘러가는 물결 같은 사람 속에 난 그리노라. 너만 그리노라. 혼자서 철도 없이 난 너만 그리노라.

✓ 체크 문제

1. 이 시와 〈보기〉를 비교한 학생들의 토론 내용이다. 적절하지 않은 것은?

〈 보기 〉

머언 산(山) 청운사(靑雲寺)
낡은 기와집

산(山)은 자하산(紫霞山)
봄눈 녹으면

느릅나무
속잎 피어나는 열두 굽이를

청(靑)노루
맑은 눈에

도는
구름.
ㅡ 박목월, 〈청노루〉

① 〈보기〉와 〈청산도〉는 자연을 제재로 삼았다는 점에서 공통점을 지니고 있어.
② 〈보기〉는 〈청산도〉에 비해 어떤 대상에 대한 그리움이 더 절실하게 나타나 있어.
③ 〈보기〉는 2·3조의 리듬이 주조를 이룬 반면, 〈청산도〉는 반복을 통한 빠른 운율감이 나타나 있어.
④ 〈보기〉는 안정되고 고요한 느낌을 드러내는 데 비해, 〈청산도〉는 강한 남성적 울림이 드러나 있어.
⑤ 〈보기〉는 자연을 관조의 대상으로 인식하는 데 비해, 〈청산도〉는 화자의 관념 세계를 표현하는 수단으로 인식하고 있어.

작품 분석 〈꽃덤불〉 신석정

독립
⊕태양을 의논(議論)하는 거룩한 이야기는
항상 태양을 등진 곳에서만 비롯하였다.

달빛이 흡사 비 오듯 쏟아지는 밤에도
우리는 헐어진 성(城)터를 헤매이면서
(언제 참으로 그 언제 우리 하늘에
오롯한 태양을 모시겠느냐고) **자주독립**
가슴을 쥐어뜯으며 이야기하며 이야기하며
가슴을 쥐어뜯지 않았느냐? **영탄**

그러는 동안에 영영 잃어버린 벗도 있다.
그러는 동안에 영영 멀리 떠나 버린 벗도 있다. ┐
그러는 동안에 몸을 팔아 버린 벗도 있다. │ **열거**
그러는 동안에 맘을 팔아 버린 벗도 있다. ┘

그러는 동안에 드디어 서른여섯 해가 지나갔다.
일제 강점기

다시 우러러보는 이 하늘에
겨울밤 달이 아직도 차거니 **광복 이후 조국**
광복 후 갈등
오는 봄엔 분수(噴水)처럼 쏟아지는 태양을 안고
그 어느 언덕 꽃덤불에 아늑히 안겨 보리라.
이상향(갈등과 대립이 사라진 조국)

해제 | 광복 직후의 혼란스러운 상황 속에서 지난간 과거(일제 강점기)를 돌아보며, 우리가 가졌던 삶의 다양한 태도와 모습들을 생각해 보고, 더 나은 세계를 이루고 싶은 기대와 희망을 드러내고 있는 작품이다. 일제 강점하의 고통에서 벗어나 광복을 맞이하였으나 완전한 독립을 이루지 못한 시대적 상황과 이데올로기의 대립으로 인해 혼란에 빠진 민족의 현실을 걱정하는 시인의 고뇌가 잘 드러나 있다. 그러므로 화자가 지향하는 공간이자, 이 시의 제목인 '꽃덤불'은 우리가 새롭게 수립해야 할 바람직한 민족 국가의 모습을 의미한다고 볼 수 있다.

주제 | 완전한 독립 국가 수립에 대한 염원

구성 |
1연	일제 강점하에서의 독립 투쟁
2연	일제 강점하에서의 조국 독립에의 의지와 노력
3연	애국 투사의 죽음과 방랑, 변절, 전향한 이들에 대한 안타까움
4연	지난 일제 강점기 36년이 지나감. - 일제 강점의 종식
5연	새로운 민족 국가 건설에의 소망과 기대

작품 분석 〈청산도(青山道)〉 박두진

산아, 우뚝 솟은 푸른 산아. 철철철 흐르듯 짙푸른 산아. 숱한 나
돈호법   **반복, 점층**
무들, 무성히 무성히 우거진 산마루에, 금빛 기름진 햇살은 내려
                                시각적 심상(풍요로운 이미지)
오고, 둥둥 산을 넘어, 흰구름 건넌 자리 씻기는 하늘, 사슴도 안 오
고, 바람도 안 불고, 너멋 골 골짜기서 울어 오는 뻐꾸기……

산아, 푸른 산아. 네 가슴 향기로운 풀밭에 엎드리면, 나는 가
            '산'을 의인화함
슴이 울어라. 흐르는 골짜기 스며드는 물소리에 내사 줄줄줄
                                ① 물이 줄줄줄 ② 눈물이 줄줄줄
가슴이 울어라. 아득히 가 버린 것 잊어버린 하늘과 아른아른
오지 않는 보고 싶은 하늘에 어쩌면 만나도질 볼이 고운 사람이
난 혼자 그리워라. 가슴으로 그리워라. **반복 → 화자의 그리움의 정서 강조**

티끌 부는 세상에도, 벌레 같은 세상에도, 눈 맑은 가슴 맑은
보고지운 나의 사람. / 달밤이나 새벽녘, 홀로 서서 눈물 어린
볼이 고운 나의 사람. / 달 가고, 밤 가고, 눈물도 가고, 티어 올
밝은 하늘 빛난 아침 이르면, 향기로운 이슬밭 푸른 언덕을,
총총총 달려도 와 줄 볼이 고운 나의 사람. **반복, 점층**
푸른 산 한나절 구름은 가고, 골 넘어 뻐꾸기는 우는데, 눈에
어려 흘러가는 물결 같은 사람 속, 아우성쳐 흘러가는 물결 같
은 사람 속에 난 그리노라. ⊕너만 그리노라. 혼자서 철도 없이
난 너만 그리노라.

해제 | 자연에 자신의 열망을 투영하여 밝고 건강한 세계의 도래에 대한 바람을 표현한 시이다. 시에서 '푸른 산'은 화자가 지향하는 이상향을 상징하고, 화자는 '티끌'과 '벌레'가 들끓는 부정적 현실 세계와 대비되는 푸른 산을 바라보며 자신을 구원해 줄 '눈 맑은 가슴 맑은', '볼이 고운 사람'을 기다림과 함께 '밝은 하늘 빛난 아침'으로 상징되는 이상적 세상이 도래하기를 열망하고 있다.

주제 | 이상적인 세계에 대한 열망

특징 | ① 단어의 반복을 통해 화자의 소망을 강조함.
② 의성어와 의태어를 사용하여 화자의 정서를 효과적으로 드러냄.
③ 대립적인 시어를 통해 현실 극복 의지를 강조함.
④ 현실에 대한 부정적인 인식을 바탕으로 간절한 소망을 호소하는 어조를 취함.
⑤ '청산'을 의인화하여 순수한 세계에 대한 동경과 기다림을 노래함.
⑥ 유음의 사용으로 역동성을 강화함.
⑦ 유창하고 운치 있는 4음조를 바탕으로 운율을 형성함.

구성 |
1연	아름다운 청산의 정경과 적막한 분위기
2연	'볼이 고운 사람'에 대한 그리움
3연	'볼이 고운 사람'에 대한 애타는 그리움
4연	순수한 세상에 대한 기다림 의지

현대 운문 〈꽃〉 김춘수

내가 그의 이름을 불러 주기 전에는
그는 다만
하나의 몸짓에 지나지 않았다.

내가 그의 이름을 불러 주었을 때
그는 나에게로 와서
꽃이 되었다.

내가 그의 이름을 불러 준 것처럼
나의 이 빛깔과 향기(香氣)에 알맞은
누가 나의 이름을 불러다오.
그에게로 가서 나도
그의 꽃이 되고 싶다.

우리들은 모두
무엇이 되고 싶다.
너는 나에게 나는 너에게
잊혀지지 않는 하나의 눈짓이 되고 싶다.

체크 문제

1. 이 시의 표현상 특징에 대한 설명으로 바르지 않은 것은?
   ① 의미가 점층적으로 심화, 확대되고 있다.
   ② 소망을 간절히 염원하는 어조를 사용하고 있다.
   ③ 사물에 대한 존재론적 인식을 바탕으로 하고 있다.
   ④ '꽃'이라는 사물이 지닌 아름다움을 묘사하고 있다.
   ⑤ 시구의 반복을 통해 시적 화자의 의지를 강조하고 있다.

2. 이 시에 나타난 시적 화자의 태도로 알맞은 것은?
   ① 군중들 중에서 주목받는 존재가 되기를 바란다.
   ② 자신도 남에게 의미 있는 존재가 되기를 바란다.
   ③ 작은 것에 만족할 줄 아는 평범한 존재가 되기를 바란다.
   ④ 다른 사람에게 자신의 존재가 널리 알려지기를 바란다.
   ⑤ 사람들과 격리되어 독립적인 존재로 살아가기를 바란다.

☑ 다음 글의 ㉠~㉣ 중 내포하는 의미가 다른 것은? 2021. 군무원 7급

> 나는 시방 위험(危險)한 짐승이다.
> 나의 손이 닿으면 너는
> ㉠ 미지(未知)의 까마득한 어둠이 된다.
>
> 존재(存在)의 흔들리는 가지 끝에서
> 너는 ㉡ 이름도 없이 피었다 진다.
>
> 눈시울에 젖어드는 이 무명(無名)의 어둠에
> 추억(追憶)의 한 접시 불을 밝히고
> 나는 한밤 내 운다.
>
> 나의 울음은 차츰 ㉢ 아닌 밤 돌개바람이 되어
> 탑(塔)을 흔들다가
> 돌에까지 스미면 금(金)이 될 것이다.
>
> …… ㉣ 얼굴을 가리운 나의 신부(新婦)여.
>
> – 김춘수, 〈꽃을 위한 서시〉

① ㉠   ② ㉡
③ ㉢   ④ ㉣

작품 분석 〈꽃〉 김춘수

내가 그의 이름을 불러 주기 전에는
　　호명 = 의미 부여
그는 다만
하나의 몸짓에 지나지 않았다.
　　무의미

내가 그의 이름을 불러 주었을 때
그는 나에게로 와서
꽃이 되었다.
유의미

내가 그의 이름을 불러 준 것처럼
나의 이 빛깔과 향기(香氣)에 알맞은
누가 나의 이름을 불러다오.
그에게로 가서 나도
그의 꽃이 되고 싶다. 의미 있는 존재가 되고 싶은 마음

우리들은 모두
무엇이 되고 싶다.
너는 나에게 나는 너에게
잊혀지지 않는 하나의 눈짓이 되고 싶다.

해제 | 꽃을 소재로 하여, 존재의 본질에 대한 인식 및 의미 있는 존재가 되는 과정, 그리고 의미 있는 존재가 되고 싶은 소망을 나타내고 있는 작품이다. 존재의 본질 인식 및 의미 있는 존재로의 전환은 '이름 부르기'를 통해 이루어진다. 또한 이 작품에서 '이름 부르기(이름 붙이기)'는 '나'의 대상들에게 의미를 부여하는 능동적이고 적극적인 행위를 상징한다. 이 시의 시적 화자는 타인에게 의미 있는 존재가 되고 싶다는 자신의 소망을 드러냄과 동시에, 자신의 소망을 보편적인 차원, 즉 '우리들 모두'의 차원으로 확대한다. 4연의 '우리들은 모두 / 무엇이 되고 싶다'를 통해 이와 같은 사실을 파악할 수 있다.

주제 | 존재의 본질 구현에 대한 소망

특징 | ① 사물에 대한 인식론과 존재론을 배경으로 함.
② 소망을 나타내는 간절한 어조를 사용함.
③ 존재의 의미를 점층적으로 심화, 확대함.

구성 |

1연	이름을 불러 주기 이전
2연	이름을 불러 준 이후
3연	의미 있는 존재가 되고 싶은 소망
4연	존재의 의미를 인정받고 싶은 우리의 소망

현대 운문 〈추천사 – 춘향의 말〉 서정주

향단(香丹)아 그넷줄을 밀어라.
머언 바다로
배를 내어 밀듯이,
향단아.

이 다소곳이 흔들리는 수양버들나무와
베갯모에 놓이듯 한 풀꽃데미로부터,
자잘한 나비 새끼 꾀꼬리들로부터,
아주 내어 밀듯이, 향단아.

산호(珊瑚)도 섬도 없는 저 하늘로
나를 밀어 올려 다오.
채색(彩色)한 구름같이 나를 밀어 올려 다오.
이 울렁이는 가슴을 밀어 올려 다오!

서(西)으로 가는 달같이는
나는 아무래도 갈 수가 없다.

바람이 파도(波濤)를 밀어 올리듯이
그렇게 나를 밀어 올려 다오.
향단아.

✓ 체크 문제

1. 이 시에 대한 설명으로 적절하지 않은 것은?
   ① 대립적 의미의 시어들이 사용되고 있다.
   ② 고전 소설인 〈춘향전〉을 모티프로 삼고 있다.
   ③ 대화 형식을 빌려 화자의 간절한 마음을 드러내고 있다.
   ④ 삶과 죽음 사이의 경계를 아득한 거리감으로 형상화하고 있다.
   ⑤ '그네'는 초월의 의지와 그 필연적인 좌절이란 이중적 의미를 갖는다.

2. 이 시에 나타난 시적 화자의 태도로 가장 적절한 것은?
   ① 시공을 초월한 영원한 사랑을 추구하고 있다.
   ② 부정적 현실로부터 이상향으로의 도피를 꿈꾸고 있다.
   ③ 현실적 구속에서 완전히 벗어나 초월적 세계에 도달하고 있다.
   ④ 현재의 삶에 애착을 지니고 있으며, 그 현실에 안주하고 있다.
   ⑤ 현실적 한계를 인식하면서도 이상에 도달하기 위한 노력을 포기하지 않고 있다.

현대 운문 〈가을의 기도〉 김현승

가을에는 / 기도하게 하소서……
낙엽(落葉)들이 지는 때를 기다려 내게 주신
겸허(謙虛)한 모국어(母國語)로 나를 채우게 하소서.

가을에는 / 사랑하게 하소서……
오직 한 사람을 택하게 하소서.
가장 아름다운 열매를 위하여 이 비옥(肥沃)한
시간을 가꾸게 하소서.

가을에는 / 호올로 있게 하소서……
나의 영혼,
굽이치는 바다와
백합(百合)의 골짜기를 지나
㉠ 마른 나뭇가지 위에 다다른 까마귀같이.

✓ 체크 문제

1. 이 시의 표현상의 특징에 대한 설명으로 적절하지 않은 것은?
   ① 점차 한 행씩 길어지는 점층적 구조를 보이고 있다.
   ② 화자의 내면세계를 구체적인 사물에 비유하고 있다.
   ③ 동일한 종결 어미를 반복하여 시의 통일성을 이루고 있다.
   ④ 화자의 삶에 대한 의문을 자문자답의 방식으로 말하고 있다.
   ⑤ 삶의 전 과정을 공간의 이동을 통해 압축적으로 제시하고 있다.

2. 이 시에서 '가을'이 지니는 의미로 적절하지 않은 것은?
   ① 자신의 삶을 성찰하게 하는 시간
   ② 진실된 삶에 다가갈 수 있는 시간
   ③ 조락의 계절로 생명이 다하는 시간
   ④ 미래에 대한 희망을 갖게 하는 시간
   ⑤ 결실의 계절로 내적으로 성숙하는 시간

3. 〈보기〉의 ⓐ~ⓔ 중 ㉠과 시적 기능이 가장 유사한 것은?

   〈 보기 〉
   ⓐ 겨울 바다에 가 보았지.
   미지(未知)의 새, / 보고 싶던 새들은 죽고 없었네.

   그대 생각을 했건만도 / ⓑ 매운 해풍(海風)에
   그 진실마저 눈물져 얼어 버리고

   ⓒ 허무(虛無)의 / 불
   물이랑 위에 불붙어 있었네.

   나를 가르치는 건 / 언제나 / 시간……
   끄덕이며 끄덕이며 겨울 바다에 섰었네.

   남은 날은 / 적지만

   기도를 끝낸 다음 / ⓓ 더욱 뜨거운 기도의 문이 열리는
   그런 영혼을 갖게 하소서.

   남은 날은 / 적지만

   겨울 바다에 가 보았지.
   ⓔ 인고(忍苦)의 물이 / 수심(水深) 속에 기둥을 이루고 있었네.
   – 김남조, 〈겨울 바다〉

   ① ⓐ   ② ⓑ   ③ ⓒ   ④ ⓓ   ⑤ ⓔ

작품 분석 〈추천사 – 춘향의 말〉 서정주 차용시

향단(香丹)아 그넷줄을 밀어라.
　청자 설정　　① 이상 추구의 도구 ② 현실 제약
머언 바다로
원관념: 하늘, 이상 세계
배를 내어 밀듯이,
향단아.

이 다소곳이 흔들리는 수양버들나무와
베갯모에 놓이듯 한 풀꽃데미로부터,　　　현실
자잘한 나비 새끼 꾀꼬리들로부터,
아주 내어 밀듯이, 향단아.

산호(珊瑚)도 섬도 없는 저 하늘로
　　　　　　　　　　　　　　이상
나를 밀어 올려 다오.
채색(彩色)한 구름같이 나를 밀어 올려 다오.
　　　　　　　　직유
이 울렁이는 가슴을 밀어 올려 다오!
　대유 중 제유　　　반복과 점층을 통한 의미 강조
(전체인 '나'를 부분인
'울렁이는 가슴'으로 표현)

서(西)으로 가는 달같이는
초월적 공간, 불교적 이상 세계
나는 아무래도 갈 수가 없다. 한계 인식

바람이 파도(波濤)를 밀어 올리듯이
그렇게 나를 밀어 올려 다오. 좌절하지 않고 이상 추구
향단아.

해제 | 이 시는 〈춘향전〉을 모티프로 하여 현실적 괴로움과 인간적 운명의 한계를 벗어난 초월적, 이상적 세계로의 열망을 형상화하고 있다. 즉 시적 화자인 춘향의 말을 통해 현실의 세계를 벗어나고자 하는 열망을 드러내고 있는 것이다. 이 시에서 '그네'는 현실 세계로부터 벗어나 이상 세계에 도달하기 위한 매개체라 할 수 있다. 또한 그네의 상승과 하강 운동은 화자가 추구하는 초월적 이상 세계에 대한 열망을 상징하는 동시에, 그에 도달할 수 없는 인간적 한계를 역설적으로 드러낸다.

주제 | 초월적 세계로의 갈망

구성 |

1연	현실로부터 벗어나고자 하는 의지
2연	현실 세계에 대한 인식
3연	이상 세계에 대한 열망
4연	인간의 운명적 한계 인식
5연	인간의 운명적 한계를 자각한 후의 초월적 지향

작품 분석 〈가을의 기도〉 김현승

가을에는 / 기도하게 하소서…….
낙엽(落葉)들이 지는 때를 기다려 내게 주신
겸허(謙虛)한 모국어(母國語)로 나를 채우게 하소서.

가을에는 / 사랑하게 하소서…….
오직 한 사람을 택하게 하소서.
가장 아름다운 열매를 위하여 이 비옥(肥沃)한
시간을 가꾸게 하소서.

가을에는 / 호올로 있게 하소서……. 고독
나의 영혼,
굽이치는 바다와
　　시련
백합(百合)의 골짜기를 지나
㉠ 마른 나뭇가지 위에 다다른 까마귀같이.
　　　　　성숙한 존재

해제 | 이 시는 절대 고독의 경지에 이르러 정신적 충만감을 얻고자 하는 소망을 표현한 작품이다. 1연에서 화자는 낙엽이 지는 가을에 자기 삶에 대해 겸허하게 기도를 한다. 2연에서는 오직 한 사람, 즉 신적인 존재만을 위한 시간을 보내게 해 달라는 소망을 드러낸다. 그리고 3연에 가서 궁극적으로 추구하는 세계가 나타난다. 그것은 기도를 통해 만난 절대자 앞에서 궁극적으로는 '호올로' 있게 해 달라는 소망의 표현이다. 혼자 있다는 것은 결국 고독을 지향한다는 것이다. 여기에서의 고독은 단순한 외로움이 아니라, 굽이치는 바다와 같은 세파를 지나고, 기독교에서 말하는 순수한 신앙인 '백합의 골짜기'까지 지난 뒤의 고독이다. 따라서, 이때의 고독이란 화자가 궁극적으로 도달한 고독, 절대 고독이 된다.

주제 | 경건한 삶의 가치 추구

구성 |

1연(기)	기도에 대한 영원
2연(서)	사랑에 대한 영원
3연(결)	고독에 대한 영원

현대 운문 〈눈〉 김수영

눈은 살아 있다.
떨어진 눈은 살아 있다.
마당 위에 떨어진 눈은 살아 있다.

기침을 하자.
젊은 시인(詩人)이여 기침을 하자.
눈 위에 대고 기침을 하자.
눈더러 보라고 마음 놓고 마음 놓고
기침을 하자.

눈은 살아 있다.
죽음을 잊어버린 영혼(靈魂)과 육체(肉體)를 위하여
눈은 새벽이 지나도록 살아 있다.

기침을 하자.
젊은 시인이여 기침을 하자.
눈을 바라보며
밤새도록 고인 가슴의 가래라도
마음껏 뱉자.

체크 문제

☑ 이 시에 대한 이해로 적절하지 않은 것은?   2022. 지역인재 9급
① 대립적 이미지의 시어를 통해 시상을 전개하고 있다.
② 자연물에 상징적 의미를 부여하여 주제를 형상화하고 있다.
③ 유사한 구조를 점층적으로 반복함으로써 시적 의미를 강조하고 있다.
④ 단정과 다짐의 어조로 현실에 대한 절망감과 무력감을 표현하고 있다.

☑ 이 시에 대한 설명으로 적절하지 않은 것은?   2020. 국회직 9급
① 일상적 수준의 시어로 심층적 주제를 형상화하고 있다.
② 청유형 어미를 활용하여 청자의 동참을 유도하고 있다.
③ 남성적이고 단호한 어조로 화자의 의지를 부각하고 있다.
④ 특정 어구를 반복하여 시상을 전개하고 있다.
⑤ 역설적인 표현을 사용하여 죽음을 미화하고 있다.

현대 운문 〈추억에서〉 박재삼

진주(晋州) 장터 생어물전(生魚物廛)에는
바다 밑이 깔리는 해 다 진 어스름을,

울엄매의 장사 끝에 남은 고기 몇 마리의
빛 발(發)하는 눈깔들이 속절없이
은전(銀錢)만큼 손 안 닿는 한(恨)이던가.
울엄매야 울엄매,

별밭은 또 그리 멀리
우리 오누이의 머리 맞댄 골방 안 되어
손 시리게 떨던가 손 시리게 떨던가.

진주(晋州) 남강(南江) 맑다 해도
오명 가명
신새벽이나 별빛에 보는 것을,
울엄매의 마음은 어떠했을꼬.
달빛 받은 옹기전의 옹기들같이
말없이 글썽이고 반짝이던 것인가.

체크 문제

1. 이 시에 대한 설명으로 적절하지 않은 것은?
① 의미의 점층 구조로 주제를 부각시키고 있다.
② 어린 시절을 회상한 부분과 현재 인식이 공존하고 있다.
③ 시각적 심상을 사용하여 시적 정조를 드러내고 있다.
④ 시구를 반복적으로 구사하여 운율감을 형성하고 있다.
⑤ 대조적 이미지의 시어를 통해 화자의 처지를 드러내고 있다.

2. 시적 화자의 어린 시절의 삶을 암시하는 시구로 거리가 먼 것은?
① 장사 끝에 남은 고기 몇 마리
② 은전(銀錢)만큼 손 안 닿는 한(恨)이던가
③ 손 시리게 떨던가 손 시리게 떨던가
④ 진주(晋州) 남강(南江) 맑다 해도
⑤ 말없이 글썽이고 반짝이던 것인가

작품 분석 〈눈〉 김수영

㉠눈은 살아 있다.
떨어진 눈은 살아 있다.
마당 위에 떨어진 눈은 살아 있다. | 반복, 점층

기침을 하자.
㉡젊은 시인(詩人)이여 기침을 하자. 현실 참여 촉구
  청자 설정
눈 위에 대고 기침을 하자.
눈더러 보라고 마음 놓고 마음 놓고
기침을 하자.

눈은 살아 있다.
죽음을 잊어버린 영혼(靈魂)과 육체(肉體)를 위하여
눈은 새벽이 지나도록 살아 있다. 의지

기침을 하자.
젊은 시인이여 기침을 하자.
눈을 바라보며
밤새도록 고인 가슴의 가래라도⊖
            현실에 대한 분노
마음껏 뱉자.

눈
① 순수
② 비판 정신

해제 | 이 시는 살아 있는 '눈'의 순결함과 생명력, 그리고 눈에 대고 시인이 '기침'을 하는 행위를 반복함으로써 주제를 형상화하고 있다. 시인이 '살아 있는' 눈에 대고 '기침'을 하는 행위는 자기 정화, 즉 삶에 대한 순결성을 되찾고자 하는 행위이다. 그런 점에서 이 시는 부정하고 부패한 현실에서 시인으로서의 양심을 되찾고자 하는 열망을 보여 주는 작품으로 평가할 수 있다.

주제 | 정의롭고 순수한 생명력 회복에의 갈망

구성 |

1연	살아 있는 눈
2연	눈을 향한 기침
3연	새벽이 지나도록 살아 있는 눈
4연	가슴속의 가래를 뱉음.

작품 분석 〈추억에서〉 박재삼

진주(晋州) 장터 생어물전(生魚物廛)에는
        향토적 소재
바다 밑이 깔리는 해 다 진 어스름을,

울엄매의 장사 끝에 남은 고기 몇 마리의
빛 발(發)하는 눈깔들이 속절없이
은전(銀錢)만큼 손 안 닿는 한(恨)이던가.
                    가난

울엄매야 울엄매,
반복(어머니의 삶에 대한 애상감 부각)
⊕별밭은 또 그리 멀리
 희망
우리 오누이의 머리 맞댄 골방 안 되어
손 시리게 떨던가 손 시리게 떨던가.
    반복, 촉각적 이미지

⊕진주(晋州) 남강(南江) 맑다 해도
오명 가명
신새벽이나 별빛에 보는 것을,
⊖울엄매의 마음은 어떠했을꼬.
 성인이 된 화자가 당시 어머니를 연민
달빛 받은 옹기전의 옹기들같이
말없이 글썽이고 반짝이던 것인가.
    어머니의 눈물

해제 | 이 시는 진주 장터 생어물전과 골방이라는 구체적인 공간을 바탕으로 어머니의 한스러운 삶과 궁핍하고 외로웠던 화자의 유년 시절을 회상하고 있는 작품이다. 제목에서의 '추억'은 슬프고 안타까운 어린 시절에 대한 회고를 말한다. 생어물전과 골방이라는 어둡고 쓸쓸한 시적 공간과 영탄적 어조의 반복 등을 통해 어머니의 한스러운 삶과 어머니에 대한 화자의 안타까움을 드러내고 있다.

주제 | 가난했던 유년 시절에 대한 추억과 어머니의 한스러운 삶

구성 |

1연	저녁 무렵의 어두운 생어물전
2연	생선 장사를 하는 어머니의 한 맺힌 삶(회상)
3연	추운 골방에서 어머니를 기다렸던 기억(회상)
4연	어머니의 한과 눈물

현대 운문 〈흥부 부부상〉 박재삼

흥부 부부가 박덩이를 사이 하고
가르기 전에 건넨 웃음살을 헤아려 보라.
금(金)이 문제리,
황금(黃金) 벼이삭이 문제리,
웃음의 물살이 반짝이며 정갈하던
그것이 확실히 문제다.

없는 떡방아 소리도
있는 듯이 들어내고
손발 닮은 처지끼리
같이 웃어 비추던 거울면(面)들아.

웃다가 서로 불쌍해
서로 구슬을 나누었으리.
그러다 금시
절로 면(面)에 온 구슬까지를 서로 부끄리며
먼 물살이 가다가 소스라쳐 반짝이듯
서로 소스라쳐
㉠ 본(本)웃음 물살을 지었다고 헤아려 보라.
그것은 확실히 문제다.

체크 문제

1. 이 시에 대한 설명으로 적절한 것은?
① 고전적 소재에 현대적 의미를 부여하고 있다.
② 인생살이의 어려움을 사실적으로 그리고 있다.
③ 인생의 깊이와 연륜을 독자에게 전달하고 있다.
④ 인간의 본성에 대한 근본적인 질문을 하고 있다.
⑤ 현실에 순응할 수밖에 없는 인간의 비애를 형상화하고 있다.

2. 이 시를 추천하기에 가장 적절한 사람은?
① 가난을 이기고 성공하기를 바라는 직장인
② 공부보다 우정의 소중함을 택한 고등학생
③ 물질로 인해 좌절하고 실의에 빠진 가장(家長)
④ 직장을 구하기 위해 동분서주하는 대학 졸업생
⑤ 적자생존(適者生存)의 원리를 신봉하는 기업인

3. 〈보기〉의 시어 중 ㉠과 의미가 상통하는 것은?

〈 보기 〉
더러는 / 옥토(沃土)에 떨어지는 작은 생명이고저…… //
흠도 티도 / 금가지 않은 / 나의 전체는 오직 이뿐! //
더욱 값진 것으로 / 드리라 하올 제, //
나의 가장 나아종 지닌 것도 오직 이뿐! //
아름다운 나무의 꽃이 시듦을 보시고 / 열매를 맺게 하신 당신은, //
나의 웃음을 만드신 후에 / 새로 나의 눈물을 지어 주시다.
― 김현승, 〈눈물〉

① 옥토(沃土) ② 생명 ③ 꽃 ④ 웃음 ⑤ 눈물

현대 운문 〈즐거운 편지〉 황동규

Ⅰ
그대를 생각함은 항상 그대가 앉아 있는 배경에서 해가 지고 바람이 부는 일처럼 사소한 일일 것이나 언젠가 그대가 한없이 괴로움 속을 헤매일 때에 오랫동안 전해 오던 그 사소함으로 그대를 불러 보리라.

Ⅱ
진실로 진실로 내가 그대를 사랑하는 까닭은 내 나의 사랑을 한없이 잇닿은 그 기다림으로 바꾸어 버린 데 있었다. 밤이 들면서 골짜기엔 눈이 퍼붓기 시작했다. 내 사랑도 어디쯤에선 반드시 그칠 것을 믿는다. 다만 그때 내 기다림의 자세를 생각하는 것뿐이다. 그동안에 눈이 그치고 꽃이 피어나고 낙엽이 떨어지고 또 눈이 퍼붓고 할 것을 믿는다.

체크 문제

1. 이 시에 대한 감상으로 적절하지 않은 것은?
① 전체적으로는 슬픔의 정서가 지배적이다.
② 시적 화자는 임을 간절히 기다리고 있다.
③ 임에 대한 화자의 지고지순한 사랑이 느껴진다.
④ 일반적인 소재를 사용하여 공감을 유도하고 있다.
⑤ 반어법을 통해 임에 대한 강한 그리움을 표현하고 있다.

2. 다음 중 'Ⅰ'에 나타나는 시적 정황의 표현 방식과 가장 유사한 것은?
① 나의 마음은 고요한 물결 / 바람이 불어도 흔들리고, / 구름이 지나가도 그림자 지는 곳
② 나는 떠난다. 청동의 표면에서 / 일제히 날아가는 진폭의 새가 되어 / 광막한 하나의 울음이 되어 / 하나의 소리가 되어
③ 고향에 돌아온 날 밤에 / 내 백골이 따라와 한 방에 누웠다. // 어둔 방은 우주로 통하고, / 하늘에선가 소리처럼 바람이 불어온다.
④ 나의 무덤 앞에는 그 차가운 비(碑)ㅅ돌을 세우지 말라. / 나의 무덤 주위에는 그 노오란 해바라기를 심어 달라. / 그리고 해바라기의 긴 줄거리 사이로 끝없는 보리밭을 보여 달라.
⑤ 먼 훗날 당신이 찾으시면 / 그때에 내 말이 '잊었노라.' / 당신이 속으로 나무라면 / '무척 그리다가 잊었노라.' / 그래도 당신이 나무라면 / '믿기지 않아서 잊었노라.' / 오늘도 어제도 아니 잊고 / 먼 훗날 그때에 '잊었노라.'

작품 분석 〈흥부 부부상〉 박재삼

흥부 부부가 박덩이를 사이 하고
가르기 전에 건넨 웃음살을 헤아려 보라.
금(金)이 문제리, *사랑, 배려*
황금(黃金) 벼이삭이 문제리,] *물질*
웃음의 물살이 반짝이며 정갈하던 ☆ *가난하지만 욕심 없고*
그것이 확실히 문제다. *소박한 태도가 중요함*
본질(중요한 가치)

없는 떡방아 소리도
있는 듯이 들어내고
손발 닳은 처지끼리
같이 웃어 비추던 거울면(面)들아. *부부*

웃다가 서로 불쌍해
서로 구슬을 나누었으리.
그러다 금시 *눈물*
절로 면(面)에 온 구슬까지를 서로 부끄리며
먼 물살이 가다가 소스라쳐 반짝이듯
서로 소스라쳐 *배려*
㉠ 본(本)웃음 물살을 지었다고 헤아려 보라.
그것은 확실히 문제다. *1연과 수미상관, 수미상응*

해제 | 이 시는 '흥부 부부'의 삶을 소재로 가난한 생활에서 오는 애환을 서로에 대한 연민과 사랑의 힘으로 이겨 나가는 모습을 그린 작품이다. 박을 타려 할 때의 순수한 웃음, 없는 떡방아 소리도 들을 수 있는 넉넉한 마음, 그리고 서로 마주 보며 연민과 웃음을 나누는 모습에서 안분지족하는 '흥부 부부'의 순수함과 사랑을 느낄 수 있다.

주제 | 가난한 삶 속에서 느끼는 소박한 행복

구성 |
1연	박덩이를 앞에 둔 흥부 부부의 정갈한 웃음
2연	가난하지만 서로를 위하는 흥부 부부
3연	흥부 부부의 아름다운 눈물과 웃음

작품 분석 〈즐거운 편지〉 황동규

Ⅰ
그대를 생각함은 항상 그대가 앉아 있는 배경에서 해가 지고
바람이 부는 일처럼 사소한 일일 것이나 언젠가 그대가 한없
반어
이 괴로움 속을 헤매일 때에 오랫동안 전해 오던 그 사소함으
로 그대를 불러 보리라. *나의 사랑*

Ⅱ
진실로 진실로 내가 그대를 사랑하는 까닭은 내 나의 사랑을
반복 → '그대'에 대한 사랑이 소중할 것임을 강조
한없이 잇닿은 그 기다림으로 바꾸어 버린 데 있었다. 밤이 들
면서 골짜기엔 눈이 퍼붓기 시작했다. (내 사랑도 어디쯤에선
반드시 그칠 것을 믿는다.) 다만 그때 내 기다림의 자세를 생각
① 사랑의 유한성 인식 ② 영원한 사랑을 반어적으로 표현
하는 것뿐이다. 그동안에 눈이 그치고 꽃이 피어나고 낙엽이
떨어지고 또 눈이 퍼붓고 할 것을 믿는다. *순환(끝없는 사랑)*

해제 | 이 시의 화자는 '그대'에게 자신의 사랑이 받아들여지지 않은 채, 기약 없이 기다려야 하는 고통스러운 상황에 처해 있다. 하지만 '즐거운 편지'라는 제목을 통해서 알 수 있듯이 화자는 이런 기다림의 고통을 사랑하는 '그대'를 위한 기다림의 기쁨으로 바꾸어 놓고 있다.

주제 | 사랑의 간절함과 불변성에 대한 고백

특징 | ① 반어적 기법을 사용하여 그리움을 전달함.
② 화자의 사랑을 자연 현상에 빗대어 산문의 형식으로 표현함.

구성 |
1연	사랑의 사소함에 대한 고백
2연	사랑의 순간성에 대한 고백

현대 운문 〈성탄제(聖誕祭)〉 김종길

어두운 방 안에
바알간 숯불이 피고,

외로이 늙으신 할머니가
애처로이 잦아드는 어린 목숨을 지키고 계시었다.

이윽고 눈 속을
아버지가 약을 가지고 돌아오시었다.

아, 아버지가 눈을 헤치고 따오신
그 붉은 산수유 열매 —

나는 한 마리 어린 짐승
젊은 아버지의 서느런 옷자락에
열(熱)로 상기한 볼을 말없이 부비는 것이었다.

이따금 뒷문을 눈이 치고 있었다.
그날 밤이 어쩌면 성탄제의 밤이었을지도 모른다.

어느새 나도
그때의 아버지만큼 나이를 먹었다.

옛것이란 거의 찾아볼 길 없는
성탄제(聖誕祭) 가까운 도시에는
이제 반가운 그 옛날의 것이 내리는데

서러운 서른 살 나의 이마에
불현듯 아버지의 서느런 옷자락을 느끼는 것은

눈 속에 따오신 산수유 붉은 알알이
아직도 내 혈액 속에 녹아 흐르는 까닭일까.

✓ 체크 문제

☑ 이 시에 대한 이해로 옳은 것은?   2021. 국회직 9급
① 색채의 대비를 통한 비극적 정조가 두드러진다.
② 촉각적 표현으로 대상에 대한 그리움을 형상화한다.
③ 전통을 과감히 부정하는 미래지향적 전망을 보여 준다.
④ 공간적 동질감이 시적 화자의 감정을 부추기고 있다.
⑤ 근원적 사랑의 상실이라는 현상에 대해 안타까워한다.

1. 이 시의 시상을 지배하는 시어와 그 상징적 의미로 적절한 것은?
① 눈 - 포용과 이해의 존재
② 어린 목숨 - 순수한 과거의 자신
③ 서러운 서른 살 - 기성세대의 비애
④ 산수유 열매 - 아버지의 순수한 사랑
⑤ 성탄제 - 인간에 대한 사랑이 고양되는 시간

현대 운문 〈목계장터〉 신경림

하늘은 날더러 구름이 되라 하고
땅은 날더러 바람이 되라 하네.
청룡 흑룡 흩어져 비 개인 나루
잡초나 일깨우는 잔바람이 되라네.
뱃길이라 서울 사흘 목계 나루에
아흐레 나흘 찾아 박가분 파는
가을볕도 서러운 방물장수 되라네.
산은 날더러 들꽃이 되라 하고
강은 날더러 잔돌이 되라 하네.
┌ 산서리 맵차거든 풀 속에 얼굴 묻고
│ 물여울 모질거든 바위 뒤에 붙으라네.
├ ㉠ 민물 새우 끓어 넘는 토방 툇마루
│ 석삼 년에 한 이레쯤 천치로 변해
└ 짐 부리고 앉아 쉬는 떠돌이가 되라네.
하늘은 날더러 바람이 되라 하고
산은 날더러 잔돌이 되라 하네.

✓ 체크 문제

1. 이 시에 대한 설명으로 적절하지 않은 것은?
① 1인칭 화자의 독백 형식을 취하고 있다.
② 4음보의 민요적 율격을 통해 음악성을 획득하고 있다.
③ 자연물을 활용하여 시적 화자의 정서를 표현하고 있다.
④ 대립적 심상의 시어들을 통해 주제를 형상화하고 있다.
⑤ 고도의 상징적인 시어를 통해 초월적인 삶을 표현하고 있다.

2. ㉠에 대한 이해로 가장 적절한 것은?
① 삶에 대한 자포자기적인 태도가 나타나 있다.
② 방랑과 정착 사이에서 갈등하는 모습을 느낄 수 있다.
③ 피하지 못할 상황은 차라리 즐기려는 모습이 드러나 있다.
④ 언제나 미래의 희망을 잃지 않으려는 모습을 보이고 있다.
⑤ 어떠한 삶이든 운명으로 받아들이려는 태도가 드러나 있다.

작품 분석 〈성탄제(聖誕祭)〉 김종길

어두운 방 안에
바알간 숯불이 피고,

외로이 늙으신 할머니가
애처로이 잦아드는 어린 목숨을 지키고 계시었다.

이윽고 눈 속을
아버지가 약을 가지고 돌아오시었다.

(아,) 아버지가 눈을 헤치고 따오신
그 붉은 산수유 열매—

나는 한 마리 어린 짐승
젊은 아버지의 서느른 옷자락에
열(熱)로 상기한 볼을 말없이 부비는 것이었다.

이따금 뒷문을 눈이 치고 있었다.
그날 밤이 어쩌면 성탄제의 밤이었을지도 모른다.

어느새 나도
그때의 아버지만큼 나이를 먹었다.

옛것이란 거의 찾아볼 길 없는
성탄제(聖誕祭) 가까운 도시에는
이제 반가운 그 옛날의 것이 내리는데

서러운 서른 살 나의 이마에
불현듯 아버지의 서느른 옷자락을 느끼는 것은

눈 속에 따오신 산수유 붉은 알알이
아직도 내 혈액 속에 녹아 흐르는 까닭일까.

해제 | 성탄절 무렵 각박한 도시에서 옛날과 다름없이 내리는 눈을 보며, 어린 시절의 아버지에 대한 그리움을 노래한 시이다. 시적 화자는 어린 시절 열병을 앓았었는데, '아버지가 눈을 헤치고 따오신 / 그 붉은 산수유 열매'와 '아버지의 서느른 옷자락'을 통해 병을 치유할 수 있었다. 어른이 된 화자는 이제 어린 시절에 앓았던 열병을 통하여 아버지의 사랑을 받았던 그 시절을 그리워하고 있다. 이러한 기억은 성탄절 가까운 어느 날 서른 살이 된 화자의 이마에 와 닿는 눈의 서느른 감촉으로 인해 되살아난다.

주제 | 아버지의 정성과 숭고한 사랑에 대한 그리움

구성 |

1~6연	어린 시절에 느꼈던 아버지의 사랑에 대한 회상
7~10연	삭막한 현실 속에서 그 옛날 아버지의 사랑을 그리워함.

작품 분석 〈목계장터〉 신경림

하늘은 날더러 구름이 되라 하고
땅은 날더러 바람이 되라 하네.
청룡 흑룡 흩어져 비 개인 나루
잡초나 일깨우는 잔바람이 되라네.
뱃길이라 서울 사흘 목계 나루에
아흐레 나흘 찾아 박가분 파는
가을볕도 서러운 방물장수 되라네.
산은 날더러 들꽃이 되라 하고
강은 날더러 잔돌이 되라 하네.
산서리 맵차거든 풀 속에 얼굴 묻고
물여울 모질거든 바위 뒤에 붙으라네.
㉠ 민물 새우 끓어 넘는 토방 툇마루
석삼 년에 한 이레쯤 천치로 변해
짐 부리고 앉아 쉬는 떠돌이가 되라네.
하늘은 날더러 바람이 되라 하고
산은 날더러 잔돌이 되라 하네.

해제 | '목계장터'를 중심으로 떠돌이 생활을 하는 민중들의 삶과 생명력을 노래한 시이다. 이 시는 표면상 1인칭 화자의 독백으로 진술되어 있다. 그러나 그 독백은 화자 개인의 삶의 애환을 토로하는 것이 아니라, 떠돌이의 삶을 살아갈 수밖에 없었던 민중의 고뇌라는 일반화된 삶의 현실을 대변하는 것이다. 그것은 이 시가 '목계장터'라는 생활 현실의 공간을 대상으로 하고 있기 때문이다. 이 시는 화자가 보고 듣고 체험한 사실들이 시적 표현의 바탕을 이루고 있다. 특히, '구름', '바람' 등으로 표상되는 '떠남'의 이미지와 '들꽃', '잔돌' 등으로 표상되는 '정착'의 이미지의 대조적 표현은, 퇴색해 가는 목계 나루에서 방랑과 정착의 기로에 서 있는 농촌 공동체의 시대적 삶과 화자의 개인적 삶 사이의 갈등을 선명하게 보여 주고 있다.

주제 | 민중들의 삶의 애환(방랑과 정착 사이의 갈등)

구성 |

1~7행	떠나는 삶 — 방랑
8~11행	머무르는 삶 — 정착
12~14행	떠나는 삶
15~16행	떠나고 머무르는 삶

현대 운문 〈벼〉 이성부

벼는 서로 어우러져
기대고 산다.
햇살 따가워질수록
깊이 익어 스스로를 아끼고
이웃들에게 저를 맡긴다.

서로가 서로의 몸을 묶어
더 튼튼해진 백성들을 보아라.
죄도 없이 죄지어서 더욱 불타는
마음들을 보아라. 벼가 춤출 때,
벼는 소리 없이 떠나간다.

벼는 가을 하늘에도
서러운 눈 씻어 맑게 다스릴 줄 알고
바람 한 점에도
제 몸의 노여움을 덮는다.
저의 가슴도 더운 줄을 안다.

벼가 떠나가며 바치는
이 넓디넓은 사랑,
쓰러지고, 쓰러지고 다시 일어서서 드리는
이 피 묻은 그리움,
이 넉넉한 힘⋯⋯.

체크 문제

1. 이 시에 대한 설명으로 거리가 먼 것은?
   ① 자연물을 시적 대상으로 하고 있다.
   ② 구체적인 청자를 설정하지 않고 있다.
   ③ 내용상 참여시 계열의 시로 볼 수 있다.
   ④ 인간 존재의 본질에 대한 성찰을 담고 있다.
   ⑤ 벼의 속성에서 유추하여 민중의 삶을 형상화하고 있다.

2. 이 시와 〈보기〉의 공통점으로 가장 적절한 것은?

   〈 보기 〉
   풀이 눕는다. / 비를 몰아오는 동풍에 나부껴 / 풀은 눕고 / 드디어 울었다. / 날이 흐려져 더 울다가 / 다시 누웠다.

   풀이 눕는다. / 바람보다도 더 빨리 눕는다. / 바람보다도 더 빨리 울고 / 바람보다도 먼저 일어난다.

   날이 흐르고 풀이 눕는다. / 발목까지 / 발밑까지 눕는다. / 바람보다 늦게 누워도 / 바람보다 먼저 일어나고 / 바람보다 늦게 울어도 / 바람보다 먼저 웃는다. / 날이 흐리고 풀뿌리가 눕는다.
   – 김수영, 〈풀〉

   ① 자연물을 통해 민중의 삶을 형상화하였다.
   ② 미래에 대한 민중들의 소망을 형상화하였다.
   ③ 역사 속에서의 민중의 수동적 모습을 일깨웠다.
   ④ 민중의 삶을 방해하는 불의한 세력을 비판하였다.
   ⑤ 자연물에서 인생의 교훈을 얻으려는 점을 강조하였다.

현대 운문 〈설일(雪日)〉 김남조

겨울나무와 / 바람
머리채 긴 바람들은 투명한 빨래처럼
진종일 가지 끝에 걸려
나무도 바람도
혼자가 아닌 게 된다.

혼자는 아니다.
누구도 혼자는 아니다.
나도 아니다.
하늘 아래 외톨이로 서 보는 날도
㉠ 하늘만은 함께 있어 주지 않던가.

삶은 언제나 / 은총의 돌층계의 어디쯤이다.
사랑도 매양 / 섭리의 자갈밭의 어디쯤이다.

이적진 말로써 풀던 마음
말없이 삭이고
얼마나 더 너그러워져서 이 생명을 살자.
황송한 축연이라 알고
한 세상을 누리자.

새해의 눈시울이
순수의 얼음꽃,
승천하는 눈물들이 다시 땅 위에 떨구이는
백설을 담고 온다.

체크 문제

1. 이 시에 대한 설명으로 적절하지 않은 것은?
   ① 삶에 대한 반성적 태도를 나타내고 있다.
   ② 인생의 자세를 새롭게 다지는 결의를 표명하고 있다.
   ③ 은유적 표현을 통해 화자의 깨달음을 제시하고 있다.
   ④ 명령형 어미를 사용하여 화자의 의지를 강조하고 있다.
   ⑤ 시각적 심상을 활용하여 시적 상황을 선명하게 전달하고 있다.

2. 이 작품을 시낭송회에서 발표할 때, 작품의 분위기에 어울리는 어조는?
   ① 격정적인 영탄적 어조
   ② 조용하고 애상적인 어조
   ③ 강건하고 힘찬 남성적 어조
   ④ 차가우면서도 냉소적인 어조
   ⑤ 경건하면서도 설득적인 어조

3. ㉠에 대한 설명으로 가장 적절한 것은?
   ① 자연의 아름다움을 깨닫게 하는 대상이다.
   ② 세속적 현실과 대비되는 순수한 자연물이다.
   ③ 고독한 순간을 이겨 내도록 도와주는 존재이다.
   ④ 화자가 현실에서 벗어나 새롭게 지향하는 이상 세계이다.
   ⑤ 화자가 부정한 현실에 타협하지 않도록 이끌어 주는 존재이다.

작품 분석 〈벼〉 이성부

벼는 서로 어우러져 — 민중
기대고 산다.
햇살 따가워질수록
깊이 익어 스스로를 아끼고
이웃들에게 저를 맡긴다. 공동체 정신, 연대 의식

서로가 서로의 몸을 묶어
더 튼튼해진 백성들을 보아라.
죄도 없이 죄지어서 더욱 불타는
마음들을 보아라. 벼가 춤출 때,
벼는 소리 없이 떠나간다.

벼는 가을 하늘에도
서러운 눈 씻어 맑게 다스릴 줄 알고
바람 한 점에도
제 몸의 노여움을 덮는다. 인내
저의 가슴도 더운 줄을 안다. 저항 정신 있음

벼가 떠나가며 바치는
이 넓디넓은 사랑, 희생적 사랑
쓰러지고, 쓰러지고 다시 일어서서 드리는
이 피 묻은 그리움,
이 넉넉한 힘…… 생명력

해제 | 이 시는 '벼'라는 생명 표상을 통해 민족, 민중의 공동체 의식을 나타낸 작품으로, 비유와 상징의 기법으로써 주제를 형상화하고 있다. 이 시의 핵심적 이미지인 '벼'는 공동체 의식에 바탕을 둔 민중, 민족의식과 생명 의지로 상징된다. 기·승·전·결의 4연 구성의 이 시는 벼의 외면적 모습, 벼의 내면적 덕성, 벼의 내면적 태도, 벼에 대한 예찬의 과정에 따라 시상을 전개시키고 있다.

주제 | 벼의 강인한 생명력과 민중들의 덕성을 예찬(민중의 강인한 생명력과 공동체적 유대, 역사를 위한 자기 희생)

특징 | ① 사물의 의인화 및 비유와 상징을 통해 주제 의식을 형상화
② 벼의 생장과 수확 과정을 통해 민중의 삶을 예찬함.

구성

1연	벼의 외면 → 민중들의 공동체적 유대와 신뢰
2연	벼의 외면 → 민중들의 저력과 겸손함.
3연	벼의 내면(덕성) → 민중들의 인고(忍苦)와 어질고 현명함.
4연	벼에 대한 예찬 → 민중들의 고귀한 희생과 사랑

작품 분석 〈설일(雪日)〉 김남조

겨울나무와 / 바람
머리채 긴 바람들은 투명한 빨래처럼
'바람'을 시각적으로 표현   직유
진종일 가지 끝에 걸려
나무도 바람도
혼자가 아닌 게 된다.

혼자는 아니다.
누구도 혼자는 아니다.
나도 아니다.
하늘 아래 외톨이로 서 보는 날도
㉠ 하늘만은 함께 있어 주지 않던가.   반복 → 혼자가 아니라는 깨달음 강조

삶은 언제나 / 은총의 돌충계의 어디쯤이다.
사랑도 매양 / 섭리의 자갈밭의 어디쯤이다.   ○=□ 은유
역설

이적진 말로써 풀던 마음
말없이 삭이고
얼마나 더 너그러워져서 이 생명을 살자.
⊕ 황송한 축연이라 알고
한 세상을 누리자.   긍정적 삶의 태도

새해의 눈시울이
순수의 얼음꽃,
승천하는 눈물들이 다시 땅 위에 떨구이는
백설을 담고 온다.

해제 | 이 시는 제목의 의미 '눈 오는 날'에서 알 수 있듯이, 눈 내리는 풍경을 보면서 인간은 결코 혼자가 아니며, 시련과 고통 또한 절대자의 은총이고 섭리라는 깨달음을 노래하고 있다. 이 시의 화자는 불평과 원망을 일삼던 과거를 반성하면서 삶을 긍정적으로 바라보며 너그러운 마음으로 살겠다고 새해 다짐을 하고 있다.

주제 | 너그러운 삶을 살고자 하는 새해의 다짐

구성

1연	나무도 바람도 혼자가 아님.
2연	인간은 혼자가 아님.
3연	삶과 사랑에 대한 인식
4연	너그러운 삶을 살려는 다짐
5연	새해를 맞이하는 순수한 마음

현대 운문 〈저문 강에 삽을 씻고〉 정희성

흐르는 것이 물뿐이랴. / 우리가 저와 같아서
강변에 나가 삽을 씻으며 / 거기 슬픔도 퍼다 버린다.
일이 끝나 저물어 / ㉠ 스스로 깊어 가는 강을 보며
쭈그려 앉아 담배나 피우고 / 나는 돌아갈 뿐이다.
삽자루에 맡긴 한 생애가 / 이렇게 저물고, 저물어서
샛강 바닥 썩은 물에 / 달이 뜨는구나.
우리가 저와 같아서 / 흐르는 물에 삽을 씻고
먹을 것 없는 사람들의 마을로 / 다시 어두워 돌아가야 한다.

✔ 체크 문제

☑ 이 시의 밑줄 친 ㉠에 대한 설명으로 옳은 것은? 2022. 국회직 9급
① 자연의 자정 작용에 대한 기대감을 표현한다.
② 현재의 삶에 대한 적극적인 극복 의지를 드러낸다.
③ 사람들의 고통과 슬픔이 깊어지는 상황을 나타낸다.
④ 설의적 표현을 통해 자신의 무기력함을 성찰한다.
⑤ 현실의 갈등이 흐르는 물과 같이 해소되기를 염원한다.

---

1. 이 시의 화자 A와 〈보기〉 시의 화자 B가 대화를 나눈다고 할 때, 적절하지 않은 것은?

〈 보기 〉
보름달은 밝아 어떤 녀석은
꺽정이처럼 울부짖고 또 어떤 녀석은
서림이처럼 해해대지만 이까짓
산 구석에 처박혀 발버둥 친들 무엇하랴.
비료값도 안 나오는 농사 따위야 / 아예 여편네에게나 맡겨 두고
쇠전을 거쳐 도수장 앞에 와 돌 때 / 우리는 점점 신명이 난다.
한 다리를 들고 날라리를 불꺼나 / 고갯짓을 하고 어깨를 흔들꺼나
  - 신경림, 〈농무〉

① A : 난 어느 날 저녁 강물을 보며 반복되는 삶을 이대로 살아갈 수밖에 없는지 의문이 들었어요.
② B : 그래서 흐르는 강물에 슬픔을 띄워 보내려고 했군요. 저 역시 농사를 지어 봤자 아무것도 남는 것이 없는 이 생활에 희망이 없어요.
③ A : 그럼, 날라리 불고, 고갯짓하고, 어깨를 흔든 것은 시름을 잊기 위한 행위였군요.
④ B : 네. 현실에 절망하고 체념하면 뭐하겠어요. 신명으로 푸는 수밖에…….
⑤ A : 당신 말을 듣고 보니 저도 이제부터는 현실에 체념하기보다는 용기 내어 살아갈까 봐요.

현대 운문 〈너를 기다리는 동안〉 황지우

네가 오기로 한 그 자리에
내가 미리 가 너를 기다리는 동안
다가오는 모든 발자국은
내 가슴에 쿵쿵거린다.
바스락거리는 나뭇잎 하나도 다 내게 온다.
기다려 본 적이 있는 사람은 안다.
세상에서 기다리는 일처럼 가슴 에리는 일 있을까.
네가 오기로 한 그 자리, 내가 미리 와 있는 이곳에서
문을 열고 들어오는 모든 사람이 / 너였다가
너였다가, 너일 것이었다가 / 다시 문이 닫힌다.
사랑하는 이여 / 오지 않는 너를 기다리며
마침내 나는 너에게 간다.
아주 먼 데서 나는 너에게 가고
아주 오랜 세월을 다하여 너는 지금 오고 있다.
아주 먼 데서 지금도 천천히 오고 있는 너를
너를 기다리는 동안 나도 가고 있다.
남들이 열고 들어오는 문을 통해
내 가슴에 쿵쿵거리는 모든 발자국 따라
너를 기다리는 동안 나는 너에게 가고 있다.

✔ 체크 문제

1. 이 시의 화자가 할 말로 적절하지 않은 것은?
① 난 언제나 너를 생각하고 있다.
② 내가 사랑했던 너를 오랫동안 기다려 왔다.
③ 나는 여전히 돌아오지 않는 너를 기다리고 있다.
④ 나는 너를 만나리라는 희망을 버리지 않고 있다.
⑤ 너를 만나기 위해 나는 네가 있는 곳으로 갈 것이다.

2. 다음 중 이 시의 분위기와 가장 유사한 것은?
① 해 뜨는 아침에는 / 나도 맑은 사람이 되어 / 그대에게 가고 싶다.
  - 안도현, 〈그대에게 가고 싶다〉
② 길게 부는 한지의 바람 / 바다 앞의 집들을 흔들고 / 긴 눈 내릴 듯 / 낮게 낮게 비치는 불빛
  - 황동규, 〈기항지 1〉
③ 바다를 향한 산마룻길에 / 우두커니 서 있는 전신주 위엔 / 지나가던 구름이 하나 새빨간 노을에 젖어 있다.
  - 김광균, 〈외인촌〉
④ 묻혀서 사는 이의 / 고운 마음을 // 아는 이 있을까 / 저어하노니 // 꽃이 지는 아침은 / 울고 싶어라.
  - 조지훈, 〈낙화〉
⑤ 새벽마다 고요히 꿈길을 밟고 와서 / 머리맡에 찬물을 쏴아 붓고는 / 그는 가슴을 디디면서 멀리 사라지는 / 북청 물장수
  - 김동환, 〈북청 물장수〉

작품 분석 〈저문 강에 삽을 씻고〉 정희성

흐르는 것이 물뿐이랴. — 설의
　　　　　물: 노동자의 상징
우리가 저와 같아서
강변에 나가 삽을 씻으며
　　　　　　삽: 노동자
거기 슬픔도 퍼다 버린다.
　　관념의 구체화
일이 끝나 저물어
㉠ 스스로 깊어 가는 강을 보며
쭈그려 앉아 담배나 피우고
나는 돌아갈 뿐이다. — 무력감
삽자루에 맡긴 한 생애가
이렇게 저물고, 저물어서 — 하강적 시어
샛강 바닥 썩은 물에 — 슬픔
달이 뜨는구나.
우리가 저와 같아서
흐르는 물에 삽을 씻고
먹을 것 없는 사람들의 마을로
다시 어두워 돌아가야 한다. ① 날이 어두워 ② 얼굴 표정이 어두워
　　체념, 좌절

해제 | 1960~1970년대 우리나라에서 도시화가 급속히 진전되면서 생겨난 가난한 도시 노동자의 삶을 형상화하였다. 시인은 노동자의 입장에서 세상에 대한 비판적 태도를 그대로 드러내고 있다. 비슷한 주제의 다른 작품과는 달리, 격앙된 목소리보다는 차분히 절제된 목소리로 일관하고 있다는 특징이 있다.

주제 | 도시의 가난한 노동자가 느끼는 삶의 의미

구성 |

1~4행	강물에서 발견한 인생의 의미
5~8행	삶의 무력감과 실의
9~12행	암담한 노동의 현실 인식
13~16행	암담한 현실에 대한 체념

작품 분석 〈너를 기다리는 동안〉 황지우

네가 오기로 한 그 자리에
내가 미리 가 너를 기다리는 동안
다가오는 모든 발자국은
내 가슴에 쿵쿵거린다. — 설렘
바스락거리는 나뭇잎 하나도 다 내게 온다.
기다려 본 적이 있는 사람은 안다.
세상에서 기다리는 일처럼 가슴 에리는 일 있을까.
네가 오기로 한 그 자리, 내가 미리 와 있는 이곳에서
문을 열고 들어오는 모든 사람이 / 너였다가
　　　　　　　　　　　　　　기대
너였다가, 너일 것이었다가 / 다시 문이 닫힌다.
　불안　　　　　　　　　　실망
사랑하는 이여 / 오지 않는 너를 기다리며
마침내 나는 너에게 간다. — 이동 → 정지
아주 먼 데서 나는 너에게 가고　　역설
'너'와의 공간적 거리감
아주 오랜 세월을 다하여 너는 지금 오고 있다.
'너'와의 시간적 거리감

아주 먼 데서 지금도 천천히 오고 있는 너를
너를 기다리는 동안 나도 가고 있다.
　　　역설(만남에 대한 의지)
남들이 열고 들어오는 문을 통해
내 가슴에 쿵쿵거리는 모든 발자국 따라
너를 기다리는 동안 나는 너에게 가고 있다.
　　　　반복을 통한 강조

해제 | 이 작품은 사랑하는 사람을 기다리는 마음을 평이하면서도 감각적인 언어로 절실하게 표현하고 있다. 누군가 다가오는 발자국 소리도, 바스락거리는 나뭇잎 소리에도 화자는 기다림의 초조함과 설렘을 느끼고 있다. 또한 기다리는 사람이 끝끝내 오지 않는 상황 속에서도 '너를 기다리는 동안 나는 너에게 가고 있다'고 표현하며 그 사람에 대한 재회의 열망을 나타내고 있다. 시인이 이 작품의 후기에 '기다림이 없는 사랑이 어디 있으랴. 희망이 있는 한, 희망을 있게 한 절망이 있는 한, 내 가파른 삶이 무엇인가를 기다리게 한다. 민주, 자유, 평화, 숨결, 더운 사랑'이라고 했듯이 이 작품은 '민주, 자유, 평화' 등의 가치에 대한 기다림이야말로 삶의 참된 원동력이라는 인식을 나타내고 있기도 하다.

주제 | 사랑하는 이에 대한 기다림의 자세

구성 |

1~12행	'너'를 기다리며 느끼는 설렘과 절망감
13~22행	'너'와의 만남에 대한 의지

현대 운문 〈오렌지〉 신동집

오렌지에 아무도 손을 댈 순 없다.
오렌지는 여기 있는 이대로의 오렌지다.
더도 덜도 할 수 없는 오렌지다.
내가 보는 오렌지가 나를 보고 있다.

마음만 낸다면 나도
오렌지의 포들한 ㉠껍질을 벗길 수 있다.
마땅히 그런 오렌지 / 만이 문제가 된다.

마음만 낸다면 나도
오렌지의 찹잘한 ㉡속살을 깔 수 있다.
마땅히 그런 ㉢오렌지 / 만이 문제가 된다.

그러나 오렌지에 아무도 손을 댈 순 없다.
대는 순간 / 오렌지는 이미 ㉣오렌지가 아니고 만다.
내가 보는 오렌지가 나를 보고 있다.

나는 지금 위험한 상태다.
오렌지도 마찬가지 위험한 상태다.
시간이 똘똘 / 배암의 또아리를 틀고 있다.

그러나 다음 순간,
오렌지의 포들한 껍질에
한없이 어진 그림자가 비치고 있다.
㉤누구인지 잘은 아직 몰라도.

체크 문제

1. 이 시에 대한 설명으로 적절하지 않은 것은?
① 종교적 성찰을 다루고 있다.
② 형이상학적 성격의 주지시이다.
③ 반복과 상징적 표현을 사용하고 있다.
④ 주로 시각적, 촉각적 심상이 사용되었다.
⑤ 관념적인 문제를 구체적 언어를 통해 표현하고 있다.

2. ㉠~㉤ 중 〈보기〉의 밑줄 친 시어와 그 함축적 의미가 유사한 것은?

〈 보기 〉

나는 시방 위험한 짐승이다.
나의 손이 닿으면 너는
미지의 까마득한 어둠이 된다.

존재의 흔들리는 가지 끝에서
너는 이름도 없이 피었다 진다.

눈시울에 젖어드는 이 무명의 어둠에
추억의 한 접시 불을 밝히고
나는 한밤 내 운다.

나의 울음은 차츰 아닌 밤 돌개바람이 되어
탑을 흔들다가
돌에까지 스미면 금이 될 것이다.

…… 얼굴을 가리운 나의 신부여.

— 김춘수, 〈꽃을 위한 서시〉

① ㉠   ② ㉡   ③ ㉢   ④ ㉣   ⑤ ㉤

작품 분석 〈오렌지〉 신동집

오렌지에 아무도 손을 댈 순 없다.
오렌지는 여기 있는 이대로의 오렌지다.
더도 덜도 할 수 없는 오렌지다.
내가 보는 오렌지가 나를 보고 있다. **관계는 상호적**

마음만 낸다면 나도
오렌지의 포들한 ㉠ 껍질을 벗길 수 있다.
마땅히 그런 오렌지 / 만이 문제가 된다.

오렌지(대상)의 의미를 밝힘

마음만 낸다면 나도
오렌지의 참잘한 ㉡ 속살을 깔 수 있다.
마땅히 그런 ㉢ 오렌지 / 만이 문제가 된다.

〈그러나〉 오렌지에 아무도 손을 댈 순 없다.
대는 순간 / 오렌지는 이미 ㉣ 오렌지가 아니고 만다. **왜곡**
내가 보는 오렌지가 나를 보고 있다.

나는 지금 위험한 상태다. **왜곡될 수 있음**
오렌지도 마찬가지 위험한 상태다.
시간이 똘똘 / 배암의 또아리를 틀고 있다.
시간의 흐름을 시각적으로 형상화

〈그러나〉 다음 순간,
오렌지의 포들한 껍질에
한없이 어진 그림자가 비치고 있다.
순수한 본질
㉤ 누구인지 잘은 아직 몰라도.

해제 | 이 시는 '오렌지'를 소재로 존재의 본질을 파악하고자 하나 진정한 존재의 본질을 파악할 수 없는 것에 대한 안타까움을 표출하고 있는 작품이다. 오렌지는 단순한 과일이 아니라 존재의 본질을 나타내는 사물로서의 의미를 갖는다. 화자가 오렌지에 손을 댈 수 없다고 하는 것은 사물의 본질을 파악하는 것이 어려움을 뜻한다. 오렌지와 '나'는 서로의 본질을 통해 의미를 만들고 관계를 형성하려 하지만 서로를 알지 못하는 미지의 상태, 즉 '위험한 상태'에 있다. 시간이 흘러, '나'는 오렌지의 본질을 파악할 수 있으리라는 한 가닥 희망을 발견하는데, 그 희망은 '한없이 어진 그림자'가 환기하는 초월적 존재를 통해 확인된다.

주제 | 존재의 본질 탐구, 존재의 본질과 삶의 의미 탐구

특징 | ① 관념적이고 추상적인 내용을 구체적인 언어를 통해 드러냄.
② 상징적인 수법과 동일한 통사 구조를 반복하여 표현함.
③ 다양한 심상(시각, 촉각, 미각)을 사용함.

구성 |

1연	사물 그 자체로서의 오렌지
2~3연	일상적 사물로서의 오렌지
4연	존재의 본질 파악의 어려움
5연	사물의 본질을 파악할 수 없는 고민
6연	사물의 본질을 파악할 수 있을 것 같은 예감

현대 운문 〈사평역에서〉 곽재구

막차는 좀처럼 오지 않았다
대합실 밖에는 밤새 송이눈이 쌓이고
㉠ 흰 보라 수수꽃 눈 시린 유리창마다
톱밥 난로가 지펴지고 있었다
그믐처럼 몇은 졸고
몇은 감기에 쿨럭이고
그리웠던 순간들을 생각하며 나는
한 줌의 톱밥을 불빛 속에 던져 주었다
내면 깊숙이 할 말들은 가득해도
㉡ 청색의 손바닥을 불빛 속에 적셔 두고
모두들 아무 말도 하지 않았다
산다는 것이 때론 술에 취한 듯
한 두릅의 굴비 한 광주리의 사과를
만지작거리며 귀향하는 기분으로
침묵해야 한다는 것을
모두들 알고 있었다
㉢ 오래 앓은 기침 소리와
쓴 약 같은 입술 담배 연기 속에서
싸륵싸륵 눈꽃은 쌓이고
그래 지금은 모두들
눈꽃의 화음에 귀를 적신다
자정 넘으면
낯섦음도 뼈아픔도 다 설원인데
단풍잎 같은 몇 잎의 차창을 달고
밤열차는 또 어디로 흘러가는지
㉣ 그리웠던 순간들을 호명하며 나는
한 줌의 눈물을 불빛 속에 던져 주었다

✔ 체크 문제

☑ **㉠~㉣에 대한 이해로 가장 적절한 것은?** 〈2018. 국가직 9급〉

① ㉠ – 여러 개의 난로가 지펴져 안온한 대합실의 상황을 비유적으로 표현하였다.
② ㉡ – 대조적 색채 이미지를 통해, 눈 오는 겨울 풍경의 서정적 정취를 강조하였다.
③ ㉢ – 오랜 병마에 시달린 이들의 비관적 심리와 무례한 행동을 묘사하였다.
④ ㉣ – 화자가 그리워하는 지난 때를 떠올리며 느끼는 정서를 화자의 행위에 투영하였다.

☑ **다음 글에 대한 이해로 적절하지 않은 것은?** 〈2020. 지방직 7급〉

> 작은 산골 간이역에서 제시간에 정확히 도착하는 완행열차를 보기가 그리 쉬운 일은 아님을 익히 알고 있는 탓이다. 더구나 오늘은 눈까지 내리고 있지 않은가. [중략] 지금 대합실에 남아 있는 사람은 모두 다섯이다. 한가운데에 톱밥 난로가 놓여 있고 그 주위로 세 사람이 달라붙어 있다.
> 출감한 지 며칠이 지났건만 사내는 감방 밖에서 보낸 그간의 시간이 오히려 꿈처럼 현실감이 없다. 사내는 출감 후부터 자꾸만 무엇인가 대단히 커다란 것을 빼앗겼다는 느낌을 감출 수가 없었다. 감방 안에서 사내는 손바닥 안에 움켜쥔 모래알이 빠져나가듯 하릴없이 축소되어 가고 있는 자기 몫의 삶의 부피를 안타깝게 저울질해 보곤 했었다. [중략]
> 대학생에겐 삶은 이 세상과 구별할 수 없는 그 무엇이다. 스물넷의 나이인 그에게는 세상 돌아가는 내력을 모르고, 아니 모른 척하고 산다는 것은 절대로 용서할 수 없다. 그런 삶은 잠이다. 마치 마취 상태에 빠져 흘려보내는 시간일 뿐이라고 청년은 믿고 있다. 하지만 그는 얼마 전부터 그런 확신이 조금씩 흔들리기 시작하는 걸 느끼고 있다. 유치장에서 보낸 한 달 남짓한 기억과 퇴학, 끓어오르는 그들의 신념과는 아랑곳없이 이루어지고 있는 강의실 밖의 질서 …… 그런 것들이 자꾸만 청년의 시야를 어지럽히고 혼란을 일으키고 있는 중이다.
> – 임철우, 〈사평역〉에서

① 등장인물들의 과거 삶이 순탄치 않았음을 보여 준다.
② 등장인물들 사이의 갈등이 없이 이야기가 전개되고 있다.
③ 대합실에서 열차를 기다리는 사람들의 상황을 그리고 있다.
④ 등장인물들의 구체적인 행위가 객관적으로 기술되고 있다.

작품 분석 〈사평역에서〉 곽재구

막차는 좀처럼 오지 않았다
대합실 밖에는 밤새 송이눈이 쌓이고
㉠ 흰 보라 수수꽃 눈 시린 유리창마다 ← 차가운 이미지
톱밥 난로가 지펴지고 있었다 ← 따뜻한 이미지
그믐처럼 몇은 졸고
몇은 감기에 쿨럭이고
그리웠던 순간들을 생각하며 나는
                       장면 속 인물
한 줌의 톱밥을 불빛 속에 던져 주었다
내면 깊숙이 할 말들은 가득해도
㉡ 청색의 손바닥을 불빛 속에 적셔 두고
모두들 아무 말도 하지 않았다
☆ 산다는 것이 때론 술에 취한 듯
한 두릅의 굴비 한 광주리의 사과를
만지작거리며 귀향하는 기분으로
침묵해야 한다는 것을
    인내
모두들 알고 있었다
㉢ 오래 앓은 기침 소리와
쓴 약 같은 입술 담배 연기 속에서
싸륵싸륵 눈꽃은 쌓이고
그래 지금은 모두들
눈꽃의 화음에 귀를 적신다
자정 넘으면
낯섦도 뼈아픔도 다 설원인데
단풍잎 같은 몇 잎의 차창을 달고
   직유
밤열차는 또 어디로 흘러가는지
㉣ 그리웠던 순간들을 호명하며 나는 ← 과거를 떠올리며
한 줌의 눈물을 불빛 속에 던져 주었다 ← 눈물을 흘림

해제 | 이 시는 눈 내리는 추운 겨울 대합실 안의 풍경을 배경으로 하고 있다. 그 허름한 공간 안에는 톱밥 난로가 지펴져 있고 막차를 기다리는 사람들이 모여 있다. 기침을 하거나 졸면서 막차를 기다리는 그들은 고단하고 힘겨운 삶을 살아가는 사람들이다. 내면 깊숙이 할 말이 가득해도, 모두들 아무 말도 하지 않고 있는 그들의 태도는 주변부 인생이 겪는 서러움과 절망감을 여실히 보여 준다. 대합실의 풍경에 대한 뛰어난 묘사와 자연스러운 서술, 반복적 변주의 시상 전개 방식 등으로 주변부 사람들의 고단하고 서러운 삶과 그들에 대한 화자의 연민을 호소력 있게 보여 주고 있다.

주제 | 막차를 기다리는 사람들(가난하고 소외된 사람들)의 삶의 애환

특징 | ① 간이역 대합실을 장면화하여 묘사적으로 제시함.
② 감각적 이미지로 감성적이고 쓸쓸한 분위기를 연출함.
③ 쓸쓸하고 차가운 이미지의 시어를 통해 고단한 삶을 형상화함.

구성 |

1~4행	사평역의 겨울밤 풍경
5~8행	대합실에 모인 사람들과 그리움에 잠기는 화자
9~11행	톱밥 난로 주변에서 아무 말도 하지 않는 사람들
12~16행	침묵의 의미
17~21행	겨울밤 풍경을 바라보는 사람들
22~27행	사람들의 고단함을 공감 어린 시선으로 보는 화자

교과서 필수 현대 산문

PART 3 문학

구분	작품명	작가
신소설	금수회의록	안국선
계몽주의	무정	이광수
리얼리즘	고향	현진건
	삼대	염상섭
풍자 농촌 모더니즘	치숙	채만식
	태평천하	채만식
	봄봄	김유정
	날개	이상
	소설가 구보 씨의 일일	박태원
관찰자 시점	사랑손님과 어머니	주요섭
운명과의 갈등	역마	김동리
전쟁 광복 실존	비 오는 날	손창섭
	수난이대	하근찬
	오발탄	이범선
전후 휴머니즘 분단	장마	윤흥길
인간 소외 휴머니즘	아홉 켤레의 구두로 남은 사내	윤흥길
	서울, 1964년 겨울	김승옥
산업화	난장이가 쏘아 올린 작은 공	조세희
	삼포 가는 길	황석영
극	원고지	이근삼
현대 수필	무소유	법정

현대 산문의 전개 및 영향 관계

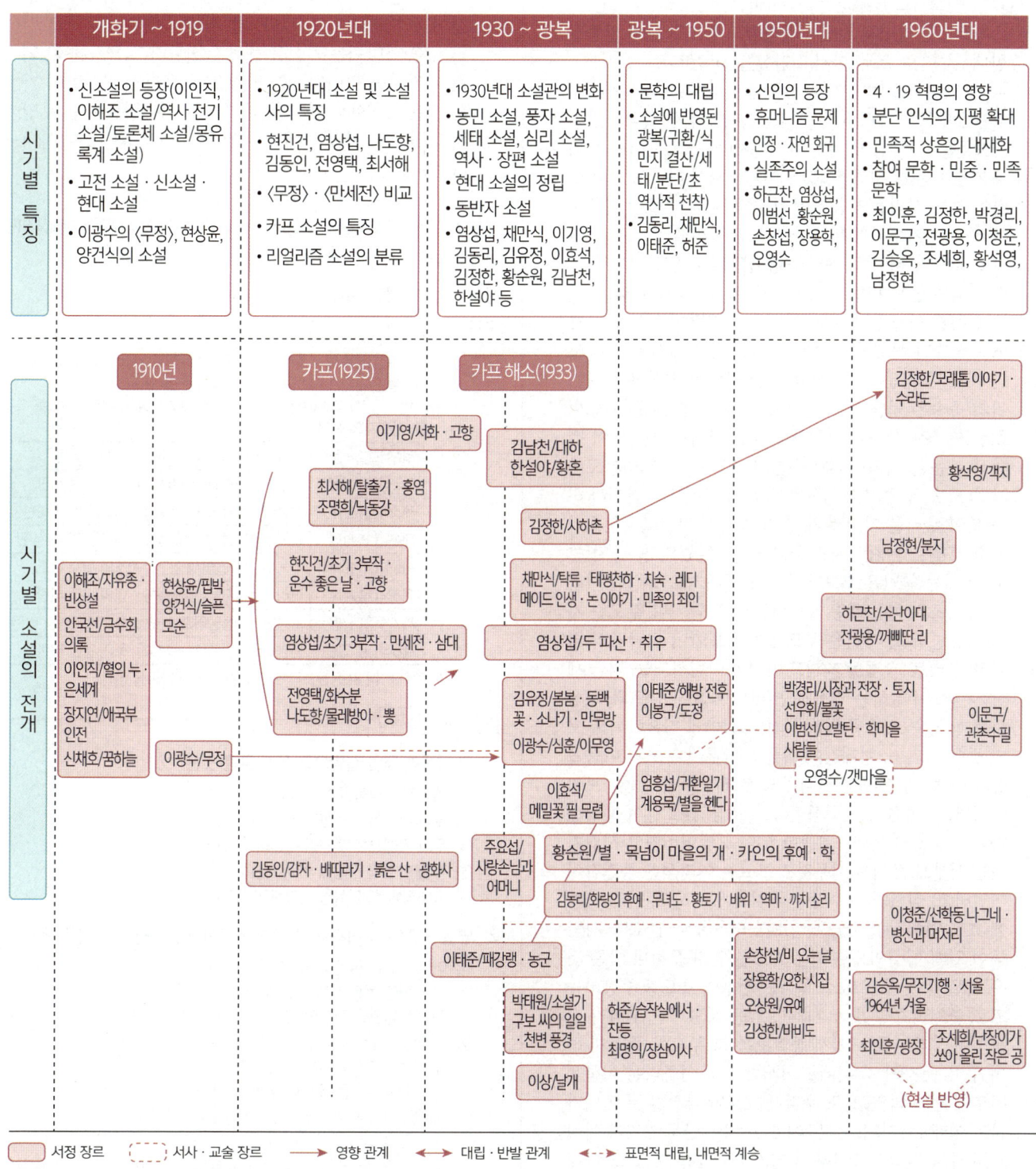

신소설 〈금수회의록(禽獸會議錄)〉 안국선

제1석 : 반포지효(反哺之孝) — 까마귀

프록코트를 입어서 전신이 새까맣고 똥그란 눈이 말똥말똥한데, 물 한 잔 조금 마시고 연설을 시작한다.

"나는 까마귀올시다. 지금 인류에 대하여 소회를 진술한 터인데 반포의 효라 하는 문제를 가지고 잠깐 말씀하겠소. 사람들은 만물 중에 제일이라 하지마는, 그 현실을 살펴볼 지경이면 다 천리(天理)에 어기어져서 하나도 그 취할 것이 없소. 사람들의 옳지 못한 일을 모두 다 들어 말씀하려면 너무 지루하겠기에 다만 사람들의 불효한 것을 가지고 말씀할 터인데, 옛날 동양 성인들이 말씀하기를 효도는 덕의 근본이라, 효도는 일백 행실의 근원이라, 효도는 천하를 다스린다 하였고, 예수교 계명에도 부모를 효도로 섬기라 하였으니, 효도라 하는 것은 자식된 자가 고연(固然)한 직분으로 당연히 행할 일이올시다. 우리 까마귀의 족속은 먹을 것을 물고 돌아와서 어버이를 기르며 효성을 극진히 하여 망극한 은혜를 갚아서 하나님이 정하신 본분을 지키어 자자손손이 천만 대를 내려가도록 가법(家法)을 변치 아니하는 고로, 옛적에 백낙천이라 하는 분이 우리를 가리켜 새 중의 증자라 하였고, 《본초강목(本草綱目)》에는 자조(慈鳥)라 일컬었으니, 증자(曾子)라 하는 양반은 부모에게 효도 잘하기로 유명한 사람이요, 자조라 하는 뜻은 사랑하는 새라 함이니, 부모는 자식을 사랑하고, 자식은 부모에게 효도함이 하나님의 법이라. 우리는 그 법을 지키고 어기지 아니하거늘, 지금 세상 사람들이 말하는 것을 보면 낱낱이 효자 같으되, 실상 하는 행실을 보면 주색잡기(酒色雜技)에 침혹하여 부모의 뜻을 어기며, 형제간에 재물로 다투어 부모의 마음을 상케 하며, 제 한 몸만 생각하고 부모가 주리되 돌아보지 아니하고, 여편네는 학식이라고 조금 있으면 주제넘은 마음이 생겨서 온화·유순한 부덕을 잊어버리고 시집가서는 시부모 보기를 아무것도 모르는 어리석은 물건같이 대접하고, 심하면 원수같이 미워하기도 하니, 인류 사회에 효도 없어짐이 지금 세상보다 더 심함이 없도다. 사람들이 일백 행실의 근본되는 효도를 알지 못하니 다른 것은 더 말할 것 무엇 있소. 우리는 천성이 효도를 주장하는 고로 출천지효성(出天之孝誠) 있는 사람이면 우리가 감동하여 노래자를 도와서 종일토록 그 부모를 즐겁게 하여 주며, 증자의 갓 위에 모여서 효자의 아름다운 이름을 천추에 전케 하였고, 또 우리가 효도만 극진할 뿐 아니라 자고 이래로 《사기(史記)》에 빛난 일이 한두 가지가 아니오니 대강 말씀하오리다. 우리가 떼를 지어 논밭으로 내려갈 때 곡식을 해하는 버러지를 없애려고 가련마는 사람들은 미련한 생각에 그 곡식을 파먹는 줄로 아는도다!

서양 책력 일천팔백칠십사 년의 미국 조류학자 피루라 하는 사람이 우리 까마귀 족속 이천이백오십팔 마리를 잡아다가 배를 가르고 오장을 꺼내어 해부하여 보고 말하기를, 까마귀는 곡식을 해하지 아니하고 곡식에 해 되는 버러지를 잡아먹는다 하였으니, 우리가 곡식밭에 가는 것은 곡식에 이가 되고 해가 되지 아니하는 것은 분명하고, 또 우리가 밤중에 우는 것은 공연히 우는 것이 아니요, [후략]"

주제 | 인간 세계의 모순과 비리와 타락상을 풍자, 개화기의 혼란한 세태를 비판

성격 | 우화적, 풍자적, 정치적

시점 | 1인칭 관찰자 시점

문체 | 연설 문체

구성 | 액자식 구성(꿈속에서 8가지의 동물들이 차례로 인간의 문제점을 성토하는 회의를 인간인 '나'가 관찰하고 기록하는 형식)
▶ 서언 : '나'가 꿈속에서 '금수회의소'에 도착하여 동물들의 회의를 목격함. 사회자의 선언

제1석(第一席)	까마귀 – 반포지효(反哺之孝), 불효 비판
제2석(第二席)	여우 – 호가호위(狐假虎威), 외세 의존 비판
제3석(第三席)	개구리 – 정와어해(井蛙語海), 좁은 소견 비판
제4석(第四席)	벌 – 구밀복검(口蜜腹劍), 표리부동(가식) 비판
제5석(第五席)	게 – 무장공자(無腸公子), 지조와 절개 강조
제6석(第六席)	파리 – 영영지극(營營之極), 이익 분쟁 비판
제7석(第七席)	호랑이 – 가정맹어호(苛政猛於虎), 포악함 비판
제8석(第八席)	원앙 – 쌍거쌍래(雙去雙來), 풍기 문란 비판

▶ 폐회 : '나'가 동물보다 못한 인간 세상의 타락을 비판

체크 문제

1. 이 작품에 대한 설명으로 옳지 않은 것은?
   ① 계몽적인 경향을 보여 주고 있다.
   ② 우리나라 최초의 현대 소설이다.
   ③ 우화 기법으로 주제를 구현하고 있다.
   ④ 작중 화자의 관찰에 의해 서술하고 있다.
   ⑤ 당대의 사회 현실을 신랄하게 풍자하고 있다.

2. 연설 도중에 '까마귀'가 시조를 인용한다면, 가장 알맞은 것은?
   ① 어버이 그릴 줄을 처음부터 알아마는
      님군 향한 뜻도 하날이 삼기시니
      진실로 님군을 잊으면 긔 불효(不孝)인가 여기노라.   – 윤선도
   ② 네 아들 효경(孝經) 읽더니 어도록 배웠나니.
      내 아들 소학(小學)은 모레로 마찰로다.
      어느 제 이 두 글 배화 어질거든 보려뇨.   – 정철
   ③ 어버이 자식 사이 하날 삼긴 지친(至親)이라.
      부모 곳 아니면 이 몸이 이실소냐.
      오조(烏鳥)도 반포(反哺)를 아니 부모 효도하여라.   – 김상용
   ④ 내해 좋다 하고 남 싫은 일 하지 말며
      남이 한다 하고 의(義) 아녀든 좇지 마라.
      우리는 천성을 지키어 생긴 대로 하리라.   – 변계량

계몽주의 〈무정(無情)〉 이광수

　그네는 과연 아무 힘이 없다. 자연(自然)의 폭력(暴力)에 대하여서야 누구라서 능히 저항(抵抗)하리요마는 그네는 너무도 힘이 없다. 일생에 뼈가 휘도록 애써서 쌓아 놓은 생활의 근거를 하룻밤 비에 다 씻겨 내려보내고 말리만큼 그네는 힘이 없다. 그네의 생활의 근거는 마치 모래로 쌓아 놓은 것과 같다. 이제 비가 그치고 물이 나가면 그네는 흩어진 모래를 긁어 모아서 새 생활의 근거를 쌓는다. 마치 개미가 그 가늘고 연약한 발로 땅을 파서 둥지를 만드는 것과 같다. 하룻밤 비에 모든 것을 잃어버리고 발발 떠는 그네들이 어찌 보면 가련하기도 하지마는 또 어찌 보면 너무 약하고 어리석어 보인다.

　그네의 얼굴을 보건대 무슨 지혜가 있을 것 같지 아니하다. 모두 다 미련해 보이고 무감각(無感覺)해 보인다. 그네는 몇 푼어치 아니 되는 농사한 지식을 가지고 그저 땅을 팔 뿐이다. 이리하여서 몇 해 동안 하느님이 가만히 두면 썩은 볏섬이나 모아 두었다가는 한번 물이 나면 다 씻겨 보내고 만다. 그래서 그네는 영원히 더 부(富)하여짐이 없이 점점 더 가난하여진다. 그래서(몸은 점점 더 약하여지고 머리는 점점 더) 미련하여진다. 저대로 내어 버려 두면 마침내 북해도의 '아이누'나 다름없는 종자가 되고 말 것 같다.

　저들에게 힘을 주어야 하겠다. 지식을 주어야 하겠다. 그리해서 생활의 근거를 안전하게 하여 주어야 하겠다.

　"과학(科學)! 과학!"

하고, 형식은 여관에 돌아와 앉아서 혼자 부르짖었다. 세 처녀는 형식을 본다.

　"조선 사람에게 무엇보다 먼저 과학(科學)을 주어야겠어요. 지식을 주어야겠어요."

하고, 주먹을 불끈 쥐며 자리에서 일어나 방 안으로 거닌다.

　"여러분은 오늘 그 광경을 보고 어떻게 생각하십니까."

　이 말에 세 사람은 어떻게 대답할 줄을 몰랐다. 한참 있다가 병욱이가,

　"불쌍하게 생각했지요." / 하고 웃으며, / "그렇지 않아요?"

한다. 오늘 같이 활동하는 동안에 훨씬 친하여졌다.

　"그렇지요, 불쌍하지요! 그러면 그 원인이 어디 있을까요?"

　"물론 문명이 없는 데 있겠지요. — 생활하여 갈 힘이 없는 데 있겠지요."

　"그러면 어떻게 해야 저들을…… 저들이 아니라 우리들이외다…… 저들을 구제할까요?"

하고 형식은 병욱을 본다. 영채와 선형은 형식과 병욱의 얼굴을 번갈아 본다. 병욱은 자신 있는 듯이,

　"힘을 주어야지요? 문명을 주어야지요?" / "그리하려면?"

　"가르쳐야지요? 인도해야지요!" / "어떻게요?"

　"교육으로, 실행으로."

　영채와 선형은 이 문답의 뜻을 자세히는 모른다. 물론 자기네가 아는 줄 믿지마는 형식이와 병욱이가 아는 이만큼 절실(切實)하게, 단단하게 알지는 못한다. 그러나 방금 눈에 보는 사실이 그네에게 산 교육을 주었다. 그것은 학교에서도 배우지 못할 것이요, 대 웅변에서도 배우지 못할 것이었다.

주제 | 민족의식과 자유연애 사상의 고취

성격 | 계몽적, 민족주의적, 설득적

시점 | 전지적 작가 시점

배경 | 시간적 배경 : 1910년대 개화기
　　　　공간적 배경 : 경성, 평양, 삼랑진

특징 |

형식	• 신소설의 문어체를 극복(언문일치) • 일방적 서술보다는 산문적 서술(장면 묘사) • 사건을 역순행적으로 배열(입체적 구성)
내용	• 서구적 가치관(자유연애 사상)을 지향 • 과학에 대한 긍정적 시각을 지님. • 개인보다는 공동체의 가치를 우선함(민족주의).

구성 |

발단	이형식이 영어 개인 교수를 하던 김선형에게 사랑의 감정을 느낄 무렵, 옛 은사의 딸 박영채가 나타나 사랑을 고백한다.
전개	형식은 기생이 된 영채를 아내로 맞이하지 못하는 죄책감과 선형에 대한 사랑 사이에서 심리적 갈등을 느낀다.
위기	영채는 배 학감에게 순결을 잃자 유서를 남기고 자취를 감추고, 형식은 그녀를 찾기 위해 평양까지 가지만 그녀를 찾지 못한다.
절정	병욱의 권고로 자살을 단념하고 유학길에 오른 영채와, 선형과 약혼하고 미국 유학길에 오른 형식이 같은 기차 안에서 만난다. 이들은 수재민 구호 활동을 계기로 민족을 위해 살 것을 결심한다.
결말	토론을 통해 민족의식을 자각하게 된 그들은 장차 조국에 이바지할 계획들을 토의하고 유학의 길을 떠난다.

✔ 체크 문제

1. 이 작품에 나타난 근대 소설적 요소로 보기 어려운 것은?

① 허구적 인물의 형상화
② 서사적 산문 문체의 확립
③ 자아의 각성을 다룬 주제 의식
④ 내면 심리 묘사를 통한 주제 구현
⑤ 국내를 배경으로 한 구체적 상황 제시

2. 이 작품의 인물에 대한 설명으로 적절하지 않은 것은?

① '형식'은 작가의 가치관과 의식을 대변하는 인물이다.
② '영채'와 '선형'은 주인공을 돕는 부차(副次)적인 인물이다.
③ '형식'은 개화 지식인을 대표하는 전형(典型)적인 인물이다.
④ '형식'은 사건의 흐름을 이끌어 가는 주동(主動)적인 인물이다.
⑤ '병욱'은 주인공의 의지와 행위에 대립하는 반동(反動)적인 인물이다.

리얼리즘 〈고향(故鄕)〉 현진건

"참! 가슴이 터지더마, 가슴이 터져."
하자마자 굵직한 눈물 두 방울이 뚝뚝 떨어진다.
 나는 그 눈물 가운데 음산하고 비참한 조선의 얼굴을 똑똑히 본 듯 싶었다.
 이윽고 나는 이런 말을 물었다.
 "그래, 이번 길에 고향 사람은 하나도 못 만났습니까?"
 "하나 만났구마, 단지 하나." / "친척 되는 분이던가요?"
 "아니구마, 한 이웃에 살던 사람이구마."
하고 그의 얼굴은 더욱 침울했다.
 "여간 반갑지 않으셨지어요."
 "반갑다마다, 죽은 사람을 만난 것 같더마. 더구나 그 사람은 나와 까닭도 좀 있던 사람인데……."
 "까닭이라니?" / "나와 혼인 말이 있던 여자구마." / "하아!"
 나는 놀란 듯이 벌린 입이 닫혀지지 않았다.
 "그 신세도 내 신세만 하구마."
하고 그는 또 이야기를 계속하였다.
 그 여자는 자기보다 나이 두 살 위였는데, 한 이웃에 사는 탓으로 같이 놀기도 하고 싸우기도 하며 자라났다. 그가 열네 살 적부터 그들 부모들 사이에 혼인 말이 있었고 그도 어린 마음에 매우 탐탁하게 생각하였었다. 그런데 그 처녀가 열일곱 살 된 겨울에 별안간 간 곳을 모르게 되었다. 알고 보니, 그 아버지 되는 자가 20원을 받고 대구 유곽에 팔아먹은 것이었다. 그 소문이 퍼지자, 그 처녀 가족은 그 동리에서 못 살고 멀리 이사를 갔는데 그 후로는 물론 피차에 한 번 만나 보지도 못하였다. 이번에야 빈터만 남은 고향을 구경하고 돌아오는 길에 읍내에서 그 아내될 뻔한 댁과 마주치게 되었다.

[중략]

 "암만 사람이 변하기로 어째 그렇게도 변하는기오? 그 술 많던 머리가 훌렁 다 벗을졌두마. 눈을 푹 들어가고 그 이들이들하던 얼굴빛도 마치 유산을 끼얹은 듯하더마."
 "서로 붙잡고 많이 우셨겠지요."
 "눈물도 안 나오더마. 일본 우동집에 들어가서 둘이서 정종만 열 병 따라 뉘고 헤어졌구마."
하고 가슴을 짜는 듯한 괴로운 한숨을 쉬더니만 그는 지난 슬픔을 새록새록 자아내어 마음을 새기기에 지쳤음이더라.
 "이야기를 다하면 뭐하는기오."
하고 쓸쓸하게 입을 다문다.
 나 또한 너무도 참혹한 사람살이를 듣기에 쓴물이 났다.
 "자, 우리 술이나 마자 먹읍시다."

하고 우리는 주거니 받거니 한됫병을 다 말리고 말았다. 그는 취흥에 겨워서 우리가 어릴 때 멋모르고 부르던 노래를 읊조렸다.

 볏섬이나 나는 전토는 / 신작로가 되고요 —
 말마디나 하는 친구는 / 감옥소로 가고요 —
 담뱃대나 떠는 노인은 / 공동묘지 가고요 —
 인물이나 좋은 계집은 / 유곽으로 가고요 —

주제 | 일제 강점기 우리 농민(민중)의 참혹한 생활상의 폭로
성격 | 사실적, 현실 고발적
시점 | 1인칭 관찰자 시점
배경 | 시간적 배경 : 일제 강점기
　　　　 공간적 배경 : 대구발 서울행 열차 안

특징		
	형식	• 액자형 소설 • 여로 구조
	내용	기차에서 이야기를 듣는 사람은 지식인('나')이고, 이야기를 하는 사람은 민중('그')이다. 이야기를 매개로 정서적 공감대를 형성하고 민족 동질성을 재인식한다.

구성		
	발단	서울행 기차 안에서 보게 된 '그'의 기이한 차림새와 호기심을 끄는 행동은 '나'의 주목을 끈다.
	전개	'나'는 '그'와 대화를 나누게 되고, '그'의 사람됨과 대강의 사정을 듣게 된다.
	위기	농토를 잃고 고향을 떠나 파란 많은 유랑 생활을 하던 '그'의 과거 이야기가 펼쳐진다.
	절정	'그'는 옛 연인과 해후(邂逅)하게 되지만 자신의 인생살이 못지않게 비참한 그녀의 인생 역정을 알게 된다.
	결말	인생 이야기를 마친 그는 술에 취하여 노래를 흥얼거린다.

✔ 체크 문제

1. 이 글에 대한 설명으로 적절하지 않은 것은?
① 1인칭 관찰자의 시점을 취하고 있다.
② 기차 안에서 일어나는 이야기이기 때문에 여로 구조이다.
③ 이 글은 바깥과 안 이야기로 구성되는데 이는 주제 의식을 구현하는 데에 효과적이다.
④ '나'의 비극적인 삶의 모습에서 당시 조선 농민들의 수난과 고통으로 얼룩진 현실을 알 수 있다.

2. 작품의 끝부분에 삽입된 노래의 기능과 의미를 적절하게 설명한 것은?
① 인물 형상화에 구체성을 부여하고 있다.
② 인물의 심리를 극명하게 보여 주고 있다.
③ 서술자가 지향하는 바가 직접적으로 드러나 있다.
④ 사건의 의미를 압축하면서 짙은 여운을 남기고 있다.
⑤ 인물 간의 대립과 갈등이 해소됨을 상징적으로 보여 주고 있다.

리얼리즘 〈삼대(三代)〉 염상섭

　머리가 덥수룩하고 꼴이 말이 아니라는 조부의 말눈치로 보아서 김병화가 온 것이 짐작되었다.
　"야아, 그러지 않아도 저녁 먹고 내가 가려 하였었네."
　덕기는 이틀 만에 만나는 이 친구를, 더욱이 내일이면 작별하고 말 터이니 만치 반갑게 맞았다.
　"자네 같은 부르주아가 내게까지! 자네가 작별하러 다닐 데는 적어도 조선은행 총재나……."
　병화는 부옇게 먼지가 앉은 외투 주머니에 두 손을 찌른 채 딱 버티고 서서 이렇게 비꼬는 수작을 하고서는 껄껄 웃어 버린다.
　"만나는 족족 그렇게도 짓궂게 한마디씩 비꼬아 보아야만 직성이 풀리겠나? 그 성미를 좀 버리게."
　덕기는 병화의 '부르주아 부르주아' 하는 소리가 듣기 싫었다. 먹을 게 있는 것은 다행하다고 속으로 생각지 않은 게 아니나, 시대가 시대이니만치 그런 소리가 — 더구나 비꼬는 소리는 듣고 싶지 않았다.
　"들어가세."
　"들어가선 무얼 하나. 출출한데 나가세그려. 수 좋아야 하루에 한 끼 걸리는 눈칫밥 먹으러 하숙에 기어들어 가고도 싶지 않은데……. 군자금만 대게. 내 좋은 데 안내를 해 줄게!"
　"시원한 소리 한다. 내 안내할게 자네 좀 내 보게."
하며 덕기는 임시 제 방으로 쓰는 아랫방으로 들어갔다.
　"여보게 담배부터 하나 내게. 내 턱은 그저 무어나 들어오라는 턱일세."
하며 병화는 방 안을 들여다보고 손을 내밀었다.
　"나 없을 땐 온통 담배를 굶데그려."
　덕기는 책상 위에 놓인 '피전' 갑을 들어 내던지며 웃다가,
　"그저 담배 한 개라도 착취를 해야 시원하겠나? ㉠ 자네와 나와는 착취, 피착취의 계급적 의식을 전도시키세."
하며 조선옷을 훌훌 벗는다.
　"담배 하나에 치를 떠는 — 천생 그 할아버지의 그 손자다!"

주제 | ① 식민지 현실 속에서의 세대 간, 계층 간의 갈등
　　　　② 중산층 가문의 현실 대응과 몰락
시점 | 전지적 작가 시점(각 장면에서 주요 인물을 시점의 주체로 삼음.)
배경 | 시간적 배경 : 일제 강점기, 1930년대
　　　　공간적 배경 : 서울, 덕기의 집
구성 |

발단	유학생 덕기가 방학차 왔다가 떠나며, 조부·아버지와 첩·병화 등이 등장한다.
전개	덕기는 집안의 뒤엉킨 인간관계를 알게 된다.
위기	조 의관이 위독해지고 수원집이 모략을 꾸민다.
절정	조 의관의 사망 후 집안의 갈등이 심화되고, 어수선해지는 사회 환경으로 주요 인물이 피검(被檢)당한다.
결말	덕기는 무혐의로 풀려나 앞으로 살길을 모색한다.

✅ 체크 문제

☑ 다음 글의 서술상의 특징으로 적절한 것은? 　2018. 지방직 9급

> 　덕기는 분명히 조부의 이런 목소리를 들은 법하다. 꿈이 아니었던가 하며 소스라쳐 깨어 눈을 떠 보니 머리맡 창에 볕이 쨍쨍히 비친 것이 어느덧 저녁때가 된 것 같다. 벌써 새로 세 시가 넘었다. 아침 먹고 나오는 길로 따뜻한 데 누웠으려니까 잠이 폭폭 왔던 것이다. 어쨌든 머리를 쳐드니, 인제는 거뜬하고 몸도 풀린 것 같다.
> 　"네 처두 묵으라고 하였다만 모레는 너두 들를 테냐? 들르면 무얼 하느냐마는……."
> 　조부의 못마땅해하는, 어떻게 들으면 말을 만들어 보려고 짓궂이 비꼬는 강강한 어투가 또 들린다.
> 　덕기는 부친이 왔나 보다 하고 가만히 유리 구멍으로 내다보았다. 수달피 깃을 댄 검정 외투를 입은 홀쭉한 뒷모양이 뜰을 격하여 툇마루 앞에 보이고 조부는 창을 열고 내다보고 앉았다. 덕기는 일어서려다가 조부가 문을 닫은 뒤에 나가리라 하고 주저앉았다.
> 　"저야 오지요마는 덕기는 붙들실 게 무엇 있습니까. 공부하는 애는 그보다 더한 일이 있더라도 날짜를 대서 하루바삐 보내야지요……."
> 　이것은 부친의 소리다. 부친은 가냘프고 신경질적인 체격 보아서는 목소리라든지 느리게 하는 어조가 퍽 딴판인 인상을 주는 것이었다.

① 서술자가 등장인물의 시선을 빌려 이야기를 전개하고 있다.
② 시대적 배경과 밀접한 어휘를 사용하여 주제 의식을 강화하고 있다.
③ 편집자적 논평을 통해 인물들에 대한 서술자의 태도를 드러내고 있다.
④ 공간적 배경에 따라 서술자를 달리하여 상황을 입체적으로 그리고 있다.

1. 이 글에 대한 설명으로 옳지 않은 것은?
① 당대의 사회상이 잘 나타나 있다.
② 행동과 대화를 통해 성격이 암시되고 있다.
③ 서술자는 대체로 객관적인 시선을 유지하고 있다.
④ 사건 전개는 시간적 순서에 따라 이루어지고 있다.
⑤ 사회 계몽적인 주제 의식을 드러내고 있다.

2. ㉠을 가장 잘 풀이한 것은?
① 우정을 위해서라도 우리 사이에 존재하는 착취, 피착취의 관계를 청산하세.
② 자네가 스스로를 피착취 계급에 속한다고 생각하는 것은 아무 근거가 없네.
③ 나를 착취 계급이라 했지만, 내 것을 빼앗는 자네가 오히려 착취 계급 아닌가.
④ 자네가 나를 유산 가정 출신이라 하여 착취 계급으로 보는 것은 잘못된 것이네.
⑤ 우리, '착취 계급', '피착취 계급' 하는 계급 구분 의식을 타파하는 데 앞장서세.

풍자 〈치숙(癡叔)〉 채만식

(가) 우리 아저씨 말이지요, 아따 저 거시키, 한참 당년에 무엇이냐 그놈의 것, 사회주의라더냐, 막걸리라더냐 그걸 하다, 징역 살고 나와서 폐병으로 시방 앓고 누웠는 우리 오촌 고모부 그 양반……

머, 말두 마시오. 대체 사람이 어쩌면 글쎄…… 내 원!

신세 간 데 없지요.

자, 십 년 적공, 대학교까지 공부한 것 풀어먹지도 못했지요, 좋은 청춘 어영부영 다 보냈지요, 신분에는 전과자라는 붉은 도장 찍혔지요, 몸에는 몹쓸 병까지 들었지요. 이 신세를 해 가지굴랑은 굴속 같은 오두막집 단간 셋방 구석에서 사시장철 밤이나 낮이나 눈 따악 감고 드러누웠군요.

재산이 어디 집 터전인들 있을 턱이 있나요. 서발 막대 내저어야 짚검불 하나 걸리는 것 없는 철빈(鐵貧)인데.

(나) 우리 아주머니가, 그래도 그 아주머니가, 어질고 얌전해서 그 알량한 남편 양반 받드느라 샆바느질이야, 남의 집 품빨래야, 화장품 장사야, 그 칙살스런 벌이를 해다가 겨우 겨우 목구멍에 풀칠을 하지요.

어디루 대나 그 양반은 죽는 게 두루 좋은 일인데 죽지도 아니해요.

우리 아주머니가 불쌍해요. 아, 진작 한 나이라도 젊어서 팔자를 고치는 게 아니라, 무슨 놈의 수난 후분을 바라고 있다가 고생을 하는지.

근 이십 년 소박을 당했지요.

이십 년을 섦은 청춘 한숨으로 보내고서 다아 늦게야 송장 여대치게 생긴 그 양반을 그래도 남편이라고 모셔다가는 병 수종 들으랴, 먹고 살랴, 애가 진하고 다니는 걸 보면 참말 가엾어요.

그게 무슨 죄다짐이람? 팔자, 팔자 하지만 왜 팔자를 고치지를 못하고서 그래요. 우리 죄선 구식 부인네들은 다 문명을 못 하고 깨지를 못해서 그러지.

그 양반이 한시바삐 죽기나 했으면 우리 아주머니는 차라리 신세 편하리다.

심덕 좋겄다. 솜씨 얌전하것다 하니, 어디 가선들 자기 일신 몸 가누고 편안히 못 지내요?

가만 있자, 열여섯 살에 아저씨네 집으로 시집을 갔다니깐, 그게 내가 세 살 적이니 꼬박 열여덟 해로군. 열여덟 해면 이십 년 아니오.

그때, 우리 아저씨 양반은 나이 어리기도 했지만, 공부를 한답시고 서울로 동경으로 십여 년이나 돌아다녔고, 조금 자라서 색시 재미를 알 만하니까는 누가 이쁘달까 봐 이혼하자고 아주머니를 친정으로 쫓고는 통히 불고를 하고…….

공부를 다 마치고 오더니만, 그담에는 그놈의 짓에 들입다 발광해 다니면서 명색 학생 출신이라는 딴 여편네를 얻어 살았지요. 그 여편네는 나도 몇 번 보았지만 쌍판대기라고 별반 출 수도 없이 생겼습디다. 그 인물로 남의 첩이야? 일색 소박은 있어도 박색 소박은 없다더니, 사실 소박 맞은 우리 아주머니가 그 여편네에다 대면 월등 예뻤다우.

[중략]

(다) 그러고저러고 간에 자기도 인제는 속차려야지요. 허기야 속을 차려서 무얼 하재도 전과자니까 관리나 또 회사 같은 데는 들어가지 못하겠지만 그야 자기가 저지른 일인 걸 누구를 원망할 일도 아니고, 그러니 막 벗어부치고 노동이라도 해야지요.

대학교 출신이 막벌이 노동이라께 꼴 가관이지만 그래도 할 수 없지, 머.

그런 걸 보고 가만히 나를 생각하면, 만약 우리 종조할아버지네 집안이 그렇게 치패를 안 해서 나도 전문학교나 대학교를 졸업을 했으면 혹시 우리 아저씨 모양이 됐을지도 모를 테니 차라리 공부 많이 않고서 이 길로 들어선 게 다행이다…… 이런 생각이 들어요.

사실 우리 아저씨 양반은 대학교까지 졸업하고도 인제는 기껏 해 먹을 거란 막벌이 노동밖에 없는데, 요 보통학교 사 년 겨우 다니고서도 시방 앞길이 환히 트인 내게다 대면 고쓰까이[小使]만도 못하지요.

(라) 아, 그런데 글쎄 막벌이 노동을 하고 어쩌고 하기는커녕 조금 바시시 살아날 만하니까 이 주책꾸러기 양반이 무슨 맘보를 먹는고 하니, 내 참 기가 막혀! 아—니, 그놈의 것구는 무슨 대천지 원수가 졌단 말인지, 어쨌다고 그걸 끝끝내 하지 못해서 그 발광인고?

그러나마 그게 밥이 생기는 노릇이란 말이지? 명예를 얻는 노릇이란 말이지, 필경은 붙잡혀 가서 징역 사는 놀음?

아마 그놈의 것이 아편하구 꼭 같은가 봐요. 그렇길래 한 번 맛을 들이면 끊지를 못하지요.

그렇지만 실상 알고 보면 그게 그다지 재미가 난다거나 맛이 있다거나 그런 것도 아니드군 그래요. 부랑당패든데요. 하릴없이 부랑당팹니다.

해제 | 이 소설은 사회주의 운동을 하다가 옥살이를 하고 나와 무능력자가 된 지식인과 그를 비판하는 조카를 통해 식민지 시대의 우리 민족의 삶의 모습을 풍자적으로 그린 작품이다. 작가는 '나'의 시선을 통해 아저씨를 비판하고, '나'에 대해서는 긍정적으로 평가하는 듯하지만, '아저씨'와의 대화를 통해 '나'가 사회적 인식이 결여된 채 현실 순응적인 삶을 살고 있음을 드러내고 있다. 이를 통해 일제 강점하의 절망적이었던 삶의 환경을 제시하고 있다.

주제 | 일제 강점에 순응하는 태도에 대한 비판과 풍자, 사회주의 지식인의 현실 무능력 비판

성격 | 풍자적, 사실적

시점 | 1인칭 관찰자 시점(부분적으로 1인칭 주인공 시점)

배경 | 시간적 배경 : 일제 강점기, 1930년대
공간적 배경 : 서울

특징 |
① 속어나 비어 등을 많이 사용하여 사실성을 높이고 있음.
② 대화적 문체를 구사하여 '나'와 아저씨의 의식상의 괴리를 극명하게 드러냄.
③ 주인공인 소년이 혼자 지껄이는 넋두리 형식으로 일관함.
④ 풍자의 심층화를 통해 식민지 사회의 병리적 현상들을 역설적으로 드러냄.

줄거리 | 아저씨는 일본에서 대학도 다녔고 나이가 서른셋이나 되었는데, 철이 들지 않아 딱하기만 하다. 착한 아주머니를 친가로 쫓아 보내고 대학에 다니다가 신교육을 받았다는 여자와 살림을 차리고, 무슨 사회주의 운동인지를 하다가 감옥살이 5년 만에 풀려났을 때는 피를 토하는 폐병 환자가 되었다. 식모살이로 어렵게 번 돈 100원을 모아 이제 쉬려던 아주머니는 아무짝에도 쓸모없게 된 아저씨를 데려다 돈을 아끼지 않고 치료비로 쓰며 3년 동안이나 지극한 정성으로 돌보았다. 그런데 아저씨는 이제 병도 나아 가는데 꼼지락꼼지락 드러누워서는 일어나면 또 사회주의 운동을 한다고 한다. 경제학을 공부했다면서 돈 벌어 아주머니 은혜 갚을 생각은 하지 않고, 남의 재산을 빼앗어 나누어 먹자는 불한당질을 또 하겠다니 분명 헛공부한 게 뻔하다. '나'가 친정살이하던 아주머니 손에 자라서 그 은공으로 딱하게 여겨 정신 좀 차리라고 해도 막무가내이다. 도리어 일본인 주인의 눈에 들어 일본 여자에게 장가들어 잘 살겠다는 '나'를 딱하다고 한다.

✔ 체크 문제

1. 서술자 '나'가 말하는 기법에 대한 설명으로 적절한 것은?
① 대상에 대해 거리를 두고 객관적으로 파악하고 있다.
② 누군가에게 말을 거는 듯한 말투를 구사하고 있다.
③ 인물의 내면 심리를 종합적으로 분석하여 제시하고 있다.
④ 극화된 화자 '나'가 구체적인 작중 인물과 대화를 나누듯이 말하고 있다.
⑤ 작품에 드러나지 않는 서술자 '나'가 추상적인 상대역에게 대화를 하듯 말하고 있다.

2. '나'가 아저씨에 대해 갖고 있는 태도를 바르게 말한 것은?
① 존경해야 할 대상
② 조롱·경멸의 대상
③ 대화가 통하는 대상
④ 본받을 점이 많은 대상
⑤ 인간적인 면모를 지닌 대상

3. (가)와 (나)에 나타난 중심 내용은?
① 배경의 제시
② 인물의 심리
③ 사건의 발단
④ 갈등의 시작
⑤ 인물의 소개

☑ **다음 글에 나타난 서술자에 대한 설명으로 가장 옳은 것은?**

2017. 서울시 9급

> 내 이상과 계획은 이렇거든요.
> 우리 집 다이쇼*가 나를 자별히 귀애하고 신용을 하니까 인제 한 십 년만 더 있으면 한밑천 들여서 따로 장사를 시켜 줄 그런 눈치거든요.
> 그러거들랑 그것을 언덕 삼아 가지고 나는 삼십 년 동안 예순 살 환갑까지만 장사를 해서 꼭 십만 원을 모을 작정이지요. 죄선* 부자로 쳐도 천석꾼이니, 뭐 떵떵거리고 살 게 아니라구요?
> 그리고 우리 다이쇼도 한 말이 있고 하니까, 나는 내지인* 규수한테로 장가를 들래요. 다이쇼가 다 알아서 얌전한 자리를 골라 중매까지 서 준다고 그랬어요. 내지 여자가 참 좋지요.
> 나는 죄선 여자는 거저 주어도 싫어요.
> 구식 여자는 얌전은 해도 무식해서 안 됐고, 신식 여자는 식자나 들었다는 게 건방져서 못 쓰고, 도무지 그래서 죄선 여자는 신식이고 구식이고 다 제바리여요. 내지인하고 교제하는 데 내지 여자가 참 좋지 뭐. 인물이 개개 일자로 이쁘겠다, 얌전하겠다, 상냥하겠다, 지식이 있어도 건방지지 않겠다, 좀이나 좋아!
> 그리고 내지 여자한테 장가만 드는 게 아니라 성명도 내지인 성명으로 갈고 집도 내지인 집에서 살고 옷도 내지 옷을 입고 밥도 내지식으로 먹고 아이들도 내지인 이름을 지어서 내지인 학교에 보내고……
> 내지인 학교라야지 죄선 학교는 너절해서 아이들 버려 놓기나 꼭 알맞지요.
> 그리고 나도 죄선말은 싹 걷어치우고 국어만 쓰고요.
> 이렇게 다 생활 법식부터도 내지인처럼 해야만 돈도 내지인처럼 잘 모으게 되거든요.
>
> * 다이쇼 : 주인
> * 죄선 : 조선
> * 내지인 : 일본인

① 서술자가 내지인을 비판함으로써 자기 주장을 강화하고 있다.
② 서술자가 전지적 존재로서 인물과 사건을 모두 조망할 수 있다.
③ 서술자가 작품 속에 등장하는 다른 인물의 내면을 추리하고 있다.
④ 서술자가 신뢰할 수 없는 존재로서, 독자로 하여금 서술자를 비판적으로 바라보게 한다.

풍자 〈태평천하(太平天下)〉 채만식

일찍이 윤 직원 영감은 그의 소싯적에, 자기 부친 윤용구가 화적의 손에 무참히 맞아 죽은 시체 옆에 서서, 노적이 불타느라고 화광이 충천한 하늘을 우러러,

"이놈의 세상, 언제나 망하려느냐?"

"우리만 빼놓고 어서 망해라!"

하고 부르짖은 적이 있겠다요.

이미 반세기 전, 그리고 그것은 당시의 나한테 불리한 세상에 대한 격분된 저주요, 겸하여 위대한 투쟁의 선언이었습니다.

해서 윤 영감은 과연 승리를 했겠다요. 그런데……

식구들은 시아버지 윤 직원 영감이 보기가 싫은 건넌방 고 씨만 빼놓고, 서울 아씨, 태식이, 뒤채의 두 동서, 모두 안방에 모여 종수를 맞이하는 예를 표하고, 그들의 옹위 아래 윤 직원 영감과 종수는 각기 아랫목과 뒷벽 앞으로 갈라 앉았습니다. 방금 점심 밥상을 받을 참입니다.

"너 경손 애비, 부디 정신채리라……!"

윤 직원 영감이 종수더러 곰곰히 훈계를 하던 것입니다. 안식구가 있는 데라 점잖게 경손 애비지요.

"…… 정신을 채리라 헐 것이 늬가 암만하여두 네 아우 종학이만 못하여! 종학이는 그놈이 재주도 있고 착실히여서, 너치름 허랑허지두 않고 그럴뿐더러 내년 내후년이머넌 대학교를 졸업허잖냐? 내후년이지?"

"네."

"그렇지? 응, 그래. 내후년이면 대학교 졸업을 허구 나와서, 삼 년이나 다직 사 년만 찌들어 나머넌 그놈은 지가 목적헌, 요새 그 목적이란 소리 잘 쓰더구나. 응? 목적…… 목적헌 경부가 되야 갖구서, 경찰서장이 된담 말이다! 응? 알겄어."

"네."

"그러닝개루 너두 정신을 바싹 채리 갖구서, 어서어서 군수가 되야 않겄냐……? 아, 동생놈은 버젓한 경찰서장인디, 형놈은 계우 군서기를 댕기구 있담! 남부끄러서 어쩔티여? 응……? 아 글씨, 군수 되구 경찰서장 되구 허머넌, 느덜 좋고 느덜 호강이지 머, 그 호강 날 주냐? 내가 이렇기 아둥아둥 잔소리를 허넌 것두 다 느덜 위히여서 그러지, 나는 파리 족통만치두 상관읎어! 알어듣냐?"

[중략]

"사회주의라니? 으응? 으응? ……"

윤 직원 영감은 사뭇 사람을 아무나 하나, 잡아먹을 듯 집이 떠나게 큰 소리로 포효(咆哮)를 합니다.

"…… 으응? 그놈이 사회주의를 하다니! 으응? 그게, 참말이냐? 참말이여?"

"하긴 그놈이 작년 여름 방학에 나왔을 때버틈 그런 기미가 좀 뵈긴 했어요!"

"그러면은 참말이구나! 그러면은 참말이야, 으응!"

윤 직원 영감은 이마로 얼굴로 땀이 방울방울 배어 오릅니다.

"…… 그런 쳐죽일 놈이, 깎어 죽여두 아깝잖은 놈이! 그놈이 경찰서장 하라닝개루 생판 사회주의 허다가 뎁다 경찰서에 잽혀? 오 — 사 육시를 할 놈이, 그놈이 그게 어디 당한 것이라구 지가 사회주의를 하여? 부자 놈의 자식이 무엇이 대껴서 부랑패에 들어? ……"

아무도 숨도 크게 쉬지 못하고 고개를 떨어뜨리고 섰기 아니면 앉았을 뿐, 윤 직원 영감이 잠깐 말을 끊자 방 안은 물을 친 듯이 조용합니다.

"…… 오죽이나 좋은 세상이여? 오죽이나……"

윤 직원 영감은 팔을 부르걷은 주먹으로 방바닥을 땅 — 치면서 성난 황소가 영각을 하듯 고함을 지릅니다.

"화적패가 있너냐아? 부랑당 같은 수령(守令)들이 있너냐? …… 재산이 있대야 도적놈의 것이오. 목숨은 파리 목숨 같던 말세(末世) 넌 다 — 지내 가고오…… 자 — 부아라, 거리거리 순사요, 골골마다 공명헌 정사(政事), 오죽이나 좋은 세상이여…… 남은 수십만 명 동병(動兵)을 히여서, 우리 조선놈 보호히여 주니, 오죽이나 고마운 세상이여? …… 으응? …… 제 것 지니고 앉어서 편안하게 살 세상, 이걸 태평천하라구 허는 것이여, 태평천하! …… 그런데 이런 태평천하에 태어난 부잣집 놈의 자식이 더군다나 왜 지가 땅땅거리구 편안허게 살 것이지. 어찌서 지가 세상 망쳐 놀 부랑당패에 참섭을 헌담 말이여, 으응?"

땅 — 방바닥을 치면서 벌떡 일어섭니다. 그 몸짓이 어떻게도 요란스럽고 괄괄한지, 방금 발광이 되는가 싶습니다. 아닌 게 아니라, 모여 선 가권들은 방바닥 치는 소리에도 놀랐지만, 이 어른이 혹시 상성이 되나 않는가 하는 의구의 빛이 눈에 나타남을 가리지 못합니다.

"…… 착착 깎어 죽일 놈……! 그놈을 내가 핀지히여서 백 년 지녁을 살리라고 헐껄! 백 년 지녁을 살리라고 헐 테여 …… 오냐, 그놈을 삼천 석 거리는 직분(職分)히여 줄라구 히였더니, 오 — 냐, 그놈 삼천 석 거리를 톡톡 팔어서 경찰서으다가, 사회주의 허는 놈 잡어 가두는 경찰서다가 주어 버릴껄! 으응, 죽일 놈!"

마지막의 으응 죽일 놈 소리는 차라리 울음소리에 가깝습니다.

> "…… 이 태평천하에! 이 태평천하에……"
> 쿵쿵 발을 구르면서 마루로 나가고, 끓어 앉았던 윤 주사와 종수도 따라 일어섭니다.
> "…… 그놈이 만석꾼의 집 자식이, 세상 망쳐 놀 사회주의 부랑당패에 참섭을 히여? 으응, 죽일 놈! 죽일 놈!"
> 연해 부르짖는 죽일 놈 소리가 차차로 사랑께로 멀리 사라집니다. 그러나 몹시 사나운 그 포효가 뒤에 처져 있는 가권들의 귀에는 어쩐지 암담한 여운이 스며들어, 가득히 어둔 얼굴들을 면면 상고, 말할 바를 잊고 몸둘 곳을 둘러보게 합니다. 마치 장수의 죽음을 만난 군졸들처럼…….

해제 | 이 작품은 1938년 《조광》에 〈천하태평춘〉이라는 제목으로 연재된 소설로, 윤 직원 일가의 비윤리적이고 반사회적인 삶의 모습을 제시하여, 당대 사회의 모순과 중산층의 삶의 태도를 풍자적으로 그리고 있다. 작품에 등장하는 윤 직원 일가의 사람들은 모두가 부정적으로 그려지고 있는데, 이는 부패한 지방 수령이나 일제의 식민지 체제에 안주하면서 자신들의 이윤 추구나 주색잡기에 급급한 모습으로 나타난다. 작가는 이런 그들의 모습을 전면에 내세워 한바탕 추켜세우는 듯 서술하는 방식으로 그들의 추악한 삶의 모습에 대한 희화화를 시도한다.

주제 | ① 개화기에서 일제 강점기에 이르는 윤 직원 일가의 타락한 삶과 몰락 과정
② 경제적인 부를 가진 한 인간을 통해 도덕적인 왜곡상 폭로

성격 | 풍자적, 비판적

시점 | 전지적 작가 시점

배경 | 시간적 배경 : 1936년~1937년
공간적 배경 : 서울 계동 윤 직원 집과 그 주변

문체 | 판소리 사설 문체, 해학적이고 풍자적인 문체

의의 | ① 가족사 소설 : 염상섭의 〈삼대〉, 김남천의 〈대하〉와 더불어 1930년대의 대표적인 가족사 소설
② 성격사 소설 : 성격 묘사에다가 사회 전체의 실상을 암시하려는 성격 소설의 특징을 반영
③ 풍자 소설 : 일제 강점하의 현실을 태평천하라고 믿는 주인공의 시국관에 대한 풍자를 함. 즉, 부정적인 인물들로 구성된 한 가족의 삶을 통해 한말, 개화기 세대의 가치관을 분석하고 일제 강점하의 사회 현실 극복 방식을 풍자적으로 암시

특징 |

형식	• 경어체('-입니다') : 판소리의 창자(唱者)처럼 인물 조롱 • 작가의 직접적 개입 : 편집자적 논평 • 반어와 희화화 : 윤 직원을 희화화하여 조롱
내용	자손들이 군수와 경찰서장을 하여 자신의 재산을 보호해 줄 것을 바라는 윤 직원의 기대가 무너지는 과정을 보여 줌.

줄거리 | 친일파 대지주인 윤 직원 영감은 구한말에 화적 떼에게 아버지를 잃은 경험이 있다. 이런 집안 내력으로 인해 윤 직원은 일제의 권력과 결탁하여 고리대금업으로 재산을 늘리고 그것을 지키는 데 급급해한다. 돈으로 족보를 사서 만들고 기생 춘심에게 흑심을 품기도 하지만 궁극적인 관심은 재산을 늘리고 지키는 일이므로, 그는 손자들이 군수와 경찰서장이 되기를 열망한다. 그러나 아들 창식은 노름에 빠져 재산을 탕진하기만 하고, 장손인 종수는 주색에 빠져 방탕한 생활을 이어 간다. 경찰서장이 될 것이라며 가장 기대를 걸었던 둘째 손자 종학은 일본 유학 중 사회주의 운동으로 피검된다. 화적패 등에게 재산의 위협을 받을 일이 없는 일제 강점기를 태평천하로 생각하는 윤 직원 영감은 종학의 행태에 분노하며 좌절한다.

체크 문제

☑ **이 글에 대한 이해로 적절하지 않은 것은?** _{2022. 지역인재 9급}
① '윤 직원'은 편협하고 이기적인 현실 인식을 보이고 있다.
② 서술자는 인물을 묘사하여 인물의 심리적 상태를 제시하고 있다.
③ '윤 직원'은 상속을 통해 가문을 유지하려고 했음을 밝히고 있다.
④ 서술자는 경어체를 사용하여 인물과의 심리적 거리를 가깝게 하고 있다.

1. 이 글에 대한 설명으로 적절하지 않은 것은?
① 긍정적 인물을 전면에 내세우고 있다.
② 비속어, 방언 등이 적절히 구사되고 있다.
③ 반어적 표현을 통해 주제를 강화하고 있다.
④ 판소리 사설과 유사한 표현상의 특징을 지니고 있다.
⑤ 풍자, 해학 등의 방법으로 작중 인물을 조롱하고 있다.

2. 이 글에 나타난 '윤 직원'의 성격으로 알맞은 것은?
① 주어진 운명에 순응한다.
② 매사에 치밀하게 대처한다.
③ 고난 속에서도 희망을 버리지 않는다.
④ 개인의 이익만을 추구하며 이기적이다.
⑤ 사회 현실에 대해 중립적인 태도를 취한다.

3. 이 글을 통해 주로 비판하고자 한 것은?
① 잘못된 생활 습관
② 황금만능주의 사상
③ 잘못된 역사의식
④ 출세 지향적 가치관
⑤ 가부장 제도의 불합리성

농촌 〈봄봄〉 김유정

그래 내 어저께 싸운 것이지 결코 장인님이 밉다든가 해서가 아니다. 모를 붓다가 가만히 생각을 해 보니까 또 싱겁다. 이 벼가 자라서 점순이가 먹고 좀 큰다면 모르지만 그렇지도 못한 걸 내 심어서 뭘 하는 거냐. 해마다 앞으로 축 거불지는 장인님의 아랫배(가 너무 먹은 걸 모르고 냇병이라나, 그 배)를 불리기 위하여 심곤 조금도 싶지 않다.

"아이구 배야!"

난 몰 붓다 말고 배를 쓰다듬으면서 그대로 논둑으로 기어올랐다. 그리고 겨드랑에 꼈던 벼 담긴 키를 그냥 땅바닥에 털썩, 떨어치며 나도 털썩 주저앉았다. 일이 암만 바빠도 나 배 아프면 고만이니까. 아픈 사람이 누가 일을 하느냐. 파릇파릇 돋아 오른 풀 한 숲을 뜯어 들고 다리의 거머리를 쓱쓱 문대며 장인님의 얼굴을 쳐다보았다. 가운데서 장인님이 이상한 눈을 해 가지고 한참을 날 노려보더니,

"너 이 자식, 왜 또 이래 응?"

"배가 좀 아파서유!"

하고 풀 위에 슬며시 쓰러지니까 장인님은 약이 올랐다. 저도 논에서 철벙철벙 둑으로 올라오더니 잡은 참 내 멱살을 움켜잡고 뺨을 치는 것이 아닌가.

"이 자식아, 일허다 말면 누굴 망해 놀 속셈이냐, 이 대가리를 까놓을 자식?"

우리 장인님은 약이 오르면 이렇게 손버릇이 아주 못됐다. 또 사위에게 이 자식 저 자식 하는 이놈의 장인님은 어디 있느냐. 오죽해야 우리 동리에서 누굴 물론하고 그에게 욕을 안 먹는 사람은 명이 짜르다 한다. 조그만 아이들까지도 그를 돌아세 놓고 욕필이(본 이름이 봉필이니까), 욕필이, 하고 손가락질을 할 만치 두루 인심을 잃었다. 하나 인심을 정말 잃었다면 욕보다 읍의 배 참봉 댁 마름으로 더 잃었다. 번이 마름이란 욕 잘하고 사람 잘 치고 그리고 생김 생기길 호박개 같아야 쓰는 거지만 장인님은 외양이 똑 됐다. 장인께 닭 마리나 좀 보내지 않는다든가 애벌논 때 품을 좀 안 준다든가 하면 그해 가을에는 영락없이 땅이 뚝뚝 떨어진다. 그러면 미리부터 돈도 먹고 술도 먹이고 안달재신으로 돌아치던 놈이 그 땅을 슬쩍 돌아앉는다. 이 바람에 장인님 집 외양간에는 눈깔 커다란 황소 한 놈이 절로 엉금엉금 기어들고, 동리 사람들은 그 욕을 다 먹어 가면서도 그래도 굽신굽신하는 게 아닌가.

그러나 내겐 장인님이 감히 큰소리할 계제가 못 된다. 뒷생각은 못 하고 뺨 한 개를 딱 때려 놓고는 장인님은 무색해서 덤덤히 쓴 침만 삼킨다. 난 그 속을 퍽 잘 안다. 조금 있으면 갈도 꺾어야 하고 모도 내야 하고, 한창 바쁜 때인데 나 일 안 하고 우리 집으로 그냥 가면 고만이니까. 작년 이맘때도 트집을 좀 하니까 늦잠 잔다고 돌멩이를 집어던져서 자는 놈의 발목을 삐게 해 놨다. 사날씩이나 건숭 끙, 끙, 앓았더니 종당에는 거반 울상이 되지 않았는가.

"얘, 그만 일어나 일 좀 해라. 그래야 올 갈에 벼 잘되면 너 장가들지 않니."

그래 귀가 번쩍 띄어서 그날로 일어나서 남이 이틀 품 들 일 논을 혼자 삶아 놓으니까 장인님도 눈깔이 커다랗게 놀랐다. 그럼 정말로 가을에 와서 혼인을 시켜 줘야 원 경우가 옳지 않나. 볏섬을 척척 들여 쌓아도 다른 소리는 없고 물동이를 이고 들어오는 점순이를 담배통으로 가리키며,

"이 자식아 미처 커야지. 조걸 무슨 혼인을 한다고 그러니 원!"

하고 남 낯짝만 붉게 해 주고 고만이다.

골김에 그저 이놈의 장인님, 하고 댓돌에다 메꼰코 우리 고향으로 내뺄까 하다가 꾹꾹 참고 말았다. 참말이지 난 이 꼴 하고는 집으로 차마 못 간다. 장가를 들러 갔다가 오죽 못났어야 그대로 쫓겨 왔느냐고 손가락질을 받을 테니까.

[중략]

내가 머리가 터지도록 매를 얻어맞은 것이 이 때문이다. 그러나 여기가 또한 우리 장인님이 유달리 착한 곳이다. 여느 사람이면 사경을 주어서라도 당장 내쫓았지 터진 머리를 불솜으로 손수 지져 주고, 호주머니에 희연 한 봉을 넣어 주시고 그리고,

"올 갈엔 꼭 성례를 시켜 주마. 암말 말구 가서 뒷골의 콩밭이나 얼른 갈아라."

하고 등을 뚜덕여 줄 사람이 누구냐.

나는 장인님이 너무나 고마워서 어느덧 눈물까지 났다. 점순이를 남기고 이젠 내쫓기려니, 하다 뜻밖의 말을 듣고,

"빙장님! 인제 다시는 안 그러겠어유."

이렇게 맹세를 하며 부랴사랴 지게를 지고 일터로 갔다.

그러나 이때는 그걸 모르고 장인님을 원수로만 여겨서 잔뜩 잡아당겼다.

"아! 아! 이놈아! 놔라, 놔."

장인님은 헛손질을 하며 솔개미에 챈 닭의 소리를 연해 질렀다. 놓긴 왜, 이왕이면 호되게 혼을 내주리라. 생각하고 짓궂이 더 댕겼다마는 장인님이 땅에 쓰러져서 눈에 눈물이 피잉 도는 것을 알고 좀 겁도 났다.

"할아버지! 놔라. 놔. 놔. 놔놔."

그래도 안 되니까,

"얘 점순아! 점순아!"

이 악장에 안에 있었던 장모님과 점순이가 헐레벌떡하고 단숨에 뛰어나왔다.

나의 생각에 장모님은 제 남편이니까 역성을 할는지도 모른다. 그러나 점순이는 내 편을 들어서 속으로 고소해하겠지……. 대체 이게 웬 속인지(지금까지도 난 영문을 모른다.) 아버질 혼내 주기는 제가 내래 놓고 이제 와서는 달려들며,

"에그머니! 이 망할 게 아버지 죽이네!"

하고 내 귀를 뒤로 잡아당기며 마냥 우는 것이 아니냐. 그만 여기에 기운이 탁 꺾이어 나는 얼빠진 등신이 되고 말았다. 장모님도 덤벼들어 한쪽 귀마저 뒤로 잡아채면서 또 우는 것이다.

이렇게 꼼짝도 못 하게 해 놓고 장인님은 지게막대기를 들어서 사뭇 내려 조졌다. 그러나 나는 구태여 피하려지도 않고 암만 해도 그 속 알 수 없는 점순이의 얼굴만 멀거니 들여다보았다.

"이 자식! 장인 입에서 할아버지 소리가 나오도록 해?"

해제 | 이 소설은 농촌 마을을 배경으로 순박하고 우직한 농촌 총각인 '나'와 인정 없고 탐욕스러운 장인 사이에 성례를 둘러싸고 벌어지는 갈등을 해학적으로 보여 준다. 1인칭 주인공 시점으로 '나'의 대사와 행동이 사건 전개의 중심을 이룬다. 봄이라는 계절을 배경으로 펼쳐지는 장인과 '나'의 성례를 둘러싼 갈등, 그 과정에서 드러나는 우스울 정도로 순진한 '나'의 심성 등은 이 작품의 전체적인 분위기를 형성하는 중요한 요소가 된다.

주제 | 의뭉스러운 주인과 우직하고 천진스러운 머슴 사이의 해학적 갈등상과 그 해결

성격 | 풍자적, 해학적, 비판적

시점 | 1인칭 주인공 시점(어리석은 서술자 = 신뢰할 수 없는 서술자)

배경 | 시간적 배경 : 1930년대
공간적 배경 : 강원도 산골

문체 | 해학적이고 토속적인 문장, 방언과 비속어 사용, 언어유희

구성 | 입체적 구성, 역순행적 구성

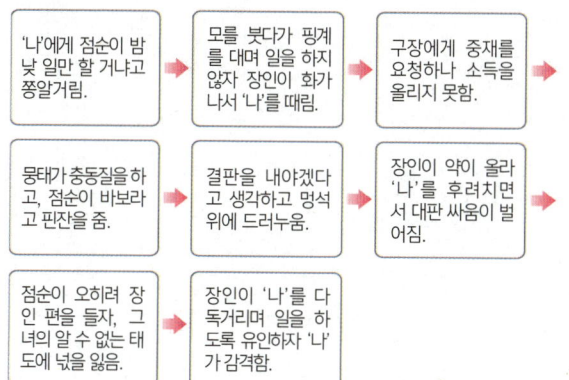

✔ 체크 문제

☑ **다음 글에 대한 이해로 적절하지 않은 것은?** 2018. 국가직 9급

> 우리 장인님은 약이 오르면 이렇게 손버릇이 아주 못됐다. 또 사위에게 이 자식 저 자식 하는 이놈의 장인님은 어디 있느냐. 오죽해야 우리 동리에서 누굴 물론하고 그에게 욕을 안 먹는 사람이 명이 짜르다 한다. 조그만 아이들까지도 그를 돌아세 놓고 욕필이(본 이름이 봉필이니까), 욕필이, 하고 손가락질을 할 만치 두루 인심을 잃었다. 하나 인심을 정말 잃었다면 욕보다 읍의 배 참봉 댁 마름으로 더 잃었다. 번이 마름이란 욕 잘하고 사람 잘 치고 그리고 생김 생기길 호박개 같아야 쓰는 거지만 장인님은 외양에 똑 됐다. 장인께 닭 마리나 좀 보내지 않는다든가 애벌논 때 품을 좀 안 준다든가 하면 그해 가을에는 영락없이 땅이 뚝뚝 떨어진다. 그러면 미리부터 돈도 먹이고 술도 먹이고 안달재신으로 돌아치던 놈이 그 땅을 슬쩍 돌아앉는다.

① 마름의 특성을 동물의 외양에 빗대어 낮잡아 표현했다.
② 비속어와 존칭어를 혼용하여 해학적 표현을 구사했다.
③ 여러 정황을 거론하며 장인의 됨됨이 마땅치 않음을 드러냈다.
④ 장인과 소작인들 사이의 뒷거래 장면을 생생하게 묘사하여 제시했다.

1. **이 작품에 대한 설명으로 옳지 않은 것은?**
   ① 농촌을 배경으로 하였다.
   ② 혼인 문제를 제재로 하였다.
   ③ 역순행적 구성으로 되어 있다.
   ④ 주인공이 자신의 이야기를 하고 있다.
   ⑤ 농촌의 궁핍한 생활상 폭로에 초점을 맞추었다.

2. **이 글이 고전 문학에서 골계의 전통을 이어받았다고 할 때, 그 이유로 가장 알맞은 것은?**
   ① 정상인보다 못한 인물을 작품에 등장시켰기 때문에
   ② 데릴사위제 등과 같은 당대의 풍습을 소재로 택했기 때문에
   ③ 권선징악(勸善懲惡)과 같은 전통적인 주제를 취하고 있기 때문에
   ④ 주동 인물과 반동 인물의 갈등이 첨예하게 대립되어 있기 때문에
   ⑤ 사투리와 비속어, 토속적인 비유 등을 자유롭게 구사하고 있기 때문에

3. **'나'의 인물 유형으로 보기 어려운 것은?**
   ① 주요 인물
   ② 주동 인물
   ③ 평면적 인물
   ④ 개성적 인물
   ⑤ 비극적 인물

모더니즘 〈날개〉 이상

나는 어디로 들입다 쏘다녔는지 하나도 모른다. 다만 몇 시간 후에 내가 미쓰꼬시 옥상에 있는 것을 깨달았을 때는 거의 대낮이었다. 나는 거기 아무 데나 주저앉아서 내 자라 온 스물여섯 해를 회고하여 보았다. 몽롱한 기억 속에서는 이렇다는 아무 제목도 불거져 나오지 않았다. 나는 또 내 자신에게 물어보았다. 너는 인생에 무슨 욕심이 있느냐고. 그러나 있다고도 없다고도, 그런 대답은 하기가 싫었다. 나는 거의 나 자신의 존재를 인식하기조차도 어려웠다.

허리를 굽혀서 나는 그저 금붕어를 들여다보고 있었다. 금붕어는 참 잘들도 생겼다. 작은 놈은 작은 놈대로 큰 놈은 큰 놈대로 다 싱싱하니 보기 좋았다. 내리비치는 5월 햇살에 금붕어들은 그릇 바탕에 그림자를 내려뜨렸다. 지느러미는 하늘하늘 손수건을 흔드는 흉내를 낸다. 나는 이 지느러미 수효를 헤어보기도 하면서 굽힌 허리를 좀처럼 펴지 않았다. 등어리가 따뜻하다.

나는 또 희락의 거리를 내려다보았다. 거기서는 피곤한 생활이 또 금붕어 지느러미처럼 흐늑흐늑 허우적거렸다. 눈에 보이지 않는 끈적끈적한 줄에 엉겨서 헤어나지 못한다. 나는 피로와 공복 때문에 무너져 들어가는 몸뚱이를 끌고 그 희락의 거리 속으로 섞여 가지 않는 수도 없다고 생각하였다.

나서서 나는 또 문득 생각하여 보았다. 이 발길이 지금 어디를 향하여 가는 것인가를······.

그때 내 눈앞에는 아내의 모가지가 벼락처럼 내려 떨어졌다. 아스피린과 아달린.

> 우리들은 서로 오해하고 있느니라. 설마 아내가 아스피린 대신에 아달린의 정량을 나에게 먹여 왔을까? 나는 그것을 믿을 수는 없다. 아내가 대체 그럴 까닭이 없을 것이니. 그러면 나는 날밤을 새면서 도둑질을 계집질을 하였나? 정말이지 아니다.

우리 부부는 숙명적으로 발이 맞지 않는 절름발이인 것이다. 내가 아내나 제 거동에 로직을 붙일 필요는 없다. 변해할 필요도 없다. 사실은 사실대로 오해는 오해대로 그저 끝없이 발을 절뚝거리면서 세상을 걸어가면 되는 것이다. 그렇지 않을까?

그러나 나는 이 발길이 아내에게로 돌아가야 옳은가 이것만은 분간하기가 좀 어려웠다. 가야 하나? 그럼 어
[A] 디로 가나?

이때 뚜우― 하고 정오 싸이렌이 울었다. 사람들은 모두 네 활개를 펴고 닭처럼 푸드득거리는 것 같고 온갖 유리와 강철과 대리석과 지폐와 잉크가 부글부글 끓고 수선을 떨고 하는 것 같은 찰나! 그야말로 현란을 극한 정오다.

나는 불현듯이 겨드랑이가 가렵다. 아하 그것은 내 인공의 날개가 돋았던 자국이다. 오늘은 없는 이 날개, 머릿속에서는 희망과 야심이 말소된 페이지가 딕셔너리 넘어가듯 번뜩였다.

나는 걷던 걸음을 멈추고 그리고 일어나 한 번 이렇게 외쳐 보고 싶었다.

날개야 다시 돋아라.

날자. 날자. 날자.

한 번만 더 날자꾸나.

한 번만 더 날아 보자꾸나.

해제 | 이 작품은 주로 의식의 흐름을 바탕으로 한 주인공의 내적 독백으로 이루어져 있다. 이 작품에서 '나'와 '아내'의 관계는 보통의 부부 관계와 달리 역전된 형태로 그려진다. 생활력을 잃고 현실로부터 격리되어 무기력하게 살아가는 '나'의 어두운 방은 '아내'의 방과 격리되고 대조를 이루며 1930년대 식민지 지식인의 무기력한 삶과 심리를 효과적으로 드러낸다. '나'가 점차 어두운 '나'의 방을 벗어나 집 밖으로 나가고, 결국 미쓰꼬시 옥상에서 '날개야 다시 돋아라.'를 외치는 모습은 무기력한 삶에서 벗어나 상실된 자아를 회복하려는 의지를 드러낸 것으로 볼 수 있다.

주제 | 도착된 삶과 자아 분열 속에서 본래적 자아를 찾고자 하는 의지

성격 | 고백적, 상징적, 심리적

시점 | 1인칭 주인공 시점

배경 | 시간적 배경 : 1930년대
공간적 배경 : 경성(서울)

특징 | 의식의 흐름 기법, 독백체

▶ 의식의 흐름 기법
소설은 본래 사건의 진행에 따라 서술되는데, 의식의 흐름 기법은 등장인물의 끊임없는 의식의 흐름을 표현하는 것이라 할 수 있다. 이 기법은 초현실주의의 '자동기술법'과 연관성이 많다. 해당하는 작품들로는 이상의 〈날개〉 외에도 선우휘의 소설 〈불꽃〉과 박태원의 소설 〈소설가 구보 씨의 일일〉 등이 있다.
'의식의 흐름'을 소재로 삼는 작가들은 인간의 실존이 외부로 나타난 것보다, 정신과 정서의 연속적인 전개 과정에서 더 잘 나타날 수 있다고 본다. 인간의 내적 실존은 외부로 나타나는 것처럼 논리적·조직적이지 않고 비논리적이며 일상 체험의 연속성과 자유 연상 작용으로 파악된다고 하였다. 인간을 심리주의적 기준에서 바라보기 때문에 자연히 인상, 회상, 기억, 반성, 사색과 같은 심리적 경험이 소설의 주요 제재가 된다.

구성 |

발단	'나'는 생의 의욕을 상실한 채 방 안에서 뒹굴며 지낸다. 아내는 외출을 자주 하며 아내가 나간 뒤 '나'는 아내의 방에서 놀곤 한다.
전개	아내에게 내객들이 찾아올 때면 아내는 '나'에게 은화를 준다. '나'는 은화를 벙어리에 모아 두다가 변소에 빠뜨린다. 어느 날, '나'는 외출을 한다. 외출하여 돌아와 보니 아내는 내객들과 함께 있었다.
위기	'나'는 이후에도 가끔씩 외출을 하여 경성역 티 룸에 가서 커피를 마신다. 어느 날은 비를 맞고 감기에 걸린다. 아내는 '나'에게 아스피린을 주고 약을 먹은 '나'는 잠만 자게 된다.
절정	'나'는 아내가 아스피린이 아니라 수면제 아달린을 주었다는 것을 알게 된다. 충격을 받은 '나'는 외출하여 거리를 쏘다니다 미쓰꼬시 옥상에 올라가서 자신의 삶을 돌이켜 본다.
결말	정오의 사이렌이 울리자 '나'의 의식이 깨어나는 듯하다. '나'는 날개가 돋기를 간절히 염원한다.

체크 문제

[A]에 대한 설명으로 옳지 않은 것은? 2019. 국회직 9급

① 1인칭 주인공 시점을 취하고 있다.
② 상징적 표현들이 여러 차례 나타나고 있다.
③ 의식의 흐름에 따라 내면이 드러나고 있다.
④ 자아 분열의 상황을 극복하려는 인물의 의지를 읽을 수 있다.
⑤ 일제 강점기 시절 고통받는 지식인의 사회 변혁에 대한 욕구가 담겨 있다.

〈보기〉의 작품 설명으로 가장 옳지 않은 것은? 2022. 서울시 자체출제

〈 보기 〉

이때 뚜우 하고 정오 사이렌이 울었다. 사람들은 모두 네 활개를 펴고 닭처럼 푸드덕거리는 것 같고 온갖 유리와 강철과 대리석과 지폐와 잉크가 부글부글 끓고 수선을 떨고 하는 것 같은 찰나, 그야말로 현란을 극한 정오다.
나는 불현듯 겨드랑이 가렵다. 아하, 그것은 내 인공의 (   )가 돋았던 자국이다. 오늘은 없는 이 (   ), 머릿속에서는 희망과 양심의 말소된 페이지가 딕셔내리 넘어가듯 번뜩였다.
나는 걷던 걸음을 멈추고 그리고 어디 한번 이렇게 외쳐 보고 싶었다.
(   )야 다시 돋아라.
날자. 날자. 날자. 한 번만 더 날자꾸나.
한 번만 더 날아 보자꾸나.

① 1936년에 발표한 작가 이상의 대표작이다.
② (   ) 안에 들어갈 공통 단어는 '날개'이다.
③ 모더니즘 계열의 소설이다.
④ 결혼을 앞둔 남녀관계를 다루고 있다.

이 글에 대한 이해로 가장 적절한 것은? 2023. 군무원 9급

① 가난한 무명작가 부부의 생활고와 부부애를 다루고 있다.
② 농촌 계몽을 위한 두 남녀의 헌신적 노력과 사랑을 보여 준다.
③ 식민지 농촌 사회에서 농민들이 겪는 가혹한 현실을 보여 주려 한다.
④ 자아 상실의 무기력한 삶에서 벗어나 본래의 자아를 회복하려는 의지를 보여 준다.

모더니즘 〈소설가 구보 씨의 일일〉 박태원

구보는, 약간 자신이 있는 듯싶은 걸음걸이로 전차 선로를 두 번 횡단하여 화신상회 앞으로 간다. 그리고 저도 모를 사이에 그의 발은 백화점 안으로 들어서기조차 하였다. 젊은 내외가, 너댓 살 되어 보이는 아이를 데리고 그곳에 가 승강기를 기다리고 있었다. 이제 그들은 식당으로 가서 그들의 오찬을 즐길 것이다. 흘낏 구보를 본 그들 내외의 눈에는 자기네들의 행복을 자랑하고 싶어하는 마음이 엿보였는지도 모른다. 구보는, 그들을 업신여겨 볼까 하다가, 문득 생각을 고쳐, 그들을 축복하여 주려 하였다. 사실, 4, 5년 이상을 같이 살아왔으면서도, 오히려 새로운 기쁨을 가져 이렇게 거리로 나온 젊은 부부는 구보에게 좀 다른 의미로서의 부러움을 느끼게 하였는지도 모른다. 그들은 분명히 가정을 가졌고, 그리고 그들은 그곳에서 당연히 그들의 행복을 찾을 게다.

승강기가 내려와 서고, 문이 열려지고, 닫혀지고, 그리고 젊은 내외는 수남이나 복동이와 더불어 구보의 시야를 벗어났다.

구보는 다시 밖으로 나오며, 자기는 어디 가 행복을 찾을까 생각한다. 발 가는 대로, 그는 어느 틈엔가 안전지대에 가 서서, 자기의 두 손을 내려다보았다. 한 손의 단장과 또 한 손의 공책과 ― 물론 구보는 거기에서 행복을 찾을 수는 없다.

안전지대 위에, 사람들은 서서 전차를 기다린다. 그들에게, 행복은 알 수 없다. 그러나 그들은 분명히 갈 곳만은 가지고 있었다.

전차가 왔다. 사람들은 내리고 또 탔다. 구보는 잠깐 멍하니 그곳에 서 있었다. 그러나 자기와 더불어 그곳에 있던 온갖 사람들이 모두 저 차에 오르는 것을 보았을 때, 그는 저 혼자 그곳에 남아 있는 것에 외로움과 애달픔을 맛본다. 구보는, 움직인 전차에 뛰어올랐다.

[중략]

구보는 고독을 느끼고, 사람들 있는 곳으로, 약동하는 무리들이 있는 곳으로, 가고 싶다 생각한다. 그는 눈앞의 경성역을 본다. 그곳에는 마땅히 인생이 있을 게다. 이 낡은 서울의 호흡과 또 감정이 있을 게다. 도회의 소설가는 모름지기 이 도회의 항구와 친하여야 한다. 그러나 물론 그러한 직업 의식은 어떻든 좋았다. 다만 구보는 고독을 삼등 대합실 군중 속에 피할 수 있으면 그만이다. 그러나 오히려 고독은 그곳에 있었다. 구보가 한옆에 끼여 앉을 수도 없게시리 사람들은 그곳에 빽빽하게 모여 있어도, 그들의 누구에게서도 인간 본연의 온정을 찾을 수는 없었다. 그네들은 거의 옆의 사람에게 한마디 말을 건네는 일도 없이, 오직 자기네들 사무에 바빴고, 그리고 간혹 말을 건네도, 그것은 자기네가 타고 갈 열차의 시각이나 그러한 것에 지나지 않았다. 그네들의 동료가 아닌 사람에게 그네들은 변소에 다녀올 동안의 그네들 짐을 부탁하는 일조차 없었다. 남을 결코 믿지 않는 그네들의 눈은 보기에 딱하고 또 가엾었다.

구보는 한구석에 가 서서 그의 앞에 앉아 있는 노파를 본다. 그는 뉘 집에 드난을 살다가 이제 늙고 또 쇠잔한 몸을 이끌어 결코 넉넉하지 못한 어느 시골, 딸네 집이라도 찾아가는지 모른다. 이미 굳어 버린 그의 안면 근육은 어떠한 다행한 일에도 펴질 턱 없고, 그리고 그의 몽롱한 두 눈은 비록 그의 딸의 그지없는 효양(孝養)을 가지고도 감동시킬 수 없을지 모른다. 노파 옆에 앉은 중년의 시골 신사는 그의 시골서 조그만 백화점을 경영하고 있을 게다. 그의 점포에는 마땅히 주단포목도 있고, 일용 잡화도 있고, 또 흔히 쓰이는 약품도 갖추어 있을 게다. 그는 이제 그의 옆에 놓인 물품들을 들고 자랑스러이 차에 오를 게다. 구보는 그 시골 신사가 노파와의 사이에 되도록 간격을 가지려고 노력하는 것을 발견하고, 그리고 그를 업신여겼다. 만약 그에게 얕은 지혜와 또 약간의 용기를 주면 그는 삼등 승차권을 주머니 속에 간수하고 일, 이등 대합실에 오만하게 자리 잡고 앉을 게다.

문득 구보는 그의 얼굴에서 부종(浮腫)을 발견하고 그의 앞을 떠났다. 신장염. 그뿐 아니라, 구보는 자기 자신의 만성 위확장을 새삼스러이 생각해 내지 않으면 안 되었다. 그러나 구보가 매점 옆에까지 갔을 때, 그는 그곳에서도 역시 병자를 보지 않으면 안 되었다. 40여 세의 노동자. 전 경부(前頸部)의 광범한 팽륭(澎隆). 돌출한 안구. 또 손의 경미한 진동. 분명한 '바세도우씨'병. 그것은 누구에게든 결코 깨끗한 느낌을 주지는 못한다. 그의 좌우에는 좌석이 비어 있어도 사람들은 그곳에 앉으려 들지 않는다. 뿐만 아니라, 그에게서 두 칸통 떨어진 곳에 있던 아이 업은 젊은 아낙네가 그의 바스켓 속에서 꺼내다 잘못하여 시멘트 바닥에 떨어뜨린 한 개의 복숭아가, 굴러 병자의 발 앞에까지 왔을 때, 여인은 그것을 쫓아와 집기를 단념하기조차 하였다.

구보는 이 조그만 사건에 문득, 흥미를 느끼고, 그리고 그의 '대학노트'를 펴 들었다. 그러나 그가, 문 옆에 기대어 섰는 캡 쓰고 린네르 즈메에리 양복 입은 사나이의, 그 온갖 사람에게 의혹을 갖는 두 눈을 발견하였을 때, 구보는 또다시 우울 속에 그곳을 떠나지 않으면 안 된다.

해제 | 작가는 이 작품에서 소설의 일반적인 구성 방식을 따르지 않고 외출에서 귀가까지 서술자의 관찰과 심리 위주로 서술하고 있다. 인물의 내면 의식이 단편적 사실들에 의해 나타나고 있기 때문에 이 작품에서 사건이나 행위, 갈등은 중요한 의미를 갖지 못한다. 작품에 사용된 의식의 흐름이나 몽타주 기법 등의 모더니즘 소설 기법들은 연관성 없는 내면 의식을 보여 주기 위한 효과적인 장치로 활용되고 있다.

이 작품은 눈앞에 벌어진 장면을 노트에 적고 그것을 그대로 소설화하는 작가 특유의 창작 방법을 보여 주고 있다. 작가는 이를 '고현학(考現學)'이라고 불렀는데, 이를 통해 소설을 쓰는 과정 자체를 소설의 주요 내용으로 삼게 된다.

작품의 주인공인 소설가 구보의 행동이나 의식의 흐름에는 목적이나 미래에 대한 전망이 들어 있지 않은데, 이는 식민지 시대를 살아가는 지식인의 전형적인 모습을 반영하고 있으므로, 지식인 소설의 특징을 보여 주고 있다고 하겠다.

주제 | 1930년대 소설가의 눈에 비친 도시의 일상사

갈래 | 중편 소설, 심리 소설, 세태 소설, 모더니즘 소설

성격 | 관찰적, 심리적, 묘사적

시점 | 전지적 작가 시점

배경 | 시간적 배경 : 1930년대
공간적 배경 : 서울의 거리

출전 | 《조선 중앙 일보》(1934)

구성 |

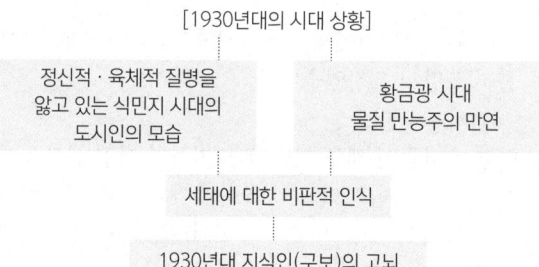

✔ 체크 문제

☐ **이 글에 대한 설명으로 가장 적절한 것은?**   2022. 법원직 9급
① 주인공의 행동을 우스꽝스럽게 묘사하며 조롱하고 있다.
② 특정 인물의 내면 심리를 중심으로 이야기가 전개되고 있다.
③ 인물 간의 갈등을 부각하여 주제의식을 선명하게 드러내고 있다.
④ 대화 장면을 자세하고 빈번하게 제시하여 인물들의 성격을 직접적으로 제시하고 있다.

☐ **이 글에 대한 이해로 가장 적절한 것은?**   2022. 법원직 9급
① 구보는 '노파'의 가난하고 고된 삶을 상상해 보며, 그녀의 생기 없는 외양에 대해 생각한다.
② 구보는 '중년의 시골 신사'가 삼등 승차권을 가지고 이등 대합실에 자리 잡고 있는 모습을 목격하고 그를 업신여기고 있다.
③ 구보는 만성 위확장을 앓고 있는 '40여 세의 노동자'가 불결한 느낌을 준다고 생각하지만 그의 곁에 가서 앉는다.
④ 구보는 '양복 입은 사나이'가 온갖 사람을 불신하는 모습을 목격하고 분노를 느낀다.

☐ **〈보기〉를 참고하여 이 글을 감상한 내용으로 가장 적절하지 않은 것은?**   2022. 법원직 9급

〈 보기 〉
〈소설가 구보 씨의 일일〉은 1930년대 무력한 지식인인 소설가 구보의 내면의식과 그의 눈에 비친 경성의 일상을 그려 내고 있다. 경성역, 화신상회(백화점), 안전지대, 전차 등 근대화가 진행되며 나타난 경성의 새로운 풍경들은 구보의 시선에 포착된다.

① 화신상회에서 구보는 행복해 보이는 가족을 바라보며 부러움을 느끼다가 그들을 업신여기려 한다.
② 발 가는 대로 걸어가 안전지대에 도착하는 구보의 모습으로 보아, 구보는 목표나 방향이 없는 무력한 지식인의 모습을 드러낸다고 이해할 수 있다.
③ 구보가 움직인 전차에 뛰어오른 이유는 안전지대에 혼자 남는 것에 외로움을 느꼈기 때문이다.
④ 구보가 경성역으로 향한 이유는 사람들 사이에서 고독을 피하기 위해서이다.

☐ **〈보기〉를 참고할 때, ㉠~㉣에 대한 분석으로 적절하지 않은 것은?**   2017. 국가직 9급

〈 보기 〉
어떤 특정한 시기의 풍속이나 세태의 한 단면을 그리는 소설 양식을 세태 소설이라 한다. 세태 소설은 당대 사회의 모순이나 부조리 등을 있는 그대로 묘사하여 그 사회에 대한 비판 의식을 드러낸다. 그 대표적인 소설로 박태원의 〈소설가 구보 씨의 일일〉이 있다.

㉠개찰구 앞에 두 명의 사내가 서 있었다. 낡은 파나마에 모시두루마기 노랑 구두를 신고, 그리고 손에 조그만 보따리 하나도 들지 않은 그들을, 구보는, 확신을 가져 무직자라고 단정한다. 그리고 이 시대의 무직자들은, 거의 다 ㉡금광 브로커에 틀림없었다. 구보는 새삼스러이 대합실 안팎을 둘러본다. 그러한 인물들은, 이곳에도 저곳에도 눈에 띄었다.
㉢황금광 시대(黃金狂時代).
저도 모를 사이에 구보의 입술에서는 무거운 한숨이 새어 나왔다. 황금을 찾아, 황금을 찾아, 그것도 역시 숨김없는 인생의, 분명히, 일면이다. 그것은 적어도, 한 손에 단장과 또 한 손에 공책을 들고, 목적 없이 거리로 나온 자기보다는 좀 더 진실한 인생이었을지도 모른다. 시내에 산재한 무수한 광무소(鑛務所). 인지대 백 원. 열람비 오 원. 수수료 십 원. 지도대 십팔 전……. 출원 등록된 광구, 조선 전토(全土)의 칠 할, 시시각각으로 사람들은 졸부가 되고, 또 몰락해 갔다. 황금광 시대, 그들 중에는 평론가와 시인, 이러한 문인들조차 끼어 있었다. 구보는 일찍이 창작을 위해 그의 벗의 광산에 가 보고 싶다 생각하였다. 사람들의 사행심, 황금의 매력, 그러한 것들을 구보는 보고, 느끼고, 하고 싶었다. 그러나 고도의 금광열은, 오히려, ㉣총독부 청사, 동측 최고층, 광무과 열람실에서 볼 수 있었다…….

① ㉠ : 세태의 단면이 드러나는 공간적 배경이다.
② ㉡ : 적극성을 지닌 존재들로 서술자의 예찬 대상이다.
③ ㉢ : '무거운 한숨'을 유발하는 부조리한 현실로 서술자의 비판 대상이다.
④ ㉣ : 서술자가 '금광열'이 고조되어 있는 것으로 설정한 대상이나 공간이다.

관찰자 시점 〈사랑손님과 어머니〉 주요섭

"옥희가 아빠하구 어디 갔다 온다, 응."
하고 한 동무가 말하였습니다. 그 아이는 우리 아버지가 돌아가신 줄을 모르는 아이였습니다. 나는 얼굴이 빨개졌습니다. 그때 나는 얼마나 이 아저씨가 정말 우리 아버지였더라면 하고 생각했는지 모릅니다. 나는 정말로 한 번만이라도, '아빠!' 하고 불러 보고 싶었습니다. 그리고 그날 그렇게 아저씨하고 손목을 잡고 골목골목을 지나오는 것이 어찌도 재미가 좋았는지요. 나는 대문까지 와서,
"난 아저씨가 우리 아빠래문 좋겠다."
하고 불쑥 말해 버렸습니다. 그랬더니 아저씨는 얼굴이 홍당무처럼 빨개져서 나를 몹시 흔들면서,
"그런 소리 하문 못써."
하고 말하는데 그 목소리가 몹시도 떨렸습니다. 나는 아저씨가 몹시 성이 난 것처럼 보여서 아무 말도 못 하고 안으로 뛰어들어 갔습니다.

[중략]

"그 꽃은 어디서 났니? 퍽 곱구나."
하고 어머니가 말씀하셨습니다. 그러나 나는 갑자기 말문이 막혔습니다. '이걸 엄마 드릴라구 유치원에서 가져왔어.' 하고 말하기가 어째 몹시 부끄러운 생각이 들었습니다. 그래 잠깐 망설이다가,
"응, 이 꽃! 저, 사랑 아저씨가 엄마 갖다 주라고 줘."
하고 불쑥 말했습니다. 그런 거짓말이 어디서 그렇게 툭 튀어나왔는지 나도 모르지요.
꽃을 들고 냄새를 맡고 있던 어머니는 내 말이 끝나기가 무섭게 무엇에 몹시 놀란 사람처럼 화다닥하였습니다. 그리고는 금시에 어머니 얼굴이 그 꽃보다 더 빨갛게 되었습니다. 그 꽃을 든 어머니 손가락이 파르르 떠는 것을 나는 보았습니다. 어머니는 무슨 무서운 것을 생각하는 듯이 방 안을 휘 한번 둘러보시더니,
"옥희야, 그런 걸 받아 오문 안 돼."
하고 말하는 목소리는 몹시 떨렸습니다. 나는 꽃을 그렇게도 좋아하는 어머니가 이 꽃을 받고 그처럼 성을 낼 줄은 참으로 뜻밖이었습니다.

[중략]

"하늘에 계신 우리 아버지시여."
어머니는 고요히 기도를 시작하였습니다.
"이름을 거룩하게 하옵시며, 나라에 임하옵시며, 뜻이 하늘에서 이루어진 것처럼 땅에서도 이루어지이다. 오늘날 우리에게 일용할 양식을 주옵시고, 우리가 우리에게 죄 지은 자를 용서하여 준 것처럼 우리 죄를 사하여 주옵시고, 우리를 시험에 들게 하지 말게 하옵시고, …… 우리를 시험에 들게 하지 말게 하옵시고, …… 시험에 들게 하지 말게, …… 시험에 들게 하지 말게……"
이렇게 어머니는 자꾸 되풀이하였습니다. 나도 지금은 막히지 않고 줄줄 외는 주기도문을 글쎄 어머니가 막히다니 참으로 우스운 일이었습니다.
"시험에 들게 하지 말게……, 시험에 들게 하지 말게……"
하고 자꾸만 되풀이하는 것을 나는 참다 못해서,
"엄마 내 마저 하께."
하고,
"다만 악에서 구하옵소서. 대개 나라와 권세와 영광이 아버지께 영원히 있사옵나이다."
하고 내가 끝을 마쳤습니다. 어머니는 한참이나 가만 있다가 오랜 후에야 겨우,
"아멘."
하고 속삭이었습니다.

[중략]

기차는 정거장에서 잠시 머물더니 금시에 뼥 하고 소리를 지르면서 움직였습니다.
"기차 떠난다."
하면서 나는 손뼉을 쳤습니다. 기차가 저편 산모퉁이 뒤로 사라질 때까지, 그리고 그 굴뚝에서 나는 연기가 하늘 위로 모두 흩어져 없어질 때까지, 어머니는 가만히 서서 그것을 바라다보았습니다.
뒷동산에서 내려오자 어머니는 방으로 들어가시더니 이때까지 뚜껑을 늘 열어 두었던 풍금 뚜껑을 닫으십니다. 그리고는 거기 쇠를 채우고 그 위에다가 이전 모양으로 반진고리를 얹어 놓으십니다. 그리고는 그 옆에 있는 찬송가를 맥없이 들고 뒤적뒤적하시더니 ㉠ 빼빼 마른 꽃송이를 그 갈피에서 집어내시더니,
"옥희야, 이것 내다 버려라."
하고 그 마른 꽃을 내게 주었습니다. 그 꽃은 내가 유치원에서 갖다가 어머니께 드렸던 그 꽃입니다.

해제 | 1935년 《조광(朝光)》에 발표된 단편 소설로 여섯 살 난 어린아이의 동심의 눈을 통해 과부인 젊은 어머니와 남편의 옛 친구인 사랑손님 사이의 미묘한 연정과 심리적 갈등을 선명하게 부각시킨 작품이다. 어린 소녀('나')에게 관찰자 역할을 맡김으로써 자칫 빠지기 쉬운 통속적 사랑을 신선한 각도에서 보게 하였다. 이 작품의 기법은 '분명히 드러내기'보다는 '의미의 감추기'가 핵심적이라 할 수 있다. 예를 들면, 어머니와 사랑손님의 감정을 어느 정도 알 수 있는 장면에서 '모르겠다'는 말을 반복한다든지, 지연(遲延)효과를 노린다든지 하는 것들은 해당 장면이 암시하는 의미를 드러내면서 동시에 감추는 고도의 예술적 기법이라 할 수 있다.

주제 | '어머니'와 '사랑손님' 사이의 애틋한 사랑과 전통적 인습 사이의 갈등

시점 | 1인칭 관찰자 시점(어리석은 서술자)

배경 | 시간적 배경 : 1930년대
공간적 배경 : 예배당과 유치원과 학교가 있는 어느 조그만 마을

문체 | 섬세한 여성적 문체, 경어체, 구어체

구성 | 평면적 순행 구성

특징 | ▶ 서술자를 어린아이(옥희)로 설정하여 얻는 효과
- 아이의 엉뚱한 생각으로 웃음 유발
- 독자가 능동적으로 독서할 수 있게 함. ⇨ 서술자가 설명하지 못한 부분에 대해 독자가 상상하며 읽기를 가능하게 함.
- 자칫 통속적으로 보일 수도 있는 어머니와 아저씨의 사랑을 순수하고 아름답게 묘사

▶ 어머니의 내적 갈등
- 봉건적, 전통적, 보수적 사고방식
- 주변 사람들의 시선 VS 아저씨에 대한 사랑
- 죽은 아버지에 대한 미안함

줄거리 | 과부인 엄마와 같이 사는 옥희의 집에 아버지의 친구이자 학교 선생인 '아저씨'가 하숙생으로 온다. 아저씨는 엄마를 남몰래 좋아하여 옥희를 예뻐하고, 옥희 편에 연애편지도 보낸다. 심지어는 예수교에는 관심도 없으면서 예배당에 몰래 따라올 정도로 엄마를 좋아한다. 하지만, 이들의 사랑은 아저씨가 기차를 타고 어디론가 가는 이별로 끝나고 만다. 엄마도 아저씨를 좋아했지만, 사람들이 옥희를 '화냥년의 딸'로 손가락질할 것을 걱정해서였다. 아직도 내외를 하는 외삼촌의 비아냥은 당시 보수적인 조선 사회를 잘 말해 주고 있다. 그리고 조선 시대의 신분과 과부에 대한 인식, 그리고 사람들의 마음을 알 수 있다.

체크 문제

☑ **이 글의 시점에 대한 설명으로 적절한 것은?** 2021. 지역인재 9급
① 주인공이 자신의 이야기를 하면서 다른 인물의 심리도 함께 서술한다.
② 서술자가 작품 외부에서 사건을 서술하여 인물의 내면까지 파악하고 있다.
③ 작품 밖의 서술자가 자신의 주관을 배제하고 객관적인 사건을 서술하고 있다.
④ 이야기 속 인물이 서술자가 되어 주인공을 관찰하는 방식으로 서사가 전개되고 있다.

1. **어린 소녀를 서술자로 설정해서 얻은 효과로 가장 두드러진 것은?**
① 애정 심리의 직설적 전달
② 통속적 제재에 참신성 부여
③ 두 어른 사이의 심리적 거리 조절
④ 어른의 복잡한 세계를 단순하게 전달
⑤ 어른들의 미묘한 애정 심리를 섬세히 전달

2. **이 글에서 갈등의 중심을 이루는 것은?**
① 선 - 악   ② 개인 - 관습
③ 옥희 - 어머니   ④ 어머니 - 아저씨
⑤ 현실 - 이상

3. **㉠에 내포된 어머니의 심리로 가장 적절한 것은?**
① 옥희에 대한 애정
② 사별한 남편에 대한 그리움
③ 아저씨에 대한 사랑의 포기
④ 기약 없이 가 버린 아저씨에 대한 서운함
⑤ 사랑을 이룰 수 없게 된 상황에서 느끼는 절망감

운명과의 갈등 〈역마(驛馬)〉 김동리

— 그해 아직 봄이 오기 전, 보는 사람마다 성기의 회춘을 거진 다 단념하곤 하였을 때, 옥화는 이왕 죽고 말 것이라면, 어미의 심정이나 알고 가라고, 그래 그 체장수 영감은 서른여섯 해 전 남사당을 꾸며 와 이 화개 장터에 하룻밤을 놀고 갔다는 자기의 아버지임에 틀림이 없었다는 것과, 계연은 그 왼쪽 귓바퀴 위의 사마귀로 보아 자기의 동생임이 분명하더라는 것을, 통정(通情)하노라면서, 자기의 왼쪽 귓바퀴 위의 검정 사마귀까지를 그에게 보여 주었다.

[중략]

성기가 좋아하는 여러 가지 산나물이 화갯골에서 연달아 자꾸 내려오는 이른 여름의 어느 장날 아침이었다. 두릅회에 막걸리 한 사발을 쭉 들이키고 난 성기는 그 어머니에게,
"어머니, 나 엿판 하나만 맞춰 주."
하였다.
"……."
옥화는 갑자기 무엇으로 머리를 얻어맞은 듯이 성기의 얼굴을 뻔히 바라보고 있었다.

그런 지도 다시 한 보름이 지나, 뻐꾸기는 또다시 산울림처럼 유창하게 울고, 늘어진 버들가지엔 햇빛이 젖어 흐르는 아침이었다. 새벽녘에 잠깐 가는비가 지나가고, 날은 다시 유달리 맑게 갠 화개 장터 갈림길 위에서 성기는 그 어머니와 하직을 하고 있었다. 갈아입은 옥양목 고의 적삼에 명주 수건까지 머리에 동여매고 난 성기는 새로 맞춘 새하얀 나무 엿판을 질빵해서 느직하게 엉덩이 즈음에다 걸고 있었다. 윗목판에는 새하얀 가락엿이 반 넘어 들어 있었고, 아랫목판에는 팔다 남은 이야기책 몇 권과 간단한 방물이 좀 들어 있었다.

그의 발 앞에는, 물과 함께 갈리어 길도 세 갈래로 나 있었으나, 화갯골 쪽엔 처음부터 등을 지고 있었다. 동남으로 난 길은 하동, 서남으로 난 길이 구례, 작년 이맘때도 지나 그녀가 울음 섞인 하직을 남기고 체장수 영감과 함께 넘어 간 산모퉁이 고갯길은 퍼붓는 햇볕 속에 지금도 환히 장터 위를 굽이 돌아 구례 쪽을 향했으나, 성기는 한참 뒤 몸을 돌렸다. 그리하여 그의 발은 구례 쪽을 등지고 하동 쪽을 향해 천천히 옮겨졌다.

한 걸음, 한 걸음, 발을 옮겨 놓을수록 그의 마음은 한결 가벼워져서, 멀리 버드나무 사이에서 그의 뒷모양을 바라보고 서 있을 그의 어머니의 주막이 그의 시야에서 완전히 사라져 갈 무렵이 되어서는 육자배기 가락으로 제법 콧노래까지 흥얼거리며 가고 있는 것이었다.

주제 | 운명에 순응함으로써 구원됨. 한국적 운명관(역마살)에의 순종과 그에 따른 인간성의 구현
성격 | 운명적
배경 | 전라도, 경상도의 접경 지역인 화개 장터
줄거리 | 주인공 성기는 역마살을 타고났다. 어머니 옥화는 그의 역마살을 없애기 위해 열 살 때부터 절에 보내어 중노릇을 시켰다. 어느 날 체장수 영감이 딸 계연을 데리고 나타난다. 성기가 그녀를 좋아하는 눈치를 보이자 옥화는 둘을 짝지어 주고자 한다. 그러나 계연의 왼쪽 귓바퀴 위에서 자기와 똑같은 사마귀를 발견하고 의심하던 중 체장수 영감의 36년 전 이야기와 자기 어머니의 36년 전 이야기가 일치하는 것에 놀란다. 옥화는 무당을 통해 계연이 자기 동생임을 확인하고 계연을 떠나보낸다. 이 일로 성기는 자리에 눕고 만다. 옥화의 이야기를 들은 성기는 기력을 되찾아 운명에 순응하며 정처 없이 길을 떠난다.

✔ 체크 문제

☑ **다음 글에 대한 설명으로 가장 적절한 것은?** 2017. 지방직 7급

> "오빠, 편히 사시오."
> 계연은 이미 시뻘겋게 된 두 눈으로 성기의 마지막 시선을 찾으며 하직 인사를 했다. 성기는 계연의 이 말에, 꿈을 깬 듯, 마루에서 벌떡 일어나, 계연의 앞으로 당황히 몇 걸음 어뜩어뜩 걸어오다간, 돌연히 다시 정신이 나는 듯 그 자리에 화석처럼 발이 굳어 버린 채, 한참 동안 장승같이 계연의 얼굴만 멍하게 바라보고 있었다.
> "오빠, 편히 사시오."
> 이렇게 두 번째 하직을 하는 순간까지도, 계연의 그 시뻘건 두 눈은 역시 성기의 얼굴에서 그 어떤 기적과도 같은 구원만을 기다리는 것이었고, 그러나 성기는 그 자리에 그냥 주저앉아 버릴 뻔하던 것을 겨우 버드나무 가지를 움켜잡을 수 있었을 뿐이었다.
> 계연의 시뻘겋게 상기된 얼굴은, 옥화와 그녀의 아버지가 그들을 지켜보고 있다는 것도 잊은 듯이 성기의 얼굴만 뚫어지게 바라보고 있었으나, 버드나무에 몸을 기대인 성기의 두 눈엔 다만 불꽃이 활활 타오를 뿐, 아무런 새로운 명령도 기적도 나타나지 않았다.
> "오빠, 편히 사시오."
> 하고, 거의 울음이 다 된, 마지막 목소리를 남기고 돌아선 계연의 저만치 가고 있는 항라적삼을, 고운 햇빛과 늘어진 버들가지와 산울림처럼 울려오는 뻐꾸기 울음 속에 성기는 우두커니 지켜보고 있을 뿐이다.
>
> – 김동리, 〈역마〉

① 계연이 하직 인사를 세 번 한 것은 성기와의 인연을 끝내고자 하는 의지가 강함을 의미한다.
② 성기의 말 없음은 어떠한 말로도 표현할 수 없는 복잡다단한 성기의 심리를 상징적으로 보여 준다.
③ 계연이가 마을을 떠나는 장면의 자연적 배경은 굴곡이 심한 계연의 미래를 암시한다.
④ 성기의 성격과 태도에 대한 작가의 냉소적이고 비판적인 시각을 보여 주는 서술이 있다.

전쟁 〈비 오는 날〉 손창섭

이렇게 비 내리는 날이면 원구의 마음은 감당할 수 없도록 무거워지는 것이었다. 그것은 동욱 남매의 음산한 생활 풍경이 그의 뇌리를 영사막처럼 흘러가기 때문이었다. 빗소리를 들을 때마다 원구에게는 으레 동욱과 그의 여동생 동옥이 생각나는 것이었다. 그들의 어두운 방과 쓰러져 가는 목조 건물이 비의 장막 저편에 우울하게 떠오르는 것이었다. 비록 맑은 날일지라도 동욱의 오뉘의 생활을 생각하면, 원구의 귀에는 빗소리가 설레이고 그 마음 구석에는 빗물이 스며 흐르는 것 같았다. 원구의 머릿속에 떠오르는 동욱과 동옥은 그 모양으로 언제나 비에 젖어 있는 인생들이었다.

동욱의 거처를 왕방하기 전에 원구는 어느 날 거리에서 동욱을 만나 저녁을 같이한 일이 있었다. 동욱은 밥보다는 먼저 술을 먹고 싶어 했다. 술을 마시는 동욱의 태도는 제법 애주가(愛酒家)였다. 잔을 넘어 흘러내리는 한 방울도 아까워서 동욱은 혀끝으로 잔굽을 핥았다. 기독교 가정에서 성장했을 뿐 아니라 몇몇 교회에서 다년간 찬양대를 지도해 온 동욱의 과거를 원구는 생각하며, 요즈음은 교회에 나가지 않느냐고 물어보았다. 동욱은 멋쩍게 씽긋 웃고 나서 이따만큼 한 번씩 나가노라고 하고, 그런 때는 견딜 수 없는 절망감에 숨이 막힐 것 같은 날이라는 것이었다. 동욱은 소매와 깃이 너슬너슬한 양복저고리에 교회에서 구제품으로 탄 것이라는, 바둑판처럼 사방으로 검은 줄이 죽죽 간 회색 즈봉을 입고 있었다. 무엇보다도 그의 구두가 아주 명물이었다.

개미허리처럼 중간이 잘룩한 데다가 코숭이만 주먹만큼 뭉툭 솟아오른 검정 단화(短靴)를 신고 있었다. 그건 꼭 채플린이나 신음직한 괴이한 구두였기 때문에 잔을 주고받으면서도 원구는 몇 번이나 동욱의 발을 내려다보는 것이었다. 그동안 무얼 하며 지냈느냐는 원구의 물음에 동욱은 끼고 온 보자기를 끄르고 스크랩북을 펴 보이는 것이었다. 몇 장 벌컥벌컥 뒤적이는데 보니, 서양 여자랑 아이들의 초상화가 드문드문 붙어 있었다.

그 견본을 가지고 미군 부대를 찾아다니며 초상화의 주문을 맡는다는 것이었다. 대학에서 영문과를 전공한 것이 아주 헛일은 아니었다고 하며 동욱은 닝글닝글 웃었다. 동욱의 그 닝글닝글한 웃음을 원구는 이전부터 몹시 꺼렸다. 상대방을 조롱하는 것 같은 그러면서도 자조적(自嘲的)이요, 어쩐지 친애감조차 느껴지는 그 닝글닝글한 웃음은 원구에게 어떤 운명적인 중압을 암시하여 감당할 수 없이 마음이 무거워지는 것이었다. 대체 그림은 누가 그리냐니까,

지금 여동생 동옥이와 둘이 지내는데, 동옥은 어려서부터 그림을 좋아하더니 초상화를 곧잘 그린다는 것이다. 동옥이란 원구의 귀에도 익은 이름이었다. 소학교 시절에 동욱이네 집에 놀러 가면 그때 대여섯 살밖에 안 되는 동옥이가 귀찮게 졸졸 따라다니던 기억이 새로웠다. 동옥은 그 당시 아이들 사이에 한창 유행되었던, 중중 때때중 바랑 메고 어디 가나를 부르고 다녔다. 그 사이 이십 년이라는 세월이 흐르고 보니 동옥의 모습은 전연 기억도 남지 않았다.

주제 | 전후의 무기력한 삶과 인간성 회복

배경 | 시간적 배경 : 전쟁 직후의 여름 비 오는 날(장마)
공간적 배경 : 부산 동래 부근 외딴 마을

줄거리 | 6·25 전쟁 당시 임시 수도에 피난 와서, 대학생이던 원구는 달구지 목판 장수를 하다가, 친구 동욱을 만나 그의 집으로 가 본다. 원구와 동욱은 한마을에서 자라, 국민학교에서 대학까지 줄곧 동창이었으므로 원구는 어린 시절의 동욱의 누이 동옥을 잘 알고 있었다. 그러나 동옥이가 중도에 소아마비를 앓아서 불구가 된 것은 모르고 있었다. 그런데 이번 재회를 통해 알게 된다. 원구가 자주 동욱이네 집으로 와서 동옥을 만나는 사이에 둘은 조금씩 가까워진다. 그러던 어느 날 동욱이 원구를 찾아와, 초상화 그리는 일도 이제 끊겼다고 하면서 동옥이 더욱 외롭고 불안해하니 가끔 찾아와 위로해 줄 것을 부탁한다. 다시 비 오는 날 그들을 찾아간 원구는, 동옥이 그동안 모아 둔 돈을 빚낸 주인 노파가 도망을 가 버려 절망하는 동옥의 모습에 안타까워한다. 한 달 가까이 계속된 장마로 일을 쉬고 있던 원구가 다시 동욱을 찾아갔으나, 주인은 바뀌고 동욱 남매는 어디론가 가출한 채 돌아오지 않는다. 주인이 혹시 동옥을 사창가에 팔아먹은 것은 아닐까 하는 격분을 안고 원구는 돌아온다.

✔ 체크 문제

1. 이 작품에 관한 설명으로 알맞지 않은 것은?
   ① 음울한 분위기가 작품의 주제와 상통하고 있다.
   ② 전쟁이 가져다준 정신적 상처가 상징적으로 반영되어 있다.
   ③ 인물의 내면 심리가 사실적으로 나타나 있다.
   ④ 원구라는 인물을 통해 폐허 의식을 딛고 일어서는 긍정적인 인간상을 구현하였다.
   ⑤ 사건을 제시하기보다는 사건에서 느낀 내레이터의 심경을 환기한다.

2. 이 소설에서 형상화하고자 한 바는?
   ① 전쟁의 비극성 고발
   ② 이루지 못한 소망의 세계
   ③ 부조리한 시대를 향한 정의
   ④ 극한 상황에 처한 무기력한 삶
   ⑤ 혼탁한 세상을 살아가는 고뇌

3. 이 글에서 나타나는 '비'의 기능과 거리가 먼 것은?
   ① 작품의 분위기 형성   ② 인물 심리의 간접 제시
   ③ 낭만적 주제의 환기   ④ 시대 상황의 상징
   ⑤ 사건 전개 방향의 암시

전쟁 〈수난이대(受難二代)〉 하근찬

쨰액 기차 소리였다. 멀리 산모퉁이를 돌아오는가 보았다. 만도는 앉았던 자리를 털고 벌떡 일어서며, 옆에 놓아 두었던 고등어를 집어 들었다. 기적 소리가 가까워질수록 그의 가슴은 울렁거렸다. 대합실 밖으로 뛰어나가 홈이 잘 보이는 울타리 쪽으로 가서 발돋움을 하였다. 째랑째랑 하고 종이 울자, 한참만에 차는 소리를 지르면서 달려들었다. 기관차의 옆구리에서는 김이 픽픽 풍겨 나왔다. 만도의 얼굴은 바짝 긴장되었다. 시꺼먼 열차 속에서 꾸역꾸역 사람들이 밀려 나왔다. 꽤 많은 손님이 쏟아져 내리는 것이었다. 만도의 두 눈은 곧장 이리저리 굴렀다. 그러나 아들의 모습은 쉽사리 눈에 띄지 않았다. 저쪽 출찰구로 밀려가는 사람의 물결 속에, 두 개의 지팡이를 의지하고 절룩거리며 걸어 나가는 상이군인이 있었으나, 만도는 그 사람에게 주의를 기울이지는 않았다. 기차에서 내릴 사람은 모두 내렸는가 보다. 이제 미처 차에 오르지 못한 사람들이 플랫폼을 이리저리 서성거리고 있을 뿐인 것이다. 그놈이 거짓으로 편지를 띄웠을 리는 없을 건데……. 만도는 자꾸 가슴이 떨렸다. 이상한 일이다, 하고 있을 때였다. 분명히 뒤에서,

"아부지!"

부르는 소리가 들렸다. 만도는 깜짝 놀라며, 얼른 뒤를 돌아보았다. 그 순간, 만도의 두 눈은 무섭도록 크게 떠지고 입은 딱 벌어졌다. 틀림없는 아들이었으나, 옛날과 같은 진수는 아니었다. 양쪽 겨드랑이에 지팡이를 끼고 서 있는데, 스쳐가는 바람결에 한쪽 바짓가랑이가 펄럭거리는 것이 아닌가. 만도는 눈앞이 노오래지는 것을 어찌지 못했다. 한참 동안 그저 멍멍하기만 하다가, 코허리가 찡해지면서 두 눈에 뜨거운 것이 핑 도는 것이었다.

"에라이 이놈아!"

만도의 입술에서 모지게 튀어나온 첫마디였다. 떨리는 목소리였다. 고등어를 든 손이 불끈 주먹을 쥐고 있었다.

"이기 무슨 꼴이고, 이기."

"아부지!"

"이놈아, 이놈아!"

[중략]

진수는 가벼운 한숨을 내쉬며 아버지를 돌아보았다. 만도는 돌아보는 아들의 얼굴을 향해서 지그시 웃어 주었다. 술을 마시고 나면 이내 오줌이 마려워진다. 만도는 길가에 아무렇게나 쭈그리고 앉아서 고기 묶음을 입에 물려고 한다. 그것을 본 진수는,

"아부지, 그 고등어 이리 주이소."

한다. 팔이 하나밖에 없는 몸으로 물건을 손에 든 채 소변을 볼 수는 없는 것이다. 아버지가 볼일을 마칠 때까지 진수는 저만큼 떨어져 서서 지팡이를 한쪽 손에 모아 쥐고 다른 손으로는 고등어를 들고 있었다. 볼일을 다 본 만도는 얼른 가서 아들의 손에서 고등어를 다시 받아 든다.

개천 둑에 이르렀다. 외나무다리가 놓여 있는 그 시냇물이다. 진수는 슬그머니 걱정이 되었다. 물은 그렇게 깊은 것 같지 않지만, 밑바닥이 모래흙이어서 지팡이를 짚고 건너가기가 만만할 것 같지 않기 때문이다. 외나무다리 위로는 도저히 건너갈 재주가 없고……. 진수는 하는 수 없이 둑에 퍼지고 앉아서 바짓가랑이를 걷어 올리기 시작했다. 만도는 잠시 멀뚱히 서서 아들의 하는 양을 내려다보고 있다가,

"진수야, 그만두고 업자."

하는 것이었다.

"업고 건느면 일이 다 되는 거 아니가. 자아, 이거 받아라."

고등어 묶음을 진수 앞으로 민다.

"……."

진수는 퍽 난처해하면서 못 이기는 듯이 그것을 받아 들었다. 만도는 등어리를 아들 앞에 갖다 대고 하나밖에 없는 팔을 뒤로 버쩍 내밀며,

"자아, 어서!"

진수는 지팡이와 고등어를 각각 한 손에 쥐고, 아버지의 등어리로 가서 슬그머니 업혔다. 만도는 팔뚝을 뒤로 돌려서 아들의 하나뿐인 다리를 꼭 안았다. 그리고,

"팔로 내 목을 감아야 될끼다."

했다. 진수는 무척 황송한 듯 한쪽 눈을 찍 감으면서 고등어와 지팡이를 든 두 팔로 아버지의 굵은 목줄기를 부둥켜안았다. 만도는 아랫배에 힘을 주며 끙! 하고 일어났다. 아랫도리가 약간 후들거렸으나 걸어갈 만은 했다. 외나무다리 위로 조심조심 발을 내디디며 만도는 속으로,

'인제 새파랗게 젊은 놈이 벌써 이게 무슨 꼴이고. 세상을 잘못 만나서 진수 니 신세도 참 똥이다, 똥.'

이런 소리를 주워섬겼고, 아버지의 등에 업힌 진수는 곧장 미안스러운 얼굴을 하며,

"나꺼정 이렇게 되다니 아부지도 참 복도 더럽게 없지. 차라리 내가 죽어 버렸더라면 나았을 낀데……."

하고 중얼거렸다.

만도는 아직 술기가 약간 있었으나 용케 몸을 가누며, 아들을 업고 외나무다리를 조심조심 건너가는 것이었다. 눈앞에 우뚝 솟은 용머리재가 이 광경을 가만히 내려다보고 있었다.

해제 | 이 작품은 과거와 현재가 교차하면서, 일제 강점기에 징용에 끌려가 한쪽 팔을 잃은 아버지 만도와 6·25 전쟁으로 인해 한쪽 다리를 잃은 아들 진수의 이야기를 보여 주고 있다. 이들 부자의 불행은 당시의 시대적 상황에 의한 것으로 우리 민족 전체의 수난과 시련으로 확대 해석할 수 있다. 작가는 이러한 역사적 비극을 치유할 수 있는 방법으로 마지막에 만도와 진수가 협력하여 외나무다리를 건너는 장면을 제시하고 있다. 이 장면을 통해 작가는 화합과 협동을 통해 민족의 수난을 극복하고 새로운 삶을 향해 걸어가려는 의지를 보여 주는 것이다.

주제 | 민족의 비극과 극복의 의지

성격 | 향토적, 비극적, 해학적

시점 | 작가 관찰자 시점과 전지적 작가 시점 혼합

특징 | 단순 구성, 입체적 구성(과거와 현대사의 역전)

줄거리 | 박만도는 3대 독자인 아들 진수가 전쟁터에서 돌아온다는 소식을 듣고 몹시 마음이 들떠 있다. 그는 아직 아들이 탄 기차가 들어오려면 멀었음에도 일찌감치 역전으로 나간다. 병원에서 나온다는 말에 약간의 불안감을 느끼기는 했으나, 설마하니 아들이 자기처럼 불구가 되진 않았으려니 하고 애써 마음을 편히 먹는다. 그는 한쪽 팔이 없다. 일제 강점기에 강제 징용을 나가 비행장 건설 중 폭격에 잃어버린 것이다. 그때 그는 기절까지 했었다. 그는 항상 왼쪽 소맷자락을 조끼 주머니에 아무렇게나 꽂아 놓고 다녔다. 일말의 불안감이 없었던 바는 아니나, 그는 아들이 돌아온다는 생각에 어서 시간이 흘러가 버렸으면 한다. 아들에게 주려고 역전으로 가는 길에 고등어도 한 마리 산다. 정거장에 도착한 시간이 10시 40분, 점심때쯤 온다고 했으니 시간은 아직도 한 시간이나 넘게 남았다. 기다리는 동안 박만도는 옛날에 자신이 당했던 일들을 떠올려 본다. 멀리서 기적 소리가 울려 만도는 벌떡 일어선다. 괜히 가슴이 울렁거리기 시작한다. 기차가 플랫폼에 도착하고 사람들이 내리기 시작한다. 하지만 어찌 된 영문인지 아들의 모습은 도무지 보이지 않는다. 어느 상이군인 하나가 서 있을 뿐이다. 조바심에 안달이 난 박만도가 사방을 두리번거리고 있을 때, 뒤에서 "아버지!" 하는 목소리가 들린다. 뒤로 돌아선 순간 그는 입이 딱 벌어지고 눈은 무섭도록 크게 떠지고 만다. 아들은 틀림없었으나 예전의 모습이 아니었다. 한쪽 다리가 없어져 빈 바지 자락이 펄럭이고 있었고, 목발을 짚고 있었던 것이다. 박만도는 눈앞이 아찔해진다. 기진하고 실성한 모습으로 두 부자는 앞서거니 뒤서거니 집으로 향한다. 돌아오는 길에 아들 진수는 이 같은 꼴을 하고 어떻게 세상을 살아가느냐고 아버지에게 하소연한다. 만도는 "나 봐라! 팔뚝 하나 없어도 잘만 안 사나. 남 봄에 좀 덜 좋아서 그렇지 살기사 왜 못 살아!"라며 격려한다. 집으로 돌아오는 길엔 외나무다리가 하나 있다. 진수는 도저히 다리를 건널 수가 없다. 머뭇거리는 아들을 바라보던 만도는 대뜸 등을 돌리며 진수에게 업히라고 한다. 팔 하나가 없는 아버지와 다리 한쪽이 없는 아들이 조심스레 외나무다리를 건너고 있다. 눈앞에 우뚝 솟은 용머리재가 이 모습을 가만히 내려다본다.

✔ 체크 문제

1. 이 소설의 주제로 알맞은 것은?
① 전쟁의 잔혹상 고발
② 세대 간의 갈등 극복
③ 순수한 인간성의 옹호
④ 장애인에 대한 인식 전환
⑤ 수난을 극복하려는 의지

2. 주인공인 만도가 주어진 현실에 대해 반응하는 태도로 가장 알맞은 것은?
① 어쩔 수 없이 그냥 이렇게 살아가야 하나 봐.
② 아들마저도 외다리가 되니, 이놈의 현실이 원망스러워.
③ 이놈의 세상, 우리 말고 다른 사람들도 모두 망해 버려라.
④ 이렇게 비극적인 삶이지만 우린 앞으로 살날을 생각해야 돼.
⑤ 다시는 우리 같은 비극적인 삶이 없도록 현실을 힘껏 고쳐 나갈 거야.

3. 이 글의 서술상 특징으로 적절하지 않은 것은?
① 토착어를 분위기에 맞게 사용하고 있다.
② 행동 묘사가 구체적이고 사실적이다.
③ 비극적 감정을 담담하게 처리하고 있다.
④ 대화를 통해 인물 간의 갈등을 고조하고 있다.
⑤ 공간의 이동에 따라 내용이 전개되고 있다.

분단과 실향 〈오발탄〉 이범선

"가자! 가자!"

미치면 목소리마저 변하는 모양이었다. 그것은 이미 그의 어머니의 조용하고 부드럽던 그 목소리가 아니고, 쨍쨍하고 간사한 게 어떤 딴사람의 목소리였다.

문을 열고 들어서는 철호의 얼굴에 걸레 썩는 냄새 같은 것이 확 풍겨 왔다. 철호는 문안에 들어선 채 우두커니 아랫목을 내려다보고 있었다.

중학교 시절에 박물관에서 미이라를 본 일이 있었다. 그건 꼭 솜 누더기에 싸 놓은 미이라였다. 흰 머리카락은 한 오리도 제대로 놓인 것이 없었다. 그대로 수세미였다. 그 어머니는 벽을 향해 돌아누워서 마치 딸국질처럼 어떤 일정한 사이를 두고, 가자 가자 하는 외마디 소리를 지르고 있었다. 그 해골 같은 몸에서 어떻게, 그런 쨍쨍한 소리가 나오는지 이상하였다.

철호는 윗방으로 올라가 털썩 벽에 기대어 앉아 버렸다. 가슴에 커다란 납덩어리를 올려놓은 것 같았다. 정말 엉엉 소리를 내어 울고 싶었다. 눈을 꼭 지리 감으며 애써 침을 삼켰다.

두 달 전까지만 해도 철호는 저녁때 일터에서 돌아오면 어머니야 알아듣건 말건 그래도 '어머니 지금 돌아왔습니다.' 하고 인사를 하곤 하였었다. 그러나 요즈음은 그것마저 안 하게 되었다. 그저 한참 물끄러미 굽어보고 섰다가 그대로 윗방으로 올라와 버리는 것이었다.

컴컴한 구석에 앉아 있던 철호의 아내가 슬그머니 일어섰다. 담요 바지 무릎을 한쪽은 꺼멍, 또 한쪽은 회색으로 기웠다. 만삭이 되어서 꼭 바가지를 엎어 놓은 것 같은 배를 안은 아내는 몽유병자처럼 철호의 앞을 지나 나갔다. 부엌으로 나가는 것이었다. 분명 벙어리는 아닌데 아내는 말이 없었다.

"아버지."

철호는 누가 꼭대기를 쿡 쥐어박기나 한 것처럼 흠칫했다.

바로 옆에 다섯 살 난 딸애가 눈을 동그랗게 뜨고 철호를 쳐다보고 있었다. 철호는 어린것에게로 얼굴을 돌렸다. 웃어 보이려는 철호의 얼굴이 도리어 흉하게 이지러졌다.

"나아, 삼춘이 나이롱 치마 사 준댔다."

"응."

"그리구 구두두 사 준댔다."

"응."

"그러면 나 엄마하고 화신 구경 간다."

"……"

철호는 그저 어린것의 노랗게 뜬 얼굴을 바라보고 있을 뿐이었다. 철호의 헌 셔츠 허리통을 잘라서 위에 끈을 꿰어 스커트로 입은 딸애는 짝짝이 양말 목달이에다 어디서 주운 것인지 가는 고무줄을 끼었다.

"가자! 가자!"

아랫방에서 또 어머니의 그 저주 같은 소리가 들려왔다. 벌써 칠 년을 두고 들어와도 전연 모를 그 어떤 딴사람의 목소리.

철호는 또 눈을 감았다. 머릿속의 녯줄이 팽팽히 헤어졌다. 두 주먹으로 무엇이건 콱 때려 부수고 싶은 충동에 철호는 어금니를 바스러져라 맞씹었다.

[중략]

뚫어진 창호지 구멍으로 그래도 희미한 불빛이 새어 나오고 있었다. 철호는 윗방 문을 열었다. 아랫방과 윗방 사이 문턱에 위태롭게 올려놓은 등잔이 개똥벌레처럼 가물거리고 있었다. 윗방 아랫목에는 딸애가 반듯이 누워서 잠이 들었다. 담요를 몸에다 돌돌 말고 반듯이 누운 것이 꼭 송장 같았다. 그 옆에 철호의 아내가 두 무릎을 꿇고 앉아 있었다. 꺼먼 헝겊과 회색 헝겊으로 기운 담요 바지 무릎 위에는 빨강색 유단으로 만든 조그마한 운동화가 한 켤레 놓여 있었다. 철호가 방 안에 들어서자 아내는 그 어린애의 빨간 신발을 모두어 자기 손바닥에 올려놓아 철호에게 들어 보였다.

"삼촌이 사 왔어요."

유난히 속눈썹이 긴 아내의 눈이 가늘게 웃었다. 참으로 오래간만에 보는 아내의 웃음이었다. 자기가 미인이었다는 것을 잊어버리고 만 지 오랜 아내처럼, 또 오래 보지 못하여 거의 잊어버려 가던 아내의 웃는 얼굴이었다.

철호는 등잔이 놓인 문턱 가까이 가서 앉으며 아내의 손에서 빨간 어린애의 신발을 받아 눈앞에서 아래위를 살펴보았다.

"산보 갔었소?"

거기 등잔불을 사이에 두고 윗방을 향해 앉은 철호의 동생 영호가 웃으며 철호를 쳐다보았다.

"언제 들어왔니?"

"지금 막 들어와 앉는 길입니다."

그러고 보니 영호는 아직 넥타이도 끄르지 않고 있었다.

"형님!"

새삼스레 부르는 동생의 소리에 철호는 손에 들었던 어린애의 신발을 아내에게 돌리며 영호의 얼굴을 빤히 바라보았다.

"이제 우리두 한번 살아 봅시다. 제길, 남 다 사는데 우리라구 밤낮 이렇게만 살수? 근사한 양옥도 한 채 사구, 장기판만한 문패에다 형님의 이름 석 자를, 제길 장님도 보게 써서 대못으로 땅땅 때려 박구 한번 살아 봅시다."

군대에서 나온 지 이 년이 넘도록 아직도 직업도 못 잡은 영호가 언제나 술만 취하면 하는 수작이었다.

해제 | 1959년 《현대문학》에 발표된 이 소설은 전후의 암담한 사회 현실과 해방촌에서 궁핍한 삶을 살아가는 실향민 가족의 비극을 사실적으로 형상화하였다. 주인공은 중첩되는 가족의 불행으로 절망에 빠져 삶의 의미를 상실하고 자기 자신을 '조물주의 오발탄'이라고 규정한다. 이러한 주인공의 패배 의식은 전후의 실존주의적 분위기와 연관되는데, 주인공과 그를 둘러싼 인물들의 부정적 현실을 타개할 전망이나 가능성을 내포하지 못한다는 점에서 전후 문학 초기의 한계를 그대로 보여 준다.

주제 | 전후 실향민 가족의 욕망의 좌절과 방향 상실감

특징 | 6·25 전쟁 뒤 월남하여 새로운 삶에 뿌리내리지 못하는 실향민 가족의 고통과 가난, 그리고 그들의 평안한 삶을 방해하는 비정한 사회 현실을 사실적으로 통찰한 소설이다. 특히, 극한의 상황에 몰린 주인공의 정신적 혼란은 전후의 피폐한 사회상과 분단의 고통을 고스란히 드러내고 있다.

구성 |

가장으로서의 책임감
- 정신 분열 증세를 보이는 어머니
- 만삭인 아내와 영양실조에 걸린 딸
- 방황하는 영호
- 양공주 명숙

+

불행의 중첩
- 영호의 은행 강도 사건
- 아내의 죽음

↓

치통(삶의 고통)

↓

이를 뽑는 행위
(고통에서 벗어나고 싶은 욕망)

✔ 체크 문제

1. 〈보기〉를 참고하여 이 글을 감상한 내용으로 적절하지 않은 것은?

〈 보기 〉

〈오발탄〉은 월남한 실향민인 '철호' 일가의 삶을 통해 1950년대의 사회상을 사실적으로 그리고 있다. 등장인물들은 극도의 빈곤에 시달린 나머지 무기력과 패배감에 빠져 있으며, 사회가 정의롭지 않다는 인식으로 인해 최소한의 양심을 지키는 것도 힘들어한다. 이 작품은 전쟁이 물질적 궁핍뿐만 아니라 정신적 황폐까지 초래하게 된 현실을 신랄하게 고발하고 있다.

① '어머니'가 내뱉는 '가자!'라는 외침은 '철호' 일가에게 아직 희망이 남아 있음을 표현하는군.
② '아내'가 '몽유병자처럼' 행동한다는 데서 곤궁한 삶으로 인해 그녀가 무기력에 빠져 있음을 알 수 있군.
③ '개똥벌레처럼' 가물거리는 등잔불은 '철호' 일가의 생존이 위태로운 상태임을 상징하는군.
④ '딸애'의 잠든 모습을 '송장 같았다.'라고 인식하는 데서 '철호'의 절망적이고 피폐한 의식 세계를 엿볼 수 있군.
⑤ '제길, 남 다 사는데 우리라구 밤낮 이렇게만 살겠수?'라는 말에서 공평하지 못한 현실에 대한 '영호'의 불만을 읽을 수 있군.

다음 글에 대한 이해로 옳은 것은? [2022. 국회직 9급]

> "아니야, S 병원으로 가."
> 철호는 갑자기 아내의 죽음을 생각했던 것이었다. 운전수는 다시 휙 핸들을 이쪽으로 틀었다. 운전수 옆에 앉아 있는 조수 애가 한 번 철호를 돌아보았다. 철호는 뒷자리 한구석에 가서 몸을 틀어박은 채 고개를 뒤로 젖히고 눈을 감고 있었다. 차는 한국은행 앞 로터리를 돌고 있었다. 그때 또 뒤에서 철호가 소리를 질렀다.
> "아니야, X 경찰서로 가."
> 눈을 감고 있는 철호는 생각하는 것이었다. 아내는 이미 죽었는데 하고.
> 이번에는 다행히 차의 방향을 바꿀 필요가 없었다. 그냥 달렸다.
> "X 경찰서 앞입니다."
> 철호는 눈을 떴다. 상반신을 벌떡 일으켰다. 그러나 곧 털썩 뒤로 기대고 쓰러져 버렸다.
> "아니야, 가."
> "X 경찰섭니다. 손님."
> 조수 애가 뒤로 몸을 틀어 돌리고 말했다.
> "가자."
> 철호는 여전히 눈을 감고 있었다.
> "어디로 갑니까?"
> "글쎄, 가!"
> "하 참, 딱한 아저씨네."
> "……."
> "취했나?"
> 운전수가 힐끔 조수 애를 쳐다보았다.
> "그런가 봐요."
> "어쩌다 오발탄(誤發彈) 같은 손님이 걸렸어. 자기 갈 곳도 모르게."
>
> – 이범선, 〈오발탄〉에서

① '철호'는 삶의 의지를 점차 회복하고 있다.
② '운전수'는 '철호'에게 공감의 태도를 보이고 있다.
③ '철호'와 '운전수' 사이의 계급 차이가 잘 드러난다.
④ '철호'는 목적지를 정하지 못한 상태이다.
⑤ 'S 병원'과 'X 경찰서'는 '철호'가 도달하지 못하는 이상향이다.

전후 상처를 휴머니즘으로 극복 〈장마〉 윤흥길

바로 머리 위에서 불티처럼 박힌 앙증스러운 눈깔을 요모조모로 빛내면서 자꾸 대가리를 숙여 끄떡끄떡 위협을 주는 커다란 구렁이를 보고도 외할머니는 조금도 두려워하지 않았다. 외할머니는 두 손을 천천히 가슴 앞으로 모아 합장했다.

"에구 이 사람아, 집안일이 못 잊어서 이렇게 먼 질을 찾어왔능가?"

꼭 울어 보채는 아이한테 자장가라도 불러 주는 투로 조용히 속삭이는 그 말을 듣고 누군가 큰 소리로 웃는 사람이 있었다. 그러자 외할머니는 눈이 단박에 세모꼴로 변했다.

"어떤 창사구 빠진 잡놈이 그렇게 히득거리고 섰냐. 누구냐, 어서 이리 썩 나오니라. 주리 댈 놈!"

외할머니의 대갈 호령에 사람들은 쥐 죽은 소리도 못 했다. 외할머니는 몸을 돌려 다시 구렁이를 상대로 했다.

"자네 보다시피 노친께서는 기력이 여전허시고 따른 식구덜도 모다덜 잘 지내고 있네. 그러니께 집안일일랑 아모 염려 말고 어서어서 자네 가야 헐 디로 가소."

구렁이는 움쩍도 하지 않았다. 철사 토막 같은 혓바닥을 날름거리면서 대가리만 두어 번 들었다 놓았다 했다.

"가야 헐 디가 보통 먼 질이 아닌디 여그서 이러고 충그리고만 있어서야 되겠능가. 자꼬 이러며는 못쓰네, 못써. 자네 심정은 내 짐작을 허겄네만 집안 식구덜 생각도 혀야지. 자네 노친 양반께서 자네가 이러고 있는 꼴을 보면 얼매나 가슴이 미여지겄능가."

[중략]

"자네 오면 줄라고 노친께서 여러 날 들여 장만헌 것일세. 먹지는 못헐망정 눈요구라도 허고 가소. 다아 자네 노친 정성 아닌가. 내가 자네를 쫓을라고 이러는 건 아니네. 그것만은 자네도 알어야 되네. 냄새가 나드라도 너무 섭섭타 생각 말고, 집안일일랑 아모 걱정 말고 머언 걸음 부데 펜안히 가소."

이야기를 다 마치고 외할머니는 불씨가 담긴 그릇을 헤집었다. 그 위에 할머니의 흰 머리카락을 올려놓자 지글지글 끓는 소리를 내면서 타오르기 시작했다. 단백질을 태우는 노린내가 멀리까지 진동했다. 그러나 눈앞에서 벌어지는 그야말로 희한한 광경에 놀라 사람들은 저마다 탄성을 올렸다. 외할머니가 아무리 타일러도 그때까지 움쩍도 하지 않고 그토록 오랜 시간을 버티던 그것이 서서히 움직이기 시작한 것이다. 감나무 가지를 칭칭 감았던 몸뚱이가 스르르 풀리면서 구렁이는 땅바닥으로 툭 떨어졌다. 떨어진 자리에서 잠시 머뭇거린 다음 구렁이는 꿈틀꿈틀 기어 외할머니 앞으로 다가왔다. 외할머니가 한쪽으로 비켜서면서 길을 터 주었다. 이리저리 움직이는 대로 뒤를 따라가며 외할머니는 연신 소리를 질렀다. 새막에서 참새 떼를 쫓을 때처럼,

"쉬이! 쉬이!"

하고 소리를 지르면서 손뼉까지 쳤다. 누런 비늘 가죽을 번들번들 뒤틀면서 그것은 소리 없이 땅바닥을 기었다.

이야기를 다 듣고 나서 할머니는 사돈을 큰방으로 모셔 오도록 아버지한테 분부했다. 사랑채에서 쉬고 있던 외할머니가 아버지 뒤를 따라 큰방으로 건너왔다. 외할머니로서는 벌써 오래전에 할머니하고 한 다래끼 단단히 벌인 이후로 처음 있는 큰방 출입이었다.

"고맙소."

정기가 꺼진 우묵한 눈을 치켜 간신히 외할머니를 올려다보면서 할머니는 목이 꽉 매었다.

"사분도 별시런 말씀을 다……."

외할머니도 말끝을 마무리하지 못했다.

"야한티서 이 얘기는 다 들었소. 내가 당혀야 할 일을 사분이 대신 맡었구랴. 그 험헌 일을 다 치르노라고 얼매나 수고시렀으꼬."

"인자는 다 지나간 일이닝깨 그런 말씀 고만두시고 어서어서 뮘이나 잘 추시리기라우."

"고맙소, 참말로 고맙구랴."

할머니가 손을 내밀었다. 외할머니가 그 손을 잡았다. 손을 맞잡은 채 두 할머니는 한동안 말을 잇지 못했다. 그러다가 할머니 쪽에서 먼저 입을 열어 아직도 남아 있는 근심을 털어놓았다.

"탈 없이 잘 가기나 혔는지 몰라라우."

"염려 마시랑께요. 지금쯤 어디 가서 펜안히 거처험시나 사분댁 터주 노릇 퇵퇵이 하고 있을 것이요."

그만한 이야기를 나누는 데도 대번에 기운이 까라져 할머니는 가쁜 숨을 몰아쉬었다. 가까스로 할머니가 잠들기를 기다려 구완을 맡은 고모만을 남기고 모두들 큰방을 물러 나왔다.

그날 저녁에 할머니는 또 까무러쳤다. 의식이 없는 중에도 댓 숟갈 흘려 넣은 미음과 탕약을 입 밖으로 죄다 토해 버렸다. 그리고 이튿날부터는 마치 육체의 운동장에서 정신이란 이름의 장난꾸러기가 들어왔다 나갔다 숨바꼭질하기를 수없이 되풀이하는 것 같은 고통의 시간의 연속이었다. 대소변을 일일이 받아 내는 고역을 치러 가면서 할머니는 꼬박 한 주일을 더 버티었다. 안에 있는 아들보다 밖에

있는 아들을 언제나 더 생각했던 할머니는 마지막 날 밤에 다 타 버린 촛불이 스러지듯 그렇게 눈을 감았다. 할머니의 긴 일생 가운데서, 어떻게 생각하면, 잠도 안 자고 먹지도 않고 그러고도 놀라운 기력으로 며칠 동안이나 식구들을 들볶아 대면서 삼촌을 기다리던 그 짤막한 기간이 사실은 꺼지기 직전에 마지막 한순간을 확 타오르는 촛불의 찬란함과 맞먹는, 할머니에게 가장 자랑스럽고 행복에 넘치던 시간이었었나 보다. 임종의 자리에서 할머니는 내 손을 잡고 내 지난날을 모두 용서해 주었다. 나도 마음속으로 할머니의 모든 걸 용서했다.

정말 지루한 장마였다.

해제 | 이 작품은 6·25 전쟁으로 인한 비극을, 국군과 빨치산을 각각 아들로 둔 두 할머니의 갈등을 통해 조명한 작품이다. 이러한 비극을 낳는 가장 큰 원인은 남북 간의 이데올로기 대립이다. 그러나 남한과 북한이 각각 내세우고 있는 이데올로기를 두 할머니가 잘 이해할 수 있는 것은 아니다. 본래 사이가 좋았던 두 할머니는 이데올로기 때문이 아니라 자신들의 자식이 서로 다른 편에 가담했다는 바로 그 이유로 대립하고 있을 뿐이다. 이러한 상황은 전쟁으로 인한 비극을 받아들일 수밖에 없었던 대다수의 평범한 이들에게도 해당될 것이다. 그렇다면 남북한의 이데올로기는 그 타당성 여부를 떠나 둘 다 서로 어울려서 살아가야 할 대다수의 평범한 민족 구성원들을 갈라놓고 서로 반목하게 만든 부정적인 영향을 미쳤다고 할 수 있다. 여기서 이 작품의 주제가 드러난다. 이데올로기 대립을 넘어서 남북한이 혈연으로 맺어진 한 민족임을 확인하고 서로 어울려서 살아가려는 태도를 가질 때 전쟁으로 인한 상처는 극복될 수 있다는 것이다.

주제 | 전쟁의 와중에서 빚어진 한 가족의 비극과 그 극복

성격 | 서정적, 상징적, 토속적(샤머니즘)

시점 | 1인칭 관찰자 시점

배경 | 시간적 배경 : 6·25 전쟁 중 장마철
공간적 배경 : 어느 농촌

특징 |

1인칭 서술자 (어린 동만)	개인의 고달픈 성장 체험을 묘사하는 데 적절하다. 정서적인 생동감을 주며 전쟁에 대한 비판적 성격을 띤다.
과거를 회상하는 서술자 (어른 동만)	전쟁으로 인한 갈등의 가족사를 성인이 된 이후에 회상함으로써 아픔의 극복 과정을 형상화하는 데 적합하다.

구성 |

발단	전쟁으로 한 집안에 살게 된 외할머니와 할머니는 각각 국군, 빨치산인 아들들 때문에 갈등하게 된다.
전개	빨치산인 삼촌이 몰래 왔다 산으로 다시 가 버리고, 어린 동만이 이 이야기를 형사에게 말하는 바람에 아버지가 고초를 겪는다.
위기	빨치산이 몰살당했다는 소문이 돌고, 할머니는 점쟁이에게 가서 삼촌이 살아 돌아온다는 날을 받아 온다.
절정	삼촌이 돌아온다는 날에 큰 구렁이 한 마리가 집으로 들어오고, 외할머니는 구렁이를 달래어 돌려보낸다.
결말	두 할머니는 화해를 하고 친할머니는 세상을 떠난다.

✔ 체크 문제

☑ **이 글에 대한 이해로 적절한 것은?**   2021. 지방직 7급

① 외할머니가 구렁이를 무서워하는 사람에게 야단을 치고 있다.
② 외할머니가 구렁이를 산 사람처럼 대하면서 말을 건네고 있다.
③ 외할머니가 구렁이를 혐오스럽게 생각해서 쫓아내려고 하고 있다.
④ 외할머니가 구렁이를 안심시키려고 음식을 대접하고 있다.

1. 이 작품 전체에 대한 설명으로 적절하지 않은 것은?

① 좌우 이념적 갈등을 대리인을 통하여 표현하고 있다.
② 6·25 전쟁으로 인한 가족사의 아픔을 다루고 있다.
③ 이념 대립으로 인한 분단의 원인을 논리적으로 분석하고 있다.
④ '장마'는 이념 대립이 몰고 온 6·25 전쟁과 분단을 상징한다.

2. 다음 〈보기〉의 문장은 이 글을 읽고 난 어느 학생의 감상 내용이다. 유사한 의미로 묶인 것은?

〈 보기 〉

외할머니와 할머니의 ⓐ <u>갈등의 뿌리</u>는 삼촌과 외삼촌이 국군과 빨치산에 각각 몸담고 있기 때문이다. 국군과 빨치산이라기보다는 오히려 ⓑ <u>서로 다른 위치</u>에 있기 때문이다. 그 해결의 가능성이 구체화되고 있는 것이 ⓒ <u>구렁이</u>라고 생각한다. 할머니에게는 동만이 삼촌이고, 외할머니에게는 사돈 총각의 넋이 구렁이다. 그래서 외할머니는 시끄럽게 하는 동네 사람에게 화를 냈고, ⓓ <u>지극정성</u>으로 뱀을 대하고 있는 것이다. 한(恨)의 끝은 ⓔ <u>정(情)</u>의 시작에서 비롯되는 것을 보여 주고 있는 것이다.

① ⓐ, ⓑ, ⓒ   ② ⓑ, ⓒ, ⓓ   ③ ⓒ, ⓓ, ⓔ
④ ⓐ, ⓒ, ⓓ   ⑤ ⓑ, ⓓ, ⓔ

인간 소외 〈아홉 켤레의 구두로 남은 사내〉 윤흥길

이른 아침이었다. 문간방 툇마루에 앉아서 권 씨가 구두를 닦고 있었다. 누구나 그렇듯이 그가 솔로 먼지나 떠는 정도의 일을 하고 있었다면 나는 그냥 지나쳤을지도 모른다. 바탕과 빛깔이 다르고 디자인이 다른 갖가지 구두를 대여섯 켤레나 툇마루에 늘어놓은 채 그는 떨고 바르고 닦는 데 여념이 없었다.
"그거 팔 겁니까?"
아침 인사 겸 농담 삼아 나는 그에게 말을 걸었다.
"팔 거냐구요?"
갑자기 일손을 멈추더니 그는 내 발을 내려다보았다. 아니, 내가 신고 있는 구두를 유심히 쏘아보는 것이었다. 이윽고 내 바짓가랑이와 저고리 앞섶을 타고 꼬물꼬물 기어올라오는 그의 시선이 마침내 내 시선과 맞부딪치면서 차갑게 빛났다. 그는 얼굴이 시뻘겋게 달아오르는가 싶더니 어느새 입가에 냉소를 머금고 있었다.
"어떻게 보고 하시는 말씀인지는 모르지만……"
"제가 이거 실례했나 봅니다. 달리 무슨 뜻이 있어서가 아니고…… 다만 구두가 하두 여러 켤레라서…… 전 그저 많다는 의미루다……."
입을 꾹 다물고는 권 씨가 더 이상 나를 상대하지 않으려는 의사를 분명히 했으므로 내겐 아무 할 말이 없어져 버렸다.

[중략 부분 줄거리] 문간방 권 씨의 부인이 아기를 낳기 위해 병원에 입원을 했지만 수술 보증금이 없어 집주인이자 교사인 '나'에게 돈을 빌리러 학교에까지 찾아온다. 하지만 '나'는 현금이 없다는 이유로 돌려보내고 난 뒤, 마음이 변해 가불을 하고 동료들에게 돈을 빌려 병원으로 간다. 이렇게 보증금이 마련되어 권 씨 부인의 수술은 무사히 끝나게 된다.

[A] "누군 뭐 들어오고 싶어서 들어왔나? 피치 못할 사정 땜에 어쩔 수 없이……."
나는 강도를 안심시켜 편안한 마음으로 돌아가게 만들 절호의 기회라고 판단했다.
"그 피치 못할 사정이란 게 대개 그렇습디다. 가령 식구 중에 누군가 몹시 아프다든가 빚에 몰려서……."
그 순간 강도의 눈이 의심의 빛으로 가득 찼다. 분개한 나머지 이가 딱딱 마주칠 정도로 떨면서 그는 대청마루를 향해 나갔다. 내 옆을 지나쳐 갈 때 그의 몸에서는 역겨울 만큼 술냄새가 확 풍겼다. 그가 허둥지둥 끌어안고 나가는 건 틀림없이 갈기갈기 찢어진 한 줌의 자존심일 것이었다. 애당초 의도했던 바와는 달리 내 방법이 결국 그를 편안케 하긴커녕 오히려 더욱더 낭패케 만들었음을 깨닫고 나는 그의 등을 향해 말했다.
㉮ "어렵다고 꼭 외로우란 법은 없어요. 혹 누가 압니까, 당신도 모르는 사이에 당신을 아끼는 어떤 이웃이 당신의 어려움을 덜어 주었을지?"
㉯ "개수작 마! 그따위 이웃은 없다는 걸 난 똑똑히 봤어! 난 이제 아무도 안 믿어!"
그는 현관에 벗어 놓은 구두를 신고 있었다. 그 구두를 보기 위해 전등을 켜고 싶은 충동이 불현듯 일었으나 나는 꾹 눌러 참았다. 현관문을 열고 마당으로 내려선 다음 부주의하게도 그는 식칼을 들고 왔던 자기 본분을 망각하고 엉겁결에 문간방으로 들어가려 했다. 그의 실수를 지적하는 일은 훗날을 위해 나로서는 부득이한 조처였다. / "대문은 저쪽입니다."
문간방 부엌 앞에서 한동안 망연해 있다가 이윽고 그는 대문 쪽을 향해 느릿느릿 걷기 시작했다. 비틀비틀 걷기 시작했다. 대문에 다다르자 그는 상체를 뒤틀어 이쪽을 보았다.
㉰ "이래 봬도 나 대학까지 나온 사람이오."
누가 뭐라고 그랬나. 느닷없이 그는 자기 학력을 밝히더니만 대문을 열고는 보안등 하나 없는 칠흑의 어둠 저편으로 자진해서 삼켜져 버렸다.
나는 대문을 잠그지 않았다. 그냥 지쳐 놓기만 하고 들어오면서 문간방에 들러 권 씨가 아직도 귀가하지 않았음과 깜깜한 방 안에서 에미 애비 없이 오뉘만이 새우잠을 자고 있음을 아울러 확인하고 나왔다. 아내는 잠옷 바람으로 팔짱을 끼고 현관 앞에 서 있었다.
"무슨 일이라도 있었나요?"
"아무것도 아냐."
잃은 물건이 하나도 없다. 돼지 저금통도 화장대 위에 고대로 있다. 아무것도 아닐 수밖에. 다시 잠이 들기 전에 나는 아내에게 수술 보증금을 대납해 준 사실을 비로소 이야기했다. 한참 말이 없다가 아내는 벽 쪽으로 슬그머니 돌아누웠다.
"뗄 염려는 없어, 전셋돈이 있으니까."
"무슨 일이 있었군요?"
아내가 다시 이쪽으로 돌아누웠다. 우리 집에 들어왔던 한 어리숙한 강도에 관해서 나는 끝내 한마디도 내비치지 않았다.
이튿날 아침까지 권 씨는 귀가해 있지 않았다. 출근하는 길에 병원에 들러 보았다. 수술 보증금을 구하러 병원문 밖을 나선 이후로 권 씨가 거기에 재차 발걸음한 흔적은 어디에서도 찾아볼 수 없었다.
그다음 날, 그 다음다음 날도 권 씨는 귀가하지 않았다. 그가 행방불명이 된 것이 이제 분명해졌다. 그리고 본의는 그게 아니었다 해도 결과적으로 내 방법이 매우 졸렬했음도 이제 확연히 밝혀진 셈이었다. 복면 위로 드러난 두 눈

을 보고 나는 그가 다름 아닌 권 씨임을 대뜸 알아차릴 수 있었다. 밝은 아침에 술이 깬 권 씨가 전처럼 나를 대할 수 있게 하자면 복면의 사내를 끝까지 강도로 대우하는 그 길뿐이라고 판단했었다. 그래서 아무 일도 없었던 듯이 병원에 찾아가서 죽지 않은 아내와 새로 얻은 세 번째 아이를 만날 수 있게 되기를 기대했던 것이다. 현관에서 그의 구두를 확인해 보지 않은 것이 뒤늦게 후회되었다. 문간방으로 들어가려는 그를 차갑게 일깨워 준 것이 영 마음에 걸렸다. 어떤 근거인지는 몰라도 구두의 손질의 정도에 따라 그의 운명을 예측할 수도 있지 않았을까 하는 생각이 드는 것이었다. 구두코가 유리알처럼 반짝반짝 닦여져 있는 한 자존심은 그 이상으로 광발이 올려져 있었을 것이며, 그러면 나는 안심해도 좋았던 것이다. 그때 그가 만약 마지막이란 걸 염두에 두고 있었다면 새끼들이 자는 방으로 들어가려는 길을 가로막는 그것이 그에게는 대체 무엇으로 느껴졌을 것인가.

해제 | 1970년대 한국 사회는 급속한 산업화와 도시화가 진행되는 가운데, 많은 소시민들이 경제 성장의 흐름 속에서 소외된 삶을 살았던 시기이다. 사회의 구조적인 문제들은 개인의 삶에 큰 영향을 미치는데, 이 작품의 '권 씨'는 이러한 사회 상황이 낳은 피해자의 모습을 보여 준다. '권 씨'는 선량한 소시민으로 당국의 불합리한 조치에 좌절을 겪고 이에 항의하는 시위에 휘말려 결국은 전과자가 되고 만 인물이다. 자신의 자존심을 지키며 살아가고자 하지만 결국은 강도질을 하고, 아홉 켤레의 구두만을 남겨 놓은 채 사라지게 된다. 이 작품에서 서술자인 '나'는 불합리한 사회 구조 속에서 패배한 권 씨를 연민의 시선으로 바라보고 있지만, '나' 역시 소시민적 한계를 지닌 인물로 그려지고 있다.

주제 | 산업화의 과정에서 소외된 계층에 대한 연민

구성 |

발단	권 씨가 '나'의 집 문간방에 전세로 입주한다.
전개	권 씨는 생활 능력이 부족한 전과자이면서도 구두에 대한 정성이 지극하다.
위기	아내의 입원비를 빌려 달라는 권 씨의 청을 거절했다가 나중에 권 씨 모르게 도와준다.
절정	권 씨가 강도로 침입하였으나 자존심만 상한 채 나가 버린다.
결말	권 씨가 아홉 켤레의 구두만 남기고 행방불명된다.

▶ '구두'의 상징성
주인공 권 씨는 소시민의 이중성을 단적으로 드러내는 인물이다. 그의 현실은 막벌이 노동 계층으로 전락해 있지만 그의 정신적 삶은 지식인으로서의 집착을 버리지 않는다. 따라서, 그의 '구두'에 대한 애착은 자신의 현실에 대한 부정이며, 지식인으로서의 자신에 대한 자존심의 표현이자 욕망의 반영인 것이다.

✅ 체크 문제

☑ ㉮~㉰에 대한 설명으로 옳은 것만을 〈보기〉에서 모두 고르면?

2019. 국가직 7급

〈 보기 〉
ㄱ. ㉮: '나'가 '그'에게 희망을 주려고 한다.
ㄴ. ㉯: '나'의 말을 '그'가 곧이듣지 않으려고 한다.
ㄷ. ㉰: '그'가 '나'보다 학력 면에서 우월함을 표현하고 있다.

① ㄱ　　② ㄱ, ㄴ　　③ ㄴ, ㄷ　　④ ㄱ, ㄴ, ㄷ

1. 이 글에 대한 설명으로 적절한 것은?
① 인물 간의 대립과 갈등이 사건의 전개와 더불어 심화되고 있다.
② 특별한 서사적 요소 없이 인물의 내면을 집중적으로 서술하고 있다.
③ 서술자가 상황에 대해 관찰한 사실과 판단한 내용이 함께 기술되고 있다.
④ 다양한 시점을 동원하여 인물의 성격과 상황을 생동감 있게 제시하고 있다.
⑤ 사건을 객관적으로 제시하여 독자들로 하여금 판단하도록 여지를 남기고 있다.

2. 이 글의 권 씨가 '구두를 닦는 행위'의 의미를 추리할 때, 가장 적절한 것은?
① 가난한 자신의 체면을 세우고 원활한 인간관계를 유지하기 위한 행위
② 과거를 잘못 살아왔다고 생각하며 반성하고 정화하려는 의미를 담은 행위
③ 초라한 현실을 부정하고 대학까지 나온 사람으로서의 자존심을 세우는 행위
④ 남의 셋방에서 전전하는 자신의 현실을 자조적으로 수용하며 빠져드는 행위
⑤ 변변찮은 가장이지만 가족들 앞에서 자신의 위치를 확인받고 싶어하는 행위

3. [A]의 대화에 대한 독자의 반응으로 적절하지 않은 것은?
① '강도'는 정작 돈이 필요해서 '나'의 방에 들어온 것도 잊고 '나'와 논쟁을 벌이고 있군.
② '나'는 자신이 '강도'의 정체를 알고 있다는 암시를 주며 그의 난폭한 심성을 순화하려 하는군.
③ 두 사람의 대화는 일반적인 '강도'와 '피해자' 사이에서 일어날 수 있는 대화의 양상을 한참 벗어나 있군.
④ '나'가 '강도'의 걱정, 즉 '피치 못할 사정'이 해결되었을 수 있다고 말하는 것은 그를 안심시키려는 의도겠군.
⑤ '나'에게 자신이 세상에 품은 불만을 솔직하게 드러내고 있는 걸로 봐서 '강도'는 순진한 구석이 있는 사람이군.

인간 소외 〈서울, 1964년 겨울〉 김승옥

"아내의 시체를 병원에 팔았습니다. 할 수 없었습니다. 난 서적 외판원에 지나지 않습니다. 할 수 없었습니다. 돈 사천 원을 주더군요. 난 두 분을 만나기 얼마 전까지도 세브란스 병원 울타리 곁에 서 있었습니다. 아내가 누워 있을 시체실이 있는 건물을 알아보려고 했습니다만 어딘지 알 수 없었습니다. 그냥 울타리 곁에 앉아서 병원의 큰 굴뚝에서 나오는 희끄무레한 연기만 바라보고 있었습니다. 아내는 어떻게 될까요? 학생들이 해부 실습하느라고 톱으로 머리를 가르고 칼로 배를 째고 한다는데 정말 그러겠지요?"
우리는 입을 다물고 있을 수밖에 없었다. 사환이 다쿠앙과 양파가 담긴 접시를 갖다 놓고 나갔다.
"기분 나쁜 얘길 해서 미안합니다. 다만 누구에게라도 얘기하지 않고서는 견딜 수 없었습니다. 한 가지만 의논해 보고 싶은데, 이 돈을 어떻게 하면 좋을까요? 저는 오늘 저녁에 다 써 버리고 싶은데요."
"쓰십시오." 안이 얼른 대답했다.
"이 돈이 다 없어질 때까지 함께 있어 주시겠어요?" 사내가 말했다. 우리는 얼른 대답하지 못했다.
"함께 있어 주십시오." 사내가 말했다. 우리는 승낙했다.
"멋있게 한번 써 봅시다."라고 사내는 우리와 만난 후 처음으로 웃으면서, 그러나 여전히 힘없는 음성으로 말했다.
중국집에서 거리로 나왔을 때는 우리는 모두 취해 있었고, 돈은 천 원이 없어졌고, 사내는 한쪽 눈으로는 울고 다른 쪽 눈으로는 웃고 있었고, 안은 도망갈 궁리를 하기에도 지쳐 버렸다고 내게 말하고 있었고, 나는 "악센트 찍는 문제를 모두 틀려 버렸단 말야, 악센트 말야."라고 중얼거리고 있었고, 거리는 영화에서 본 식민지의 거리처럼 춥고 한산했고, 그러나 여전히 소주 광고는 부지런히, 약 광고는 게으름을 피우며 반짝이고 있었고, 전봇대의 아가씨는 '그저 그래요'라고 웃고 있었다. "이제 어디로 갈까?" 하고 아저씨가 말했다. "어디로 갈까?" 안이 말하고, "어디로 갈까?"라고 나도 그들의 말을 흉내 냈다.
아무 데도 갈 데가 없었다. 방금 우리가 나온 중국집 곁에 양품점의 쇼윈도가 있었다. 사내가 그쪽을 가리키며 우리를 끌어 당겼다. 우리는 양품점 안으로 들어갔다.
"넥타이를 하나 골라 가져. 내 아내가 사 주는 거야." 사내가 호통을 쳤다. 우리는 알록달록한 넥타이를 하나씩 들었고, 돈은 육백 원이 없어져 버렸다. 우리는 양품점에서 나왔다. "어디로 갈까?"라고 사내가 말했다. 갈 데는 계속해서 없었다.

그러는 사이에 우리는 화재가 난 곳에 도착했다. 삼십 원이 없어졌다. 화재가 난 곳은 아래층인 페인트 상점이었는데 지금은 미용 학원 이층에서 불길이 창으로부터 뿜어 나오고 있었다. 경찰들의 호각 소리, 소방차들의 사이렌 소리, 불길 속에서 나는 탁탁 소리, 물줄기가 건물의 벽에 부딪쳐서 나는 소리. 그러나 사람들의 소리는 아무것도 나지 않았다. 사람들은 불빛에 비쳐 무안당한 사람들처럼 붉은 얼굴로 정물처럼 서 있었다.
우리는 발밑에 굴러 있는 페인트 통을 하나씩 궁둥이 밑에 깔고 웅크리고 앉아서 불구경을 했다. 나는 불이 좀 더 오래 타기를 바랐다. 미용 학원이라는 간판에 불이 붙고 있었다. '원' 자에 불이 붙기 시작했다. "김 형, 우리 얘기나 합시다." 하고 안이 말했다. "화재 같은 건 아무것도 아닙니다. 내일 아침 신문에서 볼 것을 오늘 밤에 미리 봤다는 차이밖에 없습니다. 저 화재는 김 형의 것도 아니고 내 것도 아니고 이 아저씨 것도 아닙니다. 그렇기 때문에 난 화재엔 흥미가 없습니다. 김 형은 어떻게 생각하십니까?"

[중략]

우리는 모두 고개를 숙이고 어두운 골목길을 걸어서 거리로 나왔다. 적막한 거리에는 찬바람이 세차게 불고 있었다.
"몹시 춥군요."
라고 사내는 우리를 염려한다는 음성으로 말했다.
"추운데요. 빨리 여관으로 갑시다." / 안이 말했다.
"방을 한 사람씩 따로 잡을까요?"
여관에 들어갔을 때 안이 우리에게 말했다.
"그게 좋겠지요?" / "모두 한방에 드는 게 좋겠어요."
라고 나는 아저씨를 생각해서 말했다.
아저씨는 그저 우리 처분만 바란다는 듯한 태도로, 또는 지금 자기가 서 있는 곳이 어딘지도 모른다는 태도로 멍하니 서 있었다. 여관에 들어서자 우리는 모든 프로가 끝나 버린 극장에서 나오는 때처럼 어찌할 바를 모르고 거북스럽기만 했다. 여관에 비한다면 거리가 우리에게 더 좁았던 셈이었다. 벽으로 나누어진 방들, 그것이 우리가 들어가야 할 곳이었다.
"모두 같은 방에 들기로 하는 것이 어떻겠어요?"
내가 다시 말했다.
"난 아주 피곤합니다." / 안이 말했다.
"방은 각각 하나씩 차지하고 자기로 하지요."
"혼자 있기가 싫습니다."
라고 아저씨가 중얼거렸다.
"혼자 주무시는 게 편하실 거예요." / 안이 말했다.

우리는 복도에서 헤어져 사환이 지적해 준, 나란히 붙은 방 세 개에 각각 한 사람씩 들어갔다.
　　"화투라도 사다가 놉시다."
　　헤어지기 전에 내가 말했지만,
　　"난 아주 피곤합니다. 하시고 싶으면 두 분이나 하세요."
하고 안은 말하고 나서 자기의 방으로 들어가 버렸다.
　　"나도 피곤해 죽겠습니다. 안녕히 주무세요."
라고 나는 아저씨에게 말하고 나서 내 방으로 들어갔다. 숙박계엔 거짓 이름, 거짓 주소, 거짓 나이, 거짓 직업을 쓰고 나서 사환이 가져다 놓은 자리끼를 마시고 나는 이불을 뒤집어썼다. 나는 꿈도 안 꾸고 잘 잤다.
　　다음 날 아침 일찍 안이 나를 깨웠다.
　　"그 양반 역시 죽어 버렸습니다."
안이 내 귀에 입을 대고 그렇게 속삭였다.
　　"예?" / 나는 잠이 깨끗이 깨어 버렸다.
　　"방금 그 방에 들어가 보았는데 역시 죽어 버렸습니다."
　　"역시……." / 나는 말했다. / "사람들이 알고 있습니까?"
　　"아직까진 아무도 모르는 것 같습니다. 우선 빨리 도망해 버리는 게 시끄럽지 않을 것 같습니다."
　　"자살이지요?" / "물론 그렇겠죠."
　　나는 급하게 옷을 주워 입었다. 개미 한 마리가 방바닥을 내 발이 있는 쪽으로 기어 오고 있었다. 그 개미가 내 발을 붙잡으려고 하는 것 같은 느낌이 들어서 나는 얼른 자리를 옮겨 디디었다.
　　밖의 이른 아침에는 싸락눈이 내리고 있었다. 우리는 할 수 있는 한 빠른 걸음으로 여관에서 멀어져 갔다.

해제 | 이 작품은 1960년대 서울을 배경으로 일면식도 없던 세 남자가 우연히 만나 하룻밤을 보내면서 벌어지는 일을 서술하고 있다. 이들은 피상적이고 단절된 인간관계, 고독과 소외 등 도시에서 살아가는 사람들의 특징을 형상화하고 있다. 이 작품은 이러한 주제 의식 외에도 도시와 도시에 사는 사람들을 바라보는 '나'의 감각적인 시선과 문체 또한 뛰어나다고 평가받고 있다.

주제 | 사회적 연대감과 동질성을 상실한 현대인의 소외

성격 | 감상적, 사실적, 묘사적

시점 | 1인칭 주인공 시점

배경 | 시간적 배경 : 1964년 어느 겨울밤
　　　　공간적 배경 : 서울

특징 |

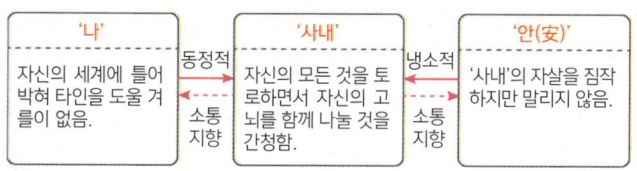

구성 |

발단	서울의 어느 포장마차 술집에서 안 씨라는 성을 가진 대학원생과 '나'는 우연히 만나 맥락 없는 대화를 한다.
전개	술집에서 나와 아내의 시체를 팔았다는 '사내'를 만나, 그와 의미 없이 돈을 쓴다.
위기	'사내'는 남영동의 한 대문 앞에 멈춰 벨을 누른다. 그리고 울음을 터뜨리며 월부책 값을 요구했으나 거절당한다.
절정	여관에 들어가서 방을 몇 개 잡을 것인가에 대하여 약간의 이견을 갖게 되나, 결국 각자 방을 잡는다.
결말	다음 날 아침 '사내'는 죽어 있다. '안'과 '나'는 성급히 거리로 나온다. 안은 그 '사내'가 죽을 줄 알았다고 한다.

체크 문제

☑ 이 글의 서술상의 특징으로 가장 적절한 것은? 　2019. 법원직 9급
① 내면 의식의 서술을 통해 주인공의 성격을 드러내고 있다.
② 서술자를 작중 인물로 설정하여 사건의 현장감을 부각하고 있다.
③ 등장인물이 주인공의 행동과 사건을 관찰하여 신빙성을 획득하고 있다.
④ 장면의 잦은 전환을 통해 인물의 가치관이 달라지고 있음을 드러내고 있다.

☑ 이 글을 감상한 내용으로 가장 적절하지 않은 것은? 　2019. 법원직 9급
① 알록달록 넥타이를 하나씩 사 주는 사내의 모습에서 냉혹해진 사회 속에서 인간성 회복의 가능성을 엿볼 수 있군.
② 아무 데도 갈 데가 없어서 방황하는 세 인물들의 모습을 통해 삶의 목표를 찾지 못하고 방황하는 도시인의 비애가 드러나고 있군.
③ 불이 좀 더 오래 타기를 바라는 나의 태도에서 타인의 아픔을 이해하지 못하는 현대인의 이기적인 태도를 엿볼 수 있군.
④ 화재가 본인과 상관없어 화재 같은 건 아무것도 아니라는 안의 말에서 연대감을 상실한 현대인의 모습이 제시되고 있군.

☑ 〈보기〉의 소설에 대한 설명으로 가장 적절하지 않은 것은? 　2019. 서울시 9급

〈 보기 〉
　　"혼자 있기가 싫습니다."라고 아저씨가 중얼거렸다.
　　"혼자 주무시는 게 편하실 거예요." 안이 말했다.
　　우리는 복도에서 헤어져서 사환이 지적해 준, 나란히 붙은 방 세 개에 각각 한 사람씩 들어갔다.
　　"화투라도 사다가 놉시다." 헤어지기 전에 내가 말했지만,
　　"난 아주 피곤합니다. 하시고 싶으면 두 분이나 하세요."라고 안은 말하고 나서 자기의 방으로 들어가 버렸다.
　　"나도 피곤해 죽겠습니다. 안녕히 주무세요."라고 나는 아저씨에게 말하고 나서 내 방으로 들어갔다. 숙박계엔 거짓 이름, 거짓 주소, 거짓 나이, 거짓 직업을 쓰고 나서 사환이 가져다 놓은 자리끼를 마시고 나는 이불을 뒤집어썼다. 나는 꿈도 안 꾸고 잘 잤다.
　　다음 날 아침 일찍이 안이 나를 깨웠다.

① 물화된 도시의 삶이 만든 비정함, 절망감, 권태 등이 바탕에 깔려 있다.
② 주인공들은 자기 지위나 이름을 버린 익명적 존재로 기호화되어 있다.
③ 잠은 현실을 초월한 삶에 대한 강렬한 동경을 환기하는 매개체다.
④ 화투는 절망과 권태를 견디는 의미 없는 놀이의 상징으로 볼 수 있다.

산업화 〈난장이가 쏘아 올린 작은 공〉 조세희

천국에 사는 사람들은 지옥을 생각할 필요가 없다. 그러나 우리 다섯 식구는 지옥에 살면서 천국을 생각했다. 단 하루라도 천국을 생각해 보지 않은 날이 없다. 하루하루의 생활이 지겨웠기 때문이다. 우리의 생활은 전쟁과 같았다. 우리는 그 전쟁에서 날마다 지기만 했다.

아버지가 평생을 통해 해 온 일은 다섯 가지이다. 채권 매매, 칼 갈기, 고층 건물 유리 닦기, 펌프 설치하기, 수도 고치기이다. 이 일들만 해 온 아버지가 갑자기 다른 일을 하겠다고 했다. 서커스단의 일이었다. 아버지는 처음 보는 꼽추한 사람을 데리고 와 여러 가지 이야기를 했다. 처음 얼마 동안은 그의 조수로 일하면 된다고 했다. 두 사람은 자기들이 무대 위에서 해야 할 연기에 대해 이야기했다. 그러자 어머니가 아버지에게 대들었다. 우리들도 아버지를 성토했다. 아버지는 힘없이 물러섰다. 꼽추는 멍하니 앉아 우리를 보았다. 꼽추는 눈물이 핑 돌아 돌아갔다. 그의 뒷모습은 아주 쓸쓸해 보였다. 아버지의 꿈은 깨어졌다. 아버지는 무거운 부대를 메고 다시 일을 찾아 나갔다.

[중략]

어머니가 울었다. 어머니는 인쇄소 제본 공장에 나가 접지 일을 했다. 고무 골무를 끼고 인쇄물을 접었다. 나는 겁이 났다. 나는 인쇄소 공무부 조역으로 출발했다. 땀을 흘리지 않고는 아무것도 얻을 수 없다는 것을 뒤늦게 알았다. 영호와 영희도 몇 달 간격을 두고 학교를 그만두었다. 마음이 차라리 편해졌다. 우리를 해치는 사람은 없었다. 우리는 보이지 않는 보호를 받고 있었다. 남아프리카의 어느 원주민들이 일정한 구역 안에서 보호를 받듯이 우리도 이질 집단으로서 보호를 받았다. 나는 우리가 이 구역 안에서 한 걸음도 밖으로 나갈 수 없다는 것을 깨달았다. 나는 조역, 공목, 약물, 해판의 과정을 거쳐 정판에서 일했다. 영호는 인쇄에서 일했다. 나는 우리가 한 공장에서 일하는 것이 싫었다. 영호도 마찬가지였다. 그래서 영호는 먼저 철공소 조수로 들어가 잔심부름을 했다. 가구 공장에서도 일했다. 그 공장에 가 일하는 영호를 보았다. 뽀얀 톱밥 먼지와 소음 속에 서 있는 작은 영호를 보고 나는 그만두라고 했다. 인쇄 공장의 소음도 무서운 것이었으나 그곳에는 톱밥 먼지가 없었다. 우리는 죽어라 하고 일했다. 우리의 팔목은 공장 안에서 굵어 갔다. 영희는 그때 큰길가 슈퍼마켓 한쪽에 자리 잡은 빵집에서 일했다. 우리가 고맙게 생각한 것은 환경이 깨끗하다는 것 하나뿐이었다.

우리는 무슨 일이 있든 공부는 해야 한다고 생각했다. 공부를 하지 않고는 우리 구역에서 벗어날 수가 없다고 생각했다. 세상은 공부를 한 자와 못 한 자로 너무나 엄격하게 나누어져 있었다. 끔찍할 정도로 미개한 사회였다. 우리가 학교 안에서 배운 것과는 정반대로 움직였다. 나는 무슨 책이든 손에 잡히는 대로 읽었다. 정판에서 식자로 올라간 다음에는 일을 하다 말고 원고를 읽는 버릇까지 생겼다. 동생들에게 필요하다고 느껴지는 것은 판을 들고 가 몇 벌씩 교정쇄를 내기도 했다. 영호와 영희는 나의 말을 잘 들었다. 내가 가져다준 교정쇄를 동생들은 열심히 읽었다. 실제로 우리가 이 노력으로 잃은 것은 하나도 없었다. 나는 고입 검정고시를 거쳐 방송 통신 고교에 입학했다.

해제 | 1970년대 급격한 산업화의 물결 속에서 삶의 기반을 빼앗기고 몰락해 가는 도시 빈민들의 삶을 다룬 작품이다. 노동자를 착취하고 투기를 일삼는 부도덕한 부유층과 최저 생활에도 못 미치는 임금을 받으며 살아가는 빈민층의 삶을 대립적으로 그리고 있다.

주제 | 도시 빈민이 겪는 삶의 고통과 좌절

성격 | 비판적, 사회 고발적, 상징적

배경 | 시간적 배경 : 1970년대
공간적 배경 : 서울의 변두리

특징 | 12편의 에피소드로 구성된 연작 소설로, 낙원도 아니고 행복도 없는 '낙원구 행복동'의 소외 계층을 다루었다. 작가는 행복동에 사는 난쟁이 일가의 삶을 통해 화려한 재개발과 산업화 뒤에 가려진 소외 계층의 아픔을 그려 내고 있다.

구성 | 1인칭 주인공 시점(1부 영수, 2부 영호, 3부 영희의 시점)

1부	난쟁이 가족이 철거 계고장을 받는다. 가족 5명의 생활이 시간적으로 교차되면서 중첩적으로 묘사된다.
2부	투기업자가 난쟁이 가족의 입주권을 사 가고 집은 철거된다. 영희가 투기업자를 따라서 집을 나간다.
3부	영희가 투기업자로부터 입주권과 돈을 되찾아 돌아오지만 집은 철거되고 아버지는 자살한 후이다.

✔체크 문제

☑ **이 글에 대한 이해로 적절하지 않은 것은?**   2020. 국가직 9급

① '우리 다섯 식구'는 생존을 위해 애쓰지만 윤택한 삶을 누리기 어려운 처지에 있다.
② '아버지'는 가족들의 바람을 수용하여, 평생 해 온 일을 그만두고 새로운 일을 시작하기로 결심한다.
③ '보이지 않는 보호'는 말 그대로의 보호라기보다는 벗어날 수 없는 계층적 한계를 의미한다고 할 수 있다.
④ '우리'는 자신들의 '구역'에서 벗어날 길을 '공부를 한 자'가 됨으로써 찾을 수 있다고 여긴다.

☑ **㉠~㉣에 대한 이해로 적절하지 않은 것은?**   2017. 지방직 9급 추가채용

사람들은 아버지를 난쟁이라고 불렀다. 사람들은 옳게 보았다. ㉠<u>아버지는 난쟁이였다.</u> 불행하게도 사람들은 아버지를 보는 것 하나만 옳았다. 그 밖의 것들은 하나도 옳지 않았다. 나는 아버지, 어머니, 영호, 영희, 그리고 나를 포함한 다섯 식구의 모든 것을 걸고 그들이 옳지 않다는 것을 언제나 말할 수 있다. 나의 '모든 것'이라는 표현에는 '다섯 식구의 목숨'이 포함되어 있다. 천국에 사는 사람들은 지옥을 생각할 필요가 없다. 그러나 우리 다섯 식구는 지옥에 살면서 천국을 생각했다. 단 하루라도 천국을 생각해 보지 않은 날이 없다. 하루하루의 생활이 지겨웠기 때문이다. ㉡<u>우리의 생활은 전쟁과 같았다.</u> 우리는 그 전쟁에서 날마다 지기만 했다. 그런데도 어머니는 모든 것을 잘 참았다. 그러나 그날 아침 일만은 참기 어려웠던 것 같다.
"통장이 이걸 가져왔어요."
내가 말했다. 어머니는 조각 마루 끝에 앉아 아침 식사를 하고 있었다.
"그게 뭐냐?" / "철거 계고장이에요." / "기어코 왔구나!"
어머니가 말했다.
"그러니까 집을 헐라는 거지? 우리가 꼭 받아야 할 것 중의 하나가 이제 나온 셈이구나!"
어머니는 식사를 중단했다. 나는 어머니의 밥상을 내려다보았다. 보리밥에 까만 된장, 그리고 시든 고추 두어 개와 조린 감자.
나는 어머니를 위해 철거 계고장을 천천히 읽었다.
[중략]
어머니는 조각 마루 끝에 앉아 말이 없었다. ㉢<u>벽돌 공장의 높은 굴뚝 그림자가 시멘트 담에서 꺾어지며 좁은 마당을 덮었다.</u> 동네 사람들이 골목으로 나와 뭐라고 소리치고 있었다. 통장은 그들 사이를 비집고 나와 방죽 쪽으로 걸음을 옮겼다.
어머니는 식사를 끝내지 않은 밥상을 들고 부엌으로 들어갔다. 어머니는 두 무릎을 곧추세우고 앉았다. 그리고 손을 들어 부엌 바닥을 한 번 치고 가슴을 한 번 쳤다. 나는 동사무소로 갔다. ㉣<u>행복동 주민들이 잔뜩 몰려들어 자기의 의견들을 큰 소리로 말하고 있었다.</u> 들을 사람은 두셋밖에 안 되는데 수십 명이 거의 동시에 떠들어 대고 있었다. 쓸데없는 짓이었다. 떠든다고 해결될 문제는 아니었다.
나는 바깥 게시판에 적혀 있는 공고문을 읽었다. 거기에는 아파트 입주 절차와 아파트 입주를 포기할 경우 탈 수 있는 이주 보조금 액수 등이 적혀 있었다. 동사무소 주위는 시장 바닥과 같았다.

① ㉠ : 산업화 과정에서 소외된 '아버지'의 왜소함을 드러낸다.
② ㉡ : 가난한 도시 빈민의 힘겨운 삶을 전쟁에 비유한다.
③ ㉢ : 맹목적이고 무리한 산업화의 위압적 분위기를 나타낸다.
④ ㉣ : 주민들의 노력으로 삶이 개선될 것임을 암시한다.

산업화 〈삼포 가는 길〉 황석영

그들은 장터 모퉁이에서 아직도 따뜻한 온기가 남아 있는 팥 시루떡을 사 먹었다. 백화가 자기 몫에서 절반을 떼어 영달에게 내밀었다.

"더 드세요. 날 업구 왔으니 기운이 배나 들었을 텐데."

역으로 가면서 백화가 말했다.

"어차피 갈 곳이 정해지지 않았다면 우리 고향에 함께 가요. 내 일자리를 주선해 드릴게."

"내야 삼포루 가는 길이지만, 그렇게 하지?"

정 씨도 영달이에게 권유했다. 영달이는 흙이 덕지덕지 달라붙은 신발 끝을 내려다보며 아무 말이 없었다. 대합실에서 정 씨가 영달이를 한쪽으로 끌고 가서 속삭였다.

"여비 있소?"

"빠듯이 됩니다. 비상금이 한 천 원쯤 있으니까."

"어디루 가려우?"

"일자리 있는 데면 어디든지……."

스피커에서 안내하는 소리가 웅얼대고 있었다. 정 씨는 대합실 나무 의자에 피곤하게 기대어 앉은 백화 쪽을 힐끗 보고 나서 말했다.

[A]
"같이 가시지. 내 보기엔 좋은 여자 같군."

"그런 거 같아요."

"또 알우? 인연이 닿아서 말뚝 박구 살게 될지. 이런 때 아주 뜨내기 신셀 청산해야지."

영달이는 시무룩해져서 역사 밖을 멍하니 내다보았다. 백화는 뭔가 쑤군대고 있는 두 사내를 불안한 듯이 지켜보고 있었다.

영달이가 뒷주머니에서 꼬깃꼬깃한 오백 원짜리 두 장을 꺼냈다.

"저 여잘 보냅시다."

영달이는 표를 사고 삼립빵 두 개와 찐 달걀을 샀다. 백화에게 그는 말했다.

"우린 뒤차를 탈 텐데…… 잘 가슈."

영달이가 내민 것들을 받아 쥔 백화의 눈이 붉게 충혈되었다.

그 여자는 더듬거리며 물었다.

"아무도…… 안 가나요."

"우린 삼포루 갑니다. 거긴 내 고향이오."

영달이 대신 정 씨가 말했다. 사람들이 개찰구로 나가고 있었다. 백화가 보퉁이를 들고 일어섰다.

"정말, 잊어버리지…… 않을게요."

백화는 개찰구로 가다가 다시 돌아왔다. 돌아온 백화는 눈이 젖은 채 웃고 있었다.

"내 이름 백화가 아니에요. 본명은요…… 이점례예요."

여자는 개찰구로 뛰어나갔다. 잠시 후에 기차가 떠났다.

그들은 나무 의자에 기대어 한 시간쯤 잤다. 깨어 보니 대합실 바깥에 다시 눈발이 흩날리고 있었다. 기차는 연착이었다. 밤차를 타려는 시골 사람들이 의자마다 가득 차 있었다. 두 사람은 말없이 담배를 나눠 피웠다. 먼 길을 걷고 나서 잠깐 눈을 붙였더니 더욱 피로해졌던 것이다. 영달이가 혼잣말로

"쳇, 며칠이나 견디나……."

"뭐라구?"

"아뇨, 백화란 여자 말요. 저런 애들…… 한 사날두 시골 생활 못 배겨 나요."

"사람 나름이지만 하긴 그럴 거요. 요즘 세상에 일이 년 안으루 인정이 확 변해 가는 판인데……."

정 씨 옆에 앉았던 노인이 두 사람의 행색과 무릎 위의 배낭을 눈여겨 살피더니 말을 걸어왔다.

"어디 일들 가슈?"

"아뇨, 고향에 갑니다."

"고향이 어딘데……."

"삼포라구 아십니까?"

"어 알지, 우리 아들놈이 거기서 도자를 끄는데……."

"삼포에서요? 거 어디 공사 벌일 데나 됩니까. 고작해야 고기잡이나 하구 감자나 매는데요."

"어허! 몇 년 만에 가는 거요?"

"십 년."

노인은 그렇겠지 다며 고개를 끄덕였다.

"말두 말우. 거긴 지금 육지야. 바다에 방둑을 쌓아 놓구, 추럭이 수십 대씩 돌을 실어 나른다구."

"뭣 땜에요?"

"낸들 아나, 뭐 관광호텔을 여러 채 짓는담서 복잡하기가 말할 수 없는데."

"동네는 그대루 있을까요?"

"그대루가 뭐요. 맨 천지에 공사판 사람들에다 장까지 들어섰는걸."

"그럼 나룻배두 없어졌겠네요."

"바다 위로 신작로가 났는데, 나룻배는 뭐에 쓰오. 허허 사람이 많아지니 변고지, 사람이 많아지면 하늘을 잊는 법이거든."

작정하고 벼르다가 찾아가는 고향이었으나, 정 씨에게는 풍문마저 낯설었다. 옆에서 잠자코 듣고 있던 영달이가 말했다.

"잘됐군. 우리 거기서 공사판 일이나 잡읍시다."

해제 | 이 작품은 1970년대 이후 본격적으로 전개된 산업화와 근대화의 과정 속에서 소외된 떠돌이 노동자와 술집 작부를 등장시켜 하층민의 애환과 인간적 유대감을 그린 단편 소설이다. '삼포'는 가공의 지명으로 소외된 사람들에게 고된 삶을 벗어나 안식을 얻을 수 있는 이상적 공간을 의미한다. 그러나 삼포도 이미 급속한 산업화의 과정 속에서 본연의 모습을 잃었다는 것을 통해 원초적 고향 상실의 아픔을 그리고 있다.

주제 | 산업화로 인한 민중들의 궁핍한 삶, 산업화 속에서 고향을 상실한 민중들의 삶의 애환과 그들 사이에서 피어나는 따뜻한 인정과 연대 의식

시점 | 전지적 작가 시점

배경 | 시간적 배경 : 1970년대 초반
공간적 배경 : 감천역 및 그 주변

줄거리 | 영달은 공사판에서 밥값을 떼어먹고 도망치다가 정 씨를 만나 동행한다. 이들은 국밥집에서 도망친 작부 백화를 잡아 달라는 부탁을 받지만 기차역을 가는 도중 백화를 우연히 만나 동행하게 된다. 이들은 동행하면서 서로를 이해하고 정을 느끼게 된다. 기차역에 도착한 백화는 영달에게 자신의 고향으로 같이 가자고 하지만, 영달은 기차표와 먹을거리를 사서 백화에게 주고 그녀를 고향으로 보낸다. 삼포로 가는 기차를 기다리던 정 씨와 영달은 대합실에서 만난 노인에게 삼포가 공사판으로 변했다는 이야기를 듣게 된다. 정 씨는 고향을 잃은 상실감에 허탈해하고 영달은 새 일자리를 잡자고 제안한다.

구성 |

발단	영달은 공사가 중단되자 밥값을 떼먹고 달아나다가 정 씨를 만난다.
전개	정 씨와 영달은 동행하다가 식당에서 백화에 대한 이야기를 듣는다.
위기	정 씨와 영달은 기차역으로 가던 중 백화를 만나고, 세 사람이 동행한다.
절정	영달은 자신의 고향에 같이 가자는 백화의 제안을 거절하고 백화를 고향으로 보낸다.
결말	노인에게 삼포가 변했다는 말을 듣고 정 씨는 마음의 고향을 잃어버린다.

✓ 체크 문제

☑ [A]에 대한 감상으로 적절하지 않은 것은? `2022. 지방직 9급`
① 정 씨는 영달이 백화와 함께 떠날 것을 권유했군.
② 백화는 영달의 선택이 어떤 것일지 몰라 불안했군.
③ 영달은 백화를 신뢰할 수 없기 때문에 같이 떠나지 않았군.
④ 백화가 자신의 본명을 말한 것은 정 씨와 영달에 대한 고마움의 표현이었군.

☑ [1~2] 다음 글을 읽고 물음에 답하시오.

> 정 씨 옆에 앉았던 노인이 두 사람의 행색과 무릎 위의 배낭을 눈여겨 살피더니 말을 걸어왔다.
> "어디 일들 가슈?" / "아뇨, 고향에 갑니다."
> "고향이 어딘데……." / "삼포라구 아십니까?"
> "어 알지, 우리 아들놈이 거기서 도자를 끄는데……."
> "삼포에서요? 거 어디 공사 벌릴 데나 됩니까? 고작해야 ㉠ 고기잡이나 하구 ㉡ 감자나 매는데요."
> "어허! 몇 년 만에 가는 거요?"
> "십 년."
> 노인은 그렇겠다며 고개를 끄덕였다.
> "말두 말우. 거긴 지금 육지야. 바다에 방둑을 쌓아 놓구, 트럭이 수십 대씩 돌을 실어 나른다구." / "뭣 땜에요?"
> "낸들 아나. 뭐 관광 호텔을 여러 채 짓는담서, 복잡하기가 말할 수 없네." / "동네는 그대로 있을까요?"
> "그대루 뭐요. 맨 천지에 공사판 사람들에다 장까지 들어섰는걸."
> "그럼 ㉢ 나룻배두 없어졌겠네요."
> "바다 위로 ㉣ 신작로가 났는데, 나룻배는 뭐에 쓰오. 허허, 사람이 많아지니 변고지. 사람이 많아지면 하늘을 잊는 법이거든."
> 작정하고 벼르다가 찾아가는 고향이었으나, 정 씨에게는 풍문마저 낯설었다. 옆에서 잠자코 듣고 있던 영달이가 말했다.
> "잘됐군. 우리 거기서 공사판 일이나 잡읍시다."
> 그때에 기차가 도착했다. 정 씨는 발걸음이 내키질 않았다. 그는 마음의 정처를 방금 잃어버렸던 때문이었다. 어느 결에 정 씨는 영달이와 똑같은 입장이 되어 버렸다.
> 기차는 눈발이 날리는 어두운 들판을 향해서 달려갔다.
> – 황석영, 〈삼포 가는 길〉

1. 문맥적 성격이 다른 하나는? `2021. 군무원 9급`
① ㉠ ② ㉡
③ ㉢ ④ ㉣

2. 이 글의 주제를 표현한 시구로 가장 적절한 것은? `2021. 군무원 9급`
① 빼앗긴 들에도 봄은 오는가.
② 죽어도 아니 눈물 흘리우리다.
③ 내가 사랑했던 자리마다 모두 폐허다.
④ 님은 갔지마는 나는 님을 보내지 아니하였습니다.

극 〈원고지(原稿紙)〉 이근삼

교수: (한참 있다) 오라, 생각이 나는 것 같아. 그래 바로 그거야.
천사: 나를 완전히 잊을 줄 알았어요.
교수: (일어서며) 분명 그래, 아직 잊지를 않았어. 나의 희망, 나의 정열의 옛 모습이야.
천사: 쥐꼬리만 한 기억력이 아직 남아 있군요.
교수: 언제 어떻게 돼서 당신과 헤어졌는지 모르겠습니다. 나에게도 불타는 듯한 정열이 있었어요. 그래요. 생각이 납니다. 밤을 새워 가며 아름다움을 노래하고 진리를 위해 온 생애를 바치겠노라고 떠들던 그때……. 아 — 꿈같은 시절이었습니다. 당신은 왜 나를 버렸어요.
천사: 당신이 나를 떠났지요. 당신을 돕고 싶습니다. 그러나 이미 늦었어요. 나한테 되돌아오기는 늦었어요.
교수: 내 꿈을 도로 찾아 주십시오. 생각할 힘을 주시오. 요즈음은 통 사고(思考)를 할 수가 없습니다.
천사: 사고(思考)할 필요가 없어요. 이미 사고(事故)가 난걸요.
교수: 이 함정에서 뛰어나가고 싶습니다. (천사가 서서히 사라진다.) 가지 마시오! 내 희망 내 정열은 어떻게 되는 거요! 꿈을 주십시오! 내 꿈! 내 꿈!
(꿈을 잃은 교수는 맥없이 전면을 바라보며 앉아 있다. 어둠 속에서 창을 여는 소리가 나며 감독관이 얼굴을 나타낸다.)
감독관: (회초리를 흔들며) 원고! 원고는 언제 쓰는 거야!
(이 소리에 교수는 비로소 정신을 차리고 다시 비참한 표정으로 번역을 계속한다. 이러는 사이에 무대 전체가 암전한다. 잠시 후 새소리 닭 우는 소리와 더불어 무대 전체가 밝아진다. 플랫폼 방에서는 장남이 반나체가 돼서 아령을 쥐고 운동을 하고 있다. 장녀가 아침 신문을 들고 응접실로 들어온다.)
장녀: (관객들에게) 벌써 아침이 됐습니다. (자고 있는 교수를 가리킨다.) 아버지는 연구하시다 가끔 그대로 책상에서 주무신답니다. 그야말로 학자지요. 여러분은 아침에 어머니가 먼저 안 나오시고 제가 이 방에 대신 왔다는 점을 이상하게 생각하실는지 모르겠습니다. 어머니는 아침 일찍이 아버지 원고를 가지고 출판사로 달려갔으니 이렇게 제가 대신 왔습니다. 아시겠지요? 아버지가 밤늦도록 수고하시니 저도 아버지를 위해 한 가지 좋은 일을 해 드리고 있습니다. 아침마다 아버지께 신문을 읽어 드립니다. (교수를 깨운다.) 아버지 아버지 (교수 눈을 비비며 머리를 든다.) 아침 신문 왔어요. 읽어 드리겠어요.
교수: (하품을 하고) 그래, 읽어 다오.
장녀: (신문을 읽는다.) 비가 많이 왔어요. 강원도 쪽의 눈이 굉장한 모양이요. 또 살인입니다. 이번엔 두 살 난 애가 자기 애비를 죽였대요. 참, 지프차가 동대문을 들이받아 동대문이 완전히 무너졌답니다. 지프차는 도망가 버리구. 이것 봐요. 아버지의 '개성을 잃은 노동자'라는 번역책이 악마사에서 다시 나왔어요. 이 씨가 또 당선됐답니다. 신경통에 듣는 한약이 새로 나왔군요. 끔찍도 해라. 남편이 자기 아내한테 또 매 맞았대요.

해제 | 이 작품에는 현대인들이 가지고 있는 많은 모순과 비리가 풍자되고 있다. 모든 등장인물들은 삶의 가치와 의미를 잃어버린 상태에서 살아가고 있다. 그들은 한 가족이지만 가족으로서의 연대 의식을 상실한 사람들이다. 아버지는 사회적, 가정적 의무만을 짊어지고 있으며, 어머니는 아버지에게 돈만을 바라고 있으며, 아이들은 물질주의와 향락주의에 빠져 있다. 따라서 그들의 관계는 형식적이고 비인간적인 관계라고 할 수 있다. 또한 이 작품은 희극적으로 과장된 인물을 제시하고 비사실적인 장치를 동원함으로써, 무의미하고 단절된 일상을 살아가는 현대인의 심각성을 관객들이 비판적으로 인식할 수 있도록 유도하고 있다.

주제 | 인간성을 상실한 현대인의 기계적인 삶에 대한 풍자

갈래 | 부조리극, 희극

성격 | 반사실적, 서사적, 풍자적, 실험적

배경 | 시간적 배경 : 현대
공간적 배경 : 어느 중년 교수의 가정

특징 | ① 특별한 사건 전개 및 뚜렷한 갈등 양상이 드러나지 않음.
② 인물의 전형적 성격보다는 주제 의식의 표현에 중점을 둠.
③ 무대 장치, 소도구, 인물의 대사와 행동 등이 희극적으로 과장되어, 풍자와 반어적 의미를 드러내고 있음.

구성 |

발단	작중 인물인 장녀, 장남, 교수, 교수의 처가 차례로 등장한다.
전개	사회와 가정 모두에서 구속을 받는 교수는 피곤에 지쳐 있으며, 처의 추궁으로 인해 이성이 마비된 듯한 착란에 빠지게 된다.
위기	갖가지 핑계를 대며 장녀와 장남이 용돈을 요구하고, 감독관은 교수에게 빨리 번역할 것을 채근한다.
절정	교수는 천사에게서 잃어버린 자신의 꿈을 다시 찾으려 하나 실패하고, 감독관은 다시 번역을 독촉한다.
결말	교수는 장녀의 손에 든 영자 신문마저도 번역하려 할 정도로 기계적인 삶을 살아가며, 감독관은 또다시 번역을 독촉한다.

체크 문제

1. 이 글이 풍자하는 현대의 시대적 상황과 거리가 먼 것은?
① 언제나 시간에 쫓기면서 살아가는 상황
② 기계적인 일상생활을 지속해 나가는 상황
③ 허황된 꿈을 실현하기 위해 허우적거리는 상황
④ 억압적인 사회에 눌려 순응하며 살아야 하는 상황
⑤ 인간적인 관계보다 물질적인 관계를 강요하는 상황

2. 이 글의 실험적 수법이 아닌 것은?
① 한 무대 안에 서로 다른 공간을 배치하고 있다.
② 작중 인물이 직접 해설을 맡아 이중적 역할을 한다.
③ 현실과 환상을 오가는 비사실적인 사건이 나타난다.
④ 관객과 배우 사이에 암묵적인 약속이 이루어져 있다.
⑤ 대부분의 대사와 행동이 희극적 효과를 노리고 있다.

현대 수필 〈무소유〉 법정

　나는 지난해 여름까지 이름 있는 난초(蘭草) 두 분(盆)을 정성스레, 정말 정성을 다해 길렀었다. 3년 전 거처를 지금의 다래헌(茶來軒)으로 옮겨 왔을 때 아는 스님이 우리 방으로 보내 준 것이다. 혼자 사는 거처라 살아 있는 생물이라고는 나하고 그 애들뿐이었다. 그 애들을 위해 관계 서적을 구해다 읽었고, 그 애들의 건강을 위해 하이포넥이라는 비료를 바다 건너가는 친지들에게 부탁하여 구해 오기도 했었다. 여름철이면 서늘한 그늘을 찾아 자리를 옮겨 주어야 했고, 겨울에는 나는 떨면서도 실내 온도를 높이지 않았다.
　이런 정성을 일찍이 부모에게 바쳤더라면 아마 효자 소리를 듣고도 남았을 것이다. 이렇듯 애지중지 가꾼 보람으로 이른 봄이면 은은한 향기와 함께 연둣빛 꽃을 피워 나를 설레게 했고, 잎은 초승달처럼 항시 청청했었다. 우리 다래헌을 찾아온 사람마다 싱싱한 난을 보고 한결같이 좋아라 했다.
　지난해 여름 장마가 개인 어느 날 봉선사로 운허 노사(耘虛老師)를 뵈러 간 일이 있었다. 한낮이 되자 장마에 갇혔던 햇볕이 눈부시게 쏟아져 내리고 앞 개울물 소리에 어울려 숲속에서는 매미들이 있는 대로 목청을 돋구었다.
　아차! 이때에야 문득 생각이 난 것이다. 난초를 뜰에 내놓은 채 온 것이다. 모처럼 보인 찬란한 햇볕이 돌연 원망스러워졌다. 뜨거운 햇볕에 늘어져 있을 난초잎이 눈에 아른거려 더 지체할 수가 없었다. 허둥지둥 그 길로 돌아왔다. 아니나 다를까, 잎은 축 늘어져 있었다. 안타까워하며 샘물을 길어다 축여 주고 했더니 겨우 고개를 들었다. 하지만 어딘지 생생한 기운이 빠져 버린 것 같았다.
　나는 이때 온몸으로, 그리고 마음속으로 절절히 느끼게 되었다. 집착(執着)이 괴로움인 것을. 그렇다, 나는 난초에게 너무 집착해 버린 것이다. 이 집착에서 벗어나야겠다고 결심했다. 난을 가꾸면서는 산철 — 승가(僧家)의 유행기(遊行期)에도 나그네길을 떠나지 못한 채 꼼짝 못 하고 말았다. 밖에 볼일이 있어 잠시 방을 비울 때면 환기가 되도록 들창문을 조금 열어 놓아야 했고, 분을 내놓은 채 나가다가 뒤미처 생각하고는 되돌아와 들여놓고 나간 적도 한두 번이 아니었다. 그것은 정말 지독한 집착이었다.
　며칠 후, 난초처럼 말이 없는 친구가 놀러왔기에 선뜻 그의 품에 분을 안겨 주었다. 비로소 나는 얽매임에서 벗어난 것이다. 날 듯 홀가분한 해방감. 3년 가까이 함께 지낸 유정(有情)을 떠나보냈는데도 서운하고 허전함보다 홀가분한 마음이 앞섰다. 이때부터 나는 하루 한 가지씩 버려야겠다고 스스로 다짐을 했다. 난초를 통해 무소유(無所有)의 의미 같은 걸 터득하게 됐다고나 할까.

[중략]

　크게 버리는 사람만이 크게 얻을 수 있다는 말이 있다. 물건으로 인해 마음을 상하고 있는 사람들에게는 한 번쯤 생각해 볼 교훈이다. 아무것도 갖지 않을 때 비로소 온 세상을 차지하게 된다는 것은 무소유의 역리(逆理)이니까.

해제 | 이 글은 글쓴이의 체험을 바탕으로 소유물에 대한 집착으로 인한 심리적 얽매임과 그것으로부터 벗어나고자 하는 무소유의 의지를 그리고 있다. 평범한 체험을 다양한 표현을 통해 효과적으로 구사해 독자가 자연스럽게 글쓴이의 체험 속으로 들어오게 함으로써 글쓴이의 내면에 공감하게 하고 있다.

주제 | 소유의 얽매임과 무소유의 자유로움에 대한 깨달음

갈래 | 현대 수필

구성 |

기
〈간디 어록〉의 내용 소개
승
가진 것이 너무 많음을 깨달음.
전
난초에 대한 집착으로 괴로움을 느낌.
결
무소유의 의미를 깨달음.

✅ 체크 문제

☑ **이 글에 대한 설명으로 가장 적절한 것은?** 2017. 국가직 9급 추가채용
① 역설과 예시를 사용해 주제를 강조하고 있다.
② 전문적인 지식을 통해 논증을 뒷받침하고 있다.
③ 난초를 의인화하여 소유의 가치를 깨우치고 있다.
④ 단호한 어조로 독자의 반성을 촉구하고 있다.

☑ **〈보기〉의 글 다음에 나올 내용으로 가장 적절한 것은?**
2017. 서울시 9급

〈 보기 〉
　재작년이던가 여름날에 있었던 일이다. 날씨가 화창하여 밀린 빨래를 해치웠었다. 성미가 비교적 급한 나는 빨래를 하더라도 그날로 풀을 먹여 다려야지 그렇지 않으면 찜찜해서 심기가 홀가분하지 않다. 그날도 여름 옷가지를 빨아 다리고 나서 노곤해진 몸으로 마루에 누워 쉬려던 참이었다. 팔베개를 하고 누워서 서까래 끝에 열린 하늘을 무심히 바라보고 있었다. 그러다가 모로 돌아누워 산봉우리에 눈을 주었다. 갑자기 산이 달리 보였다. 하, 이것 봐라 하고 나는 벌떡 일어나, 이번에는 가랑이 사이로 산을 내다보았다. 우리들이 어린 시절 동무들과 어울려 놀이를 하던 그런 모습으로.

① 자연 속에서 무소유의 교훈을 찾아야 한다.
② 성실한 삶의 자세를 가져야 한다.
③ 종교적 의지를 통해 현실을 초월해야 한다.
④ 틀에 박힌 고정관념을 극복해야 한다.

똑똑한
알고리즘으로
승부하자

2026 이유진 국어

알고리즘
확장팩

2026 9·7급 공무원 시험 대비

알고리즘 확장팩

정답 및 해설

알고리즘 확장팩

정답 및 해설

정답 및 해설

PART 2 | 어휘·한자·성어

Chapter 1 한자어와 성어

제2절 성어

01 같은 한자를 사용하는 성어

P. 204

01

刻骨難忘 새길 각 / 뼈 골 / 어려울 난 / 잊을 망

刻舟求劍 새길 각 / 배 주 / 구할 구 / 칼 검

02 환과고독 / 장 / 난 / 명

鰥寡孤獨 홀아비 환 / 적을 과 / 외로울 고 / 홀로 독

孤掌難鳴 외로울 고 / 손바닥 장 / 어려울 난 / 울 명

03

鷄卵有骨 닭 계 / 알 란(난) / 있을 유 / 뼈 골

換骨奪胎 바꿀 환 / 뼈 골 / 빼앗을 탈 / 아이 밸 태

04 망 / 구절양장 / 지 / 탄

亡羊之歎 망할 망 / 양 양 / 갈 지 / 탄식할 탄

九折羊腸 아홉 구 / 꺾을 절 / 양 양 / 창자 장

05

傍若無人 곁 방 / 같을 약 / 없을 무 / 사람 인

明若觀火 밝을 명 / 같을 약 / 볼 관 / 불 화

06 사 / 백면서생 / 초 / 가

四面楚歌 넉 사 / 낯 면 / 초나라 초 / 노래 가

白面書生 흰 백 / 낯 면 / 글 서 / 날 생

07 수 / 구 / 초 / 심 / 서 / 양 / 단

首鼠兩端 머리 수 / 쥐 서 / 두 양(량) / 끝 단

首丘初心 머리 수 / 언덕 구 / 처음 초 / 마음 심

08

董狐之筆 감독할 동 / 여우 호 / 갈 지 / 붓 필

狐假虎威 여우 호 / 거짓 가 / 범 호 / 위엄 위

09

亡子計齒 망할 망 / 아들 자 / 셀 계 / 이 치

骨亡齒寒 입술 순 / 망할 망 / 이 치 / 찰 한

10

暴虎馮河 사나울 포 / 범 호 / 업신여길 빙 / 물 하

三人成虎 석 삼 / 사람 인 / 이룰 성 / 범 호

11

康衢煙月 편안 강 / 네거리 구 / 연기 연 / 달 월

風月主人 바람 풍 / 달 월 / 주인 주 / 사람 인

12

烏合之卒 까마귀 오 / 합할 합 / 갈 지 / 마칠 졸

烏飛梨落 까마귀 오 / 날 비 / 배나무 리(이) / 떨어질 락(낙)

13 이 / 목 / 지 / 신 / 상 / 필 / 벌

信賞必罰 믿을 신 / 상줄 상 / 반드시 필 / 벌할 벌

移木之信 옮길 이 / 나무 목 / 갈 지 / 믿을 신

14 춘 / 치 / 자 / 일 / 명 / 경 / 인

春雉自鳴 봄 춘 / 꿩 치 / 스스로 자 / 울 명

一鳴驚人 한 일 / 울 명 / 놀랄 경 / 사람 인

15

天衣無縫 하늘 천 / 옷 의 / 없을 무 / 꿰맬 봉

布衣寒士 베포 포 / 옷 의 / 찰 한 / 선비 사

16

井底之蛙 우물 정 / 밑 저 / 갈 지 / 개구리 와

天井不知 하늘 천 / 우물 정 / 아닐 부 / 알 지

17

走馬加鞭 달릴 주 / 말 마 / 더할 가 / 채찍 편

雪上加霜 눈 설 / 위 상 / 더할 가 / 서리 상

18

指鹿爲馬 가리킬 지 / 사슴 록(녹) / 할 위 / 말 마

客反爲主 손 객 / 돌이킬 반 / 할 위 / 주인 주

19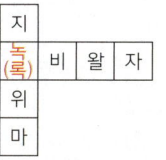

衆口鑠金 무리 중 / 입 구 / 녹일 삭 / 쇠 금

衆寡不敵 무리 중 / 적을 과 / 아닐 부 / 대적할 적

20

伯仲之勢 맏 백 / 버금 중 / 갈 지 / 형세 세

騎虎之勢 말 탈 기 / 범 호 / 갈 지 / 형세 세

21

指鹿爲馬 가리킬 지 / 사슴 록(녹) / 할 위 / 말 마

鹿皮日字 사슴 녹(록) / 가죽 비(피) / 가로 왈 / 글자 자

22

兎死狗烹 토끼 토 / 죽을 사 / 개 구 / 삶을 팽

金烏玉兎 쇠 금 / 까마귀 오 / 구슬 옥 / 토끼 토

23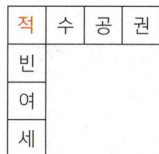

駟不及舌 사마 사 / 아닐 불 / 미칠 급 / 혀 설

過猶不及 지날 과 / 오히려 유 / 아닐 불 / 미칠 급

24

滄海一粟 큰 바다 창 / 바다 해 / 한 일 / 조 속

滄桑之變 큰 바다 창 / 뽕나무 상 / 갈 지 / 변할 변

25

赤貧如洗 붉을 적 / 가난할 빈 / 같을 여 / 씻을 세

赤手空拳 붉을 적 / 손 수 / 빌 공 / 주먹 권

26

遺臭萬年 남길 유 / 냄새 취 / 일 만 만 / 해 년(연)

流芳百世 흐를 유(류) / 꽃다울 방 / 일백 백 / 인간 세

27

十伐之木 열 십 / 칠 벌 / 갈 지 / 나무 목

緣木求魚 인연 연 / 나무 목 / 구할 구 / 물고기 어

28

烏飛梨落 까마귀 오 / 날 비 / 배나무 리(이) / 떨어질 락(낙)

沈魚落雁 잠길 침 / 물고기 어 / 떨어질 락(락) / 기러기 안

29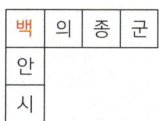

白眼視 흰 백 / 눈 안 / 볼 시

白衣從軍 흰 백 / 옷 의 / 좇을 종 / 군사 군

30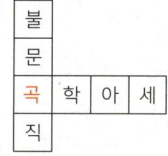

不問曲直 아닐 불 / 물을 문 / 굽을 곡 / 곧을 직

曲學阿世 굽을 곡 / 배울 학 / 언덕 아 / 인간 세

31

臥薪嘗膽 누울 와 / 섶 신 / 맛볼 상 / 쓸개 담

肝膽相照 간 간 / 쓸개 담 / 서로 상 / 비칠 조

32

街談巷說 거리 가 / 말씀 담 / 거리 항 / 말씀 설

簞瓢陋巷 소쿠리 단 / 바가지 표 / 더러울 누(루) / 거리 항

33

燈火可親 등 등 / 불 화 / 옳을 가 / 친할 친

不問可知 아닐 불 / 물을 문 / 옳을 가 / 알 지

34

草木皆兵 풀 초 / 나무 목 / 다 개 / 병사 병

綠陰芳草 푸를 녹(록) / 그늘 음 / 꽃다울 방 / 풀 초

35

間於齊楚 사이 간 / 어조사 어 / 가지런할 제 / 초나라 초

四面楚歌 넉 사 / 낯 면 / 초나라 초 / 노래 가

36

江湖煙波 강 강 / 호수 호 / 연기 연 / 물결 파

宦海風波 벼슬 환 / 바다 해 / 바람 풍 / 물결 파

37

事必歸正 일 사 / 반드시 필 / 돌아갈 귀 / 바를 정

蓋棺事定 덮을 개 / 널 관 / 일 사 / 정할 정

38

刮目相對 긁을 괄 / 눈 목 / 서로 상 / 대할 대

西施矉目 서녘 서 / 베풀 시 / 찡그릴 빈 / 눈 목

橘化爲枳 귤 귤 / 될 화 / 할 위 / 탱자 지

南橘北枳 남녘 남 / 귤 귤 / 북녘 북 / 탱자 지

類類相從 무리 유(류) / 무리 유(류) / 서로 상 / 좇을 종

同病相憐 한가지 동 / 병 병 / 서로 상 / 불쌍히 여길 련(연)

02 헷갈리는 성어

P. 214

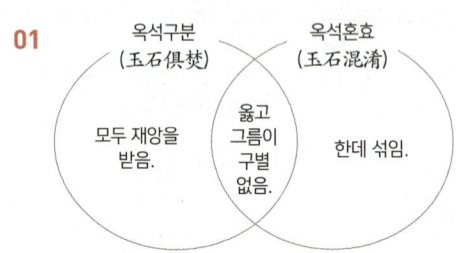

- **옥석구분**: 옳은 사람이나 그른 사람이 구별 없이 모두 재앙을 받음.
- **옥석혼효**: 선과 악, 좋은 것과 나쁜 것이 한데 뒤섞여 있음.

- **정저지와**: 보고 들은 견문이 적은 사람을 이르는 말
- **요동지시**: 견문이 좁아 세상일을 모르고 저 혼자서 득의양양함. 남이 보기에는 대단찮은 물건을 대단히 귀한 것으로 생각하는 어리석은 태도

- **계란유골**: 운수가 나쁜 사람은 모처럼 좋은 기회를 만나도 역시 잘 안 됨을 이르는 말
- **천재일우**: 좀처럼 만나기 어려운 아주 좋은 기회

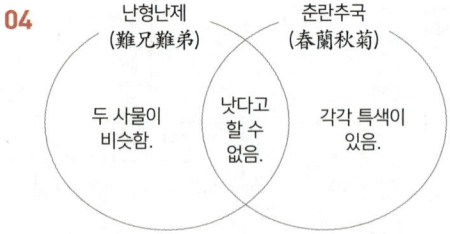

- **난형난제**: 두 사물이 비슷하여 낫고 못함을 정하기 어려움.
- **춘란추국**: 어느 것이 더 낫다고 할 수 없음.

- **만시지탄**: 시기가 늦어 기회를 놓쳤음을 안타까워하는 탄식
- **맥수지탄**: 고국의 멸망을 한탄함.

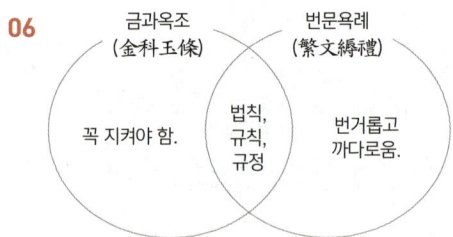

- **금과옥조**: 금이나 옥같이 귀중하게 여기어 꼭 지켜야 할 법칙이나 규정
- **번문욕례**: 번거롭고 까다로운 규칙과 예절

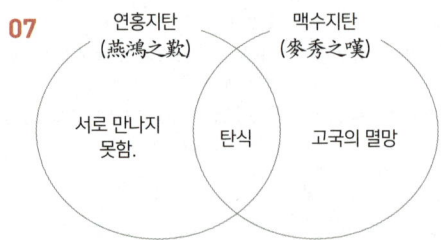

- **연홍지탄**: 길이 어긋나서 서로 만나지 못하여 탄식함.
- **맥수지탄**: 고국의 멸망을 한탄함.

08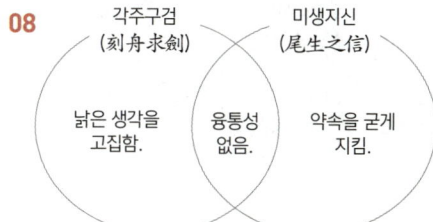

- **각주구검** : 융통성 없이 현실에 맞지 않는 낡은 생각을 고집하는 어리석음
- **미생지신** : 우직하여 융통성이 없이 약속만을 굳게 지킴.

09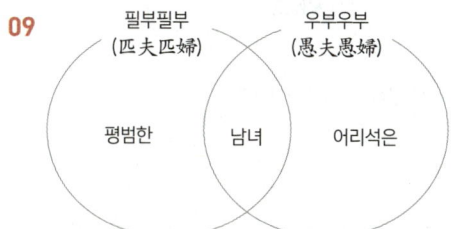

- **필부필부** : 평범한 남녀
- **우부우부** : 어리석은 남자와 어리석은 여자를 아울러 이르는 말

10

- **강구연월** : 태평한 세상의 평화로운 풍경
- **고복격양** : 태평성세를 즐김. 풍족하여 평화롭게 지냄.

11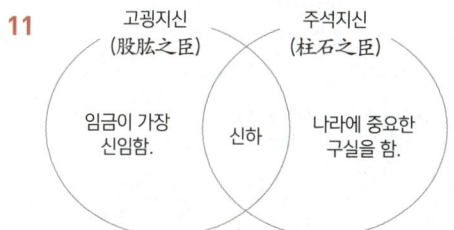

- **고굉지신** : 임금이 가장 신임하는 신하
- **주석지신** : 나라에 중요한 구실을 하는 신하를 이르는 말

12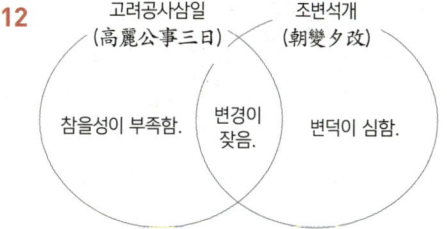

- **고려공사삼일** : 참을성이 부족하여 자주 변경함.
- **조변석개** : 아침에 바꾼 것을 저녁에 또 바꿀 정도로 변덕이 심함.

13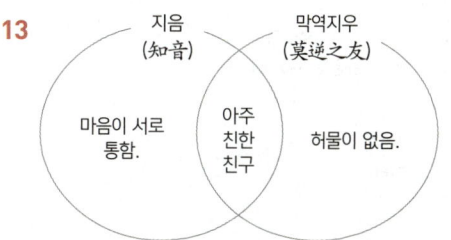

- **지음** : 마음이 서로 통하는 친한 벗을 비유적으로 이르는 말
- **막역지우** : 허물이 없이 아주 친한 친구를 이르는 말

14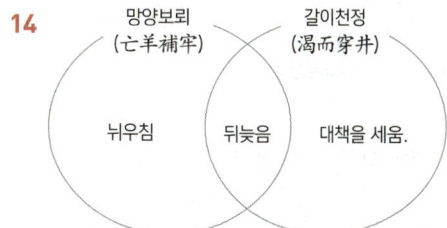

- **망양보뢰** : 이미 어떤 일을 실패한 뒤에 뉘우쳐도 아무 소용이 없음.
- **갈이천정** : 뒤늦게야 대책을 세움.

15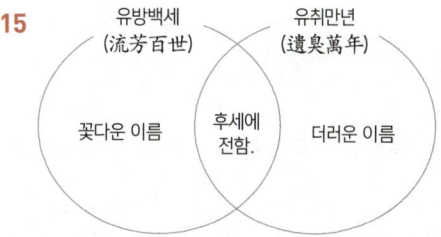

- **유방백세** : 꽃다운 이름이 후세에 길이 전함.
- **유취만년** : 더러운 이름을 후세에 오래도록 남김.

16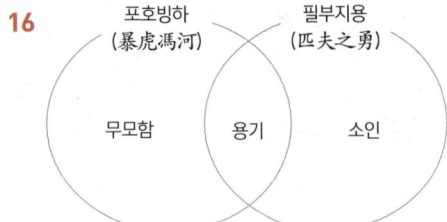

- **포호빙하** : 맨주먹으로 범을 때려잡고, 걸어서 황허강을 건넌다는 뜻으로 용기는 있으나 무모함.
- **필부지용** : 깊은 생각 없이 혈기만 믿고 부리는 소인의 용기

17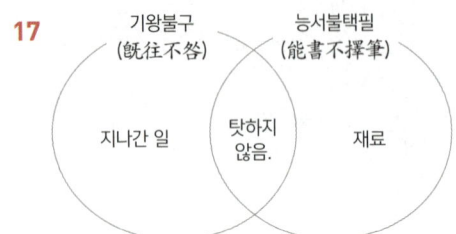

- **기왕불구** : 이미 지나간 일은 탓하지 않음을 이르는 말
- **능서불택필** : 진정한 달인은 종이나 붓 같은 재료를 두고 탓하지 않는다는 말

18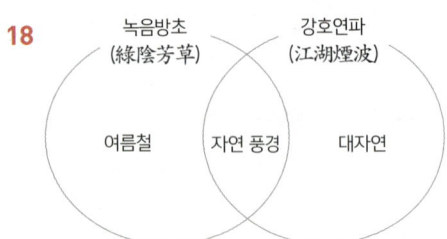

- **녹음방초** : 여름철의 자연 경관을 이르는 말
- **강호연파** : 대자연의 풍경

19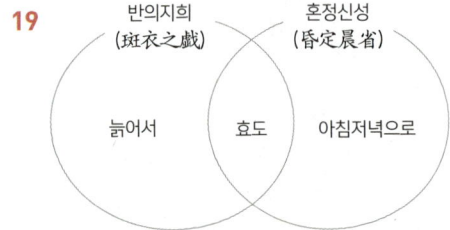

- **반의지희** : 늙어서 효도함을 이르는 말
- **혼정신성** : 밤에는 부모의 잠자리를 보아 드리고 이른 아침에는 부모의 밤새 안부를 묻는다는 뜻으로, 부모를 잘 섬기고 효성을 다함을 이르는 말

20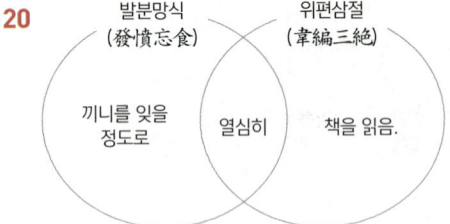

- **발분망식** : 끼니를 잊을 정도로 어떤 일에 열중하여 노력함.
- **위편삼절** : 책을 열심히 읽음을 이르는 말

21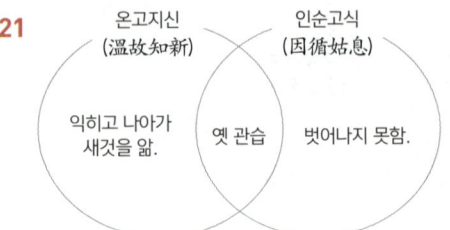

- **온고지신** : 옛것을 익히고 그것을 미루어서 새것을 앎.
- **인순고식** : 낡은 관습이나 폐단을 벗어나지 못하고 당장의 편안함만을 취함.

22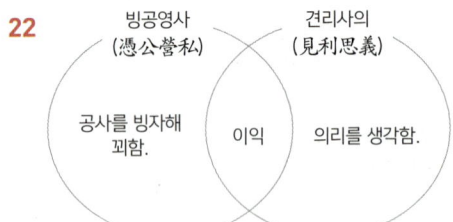

- **빙공영사** : 공적인 것을 빙자하여 사적인 이득을 꾀함.
- **견리사의** : 눈앞의 이익을 보면 의리를 먼저 생각함.

23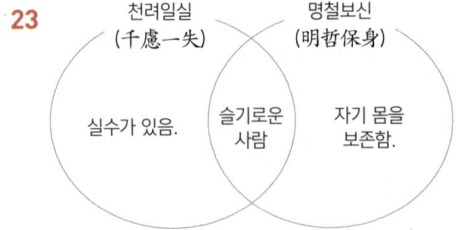

- **천려일실** : 슬기로운 사람이라도 여러 가지 생각 가운데에는 잘못되는 것이 있을 수 있음을 이르는 말
- **명철보신** : 총명하고 사리에 밝아 일을 잘 처리하여 자기 몸을 보존함.

PART 3 | 문학

Chapter 2 교과서 필수 고전 운문

p.292 〈공무도하가(公無渡河歌)〉 백수 광부의 아내

✔ ③ (가)의 화자는 남편인 '임'이 물에 빠져 죽을까 염려하는 마음을 드러내고 있으며 (나)의 화자는 배를 타고 자신을 떠나는 '임'의 모습을 염려하고 있다. 따라서 두 화자 모두 앞으로 벌어질 상황에 대해 염려하는 모습을 드러내고 있다.

오답해설
① (가)에서 화자가 임과 동행을 선택한다는 부분은 제시되지 않았고 오히려 빠져 죽은 임으로 인해 슬퍼하고 있다. (나)는 '임이 떠나는 상황'에서 느끼는 불안함과 질투심을 진솔하게 드러내었고, 이별을 선택하지 않고 오히려 이별을 강하게 거부하는 모습을 보이고 있다.
② (가)의 '河'는 임의 죽음을, (나)의 '강'은 나와 임의 이별의 장소를 의미하기에 '재회를 돕는 매개로 설정되었다'는 선지의 내용은 적절하지 않다.
④ (가)와 (나) 모두 화자의 상대방이 보이는 반응은 제시되지 않았으며, 따라서 이로 인한 희극적 분위기도 찾을 수 없다.

01 ④ 화자는 3~4구에서 물에 빠져 죽은 '임'에 대한 체념과 절망의 태도를 드러내고 있다.

오답해설
① 우리나라에서 가장 오래된 서정 시가이다.
② '저 임아'(영탄법) 외에 특별한 수사법이 없다.
③ '물'의 상징적 의미는 풍류가 아니라, 죽음이다.
⑤ 안타까움과 슬픔이라는 화자의 감정이 다른 매개물 없이 직접적으로 드러나고 있다.

02 ④ 이상에 닿을 수 없는 '깃발'의 안타까움이 나타나 있다.

오답해설
① '피리 불고 가신 임의 밟으신 길은', '흰 옷깃 여며여며 가옵신 님의'에서 임과 사별했음을 알 수 있다.
② '산산이 부서진 이름이여!'에서 임과 사별했음을 알 수 있다. 또한 제목인 '초혼'은 죽은 영혼이 되돌아오도록 하는 의식을 뜻한다.
③ '소리쳐 부를 수도 없는'에서 화자가 이별의 상황에 놓여 있음을 알 수 있다.
⑤ '사뿐히 즈려 밟고 가시옵소서'에서 화자가 이별의 상황에 놓여 있음을 알 수 있다.

p.292 〈구지가(龜旨歌)〉 구간(九干) 등

✔ ③ 신적 존재인 '거북'을 부르고(환기), '머리(우두머리)'를 달라 기원(요구)한 뒤에 조건절을 활용하여 소망을 들어주지 않으면(조건) 구워 먹겠다(위협)고 하였다.

01 ③ 상실과 체념이 담겨 있지 않다. 화자는 거북에게 위협과 협박을 통해 소망(왕의 강림)을 표출하고 있다. 또한 이 노래를 부르면 소망이 실현될 것이라는 주술적 성격이 있다.

02 ② 화자의 소망을 표현하는 대상이다.

오답해설
① 달을 임으로 착각하고 있다. 임은 화자에게 그리움의 대상이다.
③ 수석, 송죽과 함께 오우(五友)이다. 화자는 자연 친화적 태도를 보이고 있다.
④, ⑤ 자연 친화적 정서를 나타내는 대상이다.

각 선지 현대어 풀이
① 황혼에 달이 따라와 베갯머리에 비치니, / 느껴 우는 듯 반가워하는 듯하니, 임이신가 아니신가.
② 달이여 높이 높이 돋으시어 / 멀리멀리 비추어 주소서. / 어긔야 어강됴리 / 아으 다롱디리
③ 내 벗이 몇인가 하니 물, 돌과 소나무, 대나무로다. / 동산에 달이 뜨니 그것은 더욱 반갑구나. / 두어라, 이 다섯 밖에 (다른 것을) 또 더하면 무엇하리.
④ 십 년을 살면서 초가삼간(세 칸 밖에 안 되는 작은 초가) 지어 냈으니 / (그 초가삼간에) 나 한 칸, 달 한 칸, 맑은 바람 한 칸을 맡겨 두고 / 강산은 들일 곳이 없으니 (병풍처럼) 둘러 두고 보리라.
⑤ 인간 세상을 떠나와도 내 몸이 한가로울 겨를 없다. / 이것도 보려 하고, 저것도 들으려 하고, / 바람도 쐬려 하고, 달도 맞으려 하니, / 밤은 언제 줍고 고기는 언제 낚으며

p.294 〈황조가(黃鳥歌)〉 유리왕

✔ ④ 근경에서 원경으로 시선의 이동은 나타나지 않으므로 답은 ④이다.

오답해설
① 다정하게 즐기는 '꾀꼬리'와 외로운 화자가 대조되고 있다.
②, ③ 기구와 승구에서는 외부 대상인 '꾀꼬리'를 먼저 묘사하고, 전구와 결구에서 화자의 외로운 감정을 제시하였다. 따라서 '기승전결'의 시상 전개와 '선경후정'의 시상 전개 방식을 모두 보이고 있다.

01 ② 시 속에서 '黃鳥(황조)'는 단순히 자연물인 '새'가 아니라 '다정한 연인'의 의미로 등장하는 꾀꼬리이다. 따라서 객관적 대상에 주관적인 의미를 담은 객관적 상관물이다. 화자는 객관적 상관물과 자신을 대비하여 외로움을 더 극적으로 드러내고 있다.

오답해설
① 개인적이라는 말은 맞지만, 서사시가 아닌 서정시이다.
③ 유리왕이 지었다고 해서 귀족 문화의 성격을 보여 주는 것은 아니다.
④ 유리왕이 지었으므로 부족 국가 형성기에 쓰인 작품이 아니다.
⑤ 선경후정의 구조는 맞지만, 한시가 아닌 한역시이다. 한역시와 한시는 다른 말이다.

02 ④ 정답게 사랑을 나누는 '꾀꼬리'(객관적 상관물)와 아내를 잃은 화자의 상황이 상반되어 있다. '꾀꼬리'는 화자의 외로움을 심화시키는 존재이지, 밝은 미래를 향해 새 힘을 솟게 하는 존재라는 것은 어울리지 않는다.

03 ④ ⓒ에 드러난 정서는 체념, 절망, 슬픔이다. ④는 〈정읍사〉(고대 가요)의 일부로, '달'에 소원을 비는 내용으로 체념, 절망, 슬픔의 정서와는 거리가 멀다.

> **오답해설**
> ① 〈처용가〉(향가)의 일부로, 아내를 빼앗긴 것에 대한 체념과 슬픔이 나타나고 있다.
> ② 〈제망매가〉(향가)의 일부로, 요절을 한 누이에 대한 슬픔과 그리움을 표현하고 있다.
> ③ 〈공무도하가〉(고대 가요)의 일부로, 임을 잃은 슬픔이 나타나고 있다.
> ⑤ 〈가시리〉(고려 가요)의 일부로, 사랑하는 임과 이별한 슬픔이 나타나고 있다.

> **각 선지 현대어 풀이**
> ① 본디 내 것이었지마는 앗아간 것을 어찌하리오.
> ② '나는 갑니다.'라는 말도 다 말하지 못하고 갔느냐?
> ④ 달이여 높이 높이 돋으시어 / 멀리멀리 비추어 주소서.
> ⑤ 저는 어찌 살라고 버리고 가시렵니까?

p.294 〈정읍사(井邑詞)〉 어느 행상인의 아내

✔ ④ 말에 힘을 싣는 주술성은 지니고 있으나, 집단적으로 불린 노래는 아니다.

> **오답해설**
> ⑤ 〈정읍사〉는 백제 시대부터 구전되어 조선 시대에 이르러 한글로 기록된 고대 가요로, 고려 시대에는 속요로 불렸다.

01 ③ ⓒ은 '시장에 가 계신가요'의 뜻으로 남편의 직업이 행상인이라는 것을 짐작할 수 있는 구절이다. 따라서 화자가 버림을 받았다는 가정의 진술은 적절하지 않다.

> **오답해설**
> ① ㉠은 천지신명이자 광명을 의미하며 화자가 소원을 비는 대상이다.
> ② ⓒ은 달빛이 '높이(멀리)' 비추어 남편의 귀갓길을 무사하게 비춰 주기를 바라는 화자의 소망이 드러난 부분이다.
> ④ ㉣은 남편에게 닥칠 수 있는 위험을 '진 데'라는 공간에 빗대어 표현하였다.
> ⑤ ⓜ은 '저물까(어두워질까)'의 뜻으로 남편의 귀갓길이나 화자가 마중을 나가는 길, 혹은 부부의 인생길에 안 좋은 일이 일어날까 봐 걱정하는 심정이 드러난 표현이다.

p.296 〈서동요(薯童謠)〉 서동

01 ③ 불교 귀의의 신앙심을 나타낸 것이 아니라 서동과 선화 공주의 이야기이다.

> **오답해설**
> ① 서동이 선화 공주를 사모하며 만든 노래이다.
> ② 현전하는 가장 오래된 향가로서 민요가 4구체 향가로 정착된 노래이다. 이외에 4구체 향가로 〈풍요〉, 〈헌화가〉, 〈도솔가〉 등이 있다.
> ④ 향가 중 유일한 동요이며, 민요가 향가로 정착된 것이다.
> ⑤ 《삼국유사》의 〈무왕조〉에서 서동과 선화 공주의 일화에 삽입된 노래이다. 백제 무왕과 선화 공주의 이야기가 들어 있다.

02 ④ 〈서동요〉는 서동이 선화 공주에 대한 사랑을 이루기 위하여 계략적으로 선화 공주를 모함하는 노래이다. 서동 자신의 잠재적인 욕구를 선화 공주의 행동으로 왜곡한 내용을 직설적으로 표현하고 있다. 공주와 백성의 사랑을 소재로 한 노래인 것은 맞지만, 선화 공주가 궁에서 쫓겨날 만한 추문이었다는 것을 보면, 당시 신라가 개방적이었다고 볼 수 없다.

p.296 〈안민가(安民歌)〉 충담사

01 ④ 향찰이라는 차자 표기를 사용한 것은 우리말의 아름다움을 잘 살려 표현한 것이라고 보기 어렵다.

> **오답해설**
> ① 군주와 신하, 백성의 도리를 노래한 것으로, 유교적 이념(정명 사상)을 나타낸 것으로 볼 수 있다.
> ② 1~4구는 군주와 신하, 백성의 관계를 정리하고 있으며, 5~8구는 민본주의의 중요성을 노래하고 있다. 그리고 9~10구는 군주와 신하, 백성이 서로의 도리를 다해야 함을 나타내고 있다. 이렇게 내용상 문단이 나눠짐을 알 수 있다.
> ③ 서로의 도리를 밝히며 백성을 배불리 먹였을 때 나라 안이 평안할 것임을 알리고 있다.
> ⑤ 각자의 역할을 직설적으로 전달하고 있다.

02 ⑤ ㉠은 나라의 구성원들이 각자의 역할에 충실해야 한다고 말한 부분이다. 따라서 ㉠이 잘 지켜지면, 임금은 백성을 아끼고, 신하는 국가를 위해 소임을 다하며, 백성은 본분에 충실한 세상이 될 것이다. 이를 가장 잘 반영하고 있는 작품은 ⑤이다. 충신이 조정에 가득하고, 효자는 집집마다 있으며, 임금은 백성을 자식같이 아낀다고 했으니, ㉠을 통해 이룬 태평성대의 모습이라 할 수 있다.

> **오답해설**
> ① '효(孝)'를 강조한 작품이다.
> ② '신하의 바른 도리'를 말하고 있는 작품이다.
> ③ '세속의 삶과 자연 속에 은거하는 삶 사이에서 느끼는 갈등'을 노래한 작품이다.
> ④ '무인의 기개'가 드러난 작품이다.

각 선지 현대어 풀이

① 아버님이 날 낳으시고 어머님이 날 기르시니, / 두 분이 아니시면 이 몸이 살 수 있었을까? / 이 하늘 같은 은혜를 어디에다 갚을까?
② 임금을 섬기되 바른길로 인도하여 / 있는 힘 다하여 죽은 후라야 그만둘 것이다. / 가다가 임금과 뜻이 맞지 않으면 그만 물러감이 옳으리라.
③ 강호에 놀자 하니 임금을 버려야 하고 / 임금을 섬기자 하니 네가 즐기는 것을 어겨야 하네. / 혼자 갈림길에 서서 갈 데 몰라 하노라.
④ 긴 칼을 빼어들고 백두산에 올라보니, / 환하게 밝은 세상이 싸움터가 되었구나. / 언제나 남북의 병란을 평정하여 볼 것인가.
⑤ 충신은 조정에 가득하고 효자는 집집마다 있도다. / 우리 거룩한 임금께서는 백성을 어린아이와 같이 사랑하시는데 / 밝은 하늘이 이 뜻을 아셔서 순조로운 비와 고른 바람을 주소서.

p.298 〈처용가(處容歌)〉 처용

01 ① 아내를 범한 역신에 대한 관용이 드러난다.

오답해설
②, ④ 벽사진경(辟邪進慶: 요사스러운 귀신을 물리치고 경사스러운 일을 맞이함.)의 주술적 시가로 본격적인 무가의 기원이 되었다.
③ 역신을 물리치는 축사의 노래이다.
⑤ 5~8구에서 처용의 관용적, 체념적 정서가 드러나고 있다.

02 ④ 역신을 물리치는 내용이 담겨 있는 벽사진경의 모습이다.

p.298 〈제망매가(祭亡妹歌)〉 월명사

✓ ① 이 시의 시적 대상은 죽은 누이(= 망매)이다. 9행을 통해 불교적 이상 세계인 '미타찰(彌陀刹)'에서 누이를 다시 만나고자 한다는 것을 알 수 있다.

오답해설
② 이 시에서는 반어적 표현을 찾을 수 없다. 대신 누이를 '떨어질 잎'으로, 한 부모를 '한 가지'로 표현한 비유와 상징의 기교를 찾을 수 있다.
③ 작자가 승려인 월명사이기는 하지만, 세속의 인연인 죽은 누이에 대한 절절한 슬픔을 드러내고 있으므로 세속의 인연에 미련을 두지 않았다고 볼 수 없다.
④ 1~4행은 누이의 죽음에 대한 상황 인식이 맞지만, 5~8행은 객관적인 서경 묘사가 아니라 누이의 죽음에 대한 비유이다. 9~10행은 '미타찰'에서 다시 만나자는 종교적 기원이라 볼 수 있다.

01 ② 화자는 누이에게 '나는 가ᄂ다(나는 갑니다)'라는 인사도 못하고 갔느냐며(죽었느냐며) 한탄하고 있다. 이는 누이의 임종을 지키지 못한 슬픔을 토로하는 부분이다. 따라서 화자가 누이에게 한 하직 인사를 인용했다고 볼 수 없다.

오답해설
① 누이를 따라갈 수 있는 '생사의 길'이 앞에 있는데 머뭇거린다는 것을 통해, 화자가 죽음에 대해 두려움을 느끼고 있음을 알 수 있다.
③ '이른 ᄇᆞᄅᆞ매(이른 바람에)'는 누이의 요절(젊은 나이에 세상을 떠났음)을 비유적으로 드러낸 표현이다.
④ 화자는 '미타찰'에서 '도'를 닦으며 누이와의 재회를 기다리겠다는 의지를 보이고 있다.

p.300 〈찬기파랑가(讚耆婆郎歌)〉 충담사

✓ ① 화자는 기파랑의 부재에 대한 안타까움과 그리움을 드러내며 기파랑에 대한 예찬과 그를 따르고자 하는 마음을 드러내고 있을 뿐, 자신의 신세를 한탄하지는 않았다.

오답해설
② 이 작품은 10구체 향가로, 기(1~5구) - 서(6~8구) - 결(9~10구) 3단으로 구성되어 있다.
③ '나리(기파랑의 맑고 깨끗한 성품)', '직벽(기파랑의 둥근 인품)', '잣ㅅ가지(고난과 역경에 굴하지 않는 기파랑의 고결한 절개)'와 같은 자연물에 기파랑의 고매한 인품을 비유하고 있다.
④ 낙구(9구)에서 '아아'라는 감탄사를 통해 시상을 전환한 후, 시상을 집약하여 마무리하고 있다.

01 ④ 기파랑의 인품을 추모한 노래이다.

오답해설
① 기파랑의 높은 인품을 냇물, 조약돌, 잣가지 등 자연물을 통해 표현하고 있다.
② 화자와 달이 문답하는 형식으로 예찬 효과를 극대화하였다.
③ 기파랑의 뛰어난 인품을 추모하여 지은 10구체 향가이다.
⑤ 부정적 의미를 담은 시어인 '서리'와 대비하여 주제를 부각하였다.

02 ⑤ '직벽'은 둥근 조약돌로, 기파랑의 원만한 성품을 의미한다. '잣ㅅ가지'는 부정적인 '서리'도 끼지 못할 정도로 높은 인품을 의미한다.

오답해설
'흰구름'은 배경을, '서리'는 부정적 의미를 담은 시어이다.
'ᄃᆞ리'는 광명과 염원을 상징하는 말로, 기파랑에 대한 그리움을 부각한다.

p.300 〈정과정(鄭瓜亭)〉 정서

01 ⑤ 유배 중인 자신의 처지를 억울해하며 임금에게 다시 사랑해 달라 호소하고 있다. 따라서 해학(웃음)으로 극복하고 있다는 설명은 적절하지 않다.

오답해설
① 산 접동새와 자신의 처지가 비슷하다고 말하며 정서를 표출하고 있다.
② 9~11행에서 임이 자신을 다시 사랑해 주길 바란다는 소망을 밝히고 있다.
③ 5행에서 넋이라도 임을 함께 모시겠다고 말하며 일편단심의 태도를 보인다.
④ 자신의 결백을 잔월효성만이 알 것이라며 호소하고 있다.

02 ① 〈정과정〉은 '산 접동새'를, ㉠은 '새'를 화자와 동일시하고 있다.

오답해설
② 까마귀와 백로를 대조하는 대조법을 사용하고 있다.
③ 임을 꾀꼬리로 비유하고 있다.
④ 학이 우는 소리를 비유하고 있다.
⑤ 백로는 탐관오리를 나타낸다.

> **각 선지 현대어 풀이**
> ① 우는구나 우는구나 새여, 너보다 시름 많은 나도 자고 일어나 울고 있노라.
> ② 까마귀들이 싸우는 골짜기에 백로야 가지 말아라.
> ③ 4월을 잊지 않고 또 오셨구나 꾀꼬리 새여
> ④ 망주석에 천 년만에 찾아온 특별한 학이 울고 있는 듯
> ⑤ 백사장 홍료변에 몸을 굽혔다 폈다 하며 먹는 저 백로야

p.302 〈사모곡(思母曲)〉 작자 미상

01 ②

오답해설
① 연 구분은 고려 가요의 특징이다.
③ 고대 가요 중에서도 〈정읍사〉의 특징이다.
④ 고려 가요와 사설시조에 대한 설명이다.
⑤ 집단 서사시와 고려 가요에 대한 내용이다.

02 ⑤ 이 시에는 역설이 드러나지 않았다. 그저 아버지와 어머니를 각각 호미와 낫에 비유하며 화자가 어머니를 사랑하는 마음을 극대화하고 있다.

p.302 〈가시리〉 작자 미상

✔ ③ 〈가시리〉는 고려 가요로, 구전되던 것이 나중에 한글로 기록된 것이다. 〈가시리〉는 《악장가사》와 《시용향악보》에 기록되어 전해졌는데 《악장가사》와 《시용향악보》는 모두 고려 이후에 편찬되었다.

오답해설
① 제시된 작품은 고려 가요이므로 고려 시대에 불리던 노래라는 것을 알 수 있다.
② 작품에서 '가시리'가 반복되는 것을 통해 제목이 〈가시리〉라는 것을 알 수 있다.
④ 후렴구인 '위 증즐가 大平盛代(대평성대)'는 궁중악으로 불리면서 추가된 것으로 추측한다.

✔ ④ ㉣의 '셜온 님 보내옵노니'는 '서러운 임을 보내 드리니'라는 뜻이다. 여기서 '서러운 임'은 '이별을 서러워하는 임' 또는 '나를 서럽게 하는 임'으로 해석할 수 있다.

오답해설
① ㉠의 '나눈'은 여음으로, 시가나 노래에서 일정한 간격을 두고 반복되어 나타나는 말이나 소리이다.
② ㉡의 '잡ᄉ와 두어리마ᄂᆞᆫ'은 '(임이 가지 못하게) 붙잡아 두고 싶지만'이라는 의미이다.
③ ㉢의 '선ᄒᆞ면 아니 올셰라'는 '서운하면 오지 않을까 두려워' 혹은 '화가 나면 오지 않을까 두려워'라는 뜻이므로 두려움을 표현한 말이다.

p.304 〈동동(動動)〉 작자 미상

✔ ① 〈동동〉은 임과 이별한 여성이 임을 그리워하는 내용을 담은 고려 가요이다.

오답해설
② 1년 열두 달로 나누어 구성된 월령체 형식으로 '정월'의 '냇물', '이월'의 '등불', '삼월'의 '진달래꽃'과 같이 각 달의 소재에 따라 내용을 전개하고 있다.
③ '동동'이란 제목은 매번 되풀이되는 후렴구 '아으 동동다리(북소리)'에서 따온 것이다.
④ 고려 시대 구전되어 오던 것을 조선 시대 《악학궤범》에 한글로 기록하였다.

01 ① 〈동동〉은 월령체 시가이다. 전체적으로는 임에 대한 송도(頌禱)와 연모의 정, 그리고 화자의 슬픔과 고독이 잘 드러나 있다. 그러나 이에 비하여 서사는 궁중의 연악 때에 필요한 사설로 구성되어 있다. 이러한 점에서 서사는 궁중의 의식에 적합한 내용으로 새롭게 추가된 것이라고 할 수 있다.

p.306 〈청산별곡(靑山別曲)〉 작자 미상

✔ ① ㉮는 A-A-B-A의 운율 형성 방식을 취하고 있다. ⓒ 또한 동일한 형식을 보이고 있다.

01 (1) (현실) 시대적 배경에 대해 설명하자면 외적으로는 몽골의 침입, 내적으로는 여러 가지 난이 일어났다.
(2) (작가) 내우외환의 상황에서 피폐한 입장에 처한 백성이다.

02 (1) × 자연이 좋아서가 아니라 현실을 도피한 모습을 노래하고 있다.
(2) ○ 인간의 보편적 정서인 외로움과 슬픔을 이야기하고 있다.
(3) × 낭만과 풍류 같은 긍정적 정서가 아니라 삶에 대한 불만족이 담겨 있다.
(4) ○ 고려 가요들은 구전되다가 《악학궤범》, 《악장가사》, 《시용향악보》에 훈민정음으로 기록되었다.
(5) ○ 2연의 1~2행에서는 시름의 연속이 나타난다.
(6) × 능동적이고 적극적인 모습이 아니라 수동적인 모습이 나타난다.

03 5연
어디에다 던지던 돌인가, 누구를 맞히려던 돌인가.
미워할 이도 사랑할 이도 없이 맞아서 울고 있노라.
⇨ 소재는 '돌'이며 운명을 나타낸다. 주제는 고통과 번민에 대한 운명적 체념이다.

04 강수

p.308 〈정석가(鄭石歌)〉 작자 미상

✔ ① (가)는 임금을 예찬하는 내용을 담고 있다. 따라서 궁중 음악이 되면서 덧붙은 부분이라 추정할 수 있다.

✔ ④ 이 시에서는 구슬로 만든 목걸이가 바위에 떨어지면 구슬은 깨지겠지만 '끈(긴)'은 끊어지지 않는다며 변함이 없는 자신의 믿음을 '끈(긴)'에 빗대어 표현하고 있다.

✔ ③ 〈정석가〉는 실현 불가능한 상황을 설정하여 불가능한 상황이 일어나야 이별하겠다고 이야기하는 것으로 보아, 임과 이별하고 싶지 않다는 것을 알 수 있다. 〈보기〉도 '괴시란뒤 아즐가 괴시란뒤 우러곰 좃니노이다(사랑만 해 주신다면 울면서 따르겠습니다.)'를 통해 임과 이별하고 싶지 않다는 것을 알 수 있다.

오답해설
① 〈보기〉에서는 임을 배에 태운 사공에 대한 원망이 드러나지만, 〈정석가〉에는 드러나지 않는다.
② 〈보기〉의 '닷곤 뒤 아즐가 닷곤 뒤 쇼셩경 고외마른(새로 닦은 곳인 작은서울을 사랑합니다마는)'를 통해 화자의 생활 터전에 대한 애정이 드러나지만, 〈정석가〉에는 드러나지 않는다.
④ 〈정석가〉는 불가능한 상황이 일어나야 임과 이별하겠다고 하였다. 이를 통해 임과 이별하지 않겠다는 화자의 의지가 드러나지만, 〈보기〉에는 의지가 드러나지 않는다.

> 🔍 **작자 미상, 〈서경별곡(西京別曲)〉**
> **해제** | 이 작품은 여성적 목소리로 이별의 정한을 노래한 고려 가요이다. 1연에서는 삶의 터전인 서경을 버리고서라도 임을 따라가겠다는 화자의 의지를 드러내고 있으며, 2연에서는 천 년을 혼자 살아도 변치 않을 임에 대한 사랑과 믿음을 '끈'에 빗대어 노래하고 있다. 3연에서는 대동강 건너편으로 임을 보내는 데 일조한 사공을 원망하는 마음과, 이별 후에 임이 변심하지 않을까 염려하는 마음을 드러내고 있다. 주요 가사가 세 마디로 나뉘는 율격과 동일한 후렴구를 통해 음악성을 부여하고 있으며, '서경'과 '대동강'이라는 공간적 배경을 중심으로 임과의 이별을 거부하고 사랑을 이어 가려는 화자의 적극적 태도를 표현하고 있다.
> **주제** | 임에 대한 변함없는 사랑과 떠나는 임에 대한 원망
> **구성** |
> | 1연 | 이별을 거부하는 마음과 연모의 정 |
> | 2연 | 임에 대한 변함없는 사랑과 영원한 믿음 |
> | 3연 | 사공에 대한 원망과 임의 변심에 대한 염려 |

> 📋 **현대어 풀이**
> 서경(평양)이 서울이지만
> 새로 닦은 곳인 작은 서울을 사랑합니다마는
> (임과) 이별하기보다는 차라리 길쌈 베를 버리고라도
> 사랑만 해 주신다면 울면서 따르겠습니다.
> [중략]
> 대동강이 넓은 줄을 몰라서
> 배를 내어 놓았느냐, 사공아
> 네 아내가 음란한 줄을 몰라서
> 다니는 배에 얹었느냐(태웠느냐), 사공아
> 대동강 건너편 꽃을
> 배를 타고 가기만 하면 꺾을 것입니다.

p.310 〈송인(送人)〉 정지상

✔ ③ 지문은 이별의 슬픔을 드러내고 있다. ③은 황진이의 시조로, 이별의 정한을 드러내고 있다.

오답해설
① 이황의 〈도산십이곡〉 중 제11곡으로, 변함없이 영원히 학문 수양을 하려는 의지를 드러내고 있다.
② 김천택의 시조로, 자연과 하나가 되고 싶은 마음을 드러내고 있다.
④ 맹사성의 〈강호사시가〉 중 하사로, 초당에서 바람을 즐기는 여름날의 흥취를 드러내고 있다.

> **각 선지 현대어 풀이**
> ① 청산은 어찌하여 영원히 푸르며
> 흐르는 물은 어찌하여 밤낮으로 그치지 않고 흘러내릴까?
> 우리도 저것들처럼 끊임없이, 언제나 푸르게 살리라.
> ② 갈매기야 말 물어보자 놀라지 말려무나.
> 산수 경치 좋기로 이름난 곳을 어디 보았느냐.
> 나에게 자세히 말해 주면 너와 거기 가 같이 놀리라.
> ③ 아! 내가 한 일이 후회스럽구나. 이렇게도 그리울 줄 몰랐더냐?
> 있으라 했더라면 굳이 떠나시려 했겠냐마는 내가 굳이 보내 놓고 그리워하는 마음을 나도 모르겠구나.
> ④ 강호에 여름이 닥치니 초당에 있는 늙은 몸은 할 일이 별로 없다.
> 신의 있는 강 물결은 보내는 것이 시원한 강바람이다.
> 이 몸이 이렇듯 서늘하게 보내는 것도 역시 임금의 은혜이시다.

01 ③

> **오답해설**
> ① 이 시의 형식은 한시이며 7언 절구이다.
> ② 기(강변의 서경), 승(이별의 전경), 전(이별의 한), 결(이별의 정한)로 이루어진 4단 구성이다.
> ④ 앞부분에 서경(자연의 경치를 글로 나타냄.)이, 뒷부분에 서정이 드러나 있다.

02 ① 슬픔을 나타내는 시어를 고르면 된다.

> **오답해설**
> ② 화자가 추구하는 이상향을 나타낸다.
> ③ 유수(流水)는 불변함을 나타낸다.
> ④ 국가, 역사의 흐름을 나타내는 시어이다.

> **각 선지 현대어 풀이**
> ② 살겠노라 살겠노라. <u>바다에</u> 살겠노라. / 나문재, 굴, 조개를 먹고 <u>바다에</u> 살겠노라.
> ③ 푸른 산은 어찌하여 만고(萬古)에 푸르르며 / <u>흐르는 물</u>은 어찌하여 밤낮으로 그치지 않는가.
> ④ 샘이 깊은 물은 가뭄에도 그치지 않고, / 냇물이 되어서 <u>바다에</u> 이르게 되니

p.310 〈추야우중(秋夜雨中)〉 최치원

01 ④ 우울한 현실을 극복하고자 하지는 않는다.

> **오답해설**
> ① 시간적으로 삼경(三更), 계절적으로 가을[秋]이라고 드러나 있다.
> ② 세상에 알아주는 이[知音]가 없다고 하고 있으므로 자신의 뜻을 펼치지 못하고 있음을 알 수 있다.
> ③ 화자의 심정을 부각하고 있는 소재는 '비[雨]'이다.

02 ④ '비[雨]'는 화자를 우울하게 하는 시어이다. '빗발'은 화자의 심정을 더욱 심화시키는 소재라고 볼 수 있다.

> **오답해설**
> ① '밤비'는 새잎을 나게 하는 것이므로 (+)적 기능을 하는 것으로 볼 수 있다.
> ② '봄비'는 풀이 자라게 하는 것이므로 (+)적 기능을 하고 있다.
> ③ 여기서 '비'의 의미가 없는 자연물일 뿐이다.
> ⑤ '비'는 배경(풍경)을 묘사하는 소재이다.

> **각 선지 현대어 풀이**
> ① 산에 있는 버들가지를 아름다운 것을 골라 꺾어 임에게 보내오니, / 주무시는 방의 창문가에 심어 두고 살펴 주십시오. / 행여 <u>밤비</u>에 새잎이라도 나거들랑 마치 나를 본 것처럼 여기소서.
> ② 골짜기에 나 있는 풀이 <u>봄비</u>에 저절로 길어나네. / 풀은 애통해할 일이 없으니 그 아니 좋을쏘냐. / 우리는 사람이 되어 너희만 못하니 시름겨워하노라.
> ③ <u>비</u> 오는데 구태여 들에 나가겠느냐 사립문을 닫고 소에게 여물 먹여라. / 장마가 언제나 이렇듯 계속되느냐, 쟁기와 연장들이나 손질하여라. / 쉬다가 날씨가 맑아지는 날 보아서 이랑이 긴 밭을 갈아라.
> ④ 오동나무에 떨어지는 <u>빗발</u>은 무심히 떨어지는 것이지만, / 내가 시름이 많으니 나뭇잎들이 모두 근심 소리를 내는 것 같도다. / 이제부터 잎사귀 넓은 나무는 심지 않겠노라.
> ⑤ 연못에는 <u>비</u>가 내리며 버들가지에는 물안개가 서리었는데, / 뱃사공은 어디를 갔기에 빈 배만 매여 있는가? / 해 질 무렵에 짝을 잃은 갈매기는 오락가락하는구나.

p.312 〈사리화(沙里花)〉 이제현

01 ③ 자연 친화적인 온순한 목소리가 아니라, 비판적인 목소리를 내고 있다.

> **오답해설**
> ① 민중을 수탈하는 탐관오리에 대해 고발하고 있다.
> ② '참새'는 탐관오리를, '늙은 홀아비'는 백성을 비유하는 시어이다.
> ④ 절구(4줄)로 이루어져서 기승전결의 4단 구성이다. 기와 승은 민중을 수탈하는 탐관오리를, 전과 결은 수탈당하는 농민들의 원망을 주제로 하고 있다.
> ⑤ 이제현이 당시 민간에서 유행하던 노래를 한시로 번역한 것이다.

02 ① '참새'는 탐관오리를 나타내는 시어이다. 〈보기〉에서 탐관오리를 의미하는 시어는 '두터비'이다.

> **오답해설**
> ② '프리'는 백성을 의미한다.
> ⑤ '백송골'은 더 높은 양반 또는 외세를 지칭하는 말이나, 작품 안에서 악행이 드러나지 않으므로 정답으로 보기에는 무리가 있다.

🔖 〈보기〉 작자 미상, 〈두터비 프리를 물고~〉

해제 | 이 작품은 두꺼비, 백송골, 파리 등을 소재로 하여 당대 현실을 익살스럽게 풍자하고 있다. 두꺼비를 힘없는 백성들을 괴롭히다가 자신보다 힘 있는 존재 앞에서 비굴해지는 존재로 의인화하여 당대의 세태를 비판하고 있다. 중장에서 두꺼비를 우스꽝스럽게 묘사하고, 종장에서 두꺼비의 자기 합리화를 보여 주어 해학성을 부각하는 기법이 인상적이다. 이 작품의 두꺼비는 자신보다 약자인 파리는 입에 물지만, 강자인 송골매는 멀리 보이는 것만으로도 공포에 휩싸인다. 이러한 두꺼비를 통해 약자에게 강하고, 강자에게 약한 인간들의 세태를 풍자하고 있다.

주제 | 탐관오리의 횡포와 허장성세에 대한 풍자

구성 |
초장	두꺼비가 파리를 물고 두엄 위에 올라감.
중장	두꺼비가 백송골을 보고 놀라 달아나다가 자빠짐.
종장	두꺼비가 자기의 행동을 합리화함.

💬 현대어 풀이
두꺼비가 파리를 물고 두엄 위에 뛰어올라가 앉아
건너편 산을 바라보니 흰 송골매가 떠 있거늘 가슴이 섬뜩하여 펄쩍 뛰어 내닫다가 두엄 아래 자빠졌구나.
마침 날랜 나였기에 망정이지 (하마터면) 피멍 들 뻔했구나.

03 ② '참새 : 벼, 기장'은 '수탈자 : 수탈 대상'의 관계이다. 이와 유사한 관계에 있는 어휘는 수탈자인 '황두'와 수탈 대상인 '무명'으로 볼 수 있다.

🔖 〈보기〉 정약용, 〈탐진촌요〉

해제 | 이 작품은 부패한 조선 후기의 현실을 비판하고 있다. '탐진'은 전라남도 강진의 옛 이름이며, 작가가 귀양살이를 하던 곳이다. 작가는 그곳에서 농민들의 어려운 생활을 목격하고 농민의 생활고를 가중시키는 관리들의 수탈을 고발하는 시를 썼다. 황두에게 무명을 빼앗기고, 세금 독촉에 시달리는 농민들의 힘겨운 삶이 사실적으로 그려져 있는데, 여기에서 다산의 애민 정신과 현실에 대한 비판 의식, 백성을 근본으로 여기는 사상 등을 엿볼 수 있다.

주제 | 관리들의 횡포로 인한 백성들의 피폐한 삶

p.312 〈고시(古詩) 8〉 정약용

01 ① 율시는 8줄로 구성된 경우를 이르는 말인데 이 시는 고시로서 10줄로 구성되어 있다.

오답해설
② 조선 후기 양반들이 백성들을 수탈하는 모습을 비판적으로 그리고 있다.
③ '말하는 뜻 분명히 알 수 없지만 / 집 없는 서러움을 호소하는 듯'에서 안타까움과 연민이 나타나고 있다.
④ '제비 다시 지저귀며 / 사람에게 말하듯'에서 대화체임을 유추할 수 있다.
⑤ '황새가 쪼고', '뱀이 와서 뒤진다'에서 지배층이 피지배층을 착취하는 모습을 우의적으로 표현함을 알 수 있다.

02 ① 웃을 만한 상황이 아닌데 어이가 없어 웃기다고 하고 있는 것으로 보아 현실에 대한 비판적인 태도가 드러난다.

오답해설
② 화자는 '여유로운 농촌 풍경'을 바라보고 있다. 종장의 '손님'은 농사의 고된 노동을 모르는 사람을 의미하지만, 화자가 바라본 '현실'이라기보다 '현실' 속 일부를 이루는 대상이다.
③ 이 시는 '탄로가'로, 늙음을 한탄하는 시이다.
④ 단종을 여의고 쓴 글로, 비판과는 거리가 있다.
⑤ 이별한 임에 대한 원망이 나타난다.

💬 각 선지 현대어 풀이
① 하하 허허 하고 있다고 내 웃음이 정말 웃음인가.
   하도 어처구니가 없어서 울다가 그리 웃네.
   사람들아 웃지를 말구려. 아귀가 찢어질지 모르네.
② 땀은 떨어질 대로 떨어지고 볕은 쬘 대로 쬔다.
   맑은 바람에 옷깃을 열고 쉬면서 긴 휘파람을 멋들어지게 불 때,
   어디서 길 가던 손님이 아는 듯이 발걸음을 멈추는가.
③ 한 손에 막대를 잡고 또 한 손에는 가시를 쥐고,
   늙는 길은 가시덩굴로 막고, 찾아오는 백발은 막대로 치려고 했더니,
   백발이 (나의 속셈을) 제가 먼저 알고 지름길로 오더라.
④ 천리만리 머나먼 저승길에 고운 임(단종)을 영원히 사별하고
   나의 슬픈 마음을 붙일 데가 없어 냇가에 앉아 있으니
   (흘러가는) 저 냇물도 내 마음 같아서 울며 밤길을 흘러간다.
⑤ 내가 언제 믿음이 없어서 임을 언제 속였기에
   달이 잠든 한밤중이 되도록 임이 나를 찾을 뜻이 전혀 없네.
   가을바람에 떨어지는 나뭇잎 소리야 낸들 어찌하겠는가?

p.314 〈절구(絶句)〉 두보

01 ④ 푸름과 하양, 푸름과 붉음을 대비시켜 봄의 경치를 선명하게 제시하고 있다.

오답해설
①, ② 인간 세태에 대한 풍자나 인생의 교훈이 아니라 고향에 대한 그리움이 엿보인다.
③ 인생을 달관한 경지라고 보기에는 무리가 있다.
⑤ 자연에서 유유자적하는 모습이 아니라 봄의 경치를 바라보며 고향에 대한 그리움, 전쟁에 대한 한탄을 보이고 있다.

02 ① 강의 푸름과 새의 하양을, 산의 푸름과 꽃의 붉음을 대비시키며 시각적 심상을 보이고 있다.

p.314 〈강촌(江村)〉 두보

01 ④ 강촌에 머물고 있으며 현재 병을 앓고 있는데 얻고자 하는 것은 약이라고 하고 있다. 유랑하는 모습은 나타나지 않았다.

> **오답해설**
> ① 칠언 율시란 7글자로 되어 있는 8줄의 한시라는 의미이다.
> ② 강촌의 풍경을 그리고 있으며, 후반부에는 자신의 처지를 나타내고 있다.
> ③ 신세를 한탄하기보다는 안빈낙도하고 있다는 말이 더욱 어울린다.
> ⑤ 전반부에는 강촌의 풍경(선경)을, 후반부에는 화자의 처지(후정)가 나타난다.

p.316 〈춘망(春望)〉 두보

01 ③ '외경심'이란 접근하기 어려울 정도의 공경과 두려움을 일컫는 말이므로 적절하지 않다.

> **오답해설**
> ① 3~4행 : 전란으로 인한 상심이 드러나고 있다.
> ② 5~6행 : 가족에 대한 그리움이 드러나고 있다.
> ④ 7~8행 : 늙고 쇠약해진 자신에 대한 한탄이 드러난다.
> ⑤ 1~2행 : 전란으로 인해 황폐해진 모습이 보이며 무상함이 함께 나타나고 있다.

02 ④ 전반부에 배경을 묘사하고 있고 후반부에 자신의 정서를 보이고 있으므로 선경후정이라는 말이 어울린다.

03 ③ 맥수지탄(麥秀之歎) : 보리만 무성하게 자란 것을 탄식한다는 뜻으로, 고국의 멸망을 탄식함을 이르는 말
麥 보리 맥, 秀 빼어날 수, 之 갈 지, 歎 탄식할 탄

> **오답해설**
> ① 망양지탄(亡羊之歎) : 달아난 양을 찾다가 여러 갈래 길에 이르렀다는 뜻으로, 학문의 길이 여러 갈래로 나누어져 있어 진리를 찾기 어렵다는 뜻
> 亡 망할 망, 羊 양 양, 之 갈 지, 歎 탄식할 탄
> ② 풍수지탄(風樹之歎) : 부모에게 효를 다하려고 할 때는 이미 돌아가셔서 이룰 수 없음을 이르는 말
> 風 바람 풍, 樹 나무 수, 之 갈 지, 歎 탄식할 탄
> ④ 만시지탄(晩時之歎) : 때늦은 한탄이라는 뜻으로, 시기를 놓쳐 기회를 잃은 것이 원통해서 하는 탄식
> 晩 늦을 만, 時 때 시, 之 갈 지, 歎 탄식할 탄
> ⑤ 망양지탄(望洋之歎) : 넓은 바다를 보고 탄식한다는 뜻으로, 제힘이 미치지 못할 때의 탄식
> 望 바랄 망, 洋 큰 바다 양, 之 갈 지, 歎 탄식할 탄

p.316 〈한림별곡(翰林別曲)〉 한림 유생

✔ ③ 〈한림별곡〉은 '경기체가'에 속한다. '경기체가'에서 '경기'는 '경치, 경관, 모습'의 의미이다. '경기체가'는 후렴마다 '위 ~景(경) 긔 엇더ᄒ니잇고'를 반복하여 자신들의 모습을 과시한다. 〈한림별곡〉을 부른 집단은 신진 사대부로 고려 말에서 조선 초에 집권했던 세력이다. 따라서 시적 화자의 능력을 예찬의 대상으로 삼고 있다는 설명은 적절하다.

> **오답해설**
> ① 화자가 자신이 속한 집단의 능력을 과시하고 있으므로, '소박한 생활 감정'이 드러난다는 설명은 적절하지 않다.
> ② 나열의 방식이 드러나는 것은 맞지만, '자연을 예찬'하는 '강호가도'의 모습이 드러나지는 않는다.
> ④ 제시된 작품에는 시간의 흐름이 드러나지 않는다.
> ⑤ '위 ~景(경) 긔 엇더ᄒ니잇고'를 통해 묻는 형식은 나타나지만, 그에 대한 답을 제시하지는 않으므로 묻고 답하는 형식은 아니다.

> **현대어 풀이**
> 唐漢書(당한셔) 莊老子(장로자) 韓柳文集(한류문집)
> 李杜集(니두집) 蘭臺集(난대집) 白樂天集(백락텬집)
> 毛詩尙書(모시샹셔) 周易春秋(쥬역츈츄) 周戴禮記(주대례긔)
> 위 註(주)조쳐 내 외온ㅅ景(경) 긔 엇더ᄒ니잇고
> (葉) 太平廣記(태평광긔) 四百餘卷(사백여권) 太平廣記(태평광긔) 四百餘卷(사백여권)
> 위 歷覽(력남)ㅅ景(경) 긔 엇더ᄒ니잇고

> 당서와 한서, 장자와 노자, 한유와 유종원의 문집
> 이백과 두보의 시집, 난대 영사(令使)들의 시문집, 백락천의 문집
> 시경과 서경, 주역과 춘추, 대대례와 소대례
> 아, 이러한 책들의 주석까지 포함하여 내쳐 외는 광경, 그것이 어떠합니까?
> 태평광긔 사백여 권을, 태평광긔 사백여 권을
> 아, 열람하는 광경, 그것이 어떠합니까?

01 ③ 제시된 작품은 '위 ~景(경) 긔 엇더ᄒ니잇고'라는 후렴구로 보아 '경기체가'임을 알 수 있으며, 이는 최초의 경기체가 작품인 〈한림별곡〉의 한 부분이다.
'경기체가'는 고려 중엽 무신 정변 이후 새롭게 정계에 등장한 신흥 사대부들이 짓고 향유한 노래로, 교술적 성격을 지닌 문학이다. 고려 고종 때 발생하여 조선 선조 때까지 약 350년간 이어진 별곡체 형태의 시가가 바로 경기체가이다.
그 내용은 고려 후기 신흥 사대부들의 활기찬 감정과 의식 세계를 노래한 것이 중심이 되었다. 이처럼 신흥 사대부들은 경기체가를 통해 사물이나 경치를 나열함으로써 자신들의 호탕한 기상과 자부심을 드러내고자 하였다.

> **현대어 풀이**
> 붉은 모란, 흰 모란, 짙붉은 모란
> 붉은 작약, 흰 작약, 짙붉은 작약
> 능수버들과 옥매, 노랑과 자주의 장미꽃, 지란과 영지와 동백
> 아! 어우러져 핀 광경, 그것이 어떠합니까?

대나무와 복숭아꽃이 두 동이(질그릇)에 담긴 고운 모습,
아, 서로 어리어 비치는 광경, 그것이 어떠합니까?

p.318 〈용비어천가(龍飛御天歌)〉 정인지, 권제, 안지 등

01 ④ ⓒ에서 한양이 조선의 수도가 된 것이 매우 오래전에 정해진 사실임을 주장하고는 있지만, 그것이 중국 임금들의 도움 덕분이라고 볼 수는 없기 때문에 적절하지 않다.

오답해설
① '고성'과 같은 활동의 내용은 중국 옛 왕조의 건국, 창업 과정에 해당한다.
② '고성'과 같다는 점은 왕족의 조상과 옛 성군 사이의 공통점을 내세운 것이다.
③ ⓒ은 조선 건국의 수도가 오래전에 정해졌다는 의미이다.
⑤ ⓒ은 후대의 임금들에게 권계하려는 뜻에서 한 말이다.

02 ③ 〈제2장〉은 왕업의 창건 과정을 '뿌리 깊은 나무'의 성장과 '샘이 깊은 물'이 '바다'에 이르는 과정을 통해 비유적으로 표현하고 있으며, 〈제125장〉은 조선 왕조의 건국이 오래전에 예견된 것이라는 사실과 왕조를 계속 이어 가기 위해 후대 임금의 근면이 필요하다는 교훈을 직설적으로 전달하고 있다.

오답해설
① 〈제2장〉은 나무와 물이라는 자연물을 소재로 하고 있지만, 〈제125장〉은 하나라 태강의 행적이라는 역사적 사실을 배경으로 하고 있다.
② 〈제2장〉은 비유를 통해 보편적인 상황을 제시하고 있지만, 〈제125장〉은 조선 왕조, 하나라 등의 특정한 상황과 관련되어 있다.
④ 〈제2장〉의 '뿌리 깊은 나무'와 '샘이 깊은 물'은 서로 유사한 속성을 지니고 있다. 〈제125장〉의 하나라 태강이 교훈적 소재이기는 하나, 태강과 조선 왕조 또는 후대의 임금 사이에 유사점이 있으리라고 판단할 근거는 없다.
⑤ 〈제125장〉에서 후대의 임금에게 경각심을 불러일으키기 위해 하나라 태강의 예를 들어 교훈을 전달한 점은 맞지만, 〈제2장〉에서 조상의 업적에 대하여 감사하는 내용은 직접적으로 나타나지 않았다.

✔ ④ (가)는 훈민정음이 창제된 후 1445년에 정음으로 기록된 최초의 문헌이다.
(나)는 고려 25대 충렬왕(1274~1308년)의 계승 문제로 당론이 분열되었을 때, 이조년이 주도파의 모함으로 귀양살이를 하던 중 지은 한시이다.
(다)는 정철이 1588년에 한글로 지은 장편 가사이다.
(라)는 고려 고종 때(1213~1259) 여러 유생들이 공동으로 창작한 것으로 알려진 경기체가이다.
따라서 가장 먼저 지어진 작품은 (라)이고, '훈민정음'으로 가장 먼저 표기된 작품은 (가)이다.

📖 **(가) 정인지·권제·안지 외, 〈용비어천가(龍飛御天歌)〉**
뿌리가 깊은 나무는 바람에 아니 흔들리므로
꽃 좋고 열매 많으니,
샘이 깊은 물은 가뭄에 아니 그치므로
내를 이루어 바다에 가느니.

📖 **(나) 이조년, 〈梨花(이화)에 月白(월백)ᄒ고~〉**
배꽃에 달은 환히 비치고 은하수는 돌아서 자정을 알리는 때에,
배꽃 한 가지에 어린 봄날의 정서를 자규가 알고 저리 우는 것일까마는
다정다감(多情多感)한 나는 그것이 병인 양, 잠을 이루지 못하여 하노라.

📖 **(다) 정철, 〈사미인곡〉**
아, 내 병이야 이 임의 탓이로다.
차라리 사라져 범나비가 되리라.
꽃나무 가지마다 간 데 족족 앉고 다니다가
향기가 묻은 날개로 임의 옷에 옮으리라.
임께서야 나인 줄 모르셔도 나는 임을 따르려 하노라.

📖 **(라) 한림 유생, 〈한림별곡〉**
유원순의 문장, 이인로의 시, 이공로의 사륙변려문
이규보와 진화의 쌍운에 맞추어 빨리 지어 써 내려간 시
유충기의 대책, 민광균의 경서 풀이, 김양경의 시와 부
아, 글재주를 겨루는 시험장의 광경 그것이 어떠합니까? (굉장합니다.)
금의의 죽순처럼 배출된 뛰어난 문하생들, 금의의 죽순처럼 배출된 뛰어난 문하생들
아, 나까지(나를 비롯하여) 몇 분입니까? (참 많습니다.)

p.320 〈동지ㅅ둘 기나긴 밤을〉 황진이

✔ ① 제시된 시조는 임을 기다리는 화자의 외로움과 임을 향한 그리움이 드러나 있다. '冬至ㅅ돌 밤'은 1년 중 가장 긴 밤이다. 가장 긴 밤을 임을 그리며 외로이 지내는 화자는 그 긴 밤의 한가운데를 잘라 두었다가(초장) 봄처럼 따뜻한 이불 아래 그 시간을 넣어 두어(중장) 임과 함께 보내는 밤에 그 시간을 꺼내 함께하는 시간을 늘리고 싶어 한다(종장). 따라서 ㉠에는 한가운데를 의미하는 '허리'가 적절하다. ㉡에는 따뜻함을 뜻하는 '春風(춘풍)'이 적절하다.

✔ ② 황진이의 시조는 시간적 개념인 '밤'을 공간적 개념인 사물로 구체화하였다. 마치 '천'과 같이 한 허리를 베어 내어(잘라내어) 춘풍 이불 아래 넣었다가 '어론 님'이 오시면 굽이굽이 펴겠다고 표현하였다.

오답해설
모두 황진이의 시조이다.

01 ④ '양춘(陽春)'은 봄볕이다. 봄볕을 부쳐 내어 보내겠다는 것은 주관적 변용이다.

> **〈사미인곡〉 현대어 풀이**
> 천지가 추위에 얼어 생기가 막혀 흰 눈 일색으로 덮여 있을 때, 사람은 말할 것도 없거니와 날짐승도 끊겼다. 소상강 남쪽도 추위가 이와 같거늘 백옥루(= 임 계신 곳)야 더욱 말해 무엇하리. 봄볕(따뜻한 봄 기운)을 부치어 내어 임 계신 곳에 쏘이고 싶다. 초가집 처마에 비친 해를 임 계신 대궐에 올리고 싶다.

p.322 〈상춘곡(賞春曲)〉 정극인

✔ ④ 풍유법은 비유법의 일종으로 원관념을 뒤에 숨기고 보조 관념만으로 숨겨진 본래의 의미를 암시하는 방법이다. 표면상으로는 엉뚱한 다른 말인 듯하면서 그 말 속에 어떤 뜻을 담게 하는 방법이다. 교훈을 주는 속담이나 격언은 거의 대부분 이 표현법에 속한다. 제시된 작품에서 풍유법은 나타나지 않았다.

> **본문에 쓰인 수사법**
> 답청(踏靑)이란 오늘 ᄒᆞ고, 욕기(浴沂)란 내일(來日)ᄒᆞ새. 아ᄎᆞᆷ에 채산(採山)ᄒᆞ고, 나조ᄒᆡ 조수(釣水)ᄒᆞ새. ⇨ 대구법
> 연하일휘(煙霞日輝)ᄂᆞᆫ 금수(錦繡)를 재폇ᄂᆞᆫ 듯 ⇨ 직유법
> 공명(功名)도 날 씌우고, 부귀(富貴)도 날 씌우니 ⇨ 의인법
> 아모타, 백년행락(百年行樂)이 이만ᄒᆞᆫᄃᆞᆯ 엇지ᄒᆞ리. ⇨ 설의법

✔ ② 화자는 좁은 공간인 '수간모옥(數間茅屋)'에서 출발하여 '시비(柴扉)예 거러 보고 정자(亭子)애 안자 보니'에서도 알 수 있듯이, 공간을 이동하고 있다. 따라서 이 시는 공간 이동에 따라 시상을 전개하고 있다고 볼 수 있다.

> **오답해설**
> ① '나'는 '홍진에 묻힌 분'에게 말을 건네는 어조를 사용하고 있다. 하지만 화자의 질문에 '홍진에 묻힌 분'이 대답을 한 적은 없다.
> ③ 화자가 '이웃들'에게 산수 구경을 가자고 청했지만, 봄의 아름다움을 객관화한 적은 없다. 화자는 봄의 아름다운 경치를 묘사하며 주관적으로 예찬하고 있다.
> ④ 이 작품은 '서사 – 본사 – 결사'의 구성으로 진행되고 있지만 여음이 삽입된 부분은 찾을 수 없다.

✔ ② (가)는 봄기운을 이기지 못해 우는 새에 감정을 이입하여 봄의 흥취를 즐기는 화자의 모습을 드러내고 있다.

> **오답해설**
> ① 이 작품에서 화자와 산수자연 사이에 가로놓인 방해물을 찾을 수 없다.
> ③ 산수자연의 즐거움을 혼자서만 누리는 것에 대한 화자의 안타까움은 '한중진미(閒中眞味)를 알 니 업시 호재로다'를 통해 알 수 있다.
> ④ 이 작품에서 산수자연에 제대로 몰입하지 못하는 자신의 처지에 대한 회한은 찾을 수 없다.

p.324 〈관동별곡(關東別曲)〉 정철

01 ② 개인적 욕망과 사회적 책임을 모두 추구하고는 있으나 선후의 순서가 정해져 있다. 사회적 책임을 우선하고 그 뒤에 개인적 욕망을 따르겠다고 하고 있다.

> **오답해설**
> ④ 개인적 욕망과 사회적 책임의 조화는 옳지 않다. 조화라는 말은 욕망과 책임이 서로 희석된다는 의미로 볼 수 있기 때문이다.

02 ③ 신선주로 모든 사람을 먼저 취하게 하겠다는 말에서 애민 정신을 엿볼 수 있다.

03 ③ '백련화(흰 연꽃)'는 환하게 떠오른 달의 모습을 비유적으로 표현한 말이므로, ㉢ '흰 연꽃이 뜰 앞 연못에 피어 올랐다'라고 고쳐 쓴 것은 적절하지 않다.

✔ ② '쇼양강(昭陽江) 누린 믈'은 한강으로 흘러가므로, 이를 통해 '임금'을 떠올리고 있다는 것을 알 수 있다. '소양강 ⇨ 한양 ⇨ 임금'의 연상을 통해 화자는 임금에 대한 걱정(우국지정, 憂國之情)과 그리움(연군지정, 戀君之情)을 드러내고 있다.

> **오답해설**
> ① '고신거국(孤臣去國)'을 통해 외로운 신하(孤臣)가 한양을 떠남을 알 수 있지만, 한양을 떠난 슬픔보다 임금 곁을 떠나는 외로운 신하의 근심, 걱정이 더 크다.
> ③ 밤을 새워 '븍관뎡(北寬亭)'에 올라 임금이 계신 서울의 '삼각산(三角山) 뎨일봉(第一峯)'이 보일 것 같다며 임금님에 대한 그리움에 대해 이야기하고 있으나, 여행길의 고달픔은 드러나지 않는다.
> ④ 자연경관을 보며 임금을 연상하며 임금에 대한 걱정과 그리움을 드러내고 있으나, 자연경관에 대한 감탄은 드러나지 않는다.

p.326 〈사미인곡(思美人曲)〉 정철

✔ ④ 작자는 유배지에 있는 자신의 처지를 '임'과 이별하여 마음에 병이 생긴 여성 화자로 표현하였다. '임(임금)'에 대한 그리움과 원망, 절대적 사랑을 담은 시가이다. ④는 고려 의종 때 정서가 지은 향가계여요 〈정과정〉이다. 여성 화자를 통해 이별의 상황과 정서를 담아 '유배의 한'을 표현했다는 점에서 가장 유사하다.

> **오답해설**
> ① 남편을 위하는 아내의 마음을 담은 김수장의 사설시조이다.
> ② 제각기 아름다움을 가지고 있는 여인들에 대한 김수장의 사설시조이다.
> ③ 자연 친화와 안분지족의 정신을 담은 최초의 가사 정극인의 〈상춘곡〉이다.

각 선지 현대어 풀이

① 서방님 병이 들어 돈이 될 만한 것이 없어
종루 시장에 다리(머리카락)를 팔아 배를 사고 감을 사고 유자를 사고 석류를 샀다. 아차차 잊었구나, 오화당을 잊어 버렸구나.
수박에 숟가락 꽂아 놓고 한숨을 이기지 못해 하노라.

② 여인네들이 여러 층이더라.
송골매 같기도 하고, 줄에 앉은 제비 같기도 하고, 온갖 꽃들이 핀 동산에 두루미 같기도 하고, 푸른 물결 위에 비오리(오릿과에 속하는 물새) 같기도 하고, 땅에 퍽 주저앉은 솔개 같기도 하고, 썩은 등걸에 앉은 부엉이 같기도 하네.
그래도 다 각각 임의 사랑을 받으니 모두 한 가지인가 하노라.

③ 공명도 날 꺼리고, 부귀도 날 꺼리니.
맑은 바람 밝은 달 외에 어떤 벗이 있을까.
단표누항에 허튼 부귀공명 바라지 않으니
아무튼, 한평생 즐겁게 사는 일이 이만하면 어떠한가.

④ 내 님을 그리워하여 울고 있더니
접동새와 나는 (그 울고 지내는 모양이) 비슷합니다.
(그 누가 옳고 그른 것이) 아니며 (모든 것이) 거짓인 줄을
(오직) 지새는 새벽달과 새벽별만이 (저의 충정을) 아실 것입니다.

✓ ③ 정철의 〈사미인곡〉에서 화자는 유배지에 온 자신의 상황을 연인에게 버려진 여인의 상황인 듯 표현하여 임(임금)을 그리워하고 있다. 또한 화자는 임에게 자신의 마음을 대신한 매화나 옷을 전하고자 한다. ③은 홍랑의 시조로, 임과 이별하게 된 화자가 임에게 자신의 마음을 대신한 묏버들을 전하고자 한다. 따라서 〈사미인곡〉과 내용 및 주제가 가장 비슷한 것은 이별로 인한 그리움과 자신의 마음을 대신한 물건을 전하고 싶어 하는 내용인 ③이다.

오답해설
① 이황의 〈도산십이곡〉 중 일부로, 고인의 삶을 본받고자 하는 의지(학문 수양에 대한 의지)를 드러내고 있다.
② 조식의 시조로, 임금의 승하에 대한 애도를 드러내고 있다.
④ 박인로의 시조로, 부모님에 대한 그리움과 안타까움을 드러내고 있다.

각 선지 현대어 풀이

① 옛 어른도 나를 보지 못하고 나도 그들을 보지 못하네.
하지만 그들이 행하던 길은 지금도 가르침으로 남아 있네.
이렇듯 올바른 길이 우리 앞에 있는데 따르지 않고 어쩌겠는가?

② 겨울에 베로 지은 옷 입고, 바위굴에서 눈비를 맞고 있으며 (은거)
구름 사이에 비취는 햇볕(임금의 은혜)도 쬔 적이 없지만
서산에 해가 졌다(임금께서 승하하셨다)는 소식을 들으니 눈물이 난다.

③ 산에 있는 버들가지를 아름다운 것을 골라 꺾어 임에게 보내오니,
주무시는 방의 창문가에 심어 두고 살펴 주십시오.
행여 밤비에 새잎이라도 나거들랑 마치 나를 본 것처럼 여기소서.

④ 소반 위에 놓인 홍시가 매우 곱게도 보인다.
유자가 아니라 할지라도 몸에 품고 돌아갈 만도 하다마는,
품어 가도 반가워해 주실 분이 없으므로 그것으로 인하여 서러워합니다.

01 ① 이 글의 주된 정서는 유배 혹은 임에 대한 슬픔과 그리움이다. 윤선도의 시조에서는 자연 친화적 정서가 드러나고 있다.

오답해설
② '물'은 화자와 동일시의 대상이다. 이 글은 단종이 죽었을 때 왕방연이 쓴 것으로 슬픔과 그리움이 드러나고 있다.
③ 임을 그리워하는 모습이 나타난다.
④ 임을 보내 놓고 그리워하는 모습이 나타난다.
⑤ 성종이 신하를 그리워하는 모습이 담겨 있다.

각 선지 현대어 풀이

① 잔을 들고 혼자 앉아서 산을 바라보니 참으로 좋구나.
그리워하던 임이 찾아온다고 이렇게까지 반가우랴.
말하거나 웃지 아니하여도 나의 마음을 끝내 흐뭇하게 해 주어 더욱 좋아하노라.

② 천 리 만 리 머나먼 저승길에 고운 님(단종)을 영원히 사별하고
나의 슬픈 마음을 붙일 데가 없어 냇가에 앉아 있으니
(흘러가는) 저 냇물도 내 마음 같아서 울며 밤길을 흘러간다.

③ 마음이 어리석으니 하는 일마다 모두 어리석다.
겹겹이 구름 낀 산중이니 임이 올 리 없건마는,
떨어지는 잎과 부는 바람 소리에도 행여나 임인가 하고 생각한다.

④ 아! 내가 한 일이 후회스럽구나. 이렇게도 그리울 줄을 몰랐더냐?
있으라 했더라면 굳이 떠나시려 했겠느냐마는 내가 굳이
보내 놓고 그리워하는 마음을 나도 모르겠구나.

⑤ 있으려무나. 부디 (꼭) 가겠느냐? 아니 가지는 못하겠느냐?
공연히 (내가) 싫어졌느냐? 남의 권하는 말을 들었느냐?
그래도 (오히려) 너무 애타는구나. 가는 뜻이나 분명히 말해 보려무나.

p.330 〈속미인곡(續美人曲)〉 정철

01 ② 제시된 작품은 대화 형식으로 이루어져 있다. '님다히 쇼식(消息)'을 궁금해하며 임을 그리워하는 화자의 이야기를 듣던 또 다른 화자가 '각시님'이라고 상대를 부르는 부분을 통해, 사연을 토로하던 화자가 여성임을 알 수 있다.

오답해설
① '차라리 죽어서 낙월이나 되어 임이 계신 창을 환하게 비추겠다'는 말에 '각시님 달은커녕 궂은 비나 되소서' 하며 대답하는 것을 보아 다른 인물과 대화를 하는 형식이라는 것은 알 수 있으나, 슬픔을 토로하던 화자가 임에 대한 원망을 드러낸 적은 없다.
③ 특정한 시어를 반복한 부분은 나타나지 않으며, 안빈낙도(가난한 생활을 하면서도 편안한 마음으로 도를 즐겨 지킴.)의 염원을 드러낸 적도 없다.
④ 자연과 속세를 대비하는 부분은 나타나지 않으며, 시적 화자의 처지에 대한 만족감도 드러나지 않는다.

02 ③ 이 시의 화자는 임에 대한 사랑과 그리움 등을 표현하고 있는데, ③의 화자는 자연 친화적 자세를 노래하고 있다.

오답해설
① 단종을 여읜 슬픔을 노래한 글이다.
② 임과 이별한 슬픔을 표현하고 있다.
④ 청산처럼 자신의 사랑은 변하지 않음을 말하고 있다.
⑤ 사설시조로, 임에 대한 사랑을 말하고 있다.

> **각 선지 현대어 풀이**
> ① 천 리 만 리 머나먼 저승길에 고운 임(단종)을 영원히 사별하고
>   나의 슬픈 마음을 붙일 데가 없어 냇가에 앉아 있으니
>   (흘러가는) 저 냇물도 내 마음 같아서 울며 밤길을 흘러간다.
> ② 배꽃이 흩날리던 무렵에 손잡고 울며불며 하다가 헤어진 임,
>   가을바람에 낙엽 지는 가을이 되었으니, 님도 나를 생각하여 주실까?
>   천 리 길 머나먼 곳에 외로운 꿈만 오락가락하는구나.
> ③ 산골 마을에 눈이 내리니 돌길이 묻혔구나!
>   사립문을 열지 마라. 나를 찾아올 손님이 누가 있겠느냐?
>   다만 밤중에 찾아드는 한 조각 밝은 달만이 내 벗인가 싶구나.
> ④ 청산은 변함없는 내 마음이고 흐르는 푸른 시냇물은 임의 정이다.
>   물이야 흘러가더라도 산이야 변할 수 있으랴.
>   흐르는 물도 자기가 놀던 청산이 그리워 울면서 흘러가는구나.
> ⑤ 바람도 쉬어 넘는 고개, 구름도 쉬어 넘는 고개
>   산에서 자란 매나, 집에서 기른 매나, 송골매, 보라매라도 다 쉬어 넘는 높은 봉우리인 장성령 고개
>   그 너머에 임이 왔다 하면 나는 쉬지 않고 단숨에 넘어가겠다.

p.332 〈규원가(閨怨歌)〉 허난설헌

✓ ② '실솔(귀뚜라미) 침상에서 울 때', '대나무 숲 푸른 곳에 새소리는 더욱 슬프게 들리는구나'를 통해 화자가 자신의 외로운 상황과 슬픔을 자연물에 의탁해서 드러내고 있음을 알 수 있다.

오답해설
① 규방에 심은 매화가 몇 번이나 피고 졌다는 표현을 통해 시간 변화가 제시되었음을 알 수 있다. 하지만 시간이 흘러도 오지 않는 남편에 대한 슬픔과 한만 드러날 뿐, 기쁨의 감정은 드러나지 않았다.
③ 봉건적 사회에서 남편에게 버림받고도 기다려야 하는 상황 자체가 여성에게 가해지는 억압이라고 외재적으로 해석할 수는 있겠으나, 이는 화자가 드러낸 적이 없는 내용이다. 화자는 임과 이별한 상황 자체에 대한 한탄을 토로하고 있을 뿐, 이로 인한 차별이나 억압을 언급한 적이 없다. (연인과의 이별에서 차별이나 억압을 찾고 있다고 볼 수 없다.)
④ 화자는 '복이 없고 팔자 사나운 여자 나 같은 사람 또 있겠는가'라며 자신의 신세를 한탄하고 있다. 이는 운명에 순응하여 현실을 견뎌 온 것에 대해 자부심을 느끼는 태도라 볼 수 없다.

01 ② ㉠의 함축적 의미는 '장애물'이다. 이와 유사한 의미의 시어는 바람도, 구름도 쉬어 넘어가는 '고개'라고 볼 수 있다.

> 📌 **작자 미상, 〈바람도 쉬여 넘는 고개~〉**
> 갈래 | 사설시조
> 성격 | 연정가
> 주제 | 임을 애타게 기다림
> 해제 | 임을 기다리는 안타까운 마음을 진솔하게 그리면서도 약간은 과장적으로 형상화한 작품이다. 사랑을 성취하고자 하는 적극적인 의지가 함축되어 있다.
>
> | 구성 | | |
> |---|---|---|
> | | 초장 | 바람과 구름도 쉬어 넘는 험한 고개 |
> | | 중장 | 매들도 쉬어 넘는 험한 고개 |
> | | 종장 | 고개 넘어 임을 만나러 가겠다는 의지 |

> **현대어 풀이**
> 바람도 쉬어 넘는 고개, 구름도 쉬어 넘는 고개
> 산에서 자란 매나, 집에서 기른 매나, 송골매, 보라매라도 다 쉬어 넘는 높은 봉우리인 장성령 고개
> 그 너머에 임이 왔다 하면 나는 쉬지 않고 단숨에 넘어가겠다.

p.334 〈누항사(陋巷詞)〉 박인로

✓ ① 제시된 부분은 화자가 이웃에게 소를 빌리러 갔다가 허탕을 치고 돌아오는 부분이다. 화자 자신의 '풍채 적은 형용'을 보고 '개(㉠)'가 짖는다고 하였으니, 짐승마저 자신을 우습게 여긴다고 느낀 화자의 감정이 잘 드러난 부분이다. 따라서 '개(㉠)'는 화자의 초라함을 부각시키는 소재이다.
'무정한 대승(㉡)'은 '이내 한을 돋우도다'라는 표현을 통해 소가 없어 봄 농사를 놓친 화자의 수심을 더 깊게 한다는 것을 알 수 있다.

오답해설
② ㉠과 ㉡은 화자의 내면이나 외양이 아니라 화자의 외부에 존재하는 대상으로 감정을 유발하거나 심화하는 역할을 한다.
③ ㉠은 화자의 절망감을 드러내는 대상이라 볼 수 있으나 ㉡은 희망을 나타내는 것이라 볼 수 없다.
④ ㉠과 ㉡은 모두 실재하는 존재물이다.

01 ② 안빈낙도하는 삶을 살아가고 싶지만 궁핍한 현실에서 갈등을 느끼고 있는 모습이 가장 두드러지게 나타나고 있다.

02 ⑤ 삿갓을 비껴쓰고 누역(누더기)을 옷으로 삼았다는 것에서 안빈낙도하는 삶의 자세를 볼 수 있다.

오답해설
① 자연에 대한 만족과 자연을 즐기는 모습을 볼 수 있다.
② 세월의 무상함을 보이고 있다.
③ 자연을 묘사하고 있다.
④ 노동을 하자는 의도가 담겨 있다.

💬 각 선지 현대어 풀이
① 복숭아꽃이 떠내려가는 맑은 냇물에는 산그림자마저 어리어 있구나.
얘야, 무릉도원이 어디냐? 나는 여기인가 하노라.
② 산은 옛날의 산 그대로인데 물은 옛날의 물이 아니구나.
종일토록 흐르니 옛날의 물이 그대로 있겠는가.
③ 꽃 지고 속잎 나니 시절도 변하였다.
풀 속의 푸른 벌레 나비 되어 날아든다.
④ 어야 얘들아, 모든 것을 다 팽개치고 시골로 가자꾸나.
논밭과 동산이 임자 없이 비었으니, 어찌 아니 갈 수 있겠느냐?
⑤ 강호에 겨울이 닥치니 쌓인 눈의 깊이가 한 자가 넘는다.
삿갓을 비스듬히 쓰고 도롱이를 둘러 입어 덧옷을 삼으니,

p.336 〈농가월령가(農家月令歌)〉 정학유

01 ① 실제 농사를 짓는 사람이 쓴 것이 아니라, 벼슬아치가 실학 정신을 담아 쓴 글이다.

02 ④ '근면'하는 자세를 언급한 부분을 고르면 된다.

오답해설
① 남녀유별에 대해 언급하고 있다.
② 옳은 일을 하라고 말하고 있다.
③ 친척끼리 서로 도우라는 내용이다.
⑤ 장유유서에 대한 내용이다.

💬 각 선지 현대어 풀이
① 여자가 가는 길을 남자가 멀찌감치 돌아가듯이 / 남자가 가는 길을 여자가 한쪽으로 비켜 돌아가듯이 / 자기의 남편과 아내가 아니거든 이름을 묻지 마시오.
② 마을 사람들아, 옳은 일을 하자꾸나. / 사람으로 태어나서 옳지 못하면 / 말과 소에게 갓이나 고깔을 씌워 밥 먹이는 것과 무엇이 다르랴?
③ 어와 저 조카야 밥 없이 어찌하겠는가. / 어와 저 아저씨 옷 없이 어찌하겠는가. / 굳은일이 있으면 다 이야기하여라 내가 돌보고자 하노라.
④ 오늘도 다 새었구나 호미 메고 가자꾸나. / 내 논 다 매거든 네 논도 매어 주마. / 오는 길에 뽕 따다가 누에 먹여 보자꾸나.
⑤ 이고 진 저 늙은이 짐 풀어 나를 주오. / 나는 젊었는데 돌이라고 무거울까. / 늙은 것도 서러운데 짐까지 지실까.

p.338 〈일동장유가(日東壯遊歌)〉 김인겸

01 ④ 조선 후기로 갈수록 길이가 더욱 길어지고 형식이 깨졌다. 그러므로 형식상의 제약을 더욱 엄격히 지켰다는 말은 옳은 설명이 아니다.

02 ⑤ 교훈적인 내용을 전달하려는 글이 아니다.

오답해설
① 시간과 여정에 따라 내용이 전개되는 기행문이다.
② 기행 가사로 여행지에서의 견문과 감상이 드러나 있다.
③ 교술 문학으로 산문적인 내용을 운문 형식에 담았다.
④ 비유(족두리 모양처로)와 과장(쏭물을 다 토ᄒ고 혼졀ᄒ야 죽게 알닉)을 이용하여 실감나게 표현하고 있다.

p.340 〈연행가(燕行歌)〉 홍순학

01 ③ 여정보다 견문과 감상 위주로 기술된 기행 수필이다.

오답해설
① '미쳔ᄒ 호인들(미천한 오랑캐)'이라는 표현을 통해 청나라를 오랑캐라 하여 경멸하고 있다는 것을 알 수 있다.

02 ③ 가사이므로 운문과 산문의 중간 교술 형식이며, 기행 수필이므로 서사적인 내용을 담고 있다.

p.342 〈강호사시가(江湖四時歌)〉 맹사성

01 ⑤ 현실과의 단절 의식을 보인다는 말은 적절하지 않다. 자신이 풍류를 즐길 수 있음이 임금의 은혜 덕분이라고 표현하는 것에서 현실을 잊지 않고 있음을 알 수 있다.

오답해설
① 봄, 여름, 가을, 겨울에 화자가 어떤 생활을 하는지 언급하고 있다.
② 최초의 연시조로, 이황의 〈도산십이곡〉, 이이의 〈고산구곡가〉 등에 영향을 주었다.
③ 각 수마다 '江湖'로 시작하고 '亦君恩이샷다'로 끝을 맺어 구조적 통일성을 보이며 주제 의식을 드러내고 있다.
④ 사계절의 모습을 표현하고 있으며 임금의 은혜에 대한 감사(충의 사상)를 읊고 있다.

> **이현보, 〈어부단가〉**
> **해제** | 이현보의 〈어부단가〉는 화자 자신을 어부로 설정하여 자연 속에서 유유자적하는 흥취를 드러내는 작품이다. 작품 속 어부는 현실에 존재하는 어부가 아닌 유교적 관념에 부합하는 관념적이고 이상적인 모습을 보이는 존재로 그려진다. 자연 속에서 욕심 없이 한가로움을 즐기며 살아가는 모습을 통해서 세속적 가치를 멀리하고 깨끗하고 갈등이 없는 자연 속에서 살고자 하는 화자의 생각을 잘 드러낸 작품이다.
> **주제** | 자연에 묻혀 사는 어부의 한정
> **구성** |
>
> | | |
> |---|---|
> | 제1수 | 어부의 한정 |
> | 제2수 | 유유자적하는 삶 |
> | 제3수 | 자연의 참된 의미 |
> | 제4수 | 자연에 몰입하는 즐거움 추구 |
> | 제5수 | 우국충정 |

> **현대어 풀이**
> 굽어보니 천 길이나 되는 깊고 푸른 물이며, 돌아보니 겹겹이 쌓인 푸른 산이로다.
> 열 길이나 되는 속세의 붉은 먼지는 얼마나 가리어졌는가.
> 강호에 달 밝으니 더욱 인간사에 욕심이 없어라.

02 ⑤

오답해설
① 〈보기〉의 '강호'가 농촌을 지칭한다는 근거가 없다.
② 〈보기〉의 '강호'가 일반적인 자연을 의미한다는 말은 애매하다.
③ 〈보기〉의 '강호'는 '십장홍진(어수선한 세상사)'의 반대를 의미한다.
④ 〈보기〉의 '강호'에는 자신의 삶에 대한 만족의 이미지가 강하게 나타나고 있다.

④ (가)에는 '역군은이샷다'를 통해 임금의 은혜를 생각하는 마음이 표현되어 있지만, (나)에는 드러나지 않는다.

오답해설
① (가)는 '이 몸이 한가하옴도'를 통해 자연 속에서 한가롭게 지내는 삶을 표현하였음을 알 수 있다. (나)는 '낙시 드리치니 고기 아니 무노미라 / 무심흔 달빗만 싯고 븬비 저어 오노라'를 통해 화자는 낚시로 고기를 잡는 데 집착하지 않고 자연에서 한가롭게 지내는 삶을 표현하고 있다.
② (가)의 '소정(작은 배)에 그물 시러 흘니 씌여 더져 두고'와 (나)의 '낙시 드리치니 고기 아니 무노미라 / 무심흔 달빗만 싯고 븬비 저어 오노라'를 통해 두 작품 모두 배를 타고 낚시를 즐기는 내용이 포함되어 있음을 알 수 있다.
③ (가)와 (나)는 3장 6구 45자 내외, 4음보, 종장의 첫 어절은 3음절이라는 일정한 형식을 갖추고 있는 시조이다. 따라서 정형시에 해당한다.

> **(가) 맹사성, 〈강호사시가(江湖四時歌)〉 현대어 풀이**
> 강호에 가을이 찾아드니 물고기마다 살이 올랐다.
> 작은 배에 그물을 싣고서 물결 따라 흘러가게 배를 띄워 버려 두니
> 다 늙은 이 몸이 이렇듯 고기잡이로 세월을 보내는 것도 역시 임금의 은혜이시도다.

> **(나) 월산대군, 〈추강에 밤이 드니~〉 현대어 풀이**
> 가을철 강물에 밤이 깊어가니 물결이 차가워지는구나.
> 물 찬 때문인지 낚시를 드리워도 고기가 물지 않는구나.
> 무심한 달빛만 가득히 싣고 빈 배로 돌아온다.

p.344 〈어부사시사(漁父四時詞)〉 윤선도

01 ⑤ 유교적 덕목을 주제로 한 것이 아니라, 자연과 하나가 되는 물아일체를 주제로 하고 있다.

오답해설
① '지국총지국총어사와'라는 후렴구가 있다.
② 전체 40수로 된 연시조이자 평시조이다.
③ 여음을 활용하였다.
④ 봄, 여름, 가을, 겨울의 순서에 따라 글이 구성되었다.

p.346 〈도산십이곡(陶山十二曲)〉 이황

01 ② (가)의 '이 내 임을 어이할꼬', (나)의 '녀둔 길 알피 잇거든 아니 녀고 엇절고(가던 길 앞에 있는데 아니 따르고 어찌하겠는가)', (다)의 '네 어늬 틈으로 드러온다(네 어느 틈으로 들어오느냐?)'에서 의문형 진술을 활용하여 화자의 정서를 드러내고 있다.

오답해설
① (다)의 중장에서 문과 자물쇠 등을 열거하여 한숨(시름)을 막고 싶은 화자의 마음을 과장적 표현을 통해 드러내고 있다. 그러나 (가)와 (나)에서 과장적 표현은 사용되지 않았다.
③ (나)의 초장과 (다)의 '네 어늬 틈으로 드러온다(네 어느 틈으로 들어오느냐?)'를 통해 유사한 문장 구조의 반복을 찾아볼 수 있다. 그러나 (가)에서는 河(강, 물)의 반복은 찾을 수 있지만, 유사한 문장 구조의 반복은 사용되지 않았다.
④ (가)~(다)는 모두 반어적 표현이 사용되지 않았다.

02 ④ (나)의 종장 첫 음보는 '녀둔 길(가던 길)', (다)의 종장 첫 음보는 '어인지(어찌된 일인지)'로, (나)와 (다) 모두 첫 음보 음절 수가 지켜졌다.

오답해설
① (나)의 시조는 4음보의 율격으로 이루어져 있다.
② (다)는 중장이 다른 장에 비해 현저히 길어진 구성을 취한 사설 시조이다.
③ (나)와 (다)는 3장, 즉 초장(첫째 줄), 중장(둘째 줄), 종장(마지막 줄)으로 구성되어 있는 시조이다.

> **〈(다) 작자 미상, 〈한숨아 셰 한숨아~〉 현대어 풀이**
> 한숨아 세(가느다란) 한숨아, 네 어느 틈으로 들어오느냐?
> 고모장지, 세살장지, 가로다지 여다지(문의 종류들)에 암톨쩌귀, 수톨쩌귀(문 다는데 필요한 도구들) 배목걸새(문고리 거는 쇠) 뚝딱 박고, 용거북 자물쇠로 깊숙이 채웠는데, 병풍처럼 덜컥 접고 족자처럼 데굴데굴 마느냐? 네 어느 틈으로 들어오느냐?
> 어찌된 일인지 네가 오는 날이면 잠을 들지 못하는구나.

03 ③ 임금의 은혜를 잊지 않는 전형적인 사대부의 모습은 제시되지 않았다.

p.348 〈시집살이 노래〉 작자 미상

01 ④, ⑤ 화자는 불평불만을 말하고만 있기 때문에 '수용과 타협을 한다는 것'과 '적극적 대응을 한다는 것'은 적절하지 못하다.

02 ① 양반 가문에 서민 여성이 시집을 간다는 것 자체가 옳지 못하다.

오답해설
② 전근대 사회에서 여성이 겪는 시집살이에 대한 한을 절실하게 표현하고 있다.
③ 시아버지, 시어머니, 시누이, 남편 모두를 못된 인물로 묘사하고 있다.

Chapter 3 교과서 필수 고전 산문

p.364 〈조신몽〉 작자 미상

01 ④ 윗글은 설화이다.
ⓒ 설화는 대체적으로 작자 미상이다.
ⓒ 민중의 삶을 담은 작품들이다.
ⓔ 전달이 용이하도록 잘 짜인 구조를 갖는다.

오답해설
㉠ 흥미로운 내용을 다뤄 대중성이 있는 것은 민담의 특징이다.
㉣ 영웅적 성격을 갖고 있는 비범한 인물에 대한 이야기를 다루는 것은 신화이다.

02 ④ 인간과 초월적 존재와의 갈등이라기보다는 초월적 삶의 지향과 본능적 욕구의 갈등이 서사 구조의 근간을 이룬다고 보아야 한다.

03 ③ 인생의 욕망과 집착은 어리석은 한순간의 바람과 같은 것이요, 고통의 근원이라는 불교적 가르침이 '꿈'에 함축되어 있다. 따라서 이 작품에서 꿈은 '무상(無常)'의 의미를 지닌다. 나머지 선지의 '꿈'은 화자가 '임' 또는 '임금'을 만날 수 있게 하는 통로이다.

> **각 선지 현대어 풀이**
> ① 한숨을 지을 사이에 홀연히 좋았는데 / 연연한 꿈결 속에서 내 님을 모셔 / 옛말을 하다보니 날 새는 줄 몰라라.
> ② 꿈에 님을 보려고 베개 위에 의지하고 있으니 / 한쪽 벽 꺼져가는 등불에 원앙 이불이 참으로 차구나 / 밤중쯤 외기러기 소리에 잠 못 이루어 하노라.
> ③ 덧없는 인생이 한바탕 꿈이거늘, 공명을 아랑곳할 것인가. / 어질고, 어리석고, 귀하고, 천하고, 모두가 죽은 후면 다 한가지라. / 살았을 때 술 한잔을 하는 것이 더 즐겁지 않겠는가.
> ④ 풋잠에 꿈을 꾸어 십이루(대궐)에 들어가니 / 옥황(임금)은 웃으시되 군선(여러 신하들)이 꾸짖는구나 / 아아, 수많은 백성들을 편안하게 하는 것을 어느결에 물으리?
> ⑤ 누가 나간 님을 무정하다 하던지 / 제 정녕 무정하면 꿈에 와서 반기겠느냐 / 이제 꿈을 진정으로 삼아 이별 없이 하리라.

p.366 〈국선생전〉 이규보

01 ① '온(溫)'은 '따뜻하다'는 의미인데, 그의 조상이 '온(溫)'에서 살았다는 것은 술이 따뜻한 곳에서 발효된다는 뜻이다.

오답해설
② 곡씨(穀氏)는 '곡식'을 뜻한다. 따라서 차(醝,:흰 술)와 곡씨의 딸이 결혼하여 국성을 낳았다는 것은 국성이 누룩과 곡식으로 만들어진 술이라는 뜻이다.
③ '물루(物累)'는 '몸을 얽매는 온갖 괴로움'을 의미한다. 따라서 술을 마시지 않아 괴로움이 생긴다는 뜻이다.
④ '교자(轎子)'는 '가마'를 뜻한다. 따라서 국성이 교자를 타고 대궐에 올랐다는 것은 술이 임금의 상에 오른다는 뜻이다.
⑤ 국성이 임금을 뵙는다는 것은 임금의 술을 마신다는 것이므로 술을 마시면 임금의 기분이 좋아진다는 것이다.

02 ② '기미를 보아서 ~ 가깝다 하겠다'를 통해 작가는 당대 사회에 필요한 인간상을 제시하고 있다. 즉, 국성이 공을 세운 후 스스로 물러날 때를 알고 물러나서 본분을 지키는 것을 통해 순리에 따라 처신하는 군자의 자세를 보여 주고 있는 것이다.

> **오답해설**
> ③ 술은 긍정적인 측면과 부정적 측면을 함께 가지고 있다는 것이 사신의 평가이므로 술을 항상 멀리해야 한다는 생각은 적절하지 않다.

p.368 〈구운몽〉 김만중

01 ② 지문의 서두에서 '노승'과 '팔낭자'가 사라지고 당황하는 승상의 모습을 통해, 스스로 '성진'의 모습으로 되돌아온 것이 아니라는 것을 알 수 있다. '노승'으로 성진의 꿈에 나타난 육관 대사가 양 승상의 삶을 살고 있는 성진이 꿈에서 깰 수 있도록 한 상황이다.

> **오답해설**
> ① '성진'이 인간 세상에 환도하여 양가의 아들이 되고, '장원급제를 하여 한림학사'가 되었다며 '양소유'로 살았던 꿈을 회상하는 부분을 통해 알 수 있다.
> ③ '처음에 스승에게 책망을 듣고 풍도옥으로 가서 인간 세상에 환도하'였다는 부분을 통해 '성진'은 인간 세상에 있지 않았으며, 인간 세상에서는 '양소유'였음을 알 수 있다.
> ④ '자신의 몸을 보니 백팔염주가 걸려 있고 머리를 손으로 만져보니 갓 깎은 머리털이 까칠 까칠하더라. ~ 이에 제 몸이 인간 세상의 승상 양소유가 아니라 연화도량의 행자 성진임을 비로소 깨달았다'는 부분을 통해서 자신의 외양을 통해 꿈에서 돌아왔음을 인식했다는 것을 알 수 있다.

02 ② '다 하룻밤 꿈이라'고 하는 부분에서 본문의 주제가 인생의 무상함임을 알 수 있다. ②는 길재의 시조로 망국이 된 고려를 돌아보며 인생의 무상함을 이야기하고 있다.

> **오답해설**
> ① 황진이의 시조로 임을 떠나보내고 그리워하는 마음을 담은 작품이다.
> ③ 성삼문의 시조로 수양 대군에게 굽히지 않는 자신의 굳은 지조와 결의를 표현한 작품이다.
> ④ 조식의 시조로 임금의 은혜를 입은 바가 없음에도 임금의 승하 소식에 대한 애도를 표하는 작품이다.

> 💬 **각 선지 현대어 풀이**
> ① 아! 내가 한 일이 후회스럽구나. 이렇게도 그리울 줄을 몰랐더냐?
>   있으라 했더라면 굳이 떠나시려 했겠느냐마는 내가 굳이
>   보내 놓고 그리워하는 마음을 나도 모르겠구나.
> ② 오백 년이나 이어 온 고려의 옛 도읍지에 한 필의 말을 타고 들어가니,
>   산천의 모습은 예나 다름없으나, 인걸(뛰어난 인재)은 간 데 없다.
>   아, 슬프다. 고려의 태평한 시절이 꿈처럼 허무하도다.
> ③ 수양산을 바라보면서, 백이와 숙제를 한탄한다.
>   차라리 굶주려 죽을지언정 고사리를 뜯어먹어서야 되겠는가?
>   비록 산에 자라는 풀이라 하더라도 그것이 누구의 땅에서 났은가?
> ④ 겨울에 베로 지은 옷 입고, 바위굴에서 눈비를 맞고 있으며(은거)
>   구름 사이에 비치는 햇볕(임금의 은혜)도 쬔 적이 없지만
>   서산에 해가 졌다(임금께서 승하하셨다)는 소식을 들으니 눈물이 난다.

p.370 〈이생규장전〉 김시습

01 ① 이 글은 기이한 이야기를 다룬 전기(傳奇) 소설이다.

02 ① 이생과 최랑의 사랑을 부모가 방해하는 내용은 제시 부분에 나오지 않았다.(소설의 앞부분에 최랑 부모가 반대하는 내용이 있다.) 한편, 〈보기〉의 양생과 죽은 여인은 부모의 반대에 부딪힌 적이 없고, 오히려 양생은 여인의 집에서 융숭한 대접을 받았다.

> **오답해설**
> ②, ⑤ 두 작품 모두 산 사람과 귀신의 사랑이야기이다. 그래서 비현실적(전기적)이고 몽환적이다.
> ③ 두 남자 주인공은 사랑하는 여인을 그리워하며 슬퍼한다는 공통점을 가지고 있다.
> ④ 각각 홍건적의 난과 임진왜란 때문에 여자 주인공이 죽게 된다. 즉, 험난한 세상이 두 여인을 죽게 만든 것이다.

> 🍇 **〈보기〉 김시습, 〈만복사저포기〉**
> **해제** | 이 작품은 김시습의 《금오신화》 5편 중 한 편이다. 한문으로 지어졌으며 내용상 명혼(冥婚) 소설, 애정 전기 소설로 구분된다. 양생이 한스럽게 죽은 여인의 원혼을 만나 생사를 초월하여 사랑을 나누다가 운명으로 인해 이별하게 된다는 것이 주요 서사를 이룬다. 이 소설은 중국이 아닌 우리나라를 배경으로 하고 있다는 점과 남녀의 강렬한 사랑이 세계의 횡포 앞에 좌절되는 비극을 잘 보여 준다는 점에서 우리나라 소설사에서 그 의의가 매우 큰 작품으로 평가된다.
> **주제** | 삶과 죽음을 초월한 남녀 간의 사랑
> **줄거리** | 전라도 남원에서 외롭게 살던 양생은 짝이 없어 슬퍼하다가 만복사의 불상과 저포 놀이를 하며 좋은 배필을 만나게 해 달라고 기도한다. 잠시 후 아름다운 한 여인이 나타나 자신의 한스러운 사연과 운명적 인연과의 만남을 위한 기원을 담은 축원문을 불상 앞에 바친다. 양생과 여인은 인연을 맺고 행복한 시간을 보낸다. 며칠 후 여인은 양생에게 은그릇을 주며 재회를 기약하고 헤어진다. 다음 날 양생은 여인이 말한 대로 딸의 대상을 치르기 위해 보련사로 가는 여인의 부모를 만나게 된다. 양생은 여인의 부모로부터 여인이 왜구의 침입 때 죽은 원귀임을 알게 되고, 양생과 여인은 절에서 재회한 뒤 운명에 따라 이별한다. 그 후 양생은 지리산에 들어가 약초를 캐며 지냈는데, 이후 양생이 어떻게 생을 마쳤는지 아무도 모른다.

p.371 〈홍길동전〉 허균

✔ ④ 길동이 수레에서 탈출하는 모습이 아니라, 잡혀오는 모습을 '풍우같이 잡혀 오지만'이라 비유적으로 표현하였다.

오답해설
① '길동이 풍우같이 잡혀 오지만 어찌 그 기미를 모르리오', '길동의 축지하는 법을 어찌 당하랴. 성 안의 모든 백성들이 그 신기한 수단을 헤아릴 수 없더라'를 통해 서술자가 직접 개입하였다.(= 편집자의 논평)
② 길동이 대궐 문밖에 다다라 장교에게 "너희는 ~ 죽지는 아니하리라"라고 한 부분을 통하여 호송하는 장교를 배려하는 면모를 볼 수 있다.
③ 길동이 '비 우(雨)' 자 셋을 써 공중에 날려 총구에 물을 채우고 축지법을 쓰는 비현실적 요소를 도입하여 그의 남다름을 나타내었다.

p.372 〈허생전〉 박지원

01 ② 이완 대장이 모든 것을 할 수 없다고 하자 할 수 있는 게 뭐냐고 물음으로써 위정자의 무능을 비판하고 있다.

02 ③ 허례허식을 없애자는 인습의 타파를 궁극적으로 드러내고자 하였다.

03 ③ 마지막 부분에서 허생이 사라져서 찾을 수 없다고 하는데 여기에서 오히려 이 이야기를 실제처럼 느끼게 한다.

오답해설
① 열린 결말을 이루고 있다.
② 허생이 사라졌다는 것에서 암시와 여운을 느낄 수 있다.
④ 허생이 자취를 감췄다는 것에서 이인다운 풍모가 부각되었다고 볼 수 있다.

✔ ② '장인바치 일이라도'에서 처가 하다못해 이런 일이라도 해 보라며 제안하고 있음을 알 수 있다. 따라서 장인바치를 바람직한 직업으로 생각하고 추천하는 것으로 보기는 어렵다.

오답해설
① 글을 읽는 것이 과거를 보기 위함이라는 실용적, 실학적 관점이 담긴 발언이다.
③ 당초 십 년을 기약했다는 내용에서 '허생'은 구도의 자세로 학문을 대했음을 알 수 있다.
④ 아내를 얻고, 집을 짓고, 소를 사는 데에 돈이 필요함을 군도들 또한 자각하고 있다는 것을 알 수 있다.

p.374 〈양반전〉 박지원

01 ④ 평민 부자가 양반에 대해 열등감을 갖고 있었다.

02 ② 관리들의 부정부패한 모습은 제시되지 않았다.

오답해설
① 양반을 사고파는 모습에서 물질 만능의 세태를 알 수 있다.

p.375 〈유충렬전〉 작자 미상

✔ ④ 청룡과 다시 만나자며 인사를 나눈 것은 청룡을 다스리던 선관(충렬)이다. '남악산 신령'은 선관(충렬)의 말 속에 언급된 존재로, 하늘에서 죄를 얻어 내려온 그를 부인에게 인도하였다.

오답해설
① ㉠ 바로 뒤에 '길조(吉兆)가 여차(如此)하니 귀자(貴子)가 없을쏘냐'를 통해 알 수 있다.
② '일일은 한 꿈을 얻으니'를 통해 아기를 원하던 부인이 태몽을 꾸고 있다는 것을 알 수 있다.
③ 하늘에서 '익성'과 싸워 '인간(속세)'으로 쫓겨났다는 것을 알 수 있다.

p.376 〈토끼전〉 작자 미상

01 ① 판소리로 구전되던 것이 문자로 정착한 것이 판소리계 소설이므로 구체적인 배경이 묘사되지 않는다.

오답해설
② 어려움을 극복하는 지혜, 과욕 및 허욕에 대한 경계, 왕에 대한 충성심 등 다양한 교훈을 주고 있다.
③ 별주부와 용왕의 공간인 수궁과 토끼의 공간인 육지가 대립되어 있다.
④ 부패한 봉건 사회에 대한 풍자, 인간 사회에 대한 비판 의식이 반영되어 현실에 대한 서민들의 생각을 엿볼 수 있다.
⑤ 우화 소설로, 동물을 등장인물로 내세워 인간의 삶을 빗대고 있다.

02 ② 사건 진행 중, 갈등을 전개하기 위해서 등장인물의 내면이 세밀하게 서술되나 이 글에서는 나타나지 않았다.

오답해설
① 이 소설은 판소리가 문자로 정착한 판소리계 소설이다.
③ 동물들을 등장인물로 함으로써 인간 사회를 풍자하고 있다.
④ 평민부터 양반까지 향유하던 판소리가 정착되면서 서민적인 말투와 한자 어구가 함께 쓰였다(언어의 이중성).
⑤ 판소리계 소설이라 리듬감을 효과적으로 느낄 수 있다.

03 ④ 별주부는 부귀영화를 바라며 임금에게 충성을 다하는 봉건 사회의 충신이다. 따라서 일등 공신이 되기 위하여 용왕의 병을 낫게 하려고 토끼를 유혹하고 있다는 것이 타당하다.

p.377 〈심청전〉 작자 미상

01 ④ 염정 소설이란 애정 소설을 말하는 것이다. 〈심청전〉은 사랑이 주제가 아니다.

오답해설
① 구전 문학이라면 모두 적층 문학에 속한다.
② 부모에 대한 '효'가 이 소설의 주제이다.
③ 판소리가 문자로 정착한 판소리계 소설이다.
⑤ 유(효), 불(스님, 공양미, 전생과 후생), 도(용궁) 사상을 배경으로 하고 있다.

02 ⑤ 자신과 심청의 상황을 고려하지 않고 눈을 뜨겠다는 생각으로 덜컥 공양미 삼백 석을 약속하는 것에서 충동적이라고 생각할 수 있다.

03 ③ 〈보기〉는 [A]와 유사한 장면을 나타내는 판소리 〈심청가〉의 일부분이다. 〈보기〉는 [A]와 달리 심 봉사가 개천에 빠진 후 나오려다가 미끄러져 나오지 못하는 상황을 반복적으로 서술하여 웃음을 주고 있다. 이런 점에서 [A]보다는 〈보기〉에서 해학적인 표현이 두드러지게 나타나 있다.

오답해설
① [A]에서는 '얼굴에 흙빛이요 의복에 얼음이라'에서 대구를 활용해 개천에 빠진 심 봉사의 외양을 묘사하고 있다.
② 〈보기〉에서는 '나오려면 미끄러져'를 반복해 개천에서 나오려는 심 봉사의 행동을 제시하고 있다.
④ 〈보기〉에서는 '더듬'이라는 의태어가 빈번하게 사용되고 있다.
⑤ [A]에서는 '아무리 소리친들 해는 저물고 행인은 끊겼으니 뉘라서 건져 주리', 〈보기〉에서는 '그때의 심 봉사는 딸의 덕에 몇 해를 가만히 앉아 먹어 노니 도랑 출입이 서툴구나'에서 서술자의 생각이 나타나 있다.

04 ⑤ 배웅이 아니라 마중하려다가 물에 빠지게 된 것이다.

p.378 〈흥보가〉 작자 미상

✔ ③ 가난이라는 현실적 소재를 다루고 있으므로 비현실적 상황의 설정은 찾을 수 없다.

오답해설
① '흥보 마누라 나온다', '어디 돈', '잘난 돈', '가지 마오'를 반복하여 운율을 형성하고 있다.
② 흥보 아들놈들에 대해 '물소리 들은 거위 모양으로'라고 묘사한 부분이나 '그때 박흥보는 숫한 사람이라 벌벌 떨며 들어간다'라는 부분에서 서술자의 개입을 통해 인물에 대한 자신의 생각을 전달하고 있다는 것을 알 수 있다.
④ 전체적으로 중모리나 중중모리를 쓰다가, 흥보 아내가 매품을 팔러 가려는 남편을 말리는 슬픈 부분에서는 진양조를 통해 정서를 드러내고 있다.

✔ ① '학수고대(鶴首苦待)'는 '학의 목처럼 목을 길게 빼고 간절히 기다림'을 뜻하는 말로, 흥보 아내는 흥보가 떠난 그날부터 후원에 단을 세우고 정화수를 바치고 무사히 돌아오기를 밤낮 기도한다. 따라서 흥보 아내는 흥보가 무사히 돌아오기를 학수고대하고 있다는 설명은 적절하다.
鶴 학 학, 首 머리 수, 苦 괴로울 고, 待 기다릴 대

오답해설
② '새옹지마(塞翁之馬)'는 '인생의 길흉화복은 변화가 많아서 예측하기가 어렵다'는 말이다. 흥보는 매품을 팔지 못하게 된 상황을 기가 막혀 할 뿐 새옹지마로 여기지 않았다.
塞 변방 새, 翁 늙은이 옹, 之 갈 지, 馬 말 마
③ '측은지심(惻隱之心)'은 '사단(四端)의 하나로 불쌍히 여기는 마음'을 이르는 말이다. 흥보 아들들은 매품을 팔게 된 흥보에게 떡 한 보따리를 사 가지고 오라는 말을 한다. 따라서 흥보에 대해 측은지심을 갖고 있다고 볼 수 없다.
惻 슬퍼할 측, 隱 숨을 은, 之 갈 지, 心 마음 심
④ '어불성설(語不成說)'은 '말이 조금도 사리에 맞지 아니함'이라는 뜻이다. 흥보는 매품을 팔지 못하게 되었다는 사령의 말이 이치에 맞지 않는다고 생각하지는 않는다.
語 말씀 어, 不 아닐 불, 成 이룰 성, 說 말씀 설

✔ ① 흥보는 옆집 꾀수 애비가 자신의 이름을 팔아 매품을 팔았다는 것을 알고 울면서 집으로 돌아간다. 여기서 사령을 원망한 부분은 드러나지 않았다.

오답해설
② 흥보는 사령과의 대화를 통해 자신이 매품을 팔 수 없게 된 상황을 인식하게 되었다.
③ 사령이 매품을 팔러 온 흥보에게 속이 상하겠다는 의미로 '당신 곯았소' 하자 흥보가 '곯다니 계란이 곯지, 사람이 곯나'라고 언어유희를 하여 답하는 부분에서 해학성이 드러난다.
④ 흥보는 돈을 벌기 위해 매품을 팔러 나간다. 하지만 옆집 꾀수 애비가 돈을 벌기 위해 흥보보다 먼저 매품을 팔러 온 탓에 흥보는 매품팔기에 실패한다. 가난 때문에 죄도 없이 곤장을 맞는 모습을 통해 흥보를 포함한 당시 서민들의 삶이 몹시 힘들었음을 짐작할 수 있다.

p.380 〈열녀춘향수절가〉 작자 미상

✔ ④ ㉣의 '그 형용은 세상 인물이 아니로다'라는 편집자적 논평은 춘향이의 내면적 아름다움을 서술한 것이 아니다. ㉣ 앞에 제시된 내용으로 볼 때 그네를 타는 춘향이의 외면적 아름다움을 서술한 것이라 보는 것이 적절하다.

오답해설
① ㉠에서는 '~ㄹ쏘냐'와 같은 설의적 표현을 사용하여 춘향이도 천중절을 당연히 알 것이라는 점을 서술하고 있다.
② ㉡에서는 '황금 같은 꾀꼬리'와 같은 비유법을 사용하고 '꾀꼬리는 쌍쌍이 날아든다'라고 하였다. 따라서 춘향과 몽룡이가 만나게 되는 배경, 즉 '음양이 조화를 이룬 아름다운 봄날'의 풍경을 서술하였다고 볼 수 있다.('녹음'은 본래 여름의 풍경을 의미하나 맥락상 우거진 나무 정도로 해석하는 것이 옳다.)
③ ㉢에서는 '펄펄', '흔들흔들'과 같은 의태어(음성 상징어)를 사용하여 춘향의 그네 타는 모습을 시각적으로 서술하고 있다. 음성 상징어란 소리와 의미의 관계가 필연적인 것으로 여겨지는 단어로, 의성어와 의태어를 뜻한다.

✔ ② 서술자의 개입(편집자의 논평)은 서술자가 인물의 성격을 평가하거나, 사건에 대해 주관적인 태도를 드러내거나, 사건의 서술에서 벗어나 도구적인 발언을 하는 것을 말한다. ㉢은 몽룡을 떠올리며 한탄하는 춘향이의 대사이므로 서술자가 개입된 것이 아니다.

오답해설
① ㉣에서 춘향이의 슬픈 목소리에 목석도 감동을 받을 것이라고 한 것은 서술자의 주관적인 의견이므로 서술자가 개입된 것이다.
③ ㉡은 춘향이가 우는 소리에 '보고 듣는 사람의 심장인들 아니 상할 것인가'라고 주관적인 태도를 드러냈으므로 서술자가 개입된 것이다.
④ ㉠은 서술자가 춘향이의 처지를 연민하여 '생각지 못할 우환을 당하려 하니 소리가 화평할 수 있겠느냐'라고 주관적인 태도를 드러냈으므로 서술자가 개입된 것이다.

✔ ④ 춘향은 '충신은 불사이군이오, 열녀는 불경이부'라는 고언을 활용하여 수청을 거부하는 자신에게 정당성을 부여하고 그와 동시에 신관 사또의 부당성을 부각하고 있다.

오답해설
① 신관 사또가 춘향에게 "요망한 말 말고 오늘부터 수청 거행하라", "네 잡말 말고 분부대로 거행하여라"와 같이 겁박의 말을 할 뿐, 회유의 말은 사용하지 않았다.
② 신관 사또가 춘향의 정서적 거부감을 없애기 위해 희화적 표현을 사용한 부분은 찾아볼 수 없다.
③ '양시론'이란 맞서서 내세우는 두 말이 모두 옳다는 주장이나 이론인데 춘향은 신관 사또의 말을 부정하고 있으므로 양시론이란 말은 적절하지 않다.

01 ③ ㉢에서 본관은 서술어에 어울리지 않는 주어를 사용할 정도로 두려움에 떨고 있다. 따라서 본관이 평온한 표정을 짓고 있다고 할 수 없다.

오답해설
① 운봉이 잔치에 모인 사람들에게 제안하는 말이므로, 운봉은 좌중의 사람들에게 자신의 말이 잘 들리도록 큰 소리로 말을 했을 것이다.
② 운봉은 어사또가 지은 시의 의도를 파악하고 어사또의 출현을 짐작하였으므로, 이 말을 할 때에는 벌벌 떨었을 것이다.
④ 어사또가 본격적으로 자신의 업무를 시작하기 위해 부하에게 명령하는 상황이므로, 근엄한 표정을 지으며 분명한 어조로 말했을 것이다.

p.382 〈봉산탈춤〉 작자 미상

✔ ③ 말뚝이가 양반을 풍자하는 사설을 늘어놓기 전에 음악과 춤이 멈추었음을 확인할 수 있다. 따라서 굿거리장단에 맞춰 풍자하는 사설을 늘어놓았다는 설명은 적절하지 않다.

오답해설
① 양반들은 자신들을 조롱하는 말뚝이에게 '야아, 이놈, 뭐야아!'라며 야단을 치고 있다.
② 삼 형제 중 맏이가 샌님, 둘째가 서방님이다. 양반 삼 형제는 모두 '말뚝이 뒤를 따라 굿거리장단에 맞추어 점잔을 피우나, 어색하게 춤을 추며 등장'하고, 그중 샌님과 서방님은 '부채와 장죽을 가지고 있다'는 내용이 제시되어 있다.
④ '도령(삼형제 중 막내)은 때때로 형들의 면상을 치며 논다. 끝까지 그런 행동을 한다'에서 선지의 내용을 확인할 수 있다.

p.383 〈차마설〉 이곡

✔ ③ 노둔하고 여윈 말을 빌렸을 때와 날래고 빠른 말을 빌려 탔을 때를 대조하여 표현하고 있다.

오답해설
첫째 문단에서 말을 빌려 탄 경험(일상사)을 주제 전달을 위한 우의적 기법(돌려 말하기)으로 활용하였다.
둘째 문단은 교훈 글쓴이의 주장 소유에 대한 깨달음(욕망을 버리자)를 전하고 있다.

01 ③ 이 글의 주제는 소유에 대한 깨달음으로 인간은 소유의 문제에 대해 바른 깨달음이 있어야 한다는 교훈을 주고 있다.

02 ④ 자신의 체험을 먼저 서술하고 일반적인 것으로 확장하고 있다. 따라서 구체적인 사례를 들고 나서 자기의 해석과 생각을 정리했다고 볼 수 있다.

03 ① 다른 이의 권세를 빌려 위세를 부린다는 '호가호위(狐假虎威)'가 옳다.
狐 여우 호, 假 거짓 가, 虎 범 호, 威 위엄 위

오답해설
② 가렴주구(苛斂誅求): 여러 명목의 세금을 가혹하게 억지로 거두어 들여 백성의 재물을 무리하게 빼앗는 일
苛 가혹할 가, 斂 거둘 렴, 誅 벨 주, 求 구할 구
③ 각주구검(刻舟求劍): 배 위에서 바다에 떨어뜨린 칼을 찾는다는 뜻으로, 융통성 없이 현실에 맞지 않는 낡은 생각을 고집하는 어리석음을 뜻함.
刻 새길 각, 舟 배 주, 求 구할 구, 劍 칼 검
④ 좌정관천(坐井觀天): 우물 안에 앉아서 하늘을 본다는 뜻으로, 견문이 아주 좁음을 이르는 말
坐 앉을 좌, 井 우물 정, 觀 볼 관, 天 하늘 천
⑤ 조삼모사(朝三暮四): 자기의 이익을 위해 교활한 꾀를 써서 남을 속이고 놀리는 것을 이르는 말
朝 아침 조, 三 석 삼, 暮 저물 모, 四 넉 사

04 ④ 이 글의 작가는 자기가 소유하고 있는 물건에 대해서는 마음이 수시로 바뀌므로 모든 소유는 의미가 없다는 것을 전하고자 한다.

p.384 〈규중칠우쟁론기〉 작자 미상

✓ ① 〈보기〉는 조선 시대 가전체 작품인 〈규중칠우쟁론기〉의 일부이다. 〈규중칠우쟁론기〉는 여성이 옷을 짓는 데 필요한 자, 바늘, 가위, 실, 골무, 인두, 다리미를 의인화한 작품이다. 〈보기〉는 그중에서도 '세요 각시' 즉, 바늘이 말하는 부분이다. 〈보기〉에서 '세누비 미누비 저른 솔 긴 옷을 일우미 나의 날래고 빠름이 아니면 잘게 뜨며 굵게 박아 마음대로 하리오'라고 말하는 부분을 통해 알 수 있다.

오답해설
② 〈보기〉에서 '재단(裁斷)에 능소능대(能小能大)하다 하나 나 곧 아니면 작의(作衣)를 어찌하리오'라고 말하는 부분을 통해 타인의 공을 인정하기보다는 자기 자랑에 주력하고 있음을 알 수 있다.
③ '능소능대(能小能大)'는 '작은 일에도 능하고 큰일에도 능함', 즉 모든 일에 두루 능하다는 것을 뜻한다.
能 능할 능, 小 작을 소, 能 능할 능, 大 클 대
④ '교두 각시'는 '교두 각시 버혀 낸다 하나'라는 부분을 통해 '가위'를 의인화한 것임을 알 수 있다.

✓ ③ ㉠은 바느질이 바르지 못한 것을 곱게 보이게 해 주는 것이 모두 자신(인화 부인)의 도움임을 강조하며, 자신의 공을 자랑하고 있다.

오답해설
① ㉠은 내면의 갈등을 드러내는 것이 아니라, 인화 부인이 자신의 공을 자랑하는 부분이다.
② ㉠은 각자의 역할과 직분을 지켜야 한다는 것이 아니라, 상대방의 부족한 부분들을 자신이 채워 준다는, 인화 부인의 자랑이다.
④ ㉠에서 상대의 말의 허점을 부각해 논리적으로 지적하는 부분은 찾을 수 없고, 자신의 공에 대해서만 자랑하고 있다.

✓ ③ 첫째 괄호는 '양각(양쪽 다리)을 빨리 놀'리며 무언가를 '버혀(베어) 내'는 존재이므로, 첫째 괄호에는 '가위'를 의인화한 '교두 각시'가 들어가야 한다.
둘째 괄호는 '마련(마름질)을 잘 한'다고 하였으므로, 둘째 괄호에는 '자'를 의인화한 '척 부인'이 들어가야 한다.
셋째 괄호는 '낯가족이 두'껍다고 하였으므로, 셋째 괄호에는 '골무'를 의인화한 '감토 할미'가 들어가야 한다.
넷째 괄호는 '세요(바늘)의 뒤를 따라 다'닌다고 하였으므로, 넷째 괄호에는 '실'을 의인화한 '청홍 각시'가 들어가야 한다.
따라서 괄호 안에 들어갈 사물의 순서는 '교두 각시(가위) - 척 부인(자) - 감토 할미(골무) - 청홍 각시(실)'이다.

Chapter 4 교과서 필수 현대 운문

p.392 〈해에게서 소년에게〉 최남선

01 ② 이 시는 최초의 신체시이다. 현대시는 '개화 가사 ⇨ 창가 ⇨ 신체시 ⇨ 자유시' 순서로 발전하므로, 문학사적 의의로는 새로운 문학 장르를 창안했다는 것이 적절하다.

02 ② 이 작품에서 주로 비판하는 대상은 옛것에 목매고 그게 그대로 유지될 것이라는 믿음을 가진 자이므로 '② 관습에 안주하여 개화를 거부하는 자'가 가장 적절하다.

p.394 〈진달래꽃〉 김소월

01 ③ 〈보기〉의 3연에서 이별에 대한 체념이 드러나고, 4연에서 임을 떠나보내는 화자의 희생적 태도가 드러난다. 또한 이 시의 1연에서 이별의 상황에 대한 체념이 드러나고, 3연에서 원망을 초극한 화자의 희생적 태도가 드러난다.

오답해설
① 〈보기〉의 '가시는 듯 도셔 오쇼셔(가시는 듯 돌아오소서)'에서 화자가 임과의 재회를 소망하고 있음을 알 수 있다. 그러나 이 시의 화자는 임이 떠나는 것을 축복하면서 떠나지 말라고 하고 있지만, 임과의 재회를 희망하는 화자의 의지는 찾아볼 수 없다.
② 이 시에는 영변에 약산(평안북도 영변 서쪽에 있는 산)이라는 구체적인 지명이 제시되어 있으나, 〈보기〉에는 제시되지 않았다.
④ 〈보기〉에서 '날러는 엇디 살라 ᄒ고 / 바리고 가시리잇고(저는 어찌 살라고 / 버리고 가시렵니까?)'에서 임에 대한 원망은 드러나지만, 이별의 원인을 외부에서 찾은 부분은 제시되지 않았다. 또한 이 시에서 이별의 원인을 외부에서 찾아 임에 대한 원망을 드러내는 부분은 찾을 수 없다.

02 ④ 이 시는 '이별(기)−사랑(승)−희생(전)−극복(결)'의 기승전결의 4단 구성을 통해 시상을 전개하고 있다.
〈보기〉도 '이별의 슬픔(기) − 임에 대한 원망(승) − 이별에 대한 체념(전) − 재회의 소망(결)'의 4단 구성을 통해 시상을 전개하고 있다.
• 기승전결의 방식 : '시상의 제기(기)−시상의 승화(승)−시상의 전환(전)−시상의 마무리(결)'로 전개하는 방법

오답해설
① 이 시는 1연과 4연에서 수미 상관의 형식을 보이고 있지만, 〈보기〉에는 쓰이지 않았다.
② 이 시는 '−우리다'의 반복을 통해, 〈보기〉는 '나는'과 '위 증즐가 대평성되'의 반복을 통해 운율을 형성하고 있다.
③ 〈보기〉는 3·3·2조의 3음보 율격을 보이고 있는 시이다. 그러나 이 시는 3음보의 민요적 율격, 7·5조의 음수율을 보이고 있는 시이다.

〈보기〉 작자 미상, 〈가시리〉

해제 | 현전하는 고려 가요 가운데 대표적인 작품으로 민요적 특성이 충실히 드러난 노래 중 하나이다. 간결한 형식 속에 함축성 있는 시어로 소박한 정서를 표현하였으며, 〈공무도하가〉에서 시작된 우리 민족의 보편적 정서인 이별의 정한을 노래하였다.
주제 | 이별의 정한(情恨)
시대 | 고려 후기(원 간섭기)
갈래 | 고려 가요
성격 | 민요풍의 서정시
어조 | 사랑하는 임을 떠나보내는 연인의 애절한 목소리
운율 | 3·3·2조, 3음보
의의 | ① 간결한 형식 속에 함축성 있는 시어를 사용한 이별가의 백미(白眉)
② 국문학사상 여성적 정조의 원류
구성 |

1연	이별에 대한 슬픔과 원망
2연	이별에 따른 고독과 원망의 고조
3연	감정의 절제와 체념
4연	임이 돌아오기를 간청함.

p.394 〈초혼(招魂)〉 김소월

01 ② 감정에 가득 찬 영탄적 어조로 말하고 있다. 또한 관념의 구체화가 일어나고 있으므로 주관적이라고 볼 수 있다.

오답해설
① 3음보의 율격이 나타난다.
③ '설움에 겹도록 부르노라' 등에서 직설적으로 표현된 감정을 볼 수 있다.
④ '이름이여!', '사랑하던 그 사람이여!' 등 반복과 영탄에 의한 격정적 어조가 드러난다.
⑤ '사슴의 무리'에 감정 이입을 하여 슬피 운다고 표현되어 있다.

02 ②

오답해설
① 죽은 이의 혼을 부르는 고복 의식이다.
③ 3음보의 민요조 율격이다.
④ '선 채로 이 자리에 돌이 되어도'를 통해 망부석 설화에서 모티프를 얻었음을 알 수 있다.
⑤ 사랑하던 사람과 이별한 한(恨)의 정서이다.

p.396 〈님의 침묵〉 한용운

01 ③ 순수한 우리말을 통해 내용을 쉽게 전달하고 있다고 하기에는 한자어가 주로 쓰이고 있다.

오답해설
① 8행(우리는 떠날 때에 다시 만날 것을 믿습니다)에 불교의 윤회 사상이 담겨 있다.
② 사랑하는 임과 이별한 여자의 모습이 그려진다.
④ 과거에서 현재로 이어지는 시간적 순서에 따라 시상이 전개되고 있다.
⑤ 시각과 청각 등 다양한 감각적 이미지가 사용되었다.

02 ④ ㉠이 의미하는 것은 임을 처음 만났을 때의 날카로운 기억으로, 임에 대한 절대적 사랑을 깨달았다는 것과 적절하게 어울린다.

03 ⑤ ㉡은 임이 곁에 없는데도 임이 마치 곁에 있다고 생각하며, 임이 말하지 않고 있다고 생각하는 표현이다. 임에 대한 미련이 드러난 구절이다.

p.396 〈알 수 없어요〉 한용운

✔ ③ 이 작품은 '누구'를 찾는 물음의 방식을 반복하여 절대적 존재를 인식하고, 그를 향한 구도 정신을 노래하고 있다. 시의 본문 안에는 이 물음에 대한 답이 제시되지 않았으므로 묻고 답하는 형식으로 시의 주제를 드러냈다고 볼 수 없다.

오답해설
① '-입니까'와 같은 경어체를 사용해 '누구(절대적 존재)'를 계속 확인하고 탐구하는 과정, 즉 진리 탐구의 경건한 자세를 보여 준다고 볼 수 있다.
② '-입니까'의 의문형 문장을 반복하여 알 수 없는 '누구'에 대한 신비와 갈망을 드러내고 있다.
④ 5행의 '저녁놀'과 6행의 '누구의 밤'을 통해 시간의 흐름에 따른 시상 전개를 찾을 수 있다.
⑤ '~은 누구의 ~입니까'라는 동일한 통사 구조를 반복하여 시상을 통일하는 효과를 주고 있다.

✔ ④ Ⓐ는 '누구의 노래'와 같이 청각적 이미지로 표현되고 있으며, 의문의 형태로 마무리되고 있다. 선지 중 청각적 이미지로 표현된 것은 '하늘에 닿을 듯이 우뚝 솟은 보리수에서 바람이 스쳐 지나갈 때마다 들려오는 저 신비로운 소리는 누구의 숨결입니까'이다.

오답해설
① '풀꽃', '미소' 등 시각적 이미지로 표현되고 있다.
② '느티나무'는 시각적 이미지로 표현되고 있다.
③ '푸른 하늘', '흰 구름', '그림' 등 시각적 이미지로 표현되고 있다.

p.398 〈유리창 1〉 정지용

01 ③ 비유와 상징으로 아이를 잃은 슬픔을 표현하고 있다. 따라서 직설적 표현으로 주제를 드러낸다는 것은 적절하지 않은 말이다.

오답해설
① 시각적, 촉각적 심상이 비유적으로 사용되고 있다.
② '외로운 황홀한 심사'라는 역설적 표현이 쓰였다.
④ '새까만 밤', '물 먹은 별이, 반짝, 보석처럼 박힌다' 등에서 선명한 감각적인 이미지의 시어가 쓰였음을 알 수 있다.
⑤ '외로운'이라는 (-)적 시어와 '황홀한'이라는 (+)적 시어가 함께 쓰여 감정이 희석되어 절제가 이루어졌다.

02 ③ '유리'는 아이를 느낄 수 있는 연결(소통)의 역할과 아이에게 다가갈 수 없는 단절의 역할을 동시에 하고 있다. 자아 반성의 매개물이라는 것은 타당하지 않다.

03 ④ 역설법이 사용된 것을 고르면 된다. ④에서는 '찬란한 슬픔의 봄'이라는 역설적 표현이 쓰였다.

오답해설
① 공감각적 심상(청각의 시각화)이 표현되었다.
② '개'가 부정적인 것을 의미하는 '나'를 쫓는다는 것은, 상징이다.
③ 김광균의 〈은수저〉라는 작품이다. 정지용의 〈유리창〉과 주제가 유사하다.
⑤ 영탄법과 관념의 구체화가 쓰였다.

p.398 〈모란이 피기까지는〉 김영랑

✔ ② 화자는 모란이 피기를 기다리고, 지는 것을 보고, 다시 모란이 피기를 기다리고 있다. 이는 모란의 한시적인 아름다움을 전제로 한 것이다. 따라서 모란에는 '영원한 아름다움'이라는 속성이 없으므로 이를 찬양할 수는 없다.

오답해설
① 이 시는 모란이 피기를 기다림과 모란이 지고 난 후의 슬픔과 상실의 미학을 노래한 작품이다.
③ '삼백 예순 날 하냥 섭섭해 우옵내다'를 통해 화자는 모란이 지고 난 뒤에 봄날의 상실감으로 인해 설움에 잠긴다는 것을 알 수 있다. 하지만 '나는 아직 기다리고 있을 테요, 찬란한 슬픔의 봄을' 통해 화자는 모란이 진 후의 슬픔과 상실감을 알고 있지만, 모란이 피는 기쁨이 있기에 모란에 대한 기다림을 버리지 않겠다는 화자의 의지를 역설적으로 노래하고 있다. 따라서 화자는 모란이 지고 난 뒤의 슬픔과 상실이 주는 역설적인 기다림의 아름다움을 노래하고 있음을 알 수 있다.
④ 이 시에서 화자는 '모란'이 피었을 때의 아름다움이 '한 철'만 볼 수 있기에 모란이 피고 질 때의 기쁨과 절망의 복합적인 감정을 '찬란한 슬픔'이라고 표현하였음을 알 수 있다.

01 ② '나는 아직 기다리고 있을 테요'라는 말로 볼 때 좌절과 체념은 적절하지 않다.

02 봄, 보람

p.400 〈거울〉 이상

01 ⑤ 현재의 문제를 인식하고 있는 것은 맞으나 적극적으로 이겨 내려는 태도는 드러나지 않았다.

[오답해설]
① 이상은 자동기술법을 사용하여 의식의 흐름에 따라 서술하였다.
② 거울 밖의 나와 거울 속의 나가 분리된, 자의식의 분열 상태를 보이고 있다.
③ 띄어쓰기를 무시한 채 서술하고 있다.
④ '-오'체의 경어체를 활용하여 독자에게 말을 거는 듯한 느낌을 주고 있다.

02 ② 거울 속의 '나'로부터 벗어나려는 것이 아니라 하나가 되고자 한다 (= 자아 합일 추구).

[오답해설]
①, ③ '나'는 거울 속의 '나'와 화해하여 내적인 합일을 이루고자 한다.
④ '나'는 내면의 자아와 의사소통이 단절된 상황을 벗어나고자 하는 것이다.
⑤ 분열되어 있고 분열된 자아도 '나'라는 것을 인식하므로, 거울 속의 '나'가 객관적으로 존재한다고 볼 수 있다.

p.400 〈여승(女僧)〉 백석

01 ④ 이 시는 1인칭 관찰자적 시점으로 쓰였다.

> ✔ ④ 화자는 관찰자의 입장에서 여인(여승)의 삶을 사실적으로 전달하고 있을 뿐, 가족과의 이별로 인해 속세를 등졌는지는 알 수 없다. 가족과의 이별로 인해 속세를 등진 사람은 여인(여승)이다.
>
> [오답해설]
> ① 이 시는 작품 내적 사건 순서들을 역순행적(2연 → 3연 → 4연 → 1연)으로 구성하여 제시하고 있다.
> ② 화자는 '여승'을 보며 연민을 느끼고 '서러워졌다'며 비애의 정서를 드러내고 있다. 또한 '산꿩도 설게 울은 슬픈 날'이라며 감정 이입을 통해서도 비애의 정서를 효과적으로 전달하고 있다.
> • 비애(悲哀): 슬퍼하고 서러워함. 또는 그런 것.
> ③ 공감각적 심상(청각의 촉각화)이 드러나는 시구 '가을밤같이 차게 울었다'를 통해 여인이 느낀 슬픔을 표현하고 있다.

p.402 〈들길에 서서〉 신석정

01 ⑤ 시간의 흐름에 따라 전개하는 것은 아니다.

[오답해설]
① '푸른 산', '흰 구름', '푸른 하늘' 등 평이하고 일상적인 어휘를 구사하고 있다.
② '얼마나 숭고한 일이냐', '얼마나 기쁜 일이냐', '생활은 슬퍼도 좋다' 등에서 화자의 정서가 직접적으로 드러난다.
③ '저문 들길(-)', '푸른 별(+)'이 대립적으로 쓰였다.
④ '푸른 별을 바라보자!'라고 표현하며 미래 지향적인 태도를 드러내고 있다.

02 ⑤

[오답해설]
① '푸른 산'과 '나'는 동일시되고 있다.
② '흰 구름을 지니고 살 듯'이라고 표현하여 '푸른 산'이 의인화된 대상으로 드러나 있다.
③ '푸른 산'은 긍정적 의미를 함축한 시어로, 희망적인 미래의 모습을 상징한다고 볼 수 있다.
④ '푸른 산처럼 든든하게~'라는 구절에서 '푸른 산'이 긍정적 의미를 담고 있음을 알 수 있고, '푸른 별을 바라보자!'라는 구절은 화자가 추구하는 미래의 모습으로, 그렇게 살겠다는 강인한 의지를 형상화하고 있다는 것을 알 수 있다.

p.402 〈우라지오 가까운 항구에서〉 이용악

01 ③ 현실을 극복하려는 의지를 보이는 것이 아니라 가도 오도 못한다며 체념하고 있다.

[오답해설]
① '우라지오'라는 특정 지명을 사용하여 향토색이 짙다.
② '어머니', '누이'와 함께 행복했던 과거와 홀로 외로운 현재가 대립적으로 나타나고 있다.
④ '나의 아롱범', '어린 기억의 새'와 같이 다양한 비유로써 화자의 모습을 표현하고 있다.
⑤ '다시 내게로 헤어드는', '나는 그 모두를 살뜰히 담았으니' 등을 통해 고향에 대한 그리운 마음을 보이고 있다.

02 ③ '멧비둘기'와 '기러기' 모두 고향에 갈 수 있는 자유로운 대상으로, 화자와 대조된다. 따라서 이 둘의 공통점은 고향으로 돌아가고 싶은 화자의 심정을 형상화하고 있다는 것이다.

〈보기〉 두보, 〈귀안(歸雁)〉	
해제	나그네의 고독과 향수를 북쪽의 고향으로 돌아가는 기러기에 의탁하여 읊은 망향시이다. 고향에 갈 수 없는 자신의 신세와 고향 쪽으로 날아가는 기러기의 모습을 대비하여 고향에 대한 그리움을 형상화한 작품이다.
주제	고향에 대한 그리움
구성	기구	나그네가 되어 봄에 이곳으로 온 자신의 신세
	승구	언제 고향으로 돌아갈 수 있을지에 대한 자문
	전구, 결구	북으로 날아가는 기러기를 보면서 고향 생각에 창자가 끊어짐.

p.404 〈설야(雪夜)〉 김광균

01 ⑤

오답해설
① 김광균은 모더니즘, 이미지즘을 대표하는 시인으로 회화적 표현이 뛰어나다.
② '그리운 소식', '서글픈 옛 자취', '잃어진 추억', '내 슬픔' 등 그리움과 슬픔이 주된 정서를 이루고 있다.
③ '눈'을 의미하는 다양한 표현으로 추억과 애상감을 효과적으로 그려내고 있다. 이 시의 주제 또한 눈 내리는 밤에 느끼는 슬픔과 외로움이다.
④ 시각의 청각화를 통해 '눈'의 모습을 형상화하고 있다.

02 ③ '허공에 등불'을 제외한 나머지 선지는 '눈'을 의미하는 시어들이다.

✔ ③ '그리운 소식', '서글픈 옛 자취', '잃어진 추억의 조각', '차단한 의상'은 모두 '눈'을 비유한 표현이다.

오답해설
① 이 시는 눈 내리는 아침의 정경이 아니라, 눈 내리는 한밤의 정경 속에 피어오르는 추억을 그리고 있다.
② '소리 없이 흩날리느뇨', '희미한 눈발'을 통해 눈발이 세차게 날리지 않는다는 것을 알 수 있다. 또한 4연의 '먼 — 곳에 여인의 옷 벗는 소리'가 들리는 것을 통해서도 눈이 세차게 날리지 않는다는 것을 알 수 있다.

📖 정재찬, 《시를 잊은 그대에게》(휴머니스트, 2016)
김광균이 주목한 것은 바로 밤눈의 이러한 속성, 곧 '소리 없음', '고요함'이었던 것이다. 실제로 눈은 소리 없이 내릴 뿐 아니라 눈 내리는 밤은 평소보다 더 고요하기까지 하다. [중략] 하지만 소리가 나는 것은 청각적 이미지로 표현할 수 있겠으나 소리가 나지 않는다는 것은 과연 어찌 표현할까? 시냇물이 '졸졸' 흐른다고 하는 것은 쉬운 일이나 시냇물이 소리 없이 흐른다는 것은 달리 어찌 표현하겠는가? 바로 이 지점에 '먼 — 곳에 여인의 옷 벗는 소리'라는 표현의 묘미가 숨어 있는 것이다.

④ 이 시에서 '나'를 슬프게 하는 추억, 과거의 경험이 친구와 관련된 것이라 볼 근거는 없다. 오히려 4연의 '먼 — 곳에 여인의 옷 벗는 소리'를 통해 여인과 관계가 있다고 보는 것이 적절하다.
⑤ 5연에서 흰 눈이 '내 슬픔' 위에 쌓인다는 것은 슬픔이 해소되지 않고 그대로 남아 있음을 의미한다.

p.404 〈생명의 서〉 유치환

01 ④ 이 시에서 화자는 '병든 나무처럼 생명이 부대낄 때 / 저 머나먼 아라비아 사막으로 나는 가자'라고 말하고 있다. 즉 어려운 상황에 처했을 때 극한의 상황으로 가서 진정한 자아를 찾겠다는 것이다. 따라서 역설적인 표현으로 쓰인 ④가 이와 유사한 논리에 해당한다.

02 ② 〈보기〉의 제목인 '폭포'는 화자의 열정을 나타내며 작품 속의 '병든 나무'는 시인의 내면을 표현한 시어이다. 따라서 두 작품 모두 자연물의 심상을 통해 시인의 내면을 표현했다고 할 수 있다.

🔖 〈보기〉 김수영, 〈폭포〉

해제 | 이 작품은 폭포의 속성을 통해 사회적 현실에 대응하는 화자의 태도를 형상화한 시이다. '떨어진다'는 폭포의 속성을 드러내는 시어를 반복함으로써 무엇에 얽매이지 않고, 일체의 억압으로부터 자유로워지려는 정신적 지향을 부각하고 있다. 또한 부정적 현실에 안주하는 안이한 삶의 태도를 거부하고 고매한 정신을 지키며 살아가고자 하는 의지를 드러내고 있다.

주제 | 부정적 현실을 극복하고 고매한 정신을 지키며 살아가고자 하는 의지

구성 |

1연	두려움 없이 떨어지는 폭포의 모습
2연	고매한 정신을 지닌 폭포의 속성
3연	곧은 소리를 내는 폭포의 모습
4연	곧은 소리를 이끌어 내는 폭포의 선구자적 속성
5연	나태와 안정을 거부하는 폭포의 모습(〈보기〉 수록 부분)

p.406 〈바다와 나비〉 김기림

✔ ② 이 작품에서 '나비'는 너무 순수한 나머지 '바다(현실)'를 '청무우밭(이상)'으로 착각하여 시련을 겪는 대상이다. 즉, 무모한 도전을 하고 현실에 부딪혀 시련을 겪는 존재이므로 의지가 부족하다거나 방관적이라는 해석은 적절하지 않다.

오답해설
①, ④ '청무우밭'의 파란색이 '나비의 이상'을 의미한다면, '삼월(三月)달 바다'와 '새파란 초승달'의 파란색은 '시리다'라는 촉각적 이미지와 연결되면서 차가운 느낌을 주고 '나비의 시련'을 의미하게 된다.
③ 1연에 '나비'가 '수심'을 몰랐다는 내용이, 2연에 '나비'가 '바다'를 '청무우밭'으로 착각했다는 내용이 제시되었다.

p.406 〈승무(僧舞)〉 조지훈

01 ⑤ 외면 묘사 위주가 아니라 여승 내면의 고통과 번뇌를 함께 구현하고 있다.

오답해설
① '나빌레라', '파르라니' 등 예스러우면서도 부드러운 시어가 쓰였다.
② 승무를 추는 것을 표현하여 종교적 구도의 자세를 형상화하고 있다.
③ 여승의 승무를 보는 관찰자가 이 시의 화자이다.
④ 춤의 흐름에 따라 시상이 전개되고 있다.

02 ④ 춤은 종교적 행위와 같은 것으로 기도를 의미한다.

오답해설
①, ② ㉠은 역동적인 동작을 표현하여 리듬이 빠르고, ㉡은 정지 동작을 표현하여 느리게 묘사된다.
③ 역동적인 춤(㉠)을 통해 고뇌를 떨쳐 버리고, 고뇌가 가라앉은 뒤

(ⓒ) 느리게 전개되고 있다.
⑤ 고뇌를 모두 떨쳐 버린 뒤 해탈의 경지에 이르렀다.

p.408 〈봉황수(鳳凰愁)〉 조지훈

✔ ④ (가)는 '오백 년/도읍지를/필마로/돌아드니'와 같이 3·4조 4음보의 형태로 정해진 율격과 음보에 맞춰 시상을 전개하고 있으나 (나)는 율격과 음보에 구애받지 않고 시상을 전개한 자유시이다.

오답해설

① (가)에서는 '산천'(자연물)의 영원성과 '인걸'(인간사)의 유한성을 대비하여 인생의 무상함을 드러내고 있다.
② (나)에서는 중국의 황제를 의미하는 '쌍룡'과 조선의 왕을 의미하는 '봉황'을 대비하고 있다. 또한 '큰 나라 섬기다 거미줄 친 옥좌 위엔 여의주를 희롱하는 쌍룡 대신에 두 마리 봉황새를 틀어 올렸다'라고 하며 사대주의적 역사에 대한 비판적 시각을 드러내고 있다.
③ (가)에서는 초장에서 오백 년 도읍지의 모습이 나타난 후에 이에 대해 안타까워하는 화자의 심정이 나타나며 (나)에서는 황폐해진 궁궐의 정경(전반부)이 제시된 뒤 망해 버린 옛 왕조에 대한 화자의 심회(후반부)가 나타난다.

> 🔍 (가) 길재, 〈오백 년 도읍지를~〉
>
> **해제** | 조선이 개국한 다음에도 고려에 대한 충성심을 지키며 끝까지 벼슬길에 나가지 않은 작가가 고려의 도읍지였던 송도를 돌아보며 느낀 감회를 적은 작품이다.
> **갈래** | 평시조
> **주제** | 망국의 한과 인생무상
>
> | 초장 | 고려의 옛 서울을 찾음. |
> |---|---|
> | 중장 | 인간사의 무상함 |
> | 종장 | 고려 왕조에 대한 무상감 |
>
> 💬 **현대어 풀이**
> 오백 년이나 이어 온 고려의 옛 도읍지에 한 필의 말을 타고 들어가니,
> 산천의 모습은 예나 다름없으나, 인걸(뛰어난 인재)은 간 데 없다.
> 아, 슬프다. 고려의 태평한 시절이 꿈처럼 허무하도다.

p.408 〈절정(絕頂)〉 이육사

✔ ④ (가)는 가혹한 현실(일제 강점기)의 시련을 의미하며, (나)는 하늘도 지쳐 버린 수직적 극한, (다)는 죽을 수밖에 없는 칼날 위, 즉 생존의 극한을 의미한다. 따라서 (가)~(다)는 극한 상황을 의미한다는 것을 알 수 있다. 그러나 (라)는 화자가 발끝으로 겨우 디딜 수 있는 곳, 즉 극한 상황에서 화자에게 잠깐의 여유가 허락되는 곳을 의미한다.

01 ⑤ 현실에 대한 화자의 대응 방식은 의지와 희망이다.

오답해설
① 과거 자신의 삶을 회상하며 반성하는 모습은 나타나지 않는다.
② 비유적 표현을 사용하였으므로 객관적인 시각이라는 것은 옳지 않다.
③ 단호한 목소리를 내고 있다.
④ 현재 시제를 사용하고 있다.

02 ⑤ 현실에 대한 체념이 아니라 의지와 희망(무지개)을 드러내는 역설적 표현이다.

p.410 〈교목(喬木)〉 이육사

01 ⑤ '차마 바람도 흔들진 못해라'에서 외부적 조건에 굴하지 않고 자신의 의지를 지키고자 하는 모습을 엿볼 수 있다.

오답해설
① '차라리 봄도 꽃피진 말아라'라며 적극적 저항의 의지를 보이고 있으므로 해결할 수 없는 문제로 고뇌하고 있다는 것은 옳지 않다.
② 절대적인 존재가 구원해 줄 바라기보다는 자신의 의지와 저항 의식을 보여 주고 있다.
③ 새로운 삶을 살고자 하는 것이 아니다.
④ 현실에 순응하는 것이 아니라 극복하고자 한다.

02 ③ 명령형 어미를 통해 자기 자신의 의지를 선언하고 있는 것이지 타인에게 무언가를 촉구하는 것이 아니다.

오답해설
①, ② '꽃', '거미집', '검은 그림자' 등 구체적 자연물을 이용한 상징적 시어들을 통해 화자의 내면을 표현하고 있다.
④ '차라리', '마침내', '차마' 등의 부사는 화자의 단호한 자세를 드러내는 데 기여하고 있다.
⑤ 단호한 어조와 역동적인 표현인 '우뚝 남아 서서', '휘두르고', '거꾸러져' 등을 이용하여 시적 긴장감을 조성하고 있다.

p.410 〈그날이 오면〉 심훈

01 ③ 불가능한 상황 설정을 통해 소망이 실현되었을 때의 기쁨을 과장되게 표현하고 있다.

오답해설
⑤ '-하오리까' 형태의 경어체 종결 어법을 사용하고 있다.

02 ② 조국 광복이 이루어졌을 때의 기쁨을 과장하여 표현하고 있으므로 시의 주된 정서로는 '격정'과 '환희'가 적절하다.

p.412 〈쉽게 씌어진 시〉 윤동주

✔ ① 시선 이동에 따른 시상 전개 방식은 찾을 수 없다.

오답해설
② '창밖에 밤비가 속살거려', '육첩방'을 통해 화자의 현재 상황을 알 수 있다.
③ 화자가 처한 부정적 상황을 의미하는 '어둠'과 화자가 기다리는 희망적 상황을 의미하는 '아침'이라는 대립적 시어를 통해 시적 의미를 형상화하고 있다.
④ '시가 이렇게 쉽게 씌어지는 것은 부끄러운 일이다'에서 반성적 어조가, '시대처럼 올 아침을 기다리는 최후의 나', '최초의 악수'에서 미래 지향적인 어조가 드러난다. 이를 통해 주제 의식을 효과적으로 전달하고 있다.

✔ ③ ⓒ의 '부끄러운 일이다'는 암울하고 어두운 현실 속에 적극적으로 대항하지 못하는 자신의 모습을 성찰하여 나타낸 말이다. 친일파 지식인에 대한 비판 정신을 보여 주는 부분이 아니다.

오답해설
① '육첩방(六疊房)'은 일본식 다다미가 6장 깔린 방으로, '육첩방(六疊房)은 남의 나라'라고 하여 조선인으로서의 정체성에 대한 인식을 드러냈다.
② 화자는 '시인이란 슬픈 천명인 줄 알면서도 한 줄 시를 적는다'고 하였다. 이는 암담한 현실 속에서도 지식인으로서 소명 의식을 다하기 위해 시를 쓸 수밖에 없는 화자의 소명 의식이 드러난다.
④ ⓔ의 '최초의 악수'는 분열된 두 자아의 화해와 화합을 나타낸 말이다. 이를 통해 어두운 현실을 극복하려는 화자의 의지를 알 수 있다.

✔ ① ⓐ, ⓑ의 '나'는 '무얼 바라 홀로 침전하는 것일까?(가라앉고 있는 것일까)'라고 하였다. '침전한다'는 것은 현실을 극복하려는 적극성이 결여된 상태를 뜻하므로 현실적 자아라는 것을 알 수 있다.
ⓒ의 '나'는 '최후의 나'로 '시대처럼 올 아침'을 기다린다고 하였다. 따라서 반성을 통해 성숙해진 성찰적 자아라는 것을 알 수 있다.
ⓓ의 '나'가 ⓔ의 '나'에게 작은 손을 내민다고 하였다. ⓓ의 '나'가 적극적으로 손을 먼저 내밀었으므로 반성을 통해 성숙해진 성찰적 자아이며 ⓔ의 '나'는 현실적 자아이다.
따라서 ⓐ, ⓑ, ⓔ의 '나'가 현실적 자아, ⓒ, ⓓ의 '나'가 성찰적 자아이다.

01 ② 10연에서 자아가 분열된 화자의 모습이 드러나기는 하나 이는 시대적 상황에 따른 외적 갈등을 개선해 가기 위해 노력하는 과정이다.

오답해설
①, ⑤ 자신의 고민을 확장하여 역사적 공간으로까지 뻗어 나갔다.

p.412 〈참회록(懺悔錄)〉 윤동주

✔ ③ '구리거울'은 화자가 성찰을 할 수 있게 해 주는 매개체 기능을 한다. ③의 '흰 바람벽'도 벽에 비친 내면 풍경을 통해 화자의 삶을 성찰하게 해 주는 기능을 한다.

오답해설
① '유리'는 화자의 세계와 죽은 아이의 세계를 단절시키면서, 죽은 아이와 만날 수 있도록 매개하는 이중적 소재이다.
② '기침'은 몸속의 불순한 것을 밖으로 배출하여 정화시키는 기능을 한다.
④ '흐르는 물'은 고단한 삶을 살아가는 노동자의 삶을 의미하는 소재이다.

01 ② 과거의 역사 속에서 진정한 삶의 가치를 찾고자 한다는 것을 작품 안에서는 찾을 수 없다.

오답해설
① '나의 거울을 / 손바닥으로 발바닥으로 닦아 보자'에서 현실의 괴로움을 철저한 자기 성찰을 통해 극복하고자 한다는 것을 알 수 있다.
③ '이다지도 욕될까'에서 자신의 삶에 대한 부끄러움을 느끼고 있음을 알 수 있다.
④ '만 이십사 년 일 개월을 / 무슨 기쁨을 바라 살아왔던가'에서 참회의 모습을 엿볼 수 있다.
⑤ 거울 속에 나타난 '슬픈 사람의 뒷모양'을 통해 시대적 상황과 내면세계 사이에서 괴로워하는 화자의 모습을 알 수 있다.

p.414 〈꽃덤불〉 신석정

01 ⑤ '꽃덤불'은 평화와 화합의 세계를 의미한다. 〈보기〉에서 유사한 의미를 갖고 있는 시어는 '청산'이다. 시의 마지막 부분인 '청산이 있으면 홀로래도 좋아라'에서 확인할 수 있다.

> 📌 〈보기〉 박두진, 〈해〉
>
> | 해제 | 이 시는 광복 직후인 1946년에 발표되었는데, 밝고 평화로운 세계가 도래하기를 바라는 화자의 소망을 '해'를 통해 노래하고 있다. 작가는 밝음과 어둠의 대립적 이미지를 활용하여 화자가 지향하는 세계를 형상화하고 있으며, 동일한 시어와 시구를 반복하여 주제 의식을 강조하는 동시에 운율을 형성하고 있다. 또한 음성 상징어를 활용하여 생동감을 주고, 명령형 어미를 사용하여 강렬한 의지를 보여 주고 있다. |
> | 주제 | 밝고 평화로운 세계에 대한 소망 |

구성	1연	해가 솟아나기를 소망함.
	2연	해가 부재하는 달밤을 거부함.
	3연	해와 함께하는 세계에 대한 소망
	4~5연	화합과 공존이 이루어지는 밝고 따뜻한 세계
	6연	화합과 공존의 세계가 도래하기를 소망함.

p.414 〈청산도(靑山道)〉 박두진

01 ② 〈보기〉에서는 감정의 노출 없이 담담하게 관조적으로 표현하고 있다. 그러므로 그리움이 더 절실하게 나타나 있다는 말은 옳지 않다.

> 📌 〈보기〉 박목월, 〈청노루〉
>
> 해제 | 이 시는 서술어를 거의 배제함으로써 행간에서 여운을 느끼게 하고, 소재 자체가 현실적 세계가 아닌 시인의 상상적 세계를 묘사적 이미지로 그려 낸 것이기 때문에 마치 한 폭의 동양화와 같은 느낌을 준다.
> 주제 | 봄의 정경과 정취
> 구성 |
>
> | 1연 | 청운사(공간적 배경) |
> |---|---|
> | 2연 | 자하산(공간적 배경) |
> | 3연 | 속잎 피어남.(시간적 배경) |
> | 4연 | 청노루(대상 동물) |
> | 5연 | 눈매에 감도는 구름(대상 동물) |

p.416 〈꽃〉 김춘수

01 ④ '꽃'은 가치 있는 것을 의미하는 시어이다. 단순히 '꽃'의 사물로서의 아름다움을 묘사한 시가 아니다.

오답해설
① '너'에서 '나', '우리'로 범주가 확대되는 점층이 일어났다.
② '무엇이 되고 싶다'는 말을 사용하여 소망을 염원하고 있다.
③ 존재적 가치에 대해 이야기하고 있다.
⑤ '-고 싶다'는 시구의 반복을 통해 강한 의지를 드러내고 있다.

02 ② 남에게 가치 있는 존재가 되길 바라고 있다.

> ✔ ③ '돌개바람'은 존재의 본질을 파악하려는 화자의 노력('나의 울음')이 점점 강해진 것이다.
>
> **오답해설**
> ①, ②, ④ '미지의 까마득한 어둠', '이름도 없이 피었다 진다', '얼굴을 가리운 나의 신부'는 모두 화자가 본질을 파악하고 싶어하는 대상인 '너'에 대한 진술이다.

p.418 〈추천사 – 춘향의 말〉 서정주

01 ④ '삶'과 '죽음'이 아닌, '이상'과 '현실' 사이의 거리감이 느껴진다.

오답해설
① '수양버들나무', '풀꽃데미', '나비', '꾀꼬리', '산호', '섬' ⇔ '하늘'
② 이 시는 〈춘향전〉에서 콘텐츠를 빌려 온 차용시이다.
③ '향단아'라고 청자를 부르고 있으므로 대화 형식임을 알 수 있다.
⑤ '그네'는 화자를 현실로부터 벗어날 수 있게 하는 것이기도 하지만 결국은 되돌아오게 하는 것으로 역설적 의미를 담은 시어이다.

02 ⑤ 4연을 보면 춘향이가 한계를 인식하고 있음을 알 수 있다. 그런데 5연에서 다시 자신을 밀어 올려 달라고 하고 있으므로 이상에 도달하기 위해 계속 노력한다는 것을 알 수 있다.

p.418 〈가을의 기도〉 김현승

01 ④ 자문자답의 방식이 아니라 기도 형식으로 표현하고 있다.

오답해설
① 1연은 4행, 2연은 5행, 3연은 6행으로 쓰여서 형식적인 점층법이 사용되었음을 알 수 있다.
② '가장 아름다운 열매', '굽이치는 바다', '백합의 골짜기' 등을 통해 화자의 내면세계를 비유하고 있다.
③ '-하소서'라는 종결 어미를 반복하여 시의 통일성을 이루고 있다.
⑤ 3연에서 '굽이치는 바다'로 시작하여 '마른 나뭇가지 위'까지 공간의 이동이 나타난다.

02 ④ 이 시에서 '가을'은 모든 것으로부터 초월하는 시간을 의미한다.

03 ⑤ ⓐ '겨울 바다'는 '보고 싶던 새들이 죽고 없는' 죽음의 공간이고, '그대 생각'이라는 '진실마저 얼어 버리는' 허무와 절망의 공간이다. 하지만, 화자는 그 공간에서 소망을 드러내는 기도를 한다. 이러한 과정을 거친 화자는 마지막에 '인고의 물'을 깊은 물속에 '기둥'처럼 세울 정도의 새로운 성숙의 경지에 이르게 된다. 따라서 인생의 번뇌와 시련을 초월한 경지를 의미하는 ㉠과 가장 유사한 기능을 하는 시어는 ⓔ '인고(忍苦)의 물'이다. 이것은 '허무의 불'을 초월한 긍정적 가치이다.

> 📌 〈보기〉 김남조, 〈겨울 바다〉
>
> 해제 | 이 작품은 소멸과 죽음의 이미지인 '불'과, 역경 극복과 생명의 이미지인 '물'을 대립시키면서 대상의 부재와 이별로 인한 상실감에서 기인한 허무 의식을 극복하고자 하는 화자의 의지를 강조하고 있다. 시적 공간인 '겨울 바다' 역시 소멸의 공간이자 깨달음의 공간이라는 대립적인 구도를 통해 삶의 의지를 다지는 공간으로서의 의미가 강화된다. 종교적 색채가 묻어나는 시어와 경건한 어조를 통해 주제 의식을 효과적으로 드러내고 있다.
> 주제 | 삶의 허무와 이를 극복하고자 하는 의지
> 구성 |
>
> | 1연 | 기대와 희망이 소멸된 겨울 바다 |
> |---|---|
> | 2연 | 상실이 불러온 삶의 아픔과 절망감 |
> | 3연 | 상실감으로 인한 삶의 허무감 |
> | 4연 | 깨달음을 통한 삶의 긍정 |
> | 5연 | 인간의 유한성 인식 |
> | 6연 | 기도를 통해 참된 삶의 의미를 찾고 싶은 소망 |
> | 7연 | 인간의 유한성 인식 |
> | 8연 | 삶의 허무를 극복하고자 하는 의지 |

p.420 〈눈〉 김수영

✔ ④ 화자는 '살아 있다'라는 단정적 어조와 '~하자'라는 청유형 어미를 통해 순수하고 정의로운 삶에 대한 화자의 소망과 의지를 표현하고 있다.

오답해설
① 순수하고 강인한 생명력을 지닌 '눈'과 불순하고 더러운 '가래'의 이미지가 대립 구조를 보이며, 이를 통해 시상을 전개하고 있다.
② '눈'이 새벽(고난과 시련)이 지나도록 살아 있는 모습을 통해 '눈'은 순수하고 강인한 생명력을 지니고 있음을 알 수 있다. 따라서 화자는 자연물인 '눈'에 순수하고 강인한 생명력이라는 상징적 의미를 부여하여 주제를 형상화하고 있다.
③ '눈은 살아 있다'와 '기침을 하자'라는 두 구절을 점층적으로 반복함으로써 운율감을 형성하면서 의미를 강조하고 있다.

✔ ⑤ 제시된 작품에서 역설적인 표현을 찾을 수 없고, 죽음을 미화하는 부분도 찾을 수 없다.

오답해설
① 일상적 수준의 시어인 '눈'을 통해 '순수하고 정의로운 삶에 대한 소망과 부정적 현실 극복 의지'라는 주제를 형상화하고 있다.
② '하자', '뱉자'를 통해 청유형 어미를 활용하여 청자의 동참을 유도하고 있음을 알 수 있다.
③ '하자', '뱉자' 등 남성적이고 단정적인 청유형 어조를 통해 순수함에 대한 강한 욕구를 드러내고 있다.
④ '눈은 살아 있다', '기침을 하자'를 반복하여 시상을 전개하고 있다.

p.420 〈추억에서〉 박재삼

01 ① 의미상으로도, 형식상으로도 점층 구조가 아니다.

오답해설
② 1~3연에서 화자는 어린 시절을 회상하고 있으며, 4연에서 성인이 된 현재의 화자는 어린 시절 '울엄매의 마음'을 헤아리고 있다.
③ 이 시의 주요한 심상은 시각적 심상이다.
④ '손 시리게 떨던가'를 반복하여 운율감을 형성하였다.
⑤ '별밭'과 '골방'을 대조하여 화자의 처지를 드러내고 있다.

02 ④ '진주 남강'은 맑았지만 화자와 어머니의 삶은 고단했다. 따라서 '진주 남강'은 화자의 어린 시절을 암시하는 시구로 적절하지 않다.

오답해설
나머지는 화자의 기구했던 어린 시절을 표현하는 시구이다.

p.422 〈흥부 부부상〉 박재삼

01 ① '흥부 부부'라는 고전적 소재를 통해 배려와 사랑이라는 의미를 부여하고 있다.

02 ③ 이 시에서 말하고자 하는 것은 물질이 전부가 아니라는 것이다. 따라서 이 시를 추천하기에 가장 부합하는 대상은 '물질로 인해 좌절하고 실의에 빠진 가장'이다.

03 ⑤ ㉠은 배려와 사랑을 의미하는 긍정적 시어이다. 이와 상통하는 것은 '눈물'로 이것 또한 궁극적으로 긍정적 가치이다. 김현승의 〈눈물〉에서 '눈물'은 자식에 대한 사랑으로 볼 수 있다.

〈보기〉 김현승, 〈눈물〉

해제 | 이 작품은 아들을 잃은 시인이 자신의 슬픔을 종교적으로 승화하고자 쓴 시로, 기독교적 세계관에 근거하여 '눈물'에 새로운 의미를 부여하고 있다. 1연에서는 작은 생명이고자 하는 소망을 드러내면서, 2~4연에서는 '눈물'을 절대적으로 순수하고 값진 것이라고 표현하고, 5~6연에서는 '열매'에 빗대어 '눈물'이 영원하고 본질적인 존재임을 드러내고 있다. 시인은 '눈물'에 대한 새로운 인식을 통해 주어진 슬픔을 받아들이고, 순결한 삶을 추구하고자 한다.

주제 | 순결하고 순수한 삶의 추구

구성 |

1연	'옥토에 떨어지는 작은 생명'이고자 하는 소망
2연	절대적으로 순수한 존재로서의 눈물
3~4연	가장 값지고 고귀한 존재로서의 눈물
5~6연	영원하고 본질적인 존재로서의 눈물

p.422 〈즐거운 편지〉 황동규

01 ① 화자는 짝사랑을 하고 있지만 슬퍼하지 않으며, 자신의 사랑이 값지다고 자부하고 있다.

02 ⑤ 이 시의 'I'에서 그대를 생각함이 사소한 일이라고 반대로 말하는 것처럼 ⑤의 시에서 당신을 잊었다고 말하는 것은 진심이 아니므로 반어적 표현이다.

오답해설
① '나의 마음(원관념)은 고요한 물결(보조 관념)'에 은유법이 쓰였다.
② 종의 표면을 떠나는 종소리를 의인화하였으며, 문장의 순서를 뒤바꾸어 표현하는 도치도 쓰였다. '일제히 날아가는 진폭의 새가 되어'는 울려 퍼지는 종소리를 날아오르는 새로 표현한 것으로, 공감각적 표현(청각의 시각화)이 쓰였으며 '새'는 자유의 상징이다. 또한 '~이/가 되어'라는 유사한 통사 구조를 반복하며 종소리가 '청동의 표면'을 뚫고 세상으로 날아가는 모습을 열거하고 있다.
③ '백골'을 의인화하였으며, '하늘에선가 소리처럼 바람이 불어온다'에서 직유가 쓰였다.
④ '-라'라는 각운이 쓰였고, '차가운 비с돌'과 '노오란 해바라기'를 대조하였다.

p.424 〈성탄제(聖誕祭)〉 김종길

✓ ② '나의 이마에 / 불현듯 아버지의 서느런 옷자락을 느끼는 것'은 촉각적 이미지를 통해 아버지의 사랑에 대한 그리움을 형상화한 것으로 볼 수 있다.

오답해설
① '눈'과 '산수유 붉은 알알이'를 통해 색채의 대비는 이루어지지만, 이는 아버지의 사랑을 형상화한 부분이므로 이를 통해 비극적 정조가 나타난다고 볼 수 없다.
③ 이 시는 아버지에 대한 그리움을 드러낸 시로, 전통을 부정하는 미래지향적 전망을 보여 준 적이 없다.
④ 화자가 존재하는 '도시'는 공간적 동질감을 일으키지 않는다. 과거와 현재를 연결해 주는 매개는 '그 옛날의 것(눈)'이며, 이것이 화자의 감정을 부추기고 있다.
⑤ '산수유 붉은 알알이' 화자의 혈액 속에 녹아 아버지의 사랑이 시간을 초월해서 마음속에 남아 있음을 알 수 있다. 따라서 근원적 사랑의 상실을 안타까워하는 내용이라 볼 수 없다.

01 ④

오답해설
① '눈'은 과거 회상의 매개체이다.
② '어린 목숨'은 어린 화자를 의미한다.
③ '서러운 서른 살'은 '나'의 비애이다.
⑤ '성탄제'는 지난 시간이 생각난 때이다. 또는 과거 회상의 매개체로 볼 수도 있다.

p.424 〈목계장터〉 신경림

01 ⑤ 방황을 의미하는 시어들과 정착을 의미하는 시어들을 통해 시를 전개하고 있다. 그러나 이러한 상징적인 시어들이 초월적인 삶을 표현한 것은 아니다.

오답해설
① 청자를 설정하지 않고 혼잣말을 하는 듯한 어조로 이야기하고 있다.
② 이 시는 4음보를 취하고 있다.
③ '하늘', '구름', '땅', '바람' 등과 같은 다양한 자연물을 활용한 주객전도의 발상을 통해 화자의 정서를 표현하고 있다.
④ 방황을 의미하는 시어들('구름', '바람', '잔바람', '떠돌이', '방물장수')과 정착을 의미하는 시어들('들꽃', '잔돌')을 통해 주제를 형상화하고 있다.

02 ② 이 시에서 '하늘'은 방랑을 하라고, '산'은 정착을 하라고 하고 있다. ㉠에는 그 사이에서 갈등하는 화자의 모습이 나타난다.

p.426 〈벼〉 이성부

01 ④ 이 시는 인간 존재의 본질에 대한 성찰이 아니라 민중의 삶에 대해 쓴 시이다.

오답해설
① '벼'를 시적 대상으로 하고 있다.
② 청자를 설정하지 않고 '벼'의 모습을 묘사하고 있다.
③ 이 시는 참여시이자 민중시이다.
⑤ '벼'의 모습을 통해 민중의 삶을 형상화하고 있다.

02 ① 김수영의 〈풀〉 또한 현실 참여시로 '풀'을 통해 민중의 삶을 형상화하였다.

〈보기〉 김수영, 〈풀〉

해제 | 작품에 표면적으로 형상화된 '풀'의 모습은 당대의 억압받는 민중들의 생명력을 상징적으로 표현한 것이다. '풀'은 가장 약하면서도 강한 생명력을 지닌 자연물이다. 백성을 질긴 생명력을 가진 잡초에 비유하여 '민초(民草)'라고 하는 이유도 여기에 있다. 한편, '바람'은 풀의 생명력을 위협하는, 즉 민중을 억압하는 독재 권력과 외세라고 할 수 있다. 억압과 폭력 속에서 민중이 무기력하게 짓밟히는 때가 있더라도 절대 굴복하지 않고 민중은 힘과 의지를 한데 모아 그에 맞선다는 작가의 역사의식이 녹아 있다.

주제 | 민중의 끈질긴 생명력

구성 |

1연	풀의 나약한 모습
2연	풀의 능동적 태도
3연	풀의 강인한 생명력

p.426 〈설일(雪日)〉 김남조

01 ④ 화자는 '앉던가', '누리자' 등 부드럽고 완곡한 청유형 어미를 활용하여 신의 섭리와 앞으로의 삶의 자세에 대한 자신의 깨달음을 나타내고 있다. 따라서 ④는 적절하지 않다.

오답해설
① 4연의 '이적진 말로써 풀던 마음 / 말없이 삭이고'에서 자기 반성적인 태도를 살펴볼 수 있다.
② 4연에서 너그럽고 황송한 마음으로 살겠다는 의지를 나타내고 있다.
③ 3연에서 삶을 '은총의 돌층계', 사랑을 '섭리의 자갈밭'에 비유하고 있다.
⑤ 1연에서 바람에 흔들리는 겨울나무와 바람을 눈에 보이듯 표현하여 시적 상황을 선명하게 전달하고 있다.

02 ⑤ '겨울나무, 바람, 하늘' 등의 자연물을 보면서 절대자의 존재를 깨닫고, 삶에 대한 긍정적인 자세를 노래하고 있다. 그리고 '한 세상을 누리자'에서 확인하듯이 자신의 깨달음을 다른 이에게 청유형으로 말하고 있다는 점에서 '경건하면서도 설득적인 어조'가 가장 어울린다.

03 ③ 아무리 외로운 처지에 있다 하더라도 항상 우리와 함께해 주는 존재가 하늘이다. 즉, 하늘은 인간으로 하여금 자신이 고독한 존재가 아니라는 사실을 확인해 주는 역할을 한다. '은총의 돌층계'나 '섭리의 자갈밭'이란 표현과 어울러 하늘을 종교적인 '절대자'로 해석할 수 있다.

p.428 〈저문 강에 삽을 씻고〉 정희성

✔ ③ 시적 화자는 '흐르는 것이 물뿐이랴 / 우리가 저와 같아서'를 통해 흐르는 물과 사람들을 동일시하고 있으며, '강변에 나가 삽을 씻으며 / 거기 슬픔도 퍼다 버'리며 강물에 삶의 고단함과 비애를 씻어 버리고 있다. 따라서 흐르는 물, 즉 강은 슬픔을 의미하며, '스스로 깊어 가는 강'은 사람들의 고통과 슬픔이 깊어지는 상황을 나타낸다는 것을 알 수 있다.

오답해설
①, ② 시적 화자는 스스로 깊어 가는 강을 보며 아무것도 하지 못하고 돌아갈 뿐, 자연의 자정 작용에 대한 기대감을 드러내거나, 현재의 삶에 대한 적극적인 극복 의지를 드러내지 않았다.
④ ㉠에서 설의적 표현이 사용되지 않았다. 또한 '스스로 깊어 가는 강을 보며 / 쭈그려 앉아 담배나 피우고 / 나는 돌아갈 뿐이다'를 통해 시적 화자는 강을 보고 자신의 삶에 대해 무기력함을 느낄 뿐, 자신의 무기력함을 성찰하지 않았다.
⑤ 시적 화자는 흐르는 물에 삽을 씻으며 슬픔을 퍼다 버린다고 하였다. 이를 통해 '물'이 슬픔을 의미한다는 것을 알 수 있다. 또한 '우리가 저와 같아서'라며 흐르는 물에 자신을 동일시하고 있다는 것도 알 수 있다. 하지만 '먹을 것 없는 사람들의 마을로 / 다시 어두워 돌아가야 한다'에 드러난 체념적 태도로 보아, 현실의 갈등이 해소되기를 염원한다고 보기는 어렵다.

01 ⑤ 신경림의 〈농무〉에서 '비료값도 안 나오는 농사 따위야 / 아예 여편네에게나 맡겨 두고'를 통해 체념과 절망을 볼 수 있다. '우리는 점점 신명이 난다'는 두 가지 의미로 해석할 수 있는데, 하나는 반어적 표현으로 보는 것과 다른 하나는 있는 그대로 정말 신명이 난다는 것으로 보는 것이다. 화자 A는 마지막 부분에서 '다시 어두워 돌아가야 한다'라고 하는데 이것에서 절망을 느낄 수 있다. 따라서 '현실에 체념하기보다는 용기 내어 살아갈까 봐요'는 옳지 않음을 알 수 있다.

📌 〈보기〉 신경림, 〈농무〉
해제 | 이 작품은 농무를 소재로 한 농촌 시로, 농민들의 한과 비장미를 생동감 있게 그려 내고 있다. 우리 민족의 정서인 한과 체념, 비장미가 담긴 서정시라고 말할 수 있다. 가장 한국적인 소재를 가장 한국적인 정서로 일궈 낸, 가장 한국적인 냄새가 나는 시이다. 이 작품은 암담한 농촌을 배경으로 가난한 자의 울분을 노래하면서도 그 울분이 선동적이거나 전투적인 느낌을 풍기고 있지는 않다. 오히려 날라리를 불고 고갯짓을 하고 어깨를 흔드는 신명으로 울분을 극복하고자 하는 농민들의 농무를 통해 그들의 아픔이 역설적으로 드러나는 효과를 얻게 된다. 1960~70년대에 산업 구조의 변화로 야기된 농민의 소외된 삶을 사실적으로 그려 내는 한편, 농민의 비애와 분노를 담아내고 있다.
갈래 | 농민들의 고뇌와 비애 / 소외되고 억압된 삶에 대한 분노와 절망
구성 |

1~6행	농무가 끝난 뒤의 답답한 심정
7~10행	장거리에서 느끼는 소외감
11~14행	현실에 대한 울분과 좌절감
15~20행	농무를 통해 달래는 분노와 한

p.428 〈너를 기다리는 동안〉 황지우

01 ⑤ '너를 기다리는 동안 나도 가고 있다'는 역설적 표현이다. 정지 상태이면서도 다가가겠다는 말이기 때문이다. 여기서 가고 있는 것은 화자의 육체가 아니라 마음이 가고 있다는 것으로 봐야 한다.

02 ① 이 시는 사랑하는 사람을 기다리는 것을 표현한 것이다. '기다림'의 분위기인 시를 고르면 된다.

오답해설
② 항구에서 느끼는 화자의 쓸쓸하고 불안한 내면을 드러내고 있다.
③ 산마루에 서 있는 전신주, 그리고 새빨간 노을에 젖어 있는 구름을 묘사하여 고독한 분위기를 표현하고 있다.
④ 세상과 단절된 삶을 사는 화자는 꽃이 지는 것을 슬퍼하고 있다.
⑤ 새벽마다 잠을 깨우며 신선한 감동을 던져 주는 부지런한 북청 물장수(물지게)의 모습이 나타나 있다.

p.430 〈오렌지〉 신동집

01 ① 종교적 성찰이 아니라 본질과 관계에 대한 성찰을 다루고 있다.

오답해설
② 본질 탐구에 대해 이야기한 형이상학적 성격의 주지시이다.
③ '내가 보는 오렌지가 나를 보고 있다', '만이 문제가 된다', '위험한 상태다' 등을 반복하고 있고, '오렌지'는 알고 싶은 대상을 상징하고 있다.
④ '오렌지'에 대해 시각적 심상과 촉각적 심상을 이용하여 말하고 있다.
⑤ '본질 탐구'라는 관념적 문제를 '오렌지'로 구체화하여 표현하고 있다.

02 ⑤ '얼굴을 가리운 나의 신부'는 대상의 본질을 나타낸다. 마찬가지로 ㉺은 아직 밝혀지지 않은 대상의 본질을 의미한다.

📌 〈보기〉 김춘수, 〈꽃을 위한 서시〉
해제 | 이 시는 '꽃'을 제재로 하여, 존재의 본질 규명에 대한 소망과 그 좌절의 안타까움을 노래한 작품이다. 화자인 '나'는 인식의 주체이고 '나의 신부'는 인식의 객체로서 탐구하고자 하는 존재의 본질에 해당한다. 화자는 존재의 본질을 밝히기 위해 끊임없이 노력하지만, 끝내 존재의 본질을 규명하지 못한 채 안타까움을 느끼게 된다. 존재의 본질이라는 추상적, 관념적 이미지를 구체적인 사물을 통해 형상화한 관념적인 시이다.
주제 | 존재의 본질적 의미를 인식하고자 하는 염원
구성 |

1연	존재의 본질 탐색에 따르는 한계
2연	존재의 본질에 알맞은 이름을 붙여 주지 못한 상황
3연	존재의 본질 탐색을 위한 간절한 염원
4연	존재의 본질에 가 닿을 수 있다는 기대감
5연	인식 실패의 안타까움과 미지의 존재에 대한 설렘

p.432 〈사평역에서〉 곽재구

✓ ④ 화자는 불을 쬐면서 '그리웠던 순간들을 호명'하며 한 줌의 눈물을 흘리고 있다. 화자는 사람들의 속마음을 이해하고 공감하는 태도를 드러내는데, 이 부분은 사람들을 이해하고 위로하는 힘이 '그리웠던' 과거의 어느 순간에 있을 수 있음을 보여 주는 것이다.

오답해설
① '유리창마다 / 톱밥 난로가 지펴지고 있었다'라는 표현은 여러 개의 난로가 지펴져서 안온하다는 의미가 아니라, 대합실을 밖에서 바라보았을 때 여러 개의 창으로 톱밥 난로의 불빛이 새어 나오는 것을 표현한 것이다. 허름한 공간의 톱밥 난로는 위안이 될 수는 있지만 '안온함'은 시의 주제와 어울리지 않는다.
② '청색의 손바닥'과 '불빛'은 대조적 색채 이미지로 차가움과 따뜻함의 촉각적 대조까지 이끌어 낸다. 이는 고단한 삶과 '그리웠던 순간들'의 대조와 연결된다. 따라서 눈 오는 겨울 풍경의 서정적 정취와는 무관하다.
③ '오래 앓은 기침 소리'와 '쓴 약 같은 입술 담배 연기'는 막차를 기다리는 사람들과 대합실의 모습을 청각적으로, 시각적·후각적으로 묘사한 부분일 뿐이다. 이들의 비관적 심리는 알 수 없으며 공공장소에서 흡연을 하니 무례한 행동이라고 보는 것은 작가의 의도가 아니다.

✓ ④ 제시된 부분에서 등장인물들의 행위를 구체적, 객관적으로 기술한 부분은 찾을 수 없다. 제시된 부분은 행동 묘사보다는 '사내'의 내면 위주로 서술되어 있다.

오답해설
① 출감한 지 며칠이 지난 '사내'와, 유치장을 다녀오고 퇴학을 겪는 등 현실 속에서 혼란을 느끼는 '청년'의 삶은 순탄치 않았다고 볼 수 있다.
② 제시된 부분에서는 등장인물들 사이의 어떠한 교류도 나타나지 않기 때문에 등장인물들 사이의 갈등이 존재하지 않는다. '사내'의 내적 갈등 위주로 내용이 전개되고 있다.
③ '지금 대합실에 남아 있는 사람은 모두 다섯이다. 한가운데에 톱밥 난로가 놓여 있고 그 주위로 세 사람이 달라붙어 있다'를 통해 대합실에서 열차를 기다리는 사람들의 상황을 알 수 있다.

📌 임철우, 〈사평역〉
해제 ┃ 1984년에 나온 《아버지의 땅》에 수록되어 있는 이 작품은 곽재구의 시 〈사평역에서〉(1981)를 소설적으로 형상화한 것이다. 눈이 내리는 겨울의 한적한 시골 역사(驛舍)인 사평역을 배경으로 막차를 기다리는 익명의 사람들의 내면 풍경을 액자식으로 구성한 작품이다. 쓸쓸하고 퇴락한 간이역에서 막차를 기다리는 아홉 사람들은, 당대 시대와 계층을 대표하는 전형적인 인물들이다. 이들이 회상하는 삶의 모습을 통해 작가는 1970~1980년대 산업화의 이면에 묻혀 버린 소외된 사람들의 쓸쓸한 내면 풍경을 서정적 문체로 아름답게 그려 내고 있다.
주제 ┃ 산업화에 밀려 소외된 사람들의 삶과 그들의 내면 풍경

Chapter 5 교과서 필수 현대 산문

p.436 〈금수회의록〉 안국선

01 ② 우리나라 최초의 현대 소설은 이광수의 〈무정〉이다.

오답해설
① 구습인 정와어해(井蛙語海) 등을 타파하기 위해 계몽적인 경향을 보여 주고 있다.
③ 동물을 의인화하여 주제를 구현하고 있다.
④ 1인칭 관찰자 시점을 통해 서술하고 있다.
⑤ 동물들이 차례로 등장하여 인간의 문제점을 이야기함으로써 당대의 사회 현실을 신랄하게 풍자하고 있다.

02 ③ 까마귀는 반포지효(孝)를 나타낸다.

오답해설
① 충(忠)을 이야기하고 있다.
② 자식을 가르치는 부모의 마음, 자식에 대한 애정을 이야기하고 있다.
④ 변계량의 〈훈민가〉의 일부로, '의(義)'대로 살라는 주제를 담고 있다.

💬 각 선지 현대어 풀이
① 어버이 그리워할 줄을 처음부터 알았지만
임금 향한 뜻은 하늘이 만들어 놓았으니
진실로 임금을 잊으면 그것이 불효가 아닌가?
② 네 아들이 효경을 읽더니 얼만큼 배웠는가.
내 아들이 모레면 소학을 마칠 것이로다.
어느 때 이 두 글을 배워서 어진 이가 되는 것을 보겠는가?
③ 어버이 자식 사이 하늘이 만든 가장 가까운 사람이라.
부모님이 아니었다면 이 몸이 있겠느냐?
까마귀도 반포지효(자식이 자라서 부모를 봉양함)를 하니 부모에게 효도하여라.
④ 나에게 좋다 하여 남이 싫어하는 일을 하지 말 것이요,
남이 한다고 해도 그것이 옳은 일이 아니거든 따라 해서는 아니 된다.
우리는 타고난 착한 성품을 따라서 저마다 생긴 그대로 지내리라.

p.437 〈무정〉 이광수

01 ④ 등장인물의 심리적 묘사를 통해 주제를 드러내는 것은 근대 소설적 요소는 맞으나 이 소설에는 나타나지 않는다. 〈무정〉에서는 주제가 등장인물의 대사를 통해 드러난다.

02 ⑤ '병욱'은 영채를 구제하여 신여성으로 다시 태어나게 해 주는, 주인공을 계몽해 주는 조력자이다. 주인공과 대립하는 반동적 인물이 아니다.

p.438 〈고향〉 현진건

01 ④ '나'는 지식인이다. 비극적인 삶의 모습은 '그'를 통해서 알 수 있다.

02 ④ 노래에서 사건의 의미를 압축하며 짙은 여운을 남기고 있다.

오답해설
③ '서술자가 지향하는 바'라는 것은 어떻게 하자고 한다는 것인데 이는 지문에 제시되지 않았다.

p.439 〈삼대〉 염상섭

✓ ① 이 글은 전지적 작가 시점이며, 서술자는 등장인물인 '덕기'의 시선을 빌려 이야기를 전개하고 있다. 등장인물인 '덕기'는 잠에서 깨어나 '부친'과 '조부'의 대화 소리를 듣는다. 독자들은 '덕기'의 눈과 귀를 통해 소설 속의 이야기를 듣고, '부친'과 '조부'의 대화 내용을 이해한다.

오답해설
② 지문에서 시대적 배경인 일제 강점기를 나타내는 밀접한 어휘는 찾을 수 없다.
③ 인물들에 대한 서술자의 태도는 '덕기'의 시선과 생각으로 드러나 있으나, 편집자적 논평은 찾아볼 수 없다.
④ 지문에서 '덕기'가 잠에서 깨어나고, 유리 구멍으로 밖을 내다보며 '조부'와 '부친'의 대화 내용을 듣는 공간적 배경은 덕기의 집으로, 공간적 배경이 달라지지 않는다. 또한, 글 전체에서 전지적 작가 시점을 취하고 있으므로 서술자가 달라지지 않는다.

01 ③ 서술자는 제한된 전지적 작가 시점을 채택하여 주로 덕기 편에서 서술하고 있다.

오답해설
② 행동과 대화를 통해 병화와 덕기의 성격이 암시되고 있다.

02 ③ 사람들이 말하는 일반적인 착취 계급과 피착취 계급이 병화와 덕기 사이에서는 반대로 쓰인다는 말을 고르면 된다.

p.440 〈치숙〉 채만식

01 ② 독자를 청자로 설정하고 있는데 이것을 판소리 창자의 문체라고 한다. 〈치숙〉의 서술자는 판소리적 말투를 사용하고 있다.

02 ② '나'가 아저씨를 '우리 오촌 고모부 그 양반'이라고 일컫는 부분과 사회주의를 '부랑당패'로 일컫는 부분에서 아저씨를 조롱하고 경멸하고 있다는 것을 알 수 있다.

03 ⑤ '나'의 관점에서 고모부를 폄하하며 소개하였다.

✓ ④ 서술자 '나'는 주인의 도움을 받아 이후의 삶을 살아갈 생각을 하고 있다. 한밑천을 받아 장사를 한다든지, 내지인 여자와 결혼을 하겠다든지 하는 부분에서 나타난다. 그런데 이 부분에서 조선 여자는 거저 주어도 싫고, 아이들도 일본인 학교만 보내겠다고 말하면서 일본을 맹목적으로 선호한다. 심지어 조선말은 쓰지 않고 국어, 즉 일본어만 쓰겠다고 한다. '내지인'이라는 표현을 쓰는 것으로 보아 식민지 시대임을 알 수 있는데, 이렇게 조선인으로서의 자신의 정체성을 부정하는 서술자의 왜곡된 역사 인식은 독자가 서술자를 신뢰할 수 없게 만드는 요인이며 독자는 비판적으로 작품을 읽게 된다.

오답해설
① 서술자 '나'는 내지인에 대한 맹목적 선호를 드러낸다.
② '나'가 사건을 서술하는 것으로 보아, 1인칭 시점이다. 자신의 입장에서만 서술한다.
③ 서술자는 전반적으로 다른 인물이 아닌 자신의 미래 계획과 가치관에 대해 서술하고 있다.

p.442 〈태평천하〉 채만식

✓ ④ 이 작품의 서술자는 경어체(-ㅂ니다)를 사용하여 마치 독자와 대화하는 것과 같은 분위기를 형성하고 있다. 이는 서술자와 독자 간의 거리를 가깝게 만든다. 하지만 서술자가 '윤 직원'에 대해 직접적으로 전달하는 부정적인 내용들로 인해 독자와 인물의 심리적 거리는 멀어진다.

구분	내면 분석	외부 관찰
서술자 (1인칭) 소설 속 인물	주인공 시점 나=서술자(주인공)	관찰자 시점 나=서술자(관찰자)
서술자 (3인칭) 소설 밖 인물	전지적 작가 시점	작가 관찰자 시점
서술 방식	말하기	보여주기
서술자 - 인물의 거리	1인칭 주인공: '나'가 곧 서술자이므로 매우 가까움. 3인칭 작가: 등장인물의 심리까지 꿰뚫고 있으므로 가까움.	대상과 한 발짝 떨어져 객관적으로 바라보기 때문에 거리가 멀어짐.
서술자 - 독자의 거리	1인칭 주인공: 독자가 주인공 '나'에게서 직접 이야기를 듣는 느낌을 주게 되므로 매우 가까움. 3인칭 작가: 서술자가 등장인물의 외부는 물론 심리까지 자세히 전달해 주므로 가깝게 느껴짐.	관찰에 의한 보여주기 방식이라 상대적으로 멀게 느껴짐.
독자 - 인물의 거리	서술자가 등장인물에 관한 모든 것을 친절하게 밝혀 주므로 독자의 입장에서는 등장인물의 정체를 알아내기 위해 가까이 다가설 필요가 없어 멀어짐.	서술자가 등장인물에 관해 객관적으로 보여 줄 뿐이므로 독자가 등장인물의 내면세계까지 알아내기 위해서는 좀 더 가까이 다가가야 함.

> **오답해설**
> ① 윤 직원 영감이 '거리거리 순사요, 골골마다 공명헌 정사, ~ 이걸 태평천하라구 허는 것이여, 태평천하!'라고 말한 것을 통해 일제 강점기를 태평천하라고 생각하는 윤 직원 영감의 이기적인 현실 인식을 확인할 수 있다.
> ② 서술자는 윤 직원 영감이 '팔을 부르걷은 주먹으로 방바닥을 땅 — 치면서 성난 황소가 영각을 하듯 고함을 지'르고, '땅 — 방바닥을 치면서 벌떡 일어'서는 모습을 묘사하여 화가 난 윤 직원 영감의 심리적 상태를 제시하고 있다.
> ③ 윤 직원 영감이 '오냐, 그놈을 삼천 석 거리는 직분히여 줄라구 히였더니'라고 말한 것을 통해 자신의 재산을 손자 종학에게 상속하려 하였음을 확인할 수 있다.

01 ① 부정적 인물인 윤 직원 영감을 작품의 전면에 내세웠다.

> **오답해설**
> ② '쳐죽일 놈', '깎어 죽일 놈' 등 비속어와 방언이 적절히 구사되었다.
> ③ 일제 강점기의 조국을 배경으로 하는 작품의 제목이 '태평천하'라는 점에서 반어적 표현임을 알 수 있다.
> ④ 판소리 사설 문체란 서술자의 개입이 많이 나타난 것을 말한다. 서술자가 작품의 중간중간에 등장하여 논평을 하고 있다.
> ⑤ 풍자와 해학 등의 방법으로 윤 직원 영감 등을 조롱하고 있다.

02 ④ 윤 직원 영감은 '나'와 '가문'만 잘살면 된다는 생각을 가진, 개인의 이익만을 추구하는 이기적인 인물이다.

03 ③ 일제 강점기 상황인 조국에 대해 '태평천하'라고 말하는 윤 직원 영감을 통해서 잘못된 역사의식을 가지는 것을 비판하고자 한다.

p.444 〈봄봄〉 김유정

> ✔ ④ 장인이 '마름(소작 관리인)'이라고 하면서, 동네 사람들이 장인에게 닭을 보내지 않거나 품을 안 주면 소작할 땅을 얻지 못한다고 하였다. 미리 돈도 먹이고 술도 먹이던 사람에게 그 땅의 소작 권리가 넘어간다는 것이다. 하지만 이 부분은 서술자를 통해 요약적으로 직접 제시되었다. 대화나 행동이 제시되지 않았으므로 장면을 생생하게 묘사하였다고 할 수 없다.

> **오답해설**
> ① '번이 마름이란 ~ 생기길 호박개 같아야 쓰는 거'라고 하며, 마름을 동물에 빗대어 낮잡아 표현했다. '호박개'란, '뼈대가 굵고 털이 북슬북슬한 개'를 의미한다.
> ② '이놈의 장인님'은 비속어와 존칭어를 혼용한 해학적 표현이다.
> ③ 손버릇이 못된 점, '욕필이'라는 별명이 있을 만큼 사위뿐만 아니라 동네 사람들에게 욕을 함부로 하는 점, 소작하는 땅을 두고 사익을 추구하는 점 등을 통해 장인의 됨됨이가 마땅치 않음을 알 수 있다.

01 ⑤ 가난에 대한 이야기가 아니라 재미를 위해 쓴 글이다.

> **오답해설**
> ① '마름', '벼' 등을 통해 배경이 농촌임을 알 수 있다.
> ② 점순과 '나'의 혼인 문제를 제재로 하고 있다.
> ③ 과거의 이야기와 현재의 이야기가 섞여 있는 역순행적 구성이다.
> ④ '나'가 자신의 이야기를 하고 있다.

02 ① 어리석은 주인공을 내세워서 골계(풍자, 해학)의 전통을 이어받았다.

03 ⑤ '나'는 독자에게 즐거움을 주는 희극적 인물이다.

> **오답해설**
> ① 극적인 비중이 가장 큰 인물을 주요 인물이라고 한다.
> ② 주동 인물이란 작가가 이 작품을 통해서 말하고자 하는 것을 표현하는 인물이다.
> ③ 처음부터 끝까지 성격이 일관된 인물을 평면적 인물이라 한다.
> ④ 사회의 집단적 성격과 대립하는 예외적 기질을 갖춘 인물을 개성적 인물이라 한다.

p.446 〈날개〉 이상

> ✔ ⑤ '날개'의 주인공은 일제 강점기를 살아가는 지식인이다. 제시된 부분에서 주인공인 '나'는 '날개야 다시 돋아라'라며 자아 분열을 극복하고 다시 의지를 되살려 세상 속으로 들어가려 한다. 하지만 이는 자신의 내면을 바꾸기 위한 노력일 뿐, 사회를 바꾸고자 하는 '사회 변혁에 대한 욕구'로 보기 어렵다.

> **오답해설**
> ① 서술자 '나'가 자신의 내면을 서술하고 있으므로 1인칭 주인공 시점이라는 것을 알 수 있다.
> ② '우리 부부는 숙명적으로 발이 맞지 않는 절름발이인 것이다'에서 '나'의 분열을 '아내'와 '나'의 분열로 표현했다는 것을 알 수 있다. 또 '날개'는 '나'의 꿈, 희망을 상징한다. '머릿속에서는 희망과 야심이 말소된 페이지가 딕셔너리 넘어가듯 번뜩였다'는 '나'가 지난날을 회상하는 모습이다. 이렇게 제시된 부분에서 상징은 다양한 방식으로 여러 번 제시되었다.
> ③ 사건의 순서가 아니라 주인공의 내면을 의식의 흐름에 따라 서술함으로써, '나'의 혼란스러운 내면이 효과적으로 드러난다.
> ④ '날개야 다시 돋아라. ~ 한 번만 더 날아 보자꾸나'를 통해 자아 분열을 극복하려는 인물의 의지를 찾을 수 있다.

✔ ④ 지문에서는 결혼을 앞둔 남녀관계에 관한 내용을 찾을 수 없다.

오답해설
① 소설 〈날개〉는 1936년 《조광》에 발표된 작가 이상의 대표작이다.
② '오늘은 없는', '머릿속에서는 희망과 양심의 말소된 페이지가 딕셔내리 넘어가듯 번뜩였다'를 통해 '나'는 잊혔던 지식인으로서의 긍지, 희망, 야심 등이 다시 살아나 본연적 자아를 회복하고자 한다는 것을 알 수 있다. 또한 빈칸이 포함된 문장 뒤에 '날자. ~ 날자꾸나'라는 문장이 이어지고 있다. 따라서 빈칸에는 진정한 자신의 자아, 자유와 이상을 상징하는 '날개'가 들어가는 것이 적절하다.
③ 소설 〈날개〉는 의식의 흐름 기법 등 형식의 파격성을 보여 주는 모더니즘 계열의 소설이다.

참고 모더니즘(modernism): 사상, 형식, 문체 따위가 전통적인 기반에서 급진적으로 벗어나려는 창작 태도. 20세기 서구 문학·예술상의 한 경향으로, 흔히 현대 문명에 대하여 비판적이고 미래에 대해서는 반유토피아적이다. 또한 현실 비판의 한 방법으로 예술의 비인간화를 시도하기도 한다.

✔ ④ '나'가 '사실은 사실대로 오해는 오해대로 그저 끝없이 발을 절뚝거리면서 세상을 걸어가면 되는 것이다'라고 생각한 것을 통해 무기력한 삶을 살고 있음을 알 수 있다. 그러나 정오의 사이렌을 들은 '나'는 '날개'가 다시 돋고, 다시 날아 보자고 외치고 싶어 한다. 이를 통해 '나'가 자아 상실의 무기력한 삶에서 벗어나 본래의 자아를 회복하려는 의지를 보여 준다는 것을 알 수 있다.

오답해설
① 지문을 통해 '나'가 가난한 무명작가임을 알 수 없다. 또한 '우리 부부는 숙명적으로 발이 맞지 않는 절름발이인 것이다'를 통해 '나'와 '아내'의 사이가 좋지 않음을 알 수 있다. 따라서 이 작품이 '나' 부부의 부부애를 다루고 있다 보기 어렵다.
② 지문에서 '나'와 아내가 농촌 계몽을 위해 노력하는 부분은 찾을 수 없다. 또한 '우리 부부는 숙명적으로 발이 맞지 않는 절름발이인 것이다'라는 부분을 통해 '나'와 '아내'의 사이가 좋지 않음을 알 수 있다. 따라서 '나'와 아내의 사랑은 찾아보기 어렵다.
③ 지문을 통해 시대적 배경이 식민지 농촌 사회임을 알 수 없다. 또한 지문을 통해 '나'의 의식의 흐름은 알 수 있지만, 농민들이 겪는 가혹한 현실은 알 수 없다.

p.448 〈소설가 구보 씨의 일일〉 박태원

✔ ② 이 작품은 작중 인물인 소설가 구보가 뚜렷한 목표 없이 경성 거리를 하루 동안 배회하는 과정을 그리고 있다. 이 소설은 인과적 연관성 없이 순간적으로 떠오르는 구보의 내면 의식을 중심으로 이야기가 전개되고 있다.

오답해설
① '구보'의 행동이 우스꽝스럽게 묘사된 적이 없으며 이를 조롱하려는 서술자의 의도도 찾을 수 없다.
③ 대상들을 바라보는 '구보'의 내적 갈등은 알 수 있지만 인물 간의 갈등을 부각한 적은 없다.
④ 대화 장면이 제시되지 않았으며, '구보'의 시선을 통해 다양한 인물들의 외양과 행동이 서술되고 있다. 따라서 인물의 성격을 직접적으로 제시한 적이 없다.

✔ ① 구보는 '노파'를 보면서 '뉘 집에 드난을 살다가 이제 늙고 또 쇠잔한 몸을 이끌어 결코 넉넉하지 못한 어느 시골, 딸네 집이라도 찾아가는지 모른다'라는 생각을 한다. 그리고 그녀의 생기 없는 외양에 대해 '이미 굳어 버린 그의 안면 근육은 어떠한 다행한 일에도 펴질 턱 없고, 그리고 그의 몽롱한 두 눈은 비록 그의 딸의 그지없는 효양(孝養)을 가지고도 감동시킬 수 없을지 모른다'라는 생각을 한다.

오답해설
② 구보가 '중년의 시골 신사'를 업신여기게 된 것은 그 시골 신사가 노파와의 사이에 되도록 간격을 가지려고 노력하는 것을 발견했기 때문이다. '그에게 얕은 지혜와 또 약간의 용기를 주면 그는 삼등 승차권을 주머니 속에 간수하고 일, 이등 대합실에 오만하게 자리 잡고 앉을 게다'는 그에 대한 구보의 가정일 뿐 실제 일어난 일은 아니다.
③ '구보는 자기 자신의 만성 위확장을 새삼스러이 생각해 내지 않으면 안 되었다'를 통해 만성 위확장을 앓고 있는 것은 '40여 세의 노동자'가 아니라 구보임을 알 수 있다. 또한 '40여 세의 노동자'가 앓고 있다고 추정하는 병은 '바세도우씨'병이며 구보는 그와 주변 사람들의 반응을 관찰할 뿐 그의 곁에 가서 앉은 적이 없다.
④ '그 온갖 사람에게 의혹을 갖는 두 눈을 발견하였을 때, 구보는 또다시 우울 속에 그곳을 떠나지 않으면 안 된다'를 통해, '양복 입은 사나이'가 온갖 사람을 불신하는 모습을 보고 '우울'을 느꼈다는 것은 알 수 있지만 분노를 느꼈다는 것은 알 수 없다.

① '구보는, 그들을 업신여겨 볼까 하다가, 문득 생각을 고쳐, 그들을 축복하여 주려 하였다. ~ 젊은 부부는 구보에게 좀 다른 의미로서의 부러움을 느끼게 하였는지도 모른다'를 통해 구보가 그들을 업신여겨 보려다가 부러움을 느꼈다는 것을 알 수 있다. 따라서 '부러움을 느끼다가 그들을 업신여기려 한다'는 진술은 적절하지 않다.

오답해설
② 구보는 어느 틈엔가 안전지대에 가 서서, 자신과 달리 다른 사람들은 '갈 곳'을 가지고 있다는 생각을 하고 있다. 이는 목표나 방향이 없는 1930년대 무력한 지식인의 모습이라 볼 수 있다.
③ '자기와 더불어 그곳에 있던 온갖 사람들이 모두 저 차에 오르는 것을 보았을 때, 그는 저 혼자 그곳에 남아 있는 것에 외로움과 애달픔을 맛본다. 구보는, 움직인 전차에 뛰어올랐다'를 통해 구보가 안전지대에 혼자 남는 것에 외로움을 느꼈기 때문에 전차에 뛰어올랐다는 것을 알 수 있다.
④ '구보는 고독을 느끼고, 사람들 있는 곳으로, 약동하는 무리들이 있는 곳으로, 가고 싶다 생각한다. 그는 눈앞의 경성역을 본다. 그곳에는 마땅히 인생이 있을 게다'를 통해 구보가 사람들 사이에서 고독을 피하기 위해 경성역으로 향했다는 것을 알 수 있다.

② 주인공인 '구보'는 무기력한 지식인인 자신보다 '금광 브로커(ⓒ)'가 더 '진실한 인생'일지 모른다고 했지만, 이것은 자신의 인생에 대한 자책이지 그들에 대한 예찬이라 볼 수 없다.

오답해설
① 금광 브로커 같은 이들을 쉽게 볼 수 있는 곳인 '개찰구'는 식민지 조선의 세태가 드러나는 공간이다.
③ '구보'가 '황금광 시대'를 생각하며 무거운 한숨을 쉰다는 서술을 통해 오히려 이것이 바람직한 현상이 아니라는 것을 드러내려 한 서술자의 의도를 알 수 있다.
④ '그러나 고도의 금광열은, 오히려'라는 표현을 통해 알 수 있다.

p.450 〈사랑손님과 어머니〉 주요섭

④ 이야기 속 인물인 '나'가 서술자가 되어 주인공인 어머니를 관찰하는 방식으로 서사가 전개되고 있다.

오답해설
① 주인공이 자신의 이야기를 하고 있지만, 다른 인물의 심리를 서술하지 않았다.
②, ③ 서술자인 '나'는 작품 내부에서 서사를 전개하고 있다.

01 ② 통속적 제재를 어린아이의 눈을 통해 순수하게 표현하여 참신성을 부여하였다.

02 ② 욕망과 사회의 대립, 개인과 관습 간의 갈등이 이 글에서 중심을 이루고 있다.

오답해설
① 선과 악은 이 글에서 나타나지 않는다.
③ 옥희와 어머니의 갈등은 보이지 않는다.
④ 어머니와 아저씨는 서로에 대한 사랑의 감정을 숨기고 있을 뿐 갈등은 나타나지 않는다.

03 ③ 아저씨와의 사랑을 체념하고 포기한 것은 어머니의 선택이며, 이루려고 하지도 않았다.

p.452 〈역마〉 김동리

② 제시된 글은 김동리의 소설 〈역마〉이다. 서로 사랑하는 성기와 계연이 영문도 모르고 원치 않는 이별을 하는 장면이다. 성기는 그녀와의 이별에 매우 당황하여 어떤 행동도 취하지 못하고 그녀를 보낸다.
성기는 옥화(어머니)와 계연의 아버지가 어떤 이유로 그런 결정을 했는지 모르기 때문에 복잡한 심정으로 말이 없는 것이다.

오답해설
① 계연이 성기의 얼굴에서 '그 어떤 기적과도 같은 구원만을 기다리는 것'은 헤어지기 싫다는 증거이다. 따라서 성기와의 인연을 끝내고자 하는 의지가 강하다고 볼 수 없다.
③ '고운 햇빛과 늘어진 버들가지와 산울림처럼 울려오는 뻐꾸기 울음'으로 표현된 자연적 배경은 아름답기에 주인공의 슬픔을 더욱 극대화하는 효과가 있다. 계연의 미래를 암시하는 것이 아니라 이들의 슬픈 현실을 강조하는 것이다.
④ 서술자는 제시된 부분에서 인물의 행위와 대사, 그리고 배경을 묘사할 뿐, 인물에 대한 주관적 평가를 드러낸 적이 없다.

p.453 〈비 오는 날〉 손창섭

01 ④ 폐허 의식을 딛고 일어선다는 표현이 옳지 않다. 원구는 힘든 이들을 도와야겠다는 생각은 갖게 되었지만 돕지는 않았다.

오답해설
① 비 오는 날이라는 배경을 통해 음울한 분위기를 형성하고 있다.
② 전후의 무기력한 삶 등 전쟁이 가져다준 정신적 상처가 상징적으로 반영되어 있다.
③ 전지적 작가의 제한적 시점(원구의 눈)을 통해 인물의 내면 심리가 사실적으로 나타나 있다.

02 ④ 극한 상황에 처한 무기력한 동욱 남매를 통해 전쟁의 비극을 나타내며, 전쟁으로 인해 이렇게 살게 되었다는 것을 형상화하고 있다.

03 ③ '비'는 우울한 분위기를 형성하고 있으므로 낭만적 주제의 환기라는 말은 옳지 않다.

오답해설
① '비'는 우울한 분위기를 형성하는 기능을 하고 있다.
④ 전후의 무기력한 시대 상황을 상징한다.

p.454 〈수난이대〉 하근찬

01 ⑤ 가족의 사랑으로 역사적 시련을 극복하는 것이 주제이다.

> **오답해설**
> ① 전쟁의 잔혹상을 고발하여 주인공들이 그렇게 된 이유를 보여 주었으나 주제는 아니다.
> ② 세대 간의 갈등 극복이 아니라 각 세대가 겪은 아픔을 극복하려는 의지를 보여 주고 있다.
> ③ 주제는 순수한 인간성의 옹호가 아니라 민족의 비극과 극복의 의지이다.
> ④ 주제는 장애인에 대한 인식 전환이 아니다.

02 ④ 만도는 일제 강점기에 팔 하나를 잃고 진수는 6·25 전쟁으로 다리를 하나 잃어 비극적이지만, 외나무다리에서 서로를 도우며 건너고 있다. 이러한 모습을 통해서 앞으로 살아갈 날을 생각하는 것을 알 수 있다.

03 ④ 사건을 통해 인물 간의 갈등이 아니라 개인과 사회의 갈등을 고조시키고 있다.

p.456 〈오발탄〉 이범선

01 ① '철호'가 자리에 누운 '어머니'를 보고 '미라'를 연상할 만큼 '어머니'의 상황은 절망적이다. 정신마저 놓아 버린 '어머니'의 '가자!'라는 외마디 소리는 공허한 외침일 뿐이며 과거의 삶과 현재의 삶 사이의 괴리감을 부각하여 현실의 고통을 가중한다.

> **오답해설**
> ② 몽유병이란 특정한 행동이 의식에서 분리되어 표현되는 신경증적 반응을 가리킨다. 남편이 퇴근하고 돌아왔음에도 한마디 말이나 표정의 변화 없이 부엌으로 나가는 기계적 행동을 보이는 '아내'의 모습은 현실에서 아무런 긍정적인 동기나 활력을 얻지 못하고 있음을 보여 준다.
> ③ '뚫어진 창호지 구멍으로 그래도 희미한 불빛이 새어 나오고 있었다'와 '아랫방과 윗방 사이 문턱에 위태롭게 올려놓은 등잔이 개똥벌레처럼 가물거리고 있었다'를 통해, 등잔불이 집 안의 어둠을 밝히기에는 터무니없이 작으며 그나마도 금방이라도 꺼질 듯 위태로운 상태라는 것을 보여 준다. 등잔불을 희미한 개똥벌레에 비유한 것은 '철호' 가족이 궁핍함으로 인한 위태로운 상황에 처해 있음을 암시한다.
> ④ 담요를 몸에 돌돌 말고 반듯이 누워 자는 '딸애'의 모습을 보고 '철호'는 송장을 연상한다. 어린 딸의 잠든 모습에서 송장을 떠올릴 만큼 '철호'의 정신세계에 절망감과 패배 의식이 짙게 드리워 있음을 알 수 있다.
> ⑤ '제길'이라는 비속어에서 '영호'의 태도가 단적으로 드러난다. 우선 자신의 가족이 못사는 데 대해 불만을 가지고 있으며, 나아가 남들과 비교할 때 자기네만 못살아야 할 이유가 없다는 인식을 드러내고 있다.

④ '어디로 갑니까?'라는 질문에 '철호'는 '글쎄, 가!'라고 대답한다. 이를 통해 '철호'는 목적지를 정하지 못한 상태임을 알 수 있다.

> **오답해설**
> ① '철호'는 자신의 목적지를 정하지 못하고 방황하고 있다. 따라서 삶의 의지를 점차 회복하고 있다고 볼 수 없다.
> ② '운전수'는 행선지를 정하지 못하는 '철호'에게 '어쩌다 오발탄 같은 손님이 걸렸어'라고 투덜거리고 있다. 따라서 '운전수'가 '철호'에게 공감의 태도를 보이고 있다고 볼 수 없다.
> ③ 지문에서 '철호'와 '운전수'의 계급 차이가 드러나는 부분은 제시되지 않았다.
> ⑤ 'S 병원'과 'X 경찰서'는 '철호'가 망설이고 있는 목적지들일 뿐, 이상향이라 볼 수 없다.

p.458 〈장마〉 윤흥길

② '아이한테 자장가라도 불러 주는 투로', "에구 이 사람아, ~", "자네 보다시피 ~" 등을 통해 외할머니가 구렁이를 사람처럼 대하면서 말을 건네고 있음을 알 수 있다. 나아가, 집안 식구들 생각도 하라거나 '자네 노친 양반' 등의 표현에서 외할머니가 구렁이를 집안 식구들 중 하나로 여기고 있음을 알 수 있다.

> **오답해설**
> ① 외할머니가 대갈 호령으로 누군가를 야단친 이유는, 누군가 구렁이를 달래는 자신을 보고 큰 소리로 웃었기 때문이다. 따라서 구렁이를 무서워하는 사람에게 야단을 친 것이 아니다.
> ③ 외할머니는 구렁이에게 집안일은 걱정하지 말고, 갈 길을 가라고 하고 있다. 따라서 구렁이를 혐오스럽게 생각해서 쫓아내려는 것이 아니라, 구렁이를 안심시켜 갈 길을 가도록 하려는 것이다.
> ④ 외할머니가 구렁이에게 음식을 대접하는 부분은 지문에서 찾을 수 없다.

01 ③ 서술자인 어린 동만의 입장에서 봤을 때 이념 대립으로 인한 분단의 원인을 논리적으로 분석하였다는 것은 타당하지 않다.

02 ③ ⓐ, ⓑ는 갈등의 원인, ⓒ, ⓓ, ⓔ는 갈등의 해결 방안에 관한 것이다.

p.460 〈아홉 켤레의 구두로 남은 사내〉 윤흥길

✔ ② ㄱ, ㄴ: ㉮에서 '나'는 '그'에게 당신도 모르는 사이에 당신을 아끼는 어떤 이웃이 당신의 어려움을 덜어 주었을 수 있다고 말하며 희망을 주려고 한다. 그러나 ㉯에서 '그'는 '나'의 말을 '개수작'이라고 표현하며 곧이듣지 않으려고 한다.

오답해설
ㄷ. "이래 봬도 나 대학까지 나온 사람이오"라는 '그'의 말은 '나'에게 학력 면에서 우월함을 자랑하려는 의도에서 한 말이 아니다. 엉겁결에 문간방으로 들어가려는 '그'에게 '나'가 대문의 위치를 알려 주자 문간방에 사는 자신의 정체가 발각되었다는 것을 깨닫고 자존심이 상해서 한 말이다.
또한, 제시된 부분에서 '나'의 학력을 알 수 없으므로 '그'가 '나'보다 학력 면에서 우월한지도 알 수 없다.

01 ③ 이 글의 서술자는 1인칭인 '나'이다. '나'의 시선으로 권 씨의 행동과 '나'와 권 씨 사이에서 일어났던 경험들을 관찰하기도 하고, 주관적으로 판단하기도 하며 서술하고 있다.

오답해설
① '나'와 권 씨 사이에는 애초에는 특별한 대립과 갈등이 존재하지 않았고, 다만 수술 보증금을 빌리려는 순간부터 부분적인 앙금이 생겨났을 뿐이다. 그런데 이와 같은 감정의 앙금도 권 씨의 가출로 소멸되고 만다.
④ 시점은 '나'가 서술자가 되는 1인칭 시점으로 고정되어 있다.

02 ③ 소설에서 버릇이나 습성을 사용하는 것은 등장인물의 겉치레를 벗겨 내면을 폭로하거나 그의 진짜 감정을 드러내는 효과가 있다. 즉 버릇이 의식적이든 무의식적이든 어떤 남다른 행동을 하게 된 데는 남다른 욕구나 외상이 의식 깊숙이 깔려 있어서 그 사람의 내면세계를 잘 드러내 주는 요소가 된다. '나'의 문간방에 세 들어 사는 권 씨는 강도질을 하면서도 자신이 대학까지 나왔다는 사실을 내세우고, '사람을 어떻게 보느냐'며 자존심을 세우는 사람이다. 이러한 평소의 인간됨과 더불어 '구두코가 유리알처럼 반짝반짝 닦여져 있는 한 자존심은 그 이상으로 광발이 올려져 있었을 것'이라는 서술자인 '나'의 판단으로 보아 '구두를 닦는 행위'는 그가 자존심을 세우는 행위임을 알 수 있다.

03 ② '강도'의 정체가 '권 씨'라는 것을 '나'가 알고 있다는 암시를 주었다고 판단할 수 있는 부분은 있다. 하지만 '강도'는 술에 취했어도 '나'에게 난폭한 태도를 보이지 않았으며, '나'는 '강도'의 심성을 순화하려 하지 않았다.

p.462 〈서울, 1964년 겨울〉 김승옥

✔ ② 작중 인물인 '나'가 1인칭 서술자로서 '나'의 내면보다 겪고 있는 사건에 초점을 맞춰 서술하고 있으므로 사건의 현장감을 부각하고 있다고 볼 수 있다.

오답해설
① '나 역시 동감이었지만', '나는 불이 좀 더 오래 타기를 바랐다'와 같은 내면 의식의 서술을 통해 주인공의 성격을 엿볼 수 있으나, 이것은 글의 일부에 해당할 뿐 전체적인 서술상 특징으로 보기 어렵다.
③ '사내'로 인해 사건이 발생되지만, 그를 주인공으로 보고 '나'를 관찰자로 보는 것은 옳지 않다. 소설의 주인공은 주제를 이끌어 내는 갈등의 중심인물이어야 한다. '사내'는 갈등의 제공자이며 이 갈등 속에서 현대인의 문제를 드러내는 주인공은 '나'이다.
④ 시간적 배경이나 공간적 배경이 두 번 이상 전환되어야 '장면의 잦은 전환'이라고 할 수 있다. 지문에는 두 번의 공간 변화가 있다. 하지만 이를 통해 인물의 가치관이 달라진 것은 아니다.

✔ ① '인간성 회복의 가능성'을 보여 주는 것이 아니라 '가지고 있기 괴로운 돈을 탕진'하는 모습을 보여 주는 것이다.

오답해설
② '아무 데도 갈 데가 없었다'를 통해서 '삶의 목표를 찾지 못하고 방황하는 도시인의 비애'를 보여 주고 있음을 알 수 있다.
③ 화재 현장을 구경하며, 자신의 즐거움만을 생각해 '나는 불이 좀 더 오래 타기를 바랐다'라고 생각하는 '나'의 모습을 통해서 '타인의 아픔을 이해하지 못하는 현대인의 이기적인 태도'를 찾을 수 있다.
④ '안'의 "저 화재는 김 형의 것도 아니고 내 것도 아니고 이 아저씨의 것도 아닙니다. 그렇기 때문에 난 화재엔 흥미가 없습니다"를 통해서 '서로 연결되어 있는 느낌'을 의미하는 '연대감'을 상실한 현대인의 모습이 제시되고 있음을 알 수 있다.

✔ ③ 〈보기〉는 소설 〈서울, 1964년 겨울〉의 일부이다. 〈보기〉에는 '사내'의 동숙 제안을 거절하는 '안'과 '나'의 모습이 나타나 있다. 〈보기〉에서 잠은 사내의 제안을 거절하기 위한 핑계의 요소로 작용하며 '나'가 '사내'의 제안을 무시하고도 '꿈도 안 꾸고 잘 잤다'는 것은 현대인들의 단절성을 드러내는 부분이다. 따라서 잠이 '현실을 초월한 삶에 대한 동경을 환기'한다는 설명은 적절하지 않다.

오답해설
① '거짓 이름, 거짓 주소, 거짓 나이, 거짓 직업'을 기재하고, 동숙하자는 사내의 제안을 차갑게 거절하는 '안'과 '나'의 모습에서 물화된 도시의 삶이 만든 비정함, 절망감, 권태 등이 바탕에 깔려 있다고 볼 수 있다.
② 주인공들이 '사내', '안'과 같이 표현되고 숙박계에 '거짓 이름, 거짓 주소, 거짓 나이, 거짓 직업'을 기재하고 있다는 점에서 익명적 존재로 기호화되어 있다는 것을 알 수 있다.
④ '화투'는 '사내', '나', '안'과의 친목을 다지기 위한 놀이라기보다는 사내의 제안을 차마 거절하지 못해 제안하는 놀이로 절망과 권태를 견디는 의미 없는 놀이의 상징으로 볼 수 있다.

p.464 〈난장이가 쏘아 올린 작은 공〉 조세희

✔ ② 아버지는 평생 해 온 일과는 다른 '서커스단의 일'을 하겠다고 했다. 그러나 '어머니가 아버지에게 대들었다. 우리들도 아버지를 성토했다', '아버지의 꿈은 깨어졌다. 아버지는 무거운 부대를 메고 다시 일을 찾아 나갔다'를 통해 아버지가 새로운 일을 시작하려 했지만, 가족들의 반대로 좌절되었음을 알 수 있다.

오답해설
① '우리 다섯 식구는 지옥에 살면서 천국을 생각했다. ~ 우리는 그 전쟁에서 날마다 지기만 했다'를 통해 '우리 다섯 식구'는 생존을 위해 노력하며 살아가지만, 윤택한 삶을 누리지 못하는 처지에 있다는 것을 알 수 있다.
③ '우리는 보이지 않는 보호를 받고 있었다', '이질 집단으로서 보호를 받았다. 나는 우리가 이 구역 안에서 한 걸음도 밖으로 나갈 수 없다는 것을 깨달았다'를 통해 '보이지 않는 보호'는 생존이 어려운 생활에서 벗어날 수 없는 상황, 즉 '계층적 한계'를 의미함을 알 수 있다.
④ '우리는 무슨 일이 있든 공부는 해야 한다고 생각했다. 공부를 하지 않고는 우리 구역에서 벗어날 수가 없다고 생각했다'를 통해 알 수 있다.

✔ ④ 철거 대상 지역에 살고 있는 '행복동 주민들'은 자본주의 사회의 약자들이다. 그들이 동사무소에서 의견을 말하고 있는 것을 서술자는 '쓸데없는 짓'이라며 떠든다고 해결될 문제가 아니라고 하였다. 따라서 주민들의 노력으로 삶이 개선될 것이라는 희망은 보이지 않는다.

오답해설
① 서술자이자 주인공인 아들이 아버지를 '난쟁이'라 하는 것은 아버지의 신체적 장애를 표현하는 동시에 산업화 과정에서 '사람들'에게 약자로 인식된 '왜소함'을 드러내는 것이다.
② 하루하루의 생활이 지겨운, 가난하게 사는 도시 빈민의 삶을 '날마다 지기만 했다'며 '전쟁'에 비유하였다.
③ 산업화로 인한 양극화의 폐해를 '벽돌 공장의 높은 굴뚝 그림자'로 표현했다고 볼 수 있다. 그나마 간신히 살고 있던 난쟁이네 가족의 좁은 마당을 공장 굴뚝 그림자가 뒤덮는 것은 맹목적이고 무리한 산업화에 짓눌린 하층민의 그늘진 삶을 표현한 것이다.

p.466 〈삼포 가는 길〉 황석영

✔ ③ 백화와 같이 가라는 정 씨의 말에 영달은 "어디 능력이 있어야죠"라고 대답하였다. 이를 통해 영달은 백화를 신뢰할 수 없었던 것이 아니라 백화와 정착해서 살 능력이 없었기 때문에 같이 떠나지 않았음을 알 수 있다.

오답해설
① 정 씨는 영달에게 "같이 가시지. 내 보기엔 좋은 여자 같군"이라고 하며 백화와 함께 떠날 것을 권유하였다.
② 백화는 대화를 나누는 두 사내를 불안한 듯이 지켜보고 있었다. 이를 통해 백화가 영달의 선택이 어떤 것일지 몰라 불안해하고 있었음을 알 수 있다.
④ 영달은 백화에게 '삼립빵 두 개와 찐 달걀'을 주었고, 이를 받아 쥔 백화는 영달의 배려에 눈이 붉게 충혈되었다. 따라서 백화는 영달과 정 씨에게 자신의 본명을 말하면서 그들에 대한 고마움을 드러낸 것이라 볼 수 있다.

✔ ④ ㉠, ㉡, ㉢은 과거 삼포의 모습을 상징하고, ㉣은 현재 삼포의 모습을 상징한다.

✔ ③ 삼포는 정 씨에게 고달픈 삶에서 벗어나 정상적인 안식을 누릴 수 있는 안식처 같은 공간이었다. 하지만 급속한 산업화로 인해 삼포는 정 씨가 떠나고자 했던 도시와 다를 바가 없는 곳으로 전락해 버린다. 따라서 이 글의 주제를 표현한 시구로 가장 적절한 것은 '내가 사랑했던 자리마다 모두 폐허다'이다.

오답해설
① 겨울이 지나 봄이 찾아오듯이 국권을 빼앗긴 조국에도 광복이 찾아오길 바라는 주권 회복의 염원을 표현하고 있다.
② 떠나는 임을 배려해 인고의 의지를 발휘한 '애이불비'의 자세를 드러내고 있다.
④ 임과 이별했지만 그 이별을 받아들일 수 없다는 마음을 드러낸 역설적 표현이다.

p.468 〈원고지〉 이근삼

01 ③ 꿈을 잃은 시대를 풍자하는 것이므로 현대의 시대적 상황이 허황된 꿈을 실현하기 위해 허우적거리는 상황이라는 것은 옳지 않다.

오답해설
①, ② 언제나 시간에 쫓기고 기계적 일상을 지속해 나가면서 꿈을 잃었다.
④ 억압적인 사회에 눌려 꿈을 지키지 못하고 순응하며 살아가고 있다.
⑤ 인간성을 상실한 채 물질적인 관계를 강요받는 인간의 모습을 그리고 있다.

02 ④ 희곡의 일반적인 특징이다.

> **오답해설**
> ① 장남, 장녀, 교수가 모두 한 무대 속에 등장하며 서로 다른 공간에 있다고 가정하고 있다.
> ② 장녀가 직접 해설을 맡았다.
> ③ 천사와 감독관이 나타나 현실과 환상을 오가고 있다.
> ⑤ 언어유희가 나타나는 등 대부분의 대사와 행동이 희극적 효과를 노리고 있다.

p.470 〈무소유〉 법정

✔ ① 지문에는 난초에 강한 집념을 느끼고, 그 지나친 소유 관념으로 인해 자신을 돌보지 못했던 '나'의 경험이 제시된다. '크게 버리는 사람만이 크게 얻을 수 있다는 말', '아무것도 갖지 않을 때 비로소 온 세상을 갖게 된다'는 역설적인 표현이다. 지문 속에서도 이를 '역리(逆理)'라 하였다. 이러한 경험과 역설을 통해 무소유에서 진정한 자유와 해방이 얻어진다는 주제가 강조된다.

> **오답해설**
> ② 무소유의 중요성을 주장하기 위해 전문적인 지식을 사용하지 않았다.
> ③ 지문의 주제 의식은 소유 의식에서 벗어나는 것이다. 소유의 가치를 깨우친다는 서술은 지문의 주제와 반대된다.
> ④ 이 글은 자신의 체험과 그로부터 얻은 생각을 고백하는 성찰적인 글이다. 단정적인 어조로 쓰이지 않았다. 소유에 집착했던 과거 자신의 모습을 반성하지만, 독자의 반성은 촉구하지 않았다.

✔ ④ '나'는 빨래를 하고 난 후 누워서 쉬다가 돌아누워 산봉우리를 본다. 평소와 다른 시각으로 보니 산이 다른 모습인 것에 흥미를 갖고 가랑이 사이로 산을 보기도 한다. 새로운 시각으로 사물을 다르게 볼 수 있다는 사실을 깨닫고 그에 흥미를 느낀 부분에서 〈보기〉가 끝이 난다.
〈보기〉의 글 다음에는 틀에 박힌 고정관념을 극복해야 한다는 내용이 적절하다.

> **오답해설**
> ① 소유욕을 버리는 내용은 나타나지 않았다.
> ② 빨래를 하고 그날로 풀을 먹여야 홀가분하다는 내용은 '나'의 성미에 불과하다. 또한 이 부분은 서두일 뿐, 말하고자 하는 바는 후반부에 서술된다.
> ③ 종교에 관련된 내용은 〈보기〉에 전혀 나타나지 않는다.

> 🔍 〈보기〉 법정, 〈거꾸로 보기〉
> **주제** | 선입견에서 벗어난 새로움을 발견하는 일의 중요성
> **갈래** | 수필, 경수필
> **성격** | 일상적, 회상적, 경험적, 교훈적
> **특징** | ① 일상적인 경험을 통해 삶의 교훈을 전한다.
> ② 비유, 인용, 유추의 방법으로 글의 주제 의식을 뒷받침한다.
> ③ 회상의 형식을 이용하고 있다.

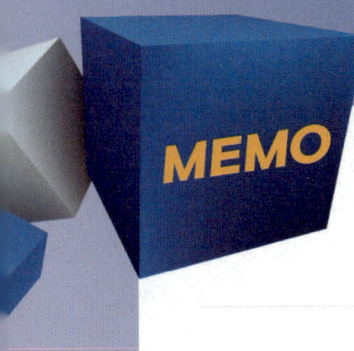

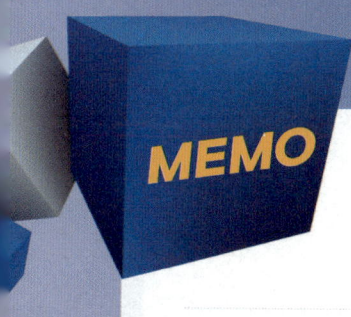

국회직, 법원직, 기타 직렬 9급, 군무원 9·7급, 지방직 7급

알고리즘 확장팩

정답 및 해설

이유진 국어
똑똑한 알고리즘으로 승부하자

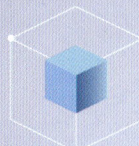

**어떻게 푸는지 아는 순간,
틀릴 수 없는 국어가 시작됩니다.**